Teil I

Flora
von Basel und Umgebung
1980–1996

Thomas Brodtbeck
Michael Zemp
Martin Frei
Ulrich Kienzle
Daniel Knecht

Geleitwort:	Prof. Dr. H. Zoller
Allgemeiner Teil:	58 Farbbilder und 16 Figuren
Spezieller Teil:	LYCOPODIACEAE – APIACEAE
	1133 aufgeführte Arten
	785 Verbreitungskarten
	58 Farbbilder

Mitteilungen der Naturforschenden Gesellschaften beider Basel, Vol. 2, 1997

Liestal 1997

Folgende Institutionen haben die Herausgabe dieser Arbeit ermöglicht:

Emilia Guggenheim-Schnurr Stiftung
Stiftung zur Förderung der Pflanzenkenntnis
Umweltkredit des Kantons Basel-Stadt
Schweizerische Akademie der Naturwissenschaften (SANW)
Basler Chemiefirmen
Erziehungs- und Kulturdirektion Basel-Landschaft
Öffentliche Bibliothek der Universität Basel

Gedruckt mit Unterstützung der Berta Hess-Cohn Stiftung Basel

Karten und Reliefs wurden reproduziert mit Bewilligung des Bundesamtes für Landestopographie vom 24.9.1996.

Brodtbeck, T., M. Zemp, M. Frei, U. Kienzle & D. Knecht (1997):
Flora von Basel und Umgebung 1980–1996
Teil I. Allgemeiner Teil; Spezieller Teil
(Lycopodiaceae-Apiaceae)
Mitt. Naturf. Ges. beider Basel, Vol. 2

© 1997 Mitteilungen der Naturforschenden Gesellschaften beider Basel

Herausgeber:
Naturforschende Gesellschaft in Basel
Redaktion Dr. Raffael Winkler, Naturhistorisches Museum, Postfach 1048, CH-4001 Basel
Naturforschende Gesellschaft Baselland
Redaktion Lorenz Häfliger, Rosenweg 12, CH-4147 Aesch

Druck, Satz & Lithos: Lüdin AG, Liestal, Switzerland
Ausrüstung: Buchbinderei Grollimund, Reinach

ISSN 1420-4606

ISBN 3-85792-155-2 (2 Bände)
Ausgabe für den Buchhandel

Geleitwort

Während der zweihundert Jahre, die zwischen der Herausgabe von Caspar Bauhin's «Catalogus plantarum circa Basileam sponte nascentium» (1622) und dem Erscheinen von Karl Friedrich Hagenbach's «Tentamen florae Basileensis» (1821/1847) verstrichen sind, standen in der Botanik die Systematik und Floristik noch im Zentrum des Interesses. Seit der Mitte des 19. Jahrhunderts hat sich die wissenschaftlich-botanische Forschung rasch der Pflanzenanatomie, Pflanzenphysiologie, Molekularbiologie und deren praktischen Anwendungsmöglichkeiten zugewandt. Lange Zeit herrschte die Meinung vor, dass in der Systematik und Floristik kaum mehr etwas von grundsätzlicher Bedeutung entdeckt werden könne.

Spätestens zwei bis drei Jahrzehnte nach dem Zweiten Weltkrieg konnten die beträchtlichen Umweltschäden und die Verarmung der Biosphäre, welche die moderne Wohlfahrtsgesellschaft laufend verursacht, nicht mehr länger übersehen oder verharmlost werden. Floristische und faunistische Inventare wurden wiederum aktuell, und rote Listen gefährdeter Arten sind seither überall gefragt. So entspricht die Flora von Basel und Umgebung 1980-1996 dem zeitgemässen Bedürfnis nach einer möglichst umfassenden Information über den gegenwärtigen Zustand der Biosphäre in unserem engeren Lebensraum. Das vorliegende Werk stellt die heutige Flora nicht nur in einem landschaftsökologischen Kontext dar, sondern es zeigt eindrücklich, dass den unwiederbringlichen Verlusten einheimischer Arten eine Anzahl von bemerkenswerten Neubürgern gegenüber steht und ferner, welch grosse reale Chancen der urbane Siedlungsraum für die Erhaltung einer hohen Diversität bietet.

Es ist der Arbeitsgemeinschaft für Vegetationskunde Basel dafür zu danken, dass sie nach der Flora von Basel und Umgebung von A. Binz und deren Ergänzungen mit einer neuen und vielseitigen Dokumentation eine Grundlage geschaffen hat, die es ermöglicht, die zukünftige Entwicklung der floristischen Biodiversität in der Regio Basileensis weiter zu verfolgen und zu überwachen. In Anbetracht der rasanten Veränderungen in der Biodiversität wäre zu wünschen, es erhielten sämtliche Organismengruppen möglichst rasch eine vergleichbare Bearbeitung.

Prof. Dr. Heinrich Zoller

Inhalt

Teil I

Vorwort		5
1.	**Einführung**	9
1.1.	Zur Forschungsgeschichte	9
1.2.	Zum Werdegang dieser Flora	9
2.	**Untersuchungsgebiet**	11
2.1.	Lage, Grösse und Grenzen des UG	11
2.2.	Allgemeines zu Geologie und Relief	14
2.3.	Böden	20
2.4.	Klima	25
2.5.	Grundsätzliches zur Vegetation	27
3.	**Einzel-Landschaften**	30
3.1.	Jura	30
3.2.	Schwarzwald-Vorberge	44
3.3.	Lösshügelland	49
3.4.	Alluvialebenen	53
3.5.	Stadtgebiet	60
4.	**Landschaftswandel 1950–1990**	69
4.1.	Veränderungen der landwirtschaftlichen Grobstrukturen	69
4.2.	Biochemische Eingriffe in Luft, Wasser und Boden	69
4.3.	Grüne Revolution und Umkehr zur naturnäheren Produktion	72
4.4.	Kanalisierung und Renaturierung der Gewässer	73
4.5.	Naturschützerische Landschaftsgestaltung	76
4.6.	Landschaftskonsum durch die mobile Gesellschaft	76
4.7.	Die Vorderfront der Urbanisierung	77
4.8.	Grenzen der Urbanisierung	80
5.	**Veränderungen im Pflanzenkleid (Pflanzendynamik)**	81
5.1.	Zur Vegetationsgeschichte	81
5.2.	Zur Arealkunde	81
5.3.	Einwanderung und Einbürgerung	82
5.4.	Zur Verbreitungsbiologie	83
5.5.	Zunehmende Arten und Invasoren	84
5.6.	Verwilderte Kulturpflanzen	85
5.7.	Adventivflora	87
5.8.	Naturimitation	87
5.9.	Artenschwund und Verluste	88
6.	**Pflanzensoziologie**	92
	Kommentierter Überblick über die pflanzensoziologischen Einheiten	92
7.	**Methode und Darstellung**	128
7.1.	Datenerhebung	128
7.2.	Speicherung der Funddaten	129
7.3.	Grundsätzliches zur Behandlung der Arten	129
8.	**Erläuterungen zu den Artentexten**	136
8.1.	Bürgerstatus	136
8.2.	Ökologie	137
8.3.	Soziologie	140
8.4.	Verbreitung und Häufigkeit	140
8.5.	Bestandesentwicklung und Gefährdung	141
8.6.	Erläuterungen zu den Verbreitungskärtchen	144
9.	**Systematische Übersicht der Familien**	145
Spezieller Teil: Artentexte und Verbreitungskarten, Teil I (Lycopodiaceae–Apiaceae)		149
Index		537

Teil II

Spezieller Teil: Artentexte und Verbreitungskarten, Teil II (Gentianaceae–Orchidaceae)

Nachträge und Korrigenda

Anhang

Literaturverzeichnis

Bildnachweise

Index

Vorwort

Wenn wir nach sechzehnjähriger Arbeit dem geschätzten Publikum aus Kreisen der Lehre und Praxis, der Wissenschaft, des Naturschutzes, der Freunde der Natur und der Heimat ein Werk vorlegen, das über das baselregionale Vorkommen wildwachsender Pflanzen im Zeitraum 1980–1996 Auskunft geben möchte, so sind wir uns bewusst, dass ein Anspruch auf Vollständigkeit nie erfüllt werden kann. Längst ist jedoch der Zeitpunkt gekommen, mit den gesammelten Daten an die Öffentlichkeit zu treten.

Welche Anliegen möchte nun diese Flora vermitteln – die weder eine Bestimmungs- noch eine Bilderflora sein will, deren der Markt im Augenblick genug bereithält – ? Der Buchtitel nennt das Hauptziel: Es gibt Auskunft über das Vorkommen wildwachsender Pflanzen der Region Basel im Zeitraum zwischen 1980 und 1996 (1997). Für jede Art werden neben einem auf naturräumlicher Grundlage erstellten Verbreitungskärtchen Angaben über Verbreitung und Häufigkeit, Ökologie und Soziologie, Zu- bzw. Abnahme und Gefährdung geliefert. Bewusst soll gezeigt werden, wieviele Fremdarten in der Zusammensetzung und Entwicklung unserer Flora mitspielen.

Als wir 1980 mit den ersten sporadischen Aufzeichnungen über Pflanzen in der Stadt begannen, leitete uns einzig das Bedürfnis, aus eigener Anschauung heraus zu erfahren, was von der einst vielgepriesenen botanischen Vielfalt im heimischen Raum noch zu finden sei. Rasch zeigte sich, dass doch nicht «einfach alles» verloren war. Durchaus liessen sich Entdeckungen machen, Verlorengeglaubtes hatte getreulich ausgeharrt, Unerwartetes, nirgends Verzeichnetes kam zum Vorschein und nicht zuletzt – Neues war auf dem Plan erschienen.

In uns erwachte ein eigentliches Jagdfieber, und die Freude, die freie Natur in Ungebundenheit abseits von Weg und Steg zu durchstöbern, tat das ihre. Mit dem steten Anwachsen der Funde erschlossen sich uns immer neue Bezüge, Gesetzmässigkeiten enthüllten sich, sodass wir bald über das blosse Sammeln hinaus- und in ein eigentliches Forschen hineingewachsen waren. Man kann wohl sagen: Wir hatten die uns umgebende Welt – jeden Talzug und jeden Bergkamm, jeden Waldwinkel, Felskopf, Rasenhang, Weiher, Siedlungskern, Bahnhof, jedes verschwiegene Tälchen, jede Magerweide – diese nahe und doch so unbekannte Welt in einer ganz neuen, tieferen und vielfältigeren Weise sehen und schätzen gelernt.

Leider war jedoch von Bewusstsein, Empfinden für all diese heimliche Herrlichkeit weit um uns herum noch wenig zu merken.

Laufend erlebten wir mit, wie wertvollste Bestände geänderten, meist intensiveren Nutzungen, Ansprüchen, oft aber auch reiner Gedanken- und Ahnungslosigkeit, Unverständnis, oder aber übersteigerten Ordnungs- und Sauberkeitsansprüchen zum Opfer fielen.

Vor unseren Augen verschwanden die lange verbliebenen Reste der Neudörfer Heide unter Industriebauten und Asphaltplätzen, wurde das letzte Vorkommen der Kleinen Wiesenraute am Tüllinger Berg zur Blütezeit mit Aushub überschüttet; im Jura vergandeten dagegen – weil kaum mehr rentabel nutzbar – abgelegene Magerwiesen oder wurden mit dicht schliessenden Fichtenkulturen überpflanzt. Im Sundgau hielt zulasten von Wässermatten, mageren Weiden und Obstgärten im grossen Stil der Anbau von Futtermais Einzug.

Leider ist die unselige Entwicklung bis heute nicht gebannt, weder in den dicht besiedelten Gebieten, wo es besonders not täte, vielfältige Grün- und Freiflächen nicht nur zu erhalten, sondern wieder neu zu ermöglichen, noch in den Resten gut und reich strukturierter alter Kulturlandschaften.

Was der diffuse Stickstoffeintrag aus der Luft und die starke Verinselung mancher Einzelvorkommen bei Pflanzen magerer Standorte auf längere Frist bewirken, ist für uns schwer abzuschätzen.

Immerhin hat in den letzten Jahren eine neue Orientierung, ein bewusstes Eingehen auf die umgebende Natur und engagiertes Einstehen dafür merklich an Boden gewonnen. Wenigstens auf schweizerischem Staatsgebiet bestehen dazu auch ziemlich griffige rechtliche Grundlagen.

Natur, also auch die spontane Vegetation, darf Grossprojekten nicht mehr einfach ohne Ersatz preisgegeben werden.

Öffentliche Anlagen und zum Teil auch private Gärten werden heute in der Stadt Basel und anderswo vom Standort her geplant und unterhalten – vom waldartigen Parkteil bis zur offenen Kiesfläche. Der Herbizideintrag im Gleisbereich ist dank dem Atrazinverbot spürbar zurückgebunden, und in den Bahnhöfen kommt dezentes Grün wieder zu seinem Recht.

Wenigstens auf Schweizer Gebiet ist in der Landwirtschaft eine hoffentlich andauernde Abkehr von intensivsten, nur auf quantitative Maximierung der Erträge ausgerichteten Produktionsweisen in Gang gekommen und wird von der Allgemeinheit offensichtlich mitgetragen.

In den Wäldern der Nordwestschweiz und Südbadens, die zum Glück ohnehin nie in grossem Stil zu Holzplantagen umfunktioniert worden sind, so wenig wie diejenigen im Oberelsass, gehört die Pflege natürlicher Vielfalt zu den erklärten Zielen.

Betrachtet man die Blauenweide heute und erinnert sich an ihren Zustand vor rund fünfzehn Jahren, so erkennt man mit Freude, dass eine Wende zum Besseren, eine Rückkehr zum Zustand, wie ihn MOOR (1962) beschrieben hat, doch möglich ist.

Dass die ‹Petite Camargue Alsacienne› in grosser Ausdehnung unter Schutz steht, ist eine regional bedeutsame Leistung.

Mit Dankbarkeit erfüllt uns also alles, was uns noch an Naturlandschaft und naturgerechter Kulturlandschaft umgibt: das vielfältige, unausschöpfbare Antlitz des Juras und des Birstals, die verschwiegenen Schätze der badischen Hügelländer und Flussebenen, die weiträumig gestreuten Kostbarkeiten im Elsass und im Leimental und die vielen kleinen überraschenden Winkel im städtischen Raum.

Die Forschung geht weiter

Viele Forschungsaufgaben harren nach wie vor der Bearbeitung. Gefragt ist Artenkenntnis! Auf der Basis sicherer Artenkenntnis lassen sich Untersuchungen aufbauen wie z.B. Gebietsmonographien, Gutachten, floristische und soziologische Bestandesaufnahmen, Bestandesentwicklungen über längere Zeit, Kartierungen, Exkursionsbeschreibungen, ökologische, geobotanische und blütenbiologische Untersuchungen, Bearbeitung von kritischen Artengruppen, Inventare aus Gebieten, die an unseren Florenrayon anschliessen, usw. Ein spezielles Augenmerk soll auf das Erscheinen seltener Arten bei Grossbaustellen (Eröffnen alter Samenreservoire) gerichtet werden.

Eine Riesenarbeit steht noch an, um alle kryptogamischen Pflanzengruppen wie Moose, Flechten, Pilze, Algen im Gebiet zu inventarisieren; hier besteht noch grosser Nachholbedarf, und wiederum sind begeisterungsfähige, kritische Idealisten gefragt, die sich nicht scheuen, sich in diese verborgene Lebewelt einzuarbeiten und sich eine Artenkenntnis anzueignen, die ihnen die Kompetenz verleiht, mitzuwirken an der Bestandesaufnahme der staunenswerten Vielfalt der Schöpfung, wie sie sich uns konkret jetzt und hier im heimatlichen Umkreis darbietet!

Es versteht sich von selbst, dass unsere geneigte Leserschaft genaue Lokalisierungen seltener und gefährdeter Arten nicht als Freipass versteht, sich dort fürs eigene Herbar oder für andere Zwecke zu bedienen. Wir möchten uns nicht dem Vorwurf aussetzen, zum Verschwinden von Raritäten beigetragen zu haben.

Da aber in absehbarer Zeit Nachträge zu dieser Flora fällig werden, sind Meldungen von bemerkenswerten Vorkommen, die uns entgangen sind oder die neu aufgetaucht sind, sehr erwünscht; dabei ist zur Verifizierung ein Foto oder ein Beleg in gewissen Fällen sehr wertvoll.

Dank

Viele Menschen haben uns während Jahren begleitet oder waren uns in der einen oder anderen Sache behilflich. Ihnen allen möchten wir hier unseren aufrichtigen Dank aussprechen:

– den Mitgliedern unserer Arbeitsgemeinschaft für Vegetationskunde Basel, die allesamt das Ihre zum Gelingen des Werks beigetragen haben, sei es mit eigenen Funden, Begleitung auf Exkursionen, in der Diskussion, beim Korrekturenlesen, bei Problemen mit der EDV: Josef Bertram (Allschwil), Helmuth Boos (Bad. Rheinfelden), Andreas Huber (Basel), Herwig Kühnen (Reinach), Dr. Heiner Lenzin (Birsfelden), Dr. Hans Meier-Küpfer (Wenslingen), Dr. Heinz Schneider (Basel), Ariane Zemp (Ettingen), – unermüdlichen Begleitern, Freunden, die uns über die lange Zeit der Arbeit bei der

Stange hielten, aufmunterten, wenn es nötig war, uns durch fachliche Beiträge, Fundmeldungen und in der Diskussion halfen: Dr. Beatrice Moor (Basel), Markus Ritter (Basel), Dr. Karl Martin Tanner (Seltisberg), Prof. Dr. Heinrich Zoller (Basel),

- den Redaktoren der Mitteilungen der Naturforschenden Gesellschaften beider Basel: Lorenz Häfliger (Aesch) und Dr. Raffael Winkler (Basel); den Vorständen der Naturforschenden Gesellschaften beider Basel; der Forschungskommission der Naturforschenden Gesellschaft Baselland und ihrem Präsidenten Dr. Urs Tester (Bottmingen),
- den Mitarbeitern der Druckerei Lüdin AG in Liestal, die in kompetenter und umsichtiger Weise den Druck des komplizierten Werks über die Runden gebracht haben: Franz Bürgin, Tobias Stutz und Erich Zeltner,
- nicht zuletzt unseren Frauen und Partnerinnen, die unserer langdauernden Arbeit eine grosse Menge Verständnis und Geduld entgegengebracht haben: Esther Kienzle, Yvonne Knecht, Eva Richner, Astrid Zemp.
- Zahlreiche Personen haben uns ins uneigennütziger Weise einzelne Pflanzenfunde gemeldet oder uns ganze Listen überlassen, die wir auswerten konnten: Örni Ackeret (Basel), Dr. Walter Amrein (Oberwil), Werner Baumgartner (Riehen), Stefan Birrer (Oberwil), Dr. Niklaus Bischof (Arlesheim), Dr. Ulrich Blass (Reinach), Dr. Martin Blattner (Binningen), Dr. Jochen Bockemühl (Dornach), Josef Borer (Breitenbach), Peter Brodmann-Gross (Ettingen), Dr. Peter Brodmann-Kron (Ettingen), Mathias Buess (Arlesheim), Beat Burri (Basel), Kurt Buser (Binningen), Ingrid Dingwall (Nuglar), Leo Doser (Basel), PD Dr. Andreas Erhardt (Binningen), Dr. Peter Frei (Riehen), Roland Gerber (Oberdorf), Rosemarie Graf (Münchenstein), Dr. Gianfranco Grazi (Dornach), Dr. Claude Gremmelmeier † (Pfeffingen), Prof. Anton Grossmann (Lörrach), Dr. Bernardo Gut (Arlesheim), Toni Häfliger (Basel), Dr. Josef Hartmann (Basel und Chur), Beate Hasspacher (Basel), Dr. Christian Heitz (Riehen), Dr. Hans Rudolf Hofer (Liestal), Dr. Arthur Huber-Morath † (Basel), Dr. Niklaus Hufschmid (Therwil), Dr. Gerold Hügin (Denzlingen), Christine Huovinen-Hufschmid (Wald AR), Paul Imbeck (Muttenz), Hans Ischi (Muttenz), Susanne Kaufmann-Strübin (Liestal), Dr. Andres Klein (Gelterkinden), Ursula Kradolfer (Dornach), Prof. Karl Kuhn (Freiburg i.Br.), Dr. Daniel Küry (Basel), Bruno Latscha (Bottmingen), Theo Laubscher (Basel), Dr. Dagmar Lautenschlager-Fleury † (Basel), Ernst Lautenschlager-Fleury (Basel), Dr. Erwin Litzelmann † (Lörrach), Maria Litzelmann-Jacobi (Lörrach-Haagen), Roland Lüthi (Münchenstein), Dr. Rudolf Massini (Basel), Adolf Mattenberger (Basel), Andreas Meier (Riehen), Sigrid Meineke (Schliengen), Jean Metzger (Basel), Philippe Metzger (Hegenheim), Dr. Max Moor † (Basel), Dr. Hans Jörg Müller (Niederdorf), Max Nydegger (Basel), Dr. Frans Paesi (Basel), Jens Paulsen (Basel), Hansruedi Plattner (Münchenstein), Hansrudolf Reinitzer (Dornach), Ernst Richli † (Arlesheim), Thomas Schär (Ostermundigen), Wolfgang Schiller (Grenzach-Wyhlen), Martin Schläpfer (Bubendorf), Bertrand Schmidt (Waldkirch), Lotti Schumacher (Basel), Dr. h.c. Martin Schwarz (Basel), Dr. Charles Simon † (Basel), A. Ssymank (Grenzach), Dr. Christian Staehelin (Basel), Prof. Dr. Roger Alfred Stamm (Lüneburg und Ettingen), Peter Steiger (Basel), Marcel Sterchi (Birsfelden), Sabine Stöcklin (Oberwil), Markus Stephan Thommen (Bern), Emil Thüring (Ettingen), Emanuel Trueb (Pratteln), Marc Tschudin (Basel), Dr. Konrad Urech (Hochwald), Dr. Eduard Urmi (Zürich), Dr. Walter Vogt (Lauwil), Fritz Wagner (Frenkendorf), Urs Wehrli (Basel), Christoph Weidkuhn (Basel), Hans Wettstein (Grenzach-Wyhlen), Christoph Wicki (Basel), Dr. Michael Witschel (Freiburg i.Br.), Kaspar Wittwer (Reinach), Cornelia Ziereisen (Lörrach).
- Fachmännische Hilfe in der Bearbeitung kritischer Arten oder Gattungen erhielten wir von: Günter Gottschlich (Tübingen) *(Hieracium)*, Theo Laubscher (Basel, Gehölze), Dr. Dagmar Lautenschlager-Fleury † (Basel) und Ernst Lautenschlager-Fleury (Basel) *(Salix)*, Rolf Wisskirchen (Bonn) *(Xanthium)*.
- Die auf der Basis der neusten Messungen erarbeitete Niederschlagskarte verdanken wir Beat Zano (Birsfelden).
- Technische Hilfe leisteten uns Roland Bürki (Basel), Stephan Jungck (Wädenswil), Jens Paulsen (Basel) und Dr. Heinz Schneider (Basel).

Ohne die Zuwendungen der folgenden Stiftungen und Fonds hätten die zeitraubenden Abschlussarbeiten an der Flora kaum bewältigt werden können:
- Emilia Guggenheim-Schnurr-Stiftung, Basel
- Stiftung zur Förderung der Pflanzenkenntnis (Charles Simon-Stiftung), Basel
- Forschungskommission der Naturforschenden Gesellschaft Baselland
- Umweltkredit der Koordinationsstelle für Umweltschutz Basel-Stadt.

Der Druck des gesamten Werkes wurde aber erst möglich durch das Engagement der Bertha Hess-Cohn Stiftung.

Den Vertretern und Räten der genannten Stiftungen sei an dieser Stelle der verbindlichste Dank ausgesprochen.

Möge das Werk das der Basler Region und seiner Flora gebührende Interesse wieder neu wecken und die Freude, die wir im Entdecken und Erforschen erfahren durften, weitervermitteln. Möge auch in Ihnen ein Funke des ‹feu sacré› überspringen und Ihnen im Ringen um den Schutz unserer heimischen Natur die nötige Energie schenken!

Basel, im Winter 1997/1998   Die Autoren

Für Zuschriften und Berichte jeglicher Art, insbesondere für Meldungen neuer Pflanzenfunde, sind wir jederzeit dankbar!

Die Adressen:
Dr. Michael Zemp, Lebernweg 32, CH-4107 Ettingen
Daniel Knecht, Wollmattweg 8, CH-4143 Dornach
Dr. Ulrich Kienzle, Schäublinstr. 93, CH-4059 Basel
Martin Frei, Birkenstr. 26, CH-4055 Basel
Thomas Brodtbeck, Elsternweg 5, CH-4125 Riehen

1. Einführung

1.1. Zur Forschungsgeschichte

Basel war eine der ersten europäischen Städte, in denen aus grossem Idealismus heraus eine Universität gegründet wurde (1460). Schon gegen Ende desselben Jahrhunderts hatten Amerbach, Petri und Froben Basels Ruf als europäische Druckerstadt fest gegründet. Hier erschienen auch berühmte Kräuterbücher, die noch ganz im Zeichen der Heilkunde standen. Einen ersten, weitwirkenden Grundstein in der Wissenschaft der selbständigen Botanik bildete der neben den epochemachenden enzyklopädischen Werken "Phytopinax" (1596) und "Pinax theatri botanici" (1623) erschienene "Catalogus plantarum circa Basileam sponte nascentium..." (1622) von CASPAR BAUHIN (1560–1624), Zum ersten Mal liegen in dieser handlichen Exkursionsflora Angaben über Fundorte und Standorte aller bekannten Pflanzen aus der Region von Basel (ca. 1000 "Arten") vor, denen etikettierte Belege zugrunde liegen.

Der um die Botanik hochverdiente WERNER DE LACHENAL (1736–1800) hinterliess ein bedeutsames Herbarium und handschriftliche Aufzeichnungen, die noch der Veröffentlichung harren. In der Person von KARL FRIEDRICH HAGENBACH (1771-1849) reichen sich mittelalterliche Tradition (er war zugleich Apotheker und Mediziner und dozierte Anatomie und Botanik; Latein war seine Schriftsprache) und moderne, wissenschaftliche Objektivität die Hand: sein Lebenswerk "Tentamen florae Basileensis" (1821, 1834, 1847) nennt für jede der systematisch geordneten Arten Synonymie, Diagnose, Variabilität, Standort, Fundorte und Blütezeit. Eine bewusst einfach zu handhabende Taschenbuchflora gibt 1880 FERDINAND SCHNEIDER (1836-1882), Botanikprofessor und Apotheker, heraus; sie enthält manch neue Fundortsangabe.

Das 20. Jahrhundert bricht an. In 3 Auflagen bringt AUGUST BINZ (1870-1963), Reallehrer und Kustos des Universitätsherbars, seine "Flora von Basel und Umgebung" heraus, konzipiert für den Gebrauch in Schulen und zum ersten Mal konsequent mit einem dichotomen Schlüssel ausgerüstet. Während in der 1. Auflage (1901) bei vielen Arten Fundorte genannt werden, die später einer summarischeren Behandlung weichen mussten, umfasst die 3. Auflage (1911) ein Jahrzehnt zusätzlicher floristischer Erforschung. Diese dritte Auflage bildet insofern einen forschungsgeschichtlichen Markstein, als sie die letzte gesamthafte Erfassung der Basler Flora darstellt. Was folgt, sind weitere Ergänzungen (von 1915 bis 1956), ohne dass man aber – von wenigen Ausnahmen abgesehen – über das Schwinden einst häufiger Arten unterrichtet wird. Die äusserst akribisch zusammengestellten, alle Varietäten und Formen berücksichtigenden "Gefässkryptogamen und Phanerogamen des Kantons Solothurn" (1949) von RUDOLF PROBST (1855–1940, Arzt, Langendorf) umfassen zwar auch unseren Basler Rayon, aus dem sie aber meist schon Gedrucktes zitieren.

Mir der Ära Binz, die gegen 1960 endete, ging auch das Zeitalter rarer floristischer Funde scheinbar zu Ende. Eine neue Generation soziologisch interessierter Flora-Kenner erstand im Gefolge der anregenden "Einführung in die Vegetationskunde der Umgebung Basels" (1962) von MAX MOOR (1911-1988). Gleichzeitig prägte HEINRICH ZOLLER (*1923) als Professor am Botanischen Institut Basel von 1960 bis 1988 eine ganze Generation Studierender mit seinem vielseitigen Unterricht. Leider erhalten wir gerade aus dem Zeitraum zwischen 1960 und 1980 wenig Auskunft über floristische Beobachtungen. Eine Ausnahme bildet wohl das Werk "Florenwandel und Vegetationsveränderungen..." (1985) von HANS MEIER-KÜPFER, das aktuell-floristische, historische und pflanzensoziologische Daten aus dem untersten Birsgebiet unter einen Hut bringt.

1.2. Zum Werdegang dieser Flora

Als wir unserer zwei, Michael Zemp und Thomas Brodtbeck, 1980 mit den ersten sporadischen Aufzeichnungen über Pflanzenvorkommen in der Stadt Basel und ihrer nächsten Umgebung begannen, lag uns der Gedanke einer zweibändigen Publikation fern. Angesichts des rasanten Wandels in der Nutzung unserer Landschaft und der sichtlich enormen Einbussen für die spontane, alteingesessene

Vegetation hatten wir jedoch das Bedürfnis, uns ein Bild über das (noch) Vorhandene zu machen. Mehr als erwartet stiessen wir – auch mitten in der Stadt – auf Überraschendes, längst verschollen Geglaubtes, zum Teil alt Belegtes: Turm-Gänsekresse und Niedliche Glockenblume an den Rheinmauern unterhalb der Pfalz, Mauer-Hungerblümchen an den Bahndämmen Dreispitz-St.Jakob und Landauer, Osterglocken in der Münchensteiner Au.

Schon bald, 1982-1984, konnten wir unsere ersten Kenntnisse einem Werk dienstbar machen, das sich die umfassende Bestandesaufnahme der Lebewelt im Kanton Basel-Stadt – nach wie vor Kern unseres allmählich nach aussen wachsenden Rayons – zum Ziel gesetzt hatte: dem Basler Natur-Atlas. Umgekehrt erfuhren unsere Aufnahmen durch die Mitarbeit in diesem epochalen Projekt starke Förderung: Wir erhielten die Möglichkeit zum Vordringen in Räume, die für normal Sterbliche fast unzugänglich waren: Bahn- und Hafenanlagen, Industriegelände, Hinterhöfe, Flachdächer, und es schärften sich unsere Sinne für die urbane Vegetation als lebendiges Abbild der vielfältigsten Beanspruchungen und Nutzungen. Wir lernten den Reiz der Pflasterfugen, der nitrophilen Staudensäume, der Ruderalfluren kennen und schätzen. Mehr und mehr zeichneten sich Gesetzmässigkeiten ab, die uns bis dahin verborgen gewesen waren: Sippengliederungen, Verbreitungs- und Vergesellschaftungsmuster, und das machte das Forschen unsäglich spannend, ja bisweilen aufregend. Die fieberhafte Suche nach dem Drüsigen Ehrenpreis, nach der Säulengriffligen Rose, nach der Edlen Schafgarbe, dem Eichenfarn, dem Gift-Lattich, der Pracht-Nelke – sie wurde schliesslich mit Erfolg belohnt. Unauffindbar hingegen blieben die Getreidemiere, das Gelbliche Cypergras. Unerwartet und überraschend begegneten uns z.B. der Berg-Lauch und der Vogelfuss in der Rheinebene, Schlitzblättrige Taubnessel und Österreichische Hauhechel ob Grellingen, das Stachlige Seeried, die Sonderbare Segge, der Gold-Klee – oder das Nagelkraut auf dem Münsterplatz.

Unabhängig davon begann der Dritte im Bunde, Martin Frei, nachdem er noch in seiner Gymnasialzeit um 1980 eine Herbarsammlung begründete, sehr intensiv die nächste Umgebung von Basel und Riehen einschliesslich des Tüllinger Bergs, später auch das Birs- und Oberrheingebiet systematisch abzusuchen, wobei ihn vielfach die Angaben aus BINZ (1905) leiteten, und konnte manch verschollen Geglaubtes neu bestätigen. Mit Ruedi Massini gewann er Einblick in die Schönheiten des Laufentals und der Petite Camargue Alsacienne. Zu uns stiess er 1986 durch sein Inventar eines Reservats in Riehen.

Dem inzwischen geborenen Exkursionskreis ('Club' genannt) erwuchsen zwei weitere Mitarbeiter, speziell vertraut mit der Reinacherheide und langzeitlichen Magerrasenproblemen (Ueli Kienzle) sowie mit Arlesheim (Diplomarbeit über Wälder) und Dornach (Daniel Knecht). Noch war das Untersuchungsgebiet zu klein, und eine letzte, endgültige Abrundung auf die hier definierte Grösse wurde 1989 vorgenommen. Für den zunächst auf etwa 1992 geplanten Abschluss des Werkes war die Zeit noch nicht reif; viele Fragen waren noch offen, und die bisher erhaltenen Verbreitungsmuster waren noch zu willkürlich ausgefallen, sodass Nachkartierungen angesagt waren. Seit der Konstitution als Verein 1993, genannt "Arbeitsgemeinschaft für Vegetationskunde Basel", werden regelmässige Arbeitssitzungen abgehalten, und an die Stelle der Anhäufung von Material tritt deren Sichten und Ordnen und das Formen und Giessen der Texte – wobei die 'Köche' sich nicht immer einig sind über die Mengen der Zutaten, der Gewürze und über die Bekömmlichkeit!

Der vorliegende "Florenkatalog" ist ein Gemeinschaftswerk. Ohne Teamarbeit wäre es nie zum Abschluss dieses Projekts gekommen. An dieser Stelle soll aber auch kurz und ohne Gewähr für Vollständigkeit über die Spezialitäten der einzelne "Köche" berichtet werden, ohne die das anspruchsvolle "Menu" nicht hätte gelingen können:

Adventivflora (Brodtbeck), Artentexte erstellen (alle), Artentexte redigieren (Frei, Zemp), Aufbereiten der Feldbuchnotizen (Brodtbeck), Datenverarbeitung (Frei, Knecht), Gefährdung (Frei), Geologie und Böden (Kienzle), Klima (Zemp), Kritische Artengruppen (s. Kap. 7.3.3.), Landschaftswandel (Kienzle), Pflanzendynamik (Brodtbeck), Pflanzensoziologie (Zemp), Profile und Figuren (Kienzle), Systematik (Brodtbeck), Vegetationskarte (Kienzle), Verbreitungskärtchen digitalisieren (Knecht).

2. Geographie des Untersuchungsgebietes

2.1. Lage, Grösse und Abgrenzung des Untersuchungsgebietes

2.1.1. Die geographische Lage Basels

Die Stadt Basel nimmt in vieler Hinsicht eine Brückenstellung ein. Nicht nur werden die durch den Rhein getrennten Stadthälften Grossbasel und Kleinbasel durch die Mittlere Brücke im Zentrum des Stadtkerns verbunden (einst die unterste Rheinbrücke bis nach Holland); es münden innerhalb des engeren Stadtgebiets auch drei Flüsse aus sehr unterschiedlichen Nachbarlandschaften Basels in den Rhein:
– die Wiese aus dem Schwarzwald (deutsches Bundesland Baden-Württemberg),
– die Birs aus dem Faltenjura (Kantone Jura, Bern, Solothurn und Baselland),
– der Birsig z.T. aus dem Sundgau (Département Haut-Rhin).

Als Zentrum des alemannischen Raums verband Basel schon immer französische, deutsche und schweizerische Elemente der Kultur und der Natur. Die drei Staaten treffen unterhalb des Basler Rheinhafens am sog. "Dreiländereck" zusammen.

2.1.2. Der Regio-Gedanke

Die Grenzlage von Basel hat von alters her in dieser Stadt trotz den Landesgrenzen zu fruchtbaren Begegnungen der umliegenden Kultur- und Wirtschaftsräume geführt. Schon gleich nach dem Zweiten Weltkrieg wurde die

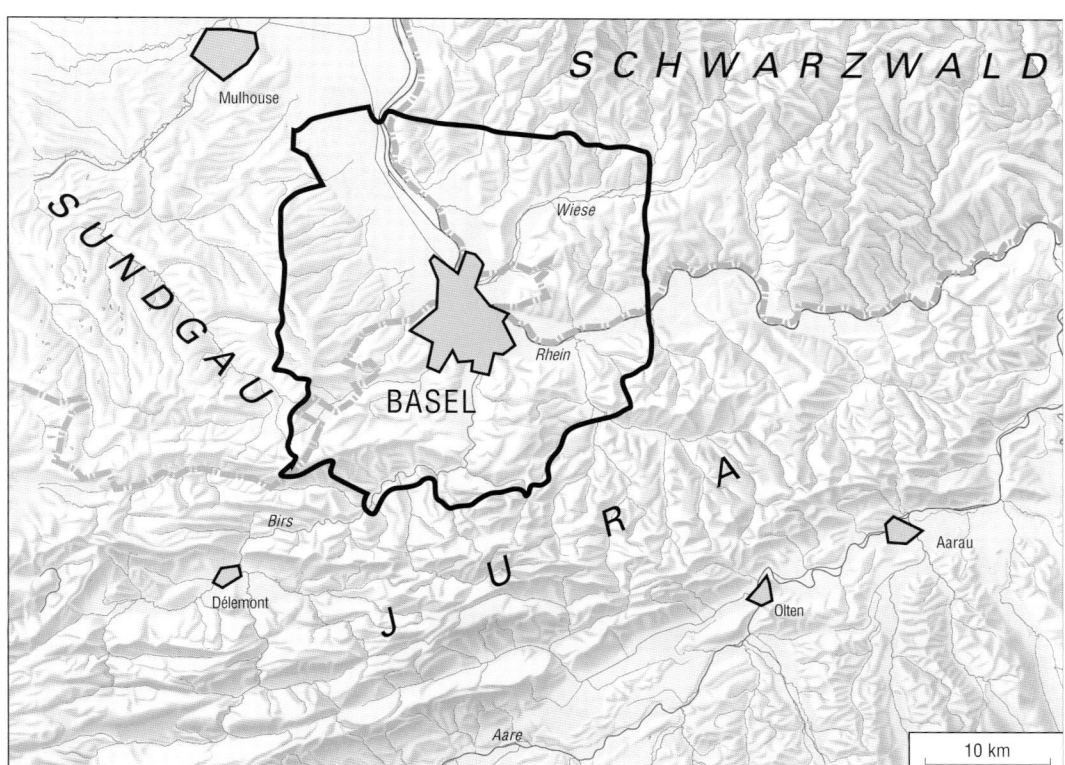

Fig. 1. Lage des Untersuchungsgebiets in weiterer Umgebung.

Gebietsbezeichnung "Regio Basiliensis" bekannt, und der Regio-Gedanke blühte wieder auf, der weniger die Dominanz des Zentrums Basel über die heterogene Peripherie im Auge hat, als vielmehr zum Ziel hat, die Bande zwischen den durch Kriege und Staatsgrenzen getrennten Menschen wieder neu zu festigen, die doch ein und dieselbe Sprache sprechen. Auch die vorliegende "Flora von Basel" entstand unter dem Leitstern der Regio-Idee und soll aufzeigen, wie reich die floristischen Beziehungen zwischen den unterschiedlichen Landschaften des Basler Raums sind. Wir haben auch den Perimeter des Untersuchungsgebiets so gewählt, dass die Stadt Basel nicht – wie in ihrer politischen Lage – von Landes- und Kantonsgrenzen eingeengt und an einen Aussenrand gezwängt ist, sondern im Zentrum seiner ureigenen Umgebung liegt.

2.1.3. Die geobotanische Situation Basels

Die nicht nur politische, sondern auch topographische Grenzlage bringt es mit sich, dass unser Gebiet auf kleinem Raum verschiedenartige Landschaften mit erheblichen geologischen, klimatischen und kulturellen Unterschieden vereinigt. Die umfangreiche Aufzählung der im Untersuchungsgebiet gefundenen Pflanzengesellschaften (Kap. 6) gibt eine Vorstellung von der Vielzahl der hier noch vorhandenen Lebensraumtypen. Im europäischen Floranaustausch zwischen Nord und Süd, Ost und West nimmt der Basler Raum eine bedeutsame Schlüsselstelle ein: Hier vereinigen sich die Wanderwege der Stromtalpflanzen aus dem atlantischen Bereich des Niederrheins herauf und aus dem Bereich der Schweizer Alpen herunter. Von den kontinentalen Trockensteppen Osteuropas wanderten manche Pflanzen via Main-Oberrhein oder aber via Donau-Hochrhein bis in unser Gebiet ein. Der Reichtum des submediterranen Florenelements überrascht kaum, wenn man bedenkt, dass Basel ein Eckstein der Burgunderpforte ist, über welche Senke manche wärmebedürftige Art zu uns gelangte.
Heutzutage ist der Zustrom an Pflanzen aus fremden Regionen durch den massiven Ausbau der Verkehrswege in unserer Region auf eine beachtliche Menge angestiegen: Die Anlagen der 5 Rheinhäfen (Kleinhüningen, Klybeck, Weil-Friedlingen, St.Johann und Auhafen-Birsfelden) und vor allem die riesigen Areale der Güterbahnhöfe Weil-Haltingen, Basel DB, Wolf und Muttenz erweisen sich heute als Fundgrube für manche botanische Kostbarkeiten, sodass unerwartet manche Gebiete innerhalb des überbauten Agglomerationsgebiets die artenreichste Flora des ganzen Untersuchungsrayons aufweisen.

2.1.4. Grösse und Abgrenzung des Untersuchungsgebiets

Der von uns dokumentierte Rayon überdeckt eine Gesamtfläche von 795 km^2, die Anteile der einzelnen Staaten betragen:
Schweiz 300 km^2 (38% des UG)
Frankreich 232 km^2 (29% des UG)
Deutschland 262 km^2 (33% des UG)
Die Grenze der Untersuchungsfläche wurde in allen Himmelsrichtungen ca. 15 km von der Stadtmitte entfernt gezogen. Bis dahin gelangt man in einer passablen Zeit mit dem Velo oder mit öffentlichen Verkehrsmitteln. Der Umkreis entspricht auch ungefähr dem Bereich der engsten anthropogeographischen Beziehungen – z.B. der Pendlerströme – zwischen dem Zentrum Basel und seiner gesellschaftlichen und wirtschaftlichen Peripherie (Regio-Strukturatlas, ANNAHEIM 1967).
Trotz des recht bescheidenen Flächenumfangs wird mit diesem Rayon das wesentliche Florengut der Basler Umgebung ziemlich vollständig erfasst, sind doch manche altbekannte Lokalitäten mit floristischen Seltenheiten eingeschlossen:

– Isteiner Klotz (z.B. mit dem Diptam, *Dictamnus albus* und dem Federgras, *Stipa pennata*)
– Unteres Wiesental (z.B. mit der Sumpf-Schafgarbe, *Achillea ptarmica*)
– Weitenauer Vorberge (z.B. mit den Bärlappen *Lycopodium annotinum + clavatum*)
– Dinkelberg (z.B. mit dem Süssgras *Glyceria striata*)
– Olsberger Wald (z.B. mit dem Farn *Polystichum setiferum* und der Moor-Birke, *Betula pubescens*)
– Schleifenberg (mit dem Leberblümchen, *Hepatica nobilis*)
– Gempenplateau (z.B. mit dem Kümmel-Haarstrang, *Peucedanum carvifolia*)

- Birseck mit Reinacherheide (z.B. mit dem Rauhen Klee, *Trifolium scabrum*)
- Südflanke des Blauen (z.B. mit dem Frühlings-Enzian, *Gentiana verna*)
- Höherer Sundgau (z.B. mit dem Kleinen Wintergrün, *Pyrola minor*)
- Oberrheinebene (z.B. mit der Küchenschelle, *Pulsatilla vulgaris*)
- Elsässer Hardt (z.B. mit der Schwarzen Rapunzel, *Phyteuma nigrum*)

Grenzprobleme
Die Dokumentation unserer floristisch-geobotanischen Erhebungen in den drei verschiedenen Staatsgebieten waren mit zahlreichen, aber überwindlichen Schwierigkeiten verbunden.
So sind etwa die topographischen Kartengrundlagen der 3 Staaten von unterschiedlichem Aussagewert, Lage und Schreibweise von Flurnamen werden z.T. mit verwirrenden Unterschieden gehandhabt, und die Ausschnitte der Kartenblätter sind je nach Staat an anderen Stellen begrenzt.
Publikationen über floristische Beobachtungen sowie detaillierte Untersuchungen oder thematische Spezialkarten mit Grundlagen zur Geobotanik (Geologie, Klima, Böden, Landwirtschaft etc.) beschränken sich in der Regel nur auf ein einziges Staatsgebiet, und manche Lücken sind bis heute noch nicht geschlossen (siehe Kartenverzeichnis).

2.1.5. Die Umgrenzung des Rayons
Siehe Karte Fig. 8 und Fig. 15

Abkürzungen:
ex = liegt ausserhalb, in = liegt innerhalb des untersuchten Rayons, trans = die Rayongrenze durchquert den Ort.
CH = Schweiz, D = Deutschland, F = Frankreich.
Kantone: AG = Aargau, BE = Bern, BL = Basel-Landschaft, JU = Jura, SO = Solothurn.

Die Rayongrenze verläuft im Uhrzeigersinn folgendermassen:
Im Norden überschreitet sie den Grand Canal d'Alsace und den Rhein bei Schiffskilometer 186 (tiefster Punkt des Rayons: 217 m) sowie die Autobahn Hamburg-Basel bei km 798. Vom südlichen Rheinweiler (trans) steigt sie südost- bis ostwärts auf die Malmscholle von Istein-Blansingen (in) südlich des Kreisbergs (ex) und durchläuft das Markgräflerland ca. ostwärts in Richtung Holzen (trans) und Hammerstein (in). Von dort steigt sie genau ostwärts in die Weitenauer Vorberge südlich des Munzenbergs auf ca. 670 m, fällt zur Nassen Küche (565 m), dann in SE-Richtung südlich an Schlächtenhaus (ex) vorbei nach Weitenau (in). Von der NE-Ecke des Rayons am Fuss des Rötenbach-Walds südlich Wieslet (ex) streicht die Grenze am Westrand des Kleinen Wiesentals südwärts und quert das (Grosse) Wiesental bei Pkt. 359 zwischen Maulburg (in) und Schopfheim (ex). Sie steigt im Wintertal auf den Dinkelberg beim Windelberg (467 m). Über Unter-Minseln (trans), Karsau (ex) sinkt sie zur Hochrheinebene bei Badisch Rheinfelden und überschreitet bei Punkt 260,9 den Hochrhein.
Dem Magdenerbach (CH) folgend erreicht sie westlich Magden (ex) im Tafeljura ihren östlichsten Punkt auf CH-Koordinate 627.500. Von da steigt sie nach SW an zum Schönenbühl-Pass und geht via Olsberg (in), Arisdorf (in), Hersberg (ex) über das Stächpalmenhegli nach Liestal (trans).
Durchs Oristal (in) umkreist sie das Gempengebiet zwischen Büren SO (in) und Lupsingen (ex) und umschliesst Seewen SO (in) südlich des Basler Weihers. Westwärts über die Vogtsmatten (614 m) und den Homberggraben bei 545 m hält sie etwa die tektonische Grenze zwischen dem Tafeljura und dem Faltenjura bis zum Hof Fulnau ein. Sie steigt zum Wisigkamm Pkt. 753,8 an und fällt längs der Bezirksgrenze nach Himmelried (ex) ab. Sie überquert das Chasteltal bei Pkt. 550 und das Kaltbrunnental oberhalb Pkt. 397. Über die Brislachallmet (ex), Zwingen (in) und Laufen (in) umschliesst sie den Talboden des Laufentals und erreicht hier den südlichsten Punkt auf CH-Koordinate 251.100 südlich des Bahnhofs Laufen (360 m).
Von Laufen windet sie sich nach NW via Röschenz (ex) zum Kreuzpunkt der vier Landeskartenblätter. Dem Schachlete-Tal (in) entlang erreicht sie die Challhöhe und den Blauenkamm auf 804 m. Nach SW ausgreifend umrahmt sie die Remelweide und folgt der Landesgrenze nach NE bis zum Grenzstein Nr. 20 östlich des Galgenfelsens.
Auf französischem Territorium fällt sie nach Wolschwiller (ex) ab und peilt auf die Wasserscheide Birsig/Ill den Grenzstein Nr. 75 westlich Rodersdorf (SO) an. Auf der Landesgren-

ze steigt sie zum Höheren Sundgau an und umschliesst ihn, bei der Kapelle St.Brice (ex) nach NW umschwenkend. Über Bettlach (ex) kommt sie zu ihrem westlichsten Punkt 1,5 km südwestlich des Césarhofs (CH-Koordinate 597.000), folgt den nordwärts führenden Strassen über Muespach-le-Haut (in), Knoeringue (trans), Helfrantzkirch (in) bis Magstatt-le-Bas (trans) im Niederen Sundgau. Dort nach NE drehend, erreicht sie das Dorf Uffheim (in) und die Ebene bei Sierentz (in).
In der Oberrheinebene am Hangfuss der Sundgauer Hügel wieder nach NNW abgewinkelt, überquert sie die Route Nationale Nr. 66 östlich Dietwiller (ex), erreicht östlich "Zelg" (ex) die Elsässer Hardt. Bei Niffer (ex) erreicht sie ihren nördlichsten Punkt auf CH-Koordinate 284.500 und an der schmalsten Stelle der Île du Rhin beim Schiffs-Kilometer 185 wieder den Rhein.

Der beschriebene Grenzverlauf ist grob gesehen durch den Radius von ca. 15 km von Basel vorgegeben und durchquert daher meist die landschaftlichen Einheiten, sodass diese zwar mit ihrem floristischen Gut in der vorliegenden Flora vertreten, jedoch nicht vollumfänglich umfasst sind. Auch die historisch bedingten Kantonsgrenzen halten sich keineswegs an naturräumliche Einheiten und konnten deshalb nicht als Massstab zur Gebietsumgrenzung dienen. So verlockend es gewesen wäre, über das definierte Untersuchungsgebiet auszugreifen, – das Ziel einer möglichst flächendeckenden Erfassung wäre dabei ausser Reichweite geraten.

2.2. Allgemeines zu Geologie und Relief

siehe Karte Fig. 1 und Tabelle Fig. 2

Der floristische Reichtum des Untersuchungsgebietes hängt primär davon ab, dass sich bei Basel Landschaften mit den gegensätzlichsten geologischen, morphologischen und pedologischen Merkmalen berühren:
Basel ist eingerahmt durch Gebirge und Hügelländer von recht verschiedenem geologischem Alter:
- im Nordosten vom Schwarzwald, einem sehr alten (paläozoischen) Rumpfgebirge, welches im Laufe seiner ca. 300 Mio. Jahre dauernden Alterung bis auf den kristallinen Untergrund abgetragen wurde,
- im Süden vom Jura, einem jungen (tertiären) Faltengebirge mit vorwiegend kalkigen Ablagerungsgesteinen und teilweise wild-gebirgigem, sehr abwechslungsreichem Relief,
- im Nordwesten und Südwesten von den sanft gewellten Lösshügeln, welche ihre heutige Form und Bodensubstanz in den Eiszeiten erhielten (geologische Gegenwart!).

Zwischen diesen verschiedenartigen Erhebungen ziehen sich die breiten Talebenen des Hoch- und Oberrheins, der Birs und der Wiese durch, um sich im Stadtgebiet von Basel zu vereinigen.

Überspitzt gesagt kann Basel sogar als "Geologischer Mittelpunkt Europas" gelten, kreuzen sich hier doch zwei geologische Grenzlinien von kontinentalem Ausmass: der von der Nordsee bis in die Alpen reichende Rheintal-Grabenbruch (Kap. 2.2.2.) und die Ost-West verlaufende geotektonische Grenzlinie zwischen dem paläozoischen Mesoeuropa der Mittelgebirge im Norden und dem neozoischen Neoeurasien der jüngeren, aufgefalteten Hochgebirge von den Pyrenäen bis zum Himalaya im Süden (Kap. 2.2.3.2.).

2.2.1. Der Schwarzwald und seine Vorberge

Die weicheren paläozoischen Schichten (Schiefer des Karbon, Arkosen des Perm) und der mesozoische Buntsandstein treten da und dort, besonders an Gebirgsrändern und in Mulden zutage. Vorherrschend sind aber die kristallinen Gesteine Gneis und Granit, welche als sehr beständige und harte Flussgerölle weit ins Vorland verfrachtet werden und zum Beispiel in nächster Umgebung der Stadt Basel z.T. recht saure Silikatsandböden bewirken.
Die Nordgrenze des Untersuchungsgebietes berührt zwar den kristallinen Kern des Schwarzwaldgebirges nicht, sondern verläuft hart an dessen Südgrenze in den Schwarzwaldvorbergen von Weitenau. Dieses Hügelland erreicht im Munzenberg die Höhe von 704 m. Die Buntsandsteinplattform fällt südwärts ein. Im Grenzgürtel gegen den abrupt aufragenden Granitsockel ist der relativ harte Buntsandstein ganz abgetragen und lässt sei-

ne Unterlage, die permzeitlichen Arkosen ("Rotliegendes") zutage treten. Arkosen sind ton- und feldspatreiche Verwitterungsprodukte. Ihr geringer Widerstand gegenüber Erosion liess um Weitenau eine sanftwellige Mulde mit tiefgründigen Ackerböden entstehen.

Es erstaunt zunächst, wie die weiten Talböden der Weitenauer Mulde talabwärts sich plötzlich verengen zu düstern, schmalen Gebirgstälern: eine Folge der südwärts noch erhaltenen Buntsandsteintafel, die ganz im Süden der Vorberge unter ihre Auflage (den Trias-Dolomiten und -Mergeln) absinkt, so dass sie nur noch in den eng eingeschnittenen Tälern an die Oberfläche tritt. Hier wurde sie von alters her durch viele gut erreichbare Steinbrüche genutzt (roter Sandstein für Basler Häuser und das Münster). Heute sind die meisten dieser Brüche aufgelassen und von üppig wuchernden Teppichen azidophiler Moose und Farne überzogen. Der Buntsandstein als extrem mineralarmes Substrat (bis 99,8% Quarz) ergibt äusserst nährstoffarme, saure Böden, die sich unter der hier verbreiteten Nutzung des Fichtenwaldes zu Podsolböden entwickeln (Kap. 2.3.5./3.).

Obwohl die Weitenauer Vorberge nicht die obermontanen Höhen von über 1000 m erreichen, weisen sie mit ihren sauren Böden, ihrem relativ feuchtkühlen Klima und den düstern Fichtenforsten charakteristische Züge des Schwarzwaldes auf und sind auch geobotanisch eindeutig dem Schwarzwald zuzuordnen.

2.2.2. Die Zone der Rheintalflexur

Morphologisch ist die Flexurzone gekennzeichnet durch ein stark coupiertes Relief: Viele Tälchen verlaufen auf Verwerfungen, einzelne "Härtlinge", Kalke oder Sandsteine ragen abrupt und relativ ungeordnet aus den tiefern Alluvialhorizonten des Wiesen- und Kandertals heraus.

Im Westen wird der Schwarzwaldkomplex ziemlich scharf durch den Rheintal-Bruch abgeschnitten. Dieser ist im Gelände z.T. deutlich an steilen Abstürzen nach Westen (parallel zu Verwerfungen) kenntlich. Stellenweise ist die Flexur aber aufgefächert in eine Vielzahl von schiefstehenden Kalkschollen aus der Trias- oder Jura-Zeit, wie z.B. der markante Sporn des Rötteler Schlossberges aus hartem Doggerkalk.

Nach Süden hin führt die Flexurzone zur hervorstechenden Geländemarke des Grenzacher Horns (Muschelkalk). Sie fächert sich aber weiter im Osten (am Dinkelberg) bereits in zahlreiche kleine Grabenbrüche auf.

Dann überquert sie den Rhein beim Birsfelder Hafen, 2,5 km östlich des Basler Stadtkerns. Hier weist die Flexur eine Sprunghöhe von ca. 1500 m auf (die Juraschichten liegen hier im Westen 1500 m tiefer als in ihrer erhöhten Position östlich der Flexur). Sie ist wohl schuld am verheerenden Erdbeben von Basel anno 1356. Weiter südlich verläuft diese bedeutsame geologische Linie dem bogenförmigen Westrand des Gempenplateaus entlang über die burgengekrönten Sporne von Münchenstein, Dornach und Angenstein. Im Becken von Laufen verlässt sie den Rayon, endet aber mit ihren südlichsten Ausläufern erst am Alpenrand bei Thun! Mit ihren landschaftsdurchquerenden Ausmassen stellt sie in Europa eine geologische Grenzlinie erster Ordnung dar.

In unserem Bereich wirkt sie als übergeordnete landschaftliche Trennlinie, scheidet sie doch die weite Oberrheinebene vom hochragenden Schwarzwald und das sanft gewellte Sundgauer Hügelland vom schroffkantigen Block des Gempenplateaus. Zudem ist sie die Ursache für zahlreiche Talverläufe (Kandertal, unterstes Wiesental, unteres Birstal etc.), welche dem geologisch nicht Geschulten seltsam anmutende Kurven und Ecken beschreiben.

2.2.3. Jura-Gebirge

Ganz im Gegensatz zum geologisch gealterten (paläozoischen) Rumpfgebirgs-Bereich des Schwarzwaldes mit gereiftem, grosszügig ausgeglichenem, ja z.T. monotonem Relief weist der Jura als jugendliches (tertiäres) Faltengebirge mit seiner wohl auch heute noch tätigen Gebirgsbildung (Verwerfungen, Faltungen, Überschiebungen) viel mehr markante, "ungehobelte" Reliefelemente auf: Senkrechte Kalkflüh werden von rutschenden, kollernden Blockhalden gesäumt. In Tälern mit noch unausgeglichenen Engstellen (Klusen) wechseln die Flussläufe zwischen ruhigem Mäandrieren und schiessenden Stromschnellen. Scharf begrenzte Hochschollen (z.B. Gempenstollen mit Schartenfluh) erheben sich aus aktiven Ausräumungszonen, wo Rutsche

(Wartenberg 1952), Sackungen oder gar Bergstürze (z.B. Dornach) die noch grosse aufgestaute Reliefenergie bezeugen. Hinweise schon fortgeschrittener Erosionstätigkeit sind isolierte Restberge (Wartenberg, Adler), welche gehäuft besonders am Rande der relativ rasch absinkenden Erosionsbasis in der Hochrheinebene auftreten (Kap. 2.2.5.1.).

2.2.3.1. Schichtbau des Jura

Was heute an Gesteinen im Jura an der Oberfläche sichtbar wird und somit wesentlich zur Bodenbildung beiträgt, sind zum grössten Teil jüngere Meeresablagerungen der oberen Juraformation, z.B. die auffälligen, weissen Korallenkalke aus der Malmzeit. In manchen Füllungen von Hochmulden liegen Sedimente der Erdneuzeit (Tertiär). Die ältern Schichten des Jura (Lias) oder gar der noch älteren Trias (Keuper, Muschelkalk, Gips) sind nur an wenigen Stellen freigelegt worden, z.B. dort, wo Bäche und Flüsse sich bis in das Innerste eines Faltenkerns vorgraben konnten (z.B. im Asptälchen nördlich Münchenstein). Wesentlich für die Ausgestaltung des Reliefs ist die Wechsellagerung von harten, erosionsresistenten Kalken und weichen, erosionsanfälligen Mergeln und Tonen (siehe Tab. Fig. 2).

2.2.3.2. Relief des Jura

Die Reliefformen und somit das Landschaftsbild des Blauengebiets (zum Faltenjura gehörig) unterscheiden sich deutlich von denen des Gempengebiets (zum Tafeljura gehörig).
Die Tälchen des Tafeljuras folgen oft einer der zahlreichen Verwerfungslinien. Die grösseren Täler (Ergolztal, Oristal) haben ein kastenförmiges Profil mit relativ breitem, alluvialem Talboden (Kap. 2.2.5.2.) und steilen Talhängen bis hinauf zu den felsigen Kanten der etwa horizontal gelagerten Tafeln. Auf den Tafeln herrschen leicht gewellte bis fast ebene Oberflächen vor, die selten unterbrochen werden von kleineren Abhängen zu höher gelegenen

Alter Mio. J.	Forma- tion		Stufe	Schicht- dicke m	dominantes Gestein	Relief- wirkung*	dominanter Boden	Acker- güte**	dominante/charakteristische Vegetationsdecke
			Holozän	0-20	loser Schotter + Sand	w	Braunerde, Rohkies	++	Fettwiese, Eichen-Hagebuchenwald
6	NEOZOIKUM	Quartär	Pleistozän	0-15	Löss	ww	Parabraunerde	+++	Acker, Rebe
				0-20	Deckenschotter	H	Ranker	-	Hainsimsen-Buchenwald
		Tertiär	Pliozän	0-20	Verwitterungs-Lehm	w	Braunerde	++	Fettwiese, Waldmeister-Buchenwald
			Miozän	0-120	Mergel + Sande	w	Braunerde	++	Fettwiese
			Oligozän ob.	0-70?	Sandstein, Mergel	w	Braunerde	++	Fettwiese, Luzulo-Fagetum
60			unt.		Ton ("blauer Letten")	ww	Gley, Braunerde	+	Riedwiese
135		Kreide fehlt	Eozän	0-5	roter Lehm mit Erz	w	Terra fusca, Braune.	-	saurer Pfeifengras-Föhrenwald
			Sequanien	0-50	Mergel, Weichkalk	H/w	Mergelrendzina	+	Trespen-Magerwiesen, Getreideacker
150	MESOZOIKUM	Malm	Rauracien	50-70	weisslicher Massenkalk	HH	Kalkrendzina	---	Seggen-/Zahnwurz-Buchenwald
		Jura	Oxfordien	20-60	Ton: grau, plastisch	ww	Gley (Braunerde)	+	Nasswiese, Eschenwald, Ried
		Dogger	Callovien	20-30	Mergel, beige	w	Braune., Rendzina	++	Weide, Magerwiesen
			Bathonien	80-90	Hauptrogenstein	HH	Kalkrendzinaendzina	---	Buchenwald (Dent. - Caric.-Fagetum)
			Bajocien	15-40	eisenhalt. Mergel+Kalk	w	Rendzina	-	Weide, saure Pfeifengrashalde
			Aalenien	10-90	plastischer Ton	ww	Gley, Parabraune.	+	Weide, Eschenwald, Fied
175		Lias		11-15	plattige, dunkle Kalke	H	Rendzina	+	Feldgehölz
		Trias	Keuper	±100	rote u. bunte Mergel	ww	Braunerde, Gley	+++	Rebe, Fettwiese, Acker
					Gips + Dolomit	ww	Rendzina	-	Magerweide
			Muschelkalk	65	dichter Kalk	H	Kalkrendzina	-	Waldmeister-/Hainsimsen-Buchenwald
				10-200	Anhydrit,Salz, Gips	w	Mergelrendzina	-	Föhren-Pionierwald
200			Buntsandstein		roter Quarzsandstein	H	Ranker, Podsol	---	Fichtenforst (Hainsimsen-Buchenwald)
Palaeo- zoikum	Perm		Rotliegendes		Arkosen: rote Tone, feldspatreiche Brekzien	ww	Braunerde, Gley	++	Fettwiese, Acker

Fig. 2. Geologische Schichten, ihr Einfluss auf Relief, Boden und Vegetation.
* w: weich; H: hart, ** +: gut; –: ungeeignet

Bruchschollen (z.B. Gempenstollen, Eichenberg). Die Hochflächen sind meist bedeckt von tertiären oder eiszeitlichen, also sehr alten Verwitterungslehmen und eignen sich daher viel besser zum Pflügen als die steinigen Böden der Kalkrendzina (Kap. 2.3.5./1.), die sonst im Jura vorherrschen.

Im Faltenjura dagegen bevorzugen die grösseren und kleineren Täler zwei Hauptrichtungen (Fig. 3): entweder folgen sie – ost-west-gerichtet – parallel dem Faltenzug als Synklinal-Tal (d.h. in der tektonischen Tiefenrinne verlaufend wie z.B. das Trockental von Hofstetten) oder selten als Antiklinal-Tal (d.h. der erodierten Kulminationslinie der Falte folgend, z.B. die Mulde von Meltingen–Nunningen–Bretzwil). Häufig und für den Faltenjura sehr charakteristisch ist das Isoklinal-Tal oder die Combe, d.h. dem Faltenschenkel entlang in einer weichen Tonschicht verlaufend und von einer härteren Kalkschicht am direkten Abfluss in der Falllinie gehindert.

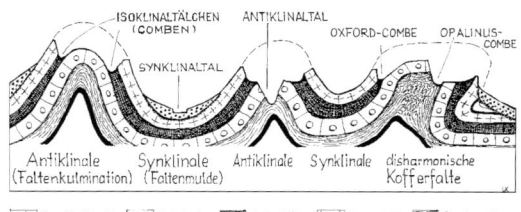

Fig. 3. Täler im Faltenjura.

Wenn aber ein Fluss quer zu Faltenzügen fliesst, durchschneidet sein Tal das Faltengewölbe als Klus: z.B. die 5 km lange Klus von Angenstein südlich Aesch bis zum Chessiloch westlich Grellingen oder die kleine "Chlus" westlich von Aesch. Da die oberste Juraschicht als äusserste Hülle des Faltengewölbes aus dem relativ erosionsresistenten Malmkalk besteht, formieren sich die Endpunkte der Klusen als sehr enge Flussdurchgänge (Angenstein, Chessiloch), Felsentore, die für Bahn und Strasse keinen Platz freilassen. Diese Tore sind schon im Mittelalter als strategische Schlüsselstellungen erkannt und entsprechend befestigt worden. Hier zeigt der Jura seinen wildgebirgigen Charakter bis auf das Niveau der Talböden hinunter. Im mittleren Teil einer Klus hingegen wird das Faltengewölbe bis auf die tieferen und weicheren Schichten (Lias und Keuper) durchschnitten, die an den Talhängen tief ausgeräumt werden durch Rutsche, Sackungen und Quellnischen. Die mittleren Abschnitte einer Klus weisen daher wieder einen breiteren Talboden auf, in welchem die Wasserkraft an Stromschnellen seit alters her genutzt wird und ganze Dörfer mit Industrieanlagen Platz finden (Grellingen).

Am Südrand des Untersuchungsgebiets verläuft die tektonische Grenze zwischen den durch Verwerfungen gestalteten Tafelgebirgen Mesoeuropas und den – hier darüber aufgeschobenen – Faltenzügen Neo-Eurasiens (Kap. 2.1.). In diesem Übergangsgebiet mischen sich die beiden oben beschriebenen Formstile des Reliefs. Z. B. wird die zur Wisig-Falte (s. Fig. 9, Kap. 3.1.2.) gehörige Combe von 'Rütmatt' (Faltenstil) ostwärts abgelöst von mehreren Ton-Mulden ('Lüterchingen', 'Lungelen', 'Blauenstein', 'Widen' südlich Büren), welche durch Verwerfungen (Tafelstil) und Überschiebungen gegeneinander versetzt sind. Unser Untersuchungsrayon findet hier seine naturgegebene Südgrenze, nämlich an der Vorderfront der deckenartig überschobenen Doggermassen, welche die imposante Gebirgsmauer des Solothurner Faltenjuras mit den massiven Berggestalten Homberg 897 m, Rechtenberg 788 m und Holzenberg 756 m aufbauen. Hier taucht die Gempetafel mit den sanften Kuppen 'Vogtsmatten' und 'Geissgägler' (südlich Seewen) leicht südwärts geneigt unter die darüber aufgetürmten Doggermassen ab.

2.2.4. Vorgänge während den Eiszeiten

Mit den Eiszeiten beginnt die geologische Gegenwart und damit die Ausformung des heutigen Reliefs sowie auch die Bildung des heutigen Bodensubstrates. Beides ist für die Einnischung der verschiedenen Vegetationsformen im Untersuchungsgebiet von elementarer Bedeutung. Die wichtigsten eiszeitlichen Vorgänge im Untersuchungsgebiet waren
1. das fortgesetzte Absinken des Rheintalgrabens mit gleichzeitiger und phasenweiser Aufschüttung der Rheinschotter,
2. in der Folge die Vertiefung des schon früher angelegten Talsystems an den benachbarten Hügel- und Gebirgsrändern,

3. die Ausblasung des Feinsandes aus den damaligen Kältesteppen der Rheinebene und dessen Ablagerung als Löss an den nahen Gebirgsfüssen und auf den angrenzenden Hügeln (Kap. 2.3.5./15.).
Die Vereisung selbst spielt für unsere Region – der Basler Raum war wohl immer eisfrei – eine marginale Rolle. Vermutlich stiessen die Gletscher der grössten (vorletzten) Eiszeit, der Riss-Eiszeit, gerade bis an den Rand des Untersuchungsgebietes vor: Bei Liestal der den Jura überfliessende Aaregletscher, bei Möhlin der alpine Rheingletscher und in den Weitenauer Vorbergen der lokale Schwarzwaldgletscher.

2.2.5. Flüsse als Landschaftsformer
2.2.5.1. Schotterterrassen
Eine Eigenheit der quartären Ablagerungen im Einzugsgebiet des Rheins ist das in allen Tälern verfolgbare Prinzip der ineinandergeschachtelten Talböden (siehe Fig. 4).

Fig. 4. Die verschachtelten Talböden des Rheins.

Profilerklärung: Da mit dem Absinken des Rheintalgrabens die Erosionsbasis des Rheins und auch seiner Seitenflüsse sukzessive tiefer gelegt wurde, sind ältere Flussablagerungen höher gelegen als jüngere. Das scheint zunächst der geologischen Grundregel zu widersprechen, nach welcher eine jüngere Ablagerung über der älteren liegen muss. Man nimmt an, dass jeweils zu Beginn jeder der vier Eiszeiten (Günz, Mindel, Riss, Würm) die Schuttfracht der Flüsse zunahm und eine mächtige Aufschüttung erfolgte. Am Ende jeder Eiszeit setzte dann wieder eine stärkere Erosion ein, d.h. der Fluss frass sich in seine vorher deponierten Geröllmassen ein und legte sein Bett auf tieferem Niveau neu an. Durch die viermalige Wiederholung dieses Wechsels im Flussregime entstanden die vier verschieden hohen Niveaus der Flussterrassen.
Die einzelnen der vier Niveaus (Älterer Deckenschotter, Jüngerer Deckenschotter, Hochterrasse und Niederterrasse) können noch in weitere Teilterrassen und Terrassenfelder gestuft sein, wie z.B. die verschiedenen Talböden der Stadt Basel, welche zum grössten Teil der Niederterrasse angehören.
Die eigentliche Hochterrasse ist erst am Fuss des Bruderholzes erkennbar. Auf der Höhe des Gundeldingerquartiers und des SBB-Bahnhof-Areals liegen die obersten Niveaus der Niederterrasse. Zwischen diesen und den mittleren Niveaus der Niederterrasse ist oft eine eindrucksvolle, bis 15 m hohe Steilstufe eingeschaltet, z.B. die Rampe von St.Jakob–Brüglingen, die lange Böschung bei Löli (zwischen Pratteln und Augst) oder der Kohlistieg in Riehen. Am Fuss dieser Steilstufe treten häufig kühle Grundwasserströme zu Tage, sog. "Giessen", z.B. bei der Pisciculture (Rosenau). Leider verschwinden heute diese Zeugen alter fluvialer Gestaltung mehr und mehr durch verkehrsbedingte Nivellierungen und künstliche Aufschüttungen.
In ihrer Relief- und Bodenbildung unterscheiden sich die älteren Schichten der Hochterrasse und der Deckenschotter (z.T. entkalkt, stets zu felsbildenden Konglomeraten verfestigt und mit teilweise zersetzten Geröllen) von den jüngeren Schottern der Niederterrasse (Sand noch locker; Gerölle intakt, weil kaum verwittert). Da Deckenschotter und Hochterrasse ausnahmslos über den heutigen Talböden liegen und meist die Unterlage des Lösses auf den Höhen der Hügelländer bilden, fallen sie hier, bei der Charakterisierung der Flusstäler, ausser Betracht.
Wichtiger ist hier der am Beispiel der Oberrheinischen Tiefebene zu erklärende Unterschied zwischen höher gelegener Niederterrasse und den jüngeren Schottern inklusive denen der holozänen Aue: Die älteren hochgelegenen Felder der Niederterrasse sind teilweise entkalkt, ergeben also eher saure Böden. Dazu kommt die schon einsetzende Zerrüttung der Granitgerölle, welche besonders an der Bodenoberfläche bereits zu sandigen, sauren Grus- und Sandböden führt. Diese sauren Böden setzen direkt am Hangfuss der benachbarten Hügelländer an und sind daher oft mit jüngstem Schwemmlehm vermengt oder

überschüttet. Flusswärts werden sie sandiger und gröber, bis sie gegen die Terrassenkante (zwischen höher gelegener Niederterrasse und den jüngeren Schottern) hin oft extrem porös und trocken werden.
Nicht nur die Oberflächengestaltung und Bodenbildung der Talebenen ist durch diese zwei Terrassen gegeben, sondern auch bezüglich Bodenqualität und Wasserhaushalt spielt die Zusammensetzung der verschieden alten Flussschotter eine ausschlaggebende Rolle und beeinflusst so letztlich sogar die Geschichte und Struktur der Besiedlung durch den Menschen:
Die höher gelegenen Niederterrassenschotter zeigen schon manche Anzeichen der Alterung: Sie sind oft "zusammengebacken", d.h. die Geröllkomponenten sind locker miteinander verkittet, sodass beim frischen Anriss eine senkrechte Schotterwand stehenbleibt, die nur relativ langsam abgetragen wird. So bleibt die Oberkante als trockener Sonderstandort oft lange bestehen.
Wo der Schotter der höheren Niederterrasse längere Zeit an der Oberfläche lag, sind kalkige Bestandteile des "Zements" (= sandig-kalkige Matrix zwischen den Geröllen) ausgewaschen worden, die Schotter wurden teilweise entkalkt und ergeben relativ saure Böden. Die Bodenacidität wird noch gesteigert, da Granitgerölle z.T. bereits zu Grus (= "Brösmeli") zersetzt sind.
Die holozänen Schotter (jünger als ca. 10'000 Jahre) dagegen sind noch kaum gealtert: Sie sind überhaupt nicht verkittet, und ihre Gerölle weisen eine relativ unzersetzte Oberfläche auf. Kalk ist in der Matrix noch reichlich vorhanden und setzt sich meist als weisse, unregelmässige Kruste auf den Geröllen ab. Die Granite sind erst oberflächlich etwas angewittert und die Böden daher nur schwach sauer bis subneutral (pH-Werte von 5 bis 6,5).
Als jüngste (d.h. gegenwärtige, in historischer Zeit geschehende) Ablagerung finden wir auf dem Niveau der geschichtlich belegten Überschwemmungszone noch die ganz frischen Flussschotter aus historischer Zeit. Ihre sandige Matrix rieselt frei zwischen den Geröllen heraus, die Gerölle sind noch frisch, ganz unverwittert und daher mit glattgerundeter Oberfläche. Diesem Kies wird gegenüber den älteren, z.T. zersetzten Schottern beim Kiesabbau der Vorzug gegeben.

Die Böden der holozänen und historischen Aue sind demnach kiesig bis sandig, locker und äusserst wasserdurchlässig, also zur landwirtschaftlichen Nutzung wenig geeignet. Sie zeigen das charakteristische alluviale Mosaik, nämlich einen raschen Wechsel zwischen sehr trockenen, erhöhten Kiesrücken und leicht eingesenkten Dellen mit sandigem bis schlikkigem Oberboden, in welchem feuchtigkeitsliebende Pflanzen wurzeln. Die extrem trockenen Kiesrücken hingegen sind typische Standorte des Xerobrometum und des Salici-Hippophaëtum.

2.2.5.2. Talformen
Das Verhältnis zwischen Erosion und Aufschüttung ergibt die verschiedenen Formen der Täler. Besonders die Relation Talhang / Talboden erzeugt das Grundlagenmuster für die Verteilung der Vegetation.
– Die Kerbtäler der kleineren Gebirgsbäche entstehen durch Vorherrschaft der Erosion. Der tiefliegende, enge Taleinschnitt weist ein besonderes, feucht-kühles Schluchtklima auf, in welchem z.B. das Lunario-Acerenion gut gedeiht. Die steilen Talflanken tragen im Jura gerne das Dentario-Fagetum in Nordexposition, resp. das Carici-Fagetum in Südexposition.
– Die Kastentäler an der Ostflanke des Gempengebiets (Kap. 3.1.3.) besitzen auch steile Talflanken, die Felshänge reichen sogar herab bis fast zum ebenen Talboden, der durch Erosion des mäandrierenden Baches an den Prallhängen (Kurven-Aussenseite) seitlich verbreitert wird. Gleichzeitig bleibt aber Alluvialmaterial am Gleithang (Kurven-Innenseite) liegen; dort bilden sich Kies- und Sandbänke, exklusive Standorte für die kurzlebigen amphibischen Gesellschaften der Flussufer: Phalaridetum (Röhricht), Potentillo-Festucetum (Kriechrasen), Agropyro-Rumicion (Spülsaum) und Petasitetum (Pestwurzflur).
Im flachen und feuchten Talboden wird der Bach gesäumt von üppig-bunten Uferstauden (Filipendulion) oder von malerischen Bachzeilen-Gehölzen (Pruno-Fraxinetum, Salicetum albae).
– Die Muldentäler entstehen in den weichen Substraten der Lösshügelländer (Kap. 3.3.), wo die Seitenhänge leicht nachrutschen. So lässt die Kombination von schwacher fluvialer

Tiefenerosion und vorherrschendem seitlichem Hanggleiten keine ausgeprägte Talkerbe entstehen. Die oft recht feuchten, sanften Talflanken der Muldentäler trugen früher Nasswiesen (Molinion, Calthion).
– Talebenen: In den Weiten der Basler Agglomeration strömen die längst kanalisierten Flüsse über Talböden von mehr als 1 km Breite. Hier sind die Terrassenstufen ausgeprägt, die oft von speziellen Hangwäldern (Tilienion) oder Hanggebüschen mit Pimpernuss *(Staphylea)* bewachsen sind, während auf den Terrassenflächen früher vor allem Getreidebau betrieben wurde (Secalietea, Caucalidion).

2.2.5.3. Talrand- oder Hangfusszone

Der schmale Saum am Fuss der Hügel stellt einen Vorzugsraum für die Landwirtschaft und die Vegetation dar:
– Geologisch enden hier die quartären Flusssedimente (Sand und Kies), und die untersten Aufschlüsse legen den innern Bau des benachbarten Gebirgskörpers zutage. Daher treten hier auch die unterschiedlichsten Bodensubstrate auf, die eine vielfältige Landwirtschaft ermöglichen.
– Morphologisch schmiegen sich die sanft geneigten, fast horizontalen Flussterrassen an die abrupt aufsteigenden Berghänge an. Manchmal ist dieser schroffe Übergang als Hangknick gut verfolgbar, an andern Stellen wird der Übergang durch die ins Tal vorgreifenden Schwemmfächer der Seitenbäche etwas verwischt. Der obere Ansatzpunkt dieser Schwemmfächer ist jedoch wiederum als gute Marke zur Abgrenzung von Tal- und Berglandschaft geeignet.
– Klimatisch wird die Hangfusslage bevorzugt sowohl gegenüber der frostgefährdeten Talebene wie auch gegenüber den extrem exponierten Hängen (stark beschattet–kühl oder extrem besonnt–trockenheiss).
– Die Böden sind gegenüber den eher steinigen Tal- und Bergböden vorzüglich zur Landwirtschaft geeignet, finden wir hier doch manche "externe Lössnische", z.B. Pfeffingen, Arlesheim–Dornach, Riehen (Kap. 3.3.3. und Fig. 10). Aber auch wenn der Löss fehlt, ergibt lehmreicher Gehängeschutt oder Schwemmlehm einen ausgezeichneten Acker- und Obstbauboden.
Kein Wunder, dass die überwiegende Mehrzahl der Dörfer gerade in dieser Hangfusszone gegründet worden ist. Hier sind übrigens auch die besten Quellen zu finden, und vom Hangfuss aus können die verschiedensten Nutzungsbereiche (feuchte "Matten" der Talaue, Rebhang, Obstwiese, Weidehang und Hangwald) bequem erreicht werden.
Heute weisen die von der Zivilisation zum grossen Teil beanspruchten Hangfusszonen nur noch da und dort naturnahe Vegetationsbestände auf. Wesentlich für die Grossgliederung der Vegetation im Untersuchungsgebiet ist, dass die Hangfusszone zwischen 270 und 350 m gleichzeitig auch im bedeutsamen Übergangsbereich liegt zwischen dem collinen Bereich des Rebbaus und dem submontanen Bereich, wo die Rotbuchenwälder zu dominieren beginnen (Kap. 2.5. und Fig. 6).

2.3. Die Böden im Basler Raum

2.3.1. Verwitterung und Bodenbildung

Die geologische Unterlage spielt bei einigen voll ausgereiften, tiefgründigen Bodentypen, die aus der Pedologie bekannt sind (z.B. Braunerde, Rendzina, Podsol), nur noch eine sekundäre Rolle, nämlich als Lieferant der Mineralsubstanz.
Bedeutsamer beim Reifeprozess dieser Bodentypen sind die klimatisch bedingten Faktoren des Wärmehaushalts und des Wasserhaushalts, sowie die Struktur des Bodens, etwa die Verteilung und Grösse der Bodenporen und nicht zuletzt die Acidität (Säure- bzw. Basengehalt). Diese Faktoren – untereinander in einem komplexen Beziehungsnetz verwoben – bestimmen dann die Aktivität der Mikroorganismen, die ihrerseits für den Reifeprozess der Böden ausschlaggebend ist.
So macht es etwa nur einen geringen Unterschied, ob eine tiefgründige, voll entwickelte Braunerde über einem Silikatgestein oder über einem basischen Kalkgestein liegt, da ihre Oberfläche mit dem Hauptwurzelhorizont sich schon sehr weit vom geologischen Muttergestein abgesetzt hat. Ihre Versorgung mit Mineralsubstanz spielt sich weitgehend über die meist lehmigen Verwitterungsprodukte ab.
Doch gerade in den Flusstälern sowie in den Bergländern unserer Umgebung gibt es eine

grosse Zahl von verschiedenartigen noch jungen und wenig gereiften, auch relativ humusarmen Böden, welche durch ihren steinigen Bodenkörper mit ihrer geologischen Unterlage noch eng verhaftet sind. Die hier wachsende Vegetation kann also durchaus einen gewissen Zeigerwert für die darunterliegende Gesteinsart besitzen (MOOR 1963a).
So fiel den Botanikern schon im letzten Jahrhundert der standörtliche Unterschied zwischen Silikatböden und Kalkböden auf, und man trifft heute noch auf die ökologische Gliederung der Flora in "Kalkpflanzen" (calcicole Arten) einerseits und "Silikatpflanzen" (silicole und meist auch azidokline Arten) andererseits. Bei dieser heute noch durchaus bedeutsamen ökologischen Zweiteilung spielt aber nicht nur der Mineralgehalt – und davon abhängig die Boden-Acidität – eine Rolle, sondern ebensosehr die unterschiedliche Bodenstruktur und vor allem die zwei besonderen Humusformen: saurer Moder über nährstoffarmen Silikaten und neutraler und biologisch sehr aktiver Mull über Karbonaten.

2.3.2. Die drei Bodenhorizonte

Bei gereiften Böden ist der Verwitterungsprozess des Muttergesteins schon so weit vorangeschritten, dass man an der Oberfläche kaum mehr Relikte des geologischen Substrats findet, welches von drei Bodenhorizonten A, B und C überlagert wird.

Horizont A: Unmittelbar unter der Bodenoberfläche liegt die vorwiegend aus organischen Resten gebildete Humussubstanz. Sie kann eventuell noch weiter unterteilt werden in:
L (litter): frische Streuauflage
A^o: noch wenig zersetzte Reste alter Streuauflagen
A^h: darunter liegende eigentliche Humus-Erde, die – schon mehrfach von Bodenorganismen umgesetzt – kaum noch etwas von den ursprünglichen organischen Strukturen erkennen lässt.
A^l: Wenn aus dieser unteren Zone unter Einwirkung der Humussäuren viele Mineral- und Nährstoffe, Tonminerale und Oxide lessiviert (ausgewaschen) werden, kann es bis zur Bleichung der untersten Humusschichten kommen, wie z.B. bei den Bleicherden (= Podsolböden).

Als Hauptwurzelraum ist der A-Horizont für die ökologischen Voraussetzungen der Vegetation ausschlaggebend.

Horizont B: Von oben her wird er aus dem A-Horizont durch herabsickernde Humussäuren beeinflusst und mit Tonmineralen und Oxiden angereichert, von unten her durch Verwitterungsprodukte aus dem Muttergestein (C-Horizont) versorgt. Hier spielen sich die letzten chemischen und mechanischen Verwitterungsvorgänge ab, deren Endergebnis meist ein Lehm ist. Die noch weniger zersetzten Überreste aus dem Muttergestein geben als steiniges Skelett dem Bodenkörper einen gewissen Halt.
Manchmal bleiben noch Zersetzungsrückstände aus glazialen oder postglazialen Klimaperioden übrig, die sich unter dem heutigen Klimaregime gar nicht mehr bilden könnten, z.B. tertiäre Verwitterungslehme, periglaziale Frostschutt-Trümmer etc.
Das Vorhandensein eines ausgeprägten B-Horizontes deutet auf einen hohen Reifegrad des Bodens hin. Wenig gereiften Böden (sog. A–C–Böden oder Rohböden) fehlt der B-Horizont.

Horizont C: Die unterste Bodenschicht weist noch mehrheitlich Eigenschaften der geologischen Bodenunterlage auf: z.B. vom anstehenden Fels abgelöste Steinbrocken. An der Basis spielen sich die ersten Phasen der Verwitterung ab: z.B. die chemische Korrosion der Gesteinsoberfläche, die Ausweitung von Felsklüften zu grösseren Spalten, die Zerteilung des kompakten Felsgefüges bis zum Zerbröckeln in kleinere Einzelsteine, meist unter Beteiligung tiefreichender Wurzeln und weiterer Organismen von den Bodenbakterien bis zu den wühlenden und grabenden Säugetieren.

2.3.3. Alterung der Böden

Je mehr die Bodenhorizonte anwachsen, desto mehr versinkt die Angriffsfläche der Verwitterung in die Tiefe und entzieht sich den direkten klimatischen Zerstörungskräften wie Frostsprengung, Lösung durch Regenwasser, Spannungen durch Temperaturwechsel etc. Trotzdem geht die Verwitterung der Gesteine auch unter der mächtigen Decke reifer Böden

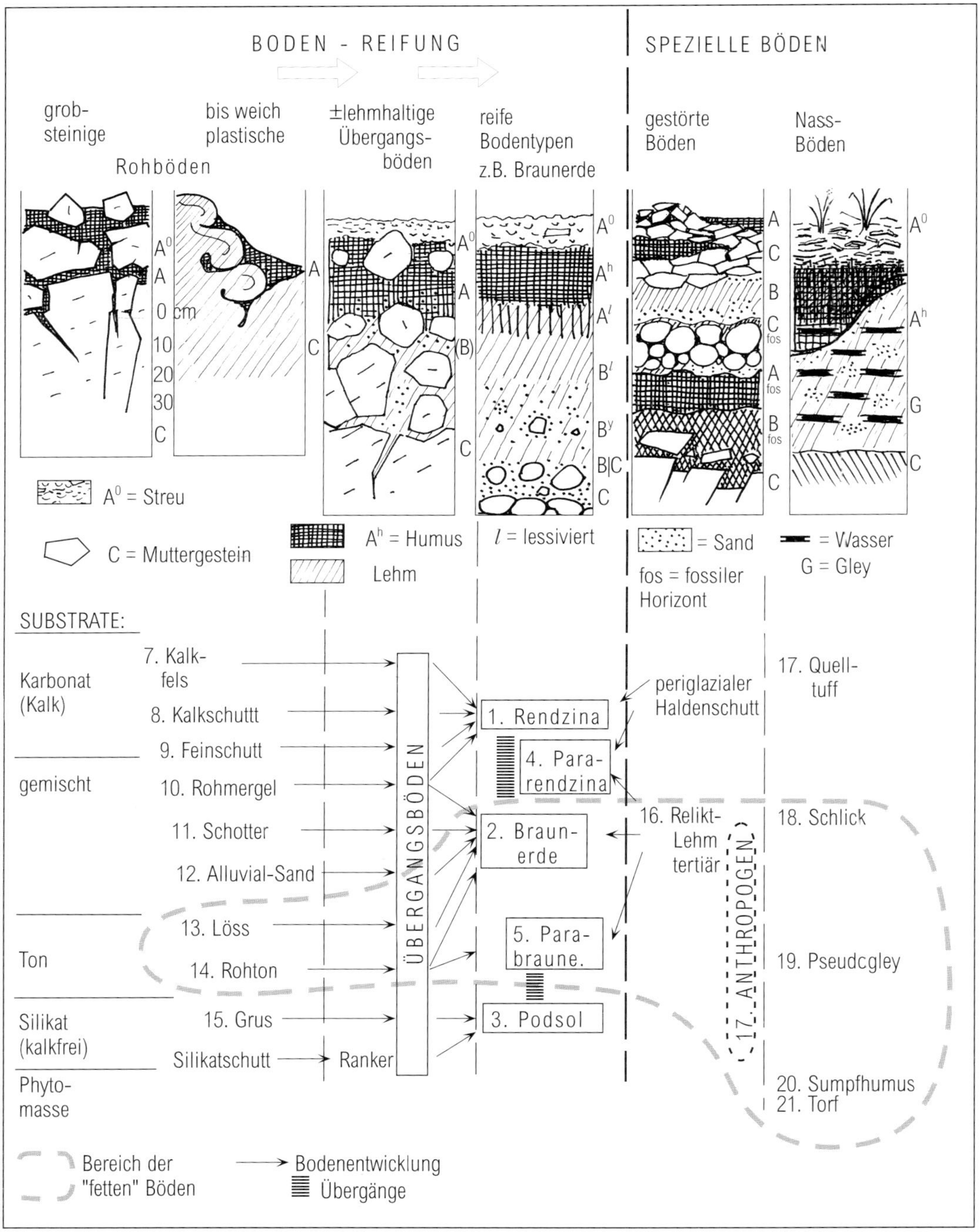

Fig. 5. Boden-Entwicklung

weiter, vor allem in der Form von Oxydation und Wasserlösung.
In der Umgebung Basels sind voll ausgereifte Böden mit gut ausgeprägten B-Horizonten nicht so häufig wie anderswo. Beispiele sind tiefgründige Acker- und Waldböden in ziemlich horizontaler Lage, etwa die Lössbraunerden im Sundgau. Überall häufige Bodentypen sind Pararendzinen und Parabraunerden und im Jura verbraunte Rendzinen. An Hanglagen der Gebirge sowie in den holozänen Auen ist durch fortwährende Überschüttung die kontinuierliche Bodenbildung stets wieder gestört worden. Relativ häufig sind dort auch die noch wenig gereiften "A-C-Böden" ohne lehmigen B-Horizont.

2.3.4. Vertikaler Stofftransport (Perkolation)

Die Ausbildung eines ausgeprägten B-Horizonts hängt ab vom Transport des Bodenperkolats durch den vertikalen Bodenwasserstrom. Dieser sickert bei endoperkolativen Böden unter humiden Klimabedingungen abwärts. Bei exoperkolativen Böden hingegen steigt das Bodenwasser infolge Verdunstung aufwärts, und die mit dem Wasser transportierten Stoffe reichern sich in den oberen Bodenhorizonten an (wohlbekannt bei oberflächlich versalzten Wüstenböden).
In den humiden Teilen unseres Gebiets (etwa über 400 m ü.M.) herrschen endoperkolative Vorgänge vor, was in der Regel schlussendlich zum Typ der Braunerde führen würde. Doch gerade in der näheren Umgebung von Basel erreicht die jährliche Niederschlagsmenge den Grenzwert von 100 cm pro Jahr nicht (Kap. 2.4.), sodass an vielen Orten im Sommer der Bodenwasserstrom in Exoperkolation umschlägt. So wird gerade über den sand- und lehmreichen Substraten der tieferliegenden Gegenden die Entwicklung zu Braunerden verzögert.
Umgekehrt würde ein Wechsel der Perkolationsrichtung über Kalksubstraten wechseltrockener Gebiete zu typischen Rendzinen führen mit kalkhaltigem, mildem Mullhumus, da das kalkgesättigte Bodenwasser zeitweise auch aufwärts steigt. Die Gebiete mit vorherrschendem Kalksubstrat liegen bei uns jedoch zum grössten Teil in Höhen, wo die Niederschläge 100 cm pro Jahr übersteigen. So bilden sich dort eben nicht reine Rendzina-Typen, sondern Böden, die z.B. als "verbraunte Rendzinen" bezeichnet werden können.
Die Zuordnung unserer Böden zu den klassischen Bodentypen bereitet also etwas Mühe, da das Untersuchungsgebiet – wie auch in vielen anderen Belangen – einen typischen Übergangsraum darstellt. Dementsprechend sind bei uns Übergangs-Böden sehr viel häufiger als die klassischen Bodentypen.

2.3.5. Die Bodentypen im Untersuchungsraum (siehe Fig. 5)

Trotz den obgenannten Schwierigkeiten seien hier einige der vielen Bodentypen unserer Region aufgezählt. Auf einigen sind auch ganz charakteristische Pflanzenbestände und -gesellschaften anzutreffen (jeweils in eckigen Klammern genannt), ihre Ausdeutung siehe Kap. 6.

a) Reife, "klassische" Bodentypen:
1. Rendzina: kalkreicher A-C-Boden mit dunkelbraunem bis fast schwarzem, lockerem, biologisch sehr aktivem, leicht erwärmbarem Mullhumus bis in grosse Tiefen. Kalksteinskelett meist bis an die Oberfläche. Im Jura und am Dinkelberg. ‹Carici-Fagetum seslerietosum, Coronillo-Pinetum›.
2. Braunerde: tiefgründiger, lehmig-sandiger A-B-C-Boden mit fetter, schwerer, mittelbrauner und mächtiger Humus-Erde und somit grossem Wasserhaltevermögen, daher ausgezeichneter Ackerboden. Im Sundgau über Löss sowie auf lehmreichen Verebnungen des Juras und auf den höheren Terrassenflächen der Talebenen. ‹Galio odorati-Fagetum, Carpinion, Arrhenatheretum, Aperion, Fumario-Euphorbion›.
3. Podsol: Stark ausgebleichter Silikatsandboden mit saurem, magerem, schlecht abbaubarem Moder-Humus. Andeutungsweise in den Buntsandsteingebieten der Weitenauer Vorberge. ‹Vaccinio-Abietenion, Quercion roboris-petraeae›.

b) Untertypen mit unvollkommener Entwicklung oder Degradierung:
4. Parabraunerde: degradierter braunerdeartiger Boden: wichtige Nährstoffe sind durch fortgesetzte Auswaschung oder durch Erosion verloren gegangen.

5., 6. Pararendzina und verbraunte Rendzina: liegen zwischen Braunerden und Rendzinen. ‹Carici-Fagetum, Hordelymo-Fagetum, Dentario-Fagetum, Mesobromion›.

c) Rohböden und noch wenig gereifte A-C-Böden:
7. Kalkfels-Boden: dünne Humusauflagen auf Felsplateaus, in Felsspalten und auf Felstreppen. Trocken, besonders in Südexposition. Vor allem im Jura. ‹Potentillion caulescentis, Cystopteridion, Coronillo-Caricetum humilis, Cotoneastro-Amelanchieretum, Coronillo-Pinetum›.
8. Grober Blockschutt: durch viele Luftkavernen bis in grosse Tiefe biologisch aktiv, mit krümeligem Mullhumus. Oberflächlich ± trocken, in der Tiefe ausgeglichen frisch bis feucht. Besonders unterhalb von steilen Malmfelsen im Jura. ‹Phyllitidi-Aceretum›.
9. Periglazialer Scherben- und Rieselschutt: Stark skelettierter Kalk-Feinschuttboden mit Tendenz zu Rendzina (1.). Die Zerkleinerung des Schuttes hat mehrheitlich unter Frostwechselbedingungen während der Eiszeit stattgefunden (BARSCH 1965). An Steilhängen im Jura, besonders über Hauptrogenstein. ‹Convallario-Coryletum, Seslerio-Fagetum›.
10. Mergel-Rohboden: Wechselfeuchte oder wechseltrockene, auch wasserstauende und oft neu mit rutschigem Roh-Mergel überschüttete, mineralreiche Böden, meist ohne wesentliche Humusauflage. An Mergel-Rutschhängen, künstlichen Dämmen, in ehemaligen Mergelgruben, v.a. im östlichen Tafeljura. ‹Molinio-Pinetum, Cirsio tuberosi-Molinietum›.
11. Schotter: mit mittelgrossen Geröllen. Zwischen den Geröllen meist mit Sand in allen Fraktionen (bis Lehm) ausgekleidet, welcher den von Pflanzen genutzten Wurzelraum bildet. Wasserdurchlässig und meist gut durchlüftet. Rheinebene: Kalk- und Silikatgerölle vermischt; Birsebene: reiner Kalkschotter mit wenig Sand; Wiesental: Silikatschotter und -sand. ‹Stellario-Carpinetum, Querco-Ulmetum, Salicetum albae›.
12. Fluss-Sand: relativ selten und kleinflächig und linsenförmig im Schotter eingelagert. Sehr wasserdurchlässig, aber meist nährstoff- und basenreich. Hie und da in der holozänen Aue der Rheinebene. ‹Trocken: Xerobrometum, Epilobio-Scrophularietum, Salici-Hippophaëtum; feucht: Agropyro-Rumicion›.

13. Löss-Rohboden: Gut durchwurzelbarer, wasserhaltender, aber auch durchlüfteter, sehr mineralreicher Feinsandboden an Lösshängen (z.B. Lösshohlwegen). Stellenweise und kleinflächig im Sundgau und Markgräfler Hügelland als eiszeitliches Windsediment. ‹Convolvulo-Agropyrion›.
14. Ton-Rohboden: Wasserstauender, schlecht durchlüfteter, schwerer, schmieriger und plastischer (rutschender und kriechender) Rohboden, der nur von wenigen Pflanzen, z.B. *Equisetum arvense, E. telmateja, Carex pendula, Juncus*-Arten, besiedelt werden kann. In sonniger Lage trockenrissig und dann scharf austrocknend und verhärtet. Lokal an Tonaufschlüssen, in ehemaligen Tongruben u.a. Im Jura, Sundgau und Dinkelberg. ‹Agropyro-Rumicion, Poo-Tussilaginetum›.
15. Grus: Verwitterungsprodukt aus grobkörnigen Silikatgesteinen. Der Kalkmangel ergibt einen kalkarmen, sauren, aber basenreichen, z.T. lehmigen und tiefgründigen, aber doch jugendlichen Boden mit guter Wasserspeicherung. Über Buntsandstein, selten in den Weitenauer Vorbergen. ‹Epilobion angustifolii, Sedo-Scleranthion, Thero-Airion›.

d) Böden mit gestörter Horizontfolge:
16. Tertiäre oder eiszeitliche Lehmrelikte: der Braunerde ähnlich, jedoch mit mehrfach geschichtetem Bodenprofil. Im Untergrund Reste alter Verwitterungsrückstände: meist rötliche oder gelbe Lehmhorizonte, oft mit sandigen Linsen und verklebtem Verwitterungsschutt. Nicht selten und z.T. grossflächig auf Verebnungen des Jura und Dinkelbergs. ‹Galio odorati-Fagetum, Molinio-Pinetum›.
17. Anthropogene Böden: durch diverse Aufschüttungen mit z.T. standortsfremdem Material oberflächlich verändert und in der Entwicklung gestört, daher ziemlich uneinheitlich. Überall möglich, z.B. Wege, Bahnareale, aufgefüllte Gruben. ‹Chenopodietea, Artemisietea, Agropyretea, Agrostietea, Plantaginetea›.

e) Nasse Böden:
18. Tuff: Lockere Kalk-Absetzungen vermischt mit pflanzlichen Relikten. Sehr gut durchlüftete, aber z.T. harte Böden. In allen Kalkgebieten an Quellhorizonten und im Bereich von Bachufern punktuell bis linear. ‹Cratoneurion›.

19. Schlick-Böden: im Bereich langsam fliessender oder stehender Gewässer, sowie im Grundwasserbereich von Kiesgruben und andern Aushöhlungen (z.B. Baugruben); meist nur kurzfristig freiliegend, da sehr nährstoffreich und gut durchfeuchtet und somit bald dicht überwachsen und mit Streu und Humus überdeckt. ‹Bidention, Phragmitetea›.

20. Gley-Böden: Streng genommen der B-Horizont nasser Böden, wo im Bereich des schwankenden Grundwasserstandes Ton- oder Lehmschichten abwechslungsweise reduzierenden und oxydativen Verwitterungsvorgängen unterliegen und daher blaugrün und rötlich gefleckt werden. Echter Gley bei stehendem Grundwasser ‹Alnion glutinosae›, Pseudogley bei fliessendem Grundwasser (in tonigen und lehmigen Bachtälern) ‹Pruno-Fraxinetum, Salicion cinereae, Nano-Cyperion›. Selten kommt dieser Gley-Horizont durch Abtrag der Humusschichten nahe an die Oberfläche, z.B. in aufgegebenen Abbauzonen von Ziegeleien, an Strasseneinschnitten etc.

21. Sumpfhumus-Boden: im Bereich von bestehenden oder ehemaligen drainierten Hangsümpfen oder in vernässten Mulden. Durch lockeres Gefüge und reichliche organische Relikte sehr gut durchlüftet und mit hoher Wasserkapazität. Ausgezeichnete Wiesen- und Weideböden, für Acker- und Obstbau jedoch wegen Rutschgefahr wenig geeignet. Häufig an den Flanken des Gempengebiets über Opalinuston und Oxfordton. Auch auf dem Dinkelberg in den Keupergräben. ‹Calthion, Filipendulion›.

22. Torf-Boden: stark saurer, rein organischer, aus (Torf-) Moosen aufgebauter Boden. Sehr selten und punktuell in nassen Mulden der niederschlagsreichen Weitenauer Vorberge und im kleinen Waldmoor des Olsberger Waldes. ‹Carici elongatae-Alnetum glutinosae, Sphagnion fusci, Scheuchzerio-Caricetea›.

2.4. Klima

Das Klima der Umgebung von Basel ist recht gut untersucht. Langjährige Messreihen bestehen für Basel-Binningen und den Flugplatz Basel-Mulhouse (Blotzheim). Die Basler Reihe der Lufttemperatur reicht mit einigen durch Interpolation überbrückten Lücken zurück bis 1755.

Trefflich differenziert stellt schon Mörikofer in BURCKHARDT (1927) das klimatische und witterungsmässige Gepräge der Region dar. Neuere Resultate liefern u.a. BIDER et al. (1984), die CLIMOD-Studie (1981) und der REKLIP-Atlas (1995).

Das Observatorium Basel-Binningen, das uns als Referenz dient, liegt hinter St.Margarethen an der Nordwestecke des Bruderholzes auf 317 m NN leicht erhöht über dem südlichen Stadtrand. Nach SCHÜEPP (1991) ist dort die Jahrestemperatur durch den Stadteffekt um ca. 0,5° erhöht. Für die Dreissigjahresperiode von 1961 bis 1990 gelten die folgenden Mittelwerte:

Lufttemperatur:
Jahresmittel	9.7°
Januar	0.7°
Juli	18.9°
Mittl. Tages-Minimum Januar	−2.0°
Mittl. Tages-Maximum Juli	25.0°
Eistage (Tages-Maximum < 0°)	13,8
Frosttage (Tages-Minimum < 0°)	72,2
Sommertage (Tages-Maximum ≥ 25°)	49,6
Hitzetage (Tages-Maximum ≥ 30°)	9,8
Spätester mittlerer Frosttermin:	24. April
Frühester mittlerer Frosttermin:	23. Oktober

Niederschlag:
Jahresmittel	788.3 mm
Trockenster Monat: Februar	51.7 mm
Feuchteste Monate: Juni	87.4 mm
Juli	80.0 mm
August	87.6 mm
Tage mit Schneefall	29.0
Tage mit Schneedecke	30.3
Bewölkungsmittel	67.4%
Mittlere Sonnenscheindauer	1678.6 h

Das Klima des Untersuchungsgebietes am Fusse der Mittelgebirge und am Rande der Oberrheinebene ist im ganzen subozeanisch geprägt.

Auf Distanzen von wenig mehr als 20 Kilometern bestehen indessen beträchtliche Gradienten und lokal erhebliche Anomalien.
Auf der elsässischen Niederterrasse (Flugplatz Basel-Mulhouse) beträgt der mittlere Jahresniederschlag 70 cm, steigt aber schon am vorderen Dinkelberg, am Gempenplateau und

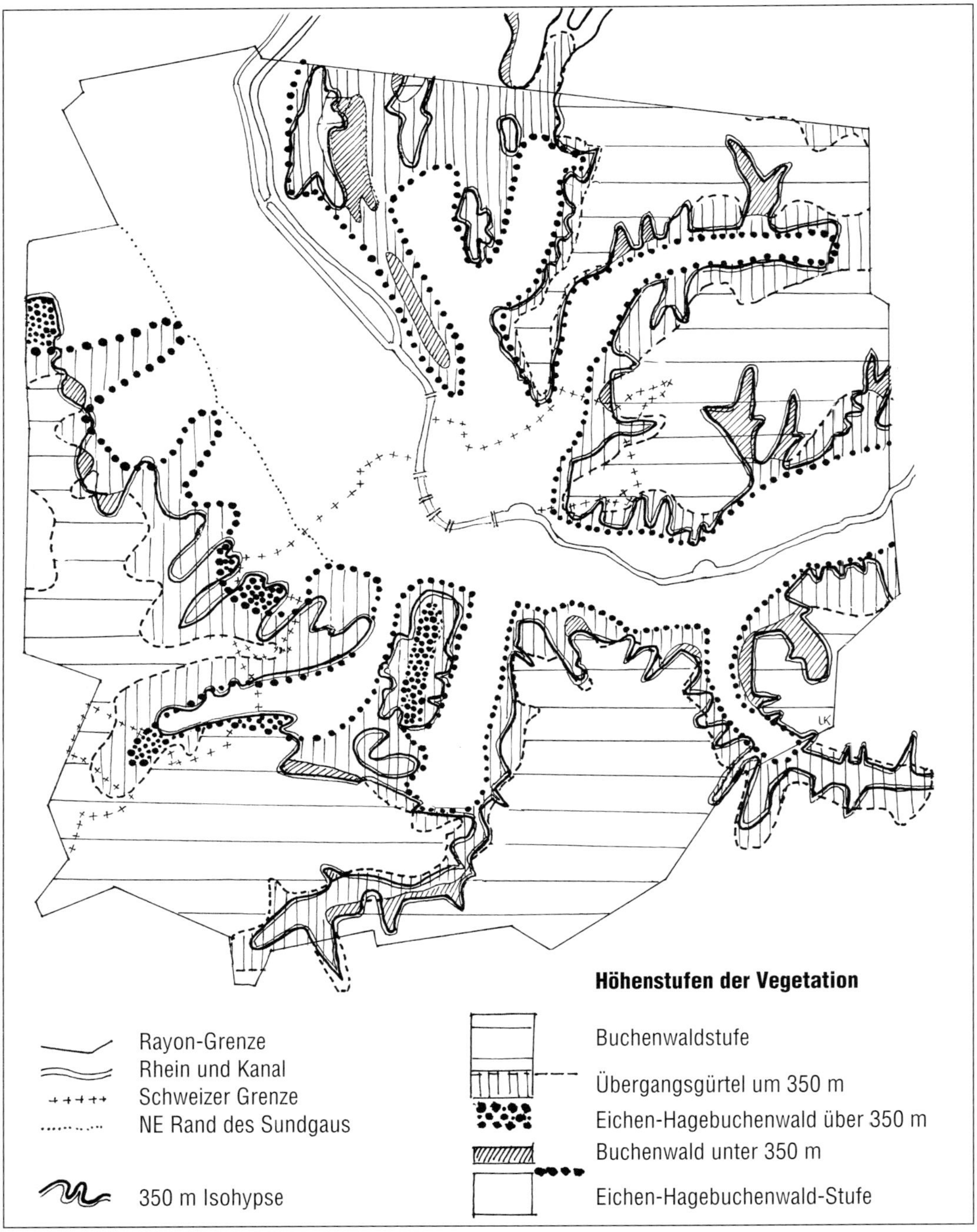

26 Flora von Basel und Umgebung 1997

Höhenstufen der Vegetation

— Rayon-Grenze
= Rhein und Kanal
+++++ Schweizer Grenze
·········· NE Rand des Sundgaus
∼ 350 m Isohypse

Buchenwaldstufe
Übergangsgürtel um 350 m
Eichen-Hagebuchenwald über 350 m
Buchenwald unter 350 m
Eichen-Hagebuchenwald-Stufe

Fig. 6. Höhenstufen der Vegetation.

im Oberen Sundgau auf 100 cm, erreicht am Blauenkamm 120 cm und übertrifft diesen Wert in den Weitenauer Vorbergen (Flurname 'Nasse Küche' beim Munzenberg).

Dass in den Sommermonaten die grössten Niederschlagssummen verzeichnet werden, darf nicht darüber hinwegtäuschen, dass dann auch temperatur- und strahlungsbedingt die Verdunstungsraten am grössten sind und die sommerliche Wasserbilanz wenigstens in den warmen, z.T. dicht überbauten und gesamthaft waldarmen Tieflagen des Rheintals mit durchlässigen Schotterböden deutlich negativ wird. Hier wird ein subkontinental-submediterraner Zug erkennbar.

Für das innere Gebiet der Stadt Basel rechnet SCHÜEPP (1991) mit einem Jahresmittel der Temperatur, das gegenüber Freilandverhältnissen um rund 2.5° erhöht ist. Markant erniedrigt ist die relative Luftfeuchtigkeit, und um mehr als einen Monat länger dauert die frostfreie Zeit.

In den waldreichen Mittelgebirgen und ganz ausgeprägt in deren Schluchttälern (Kaltbrunnen-, Kastel- und Pelzmühletal, Steinenbachtal/Kloster Weitenau, Rustel) herrschen dagegen ozeanisch getönte Verhältnisse: markant erhöhte Niederschläge (s.o.) und Luftfeuchtigkeit, verminderte Temperaturamplituden.

Für den Talboden des unteren Kaltbrunnentals, mit 330–350 m nur unwesentlich höher gelegen als das Observatorium Basel-Binningen (317 m), wird ein mittleres Maximum der Julitemperatur von 21° geschätzt (Basel-Binningen 25°), die Differenz der Tagesmaxima kann an sommerlichen Strahlungstagen ohne weiteres 10° übersteigen. Die Rate der passiven Verdunstung, gemessen am Piche-Evaporimeter, beträgt hier ca. $1/_6$ des Freilandwerts, und die Zeit ohne Frost dauert auch hier (allerdings ohne die künstliche Erwärmung der Stadt) fast zwei Monate länger als im Freiland (ZEMP 1979, 1984).

Das Klima auf dem Gempenplateau ist, verglichen mit den Werten von Basel, deutlich rauher. MARR (1970) schätzt ein Jahresmittel von ca. 7.5°. Wind und Sonne haben stärkeren Zutritt, die Anzahl der Tage mit einer Schneedecke beträgt rund 70 (Basel: 26). Typisch sind die bedeutenden Kaltluftseen südlich Hochwald und Gempen.

2.5. Grundsätzliches zur Vegetation

2.5.1. Vegetation der Höhenstufen
(siehe Fig. 6)

Die Vegetation des Untersuchungsgebiets lässt sich grob in drei klimatisch differenzierte Höhenstufen gliedern:
1. die colline Stufe von 200 bis ca. 350 m ü.M., mit warmem und je nach Lage im Relief auch trockenem Klima,
2. die submontane Stufe von ca. 350 bis ca. 600 m als Übergangszone zwischen 1. und 3.,
3. die montane Stufe (eigentliches Bergland) höher als 600 m mit kühlem und niederschlagsreichem Klima.

Selbstverständlich ist für die Vegetation nicht direkt die genaue Höhe über Meer ausschlaggebend, sondern das herrschende Lokalklima, das nur in groben Zügen von der Höhe abhängt (Kap. 2.4.).
Ein wesentlicher Faktor für die vegetationsbestimmenden, lokalen Klimaverhältnisse ist die Exposition. Altbekannt ist z.B., dass man den der collinen Stufe zugehörigen Rebbau an sonnigen Südhängen bis gegen 500 m hinauf mit Erfolg betreiben kann, während an den schattigen Nordhängen auch unter 300 m die dazu nötigen Temperaturen im Untersuchungsgebiet nirgends erreicht werden. Man darf also die vegetationsbestimmenden Grenzen der Höhenstufen nicht den Höhenkurven entlang ziehen.
Die für die Höhenstufen charakteristischen Vegetationsformen sind einerseits die an das Klima angepassten Kulturformen mit ihren spezifischen Begleitgesellschaften von Wildpflanzen, andererseits die Pflanzengesellschaften naturnaher Bereiche wie z.B. Waldtypen mit Charakterarten, die ihren Schwerpunkt in kühleren (montanen) resp. wärmeren (collinen) Gebieten haben.

In der folgenden Zusammenstellung sollen eine Reihe von Beispielen den speziellen Charakter und die Atmosphäre der drei Höhenstufen veranschaulichen. Für die colline Stufe gibt es Dutzende von Beispielen; es gibt zahlreiche Arten, die sich ganz an die Ebene halten; viele weitere gehen zusätzlich noch an die warmen Hügelränder und Vorberge (z.B.

Isteiner Klotz). Der montanen Stufe lassen sich auch etliche Pflanzenarten im Gebiet zuordnen, die in den tieferen Lagen völlig fehlen. Hingegen gibt es keine Arten, die sich ausschliesslich an die submontane Stufe halten; die genannten Beispiele haben hier lediglich einen Schwerpunkt.

Collin: *Potentilla argentea, Vulpia myuros, Poa bulbosa, Allium carinatum, Asparagus officinalis, Koeleria macrantha, Bothriochloa ischaemum, Eragrostis minor, Diplotaxis tenuifolia, Isatis tinctoria, Berteroa incana, Draba muralis, Reseda luteola, Herniaria glabra, H. hirsuta, Petrorhagia prolifera, Rumex thyrsiflora, Populus alba, Artemisia campestris, Eryngium campestre, Ajuga chamaepitys, Scrophularia canina.*

Submontan: *Orobanche hederae* (± collin), *Lilium martagon, Acer opalus, Viola mirabilis, Coronilla coronata, Dipsacus pilosus, Actaea spicata.*

Montan: *Sesleria varia, Coronilla vaginalis, Athamanta cretensis, Seseli libanotis, Kernera saxatilis, Draba aizoides, Rubus saxatilis, Sorbus mougeotii, Calamagrostis varia, Adenostyles alliariae, Festuca altissima, Polygonatum verticillatum, Geranium sylvaticum, Euphrasia rostkoviana, Gentianella germanica, Gentiana lutea, Coeloglossum viride.*

2.5.2. Die Haupt-Waldgesellschaften

Eine der umstrittensten Fragen der Geobotanik ist im Raum Basel – wie andernorts – die Abgrenzung zwischen dem Eichen-Hagebuchenwald (Carpinion, in der collinen Stufe vorkommend) und dem Buchenwald (Fagion, in der montanen Stufe dominant). Sie ist eine elementare Grundfrage für viele weitere geobotanische Hypothesen, die unser Gebiet betreffen.
Extreme Auffassungen: Moor lässt das Carpinion bis auf maximal 600 m aufsteigen – nach der früher allgemein gültigen Auffassung, dass die Obergrenze der collinen Stufe mit der oberen Rebbaugrenze gleichzusetzen sei – und schliesst einige Übergangsformen zum Fagion mit ein.
Nach ELLENBERG und KLÖTZLI (1972, vgl. auch KLÖTZLI 1968) gibt es das Carpinion dagegen von Natur aus nur um den Genfersee, im Tessin und im nördlichen Zürichbiet. Die sich auf diese Auffassung stützenden Waldkartierungen kreieren verschiedene Fagion-Typen, die im Sinne Moors dem Carpinion zugehören. Immerhin figuriert das Carpinion im Wissgrien (Münchenstein) bei BURNAND et al. (1990) als "Haselwurz-Hagebuchenmischwald mit Aronstab".
ZOLLER (1989) neigt in der Streitfrage Carpinion–Fagion dazu, die niederen Teile der Basler Landschaft teilweise dem Bereich des Carpinion zuzuordnen. Deshalb wird dieses Gebiet auch auf der neuesten Vegetationskarte der Schweiz (HEGG, ZOLLER & BÉGUIN 1993) zum "Gebiet mit Eichen-Hagebuchenwald auf Braunerde" gestellt.
Allerdings ist die Abgrenzung dieses Carpinion-Gebiets auf einer Karte mit etlichen Schwierigkeiten verbunden. So weist etwa die 350 m-Isohypse (als hypothetische durchschnittliche Höhengrenze des Carpinion) in unserer Region einen ausserordentlich komplizierten Verlauf auf. Daraus folgt, dass unser Rayon aus biogeographischer und pflanzensoziologischer Sicht den <u>extrem weit expandierenden Übergangsbereich</u> darstellt zwischen dem trockenwarmen Bereich der Oberrheinebene (mit Carpinion) und dem submontanen jurassischen Bereich (mit Fagion), wie Karte Fig. 6 zeigt.
Die Frage nach der "potentiellen Waldvegetation" einer ganzen Region, hinter der – mehr oder weniger unausgesprochen – der Klimaxbegriff steckt, ist im Prinzip falsch gestellt. Innerhalb der grossräumigen Arealgrenzen der Rotbuche sind es nicht zuletzt edaphische und mikroklimatische Verhältnisse, die über Mithalten und Konkurrenzkraft der Buche in grösseren oder kleineren Gebieten entscheiden.
"Nicht-buchenfähige", im Sommer stark austrocknende Böden überwiegen im warmen Stromtal des Oberrheins und im niederen Sundgau, am unteren Hochrhein und auch in der Birsebene. Interessant ist hierzu die Anmerkung in ELLENBERG & KLÖTZLI (1972, S. 679) zu MOORS (1969) "Eichen-Hagebuchenwald auf Kalkflussschotter" im Wissgrien (Münchenstein), den sogar sie zum Stellario-Carpinetum stellen würden!
Hier ist also mit dem <u>Carpinion als dominanter Waldgesellschaft</u> zu rechnen.
Habituell schöne Eichen-Hagebuchenwälder an <u>buchenfähigen</u> Standorten sind dagegen in

Buchenwald überführbar. Eine ganz scharfe Grenze zwischen den beiden Verbänden kann in unserer Gegend nicht gezogen werden.

In der Pflanzensoziologie muss immer zwischen "Analyse und Ansprache der aktuellen Pflanzengesellschaft eines Bestandes und der Frage nach der potentiellen Vegetation unterschieden werden" (MÜLLER in OBERDORFER 1992b). Von Eichen und Hagebuchen dominierte Bestände sind in diesem Sinne – durchaus als Wirtschaftsprodukt – zunächst einmal als Eichen-Hagebuchenwald aufzufassen.

Aufgrund einfacher, "todsicherer" Artenkombinationen in der Strauch- und Krautschicht kann längst nicht immer entschieden werden, welche (Wald-)Vegetation potentiell an einem Ort wüchse. Von diesem Grundirrtum geht z.B. BAUMGARTNER (1984) aus. Nach der Literatur eindeutige Verbands-Kennarten des Carpinion greifen nämlich bei uns nicht nur vereinzelt und ausnahmsweise weit ins eindeutige Fagion über. Sie finden sich vorab im Carici-Fagetum (Seggen-Buchenwald) noch weit über 700 m: *Rosa arvensis, Potentilla sterilis, Prunus avium* und *Galium sylvaticum*.

Für unsere Gegend zeigt sich uns also das folgende Bild: Die obere Grenze des rheinnahen Bereichs (= Rebbaugrenze) auf ca. 600 m wird gleichgesetzt mit dem möglichen höchsten, durchwegs wirtschaftsbedingten Vorkommen von Eichen-Hagebuchenwald. Dies schliesst hinwiederum nicht aus, dass eindeutige Buchenwälder gerade in unserem morphologisch und pedologisch reich strukturierten Gebiet weit hinab (bis unter 350 m) reichen können, wie z.B. Rütihard (300 m), Riederen bei Märkt (260 m).

3. Charakterisierung der Teillandschaften

In Kap. 2.2. (Geologie, Relief), Kap. 2.3. (Böden) und Kap. 2.4. (Klima) wurden bereits Details und Zusammenhänge zum spezifischen Charakter der Einzellandschaften vorausgeschickt, da ja Geologie, Oberflächenformen, aber auch die Böden und das Lokalklima im Untersuchungsgebiet örtlich starke Unterschiede zeigen. Diese Geofaktoren sind die Grundlage zur individuellen Eigenart einer Landschaft und somit auch zum Verteilungsmuster von Pflanzenarten.

Bleibt noch, die kulturräumlichen (d.h. alle vom Menschen hervorgebrachten) Grundzüge und Spezifitäten der Einzellandschaften entweder aus den naturräumlichen Grundlagen zu erklären, oder sie mit der besonderen kulturhistorischen Entwicklung in Zusammenhang zu bringen. Letzteres ist jedoch im eng bemessenen Untersuchungsgebiet von recht schwierig. Die Kulturgeschichte wird zwar allgemein für den alemannischen Raum oder für die Kantone beschrieben, ihre lokalen historischen Besonderheiten wurden jedoch oft nur als isolierte Episoden bekannt. Viele der örtlichen Quellen (z.B. Heimatkunden der BL-Gemeinden) sind zum Teil lückenhaft und leider auch oft laienhaft verfasst, d. h. sie versäumen es meist, den kausalen Bezug von Geschichte und Landschaft aufzuzeigen.

Dem Botaniker ist es ein besonderes Anliegen, die Eigenheiten der Vegetation, welche ja das spezifische Bild einer Landschaft prägt, herauszuarbeiten und die daraus resultierenden bezeichnenden Pflanzenarten der einzelnen Landschaften zu nennen.

3.1. Die Landschaften des Jura

Auf die geologischen und morphologischen Unterschiede zwischen Faltenjura und Tafeljura wurde bereits in Kap. 2.2.3.2. eingegangen.

Die Besiedlung des Faltenjura geht von den Tälern aus und strahlt höchstens in die untersten sanften Lehnen der Gebirgsketten aus. Im Tafeljura jedoch wirkt seit dem frühen Mittelalter der Gegensatz zwischen gut erschlossenen Talgemeinden mit viel Gewerbe und Verkehr und andererseits den abgelegenen Berggemeinden auf den Hochplateaus. Heute zeichnen sich die Taldörfer durch eine starke Industrialisierung und entsprechende bauliche Ausdehnung aus, die bis zum ungegliederten "Siedlungsbrei" in den Talsohlen eskaliert ist.

Die Bergdörfer tragen dagegen immer noch vorwiegend bäuerlichen Charakter. In der Nähe der Agglomeration macht sich jedoch zunehmend die Verhäuselung durch Neuzuzüger und dank Baulandverkauf reich gewordene Einheimische bemerkbar, die ihre Villen im Grünen haben wollen (z.B. Hofstetten, Hochwald).

Die ursprüngliche Vegetation der traditionellen (d.h. agrarischen) Kulturlandschaft, wie sie um 1900 noch zum grossen Teil erhalten war, ist in den Talböden durch die Siedlungsexpansion heute weitgehend überwalzt worden. Auf den "unterentwickelten" Höhen aber sind noch namhafte Überreste dieses reichen kulturellen Erbes vorhanden (und hier unbedingt schutzwürdig!). Beispiele sind: Hecken, Magerwiesen, natürliche Flussläufe, nicht asphaltierte Feldwege usw. Die psychologischen und wirtschaftlichen Probleme dieses Landschaftsschutzes siehe Kap. 4.

Viele der Pflanzenarten, die der gewohnten Juralandschaft den typischen Akzent geben wie z.B. die Strauch-Kronwicke (*Coronilla emerus*), zeigen in unserem Raum ein Verbreitungsbild, das über den Rahmen des Juras hinaus in die Hügelländer des Dinkelbergs und der Isteiner Malmscholle und z.T. in die Oberrheinebene zieht. Dazu gehören z.B.: *Anthyllis vulneraria, Bupleurum falcatum, Pimpinella saxifraga, Helianthemum nummularium* ssp. *obscurum, Vincetoxicum hirundinaria, Melittis melissophyllum, Stachys recta, Digitalis lutea, Carlina vulgaris, Aster amellus, Scilla bifolia, Orchis militaris, Carex alba* und viele andere.

Die folgenden Arten sind im aktuellen Zeitpunkt (fast) ganz auf den Juraanteil im Bereich des Untersuchungsgebiets beschränkt (die den einzelnen Jurateilen eigenen Arten folgen in Kap. 3.1.1. bis 3.1.4.):

Asplenium fontanum (+ Basel), *Asplenium viride, Saxifraga paniculata, Alchemilla glaucescens,*

Jura 31

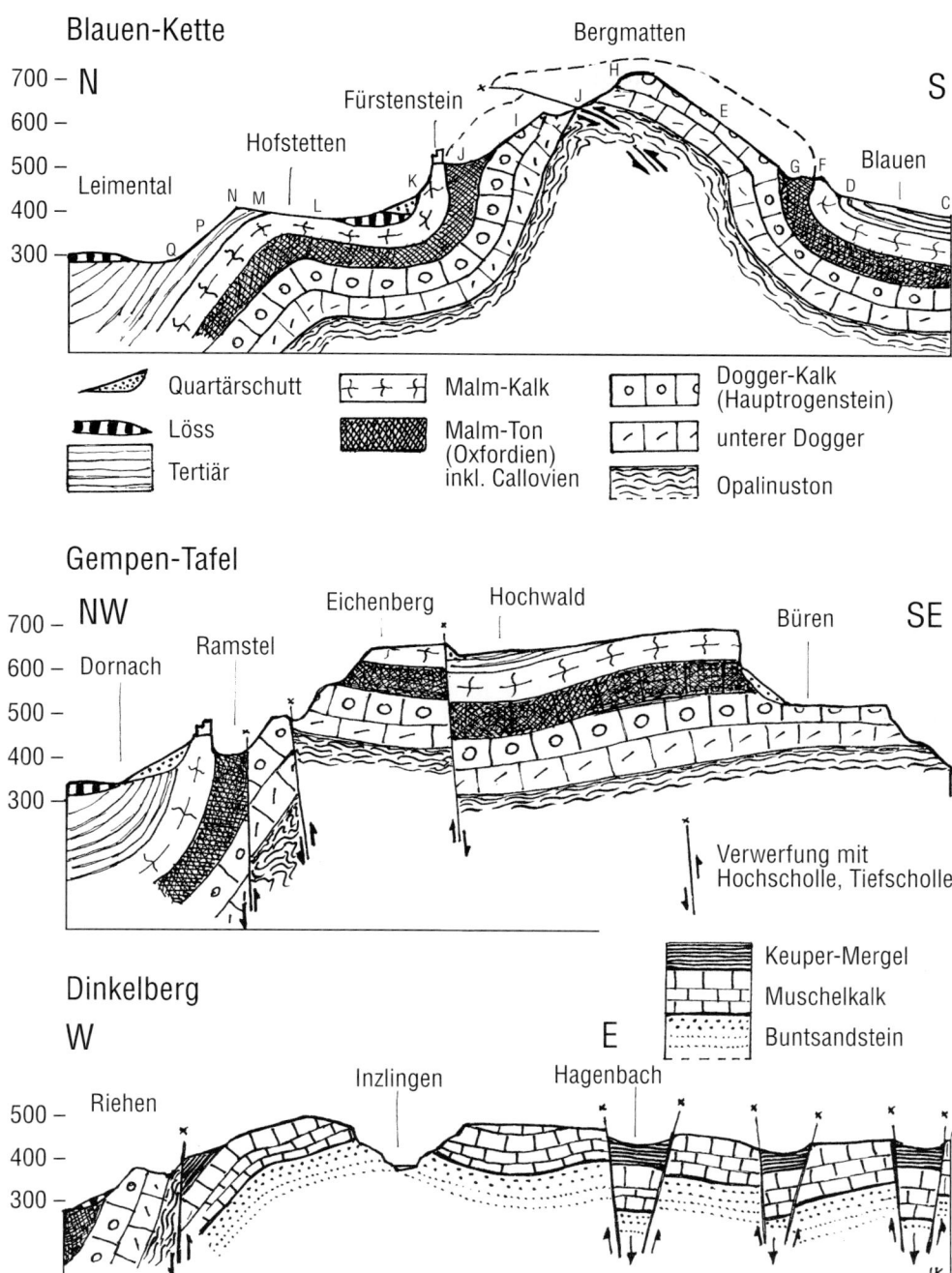

Fig. 7. Geologische Profile.

Rubus saxatilis, Cotoneaster tomentosus, Sorbus domestica, Sorbus mougeotii, Genista pilosa, Coronilla coronata, Coronilla vaginalis, Anthriscus nitida, Athamanta cretensis, Laserpitium latifolium, Laserpitium siler, Seseli libanotis, Rhamnus alpinus, Daphne laureola (+ Dinkelberg), *Arabis turrita* (+ Basel), *Draba aizoides, Kernera saxatilis, Thlaspi montanum, Orthilia secunda, Moehringia muscosa, Gentiana cruciata* (Reinacherheide †), *Gentiana lutea, Gentianella germanica, Lonicera alpigena, Valeriana tripteris, Erinus alpinus* (+ Basel), *Globularia cordifolia, Stachys alpina* (die häufigste, ganz auf den Jura beschränkte Art), *Campanula cochleariifolia* (+ Basel), *Antennaria dioica, Buphthalmum salicifolium, Leucanthemum adustum* (+ Dinkelberg ?), *Adenostyles alliariae, Carduus defloratus, Carlina acaulis, Cirsium × rigens, Hieracium amplexicaule, H. humile, H. calodon* (Landskron), *Goodyera repens, Ophrys insectifera, Sesleria varia* (+ Kirch. Kopf).

Auffallend an dieser Liste ist das starke Überwiegen ausgesprochener Felspflanzen sonniger und schattiger Partien.

3.1.1. Das Blauengebiet
Siehe Profil Fig. 7

Gliederung von Süd nach Nord:
<u>Südflanke:</u>
A Südlicher Bergfuss im Birstal
B Steilhang zum Birstal
C Plateau von Röschenz, Blauen und Nenzlingen
D Weidehänge von Dittingen, Blauen und Nenzlingen
<u>Zentralkamm:</u>
E Südexponierter Steilhang
F ev. Isoklinalfelskämme (Burgkopf, Obmert, Chuenisberg)
G ev. Oxford-Comben (Im Ring, Dittinger Bergmatte, Blatten)
H Zentralkamm mit Gipfelkuppe
I Nordexponierter Oberhang
J ev. Comben (Bättental, Hofstetter Bergmatten)
K Unterhang
<u>Nordflanke:</u>
L Mulde von Metzerlen-Hofstetten
M Südexponierter Gegenhang der ehemaligen Rebberge
N Kamm der Landskronkette (bis Amselfels im Osten)
O ev. Klusen und Halbklusen von Flüh, Büttenenloch und Schalberger Chlus
P Steilhang zum Leimental
Q Nördlicher Bergfuss im Leimental

Diese detaillierte Landschaftsgliederung hat bereits einen so grossen Massstab, dass sich die Kleinlandschaften oft nicht mehr scharf abgrenzen lassen. Vielmehr sind z.B. die nördlichen und südlichen Bergfüsse sowohl den Tälern (Leimental zu Sundgau, Birstal zu Laufenbecken) als auch dem Berggebiet des Blauens zuzuordnen, müssen also als <u>Grenzgürtel</u> gelten.

Eine ganze Reihe von im Untersuchungsgebiet seltenen Arten sind ganz oder weitgehend auf das Blauengebiet beschränkt; in Klammern die Zuordnung zu den obigen Landschaftselementen:

Trollius europaeus	(C)
Trollblume	
Cirsium eriophorum	(C/D)
Wollköpfige Kratzdistel	
Coeloglossum viride	(D)
Grüne Hohlzunge	
Spiranthes spiralis	(D)
Herbst-Wendelähre	
Blackstonia perfoliata	(D)
Gewöhnl. Bitterling	
Gentiana verna	(D)
Frühlings-Enzian	
Phyteuma orbiculare	(D)
Rundköpfige Rapunzel	
Trifolium ochroleucum	(D/M)
Gelblicher Klee	
Dianthus gratianopolitanus	(F)
Pfingst-Nelke	
Alchemilla micans	(G/I)
Schimmernder Frauenmantel	
Rosa glauca	(H)
Bereifte Rose	
Primula auricula	(I)
Felsen-Aurikel	
Vaccinium vitis-idaea	(I)
Preiselbeere	
Lunaria rediviva	(J/O)
Mondviole	
Ophioglossum vulgatum	(N)
Natterzunge	

Wie in Kap. 2.2.3.2. geschildert, gehört der "Blauen", zu einer weit nach Norden vorgeschobenen Antiklinale des Faltenjuras. Dank seiner Höhe (über 800 m) und exponierten Lage ist der Blauenkamm ein Niederschlagsfänger erster Ordnung (über 120 cm Jahresniederschläge).

Die geologischen Profile (Fig. 3 und Fig. 7) zeigen die Besonderheiten dieser Falte: Als disharmonische Kofferfalte weist sie an der Kulmination eine fast waagrecht liegende Dogger-Dekke auf ("Kofferdeckel"). Nach Norden erweist sich der Höhenzug sogar als überkippter Faltenschenkel mit einer Neigung bis zu 120°.

Die sonnige Südflanke birgt als botanische Juwele die Magerweiden von Nenzlingen, Blauen und Dittingen (Teucrio-Mesobrometum) mit ihrem immer noch reichen Orchideenflor. Gegen das Birstal hin fällt die Südflanke nochmals steil ab zum Rebgelände von Zwingen in günstiger Klimalage, wo mit *Bothriochloa ischaemum* noch einmal von ferne die Oberrheinebene grüsst.

Die schattige Nordflanke ist durch ihren komplexen Aufbau ("Kofferöffnung") stellenweise tief hinab bis zum Opalinuston erodiert. Nasse Comben mit Rutschhängen und verschobenen Bergsturzmassen tragen artenreiche Feuchtwiesen oder gar Hangmoore (Caricetum davallianae). Steile Schenkelrippen (Burg, Rotberg, Fürstenstein) sind von interessanten, trockenen, aber schattigen Föhrenwaldbeständen gekrönt. Das fast ebene nördliche Vorfeld trägt die fruchtbaren Obstgärten und Äcker der Mulde von Metzerlen (z.T. Lössboden), um dann zur nördlich vorgeschobenen Landskronkette nochmals etwas anzusteigen. In diesen Tieflagen haben sich die letzten Relikte des Rebbaus noch halten können, doch sind leider die bevorzugten Südlagen heute zum grossen Teil mit platzverschwenderischen Villen überbaut worden: Die südlichsten Ausläufer der Agglomeration Basel haben also die Gebirgsmauer des Juras hier bereits durchbrochen (Kap. 4.8.)

Eindrücklich sind die tief in den Malmkalk der Landskronkette eingegrabenen Schluchten (Büttenenloch und Felsental von Biederthal) mit *Lunaria rediviva,* der Mondviole, im feuchtschattigen Kalkschutt, die relativ lange Kehlengrabenschlucht ob Hofstetten sowie die Klusen von Burg, Flüh und Aesch, wo moos- und farnbesetzte Felsen bis an den Rand der eingeengten Wege herunterreichen. Wer diese Klusen an einem heissen Sommertag durchwandert, erlebt den frappanten Wechsel des Lokalklimas: Aus der flimmernd-heissen Luft der südexponierten Rebhänge oder des sonnengetränkten flachen Vorlands (Sundgau) taucht er in die kühl-schattige Klus ein, wo ihn die leicht feuchten, Kühle atmenden Malmkalkfelsen mit angenehmer Frische empfangen. Nicht von ungefähr gedeihen in diesem ozeanisch-montan getönten Schluchtklima auch Pflanzen, die eigentlich in der höher gelegenen montanen Gebirgszone zu Hause sind, z.B. die Alpen-Gänsekresse *(Arabis alpina),* der Grünstielige Streifenfarn *(Asplenium viride).*

In der Nordostecke wird die Lössnische von Pfeffingen umrahmt von Kalkrippen (Eischberg, Pfeffinger Schlossberg, Schalberg, Tschäpperli) und der Sackungsmasse Chlusberg mit dem Aescher Rebgelände, wo der gute Tropfen "Chluser" in warmer Südexposition gedeiht.

3.1.2. Das Laufental

Diese Landschaftsbezeichnung entspricht nicht dem politischen Begriff "Laufental", der das ganze Areal der ehemals zum Kanton Bern gehörenden Gemeinden Duggingen, Grellingen, Nenzlingen, Zwingen, Blauen, Dittingen, Röschenz, Laufen und Burg umfasst. Vielmehr ist hier aus diesem seit 1994 neuen Teil des Kantons Basel-Landschaft nur das Birstal von Laufen bis hinunter nach Angenstein mit den Seitenhängen gemeint.

3.1.2.1. Die Klus von Grellingen–Duggingen (siehe Fig. 9)

Die Birs durchbricht auf einer Länge von 5 km zwischen Chessiloch und Angenstein die beiden nördlichsten Antiklinalen (Kap. 2.2.3.2.) des Faltenjuras, nämlich die nordwestlich gelegene Blauen-Antiklinale und die südlich gelegene Wisig-Antiklinale. Diese beiden Faltenzüge tauchen jedoch im Bereich dieser Birsklus gegeneinander versetzt ab, sodass die 7 km lange Flussstrecke nicht einem echten Durchbruchtal entspricht (wie z.B. die Klus von Moutier). Vielmehr zielt der Fluss im Raum Grellingen exakt in die Bresche der hier unterbrochenen Faltenbarriere, die hier ihre abriegelnde Wirkung zudem durch die aus-

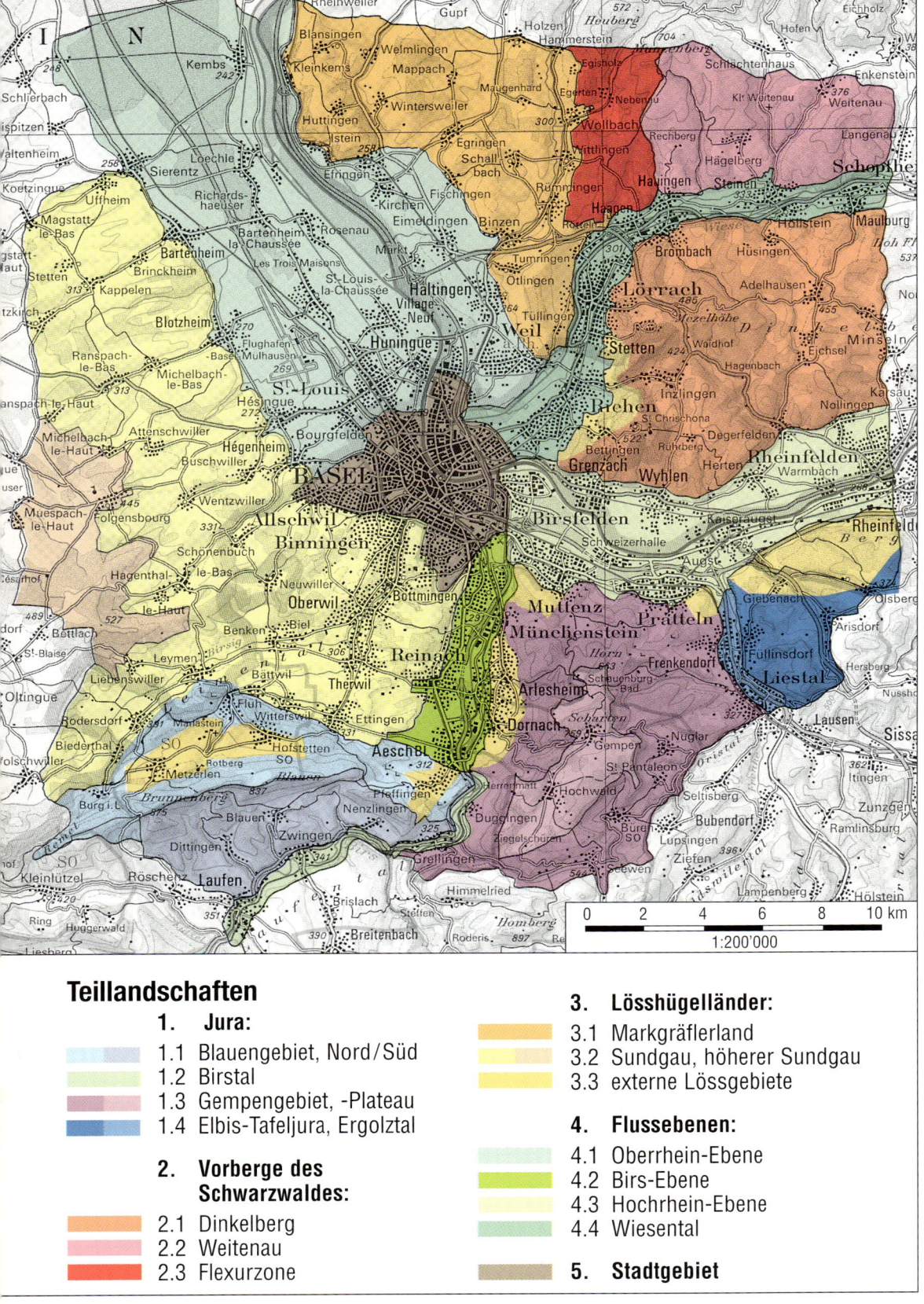

Fig. 8. Gliederung des Untersuchungsgebiets in Teillandschaften.

Sundgau bei Brinckheim. Flachwellige Lösshügel mit dominantem Ackerbau. Hinten Schwarzwald (in Wolken), Isteiner Klotz. →O. – 6.1995.

Schartenfluh vom Ingelstein her. Westabsturz der Rheintalflexur mit zerklüfteter Malmrippe, darunter Schutthang mit Seggen-Buchenwald. →N. – 10.1970.

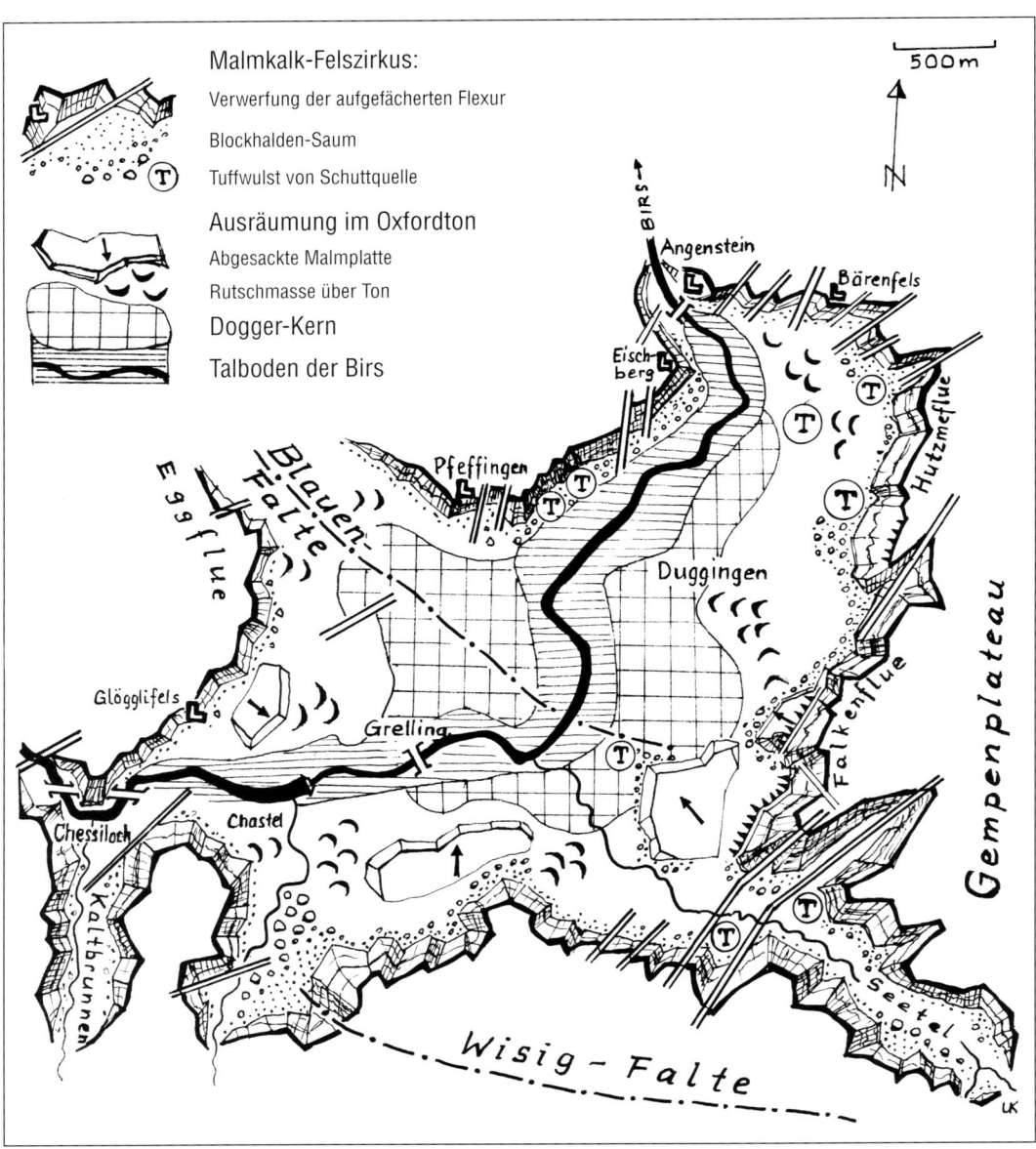

Fig. 9. Die Birsklus von Grellingen–Duggingen.

fächernde Flexurzone mit vielen Verwerfungen eingebüsst hat.
Die Auswirkungen dieser sehr speziellen geologischen und tektonischen Situation auf Relief und Böden im ausgedehnten, 11 km² grossen Klusraum sind mannigfaltig:
Die Klusränder mit den schroffen Malm-Felsklippen sind gleich einer Sternfestung mit zahlreichen vorspringenden Felsbastionen und weit ins Hochland eingeschnittenen Kerben ausgestattet, sodass die randliche Felsmauer eine Gesamtlänge von über 20 km erreicht. Entsprechend gross ist der die Felsmauer säumende Gürtel der Blockhalden. Der gigantische Felszirkus beherbergt einige floristisch ausgezeichnete Stellen: Pfeffinger Schlossberg, Bärenfels, Hutzme, Falkenfluh, Pelzmühletal, Eggfluh, Muggenberg.
Fährt man von Basel in den Jura, so verlässt man die weite Birsebene bei Aesch. Schon von weit her erblickt man auf dem Rücken des Eischberges wie eine Eintrittstafel die hohen Mauerreste der Ruine Pfeffingen thronen. Angesichts der quadrischen Burg Angenstein, direkt über der Flussenge, wird vollends bewusst: Wir treten vom sanft geformten Mesoeuropa ins schroffe Gebirgsland Neoeuropa ein (Kap. 2.2.): Die Felsenmauer des weissen Malmkalks senkt sich hier bis ins Birswasser, die Strasse wird eng, sie ist in den gegenüberliegenden Fels eingehauen. Hinter einer scharfen Kurve sind ihr – völlig überraschend – Panzersperren aus dem 2. Weltkrieg übriggeblieben. Nicht von ungefähr trafen beim nahen Bahnhof Aesch die politischen Grenzen der Kantone Bern, Solothurn und Baselland aufeinander. Die Bahn durchbricht den Riegel der Felsensperre im kurzen Tunnel: Wir durchqueren einen geologischen und strategischen Grenzpunkt erster Ordnung und von beklemmender Enge. Unmittelbar dahinter überrascht uns bei der alten Birsbrücke die jurassische Felsenflora mit dem Stengelumfassenden Habichtskraut *(Hieracium amplexicaule)*, und am senkrecht aufragenden Burgfelsen entdecken wir den Goldlack *(Cheiranthus cheiri)*.
Doch schon nach 200 m weitet sich der Horizont, und wir treten in die mysteriöse Szenerie der Klus-Weitung ein, die auch mit etlichen vegetationskundlichen Kardinalstellen in massierter Dichte aufwartet: Im Westen ragt der bewaldete Steinhang zur Felsbastion Eischberg–Pfeffingen auf. Hier, am Mückenberg, haben M. Moor und R. Bach die beispielhafte Zonation der kollinen Jurawälder mit den dazugehörigen Hangschuttböden examplarisch dargestellt (MOOR 1962, BACH 1950). Der südlich anschliessende Schlossgraben zeigt in klassischer Ausprägung den Unterschied von nord- und südexponierten jurassischen Hangwäldern.
Bei der Papierfabrik Grellingen wird die Steilhang des Doggerkerns hart vom Prallhang der Birs angeschnitten. Die Tallehne von Duggingen auf der andern Talseite zeigt einen völlig konträren Charakter: Allmählich steigen die obstbaumbestandenen Wiesen aus dem Talboden hoch, das Relief ist viel unruhiger als am straff und steil abgedachten Westhang. Die Ausräumungszone liegt im weichen, glitschigen Opalinus-Ton. Überall quellen hügelige Rutschmassen hangabwärts, die Obstbäume stehen schief im Rutschhang. Da und dort säumen auch kurze Steilböschungen die Felsblockgruppen, ja ganze Malmplatten rutschen als Sackungspakete über den Gleithorizont des Tons ab, z.B. 'Pelzfeld' und auf der Gegenseite 'Felsenacker'. Diese beiden Malmplatten sind talwärts durch schroffe Steilböschungen begrenzt, auf denen als Feldgehölze ein sonderbarer wärmeliebender Mischwald stockt. Nach oben hin verteilt sich der Wiesenhang und kann in manchen steilen Nischen nur noch als Magerweide (Mesobrometum) genutzt werden. Die Typen dieser Brometen sind hier – entsprechend den verschiedenen Böden (tonig, mergelig oder steinig) und den Expositionen (südtrocken oder nordfeucht) – ausserordentlich vielgestaltig.
Weit zurückversetzt schliesst die senkrecht aufragende weisse Mauer des Malmkalks die Klus im Osten ab (Falkenfluh, Hutzme). Viele Verwerfungen der Rheintalflexur haben den Weg für schluchtartige Einkerbungen der Seitenbäche vorgezeichnet: Was von weitem gesehen als unüberwindliche Felsenmauer erscheint, ist auf stotzigen Waldwegen in eng verwinkelten Felseinschnitten überwindbar. Hier reicht der montane Hirschzungen-Ahornwald (Phyllitidi-Aceretum) in Schattenlage bis an den Weg herab, seine Domäne sind aber vor allem die ausgedehnten, unbegangenen, nordexponierten Blockhalden mit z.T. hausgrossen Felstrümmern, wie sie sich z.B. vom Pelzmühletal (auf der Karte 'Seetel')

Dittingen am Südfuss des Blauen. Ringsum Magerweiden (Teucrio-Mesobrometum). Vorn *Juniperus,* verbissfest. →SSO. – 6.1986.

Blauenweide an der Südflanke des Blauen, Magerweide (Teucrio-Mesobrometum). Hinten links Nenzlingen; eingetiefte Birsklus von Grellingen und Faltenjura. →SO. – 8.1980.

Landskronkette (rechts), Klusweite von Flüh und Nordfuss des Blauen vom Hofstetterköpfli aus. Vorn Seggenbuchenwald. →W. – 4.1995.

Schartenfluh mit Kronwicken-Föhrenwald und Felsenmispelgebüsch auf Malmfels. Hinten Gempenplateau mit Berg-Getreidebau. →SW. – 10.1970.

über Eigenhollen, Stollenrain bis zum Chasteltal hinziehen.
Der Talboden bei Duggingen – leider mehr und mehr durch platzverschwendende Nutzungen (Industrieareale, Parkplätze, Deponien) arg verunstaltet – bot bis vor wenigen Jahrzehnten noch anschauliche und floristisch interessante Bestände des kollinen Silberweidenwaldes, wohl einst die grössten der Nordwestschweiz, völlig unbeachtet vom Berner Naturschutz, der das ferne Laufental von jeher stiefmütterlich behandelte. Hoffentlich ergreift das nähere Liestal jetzt die Chance, die noch verschonten kleinen Relikte wirksam unter Schutz zu stellen.

3.1.2.2. Das Laufenbecken

Beim Felssporn "Uf Geren", nahe der Mündung der Lützel (Lucelle) in die Birs, stossen wir an die Südwestecke des Untersuchungsgebiets. Nur noch 5 km trennen uns von der deutsch-französischen Sprachgrenze bei Riedes-Dessus, das zur jurassischen Gemeinde Soyhières gehört. Der alte romanische Ortsname Röschenz deutet darauf hin, dass an dieser Stelle romanische Kulturelemente ehemals noch weiter ostwärts verbreitet waren. Auch landschaftlich befinden wir uns hier in einer Übergangszone: Das durch Verwerfungen zerhackte, kleincoupierte Relief des Baselbieter Juras weicht hier mehr und mehr dem grosszügigen Landschaftsstil des welschen Juras, den weiten tektonischen Mulden (Laufenbecken, Delsberger Becken), die sich behäbig zwischen weit entfernte und langgezogene Gebirgsrücken einbetten. Zwischen dem breiten Talboden und den fernen Bergkämmen sind fast waagrecht liegende Vorbergplatten eingeschaltet. Auf einer solchen Platte liegt z.B. in fruchtbarem Acker- und Obstbauland das Dorf Röschenz. Der Malmkalk im Unterbau dieser Platten tritt nur an den Prallhängen der Birs offen zutage (z.B. "Goben" südöstlich Zwingen) oder dort, wo er seit der Römerzeit für die Gewinnung fast marmorartiger Quader gebrochen wurde. Diese z.T. aufgelassenen Kalksteinbrüche (z.B. "Schachleten" nördlich Laufen) weisen – im strahlungs- und wärmebegünstigten Laufener Klima – eine Xerothermflora auf: Föhrenwäldchen, gesäumt mit *Anthericum ramosum, Peucedanum cervaria, Euphrasia stricta.*

Auf der Oberfläche der Platten liegen über Tertiärschichten älteste (pliozäne) Schotter und Verwitterungslehme mit z.T. ziemlich sauren Böden aus alten, zerrütteten Schottertrümmern und voreiszeitlichen Verwitterungslehmen (z.B. 'Brislachallme'). Auf solchen sauren Substraten stocken eigentümliche, im Jura sonst kaum bekannte bodensaure Eichenwälder (Quercion robori-petraeae) und ein Weisstannen-Fichtenforst (Luzulo-Abietetum ?), vielleicht ein Äquivalent zu den Nadelwäldern der westlichen Weitenauer Vorberge, allerdings in klimatisch wohl trockenerer Lage.
Die prächtigen Talauen beherbergen am feuchten Ufer der weit ausholenden Birsmäander z.B. die Gelbe Schwertlilie *(Iris pseudacorus)* und die Nachtviole *(Hesperis matronalis)*, aber auch im Waldschatten den Eisenhutblättrigen Hahnenfuss *(Ranunculus aconitifolius)* als demontanes Element (Kap. 5.3.).

3.1.3. Das Gempengebiet
Siehe Karten Fig. 16 und Profil Fig. 7

Dieser Jurateil weist eine ganz andere Gestaltung auf als das Blauengebiet, obwohl er aus denselben geologischen Schichten aufgebaut ist und etwa dieselbe Höhenlage einnimmt.
Sein Westflanke ist geprägt durch schief gestellte Schenkelberge aus Malmkalk (Richenstein, Hollen, Dorneck, Dornachberg, Länzberg) in der Rheintal-Flexurzone (Kap. 2.2.2.). Zwischen diesen schroffen, teils ruinengekrönten Malmfelsrippen schlängeln sich die Seitenbäche, die in den dahinter liegenden Comben auf Oxfordton entspringen (Tüfleten, Ramstel, Gobenmatt, Ränggersmatt).
Über dieser stark zerschnittenen Flankenzone, die – durch Brüche kreuz und quer zerhackt – ein stark coupiertes Relief zeigt, erhebt sich blockartig das eigentliche Gempenplateau, eine ebenfalls von Brüchen zerteilte, aber dennoch morphologisch viel ruhigere Kalktafel in mehr oder weniger waagrechter Lage. Der Gipfelpunkt, die Schartenfluh (759 m), ist der westliche Eckpfeiler der tektonisch abgesunkenen Tiefenscholle des Gempenstollen.
Das leicht gewellte Plateau (590-750 m) erlaubt trotz klimatisch rauher Lage – mit starken Bo-

denfrösten in abflusslosen Senken – eine eigenartige, z.T. noch traditionelle Kultur des Bergackerbaus: geschützt hinter Windschutzhecken und Feldgehölzen ziehen sich die teils lehmigen, teils steinigen Ackerflächen hin. Um die Dörfer aber breiten sich saftige Wiesen mit Obstgärten aus. Nur über den wenigen, bodentrockenen und mageren Kalkrücken verbleiben noch Reste von kargen Mäh-Weiden mit dem im Aussterben begriffenen Orchido morionis-Mesobrometum (ZOLLER 1954b, ZOLLER, WAGNER & FREY 1986). Zahlreich sind die grossen Lesesteinhaufen, oft als Kern von Feldgehölzen, die unterdessen breiter geworden sind. Das weist darauf hin, dass die Kulturfläche früher etwas grösser war als heute.

Der Plateaurand ist auf grosse Strecken hin als senkrechte Felsmauer ausgeprägt: Falkenfluh, Tüfleten, Hilzenstein, Ingelstein, Schartenfluh, Hornichopf, Sulzchopf, Schauenburgerfluh, Galgenstein, Wolfenried, Rappenfluh, Chanzel, Schlimmberg, Lochfluh, Spitzenfluh, Bürenfluh, Chöpfli und Horn heissen die z.T. furchterregenden oder geheimnisumwitterten Namen dieser das Plateau umgürtenden Flühe. Dieser ganze Felsenring ist aber, bedingt durch rückwärts sich einnagende Kerbtälchen oder ausstreichende Brüche, sehr verzackt und lässt an manchen Stellen die steil ansteigenden Zugänge zum Plateau offen. Am Fuss der massigen Malmfelsen fallen stotzige Grobblockhalden ab mit bis hausgrossen, bemoosten Felsbrocken (z.B. unter der Schauenburgerfluh, Fulnau westlich Seewen).

Die Nordflanke des Plateaus hat einen weniger wilden Charakter, da hier der leicht zerbröckelnde Hauptrogenstein (Doggerkalk) die Plateaukante bildet und die Ausräumungszone im rutschigen Opalinuston (unterer Dogger) liegt. Markant heben sich die leicht abgesackten Dogger-Restberge Wartenberg, Cholholz und Adler aus der sanfteren Umgebung heraus. An ihren sonnigen Südhängen wachsen im warmen Trockengebüsch der Kamm-Wachtelweizen *(Melampyrum cristatum)*, die Straussblütige Margrite *(Tanacetum corymbosum)* etc., und an den südexponierten Rebhängen auf dem fruchtbaren Boden des Keuper-Mergels die schmucke Weinbergs-Tulpe *(Tulipa sylvestris)*.

Die beiden Eckpfeiler Rütihard und Blözen-Plateau gehören geologisch nicht zum Gempengebiet, sondern stellen lössbedeckte Relikte ältester Talböden dar (mit pliozänen Deckenschottern). Sie werden agrargeographisch der Talackerbauzone zugeordnet (externe Lössgebiete, Kap. 3.3.3.).

Die Ostflanke ist stufenartig erweitert, da hier unter der Ausräumungszone im Oxfordton noch das Doggerkalk-Plateau der Sichtern weit ostwärts bis vor Liestal ausgreift. Die ostwärts abfliessenden Bäche Orisbach und Röserenbach haben wegen ihres längeren Talwegs eine viel geringere Erosionsenergie als die Bäche der Westflanke und konnten so flache Talböden ausbilden mit breiten, farbenprächtigen Spierstaudensäumen in der Uferzone. Dort, wo diese beiden Bäche entspringen, unter der Bürenflue und unter Wolfenried–Schauenburg, springt die schroffe Steilheit der Ostflanke ins Auge: Mit über 200 m Höhendifferenz auf 500 m Distanz beträgt die Flankensteigung 40%! Von Osten her gesehen ist der Unterschied zwischen Talackerbau im Ergolztal und Bergackerbau auf dem Plateau etwas weniger markant, da auf dieser Höhe zwischen 400-500 m manche Übergangsformen auftreten.

Einige im Untersuchungsgebiet seltene Arten haben ihre (fast) einzigen Vorkommen im Gempengebiet (G = Schartenfluh, O = Ostflanke, P = Plateau, S = Südseite, W = Westflanke):

Botrychium lunaria (W)
  Mondraute
Filipendula vulgaris (W+O)
  Knollige Spierstaude
Geranium sylvaticum (P)
  Wald-Storchschnabel
Viola canina (S)
  Hunds-Veilchen
Pyrola rotundifolia (W)
  Rundblättriges Wintergrün
Euphrasia salisburgensis (W)
  Salzburger Augentrost
Melampyrum cristatum (W)
  Kamm-Wachtelweizen
Adenostyles glabra (O)
  Grüner Alpendost
Hieracium lycopifolium (O)
  Wolfstrappblättriges Habichtskraut
Hieracium scorzonerifolium (G)
  Schwarzwurzelblättriges Habichtskraut

Dinkelberg südlich Inzlingen. Fettwiesen über feuchten Keuperböden. Wald forstlich verändert. Hinten Tüllinger Tafel und Vogesen. →W. – 6.1987.

Weitenau. Mitte Erlenauen als Bachzeilen, roterdiges Ackerland, hinten rechts Schwarzwald-Südfuss. →W. – 3.1995.

Markgräfler Lösshügelland, Kandertal nördlich Hammerstein mit Eschen und Erlen längs dem Fluss. Wald nur reliktisch auf Kuppen. →W. – 3.1996.

Isteiner Klotz im W des Markgräflerlandes. Xerobrometum und Quercetum pubescenti-petraeae auf Malmtreppen. Salvio-Mesobrometum am Felsfuss zur Oberrheinebene. – 5.1987.

Achnatherum calamagrostis (S)
Rauhgras

3.1.4. Das Elbisgebiet (Tafeljura östlich der Ergolz)

Die östliche Fortsetzung der Sichterntafel finden wir jenseits des Ergolztals im Schleifenberg-Plateau, das gleichfalls tektonisch fast wagrecht liegend das Ergolztal um fast 300 m überragt. Die kurzen Seitentäler folgen oft den SW–NE verlaufenden Brüchen. Da das Kastental der Ergolz durch steile Dogger-Schutthänge begleitet wird, bleibt hier wenig Platz für Ackerbau, und die wenigen noch bestehenden Obstbaum-Wiesen ob Füllinsdorf, Liestal und Lausen sind zum grossen Teil dem Siedlungsdruck zum Opfer gefallen, der von der im Ergolztal eingeengten Kantonshauptstadt Liestal ausgeht.

Dem Elbisgebiet ist eine einzige Art eigen, die der weiteren Umgebung sonst fehlt (abgesehen von Verwilderungen): das Leberblümchen, *Hepatica nobilis*.

Um Arisdorf und Olsberg herum ändert das Landschaftsbild: Grossflächig ist das längst gerodete Ausräumungsareal über den fruchtbaren weichen Keupermergeln und Opalinustonen dicht mit Einzelhöfen besetzt, von denen aus Obstbau (Kirschen!) und Ackerbau auf schweren Mergelböden betrieben wird.

Bemerkenswert sind das Plateau von Olsberg und sein westlicher Ausläufer um Giebenach. Über Muschelkalk liegt hier quartärer Deckenschotter und Löss, darum ordnen wir diese Landschaft den externen Lössgebieten zu (Kap. 3.3.3.).

3.2. Schwarzwald-Vorberge

Dazu zählen wir aus unserem Untersuchungsgebiet die beiden Höhenrücken Dinkelberg und Weitenauer Vorberge, welche das untere Wiesental einrahmen. Mit Höhen zwischen 400 und 600 m bleiben sie in der submontanen Stufe. Als Ausnahme davon erreicht der Munzenberg (knapp ausserhalb des Untersuchungsgebiets) 704 m. Während die Weitenauer Vorberge mit ihren sauren Buntsandsteinböden und düsteren Fichtenwäldern (Kap. 2.2.1.) schon sehr dem Schwarzwald gleichen – auch bezüglich ihrem Florengut –, zeigt das aus Keuper und Muschelkalk aufgebaute Plateau des Dinkelbergs noch viele Charakterzüge des Tafeljuras.

3.2.1. Der Dinkelberg

Siehe Profil Fig. 7

Das Muschelkalk-Plateau ist stark durchsetzt von SSW–NNE verlaufenden Grabenbrüchen (nebst einigen wenigen senkrecht dazu, NW–SE verlaufenden Verwerfungen), die zu einem System von tiefer liegenden tektonischen Sackungen und höher liegenden Horsten führen.

Die Vegetation wird hier bestimmt durch den Wechsel zwischen feuchtschweren Mergelböden in den Keupermulden mit Wiesen und Äckern und andererseits locker-steinigen, bewaldeten Rendzinen über Muschelkalk auf den leicht erhöhten Kuppen. Das gilt für die Westseite des Dinkelbergs zwischen Lörrach und Wyhlen/Herten.

Der mittlere Teil des Dinkelbergs um die Dörfer Hüsingen, Adelhausen, Minseln und Eichsel zeigt ein anderes Landschaftsbild: Die Wälder bedecken nur noch einen kleineren Teil des Landes und sind oft auf die Grösse von Feldgehölzen dezimiert, dazu gesellen sich noch Windschutzhecken. Auf den ausgezeichneten, tiefgründigen und feuchtespeichernden Mergelböden wird grossflächig Ackerbau (früher Dinkel!) betrieben. Nur an den kleineren, kargeren und trockeneren Böschungen und Abhängen – meist über Keuperdolomit oder Liaskalk – sind noch wenige artenreiche Blumenwiesen (Mesobrometum oder Arrhenatheretum brometosum) als Relikte zu finden. Die Dörfer sind eingebettet in schöne altehrwürdige Hochstamm-Obstkulturen, allerdings nehmen die monotoneren Zwergobst-Plantagen zu. Den wannenförmigen Tälchen fehlt im Oberlauf oft der Bach, und auf ihren weiten Talböden wächst noch manche artenreiche feuchte Naturfettwiese. Im Ganzen gesehen ein Typ von Agrarlandschaft, wie er früher auch im schweizerischen Tafeljura noch häufiger anzutreffen war und heute praktisch ausgerottet ist. Es ist zu hoffen, dass diese relativ naturnahe traditionelle Kulturlandschaft des zentralen Dinkelbergs nicht vollends der

Rationalisierung zum Opfer fällt; schwerwiegende Landschaftszerstörungen gehen auf den Bau der Autobahn beim Waidhof (Inzlingen) zurück.
Ein untergeordnetes Landschaftselement, das im schweizerischen Tafeljura nicht vorkommt, soll die Eigenheit des Dinkelberges dokumentieren: Es sind die im Bereich von tektonischen Hochwölbungen oder aber am Rande des Plateaus vorkommenden Buntsandstein-Tälchen von Inzlingen, Degerfelden und vor allem der Mauerhaldebuck südöstlich Maulburg, die eine ganz andere, nämlich acidophytische Flora aufweisen als das übrige Gebiet mit Kalk, Mergel und Ton. Das Auftreten dieses kleinen Landschaftselementes zeigt bereits die Verwandtschaft mit den nördlich benachbarten Weitenauer Vorbergen.
Eine lokalklimatische Sonderstellung nimmt der Südabsturz des Dinkelbergs zum Hochrheintal ein. Sein Lokalklima kann durchaus noch dem wärmebegünstigten und relativ trockenen oberrheinischen Klimaraum zugeordnet werden und unterscheidet sich wesentlich vom windgepeitschten Dinkelbergplateau mit seinen gefürchteten Kaltluftseen (scharfe Spätfröste in den Obstkulturen). An der Südflanke fällt uns die überaus reiche, z.T. mediterran anmutende Garten- und Rebkultur um die Dörfer Grenzach, Wyhlen, Herten und Degerfelden auf: Die kleinen windgeschützten, südexponierten Hangnischen mit Spalierlage werden seit der Römerzeit geschickt für allerhand frostempfindliche Kulturpflanzen genutzt (Pfirsich, Feige, Rebe und auch Mandel und Weisser Maulbeerbaum). Bereits in der Ebene weist der für unsere Region durchschnittliche Ackerbau auf ein wesentlich kühleres, windiges Lokalklima mit entsprechend späteren phänologischen Daten hin; hier muss der Landwirt Spätfröste fürchten.
In den gleichen Zusammenhang der klimatischen Sonderlage kann der berühmte Buchswald von Grenzach gestellt werden ("Buxo-Quercetum"), das nördlichste Buchs-Wald-Vorkommen in Mitteleuropa, wo der Buchs weite Flächen deckend beherrscht – ein Zeiger submediterraner Klimaverhältnisse; er kommt zwar auch im Jura da und dort an geschützten Steilhängen vor, aber nirgends so weitreichend (HÜGIN 1979, WENIGER 1967). Zum Komplex dieser submediterranen Insel von Grenzach gehören auch die Bestände des Frühlings-Ahorns *Acer opalus*.
Die Kalkfelsen ob Grenzach–Wyhlen–Herten bergen einige floristische Kostbarkeiten, z.B.: *Trifolium rubens, Genista tinctoria, Geranium sanguineum, Campanula persicifolia, Aster amellus, Tanacetum corymbosum, Serratula tinctoria, Epipactis atrorubens* (BRODTBECK 1996). Im Gegensatz dazu gedeihen auf den welligen Keuper-Hochflächen relativ häufig Nässezeiger wie *Lychnis flos-cuculi, Lotus uliginosus, Silaum silaus*. An nassen Waldwegen ob Degerfelden und Nollingen breitet sich sukzessive ein hier inselartig eingebürgertes Süssgras (*Glyceria striata*, aus Nordamerika stammend) aus.

3.2.2. Die Weitenauer Vorberge

Aufgrund der in Kapitel 2.2.2. geschilderten geologischen und topographischen Verhältnisse zerfällt diese Landschaft in zwei sehr gegensätzliche Teile: Einerseits die Buntsandsteintafel im Süden mit engen Tälern und fichtenbestandenen Kuppen und andererseits die Weitenauer Mulde im Norden mit sanft gewelltem Ackerland (von Schlächtenhaus, Weitenau und Enkenstein) und breiten Auengürteln. Ganz im Süden ist der Buntsandsteintafel noch der sanfte Hang von Hägelberg vorgelagert. Mit seinen Muschelkalk-Keuper-Böden und Höhen von 400 bis 470 m ist er vergleichbar mit dem Dinkelberg, zumal Agrarland und Waldgebiet auch je die Hälfte einnehmen.
Die Buntsandsteintafel selbst erhebt sich mit einem schroffen, 150 m hohen Steilhang über das Wiesental. Auf den bewaldeten Höhen (500-660 m) herrschen alte Fichtenforste vor. Da und dort persistieren jedoch Bestände des Hainsimsen-Buchenwaldes mit reicher Moos- und Farnflora. Eindrücklich sind die engen Täler mit Fischzucht-Teichen und steilen Seitenhängen, wo früher an vielen Stellen der Buntsandstein gebrochen wurde. Auf den sandig-verwitternden Schutthalden der Steinbrüche, aber auch an Steilböschungen von Waldwegen, an steilen Waldblössen und Waldschlägen kommt der rote, karge Sandboden zum Vorschein, rasch besiedelt von säurezeigenden Pionierpflanzen. Auffällig ist die

Sundgau W Wolschwiller. Traditionelle, kleinräumige Agrarlandschaft mit Weidenzeile am Bach und Obstbaumwiesen. →O. – 10.1989.

Vorderes Bruderholz, grüne Insel in Stadtnähe. Links Sternwarte vor dem waldigen Margretenpark. Hinter der Stadt links Markgräfler Hügel, Mitte badischer Blauen (Schwarzwald). →N. – 9.1980.

Reinacher Heide. Erholung, Gewässerschutz und Naturschutz sind hier vereinbar. Trockenrasen (Xerobrometum) und Trockengebüsch (Salici-Hippophaëtum). – 6.1988.

Birs bei Reinach (unter Naturschutz). Renaturiertes Ufer mit Silberweiden und Jungfernrebe. →N. – 10.1990.

dann folgende acidophile Schlaggesellschaft (Epilobio-Digitalietum) mit viel Brombeeren und überragt von den rotblütigen Schäften des Fingerhuts und der Weidenröschen, aber z.T. auch total bedeckt von Herden übermannshoher Adlerfarne.

Auf schattigem Waldboden dominiert die Heidelbeere nebst Moosen und Farnen. Der Boden federt weich: Die schlecht verwitternden Fichtennadeln schichten sich zu mächtigen Polstern auf, darunter aber hagert der karge Boden vollends aus und wird zur sandig-nährstoffarmen, oberflächlich stark versauerten Bleicherde: Ein Podsolboden (Kap. 2.3.5.) ist im Entstehen, wie er für die höheren Schwarzwaldlagen typisch ist.

In feuchten Mulden, an quelligen Hängen, und wo das Bodenwasser stagniert, siedeln sich die rasch wachsenden Torfmoose *(Sphagnum)* an und lassen mit der Zeit einen sehr sauren Waldmoorboden entstehen, auf welchem selbst die Fichten nicht mehr optimal gedeihen, was stellenweise zu einer Ausdünnung der Baumschicht führen kann. An solchen halbschattigen, sauer-moorigen Stellen, wie sie sonst im Untersuchungsgebiet nirgends vorkommen, wachsen (z.B. bei 'Birkenmoos' – 'Nasse Küche' westlich Schlächtenhaus, ca. 550 m) etwa *Carex echinata, Huperzia selago*.

Die Mulde von Weitenau steht in überraschendem Gegensatz zum Waldgebirge. Das Siedlungs- und Agrargebiet um Schlächtenhaus, Weitenau und Enkenstein ist dank der weichen Lehme und Arkosen des Rotliegenden (Kap. 2.2.1.) eine sanft geformte Hügellandschaft. Fast überall wurde der Wald gerodet, da die weichen Böden sich sehr gut pflügen lassen, von Natur aus bereits mässig nährstoffreich sind und eine ausgeglichene Wasserversorgung garantieren. Allerorten auf den Äckern und an Wegrändern fällt die seltsam gräulich-rote Lehmerde auf. Hier ist auch der Wuchsort des seltenen Wohlriechenden Odermennigs *(Agrimonia procera)*.

In die weiten Talböden des Klosterbachs, des Weitenauer Bachs und der Kleinen Wiese münden viele kleinere Bäche und Wassergräben, gesäumt von malerischen Erlen- und Weidenzeilen und von ehemaligen Wässermatten, einem Relikt traditioneller Landwirtschaft.

Die ganze Agrarlandschaft mit manchen naturnahen Elementen wirkt umso wärmer und lichtvoller, da sie von den düster-kühlen Waldgebirgen im Norden (Schwarzwald) und im Süden (Buntsandsteinplatte) eingerahmt ist.

Auch im Westen schiebt sich als hindernisreicher Riegel das waldbestandene Bergland ums obere Wollbachtal (bis Scheideck-Pass) zwischen die Weitenauer Mulde und das Markgräflerland, welches man bereits dem oberrheinischen Tiefland zuordnen könnte. Dieses Grenzland von Scheideck gehört auch geologisch zur Übergangszone der Rheintalflexur (Kap. 2.1.3.), die hier als zerbrochene Schollentreppe einen wirren Haufen von kleineren und grösseren Bergblöcken hinterliess (Gugelhut, Fuchskopf, Heuberg, Meyerhölzer, Röttler Wald). Fast alle geologischen Schichten von der Trias bis zum Tertiär sind hier in diversen Schiefstellungen vertreten, und dazwischen schlängeln sich in ebenso "unordentlichem" Gefüge Täler und Tälchen in allen Himmelsrichtungen. Nicht von ungefähr findet man dieses Gebiet gesamthaft dargestellt kaum auf einem einzigen topographischen oder geologischen Kartenblatt, und ohne Kompass läuft man Gefahr, sich in dem verwirrend hügeligen Waldgebirge zu verirren. Hier ist auch die siedlungsärmste Region des Untersuchungsgebiets: Auf einer Fläche von ca. 50 km^2 besteht nicht die kleinste Wohnsiedlung. Selten stösst man auf eine Forst-Blockhütte, an deren morscher Schattenseite Moose und Flechten prächtig gedeihen. Der durchaus montane Charakter dieser Waldregion (trotz seiner geringen Höhe von 400 bis 550 m) wird betont durch den Reichtum an Flechten, Moosen und Farnen. Hierfür verantwortlich ist auch eine wohl sehr hohe Nebelhäufigkeit und Niederschlagsmenge (120 cm und mehr), welche durch den Steigungsregen am westexponierten Schwarzwaldrand bedingt sind. Auch das Mikroklima des Bodens bleibt feucht, da kaum ein Sonnenstrahl hinabdringt.

Unter den floristischen Spezialitäten der Weitenauer Vorberge fallen dem an die Kalkflora des Juras gewöhnten Botaniker die grosse Zahl an azidophilen Arten auf; besonders reich ist die Flora der sauren Waldböden vertreten:

(Fast) ausschliesslich den Weitenauer Vorbergen gehören an:

Huperzia selago	Tannenbärlapp
Lycopodium annotinum	Berg-Bärlapp
Lycopodium clavatum	Keulen-Bärlapp
Carex demissa	Niedergekrümmte Segge
Carex echinata	Igelfrüchtige Segge
Ranunculus flammula	Kleiner Sumpf-Hahnenfuss
Senecio nemorensis	Busch-Kreuzkraut
Jasione laevis	Ausdauernde Jasione
Galeopsis segetum	Gelber Hohlzahn

Gemeinsam mit dem Olsberger Wald figurieren:

Polygonum minus	Kleiner Knöterich
Digitalis purpurea	Roter Fingerhut
Blechnum spicant	Rippenfarn
Oreopteris limbosperma	Bergfarn
Phegopteris connectilis	Buchenfarn

Etwas weiter verbreitet sind, zusätzlich zu den Weitenauer Vorbergen und dem Olsberger Wald an wenigen anderen Stellen, z.B. auf Deckenschotter, im Höheren Sundgau oder auf durch Auswaschung versauerten Böden im Jura:

Hypericum pulchrum	Schönes Johanniskraut
Calluna vulgaris	Heidekraut
Vaccinium myrtillus	Heidelbeere
Luzula sylvatica	Wald-Hainsimse
Carex leporina	Hasen-Segge
Carex pilulifera	Pillentragende Segge
Avenella flexuosa	Drahtschmiele
Dryopteris affinis	Schuppiger Wurmfarn
Rubus canescens	Filzige Brombeere

Drei weitere Arten treten ausser in den Weitenauer Vorbergen auch in der Elsässer Hardt (und an wenigen anderen Stellen) auf:

Trifolium aureum	Gold-Klee
Senecio sylvaticus	Wald-Greiskraut (+ Olsberger Wald)
Gnaphalium sylvaticum	Wald-Ruhrkraut

3.3. Die Löss-Hügelländer

siehe Karte Fig. 10

Geologisch bereits zum breiten Rheintalgraben gehörig, weisen die Löss-Hügelländer im Unterbau vorwiegend die jungen, noch wenig verfestigten Tertiärschichten (Miocän) auf, selten kommt als tektonische Hochscholle noch oberster Malmkalk vor (charakteristisch am Isteiner Klotz). Das in die weichen Tertiärschichten sanft hineinmodellierte Relief besticht durch seine grosszügige Weite, es fehlt die Schroffheit und die Kleinkammerung, wie wir sie vom Jura kennen.

Wesentlich zum Reichtum dieser Agrarlandschaft tragen einerseits das milde oberrheinische Klima (Kap. 2.4.), andererseits der überaus fruchtbare Lössboden (2.3.5./13.) bei. So erstaunt es nicht, dass wir hier eine der höchsten Dorfdichten Mitteleuropas antreffen (Sundgau 20 Dörfer pro 100 km^2, Markgräfler Land 30 Dörfer pro 100 km^2). Manche Dörfer mit der Endung -willer im Elsass resp. -weiler in Baden könnten auf die bereits römische Besiedlung und Kultivierung dieser Vorzugsregion deuten.

Charakteristische Elemente der Lösslandschaft sind: grosszügige Ackerareale mit Hack- und Halmfrüchten aller Art; ein uraltes Strassen- und Wegnetz mit heute oft unverständlichen Ecken einer Hauptstrasse in ebenem Gelände; an südgeneigten Hängen Rebbau schon aus römischer Zeit; die Wälder reliktisch auf hochgelegenen Kuppen über wenig fruchtbaren Böden der Deckenschotter oder aber im Grenzbereich zwischen den Gemeinden; sanfte Muldentäler mit mäandrierenden Bächen, im Talboden selten noch Nasswiesen (leider sind weite Areale von Drainagesystemen durchzogen). An den Hängen haben die Wege im Laufe der Jahrhunderte sich bis 8 m tief in den weichen Lössboden eingegraben (sog. Löss-Hohlwege, wie z.B. die Hohlwege im Osten Riehens oder die Schönenbuchstrasse südlich Allschwil). Seitlich sind die Hohlwege eingerahmt von sehr steilen, zuoberst manchmal senkrechten Erdböschungen mit naturnaher Flora und Fauna (z.B. Wildbienen, die in kleinen Löchern brüten).

Die für Lössgebiete <u>charakteristischen Pflanzen</u> sind vorwiegend wärmeliebende Ackerbegleiter auf subneutralen, feinsandigen

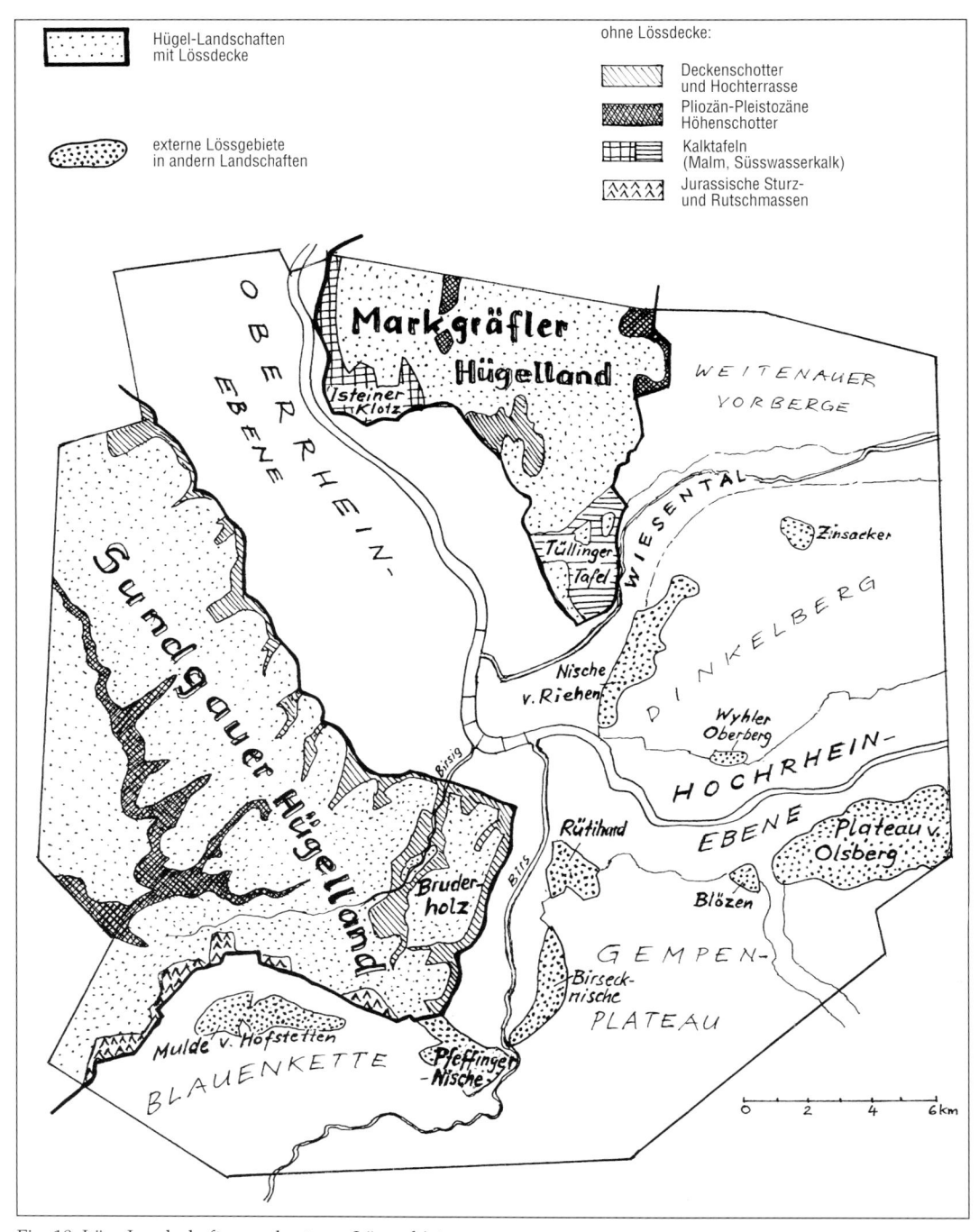

Fig. 10. Löss-Landschaften und externe Lössgebiete.

Lehmböden mit ausgeglichener Mineralversorgung, d.h. weder extrem saure, arme Silikatböden noch Karbonatböden mit grossem Kalküberschuss. Sie geniessen das vorzügliche Wasserhaltevermögen des Lösses ebenso wie seine gute Durchlüftung. Zu den bemerkenswerten Arten im Sundgauer Hügelland zählen *Ranunculus arvensis*, *Peplis portula*, *Centunculus minimus*, *Veronica triphyllos*, *V. acinifolia*, *Odontites vernus*, *Stachys arvensis*. Sundgauer und Markgräfler Hügelland besitzen gemeinsam *Falcaria vulgaris*, *Valerianella dentata* var. *eriosperma*, *Chondrilla juncea*.

Lösslehm führt in Bodensenken zu stellenweiser Vernässung mit *Glyceria declinata*.

3.3.1. Das Markgräfler Hügelland

Eingebettet zwischen den beiden nach Süden vorragenden Kalk-Hochschollen des Isteiner Klotzes (Malm) und des Tüllinger Berges (oligozäner Süsswasserkalk) liegen die weich geformten Kuppen und sanften Talmulden der tertiären Hügelländer mit der typischen Lössüberdeckung (Kap. 2.2.4.).

Während das intensiv bebaute und fast durchwegs grossräumig parzellierte Agrarland heute für den Botaniker nicht mehr viel bringen kann, stellt der Isteiner Klotz eine immer noch ergiebige Fundgrube für seltenste xerotherme Pflanzenarten dar. Die lange Liste der Spezialitäten vom Isteiner Klotz kann gegliedert werden in:

1. Felsköpfe und Felswände (Alysso-Sedion, Potentillion caulescentis):
   Festuca pallens   Blasser Schwingel

2. Xerothermrasen auf südexponierten Felshalden (Xerobromion):
   Allium sphaerocephalum   Kugel-Lauch
   Trinia glauca   Faserschirm
   Galium glaucum   Blaugrünes Labkraut
   Aster linosyris   Gold-Aster
   Carex hallerana   Hallers Segge
   Stipa pennata   Echtes Federgras
   Potentilla arenaria Sand-Fingerkraut

3. Trockensaum zwischen 2. und 4. (Geranion sanguinei):
   Dictamnus albus   Diptam
   Festuca heteropachys Derber Schwingel

4. Flaumeichenbuschwald (Quercion pubescenti-petraeae):
   Fraxinus ornus   Manna-Esche

5. Rebbergflora (Allio-Geranietum):
   Calendula arvensis Acker-Ringelblume
   Vicia narbonensis   Maus-Wicke

6. An gemörtelten Mauern (Parietarion):
   Ceterach officinarum (†)

7. Wärmeliebende Ruderalgesellschaften in Dörfern und im Kulturgelände (Convolvulo-Agropyrion, Onopordion, Arction und Sisymbrion):
   Diplotaxis muralis   Mauer-Doppelsame

Sonst nirgends im Gebiet, im Markgräfler Hügelland beschränkt auf je eine Fundstelle sind: *Peucedanum oreoselinum* (Läufelberg), *Rumex patientia* (Efringer Reben), *Utricularia vulgaris* (Rümmingen), *Orchis purpurea* (bei Rötteln), *Eranthis hiemalis* (am Schlipf bei Riehen), *Stachys germanica* (ob Ötlingen, verschwunden).

3.3.2. Das Sundgauer Hügelland

Als linksrheinisches Juravorland zieht sich der Sundgau von der Burgunder Pforte bis zum Bruderholz südlich Basel. Ähnlich wie im Markgräfler Land ist der geologische Unterbau fast überall mit Löss überdeckt. Lediglich in den wenig eingeschnittenen Tälchen und an den etwas schrofferen Hügelrändern treten die unter dem Löss liegenden Schotterdecken oder die miozänen Sande und Mergel als Geländekanten zu Tage.

Das klimatisch begünstigte und mit den besten Ackerböden gesegnete Hügelland weist zwar durchwegs ziemlich einheitliche natürliche Voraussetzungen auf, doch sind manche Verschiedenheiten der Landnutzung zwischen dem elsässischen und dem schweizerischen Teil festzustellen. Ein Vergleich, der auf Beobachtungen zwischen 1960 und 1980 beruht, zeigt im Sundgau einige Unterschiede zwischen Frankreich (F) und der Schweiz (CH), die heute allerdings durch die Rationalisierung der Landwirtschaft allmählich verwischt werden. Im folgenden wird also der idealisierte Typ der traditionellen Agrarlandschaft (in F da und dort noch vorhanden) dem Typ der modernisierten Agrarlandschaft (heute für CH charakteristisch) gegenübergestellt.

Wohlverstanden gibt es beide Typen in beiden Staaten, aber sie stellen doch eine jeweils dominierende oder charakteristische Landschaftsstruktur dar, welche die beiden Teile des Sundgaus voneinander unterscheidet:

Nutzungsdruck: F: Das Grenzland abseits grösserer Bevölkerungsballungen wird noch weitgehend agrarisch genutzt. Die Landpreise sind noch wenig angestiegen, sodass an Parzellen- oder Nutzungsgrenzen da und dort kaum genutzte Streifen offen gelassen werden. Diese beherbergen als Ödland eine vielseitige Ruderal- und Segetalflora. Stellenweise ist noch die traditionelle, kleingemusterte Landparzellierung erhalten, vor allem im Bereich der Rebhänge am Fuss des Sundgaus gegen die Rheinebene hin. Hier trifft man auf eine noch sehr abwechslungsreiche Agrarlandschaft mit Hecken und Feldgehölzen, sonnigen Rainen und feuchtschattigen Tälchen, brachliegenden Ackerstreifen und sich verlierenden Feldwegen. Entsprechend reich ist in solchen Gegenden die Vegetation.
CH: Im Soge der wachsenden Agglomeration Basel klettern die Bodenpreise hoch, Bauland wird erschlossen, und Feldwege werden in Asphaltstrassen umgewandelt. Der Zwang, den letzten Quadratmeter zu nutzen (wie auch die hiesige Ordnungsmentalität) führt zu restlos aneinandergrenzenden Nutzungen, die praktisch keine naturnahen Freiräume offen lassen. Die früher reiche Flora ist sehr verarmt.

Waldränder: F: Manche gestufte Waldränder, welche in buschige Vorwälder oder Gebüschmäntel auslaufen.
CH: Oft scharf abgeschnittene Waldränder, die auf einer geraden Linie zurückgehalten werden. Die Mantelgebüsche werden auf diese Linie (ohne Fläche) dezimiert.

Strassen und Feldwege: F: Das alte Wegnetz, oft in Privathand, ist nicht konsequent an die Nutzungsgrenzen angepasst worden, sondern lässt manche Spickel übrig, deren Funktion nicht festgelegt ist. Feldwege enden oft in nicht unterhaltene, nasse Fahrrinnen, wo etwa noch Relikte der Zwergbinsengesellschaften zu finden sind. Das Bankett der Überlandstrassen ist meist nicht eindeutig abgegrenzt, sondern geht unregelmässig gelappt in einen bis 7 m breiten Ödlandstreifen über.

CH: Alte Feldwege werden umgepflügt. Die neuen Wirtschaftswege ("Betonpisten") verlaufen meist auf Grenzen der Nutzungen, des Besitzers oder der Gemeinden. Die Verkehrsstrassen sind mit einem Randstein scharf vom direkt anstossenden Ackerland abgetrennt.

Agrarische Nutzung: F: Riesige Ackerflächen, die meist von Bauern aus dem Dorf bewirtschaftet werden. Der Anbau von Futtermais nimmt stark zu und dominiert stellenweise. An Ackerrändern dünnt z.T. die Frucht aus, sodass noch Raum für eine üppige Begleitflora bleibt (Fumario-Euphorbion, Aphanion, Centunculo-Anthoceretum).
CH: Eher kleinere Ackerparzellen, zum grossen Teil von Neusiedlerhöfen aus bewirtschaftet. Auf den bis an den Rand voll genutzten Feldern mit Brotgetreide wird die Ackerbegleitflora unterdrückt. Der Anbau von Gemüse zur Versorgung der nahen Stadt nimmt zu, ebenso diverse gärtnerische Anlagen (Blumen, Erdbeeren etc.) und Schrebergärten. Die ehemaligen Mähwiesen mit Hochstamm-Obstbäumen sind fast ganz verschwunden.

Übrige Nutzung und Überbauung: F: Nur zerstreute und punktuelle Bautätigkeit im Umkreis der Dörfer. Mehrere Golfplätze sind geplant oder bereits erstellt, leider in den landschaftlich und floristisch reizvollsten Gegenden. An einem ebenso reizvollen, intimem Landstrich ob Häsingen ist eine unnötige Anschluss-Schnellstrasse geplant, welche von den lokalen Naturschützern mit Recht bekämpft wird.
CH: Viele Erholungsflächen, Spazierwege mit Bänken, Schrebergärten, einige Baumschulen. Bauzonen werden erschlossen, geschlossene Einfamilienhaus-Quartiere entstehen.

Drainage: F: Das alte Drainagesystem mit breiten Wassergräben ist z.T. noch erhalten oder wird als offenes Grabensystem ausgebessert. An den Grabenböschungen bestimmen noch artenreiche Staudenfluren oder Grossseggenbestände den Aspekt.
CH: Wo Drainage überhaupt nötig ist, läuft sie unterirdisch zur Kanalisation.

Solche Detailbeobachtungen sind auch zeitbedingt; die ins Landschaftsbild eingreifenden Veränderungen schreiten voran (Kap. 4). Der grosse Veränderungsschub vom Agrarland zum stadtnah geprägten Raum ist in der Schweiz schon zwischen 1940 und 1970 abgelaufen, während er im Elsass erst beginnt.

Hier mögen noch wenige bezogen auf den Untersuchungsrayon nur im Sundgau vertretene Pflanzenarten Erwähnung finden: Der Knöllchen-Steinbrech *(Saxifraga granulata)* floriert noch am Binninger Margrethenhügel und ist sonst im Sundgau sehr selten geworden. Vom Kleinen Wintergrün *(Pyrola minor)* fanden sich nur wenige Kolonien bei Bettlach und Rodersdorf. *Impatiens balfourii* beherrscht das Dorfbild von Folgensbourg und Biederthal. Einige Goldhahnenfüsse sind auf das Birsigtal oder auf die Gegend um Biederthal beschränkt, z.B. *Ranunculus lyratus, Ran. lingulatus*.

3.3.3. Externe Lössgebiete

(siehe Karte Fig. 10)

Sehr ähnliche Verhältnisse des Reliefs und der Böden zeigen kleinere lössbedeckte Gebiete im mittleren und südöstlichen Teil des Untersuchungsgebiets. Wir ordnen diese aber, mit Ausnahme des Olsberger Plateaus, den sie umfassenden Grosslandschaften zu:

Externe Lössgebiete:	Grosslandschaft:
Mulde von Metzerlen, Pfeffinger Nische:	Blauengebiet
Plateau der Rütihard, Plateau von Blözen, Birseck-Nische:	Gempengebiet
Olsberger Plateau:	Elbis-Gebiet
Nische von Riehen, kleinere Lössvorkommen (z.B. Zinsacker):	Dinkelberg

Die grossen Waldungen des Olsberger Plateaus stocken auf Deckenschotter, der über Muschelkalk ruht. Gekennzeichnet ist diese Landschaft, zu der ausser dem Olsberger Wald auch die Wälder um Giebenach (Birch bis Bärenfels) gehören, durch Versauerung des Oberbodens. Die Flora zeigt deshalb eine verblüffende Verwandtschaft zu derjenigen der Weitenauer Vorberge (Kap. 3.2.2.). Dem Olsberger Wald eigen sind die Dolinen, deren eine einen kleinen Moorbirkenwald mit *Betula pubescens* und *Frangula alnus* birgt. Eine echte Besonderheit des Olsberger Waldes ist der Farn *Polystichum setiferum*, der in einem vor Nordwinden geschützten Tälchen siedelt. Bemerkenswert ist auch der in unserem Gebiet sehr seltene Eichenfarn *(Gymnocarpium dryopteris)*. Eine schöne Monographie des Gebiets stammt von BINZ (1933).

3.4. Alluvialebenen

Dazu zählen wir:
– die Oberrheinische Tiefebene unterhalb Basel)
– die Hochrhein-Ebene (zwischen Basel und Rheinfelden)
– das unterste Birstal (aufwärts bis Angenstein)
– das untere Wiesental (aufwärts bis Hausen),

also alles Talböden mit mehr als 1 km Breite. Diese heben sich von den benachbarten Hügel- und Bergländern durch ihren eigenen alluvialen Formenschatz ab: Fast horizontale Terrassenflächen, die getrennt sind durch junge, wenig hohe, aber oft recht steile Terrassenstufen. Eine Besonderheit der Alluvialebenen im Untersuchungsgebiet ist auch, dass sie alle von zwei verschiedenartigen Hügel- oder Bergländern gesäumt werden (somit fällt das untere Ergolztal hier nicht in Betracht, sondern wir ordnen es dem Tafeljura zu). Eine weitere Gemeinsamkeit stellt die Vereinigung aller vier Talebenen im Raum der Stadt Basel dar, wo die Ebenen auch schwerlich voneinander zu trennen wären. Wir behandeln daher das Stadtgebiet als eine Landschaft eigener Kategorie, obwohl es geologisch-morphologisch von Natur aus den Alluvialebenen zuzuzählen ist. (Kap. 3.5.)

Selbstverständlich verstand es der findige Mensch von alters her, die verschiedenen Qualitäten der drei Bereiche (höhere Niederterrasse, holozäne Aue und historische Aue) für seine Aktivitäten selektiv zu nutzen oder aber zu meiden, zumal in den weiten Talböden genügend Raum vorhanden war, um die geeignetsten Stellen für Siedlung, Ackerbau, Forstwirtschaft oder Verkehr etc. auszuwählen.

So blieb der potentielle Überschwemmungsraum der holozänen Aue bis vor hundert Jahren praktisch unbesiedelt. Heute bleibt dadurch noch weiter Raum frei für platzverschwenderische Verkehrsanlagen, welche ihrerseits wiederum neue Ansiedlungen von ganzen Industriekomplexen, Zollarealen etc. nach sich ziehen. Vergessen ist die alte Regel, dass man nicht in die Aue bauen soll. Dafür kommt die Überraschung, wenn der Keller unter Wasser steht.

Die verschiedenen Niveaus der Niederterrasse liegen über und daher ausserhalb des historischen Überschwemmungsgebiets. Vor der Regulierung der Flüsse brandeten die seitlichen Flussarme bei Hochwasser nicht selten an die heute noch ausgeprägte Niederterrassenstufe an und benagten sie mit ihren weit seitlich ausbiegenden Flussschleifen, welche sich stellenweise wieder ganz neue Wege bahnten. In der Aue im weitesten Sinn sind heute noch zahlreiche Relikte dieser ungezähmten Flussdynamik zu erkennen: abgeschnittene Altwässer (z.B. Kirchen-Märkt), trockene Kiesrücken, schlickgefüllte Mulden und Gräben zufliessender Seitenbäche (siehe Fig. 14, Kap. 4). Leider verschwinden durch Kiesabbau, Industrie- und Verkehrsanlagen immer mehr Zeugen dieser spannenden jüngsten geologischen Geschichte. Doch kann man etwa auf Luftbildern auch in gänzlich flachgepflügten Äckern stets noch an verschiedenen Kiesdichten sehr gut den Verlauf alter Flussarme erkennen, oft sogar ihre durch die fluviale Dynamik erzeugten Überkreuzungen.

Im Mittelalter wurde angesichts der Überschwemmungsgefahr der unberechenbaren Flüsse die Aue nicht besiedelt. Auch eine agrarische Nutzung lohnte sich kaum, abgesehen von einigen feuchten Wiesen ("Matten"). Die heutige Zivilisation ergiesst sich jedoch bedenkenlos in diesen vor hundert Jahren noch klug gemiedenen Raum, mit oft fatalen Folgen: Absacken des ausgetrockneten Bodens, Veränderung des Grundwasserspiegels und Verschmutzung des Grundwassers u.a. Vielerorts sind zum Glück die lockeren Schottermassen der Aue als lebenswichtige Trinkwasserreservoirs für die anwachsende Agglomeration erkannt und demzufolge nicht überbaubare Grundwasser-Schutzzonen ausgeschieden worden (z.B. Lange Erlen, Reinacherheide, Blotzheimer Wald). In der Birsfelder Hard zirkulieren im Bereich der Niederterrasse unter dem Waldboden grosse Grundwassermassen, wichtigstes Trinkwasserreservoir für die Stadt Basel.

Die Talebenen setzen sich nicht nur durch ihre besonderen Bodenqualitäten (durchlässige Sand- und Schotterböden) von den benachbarten Hügel- und Bergländern ab, sondern durch ihre klimatische Gunstlage (s. Kap. 2.4.). Die geringe Höhe von 200 bis 350 m ü.M. ermöglicht hier durchschnittliche Juli-Temperaturen von 20° C und Sommermaxima bis 35° C. Die Winter sind mild (Ø 0° C), und die Niederschläge überschreiten kaum 80 cm pro Jahr. Solche Klimaverhältnisse erlauben hier den submediterranen Vegetationselementen weite Verbreitung (Xerobromion, Geranion sanguinei, Caucalidion, Onopordion u.a.).

Der relativ trockene Raum lässt auf sandigen, wasserdurchlässigen Böden sogar subkontinentale Steppenarten gedeihen: *Plantago arenaria, Filago, Chondrilla*. Mit *Dictamnus, Adonis vernalis* etc. liegt das Zentrum dieser Steppenflora etwas ausserhalb des Untersuchungsgebiets (Colmar und Kaiserstuhl mit nur 60–70 cm Niederschlag im Jahr). Von dort aus strahlen einzelne Vorposten der rheinischen Xerothermflora über Basel hinaus südostwärts bis St.Jakob und zur Reinacherheide, z.B. *Eryngium campestre*.

Von der noch vor hundert Jahren vielfältigen Flora der Flussufer und Altwässer ist hingegen fast alles ausgerottet worden, was Rang und Namen hatte. Nicht nur in der Oberrheinebene, sondern auch im Wiesental und in der Birsebene war im letzten Jahrhundert noch eine grosse Zahl von Hygrophytengesellschaften zu finden. H. MEIER-KÜPFER (1985) stellte folgende seit ca. 1900 ausgerotteten Gesellschaftsverbände im Raum Neue Welt-St.Jakob–Breite fest: Alnion incanae, Calthion, Caricion davallianae, Charion asperae (Armleuchteralgen), Eleocharito-Sagittarion, Glycerio-Sparganion, Magnocaricion, Nanocyperion, Nymphaeion, Typhetum und Acoretum, Salici-Myricarietum. Einige spärliche Relikte dieser reichhaltigen Auenvegetation sind in der elsässischen Rheinebene noch aufzuspüren.

Es sind aber trotz diesen Verlusten die Talebenen, die den Basler Raum aus schweizerischer Sicht als etwas Exklusives erscheinen lassen. Aus europäischer Sicht stellt er aber lediglich die Randzone des oberrheinisch-burgundischen Xerothermraums dar. Die einschneidenden Landschaftsveränderungen infolge der raschen Expansion der Agglomeration (Kap. 4) führten zu unverzeihlichen Einbussen an Florenelementen, wenn man bedenkt, dass hier der Naturschutzgedanke zum ersten Mal aufkeimte (Sarasin 1911). Heute gilt es, die immer noch ansehnlichen Reste der Xerothermflora auf Bahn- und Hafenarealen zu erhalten; die ursprünglichen Standorte auf trockenen Sandbänken des Rheins sind längst verloren.

Dennoch könnte hier eine beträchtlich lange Liste aller Pflanzenarten gegeben werden, die ausschliesslich die Talebenen bevölkern oder allenfalls noch an warmen Hanglagen gedeihen, das rauhere Berg- und Hügelland aber meiden. Die grosse Mehrzahl dieser Arten lässt sich der Ruderalflora im weitesten Sinne einschliesslich der Acker- und Sandfluren, ruderalen Halbtrockenrasen und Säume zuordnen. Einige Beispiele mögen dies illustrieren: *Saxifraga tridactylites, Sedum rupestre, Erodium cicutarium, Geranium molle, G. pusillum, Epilobium dodonaei, Lepidium virginicum, Rapistrum rugosum, Malva moschata, Cerastium pumilum, Saponaria officinalis, Silene pratensis, Myosotis ramosissima, Datura stramonium, Solanum nigrum, Verbascum-Arten, Ballota nigra, Arctium minus, Carduus nutans, Crepis foetida, C. setosa, Tragopogon dubius, Hordeum murinum, Panicum-* und *Setaria-Arten, Eragrostis minor.*

Etliche Ackerarten mit Schwerpunkt in der Oberrheinebene siedeln mit Vorliebe an den warmen Flanken des Sundgauer und Markgräfler Hügellandes; dazu treten einige wärmeliebende Ruderalarten: *Lathyrus tuberosus, Vicia villosa, Torilis arvensis, Amaranthus bouchonii, Fallopia dumetorum, Scleranthus annuus, Anagallis foemina, Valerianella dentata, V. rimosa, Anchusa arvensis, Buglossoides arvensis, Odontites vulgaris, Stachys annua, Mentha suaveolens, M. villosa, Asparagus officinalis.*

Streng an die Flusstäler (als "Stromtalpflanzen") halten sich z.B. *Vitis sylvestris, Ranunculus fluitans, Anemone ranunculoides, Thalictrum aquilegiifolium, Potamogeton pectinatus, Rorippa amphibia;* bei vielen der folgenden Ruderalarten liegt der Schwerpunkt der Verbreitung in der Oberrheinebene: *Potentilla argentea, P. recta, Ononis spinosa, Medicago falcata, M. minima, Papaver argemone, P. dubium, Berteroa incana, Diplotaxis tenuifolia, Draba muralis, Isatis tinctoria, Reseda luteola, Cerastium semidecandrum, Herniaria glabra, H. hirsuta, Minuartia hybrida, Petrorhagia prolifera, Rumex thyrsiflorus, Geranium purpureum, Scrophularia canina, Ajuga chamaepitys, Centaurea stoebe, Echinops sphaerocephalus, Onopordon acanthium, Poa bulbosa, Vulpia myuros, Bromus tectorum, Koeleria macrantha, Bothriochloa ischaemum, Cynodon dactylon.*

Hier schliessen sich nun die erstaunlich vielen Arten an, die innerhalb des Untersuchungsgebietes ausschliesslich in der Oberrheinebene registriert wurden; damit wird die ausserordentlich wichtige pflanzengeographische Bedeutung dieses Naturraums illustriert. Ganz typisch für grosse Stromtäler ist das schroffe Nebeneinander von Wasserpflanzen und extremen Trockenzeigern auf Sand- und Kiesbänken.

Nirgends findet sich innerhalb unseres Gebietes eine so reiche Nassvegetation wie in der Oberrheinebene: In und an warmen, stehenden oder langsam fliessenden Gewässern, Tümpeln, im Uferbereich und Auengebüsch, in Feuchtwiesen und Flachmooren treffen sich: *Equisetum variegatum, Nymphaea alba, Thalictrum flavum, Ranunculus sceleratus, Oenanthe lachenalii, Euphorbia palustris, Rumex hydrolapathum* (+ Hochrhein), *Gentiana pneumonanthe, Veronica catenata, Pinguicula vulgaris, Utricularia australis, Callitriche obtusangula, Bidens cernua* (+ Hochrhein), *Bidens connata, B. frondosa, Xanthium strumarium, Senecio paludosus, Butomus umbellatus, Elodea nuttallii, Grœnlandia densa, Potamogeton nodosus, Triglochin palustre, Hemerocallis fulva, Iris sibirica, Typha angustifolia, Lemna minuscula, Bolboschoenus maritimus, Cyperus fuscus, Schœnus nigricans, Carex riparia, C. serotina, Glyceria maxima.*

In lückigen Trockenrasen und Kiesfluren, xerothermen Ruderalbeständen und lichtem Trockenbusch lassen sich entdecken: *Equisetum ramosissimum, E. × moorei, Potentilla heptaphylla, P. inclinata, P. supina, Ornithopus perpusillus, Ammi majus, Seseli annuum, Euphorbia virgata, Verbascum lychnitis* var. *album* (+ Landskron), *Veronica spicata, Odontites luteus, Orobanche lutea, Filago vulgaris, Artemisia campestris, Centaurea stoebe* (Schwerpunkt), *Allium montanum, Anthericum liliago, Limodorum abortivum, Agropyron elongatum, A. × oliveri, Avena pratensis, Phleum paniculatum; Hippophaë rhamnoides.*

Einen ganz eigenen floristischen Charakter birgt die Elsässer Hardt. Der Hardtwald stockt

Gliederung der Oberrheinebene

Generelle Gliederung (ÖG = Ökotopgefüge nach Leser)	Geologie, Morphologie	Böden
① Rezente Aue (ÖG 1, 2 innen)	Lose *holozäne* Schotter	Roher Auenboden, junge Humusböden
② Historische Über- schwemmungszone (bis Korrektionen im 18. Jh.) ÖG 2 aussen	Altwasser-Rinnen trockene Kiesrücken	Parabraunerde, Sand-, Schlick- und Humusböden
③ Terrassenstufe mit Kante, Hang und Fuss (ÖG Grenze 2/3)	Kiesige Abhänge Quellhorizonte am Fuss	(Kies-Rohboden) Humusreiche Gehänge- Kolluvialböden
④ obere Terrasse	*pleistozäne* Schotter z.T. mit Lehmdecke obere Stufe der Niederterrasse	Braunerde
⑤ Hügelfuss	Schwemmfächer Schwemmlehm-Decken ev. Kante der Hochterrasse	Schwemm-Löss Parabraunerde

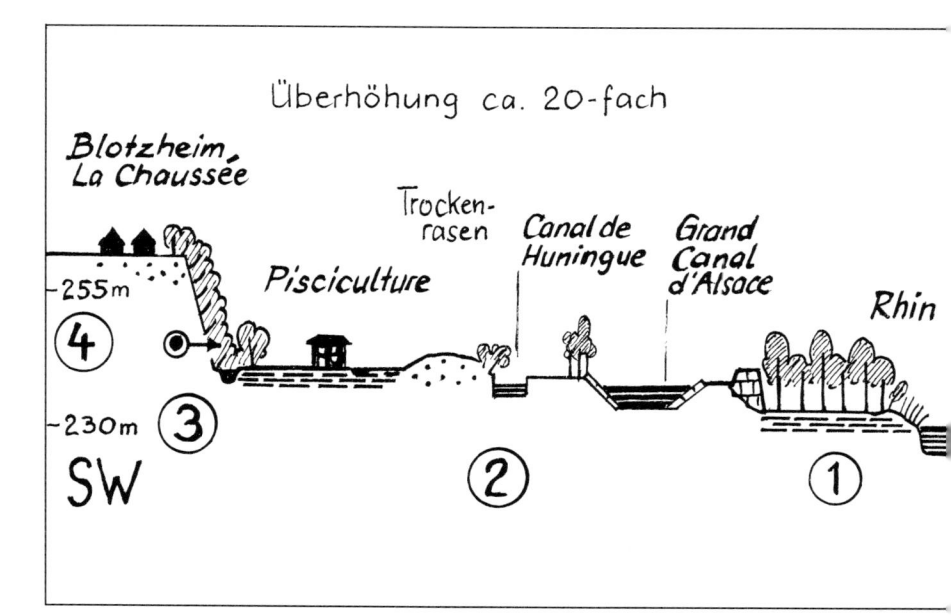

Fig. 11. Querschnitt durch die Oberrheinebene.

...it bezeichnenden Elementen

Elemente der Kulturlanschaft		Vegetations-Standorte und Pflanzengesellschaften
...aditionell	modern	
...ies- und Sandgruben ...300–1900	Pumpwerke, Erhohlungsgebiete, überbaut erst ab 1960	Ufer: Phalaridetum arundinaceae Flussnähe: Alno-Ulmion Trockene Kiesrücken: Epilobion fleischeri Sumpfwiesen: Molinion Ufer stehender Gewässer: Phragmition
...anäle und Dämme, ...ässermatten, Fischteiche	Industrieareale, Kanal mit Betonrand, Naturschutzgebiete	
...ste Kiesgruben ...370–1930	heute gefüllt mit Deponieschutt	Kieshänge: Tilion-Fragmente Quellbäche: Lemnion trisulcae
...ackäcker	Dorferweiterungen, Verkehrswege	Äcker: Fumario-Euphorbion Strassenrand: Onopordion
...storische Dorfkerne	Überbauungen längs der Strassen Schwemmlehm-Decken	Pflaster: Bryo-Saginetum Hausecken: Malvo-Urticetum Strassenrand: Sisymbrion

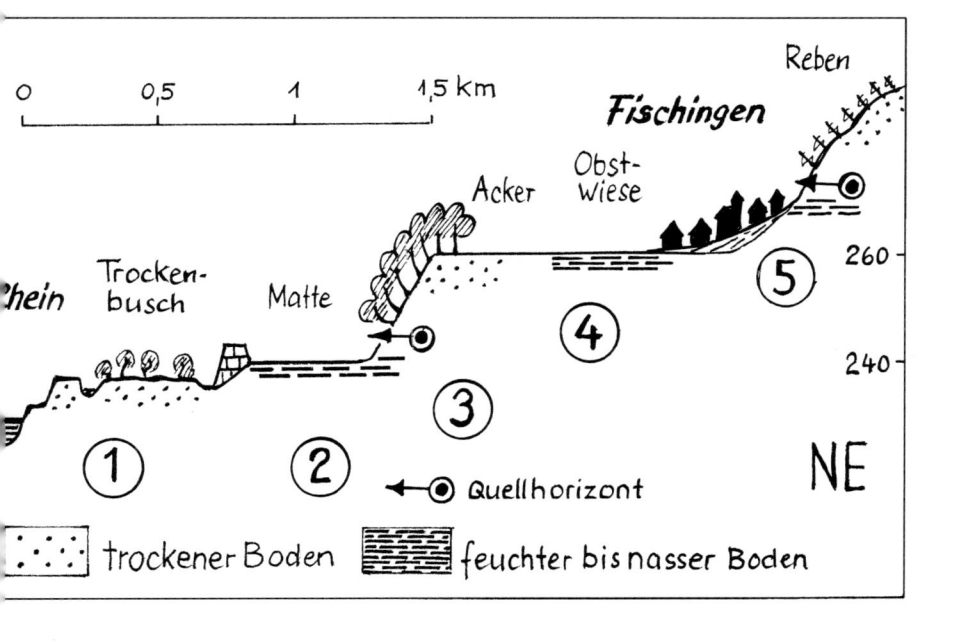

grundsätzlich auf durchlässigem Niederterrassenschotter; das alluviale Bodenmosaik bedingt allerdings stellenweise auch lehmige Böden. Selbst der in das Untersuchungsgebiet einbezogene kleine Teil bietet noch einige exklusive Arten: *Dianthus superbus* ssp. *sylvester, Trifolium alpestre, Lathyrus niger, Phyteuma nigrum, Centaurea nemoralis, Luzula forsteri, Carex fritschii, Ranunculus gratiosus, Ran. sphinx.*

3.4.1. Die Oberrheinische Tiefebene
siehe Tabelle und Profil Fig. 11

Mit ca. 135 km^2 ist die Oberrheinebene nach dem Sundgau (155 km^2) die zweitgrösste Teillandschaft des Untersuchungsgebiets und deckt davon etwa einen Fünftel ab. Die Anteile der Staaten betragen: F ca. 95 km^2, D ca. 30 km^2, CH ca. 10 km^2. Diese nur ungefähren Zahlen sind bedingt durch die unbestimmte Südgrenze der Ebene bei Basel; würde man diese bei der Birsmündung (Beginn der Hochrheinebene) annehmen, so würde der Anteil der Schweiz – inklusive engeres Stadtgebiet von Basel – an der Oberrheinebene ca. 25 km^2 ausmachen.

Der von uns untersuchte südlichste Teil der Oberrheinebene ist – mitteleuropäisch gesehen – einer der Räume mit den stärksten nachgewiesenen Florenverlusten. Vergleiche die Karten von 1911, 1955 und 1986, Fig. 14.

Die dafür verantwortlichen Landschaftsveränderungen können in folgende Phasen gegliedert werden:

1740–1850: **Korrektion des Rheins** (Freiherr von Tulla). Dezimierung der Aue auf etwa ein Fünftel der ursprünglichen Fläche, Verlust vieler Trockeninseln. Die Tiefersetzung der Rheinsohle legt manche Auenwälder trocken. Vor der Stadt Basel noch ausgedehnte Agrarflächen mit vielfältigem Gemüse- und Obstanbau.

1850–1900: **Eisenbahn.** Der riesige, 5 km lange Güterbahnhof Weil-Haltingen schliesst Basel an das europäische Bahnnetz an. Das Auftreten von Adventivpflanzen (vor allem aus Osteuropa) nimmt zu. Anfänge der Industrialisierung, die Stadt bricht aus ihrem Mauerkranz aus.

1900–1920: **Anlage der Urbanisierungsachsen** der zukünftigen Agglomeration. Der Ausbau der Rheinhäfen induziert die Ankunft von Adventiven aus Übersee. Die Agglomerationssiedlungen erstarken (Rosenau, Neudorf auf französischem Territorium, Weil und Haltingen auf deutschem Gebiet).

1920–1938: **Beginn der Agrar-Revolution** (Kunstdünger und Biozide). Rückgang der Ackerbegleiter und Ruderalpflanzen. Ausbau der Überlandstrassen, erster Expansionsschub der Agglomeration nach Norden.

1938–1945: **Kriegerische Zerstörung** der Rheinübergänge und Strassen drosselt den Verkehr wieder ab. Die Urbanisierungswelle stockt. Der Gemüseanbau wird intensiviert auf Kosten der Feuchtwiesen.

1945–1960: **Auensterben.** Weitere Absenkungen des Grundwasserspiegels und die Bodenversalzung durch die elsässischen Kaliminen lassen einen Teil der Hardwälder absterben.

1960–1980: **Überbordende Bautätigkeit.** Zwei parallele Autobahnen, der Flugplatz Basel-Mulhouse und immense Kiesgruben entstehen. Weitgehende Zerstörung der holozänen Aue als vielfältiger Lebensraum.

1980–1997: **Reaktion:** Naturwerte werden wieder vermehrt wahrgenommen (Kap. 4.3.): Konsolidierung der Naturschutzgebiete Camargue Alsacienne, Île du Rhin, Totengrien bei Istein. Den Satellitenüberbauungen und Zersiedelungen im Umland von Haltingen, Neudorf, Hésingue (im Umkreis von 5 bis 8 km vom Stadtzentrum) fallen zahlreiche Feldgehölze und Agrarinseln zum Opfer. Sprunghaftes Vorgreifen der Urbanisierung: Die noch verbleibenden Freiflächen des Untersuchungsgebiets (bis 13 km vom Stadtzentrum) werden zunehmend durch Erholungsbetriebe, Kläranlagen, Industrieareale in Anspruch genommen (Kap. 4).

Diese stets weiter nach Norden und Westen vorgreifenden Urbanisierungswellen überprägen die naturräumliche Ausstattung, wie sie im Querprofil Fig. 11 dargestellt ist.

3.4.2. Die Hochrheinebene

Eine Längsgliederung wie in der Oberrheinebene entfällt hier, da der Rhein oberhalb Basel seit alters her in einem fest eingesenkten Bett fliesst, die rezente und holozäne Aue also praktisch fehlt. Floristisch interessant ist aber die südexponierte Rheinhalde auf der deutschen Seite mit *Coronilla emerus* u.a., die nordexponierte Rheinhalde auf der Schweizer Seite zwischen Kaiseraugst und Rheinfelden enthält wertvolle Elemente wie z.B. die Pimpernuss *(Staphylea pinnata), Thalictrum aquilegiifolium, Carex pilosa* oder – einzig im Rayon – *Veronica urticifolia*. In unmittelbarer Nähe hat die Urbanisierung heute den Zwischenraum zwischen Augst und Rheinfelden erreicht; auf der deutschen Seite dagegen wahren die grossen Obstwiesen und Ackerflächen im Raum Herten–Degerfelden–Rheinfelden noch einen ländlichen Charakter.

Ausstrahlungen der oberrheinischen Xerothermflora sind heute bekannt von St.Jakob (Hagnaubord), Birsfelder Hafen (z.B. *Ophrys apifera* var. *chlorantha*) bis zum Muttenzer Rangierbahnhof *(Epilobium dodonaei, Oenothera parviflora, Verbascum blattaria)*.

3.4.3. Die Birsebene

Eigentümlicherweise wächst die Breite der Ebene flussaufwärts von Neue Welt (1,5 km) über Reinach–Arlesheim (2 km) bis nach Aesch auf 2,5 km an. Bei der Enge von Angenstein (Kap. 3.1.3.) wird sie dann vom Ostabfall der Blauenkette abrupt abgeriegelt. Dagegen ist ihre Begrenzung gegen die Lössnischen von Pfeffingen und Birseck (Kap. 3.3.3.) viel sanfter.

Eng an das Basler Stadtgebiet angeschlossen und schon immer gut erschlossen (durch die Juralinie der SBB, 2 Vorortsbahnen und mehrere Längsstrassen) wurde sie schon vor mehr als 50 Jahren zur bedeutsamsten Hauptachse der Agglomerationserweiterung, die heute die Ebene in der ganzen Länge bis nach Pfeffingen hinauf durchzieht.

Dennoch blieb in ihrer Mitte eine "grüne Insel" (Fig. 12) verschont: der schöne Wald 'Wyssgrien' in der Gemeinde Münchenstein (Moor 1969: "Eichen-Hagebuchenwald auf Kalkflussschotter"), der leider durch einen Strassenanschluss geviertelt wurde, und südlich daran anschliessend das bedeutende Naturschutzgebiet der Reinacherheide.

Die Reinacherheide wurde von August Binz bereits 1910 als Naturschutzgebiet propagiert, ihre offizielle Unterschutzstellung verzögerte sich aber bis 1974. Pflanzengeographisch stellt sie einen wichtigen Punkt auf dem europäischen Vegetationsplan dar, findet doch hier die oberrheinische Xerothermflora ihre südlichste Ausstrahlung. Aber auch die anderwärtig völlig vernichtete Birsaue wartet mit einer grossen Zahl von schutzwürdigen Arten auf, sodass die Anzahl der Blütenpflanzen und Farne die hohe Summe von 534 erreicht (1995). Addiert man alle je gefundenen Arten der Reinacherheide, so nähert man sich 600 Arten! Hervorzuheben sind daraus unter den Trockenrasenarten († = z. Zt. verschollen): *Linum tenuifolium, Veronica scheereri, Ophrys holosericea* f. *lutescens, Eryngium campestre, Trifolium scabrum, Bothriochloa ischaemum* und *Phleum phleoides, Medicago minima* und *Peucedanum carvifolia*. Auf steinigen Reservatsäckern und Ackerbrachen finden sich z.B. *Thymelaea passerina* (†), *Orlaya grandiflora, Bupleurum rotundifolium, Teucrium botrys*.

Literatur: Moor 1981a, Imbeck 1989.

3.4.4. Das Wiesental

Auch das Wiesental war mit der Stadt Lörrach schon seit langem dicht besiedelt. Bedeutsam ist aber die "grüne Insel" der Langen Erlen, die sich über 3 km bis zum Badischen Bahnhof hinzieht (s. Fig. 13). Hier sei nur auf die wenigen Bäume der Flatterulme *(Ulmus laevis)* aufmerksam gemacht, die ihre Stelzwurzeln im grundwasserdurchzogenen Boden verankern. Innerhalb der Riehemer Trinkwasserschutzzonen gedeihen noch artenreiche Magerwiesen.

Als Schwarzwaldfluss verfrachtet die Wiese silikatisches Material bis nach Basel. Das zeigt sich z.B. mit den trockensandigen Stellen von Haagen mit *Trifolium arvense* und dem regional einzigen Vorkommen von *Scleranthus perennis*. Das Flussbett der Wiese wird vom flutenden *Ranunculus penicillatus* bevölkert, am Ufer winkt *Achillea ptarmica*. Vor der Korrektion der Wiese war der Talboden Lebensraum mehrerer bemerkenswerter Pflanzenarten, z.B. *Corrigiola litoralis*. Heute zeigen vor allem die Wiesendämme eine bemerkenswerte, z.T. trockenheitsliebende Vegetation.

Früher schmückten den feuchten Talboden auch ausgedehnte Feuchtwiesen, deren letzte Überreste östlich von Brombach um ihr Überleben ringen. Zwei Goldhahnenfussarten gehören dem Wiesental an: *Ranunculus alnetorum* und *Ran. kunzii*.

3.5. Das Stadtgebiet

(vgl. Karte der Agglomeration, Fig. 12, und Funktionalkarte der Stadt, Fig. 13)

Obwohl das Gebiet der Stadt Basel – gleich wie die vorgängig beschriebenen Landschaften – sich nach naturräumlichen Kriterien gliedern liesse, so etwa nach der Höhenlage und dem Alter der Flussterrassen und deren besonderen Böden, ist in erster Linie die bauliche Substanz für das Verteilungsmuster der Vegetation bestimmend. Diese Bausubstanz lässt sich einerseits aus der heutigen Funktion der Überbauungen ableiten, andererseits hängt sie vom historischen Wachstum der Stadt ab, welches – auf der Karte (Fig. 13) gut ersichtlich – sich vom Zentrum des Münsterhügels bei der Mündung des Birsigs und der alten Mittleren Rheinbrücke in immer grösseren Zuwachsringen nach aussen entwickelte. Reziprok zur Überbauungsdichte ist in den verschiedenen Wachstumszonen der zonentypische Anteil der Grün- und Freiflächen, welche für die Besiedlung durch spontane Vegetation in Frage kommen.

Wir nehmen also eine Gliederung in neunzehn vegetationsbestimmende Zonen des Stadtgebiets vor. Dabei ist der Umfang der Karte (Fig. 13) berücksichtigt, welcher eine grössere Fläche einnimmt als das in dieser Flora umrissene, enger gefasste "eigentliche Stadtgebiet" (s.u.). Zehn davon (1.–8., 11., 17.) ordnen sich schalenförmig vom Zentrum nach aussen an. Ihre Lage und innere Struktur sind teils historisch bedingt (hist.), teils aber auch aus ihrer Funktion herzuleiten (funkt.):

1. City (funkt.)
2. Rheinufer (funkt.)
3. Mittelalterliche Altstadt (hist.)
4. Innenstadt mit den "Vorstädten" bis zur Mauer des 16. Jahrhunderts (hist.)
5. Grabenring (hist. und funkt.)
6. Quartiere der Gründerzeit (hist.)
7. Parkgürtel (hist. und funkt.)
8. Eisenbahnring (hist. und funkt.)
9. Hafenanlagen (funkt.)
10. Industrieareale (hist. und funkt.)
11. Neuere Aussenquartiere und zur Agglomeration verschmolzene Nachbargemeinden (hist. und funkt.)
12. Gärtnerische öffentliche Grünanlagen: Friedhöfe und Spitalareale (funkt.)
13. Öffentliche Grünanlagen mit Trittrasen: Sportplätze und Schulareale (funkt.)
14. Schrebergärten (funkt.)
15. Stadtnahe Wälder (funkt.)
16. Naturnahe Wälder (funkt.)
17. Agrarische Reliktzonen (funkt.)
18. Rebberge (funkt.)
19. Kiesgruben (funkt.)

Die Zonen 1-8 sind typisch für das eigentliche Stadtgebiet, wie wir es für unsere Flora abgegrenzt haben. Die Zonen 9, 13 und 15 sind charakteristisch für die Peripherie der Agglomeration, während die Zonen 14-18 zwar ebenfalls in der Peripherie vorkommen, doch als kaum überbaute Flächen für das urbanisierte Gebiet weniger typisch sind.

Aus den Karten ist ersichtlich, dass die Anordnung dieser Zonen – begonnen bei den historisch bedingten älteren Gebieten mit streng ringartiger Anordnung – zur Peripherie hin allmählich zu einem auslappenden Agglomerationsgebilde übergeht, welches sich längs zentrifugalen Entwicklungsachsen ausdehnt. Heute werden schon die badischen Dörfer Brombach und Tüllingen sowie die Stadt Weil mit Haltingen, die elsässischen Dörfer Hegenheim und Neudorf und auf Schweizer Seite Pfeffingen und Rheinfelden (alle bereits ausserhalb des Ausschnitts der Stadtkarte) in das zusammenhängende Agglomerationsgebiet eingeschmolzen, welches heute somit einen Nord-Süd-Durchmesser von 23 km erreicht und einen Drittel unserer ganzen Rayonfläche einnimmt.

Zwischen den überbauten Lappen der Agglomeration, welche den Talzonen als Entwicklungsachsen folgend die umliegenden Siedlungen einbeziehen, bleiben vor allem auf den Höhen, nach aussen hin sich verbreiternd, die Reliktzonen mit noch weniger stark urbanisiertem Charakter übrig. Diese Reliktzonen haben heute in der schon fast eine halbe Million Einwohner zählenden Agglomeration eine immer wichtiger werdende Ausgleichsfunktion als Erholungszonen, Räume zur Klimaregulation, Versorgungsflächen mit agrarischer Produktion usw. und wären nach heutigen städtebaulichen Erkenntnissen unbedingt zu erhalten. Dies scheiterte bisher oft, einerseits wegen der politischen Grenzlage des heutigen Agglomerationsraums, andererseits an der Mentalität, welche unter "Fort-

schritt" in erster Linie Überbauung, Erschliessung, Betonierung, "Inwertsetzung" etc. versteht und nicht berücksichtigt, dass damit auch unwiederbringlich die Zerstörung von naturräumlichem Potential einhergeht. Unterdessen beginnt sich eine abgestimmte Raumplanung im ganzen Dreiland anzubahnen, welche schon einige positive Ergebnisse für die Erhaltung schutzwürdiger Vegetationsbestände gebracht hat.
Bezüglich der Pflanzenverbreitung fällt auf, dass weniger die oben erwähnten agrarischen Reliktzonen sich durch floristische Besonderheiten auszeichnen, sondern dass es gerade die stark urbanisierten Verkehrsflächen mit Güterbahnhöfen und Hafenanlagen sind, welche dank ihrer besonderen Ausstattung mit wärmebegünstigten Ruderalflächen mit einer stattlichen Anzahl sonst seltener Pflanzenarten aufwarten können.
Bei der Abgrenzung des Stadtgebiets stossen wir auf die Schwierigkeit, dass die heutige durchgehende Verstädterung (Agglomerationsraum) weit in die benachbarten Talebenen eingedrungen ist und auf Schweizer Seite bereits die Grenze zu den Kantonen Aargau (bei Rheinfelden) und Solothurn (bei Dornach) überschritten hat. Schon seit etwa 50 Jahren sind die ausländischen Nachbarstädte St-Louis, Weil und Lörrach praktisch mit Basel verschmolzen. Das urbanisierte Gebiet sprengt also bereits den Rahmen des politisch und topographisch umgrenzten Stadtraums, welchen wir grob gesehen mit der anno 1950 überbauten Zone umreissen. Dieses "eigentliche Stadtgebiet" ergibt sich auch aus der Lage am Zusammentreffen der 4 Talebenen (Oberrhein, Hochrhein, Wiese und Birs). Die vier noch heute markanten Eckpunkte dieses "Stadtgebiets" sind (siehe Fig. 12):

- im Osten der Felsen des Grenzacher Horns, zum Dinkelberg gehörig,
- im Südosten der Sporn der Rütihard, zum Gempengebiet gehörig,
- im Westen der Eckhügel auf dem Hegenheimer Plateau (Grenzstein Nr. 25 beim Zoll Hegenheim), zum Sundgau gehörig,
- im Norden das Dreiländereck Frankreich–Deutschland–Schweiz beim Rheinhafen, zur Oberrheinebene gehörig.

Die einzelnen Gebiete des Urbanraums und ihre Vegetation:

3.5.1. Die City

Als City bezeichnen wir das dicht überbaute, bandförmige Gebiet zwischen dem Badischen Bahnhof und dem Bahnhof SBB, in welchem sich heute das Geschäftsleben Basels abspielt. Die hohe Ausnützungsziffer hat hier zu einer fast flächendeckenden Asphaltierung und Betonierung geführt, sodass von der ehemaligen, teils mittelalterlichen Bausubstanz oder von Gärten nur noch zwerghafte Relikte übrig geblieben sind.
So bleibt auch für die spontane Vegetation ausser den wenigen kleinsten Anlagen, einigen Baumscheiben und Blumenkisten kaum Platz zur Ausbreitung. Dennoch erscheint an solchen Standorten immer wieder die eine oder andere Art überraschend, z.B. *Lepidium ruderale* am Marktplatz. Mit hartnäckiger Zähigkeit halten sich auch *Sagina procumbens*, *Poa annua* und *Plantago major* als "Pioniere der Betonwüste". Eine floristisch reizvolle Abwechslung bringen jedoch einige bekieste Flachdächer als idealer Standort von Pioniergesellschaften (Alysso-Sedion mit *Sedum* div. sp., *Saxifraga tridactylites*, *Crepis tectorum*, *Melica ciliata*, *Teucrium botrys* u.a.).

3.5.2. Die Flüsse Rhein und Wiese mit ihren Ufern

Als wohltuender Gegensatz zur geschäftigen Urban-Wüste der City kreuzt eine Oase der Ruhe und Beschaulichkeit mit reichhaltiger Wildflora diese City am Stadtmittelpunkt bei der Mittleren Brücke: der Rhein mit seinen beidseitigen Uferwegen, Böschungen und alten Mauern. Vor allem die schräg abfallenden Pflästerungen, die sogenannten Bermen, bieten mit ihren vielen Spalten und der voll besonnten Exposition Platz für eine grosse Zahl sonst seltener Pflanzen aus den soziologischen Verbänden Asplenietea (mit reichlich *Cymbalaria muralis*), Sedo-Scleranthetea (*Vulpia myuros* nimmt auffällig zu), Dauco-Melilotion mit *Verbascum phlomoides*, Artemisietea, Chenopodietea, Roso-Ulmetum, *Paulownia*- und *Ailanthus*-Gesellschaft. Entlang der Böschung des Elsässer Rheinwegs zieht sich ein schmales ruderalisiertes *Bromus*-Rasenband mit *Carex muricata*, *Salvia pratensis*,

Silene vulgaris, Potentilla argentea, Echium vulgare, Picris hieracioides usw. In den sonnigen Lockergebüschen am Schaffhauser Rheinweg prangen im März Hunderte von weissen Blüten des seltenen, sonst in Rebbergen beobachteten Nickenden Milchsterns *(Ornithogalum nutans).*
An den zerstreuten, bei Niedrigwasser trocken fallenden Uferpartien mit natürlichem Kiesboden finden sich typische Ufergesellschaften, vor allem von der Wettsteinbrücke an stromaufwärts: das Röhricht (Phalaridetum) und der Spülsaum (Agrostietea) mit *Rorippa silvestris, Juncus compressus* u.a., in Ansätzen auch Uferstauden (Arction) und Gehölz (Salicion albae).
Untergetaucht im Wasser leben ganzjährig artenreiche Wassergesellschaften, von denen wir nur die flottierenden Schwaden des Flutenden Hahnenfusses (Ranunculion fluitantis) und des Kamm-Laichkrauts (Potamogetonion pectinati) erwähnen.
Während sich das Geröll des Rheins aus verschiedensten alpinen Gesteinen und jurassischen Kalkschottern zusammensetzt, bringt der Schwarzwaldfluss Wiese rein silikatische Gerölle und Sande bis zu ihrer Mündung. An den Basler Wiese-Böschungen fallen farbenprächtige Stauden auf, z.B. *Verbascum nigrum, Bunias orientalis,* die weisse *Berteroa incana,* sogar einige gut entwickelte *Ruta graveolens,* häufig auch *Lathyrus sylvester, Vicia cracca, Astragalus glycyphyllos, Hieracium sabaudum* und *Centaurea stoebe,* an einer Stelle *Nepeta cataria.*

3.5.3. Die mittelalterliche Altstadt

Durchkreuzt vom Band der City einerseits und vom Rhein andererseits bedeckt die mittelalterliche Altstadt heute vier voneinander isolierte Teile: In Grossbasel den zentralen Münsterhügel und den Bereich von Nadelberg und Heuberg im Westen, in Kleinbasel die Umgebung des Klingentals im Norden und das Gebiet der Rheingasse und der Utengasse im Osten. Die enggebaute mittelalterliche Altstadt reicht bis zum alten innern Mauerring von 1200, von dem kaum noch Spuren übrig geblieben sind.
In diesen eher ruhigen Vierteln der Innerstadt ist ein Teil der mittelalterlichen Baustruktur mit den schmalen Häusern, engen Gassen und Gässchen, den steilen Treppen und gefangenen Hinterhöfen noch erhalten. Neuerdings wird in dieser relativ verkehrsarmen Zone wieder zur Pflästerung der Strassen übergegangen, sodass die stadttypische Pflanzengesellschaft des Bryo-Saginetum in den Pflasterfugen wieder vermehrt Fuss fassen kann, z.B. im Rosshof (mit *Herniaria glabra, Spergularia rubra*). Einen bedeutenden Umfang nehmen die alten Pflästerungen ein (am Münsterplatz und Petersplatz: *Polycarpon tetraphyllum, Herniaria glabra* etc., an der Rheingasse *Euphorbia prostrata*). Die Hinterhöfe sind meist so eng, dass mit wenigen Ausnahmen keine parkartigen Baumbestände mit Scherrasen Platz finden. Hingegen kommen in schattig-feuchten Mauerfugen und an Mauerfüssen das Cystopteridion und das Alliarion vor (z.B. *Corydalis lutea, Hieracium murorum; Polypodium interjectum* im hinteren Hof des Rathauses), an sonnenexponierten Ecken hingegen das wärmeliebende Parietarion mit *Cymbalaria muralis* und das Sisymbrion mit *Crepis foetida.*

3.5.4. Die alten "Vorstädte"

(bis zur äusseren Stadtbefestigung des 14. Jahrhunderts)

Wie der Stadtplan von Matthäus Merian (1615) zeigt, wurde das Gebiet zwischen der innern und der äussern Mauer grosszügiger überbaut als die enggefügte Innenstadt des Mittelalters: Längs den Vorstadtstrassen reihten sich zwar die Häuser auch fast lückenlos aneinander, dazwischen aber war damals reichlich Raum für grosse Gärten mit Reb- und Obstbau. Aus dieser freizügigeren neueren Altstadt gibt es noch einige Relikte wie stattliche Gärten, Herrschaftshäuser mit geräumigen Höfen und Stallungen etc. Wo die ehemals grosszügigen Gartenareale nicht zu Parkplätzen, Gewerbeschuppen etc. umfunktioniert wurden, können sich heute noch altehrwürdige Baumgruppen, Scherrasen und wohlgepflegte Gartenrabatten halten, wie z.B. in den Hinterbereichen der St.Alban-Vorstadt.

3.5.5. Der Graben-Ring

Anstelle der Stadtbefestigung aus dem 14. Jahrhundert umringt den Stadtkern heute ein fast vollständiger Gürtel von Graben-Anlagen, Alleen und kleineren Parks (auf den Schanzen). Hier überragen, wohl gepflegt durch die Stadtgärtnerei, von alters her schöne Baumgruppen die alten Scherrasen ("Cynosurion" mit *Ornithogalum umbellatum*). In den Baumscheiben der Alleen und auf Rabatten stösst man auf das besonnte Sisymbrion resp. beschattete Alliarion. Auf der Steinenschanze treffen wir im südexponierten steilen Grashang auf *Poa compressa, Poa bulbosa, Verbascum pulverulentum, Papaver dubium* u.a.

3.5.6. Die Quartiere der Gründerzeit

(um die Jahrhundertwende, ca. 1870 bis ca. 1920 erbaut)

Die damals übliche Blockrandbebauung erfüllt auch heute noch zum grossen Teil die Wohnfunktionen, obschon an zentralen Strassenzügen vermehrt auch Geschäfte die Erdgeschosse belegen. Die von den Hausreihen hofartig abgeschlossenen Rückseiten der Parzellen sind mit – je nach Besitzer – unterschiedlich sorgfältig gepflegten Gärten belegt. Solche Gärten sind in den gewerbereichen Zonen zum grossen Teil den Gewerbebetrieben, Lagerplätzen, Parkplätzen zum Opfer gefallen. Auch die schmalen, für Vorgärten geplanten Plätze wurden in den letzten Jahrzehnten oft zu anderen Zwecken (Veloständer, Güterumschlag etc.) "umgenutzt". Die relativ engmaschigen Gartenabgrenzungen bedingen eine grosse Dichte von ruderalen Säumen: An sonnigen Stellen wachsen die Wegraukengesellschaften (Sisymbrion) mit *Urtica urens, Diplotaxis tenuifolia* und *Verbascum*-Arten (Onopordion), an bodenfrischen und halbschattigen Orten das Arction mit *Ballota alba*, und im Schatten das Epilobio-Geranietum (Alliarion) mit *Impatiens parviflora*.

Dauert der ungepflegte Zustand eines Gartens länger an, so entwickeln sich ruderale Gebüschzeilen, meist dominiert von Bergahorn, Brombeeren, Holunder und im Unterwuchs mit *Geum urbanum* oder *Aegopodium podagraria*.

Anders gestaltet sich die Verteilung von Grünflächen und Hausbauten in den etwa gleichzeitig überbauten Nobelvierteln, wo stattliche Villen von teils grossen Gärten umgeben waren. Hier treffen wir noch auf schöne alte Baumbestände mit Ansätzen standortgemässer Waldvegetation (z.B. Gellert, Ring, Wettstein). Allerdings haben auch hier an bevorzugten Geschäftslagen die früher grossen Grünflächen dichteren Überbauungen weichen müssen.

3.5.7. Die grösseren Parks

Aus baugeschichtlichen Gründen, nämlich im noch ungenutzten Freiraum am Stadtrand von 1900, und lose mit dem Eisenbahnring (3.5.8.) verbunden, sind die meisten grösseren Parkanlagen von Basel, welche aus ehemaligen Friedhöfen oder Allmendplätzen hervorgingen. Demgegenüber weist die übrige Stadt – mit Ausnahme des Grabengürtels – vergleichsweise wenig Parkflächen auf. Die älteren Parkanlagen enthalten einen reichen, wertvollen Baumbestand mit z.T. seltenen, exotischen Arten. Im Schutz älterer Baumgruppen und unter breiten Gebüschen kann eine fragmentarische Fagion-Krautschicht aufkommen (z.B. mit *Cephalanthera damasonium, Listera ovata* oder *Orobanche hederae*).

Als beglückende Frühlingsboten erfreuen auch den Nichtbotaniker die Frühjahrsgeophyten (besonders schön im Gellert): *Corydalis cava, Scilla bifolia* und *Gagea lutea*, oder der besondere Goldhahnenfuss *Ranunculus alsaticus* im Schützenmattpark.

Eine Sonderstellung nimmt der Margarethenpark ein mit den Nagelfluh-Felskanten (Hochterrassenschotter, Kap. 2.2.5.1. und 3.4.1.) und den ziemlich naturnahen Hangwäldern mit ihren Säumen. An etwas feuchten Stellen findet man *Silene dioica, Cruciata laevipes*, ja sogar die seltene *Crepis paludosa*. Die alte Wiese bei der Villa weist 60 Arten auf, darunter *Dactylorrhiza majalis* und *D. maculata, Alchemilla subcrenata* und *Primula veris*.

Auf einen Waldtyp, der dem Carpinion sehr nahe steht, deuten *Dactylis polygama, Potentilla sterilis, Ranunculus argoviensis, R. macrotis* und *Vinca minor*.

3.5.8. Eisenbahn-Ring

Gehen wir aus den Wohn- und Gewerbegebieten hinaus auf die weiten Freiflächen der grossen Güter- und Rangierbahnhöfe, so schnellt die Zahl der beobachteten Wildpflanzen bis auf das Mehrfache an (z.B. in Strassen und Vorgärten des Gundeldingerquartiers ca. 50 Arten, Wolf-Bahnhof ca. 300 Arten). Gründe

dafür sind: Der Baumwuchs wird im Bahnareal unterdrückt, sodass der Lichteinfall im weithin unbebauten Gelände optimal ist und es zu starker Wärmeentwicklung kommt. Die grossflächig unversiegelten Böden zwischen den Geleisen, vor allem in Weichenzwickeln und um Prellböcke herum, ergeben zahlreiche "tote" Ecken, in welchen sich die üppige Ruderalvegetation in reichen Varianten entwickeln kann:
Die Sisymbrion-Gesellschaften werden dominiert von *Lactuca serrriola* und *Reseda lutea*, dazu kommen die selteneren *Papaver dubium*, *Papaver argemone*. Die Gesellschaften des Dauco-Melilotion enthalten reichlich die Königskerzen *Verbascum lychnitis*, *densiflorum*, *Isatis tinctoria*, *Centaurea stoebe*, *Tragopogon dubius*, *Berteroa incana*, *Oenothera parviflora* u.a. Auf den mit Splitt bestreuten Dienstwegen zwischen parallelen Geleisen kann sich die lichtbedürftige, lockerwüchsige Zwergenschar des Alysso-Sedion entfalten mit *Petrorhagia prolifera*, *Hieracium piloselloides*, *Draba muralis*, *Arenaria leptoclados*, *Cerastium pumilum* und weiteren Exklusivitäten. Auf trockenheissen Sandflächen kann sich das Salsolion mit den exotisch wirkenden Arten *Salsola kali*, *Plantago arenaria*, *Chondrilla juncea*, *Potentilla intermedia* und anderen Seltenheiten entwickeln. Sogar auf den groben Schottern weniger befahrener Geleise kommt das sehr spezielle Galeopsietum angustifoliae vor mit *Galeopsis angustifolia*, *Geranium robertianum* und neuerdings *Geranium purpureum*.
An den gemähten, ungedüngten Böschungen haben sich artenreiche Mesobrometen mit Salbei, Margriten und Wirbeldost etc. konsolidiert; an gestörten Rasenstellen treffen wir auf *Poa angustifolia*, *Poa compressa*, *Potentilla argentea*, *Sedum rupestre*, *Diplotaxis tenuifolia*, *Malva moschata*. Solche Bahnböschungen laufen auch längs den Verbindungsgeleisen zwischen den Bahnhöfen DB – SBB – St.Johann, durch welche der Bahngürtel zu einem kontinuierlichen Ring geschlossen wird und somit einen zusammenhängenden Lebensraum bilden.

3.5.9. Hafenanlagen

Ebenfalls am Verkehrsgürtel beteiligt und mit dem Eisenbahnring zusammenhängend sind die Rheinhäfen Kleinhüningen, St.Johann, Birsfelden, Hüningen und Weil-Friedlingen. Ihre weitflächigen Umschlagsplätze und Lagergelände für Kohle, Getreide, Soja, Lein etc. erweisen sich als eine wahre Fundgrube für zahllose seltene Adventivarten, vor allem aus Amerika (Kap. 5.7.). Pflanzensoziologisch kann diese reichhaltige Adventivflora nicht definiert werden, immerhin wird der Grundstock von Chenopodietea-Arten im weitesten Sinne aufgebaut, z.B. *Panicum dichotomiflorum*, *Chenopodium*- und *Amaranthus*-Arten, *Ambrosia artemisiifolia* usw. Aber auch seltene Ruderalgesellschaften mit Neophyten finden hier Zuflucht, z.B. die Schlackenflur mit Klebrigem Gänsefuss (Chaenorrhino-Chenopodietum botryos).

3.5.10. Industrieareale

Eng mit den Bahn- und Hafenanlagen verbunden und durch die vielen Industriegeleise kaum von diesem zu trennen sind die grossflächigen Areale der chemischen Industrie, der städtischen industriellen Werke etc. Sie häufen sich vor allem im nördlichen Basel bei den Rheinhäfen und im St.Johann-Quartier, wo der erste Bahnhof Basels lag, aber auch ums Dreispitzgelände im Südosten der Stadt, sowie in St-Louis–Hüningen. Heutzutage, im Autozeitalter, entstehen, auch unabhängig vom Bahnanschluss, in Stadtnähe neue Gewerbe- und Industriemassierungen. Dieser neuartige Typ von Industrie, eine "saubere", völlig sterile, kunststoffbeschichtete, platzverschwenderische, amerikanisierte Konsumdeckungs- und Freizeit-Industrie, lässt mit ihren komplett versiegelten Böden wenig Platz frei für die Ruderalvegetation, welche sich oft auf wenige Trivialarten wie *Taraxacum officinale*, *Poa annua* und *Plantago major* beschränkt. Da die sogenannten Industrie- und Gewerbeareale öffentlich meist nicht zugänglich sind, bestehen noch keine systematische Untersuchungen ihrer Flora, wie z.B. diejenigen des Basler Natur-Atlasses (BLATTNER et al. 1985). Eine fachkundige Erhebung vor allem der grossen offenen Lagerplätze älterer Industriekomplexe mit Bahnanschluss könnte vielleicht noch zu weiteren überraschenden Entdeckungen führen.

3.5.11. Aussenquartiere und "agglomerierte" Nachbargemeinden

In den Wohnbereichen an der Stadtperipherie ausserhalb des Eisenbahnrings sowie in den zur Agglomeration zusammengewachsenen Nachbargemeinden mischen sich ältere Bauweisen (3.5.6. und 3.5.8.) mit Einfamilienhäusern und Hochblöcken, mit dem für die Nachkriegszeit (ab 1940) typischem Grün-Umschwung. Da die Grünflächen hier vor und nicht hinter den Häusern liegen, scheinen diese Siedlungsbereiche begrünter als die Stadtbereiche innerhalb des Eisenbahnrings. Der mehr repräsentative Charakter solcher "Schau-Grünflächen" hat aber zur Folge, dass hier "Unkraut" weniger geduldet wird, also für spontane Wildpflanzen hier weniger Platz vorhanden ist als in der zentraleren Stadt.

Typisch sind hier die Scherrasen (Cynosurion, Festuco-Crepidetum, Trifolio-Veronicetum). Werden diese nicht intensivst unterhalten, so siedeln sich darin bald zahlreiche Kräuter an, die den häufigen Schnitt ertragen, sowohl ausläufertreibende Arten magerer Wiesen (*Hieracium pilosella, H. lactucella, Leucanthemum vulgare*) als auch – an lückigen Stellen – Ackerbegleiter (*Sherardia arvensis, Aphanes arvensis*) und Frühjahrsannuelle (*Veronica arvensis, V. polita, Erophila praecox, Stellaria pallida* usw.).

3.5.12. Friedhöfe und Spitalgärten

Die gezielte und fachmännische Pflege berücksichtigt hier auch die Gliederungsmöglichkeiten der Vegetation, wie sie in Parks schon vorkommt (3.5.7.). Der Friedhof Hörnli weist grosse Gehölzflächen mit *Cephalanthera damasonium* und *Epipactis helleborine* sowie interessante magere Wiesen mit *Dianthus superbus* und *Ophrys apifera* auf. Ähnlich günstige Verhältnisse weist z.B. der Garten des Bethesda-Spitals auf.

3.5.13. Sportplätze und Schulanlagen
3.5.14. Schrebergärten

Ebenfalls mehr in der Peripherie zu finden sind grössere Grünflächen der Schulen, Schwimmbäder und Sportanlagen. Die meist perfektionistisch gehandhabte Pflege dieser Areale lässt der Wildflora meist nur einige vergessene Ecken übrig. Eine Ausnahme machen aber die krautreichen Scherrasen (3.5.11., vgl. KIENAST 1978). Sie sind meist den krautreichen Gesellschaften des Cynosurion zuzuordnen.

3.5.15. Waldrelikte unter städtischem Einfluss

Durch den Erholungsbetrieb ist hier die Krautschicht stellenweise total weggetrampelt und der Boden so verdichtet, dass er zur Regeneration durch Humusbildung und Wirkung von Bodentieren mehrere Jahrzehnte benötigen würde. Oft besteht die Krautschicht nur aus wenigen Arten, z.B. *Aegopodium podagraria, Rubus caesius* oder *Impatiens parviflora; Hedera*), so z.B. am Nordeingang des Allschwiler Waldes oder im Jakobsbergerholz.

3.5.16. Naturnähere Wälder

Im Gegensatz zu den obigen stark übernutzten Wäldern zeigen einige naturnähere Wälder im Umkreis der Stadt weniger Spuren des Erholungsbetriebs auf: Ihre Krautschicht ist fleckenweise mehr oder weniger gut erhalten, stellenweise trifft man auch eine reichere Strauchschicht an, sodass die Zuordnung zu bestimmten soziologischen Waldtypen versucht werden kann: Allermeist stehen sie zwischen dem Galio odorati-Fagetum und dem Stellario-Carpinetum, wie auch ihre Höhenlage zwischen 260 und 310 m (siehe Karte Fig. 6) und ihre Bodenunterlage (alluviale Schotter im Tal resp. Lösslehm auf den Höhen) erwarten lässt. Gute Beispiele für solche Waldstücke, die trotz ihrer Stadtnähe einen relativ reichen Pflanzenbestand beherbergen, sind die Wolfsschlucht und das Wäldchen an der Fürstensteinerstrasse, beide an der Nordflanke des Bruderholzes. In den Langen Erlen an der Wiese, nahe am Stadtrand, tritt das Gepräge des naturnahen Waldes stellenweise deutlich hervor; hier überdauern der Festknollige Lerchensporn (*Corydalis solida*), das Gelbe Windröschen (*Anemone ranuculoides*) und der Erlen-Goldhahnenfuss (*Ranunculus alnetorum*) mit Zähigkeit.

3.5.17. Agrarische Reliktzonen

Von aussen her reichen bei Riehen, auf dem Bruderholz und auf dem Allschwiler Plateau Überreste des ehemaligen Agrarraums noch weit in die Agglomeration hinein. Allerdings ist hier die Landwirtschaft meist so stark rationalisiert worden, dass sowohl die Futterwiesen wie die Äcker enttäuschend artenarm geworden sind. Eine Ausnahme bilden die schönen Blumenwiesen in der Ebene der Wie-

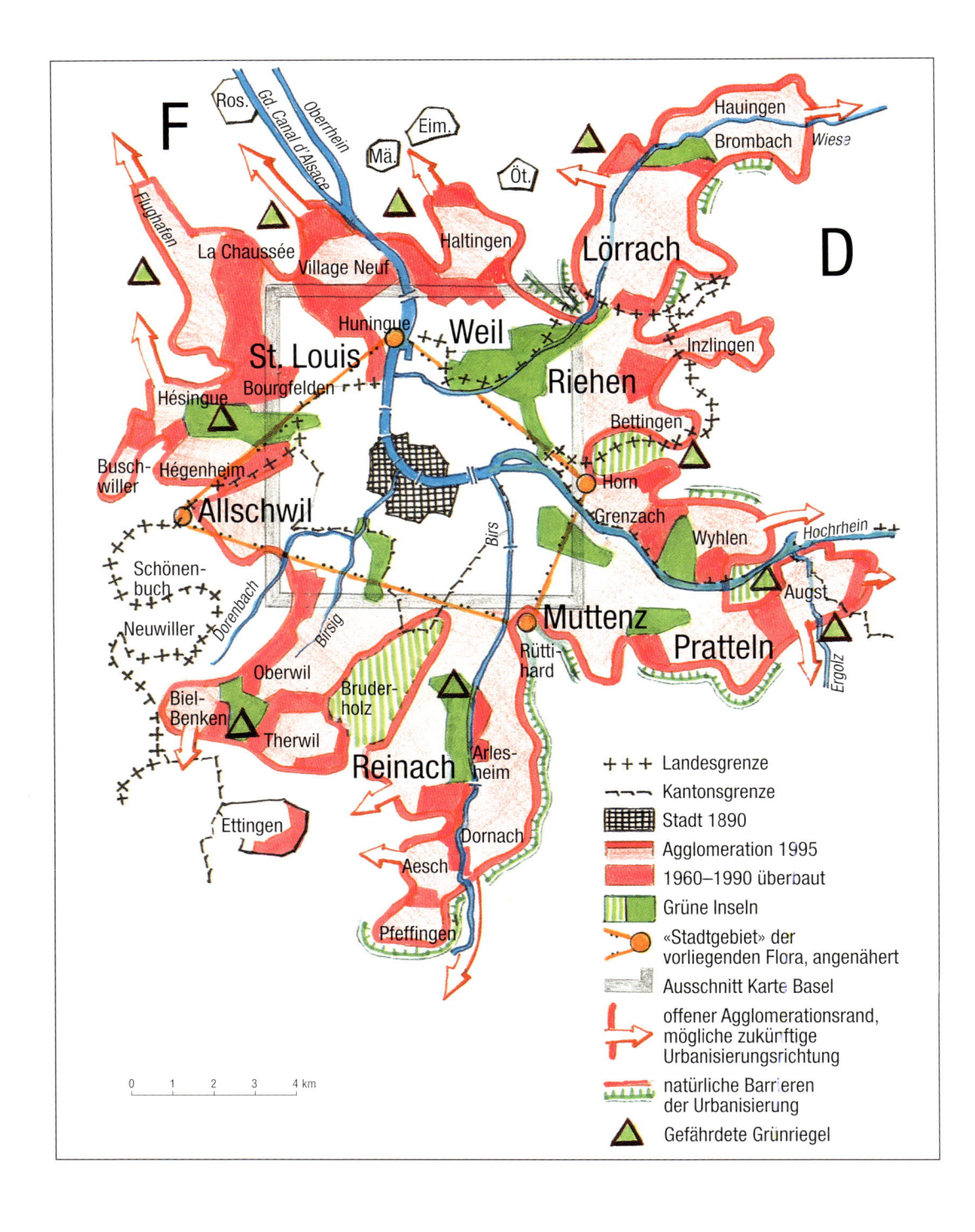

Fig. 12. Agglomeration Basel.

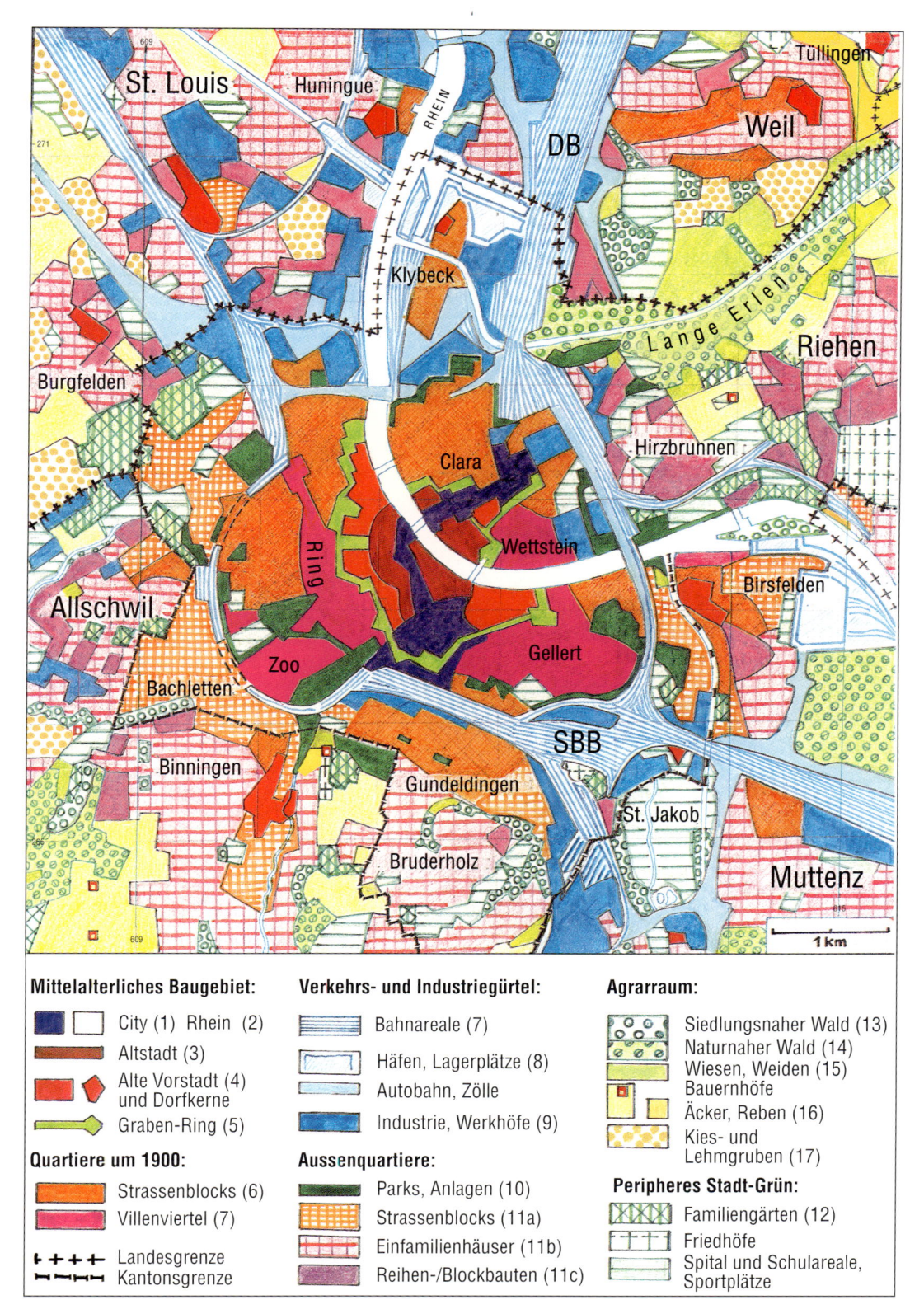

Fig. 13. Nutzungsflächen der Stadt Basel.

Mittelalterliches Baugebiet:
- City (1) Rhein (2)
- Altstadt (3)
- Alte Vorstadt (4) und Dorfkerne
- Graben-Ring (5)

Quartiere um 1900:
- Strassenblocks (6)
- Villenviertel (7)

- ++++ Landesgrenze
- ⊢⊣⊢⊣ Kantonsgrenze

Verkehrs- und Industriegürtel:
- Bahnareale (7)
- Häfen, Lagerplätze (8)
- Autobahn, Zölle
- Industrie, Werkhöfe (9)

Aussenquartiere:
- Parks, Anlagen (10)
- Strassenblocks (11a)
- Einfamilienhäuser (11b)
- Reihen-/Blockbauten (11c)

Agrarraum:
- Siedlungsnaher Wald (13)
- Naturnaher Wald (14)
- Wiesen, Weiden (15)
- Bauernhöfe
- Äcker, Reben (16)
- Kies- und Lehmgruben (17)

Peripheres Stadt-Grün:
- Familiengärten (12)
- Friedhöfe
- Spital und Schulareale, Sportplätze

se bei Riehen, da sie, in der Grundwasserschutzzone liegend, nicht gedüngt werden dürfen.

3.5.18. Rebberge

Dank starker Besonnung gedeiht in den alten Rebbergen von Tüllingen-Weil noch eine ansehnliche Schar von Zwiebel-Geophyten des Geranio-Allietum, z.B. *Tulipa sylvestris, Muscari racemosum* und die seltenen *Gagea villosa* und *Ornithogalum nutans*. Der Rebberg 'Schlipf', auf Schweizer Territorium am Tüllinger Berg, erfreut uns mit seiner seit langem bekannten, riesigen Population des Winterlings *(Eranthis hiemalis)*. Der wieder angelegte Rebberg bei Binningen ist hingegen so isoliert, dass die Revitalisierung der Rebbergflora mangels Vernetzung wohl nur zögernd vorankommen wird. Der traditionellen Rebbergvegetation nicht bekömmlich sind die Dauerbegrünungen, die vielfach mit dem Rasenmäher gehätschelt werden.

3.5.19. Kiesgruben

Im Bereich der elsässischen Siedlungen St-Louis, Burgfelden, Hegenheim und Häsingen fällt das grosse Areal mehrerer Kiesgruben auf. Sie sind typisch für die Niederterrasse der Hochrheinebene mit relativ frischen, unverkitteten Schottern (Kap. 3.4.). Sie haben sich am Rand der Agglomeration etabliert, welche besonders in den letzten Jahrzehnten seinen grossen Konsum von Kies (dem wichtigsten einheimischen Rohstoff unserer Zeit!) mächtig gesteigert hat.

Stillgelegte Kiesgruben bedeuten biologisch eine grosse Bereicherung an Lebensräumen im urbanen Gebiet. Sie beherbergen trockene wie feuchte Pionierflächen, Grundwassertümpel mit teilweise reicher Uferzonation, Weidengebüsche verschiedener Dichte und vieles andere. Durch die Platznot im Basler Agglomerationsraum unterliegen auch die abgebauten Kiesgruben starkem Nutzungsdruck, sodass sie mit Deponieschutt wieder aufgefüllt werden und darüber neues Bauland hergerichtet wird. Ausnahmen zu diesen verpassten Naturschutzchancen bilden – nebst der Zurlindengrube Pratteln – vorerst noch die riesigen Baggerseen bei St.Louis, Blotzheim und Sierentz – letzte Refugien mancher Tier- und Pflanzenart; genannt seien nur Gift-Hahnenfuss *(Ranunculus sceleratus)*, Lockerähriger Ehrenpreis *(Veronica catenata)*, Schwarzbraunes Cypergras *(Cyperus fuscus)* und Schneidried *(Cladium mariscus)*.

4. Landschaftswandel 1950–1990

Die Veränderungen der Landschaft spielen sich auf verschiedenen Ebenen mit unterschiedlicher Wahrnehmbarkeit ab: Vordergründig und offensichtlich ereignen sich Änderungen der landschaftlichen Grobstruktur, wie z.B. Überbauungen, Flusskorrektionen, Waldrandbegradigungen etc. Dieser Strukturwandel ist kartographisch festgehalten (auf der Landeskarte alle 6 Jahre) und somit auch retrospektiv nachvollziehbar und quantifizierbar (EWALD 1978). Mit einem Schlag zerstört der Strukturwandel ganze Biotopgruppen oder schafft neue, wie z.B. Ruderalflächen (Kap. 4.1.).
Ganz anders als dieser offensichtliche Strukturwandel wirken die Vorgänge der biochemischen Umweltveränderungen: meist über grössere Flächen mit unscharfer Abgrenzung und erst nach längerer Einwirkungszeit in allen Konsequenzen abschätzbar (Kap. 4.2.).

4.1. Veränderungen der landschaftlichen Grobstrukturen

Im Untersuchungsgebiet resultieren die Wandlungen der Landschafts-Struktur vor allem aus folgenden Vorgängen:
- Zur Rationalisierung der Landwirtschaft werden Flurgrenzen, Waldränder, Bäche, Feldwege etc. begradigt (sog. "Meliorationen") (Kap. 4.3.).
- Gewässer werden begradigt, umgeleitet oder eingedolt (Kap. 4.4.).
- Verkehrsbauten (Autobahn, Bahn 2000) mit grossen Terrainverschiebungen nivellieren Reliefunterschiede oder schaffen ein anthropogenes Relief (Kap. 4.6.2.).
- Das Wachstum der Agglomeration urbanisiert das ländliche Umfeld (Kap. 4.7.).

Bei diesen mit grösseren Eingriffen verbundenen Umgestaltungen der Landschaft sind heute in der Schweiz Umweltverträglichkeitsprüfungen (UVP) zwingend. Fallen dem Eingriff wesentliche Naturschutzwerte zum Opfer, so sind entsprechende Kompensationsflächen freizuhalten und Ersatzmassnahmen zu treffen. Der Ersatz kann leider meist nicht gleichartig sein (etwa beim Verlust gereifter Ökosysteme), er sollte aber naturschützerisch etwa gleichwertig sein, z.B. durch Freihalten oder Neuanlegen von Flächen für eine vielseitige Ruderalflora. Als wichtiger Grundsatz muss dabei gelten: "Grün ist nicht gleich grün", d.h. eine Grünfläche hat als solche zunächst noch keinen biologischen Wert. So sind etwa noch so grüne Golfplätze absolut kein Ersatz für artenreiche Mähwiesen.
In der Regel geht der Strukturwandel schrittweise voran, d.h. die Einzelschritte sind örtlich beschränkt. Hält aber der Trend der Urbanisierung über Jahrzehnte an, so muss eine wirksame Landschaftsplanung die langfristigen Veränderungen, vor allem die irreversiblen Verluste ebenso vor Augen haben wie die kurzfristigen Eingriffe.

4.2. Biochemische Eingriffe in Luft, Wasser und Boden

In den Anfängen fast unbemerkt und kaum quantifizierbar spielten sich seit Jahrzehnten die verschiedenen Kontaminationen von Luft, Wasser und Boden ab. Lange Zeit hat man die Selbstreinigungskraft dieser drei Elemente als selbstverständlich betrachtet, bis unerwartet die Umkipp-Limiten erreicht wurden: Der Sauerstoff-Kollaps der Gewässer, die Überdüngung durch Stickoxyde aus der Luft, die Bodenversauerung und die Anreicherung von giftigen Schwermetallen im Boden.
Das Ausmass der Schäden in der Biosphäre ist wegen der sehr komplexen Zusammenhänge recht schwer zu ermitteln, besonders da das punktuelle Messnetz gegenwärtig noch grosse Lücken aufweist und die human-medizinisch relevanten Grenzwerte nur relative Massstäbe setzen.
Der Boden stellt als auffangender Filter schlussendlich die Endstation fast aller Umweltkontaminationen dar. Was das für die Zukunft der Vegetationsdecke und somit für die ganze Biosphäre bedeutet, wissen wir noch kaum, zumal die Wechselwirkungen zwischen bodenbiologischen und klimatischen Veränderungen so vielseitig sind, dass sie mit der Analyse ausgewählter Parameter in ihren

Schlatthof westlich Aesch. Monotone, ausgeräumte Intensivackerlandschaft, Ackerflora dezimiert. Hinten Passwang. →SO. – 12.1968.

Landskron S Leymen. Vorn Hof 'Tannenwald'. Vielseitige, traditionelle Agrarlandschaft mit Baumgarten (auf Lehm), Hecken, Magerrasen am Waldrand (auf Kalk). →N. – 5.1972.

Oberrheinebene bei Bartenheim. Acker rot von Erdrauch *(Fumaria officinalis)*. →W. – 5.1995.

Pisciculture nördlich St. Louis-la-Chaussée. Heute zum Naturschutzgebiet 'Petite Camargue' gehörig. Hier noch Sumpfwiesen (Molinion). →N. – 8.1965.

praktischen Konsequenzen nicht ganzheitlich erfassbar sind.
Immerhin kann aber doch die ökologische Geobotanik und die Floristik mit Langzeitbeobachtungen einige Beiträge liefern zum Verständnis solcher folgenschwerer biochemischer Landschaftsveränderungen:
- Die auf oligotrophe (stickstoffarme) Gewässer angewiesenen Wasserpflanzen sind im Untersuchungsgebiet beinahe ganz verschwunden, z.B. *Lemna trisulca, Triglochin palustre, Utricularia*-Arten.
- In Magerwiesen nehmen die auf Trockenheit und Magerkeit spezialisierten Arten zugunsten mesophytischer Trivialarten (z.B. *Bellis, Crepis biennis, Ajuga reptans*) ab, selbst beim Ausbleiben direkter Düngung, wohl vor allem durch den Stickstoffeintrag aus der Luft. Die allerneusten Resultate der experimentellen CO_2-Begasung (Uni Basel) weisen darauf hin, dass vermehrter CO_2-Eintrag ebenfalls auf Kosten der charakteristischen Magerrasenarten mesophytische Trivialarten fördert. So sind z.B. *Salvia pratensis, Anthyllis vulneraria, Briza media, Veronica teucrium, Scabiosa columbaria, Campanula glomerata* in weiten Bereichen des Untersuchungsgebietes während den letzten 40 Jahren verschwunden (ZOLLER, STRÜBIN & AMIET 1983, ZOLLER, WAGNER & FREY 1986).
- Im Unterwuchs der Wälder nehmen stickstoff- und feuchtigkeitsliebende Holzarten zu (Esche, Bergahorn, Schwarzer Holunder, Brombeeren). Dagegen werden die bezüglich Wasser- und Nährstoffversorgung anspruchslosen Straucharten seltener (Sauerdorn, Kreuzdorn, Elsbeere, Holzapfel und Wildbirne). Dabei spielen aber wohl auch forstliche Einflüsse (weniger Licht und mehr Feuchtigkeit in Hochwäldern als in Mittel- und Niederwäldern) mit (vgl. GILGEN 1995).

Auf jeden Fall können bei der Beurteilung derartiger Veränderungen die ökologischen Zeigerwerte der Pflanzenarten für ihren Bedarf an Licht, Wasser, Wärme, Nährstoffen und Basen ein brauchbares Hilfsmittel sein (ELLENBERG 1974, LANDOLT 1977). Zu deren Konsolidierung und auch regionaler Spezifizierung möge, so hoffen wir, die vorliegende Flora beitragen.

4.3. Grüne Revolution und Umkehr zur naturnäheren Produktion

Die stärksten Einbussen hat die Flora des Untersuchungsgebiets in den letzten 40 Jahren durch die Rationalisierung der Landwirtschaft erlitten, die auf mehreren Ebenen wirkte:
- Die sogenannten "Meliorationen" beseitigten biologisch wertvolle Landschaftselemente wie Hecken, steile Feldraine, Staudenhalden, krumme Feldwege und Bäche, Steingruppen, Dolinen etc. (Strukturnivellierung, EWALD 1978).
- Ackerböden und Wege werden durch schwere Landwirtschaftsmaschinen verdichtet und verlieren dadurch das für Wurzelatmung und Wasserversorgung wichtige Porenvolumen (Mechanisierung).
- Biozide belasten die Böden und setzen ihre biologische Aktivität herab (Chemisierung).

Die dadurch ausgeräumten Agrarlandschaften sind heute z.T. floristisch ärmer als manche städtischen Bereiche.
Es wird nicht nur die biologische Diversität (Artenzahlen pro Fläche) stark reduziert, sondern die einer Landschaft eigene Flora droht zugunsten einer überall vorhandenen Trivialflora unterzugehen.
Bezogen auf das ganze Untersuchungsgebiet können der landwirtschaftlichen Rationalisierung folgende Florenverluste angelastet werden:
- Die ganze soziologische Klasse der Getreideackerbegleiter (Secalietea) ist nur noch in Rudimenten vorhanden; praktisch ausgerottet – oder nur noch in "Arche Noah"-ähnlichen Reservaten überlebend – ist der Verband der Kalkackerflora (Caucalidion) mit den prächtigen Arten Adonisröschen, Feldrittersporn, Venusspiegel, Haftdolde (Kap. 5.9.b.).
- Die Rebbergflora hat einen grossen Teil ihren submediterranen Geophyten (Weinbergstulpe, Gelbstern, Bisamhyazinthe) bis auf isolierte Relikte eingebüsst (Kap. 3.5.18 und 5.9.c.).

Die verheerende Wirkung der nur produktionsorientierten und auf kurzfristigen Gewinn ausgerichteten Bewirtschaftung ist heute offensichtlich. Das alte Schlagwort des "Bauern als Landschaftspfleger" kann erst wieder gültig werden, wenn sich die da und dort

spürbare Bemühung um naturnäheres Wirtschaften durchsetzen kann. Die Chance dazu besteht, denn auch die Nationalökonomie erkennt neuerdings den Wert extensiver Landwirtschaft.
Seit der Einführung der Direktzahlungen für ökologische Ausgleichsflächen ist zumindest in der schweizerischen Landwirtschaft eine Trendwende eingetreten. Die im Untersuchungsgebiet liegenden Kantone Solothurn, Basel-Landschaft, Basel-Stadt und Aargau bezahlen auch Prämien für artenreiche Heuwiesen, Magerweiden und Hecken sowie für weitere ökologisch wertvolle Landschaftselemente.
Die Förster setzen das grundlegende Prinzip der nachhaltigen Waldwirtschaft heute viel konsequenter in die Praxis um als noch vor 25 Jahren: Anstatt Fichten-Monokulturen werden mehr gemischte Laubwälder mit standortgerechten Baumarten angepflanzt, oder es wird ganz auf Naturverjüngung gesetzt.
Neu erkannt wird heute die grosse ökologische Bedeutung der Waldrandzone mit gestuftem Mantelgebüsch und buchtiger Aussengrenze mit Platz für artenreiche Kraut- und Staudensäume. Hier können sich wieder die vielfältigen Saumgesellschaften (Geranion sanguinei, Trifolion medii, Aegopodion, Alliarion etc.) entfalten. Allerdings zeigen Pilotversuche im Naturschutzgebiet Reinacherheide, dass die Saumgesellschaften nur relativ langsam von neu geschaffenen Standorten am Waldrand Besitz ergreifen. Vorerst machen sich meist triviale Ruderalarten breit, und die schon früher rar gewordenen Saumarten stellen sich nur zögernd ein: Populationen, die durch Verlust ihrer spezifischen Standorte sehr geschwächt wurden, können sich auch unter verbesserten Bedingungen nicht sofort erholen. Trotz diesen Einschränkungen wekken die heutigen Bemühungen die Zuversicht, dass das rasante Artensterben der vergangenen Jahrzehnte durch gezielte Umstellung auf naturnähere Nutzung wenigstens etwas gebremst werden kann.

4.4. Kanalisierung und Renaturierung der Gewässer

(siehe Fig. 14)
Die aus dem letzten Jahrhundert stammende Sanierungsmentalität scheint heute endlich überwunden zu werden: Man beginnt, Bäche wieder auszudolen oder den Flüssen eine breitere Uferzone zur natürlichen Gestaltung (Erosion und Aufschüttung) zu überlassen. Allerdings wurde die Birs noch um 1973 in ein – heute z.T. bereits wieder entferntes – Granit-Blocksatz-Korsett gezwängt. An renaturierten Flussufern erholt sich die reiche Zonierung der Vegetation erstaunlich rasch, in der Reihenfolge vom Wasser landwärts: Ranunculion fluitantis (im Wasser flutend) – Agropyro-Rumicion (Spülsaum) – Phalaridetum (Flussröhricht) – Salicetum triandrae (Ufergebüsch) – Salicetum albae (lockerer Uferwald) – Petasitetum paradoxi (nasse Staudenflur) – Impatienti-Solidaginetum (ruderale Staudenflur) (Moor 1958). Diese Gesellschaften haben sich an renaturierten Ufern schon nach zwei bis drei Jahren in Ansätzen eingestellt, doch wegen den knappen Platzverhältnissen in den hiesigen Uferbereichen nur als fragmentarische Ansätze und nirgends in vollständiger Reihenfolge. Der 200jährige Landschaftswandel der Oberrhein-Ebene mit seinen Folgen für die Vegetation wurde in Kap. 3.4.1. resümiert.
An stehenden Gewässern war das Untersuchungsgebiet schon um 1900 ziemlich verarmt. Die wenigen Relikte der Rhein-Altwässer in der Oberrheinebene sind bis heute fast ganz verschwunden durch Aufschüttung, Strassenbauten oder auch durch natürliche Verlandung, oder sie wurden zu Karpfenteichen mit senkrecht abgestochenen Ufern und damit vernichteter Uferflora umfunktioniert. Der "Quackery" östl. Village-Neuf (eigentlich "Gwäggi-Rhy") ist zwar auch anthropogen stark verändert worden, lässt aber seltenen Wasserpflanzen doch noch genug Raum (z.B. *Oenanthe lachenalii*). (Kap. 5.9.a.).
Der Jura weist von Natur aus – als Kalkgebirge mit weitgehend unterirdischer Karstentwässerung – kaum stehende Gewässer auf, abgesehen von vereinzelten kleinen natürlichen Tümpeln in den wasserstauenden Oxford-Comben (Kap. 2.2.3.2.) sowie von Relikten aufgestauter Feuerwehrteiche bei den Dörfern oder dem Basler Weiher südlich von Seewen. Im Sundgau finden sich solche Relikte noch häufiger (heute meist als Fischteiche genutzt). Kap. 5.8. behandelt die problematische Florenaufbesserung durch die vielen neu entstehenden Tümpelbiotope.

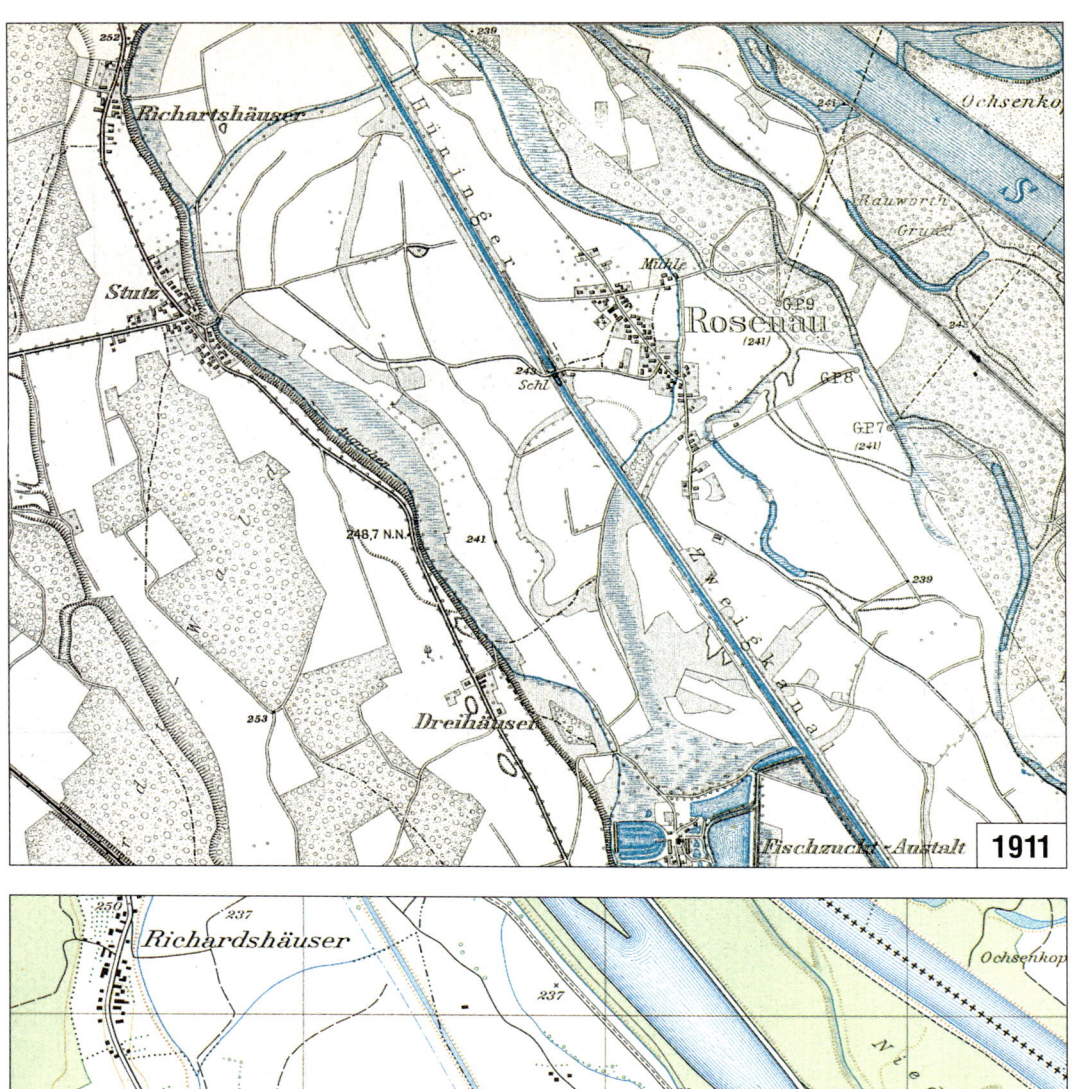

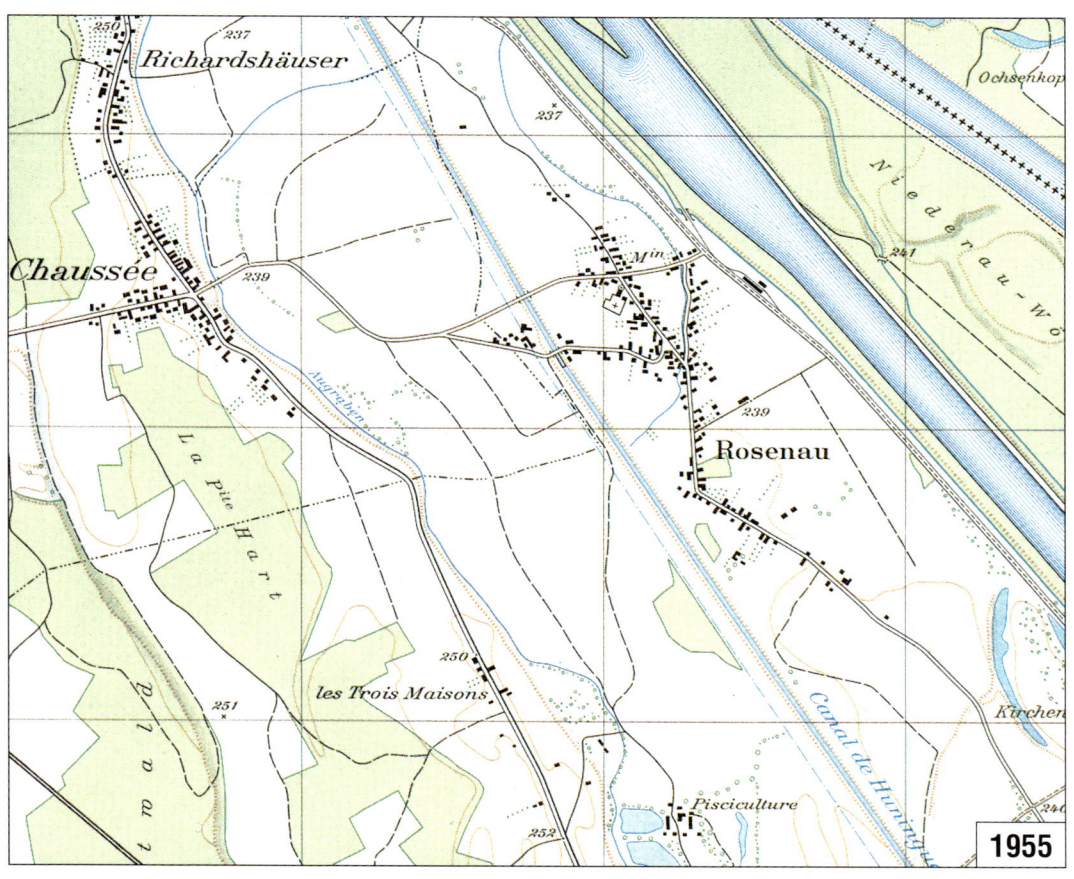

1911

1955

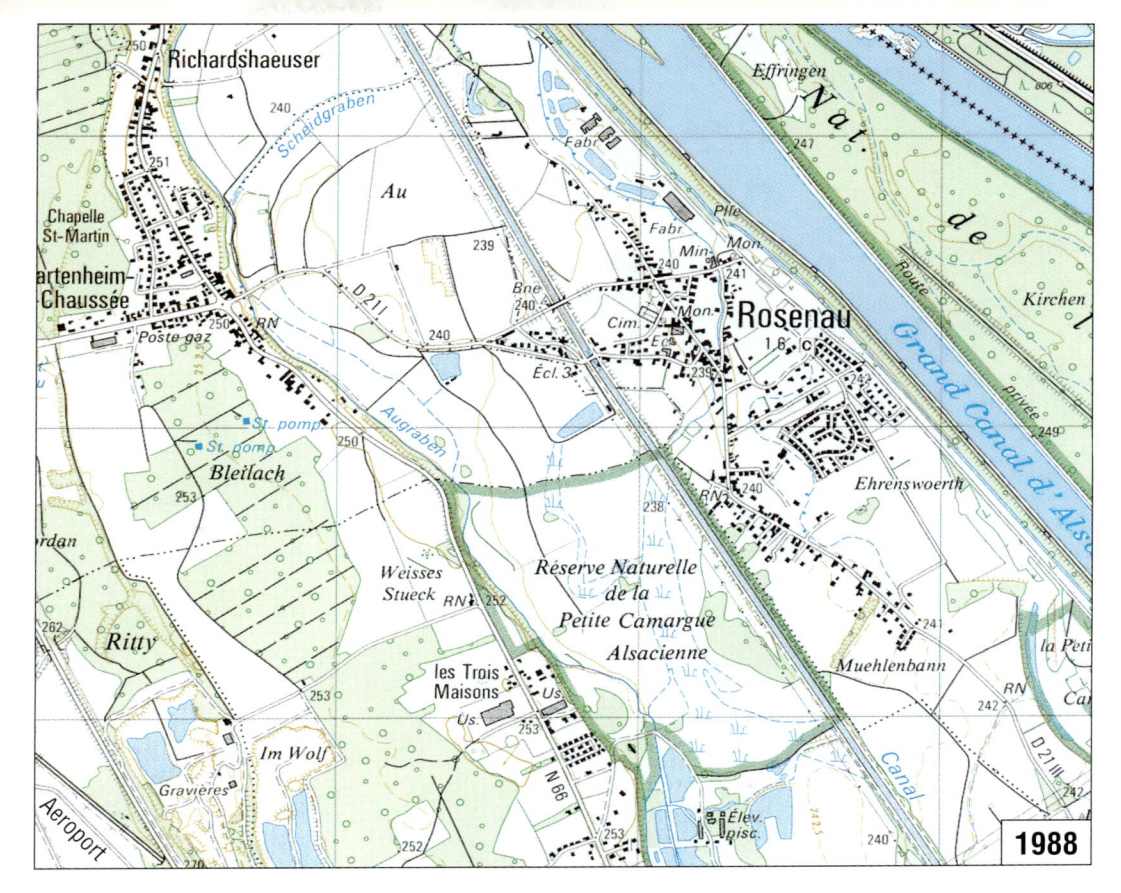

Fig. 14. Landschaftswandel 1911–1988 in der elsässischen Oberrheinebene.

1911:
(Messtischblatt des Deutschen Reiches). Alle elsässischen Ortsnamen bis 1918 noch deutsch. Mehrere Relikte der ehemaligen Rheinarme in Form von gebogenen Sumpf-Dellen bis hart an die Terrassen-Steilstufe heran, z.B. östlich 'Stutz'. Der Rhein bereits kanalisiert und seine Aue vom geraden Damm eingeengt, bei Hochwasser noch in die Altwässer 'Rauwörth' und 'Ochsenkopf' einfliessend.

1955:
(Landeskarte CH Blatt Basel). Der Grand Canal d'Alsace schneidet das Dorf Rosenau von seinen ehemaligen, jetzt zu Wald gewordenen Auenwiesen ab. Die Mehrzahl der Altwässer ist eliminiert, wenige reliktisch als abgeschnürte Teiche ('Kirchenerkopf', 'Ochsenkopf'), oder zunehmend verlandende Fischweiher. Die Siedlungen längs den ausgebauten Strassen linear um Weniges gewachsen. Sumpfwiesen vermutlich reliktisch noch vorhanden, aber nicht eingezeichnet. Auf der Terrasse (links) praktisch keine Änderungen gegenüber 1911.

1988:
(Carte nationale). Platzraubende neue Verkehrsbauten, zum kleinen Teil im Bild: Flughafen (unten links) und Autobahn E4 (oben rechts). Die hier neuerdings wieder angegebenen Sumpfwiesen nur noch in den Naturschutzgebieten, diese grün umrandet. Als neue Gewässer die Baggerseen in den Kiesgruben 'Wolf' und westlich Rosenau. Urbanisierung am Agglomerationsrand: Grossüberbauungen östlich Rosenau und Industriekomplex um 'Trois Maisons'. Auf offener Feldflur mehrere Weekendhäuser. Die gewachsene Einwohnerzahl erfordert Trinkwasser-Pumpwerke im Wald 'Bleilach'. Neue Kiesgrube NW Rosenau.

Die Armut des Untersuchungsgebietes an Hydrophyten kann also nicht allein zivilisatorischen Eingriffen angelastet werden – ausgenommen in der Oberrheinebene und der unteren Birs- und Wiesenebene –, sondern ergibt sich schon von Natur aus, da unsere Landschaften nur spärlich mit wasserstauenden Hohlformen ausgestattet sind.

4.5. Naturschützerische Landschaftsgestaltung

Die Verarmung der Natur hat schon vor 90 Jahren einzelne Naturschützer auf den Plan gerufen, die mit grossem Idealismus und Einsatz kleinere, besonders erhaltenswürdige Lokalitäten unter die Fittiche des Naturschutzes bringen konnten.

Das Aussterben vieler Amphibienarten bewegte eine namhafte Zahl von Unternehmern (z.B. Ziegeleien) sowie Eigentümer von privaten Gartenarealen und auch politische Gemeinden zur Anlage von kleineren Weihern, landläufig versimpelnd "Biotope" genannt. Diese sind allerdings nur ein schwacher Ersatz für die früher besser vernetzten Graben- und Altwassersysteme der Rheinebene. Ein noch wenig erkanntes Problem ist der Import von gebietsfremden Sippen (vor allem Wasserpflanzen, aber auch Sträucher sowie neuerdings Ruderalpflanzen). Teilweise sind solche Sippen dem geschulten Botaniker schon durch morphologische Besonderheiten verdächtig (z.B. *Alisma, Ligustrum, Anthyllis,* Kap. 5.8.).

Eine bessere Chance zur Wiederbelebung der verarmten Natur im stadtnahen Raum bieten aufgelassene Kiesgruben (Kap. 3.5.19.). Mit ihrer reich gestalteten Oberfläche, dem Nebeneinander von sehr trocken-heissen Halden und nassen Mulden bieten sie einer grossen Zahl von spezialisierten Pflanzen und Tieren ökologische Nischen an, die in der übrigen Landschaft verlorengegangen sind. Um die Standortsvielfalt, vorab für die Ruderal- und Pionierflora, zu erhalten, muss allerdings auch die Wildnis der Kiesgrube gepflegt werden: z.B. muss der rasch fortschreitenden Verbuschung an sorgfältig ausgewählten Stellen von Zeit zu Zeit Einhalt geboten werden, oder verlandende Tümpel müssen wieder ausgebaggert werden (EMMENEGGER & LENZIN 1988).

Ebenfalls neueren Datums ist der Gedanke, dem Landwirt wieder Aufgaben der Landschaftspflege anzuvertrauen. Durch Ausgleichszahlungen kann die öffentliche Hand den Bauern die biologisch sinnvolle Bewirtschaftung von Extensivflächen wieder schmackhaft machen. Schon nur das Düngeverbot auf einigen Wiesen im Untersuchungsgebiet hat den Bestand an Pflanzenarten erheblich steigern können.

Allerdings kann sich eine vom Aussterben bedrohte Art nicht von selbst wieder innert nützlicher Frist zu einer überlebensfähigen Population erholen, wenn ihre äusserst bedrängten Reliktvorkommen nicht besonders beachtet und gehegt werden. Allenfalls können ihre Überlebenschancen durch das Prinzip der "Arche Noah" erhöht werden: Aus Samen wird zunächst eine Stammpopulation im Gartenbeet erhalten und vermehrt, die Tochtersamen dann an geeigneten Standorten unter kontrollierten Bedingungen wieder ausgebracht. Z.B. wird in speziellen Ackerreservaten versucht, die aussterbende Ackerbegleitflora in die Zukunft hinüberzuretten (ERNI 1991).

Bei allen Bemühungen des Natur- und Landschaftsschutzes ist darauf zu achten, dass isolierte wertvolle Biotope auch auf geeignete Art zu einem Biotopverbund miteinander vernetzt werden (BLAB 1988, MADER 1981, SUKOPP 1984, WILSON & BOSSERT 1973). Denn zum Überleben brauchen die Populationen – ob Tiere oder Pflanzen – einen dynamisch besiedelten Lebensraum und auf längere Sicht auch die Möglichkeit, ihr Gen-Potential im Austausch mit benachbarten Populationen aufzufrischen. Das Freihalten von Vernetzungskorridoren ist eine schwierige Herausforderung an die Planungsämter, da oft für den Naturschutz nur noch sonst unbrauchbare Ecken in der übernutzten Landschaft übriggeblieben sind.

4.6. Landschaftskonsum durch die mobile Gesellschaft

4.6.1. Erholungsbetrieb

Das Wachstum der Agglomeration bewirkt einen zunehmenden Drang ihrer Bewohner, die Freizeit im Grünen zu verbringen.

Landschaftswandel 77

An Sonn- und Feiertagen füllen sich die stadtnahen Wälder mit Erholungssuchenden aller Art. Waren es früher vorwiegend ruhige Spaziergänger, so sind es heute vermehrt die schnelleren Jogger und Mountain-Biker. Waldfeste und andere Grossanlässe bringen fröhlich-lauten Betrieb, sodass das Wild nicht weiss, wohin es fliehen soll und auch die Vegetation Einbussen erleidet (Kap. 3.5.15.).
Die Begüterten erwerben sich ein Weekendhaus mit Umschwung, sorgsam von Unkraut "gereinigt" und mit dichten Thuja-Hecken abgehagt. Im nahen Elsass werden die letzten Reste der natürlichen Altwässer in steilufrige Fischteiche umgewandelt und die Nasswiesen in Fussballfelder; nicht weniger als vier Golfplätze wurden in den letzten zehn Jahren ins Auge gefasst. In der noch unbebauten holozänen Aue (Kap. 3.4.) der Birsebene entstanden jüngst 5 Tennisplätze grossen Stils.

4.6.2 Verkehrsflächen
(siehe Karte Fig. 13)

Längst sind die Verkehrswege nicht mehr linear, sondern beanspruchen beträchtliche Flächen. Im Basler Raum treffen von jeher europäische Verkehrsströme zusammen (Hamburg–Mailand, Paris–Venedig, Amsterdam–Genua). Dazu belegen die Zoll-Lagerhäuser und Terminals, miteingeschlossen Grenzbahnhöfe, immer grössere Areale. Zur Zeit dienen im Dreiländereck ca. 12 km^2 dem fliessenden und "ruhenden" Verkehr; darin sind auch die 6 Rheinhäfen mit ca. 2,8 km^2 und der Flughafen mit z. Zt. ca. 3,2 km^2 (Pistenverlängerung geplant). Bezogen auf die Fläche des Kantons Basel-Stadt (37 km^2) sind das 30 Prozent, gut die Hälfte davon liegen jedoch auf stadtnahem ausländischem Boden. Bedeutende Areale werden noch für die im Bau befindlichen Autobahn-Anschlüsse reserviert. Der schon vor 3 Jahrzehnten eröffnete Autobahnknoten von St.Jakob nimmt eine Fläche von 26 ha ein (Fig. 13 Stadtkarte). Seit 1950 hat sich in Agglomeration Basel die gesamte Verkehrsfläche mehr als verdoppelt.
Bezüglich der Flora ist dabei positiv zu werten, dass gerade die "Autobahn-Kleeblätter" zum grösseren Teil aus nicht genutzten Zwischenräumen bestehen, wo bei vernünftiger Planung und Pflege ein biologisch wertvolles Mosaik aus Magerrasen, Ruderalsäumen und Gebüschen entstehen kann.
Dem Botaniker längst bekannt sind die Hafenanlagen als Fundgrube der interessanten und stets veränderlichen Adventivflora (Kap. 5.7.). Hingegen erst seit etwa 20 Jahren erforscht man die überaus reiche Flora der grossen Verschiebebahnhöfe Muttenz, Wolf (Basel) und Weil a.Rh. Letzterer ist von der Deutschen Bundesbahn nie voll ausgelastet worden, sodass sich eine gereifte bahnbegleitende Vegetation – auch mit Gehölzen – entwickeln konnte.
Der viel beklagten Verbetonierung der Landschaft können also neben der Zerschneidung früher vernetzter Lebensräume doch auch positive Aspekte abgewonnen werden: Es entsteht an Rändern und ungenutzten Zwickeln neuer Platz für die Pionier- und Ruderalflora, die ihre ursprüngliche Heimat eingebüsst hat: die trockenen Kiesinseln und Sandufer des vielarmigen Rheins unterhalb Basel, dessen Korrektion schon vor 1800 (Tulla) begonnen hat (Kap. 3.4.1.).

4.7. Die Vorderfront der Urbanisierung
(siehe Karte Fig. 12)

Am Agglomerationsrand entstehen in jüngster Zeit grossflächige Nutzungen auf Kosten der traditionellen Agrarlandschaft: Pflanzareale grosser Gärtnereien und Kiesgruben mit rascher Expansion (z.B. Blotzheim-Les Trois Maisons: ca. 3 km^2). Autoverschrottungsanlagen, Industrie-Lagerhäuser, Werkplätze, Transformatorenstationen, Kläranlagen usw. fordern nicht nur ihren Platz, sondern ein immer dichter werdendes Netz von asphaltierten Zufahrtsstrassen.
Das ursprüngliche Relief der Flussebenen (Kap. 2.2.5.) sowie ihre spezifischen Böden (2.3.5.) werden durch diese Bautätigkeiten nivelliert: Die geologische Karte Blatt Basel zeigt schon 1970 bereits ca. 4 km^2 künstlicher Aufschüttungen resp. Abschürfungen. Heute dürfte die Fläche mehr als das Doppelte betragen.

Ruderalflur (Conyzo-Lactucetum), vorn Kompass-Lattich *(Lactuca serriola)*, Güterbhf. Wolf. – 8.1991.

"Amerikanische Landschaft", Kiesgrube O Pratteln, Mitte Blutweiderich und Zottiges Weidenröschen, rechts Sonnenblume. →O. – 8.1986.

Bermenweg am Rhein (Schaffhauser Rheinweg). Stark erwärmte Südexposition, *Prunus cerasifera* blüht schon. →W. – 3.1995.

Flachdach am südlichen Brückenkopf Dreirosen. Standortgerechte Bepflanzung *(Sedum, Festuca, Dianthus)*. →SO. – 1992.

DB-Güterbahnhof (Erlenstr./Riehenring). Reife Ruderalrasen mit *Diplotaxis tenuifolia* profitieren von der Unternutzung. →N. – 8.1991.

Ruderalflora mit Flockiger Königskerze *(Verbascum pulverulentum)* im St. Johann-Bahnhof. – 8.1987.

4.8. Grenzen der Urbanisierung

Entwickelte sich die Agglomeration Basel von 1850 bis 1950 in schrittweisem und relativ gemächlichem Zuwachs vor allem längs den verkehrsgünstigen Talachsen, so erscheint im heutigen Zeitalter der ungebremsten Mobilität die Urbanisierung zu explodieren. Entfernte Dörfer unterliegen schon dem Sog der "Verstädterung": Bauerngärten und ländliche Obstbaumwiesen weichen englischen Rasen und *Cotoneaster*-Steppen, die floristisch interessanten Strassenwinkel mit Ruderalflora werden peinlich genau gesäubert.

Wie die Agglomerationskarte (Fig. 12) zeigt, werden zwischen den weit ausgreifenden Verstädterungszonen die einigermassen naturnah gebliebenen Gebiete eingeschnürt und, wenn sie den Kontakt zum umliegenden ländlichen Raum verloren haben, zu Naturinseln in der Agglomeration. Schon 1970 stellen das hintere Bruderholz und die Langen Erlen mit dem Bäumlihof solche Naturinseln dar; heute kommen dazu: die Reinacherheide, die Muttenzer Hard und das Gelände zwischen Hegenheim, Häsingen und Burgfelden.

Allerdings kann die Verstädterung nicht ungehemmt sämtliches Umland wahllos überschwemmen. Sie prallt heute schon an natürliche topographische Barrieren, wo das gebirgige Relief eine kostengünstige Überbauung verhindert (s. Karte Fig. 12).

Schon erwähnt wurden die Waldgebiete der Birsfelder Hard, der Langen Erlen und Bartenheim (Wald Bleilach, siehe Karte Fig. 14c), die als lebenswichtige Trinkwasserreservoire dem Urbanisierungsdruck mehr oder weniger Widerstand leisten können.

Der Regionalplan beider Basel setzt der ungehemmten Überbauung gesetzgeberische Schranken: in erster Priorität sind Waldgebiete vor Überbauung geschützt; zweitens müssen pro Kanton eine bestimmte Anzahl an Fruchtfolgeflächen freibleiben; drittens fordert die Planung auch grüne Trenngürtel zwischen den einzelnen Siedlungskompartimenten der Agglomeration, nur fehlt es allzuoft am politischen Willen der lokalen Behörden, diese Forderung auch zu verwirklichen ("Vollzugsnotstand der Raumplanung").

Mehr und mehr wird aber erkannt, welch reichhaltige Naturschätze gerade die nahe Umgebung der Stadt beherbergt: Grössere Areale stehen heute unter Naturschutz: z.B. die "Camargue Alsacienne" (ca. 150 ha, siehe Karte Fig. 14, 1988) und Reinacher Heide (35 ha), neben vielen kleineren Naturschutzgebieten. Man kann erhoffen, dass aus diesen heute noch sehr isolierten Reservoiren die eine oder andere gefährdete Art ausbrechen kann und neue Plätze in den zukünftig vielleicht besser vernetzten Lebensräumen erobert.

5. Pflanzendynamik – Veränderungen im Pflanzenkleid

5.1. Zur Vegetationsgeschichte

Es ist hier nicht der Ort, die Vegetationsgeschichte unseres Gebiets vor, während und nach der Eiszeit darzustellen. Die überaus reiche, tropisch-subtropische Tertiärflora, die vor Jahr-Millionen dominierte, wurde gegen Ende des Tertiärs von einer für die gemässigten Breiten typischen, von Norden her einwandernden Flora abgelöst, wie man sie noch heute in Nordamerika oder Ostasien vorfindet. Einige wenige Arten des heutigen mitteleuropäischen Artenbestands entstammen dem Florengut des wärmeren Tertiärs. Als sog. "Tertiärrelikte" gelten z.B. die Eibe *(Taxus)*, der Buchs *(Buxus)*, die Stechpalme *(Ilex)*, der Efeu *(Hedera)*, die Schmerwurz *(Tamus)*, der Lorbeer-Seidelbast *(Daphne laureola)* und die Buchsblättrige Kreuzblume *(Polygala chamaebuxus)* – meist immergrüne Pflanzen, die die Eiszeiten in den geschützten, südlichen Randlagen Europas überdauerten und danach wieder einwanderten.

Während der Eiszeiten, besonders während der grössten (Riss-) und der letzten (Würm-) Eiszeit, herrschte ein um etliche Grade kälteres Klima, dem eine annähernd arktisch-alpine Flora (Tundra) standzuhalten hatte. Kältesteppen prägten das Vegetationsbild der Rheinebene. Im Hügel- und Berggelände dominierte wohl eine an Skandinavien erinnernde, moos- und flechtenreiche Strauchvegetation. Leider sind wir, was unser moorloses Gebiet betrifft, fast ganz auf Vermutungen angewiesen, da uns keine direkten Dokumente (Pollen und Pflanzenreste) aus diesen Kaltzeiten erhalten geblieben sind. Im Schwarzwald (am Feldberg z.B.) und in den Vogesen kennt man einige alpine Arten, die als Eiszeitrelikte zu gelten haben. Für unser UG besteht aber wenigstens ein sicherer, lebender Beweis für das Überdauern einer Art in den Eiszeiten oder mindestens der letzten Eiszeit: *Hieracium lycopifolium,* das Wolfstrappblättrige Habichtskraut, ist gemäss Zahn (vgl. ZAHN 1906), laut freundlicher Mitteilung von Herrn Gottschlich, ein Eiszeitrelikt. Die Stammeltern dieser Art sind *H. sabaudum,* das Savoyer H., und *H. prenanthoides,* das Hasenlattich-Habichtskraut; dieses letztere hat aber seine nächsten aktuellen Vorkommen am Feldberg, im Mitteljura von Biel an südwärts und in den Nordalpen. *Hieracium lycopifolium* konnte also nur in einer Zeit entstehen, als *H. prenanthoides* noch präsent war, z.B. in einer der letzten Zwischeneiszeiten.

Über die prähistorischen Einwanderungswege der Pflanzen orientiert z.B. MOOR (1962, S. 154). Die für unser Gebiet wichtigsten sind:
a) von Süden her im Rhonetal aufwärts, via Saônetal durch die Burgundische Pforte an den Oberrhein oder via Genf dem Jurarand entlang zum Hochrhein,
b) von Westen und Nordwesten her, z.B. vom Seinebecken via Burgundische Pforte in den Sundgau,
c) von den östlichen Trockengebieten her zum Mainzer Becken und südwärts in die Oberrheinebene.

5.2. Zur Arealkunde

In der Arealkunde werden die geographischen Verbreitungsareale verglichen und in einen systematischen Zusammenhang gebracht. Auf die einzelnen Arealtypen und ihre genauen Erklärungen gehen wir hier nicht ein; knappe, übersichtliche Darstellungen finden sich bei OBERDORFER (1994, S. 19–22) und MOOR (1962, S. 409f., 155). Nur soviel sei gesagt:
Die drei charakteristischen Areale in den Randregionen Europas, im W und NW das atlantische, im S das mediterrane und im O das kontinentale, reichen alle nicht nach Mitteleuropa hinein; unsere Flora enthält deshalb praktisch keine ihrer echten Elemente. Hingegen sind – neben dem Grundstock der mitteleuropäischen und eurasiatischen Arten – subatlantische (z.B. in Wäldern mit milder Klimalage) und submediterrane Elemente (z.B. im Jura und in den warmen Talebenen) reichlich vertreten; gross ist auch die Zahl submediterran-subatlantischer Elemente. Ebenso, wenn auch weniger reichlich, zählen gemässigt-kontinentale Elemente (bes. in der Oberrheinebene) zu unserer Flora (z.B.

Centaurea stoebe). Wichtig für unsere Region sind die präalpiden Elemente, die ihren Schwerpunkt in den Alpen und den Mittelgebirgen haben (z.B. *Gentiana lutea).*
Ein Wort sei noch verloren über die Begriffe "dealpin" und "demontan": Etliche Pflanzen wandern aus höhergelegenen Gegenden, meist den Flüssen entlang, in tieferliegende Gebiete und bilden Kolonien in geschützten, kühlen Lagen. Als der Rheinlauf noch unverbarrikadiert war, konnten sich ausnahmsweise auch Alpenpflanzen in unserer Gegend ansiedeln, so z.B. die Alpenkresse *(Pritzelago alpina)* 1874 am Rheinufer zwischen Wyhlen und Rheinfelden oder der Gelbe Steinbrech *(Saxifraga aizoides)* an mehreren Stellen des Rheins.
Im Gegensatz zu diesen dealpinen Arten stammen demontane Arten aus den näheren Mittelgebirgen (Schwarzwald und Vorberge, Jura). Beispiele sind das Gegenblättrige Milzkraut *(Chrysosplenium oppositifolium),* z.B. im Kaltbrunnental oder (in wenigen Exemplaren) an der Kander bei Binzen, der Eisenhutblättrige Hahnenfuss *(Ranunculus aconitifolius),* in den Bergwiesen voll im Licht stehend, bei uns sich unter schattige Ufergebüsche an Wiese und Birs duckend, oder der Berg-Kälberkropf *(Chaerophyllum hirsutum)* an der Birs und, häufiger, an der Wiese. Aus dem Jura in das Zentrum Basels haben sich gewagt: die Zwerg-Glockenblume *(Campanula cochleariifolia,* unterhalb der Wettsteinbrücke), die Turm-Gänsekresse *(Arabis turrita,* an der Pfalz) und – höchstwahrscheinlich auch durch Samentransport mit einem starken Hochwasser – der Leberbalsam *(Erinus alpinus,* am St.Johanns-Rheinweg).

5.3. Einwanderung und Einbürgerung

Die vielen in unserer Flora genannten ursprünglich fremden Pflanzenarten bedürfen einer systematischen Sichtung in dreierlei Hinsicht. Wir stützen uns dabei auf die gut durchdachte, überschaubare Gliederung in HALLER & PROBST (1981, S. 185 f.). Nicht ureinheimische, seit dem Ende der letzten Eiszeit oder schon vorher präsente Pflanzenarten, sondern eingewanderte und eingeschleppte, werden nach folgenden Gesichtspunkten – die nicht miteinander vermischt werden dürfen – auseinandergehalten:

a) Nach der Einwanderungszeit unterscheidet man Archäophyten und Neophyten:
Archäophyten sind während der Steinzeit, der Bronze- und Eisenzeit oder der Römerzeit zu uns gekommen. Die meisten tauchen zu Beginn des Neolithikums schlagartig auf. Beispiele: der Klatsch-Mohn *(Papaver rhoeas),* die Hühnerhirse *(Echinochloa crus-galli),* das Seifenkraut *(Saponaria officinalis),* die Dach-Trespe *(Bromus tectorum),* das Schöllkraut *(Chelidonium majus),* das Zimbelkraut *(Cymbalaria muralis).*
Neophyten sind Pflanzen, die sich während des Mittelalters, der Zeit der Entdeckungen, der Neuzeit oder der Neuesten Zeit bei uns festgesetzt haben. Beispiele: der Kompass-Lattich *(Lactuca serriola),* die Pfeilkresse *(Cardaria draba),* der Kanadische Katzenschwanz *(Conyza canadensis),* das Knopfkraut *(Galinsoga),* das Norwegische Fingerkraut *(Potentilla norvegica),* das Kleinblütige Springkraut *(Impatiens parviflora),* der Blauglockenbaum *(Paulownia tomentosa).*
b) Die Einbürgerungsstufe, der Grad also, in dem sich die Zuwanderer in ihrer neuen Heimat eingelebt haben, bildet den eigentlichen Kern des Begriffs "Bürgerstatus". Dabei zählen zu den "Neubürgern" alle Archäophyten und die als Neophyten bezeichneten Arten, die sich in unserem Gebiet ihren standörtlichen Ansprüchen entsprechend einrichten konnten und sich selbständig und ohne Zutun des Menschen vermehren, indem sie reife Früchte oder allenfalls vegetative Ableger bilden, mit denen sie ihre Populationen erhalten können. "Siedler" könnte man diejenigen Arten nennen, die sich selbständig ansiedeln konnten, aber unter veränderten Umweltbedingungen wieder verschwinden. "Gäste" sind Pflanzenarten, die nicht oder nur ausnahmsweise zur Fortpflanzung gelangen, meist aber den Winter nicht überstehen; sie werden als Ephemerophyten gekennzeichnet.
c) Nach der Einwanderungsweise schliesslich unterscheidet man 4 Aspekte:
"Einwanderer" sind Arten, die ohne beabsichtigte Mithilfe des Menschen nach und nach in neue Gebiete vorstossen. Beispiel: das Frühlings-Greiskraut *(Senecio vernalis)* gelangte aus Osteuropa 1850 an die Oder, 1860 bis zur Elbe, war 1913 im trockenen nördlichen Oberrheingebiet bereits verbreitet; in unserer Gegend zögert die Pflanze immer noch, sich festzuset-

zen. Andere Einwanderer sind das Schmalblättrige Greiskraut *(Senecio inaequidens)*, der Purpur-Storchschnabel *(Geranium purpureum)*, die Nickende Wolfsmilch *(Euphorbia nutans)* usw.

"Verwilderte" sind entwichene Kulturpflanzen aller Art, z.B. Topinambur *(Helianthus tuberosus)*, Tomate *(Lycopersicon esculentum)*, Ringelblume *(Calendula officinalis)*, Stockrose *(Alcea rosea)*, Mutterkraut *(Tanacetum parthenium)*, Deutsche Schwertlilie *(Iris germanica)*, Pfeifenstrauch *(Philadelphus coronarius)*, Schneestolz *(Chionodoxa)* u.v.a.

"Kulturrelikte" sind einstige, längst nicht mehr verwendete Kulturpflanzen, die sich eigenständig, z.T. Jahrhunderte, gehalten haben. Beispiele: Färber-Wau *(Reseda luteola)*, Färber-Waid *(Isatis tinctoria)*, Geissraute *(Galega officinalis)*, Goldlack *(Cheiranthus cheiri*, ursprüngliche gelbblühende Form) an Burgenmauern, Immergrün *(Vinca minor)* um Ruinen.

"Eingeschleppte" sind Arten, die unbeabsichtigt mit Handel und Verkehr aus grösseren Entfernungen, z.B. aus dem Mittelmeergebiet oder aus anderen Kontinenten zu uns transportiert wurden und, meist vorübergehend, bei uns aufwachsen können. Den verschieden gehandhabten Ausdruck "Adventive" wollen wir hier ausschliesslich für die vielen an Umschlagplätzen in Bahnarealen und vor allem in den Hafenanlagen beobachteten Arten reservieren. Beispiele: Ambrosie *(Ambrosia artemisiifolia)*, Gabelblütige Hirse *(Panicum dichotomiflorum)*, Stundenblume *(Hibiscus trionum)*, Sammetpappel *(Abutilon theophrasti)*, Indischer Hundszahn *(Eleusine indica)*, Australischer Gänsefuss *(Chenopodium pumilio)*, Carolina-Nachtschatten *(Solanum carolinense)*, Sonnenwend-Flockenblume *(Centaurea solstitialis)*, Scharlachrote Sternwinde *(Quamoclit coccinea)*, Prunkwinden-Arten *(Ipomoea)* usw. (vgl. Kap. 5.7.).

5.4. Zur Verbreitungsbiologie

Wie sich die Pflanzen im einzelnen ausbreiten, wie ihre Samen an neue Wuchsorte gelangen – diesen Fragen geht die Verbreitungsbiologie nach (MÜLLER-SCHNEIDER 1955, 1986). Eine sehr empfehlenswerte Darstellung – zusammenfassend und doch detailliert – bietet MOOR (1962, S. 346–359). Wir geben hier nur die 6 Hauptgruppen wieder und schliessen wenige Bemerkungen an:

1. Selbstverbreiter (Autochoren). Beispiele: Das Springkraut *(Impatiens)* schleudert seine Samen durch Gewebespannungen weg, das Zimbelkraut *(Cymbalaria)* wendet seine reifenden Früchte vom Licht weg in schattige Spalten, die Früchtchen von Storch- und Reiherschnabel *(Geranium* und *Erodium)* bohren sich, nachdem sie weggespickt worden sind, wie Schraubenzieher in die Erde.

2. Pflanzen, die durch Schwerkraft wandern (Barochoren). Beispiele: Die Früchte verschiedener Baumarten, z.B. Eicheln, Buchnüsschen, Rosskastanien, Äpfel, fallen durch Schwerkraft zu Boden und rollen gegebenenfalls weiter.

3. Windwanderer (Anemochoren). Hierzu gehören Pflanzen, deren Samen Flugeinrichtungen besitzen; Beispiele: Löwenzahn (Schirmchen), Pappeln (wattiger Flaum), Federgras (Feder), Linde, Ahorn, Esche (Flügel); viele Samen haben die Form winziger Körnchen, die vom Wind mitgerissen werden; Beispiele: Mohn *(Papaver)*, Johanniskraut *(Hypericum)*, viele Nelkengewächse (z.B. *Silene)*; extrem klein und leicht wie Staub schweben die Samen der Orchideen und der Sommerwurz *(Orobanche)* über weite Entfernungen. In Trockengebieten können ganze Pflanzen, die ihre Verästelungen einer Kugelform annähern, vom Wind fortgerollt werden, es sind sogenannte Steppenläufer; Beispiele: Faserschirm *(Trinia)*; im Bahngelände Basel–Weil–Haltingen beobachtet: Salzkraut *(Salsola)*, Weisser Amaranth *(Amaranthus albus)*, Knorpelsalat *(Chondrilla juncea)*.

4. Wasserwanderer (Hydrochoren), mit schwimmfähigen Samen oder Früchten. Beispiele: Seerose *(Nymphaea)*, Gelbe Schwertlilie *(Iris pseudacorus)*. Von fallenden Regentropfen werden Samen der Brunelle *(Prunella vulgaris)*, der Dotterblume *(Caltha)*, des Winterlings *(Eranthis)* ausgeschleudert.

5. Tierwanderer (Zoochoren). Beispiele: Kletten und klebrige Anhafter bieten an: Klette *(Arctium)*, Kletten-Labkraut *(Galium aparine)*, Odermennig *(Agrimonia)*, Nelkenwurz *(Geum)*, Quirlige Borstenhirse *(Setaria verticillata)*, Klebrige Salbei *(Salvia glutinosa)*, Dreifinger-Steinbrech *(Saxifraga tridactylites*, ganze Pflanze drüsig-klebrig, ähnlich *Cerastium pumilum)*, Breit-Wegerich *(Plantago major)*, Zarte

Binse *(Juncus tenuis,* mit aufquellendem Samenschleim). Auffällig gefärbte Früchte laden zum Schmaus ein: Erdbeere *(Fragaria),* Vogelbeere *(Sorbus aucuparia),* Einbeere *(Paris),* Aronstab *(Arum),* Salomonssiegel *(Polygonatum)* und viele andere. Vom Weidevieh gefressene Samen von Klee *(Trifolium pratense, T. repens)* und Scharfem Hahnenfuss *(Ranunculus acer)* passieren ohne Schaden den Darm. Ameisen und andere Insekten verschleppen Samen mit Ölkörpern: Veilchen *(Viola),* Hainsimse *(Luzula),* Thymian *(Thymus).*
6. Mit Hilfe des Menschen wandernde Pflanzen *(Anthropochoren).* Beispiele: Durch Saatgut oder zusammen mit Saatgut ausgebracht: Raps *(Brassica napus),* Acker-Senf *(Sinapis arvensis),* Mohn *(Papaver rhoeas),* Borstenhirse *(Setaria)* usw. Hierher gehören auch verwilderte und adventive Arten, ebenso die Vogelfutterpflanzen (siehe folgende Kapitel).

5.5. Zunehmende Arten und Invasoren

Mit dem kontinentweiten Ausbau der Eisenbahnlinien im letzten Jahrhundert hat ein botanisches Kapitel angefangen, das noch keineswegs abgeschlossen ist: Die sog. "Eisenbahnpflanzen" (meist Windwanderer) haben sich vornehmlich oder fast ausschliesslich entlang Bahnlinien ausgebreitet und ihr Areal damit beträchtlich vergrössert. Nicht nur der Fahrtwind, der die Samen entlang den Bahnlinien weiterreisst, sondern auch das lückenlose Angebot unbewachsener, lichter Pionierstellen ist entscheidend. Eine solche zu Hagenbachs Zeiten noch seltene Pflanze ist das inzwischen weit verbreitete Liebesgras *(Eragrostis minor).*
Neuere Beispiele konnten recht genau verfolgt werden: Der Purpur-Storchschnabel *(Geranium purpureum,* eine mediterrane Art, nächstverwandt mit dem Ruprechts-Storchschnabel) wurde im Gebiet erstmals im Deutschen Verschiebebahnhof beim Bahnhof Weil a. Rh. 1980 beobachtet; weitere Einzelbeobachtungen traten bald hinzu. Im schweizerischen Mittelland konnte eine rasante Ausbreitung dieser Pflanze, vor allem entlang den Nebengleisen des Bahnnetzes, in den Jahren 1990-1991 festgestellt werden (HUBER 1992). Um 1992-1993 breitete sich die Pflanze fast explosionsartig über das regionale Schnellzug-Bahnnetz, sowohl von Basel nordwärts wie auch zwischen Liestal–Sissach–Olten, etwas später auch längs dem Birstal, aus, und ist nun (1997) im Begriff, die Überlandstrecken des Basler Tramnetzes zu erobern.
Das Schmalblättrige Greiskraut *(Senecio inaequidens),* eine spätblühende, sehr buschig wachsende Pionierpflanze aus Südafrika, in nördlicheren Gefilden schon stark expansiv, beginnt bei uns erst, sich zu installieren, z.B. im Güterbahnhof St. Johann, ist aber seit wenigen Jahren im Gelände des DB-Rangierbahnhofs Basel–Weil–Haltingen fest etabliert und geht hier bereits in die Gebüschsäume. In der Nordschweiz sind grössere Bestände noch selten, so z.B. in Aarau. Weitere einjährige *Senecio-*Arten *(Senecio vernalis* und *S. rupester)* verhalten sich ebenfalls noch zögerlich, trotz teilweise massigen Vorkommen entlang badischen Bahnlinien.
Einige ursprünglich aus Gärten verwilderte Arten haben, dank unschlagbaren Konkurrenzvorteilen (tiefliegende Ausläufer und Wurzelbruten, rapides Startwachstum) eine Ausbreitung erfahren, die sich immer wieder mit Massenbeständen dokumentiert. Die grosse Mehrheit dieser Arten findet entlang Flussufern zusagende Lebensräume. Ob von Menschen deponierter Gartenabraum oft die Startkolonien begründet hat? Bekannt sind die aus Nordamerika stammenden Goldruten – einst beliebte "Arme-Leute-Gartenpflanzen". Wo ihre Herden Fuss gefasst haben, sind sie kaum mehr einzudämmen. Es sei hier nur darauf aufmerksam gemacht, dass die beiden verbreiteten Arten eine je eigene Geschichte haben: *Solidago gigantea* wird von HAGENBACH (1834, dort unter 'canadensis') als "neuestens im Birseck unter Weiden verwildert" vermerkt, von SCHNEIDER (1880, ebenfalls unter 'canadensis') "am Rheinufer unterhalb Gross-Hüningen, zwischen Ufergebüsch verwildert" gemeldet, dann von BINZ (1901) von 5 Lokalitäten, später (1905 und 1911) aber schon summarisch als "verwildert an Birs, Wiese und Rhein" genannt, an der Birs jedoch noch um 1930 erst truppweise, wie MOOR (1962, S. 90) bemerkt; im Wiesental ist sie (nach GOLDER 1922) allerdings um 1920 schon häufig, und BINZ zitiert 1942 das sukzessive Vordringen in die bewaldeten Vorberge des Schwarzwaldes.
Solidago canadensis hingegen hat seine Laufbahn später begonnen: BINZ erwähnt die Art 1911 nicht aus unserem Gebiet; erst in seinen Ergänzungen von 1942 notiert er drei zeitlich

und räumlich weit auseinanderliegende verwilderte Einzelvorkommen; in den nächsten 'Ergänzungen' kann er melden: "Spitalholz Arlesheim, verwildert am Waldrand, 1945 (!)". Heute ist die Art längst fest eingebürgert, vor allem in und um Basel, mit Ausstrahlungen in die Flusstäler. Solidago gigantea hingegen ist viel weiter verbreitet, dominiert in der Oberrheinebene und den angrenzenden Hügelländern und besetzt auch die Weitenauer Vorberge, in denen S. canadensis völlig fehlt.

Wer während einer sommerlichen Bahnfahrt von Grellingen nach Laufen in Richtung Birs blickt, dessen Augen ertrinken in endlosen Schwaden rosablühender Stauden. Begonnen hat die Geschichte der Ausbreitung von Impatiens glandulifera, dem Drüsigen Springkraut, nach der Jahrhundertwende "zwischen Mönchenstein und Neue Welt (1904)" (HEGI 1928); bis Aesch vermeldet BINZ (1911) verwilderte Vorkommen, 1919 ist sie bei St.Jakob; 1922 ist sie bis Grellingen, später bis Delsberg vorgedrungen; vereinzelte Stellen am Rhein, später an der Wiese kommen hinzu, z.B. 1955 (Litzelmann in BINZ 1956) an der Wiese zwischen Brombach und Steinen etc. in Massenbeständen. Längst ist sie den Flüssen entlang fest eingebürgert, findet an Deponieplätzen neue Keimzellen und hat seit einiger Zeit begonnen, entlang feuchten Waldwegen in die Vorbergzonen vorzudringen.

Weitere neophytische Flussufer-Besiedler sind: der Japanische Knöterich (Reynoutria japonica), der Topinambur (Helianthus tuberosus), Aster-Arten (Aster lanceolatus, salignus, versicolor) usw. (vgl. dazu MOOR 1962).

Der Sommerflieder (Buddleja davidii), ein aus China stammender, seit dem letzten Jahrhundert kultivierter hübscher Zierstrauch, fiel bis in die Fünfzigerjahre nicht besonders auf. BINZ erachtet es in seinen Ergänzungen (1951) als besonders erwähnenswert, dass aus der Zeit um 1950 verwilderte Exemplare ob Riehen, am Waldrand des Arlesheimer Spitalholzes, bei St.Jakob an der Birs gemeldet wurden. Simon sammelte 1965 auf Kiesboden im Gelände des Auhafens einen Beleg; diese Beobachtung fand in den "Fortschritten" (BECHERER 1966) Aufnahme. Bis dahin verhielt sich die Art als Ephemerophyt. In der Zeit um 1968–1970 wurde dann das vermehrte Auftauchen und die Zunahme verwilderter Sommerflieder-Sträucher augenscheinlich; ich erinnere mich an die Besiedlung eines Bautrümmerfeldes am Weiherweg, nahe beim jetzigen Alterszentrum. Von da an wurde die Art dermassen häufig, dass keine Fundmeldungen mehr publiziert wurden; sie hatte sich zum Neophyten gewandelt. In Deutschland begann die Besiedlung von Trümmerfeldern bereits um die Jahrhundertmitte. Gleichermassen wie auf Baustellen breitete sich der Sommerflieder auch im Bahn- und Hafengelände aus. Entlang Waldwegen drang er auch in Schlagfluren ein. Heute kann er sich auf offenen, kiesigen Gelände innert kurzer Zeit zu einem alles überschattenden Konkurrenten etablieren.

Ein eigener besiedlungsgeschichtlicher Werdegang lässt sich beim Götterbaum (Ailanthus altissima) skizzieren. Vor mehr als 200 Jahren nach Europa eingeführt, begann er als Park- und Alleebaum beliebt zu werden, da er auch auf schlechten, steinigen Böden problemlos und rasch gedieh. Doch Verwilderungen wurden nur selten beobachtet. Im Nachkriegs-Deutschland der Jahrhundertmitte fand der Baum im Trümmerschutt "ideale" Bedingungen zur selbständigen Vermehrung (untersucht z.B. in Stuttgart, KREH 1955). 1982 und 1984 veröffentlichten BÖCKER und KOWARIK interessante Studien über die Verbreitung des Götterbaums in Berlin, die den starken Einfluss des warmen Stadtklimas zeigen. In der Tat konnten auch wir im Untersuchungszeitraum zahlreiche Ailanthus-Bäume im Stadtbereich (besonders im St.Johann-Quartier und im Kleinbasel) beobachten, die, eng an eine Hausmauer gepresst, in kurzer Zeit hochwuchsen, deren Samen also vom Wind in eine Mauerfuss-Spalte geweht worden war; auch aufgebrochene Asphaltböden in vernachlässigten Gärten, Bermenmauern am Schaffhauser-Rheinweg und kiesige Bahngelände sind geeignete Wuchsorte. Erst in den allerletzten Jahren kann das zögernde Vordringen wild aufgekommener Götterbäume in die Agglomeration (Bottmingen, Sierentz, Eimeldingen, Aesch) verfolgt werden.

5.6. Naturalisierte Kulturpflanzen

Im vorigen Kapitel wurden bereits einige auffällige eingebürgerte (naturalisierte) Pflanzenarten vorgestellt. Aus der Fülle weiterer Ansiedlungsvarianten seien einige typische Gruppen herausgegriffen.

a) Eine Reihe von in älterer oder neuerer Zeit beliebten Gartenpflanzen haben (z.T. erst neuerdings) den Weg gefunden, sich selbständig an ihnen ökologisch zusagenden Wuchsorten zu vermehren und mehr oder weniger zu installieren:

Spornblume	*Centranthus ruber*	Mauerfüsse, Steinfluren
Löwenmaul	*Antirrhinum majus*	Bahnschotter, Mauern
Gelbe Schafgarbe	*Achillea filipendulina*	Gepflasterte Plätze, Mauerfüsse
Steinbrech-Felsennelke	*Petrorhagia saxifraga*	Bermenmauern, Steingrus
Poscharskys Glockenblume	*Campanula poscharskyana*	Mauerfugen, -füsse
Felsensteinkraut	*Aurinia saxatilis*	Mauern
Silberkraut	*Lobularia maritima*	Sandige Vorplätze
Spanischer Mauerpfeffer	*Sedum hispanicum*	Sand- und Kieswege
Übersehene Bisamhyazinthe	*Muscari neglectum*	Rasen, Böschungen
Sibirischer Blaustern	*Scilla siberica*	Beete, Rasen, siedlungsnahe Wälder
Schein-Erdbeere	*Duchesnea indica*	ruderalisierte Rasen, Waldschläge
Faden-Ehrenpreis	*Veronica filiformis*	Scherrasen, Fettwiesen

b) Eine spezielle Gruppe bilden die Vogelfutterpflanzen; an Stellen, wo Vogelfutter ausgestreut wird, gehen in der Folge oft die Sämereien auf, und es erblühen beispielsweise:

Gebräuchlicher Lein (*Linum usitatissimum*)   Buchweizen (*Fagopyrum esculentum*)
Sonnenblume (*Helianthus annuus*)   Hanf (*Cannabis sativa*)
Ramtillkraut (*Guizotia abyssinica*)   Weizen (*Triticum aestivum*)
Erbse (*Pisum sativum*)   Hirse (*Panicum miliaceum*)
Raps (*Brassica napus*)   Mohren-Hirse (*Setaria italica* ssp. *moharia*)
Ambrosie (*Ambrosia artemisiifolia*)   Aleppo-Hirse (*Sorghum halepense*)

Diese Gruppen sind ephemer und verschwinden bald, zeigen sich aber oft in verblüffend ähnlicher Artenzusammensetzung anderswo wieder.

c) Gerade im städtischen Bereich gibt es eine Zahl von Gehölzen, die regelmässig verwildern und z.T. zu Bäumen auswachsen können, z.B.:

Robinie	*Robinia pseudacacia*	Kiesschutt, Ufer, Böschungen
Blauglockenbaum	*Paulownia tomentosa*	Bermenmauern, steinige Orte
Götterbaum	*Ailanthus altissima*	Mauerfüsse, Böschungen, Bahnareale
Eschen-Ahorn	*Acer negundo*	Hecken, Gebüsche
Chinesischer Liguster	*Ligustrum sinense*	Hecken, Gebüsche
Nordamerikan. Zürgelbaum	*Celtis occidentalis*	Gebüsche, Parks

d) Eine ganze Reihe "attraktiver" Ziergehölze werden von Amseln und anderen Vögeln ihrer "Beeren" und Früchte wegen gerne aufgesucht, und ihre Samen werden dank regem Pendelverkehr regelmässig in den siedlungsnahen Gebüschen und Wäldern (z.B. Ausserberg bei Riehen, Predigerholz bei Reinach) abgesetzt; es entfalten sich da vor allem:

Mannsblut (*Hypericum androsaemum*)   Sparrige Zwergmispel (*Cotoneaster divaricatus*)
Hookers Berberitze (*Berberis hookeri*)   Fächer-Zwergmispel (*Cotoneaster horizontalis*)
Juljanas Berberitze (*Berberis julianae*)   Teppich-Zwergmispel (*Cotoneaster dammeri*)
Thunbergs Berb. (*Berberis thunbergii*)   Weidenblättr. Zwergmispel *Coton. salicifolius*)
Mahonie (*Mahonia aquifolium*)   Spitzblättr. Zwergmispel (*Coton. acuminatus*)
Kirschlorbeer (*Prunus laurocerasus*)   Schwedische Eberesche (*Sorbus intermedia*)
Feuerbusch (*Chaenomeles japonica*)   Immergr. Kriech-Heckenk. (*Lonicera pileata*)
Schlitzblatt-Brombeere (*Rubus laciniatus*)   Immergr. Strauch-Heckenk. (*Lonicera nitida*)
Armen. Brombeere (*Rubus armeniacus*)   Runz. Schneeball (*Viburnum rhytidophyllum*)

Selbstverständlich funktioniert auch der umgekehrte Vorgang: Waldpflanzen werden ins Siedlungsgebiet verfrachtet. So gedieh und blühte ein Seidelbast *(Daphne mezereum)* in einem Garten an der Neubadstrasse (Basel), in dem diese Art vorher nachweisbar fehlte.
Für die Bestimmung verwilderter Kulturpflanzen dienten vor allem: The European Garden Flora (ed. WALTERS et al. 1986 ff), Arbres, arbustes et fleurs de pleine terre (FOURNIER 1951), Gehölzflora (FITSCHEN 1987).

5.7. Adventivflora

Unter Adventiven im engeren Sinne mögen hier alle nur (oder fast nur) in Hafenanlagen und Bahnarealen auftauchenden, dem Gebiete fremden Pflanzenarten verstanden werden (vgl. Kap. 5.3.). Die Suche nach Fremdlingen, die durch Transporte eingeschleppt werden, hat Tradition. AELLEN hat 1916 Funde publiziert, die im Bahnhof Wolf und "am Wiesendamm" gelangen. W. BAUMGARTNER hat seine seit 1950 betriebenen Durchforschungen des Kleinhüninger Rheinhafens in zwei Publikationen (1973, 1985) niedergelegt. Ihm verdanken wir manche Anregungen. Obwohl inzwischen viele Fundstellen verarmten, da Container-Transporte die losen Schüttungen (Kohle, Getreide, Soja, Lein etc.) stark verdrängen, konnten doch zahlreiche interessante Pflanzen gefunden werden; besonders ergiebige Pflanzenfamilien sind die Gräser, die Gänsefuss- und Amarantgewächse, die Kreuzblütler, Malven- und Nachtschattengewächse und natürlich die Körbchenblütler. Die meisten Ankömmlinge stammen aus dem östlichen Nord-Amerika, weitere aus dem übrigen Amerika, dem Mittelmeergebiet und Asien. Viele der Adventivpflanzen, die aus wärmeren Gegenden stammen, sind bei uns Sommerkeimer, blühen erst im Spätsommer und gelangen vielleicht im Herbst, besonders nach einer Reihe warmer September- und Oktobertage, noch zur Frucht – bevor der erste Frost ein Zeichen setzt. In der Regel sind diese Adventivarten Ephemerophyten und von einer ständigen Samenzufuhr abhängig; einige von ihnen erscheinen aber so regelmässig, z.T. immer an denselben Stellen, dass sie als potentielle Neophyten anzusprechen sind, z.B. *Ambrosia trifida, Setaria faberi, Solanum carolinense*. Den Schritt zum Neophyten hat *Ambrosia artemisiifolia* bereits mehr oder weniger gemacht: die Ambrosie ist nicht nur regelmässig in den Hafenanlagen, sondern vagabundierend an verschiedenen Stellen in der Stadt zu beobachten.

Zur Bestimmung der Adventivarten, aber auch zur Eruierung der natürlichen Standorte verwilderter Pflanzen in den Ursprungsländern, wurden zahlreiche Florenwerke ausgiebig benutzt. Eine Auswahl der wichtigeren seien hier genannt:
HÄFLIGER & SCHOLZ (1980 f.), HÄFLIGER et al. (1982; 1988).
Europa: CASTROVIEJO et al. (1986 ff.), FOURNIER (1961), HAYEK (1927 ff.), HEGI (1906 ff.), PIGNATTI (1982 ff.), TUTIN et al. (1964 ff.).
Asien: BACKER & BAKHUIZEN (1963 ff.), BISCHOF (1978), DAVIS (1965 ff.), Flora Reipubl. Pop. Sinicae (1973 ff.), GRIERSON & LONG (1983 ff.), NASIR & ALI (1970 ff.), OHWI (1984), POLUNIN & STAINTON (1984), ZOHARY (1966 ff.).
Afrika: ALI et al. (1976 ff.), IVENS (1967), IVENS et al. (1978), MERLIER et al. (1982).
N-Amerika: ABRAMS (1940), BRITTON & BROWN (1913/1970), CORRELL & JOHNSTON (1979), KEARNEY & PEEBLES (1960), MARTIN & HUTCHINS (1980), MUNZ (1973), RADFORD et al. (1968), SCOGGAN (1978 ff.), STEYERMARK (1963), U.S. Dept. of Agric. (1971).
C-Amerika: ADAMS (1972), BURGER (1971 ff.), CORRELL & CORRELL (1982), FOURNET (1978), LEON (1946 ff.), MCVAUGH (1983 ff.), RZEDOWSKI & RZEDOWSKI (1979 ff.).
S-Amerika: BURKART (1969 ff.), CABRERA et al. (1978), HERTER (1939 ff.), NAVAS (1973 ff.), PULLE (1966 ff.), REITZ (1967 ff.).

5.8. Naturimitation

Beim Einrichten der zahlreichen "Biotope", die man seit den siebiziger Jahren zunächst vor allem zum Schutz der Amphibienwelt, später auch für viele weitere bedrohte Organismengruppen geschaffen hat, wurde nicht gezögert, zur Ausstattung, vor allem zur Ufergestaltung, geeignete Wildpflanzen heranzuziehen sowie eine bunte Mischung gefälliger Sträucher darum herum zu gruppieren. Dabei waren Begriffe wie "standortgerecht" oder "regionale Biotypen" noch lange Fremdwörter. Erst in letzter Zeit wird ernsthaft darauf geachtet, Herkunft und Ökologie der eingebrachten Wildpflanzen genau abzustimmen. Trotzdem herrscht in dieser Beziehung in vielen "Biotopen", die zudem oft als Naturschutzgebiete ausgewiesen sind, ein z.T. schwer durchschaubares Durcheinander. Wasser- und Uferpflanzen mit differenzierten ökologischen Ansprüchen, die in der freien Natur an ganz unterschiedlichen Wuchsorten wachsen, werden bunt zusammengewürfelt; Samen für Blumenwiesensaaten und Buntbrachen stammen aus verschiedenen Provenienzen; Stauden für Trockenbiotope, die eigentlich ortsansässige Arten verkörpern möchten, werden aus entfernten Gebieten geliefert und gehören oft anderen Unterarten an; der einheimische Florenbestand wird dabei auf zwar interessante, aber fragwürdige Weise bereichert. Der Forschungsgegenstand der Geobotanik, also der Beziehungen zwischen Pflanzen-Art und Raum in ihrer historischen Gewachsenheit, wird dadurch torpediert und bis zur Unkenntlichkeit verwässert. Einige Beispiele mögen das andeuten:

• Einheimische Art	• Ersatzkultivar	• Herkunft
Dianthus carthusianorum s.str.	*D. carthus.* ssp. *latifolius*	östliche Südalpen
Pimpinella saxifraga	*Pimpinella peregrina*	östl. Mittelmeergebiet
Sanguisorba minor	*S. minor* ssp. *polygama*	Mittelmeergebiet
Anthyllis vulneraria ssp. *carpatica*	*Anthyllis vulneraria* cf. ssp. *polyphylla*	Südeuropa, Wallis
Cichorium intybus	*Cichorium endivia*	Südeuropa
Melica ciliata	*Melica transsylvanica*	Osteuropa
Verbascum sp.	*Verbascum olympicum*	Anatolien
Sagittaria sagittifolia	*Sagittaria latifolia*	N-Amerika
Typha latifolia	*Typha angustifolia*	Europa, z.B. Wallis
Cornus sanguinea	*C. sanguinea* ssp. *australis*	SO-Europa, W-Asien
Rosa sp.	*Rosa multiflora*	Japan, Korea

Immerhin finden zahlreiche einheimische Wasserpflanzen, die sonst verschollen wären, in den Feuchtbiotopen neue Startmöglichkeiten, die eine Wiederbesiedlung an natürlichen Standorten ermöglichen, z.B. der Zungen-Hahnenfuss *(Ranunculus lingua)*, der Tannenwedel *(Hippuris vulgaris)*, Igelkolben-Arten *(Sparganium)* usw. In mindestens einem Fall *(Typha angustifolia)* konnte sich eine bis anhin in der Region Basel nicht heimische Art in die "freie Natur" absetzen.

5.9. Abnehmende Arten und Verluste

Die grosse Zahl in dieser Flora aufgeführter Arten täuscht über die beträchtliche Menge zurückgehender, dem Aussterben naher und bereits verschollener Arten hinweg. Viele der noch vor zehn, zwanzig Jahren verbreiteten Arten haben Teilareale eingebüsst; ihr oft stark reduziertes Auftreten kommt in den Verbreitungskarten nicht zum Ausdruck (vgl. Kap. 8.6.).
Anstelle langer Listen sollen hier einige Beispiele zeigen, wie vor unseren Augen seltene Pflanzenarten aus dem Gebiet verschwinden.

a) Die schwerwiegenden Verluste in der Gewässer- und Sumpfflora haben eine lange Geschichte. Das Verschwinden der Sümpfe in der Oberrheinebene (Michelfelden – ein Eldorado seit Bauhin –, Neudorf, Friedlingen, Kleinhüningen), wird schon von BINZ (1901) beklagt. In der Zeit der Hochkonjunktur begann in den schönsten verbliebenen Feuchtgebieten im nahen Elsass (Neudorf, Rosenau, Lœchle, Pisciculture) die Gewässerverschmutzung ihre verheerende Wirkung zu entfalten, und erste Industriebauten durchbrachen intaktes Gelände. Obwohl in der Folge bedeutende Schutzgebiete ("Petite Camargue Alsacienne") ausgeschieden werden konnten, verschlechterte sich der Zustand mancher Wuchsorte zusehends. Tourismus, Luftdüngung und Maiskulturen trugen das ihre dazu bei (Kap. 4). Über ein Dutzend der noch bis in die Jahre um 1960-1985 zwischen Neudorf und Lœchle beobachteten Arten der Gewässer- und Sumpfflora sind endgültig (?) aus unserem Gebiet verschwunden (Quellen: MOOR 1962, TURLOT 1979, RASTETTER 1979b, 1979c, 1993):

Potamogeton perfoliatus	Durchwachsenes Laichkraut	*Adonis aestivalis*	Sommer-Blutströpfchen
Ceratophyllum submersum	Glattes Hornblatt	*Agrostemma githago*	Kornrade (zahlreiche Ansaaten)
Peucedanum palustre	Sumpf-Haarstrang	*Scandix pecten-veneris*	Venuskamm
Selinum carvifolia	Silge	*Turgenia latifolia*	Breitblättrige Turgenie
Iris sibirica	Sibirische Schwertlilie	*Lathyrus nissolia*	Gras-Platterbse
Dactylorhiza incarnata	Fleischrotes Knabenkraut	*Spergularia segetalis*	Getreidemiere
Galium boreale	Nordisches Labkraut	*Juncus capitatus*	Kopf-Binse
Thalictrum simplex	Bauhins Wiesenraute	*Montia fontana* ssp. *chondrosperma*	Kleines Quellkraut
Lathyrus palustris	Sumpf-Platterbse		
Spiranthes aestivalis	Sommer-Wendelähre		
Liparis lœselii	Zwiebelorchis		
Blysmus compressus	Quellried		
Cyperus flavescens	Gelbliches Cypergras		
Myricaria germanica	Deutsche Tamariske		

Weitere Arten sind äusserst selten geworden, z.B. die Sumpfwurz *(Epipactis palustris)*, die Gelbe Wiesenraute *(Thalictrum flavum)*, das Sumpf-Greiskraut *(Senecio paludosus)*, die Zweizeilige Segge *(Carex disticha)* und andere Seggen-Arten, das Studentenröschen *(Parnassia palustris)*, das Fettblatt *(Pinguicula vulgaris)*, der Wassernabel *(Hydrocotyle vulgaris)*, der Dreizack *(Triglochin palustre)*, Wasserschlauch- *(Utricularia)* und Igelkolben-Arten *(Sparganium)* usw. Manche dieser Arten sind recht eng an magere Streuwiesen (Molinietum) gebunden. Diese Bestände müssen gemäht werden; Beweidung kann die jährliche Mahd nicht ersetzen. Fraglich ist, ob der Lungen-Enzian *(Gentiana pneumonanthe)*, von dem MOOR (1962) schreiben konnte, "wenn im September gemäht wird, kann man blühende Lungenenziane oft zu Hunderten aus den Mahden herauslesen", noch auffindbar ist.

b) Kaum weniger Einbussen erlitt die Ackerbegleitflora. Auch wenn sich im Elsass noch bis vor wenigen Jahren manches Grundstück als Fundgrube für rare Feld-Schönheiten erwies, ist der Rückgang von Segetal-Arten nicht zu leugnen. Selten gewordene Ackergemeinschaften fallen Grossüberbauungen zum Opfer, so z.B. in Reinach oder Haberhäuser (vgl. RITTER 1979). Ob sich die Ansaaten in Ackerrandstreifen und Rabatten bewähren (oft ist im Folgejahr praktisch nichts mehr von der Pracht zu sehen), steht noch aus. Seit etwa 1950-1980 sind aus unserem Gebiet (abgesehen von Ansaaten) verschwunden:

Das Schicksal des Kugelfrüchtigen Ackernüsschens *(Neslia paniculata)*, das sein einziges im Umkreis von 100 km noch aktuelles Vorkommen in reicher Zahl in einem sandigen Ackergelände neben der Kiesgrube Weil gefristet hatte (Beobachtungen liegen von 1970 und 1985 vor), wurde besiegelt, als der Platz für Hundesportbetrieb umgenutzt wurde. Ein einziges Exemplar konnte 1997 in einem nahegelegenen Buntbrachenacker aufgefunden werden.

Ungewiss ist die Zukunft für eine Reihe seltener bis sehr seltener und unbeständiger Arten, z.B. Strahlen-Hohlsame *(Bifora radians)*, Vaillants Erdrauch *(Fumaria vaillantii)*, Möhren-Haftdolde *(Caucalis platycarpos)*, Breitsame *(Orlaya grandiflora)*, Rundblättriges Hasenohr *(Bupleurum rotundifolium)*, Kalaminthen-Ehrenpreis *(Veronica acinifolia)*, Acker-Zahntrost *(Odontites vernus)*, Acker-Löwenmaul *(Misopates orontium)*, Behaartfrüchtige Platterbse *(Lathyrus hirsutus)*, Mauer-Gipskraut *(Gypsophila muralis)*. Das im Boden verborgene Samenreservoir einer sonst verschollenen Art wurde dank Bautätigkeit vorübergehend reaktiviert: die gelbe Saat-Margerite *(Chrysanthemum segetum)* erschien anlässlich des Baus der Autobahn bei St.Louis.

c) Hier schliessen sich einige Reb-Begleitkräuter an. In Weinbergen verschollen ist die charakteristische Osterluzei *(Aristolochia clematitis)*, die heute nur noch ruderal beobachtet werden kann, und der nur einmal beobachtete Rauhe Eibisch *(Althaea hirsuta)*. Als grosse Seltenheit figuriert die Maus-Wicke *(Vicia narbonensis)*; leider ist auch die Acker-Ringelblume *(Calendula arvensis)* in den Isteiner Reben stark zurückgegangen.

d) Der Ruderalflora wird allgemein immer noch zu wenig Beachtung geschenkt. Vor allem in den trockenheitsertragenden Staudengemeinschaften, wie sie auf offenen Kies- und Schotterflächen oder an sonnigen Böschungen zu bewundern sind, offenbart sich eine Schönheit, die neben den stolzen, farbigen Gestalten auch die unscheinbaren Tarnfiguren zum Zug kommen lässt. Vor allem an Bahnböschungen und auf ungenutzten Kiesarealen sind solche ruderalen und halbruderalen Bestände noch grossflächig vorhanden.

Die Ruderalflora des Gebiets hat in neuerer Zeit erst wenige Arten endgültig (?) verloren: Die Breitblättrige Kresse *(Lepidium latifolium),* ein seltenes, einst als Küchengewürz gebautes, später an Ruderalstellen eingebürgertes Kraut, kam noch an einer Stelle am Canal de Huningue bei Hüningen vor. Mit dem Bau eines "Wildwasserparks" wurde der Standort zerstört.

Der Schmalflüglige Wanzensame *(Corispermum leptopterum)* wurde im Rahmen der Kartierung der Schweizer Flora zum ersten Mal 1968 in Birsfelden gefunden (HEITZ & WENIGER 1971). Nachdem wir diese Pflanzenart während vielen Jahren im Areal der Birs AG bestätigen konnten, scheint sie neuerdings verschollen zu sein.

Der Rote Gänsefuss *(Chenopodium rubrum)* ist ein unauffälliges, etwas dickblättriges Kraut mit speziellen Standortsansprüchen: Es gedeiht an offenen, warmen, sandigen Stellen, die auch sommerlich grundfeucht sind, z.B. in Flussufernähe. Meldungen von Basel-Kleinhüningen erhalten wir zum ersten Mal durch Aellen und Weber in BINZ (1915): "Wiesendamm". In den achtziger Jahren konnten kleine Kolonien im Rheinhafengelände an der Südquaistrasse und im Hafen Weil-Friedlingen beobachtet werden. Die auf lehmigem Pionierboden wachsenden Pflanzen von Weil wurden bald (1984) von Lastwagen überkarrt und verschwanden. Von der Südquaistrasse in Basel lautet eine Notiz: "5. Sept. 1987, ein letztes Exemplar von *Chenopodium rubrum.* Bald von Holzstapel zerstört".

Das Knorpelkraut *(Polycnemum majus)* ist ein kleines, niederliegendes Kraut, dessen Blüten kaum zu sehen sind. Im Industriegelände von Birsfelden (vgl. auch HEITZ & WENIGER 1971), beim Kiesplatz an der Hafenstrasse, konnten wir diese Seltenheit Jahr für Jahr in vielleicht 5 bis 20 Exemplaren beobachten. 1993 wurde auf den Platz ein riesiges Sicherheitslager gebaut. Zwar wurde der äusserst interessante, für den Kanton Baselland einzigartige Trockenruderalbestand gerettet und wird gepflegt. *Polycnemum* jedoch ist seither verschwunden und wäre für unser Florengebiet verloren, wenn nicht Beatrice Moor auf dem Areal des Badischen Rangierbahnhofs in Weil in einem im Umbau begriffenen Gelände eine Kolonie dieses Knorpelkrautes, aufgekeimt aus altem Samenreservoir, entdeckt hätte (für Baden-Württemberg eine von drei aktuellen Fundstellen), doch ohne sichere Zukunftsperspektive.

Weitere Arten der in Bahn- und Hafenanlagen eingebürgerten Ruderalflora sind durch die erfolgten und geplanten Veränderungen und Reduktionen von Güterbahn- und Hafenarealen vom Aussterben bedroht oder zumindest stark gefährdet: vorab der Hirschsprung *(Corrigiola litoralis),* das Salzkraut *(Salsola ruthenica),* der Sand-Wegerich *(Plantago arenaria),* die Quirlige Salbei *(Salvia verticillata),* das Mittlere Fingerkraut *(Potentilla intermedia).* Eine stattliche Reihe von Arten aus der Ruderalflora – einige waren ehedem ziemlich verbreitet – sind heute selten oder sehr selten geworden: Gebräuchliche Hundszunge *(Cynoglossum officinale),* Schabenkraut *(Verbascum blattaria),* Flockige Königskerze *(Verbascum pulverulentum),* Filzige Klette *(Arctium tomentosum),* Nickende Distel *(Carduus nutans),* Gestreiftes Leinkraut *(Linaria repens),* Färber-Reseda *(Reseda luteola),* Dach-Pippau *(Crepis tectorum),* Katzenminze *(Nepeta cataria),* Sophienkraut *(Descurainia sophia),* Brunnenkressenblättrige Rampe *(Erucastrum nasturtiifolium),* Niederliegender Krähenfuss *(Coronopus squamatus).* In zwei Fällen war Bautätigkeit Anlass zum vorübergehenden Wiedererscheinen vermeintlich verschollener Arten: In der grossen Baugrube nördlich des Zolls Weil-Friedlingen erblühte 1989 ein stattliches Exemplar des Bilsenkrauts *(Hyoscyamus niger),* und nach dem Abbruch des Binninger Restaurants 'Neuhof' an der Hohen Strasse entfalteten sich 1996 in den Trümmern der Grundmauern Kolonien des Mauer-Gänsefusses *(Chenopodium murale).*

e) Unbestritten ist die Schutzwürdigkeit der Magerrasen und Magerweiden. So bilden

Xerobrometen und Mesobrometen den Kern vieler wichtiger Naturschutzgebiete: z.B. Reinacherheide, Kirchenerkopf, Haid bei der Pisciculture, Totengrien bei Istein, Isteiner Klotz. Trotzdem müssen auch in diesem Bereich Verluste verzeichnet werden (auf der jeweils dritten Zeile das nachweislich letzte Vorkommen und das Jahr des Verlustes), z.B.:

Polygala calcarea
  Kalk-Kreuzblume
    Isteiner Klotz († um 1935)
Viola rupestris
  Sand-Veilchen
    Neudorfer Heide († um 1970)
Orchis coriophora
  Wanzen-Knabenkraut
    Zuckergrien nw. Istein († 1958)
Lactuca perennis
  Ausdauernder Lattich
    Hardberg b. Istein († um 1948)
Carex ericetorum
  Heide-Segge
    Zw. Istein u. Kleinkems († 1952)
Tofieldia calyculata
  Liliensimse
    Nördl. Kleinkems († um 1970)
Orobanche amethystea
  Amethyst-Sommerwurz
    Hardberg b. Istein († um 1948)
Orobanche alba
  Quendel-Sommerwurz
    Isteiner Klotz Nordportal
Orobanche major
  Grosse Sommerwurz
    Hardberg b. Istein
Rhinanthus glacialis
  Schmalblättr. Klappertopf
    Hochwald

Eine Reihe weiterer Arten sind sehr selten; die folgenden existieren im Gebiet nur in einer oder zwei Populationen: Dingel *(Limodorum abortivum)*, Wohlriechende Handwurz *(Gymnadenia odoratissima)*, Hohlzunge *(Cœloglossum viride)*, Berg-Haarstrang *(Peucedanum oreoselinum)*, Hügel-Sesel *(Seseli annuum)*, Rauher Klee *(Trifolium scabrum)*, Ausdauernder Knäuel *(Scleranthus perennis)*, Berg-Lauch *(Allium montanum)*, Gold-Aster *(Aster linosyris)*, Rundköpfige Rapunzel *(Phyteuma orbiculare)*, Weisse Brunelle *(Prunella laciniata)*. Selten und gefährdet sind auch alle unsere Enzian-Arten: Gelber Enzian *(Gentiana lutea)*, Kreuz-Enzian *(Gentiana cruciata)*, Frühlings-Enzian *(Gentiana verna)*, Fransen-Enzian *(Gentianella ciliata)* und Deutscher Enzian *(Gentianella germanica)*.

f) Hier schliessen sich die mageren Säume an. Der Schmuck farbiger Staudensäume, der früher manche Landstrasse und manchen Feldrain zierte, fällt heute oft zu früh, schon im Juni, dem Diktat von Mähterminen zum Opfer. Da die Samen vieler Arten erst im Sommer bis Herbst reifen, ist eine solche Mahd verheerend. Ebenso bedenklich ist das rigorose Zurückfräsen des Gebüschmantels ohne Rücksicht auf den Krautsaum.
Erst vor kurzer Zeit sind die letzten bekannten Vorkommen der Gelben Wicke *(Vicia lutea)* und des Deutschen Ziests *(Stachys germanica)* erloschen; ein Wiedererscheinen ist aber noch nicht ausgeschlossen. Seltene und empfindliche Arten sind ferner der Trauben-Pippau *(Crepis praemorsa)* und der Acker-Wachtelweizen *(Melampyrum arvense)*, der bei uns praktisch nur an Gebüschsäumen vorkommt.

g) Am intaktesten ist noch, aufs Ganze gesehen, die Felsflora, an der wir uns, vor allem im Jura, noch praktisch ungeschmälert freuen dürfen. Entscheidend ist hier der Lichtfaktor, der oft durch üppiges, schattendes Baumwachstum gedrückt wird. Verstärkter Klettersport könnte allerdings auch diesen Lebensraum gefährden (vgl. GERBER et al. 1992, KNECHT et al., im Druck).

h) Gesamthaft wenig gelitten hat der Blumenflor der Wälder. Einzig Arten nährstoffarmer Moderböden sind, wenigstens gebietsweise, deutlich im Rückzug: die Heidelbeere *(Vaccinium myrtillus)* im Jura, auch das Heidekraut *(Calluna vulgaris)*, sowie die Wintergrüngewächse: der Fichtenspargel *(Monotropa hypopitys)*, das Einseitswendige Wintergrün *(Orthilia secunda)*, und, sehr selten geworden, das Kleine und das Rundblättrige Wintergrün *(Pyrola minor, P. rotundifolia)*.
Für den Rückgang weiterer Waldpflanzen dürfte die Umstellung der Nieder- und Mittelwaldnutzung auf Hochwaldbewirtschaftung und den damit verbundenen Lichtentzug verantwortlich sein, so z.B. für die Wald-Prachtnelke *(Dianthus superbus* ssp. *sylvestris)* oder die Purpur-Orchis *(Orchis purpurea)*, die sich bei uns nur noch an einer einzigen Stelle in einem lichten Wald in Waldrandnähe zeigt.

6. Verzeichnis der pflanzensoziologischen Einheiten

Das folgende Verzeichnis möchte einen Überblick über die Vegetationseinheiten vermitteln, die gegenwärtig im Untersuchungsrayon zu beobachten sind oder mindestens erwartet werden können.
Selbstverständlich haben sich die starken Veränderungen in der Landschaft mit dem Überangebot an Nährstoffen und dem Verlust an feinen Strukturen auch im Gefüge der Vegetation niedergeschlagen. Gesellschaften magerer und auch nasser Standorte sind vielfach ausgedünnt, fragmentiert, nur noch isoliert und in abgelegenen Gegenden erhalten geblieben; einst überall vorhandene Assoziationen der alten Kulturlandschaft wie das Mesobrometum fehlen heute auf weiten Flächen. Einiges ist sogar auf Klassenebene weitgehend verschwunden, so die Nardo-Callunetea (vgl. auch MEIER-KÜPFER 1985, 1992).
Anstelle des Verschwundenen sind vielfach wenig gefestigte, stark hemerobe, an trivialen Arten und Neubürgern reiche Formationen getreten.

Grundeinheiten unserer Aufstellung bilden die Assoziationen und – allerdings unvollständig – die kennarten- und ranglosen, physiognomisch aber meist leicht fassbaren "Gesellschaften".
Subassoziationen, Varianten, Vikarianten nennen wir explizit,
– wenn eine Assoziation im Gebiet ausschliesslich oder doch ganz überwiegend in einer solchen repräsentiert ist,
– unter Angabe der Synonyme, wenn eine Assoziation in mehrere, habituell stark unterschiedliche Subassoziationen zerfällt, die nach anderen gängigen Auffassungen Assoziationsrang geniessen.
Synonyme nennen wir nicht konsequent, auf jeden Fall aber dort, wo sie vermisst werden könnten und wo betroffene Syntaxa auf andere aufgeteilt erscheinen (p.p. = pro parte).
In der Synsystematik folgen wir weitgehend, doch nicht durchwegs E. OBERDORFER: Süddeutsche Pflanzengesellschaften I, 3. Aufl. (1992a), II, 3. Aufl. (1993a), III, 3.Aufl. (1993b), IV, 2. Aufl. (1992b).

Von anderen Gliederungen (z.B. POTT 1992) haben wir Kenntnis, doch ist hier nicht der Ort, Unterschiede zu diskutieren. Hier geht es lediglich um die Übersicht. Bewusst vertreten wir in der Syntaxonomie der Wälder aber zum Teil andere Auffassungen als ELLENBERG und KLÖTZLI (1972), HASSPACHER & STÖCKLIN (1986) und BURNAND et al. (1990).

Es bedeuten:
K: Klasse
UK: Unterklasse
O: Ordnung
V: Verband
UV: Unterverband
A: Assoziation
SA: Subassoziation

1. Auf Felsen, Mauern, Schutt

K **Asplenietea rupestria**
Br.-Bl. 34 in Meier et Br.-Bl. 34
Fels- und Mauerspaltenfluren

O Potentilletalia caulescentis
Br.-Bl. in Br.-Bl. et Jenny 26
Kalk-Spaltenfluren

V **Potentillion caulescentis**
Br.-Bl. in Br.-Bl. et Jenny 26
Fingerkraut-Spaltenfluren

A **Potentillo-Hieracietum humilis**
Br.-Bl. 34 (Drabo-Hieracietum humilis Oberd. (70) 77?)
Habichtskraut-Felsflur
Jura: Blauen- und Gempengebiet. Untypisch und verarmt am Isteiner Klotz. Sonnige, trockene, freie Malm-Kalkfelsen.

A **Asplenietum trichomano-rutae-murariae**
Kuhn 37, Tx. 37
Streifenfarn-Mörtelfugenflur
Siedlungsgebiete, v.a. Basler Innerstadt, historische Dorfkerne. Burgen und Ruinen, seltener burgnahe Felsen. Ältere, unverfugte oder schadhafte Mauern unterschiedlicher Exposition.

V **Cystopteridion** (Nordhag. 36)
J. L. Richard 72
Schatten-Felsfluren

A **Asplenio-Cystopteridetum fragilis** Oberd.
(36) 49
Blasenfarnflur
Jura, Dinkelberg, selten Basler Innenstadt (St. Alban). Schattige Felsen und Mauern luftfeuchter, sommerkühler Lagen; Hangfüsse, Schluchten.

K **Parietarietea judaicae**
Riv. Mart. in Riv. God. 55 em. Oberd. 69
Nährstoffliebende Mauerfugenfluren

O Parietarietalia judaicae
Riv. Mart. 60 corr. Oberd. (70) 77
Glaskraut-Fugenfluren

V **Centrantho-Parietarion** Riv. Mart. 60 nom. inv. Oberd. (70) 77
Spornblumen-Mauerfluren

G *Cheiranthus cheiri*-Gesellschaft
Burgen-Mauerflur mit Goldlack
Landskron, Angenstein, Istein. – Burgen, Ruinen.

A **Cymbalarietum muralis** Görs 66
Zimbelkraut-Mauerflur
Siedlungsgebiete, v.a. Basler Innenstadt u. historische Dorfkerne, Weinbaugebiete. Nährstoffreiche, nicht zu trockene Mauern, auch Rebbergmauern. Oft in Verbindung mit dem Asplenietum trichomano-rutae-murariae.

K **Thlaspietea rotundifolii**
Br.-Bl. et al. 48
Schuttfluren

O Epilobietalia fleischeri Moor 58
Schotter-Pioniere

V **Epilobion fleischeri** Br.-Bl. in J. u. G. Br.-Bl. 31
Weidenröschen-Schotterfluren

A **Epilobio-Scrophularietum caninae**
W. Koch et Br.-Bl. in Br.-Bl. 49
Hundsbraunwurz-Schotterflur

Oberrheinebene und Hochrheintal, sehr selten Birsebene und Laufental. Offene, oberflächlich trockene, nährstoffarme, aber basenreiche, nicht mehr überschwemmte Kiesfluren an unverbauten Flussufern: Kembser Rheininsel. Heute praktisch nur an Sekundärstandorten: Dämme, Lagerplätze, Kiesgruben, Bahnareale. Meist in Verbindung mit dem Onopordion-Verband.

O Stipetalia (Achnatheretalia) calamagrostis
Oberd. et Seibert 77
Steinschutt-Pioniere

V **Stipion (Achnatherion) calamagrostis**
Jenny-Lips 30
Steinschutt-Pioniere

A **Gymnocarpietum robertiani**
Kuhn 37, Tx. 37
Ruprechtsfarn-Kalkschuttflur
Jura, seltener Dinkelberg. Kalkiger, humoser, ± beweglicher Feinschutt an Felsfüssen, Steilhängen, Wegborden in halbschattigen Lagen.

A **Galeopsietum angustifoliae**
(Libb. 38) Bük. 42
Hohlzahn-Schuttflur
Oberrheinebene, Hochrheintal, Gegend von Istein, Wiesental, Dinkelberg-Südseite, Jura (z.B. Schachleten). Offene, ± trockene, bewegliche Steinschutthalden in Kiesgruben und Steinbrüchen; grober, feinerdearmer Bahnschotter.

2. Wasser- und Sumpfvegetation

K **Lemnetea** Tx. 55
Wasserlinsen-Decken

O Lemnetalia Tx. 55
Wasserlinsen-Decken

V **Lemnion minoris** Tx. 55
Wasserlinsen-Decken

A **Lemno-Spirodeletum polyrrhizae**
(Kelhofer 15) W. Koch 54 em. Müller et Görs 60 (non Lemnetum minoris [Oberd. 57] Müller et Görs 60)
Teichlinsen-Decke
Oberrheinebene, eher selten. Stehende, mässig eutrophe, sommerwarme Gewässer, Altwässer, Weiher.

G *Lemna minor*-Gesellschaft
   Decke mit Kleiner Wasserlinse
Oberrheinebene, wohl auch übrige Flusstäler und Sundgauer Hügelland. Verbreitet. Stehende, mässig eutrophe Gewässer, auch Gartenweiher.

A **Lemno-Utricularietum vulgaris**
   v. Soó (28) 38
   Wasserschlauch-Wasserlinsen-Schwebegesellschaft
Oberrheinebene: Petite Camargue / Fischzuchtanstalt; Lehmgrube Rümmingen, selten auch andernorts. Stehende, mässig nährstoffreiche Altwässer und Weiher, auch Gartenweiher.

K **Potamogetonetea** Tx. et Preising 42
   Schwimmblatt-Massen

O Potamogetonetalia W. Koch 26
   Laichkrautartige Schwaden

V **Ranunculion fluitantis** Neuhäusl 59
   Hahnenfuss-Schwimmschwaden

A **Ranunculetum fluitantis** Allorge 22
   Schwaden des Flutenden Hahnenfusses
Flusstäler. Verbreitet. Sohlen seichter fliessender, mässig eutropher Gewässer. Ufernahe Bereiche des Rheins; Wiese und daraus abgeleitete Gewerbekanäle.

• Anm.: Wahrscheinlich kommen im Gebiet weitere Assoziationen des Verbandes vor ("Wasserstern-Gesellschaften"), z.B. das Callitrichetum obtusangulae Seibert 62 in Grundwasserkanälen der Oberrheinebene (Giessen), bei Märkt und anderswo. Es fehlt jedoch die Übersicht.

V **Potamogetonion** Koch 26 em.
   Oberd. 57
   Laichkraut-Schwaden

A **Potamogetonetum lucentis** Hueck 31
   Schwaden des Glänzenden Laichkrauts
Vor allem Oberrheinebene. Stehende, nährstoffreiche, schlammige Gewässer; Altwässer, Teiche, Weiher.

G *Potamogeton pectinatus*-Gesellschaft
   (Potamogetonetum pectinati Carstensen 55)
   Schwaden des Kammförmigen Laichkrauts
Vor allem Oberrheinebene und Hochrheintal. Stehende und schwachfliessende, nährstoffreiche, schlammige Gewässer. Weiher, Staubereiche des Rheins.

G *Ceratophyllum demersum*-Gesellschaft
   (Ceratophylletum demersi Hild 56)
   Hornblatt-Schwaden
Vor allem Oberrheinebene. Stehende, sehr nährstoffreiche, gerne etwas beschattete Gewässer mit Faulschlamm.

• Anm.: Im Bereich des Potamogetonion (bzw. der Potamogetonetalia) können weitere Laichkraut-Arten Reinbestände bilden, die hier provisorisch als Gesellschaften geführt werden:

G *"Potamogeton crispus*-Gesellschaft",
G *"Potamogeton berchtoldii*-Gesellschaft",
beide in stehenden oder langsam fliessenden, nährstoffreichen Gewässern v.a. der Flusstäler. Anzuschliessen sind hier auch die Reinbestände der Wasserpest *Elodea canadensis* in Weihern (*"Elodea canadensis*-Gesellschaft").

V **Nymphaeion** Oberd. 57
   Seerosen-Teppiche

• Anm.: Auf Ebene der Assoziationen und auch der kennartenlosen Gesellschaften können im Gebiet aktuell nur wenige Bestände angesprochen werden. In stehenden und sehr langsam fliessenden Gewässern der Oberrheinebene lässt sich jedoch der Verband erkennen. In künstlichen Weiherbiotopen eingesetzte Arten des Nymphaeion täuschen bisweilen spontan formierte Gefüge vor.

G *Hippuris vulgaris* f. *fluviatilis*-
   Gesellschaft
   Quellbachflur mit Tannenwedel
Oberrheinebene. Selten. Grundwasserkanäle mit langsam fliessendem, klarem, eher nährstoffarmem Wasser.

A **Myriophyllo-Nupharetum** Koch 26
   Schwimmteppiche der Gelben Teichrose
Basler Weiher (Seewen). Stehender, nährstoffreicher, über 3 m tiefer Weiher.

A **Nymphaeëtum albae** Vollm. 47 em.
   Oberd. apud Oberd. et al. 67 und
   Nymphaea alba-Gesellschaft
   Schwimmteppiche der Weissen Seerose
Oberrheinebene; Petite Camargue / Fischzuchtanstalt, Neudorf (Quackery). Mässig nährstoffreiche Altwässer.

K **Phragmitetea** Tx. et Prsg. 42
Röhrichte und Rieder

O Phragmitetalia W. Koch 26
Röhrichte

V **Phragmition** W. Koch 26
Schilf-Röhrichte

A **Scirpetum (Schoenoplectetum) lacustris**
Schmale 39
Seebinsen-Röhricht
Zerstreut, häufiger nur Oberrheinebene. Weiher, Altwässer mit nährstoffreichem, oft kalkhaltigem Wasser. Oft wasserseitig Schilfbeständen vorgelagert.

A **Typhetum latifoliae** G. Lang 73
Rohrkolben-Röhricht
Zerstreut, am häufigsten Oberrheinebene. Weiherufer, Gräben, verlandete nasse Senken, Tümpel in Kiesgruben. Nährstoffreiche Standorte.

A **Phragmitetum communis** Schmale 39
Schilfgras-Röhricht
Verbreitet, grössere Bestände in der Oberrheinebene. Weiher, Altwässer mit nährstoffreichem Wasser, verlandete nasse Senken. Nicht immer von *Phragmites communis* dominiert!

A **Cladietum marisci** Allorge 22
Schneidebinsen-Ried
Sehr selten. Petite Camargue (Russenlager, Kirchenerkopf), Pratteln (Zurlindengrube). Verlandende Tümpel mit ± nährstoffarmem, basenreichem Wasser.

A **Glycerio-Sparganietum erecti**
Philippi 73
Igelkolben-Röhricht
Nördlichste Teile des Gebiets in der Oberrheinebene. Selten. Wassergräben mit nährstoffreichem, schlammigem Untergrund.

A **Scirpetum (Bolboschoenetum) maritimi** (Br.-Bl. 31) Tx. 37
Meerbinsen-Röhricht
Sehr selten! Michelfelden 1983 an verschlammtem nassem Feldweg.

A **Acoretum calami** Knapp et Stoffers 62
Kalmus-Röhricht
Sehr selten. Einziges bekanntes spontanes Vorkommen: Autal Riehen. Wassergraben. Assoziationsrang und systematische Stellung umstritten.

V **Magnocaricion** W. Koch 26
Grossseggen-Rieder

• Anm.: Schön ausgebildete flächige Bestände im Assoziationsrang aus dem Magnocaricion-Verband sind im Gebiet selten geworden. Öfters finden sich Fragmente, Einzelarten in andere Vegetationseinheiten (Agropyro-Rumicion, Filipendulion, Convolvulion) verwoben.

A **Caricetum elatae** W. Koch 26
Steifseggen-Ried
Sehr selten. Petite Camargue, Krebsbach, Weil. Nährstoff- und kalkreiche Ufer mit stärker schwankenden Wasserständen, Gräben.

A **Caricetum paniculatae** Wangerin 16
Rispenseggen-Ried
Selten. Ob Grenzach, Petite Camargue, bei Nuglar. Basen-, kalkreiche, quellige, tonige und mergelige Böden.

G *Carex acutiformis*-Gesellschaft
Sümpfe mit Sumpfsegge
Recht verbreitet. Nährstoffreiche Verlandungszonen an Weihern, auch an Gräben, Sumpf- und Streuewiesen.

A **Caricetum vesicariae** Br.-Bl. et Denis 26
Blasenseggen-Ried
Selten. Petite Camargue, oberer Sundgau bei Bettlach und Muespach-le-Haut. Vernässte Senken, Karrengeleise.

G *Eleocharis palustris*-Gesellschaft
Ufer mit Sumpfbinse
Selten. Fischzucht-Rosenau, Leymen. Ränder von Weihern. Stark mit dem Agropyro-Rumicion verwoben.

A **Caricetum gracilis** (Graebn. et Hueck 31) Tx. 37
Schlankseggen-Ried
Selten, eng begrenzt und fragmentarisch. Bachnahe nährstoffreiche Nasswiesen im Oristal, beim Talweiher (Pratteln) und wohl auch anderswo.

G *Carex rostrata*-Gesellschaft
Ufer mit Schnabelsegge
Selten. Seewen (Basler Weiher), Arlesheim (Eremitage). Verlandende Ränder von Weihern.

A **Phalaridetum arundinaceae**
(W. Koch 26 n.n.) Libbert 31
Glanzgras-Flussröhricht

Recht verbreitet, vor allem Ufer grösserer Fliessgewässer mit stärker schwankenden Wasserständen.

V **Sparganio-Glycerion fluitantis**
Br.-Bl. et Siss. in Baer 42, nom. inv. Oberd. 57
(Glycerion Br.-Bl. et Tx. 43)
Bach-Röhrichte

• Anm.: Wie die Gesellschaften des Magnocaricion-Verbandes sind diejenigen des Sparganio-Glycerion oft mit Formationen des Agropyro-Rumicion verbunden, im allgemeinen aber schärfer fassbar.

A **Glycerietum fluitantis** Wilzek 35
(Sparganio-Glycerietum fluitantis
Br.-Bl. n.n.)
Azidophytische Flutsüssgras-Schwaden
Weitenauer Vorberge. Nährstoffreiche, wenig beschattete Bäche über kalkarmer kiesiger und sandiger Unterlage.

A **Glycerietum plicatae** (Kulcz. 28)
Oberd. 54
Basiphytische Faltsüssgras-Schwaden
Weit verbreitet und recht häufig. Nährstoffreiche, wenig beschattete Bäche über kalkhaltiger, gerne lehmiger Unterlage.

G *Sium erectum*-Gesellschaft
Bachflur mit Merk
Zerstreut. Z. B. Oristal; Immenbächlein Riehen. Nährstoffreiche, wenig beschattete, recht saubere Bäche und Quelläufe.

A **Nasturtietum officinalis**
(Seibert 62) Oberd. et al. 67
Brunnenkressen-Röhricht
Zerstreut. Vor allem Flusstäler. Nährstoffreiche, aber saubere, meist kalkreiche Quelläufe und Brunnenabläufe.

G *Veronica beccabunga*-Gesellschaft
Bach-Pioniere mit Bachbunge
Verbreitet. Initiale des Glycerietum plicatae und des Glycerietum fluitantis. Auf befestigten Bachsohlen auch Dauergesellschaft.

K **Isoëto-Nanojuncetea**
Br.-Bl. et Tx. 43
Wechselnasse Zwergfluren

O Cyperetalia fusci Pietsch 63
(Nanocyperetalia Klika 35)
Zwergbinsenfluren

V **Nanocyperion** W. Koch 26
Zwergbinsenfluren

UV Juncenion bufonii Philippi 68
Krötenbinsen-Fluren

A **Cyperetum flavescentis** W. Koch 26
em. Aich. 33
Zypergras-Flur
Äusserst selten geworden und nur ephemer! Oberrheinebene: Kirchener Kopf, Grand Marais, Fischzuchtanstalt. Zeitweise vernässende Ränder schlammig-kiesiger Senken, Karrengeleise.

A **Stellario uliginosae-Scirpetum setacei**
(Koch 26) Libbert 32
(Scirpetum setacei Knapp 48)
Borstenbinsen-Flur
Höherer Sundgau, Weitenauer Vorberge. Wohl recht verbreitet, aber z.T. ephemer. Karrengleise und Ränder vernässter Waldwege. Sandig-lehmige, kalkarme Böden.

G *Juncus bufonius*-Gesellschaft
Krötenbinsen-Flur
Sundgau, Markgräfler Hügelland, Dinkelberg, Rheintal, selten Jura: Plateau von Hofstetten-Metzerlen. Feuchte, zeitweise vernässte, lehmige, gerne kalkarme Äcker, Teichränder und Wege. Im Gebiet zum Teil als Degradation des Centunculo-Anthoceretum aufzufassen und oft in Verbindung mit Aperion und Polygono-Chenopodion.

A **Centunculo-Anthoceretum** W. Koch 26
Kleinlings-Lössackerdellen
Sundgau und externe Lössgebiete, seltener Markgräfler Hügelland, Dinkelberg, Rheintal, Jura: Plateau von Hofstetten-Metzerlen. Feuchte, zeitweise vernässte oder versumpfte, lehmige, kalkarme Ackerfurchen und Ackerränder. Selten geworden, ephemer und oft stark ausgedünnt (vgl. *Juncus bufonius*-Gesellschaft).

K **Utricularietea intermedio-minoris**
Den Hartog et Segal 64 em. Pietsch 65
Moortümpel

O Utricularietalia intermedio-minoris Pietsch 65
Wasserschlauch-Moortümpel

V **Sphagno-Utricularion**
Th. Müller et Görs 60
Torfmoos-Tümpel

A **Sparganietum minimi** Schaaf 25
Torfschlamm mit Kleinem Igelkolben
Nur Morgenweide (St. Louis). Graben. Früher in der elsässischen Oberrheinebene wohl weiter verbreitet.

K **Montio-Cardaminetea** Br.-Bl. et Tx. 43
Quellsümpfe

O Montio-Cardaminetalia Pawl. 28
Quellfluren

V **Cardamino-Montion** Br.-Bl. 25
Silikat-Quellfluren

UV Cardaminenion (Maas 59)
Den Held et Westh. 69
Moosarme Quellfluren

A **Chrysosplenietum oppositifolii**
Oberd. et Philippi 77
Milzkraut-Quellflur
Weitenauer Vorberge, Jura: Kaltbrunnental. ± Beschattete Quellfluren im Wald. ± Kalkarme Unterlagen.

G *Cardamine amara-flexuosa*-Gesellschaft
(Cardaminetum flexuosae Oberd. 57)
Waldsumpf mit Schaumkräutern
Hügelländer, vor allem höhere Lagen. Zerstreut. Waldquellfluren, Ränder nasser Waldwege. Nährstoffreiche, lehmige Böden. Oft in Übergängen zum Aegopodion.

V **Cratoneurion commutati** W. Koch 28
Kalktuff-Quellfluren

A **Cratoneuretum filicino-commutati**
(Kuhn 37) Oberd. 77
Starknervmoos-Tuffwülste
Jura. Zerstreut und kleinflächig. Quelltuff.

K **Scheuchzerio-Caricetea fuscae**
(Nordhag. 37) Tx. 37
Flachmoore

O Tofieldietalia Preisig apud Oberd. 49
(Caricetalia davallianae Br.-Bl. 49)
Kalksümpfe

V **Caricion davallianae** Klika 34
(Eriophorion latifolii Br.-Bl. et Tx. 43)
Kalk-Flachmoore

A **Caricetum davallianae** Dutoit 24
em. Görs 63
Davallseggen-Quellmoor
Sehr selten geworden und nur noch ganz kleinflächig. Jura: Röserental (Tugmatt), Quellflur über Tuff; Dinkelberg: Degerfelden (Mühle), fragmentarisch auch Petite Camargue.

3. Sand- und Magerrasen

K **Sedo-Scleranthetea**
Br.-Bl. 55 em. Th. Müller 61
Felsgrus- und Sandfluren

O Thero-Airetalia Oberd. in
Oberd. et al. 67
Azidophytische
Kleinschmielen-Fluren

V **Thero-Airion** Tx. 51
Kleinschmielen-Fluren

A **Filagini-Vulpietum** Oberd. 38
Federschwingel-Rasen
Oberrheinebene, vor allem elsässische Niederterrasse und holozäne Aue, auch Hochrheintal. Offene, trockene, kalkarme Kiesgrusfluren in Bahnanlagen, sandige Pionierfluren auf Flussschwemminseln. Oft verarmte Ausbildungen: Dominanzbestände von *Vulpia myuros*.

O Sedo-Scleranthetalia Br.-Bl. 55
Felsgrus-Fluren

V **Alysso alyssoidis-Sedion albi**
Oberd. et Th.Müller in Th.Müller 61
Kalkgrus-Fluren

A **Cerastietum pumili** Oberd. et Th.Müller in
Th.Müller 61
Kalkgrusflur der Frühlingsannuellen
Isteiner Klotz. Trockene sonnige Felsköpfe und Felsgrusböden. Immer im Kontakt mit dem Xerobromion.

A **Alysso alyssoidis-Sedetum albi**
Oberd. et Th.Müller in Th.Müller 61
Mauerpfeffer-Felskopfflur

Tiefenthal-Felsen im Vorfrühling mit gelbem Felsen-Hungerblümchen *(Draba aizoides)* – 4.1984.

Tiefenthal-Felsen im Spätherbst mit verblühtem Weissem Mauerpfeffer *(Sedum album)* – 10.1985.

Glaskraut-Mauerfugenflur (nitrophil) an Sandsteinmauer, mit Glaskraut *(Parietaria officinalis)* und Mauerpfeffer *(Sedum reflexum)*. Riehen. – 6.1984.

Streifenfarn-Mörtelfugenflur (basiphil) an Kalkmauer, mit Mauerraute *(Asplenium ruta-muraria)*. Bettingen. – 5.1985.

In der Bachaue blüht Anemone, die Asiatin *Reynoutria japonica* entwickelt bambusartige Schosse, die bald zu 2 m Höhe emporwachsen. Riehen. – 4.1987.

Künstliches Nassbiotop mit Teichenzian *(Nymphoides),* vorn: Schwanenblume, Seeried, rechts: Tannenwedel, Mitte: Sumpf-Knöterich. Schleuse Birsfelden. – 6.1985.

Isteiner Klotz. Felsen am Südrand des Dinkelbergs. Niederste Flühe am Rand des Juras: Dorneck, Pfeffinger Schlossberg, Hofstetter Köpfli, Landskronberg. Trockene, kalkreiche Felsgrusböden, offene, vollsonnige Felsköpfe.

A **Saxifrago tridactylitis-Poetum compressae** (Koch 45) Géhu et Leriq 57
Kalksplittflur des Dreifinger-Steinbrechs
Zerstreut. Vor allem Siedlungsgebiete der Flusstäler und der niederen Hügelländer. Alte Mauerkronen und Kiesklebdächer. Oft ± fragmentarisch.

• Anm.: Weit verbreitet auf feinem Kiesgrus in Geleisearealen, initial auch auf ± neuen Kiesklebdächern und anderen Sekundärstandorten mit rohen, nährstoffarmen, aber basenreichen, trockenen, feinkiesigen Böden sind Dominanzbestände der Frühlingsannuellen *Saxifraga tridactylites, Erophila praecox*, stellenweise *Cerastium pumilum* s.str. Häufig ist *Arenaria serpyllifolia* s.str. Bei ungestörter Entwicklung finden sich auch *Sedum*-Arten ein, am raschesten meistens *Sedum album*. In Bahnarealen mit sommerlichen Herbizideinsätzen bleibt es bei der fragmentarischen Dauergesellschaft. In Kontakt steht sie mit dem Sisymbrion-Verband (trockene Varianten des Conyzo-Lactucetum auf Kiesboden), mit dem Onopordion und dem Dauco-Melilotion, da und dort mit dem Polygonion avicularis (Polygonetum calcati).

V **Festucion pallescentis** Klika 31
em. Korneck 74
Felsband-Fluren

A **Diantho gratianopolitani-Festucetum pallescentis**
Gauckler 38
Pfingstnelken-Flur
Isteiner Klotz, Pfeffinger Schlossberg, Angenstein-Bärenfels. Ausbildung ohne *Dianthus gratianopolitanus* (vgl. OBERDORFER 1993a). Sonnige, trockene Felsbänder und -gesimse.

K **Festuco-Brometea** Br.-Bl. et Tx. 43
Planare bis montane Kalkmagerrasen

O Brometalia erecti Br.-Bl. 36
Trespen-Magerrasen

V **Mesobromion erecti** (Br.-Bl. et Moor 38) Knapp 42 ex Oberd. (50)57
Trespen-Halbtrockenrasen

A **Mesobrometum** Br.-Bl. apud Scherr. 25
Trespen-Halbtrockenrasen

Jura: Blauen- und östliches Gempengebiet noch recht häufig und auf grösseren Flächen; auch Dinkelberg, Tüllingerberg, Gegend von Istein, Flusstäler, zum Teil bis in die Siedlungen, Sundgauer Hügelland. Wiesen und Weiden. Recht trockene bis mässig feuchte, auch wechselfeuchte, basen- und meist kalkreiche, lehmige bis steinige, gereifte Böden.

• Anm.: Das Mesobrometum zeigt im Gebiet eine vielfältige Differenzierung. ZOLLER (1954) hat die folgenden Assoziationen beschrieben, die nutzungstypisch und edaphisch bedingt sind und gerade im Jura südlich des Rheins eine Rolle spielen. Wir nennen sie, ungeachtet ihrer Wertung durch die reine Kennarten-Lehre.

A **Teucrio-Mesobrometum** Zoller 54
(Mesobrometum globularietosum Oberd. et Korneck [76] 78 p.p.)
Gamander-Magerweide
Jura, vor allem Blauensüdseite, seltener südliches Gempengebiet. Recht trockene Weiderasen in ± südlicher Exposition. Nährstoffarme, kalkreiche, steinige, ± lehmige Böden.

A **Orchido morionis-Mesobrometum** Zoller 54
Magerwiese mit Kleiner Orchis
Jura: Gempenplateau. Äusserst selten geworden und nur noch sehr fragmentarisch! ± Ebene Weiderasen. ± Flachgründige, kalkreiche, steinige und etwas lehmige Böden.

A **Colchico-Mesobrometum** Zoller 54
Trespen-Magerwiese mit Herbstzeitlose
Jura: Vor allem Blauen-Nordseite, Gempengebiet: Ränder, seltener Plateau; Dinkelberg; Sundgau. Recht selten geworden. Meist geneigte, ± absonnige, frische, z.T. wechselfeuchte Wiesen, seltener Weiden. Tiefgründige, oberflächlich oft kalkarme Ton- und Lehmböden.

A **Tetragonolobo-Molinietum** Zoller 54 (Mesobrometum cirsietosum tuberosi Görs 74)
Pfeifengras-Trespenrasen
Jura: Innerhalb des Gebiets selten; Ostseite des Gempenplateaus; nordwestliches Blauengebiet: Burg. Kalkreiche, wechselfeuchte Mergel(steil)hänge.

A **Salvio-(Dauco-)Mesobrometum** Zoller 54 (Mesobrometum daucetosum carotae v.Rochow 51 p.p.)
Salbei-Magerwiese

Jura, Dinkelberg, Höherer Sundgau, Gegend von Istein. Überall stark zurückgegangen. Mähwiesen. Ungedüngte oder schwach gedüngte, basenreiche, meist kalkhaltige, mässig trockene, steinige und lehmige Böden, auch über Löss.

V **Xerobromion** (Br.-Bl. et Moor 38) Moravec in Holub et al. 67
Trespen-Trockenrasen

UV Eu-Xerobromenion Oberd. 57
Tal-Trockenrasen

A **Xerobrometum** Br.-Bl. 15 em. 31
Trespen-Trockenrasen
Oberrheinebene, vor allem höhere Auenniveaus, Isteiner Klotz, seltener Hochrheintal und Birsebene, Dinkelberg-Südseite. ± Südexponierte, trockene, kalkreiche, steinig-felsige, z.T. schwach lehmige und ± ebene, sehr durchlässige, trockene, basenreiche, kiesigsandige und steinig-lehmige Böden.

- Anm.: ZOLLER (1954) unterscheidet im Gebiet zwei Gesellschaften:

A **Teucrio-Xerobrometum** Zoller 54
Gamander-Trespen-Trockenrasen
Isteiner Klotz, höhere Niveaus der Auen am Oberrhein, selten noch Reinacher Heide. Weiderasen, Felsköpfe. Geneigte und ebene trockene, steinig-lehmige und schottrige, nährstoffarme, aber basen- und meist kalkreiche Böden.

A **Cerastio brachypetali-Xerobrometum** Zoller 54
Hornkraut-Trespen-Trockenrasen
Oberrheinebene, Hochrheintal, Birsebene und Talhang bei Dornach, Niederer Sundgau, vereinzelt und verarmt Blauensüdfuss bei Zwingen. Lückige Rasen auf Terrassenböschungen, Deckenschotter-Abhängen, selten noch an Lösshohlwegen. Auch Sekundärstandorte: Dämme, Bahneinschnitte usw. Meist geneigte, trockene, steinige, lehmig-sandige und schottrige, nährstoffarme, aber basenreiche, feinerdereiche Böden.

UV Seslerio-Xerobromenion Oberd. 57
Berg-Trockenrasen

A **Coronillo vaginalis-Caricetum humilis** J.L.Richard 72
Kronwicken-Felstreppenrasen
Jura: Gempen- und Blauengebiet. Trockene, sonnige Kalk-Felsköpfe, Felsbänder. Oft in Verbindung mit dem Coronillo-Pinetum.

K **Seslerietea variae** Oberd. (74/76) 78 (Elyno-Seslerietea Br.-Bl. 48 p.p.)
Alpine Kalkmagerrasen

O Seslerietalia variae Br.-Bl. in Br.-Bl. et Jenny 26 em. Oberd. 57
Blaugrashalden

V **Seslerion variae** Br.-Bl. in Br.-Bl. et Jenny 26
Blaugras-Trockenrasen

G *Valeriana tripteris-Sesleria varia*-Gesellschaft
Schattenfelsflur mit Dreischnittigem Baldrian
Jura: südwestliches Gempengebiet, östliches Blauengebiet über dem Birstal, Kastel- und Kaltbrunnental. Bänder, vereinzelt Köpfe ± schattiger, eher kühler Kalkfelsen.

- Anm.: Das Laserpitio-Seslerietum Moor 57 (Laserkraut-Blaugras-Halde) als hochmontane Gesellschaft erreicht das Gebiet nirgends.

K **Nardo-Callunetea** Prsg. 49
Heiden und bodensaure Weiden

O Nardetalia Oberd. 49
Borstgras-Weiden

V **Violion caninae** Schwick. 44
Subatlantische Silikat-Magerweiden

A **Festuco-Genistetum sagittalis** Issl. 27
Flügelginster-Silikatmagerweide
Sehr selten; ob im Gebiet? Südliche Weitenauer Vorberge? Magerrasen und -weiden. Mässig trockene, kalkfreie, sandig-lehmige Böden.

4. Schlagfluren und magere Säume

K **Trifolio-Geranietea sanguinei** Th. Müller 61
Thermophile Säume

O Origanetalia vulgaris Th. Müller 61
Dost-Säume

V **Geranion sanguinei** Tx. apud Th. Müller 61
Wärmeliebende Säume mit Blutstorchschnabel

Verlandender Amphibienweiher mit Schilf *(Phragmites)*, Rohrkolben *(Typha)* und Weidengebüsch *(Salix purpurea)*. S Laufen. – 2.1975.

Zweizahn-Pionierflur (Bidention tripartitae). Kurzlebig auf dem Schlick abgelassener Fischteiche. Sundgau S Altkirch, 25 km westlich vom Untersuchungsgebiet. – 9.1993.

Reliktisches Mesobrometum am dorffernen Waldrand brachliegend mit Helm-Orchis *(Orchis militaris).* N Metzerlen. – 7.1973.

Versaumtes Mesobrometum mit Ästiger Graslilie *(Anthericum ramosum)* und Bunter Kronwicke *(Coronilla varia).* N Laufen. – 7.1980.

A **Geranio-Peucedanetum cervariae**
(Kuhn 37) Th. Müller 61
Hirschwurz-Saum
Isteiner Klotz, Tüllinger Berg, Jura, Dinkelberg. Höhere Auenniveaus der Oberrheinebene. Fraglich in den übrigen Flusstälern. Meist kleinflächig und strikt lokalisiert. Vielfach ohne *Geranium sanguineum*. Warme, sonnige, meist südexponierte Staudensäume am Rand von Trockengebüschen und Flaumeichenwald. Seltener flächig in Gehölzverlichtungen. Trockene, meist kalkreiche, steinige, lehmige und klüftig-felsige Böden. Meist im Kontakt mit Xerobromion, Mesobromion, Quercion pubescenti-petraeae und trockenem Berberidion.

A **Geranio-Dictamnetum** Wendelberger 54
Diptam-Saum
Nur Isteiner Klotz. Selten und strikt lokalisiert. Ähnlich Geranio-Peucedanetum, doch noch stärker wärmebedürftig und Trockenheit ertragend.

A **Geranio-Trifolietum alpestris**
Th. Müller 61
Hügelklee-Saum
Nur Elsässer Hardt. Innerhalb des Gebiets sehr selten, streng lokalisiert und z.T. fragmentarisch. Säume an Waldwegen und Verlichtungen im Eichen-Hagebuchen-Nieder- und Mittelwald. Recht trockene, kalkarme, lehmig-sandige und kiesige Böden.

G *Cynanchum-Genista sagittalis*-
Gesellschaft
Schwalbenwurz-Saum
Elsässer Hardt. Wärmste Orte der Weitenauer Vorberge? Recht trockene, kalkarme, lehmige Böden.

V **Trifolion medii** Th. Müller 61
Mesophytische Säume mit Mittlerem Klee

UV Agrimonio-Trifolienion medii
Knapp 76 nom. inv. Th. Müller in Oberd. 77
Basikline Säume

A **Trifolio-Agrimonietum eupatoriae**
Th. Müller (61) 62
Odermennig-Saum
Jura, Dinkelberg, Gegend von Istein, Flusstäler ausserhalb der Siedlungsgebiete; verbreitet und typisch, doch stark zurückgegangen und streng lokalisiert im Sundgau und Markgräfler Hügelland. Wald- und Gebüschsäume ± sonniger Lagen, Feldweg- und Hohlwegraine. Mässig trockene, mässig nährstoff- und meist kalkreiche, steinige und lehmige Böden, gerne über Löss.

• Anm.: Das "Origano-Brachypodietum" sensu Moor 62 (vgl. MOOR 1962, KIENZLE 1978, 1979a+b, MEIER-KÜPFER 1985) entspricht floristisch weitgehend dem Trifolio-Agrimonietum. Es handelt sich oft um flächige Bestände: brachgefallene Halbtrockenrasen, vergandete, unterbestossene Weiden usw. ROYER (1991) lässt die Zuordnung zum Verband Mesobromion offen, die MOOR (1962) provisorisch vornahm. MOOR (1981a) führt für die Reinacherheide aber kein "Origano-Brachypodietum" mehr an, sondern eindeutig das Trifolio-Agrimonietum. Weil die Bezeichnung in der Nordwestschweiz immer noch gebräuchlich ist, erwähnen wir in der Soziologie einzelner Arten das "Origano-Brachypodietum" dennoch, bewusst allerdings in Anführungszeichen!

A **Vicietum sylvaticae-dumetorum**
Oberd. et Th.Müller in Th.Müller (61)62
Waldwicken-Schleier
Ränder des Gempenplateaus, z.B. ob Arlesheim und Frenkendorf, Tafeljura östlich der Ergolz, elsässische Seite der Oberrheinebene. Meist kleinflächig. Schleiergesellschaft an Wald- und Gebüschrändern, an Waldwegen und an den Rändern von Waldschlägen. ± Frische, eher tiefgründige, basenreiche, z.T. steinige Lehmböden. Im Gebiet ohne *Vicia sylvatica*.

A **Knautietum sylvaticae** Oberd. 71
Waldwitwenblumen-Saum
Jura, Dinkelberg, Markgräfler Hügelland. ± Absonnige Waldränder in ± feuchtkühlen Lagen. Frische, tiefgründige, basenreiche, meist kalkhaltige Lehm- und Tonböden.

UV Trifolio-Teucrienion scorodoniae
Knapp 76 (V Melampyrion pratensis Passarge 67)
Azidokline Säume

A **Teucrio scorodoniae-
Centaureetum nemoralis**
Th. Müller 61
Salbeigamander-Saum
Elsässer Hardt. Nicht häufig. Säume und Verlichtungen, vor allem Waldstrassenränder. Mässig trockene bis mässig frische, kalkarme oder kalkfreie, meist lehmige Schotterböden.

G *Holcus mollis-Teucrium scorodonia*-Gesellschaft
(Teucrietum scorodoniae Pott 92?)
Saum mit Wolligem Honiggras
Elsässer Hardt, Weitenauer Vorberge, Olsberger Wald, seltener Sundgau, Dinkelberg und Jura. Säume, Verlichtungen. Mässig trockene bis frische, ± kalkfreie, meist ± tiefgründige Lehmböden (im Jura auf Verwitterungslehm). Oft räumlich eng begrenzt.

G *Melampyrum pratense*-Gesellschaft
(Melampyrum pratense-Hieracium-Gesellschaft Th. Müller [77] in Oberd. 78 p.p.)
Saum mit Heide-Wachtelweizen
Weitenauer Vorberge, Sundgau, Olsberger Wald, externe Lössgebiete, seltener Oberrheinebene und Dinkelberg, Jura. Waldsäume. Mässig trockene bis mässig frische, mindestens oberflächlich kalkarme, meist lehmige Böden.

G *Hieracium laevigatum*-Gesellschaft
(Melampyrum pratense-Hieracium-Gesellschaft Th. Müller [77] in Oberd. 78 p.p.?)
Saum mit Glattem Habichtskraut
Oberrheinebene, Gebiet der Stadt Basel, Hochrhein, Oristal. Wald- und Gebüschränder. Mässig trockene, kalkarme, meist schottrige Böden. Im Gebiet meist ohne *Hieracium laevigatum*, aber mit *Hieracium sabaudum* und *H. lachenalii*.

K **Epilobietea angustifolii**
Tx. et Prsg. in Tx. 50
Schlagfluren

O Atropetalia belladonnae Vlieg. 37
Pionier-Staudenfluren der Schläge

V **Epilobion angustifolii** (Rübel 33) v. Soó 33 (Carici piluliferae-Epilobion angustifolii Tx. 50)
Azidophytische Schlag-Staudenfluren

A **Epilobio-Digitalietum purpureae**
Schwick. (33) 44
Schlagflur mit Rotem Fingerhut
Weitenauer Vorberge, Olsberger Wald. Waldschläge, Böschungen an Waldwegen. Frische, tiefgründige, kalkfreie, lehmige Böden.

A **Senecioni sylvatici-Epilobietum angustifolii** (Hueck 31) Tx. 50
Wald-Greiskraut-Schlagflur
Weitenauer Vorberge, Olsberger Wald, Dinkelberg, Sundgau, Elsässer Hardt. Waldschläge. Frische, tiefgründige, verdichtete, kalkarme bis kalkfreie Lehm- und Tonböden.

SA – **juncetosum effusi** Oberd. (73) 78
– **mit Flatterbinse**
Feuchte, (stau-)nasse Böden. Oft ohne *Senecio sylvaticus*.

V **Atropion belladonnae** Br.-Bl. 30 em. Oberd. 57
Basiphytische Schlagfluren

A **Atropo-Digitalietum luteae**
Oberd. 57 nom. inv. (73) 78
Schlagflur mit Gelbem Fingerhut
Jura, Dinkelberg, Gegend von Istein, Birsebene. Waldschläge. Mässig trockene bis frische, basen- und meist kalkreiche, steinige und lehmige Böden.

A **Atropetum belladonnae** (Br.-Bl. 36) Tx. 50
Tollkirschen-Schlagflur
Jura, Sundgau, Dinkelberg. Verbreitet und recht häufig in Ausbildungen mit und ohne *Atropa* (→ "*Cirsium*-Gesellschaft", "*Hypericum hirsutum*-Gesellschaft"). Waldschläge. Frische, meist ± tiefgründige, basenreiche und oft kalkhaltige Lehmböden.

V **Sambuco-Salicion** Tx. 50
Gebüsche der Waldschläge

A **Senecietum fuchsii** (Kaiser 26)
Pfeiff. 36 em. Oberd. 73
Staudenflur mit Fuchs-Kreuzkraut
Jura, Dinkelberg, Weitenauer Vorberge, Olsberger Wald, (Höherer) Sundgau. Ältere Waldschläge im Bereich der Buchenwälder. Frische, ± tiefgründige, basen-, doch nicht immer kalkreiche Lehmböden.

A **Rubetum idaei** Pfeiff.36 em. Oberd.73
Himbeer-Gestrüpp
Weitenauer Vorberge, Dinkelberg, Olsberger Wald, (Höherer) Sundgau, seltener Jura. Ältere Waldschläge, kleinere Verlichtungen im Bereich der Buchen- und Weisstannenwälder und von Nadelforsten. Frische, humose, basenreiche, aber kalkarme Lehmböden.

Colchico-Mesobrometum: waldnahe, halbschattige Magerwiese; *Aquilegia,* Mitte: *Tragopogon,* vorn: *Anthyllis,* rechts: *Leontodon hispidus.* Kienberg. – 6.1991.

Salvio-Mesobrometum (Magerwiese) mit Wiesen-Salbei, Knolligem Hahnenfuss, Frühlings-Schlüsselblume und Feld-Witwenblume. N Laufen. – 5.1981.

Getreideacker mit Kornblume *(Centaurea cyanus)*, Feld-Hundskamille *(Anthemis arvensis)* u.a.. St. Louis-la-Chaussée. – 6.1994.

Weizenacker (Sommergetreide) mit Aussaat von *Papaver dubium* (links), *P. argemone* (rechts), *Ranunculus arvensis*. Reinacher Heide. – 8.1989.

A **Sambucetum racemosae** (Noirf. 49 [p.p.?]) Oberd. 73
Rotholder-Gebüsch
Weitenauer Vorberge, Dinkelberg, Olsberger Wald, Sundgau, seltener Jura: Ältere Waldschläge, Verlichtungen im Bereich der Buchen- und Weisstannenwälder. Schattige, kühle Felsbänder. Frische, humose, basenreiche, meist kalkarme Lehmböden.

A **Sambucetum nigrae** Oberd. 73 (z.T. nicht nur *Sambucus nigra*-Gesellschaft)
Schwarzholder-Gebüsch
Weit verbreitet. Verlichtungen und ältere Aufwüchse im Bereich feuchter Wälder (v.a. Alno-Ulmion), auch z.T. dauerhafte Gebüschstadien in Siedlungen und in der Kulturlandschaft. Feuchte, z.T. wasserzügige, ± tiefgründige, nährstoffreiche, lehmige, tonige und steinige Böden.

A **Epilobio angustifoliae-Salicetum capreae** Oberd. 57
Salweiden-Gebüsch
Weit verbreitet. Verlichtungen und ältere Aufwüchse im Bereich frischer Wälder (Fagion, Carpinion etc.), von aufgelassenem Kulturland, in Steinbrüchen, auf Erd- und Gesteinsschutt. Frische bis mässig trockene, (mässig) nährstoffreiche, lehmige und steinige Böden.

SA – **solidaginetosum** Oberd. (73) 77
– **mit Goldrutenherden**
Siedlungsgebiete. Aufwüchse an Dämmen, auf Schutt, Brachland usw.

• Dem Verband Sambuco-Salicion sind mehrere ranglose ruderale Gehölz-Gesellschaften anzuschliessen, die physiognomisch meist leicht fassbar, floristisch aber nicht immer scharf von einander zu trennen sind. Mit WITTIG (1991) nennen wir einige in den Siedlungen und siedlungsnahen Teilen des Gebiets zu beobachtende Gesellschaften:

G *Rubus armeniacus*-Gesellschaft
(Rubetum armeniaci Wittig et Gödde 85)
Brombeer-Gestrüpp
Verbreitet. Oft dominant an Bahndämmen.

G *Robinia pseudacacia*-**Sambuco-Salicion**-Gesellschaft
(Epilobio-Salicetum robinietosum Oberd. [73] 77)
Robinien-Vorwald

Verbreitet. Flusstäler, Sundgau. Aufgelassene Flächen mit zerstörter Bodenkrume. Sommerlich austrocknende Rohböden.

G *Buddleja davidii*-Gesellschaft
(Epilobio-Salicetum "buddlejosum" n.n.)
Sommerflieder-Gebüsch
Verbreitet. V. a. Flusstäler. Siedlungs- und Industriegebiete, auch siedlungsnahe Waldschläge, aufgelassene Steinbrüche und Kiesgruben, Deponien. Frische bis trockene, ± nährstoffreiche, sandige, humose Kiesböden.

5. Einjährige Acker- und Pioniervegetation

K **Secalietea** Br.-Bl. 52
(Stellarietea mediae [Br.-Bl. 21] Tx., Lohm. & Prsg. 50 p.p.)
Wintergetreideacker-Begleiter

O Secalietalia Br.-Bl. 31
(Centauretalia cyani Tx. 50 p.p.)
Basikline Wintergetreide-Ackerflora

V **Caucalidion lappulae** Tx. 50
Basikline Wintergetreide-Begleiter

A **Caucalido-Adonidetum flammulae** Tx. 50
Haftdolden-Flur
Historisch! Birsebene (MOOR 1962). Unter Wintergetreide. Terrain heute zumeist überbaut. Reste und Rekonstruktionen Reinacher Heide und Wiedenhof Arlesheim. Mässig trockene, etwas lehmige, kalkreiche Schotterböden.

A **Adonido autumnalis-Iberidetum amarae** (All. 22) Tx. 50
Bauernsenf-Flur
Historisch! Gempenplateau (BRUN-HOOL 1963). Heute nicht mehr im Assoziationsrang fassbar. Unter Wintergetreide. Mässig trockene, kalkreiche steinige Lehmböden.

A **Kickxietum spuriae** Krusem. et Vlieg. 39
Schlangenkraut-Flur
Recht verbreitet. Niederer und juranaher Sundgau, Markgräfler Hügelland, Dinkelberg; stellenweise Jura, so um Blauen und Nenzlingen, Niederterrassen der Flusstäler. Unter Wintergetreide und Raps. Mässig trockene bis mässig frische, (mässig) nährstoffreiche, z.T. auch kalkarme, ± tiefgründige Lehm- und Tonböden.

• Anm.: Im Tabellenvergleich zeigen das Kickxietum spuriae (OBERDORFER 1993b Tab. 139 Sp.4) und die *Euphorbia exigua*-Caucalidion-Gesellschaft Brun-Hool 1963 auffällige Koinzidenz!

A **Apero-Lathyretum aphacae** Tx. & v.Roch. 51 n. inv. Oberd. 83 (non Lathyro tuberosi-Lathyretum aphacae [Kuhn 37] Tx. 50)
Platterbsen-Ackerflur
Niederer Sundgau, elsässische Niederterrasse der Oberrheinebene. Unter Wintergetreide. Selten geworden! Sommerlich stark austrocknende, eher nährstoffarme, kalkarme oder entkalkte Lehmböden.

O **Aperetalia spica-venti** J. et R. Tx. in Mal.-Bel. et al. 60 (Centauretalia Tx. 50 p.p.)
Azidophytische Wintergetreide-Ackerflora

V **Aperion spica-venti** Tx. in Oberd. 49
Windhalm-Ackerfluren

UV Aphanenion arvensis (J. et R. Tx. in Mal.-Bel. et al. 60) Oberd. 83
Sinau-Ackerfluren

A **Aphano (arvensis)-Matricarietum chamomillae** Tx. 37 em. Oberd. 58
Sinau-Kamillen-Ackerflora
Sundgau und externe Löss(lehm)gebiete, Markgräfler Hügelland, Gegend von Weitenau, Dinkelberg, seltener Jura: Plateau von Hofstetten–Metzerlen, Gegend von Arisdorf. Seltener und nur randlich in den Flusstälern. Unter Wintergetreide und Raps. Frische bis feuchte, nährstoffreiche, kalkarme, tiefgründige, reine und etwas sandige Lehmböden. Besonders gut ausgebildet unter Raps und in biologisch bewirtschafteten Wintergetreidekulturen.

A **Papaveretum argemone** (Libb. 32) Krus. et Vlieg. 39
Sandmohn-Ackerflora
Elsässische Niederterrasse der Oberrheinebene, niederer Sundgau. Getreideäcker, seltener auch Rebberge. Sehr selten mehr in guter Ausbildung! Mässig trockene (sommertrockene), kalkarme, sandige und etwas lehmige Böden.

K **Chenopodietea** Br.-Bl. in Br.-Bl. et al. 52
Einjährige Ruderal- und Ackerfluren

O Polygono-Chenopodietalia (Tx. et Lohm. in Tx. 50) J. Tx. in Lohm. et al. 62
Hackacker-Flora

V **Polygono-Chenopodion polyspermae** W. Koch 26 em. Siss. in Westh. et al. 46 denuo em. Th. Müll. et Oberd. in Oberd. 83
Mitteleuropäische Hackacker-Begleitflora

UV Digitario-Setarenion (Siss. in Westh. et al. 46) Oberd. 57
Flora bodensaurer Sandäcker

A **Setario-Galinsogetum parviflorae** Tx. 50 em. Th. Müll. et Oberd. in Oberd. 83
Knopfkraut-Ackerflur
Oberrheinebene, niederer Sundgau, Markgräfler Hügelland, seltener Hochrheintal und mittlerer Sundgau. Sommerkulturen: Gemüseäcker und Spargelfelder, Gärtnereien und Hausgärten, Maisfelder. Mässig trockene, kalkarme, nährstoffreiche, lockere, z.T. leicht lehmige Sandböden.

UV Eu-Polygono-Chenopodienion (Siss. in Westh. et al. 46) Oberd. 57 em. Th. Müll. et Oberd. in Oberd. 83
Lehmacker-Flora

A **Chenopodio polyspermi-Oxalidetum fontanae** Siss. 50 n. inv. Th.Müll. et Oberd. in Oberd. 83 (incl. Panico-Chenopodietum polyspermi Br.-Bl. 21)
Gänsefuss-Steifsauerklee-Flur
Sundgau, Leimental, Markgräfler Hügelland, Dinkelberg, Gegend von Weitenau, seltener und meist randlich Oberrheinebene und Hochrheintal. Im Jura auf dem Plateau von Hofstetten-Metzerlen, seltener auf dem Gempenplateau und östlich der Ergolz. Sommerkulturen: Gemüseäcker, Krautgärten, seltener Hausgärten. Frische bis feuchte, nährstoffreiche, aber kalkarme, tiefgründige, lockere bis dichte, ± humose Lehm- und Tonböden. Im Gebiet variantenreich, in Gemüsefeldern oft gut ausgebildet.

• Anm.: Unklar bleiben syntaxonomischer Rang, Wert und Zuordnung des **Portulaco-Amaranthetum lividi** Brun-Hool 63 (Portulak-Amaranth-Flur) stark gedüngter, lockerer Gartenböden und Gemüseäcker. Es vereinigt Elemente der Verbände des Polygono-Chenopodion, des Fumario-Euphorbion und des Eragrostion.

Weinberg mit Weinbergs-Tulpe *(Tulipa sylvestris)*. Biel-Benken. – 4.1997.

Lehm-Halmacker: links Kleine Wolfsmilch *(Euphorbia exigua)*, Mitte Geruchlose Kamille *(Tripleurospermum inodorum)*. Wolschwiller. – 10.1985.

Zonation am Birs-Ufer: Spülsaum, Glanzgrasröhricht, Pestwurzflur und Weidengebüsch (von unten nach oben). Reinach, Naturschutzgebiet. – 10.1990.

Flussufer der Wiese trotz Kanalisierung z.T. mit typischer Ufervegetation: Glanzgrasröhricht (Phalaridetum) auf Insel. Lange Erlen (Basel). – 6.1991.

V **Fumario-Euphorbion** Th. Müll. in Görs 66
Basiphytische Flora der Hackäcker

A **Soncho-Veronicetum agrestis** Br.-Bl. 48 em.
Th. Müll. et Oberd. (81) in Oberd. 83 (incl.
Veronica agrestis-Gesellschaft Brun-Hool 63,
Veronico-Fumarietum J.Tx. 55 p.p.)
Hackackerflur mit Acker-Ehrenpreis
Jura, Dinkelberg (?), Hochrhein(?). Sommergetreidefelder, Hackkulturen. Im Gebiet sehr selten geworden und meist ohne *Veronica agrestis*. Frische, eher kalkarme, nährstoffreiche, lockere Lehmböden in kühleren Lagen.

A **Mercurialetum annuae**
Krusem. et Vlieg 39 em. Th. Müll. (81) in
Oberd. 83
(Setario-Veronicetum politae Oberd. 57
p.p.; Veronico agrestis-Fumarietum J.Tx. 55
p.p.; Setario-Fumarietum J.Tx. 55 p.p.)
Bingelkraut-Hackackerflora
Oberrheinebene und Hochrheintal, Birsebene und Laufenbecken, Niederer und mittlerer Sundgau, Markgräfler Hügelland. Hackkulturen; Gemüsefelder, Kraut- und Hausgärten, auch Rebberge und Kompostplätze. Mässig trockene bis frische, sehr nährstoffreiche, "garige", humose, sandige und lehmige Böden in warmen Lagen.

A **Geranio-Allietum vinealis** Tx. 50
Rebbergflora mit Weinberg-Lauch
Markgräfler Hügelland, Niederer und mittlerer Sundgau, Leimental, Dinkelberg-Südseite, niedere Lagen des Juras. Rebberge. Durch Rückgang der Rebkultur und durch Dauerbegrünung der Rebberge selten geworden und vielfach nur noch fragmentarisch, teilweise durch das Mercurialetum annuae verdrängt. Mässig trockene bis ± frische, meist kalkhaltige, ± tiefgründige, meist steinige Lehmböden.

A **Thlaspio-Veronicetum politae**
Görs 66 (Setario-Veronicetum politae
Oberd. 57 p.p.)
Hackackerflur mit Glänzendem Ehrenpreis
Jura, Markgräfler Hügelland, stellenweise Dinkelberg und Sundgau, Birsebene, Hochrheintal; nirgends häufig, selten Oberrheinebene. Gemüsefelder, Haus- und Krautgärten. Mässig trockene, ± kalkreiche, oft steinige und etwas lehmige Böden.

V **Eragrostion minoris** Tx. in Slav. 44
Mediterrane Liebesgras-Sandackerfluren

A **Digitario-Eragrostietum** Tx. 50
Liebesgras-Spargelfeldflur
Oberrheinebene, Umgebung von Neudorf. Ephemer Badischer Güterbahnhof Basel. Sehr selten! Spargel- und Gemüsefelder, Sandhaufen. ± Sommertrockene und sehr warme, nährstoffreiche, lockere Sandböden. Übergänge zum, Ablösung und Verdrängung durch das Mercurialetum annuae.

• Anmerkung zur Klasse der Stellarietea mediae :
Die Klassen der Secalietea (Wintergetreidebegleiter) und Chenopodietea (Sommergetreide-, Hackkulturbegleiter und Einjährig-Ruderale), unter Ausschluss des Eragrostion-Verbandes, in der Klasse der Stellarietea mediae (Br.-Bl. 21) Tx., Lohm. et Prsg. 50 zusammenzufassen, ist nicht unbegründet (vgl. die ausführliche Diskussion bei POTT 1992). Probleme der Abgrenzung ergeben sich in der Begleitvegetation des intensivst genutzten Kulturlandes, wo die früher eingehaltenen Fruchtwechsel vielerorts dahinfallen oder verwischt sind, der extrem forcierte Anbau von Futtermais und der allgemein massive Herbizideinsatz die einst so klar gefügten Grenzen durchbrochen haben. Dies führt zu einer Neugliederung: Die im engeren Sinn ruderalen Sisymbrietalia bilden für sich die Unterklasse Sisymbrienea Pott 92; die Begleitvegetation der Feldkulturen fällt in die Unterklasse der Violenea arvensis Hüppe et Hofmeister 90. Unter Ausschluss des Verbandes Eragrostion minoris bilden die Verbände Aperion spica-venti und Polygono-Chenopodion lehmiger, ± feuchter und kalkärmerer Böden die Ordnung Sperguletalia arvensis Hüppe et Hofmeister 90, die Verbände Caucalidion lappulae und Fumario-Euphorbion trockenerer, basen- und meist kalkreicherer Standorte die Ordnung Papaveretalia rhoeadis Hüppe et Hofmeister 90.

Im Sinne der Erwägungen von TH. MÜLLER in OBERDORFER (1993b) S. 49 behalten wir jedoch die Klassen Secalietea und Chenopodietea bei. Für die Secalietea und die Polygono-Chenopodietalia hat BRUN-HOOL (1963) in unserem Gebiet Fragment- oder Basal-Gesellschaften auf Verbands- bis Klassenniveau beschrieben, die die Verhältnisse trefflich wiedergeben.

O **Sisymbrietalia** J. Tx. in Lohm. et al. 62
Wegrauken-Ruderalfluren

V **Sisymbrion officinalis** Tx. et al. in Tx. 50
Wegrauken-Ruderalfluren

A **Urtico-Malvetum neglectae** Lohm.
in Tx. 50
Gänsemalven-Ruderalflur

Siedlungen des ganzen Gebiets, vielfach ohne *Urtica urens*. In stärker urbanen Bereichen ausgedünnt und z.T. selten geworden. Mauerfüsse, Kompost- und Hundeversäuberungsplätze, Rasenränder, Baumscheiben und Rabatten; bei Ställen und Misthaufen. Frische bis mässig trockene, (sehr) nährstoff- (stickstoff-) reiche Böden.

A **Hordeetum murini** Libb. 33
  Mäusegerste-Wegeckenflur
Oberrheinebene, anschliessende Flusstäler und niedere Hügelländer. Siedlungsgebiete, häufig äussere Quartiere und Vororte der Stadt Basel. Weg- und Strassenränder, Baumscheiben, Rabatten mit starker Hundeversäuberung. Mässig trockene (sommertrockene!), warme, sehr nährstoffreiche bis ammoniakalische, meist lehmig-sandige Böden.

A **Conyzo-Lactucetum serriolae** Lohm. in Oberd. 57 (incl. Bromo-Conyzetum Gutte 69)
  Kompasslattich-Ruderalflur
Siedlungen des ganzen Gebiets, sehr selten waldreiche Hochlagen. Hafen- und Bahnareale, Lagerplätze, Kiesgruben, Weg- und Strassenränder usw. Mässig trockene, rohe, meist nur mässig nährstoffreiche, sandige, kiesige, seltener lehmige Böden. In mehreren Varianten.

A **Chenopodietum ruderale** Oberd. 57 (Chenopodietum stricti Oberd. in Oberd. et al. 67)
  Gänsefuss-Ruderalflur
Oberrheinebene, seltener übrige Flusstäler und niedere Hügelländer, selten höhere Lagen. Schuttstellen, Deponien, Baustellen usw. Vor allem Siedlungs- und Landwirtschaftsgebiete. Kurzlebig, nur bei anhaltender Störung auch ± dauerhaft. Mässig trockene bis frische, nährstoffreiche, rohe Böden.

• Anm.: Ausserhalb der Oberrheinebene handelt es sich meistens um Dominanzbestände von *Chenopodium album* ohne *Chenopodium strictum*.

V **Salsolion ruthenicae** Philippi 71
  Salzkraut-Sandfluren

A **Chaenorrhino-Chenopodietum botryos** Sukopp 72
  Schlackenflur mit Klebrigem Gänsefuss
Oberrheinebene, Kohlelager der Häfen, Schlackedeponien bei St.Louis, z.T. kurzlebig. Warme, oberflächlich trockene, rohe, sehr nährstoffreiche, lockere Kohlengrus- und Schlackenböden.

A **Plantaginetum indicae** Philippi 71
  Sandwegerich-"Steppe"
Selten! Nur Oberrheinebene: Bahnanlagen Basel–Weil–Haltingen und Birsfelden. Gefestigte, trockene, ± nährstoffreiche, sandig-kiesige Böden.

K **Bidentetea tripartitae**
  Tx., Lohm. et Prsg. in Tx. 50
  Schlickpioniere

O Bidentetalia tripartitae Br.-Bl. et Tx. 43
  Zweizahn-Schlickpioniere

V **Bidention tripartitae** Nordhag. 40
  Zweizahn-Schlickpioniere

A **Polygono hydropiperis-Bidentetum tripartitae** Lohm. in Tx. 50
  (Bidentetum tripartitae W.Koch 26)
  Wasserpfeffer-Pionierflur
Oberrheinebene, Sundgau. Selten und oft nur fragmentarisch. Ufer, Gräben, Böden abgelassener Fischteiche, selten vernässte Feldwege. Nasse, sommerlich oberflächlich ± austrocknende, sehr nährstoffreiche, schlammige Böden.

G *Bidens cernua*-Gesellschaft
  Schlammflur mit Nickendem Zweizahn
Oberrheinebene. Ufer, vernässte Senken. Nasse, sehr nährstoffreiche schlammige Böden.

A **Ranunculetum scelerati** Tx. 50 ex Pass. 59
  Schlammflur mit Gift-Hahnenfuss
Selten und ephemer. Oberrheinebene: Kiesgrube Hegenheim, Petite Camargue–Rosenau. Schlammige Ufer zeitweise trockenfallender Tümpel.

V **Chenopodion rubri** Tx. in Poli et J. Tx. 60 corr. Kop. 69
  Flussmelden-Fluren

A **Chenopodietum rubri** Timor 50
  Rotmelden-Schlammflur
Oberrheinebene, niederer Sundgau. Sehr selten! Schlammige Flussufer und Dorfbäche, Mistgruben, Hafenanlagen usw. Feuchte, sehr nährstoffreiche, meist ammoniakalische Schlamm- und schlammige Kiesböden.

• Anmerkung zu den Bidentetea:
Die Assoziationen und Gesellschaften der Klasse Bidentetea sind im Gebiet nicht leicht fassbar. Zum einen liegt dies in ihrer wesensgemässen Kurzlebigkeit begründet, zum anderen darin, dass geeignete Flächen von einiger Ausdehnung selten geworden sind. Weder meliorierte und drainierte Äcker noch befestigte Feldwege und Ufer bieten den nötigen Platz; in Dörfern fehlen heute weitgehend die Mistgruben und Abzugsgräben.

6. Nährstoffliebende Säume, ruderale Staudenfluren und Queckenrasen

K **Artemisietea vulgaris**
Lohm., Prsg. et Tx. in Tx. 50
Nitrophytische Säume und Staudenfluren

UK **Galio-Urticenea** (Pass. 67)
Th. Müller (81) in Oberd. 83
Klebkraut-Feuchtsäume

O Convolvuletalia (Calystegietalia) sepium Tx. 50
Zaunwinden-Säume

V **Senecion fluviatilis** Tx. (47) 50 em. Tx. 67
Fluss-Greiskraut-Ufersäume

A **Cuscuto-Convolvuletum (-Calystegietum) sepium** Tx. 47
Nesselseiden-Schleier
Täler von Rhein, Birs, Wiese und Ergolz. Hochwasserbereich, Lücken der Weiden-Auenwälder. Frische bis feuchte, nährstoffreiche, sandige Kiesböden. Vielfach floristisch verarmt, zumeist ohne *Cuscuta europaea*, dafür mit Neophyten: *Aster* spp., *Solidago gigantea, Reynoutria japonica, Impatiens glandulifera, Helianthus tuberosus*. Teilweise auch zur *Urtica dioica–Calystegia sepium*-Gesellschaft (Verband Convolvulion) degradiert.

V **Convolvulion (Calystegion) sepium**
Tx. 47 em. Th. Müller (81) in Oberd. 83
Zaunwinden-Staudenfluren

G *Urtica dioica–Convolvulus (Calystegia) sepium*-Gesellschaft
Brennessel-Winden-Saum
Ganzes Gebiet. Verbreitet und häufig. Hochwasserbereich von Bächen und Flüssen. Saumfluren hinter Ställen, an Zäunen etc. Feuchte bis nasse, sehr nährstoffreiche, ± tiefgründige Böden.

A **Convolvulo (Calystegio)-Eupatorietum**
Görs 74 nom. inv. Th. Müller (81) in Oberd. 83
Wasserdost-Staudenflur
Jura, Dinkelberg, Markgräfler Hügelland. Säume und Verlichtungen feuchter und nasser Wälder. Ufer von Waldbächen. Feuchte bis nasse, nur mässig nährstoffreiche, ± kalkhaltige, humose, meist lehmige oder tonige Böden.
– Assoziationsrang umstritten.

A **Convolvulo (Calystegio)-Epilobietum hirsuti** Hilbig et al. 72 nom. inv. Th. Müller (81) in Oberd. 83
Weidenröschen-Uferstaudenflur
Verbreitet. Ufer von Wiesenbächen, Gräben. Feuchte bis nasse, nährstoff- und kalkreiche, tiefgründige Lehmböden. Meist eng verwoben mit Filipendulion und Sparganio-Glycerion.

O Glechometalia hederaceae
Tx. in Tx. et Brun-Hool 75
Gundelreben-Säume

V **Aegopodion podagrariae** Tx. 67
Giersch-Säume

A **Phalarido arundinaceae-Petasitetum hybridi** Schwick. 33
Pestwurz-Flusssaum
Grössere Flusstäler. Zerstreut. Ufer der Flüsse, Lücken in Auenwäldern, schadhafte Uferbermen im Bereich der Spitzenhochwässer. Dauerfeuchte, tiefgründige, nährstoffreiche, meist sandige Böden. An hellen Orten oft in Verbindung mit dem Filipendulion.

A **Chaerophylletum aurei** Oberd. 57
Goldkerbel-Saum
Gempenplateau, v.a. Umgebung von Gempen, Dinkelberg, Wiesental. Säume von Feldgehölzen, Hecken, auch an den Uferbermen der Wiese. Mässig frische, basen- und nährstoffreiche, steinige und lehmige Böden.

G **Anthriscus sylvestris**-Gesellschaft (Anthriscetum sylvestris Hadač 78)
Wiesenkerbel-Flur
Fast ganzes Gebiet, vor allem Siedlungen. Schattige Gehölzsäume an Fettwiesen, Obstgärten, Zäune, Hecken, aufgelassene Gärten und Schafstandweiden, Verlichtungen von Parkgehölzen. Frische bis ziemlich feuchte, nährstoffreiche, tiefgründige Lehm- und Tonböden.

A **Urtici-Aegopodietum podagrariae**
(Tx. 63 n.n.) Oberd. (64) in Görs 68 nom. inv. Th. Müller (81) in Oberd. 83
Brennessel-Giersch-Saum
Ganzes Gebiet, verbreitet und häufig. Feuchte Wald- und Gebüschsäume, Krautfluren in Waldlichtungen, Traufbereiche von Obst- und Parkbäumen, Mauerfüsse usw. Frische bis ziemlich feuchte, nährstoffreiche, tiefgründige Lehm- und Tonböden.

A **Aegopodio-Anthriscetum nitidae**
Kopecký; 74 nom. inv. Th. Müller (81) in Oberd. 83
Glanzkerbel-Bachsaum
Kaltbrunnental. Verlichtungen am Bachufer, im Eschenwald. Dauerfeuchte, meist wasserzügige, nährstoff- und kalkreiche, z.T. steinige Lehm- und Tonböden. Assoziationsrang umstritten.

A **Urtico-Cruciatetum laevipedis**
Dierschke 74
Kreuzlabkraut-Saum
Kein Nachweis im Gebiet. Scheint aber in den Tälern des Juras und des Dinkelbergs möglich!

A **Sambucetum ebuli** Felf. 42
Attich-Saum
Jura, Dinkelberg, Fuss der elsässischen Hochterrasse von Hegenheim bis Blotzheim. Lichte bis halbschattige Ränder und Bankette von Waldwegen und -strassen, Waldlichtungen, Strassendämme, ältere Schuttstellen. Frische bis feuchte, nährstoff- und meist kalkreiche, z.T. steinige Lehmböden.

V **Allarion** Oberd. (57) 62 (Geo-Allarion Görs et Th. Müller 69 em. Siss. 73)
Stickstoffreiche Staudensäume

A **Dipsacetum pilosi** Tx. (42) in Oberd. 57
Schuppenkarden-Waldsaum
Flusstäler, niedere Lagen des Juras, Dinkelberg. Sehr zerstreut. Leicht gestörte Waldsäume, Ränder von Waldwegen, verwachsene, aufgelassene Mergelgruben usw. Frische, nährstoffreiche, meist etwas steinige und lehmige Böden.

A **Allario-Chaerophylletum temuli**
(Kreh 35) Lohm. 49
Heckenkerbel-Saum
Flusstäler, vor allem Rheinebene, niederer Sundgau, Markgräfler Hügelland, Südrand des Dinkelbergs, meist Siedlungs- und siedlungsnahe Gebiete. Säume an Gehölzen und Hecken, an Mauerfüssen, unter Parkbäumen. (Mässig) frische bis mässig trockene, nährstoffreiche, humose, steinige, lehmige und etwas sandige Böden.

G *Alliaria petiolata*-Gesellschaft
(Alliarietum petiolatae Lohm. in Oberd. et al. 67)
Knoblauchhederich-Saum
Ganzes Gebiet. Verbreitet und häufig. Stark schattige, etwas gestörte Waldsäume, Verlichtungen gestörter und ± initialer Gehölze, Parks, Mauerfüsse, unterhalb von Schlössern und Ruinen, Felsbalmen. Frische bis mässig trockene, oft ± sommertrockene, nährstoffreiche, steinige und lehmige Böden.

A **Toriletum japonicae** Lohm. in Oberd. et al. 67 ex Görs et Th. Müller 69
Borstendolden-Saum
Flusstäler, Jura, Dinkelberg, Markgräfler und Sundgauer Hügelland. Verbreitet, aber nicht häufig, mehr ausserhalb der Siedlungen. ± Sonnige Säume an Waldwegen, an Waldrändern gegen Kulturland, an Hecken und Rainen in der Feldflur, auch in Brachen, selten auf Lesesteinhaufen, an Felsfüssen. Mässig frische bis ziemlich trockene, meist nur mässig nährstoffreiche, lehmige und gerne steinige Böden.

A **Euphorbietum strictae** (Oberd. in Oberd. et al. 67) Th. Müller (81) in Oberd. 83
Saum der Steifen Wolfsmilch
Jura, Dinkelberg, seltener Hügelländer und Rheinebene. Recht sonnige Säume von Waldwegen, Holzlagerplätzen, Rückegassen, seltener Feldgehölze. Mässig trockene bis frische, nicht zu nährstoff-, aber meist kalkreiche, lehmige, tonige, sandige und etwas steinige Böden.

A **Epilobio montani-Geranietum robertiani**
Lohm. in Oberd. et al. 67 ex Görs et Müller 69
Bergweidenröschen-Saum
Ganzes Gebiet. Verbreitet und häufig. Ränder von Waldwegen, Waldverlichtungen, Holzlagerplätze, schattige Felsfüsse, Balmen, Mauerfüsse, Hinterhöfe, schattige Rabatten in Gärten und Parks. Frische bis mässig trockene, nährstoffreiche, humose bis ± rohe Böden. – In mehreren boden-, nutzungs- und

störungstypischen Ausbildungen, oft auch in Fragmenten.

• Anm.: Wohl doch den Rang einer Assoziation verdienen die Bestände mit *Impatiens noli-tangere* auf entschieden feuchteren Böden:

A **Stachyo (sylvaticae)-Impatietetum nolitangere** Pass. 67
Waldziest-Springkraut-Herde
Wiesental (Lange Erlen), Weitenauer Vorberge, Dinkelberg, Olsberger Wald, Höherer Sundgau, seltener Jura. Ziemlich häufig. Waldwegränder und -gräben, verwachsene Waldwege, Verlichtungen. Feuchte bis zeitweise nasse, ± nährstoffreiche, z.T. etwas versauerte, humose Lehmböden.

UK **Artemisienea vulgaris**
Th. Müller (81) in Oberd. 83
Ruderale Saum- und Staudenfluren

O Artemisietalia vulgaris Lohm. in Tx. 47 em. Th. Müller (81) in Oberd. 83
Beifuss-Säume

V **Arction lappae** Tx. 37 em. 50
Kletten-Säume

A **Lamio albi-Ballotetum albae**
Lohm. 70
Schwarznessel-Saum
Oberrheinebene, seltener übrige Flusstäler, Gegend von Leymen, Landskronberg. Dörfer, Aussenquartiere der Stadt Basel. Selten geworden! Säume an Mauerfüssen, auf älteren Trümmerfeldern; bei der Ruine Landskron. Im Gebiet fast immer ohne *Lamium album*. Mässig trockene, warme, ± nährstoffreiche, steinige und lehmige Böden. Vielfach Übergänge zum Alliarion: Alliario-Chaerophylletum.

A **Arctio-Artemisietum vulgaris**
Oberd. ex Seybold et Müller 72
Kletten-Beifuss-Saum
Flusstäler, Sundgau, Markgräfler Hügelland, Jura, Dinkelberg. Vor allem Dörfer und städtische Aussenquartiere. Säume an Gehölzen und Mauern, ältere Schuttstellen, höhere Uferdämme. Mässig feuchte oder frische, ± nährstoffreiche, meist lehmige Böden. Oft Übergänge zum Alliarion: Alliario-Chaerophylletum.

O **Onopordetalia acanthii**
Br.-Bl. et Tx. 43 em. Görs 66
Eselsdistel-Ruderalfluren

V **Onopordion acanthii** Br.-Bl. 26
Submediterrane Eselsdistel-Ruderalfluren

A **Onopordetum acanthii** Br.-Bl. ex Br.-Bl. et al. 36
Eselsdistel-Herde
Oberrheinebene, sehr selten Birsebene und Hochrheintal. Dämme, Schutt, Trümmerfluren, Bahnareale. Trockene, nährstoffreiche, warme, steinige und etwas lehmige Böden. Sehr selten auf grösseren Flächen, oft fragmentarisch und kurzlebig.

A **Resedo-Carduetum nutantis** Siss. 50
Reseden-Nickdistel-Ruderalflur
Oberrheinebene. Sehr selten! Schutt, Dämme, Kiesplätze usw. Mässig trockene, warme, ± nährstoffreiche Böden. Vielfach kurzlebig.

V **Dauco-Melilotion** Görs 66
Möhren-Steinklee-Fluren

A **Artemisio-Tanacetetum vulgaris**
Br.-Bl. 31 corr. 49 nom. inv. Th. Müller (81) in Oberd. 83
Rainfarn-Staudenflur
Oberrheinebene, vor allem holozäne Talaue; niederer und mittlerer Sundgau. Sonst sehr selten. Ältere Schuttstellen, Bahn- und Uferdämme, Strassenränder, Ödland usw. Mässig trockene bis frische, mässig nährstoffreiche, meist sandige und steinige Böden.

A **Dauco-Picridetum hieracioides** Görs 66
Bitterkraut-Ruderalflur
Recht verbreitet; Flusstäler, Jura, niedere Hügelländer. Aufgelassenes Kulturland, alte Rebberge, Brachflächen in der Feldflur und in Siedlungen, Böschungen, Dämme usw. Mässig frische bis mässig trockene, nicht übermässig nährstoffreiche, meist ± lehmige Böden.

A **Echio-Melilotetum** Tx. 50
(Melilotetum albi-officinalis Siss. 50)
Steinklee-Pionierflur mit Natterkopf
Flusstäler, sonst selten. Bahnareale und Hafengelände, Bahntrassen, Strassendämme, Schutt- und Lagerplätze, trockene Rheininseln usw. Recht trockene, eher nährstoffarme, meist sandige und kiesige Böden.

K **Agropyretea intermedii-repentis**
(Oberd. et al. 67) Müller et Görs 69
Quecken-Ödland

O Agropyretalia intermedii-repentis
(Oberd. et al. 67) Müller et Görs 69
Quecken-Ödland

V **Convolvulo-Agropyrion repentis** Görs 66
Ruderale Halbtrockenrasen

A **Convolvulo arvensis-Agropyretum repentis** Felf. 43
Winden-Kriechqueckenrasen
Verbreitet. Flusstäler und niedere Hügelländer. Raine im Reb- und Ackerland, Bahn- und Strassendämme, Strassenränder, ältere Schuttstellen. Mässig trockene bis frische, nährstoffreiche, meist lehmige Böden.

G *Galeopsis tetrahit-Agropyron repens*-Gesellschaft (Galeopsio-Agropyretum repentis Görs 68)
Hohlzahn-Ruderalflur
Höhere Lagen der Hügelländer, v.a. höherer Sundgau, Gempenplateau, Dinkelberg. Wegränder, ältere Schuttstellen und Lehmgruben. Frische bis mässig trockene, nährstoffreiche, lehmige Böden.

A **Diplotaxi tenuifoliae-Agropyretum repentis** (Philippi) Müller et Görs 69
Rheinische Stinkkrautenflur
Oberrheinebene, niederer Sundgau und niederes Markgräfler Hügelland, Hochrheintal und untere Birsebene. Raine und Böschungen im Rebland, Lösshohlwege, Bahndämme, Sand- und Kiesgruben. Mässig trockene, mässig nährstoffreiche, ± lockere Löss- und Sandböden.

A **Cardario drabae-Agropyretum repentis** Müller et Görs 69
Pfeilkressen-Ruderalherde
Markgräfler und niederes Sundgauer Hügelland, seltener Südrand des Dinkelbergs und Oberrheinebene. Raine und Böschungen im Rebland, aufgelassene Rebberge, Schuttstellen, Bahndämme. Mässig trockene, nährstoffreiche, steinige, lehmige und tonige Böden.

A **Falcario vulgaris-Agropyretum repentis** Müller et Görs 69
Sicheldolden-Ruderalflur

Niederes Sundgauer und Markgräfler Hügelland. Selten! Raine in Acker- und Rebland, Böschungen von Feldwegen. Sommertrockene, (mässig) nährstoffreiche, lockere Sand- und Lössböden.

• Anm.: Abzuklären bleibt, ob die Bestände im Gebiet tatsächlich die Assoziation repräsentieren, oder ob es sich dabei lediglich um eine Variante des Diplotaxi-Agropyretum mit *Falcaria vulgaris* handelt.

A **Poo-Tussilaginetum farfarae** Tx.31
Huflattich-Pionierflur
Ganzes Gebiet. Recht häufig. Ton-, Lehm- und Mergelgruben, Erdanrisse an Wegböschungen, Erdschuttdeponien in Kiesgruben usw. ± Frische, z.T. wechselfeuchte, nährstoffreiche, auch schwere, lehmige, mergelige und tonige Böden.

7. Tritt- und Kriechrasen

K **Plantaginetea majoris** Tx. et Prsg. in Tx. 50 em. Oberd. et al. 67 (Polygono-Poetea annuae Riv.Mart. in Géhu 73)
Trittrasen

O Plantaginetalia majoris Tx. 50 em. Oberd. et al. 67 (Polygono-Poetalia annuae Tx. in Riv.Mart. 75, non Plantaginetalia majoris Siss. 69)
Wegerich-Trittrasen

V **Polygonion avicularis** Br.-Bl. 31 ex Aich. 33 (incl. Saginion procumbentis Tx. et Ohba in Géhu et al. 72)
Vogelknöterich-Trittrasen

A **Bryo argentei-Saginetum procumbentis** Diem., Siss. et Westh. 40 n. inv. Oberd. (76) 83
Mastkraut-Fugenflur
Weit verbreitet. Siedlungsgebiete. Unvermörtelte, mässig bis stark betretene Pflästerungen von Plätzen, innerstädtischen Gassen, Hinterhöfen, Friedhöfen etc. Recht frische, ± sandige Pflasterfugen. – An trockenen und wärmeren Standorten der Flusstäler und niederen Hügelländer häufig auch die Subass. **polygonetosum calcati (mit Tritt-Knöterich)** und **eragrostietosum minoris (mit Liebesgras)**.

A **Polygonetum calcati** Lohm. 75
(Eragrostio-Polygonetum avicularis
Oberd. 52 p.p.)
Trittknöterich-Flur
Flusstäler und niedere Hügelländer, fast ausschliesslich Siedlungsgebiete. Kiesig-sandige, stark begangene, auch befahrene Park- und Lagerplätze. Trockene, warme, nährstoffarme, basenreiche Kies-, Sand- und Mergelböden.

A **Lolio-Polygonetum arenastri (aequalis)** Br.-Bl. 30 em. Lohm. 75
(Lolio-Plantaginetum majoris Beg. 32, Matricario-Polygonetum avicularis Th. Müller in Oberd. 71)
Lolch-Trittflur
Weit verbreitet und häufig. Grasige Feldwege, Weg- und Strassenränder, Trampelpfade in Wiesland, Viehtriebe, übernutzte Rasen-Spielfelder und Scherrasen. Mässig frische bis ± feuchte, meist tiefgründige, nährstoffreiche, z.T. verdichtete, lehmige Böden.
Sehr variantenreich, oft in Übergängen zum Cynosurion und zum Agropyro-Rumicion: Subass. **trifolietosum repentis (mit Weiss-Klee)** und Subass. **potentilletosum anserinae (mit Gänse-Fingerkraut)**.

A **Poo-Coronopodetum squamati**
(Oberd. 57) Gutte 66
Krähenfuss-Trittruderalflur
Nur Rütihardhof (Muttenz). Viehtrieb. Käppeli (Muttenz), Bauerwartungsland, bis 1986. ± Vernässte, basen- und nährstoffreiche tonige Böden.

A **Juncetum tenuis** (Diem., Siss. et Westh. 40) Schwick. 44
Zartbinsen-Rasen
Recht verbreitet. Grasige, eingewachsene Waldwege, vernässte Feldwege, Umkreis von Teichen. Mässig feuchte, etwas verdichtete, ± lehmige Böden.

G *Poa annua*-Gesellschaft (Poetum annuae Knapp 48)
Spitzgras-Trittrasen
Weit verbreitet und häufig. Oft winterephemer. Blössen beschatteter Parkrasen, übernutzter Rasen-Spielplätze u. dgl. Zeitweise feuchte oder frische, oft sommertrockene, nährstoffreiche, lehmige und sandige Böden.

K **Agrostietea stoloniferae**
Oberd. in Oberd. et al. 67
Kriechrasen

O Agrostietalia stoloniferae
Oberd. in Oberd. et al. 67
Straussgras-Kriechrasen

V **Agropyro-Rumicion** Nordh. 40 em. Tx. 50
Quecken-Feuchtrasen

A **Rorippo sylvestris-Agrostietum prorepentis** (Moor 58) Oberd. et Th. Müller 61
Wildkressen-Spülsaum
Verbreitet. Ufer, Sand- und Schlickbänke im Hochwasserbereich von Bächen und Flüssen, seltener Teichen, selten Karrengeleise dauernd vernässter Feldwege und vernässte Senken in Äckern. Feuchte bis nasse, auch staunasse, nährstoffreiche Lehmböden. Oft in Verbindung mit dem Sparganio-Glycerion

G *Poa trivialis-Rumex obtusifolius-*Gesellschaft
Kriechrasen mit Stumpfblättrigem Ampfer
Verbreitet und sehr häufig. Frische Erdanrisse an Flussufern, Wegborden, Erdschutt. (Mässig) feuchte, nährstoffreiche, rohe Lehm- und Tonböden.

A **Potentillo anserinae-Festucetum arundinaceae** (Tx. 37) Nordh. 40
Rohrschwingel-Rasen
Verbreitet. Ränder von Feldwegen, Bachufer an Viehweiden, Erddeponien, seltener Flussufer. Feuchte, sommerlich etwas austrocknende, oft schwere, lehmige und tonige Böden.

A **Mentho longifoliae-Juncetum inflexi**
Lohm. 53 n. inv. Oberd. 83
Rossminzen-Wassergrabenflur
Recht verbreitet, v.a. Jura, Dinkelberg, Sundgau. Betretene Quellfluren, Gräben und Bachufer in Weiden, Ränder von Waldwegen etc. Feuchte bis nasse, nährstoff- und meist kalkreiche, mergelige und lehmige Böden.

A **Potentillo-Menthetum suaveolentis**
Oberd. 52
Submediterrane Duftminzenflur
Sehr selten: Oberrheinebene, niederes Sundgauer und Markgräfler Hügelland. Gräben, Wegränder. Feuchte, sommerlich ± austrocknende, nährstoffreiche, lehmige Böden.

G *Potentilla anserina-Agrostis stolonifera*-Gesellschaft und *Ranunculus repens*-Gesellschaft
Wegrandrasen mit Gänse-Fingerkraut und Kriechendem Hahnenfuss
Verbreitet und häufig. Wegränder, brachliegendes Acker- und Gartenland, Erdschutt. (Mässig) feuchte, nährstoffreiche, schwere Lehm- und Tonböden.

A **Juncetum compressi** Br.-Bl. ex Libb. 32
Plattbinsen-Uferrasen
Ufer des Rheins und der Wiese. Fugen von Bermenmauern im Hochwasserbereich.

8. Wirtschafts-Grünland und Grünland-Brachen

K **Molinio-Arrhenatheretea**
Tx. 37 (Arrhenatheretea Br.-Bl. 47 und Molinio-Juncetea Br.-Bl. 47)
Grünland

O Molinietalia caeruleae W. Koch 26 (Molinio-Juncetea Br.-Bl. 47)
Nass-Grünland

V **Filipendulion ulmariae** Segal 66
Nasse Staudenfluren

A **Filipendulo-Geranietum palustris** W. Koch 26
Spierstauden-Sumpf-Storchschnabel-Uferflur
Sehr selten geworden und nur noch kleinflächig: Oristal, Olsberg, Leymen (ob noch?). Bachufer und Gräben. Feuchte bis nasse, durchrieselte, nährstoff- und basenreiche, humose, lehmige Böden.

A **Valeriano procurrentis-Filipenduletum ulmariae** Siss. in Werth. et al. 46
Baldrian-Nassstaudenflur
Recht verbreitet. Ufer von Bächen, Kanälen, Gräben und Weihern, Uferbermen der Flüsse, seltener vergandete Riedwiesen. Ausserhalb stark erodierender Hochwässer. Feuchte bis nasse, nährstoffreiche, humose Lehm- und Tonböden. Meist verbunden mit Calystegion sepium, Sparganio-Glycerion, Phragmition.

G *Filipendula ulmaria*-Gesellschaft
Pionier-Bachuferflur
Verbreitet und häufig. Ökologie des Valeriano-Filipenduletum. Oft dessen Vorläufer- oder Degradationsstadium.

G *Euphorbia palustris-Gesellschaft*
Auen-Staudenflur mit Sumpf-Wolfsmilch
Nur Oberrheinebene: Petite Camargue / Fischzuchtanstalt. Ränder von Altwässern, Weihern und Schilfbeständen. Nasse, basen-, aber nicht übermässig nährstoffreiche, humose, ± tonige Böden. Immer verbunden mit dem Phragmition.

V **Calthion palustris** Tx. 37
Nährstoffreiche Nasswiesen

A **Angelico-Cirsietum oleracei**
Tx. 37 em. Oberd. in Oberd. et al. 67
Kohldistel-Nasswiese
Vor allem Jura, Dinkelberg, juranaher Sundgau, sonst seltener. Nasswiesen an schattigen Waldrändern, Quellfluren, sumpfige Senken. Nasse oder dauerfeuchte, nährstoff- und gerne kalkreiche, tiefgründige, humose Lehm- und Tonböden.

A **Chaerophyllo hirsuti-Ranunculetum aconitifolii** Oberd. 52
Bergbach-Staudenflur
Weitenauer Vorberge, selten Dinkelberg-Nordrand, fragmentarisch Wiesental. Quellige Senken in Fettwiesen, Wiesentälchen. Nasse, nährstoffreiche, tiefgründige Lehm- und Tonböden.

• Anm.: Im Jura erst ausserhalb des Gebiets.

A **Scirpetum sylvatici** Maloch 35 em. Schwick. 44
Waldsimsen-Flur
Sundgau, Weitenauer Vorberge, Dinkelberg, seltener Jura. Nasse Senken in feuchtem Wiesland. Nasse, nährstoffreiche, meist kalkarme, tiefgründige Lehm- und Tonböden.

• Anm.: Assoziationsrang umstritten.

A **Epilobio-Juncetum effusi** Oberd. 57
Flatterbinsen-Sumpf
Ganzes Gebiet. Vernässte Stellen und Quellfluren in Weiden, an Waldwegen und Waldschlägen, Störstellen in Nasswiesen. Nasse, nährstoffreiche, tiefgründige, oft verdichtete Lehm- und Tonböden.

• Anm.: Unscharf begrenzt und im Assoziationsrang umstritten.

V **Molinion caeruleae** W. Koch 26
Pfeifengras-Riedwiesen

A **Molinietum caeruleae** W. Koch 26
Pfeifengras-Ried
Sehr selten, jetzt verschollen. Nur Oberrheinebene: Petite Camargue / Fischzuchtanstalt. Riedwiesen. Wechselfeuchte, basenreiche, nährstoffarme, humose Böden.

A **Cirsio tuberosi-Molinietum arundinaceae**
Oberd. et Philippi ex Görs 74
Knollendistel-Ried
Selten: Jura, Ränder des Gempenplateaus; Oberrheinebene. Gemähte Riedwiesen, Mergelhänge. Wechselfeuchte, basenreiche, nährstoffarme, ± tonige oder mergelige Böden.

• Anm.: Im Sinne Zollers (ZOLLER 1954) wird das Tetragonolobo-Molinietum (Pfeifengras-Trespenrasen) als eigenständige Mesobromion-Assoziation beibehalten und nicht als Subassoziation "brometosum" dem Cirsio-Molinietum eingegliedert.

O **Arrhenatheretalia** Pawl. 28
(Arrhenatheretea Br.-Bl. 47)
Fettwiesen und Fettweiden

V **Arrhenatherion elatioris** W. Koch 26
Glatthafer-Mähwiesen

A **Arrhenatheretum elatioris**
Br.-Bl. ex Scherr. 25
Tal-Fettwiese
Ganzes Gebiet. Verbreitet und meist häufig. ± Gedüngte, mehrschürige Mähwiesen. Mässig trockene bis ± feuchte, eher nährstoffreiche und tiefgründige, meist ± lehmige Böden. Ausbildungsreich. Neben der reinen Assoziation und nutzungsbedingten Verarmungsformen ("Gesellschaften"):

SA – **brometosum** Oberd. 36
Trockene Talfettwiese mit Trespe
Trockenere, nährstoffärmere, z.T. steinige Böden. Vermittelt zum Mesobromion.

SA – **cirsietosum oleracei** Görs 74
Feuchtwiese mit Kohldistel
Feuchtere, nährstoffreichere Lehm- und Tonböden. Vermittelt zum Calthion.

V **Cynosurion** Tx. 47
Weiden und Scherrasen

A **Lolio-Cynosuretum** Br.-Bl. et De L.
36 n. inv. Tx. 37
Kammgras-Fettweide
Ganzes Gebiet. Verbreitet und häufig. Fettweiden, Schafstandweiden. Mässig frische bis ziemlich feuchte, nährstoffreiche, meist lehmige Böden.

A **Festuco-Crepidetum capillaris**
Hüllbusch et Kienast ex Kienast 78
Trocken-Scherrasen mit Pippau
Siedlungsgebiete, v.a. Wohnquartiere. Ältere Scherrasen. Mässig trockene bis frische, meist sommertrockene, mässig nährstoffreiche, sandige und lehmige Böden. Oft künstliche Auftragsböden.

A **Trifolio repentis-Veronicetum filiformis** N. Müller 88
Klee-Scherrasen
Siedlungsgebiete. Scherrasen. Eher frische, nährstoffreiche, meist lehmige Böden. Oft künstliche Auftragsböden.

• Anm.: Abgrenzung gegen das Festuco-Crepidetum unscharf.

9. Gehölze, Wälder

K **Salicetea purpureae** Moor 58
Weiden-Gehölze

O Salicetalia purpureae Moor 58
Weiden-Gehölze

V **Salicion albae** v. Soó 30 em. Moor 58
Ufer-Weidengehölze

A **Salicetum triandrae** (Malc. 29)
Noirf. 55 (Salicetum triandro-viminalis Lohm. 52 ex Moor 58)
Weiden-Gebüsch
Ebene und Jura, verbreitet, doch meist nur kleinflächig. Schöner Bestand im Oristal. Fluss- und Bachufer. Wasserzügige, nährstoffreiche, meist ± lehmige Böden.

A **Salicetum fragilis** Pass. 57 em. Seibert in Oberd. 92 (Salicetum albo-fragilis Tx. [48] 55 p.p.)
Bruchweiden-Bachzeile
Wiesental. Schöne Bestände erst oberhalb Schopfheim und im Kleinen Wiesental ausserhalb des Rayons. Flussufer. Wasserzügige, kalkarme Böden.

A **Salicetum albae** Issl. 26 (Salicetum albo-fragilis Tx. [48] 55 p.p.)
Silberweiden-Flussufergehölz
Flusstäler, verbreitet. Grössere Bestände nur in der Oberrheinebene. Flussufer; fragmentarisch an Bächen, in Kiesgruben usw. Wasserzügige, periodisch überschwemmte, basenreiche, z.T. etwas lehmige Böden.

K **Alnetea glutinosae** Br.-Bl. et Tx. 43
Bruch-Wälder

O Alnetalia glutinosae Tx. 37 em. Th. Müller et Görs 58
Bruch-Wälder

V **Salicion cinereae** Th. Müll. et Görs 58
Weiden-Brücher

A **Salicetum auritae** Jonas 35 em. Oberd. 64
Öhrchenweiden-Bruch
Weitenauer Vorberge, Höherer Sundgau, Olsberger Wald. Nur ganz kleinflächig und selten. Historisch z.T. auch in den Flusstälern (MEIER 1992). Waldsümpfe. Staunasse, nährstoff- und kalkarme, ± torfige Böden. Gley.

A **Salicetum cinereae** Zolyomi 31
Aschweiden-Bruch
Sundgau, Oberrheinebene und Weitenauer Vorberge. Wohl ziemlich verbreitet, aber jeweils nur kleinflächig. Früher wohl viel häufiger. Vernässte Senken, vergandete Riedwiesen. Stau- bis sickernasse, mässig nährstoffreiche, z.T. kalkarme Tonböden. Gley-Pseudogley.

V **Alnion glutinosae** Malc. 29 em. Moor 58
Erlen-Brücher

A **Carici elongatae-Alnetum glutinosae** W. Koch 26 ex Tx. 31
Seggen-Erlenbruch
Olsberger Wald, Höherer Sundgau (mehr ausserhalb des Gebietes). Sehr selten und nur kleinflächig. Waldsümpfe. Staunasse, kalkarme Lehm- und Tonböden. Gley.

A **Sphagno-Alnetum glutinosae** Lemée 37 n. inv. Oberd. 92
Torfmoos-Erlenbruch
Ob im Gebiet? Weitenauer Vorberge?

G *Caltha palustris-Alnus glutinosa*-Gesellschaft
Dotterblumen-Erlenbruch
Sundgau, verbreitet. Auch Mooswäldeli, Riehen. Zum Teil wohl Degradationsstadien oder Initialen des Carici elongatae-Alnetum. Wald-Quellsümpfe. Stau- bis sickernasse, recht nährstoffreiche Lehm- und Tonböden. Gley-Pseudogley.

K **Erico-Pinetea** Horvat 59
Kalk-Föhrenwälder

O Erico-Pinetalia Horvat 59
Kalk-Föhrenwälder

V **Erico-Pinion** Br.-Bl. in Br.-Bl. et al. 39
Kalk-Föhrenwälder

A **Molinio-Pinetum** E. Schmid 36 em. Seibert 62
Pfeifengras-Föhrengehölz
Jura: Blauen-, mittleres, südöstliches und südliches Gempengebiet. Überall kleinflächig und strikt lokalisiert. ± Wasserzügige, z.T. auch wechselfeuchte Mergelsteil- und -rutschhänge.

A **Coronillo-Pinetum** (E. Schmid 36, Moor 57) J. L. Richard 72
Kronwicken-Felsgrat-Föhrengehölz
Jura: südliches Blauen-, mittleres und südliches Gempengebiet. Kleinflächig und strikt lokalisiert. Sonnige Kalkfelskreten der oberen Lagen. Rendzina.

K **Vaccinio-Piceetea** Br.-Bl. in Br.-Bl. et al. 39
Nadelwälder

O Piceetalia abietis Pawl. in Pawl. et al. 28 Nadelwälder

V **Dicrano-Pinion** Matusz. 62 em. Oberd. 79
Zweizahnmoos-Föhrenwälder

UV Dicrano-Pinenion Seibert in Oberd. 92
Zweizahnmoos-Föhrenwälder

A **Bellidiastro-Pinetum** J. L. Richard 72
Masslieb-Föhrenwald

Blauengebiet: Fürstenstein, Obmert, Chuenisberg. Ganz fragmentarische Ausbildungen ohne *Aster bellidiastrum* über eher schattigen, mässig trockenen, klüftigen Kalkfelsen mit modrig-humoser Auflage.

V **Piceion abietis** Pawl. in Pawl. et al. 28
(Abieti-Piceion Br.-Bl. in Br.-Bl. et al. 39)
Tannen- Fichtenwälder

UV Vaccinio-Abietenion Oberd. 62
Heidelbeer-Weisstannenwälder

A **Vaccinio-Abietetum** Oberd. 57
Heidelbeer-Weisstannenwald
Vorkommen im Gebiet fraglich. Weitenauer Vorberge?

A **Luzulo-Abietetum** Oberd. 57
Hainsimsen-Weisstannenwald
Weitenauer Vorberge. Frische, kalkarme, z.T. modrig-humose, lehmige Böden. Angenähert Podsol.

K **Querco-Fagetea** Br.-Bl. et
Vlieg. in Vlieg. 37 em. Oberd. 92
Eurosibirische Sommerwälder

O Prunetalia spinosae Tx. 52
Laub-Gebüsche

V **Berberidion** Br.-Bl. 50
Basen- und wärmebedürftige Gebüsche

A **Cotoneastro-Amelanchieretum**
(Faber 36) Tx. 52
Felsenmispel-Gesträuch
Jura, Dinkelberg-Südseite, Isteiner Klotz, ob Rötteln. Sonnige Felsköpfe, Felsbänder, vereinzelt verfestigte Schotter des Hochrheintals. Recht trockene, meist kalkreiche, klüftige Felsböden. Rendzina.

A **Prunetum mahaleb** Nevole 31 ex
Th. Müller 86
Felsenweichsel-Gesträuch
Existenz im Gebiet fraglich. Nicht durch Aufnahmen belegt. Stellenweise vielleicht aber an Terrassenkanten der Birsebene.

A **Pruno-Ligustretum** Tx. 52 n. inv.
Oberd.70 (Ligustro-Prunetum Oberd.57)
Liguster-Schlehen-Gebüsch
Nicht urbane Gebiete der Rheinebene, Dinkelberg, Isteiner Klotz, Jura, seltener Sundgau und Markgräfler Hügelland. Waldmantel- und Feldheckengebüsche. Mässig trockene bis ± frische, basenreiche, lehmige und steinige Böden. Pararendzina.

SA – **sambucetosum nigrae** Müller in
Oberd. 92 (Evonymo-Sambucetum nigrae
Moor 60)
– **mit Schwarzholder**
Verbreitet, Jura etc. Waldmäntel feuchterer Lagen, im Kontakt mit Carpinion, Alno-Ulmion etc.

A **Pruno padi-Coryletum** Moor 58
(Pruno-Ligustretum Tx.52 n. inv. Oberd. 70 prunetosum padi Müller in Oberd.92)
Traubenkirschen-Hasel-Gebüsch
Verbreitet: Sundgau, Oberrheinebene. Bach- und Flussauen. Mantelgebüsche des Pruno-Fraxinetum. Recht feuchte bis wasserzügige, basenreiche, aber eher kalkarme tiefgründige Lehm- und Tonböden. Pseudogley.

• Anm.: Die Gesellschaft dürfte auch ohne die Präsenz von *Vitis sylvestris* durch die hochstete *Prunus spinosa* ssp. *fruticans* und die fast völlige Abwesenheit von *Prunus spinosa* s. str. genügend charakterisiert sein. Deshalb behalten wir sie im Assoziationsrang bei.

A **Salici elaeagni-Hippophaëtum**
rhamnoïdis Br.-Bl. 28 ex Eckm. 40
n. inv. Wendelb. 67 (Hippophaë-Berberidetum Moor 58)
Lavendelweiden-Sanddorn-Gebüsch
Oberrhein- und Birsebene, Hochrheintal; an Birs und Hochrhein ohne *Hippophaë*. Schotter der Niederterrassen und höherer Auenniveaus. Oberflächlich trockene, in der Tiefe ± wasserzügige, oft sandige Schotterböden.

A **Salici nigricantis-Viburnetum**
opuli Moor 58
Weiden-Schneeball-Gebüsch:
SA – **salicetosum cinereae** Th. Müll. 74
– **mit Aschweide**
Flusstäler, Jura. Verbreitet. Bach- und Flussauen im Bereich des Alno-Ulmion. Sickerfeuchte, basen- und meist kalkreiche, lehmige und tonige Böden. Angenähert Pseudogley.

A **Convallario-Coryletum** Moor 60
Maiglöckchen-Hasel-Gebüsch
Jura, Dinkelberg-Südseite, wohl auch Isteiner Klotz und Terrassenkanten der Rheinebene. Nicht konsolidierter, mässig trockener Kalk-Felsschutt und Terrassenschotter, v.a. im Bereich des Tilio-Acerion.

G *Humulus lupulus-Sambucus nigra-*
   Berberidion-Gesellschaft
   Auen-Dickicht mit Hopfen
Vor allem Auen des Oberrheins. Nährstoffreiche Böden.

G *Clematis vitalba-Corylus avellana-*
   Berberidion-Gesellschaft
   (Sambuco nigrae-Clematidetum Oberd.67)
   Nielen-Hasel-Gebüsch
Flusstäler. Weiter verbreitet als vorige. Auch an Terrassenborden usw.

G *Rosa-Ulmus minor-*Gesellschaft
   (Ulmo-Rosetum Schub. et Mahn [59] 62
   n. inv. Oberd. 79 p.p.)
   Rosen-Feldulmen-Gebüsch
Fast nur Stromtal des Rheins, häufiger erst von Basel abwärts. Bermenmauern, Bahnareale usw. Recht trockene, ± nährstoffreiche, sandige, z.T. lehmige Schotterböden.

G *Robinia pseudacacia-*Prunetalia-
   Gesellschaften
   Robinien-Dickichte
Flusstäler und niedere Hügelländer. Weit verbreitet. Brachstellen, altes Kulturland etc. Meist ± rohe, gestörte Böden.

V **Pruno-Rubion fruticosi** Tx. 52 corr. Doing 62 em. Oberd. et Müller in Oberd. 92
   Bodensaure Brombeer-Gestrüppe

UV Rubo-Prunenion spinosi Oberd. 83
   Schlehen-Brombeer-Gestrüppe

A **Rubo fruticosi-Prunetum spinosae**
   Web. 74 n. inv. Wittig 76 em. Oberd. et Müller in Oberd. 92
   Schlehen-Brombeer-Gestrüpp
Weitenauer Vorberge, Olsberger Wald, Höherer Sundgau. Mantel- und Feldgebüsche. Frische bis mässig trockene, kalkarme, lehmige Böden. Parabraunerde.

UV Frangulo-Rubenion fruticosi
   (Riv. God. 64) Oberd. 83
   Faulbaum-Brombeer-Gestrüppe

A **Frangulo-Rubetum plicati** Neum.
   in Tx. 52 em. Oberd. 83
   Faulbaum-Brombeer-Gestrüpp
Weitenauer Vorberge, Olsberger Wald, Höherer Sundgau. Eher selten! Waldmäntel, Waldverlichtungen. Mässig feuchte bis wechseltrockene, kalkarme, lehmige Böden.

O Quercetalia robori-petraeae Tx. (31) 37
   Bodensaure Eichenwälder

V **Quercion robori-petraeae** Br.-Bl. 32
   Bodensaure Eichenwälder

UV Quercenion robori-petraeae
   (Br-Bl. 32) Riv. Mart. 82
   Bodensaure Eichenwälder

A **Holco mollis-Quercetum robori-
   petraeae** Lemée 37 corr. et em. Oberd. 85
   Honiggras-Eichenwald
Vorkommen im Gebiet sehr fraglich!

A **Betulo-Quercetum petraeae** Tx.
   (29) 37 em. Oberd. 85
   Birken-Eichenwald
Olsberger Wald, Sundgau und externe Lössgebiete, Weitenauer Vorberge. Überall nur (noch) kleinflächig und gerne über Deckenschottern. Frische, oberflächlich oft trockene, kalkarme, stärker saure, modrig-humose, kiesige und lehmige Böden. Parabraunerde, angenähert Podsol. Mindestens zum Teil wohl wirtschaftsbedingt.

O Quercetalia pubescenti-petraeae
   Klika 33 corr. Moravec in Béguin et Theurillat 84
   Flaumeichen-Buschwälder

V **Quercion pubescenti-petraeae**
   Br.-Bl. 32 em. Rivas-Martinez 72
   Flaumeichen-Buschwälder

UV Buxo-Quercenion pubescentis
   (Jak. 60) Rivas-Martinez 72
   Buchs-Eichenwälder

A **Quercetum pubescenti-petraeae**
   Imchenetzky 26 n. inv. Heinis 33
   (Coronillo coronatae-Quercetum Moor 62
   p.p., Arabido turrito-Quercetum Ellenb. et
   Klötzli 72, Rhamno-Quercetum Kissling 83)
   Flaumeichen-Buschwald
Jura, Dinkelberg-Südrand, Isteiner Klotz, Umgebung von Rötteln. Felsköpfe und felsnahe Plateauränder, südexponierte Steilhänge. ± Trockene, kalkreiche, aber tiefgründigere, lehmigere Böden als Coronillo-Pinetum. Pararendzina.

• Anm.: Die synonymen Einheiten verdienen wahrscheinlich den Rang von Subassoziationen (vgl. auch MÜLLER in OBERDORFER 1992b).

O **Fagetalia sylvaticae** Pawlowski
in Pawl., Sok. et Wallisch 28
Mesophytische Laubwälder

V **Alno-Ulmion** Br.-Bl. et Tx. 43
(Alno-Padion Knapp 48)
Auenwälder

UV Alnenion glutinoso-incanae Oberd. 53
Erlen-Eschen-Auenwälder

A **Alnetum incanae** Lüdi 21
(incl. Equiseto hyemali-Alnetum incanae
Moor 58)
Grauerlen-Au
Sehr selten, kleinflächig und fragmentarisch:
Birs zwischen Zwingen und Angenstein.

A **Equiseto telmatejae-Fraxinetum**
Oberd. ex Seib. 87 (Carici remotae-
Fraxinetum equisetosum)
Schachtelhalm-Eschen-Au
Waldbäche ohne grosse Hochwasserdynamik.
Wasserzügige, kalkreiche Mergelböden. Jura,
Dinkelberg.

A **Carici remotae-Fraxinetum**
W. Koch 26 ex Faber 36
Bach-Eschenwald
Verbreitet, v.a. Sundgau, Dinkelberg, Weitenauer Vorberge, Olsberger Wald. Selten Tafel-Jura. Ufer von Waldbächen in Kerbtälchen ohne grosse Hochwasserdynamik, Quellrunsen etc. Feuchte, basenreiche, aber kalkarme Lehm- und Tonböden.

A **Stellario nemorum-Alnetum
glutinosae** Lohm. 57
Hainsternmieren-Erlenwald
Talzüge der Weitenauer Vorberge, Kleines Wiesental und Wiesental zwischen Hauingen und Steinen. Bachtäler ausgesprochen silikatischer Mittelgebirge. Wasserzügige, kalkarme, nährstoffreiche Lehm- und Tonböden.

A **Pruno padi-Fraxinetum** Oberd. 53
(Alno-Fraxinetum Oberd. 49 n.n.)
Traubenkirschen-Eschenwald
Sundgau, Markgräfler Hügelland, Weitenauer Vorberge, Dinkelberg, Olsberger Wald, stellenweise Rheinebene. Bachtäler, Bachzeilen, anmoorige Mulden. Wasserzügige, nährstoffreiche Lehm- und Tonböden. Pseudogley.

UV Ulmenion Oberd. 53
Hartholz-Auen

A **Querco robori-Ulmetum minoris** Issl. 24
(Fraxino-Ulmetum [Tx. 52] Oberd. 53, incl.
Ulmo-Fraxinetum listeretosum Ellenb. &
Klötzli 72)
Eichen-Ulmen-Au
Oberrhein, Wiese (Lange Erlen), Birsebene, vereinzelt grössere Bachtäler des Niederen Sundgaus. Hartholzaue ausserhalb des Einflusses regelmässiger Hochwässer.

SA – **caricetosum albo-flaccae** Oberd. 57
– mit Weisser und Schlaffer Segge
Oberrheinebene. Höchste, trockenste Auenniveaus vor allem der Rheininsel und des Badischen Rheinvorlands. Oberflächlich recht trockene, steinige Böden.

SA – **allietosum ursini** Oberd. 57
– mit Bärlauch
Verbreitung der Assoziation. Frische bis feuchte, nährstoff- und basenreiche Senken mit ton- und lehmreicherem Untergrund.

V **Carpinion betuli** Issl. 31 em. Oberd. 57
Eichen-Hagebuchenwälder

UV Pulmonario-Carpinenion betuli
Oberd. 57
Lungenkraut-Eichenhagebuchenwälder

A **Stellario holosteae-Carpinetum
betuli** Oberd. 57 (Querco-Carpinetum
medioeuropaeum Tx. 37 p.p.)
Sternmieren-Eichenhagebuchenwälder
Oberrheinebene, v.a. Elsässer Hardt, unteres Hochrheintal: Birsfelder Hard; wirtschaftsbedingt auch stellenweise im Sundgau und im Markgräfler Hügelland, teilweise ohne *Stellaria holostea*. Grundfeuchte, ± kalkarme, lehmige bis tonige Böden. Braunerde. Oft in Kontakt mit dem Galio odorati-Fagetum und sich dahin entwickelnd.

SA – **stachyetosum sylvaticae** Tx. 37
(Aro-Fagetum Ellenb. et Klötzli 72 p.p.)
– mit Waldziest
v.a. die Variante mit *Allium ursinum*.
Verbreitung der Assoziation. Sickerfrische, basenreiche, humose Lehm- und Tonböden.

SA – **caricetosum brizoidis** (Tx. 37)
Th. Müller in Oberd. 92
– mit Seegras
Vor allem Sundgau. Staufeuchte, kalkarme, z.T. schwere Lehm- und Tonböden. Parabraunerde, angenähert Pseudogley.

UV Galio sylvatici-Carpinenion betuli
Oberd. 57
Waldlabkraut-Eichenhagebuchenwälder

A **Galio sylvatici-Carpinetum betuli**
Oberd. 57 (Querco-Carpinetum medioeuropaeum Tx. 37 p.p.)
Waldlabkraut-Eichenhagebuchenwald
Niederterrassen von Oberrheinebene und Birsebene, seltener Niederer Sundgau. Teilweise ohne *Galium sylvaticum*. ± Sommertrockene, leicht verlehmte Schotterböden.

SA – **asaretosum** (Tx. 37) Th. Müller in
Oberd. 92
– **mit Haselwurz**
Birsebene, Birsfelder Hard. Mässig trockene, kalkreiche Böden. Pararendzina.

SA – **tilietosum** (Th. Müller 90) Th.
Müller in Oberd. 92
– **mit Linde**
Niederterrassenböschungen von Birsebene und Oberrheinebene. Nicht völlig konsolidierte, ± kalkreiche Schotterböden.

• Anm. zum Galio-Carpinetum: Im Sinne unserer Auffassung (vgl. Kap. 2.5.) sind hier auch wirtschaftsbedingt von Eichen und Hagebuchen dominierte Bestände, die dem Carici-Fagetum und z.T. dem Galio odorati-Fagetum zuneigen und sich dahin entwickeln (würden), unterzubringen.

A **Carici albae-Tilietum cordatae**
Müller et Görs 58
Wärmeliebd. Winterlinden-Hangwald
Dinkelberg-Südseite, Isteiner Klotz, ev. auch Niederterrassen-Böschungen der Oberrheinebene (?). Ausgesprochen warme steile Hanglagen, die noch nicht dem Quercion pubescenti-petraeae zuzuordnen sind.
• Assoziationsrang nicht unbestritten!

V **Tilio platyphylli-Acerion
pseudoplatani** Klika 55
Linden-Ahornwälder

UV Tilienion platyphylli (Moor 75)
Th. Müller in Oberd. 92
Lindenwälder

A **Aceri platanoidis-Tilietum
platyphylli** Faber 36
Spitzahorn-Lindenwald
Jura, Dinkelberg. Milde bis warme, meist sonnseitige Steilhänge. Mässig trockene bis frische, skelettreiche, nicht völlig konsolidierte, im Gebiet immer kalkreiche Böden.

UV Lunario-Acerenion pseudoplatani
(Moor 73) Müller in Oberd. 92
Blockschutt- und Hangfuss-Ahornwälder

A **Fraxino-Aceretum pseudoplatani**
(W. Koch 26) Rübel 30 ex Tx. 37 em. et nom. inv. Th. Müller 66 (non Libbert 30) p.p.
Eschen-Ahornwald
Jura, Dinkelberg, Gegend von Istein. Milde, oft ± schattseitige Hanglagen, Hangfüsse und Tälchen. Frische, ± wasserzügige, basen- und meist kalkhaltige, skelettreiche, humose Böden.

SA – **corydaletosum** Th. Müller in Oberd.
92 (Corydalido-Aceretum Moor 38)
– **mit Lerchensporn**
Bezeichnend für feineren, sehr humosen Gehängeschutt des Malms (Rauracien) und des Muschelkalks.

SA – **aruncetosum** Th. Müller in Oberd.
92 (Arunco-Aceretum Moor 52)
– **mit Geissbart**
Jura: Blauen- und Gempengebiet. Eher lokkere, humose Böden.

SA – **allietosum ursini** Th. Müller in
Oberd. 92
– **mit Bärlauch**
Verbreitet. Skelettärmere, mehr tonige Böden.

A **Phyllitidi-Aceretum** Moor 52
Hirschzungen-Ahorn-Hangwald
Jura, seltener Dinkelberg. Schattige, sommerkühle Felsfüsse und Felsschluchten. ± Grober, klüftiger Kalkfelsschutt.

V **Fagion sylvaticae** Luguet 26
Rotbuchenwälder

UV Luzulo-Fagenion (Lohm. ex Tx.
54) Oberd. 57
Azidophytische Buchenwälder

A **Luzulo-Fagetum** Meusel 37
Hainsimsen-Buchenwald
Verbreitet, aber nicht überall grossflächig: Weitenauer Vorberge, Olsberger Wald, Sundgau, externe Lössgebiete, Dinkelberg, über Deckenschottern und tiefgründig verhagertem Lösslehm. Mässig frische, kalkarme, z.T. steinige, lehmige Böden. – Im Gebiet oft in der Tieflagenform (= Melampyro-Fagetum Oberd. 57)

UV Galio odorati-Fagenion (Tx. 55)
Th. Müller in Oberd. 92
Waldmeister-Buchenwälder

A **Galio odorati-Fagetum** Rübel 30 ex Sougnez et Thill 59 (inkl. Milio-Fagetum Frehner 63)
Waldmeister-Buchenwald
Weit verbreitet und zum Teil grossflächig: Höherer Sundgau, Dinkelberg, auch Olsberger Wald und Markgräfler Hügelland. Seltener in den Weitenauer Vorbergen. Nur vereinzelt Jura. Basenreiche, oft kalkarme, frische bis mässig feuchte, tiefgründige, humose Lehmböden. Braunerde. Nicht zu sommerwarme und nicht zu lufttrockene, meist schwach geneigte bis ebene Lagen. In mehreren Subassoziationen und Facies.

A **Hordelymo-Fagetum** (Tx. 37) Kuhn 37 em. Jahn 72 (inkl. Pulmonario-Fagetum Frehner (63) 67, Aro-Fagetum Ellenb. et Klötzli 72 p.p., Carici-Fagetum sensu Moor 72 p.p.; Fagetum sylvaticae hordelymetosum Moor 52)
Waldgersten-Buchenwald
Jura, Dinkelberg und Tüllinger Berg. Weit verbreitet und oft grossflächig. Frische bis mässig trockene, basen- und meist ± kalkreiche, ± skelettreiche, humose Lehmböden. Pararendzina, verbraunte Rendzina. Im Gebiet mit zahlreichen Subassoziationen, darunter:

SA – **allietosum ursini** Th. Müller in Oberd. 92 (Aro-Fagetum Ellenb. et Klötzli 72 p.p.)
– mit **Bärlauch**
Verbreitung der Assoziation. Frische, basenreiche, tiefgründige, humose Lehm- und Tonböden.

• Anm.: Das weit gefasste Hordelymo-Fagetum schliesst die Lücke zwischen Galio odorati-Fagetum und Carici-Fagetum. Die Bezeichnung erscheint für unsere Gegend zwar nicht eben glücklich. Es wird ihr gegenüber dem ebenso wenig treffenden Pulmonario-Fagetum Frehner (63) 67 der Vorzug gegeben, da sie dieses einschliesst und in ihrer Erstfassung durch Tüxen (1937) Priorität geniesst.

UV Lonicero alpigenae-Fagenion
Borhidi 63 em. Oberd. et Th. Müller 84
Montane Buchenwälder

A **Dentario heptaphylli-Fagetum** (Br.-Bl. 32) Th. Müller 66 (Fagetum sylvaticae Moor 52 p.p., Abieti-Fagetum sensu Moor 52 p.p.)
Zahnwurz-Buchenwald
Jura: Blauen, vor allem Nordseite, West- und Ostrand des Gempenplateaus. Verbreitet und z.T. grossflächig. Vereinzelt Tafeljura östlich der Ergolz und Dinkelberg. ± Absonnige Hänge. Frische, immer kalkhaltige, ± skelettreiche, humose Böden. Pararendzina.

SA – **tilietosum** Ellenb. et Klötzli 72 (Tilio-Fagetum Moor 52)
– mit **Sommerlinde**
Nicht völlig konsolidierte Böden an Steilhängen, an Felsfüssen.

SA – **allietosum ursini** Moor 52 (Aro-Fagetum Ellenb. et Klötzli 72 p.p.)
– mit **Bärlauch**
Tonreiche, z.T. skelettarme Böden.

• Anm.: Eigentliche Weisstannen-Buchenwälder – Lonicero alpigenae-Fagetum (Abieti-Fagetum sensu Moor 52, Kuoch 54) – erreichen das Gebiet auch in seinen höchsten Lagen (Blauen, Schartenfluh) nicht. Der Übergang von weisstannenarmen zu weisstannenreichen Beständen ist durchaus fliessend.

UV Cephalanthero-Fagenion Tx. 55
ex Tx. et Oberd. 58
Wärmeliebende Kalk-Buchenwälder

A **Carici-Fagetum** Rübel 30 ex Moor 52 em. Lohm. 53
Seggen-Buchenwald
Jura: häufig und z.T. grossflächig; Dinkelberg, Isteiner Klotz. Mässig frische bis ziemlich trockene, ± kalkreiche, humose, z.T. skelettreiche, ± lehmige Böden in milden bis warmen Lagen. Im Gebiet mehrere Untergesellschaften, so:

SA – **seslerietosum** (Meusel) Lohm. 53 (incl. Seslerio-Fagetum Moor 52)
– mit **Blaugras**
Blauen- und Gempengebiet. Meist kleinflächig. Recht trockene, skelettreiche, humose, wenig lehmige Böden. Rendzina.

SA – **caricetosum montanae** J. L. Richard 61
Jura, vor allem Gempenplateau, z.T. grossflächig. Oberflächlich entkalkte, flachgründig-trockene, ± lehmige Böden. Verbraunte Rendzina, Pararendzina.

SA – **molinietosum arundinaceae**
  Oberd. 57 (Pulmonario-Fagetum melittetosum Frehner (63) 67 "mit kriechendem Liguster" Burnand et al. 90)
  – mit Pfeifengras
Vor allem Gempengebiet. Wechselfeuchte Mergel und Verwitterungslehme.

SA – **caricetosum sylvaticae** Moor 72
  (Pulmonario-Fagetum melittetosum Frehner (63) 67)
  – mit Waldsegge
Skelettarme, basenreiche, recht frische lehmige Böden.

• Anm.: Das Carici-Fagetum fassen wir in der emendierten Form LOHMEYERS (1953) auf – also ohne hochstete *Carex alba*. Es ist also wesentlich weiter ausgelegt als von MOOR (1952), ELLENBERG & KLÖTZLI (1972) und in deren Gefolge von BURNAND et al. (1990), jedoch weniger extensiv als von MOOR (1972), dessen Intention eine einzige Kalkbuchenwald-Gesellschaft in der submontanen Stufe zugrundeliegt.

7. Methode und Darstellung

7.1. Datenerhebung

Grundlegend für die gesamte Fülle der ca. 150 000 Einzelfunddaten ist die Feldarbeit. Auf ungezählten Exkursionen – mit öffentlichen Verkehrsmitteln, zu Fuss und mit dem Velo, selten auch mit dem Auto – wird alles Beobachtete mit genauen Ortsangaben ins Feldbuch notiert (häufige Arten z.T. nur auswahlweise). Pro Jahr kommen somit Notizen aus 100 bis 400 meist im Einzelgang, hin und wieder auch gemeinschaftlich durchgeführten Exkursionen zusammen. Ein nicht geringes Aufnahmematerial stammt aus Auftragsarbeiten der Autoren: Kommunale Naturinventare, Felderhebungen für Expertisen wie Umweltverträglichkeitsprüfungen usw. Würde man die Exkursionsrouten auf einem Plan aufzeichnen, so entstünde ein immer dichteres Netz mit immer engeren Maschen, das sich dem ideellen Ziel einer flächendeckenden Erfassung des Gebiets mindestens annähert.

Von im Felde nicht klar bestimmbaren oder zweifelhaften Pflanzenarten wird ein Beleg mitgenommen; gerade bei kritischen Artengruppen ist das Sammeln von Belegen unerlässlich. Oft trifft der Feldbotaniker Pflanzen ohne Blüten und Früchte an: Es gehört zu seinem Alltag, auch nichtblühende Exemplare ansprechen zu können. Manchmal hilft auch hier ein Beleg, der zuhause genau untersucht werden kann.

Mit dem Bestimmen und Pressen der Belege beginnt der gewichtige Anteil der Heimarbeit. Nach dem Einordnen der Belege kann etappenweise eine Durchbestimmung und Revision ganzer Sippengruppen en bloc vorgenommen werden. Manches Verkannte ist so schon entdeckt worden! Die in den Feldbüchern oder auf Handzetteln niedergelegten Feldnotizen werden nach Parzellen (s. unten) geordnet gesammelt und in Ordnern abgelegt. Aufgrund dieser geographisch detailliert sortierten Listen können nun für jede Pflanzenart Verbreitungskärtchen geschaffen werden. Die darin ersichtlichen Aufnahmelücken werden in Suchlisten zusammengefasst, mit deren Hilfe in ergänzenden Exkursionen eine Abrundung der Verbreitungsbilder erzielt wird; dazu gehört auch das Absuchen botanisch unattraktiver Orte. Trotz allen Bemühungen sind einzelne Gebiete etwas schwächer dokumentiert; diese Unvollkommenheit muss bei einer grundsätzlich qualitativen Erhebungsmethode in Kauf genommen werden.

Obwohl die Erfassung des aktuellen Florenbestands Aufgabe und Ziel dieser Flora bleibt, kommen wir nicht ohne Auswertung der Literatur und z.T. der öffentlichen Herbar-Sammlungen aus. Was aus diesen Quellen an Angaben ab 1980 erreichbar ist, fliesst in die vorliegende Arbeit ein. Es sei auf das Literaturverzeichnis verwiesen, das dem Artentextteil in Band 2 folgt. Eine der wichtigsten Quellen bilden "Die Farn- und Blütenpflanzen Baden-Württembergs" (SEBALD et al. 1990 ff.), deren bis jetzt 6 erschienene Bände wir zur Klärung etlicher Fragen gerne zur Hand nehmen; ebenso unverzichtbar bleibt die unübertroffene "Pflanzensoziologische Exkursionsflora" von OBERDORFER (1994), die wir dankbar zu Rate zogen, wenn in den eigens erarbeiteten Texten Unklarheiten bestanden.

Eine Fülle von Fundangaben verdanken wir den zahlreichen im Vorwort genannten Personen. Einzelne weitere Daten stammen aus den Herbarien von Basel (BAS, BASBG) und Stuttgart (STU).

Floren-Bezirke und Parzellen: Um die geographische Verbreitung eines Taxons im Untersuchungsgebiet zu dokumentieren, wurde nicht die übliche Gitterrastermethode gewählt, sondern eine primär nach naturräumlichen Gegebenheiten orientierte Gliederung vorgezogen. Dabei wurde der Rayon in 92 Einheiten, sog. "Bezirke", unterteilt (s. Karte Fig. 15). Die Grösse dieser Bezirke schwankt zwischen ca. 3 km^2 und ca. 20 km^2 und liegt im Durchschnitt bei ca. 12 km^2.

Die Abgrenzung der Bezirke wurde nach folgenden Kriterien vorgenommen:
1. politische Grenzen: Landesgrenzen; z.T. Kantonsgrenzen, auch Gemeindegrenzen;
2. landschaftliche Grenzen: Relieflinien wie Bergkamm, Hangfuss/Talrand, z.T. auch geologische Grenzen, Gewässer.

Durch die Überschneidung von Landes- und Naturraum-Grenzen ergaben sich einige wenige Flächen, die zur Abtrennung eines Bezirks deutlich zu klein sind und deshalb einem grösseren Bezirk eingegliedert wurden: Der "Schlipf", schweizerischer Anteil des Tüllinger Bergs, wurde der Ebene der Langen Erlen zugerechnet; zur Sundgau-Fläche Biederthal wurden die auf französischem Territorium liegenden Jura-Anteile "Geissberg" und "Rittimatte" gezogen, während die Felsarten des "Rämels", auch wenn sie beidseits der Landesgrenze notiert werden konnten, im Bezirk "Burg" erscheinen.

Jeder Bezirk ist weiter unterteilt in kleine Flächen, sog. "Parzellen", von ca. 0,25 km^2 Grösse mit einem Schwankungsbereich zwischen etwa 0,1 km^2 und 0,8 km^2 (als Beispiel einer Parzellierung s. Fig. 16d). Die Abgrenzung dieser Parzellen wurde aufgrund von gut im Feld und auf der Karte erkennbaren Elementen vorgenommen, vor allem an Vegetationsgrenzen wie Wald/Feld, Nordhang/Südhang, Plateau/Abhang, Siedlung/Agrarlandschaft, Wohnzone/Industriegebiet, auch entlang Gewässern, Talwegen, Verkehrslinien; bevorzugt wurden auch Felsköpfe, Kleingewässer und Naturschutzgebiete gesondert als Parzellen ausgeschieden.

Diesen insgesamt ca. 2100 Parzellen werden alle dokumentierten Pflanzenfunde zugeordnet. Jeder Bezirk ist für den internen Gebrauch auf einem A4-Blatt im Massstab 1:25 000 mit seiner Parzellierung dargestellt, worauf auch Exkursionsrouten und besondere Fundorte eingetragen werden können. Jede Parzelle ist mit einem zweizeichigen Kürzel (Digramm) eindeutig gekennzeichnet. Für jedes Taxon existiert ein Artenblatt, auf dem sämtliche Fundparzellen in Form dieser Digramme, geordnet nach Naturräumen, aufgeführt sind; in der Computer-Datenbank sind die Funddaten ebenfalls auf Parzellenebene gespeichert.

In den Verbreitungskärtchen der vorliegenden Flora erscheinen nur die Bezirke; die Parzellendaten liefern jedoch die Hintergrundinformationen zu einer dreistufigen Skala (s. Kap. 8.6.).

7.2. Speicherung der Funddaten

Wir verfügen über 3 grundsätzlich verschiedene Speichersysteme:
1. Die unzähligen, während Jahren gesammelten Eindrücke und Beobachtungen aus der Natur unserer Umgebung sind die eigentliche, lebendige Grundlage, auf der ein detailliertes Bild der floristischen Landschaft wachsen konnte. Die Schaffung der Artentexte gelang nur durch Reaktivierung der ganzen Fülle von gespeicherten Erinnerungen.
2. Die meist zunächst in Feldbüchern schriftlich notierten und genau lokalisierten Beobachtungen und Funde, in einem zweiten Schritt nach Parzellen in Ordnern abgelegt, bilden die für alle Interessierte greifbare Grundlage, von der aus alle weiteren Auswertungen auszugehen haben. Hierher gehören aber auch alle Literatur- und Herbardaten. Auch die eigenen etikettierten Herbarbelege zählen zu dieser Kategorie der für andere zugänglichen Grunddaten.
3. Der in der Anfangszeit noch verschmähte Computer wurde erst spät dienstbar: Daniel Knecht begann 1994 mit dem Eingeben der Verbreitungsdaten in eine FileMaker-Datenbank und dem Erstellen von Verbreitungskarten. Martin Frei baute mit ihm zusammen eine Artentext-Datei auf, die uns zur unentbehrlichen Matrix geworden ist. Da die unbegrenzt erweiterbare Computer-Datenbank auch nach dem Erscheinen der "Flora" fortgeführt wird, wird sie Grundlage für alle folgenden Arbeiten und Nachträge bleiben. Beispielsweise ist es möglich, für jeden "Bezirk", aber auch für jede "Parzelle" eine gesonderte Artenliste auszudrucken, die den aktuellen Stand der dort notierten Pflanzen wiedergibt.

7.3. Grundsätzliches zur Behandlung der Arten

7.3.1. Reihenfolge der Familien, Gattungen und Arten

In den vielen in jüngerer Zeit erschienenen Florenwerken ist, einem Dammbruch gleich, das konservative, altgewohnte System gleich durch mehrere neue Varianten ersetzt worden. Dieses Nebeneinanderbestehen verschiedener Familiensequenzen ist für den Benutzer unerfreulich. Wir haben uns entschlossen, in der Anordnung der Familien dem zur Zeit anerkannten Werk von CRONQUIST (1981) zu folgen (vgl. Übersicht Kap. 9), auch wenn dessen Folgerungen nicht in allen Einzelheiten unumstritten sind. Aber es wird wenigstens Über-

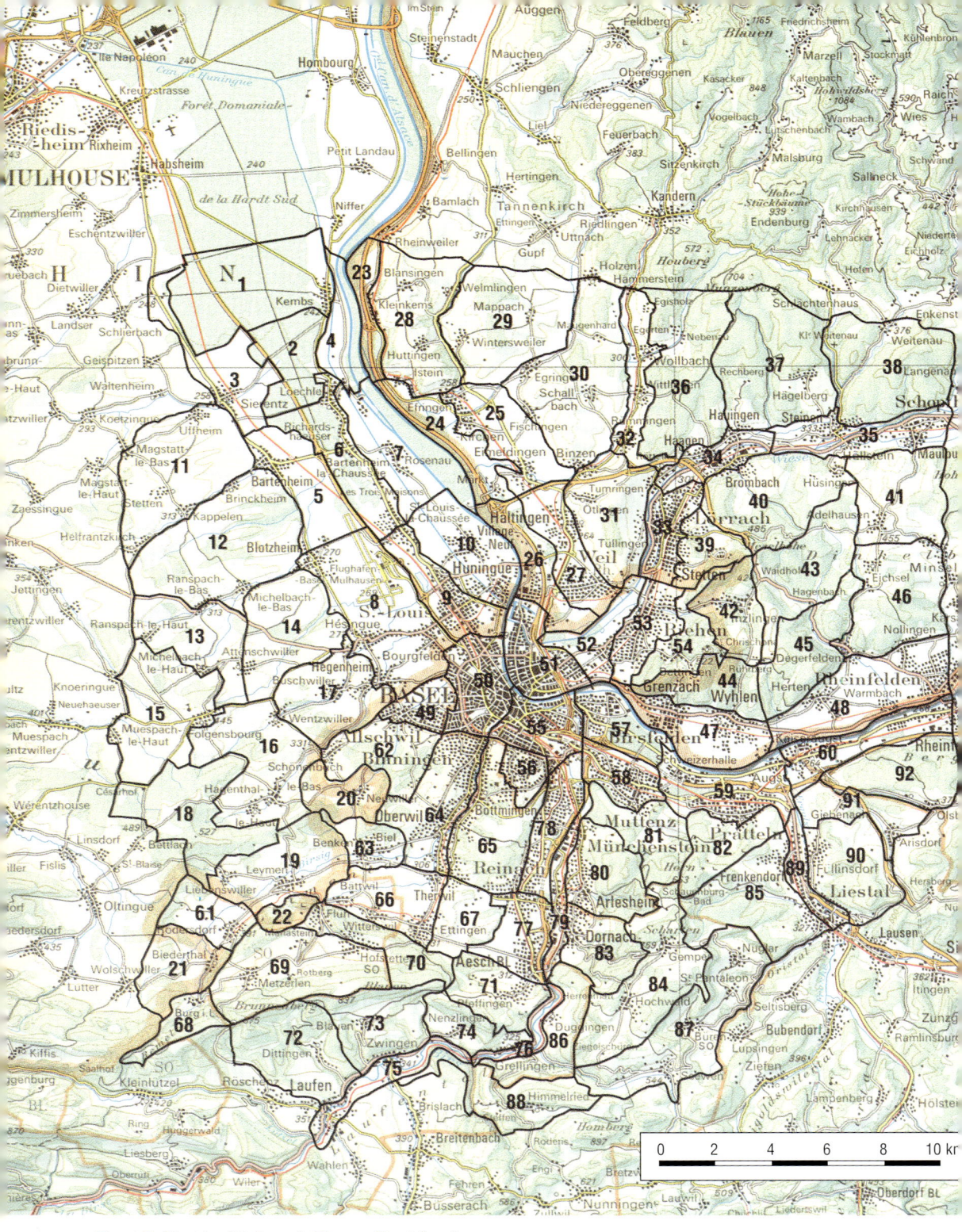

Fig. 15. Kartierflächen («Floren-Bezirke»)

Frankreich

Oberrheinebene:
1 Elsässer Hard Nord
2 Elsässer Hard Süd
3 Sierentz
4 Kraftwerk Kembs
5 Bartenheim
6 Trois Maisons
7 Rosenau
8 Flughafen
9 St. Louis
10 Village Neuf

Sundgau:
11 Uffheim
12 Schneckenberg
13 Michelbach-le-Haut
14 Attenschwiller
15 Muespach-le-Haut
16 Hagenthal
17 Buschwiller
18 Césarhof
19 Leymen
20 Neuwiller
21 Biederthal
22 Landskron

Deutschland

Oberrheinebene:
23 Kleinkems
24 Märkt
25 Efringen-Kirchen
26 Weil Ebene
27 Weil-Haltingen

Markgräfler Hügelland:
28 Istein - Blansingen
29 Mappach
30 Schallbach
31 Tüllinger Hügel

Kander- und Wiesental:
32 Wollbach
33 Lörrach
34 Haagen
35 Steinen

Weitenauer Vorberge:
36 Röttler Wald
37 Hägelberg
38 Weitenau

Dinkelberg:
39 Salzert
40 Brombach
41 Adelhausen
42 Inzlingen
43 Ottwangen
44 Grenzach Berg
45 Hirschenleck
46 Eichsel

Hochrheinebene:
47 Grenzach-Wyhlen
48 Badisch Rheinfelden

Schweiz

Stadt Basel und Agglomerationsgemeinden:
49 Allschwil
50 Grossbasel West
51 Kleinbasel
52 Lange Erlen
53 Riehen
54 Chrischona
55 Grossbasel Ost
56 Bruderholz BS

Hochrheinebene
57 Birsfelden
58 Muttenz Ebene
59 Pratteln Ebene
60 Kaiseraugst

Schweizer Sundgau:
61 Rodersdorf
62 Schönenbuch
63 Biel-Benken
64 Oberwil
65 Bruderholz BL
66 Ettingen
67 Schlatthof

Blauen:
68 Burg
69 Metzerlen
70 Hofstetten-Flüh
71 Pfeffingen
72 Dittingen
73 Blauen
74 Nenzlingen

Birsebene:
75 Laufen
76 Grellingen
77 Aesch
78 Reinach
79 Birsebene rechts

Gempen:
80 Arlesheim
81 Muttenz Berg
82 Pratteln Berg
83 Dornach
84 Gempen-Hochwald
85 Liestal Berg
86 Duggingen
87 Seewen-Büren-Nuglar
88 Himmelried

Gebiete östlich der Ergolz:
89 Liestal
90 Füllinsdorf
91 Arisdorf
92 Olsberger Wald

einstimmung mit den neueren Auflagen der Schweizer Floren von BINZ/HEITZ und AESCHIMANN & BURDET bestehen; auch LAUBER & WAGNER (1996) wenden grundsätzlich dieselbe Sequenz an.
Die Reihenfolge der Gattungen richtet sich im Prinzip nach dem Syllabus der Pflanzenfamilien (ENGLER 1964), dem auch die erwähnten Floren folgen. Diese waren gleichermassen für die Reihenfolge der Arten massgebend. Für Gattungen mit vielen Fremdpflanzen wurde auch die Flora Europaea (TUTIN et al. 1964 ff.) zu Rate gezogen; in der Systematik der Gräser und deren Gattungsreihenfolge hielten wir uns ganz an den 5. Band der Flora Europaea (TUTIN et al. 1980).

7.3.2. Nomenklatur

Der neulich erschienene "Synonymieindex der Schweizer Flora" (AESCHIMANN & HEITZ 1996), nach dem sich in Zukunft die Schweizer Floren BINZ/HEITZ, AESCHIMANN/BURDET und auch LAUBER/WAGNER richten, wird auch für die vorliegende Flora als Nomenklaturbasis verwendet. In den wenigen Fällen, wo bewusst davon abgewichen wird (z.B. Art statt Unterart oder andere Gattungszuteilung), erscheint der Index-Name als erstes Synonym. Weitere Synonyme werden nur aufgenommen, wenn sie in den neueren Auflagen der folgenden Floren akzeptiert sind: BINZ/HEITZ (1990), HESS, LANDOLT & HIRZEL (1976 ff.), WELTEN & SUTTER (1982), OBERDORFER (1990, 1994), SEBALD et al. (1990 ff.), Gehölzflora FITSCHEN (1987), European Garden Flora (1986 ff.). Für Namen von Adventivpflanzen halten wir uns an die "Flora Europaea" bzw. an neuere Standardwerke aus anderen Kontinenten (vgl. Kap. 5.7. "Adventive").
In der Handhabung der deutschen Pflanzennamen bewegen wir uns etwas freier; meist lehnen wir uns dabei an die Namen in BINZ/HEITZ (1990) oder OBERDORFER (1994) an oder orientieren uns am Synonymie-Index (AESCHIMANN & HEITZ 1996).

7.3.3. Kritische Artengruppen

Bei den zahlreichen kritischen Artengruppen und Gattungen (mit schwer unterscheidbarer Formenfülle wegen Hybridisierung, Apomixis usw.) beziehen wir uns auf entsprechende Darstellungen in den Standardwerken und kritischen Floren und auf monographische Bearbeitungen. Nähere Angaben dazu sind bei den betreffenden Artentexten zu finden.
Eine Übersicht der wichtigeren Artengruppen soll die Neugierde und das Interesse an diesen Pflanzen wecken (in Klammer der jeweilige Autor, der sich der Artgruppe speziell angenommen hat):

Agropyron (Zemp), *Alchemilla* (Brodtbeck), *Anthyllis* (Br.), *Aster* (Br.), *Carex muricata* (Zemp), *Centaurea jacea* (Br.), *Cerastium* (Zemp), *Cotoneaster* (Br.), *Crataegus* (Frei), *Erophila* (Zemp), *Festuca* (Zemp), *Mentha* (Frei), *Hieracium* (Br.), *Myosotis* (Zemp), *Oenothera* (Br.), *Polygonum aviculare* (Zemp), *Ranunculus auricomus* (Br.), *Rosa* (Zemp), *Rubus* (Frei), *Salix* (Zemp), *Taraxacum* (Br.), *Thymus* (Br.), *Valeriana officinalis* (Zemp).

Der Bearbeitungsstand in der vorliegenden Flora ist für diese Artengruppen sehr verschieden, z.T. zufriedenstellend, z.T. sehr fragmentarisch. Konstruktive Kritik und Unterstützung in der Erforschung schwieriger Formenkreise ist sehr willkommen!

7.3.4. Berücksichtigte Taxa
(Definitionen vgl. Kap. 8.1.)
• Aufgenommen wurden
– alle im Gebiet als einheimisch und eingebürgert taxierten Sippen (Idiochorophyten, Archäophyten und Neophyten), die seit HAGENBACH (1821 ff.), konsequent aber nach BINZ (1901 ff.) literaturkundig nachgewiesen wurden, also auch die verschollenen und ausgestorbenen Taxa dieser Gruppe,
– alle im Untersuchungszeitraum und kurz davor (ab ca. 1960) beobachteten Adventiven und Verwilderten (Ephemerophyten), einschliesslich einiger wichtiger zwischen 1900 und 1960 mehrfach beobachteter Passanten,
– alle ausserhalb der typischen Kulturareale (Äcker, Gärten usw.) an naturnahen Standorten kultivierten, im Gebiet oder in Teilen davon fremden Pflanzen (Ergasiophyten), die unter Umständen spontane Vorkommen vortäuschen können, z.B. Forstbäume, irrtümlich für einheimisch gehaltene, in Hecken der freien Landschaft gepflanzte Sträucher, Uferstauden und Wasserpflan-

zen in Feucht- und Weiherbiotopen, Gräser und Kräuter in Kunstwiesen und Buntbrachesaaten,
- alteingesessene Kulturrelikte an naturnahen Standorten wie Felsen, Burgruinen (z.B. *Cheiranthus cheiri, Allium fistulosum*).

Aktuelle Fundstellen knapp ausserhalb des Untersuchungsrayons werden erwähnt, wenn die Art im Rayon selbst fehlt, verschollen oder sehr selten ist (z.B. *Lycopodiella inundata, Ranunculus aquatilis, Trifolium alpestre, Trifolium striatum, Orobanche major*).

• Nicht berücksichtigt sind demzufolge
- seltene Adventive oder Verwilderte, die nur einmal oder wenige Male vor 1960 beobachtet wurden;
- über Wurzelbrut, Rhizome und dergleichen mit der in einem Garten kultivierten Mutterpflanze verbundene Ableger,
- Vorkommen von kultivierten Arten in typischen Kulturarealen.

7.3.5. Zitate aus Literatur und Herbarien

Da sich die vorliegende Flora die Erfassung aktueller Verbreitungsbilder zum Ziel gesetzt hat, treten Meldungen aus früherer Zeit zurück. Zitate aus der Literatur, in der Regel ab BINZ (1901), ausnahmsweise früher (SCHNEIDER 1880, HAGENBACH 1821 ff.), werden nur aufgeführt
- bei einheimischen und eingebürgerten Arten, die in der Bearbeitungszeit nicht mehr aufgefunden werden konnten, also als verschollen oder ausgestorben gelten müssen,
- für nicht mehr bestätigte Vorkommen von Arten, die aus bestimmten Naturräumen oder Landschaftsteilen verschwunden sind.

Publikationen über Beobachtungen nach 1980 zitieren wir, soweit sie für das Verbreitungsbild einer Art entscheidend sind, übernehmen sie aber nur in die Verbreitungskarten, wenn die genaue Flächenzuteilung zu bestimmten Parzellen möglich ist.

Wo bei präzisen Ortsangaben nichts weiteres vermerkt ist, handelt es sich um Funde der Autoren oder Bestätigungen seit langem bzw. aus der Literatur bekannter Vorkommen. Funde der "zugewandten Orte" sind mit dem Namen des Entdeckers bzw. der Entdeckerin gekennzeichnet.

Nicht ausgewertet wurden, abgesehen von wenigen Ausnahmen, die recht zahlreichen nicht literaturkundigen Belege in den einschlägigen Herbarien. Diese aufwendige Arbeit steht noch aus.

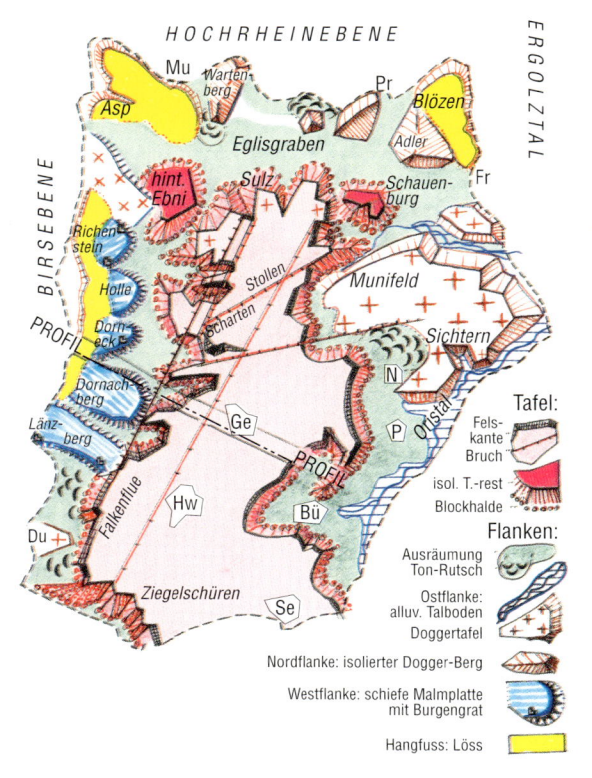

Fig. 16a. Geologisch-morphologische Gliederung.

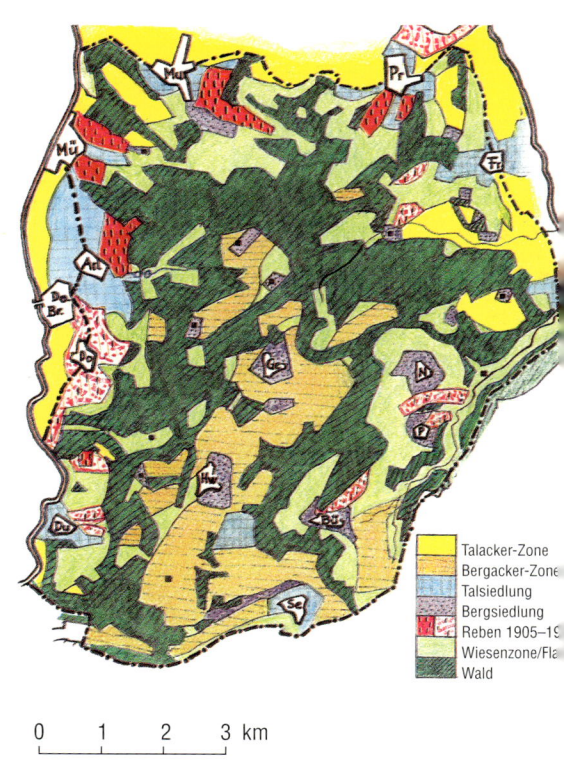

Fig. 16b. Agrarraum und Wald.

Fig. 16c. Politische Grenzen.

Fig. 16d. Parzellierung für Flora.

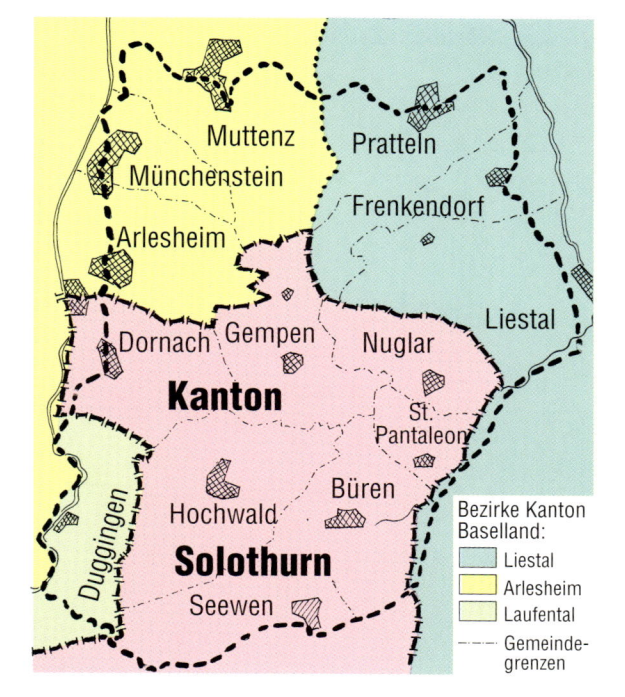

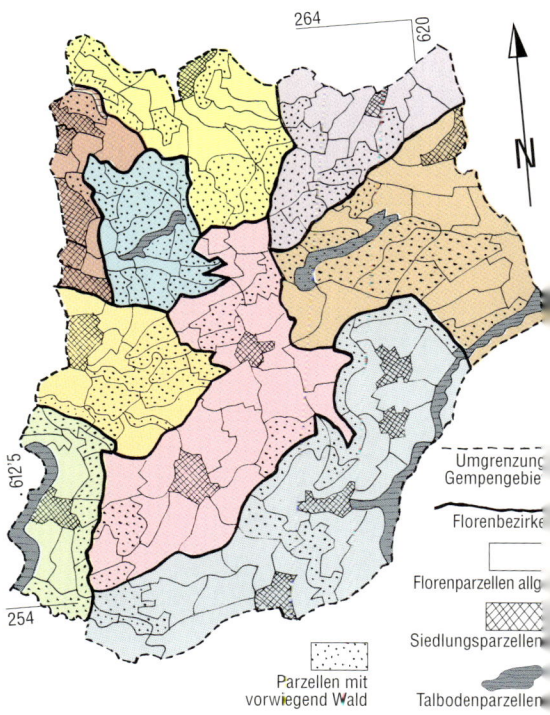

Fig. 16. Gliederung des Gempengebiets.

Pfeifengras-Föhrenwald: recht lockeres Gehölz mit artenreicher Gras-Krautschicht über quelligem Sequan-Mergel östlich Dittingen (Ritteberghollen). – 10.1987.

Sanddorn-Weidengebüsch (Salici-Hippophaëtum): lockeres bis undurchdringliches Dorngebüsch über trockenem Flussschotter am Canal de Huningue östlich der Pisciculture. – 8.1971.

Seidelbast-Föhrenwald auf Malmfels. Vorbourg-Klus, 10 km westlich Laufen. – 6.1985.

Artenreicher Buschmantel: oben Holzapfel, Mitte Zweigriffl. Weissdorn, unten Schlehe und Wolliger Schneeball. Nenzlinger Weide. – 10.1986.

8. Erläuterungen zu den Artentexten

8.1. Bürgerstatus (B:)

Der Bürgerstatus deutet an, ob eine Pflanzenart bodenständig oder gebietsfremd ist, und wieweit sich eine ursprünglich fremde Art akklimatisiert und eingebürgert hat. Oder in einer fünfstufigen Skala ausgedrückt: Ist die Art einheimisch (Id), ist sie zwar ursprünglich fremd, inzwischen aber längst (Arch) oder seit einiger Zeit (Neo) eingebürgert und vermehrt sich ohne bewusstes Zutun des Menschen, oder erscheint sie nur vorübergehend (Eph), ohne dass sie sich im Wildzustand halten könnte, und schliesslich: ist sie vom Menschen angepflanzt (Erg), ohne Neigung zu eigenständiger Vermehrung?

Den Bürgerstatus der Sippen im Gebiet zu beurteilen, ist nicht in allen Fällen einfach und eindeutig möglich. Unsere Einschätzungen bilden wir unter Rückgriff auf die Literatur (SEBALD et al. 1990 ff., WILLERDING 1986), folgen ihr aber nicht in jedem Fall. Unsere Angaben beziehen sich jeweils einheitlich auf den gesamten Untersuchungsrayon, auch wenn gewisse Sippen in verschiedenen Gebietsteilen unterschiedlichen Status haben. Entscheidend ist jeweils die am meisten in die Natur integrierte Rangstufe: Der Topinambur *(Helianthus tuberosus)* z.B. wird im Feld angebaut (Erg), verwildert auf Schutt (Eph), ist aber an Flussufern beständig und unabhängig von Kultur (Neo); für die Beurteilung zählt also das letzterwähnte Verhalten, die Pflanze ist ein Neophyt.

Die feineren Verhältnisse der einzelnen Taxa werden, soweit möglich, in den Verbreitungskarten dargestellt. Der Sanddorn *(Hippophaë rhamnoides)* ist in den Auen des Rheins unterhalb Basel mit Bestimmtheit bodenständig (Id). Landschaftsgärtnerisch wird er darüber hinaus an allerlei (un-)möglichen Orten angepflanzt (Erg), z.B. im Leimental oder auf dem Bruderholz, täuscht vielleicht aber im Laufe der Zeit, wenn der betreffende Bestand eingewachsen ist, Bodenständigkeit vor.

In starkem Fluss befinden sich zur Zeit die Anschauungen über die Grenzen zwischen Idiochorophyten und Archäophyten (vgl. WILLERDING 1986). Für Archäophyten liegen zwar viele Befunde für Mitteleuropa, an die wir uns halten, nicht aber speziell für das Rheinknie vor; aus Grabungen im Gebiet ist kaum etwas bekannt. Nicht wenige Arten, die heute zumeist an stark menschlich beeinflussten Standorten siedeln, z.B. *Polygonum aviculare* aggr., *Polygonum lapathifolium* oder *Chenopodium album*, galten vor kurzem noch als Archäophyten. In neueren Grabungen und Bohrungen wurden sie aber in Mitteleuropa schon für die Eiszeiten nachgewiesen und sind deshalb zu den Idiochorophyten zu zählen.

Für Neophyten, Ephemerophyten und Ergasiophyten nennen wir die Heimat und charakterisieren kurz den dortigen primären Standort.

Bei Neophyten werden nach Möglichkeit Hinweise auf erstes Auftreten im Gebiet gegeben, damit sich der Verlauf der Einbürgerung abschätzen lässt. Nicht alle Neophyten stammen aus Übersee, einige wandern auf europäischem oder regionalem Weg zu uns. In jüngerer Zeit erst hat zum Beispiel *Rumex thyrsiflorus* aus der nördlichen Oberrheinebene kommend im Gebiet Fuss gefasst. Innerhalb des Gebiets sind durchaus "Lokalneophytismen" wahrscheinlich (hier bezieht sich der Ausdruck nicht auf die Art als Ganzes, sondern nur auf ihre geographischen Vorposten): Der Sand- und Kiesbesiedler *Cerastium semidecandrum* ist in der Birsklus des Chessilochs kaum ursprünglich beheimatet, sondern erst auf dem Schotter der Bahntrasse eingewandert.

Die Grenzen zwischen ephemerophytischem und neophytischem Verhalten sind in vielen Fällen durchaus fliessend. In SCHNITTLER & LUDWIG (1996) sind Etablierungskriterien definiert, an die wir uns im Prinzip halten. Doch haben wir innerhalb des Untersuchungszeitraums die Übergangssituation auf dem Wege zur Einbürgerung an sovielen Arten beobachtet, dass sich eine Zwischenkategorie "Eph (Neo)" aufdrängte. Einbürgerung ist ein oft langsam ablaufender, unter Umständen auch von Rückschritten unterbrochener Prozess. Manche Arten können über Generationen hinweg als Kulturpflanze im Gebiet präsent sein, ohne merklich zu verwildern, bevor sie den Durchbruch zur Einbürgerung schaffen (z.B. *Brassica napus*, *Buddleja*, vgl. auch Kap. 5.5.). Andere, nur scheinbar eingebürgerte Pflanzen verschwinden wieder, wenn die Stammkultur, von deren Samenzufuhr sie abhängen, aufgegeben wird. Ähnlich liegen die Verhältnisse bei einigen jedes Jahr regelmässig auftretenden Arten der Hafen-Adventivflora: Bilden sie nun schon eigenständige (überwinternde) Populationen oder hängen sie immer noch von regelmässigem Samennachschub von aussen ab?

Liste der verwendeten Kürzel für den Bürgerstatus:

Id   Idiochorophyt: (ur-)einheimische Art. Dieses Signet wird weggelassen, wobei eine fehlende Angabe auch die Möglichkeit offenlässt, dass es sich um einen Archäophyten handeln könnte.
(Id)   dito, im Gebiet verschollen, ausgestorben
Arch   Archäophyt: in Mitteleuropa im Zeitraum vom Beginn des Ackerbaus bis zur Völkerwanderungszeit (Steinzeit, Bronzezeit, Eisenzeit, Römerzeit) nachgewiesen oder vermutet
(Arch)   dito, im Gebiet verschollen, ausgestorben (z.B. *Adonis flammea*)
Neo   Neophyt: im Gebiet vom Mittelalter an nachgewiesen und mehr oder weniger voll in die einheimische (v.a. auch städtische) Vegetation eingegliedert; hierher auch Einbürgerungen der neuesten Zeit
(Neo)   dito, im Gebiet verschollen, ausgestorben (z.B. *Calepina irregularis*)
Eph   Ephemerophyt: im Gebiet – abgesehen von kultivierten Beständen – nur sporadisch, unbeständig oder vereinzelt auftauchend und keine selbständigen Populationen bildend (adventiv, verwildert usw.)
(Eph)   dito, kein aktueller Nachweis
Erg   Ergasiophyt: im Gebiet – und zwar ausserhalb der Kulturareale (Gärten, Parks, Äcker usw.) – nur in Anpflanzungen oder Ansaaten präsent, z.B. als Forstbaum, Biotoppflanze, oder inmitten verwildernder Umgebung ausharrend; (praktisch) ohne Tendenz zu spontaner Weiterausbreitung
(Erg)   dito, kein aktueller Nachweis (z.B. *Helleborus viridis*)
Eph (Neo)   unbeständige, nicht eingebürgerte Art, mit beginnender Tendenz zur Einbürgerung (z.B. *Celtis occidentalis*)
(Id) Eph   ursprünglich einheimische, heute nur noch adventiv oder verschleppt auftretende Art (z.B. *Rumex maritimus*)
(Arch)Eph   ursprünglich archäophytische, heute nur noch adventiv oder verschleppt auftretende Art (z.B. *Scandix pecten-veneris*)
(Neo)Eph   ursprünglich neophytische, heute nur noch adventiv oder verschleppt auftretende Art

8.2. Ökologie (Ö:)

Die Angaben zur Ökologie der einzelnen Taxa beziehen sich auf die Verhältnisse im Gebiet. Sie bezeichnen die hier beobachteten Schwerpunkte und entspringen den Erfahrungen der Autoren. Sie weichen in gewissen Fällen durchaus von dem ab, was grossräumig die Regel und dementsprechend literaturkundig ist oder widersprechen ihm sogar diametral. So kommt bei uns der Behaarte Ginster (*Genista pilosa*) – verbreitete Art der *Calluna*-Heiden und silikatisch-sandiger Magerrasen – ausschliesslich auf schwer verwitterbarem, hartem Kalkfels und in sonnigen Felsrasen des Juras vor und fehlt den Gebietsteilen mit überwiegend kalkarmen, sauren Böden völlig. Ähnlich überschreitet der Salbei-Gamander (*Teucrium scorodonia*) seinen "angestammten" Standort bodensaurer, magerer Waldsäume und -verlichtungen und ziert auch die Ränder von Waldwegen und sogar den Kalk-Scherbenschutt an Felsfüssen über den Dogger-Kalken des Blauen- und Gempengebiets. Der Tüpfelfarn im engeren Sinne (*Polypodium vulgare*), im Gebiet ohnehin selten, wächst praktisch ausschliesslich als Epiphyt auf Baumstrünken, an der Basis von Eichen oder auf schräg über Schluchtbäche ragenden Stämmen.

Beim Beschreiben der Standorte befleissigen wir uns grösstmöglicher Anschaulichkeit und verzichten, so weit es geht, auf botanischen Fachjargon und auf die Terminologie der Bodenkunde. Stattdessen bezeichnen wir die Bodeneigenschaften, die für das Vorkommen von Pflanzen unmittelbar entscheidend sind:

Flaumeichenbuschwald (Quercetum pubescenti-petraeae) mit Kronwicke *(Coronilla coronata)*. Chilchholz östlich Arlesheim. – 5.1990.

Hirschzungen-Ahornwald (Aceri-Tilietum polypodietosum) im Malmkalk-Blockschutt. Schauenburg. – 5.1992.

Eichen-Hagebuchenwald westlich Bartenheim mit Grossblumiger Sternmiere *(Stellaria holostea)* am Wegsaum. →O. – 5.1996.

Dschungelartiger Eschen-Ulmen-Auenwald mit Jungfernrebe und anderen Lianen. Birsaue bei Reinach. – 8.1990.

Hainsimsen-Buchenwald (Luzulo-Fagetum) auf saurem Lehmboden am Südfuss des Schwarzwaldes. Scheideckpass westlich Weitenau. – 3.1995.

Korbweiden *(Salix viminalis)* am Wassergraben nördlich Leymen. Hinten Erlen-Bachzeile (Pruno-Fraxinetum). – 4.1972.

Artenarmer Waldmeister-Buchenwald (Galio-Fagetum) im Markgräflerland auf Lössboden. – 1.1965.

Grasreiche Lichtung im Eichen-Hagebuchenwald auf Lössboden nordöstlich Neuwiller (alte Schlagfläche). – 2.1963.

- Wasserhaushalt (nass – feucht – frisch – trocken)
- Nährstoffgehalt (nährstoffreich bzw. stickstoffreich – nährstoffarm)
- Basengehalt (basenreich – basenarm)
- Kalkgehalt (kalkreich – kalkhaltig – kalkarm – kalkfrei)
- Humusform (Rohhumus – Moder – Mull)
- Humusgehalt (humos – feinerdereich – roh)
- Körnung (tonig – mergelig – lehmig – schluffig – sandig – kiesig/schottrig/steinig bzw. skelettreich – klüftig)

Sehr knapp gehalten oder weggelassen werden die Standortsangaben bei seltenen Adventiven und Verwilderten, da die beobachteten Einzelvorkommen wenig System zeigen und daher nicht aussagekräftig sind.

8.3. Soziologie (S:)

In Kap. 6 wurde eigens für diese Flora ein kommentiertes Verzeichnis aller im Gebiet gefundenen soziologischen Einheiten zusammengestellt und mit anschaulichen Verdeutschungen versehen. Aufnahmen speziell zur Klärung syntaxonomischer Fragen wurden nicht erhoben.

Auch hier beruhen die Einschätzungen auf der Felderfahrung der Autoren und gelten explizit für das Untersuchungsgebiet. Es darf daher nicht verwundern, wenn hier wiederum einige unserer Angaben über das Gängige und aus der Literatur Gewohnte hinausgehen oder gehörig davon abweichen. *Genista pilosa* z.B. erscheint im Seslerio-Xerobromenion und im Coronillo-Caricetum humilis und nicht im Calluno-Genistion und Violion caninae.

Umrissen werden, unabhängig von der pflanzensoziologischen Wertigkeit der Taxa, die oft weiten Streuungsbreiten ihrer Vergesellschaftungen im Gebiet, meistens auf Verbands- oder Ordnungsebene. Eindeutige Schwerpunkte in bestimmten Assoziationen werden in Klammern hervorgehoben: "Carpinion (Galio sylvatici-Carpinetum)", weniger scharfe mit "zum Beispiel" oder "vor allem" eingeleitet: "Fagion, (z.B. Carici-Fagetum)".

Bei seltenen Adventiven und Verwilderten unterbleibt – da ohne jeden synsystematischen Wert – die Angabe zur Vergesellschaftung.

8.4. Verbreitung und Häufigkeit (V:)

Wir unterscheiden folgende Häufigkeitsgrade:
- sehr häufig
- häufig
- ziemlich häufig, recht häufig, nicht durchwegs häufig
- nicht selten / nicht häufig
- ziemlich selten, recht selten
- selten (Fundorte aufzählbar, rund 5–12 Nachweise)
- sehr selten (1–2 Nachweise)

Die Verbreitung der Vorkommen im Untersuchungsgebiet wird über folgende Stufen charakterisiert:
- verbreitet: Vorkommen ± regelmässig über das Gebiet verteilt, z.T. aber mit regionalen Unterschieden in der Häufigkeit
- ziemlich verbreitet: wie verbreitet, doch in Teilen des Gebiets selten bis fehlend
- zerstreut: in den meisten Teillandschaften des Gebiets nachgewiesen, allerdings nicht häufig und mit z.T. beträchtlichen Verbreitungslücken
- sehr zerstreut: wie zerstreut, doch in einzelnen Teillandschaften sehr selten bis fehlend
- da und dort: ähnlich "sehr zerstreut", v.a. bei Arten mit wechselnden Wuchsorten verwendet

Selbstverständlich basieren die Angaben über Verbreitung und Häufigkeit auf einer Interpretation des Beobachteten und können nicht quantitativ gefasst werden. Mit fortschreitender Dichte des Aufnahmematerials beginnen sich indessen Gesetzmässigkeiten abzuzeichnen, denen gezielt weiter nachgegangen werden kann. Allerdings blieben einzelne z.T. abgelegene Gebiete bis zum Schluss etwas unterbearbeitet. Die Verbreitungsbilder geben insgesamt wohl einen recht repräsentativen Überblick über die Verhältnisse im Gebiet, sind aber immer noch alles andere als komplett, und sie sind auch über kurze Zeiten – vorab in der Segetal- und Ruderalvegetation – ständigem Wandel unterworfen. Erfahrungsgemäss werden seltene Taxa in ihren Häufigkeiten und Bestandesdichten eher über-, verbreitete und häufige dagegen unterschätzt, da in den Feldnotizen oft vernachlässigt.

8.5. Bestandesentwicklung und Gefährdung (G:)

Beim Einstufen der Taxa in Gefährdungskategorien folgen wir im Prinzip den Vorschlägen und Definitionen von SCHNITTLER & LUDWIG (1996). Damit wählen wir bewusst einen klassischen bestandesorientierten und nicht einen populationsbiologischen Ansatz, d.h. die Einteilung erfolgt aufgrund der Bestandesgrösse, des Rückgangs und der konkreten Bedrohung der Bestände. Ein populationsorientierter Ansatz, wie er auch im Entwurf für eine Revision der weltweit gültigen IUCN-Kategorien (IUCN 1994) vorgesehen ist, ist bei Gefässpflanzen, zumindest im heutigen Zeitpunkt, schlicht nicht praktikabel – sowohl aus grundsätzlichen Überlegungen (z.B. vegetative Vermehrung) als auch aufgrund mangelnder Kenntnisse über die Auswirkungen genetischer Isolation auf die Vermehrungsfähigkeit der Arten.

Anders als SCHNITTLER & LUDWIG (1996) teilen wir die nicht gefährdeten Arten nicht weiter auf in "derzeit nicht als gefährdet angesehen" und "mit Sicherheit ungefährdet". Im weiteren nennen wir die Kategorie "extrem selten" wie bisher "potentiell gefährdet", während "zurückgehend, Art der Vorwarnliste" v.a. aus sprachlichen Gründen, aber auch im Interesse der Vergleichbarkeit mit SEBALD et al. (1990 ff.) als "schonungsbedürftig" bezeichnet wird. Damit kommen folgende Gefährdungsklassen zur Anwendung (in Klammern die Bezeichnungen der neugefassten IUCN-Kategorien, IUCN 1994):

– ausgestorben oder verschollen
  (EW: extinct in the wild)
– vom Aussterben bedroht (CR: critical)
– stark gefährdet (EN: endangered)
– gefährdet (VU: vulnerable)
– potentiell gefährdet (SU: susceptible)
– schonungsbedürftig (NT: near-threatened)
– nicht gefährdet (not threatened)

Zunächst muss versucht werden, die maximale Verbreitung und Häufigkeit einer Art innerhalb der letzten 150 Jahre zu beurteilen. Dies ist in vielen Fällen schwierig, weil unsere Gegend nie in vergleichbarer Dichte bearbeitet wurde und scheinbar selbstverständliche Begriffe wie "selten", "häufig" usw. nicht einer konstanten normierten Interpretation unterliegen. Dazu kommt, dass die Binzschen Angaben (v.a. BINZ 1911), auf die wir uns primär beziehen müssen, eine viel grössere Fläche als unseren Rayon betreffen und gewisse geobotanisch-pflanzengeographische Muster, die zweifellos schon damals bestanden – zum Teil vielleicht noch schärfer – dem Autor nicht unbedingt klar bewusst waren.

In einem zweiten Schritt gilt es für jedes Taxon die Bestandesentwicklung, die Arealeinengung, den Verlust an Lebensräumen und Lebensraumtypen usw. vom Zeitpunkt der maximalen Entfaltung an bis zur Gegenwart zu beurteilen. Die Bezeichnungen "schon immer" oder "von jeher" bei der Beschreibung der Bestandesentwicklung beziehen sich ebenfalls auf den Zeitpunkt der maximalen Häufigkeit. Der letzte Schritt besteht in einer Prognose über die Entwicklung der Bestände in der näheren Zukunft (Grössenordnung 10 Jahre). Auch dies ist in manchen Fällen nicht einfach. So kann an sich erwartet werden, dass die jungen rechtlichen Grundlagen im schweizerischen Gebietsteil die Situation vieler bedrohter Arten entspannen, doch lässt sich noch kaum abschätzen, in welchem Ausmass dies in den einzelnen Fällen geschehen wird. Trotzdem wird einem Taxon wo immer möglich nur ein einziger Gefährdungsgrad für das ganze Gebiet zugeteilt, bei Bedarf werden jedoch differenzierte Kategorien genannt. Eine weitere Schwierigkeit besteht bei Arten, die heute nur noch in Naturreservaten präsent sind. Das Vorhandensein in einem Schutzgebiet besagt noch wenig über die Chance eines weiteren Vorkommens im Gebiet. Auch in Naturschutzgebieten können Arten aus biologischen Gründen, z.B. infolge genetischer Isolation, aber auch aus Unkenntnis seitens der Reservatverantwortlichen oder durch andere, nicht auf den Erhalt dieser Arten ausgerichtete Pflegeschwerpunkte bedroht sein. Erschwerend auf eine Prognose wirken sich in zunehmendem Ausmass auch "Blumenwiesen"- und andere Begrünungssaaten mit Saatgut oft unbekannter Herkunft aus. In vielen Fällen lässt sich heute noch kaum abschätzen, ob aus solchen naturschützerisch motivierten Aussaaten längerfristig überlebensfähige Populationen entstehen werden.

Lässt sich eine Art nicht in eine Gefährdungsklasse einweisen, z.B. weil sie erst seit neuster Zeit eingebürgert ist, ohne eine Entwicklungs-

Sukzession auf frischer Kiesfläche nach 2 Jahren. Links Nachtkerze, rechts Eisenkraut und Klatschmohn. Reinacher Heide. – 8.1992.

Dieselbe Kiesfläche nach 4 Jahren: Natterkopf *(Echium)* dominiert. Magerrasen mit Hufeisenklee *(Hippocrepis)* dringt ein. Reinacher Heide. – 7.1994.

Brombeer-Mantel um Gartenhag. Grassaum übergehend in Trittgesellschaft auf Weg. Güterbahnhof Wolf. – 8.1991.

Artenreicher Liguster-Schlehen-Mantel mit Espe, Schneeball u.a.. Davor Max Moor (Basler Pionier der Pflanzensoziologie). Gicklisberg (Sundgau W Hésingue). – 6.1984.

tendenz zu zeigen, so entfällt die Angabe eines Gefährdungsgrades. Andererseits sind zahlreiche Neophyten, deren Lebensraum zusehends eingeengt wird, berechtigterweise als gefährdet einzustufen.
Über die Gründe für die (vermuteten) Bestandesentwicklungen lassen wir uns im Detail nicht aus. Bekannt sind die bedeutenden bis umwälzenden Veränderungen in der Landnutzung (s. Kap. 4), die einst fast allgegenwärtige Arten auf geringe Restvorkommen zurückdrängten oder ganz verschwinden liessen, anderen dagegen weite Räume neu erschlossen. Frühlings-Schlüsselblume *(Primula veris)* und Wiesen-Salbei *(Salvia pratensis)* sind heute nur noch in den jurassichen Gebietsteilen und stellenweise in der Rheinebene einigermassen häufig, zierten früher jedoch praktisch überall die Mähwiesen. Umgekehrt profitierte der Feinstielige Ehrenpreis *(Veronica filiformis)*, den BINZ (1911) noch nicht einmal erwähnt, von der enormen Ausbreitung der Wohngebiete, in deren Scherrasen er oft Massenbestände bildet (s. auch Kap. 5.5–5.9). Dass der Rückgang von Magerstandorten durch verstärkte Düngung oder der Einsatz von Herbiziden auf Äckern zu einem Verschwinden empfindlicher Arten führt, ist eine Binsenwahrheit. In zahlreichen Fällen liegen aber die Gründe für die Bestandesänderungen, vor allem für die Bestandesrückgänge, noch sehr im Dunkeln. Die moderne Populationsbiologie ist hier erst dabei, für bestimmte Fälle Ursachen zu finden.

8.6. Erläuterungen zu den Verbreitungskärtchen

Die Signaturen bedeuten:
- spontan
- ▼ verwildert oder verschleppt
- ■ kultiviert (Forst-, Landwirtschaft und Gartenbau)
- ♦ in künstlich angelegte Biotope (Weiher-, Trockenbiotope, Blumenwiesen, Buntbrachen, Ackerrandstreifen u.ä.) eingebracht
- ★ adventiv (s. Kap. 5.7.)

Diese Signaturen erscheinen in 3 Stufen:
- 4 (5) und mehr Parzellennachweise pro Bezirk
- 2-3 bzw. -4 Parzellennachweise pro Bezirk (je nach Grösse des Bezirks)
- 1 Parzellennachweis pro Bezirk

Es wurden nur Nachweise nach 1980 berücksichtigt.
Die dreistufige Skala für die Nachweisdichte verfolgt das Ziel, Verbreitungsmuster, wie sie sich aufgrund der naturräumlichen und nutzungsbedingten Gegebenheiten ergeben, klarer hervortreten zu lassen. Wegen geringerer Bearbeitungsdichte in gewissen Randgebieten können weit verbreitete und häufige Arten in einigen Bezirken als selten erscheinen; in etlichen Fällen sind aber auch effektive naturräumliche und landwirtschaftliche Unterschiede dafür verantwortlich. Umgekehrt können seltene Arten in einem Schwerpunktbezirk mit voller Signatur auftreten; dies liegt dann darin begründet, dass solche Arten, z.B. *Peucedanum carvifolia*, speziell gesucht und in jedem einzelnen Bestand erfasst worden sind. Ferner denke man daran, dass die gleiche Signatur sich auf ganz verschiedene Populationsgrössen – von Einzelexemplaren bis zu Millionenbeständen – beziehen kann.
Bei Arten, die in verschiedenem Status auftreten, wie z.B. *Aquilegia vulgaris*, die kultiviert wird, verwildert oder spontan wächst, haben innerhalb eines Bezirks spontane Vorkommen vor verwilderten, verwilderte vor kultivierten Priorität. Das Symbol "kultiviert" wird sehr sparsam verwendet. Alle garten- und feldbaumässig angepflanzten Bestände werden in der Regel ausgeschlossen; einzig kultivierte Individuen im Forst und in Wildhecken sowie in Naturschutzgebieten werden in den Karten berücksichtigt. Künstlich in Weiherbiotope, Trockenbiotope, Blumenwiesen usw. eingebrachte Pflanzen erscheinen mit der entsprechenden Signatur dann, wenn sie im betreffenden Bezirk nicht mehr als Wildpflanze gefunden werden. Als "adventiv" bezeichnete Vorkommen sind fast ausschliesslich im Bereich von Häfen und Güterbahnhöfen lokalisiert.

9. Übersicht der Pflanzenfamilien

A
PTERIDOPHYTA — Gefässsporenpflanzen
K
LYCOPSIDA — Bärlappe
O
LYCOPODIALES — Bärlappartige
Lycopodiaceae — Bärlappgewächse

K
EQUISETOPSIDA — Schachtelhalme
O
EQUISETALES — Schachtelhalmartige
Equisetaceae — Schachtelhalmgew.

K
PTERIDOPSIDA — Farne
O
OPHIOGLOSSALES — Natternzungenartige
Ophioglossaceae — Natternzungengew.
O
POLYPODIALES — Tüpfelfarnartige
Dennstaedtiaceae — Adlerfarngew.
Thelypteridaceae — Lappenfarngew.
Aspidiaceae — Schildfarngew.
Athyriaceae — Frauenfarngew.
Aspleniaceae — Streifenfarngew.
Blechnaceae — Rippenfarngew.
Polypodiaceae — Tüpfelfarngew.
O
SALVINIALES — Schwimmfarnartige
Salviniaceae — Schwimmfarngew.

A
SPERMATOPHYTA — Samenpflanzen
UA
GYMNOSPERMAE — Nacktsamer

K
CYCADOPSIDA — Palmfarnähnliche
O
GINKGOALES — Ginkgoartige
Ginkgoaceae — Ginkgogew.

K
PINOPSIDA — Kiefernähnliche
O
PINALES — Kiefernartige
Pinaceae — Kieferngew.
Taxodiaceae — Sumpfzypressengew.
Cupressaceae — Zypressengew.

K
TAXOPSIDA — Eibenähnliche
O
TAXALES — Eibenartige
Taxaceae — Eibengewächse

UA
ANGIOSPERMAE — Bedecktsamer
K
MAGNOLIOPSIDA — Zweikeimblättler
U
MAGNOLIIDAE — Magnolienähnliche
O
ARISTOLOCHIALES — Osterluzeiartige
Aristolochiaceae — Osterluzeigew.
O
NYMPHAEALES — Seerosenartige
Nymphaeaceae — Seerosengew.
Ceratophyllaceae — Hornblattgew.
O
RANUNCULALES — Hahnenfussartige
Ranunculaceae — Hahnenfussgew.
Berberidaceae — Sauerdorngew.
O
PAPAVERALES — Mohnartige
Papaveraceae — Mohngewächse
Fumariaceae — Erdrauchgew.

U
HAMAMELIDAE — Kätzchenblütler
O
HAMAMELIDALES — Hamamelisartige
Platanaceae — Platanengew.
O
URTICALES — Brennesselartige
Ulmaceae — Ulmengew.
Cannabaceae — Hanfgewächse
Moraceae — Maulbeergew.
Urticaceae — Brennesselgew.
O
JUGLANDALES — Walnussartige
Juglandaceae — Walnussgew.
O
FAGALES — Buchenartige
Fagaceae — Buchengewächse
Betulaceae (+ Coryl.) — Birken-Haselgew.

U
CARYOPHYLLIDAE — Nelkenähnliche
O
CARYOPHYLLALES — Nelkenartige
Phytolaccaceae — Kermesbeerengew.
Chenopodiaceae — Gänsefussgew.
Amaranthaceae — Amarantgew.
Portulacaceae — Portulakgew.
Caryophyllaceae — Nelkengew.
O
POLYGONALES — Knöterichartige
Polygonaceae — Knöterichgew.
O
PLUMBAGINALES — Bleiwurzartige
Plumbaginaceae — Bleiwurzgew.

A = Abteilung, UA = Unterabteilung, K = Klasse, U = Unterklasse, O = Ordnung

U
DILLENIIDAE   Dillenienähnliche
O
DILLENIALES   Dillenienartige
Paeoniaceae   Pfingstrosengew.
O
THEALES   Teestrauchartige
Actinidiaceae   Kiwigewächse
Hypericaceae   Johanniskrautgew.
O
MALVALES   Malvenartige
Tiliaceae   Lindengew.
Malvaceae   Malvengew.
O
VIOLALES   Veilchenartige
Cistaceae   Cistrosengew.
Violaceae   Veilchengew.
Tamaricaceae   Tamariskengew.
Cucurbitaceae   Kürbisgew.
O
SALICALES   Weidenartige
Salicaceae   Weidengew.
O
CAPPARALES   Kapernstrauchartige
Capparaceae   Kapernstrauchgew.
Brassicaceae   Kreuzblütler
Resedaceae   Resedagew.
O
ERICALES   Heidekrautartige
Ericaceae   Heidekrautgew.
Pyrolaceae   Wintergrüngew.
Monotropaceae   Fichtenspargelgew.
O
PRIMULALES   Primelartige
Primulaceae   Schlüsselblumengew.

U
ROSIDAE   Rosenähnliche
O
ROSALES   Rosenartige
Hydrangeaceae   Hortensiengew.
(+ Philadelphaceae)
Grossulariaceae   Stachelbeergew.
Crassulaceae   Dickblattgew.
Saxifragaceae   Steinbrechgew.
Parnassiaceae   Herzblattgew.
Rosaceae   Rosengewächse
O
FABALES   Hülsenfrüchtler
Mimosaceae   Mimosengew.
Caesalpiniaceae   Johannisbrotbaumgew.
Fabaceae   Schmetterlingsblütler
O
PROTEALES   Schimmerbaumartige
Elaeagnaceae   Ölweidengew.

O
HALORAGALES   Tausendblattartige
Haloragaceae   Tausendblattgew.
O
MYRTALES   Myrtenartige
Lythraceae   Weiderichgew.
Thymelaeaceae   Seidelbastgew.
Trapaceae   Wassernussgew.
Onagraceae   Nachtkerzengew.
O
CORNALES   Hornstrauchartige
Cornaceae   Hornstrauchgew.
O
SANTALALES   Sandelholzartige
Santalaceae   Sandelholzgew.
Loranthaceae   Mistelgew.
O
CELASTRALES   Spindelstrauchartige
Celastraceae   Spindelstrauchgew.
Aquifoliaceae   Stechpalmengew.
O
EUPHORBIALES   Wolfsmilchartige
Buxaceae   Buchsbaumgew.
Euphorbiaceae   Wolfsmilchgew.
O
RHAMNALES   Kreuzdornartige
Rhamnaceae   Kreuzdorngew.
Vitaceae   Weinrebengew.
O
LINALES   Leinartige
Linaceae   Leingewächse
O
POLYGALALES   Kreuzblumenartige
Polygalaceae   Kreuzblumengew.
O
SAPINDALES   Seifenbaumartige
Staphyleaceae   Pimpernussgew.
Sapindaceae   Seifenbaumgew.
Hippocastanaceae   Rosskastaniengew.
Aceraceae   Ahorngewächse
Anacardiaceae   Sumachgew.
Simaroubaceae   Bitterholzgew.
Rutaceae   Rautengew.
Zygophyllaceae   Jochblattgew.
O
GERANIALES   Storchschnabelartige
Oxalidaceae   Sauerkleegew.
Geraniaceae   Storchschnabelgew.
Tropaeolaceae   Kapuzinerkressengew.
Balsaminaceae   Balsaminengew.
O
APIALES   Doldengewächsartige
Araliaceae   Efeugewächse
Apiaceae   Doldengewächse

Familien-Übersicht

U **ASTERIDAE**	Asternähnliche		K **LILIOPSIDA**	Einkeimblättrige
O GENTIANALES	Enzianartige		U **ALISMATIDAE**	Froschlöffelähnliche
Gentianaceae	Enziangew.		O	
Apocynaceae	Hundsgiftgew.		ALISMATALES	Froschlöffelartige
Asclepiadaceae	Seidenpflanzengew.		Butomaceae	Schwanenblumengew.
O			Alismataceae	Froschlöffelgew.
SOLANALES	Nachtschattenartige		O	
Solanaceae	Nachtschattengew.		HYDROCHARITALES	Froschbissartige
Convolvulaceae	Windengew.		Hydrocharitaceae	Froschbissgew.
Cuscutaceae	Seidengew.		O	
Menyanthaceae	Fieberkleegew.		NAJADALES	Nixenkrautartige
Polemoniaceae	Sperrkrautgew.		Juncaginaceae	Dreizackgew.
Hydrophyllaceae	Wasserblattgew.		Potamogetonaceae	Laichkrautgew.
O			Najadaceae	Nixenkrautgew.
LAMIALES	Lippenblütlerartige		Zannichelliaceae	Teichfadengew.
Boraginaceae	Borretschgew.			
Verbenaceae	Eisenkrautgew.		U	
Lamiaceae	Lippenblütler		**ARECIDAE**	Kolbenblütige
O			O	
CALLITRICHALES	Wassersternartige		ARALES	Aronstabartige
Hippuridaceae	Tannenwedelgew.		Araceae	Aronstabgew.
Callitrichaceae	Wassersterngew.		Lemnaceae	Wasserlinsengew.
O				
PLANTAGINALES	Wegerichartige		U	
Plantaginaceae	Wegerichgew.		**COMMELINIDAE**	Commelinenähnliche
O			O	
SCROPHULARIALES	Braunwurzartige		COMMELINALES	Commelinenartige
Buddlejaceae	Sommerfliedergew.		Commelinaceae	Commelinengew.
Oleaceae	Ölbaumgew.		O	
Scrophulariaceae	Braunwurzgew.		JUNCALES	Binsenartige
Globulariaceae	Kugelblumengew.		Juncaceae	Binsengew.
Orobanchaceae	Sommerwurzgew.		O	
Pedaliaceae	Sesamgewächse		CYPERALES	Grasartige
Bignoniaceae	Trompetenbaumgew.		Cyperaceae	Sauergräser
Lentibulariaceae	Wasserschlauchgew.		Poaceae	Süssgräser
O			O	
CAMPANULALES	Glockenblumenartige		TYPHALES	Rohrkolbenartige
Campanulaceae	Glockenblumengew.		Sparganiaceae	Igelkolbengew.
Lobeliaceae	Lobeliengew.		Typhaceae	Rohrkolbengew.
O				
RUBIALES	Krappartige		U	
Rubiaceae	Krappgewächse		**LILIIDAE**	Lilienähnliche
O			O	
DIPSACALES	Kardenartige		LILIALES	Lilienartige
Caprifoliaceae	Geissblattgew.		Pontederiaceae	Hechtkrautgew.
Adoxaceae	Moschuskrautgew.		Liliaceae	Liliengew.
Valerianaceae	Baldriangew.		Amaryllidaceae	Narzissengew.
Dipsacaceae	Kardengew.		Iridaceae	Schwertliliengew.
O			Dioscoreaceae	Yamswurzgew.
ASTERALES	Asternartige		O	
Asteraceae	Körbchenblütler		ORCHIDALES	Orchideenartige
			Orchidaceae	Orchideen

K = Klasse, U = Unterklasse, O = Ordnung

Abteilung
Pteridophyta
Gefässsporenpflanzen

Klasse
Lycopsida
Bärlappähnliche

**LYCOPODIACEAE
BÄRLAPPGEWÄCHSE**

1. Huperzia Bernh.   Tannenbärlapp

1. H. selago (L.) Schrank & Mart. (Lycopodium selago L.) – *Tannenbärlapp*
Ö/V: Sehr selten; nur ein Nachweis in den Weitenauer Vorbergen: Röttlerwald südlich 'Birkenmoos', 555 m; schattiger, moos- und farnreicher, alter Fichtenbestand mit Heidelbeergesträuch; eine kleine Kolonie.
G: Montan-subalpine Art; im Gebiet von Natur aus selten. Potentiell gefährdet.

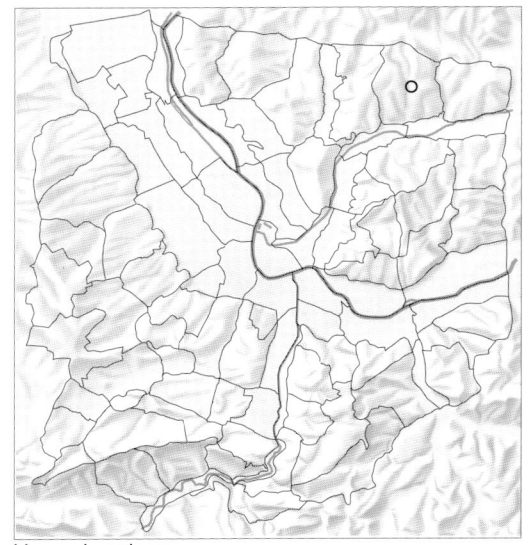

Huperzia selago

2. Lycopodiella Holub   Moorbärlapp

1. L. inundata (L.) Holub (Lycopodiella inundatum L.) – *Moorbärlapp*
Nicht im Gebiet. Knapp ausserhalb des Rayons in einer verlassenen Tongrube 2,5 km südöstlich von Kandern (1951, Litzelmann in BINZ 1956), hier um 1980 von A. Schwabe in zahlreichen Exemplaren bestätigt (SEBALD et al. 1993).

3. Lycopodium L.   Bärlapp

1. L. clavatum L. – *Keulenförmiger B.*
Ö: In oder am Rand von Tannen-Fichten-Beständen, an hageren Böschungen, in *Polytrichum formosum*-Polstern, in Heidelbeergesträuch. – Auf frischen bis mässig trockenen, kalk- und nährstoffarmen, sauren, sandig-steinigen, rohen oder modrig-humosen Lehmböden, z.B. über Buntsandstein.
S: Piceion abietis (Luzulo-Abietetum).
V: Sehr selten: Weitenauer Vorberge: Hauingen N (Jungholz, 370 und 400 m); Dinkelberg: Degerfelden (Rappenklapf, H. Boos), Nollinger Berg O (zwei Stellen; H. Boos).

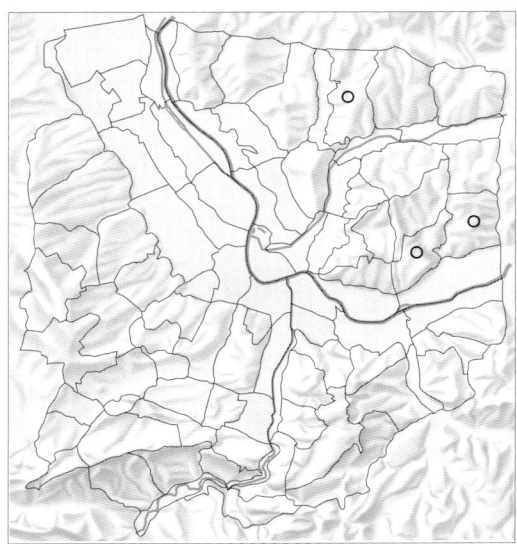

Lycopodium clavatum

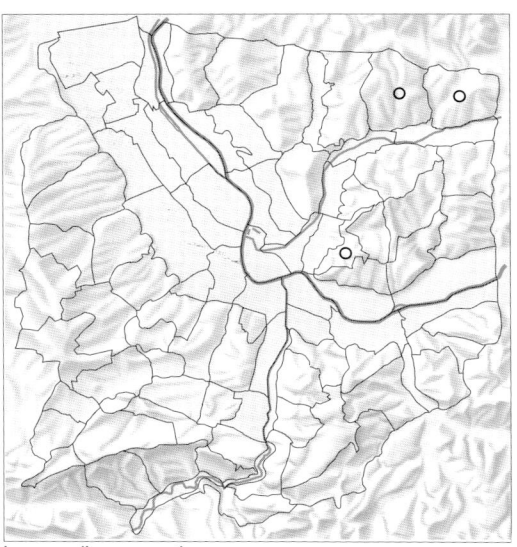

Lycopodium annotinum

Equisetum arvense

G: Zurückgegangen (?); im Gebiet schon immer selten. Im "Frauenwald bei Olsberg" (1917, Kunz in BINZ 1922) seit langem verschollen. Stark gefährdet.

2. L. annotinum L. – *Berg-B.*

Ö: Auf Moospolstern in alten, farnreichen Fichtenbeständen. In niederschlagsreichen, humiden Lagen. – Auf Roh- und Moderhumus über frischem, basenarmem, sandig-kiesigem Lehm.
S: Piceion abietis (Luzulo-Abietetum).
V: Sehr selten und z.T. wohl mit Nadelholzpflanzungen verschleppt: Weitenauer Vorberge: Steinen O (Föhrishäusle, 340 m), Hägelberg N (Farnboden, 480 m), nach SEBALD et al. (1993) auch "Haagen, 390 m"; Dinkelberg: Riehen (Eiserne Hand, einige ältere Pflanzen; A. Mattenberger).
G: Montan-subalpine Art; im Gebiet von Natur aus selten. Potentiell gefährdet.

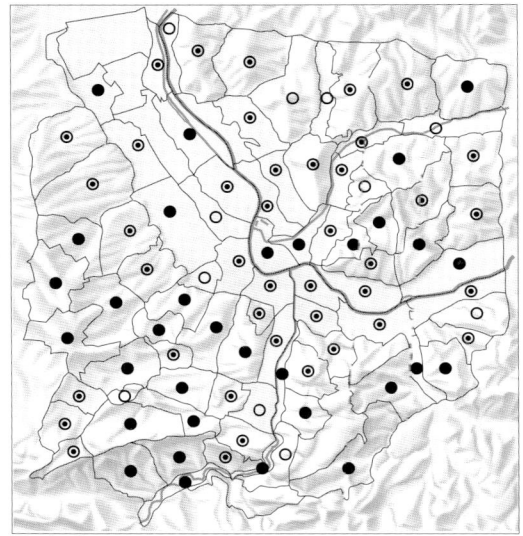

Klasse
Sphenopsida
Schachtelhalme

EQUISETACEAE
SCHACHTELHALMGEWÄCHSE

4. Equisetum L.   *Schachtelhalm*

1. E. arvense L. – *Acker-S.*

Ö: Einzeln bis gesellig auf Äckern und in ruderalen Brachen, an Erdanrissen, an Wegrändern, in Kiesgruben, in Bahnanlagen, auf Erddeponien und Aufschüttungen, an stark bespülten Flussufern, in Waldgräben, in Brachwiesen. – Auf frischen, meist grundfeuchten, oberflächlich z.T. trockenen, nährstoff- und basenreichen, oft gestörten oder künstlichen, verdichteten, rohen Lehm- und Tonböden.
S: Agropyretea, Agrostietea, Chenopodietea.
V: Verbreitet und häufig.
G: Nicht gefährdet.

2. E. telmateia Ehrh. – *Riesen-S.*

Ö: Meist gesellig an quelligen Hängen, an Rutschhängen, an nassen Wegböschungen, in Quellsümpfen, an Tuffstellen, in Runsen, in

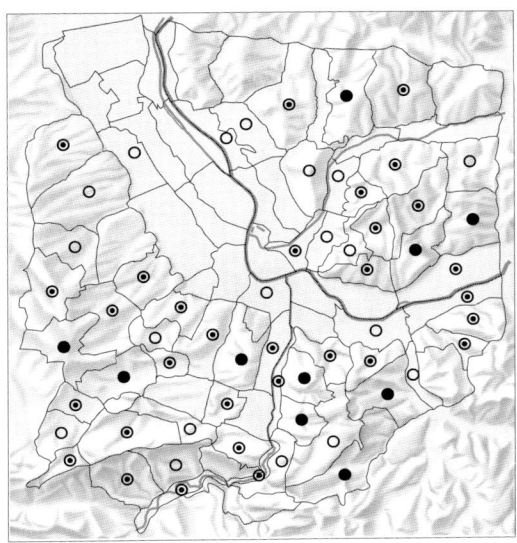

Equisetum telmateia

aufgelichteten Eschenwäldern, in nassen Brachwiesen. – Auf feuchten bis sickernassen, kalkhaltigen, oft humosen, mergeligen Lehm- und Tonböden; auch auf Kalktuff.
S: Alno-Ulmion (Carici remotae-Fraxinetum, Equiseto-Fraxinetum), Caricion davallianae, seltener Arrhenatherion, Molinion.

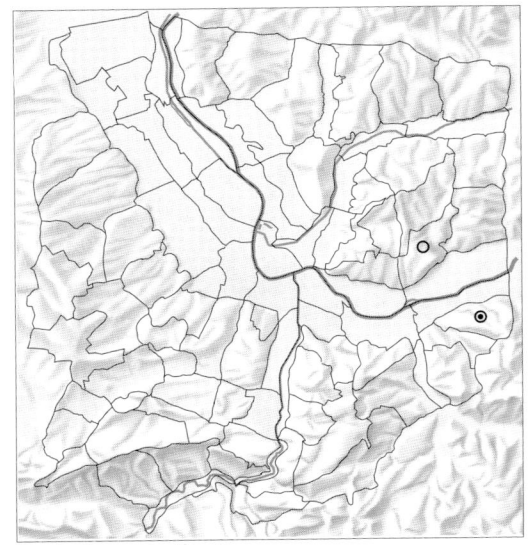

Equisetum sylvaticum

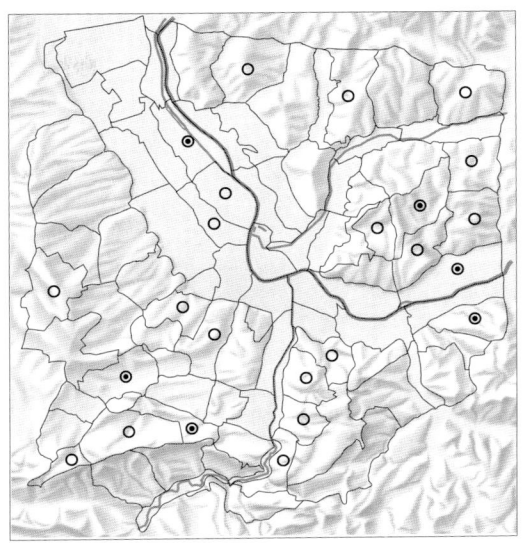

Equisetum palustre

Mit Ausnahme der Flussebenen ziemlich verbreitet und v.a. in den Lehm- und Tongebieten ± häufig. Im Sundgau meist über Cyrenenmergel.
G: Insgesamt wohl zurückgegangen, lokal aber z.T. in Ausbreitung. Schonungsbedürftig.

3. E. sylvaticum L. – *Wald-S.*
Ö: Gesellig an aufgelichteten Stellen feuchter Eschenwälder und Nadelforste. In sommerkühlen Lagen – Auf sickerfeuchten, mässig nährstoffreichen, kalkarmen Lehmböden.
S: Alno-Ulmion (Pruno-Fraxinetum).
V: Sehr selten: Olsberger Wald: Rheinfelden SW (südlich 'Spilplatz'); Dinkelberg: Niedereichsel W (Herzogenwald).
G: Montan-hochmontane Art; im Gebiet von Natur aus selten. Potentiell gefährdet.

4. E. palustre L. – *Sumpf-S.*
Ö: Meist gesellig in Nasswiesen, an Wiesengräben und klaren Bächen, an Teichen und Kiesgrubentümpeln, an quellig-feuchten Waldstrassengräben, in Waldsenken, in nassen Brachäckern. – Auf feuchten bis nassen, basenreichen, humosen Tonböden (z.T. Gleyböden).
S: Calthion (z.B. Angelico-Cirsietum), Filipendulion, Molinion (Cirsio tuberosi-Molinietum), selten Aegopodion.

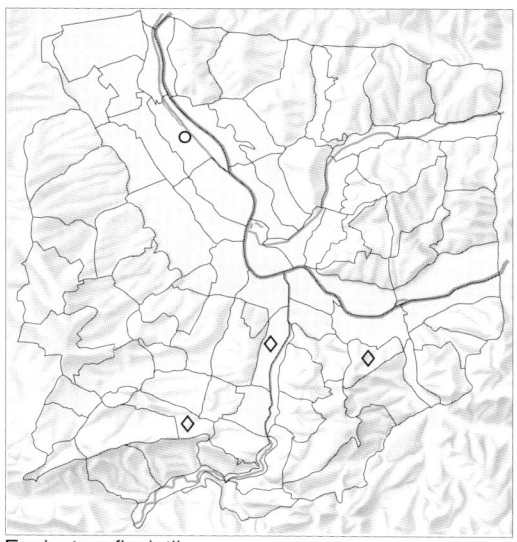

Equisetum fluviatile

V: Sehr zerstreut, z.B. Dinkelberg: Inzlingen NO (Holzmatt), Adelhausen W (Erlen); Weitenauer Vorberge: Wollbach (Moosacker), Steinen N (Au); Olsberger Wald: Rheinfelden SW (Spilplatz); Hoch- und Oberrheinebene: Bartenheim-la-Chaussée O, Bad. Rheinfelden, Herten (Kiesgrube); Jura: Arlesheim (Ränggersmatt) usw.
G: Zurückgegangen. Stark gefährdet.

5. E. fluviatile L. – *Schlamm-S.*

Als Wildpflanze verschollen (?). Früher als Verlandungspionier in Gräben und an Ufern ± mesotropher, stehender Gewässer, z.B. Pisciculture (MOOR 1962). Nach SEBALD et al. (1993) noch nach 1970 auf Messtischblatt Schopfheim (NW, NO; ob im Gebiet ?). Aktuell da und dort in Weiherbiotopen angepflanzt, z.B. Münchenstein (Brüglingen), Pratteln (Erli).

6. E. hyemale L. – *Überwinternder S.*

Ö: Meist in dichten Herden in gebüschreichen Auen- und Ufergehölzen, auf Sand- und Schotterbänken und an Steilböschungen entlang Flüssen, an Waldbächen, an Quellaustritten und in Schluchtwäldern, als Waldrelikt an offenen Böschungen. – Auf sickerfeuchten bis -nassen, meist wasserzügigen, basenreichen Schotter-, Sand-, Mergel-, Lehm- und Tonböden. Ton-Rohboden-Pionier.

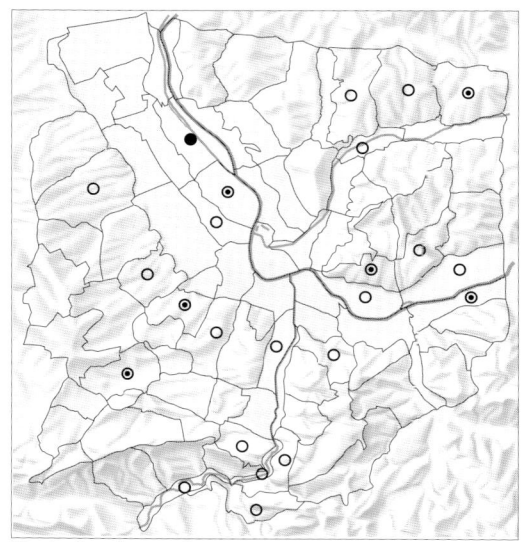

Equisetum hyemale

S: Alno-Ulmion (z.B. Alnetum incanae), feuchtes Carpinion und Fagion.
V: Sehr zerstreut und streng lokalisiert: Hoch- und Oberrheinebene: z.B. Pisciculture, Loechle, Rheinhalde zwischen Augst und Rheinfelden (häufig), Rheinhalde bei Wyhlen und Herten; Sundgau (v.a. Tertiäraufschlüsse): Allschwil (Dorenbach, Mülibach), Hegenheim (Lörzbach), Leymen NNO (Eichwald), Kappelen SO (Breite Hurst); Dinkelberg-Südflanke: Wyhlen NW (Rustel), Wyhlen NO (Tälchen zwischen 'Klosterhau' und 'Augstberg'); Einzugsgebiet der Birs: Grellingen (Kasteltal, Chessiloch), Duggingen (Muggenberg), Reinach-Münchenstein (Wissgrien), Muttenz-Münchenstein (Gruettälchen); Weitenauer Vorberge: Haagen N (Lingentälchen), Hauingen N (Heilisautälchen), Maulburg N (Rebberg), Langenau W (Rindelsten).
G: In den Flusstälern, v.a. in der Oberrheinebene, wohl zurückgegangen. Nicht gefährdet; in den Flusstälern schonungsbedürftig.

7. E. variegatum Schleich. – *Bunter S.*

Ö: In ± offenen, sandigen Dellen und Gräben im Uferbereich ruhiger Gewässer und sauberer Teiche. – Auf nassen, kalkhaltigen, humosen Sandböden.
S: Scheuchzerio-Caricetea fuscae.

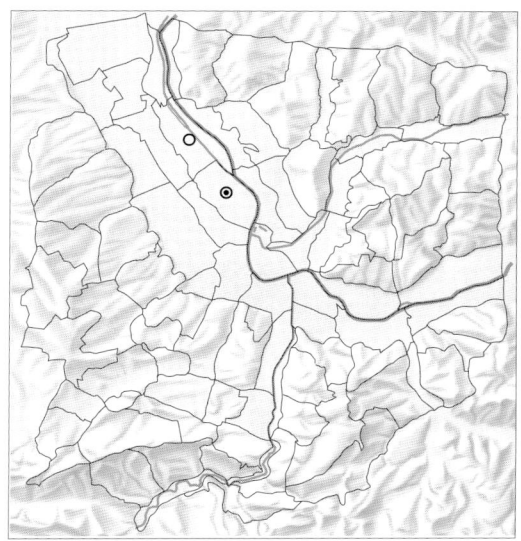

Equisetum variegatum

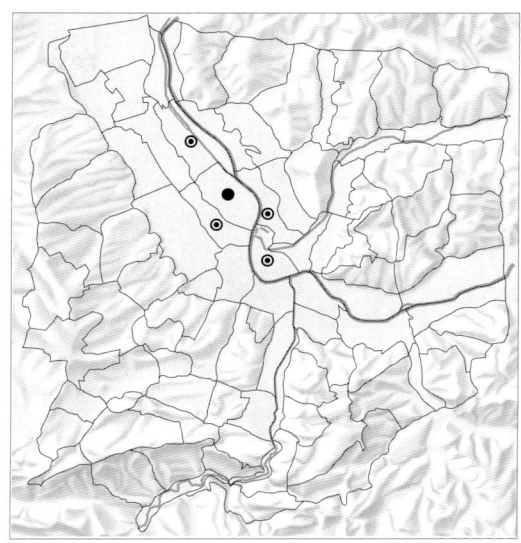

Equisetum ramosissimum

V: Sehr selten; nur drei Nachweise in der elsässischen Oberrheinebene: Neudorf (Quackery, Rheinufer), Neudorf-Rosenau (Kirchenerkopf). Knapp ausserhalb des Rayons am Rheinufer nordöstlich Beuggen (Riedmatt, 1993; H. Boos).
G: Sehr stark zurückgegangen und bis auf wenige kleine Restvorkommen verschwunden. Früher auch ausserhalb der Oberrheinebene, z.B. "Chessiloch bei Grellingen, an der Birs" (Kilcher in BINZ 1942). Vom Aussterben bedroht.

8. E. ramosissimum Desf. – *Ästiger S.*

Ö: Gesellig an ± offenen, sandigen Stellen an Böschungen und Dämmen, an Anrissen von Flussufern und auf Sandbänken, in gestörten, wechseltrockenen Auen-Magerrasen, in Geleiseanlagen und Hafenarealen. – Auf wechseltrockenen, meist grundwassernahen, zumindest in der Tiefe feuchten, feinerdearmen rohen Sand- und Schotterböden und sandig-kiesigen Tonböden.
S: Convulvulo-Agropyrion, seltener Onopordetalia und Agropyro-Rumicion.
V: Selten; nur in der holozänen Aue der Oberrheinebene: St. Louis, Hüningen, Neudorf, Neudorf-Rosenau (Kirchenerkopf), Rosenau, Weil, Rheinhafen Basel-Kleinhüningen (schon 1946, Huber-Morath in BECHERER 1962).

G: Zurückgehend. In der Hochrheinebene, z.B. bei Rheinfelden (BINZ 1922, BINZ 1942) seit über 70 Jahren erloschen. Stark gefährdet.

Bastarde

9. E. × litorale Kühlew. (E. arvense × fluviatile) – *Ufer-S.*

Eine Angabe: "Zwischen Haagen und Wittlingen, 1986" (SEBALD et al. 1993).

10. E. × moorei Newman (E. hyemale × ramosissimum) – *Hybrid-Winter-S.*

Ö: Gesellig an ± gestörten Böschungen und Dämmen, an kiesig-sandigen Strassenbanketten, in Auen-Halbtrockenrasen, in lichtem Weiden- und Pappelgebüsch; oft mit *E. ramosissimum*, aber ohne *E. hyemale*. – Auf wechselfeuchten, basenreichen, kiesig-sandigen Tonböden.
S: Agrostietalia, Convulvulo-Agropyrion, selten Alno-Ulmion.
V: Selten; nur in der holozänen Aue der Oberrheinebene, z.B. Hüningerkanal zwischen Neudorf und der Pisciculture, Neudorf (Quackery), Neudorf-Rosenau (Kirchenerkopf) usw., nach SEBALD et al. (1993) auch auf der badischen Seite: "Märkt, Rheindamm, spärlich, 1988".

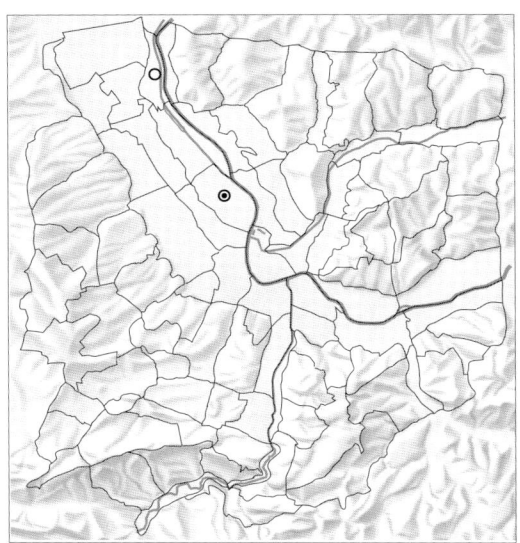

Equisetum x moorei

11. E. × trachyodon A. Br. (E. hyemale × variegatum) – *Rauhzähniger S.*
Verschollen. Früher als Pionier auf rohen Kiesflächen, in Kiesgruben, an Anrissen von Flussufern, in lichtem Weidengebüsch. Letzte Meldung: Aue bei Neudorf (1958, Kunz in BECHERER 1960). Im obersten Teil des Oberrheins bereits in den 1920er Jahren nahezu verschwunden (BECHERER 1925).

Klasse
Pteridopsida
Farne

OPHIOGLOSSACEAE
NATTERNZUNGENGEWÄCHSE

5. Ophioglossum L.   *Natternzunge*

1. O. vulgatum L. – *Natternzunge*
Verschollen (?). Nach SEBALD et. al. (1993) an mehreren Stellen in der Oberrheinebene unterhalb Basel, z.B. Messtischblatt Lörrach (NW, SO). Ausserhalb des Rayons: Seewen (Rechtenberg, 2 Exemplare). Ein grösseres, aber heute wohl erloschenes Vorkommen in einem lichten Eschen-Vorwald in der Landskronkette südlich der Ruine Waldeck, Leymen (ca. 1965).

6. Botrychium Sw.   *Mondraute*

1. B. lunaria (L.) Sw. – *Gemeine M.*
Ö/V: Sehr selten: auf Moospolstern in westexponierten Mauernischen der Burgruine Dorneck, Dornach (1986, zwei Exemplare; Ch. Weidkuhn).

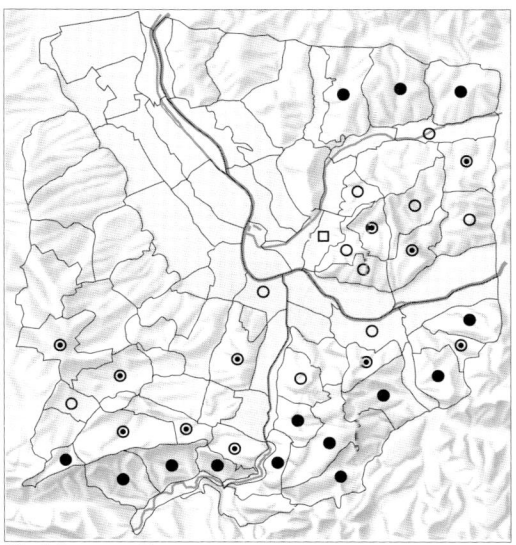

Pteridium aquilinum

G: Zurückgegangen; im Gebiet wohl immer selten. Noch 1973 am Kirchenerkopf nordwestlich Neudorf (M. Nydegger). Vom Aussterben bedroht.

DENNSTAEDTIACEAE
ADLERFARNGEWÄCHSE

7. Pteridium Scop.   *Adlerfarn*

1. P. aquilinum (L.) Kuhn – *Adlerfarn*

Vorbem.: Die in OBERDORFER (1994) angegebenen 3 Merkmalspaare, welche die beiden Unterarten *Pteridium aquilinum* s. str. und ssp. *capense* Allen. auseinanderhalten sollen, sind in allen möglichen Kombinationen gefunden worden. Die hochwüchsigen, aufrechten, an den Jungtrieben oft bräunlich behaarten Pflanzen scheinen eine Standortsform frisch gerodeter Flächen auf biologisch aktiven Böden zu sein.

Ö: Gesellig, oft in Massenbeständen in versauerten Waldschlägen und -lichtungen, an Waldrändern, in gestörten Baumhecken, in Buchen- und Föhrenwäldern, in Nadelforsten, als Weideunkraut in extensiven oder aufgelassenen Weiden. Vorzugsweise in südexponierten Berglagen. – Auf (wechsel- bis sicker-)frischen, oberflächlich zeitweise austrocknenden, ± nährstoff- und basenarmen, kalkarmen, modrig-humosen, gerne sandigen Lehmböden.

S: Piceion abietis (Forste), Luzulo-Fagenion, seltener Cephalanthero-Fagenion (Carici-Fagetum molinietosum), Sambuco-Salicion, Pruno-Rubion, Mesobromion.

V: Im Jura, in den Weitenauer Vorbergen, im Olsberger Wald und im höheren Sundgau verbreitet und häufig; im Blauengebiet v.a. auf der Blauen-Südseite. Am Dinkelberg sehr zerstreut, z.B. Riehen (Maienbühl/Eiserne Hand). Sonst selten: Bruderholz zwischen Therwil und Reinach (Allme), Muttenzer Hard (Chlingental), verschleppt in einer Rabatte in Basel (Neubadstrasse).

G: Nicht gefährdet.

THELYPTERIDACEAE
LAPPENFARNGEWÄCHSE

8. Phegopteris Fée   *Buchenfarn*

1. P. connectilis (Michx.) Watt (Thelypteris phegopteris (L.) Sloss.) – *Buchenfarn*

Ö: In kleinen Gruppen im farn- und krautreichen Unterwuchs bodensaurer Buchen- und Tannenwälder sowie alter Fichtenforste, besonders an Erdanrissen überschatteter, doch gerne sonnseitiger Waldwegböschungen und auf deren Risten; oft mit *Blechnum spicant*. – Auf sik-

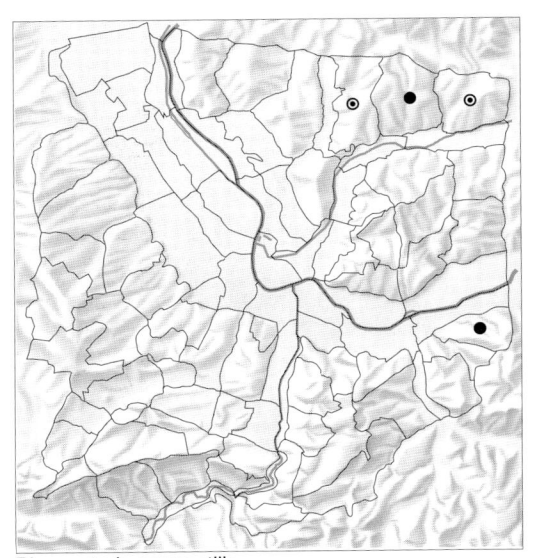

Phegopteris connectilis

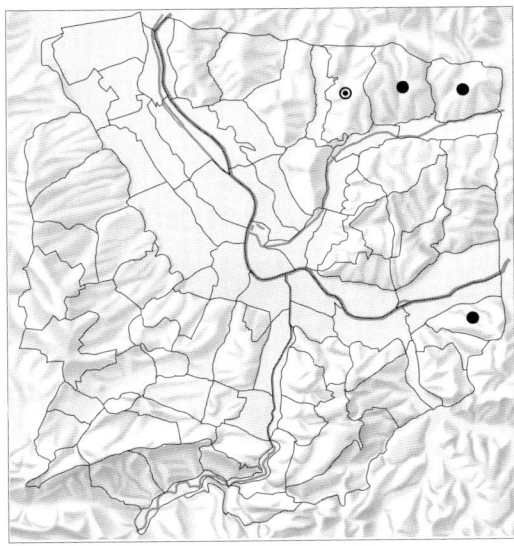

Oreopteris limbosperma

kerfrischen, kalkfreien, sauren, modrig-humosen, oft steinigen Lehmböden; meist über Buntsandstein, Perm oder Deckenschotter.
S: Luzulo-Fagenion (Luzulo-Fagetum), Piceion abietis (Luzulo-Abietetum).
V: Nur im Olsberger Wald und in den Weitenauer Vorbergen (von Hauingen an nord- und ostwärts); hier ziemlich verbreitet, aber nirgends häufig, z.B. Hauingen NW (Jungholz), Hauingen N (Goldenholz), Nebenau NO (Siegenbachhäusle, Birkenmoos), Hägelberg N (Farnboden, Glaserberg), Steinen NO (Peterswald, Häglerberg). Ausserhalb des Rayons auch am Dinkelberg: Beuggen NO (Riedmatt, H. Boos).
G: Vorwiegend montane Art des Schwarzwaldes; im Gebiet von Natur aus nicht häufig. Nicht gefährdet.

9. Oreopteris Holub *Bergfarn*

1. O. limbosperma (All.) Holub
(Thelypteris limbosperma (All.) H. P. Fuchs) – *Bergfarn*
Ö: Meist in kleinen Gruppen in stauden- und farnreichen, schattigen Tannen- und Mischwäldern, besonders an Waldwegböschungen, an Waldstrassengräben und in Wald-Quellmulden; oft mit *Aruncus dioicus* und *Dryopteris affinis*. In niederschlagsreichen, luftfeuchten Lagen. – Auf sickerfrischen bis -feuchten, nährstoffarmen, sauren, modrig-humosen, oft steinigen Lehmböden.
S: Piceion abietis (Luzulo-Abietetum), Luzulo-Fagenion, Alno-Ulmion.
V: Nur im Olsberger Wald und in den Weitenauer Vorbergen (von Hauingen an nord- und ostwärts); hier verbreitet und stellenweise häufig, z.B. Nebenau NO (Siegenbachhäusle), Hägelberg N (Farnboden), Weitenau (Peterswald, Eichbühl), Langenau (Roter Rain).
G: Vorwiegend montane Art des Schwarzwaldes; im Gebiet von Natur aus nicht besonders häufig. Nicht gefährdet.

10. Thelypteris Schmidel *Sumpffarn*

1. T. palustris Schott – *Sumpffarn*
Verschollen (?). Früher selten in Erlenbrüchen und Torfsümpfen, an Gräben. Letzte Meldungen: "Friedlingen reichlich" (BINZ 1905), hier

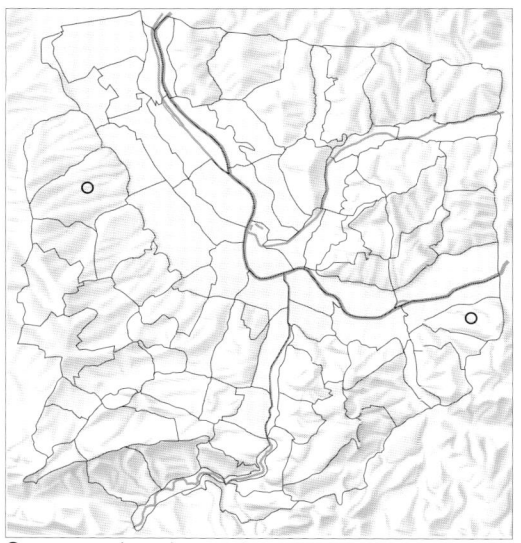

Gymnocarpium dryopteris

neuerdings in einem Gutachten für den Krebsbach wieder erwähnt (SEITZ & FUCHS 1988, unpubl.), "zwischen Augst und Rheinfelden" (Mühlberg in BINZ 1905). Knapp ausserhalb des Rayons am Dinkelberg nordöstlich Karsau (nördlich 'Kesselbrunnen', H. Boos).

ASPIDIACEAE
SCHILDFARNGEWÄCHSE, WURMFARNGEWÄCHSE

11. Gymnocarpium Newman *Eichenfarn, Ruprechtsfarn*

1. G. dryopteris (L.) Newman – *Eichenfarn*
Ö/V: Sehr selten: Olsberger Wald südwestlich Rheinfelden: Tälchen südlich P. 311 beim 'Görbelhof', ca. 350 m, ± offene, sickerfrische Wegböschung in schattigem, gebüsch- und farnreichem Buchen- und Tannen-Mischwald, ein halbes Dutzend Exemplare; niederer Sundgau: Blotzheim (Grand Schneckenberg), recht lichter, strauch- und krautarmer Eichen-Hagebuchenwald, 1 Stock (1997, A. Huber).
G: Seit langem zurückgegangen. Früher "...häufig in den Waldungen von Rheinfelden und Olsberg" (BINZ 1942). Noch in den 1960er Jahren reichlich im "Grümpeli" südwestlich Rheinfelden (H. Zoller). Im Jura bei Arlesheim

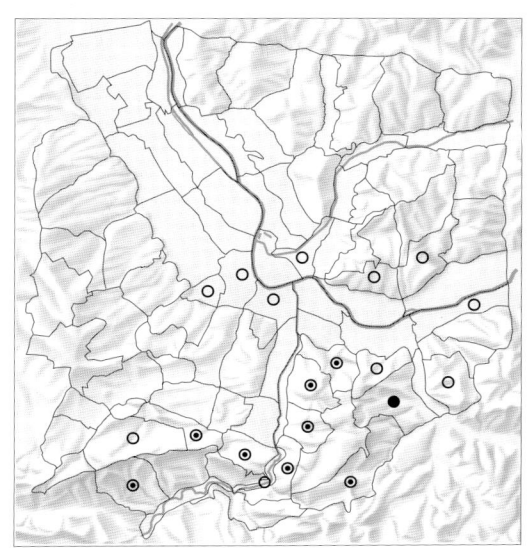

Gymnocarpium robertianum

Dryopteris affinis s.l.

und Dittingen (BECHERER 1944) verschollen. Vom Aussterben bedroht (?).

2. G. robertianum (Hoffm.) Newman – *Ruprechtsfarn*
Ö: Meist gesellig an ± lichten bis schattigen Schutthängen in Buchen- und Föhrenwäldern, an schattigen Felsen und Mauern, auch in Keller- und Brunnenschächten. In luftfeuchten Lagen. – Auf lockerem, in der Tiefe frischem, ± gefestigtem bis bewegtem, humosem Kalkriesel- oder Kalkscherbenschutt, in humosen Felsspalten und Mauerfugen.
S: Stipion calamagrostis (Gymnocarpietum robertiani), Cystopteridion (Asplenio-Cystopteridetum), Lunario-Acerenion, Fagion (Dentario-Fagetum tilietosum).
V: Im Jura ziemlich verbreitet, aber nicht häufig und oft streng lokalisiert, z.B. Ettingen (Fürstenstein, Neupfadrain), Dornach (Hilzenstein), Muttenz (Sulzkopf), Frenkendorf (Blockschutt am Fuss der Schauenburgerfluh), Arisdorf/Liestal SSW (Chrüz), etwas häufiger im Röserental (Liestal). Sonst selten: Dinkelberg: Grenzach (Oberberg), ob Herten (H. Boos); vereinzelt auch an Sekundärstandorten im Siedlungsgebiet: Basel, Allschwil, Kaiseraugst (Augusta Raurica).
G: Nicht gefährdet; Vorkommen im Siedlungsgebiet schonungsbedürftig.

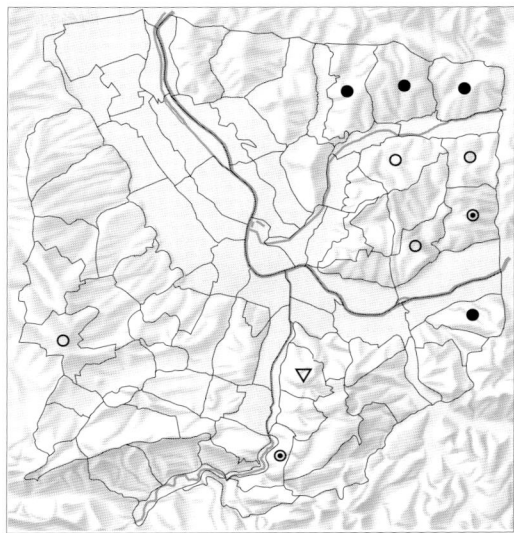

12. Dryopteris Adans. *Wurmfarn*

1. D. affinis (Lowe) Fraser-Jenk. s. l. – *Schuppiger W.*
Vorbem.: Komplexe Art, die weiteres Studium erfordert. Wertvolle Hinweise und Bestimmungen durch Helga Rasbach.
Lit.: WIDEN et al. (1996).

1a. – ssp. **pseudodisjuncta** (Fraser-Jenk.) Fraser-Jenk. (D. affinis (Lowe) Fraser-Jenk. ssp. borreri (Newman) Fraser-Jenk. var. pseudodisjuncta Fraser-Jenk.)
Ein Nachweis: Steinen NO (westlich 'Sandel'), ca. 520m; verwachsene Schlagflur in lockerem Tannen-Fichtenwald; ein Stock unter zahlreichen *D. affinis* ssp. *borreri*.

1b. – ssp. **borreri** (Newman) Fraser-Jenkins (Dryopteris pseudo-mas (Woll.) Holub & Pouzar) – *Borrers W.*
Ö: In einzelnen Stöcken oder kleinen Gruppen in schattigen, buchen- und tannenreichen Mischwäldern, v.a. an kraut- und farnreichen, buschigen Waldwegsäumen und in Farnnestern; oft mit *Oreopteris limbosperma* und *Dryopteris*-Arten. In luftfeuchten, niederschlagsreichen Lagen. – Auf sickerfeuchten bis -frischen, kalkarmen, steinigen, humosen Lehmböden.

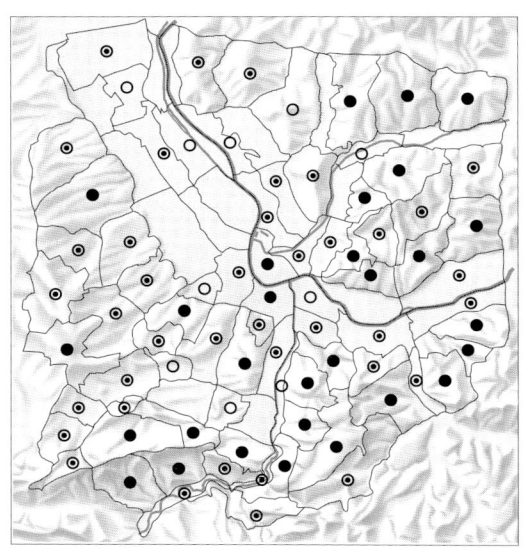

Dryopteris filix-mas

S: Luzulo-Fagenion, Alno-Ulmion, Piceion abietis (Luzulo-Abietetum).
V: Im Olsberger Wald und in den Weitenauer Vorbergen (von Haagen an nord- und ostwärts) verbreitet und stellenweise häufig. Sonst nur an wenigen Stellen: Dinkelberg: Brombach O (Blinzgraben), Maulburg S (Mauerhaldebuck), Wyhlen O (Leuengraben), Nollinger Berg; Höherer Sundgau: Bettlach-Hagenthal-le-Haut (Bois de St. Brice); Jura: Grellingen-Seewen (Pelzmühletal: 'Eigenhollen', ein Stock). Auf weitere Vorkommen ist zu achten.
G: Nicht gefährdet.

2. D. filix-mas (L.) Schott – *Gemeiner W.*
Ö: Gesellig in Wäldern und Forsten, in Parkanlagen und schattigen Gärten, in luftfeuchten Winkeln hinter Mauern, an meist absonnigen Felsen und Mauern, in Blockschutt, an schattigen Ruderalstellen. Auch gepflanzt und verwildert. – Auf frischen bis feuchten, nährstoffreichen, humosen Lehm- und Steinböden und in humosen Gesteinsspalten.
S: Fagetalia, Piceion abietis, Sambuco-Salicion, Cystopteridion, seltener Alliarion, Aegopodion.
V: Verbreitet und bis ins urbane Siedlungsgebiet meist häufig.
G: Nicht gefährdet.

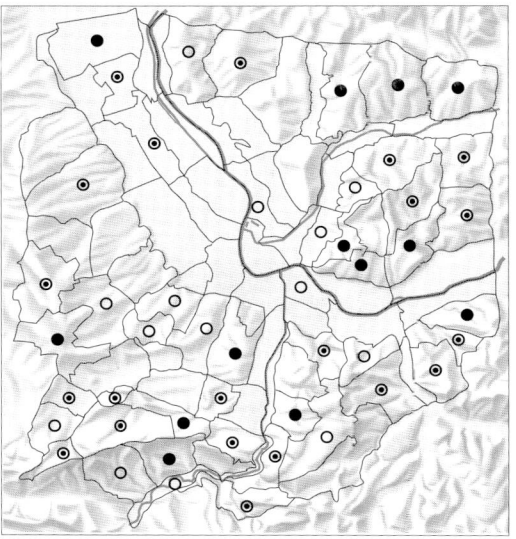

Dryopteris dilatata

2a. – f. heleopteris Milde
Hin und wieder auftretende sterile Form ohne systematischen Wert, z.B. Grenzach-Wyhlen (nordöstlich 'Rudishau'), Steinen O (Föhrishäusle).

3. D. dilatata (Hoffm.) A. Gray – *Breiter W.*
Ö: Meist gesellig in schattigen Wäldern, v.a. in Tannen- und Buchenwäldern sowie in Nadelforsten, begünstigt und z.T. in üppigen Herden in Verlichtungen; gerne auf morschen Baumstrünken und verrottendem Holz. – Auf (sicker-)frischen, mindestens oberflächlich kalkarmen, modrig-humosen Böden über sandig-steinigem Lehm (Perm, Buntsandstein, Tertiärsande, Verwitterungslehme). In Kalkgebieten vorwiegend auf morschem Holz.
S: Fagion (Galio-Fagetum, Luzulo-Fagetum), Piceion abietis (Luzulo-Abietum), auch Carpinion, Alno-Ulmion.
V: Ziemlich verbreitet und v.a. in den Weitenauer Vorbergen, auf dem Plateau von Olsberg-Giebenach und im höheren Sundgau häufig. Fehlt den holozänen Talauen und dem urbanen Siedlungsgebiet.
G: Nicht gefährdet.

4. D. expansa (C. Presl) Fraser-Jenk. & Jermy – *Alpen-W.*

Ein unsicherer Beleg: Hägelberg NO; bodensaurer Wald nordöstlich P. 473.3; 1990. Weitere Nachprüfungen im Gelände notwendig.

5. D. carthusiana (Vill.) H. P. Fuchs – *Dorniger W.*

Ö: In frischen bis feuchten, oft artenarmen Wäldern und Nadelforsten; gerne in Fallaub-Humustaschen, auf morschem Holz, auf Baumstrünken und epiphytisch (in Kalkgebieten praktisch nur so). Vorzugsweise in niederschlagsreicheren Lagen. – Auf frischen bis feuchten, auch staunassen, kalkfreien, sauren, modrig-humosen Lehmböden und vermoderndem Holz.
S: Alno-Ulmion, Alnion glutinosae, Luzulo-Fagenion, seltener Carpinion, Frangulo-Rubenion.
V: Wie *D. dilatata*; bislang kein Nachweis aus dem Gebiet der Elsässer Hardt.
G: Nicht gefährdet.

13. Polystichum Roth — *Schildfarn*

1. P. lonchitis (L.) Roth – *Lanzenfarn*

Verschollen. Früher in Blockschutthalden und an lose gefügten Mauern. Letzte Meldungen: "Sichtern ob Liestal" (1950, Schlittler in BECHERER 1952), 'Rebholden' am Ostenberg bei Liestal (1949, leg. Schlittler, det. Heinis in BINZ 1956), "Waldrand im Tälchen zwischen Dorf Blauen und Nenzlingen, 420 m, ..., ein Stock" (1946, 1947; BINZ 1951), Isteiner Klotz (1890, Zahn in BINZ 1901), bei Kleinkems an einer Eisenbahnmauer (1881, Schönberger in LITZELMANN 1966). Ob wirklich immer diese Art oder z.T. auch *P. aculeatum* var. *pseudolonchitis* (?).

2. P. setiferum (Forssk.) Woyn. – *Borstiger S.*

Ö: In schattigen, farnreichen Buchen-Mischwäldern und Ahorn-Eschenwäldern an steilen, quellig-durchsickerten Hängen und Einschnitten. In luftfeuchten, windgeschützten Lagen. – Auf sickerfeuchten, basen- und mässig nährstoffreichen, kalkarmen, humosen, steinig-schotterigen Lehmböden.
S: Alno-Ulmion, feuchtes Fagion.
V: Sehr selten und streng lokalisiert: Olsberger Wald: Rheinfelden SW (Grümpeli, schon BECHERER & GYHR 1921); Hochrheintal: Rheinhalde zwischen Kaiseraugst und Rheinfelden (Konglomerat der Niederterrasse in Rheinufernähe); Weitenauer Vorberge: Hägelberg NO (alte Steinbrüche Heilisau/Siegenbach, 1992; M. Litzelmann, STU).

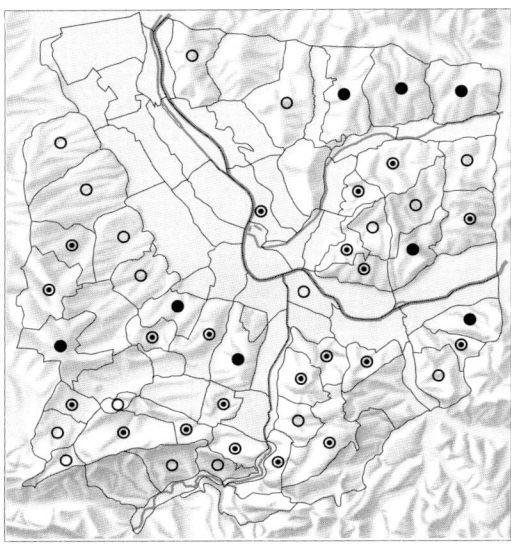

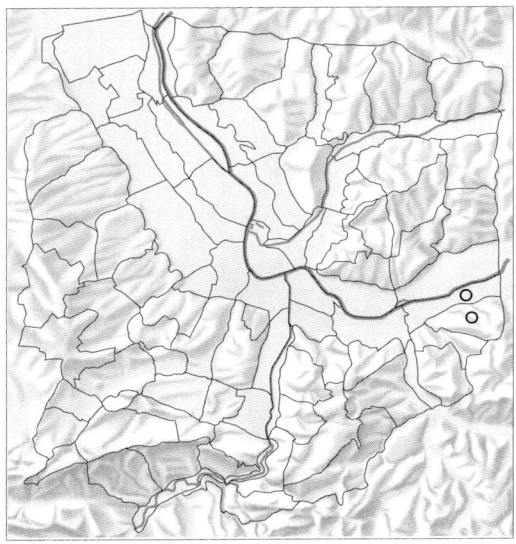

Dryopteris carthusiana

Polystichum setiferum

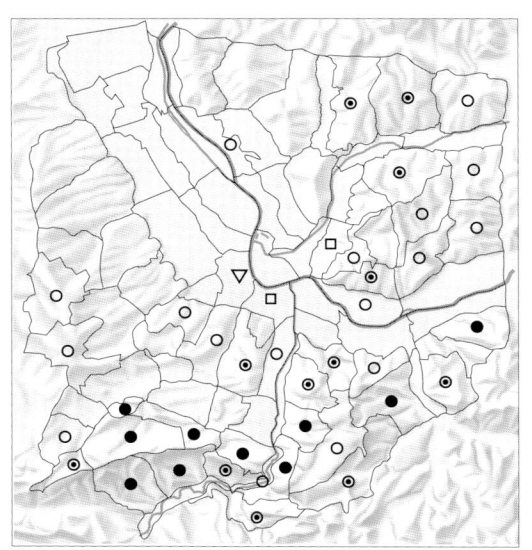

Polystichum aculeatum

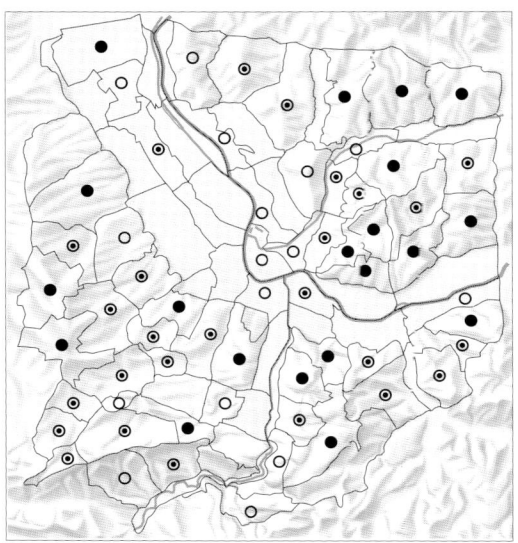

Athyrium filix-femina

G: Im Gebiet von Natur aus selten. Potentiell gefährdet.

3. P. aculeatum (L.) Roth – *Gelappter S.*
Ö: Einzeln bis gesellig in schattigen, steinigen Tannen- und Buchenwäldern, in Runsen, Bachtälchen und Schluchten, auf moosigem Kalkblockschutt, an absonnigen Felsen, an Borden von Waldwegen. Gepflanzt in schattigen Tuffsteingärten und Friedhöfen, selten verwildert an Mauern. – Auf frischen bis feuchten, basenreichen, meist kalkhaltigen, humosen, mässig gefestigten Steinschutt- oder Felsböden.
S: Fagion (v.a. Dentario-Fagetum), Lunario-Acerenion (Phyllitidi-Aceretum), Cystopteridion.
V: Im Jura verbreitet und v.a. im Blauengebiet und an den Flanken des Gempengebiets häufig. Seltener am Dinkelberg, z.B. in den Schluchttälchen der Südflanke, im Olsberger Wald, in den Weitenauer Vorbergen und im Sundgau (Hochterrassenschotter, v.a. Bruderholz, höherer Sundgau). Sonst sehr selten: Rheinufer südwestlich Efringen-Kirchen. Ausserhalb des Rayons am Rhein oberhalb Rheinfelden (H. Zoller).
G: Nicht gefährdet.

3a. – var. **pseudolonchitis** Bellynchx – *Lanzenfarnähnlicher S.*
Verbreitung ungenügend bekannt, z.B. an der Birs bei Neureinach, Zwingen W (Sunnerain) usw.

Bastard

4. P. × **bicknellii** (Christ) Hahne (P. aculeatum × setiferum) – *Bicknellscher S.*
Sehr selten; mit den Eltern: Rheinfelden SW (Grümpeli, vgl. schon BECHERER & GYHR 1921). Nach v. Tavel in BECHERER (1936) gehören alle als *P.* × *bicknellii* bestimmten Belege zu *P. setiferum*. Weitere Untersuchungen empfohlen.

ATHYRIACEAE
FRAUENFARNGEWÄCHSE

14. Athyrium Roth   *Waldfarn*

1. A. filix-femina (L.) Roth – *Gemeiner W.*
Ö: Meist gesellig in schattigen, frischen bis feuchten Laub- und Mischwäldern, gerne auch in Nadelforsten, ferner in schattigen Parks und Gärten, an feuchten Mauern und in Gebüschen an Hohlwegen. – Auf grundfri-

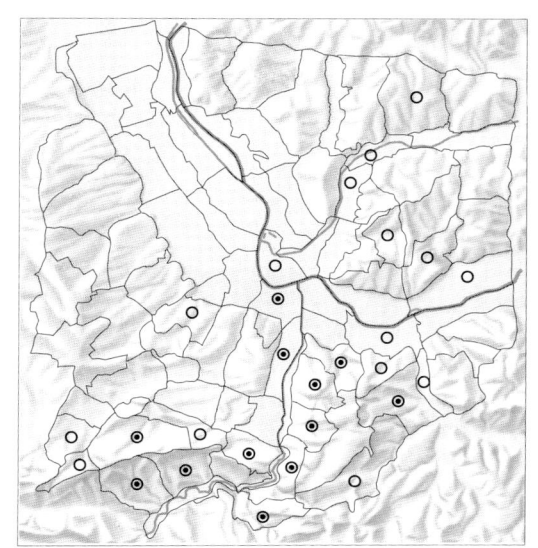

Cystopteris fragilis

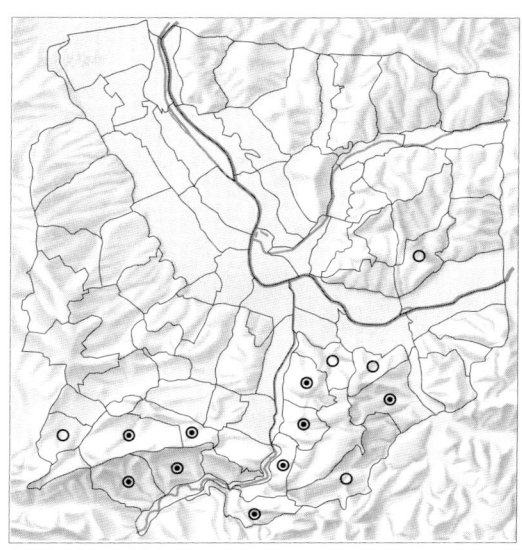

Asplenium viride

schen bis sickerfeuchten, mässig basenreichen, vorzugsweise kalkarmen, humosen Lehmböden.
S: Feuchtes Fagion und Carpinion, Alno-Ulmion, Piceion abietis.
V: Verbreitet und meist häufig, besonders in den Weitenauer Vorbergen, im höheren Sundgau und auf dem Plateau von Olsberg-Giebenach. Im Jura und im urbanen Siedlungsgebiet deutlich seltener als *Dryopteris filix-mas*.
G: Nicht gefährdet.

15. Cystopteris Bernh. *Blasenfarn*

1. C. fragilis (L.) Bernh. – *Gemeiner B.*

Ö: Gesellig an feuchten, oft stark bemoosten Felsen im Bereich luftfeuchter Laubwälder, an Blockschutt in Schlucht- und Hangfusswäldern, gelegentlich auch an schattig-feuchten Mauern, an Uferverbauungen von Bächen und Kanälen, an Brückenpfeilern, in Brunnenschächten. – In sickerfeuchten humosen Fugen und Spalten kalkhaltiger oder sonst basenreicher Gesteine.
S: Cystopteridion (Asplenio-Cystopteridetum), Lunario-Acerenion (Phyllitidi-Aceretum).
V: Im Blauengebiet und an den Flanken des Gempengebiets ziemlich verbreitet, aber nur stellenweise ± häufig, z.B. Grellingen-Himmelried (Kaltbrunnental, Kasteltal), Duggingen (Muggenberg), Ettingen (Amselfels, Fürstenstein), Hofstetten (Chälengraben), Burg usw. Sonst selten: Hochrheintal: Rheinhalde unterhalb Augst, Rheinhalde bei Bad. Rheinfelden (H. Boos); Dinkelberg: Inzlingen (Erteltal), Herten (Hirschenleck); Sundgau: Allschwil (Mülibach, Aufschluss des Jüngeren Deckenschotters); ferner an Sekundärstandorten im Siedlungsgebiet, z.B. Basel (St. Albantal usw.), Münchenstein (Brüglingen), Therwil (Mühle), Liestal, Lörrach (Eisenbahnbrücke), Hägelberg.
G: Nicht gefährdet; Vorkommen im Siedlungsgebiet schonungsbedürftig.

16. Matteuccia Tod. *Straussfarn*

1. M. struthiopteris (L.) Tod. – *Straussfarn*

B: Eph. – N-, O- und C-Europa, auch Tessin, Schwarzwald; Bachauengebüsche, Quellmulden.
Ö/V: Zierfarn. Hie und da in natürlich wirkenden Bach- und Weiherbiotopen eingepflanzt und gelegentlich subspontan: Riehen (Quellaufstoss im Moostal), Biederthal SW (Dorfbach). Nächste bodenständige Vorkommen in der Gegend von Freiburg i.Br.

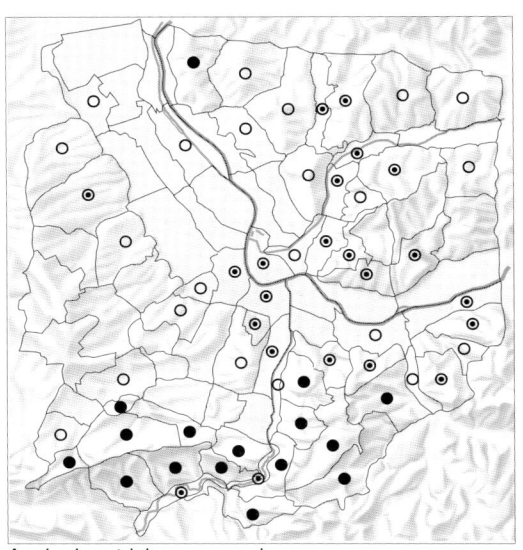

Asplenium trichomanes s.l.

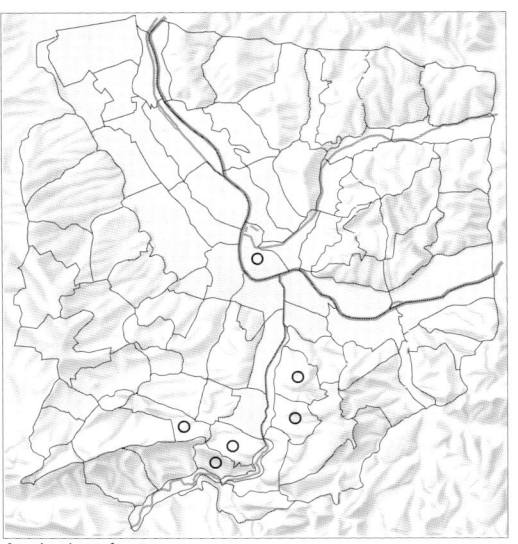

Asplenium fontanum

ASPLENIACEAE
STREIFENFARNGEWÄCHSE

17. Asplenium L. — Streifenfarn

1. A. viride Huds. – *Grünstieliger S.*

Ö: An stark bemoosten, klüftigen, absonnigen Kalkfelsen, in schattigem Blockschutt, in Schluchten. In sommerkühlen, luftfeuchten Lagen. – In frischen, z.T. sickerfrischen, humosen Kalkfelsspalten.
S: Cystopteridion (Asplenio-Cystopteridetum fragilis).
V: Im Blauengebiet und an den Flanken des Gempengebiets ziemlich verbreitet, aber nicht häufig, z.B. Grellingen-Himmelried (Kasteltal), Hofstetten (Chälengraben), Ettingen (Tätschli, Fürstenstein), Biederthal (Geissbergschlucht); Dornach (Hilzenstein), Frenkendorf (Blockschutt am Fuss der Schauenburgerfluh), Liestal (Röserental). Ausserhalb des Juras sehr selten: Dinkelberg: Wyhlen (Leuengraben, 1980, 1991 H. Boos; schon 1883, Courvoisier in BINZ 1942).
G: Im Gebiet von Natur aus nicht häufig. An den Rheinhalden der Hochrheinebene (BECHERER & GYHR 1921) verschollen. Nicht gefährdet.

2. A. trichomanes L. s. l. – *Braunstieliger S.*

Vorbem.: Verbreitung und Ökologie der Unterarten sind noch weitgehend unbekannt. In Frage kommen die vorwiegend kalkarme saure Standorte bewohnende ssp. *trichomanes*, die kalkreiche Substrate bevorzugende ssp. *quadrivalens* D. E. Meyer und die vom Isteiner Klotz nachgewiesene ssp. *pachyrachis* (Christ) Lovis & Reichst. Vgl. SEBALD et al. (1993).

Ö: An beschatteten, oft aber hellen Felsen und Mauern in Wäldern und in Siedlungen, auch in regengeschützten, luftfeuchten Nischen überhängender Felswände, in Höhleneingängen. – In frischen, basen- und ± nährstofffreichen, auch kalkarmen, ± humosen Felsspalten und Mauerfugen.
S: Potentillion caulescentis (v.a. Asplenietum trichomano-rutae-murariae), Cystopteridion (Asplenio-Cystopteridetum fragilis), seltener Parietarion (Cymbalarietum muralis).
V: In Felsgebieten des Juras, des Dinkelberges und der Malmscholle von Istein verbreitet und häufig. Recht häufig auch an Sekundärstandorten (Mauern) im Siedlungsgebiet. Sonst selten und weitgehend auf Aufschlüsse verfestigter Schotter beschränkt, z.B. Aufschlüsse des Hochterrassenschotters zwischen Blotzheim und Bartenheim, Allschwil (Jüngerer Deckenschotter) usw.
G: Nicht gefährdet.

3. A. adiantum-nigrum L. – *Schwarzstieliger S.*

Ö/V: Sehr selten: Basel, Klybeckquai (Uferstrasse); Treppenfuge und Bermenmauer, 1996, eine Kolonie (A. Huber). Knapp ausserhalb des Rayons: Riedmatt nordöstlich Beuggen (H. Boos), Holzen/Süffert (1989, M. Litzelmann, STU; schon Hügin in BINZ 1956).
G: Im Gebiet schon immer selten. An der Rheinhalde oberhalb Basel (BECHERER et al. 1922, BECHERER 1925) und am "'Fröscheneggrain' bei Muttenz" (BECHERER & GYHR 1921) seit Jahrzehnten erloschen bzw. vernichtet. Vom Aussterben bedroht.

4. A. fontanum (L.) Bernh. – *Jura-S., Quell-S.*

Ö: An ± absonnigen, aber meist hellen Kalkfelsen in artenreichen Buchenmischwäldern; selten an Mauern. – In frischen bis mässig trockenen, feinerdereichen, ± humosen, kalkführenden Spalten und Ritzen; gerne auf Korallenkalk des Malm.
S: Potentillion caulescentis, Cystopteridion.
V: Sehr selten; bodenständig nur im Jura: Hofstetter Köpfli, Nenzlingen (Westgrat des Chuenisberges; schon 1952, Kunz in BINZ 1956), Arlesheim (Felsen nördlich 'Im finsteren Boden'), Dornach (Tüfletenfelsen), Ruine Pfeffingen. Ein kleines, aber seit Jahren beständiges Vorkommen in Basel: Riehenstrasse, Mauer in der Unterführung beim Bad. Bahnhof, 2 Exemplare. Nach SEBALD et al. (1993) um 1983 vorübergehend zwischen Betontrümmern am Isteiner Klotz.
G: Im Gebiet von Natur aus selten. Potentiell gefährdet.

5. A. ruta-muraria L. – *Mauer-S., Mauerraute*

Ö: An ± sonnigen, warmen Kalkfelsen, in gemörtelten Fugen von Kalk- und Sandsteinmauern, an Uferbefestigungen und alten Brükken. – In ± trockenen, basenreichen, meist kalkhaltigen, oft humusarmen Gesteinsspalten.
S: Potentillion caulescentis (Asplenietum trichomano-rutae-murariae, Potentillo-Hieracietum).
V: In den Felsgebieten des Juras, des Dinkelberges und der Malmscholle von Istein sowie an Sekundärstandorten (Mauern) im Siedlungsgebiet verbreitet und ± häufig. Sonst sehr selten oder fehlend.
G: Nicht gefährdet.

18. Ceterach DC. *Schriftfarn*

1. C. officinarum Willd. (Asplenium ceterach L.) – *Schriftfarn*

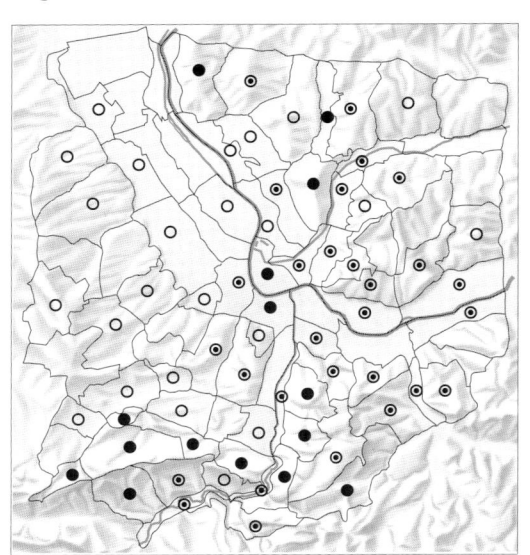

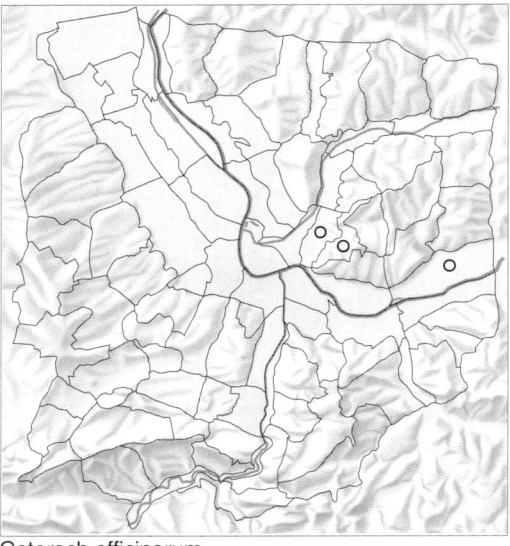

Asplenium ruta-muraria

Ceterach officinarum

B: Arch.
Ö: Meist einzeln oder in wenigen Exemplaren an lichten oder leicht beschatteten Mauern in Rebbergen und dörflichen Siedlungen. – In trockenen bis mässig frischen, ± basenreichen Mauerfugen.
S: Potentillion caulescentis (Asplenietum trichomano-rutae-murariae).
V: Sehr selten: Riehen (Grenzacherweg, kleiner Bestand in Sandsteinmauer), Bettingen (1 Stock), Degerfelden (ca. ein Dutzend Exemplare).
G: Art warmer, wintermilder Lagen; im Gebiet schon immer selten und oft etwas unbeständig. Bei Kleinkems (1931, Binz in BECHERER 1934; zuletzt LITZELMANN 1966) und am Forstberg nordwestlich Röschenz (1951, Geiger-Huber in BINZ 1951) verschollen. Vom Aussterben bedroht.

19. Phyllitis Hill. *Hirschzunge*

1. P. scolopendrium (L.) Newman – *Hirschzunge*

Ö: Meist gesellig an schattigen, ± stabilen Schutthängen, in bemoostem Blockschutt und an absonnigen Kalkfelsen im Bereich von Schlucht- und Hangfusswäldern, auch an feuchtschattigen Mauern, an Wehren und Kanälen, in Brunnenschächten. Oft in Gärten gepflanzt und verwildert. In luftfeuchten Lagen.

– In frischen bis sickerfeuchten, kalkhaltigen, humosen Gesteinsspalten, auf humusreichem Blockschutt.
S: Cystopteridion (Asplenio-Cystopteridetum), Lunario-Acerenion (Phyllitidi-Aceretum).
V: Im Blauengebiet und an den Flanken des Gempengebiets verbreitet und z.T. häufig, z.B. Blauennordseite, Duggingen (Muggenberg), Kaltbrunnen- und Kasteltal, an der Birs zwischen Grellingen und Angenstein, Dornach (Hilzenstein), Arlesheim (Armenholz) usw. Stellenweise am Dinkelberg und im Olsberger Wald, z.B. in Schluchttälchen der Dinkelberg-Südflanke. Selten am Hochrhein: Rheinhalde zwischen Augst und Rheinfelden. Sonst nicht selten verwildert an Sekundärstandorten im städtischen Siedlungsbereich, z.B. Münchenstein (St. Albanteich bei Brüglingen), Binningen (Margarethenpark) usw.
G: Nicht gefährdet.

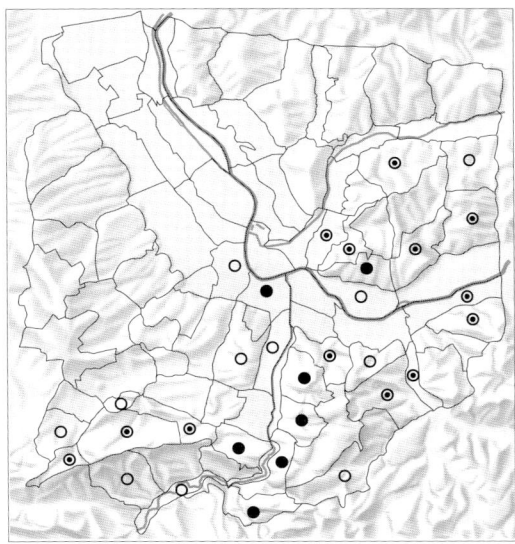

Phyllitis scolopendrium

Blechnum spicant

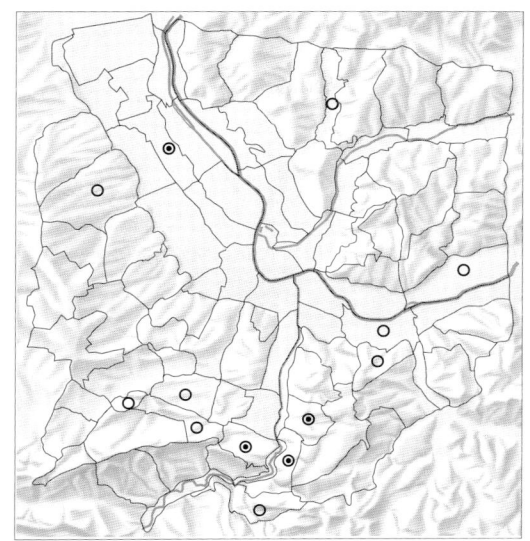

Polypodium vulgare

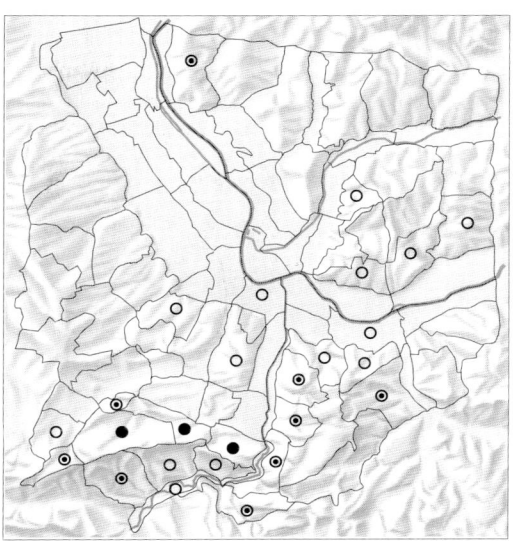

Polypodium interjectum

BLECHNACEAE
RIPPENFARNGEWÄCHSE

20. Blechnum L. — *Rippenfarn*

1. B. spicant (L.) Roth – *Rippenfarn*

Ö: Einzeln bis (locker) gesellig im farn- und moosreichen Unterwuchs bodensaurer, artenarmer, schattiger Tannen- und Eichenwälder und alter, lichtdurchlässiger Fichtenforste; gerne an Waldweganrissen und in kargen Blössen, neben Heidegesträuch und *Phegopteris*. In luftfeuchten, niederschlagsreichen Lagen. – Auf frischen bis mässig feuchten, basenarmen, modrig-humosen oder rohen, steinigen Lehmböden. Meist über Buntsandstein und Perm.
S: Piceion abietis (Luzulo-Abietetum), Quercion robori-petraeae.
V: In den Weitenauer Vorbergen von Hauingen an nord- und ostwärts verbreitet und stellenweise häufig, z.B. Hauingen NW (Jungholz), Nebenau NO (Birkenmoos), Steinen NO (mehrfach). Sonst nur an wenigen Stellen: Dinkelberg: Brombach O (Blinzgraben); Olsberger Wald: Frauenwald, Hexenplatz.
G: Im Gebiet von Natur aus nicht häufig und auf die kühlen, bodensauren Waldgebiete beschränkt. Auf dem Bruderholz (BECHERER 1938, BINZ 1942) verschollen. Nicht gefährdet; ausserhalb der Weitenauer Vorberge potentiell gefährdet.

POLYPODIACEAE
TÜPFELFARNGEWÄCHSE

21. Polypodium L. — *Tüpfelfarn*

1. P. vulgare L. – *Engelsüss, Gemeiner T.*

Ö: In kleinen Beständen auf vermodernden Baumstrünken, in modrigen Fallaubteppichen, z.B. zwischen Blockschutt, epiphytisch an moosigen Stammbasen und Baumstämmen. Nur ausnahmsweise auf Fels oder Erde. In wintermilden Lagen. – Auf mässig trockenem, stets kalkarmem, saurem, modrig-humosem Substrat.
S: Querco-Fagetea.
V: Selten; v.a. im Jura, z.B. Grellingen-Himmelried (Kaltbrunnental), Pfeffinger Schlossberg, Frenkendorf (Blockschutt am Fuss der Schauenburgerfluh); südliche Elsässer Hardt, Blotzheim W (Hohlweg), Dorf Ettingen (auf Esche), beim Röttler Schloss.
G: Potentiell gefährdet.

2. P. interjectum Shivas – *Gesägter T.*

Ö: Gesellig, oft in grossen Herden, auf Kanten und Simsen schattiger bis halbschattiger, meist

bemooster Felswände und -blöcke, im ruhenden Gesteinsschutt an Felsfüssen und in Schluchtwäldern, hier auch epiphytisch an rauhborkigen Baumstämmen. In wintermilden, oft luftfeuchten Lagen. – Auf frischen bis mässig trockenen, z.T. etwas sommertrockenen, feinerde- bis humusreichen, meist kalkhaltigen, klüftigen Stein- und Felsböden.
S: Cystopteridion, Lunario-Acerenion (v.a. Phyllitidi-Aceretum), seltener Tilio-Acerion (Aceri-Tilietum polypodietosum).
V: Im Blauengebiet und an den Flanken des Gempengebiets verbreitet und v.a. auf der Blauen-Nordseite z.T. recht häufig. Stellenweise am Dinkelberg: Lörrach (Schädelberg), Grenzach (Hornberg), Herten O (Schlosskopf), Degerfelden. Sonst nur an wenigen Stellen: Westflanke der Malmscholle von Istein: Isteiner Klotz (Wald oberhalb Gedenkstein), Buchgraben; Hochrhein: Augst W (Rheinhalde); Sundgau: Allschwil (Mülibach, Aufschluss des Jüngeren Deckenschotters), Bottminger Schlosspark (Stützmauer am Birsig, z.T. in der f. *furcatum* Milde); Basel (hinterer Hof des Rathauses).
G: Nicht gefährdet; ausserhalb des Juras potentiell gefährdet.

Bastard

3. P. × mantoniae (Rothm.) Shivas (P. interjectum × vulgare) – *Mantons T.*
Lit.: ZENNER (1972), ZEMP (1988).

In der Ökologie und Soziologie von *P. interjectum*. Verbreitung ungenügend bekannt, z.B. Arlesheim (Schloss Birseck), Aesch (Schalberg), Muttenz (Fröschenegg). Zu überprüfen.

SALVINIACEAE
SCHWIMMFARNGEWÄCHSE

22. Salvinia Ség. *Schwimmfarn*

1. S. natans (L.) All. – *Schwimmfarn*
B: Erg. – Kontinentales Eurasien, z.B. nördliche Oberrheinebene; Steppenseen.
Ö/V: Hie und da eingebracht in Weiherbiotopen, z.B. Allschwil (Mülibach-Weiher), Riehen (Schulteich Bäumlihof, Reservat Eisweiher). Vorübergehend.

Abteilung
Spermatophyta
Samenpflanzen

Unterabteilung
Gymnospermae
Nacktsamer

GINKGOACEAE
GINKGOGEWÄCHSE

23. Ginkgo L. *Ginkgobaum*

1. G. biloba L. – *Ginkgo*
B: Erg. – China, wild unbekannt.
Ö/V: Vor allem in der Stadt Basel als Park- und Alleebaum gepflanzt, in den Langen Erlen vereinzelt auch Forstbaum. Nicht verwildernd.

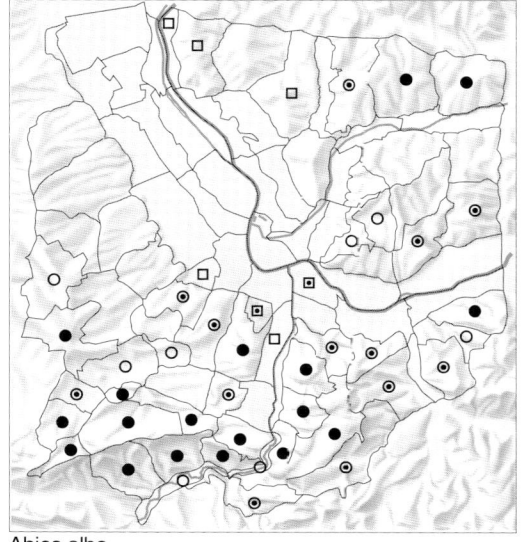

Abies alba

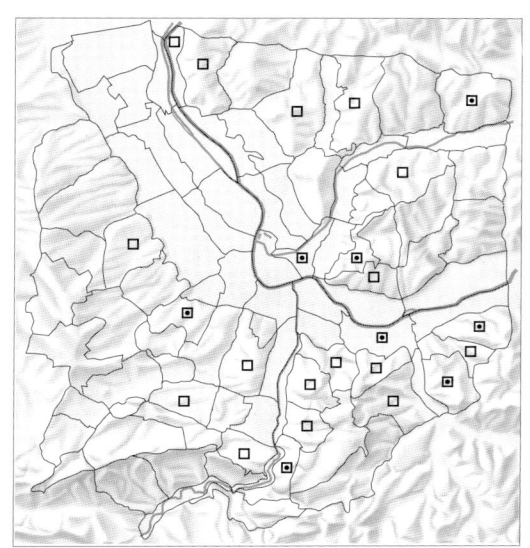

Pseudotsuga menziesii

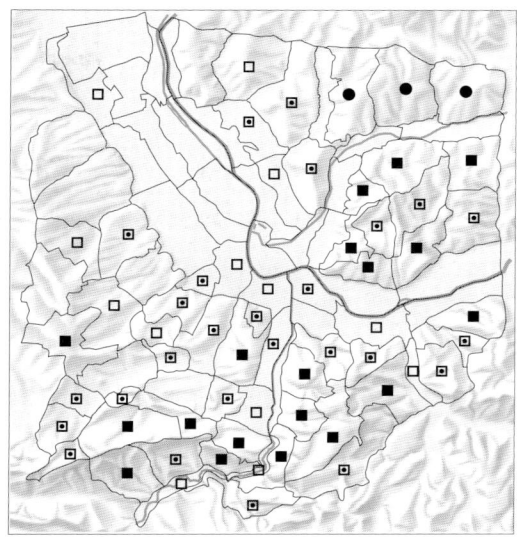

Picea abies

PINACEAE
FÖHRENGEWÄCHSE

24. Abies Mill. — *Tanne*

1. A. alba Mill. – *Edel-T., Weiss-T.*
Ö: Einzeln bis gesellig in Buchenwäldern und Mischwäldern der unteren Montanstufe. Wirtschaftsbedingt stellenweise bestandbildend. Auch als Forstbaum gepflanzt, oft kombiniert mit Fichte und Lärche. Gerne in luftfeuchten, ± sommerkühlen Lagen. – Auf frischen bis feuchten, sowohl kalkarmen wie kalkreichen, meist tiefgründigen, humosen, steinigen und reinen Lehm- und Tonböden.
S: Fagion, Piceion abietis.
V: In der unteren Montanstufe des Juras, der Weitenauer Vorberge und des höheren Sundgaus allgemein verbreitet und v.a. an Nordhängen z.T. bestandbildend. Lokal auch in tieferen Lagen, z.B. Bruderholz (Therwil), Olsberger Wald; hier vorwiegend in feuchten bis nassen, tonig-lehmigen Plateaulagen. Sonst selten und z.T. wohl subspontan. Fehlt den Flusstälern und den trockenwarmen Teilen des Sundgaus und des Markgräfler Hügellandes.
G: Nicht gefährdet.

25. Pseudotsuga Carrière — *Douglasie*

1. P. menziesii (Mirb.) Franco – *Douglasie, Douglas-T.*
B: Erg. – Pazifisches N-Amerika; frische Berghänge, bis 1500 m.
Ö/V: Häufig als Forst-, seltener als Zierbaum gepflanzt. Nicht verwildernd.

26. Picea A. Dietr. — *Fichte*

1. P. abies (L.) H. Karst. – *Fichte, Rottanne*
Ö: Häufiger Zier- und Forstbaum. Subspontan und z.T. völlig eingebürgert in Mischwäldern, in Verlichtungen alter Nadelforste. – Auf frischen, kalkarmen, tiefgründigen, humosen Böden.
S: Piceion abietis.
V: Mit Ausnahme der Flussebenen und der trockenwarmen Teile des Sundgauer und Markgräfler Hügellandes verbreitet und häufig; eingebürgert wohl nur in den kalkarmen, kühlen, niederschlagsreichen Waldgebieten (v.a. Weitenauer Vorberge).
G: Nicht gefährdet.

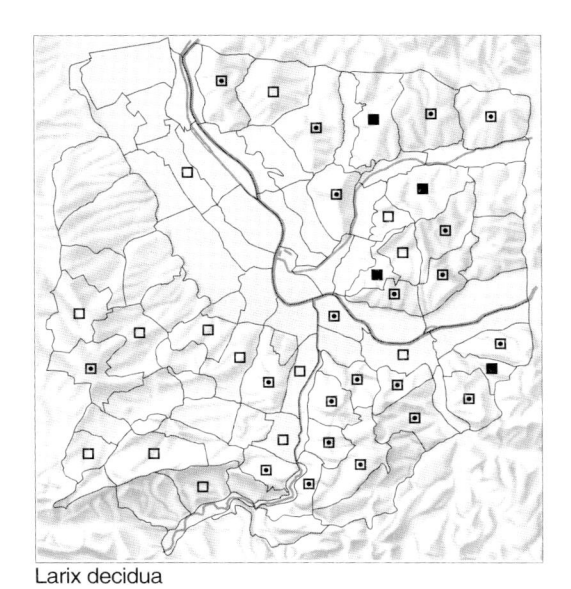

Larix decidua

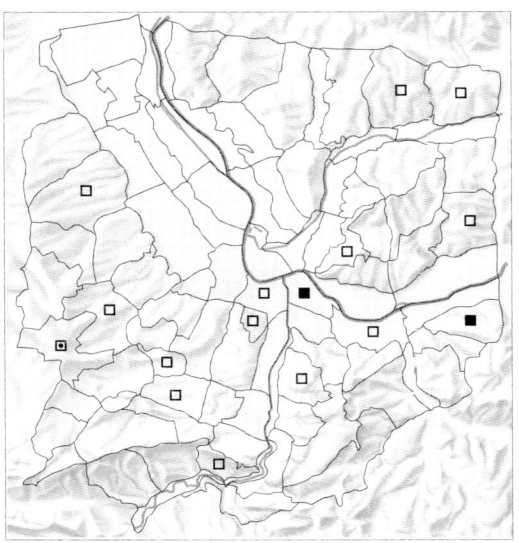

Pinus strobus

2. P. pungens Engelm. – *Stech-F.*

2a. – cv. **'Glauca'** – *Blautanne*
B: Erg. – Mittelwesten der USA; Canyons und Wasserläufe in Halbwüsten.
Ö/V: Hie und da als Zierbaum und als Lieferant für Astmaterial (Kränze usw.) gepflanzt, z.B. Lange Erlen, Kiesgrube Weil, Adelhausen SW (Erle), Aesch W. Nicht verwildernd.

27. Larix Mill. *Lärche*

1. L. decidua Mill. – *Lärche*
B: Erg. – Alpen, Sudeten, Karpaten, südpolnisches Hügelland; lichte, subalpine Wälder in sonnigen, nebelarmen Lagen.
Ö/V: Nicht selten als Forstbaum in Mischkulturen gepflanzt, gelegentlich auch Zierbaum. Kaum verwildernd.

28. Pinus L. *Föhre, Kiefer*

1. P. strobus L. – *Weymouth-K.*
B: Erg. – Östliches N-Amerika; Sandbänke, Bergwälder, bis 1300 m.
Ö/V: Da und dort als Forst-, seltener als Zierbaum gepflanzt, z.B. Olsberger Wald, Muttenzer Hard, höherer Sundgau. Mit Sämlingen vereinzelt nahverwildernd.

2. P. nigra Arnold s. str. – *Schwarz-K.*
B: Erg. – SO-Europa, westwärts bis Österreich; sonnseitige Kalkfelshänge.
Ö/V: Häufiger Zierbaum in Industrie- und Gewerbearealen, in Gärten und Parks. In den Kalkgebieten da und dort auch als trockenheitsresistenter Forstbaum gepflanzt, z.B. Gempen-Westflanke, Elbisgebiet, südwestlicher Dinkelberg. Selten als Keimlinge verwildert, z.B. auf offenen Kiesflächen im urbanen Siedlungsgebiet.

3. P. sylvestris L. – *Dähle, Gemeine F., Wald-F.*
Ö: Gesellig, z.T. bestandbildend auf Felsgraten und an mergeligen Steilhängen, einzeln in warmen, meist sonnseitigen, hageren Buchenwäldern, als Pioniergehölz in aufgelassenen Steingruben und unterbestossenen Weiden. Oft als Forstbaum gepflanzt, z.T. in Reinbeständen. – Auf trockenen bis wechselfeuchten, im Gebiet meist kalkhaltigen, ± humosen Mergel-, steinigen Lehm- und klüftigen Felsböden.
S: Erico-Pinion (Molinio-Pinetum, Coronillo-Pinetum), Cephalanthero-Fagenion (Carici-Fagetum), Quercion pubescenti-petraeae.
V: Im Jura verbreitet und häufig; in schönen Beständen z.B. an der Schartenfluh (Gempen), Bürenfluh usw. Seltener am Dinkelberg und

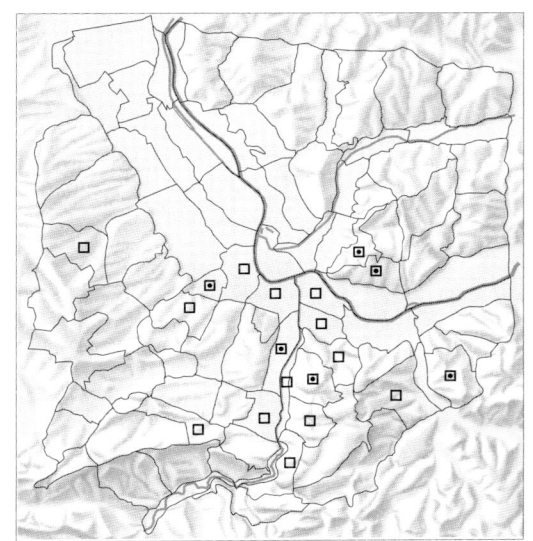

Pinus nigra

im Gebiet der Malmscholle von Istein. Sonst wohl meist gepflanzt und verwildert; bodenständig allenfalls in der Birsebene und in hageren Wäldern des Sundgaus, der Weitenauer Vorberge und des Olsberger Waldes.
G: Nicht gefährdet.

TAXODIACEAE
SUMPFZYPRESSENGEWÄCHSE

29. Taxodium L. C. M. Rich.
Sumpfzypresse

1. T. distichon (L.) L. C. M. Rich. –
Sumpfzypresse

B: Erg. – O- und SO-USA; Sümpfe, Stromschwemmland.
Ö/V: Selten gepflanzt auf feuchten, zeitweise überschwemmten, humosen Böden, an Waldweihern und dgl., z.B. Lange Erlen ('Schiffliweiher').

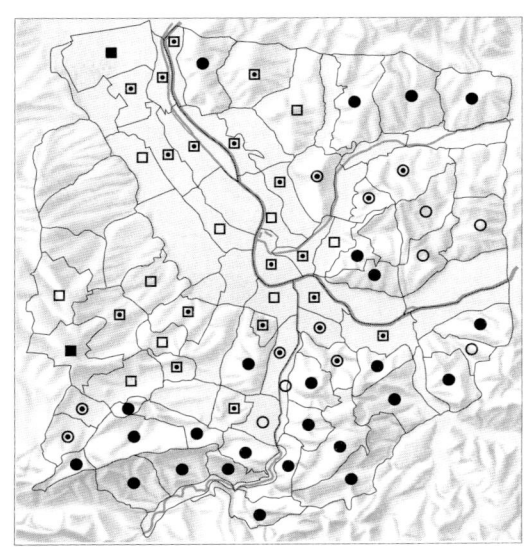

Pinus sylvestris

CUPRESSACEAE
ZYPRESSENGEWÄCHSE

30. Juniperus L. *Wacholder*

1. J. communis L. s. str. – *Gemeiner W., Reckholder*

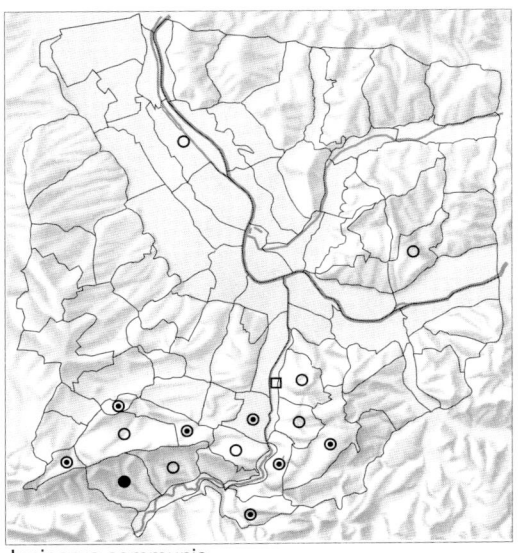

Juniperus communis

Thuja occidentalis

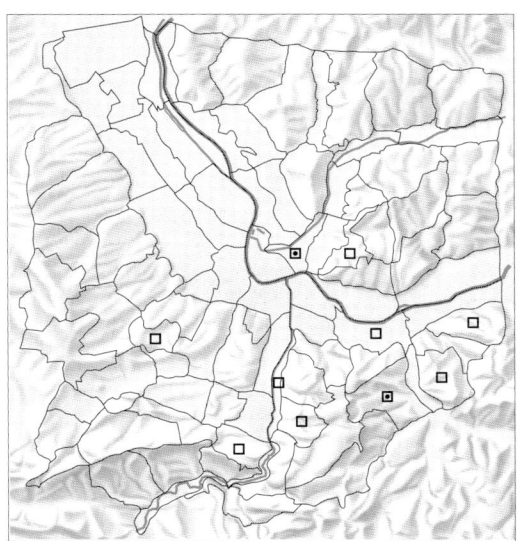

Ö: Meist einzeln auf sonnigen Felsgraten und -köpfen, in Felsgebüschen, in lichten Föhrenwäldern, gesellig an steinigen, mageren, extensiv bestossenen Weidehängen. – Auf trokkenen bis wechseltrockenen, ± nährstoffarmen, im Gebiet immer kalkreichen, z.T. flachgründigen, steinigen Mergel- und klüftigen Felsböden sowie steinigen lehmigen Böden.
S: Berberidion (Cotoneastro-Amelanchieretum), Erico-Pinion, Mesobromion.
V: Ziemlich selten; fast ausschliesslich im Jura, z.B. Blauen-Südseite (u.a. Dittinger Weide, zahlreich), Hofstetter Köpfli, Leymen (Landskronberg), Gempen (Schartenfluh); Dinkelberg-Südflanke: Degerfelden NW (Schafhalde, H. Boos); Oberrheinebene: Neudorf-Rosenau (Kirchenerkopf).
G: Zurückgegangen und an Freilandstandorten weitgehend verschwunden. An der Westflanke der Malmscholle von Istein (LITZELMANN 1966) verschollen. Gefährdet; ausserhalb des Juras stark gefährdet.

2. J. virginiana L. – *Virginischer W.*
B: Erg. – Östliches N-Amerika; trockene Wälder, Kalkfelsen.
Ö/V: Häufiges Ziergehölz. Naturalisiert an einem ostexponierten Waldrand nördlich Hochwald.

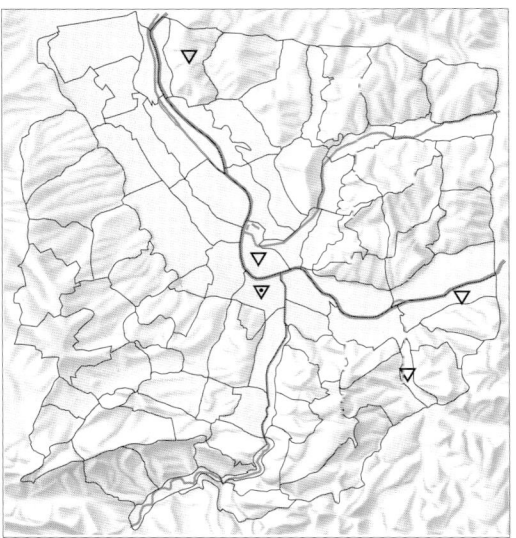

Thuja orientalis

31. Thuja L. *Lebensbaum*

1. T. occidentalis L. – *Amerikanischer L.*
B: Erg. – Östliches N-Amerika; undurchdringliche Wälder auf feuchten Sandbänken entlang Flüssen, bis 1000 m.

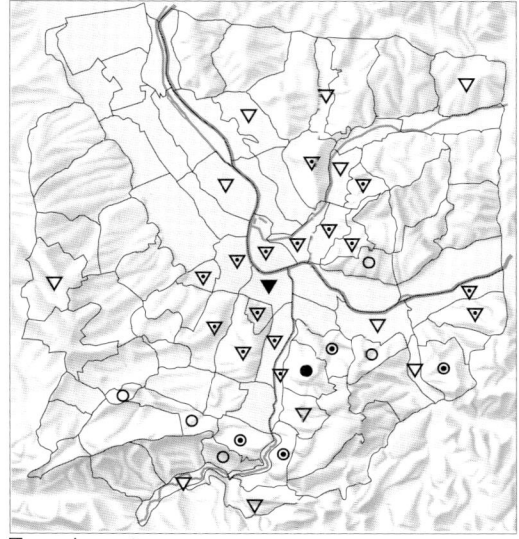

Taxus baccata

Ö/V: Zierbaum. Da und dort auch als Forstbaum im Haupt- oder Nebenstand gepflanzt, z.B. um Liestal (häufig), Olsberger Wald, Aesch (Gmeiniwald), Lange Erlen usw. Selten als Jungpflanzen verwildert, z.B. Dornach.

2. T. orientalis L. – *Chinesischer L.*

B: Neo. – Korea, Mongolei, China; sonnige Felshänge, 250-3000 m.
Ö: Ziergehölz. Verwildert, lokal auch eingebürgert an Mauern und siedlungsnahen Felsen. – Auf ± trockenen, gerne kalkhaltigen Stein- und Felsböden.
V: Eingebürgert an der Westflanke der Malmscholle von Istein südlich Kleinkems (Kalkfelswand über der Bahnlinie). Sonst gelegentlich subspontan, z.B. Basel (Solitude, St. Alban-Teich), Liestal (Seestrasse), Rheinfelden (Sandsteinmauer).

TAXACEAE
EIBENGEWÄCHSE

32. Taxus L. *Eibe*

1. T. baccata L. – *Eibe*
Ö: Meist einzeln in Buchenwäldern an Steilhängen und an absonnigen Graten. Häufig als Zierbaum in Gärten und Parks gepflanzt und nicht selten – v.a. als Sämlinge und Jungpflanzen – verwildert an schattigen Mauern, in siedlungsnahen Gehölzen, gelegentlich auch epiphytisch auf alten Bäumen. – Auf mässig trockenen bis frischen, kalkhaltigen, humosen, steinigen und lehmigen Böden.
S: Fagion.
V: Selten; nur an wenigen Stellen im Jura und am Dinkelberg (ob wirklich immer ursprünglich?), z.B. Ettingen (Fürstenstein), Duggingen (Angenstein), Grenzach (Oberberg, Grenzacher Horn). Sonst häufig gepflanzt und verwildert.
G: Im Gebiet von Natur aus selten. Potentiell gefährdet; alte Bäume schonungsbedürftig.

Unterabteilung
Angiospermae
Bedecktsamer

Klasse
Magnoliopsida
Zweikeimblättrige Pflanzen

ARISTOLOCHIACEAE
OSTERLUZEIGEWÄCHSE

33. Asarum L. *Haselwurz*

1. A. europaeum L. – *Haselwurz*
Ö: Meist gesellig in frischen, steinschuttreichen Buchen- und Buchenmischwäldern. Vereinzelt in Gärten gepflanzt. – Auf (sicker-)frischen, nährstoff- und basenreichen, kalkhaltigen, humosen, steinigen und lehmigen Böden.
S: Fagion, Tilio-Acerion, Carpinion (Galio-Carpinetum asaretosum).

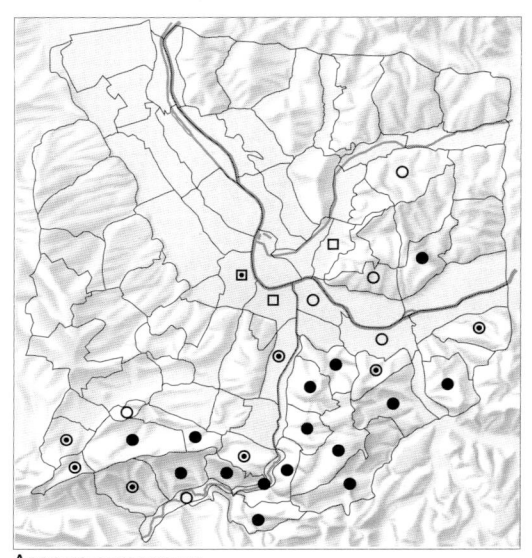

Asarum europaeum

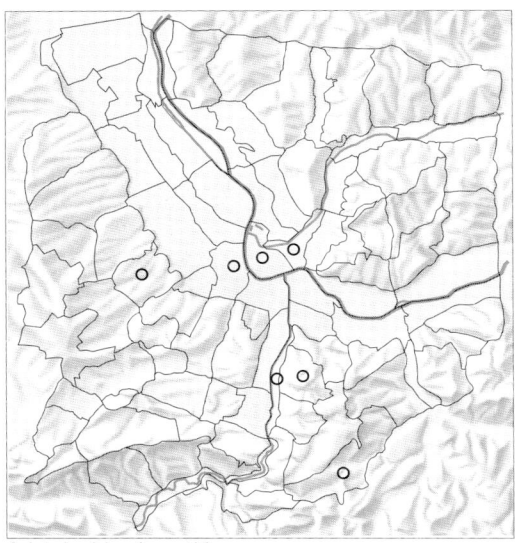

Aristolochia clematitis

V: Im Jura verbreitet und häufig. Stellenweise an den Flanken des Dinkelberges, z.B. Herten W (Schlosskopf), Wyhlen (Rustel), Brombach-Hüsingen. Sonst selten: Reinacher Heide (Uferzone), Birsfelder Hard, Olsberger Wald.
G: Nicht gefährdet; ausserhalb des Juras potentiell gefährdet.

34. Aristolochia L. *Osterluzei*

2. A. clematitis L. – *Gewöhnliche O.*
B: Arch.
Ö: In ± ruderalen Hecken und Heckensäumen, in aufgelassenen Rebbergen, als Kulturrelikt (?) in alten verwachsenen Gärten. – Auf frischen bis mässig trockenen, basen- und nährstoffreichen, lockeren, gerne steinigen Lehmböden.
S: Arction, Aegopodion.
V: Selten: Riehen (Bahnlinie DB), Basel (St. Johann-Rheinweg, Breisacherstrasse), Buschwiller (Dorf, 1985; 1990 Standort vernichtet), Arlesheim (Gewerbegebiet, bis 1979 auch Eremitagestrasse), Büren NO (Sternenberg).
G: Zurückgegangen; im Gebiet schon lange selten. Stark gefährdet.

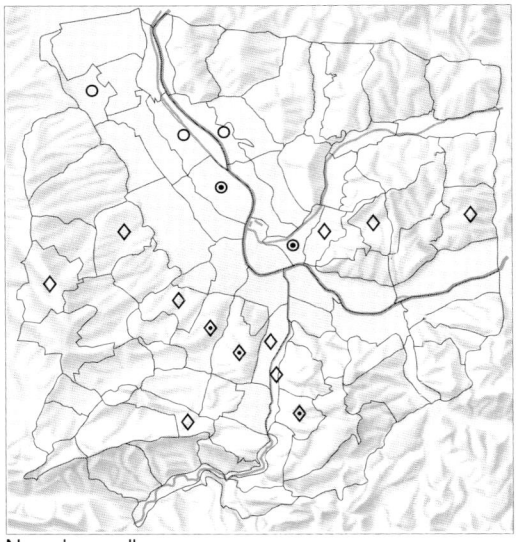

Nymphaea alba

NYMPHAEACEAE
SEEROSENGEWÄCHSE

35. Nymphaea L. *Seerose*

1. N. alba L. – *Weisse S.*
Ö: In warmen, ± eutrophen, stehenden Gewässern, in Altwassern, Kiesgrubentümpeln, Fischteichen und Weihern. Oft gepflanzt in Weiherbiotopen. – In (mässig) nährstoffreichem Wasser über humosen Schlammböden.
S: Nymphaeion.
V: Selten; urprünglich oder zumindest seit langem eingebürgert wohl nur in der Oberrheinebene: Neudorf (Quackery), Pisciculture, Sierentz NW, Märkt. Sonst angepflanzt, z.B. Riehen (Autal, Eisweiher), Inzlingen (Schlossweiher), in vielen Weiherbiotopen zwischen Therwil und Allschwil, Reckwillerhof (Vogelreservatweiher).
G: Alteingewachsene Vorkommen wohl zurückgegangen; im Gebiet auch früher nicht häufig. Gefährdet.

Anm.: Nah verwandte, tropische und z.T. hybridogene Sippen häufig angepflanzt in anthropogenen Feuchtbiotopen, Parkweihern, Schulteichen usw., z.B. Kleinkems (Steinbruchweiher), Märkt, Riehen (Bäumlihof, Autal, Sarasinpark), Basel (Friedhof Wolf), Birsfelden (Schleuse), Pratteln (Erli), Giebenach.

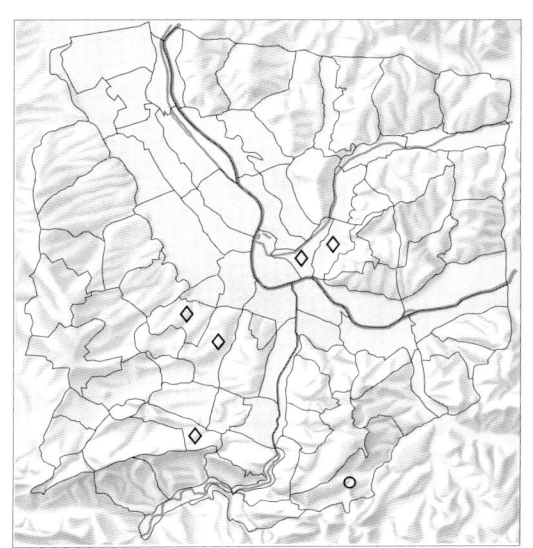

Nuphar lutea

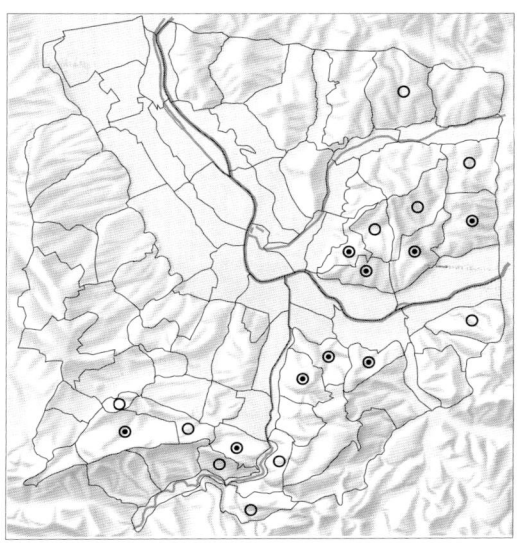

Actaea spicata

36. Nuphar Sm. — *Teichrose*

1. N. lutea (L.) Sm. – *Grosse T.*
B: (Id) Erg.
Ö/V: Basler Weiher (Seewen). Früher in Fischweihern in der Nähe der Pisciculture (MOOR 1962). Eingepflanzt in anthropogenen Weiherbiotopen, z.B. Riehen (Autal, Eisweiher), Allschwil.

2. N. pumila (Timm) DC. – *Kleine T.*
B: Erg. – Eurasien; kalte Gebirgsseen.
Ö/V: Eingepflanzt im 'Mühlibach-Weiher' südlich Allschwil.

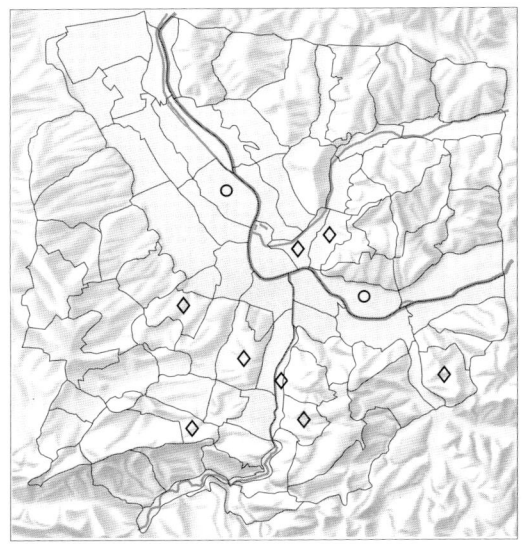

CERATOPHYLLACEAE
HORNBLATTGEWÄCHSE

37. Ceratophyllum L. — *Hornblatt*

1. C. demersum L. – *Rauhes H.*
Ö: Untergetaucht in Altwassern, Fischteichen und Weihern. Oft auch in Weiherbiotopen gepflanzt oder unbeabsichtigt eingeschleppt. – In nährstoffreichen Gewässern über humosen Schlammböden.
S: Potamogetonetalia.
V: Selten, doch wohl nur unzureichend erfasst: Michelfelden-Langenhäuser, Altrhein bei Wyhlen (H. Boos). Eingepflanzt oder unbeabsichtigt eingeschleppt, z.B. bei Riehen (Autal, Eisweiher), Reinach (Buchloch), Allschwil usw.
G: Wildvorkommen wohl zurückgegangen. Gefährdet (?).

Ceratophyllum demersum

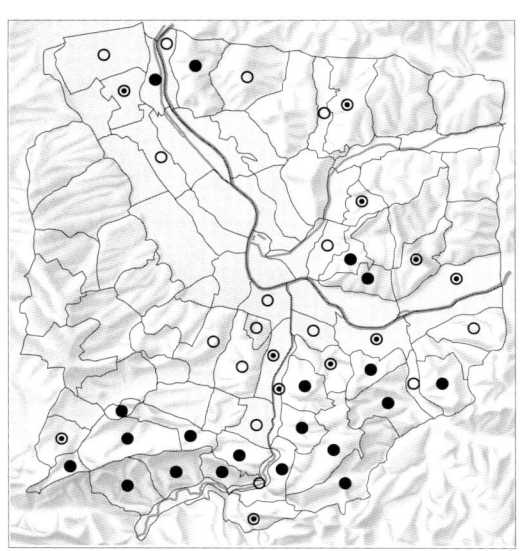

Helleborus foetidus

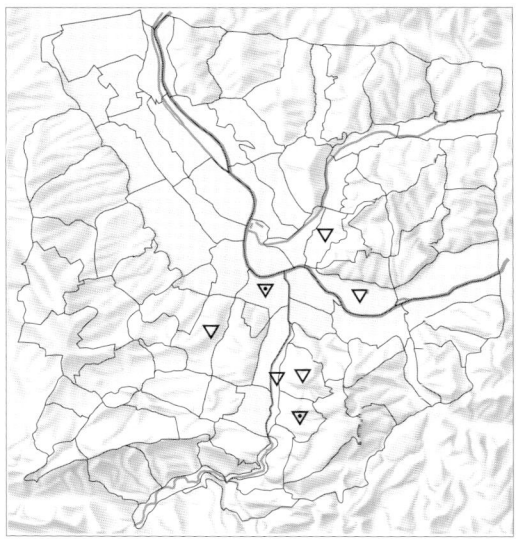

Helleborus orientalis

2. C. submersum L. – *Glattes H.*

Verschollen. Früher selten in sommerwarmen, eutrophen Gewässern der Oberrheinebene. Letzte Meldungen: Pisciculture (MOOR 1962), "Michelfelden" (BINZ 1911), "am Kanal zwischen Neudorf und Rosenau" (BINZ 1911).

RANUNCULACEAE
HAHNENFUSSGEWÄCHSE

Unterfamilie
HELLEBOROIDEAE –
NIESWURZARTIGE

38. Actaea L.   *Christophskraut*

1. A. spicata L. – *Christophskraut*

Ö: Meist einzeln an schattigen, luftfeuchten Waldstellen, in gebüsch- und krautreichen Hangwäldern, in Schluchten. In feucht-kühlen Lagen. – Auf frischen, nährstoffreichen, meist kalkhaltigen, humosen, lockeren, z.T. nicht völlig konsolidierten, steinigen und lehmigen Böden.
S: Fagion, Lunario-Acerenion.

V: Im Jura und am Dinkelberg zerstreut und ± selten, z.B. Blauennordhang, Grellingen-Himmelried (Kaltbrunnental), Arlesheim (Gobenmatt), Muttenz (Wartenberg), Pratteln (Cholholz); Wyhlen (Rustel), Riehen (Ausserberg), Grenzach (Hornfelsen) usw. Sonst nur an wenigen Stellen: Olsberger Wald (Jüngerer Deckenschotter): Giebenach NO (Eichlihag); Weitenauer Vorberge: Hauingen N (Schwygrabenweg); nach einer zu bestätigenden Angabe in einer schattigen Mulde an der Westseite des Isteiner Klotz (LITZELMANN 1966).
G: Nicht gefährdet.

39. Helleborus L.   *Nieswurz*

1. H. foetidus L. – *Stinkende N.*

Ö: In lichten, krautreichen Buchen- und Laubmischwäldern und deren Mantelgebüschen und Säumen, in Weidegebüschen, in Kalksteinbrüchen, an steinigen Böschungen, an Terrassenkanten. – Auf mässig trockenen bis frischen, basenreichen, meist kalkhaltigen, lockeren, humosen, gerne steinigen, seltener lehmigen Böden.
S: Fagion, Carpinion, Quercion pubescenti-petraeae, Berberidion.
V: Im Jura und in den Kalkgebieten des Dinkelberges verbreitet und häufig, ebenso im Gebiet

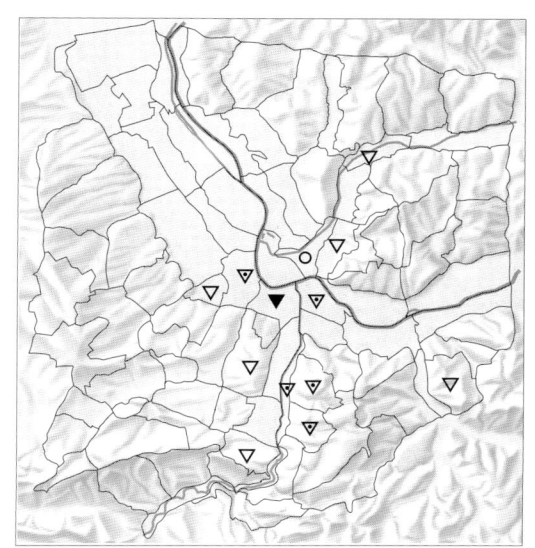

Eranthis hyemalis

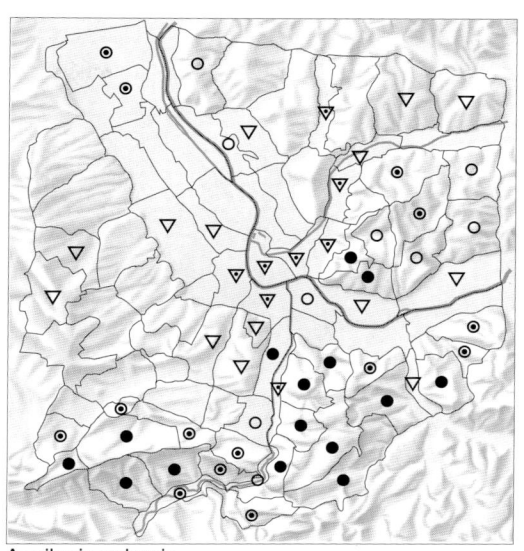

Aquilegia vulgaris

der Malmscholle von Istein und auf den Doggerrippen des Rötteler Schlosses und des Lingerts (Haagen). In den Flussebenen von Rhein und Birs zerstreut und vorwiegend an den Böschungen der Niederterrasse, z.B. Reinacher Heide, Basel (St. Alban-Tal), Rheinhalde bei Herten, Rand der Elsässer Hardt bei Loechle (Schäferhof) usw.; nördlich Kembs auch in der holozänen Talaue. Sonst selten: Ost- und Nordrand des Bruderholzes (Hochterrassenschotter), bei Binningen (Neubadrain).
G: Nicht gefährdet.

2. H. viridis L. – *Grüne N.*

B: (Erg). – W- und SW-Europa; frische, aufgelichtete Gebüsche, Hecken.
Ö/V: Verschollen. Früher als seltenes Kulturrelikt in steinigen Gebüschen. Letzte Meldung: "beim Dornacher Schloss, ein Exemplar" (BINZ 1915).

3. H. orientalis Lam. – *Orientalische N.*

B: Neo. – Kaukasus, Kolchis; feuchtwarme, lichte Laubwälder.
Ö/V: Häufige Zierstaude. Als Kulturrelikt in alten Villengärten und Parks, gelegentlich auch verwildert oder verschleppt und z.T. ± eingebürgert in Friedhöfen und frischen, siedlungsnahen Gebüschen, z.B. Basel (St. Alban-Anlage), Riehen (Friedhof Hörnli), in der dunkelrot blühenden Kulturform 'Atrorubens' im Waldrandgebüsch direkt südlich 'Im Rippel' (Grenzach).

40. Eranthis Salisb. *Winterling*

1. E. hyemalis (L.) Salisb. – *Winterling*

B: Arch. – S-Europa; Felder, offenes Land.
Ö: Häufig als frühblühende Zierpflanze kultiviert. Verwildert, z.T. auch eingebürgert und mit der Zeit in ausgedehnten Beständen in alten Gärten und Parks, in Rebbergen, in lichten Gebüschen. Wärmeliebend. – Auf frischen, nährstoffreichen, locker-humosen, auch rohen Lehmböden.
S: Fumario-Euphorbion (Geranio-Allietum).
V: Eingebürgert in einem alten Rebberg im Riehener Schlipf (schon HAGENBACH 1843), ausserdem in Gebüschen am Tüllinger Berg unterhalb Ober-Tüllingen. Sonst nicht selten verwildert oder ausgepflanzt, z.B. Rebberg westlich Ruine Pfeffingen.
G: Alteingewachsene Vorkommen zurückgegangen. In Rebbergen im Gebiet Ötlingen-Binzen-Fischingen (HAGENBACH 1843, MOOR 1962) nicht mehr bestätigt. Stark gefährdet.

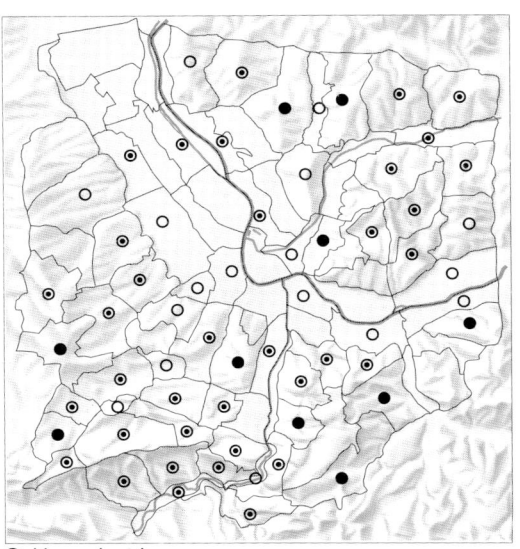

Caltha palustris

41. Aquilegia L.   Akelei

1. A. vulgaris L. – *Gemeine A.*

Ö: Einzeln bis gesellig in lichten, wärmebegünstigten Buchen- und anderen Laubmischwäldern und deren Säumen, an Waldstrassen, in Waldlichtungen und -schlägen. V. a. in höheren Lagen auch in frischen, oft etwas absonnigen Magerwiesen und -weiden. – Auf frischen bis mässig trockenen, ± nährstoffreichen, basenreichen, meist kalkhaltigen, humosen, steinigen und lehmigen Böden.
S: Fagetalia (v.a. Carici-Fagetum), Atropion, Trifolion medii, Mesobromion (Colchico-Mesobrometum, seltener Salvio-Mesobrometum).
V: Im Jura, in der Birsebene und in den Kalkgebieten des Dinkelberges verbreitet und ziemlich häufig, seltener am übrigen Dinkelberg, im Gebiet der Malmscholle von Istein, in der Oberrheinebene (v.a. Elsässer Hardt), vereinzelt auch in der Birsfelder Hard. Sonst selten oder fehlend und z.T. nur verwildert.
G: An Freilandstandorten wohl zurückgegangen. Schonungsbedürftig.

Anm.: In zahlreichen Farbvarietäten von rosa über weinrot bis dunkelpurpurn sowie mit gefüllten Blüten von alters her in Gärten kultiviert und mit Gartenabraum wieder in die Wälder gelangt. Oft auch verwildert an Mauerfüssen, unter Hecken, auf Schutt und dgl.

2. A. atrata Koch (A. vulgaris L. ssp. atrata (Koch) Gaudin) – *Dunkle A.*

Verschollen. Früher selten in mageren, wechseltrockenen Gebüschsäumen. Letzte Meldungen: "Dinkelbergplateau 1 km nördl. Adelhausen" (1962, LITZELMANN 1963), "Eichberg oberhalb der Degerfelder Sägemühle" (LITZELMANN 1960), "sumpfige Wiesen an der Fischzuchtanstalt Blotzheim" (RASTETTER 1966), "Rheinvorland bei Istein" (1927, BINZ 1942). "Rheinwald bei Hüningen" (Krause in BINZ 1915), "bei der Fischzuchtanstalt" (Wille in BINZ 1915). Ob wirklich immer diese Art oder z.T. nur eine dunkelblütige Form von *A. vulgaris* (?). Nächste aktuelle Vorkommen in der Gegend von Bärschwil (SO).

42. Caltha L.   Dotterblume

1. C. palustris L. s. str. – *Sumpf-D.*

Ö: Einzeln oder gesellig an Bächen und Gräben, in Quellfluren, in Nasswiesen, in lichten Auenwäldern; in tieferen Lagen vorwiegend an schattigen Standorten. Eingepflanzt in Feuchtbiotopen. – Auf quellig-nassen, ziemlich nährstoffreichen, aber nicht überdüngten, tiefgründigen, humosen Lehm- und Tonböden.
S: Calthion, Alno-Ulmion, Alnion glutinosae.
V: Ziemlich verbreitet, aber nur in den kühleren Mittelgebirgslagen ± häufig. In den Flussebenen und in den trockenwarmen Teilen der Lösshügelländer selten und über weite Strecken fehlend.
G: Zurückgegangen. Schonungsbedürftig; in tieferen Lagen gefährdet.

43. Trollius L.   Trollblume

1. T. europaeus L. – *Trollblume*

Ö: In frischen, krautreichen, waldnahen Magerwiesen und an quelligen, nordexponierten Wiesenhängen mit Orchideen und Seggen. – Auf sickerfeuchten, mässig nährstoffreichen, tiefgründigen, lockeren, humosen Lehm- und Tonböden.
S: Colchico-Mesobrometum, Calthion.
V: Selten; nur zwei Vorkommen im Jura: Röschenz N (Obere Schachleten, 440–460 m, mehrfach), Himmelried NW (Steffenschmit-

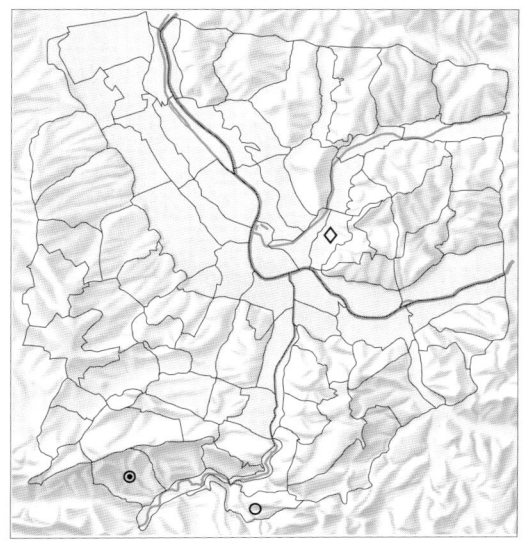

Trollius europaeus

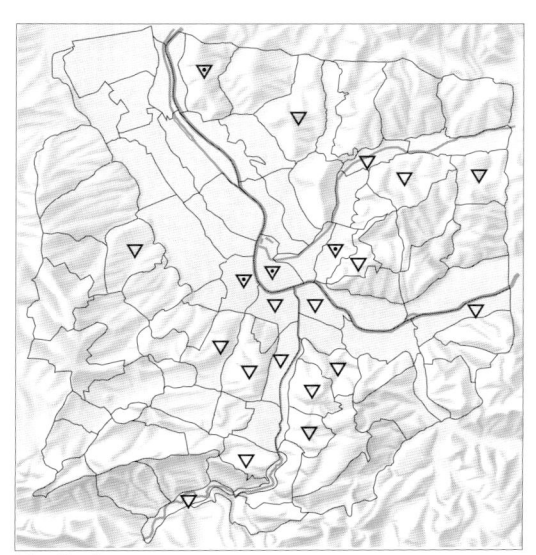

Nigella damascena

ten, 510 m). Nächste grössere Vorkommen in der Gegend von Bärschwil (SO).
G: Vorwiegend montane Art; im Gebiet schon immer selten. Ob Duggingen (BINZ 1922) verschollen. Stark gefährdet.

44. Nigella L. *Schwarzkümmel*

1. N. arvensis L. – *Acker-S.*

B: (Arch).
Ö/V: Seit langem verschollen. Früher selten in ± trockenen, warmen, kalkhaltigen, steinigen Getreidefeldern und Brachäckern. Letzte Meldungen: Aesch (1908, BINZ 1911), bei Münchenstein (1899, BINZ 1911), Isteiner Klotz (WINTER 1889). Neuerdings da und dort in Ansaaten. In einem Ackerreservat der Reinacher Heide eingesät (1993).

2. N. damascena L. – *Damaszener S., Gretchen-im-Busch*

B: Eph. – S-Europa, Türkei; Kornfelder, Dünen, steinig-trockenes Ödland.
Ö/V: Zierpflanze, z.B. in Bauerngärten. V. a. im (halb-)ländlichen Siedlungsgebiet nicht selten verwildert in aufgelassenen Gärten, in gartennahen Säumen, auf Kompost und Erdschutt, in Baumscheiben, in Mauerwinkeln, in Kunstwiesen. Auch in 'Blumenwiesen'-Saaten.

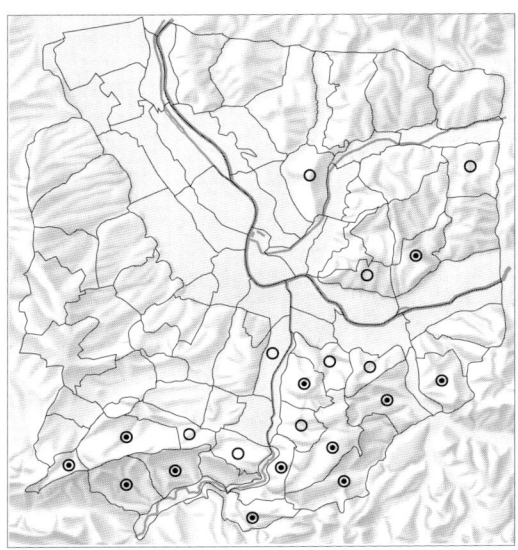

Aconitum altissimum

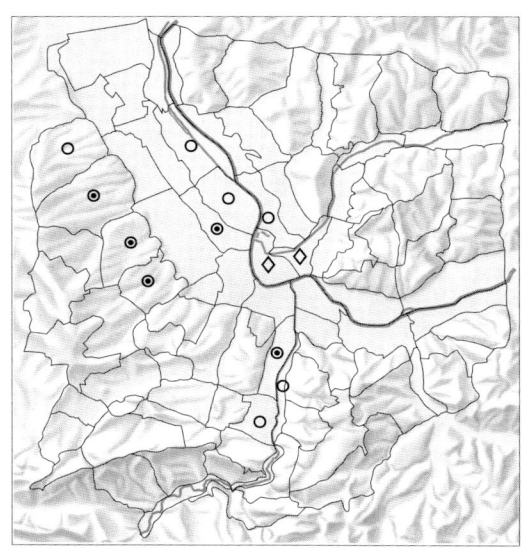

Consolida regalis

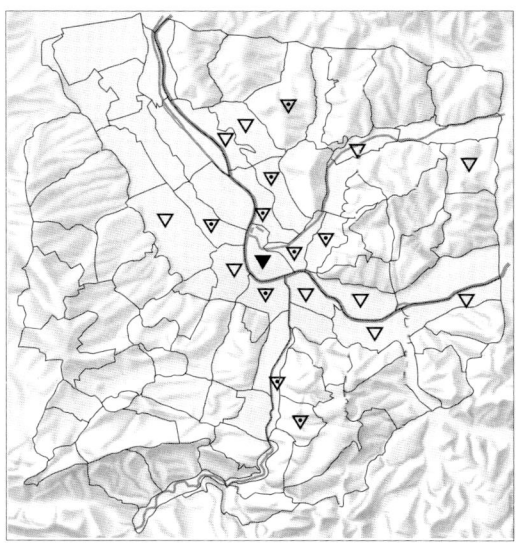

Consolida ajacis

45. Aconitum L. *Eisenhut*

1.–2. Artengruppe
A. vulparia – *Gelber Eisenhut*

1. A. altissimum Mill. (A. vulparia Rchb.) – *Wolfs-E.*

Ö: Meist gesellig in luftfeuchten Wäldern, in schattigen Waldrunsen und Schluchten, an durchsickerten Waldhängen, in feuchten Mulden, im Blockschutt. Gerne in kühlen, luftfeuchten Lagen. – Auf sickerfrischen bis nassen, nährstoffreichen, kalkhaltigen, lockeren, humosen, gerne steinigen, lehmigen und tonigen Böden.
S: Tilio-Acerion, Alno-Ulmion, feuchtes Fagion.
V: Im Jura verbreitet, aber nicht häufig, z.B. Ettingen (Büttenenloch), Hofstetten (Chälengraben), Duggingen (Muggenberg), Grellingen-Zwingen (Chessiloch, Steinrisel), Grellingen-Himmelried (Kaltbrunnental), Liestal (Schleifenberg), etwas häufiger im Gempengebiet: Arlesheim (Eremitage-Gobenmatt), Muttenz (Wartenberg) usw. Sonst nur an wenigen, streng lokalisierten Stellen: Dinkelberg: Wyhlen (Rustel, Leuengraben), Höllstein S; Birsebene: Reinach-Münchenstein (Wissgrien); Tüllinger Berg: Käferholz.
G: Nicht gefährdet; ausserhalb des Juras potentiell gefährdet.

2. A. × platanifolium Degen & Gáyer – *Platanenblättriger E.*

Ob im Gebiet (?). Möglicherweise in der Blauenkette (vgl. WELTEN & SUTTER 1982). Vorwiegend montan-subalpine Art; in den Juraketten westlich und südlich des Rayons verbreitet.

3.–4. Artengruppe
A. napellus – *Blauer Eisenhut*

3. A. compactum (Rchb.) Gáyer – *Dichtblütiger E.*

B: Erg.
Ö/V: Selten in Biotopen eingepflanzt, z.B. Birsfelden (Schleuse). Ob wirklich diese Sippe oder *A. neomontanum* Wulf. (?).

4. A. neomontanum Wulfen – *Blauer E., Echter E.*

Verschollen. Montan-subalpine Art. Früher da und dort herabgeschwemmt in Uferstaudenfluren und im Auengebüsch der Birs, abwärts bis Neuewelt (BINZ 1911). Letzte Meldungen: nördlich der Reinacherheide (MOOR 1962), Laufen (1954, leg. P. Frei).

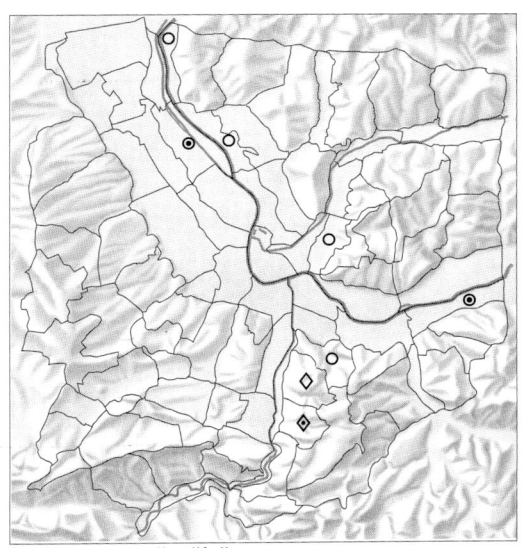

Thalictrum aquilegiifolium

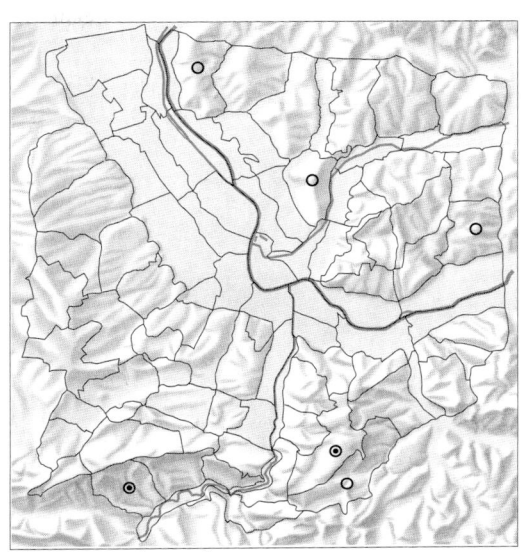

Thalictrum minus s.l.

46. Consolida Gray — *Rittersporn*

1. C. regalis Gray – *Acker-R.*
B: Arch.
Ö: Einzeln bis gesellig in sonnigen Getreideäckern und auf Stoppelfeldern, selten auf Erdschutt. Neuerdings in Buntbrachensaaten. – Auf mässig trockenen bis frischen, nährstoff- und basenreichen, meist kalkhaltigen, lockeren, humosen, steinigen und lehmigen Böden; gerne auf Löss.
S: Caucalidion, seltener Aperion.
V: Selten; v.a. im vorderen Sundgau (zwischen Hegenheim und Uffheim) und in der Birsebene (z.B. im Gebiet der Reinacher Heide); elsässische Oberrheinebene: um St. Louis, Neudorf-Rosenau, Loechle; adventiv im Hafen Weil-Friedlingen.
G: Sehr stark zurückgegangen und an den verbliebenen Fundstellen oft nur noch in einzelnen Exemplaren. Auf dem Bruderholz (BINZ 1911) verschollen. Stark gefährdet.

2. C. ajacis (L.) Schur – *Garten-R.*
B: Neo. – Mittelmeergebiet; sonnige Gesteinsfluren, Felder.
Ö: Zierpflanze. Verwildert im Umkreis von Gärten und in Anlagen, eingebürgert in Kieshalden, auf Kies- und Sandschutt, auf kiesigen Wällen, in Bahnarealen, in trockenem Öd- und Ackerland. – Auf ± sommertrockenen, nährstoff- und basenreichen, auch kalkarmen, lokkeren, humosen, z.T. lehmigen Kies- und Sandböden.
S: Sisymbrion, Artemisietalia (v.a. Onopordion).
V: In den Flusstälern zerstreut. Meist in Siedlungsnähe.
G: Eingebürgerte Vorkommen schonungsbedürftig.

47. Thalictrum L. — *Wiesenraute*

1. T. aquilegiifolium L. – *Akeleiblättrige W.*
Ö: Meist einzeln oder zu wenigen in Auenwäldern der Flusstäler und im Uferstaudengebüsch von Altwässern. – Auf durchsickerten, zeitweise nassen, ± nährstoffreichen, meist kalkhaltigen, z.T. steinigen, humosen Lehm- und Tonböden.
S: Alno-Ulmion (v.a. Alnetum incanae), auch Magnocaricion, Aegopodion.
V: Selten: Oberrheinebene: Pisciculture, Märkt SO (Niederried), Rheinweiler SW (gegen 'Köpfle'); Hochrheinebene: zwischen Augst und Rheinfelden ('Im Rohr' und weiter östlich); Birsebene: Muttenz (Schänzli, Rütihardhof); Riehen: Bahndamm Niederholzrainweg, 1981 spärlich, 1997 ca. 30-40 Exemplare.

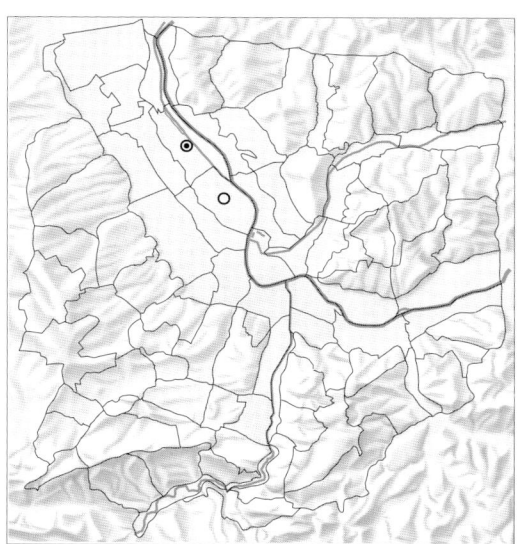

Thalictrum flavum

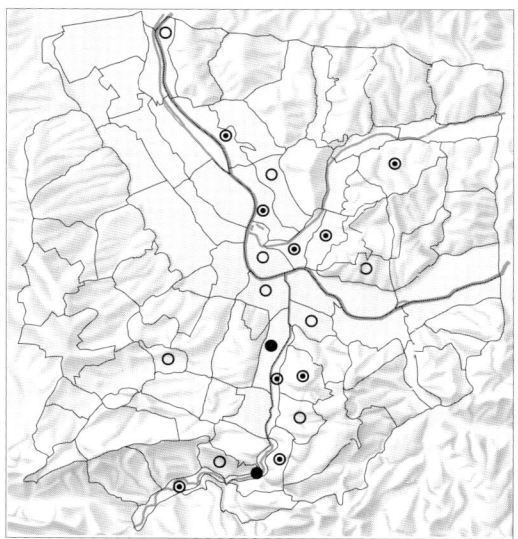

Anemone ranunculoides

G: Zurückgegangen und ausserhalb der Flusstäler, z.B. in den Tälchen der Gempen-Ostflanke (BINZ 1911, 1922) verschollen. Stark gefährdet.

2. T. minus L. s. l. – *Kleine W.*

Vorbem.: Eine Unterscheidung der beiden Unterarten ssp. *minus* und ssp. *saxatile* Schinz & R. Keller ist im Gebiet nur bedingt möglich. Die Vorkommen an Felsköpfen des Juras werden "traditionellerweise" der ssp. *saxatile* zugerechnet. Untersuchungen empfohlen.

Ö: In mageren, sonnigen, hochwüchsigen Säumen und Staudenfluren lichter Trockengebüsche, an klüftigen Felsflühen. – Auf ziemlich trockenen, mässig nährstoffreichen, kalkhaltigen, humosen, lockeren, flachgründigen Lehm- und klüftigen Felsböden, auch auf wechseltrockenen Mergelböden.
S: Geranion sanguinei, Berberidion (Cotoneastro-Amelanchieretum), Potentillion caulescentis.
V: Selten: Malmscholle von Istein: Isteiner Klotz (Nordportal Eisenbahntunnel), Huttingen (1982, Harms in SEBALD et al. 1993); Tüllinger Berg: unterhalb Ober-Tüllingen (Hohlen, schöner Bestand; im Frühsommer 1985 während der Blütezeit durch Schuttablagerung vernichtet (Landschaftsschutzgebiet !); Dinkelberg: Degerfelden O (Riesberg, H. Boos); Blauengebiet: Dittingen (Redelsfluh, Dittinger Weide); Gempengebiet: Büren W

(Schiessstand), Flühe ob Büren (H. Zoller), Gempen (Schartenfluh/Gempenstollen).
G: Zurückgegangen; im Gebiet auch früher nicht häufig. In der Reinacher Heide verschollen (MOOR 1981a). Stark gefährdet.

3. T. simplex L. s. l.

3a. – ssp. **bauhinii** (Crantz) Tutin – *Bauhins W.*

Verschollen. "Rheinhalde zwischen Birsfelderhof und Hard" (1919, Becherer in BINZ 1922; schon Abderhalden in BINZ 1905).

3b. – ssp. **galioides** (Pers.) Korsh. – *Labkrautähnliche W.*

Verschollen. Früher selten in wechselfeuchten Magerrasen der Oberrheinebene. Letzte Meldung: "Bei Kembs-Loechlé, alter Rheinarm im Molinietum 1961, 1962, 1964, 1973. Verschollen." (RASTETTER 1993).

4. T. flavum L. – *Gelbe W.*

Ö: In nassen Staudenfluren an Altwassern mit wenig schwankendem Wasserstand, in moorigen Feuchtwiesen. – Auf wechselnassen oder feuchten, ziemlich nährstoffreichen, humosen Lehm- und Tonböden.
S: Filipendulion (Euphorbia palustris-Gesellschaft).

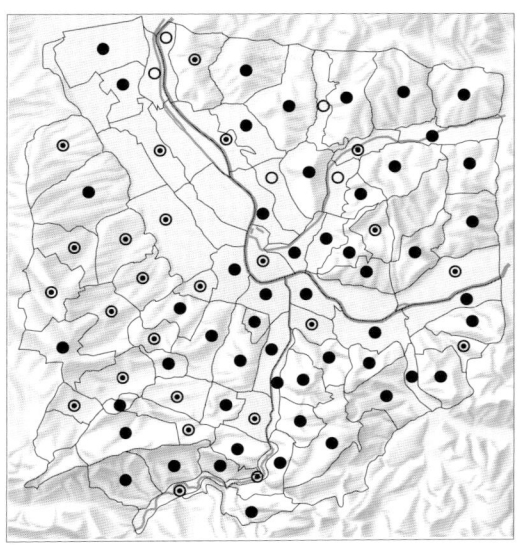

Anemone nemorosa

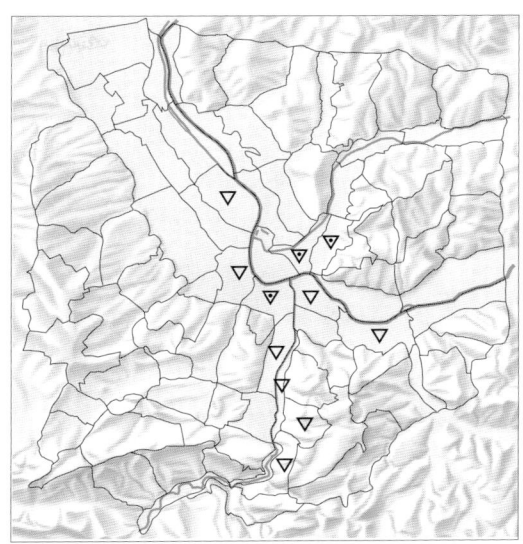

Anemone blanda

V: Sehr selten; nur in zwei Naturschutzgebieten der elsässischen Oberrheinebene: Pisciculture, Neudorf-Rosenau (Kirchenerkopf).
G: Zurückgegangen. Früher mehrfach in der Oberrheinebene, z.B. Rheinufer bei Neudorf, Loechle, Rheinweiler (BINZ 1911). Stark gefährdet.

Unterfamilie
RANUNCULOIDEAE –
HAHNENFUSSARTIGE

48. Anemone L.
Windröschen, Anemone

1. A. ranunculoides L. – *Gelbes W.*
Ö: Meist herdenweise in krautreichen Auenwäldern, an wasserzügigen Terrassenborden auch ausserhalb des Waldes. Hie und da in alten Gärten und Parks gepflanzt. – Auf frischen, ± nährstoffreichen, kalkarmen und -reichen, lockeren, humosen, kiesig-sandigen und lehmigen Böden.
S: Alno-Ulmion, auch Carpinion und Aegopodion, seltener Arrhenatherion.
V: Der Birs entlang verbreitet und häufig (abwärts bis St. Jakob), seltener an den Rändern und auf den Flächen der Niederterrassen:

Dornach, Arlesheim, Münchenstein (Brüglingen), Basel (Nauenstrasse, Lonza-Hochhaus). Stellenweise im Wiesental, v.a. im Gebiet Basel-Riehen-Weil (Lange Erlen, Weiler Kiesgrube, Nonnenholz); Hüsingen W; vereinzelt bis in die badische Oberrheinebene vorstossend, z.B. Niederterrassenrand bei Märkt und Efringen-Kirchen. Sonst nur an wenigen Stellen: Wyhlen O (Buttenhalde und Leuengraben), wenige Exemplare), Basel (Rankhof); im Leimental bei der Mühle Benken. Mehrfach verschleppt in Rabatten der Stadt Basel (z.B. Spalenring).
G: Nicht gefährdet.

2. A. nemorosa L. – *Busch-W.*
Ö: Meist in ausgedehnten Herden in frühlingslichten Buchen-, Eichen-Hagebuchen-, Erlen-Eschen- und anderen Laubmischwäldern, in Gebüschen und Hecken. V. a. in höheren Lagen auch in schattigen, waldnahen Magerwiesen. – Auf frischen, ± nährstoffreichen, lockeren, humosen Lehmböden.
S: Fagetalia, Prunetalia, Mesobromion (Colchico-Mesobrometum), Trifolion medii.
V: Verbreitet und bis ins urbane Siedlungsgebiet meist häufig. Stellenweise, z.B. in der Umgebung von Biederthal, selten oder fehlend.
G: Nicht gefährdet.

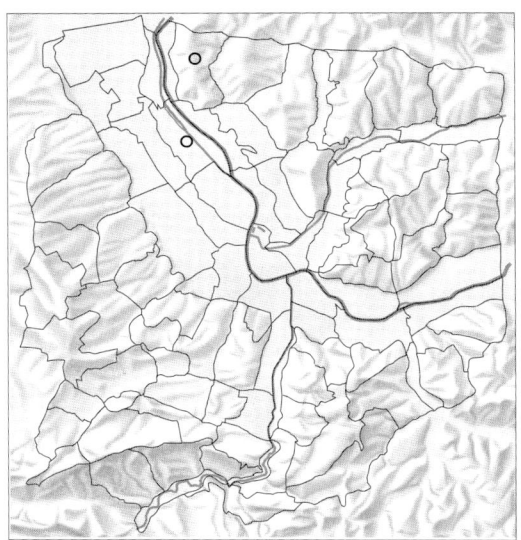

Pulsatilla vulgaris

2a. – f. rosea Peterm. – *Rosablühendes Busch-W.*
Durchs ganze Gebiet nicht selten, in allen Übergängen zur Nominatform.

2b. – f. latiloba Kickx – *Riesen-Busch-W.*
Da und dort, z.B. Bruderholz, Riehen (Ausserberg).

2c. – f. bracteata – *Vergrüntes Busch-W.*
Hie und da, z.B. Muttenzer Hard, Allschwiler Wald (Vögtenhegli).

3. A. blanda Schott & Kotschy – *Griechisches W.*
B: Eph. – Balkan, SW-Asien; felsige Eichenbuschwälder bis 2600 m.
Ö/V: Häufige Zierpflanze. Gelegentlich verwildert oder mit Gartenschutt verschleppt in siedlungsnahen Gebüschen, in Parkrasen usw., auch in Rasensaaten, z.B. Basel (Rheinhalde), Riehen (Friedhof Hörnli).

4. A. sylvestris L. – *Hügel-W.*
Ausgestorben. Früher selten in warmen Buschwäldern und an sonnigen Böschungen der Dinkelberg-Südflanke und in der Gegend von Istein. Letzte Meldungen: "bei Istein" (1921, Becherer in BINZ 1942), Felshang des Grenzacher Horns und am Dinkelberg bei

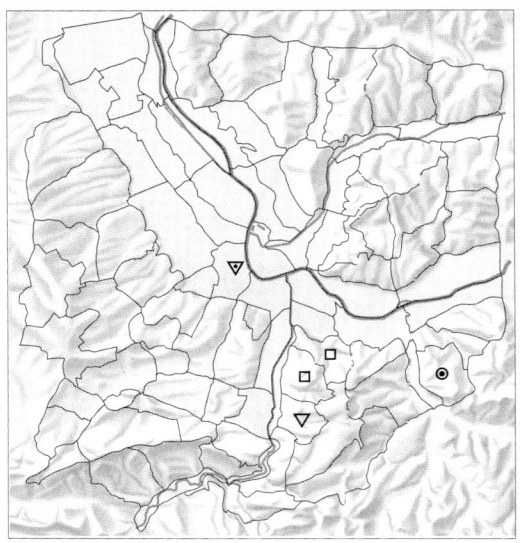

Hepatica nobilis

Grenzach, Wyhlen und Herten (BECHERER 1925).

Bastard

5. A. × lipsiensis Beck (A. nemorosa × ranunculoides) – *Bastard-W.*
Verschollen. "Im Weidengebüsch auf der linken Seite der Birs bei der Brown-Boveri-Brükke, Gde. Reinach" (1940, Heinis in BINZ 1942; letztmals MOOR 1962).

49. Pulsatilla Mill.
Pulsatille, Anemone, Küchenschelle

1. P. vulgaris Mill. – *Gewöhnliche K.*
Ö: In sonnigen, niedrigwüchsigen, sommerwarmen Trockenrasen. Auch in Steingärten gepflanzt. – Auf trockenen, durchlässigen, kalkreichen, humosen Stein-, Sand- oder Lössböden.
S: Xerobromion (Teucrio-Xerobrometum).
V: Sehr selten: am Hüningerkanal östlich der Pisciculture, Huttingen N (westexponierter Waldrand bei 'Birken', wenige Exemplare).
G: Zurückgegangen; im Gebiet auch früher selten. An den meisten historischen Fundstellen, z.B. Dinkelberg-Südflanke ob Grenzach, Wyhlen und Herten (BECHERER 1925, zuletzt

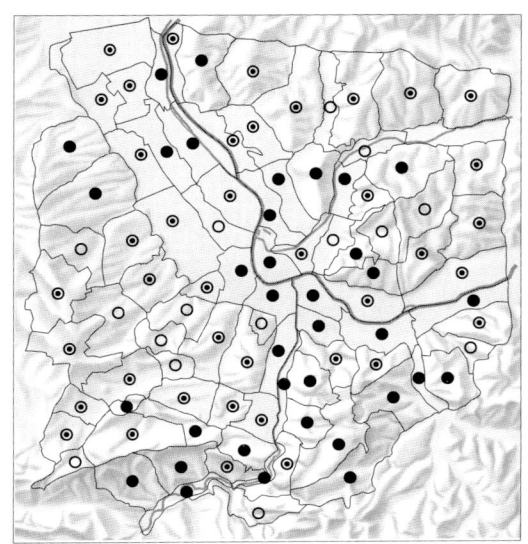

Clematis vitalba

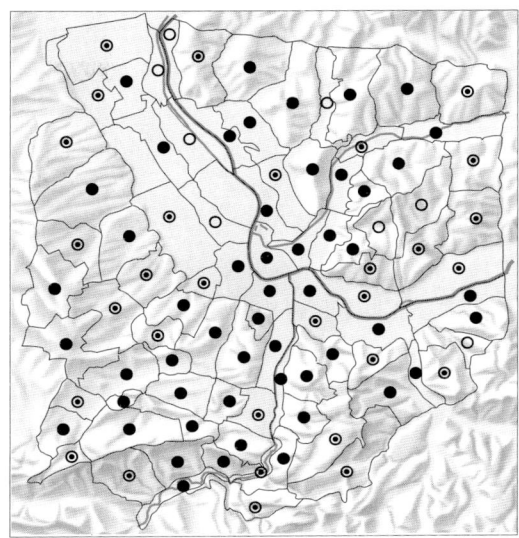

Ranunculus ficaria

HÜGIN 1979), bei Brinckheim (Schaub in BINZ 1915), Loechle (BINZ 1911) erloschen. Stark gefährdet; im Gebiet der Malmscholle von Istein vom Aussterben bedroht.

G: Zurückgegangen; im Gebiet schon immer selten. Am Dinkelberg bei Bettingen und Wyhlen (BINZ 1911, 1951) seit langem ausgestorben oder ausgerottet. Gefährdet.

50. Hepatica Mill. *Leberblümchen*

1. H. nobilis Schreb. – *Leberblümchen*

Ö: In lichten Buchen- und Lindenwäldern, in stabilen Kalkscherbenhalden, auf beschatteten Felskronen. Ausserdem in alten, schattigen Steingärten gepflanzt und von da in Hecken verwildernd. – Auf mässig frischen bis mässig trockenen, kalkreichen, humus- und feinerdereichen, steinigen und lehmigen Böden.
S: Fagion (Carici-Fagetum), Tilio-Acerion (Aceri-Tilietum).
V: Selten; nur an wenigen Stellen im Elbisgebiet nordöstlich Liestal (Schleifenberg): Roti Flue, Höli, Lindenstockgrube SO (neben Waldweg, sehr spärlich). Nach H. Zoller (mdl.) in den 1940er Jahren reichlich am Osthang des Schleifenberges. Andere Stellen wie 'Burgholden' (Heinis in BINZ 1951) möglicherweise erloschen. Sonst wohl Kulturrelikt bzw. angesalbt, z.B. Muttenz (Sulzkopf), Arlesheim (Schloss Richenstein, wenige Exemplare), Basel (St. Johann). Isoliertes Vorkommen; nächste Fundstellen im Jura westlich des Rayons, z.B. Lützeltal, Glaserberg.

51. Clematis L. *Waldrebe*

1. C. vitalba L. – *Gemeine W., Niele*

Ö: Gesellig, oft in dichten, überwachsenden Beständen in warmen Mantelgebüschen von Laubgehölzen, in Auenwäldern, in Hecken, an Zäunen, auf verbrachendem Ödland, in Bahnanlagen, in ± besonntem Trümmerschutt, an steinigen Halden, in Steinbrüchen und Kiesgruben, an Mauern. Wärmeliebend. – Auf ± tiefgründigen, frischen bis mässig trockenen, nährstoff- (stickstoff-)reichen, ± rohen, lockeren Lehm- und Steinschuttböden.
S: Prunetalia, robinienreiches Sambuco-Salicion, Artemisietalia.
V: Verbreitet und v.a. in den Kalkgebieten und in wärmeren Lagen häufig.
G: Nicht gefährdet.

2. C. viticella L. – *Italienische W.*

B: Eph. – S-, SO-Europa bis C-Asien; Hecken, Waldränder, Gebüsche.
Ö/V: Zierpflanze. Vorübergehend verwildert in einem lichten, warmen Gebüschsaum beim Schloss Birseck (Arlesheim).

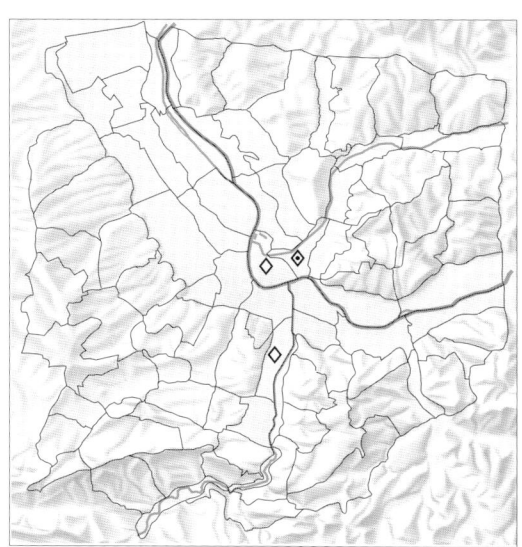

Ranunculus aquatilis

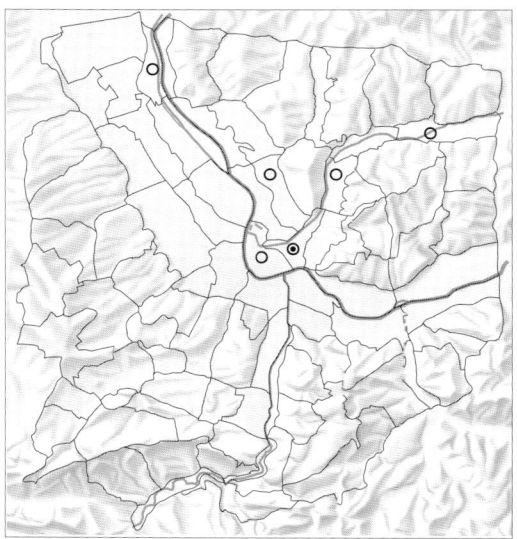

Ranunculus penicillatus

3. C. tangutica (Maxim.) Korsh. – *Mongolische W.*
B: Eph. – NW-China; Trockendämme, Gebüschsäume im Bergland.
Ö/V: Zierpflanze. Verwildert in aufgelassenen Beeten der alten Stadtgärtnerei (heutiger St. Johann-Park) und am Bord des Elsässer Rheinwegs, Basel.

52. Ranunculus L.   *Hahnenfuss*

Untergattung
Ficaria (Guett) L. Benson – *Scharbockskraut*

1. R. ficaria L. (Ficaria verna Huds.) – *Scharbockskraut*
Ö: Gesellig, z.T. massenhaft in Auenwäldern und frischen, krautreichen Laubmischwäldern, in Mulden und Bachtälchen, in feuchten Fettwiesen und -weiden, in Obstgärten. Im Siedlungsgebiet gerne unter Bäumen und Hecken sowie in beschatteten Rabatten und Rasen von Gärten und Parkanlagen. – Auf frischen bis sickerfeuchten, nährstoff- und basenreichen, humosen, tiefgründigen Lehmböden.

S: Fagetalia (Alno-Ulmion, Carpinion, feuchtes Fagion), Glechometalia (Aegopodion, Alliarion), Arrhenatherion, Cynosurion, Agropyro-Rumicion.
V: Verbreitet und bis ins urbane Siedlungsgebiet häufig.
G: Nicht gefährdet.

Untergattung
Batrachium (DC.) A. Gray – *Wasserhahnenfuss*

Vorbem.: Die Arten dieser Untergattung wurden von COOK (1966) eingehend untersucht. Sie sind z.T. sehr variabel und schwer abgrenzbar, und obwohl Selbstbestäuber, existieren offenbar ± sterile Hybridsippen, die sich vegetativ fortpflanzen können. Die vorgelegte Darstellung ist mangelhaft und bedarf einer gründlichen Überarbeitung.

2. R. aquatilis L. – *Gemeiner W., Grosser W.*
B: (Id) Erg.
Ö/V: Als Wildpflanze verschollen (?). Mehrere historische Meldungen über Vorkommen von 'R. aquatilis' aus dem Wiesental und der Hoch- und Oberrheinebene (BINZ 1911, 1915, 1942, 1951; BECHERER 1925). Ob wirklich immer diese Art (?). Eingepflanzt in Weiherbiotopen, z.B. Münchenstein (Grün 80), Lange Erlen (ob noch?).

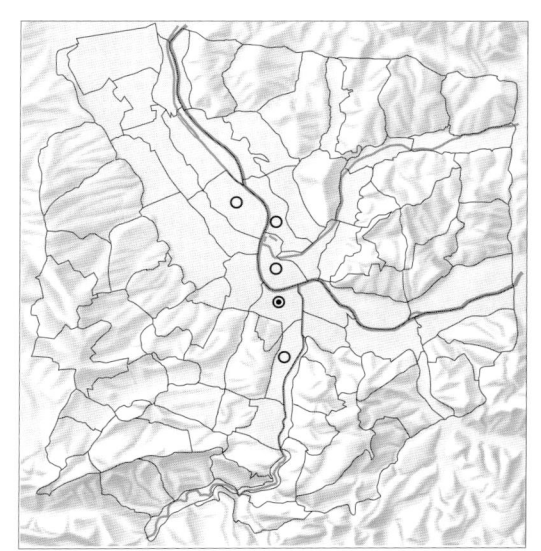

Ranunculus fluitans

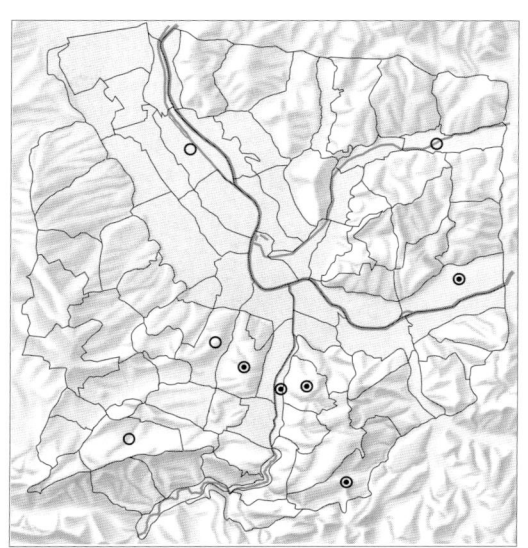

Ranunculus trichophyllus

3. R. penicillatus (Dumort.) Bab. – *Pinsel-W.*
Ö: Als dichte, flottierende Rasen in klaren, meso- bis eutrophen Fliessgewässern. – Über kalkarmen, sandig-kiesigen Schlammböden.
S: Ranunculion fluitantis (Ranunculetum fluitantis).
V: Selten; nur (?) in der Wiese und ihren Seitenkanälen: Riehen-Basel (z.B. unterhalb Riehenring, Lange Erlen), Weil (Weilmühleteich), Lörrach (Neuer Teich), Höllstein (Kanal). In der Oberrheinebene (Kembser Rheininsel: Altrhein) unsicher.
G: Potentiell gefährdet (?).

4. R. peltatus Schrank – *Schild-W.*
Lange Erlen (HESS et al. 1977); Fund von W. Koch, vielleicht zu *R. penicillatus* gehörig. Knapp ausserhalb des Rayons: Birs bei der Station Bärschwil (1967, leg. T. Brodtbeck).

5. R. fluitans Lam. – *Flutender W.*
Ö: Als dichte, untergetauchte Schwaden, z.T. in Massenbeständen in mässig bewegtem Wasser eutropher Flüsse und Kanäle. – Über sandig-kiesigen, etwas schlammigen Böden.
S: Ranunculion fluitantis (Ranunculetum fluitantis).
V: Im Rhein stellenweise häufig, doch in jährlich stark schwankenden Beständen, z.B. Basel (Solitüde, St. Alban), Weil, Hüningen usw. Sonst selten: Birs bei der Reinacher Heide, St. Alban-Teich.
G: Nicht gefährdet.

6. R. circinatus Sibth. – *Starrer W.*
B: (Id) Erg.
Ö/V: Als Wildpflanze verschollen (?). Zahlreiche historische Meldungen aus den Flusstälern von Rhein, Birs und Wiese (BINZ 1911). Aktuell wohl nur noch eingepflanzt in Weiherbiotopen: Oberwil (Ziegeleigrube), Biel-Benken (Ueli-Weiher), Reinacher Heide-Widenhof (heute durch Verbuschung erloschen).

7. R. trichophyllus Chaix s. str. – *Haarblättriger W.*
Ö: In stehenden oder langsam fliessenden, mesotrophen Gewässern, in Teichen und Tümpeln. Auch eingepflanzt oder unbeabsichtigt eingeschleppt in Weiherbiotopen. – Über ± nährstoffreichen, schlammigen Böden.
S: Potamogetonion, Ranunculion fluitantis.
V: Selten: Pisciculture (neuerdings nicht mehr bestätigt), in der Wiese bei Steinen und Basel, Bad. Rheinfelden (H. Boos), Ziegelei Oberwil (vital und gesellig), Arlesheim (Eremitage, Widenhof), Flüh, Oristal bei Büren. Eingepflanzt in Weihern des Bruderholzes bei Bottmingen (Talmatt).

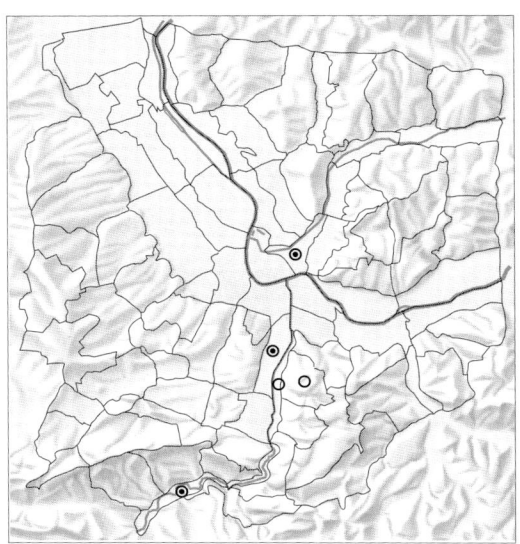

Ranunculus aconitifolius

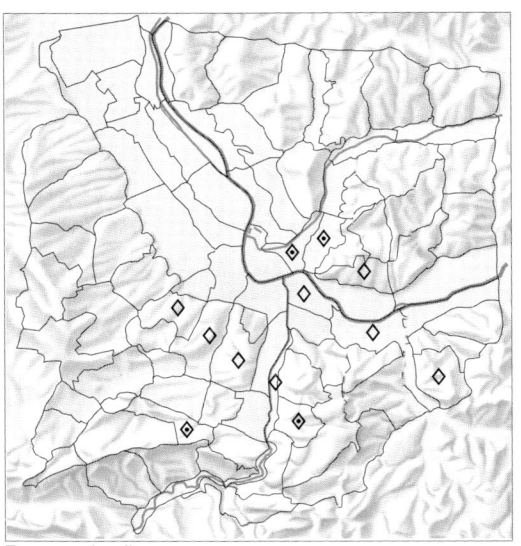

Ranunculus lingua

G: Stark zurückgegangen. "Im Rhein bei Basel" (1942, 1943; BINZ 1951) verschollen. Stark gefährdet.

Untergattung
Ranunculus – *Hahnenfuss*

8. R. aconitifolius L. –
Eisenhutblättriger H.
Ö: In lichten bis halbschattigen Ufergehölzen, in gelegentlich überschwemmten Uferstaudenfluren von Bächen und Flüssen. – Auf sikkernassen, nährstoffreichen, humosen, sandigen, lehmigen Böden.
S: Alno-Ulmion (Alnetum incanae, Stellario-Alnetum glutinosae), Calthion (Chaerophyllo-Ranunculetum).
V: Mehrfach im Birstal zwischen Grellingen und Laufen, flussabwärts vereinzelt bis St. Jakob. Sonst sehr selten: Gempen-Westflanke: Arlesheim (Eremitage); Wieseebene bei Riehen (schon 1817, BINZ 1905): Auengehölz und Weilmühleteich nördlich Weilstrasse, Lange Erlen nordwestlich 'Entenweiher' (1981, 1983; wenige Exemplare; später nicht mehr bestätigt).
G: Montan-subalpine Art; im Gebiet von Natur aus ± selten. In der Birs- und Wieseebene wohl zurückgegangen. Gefährdet; in der Wieseebene vom Aussterben bedroht.

9. R. lingua L. – *Grosser Sumpf-H.*
B: (Id) Erg.
Ö/V: Als Wildpflanze verschollen. Früher selten in Röhrichten an Ufern und Gräben stehender und träge fliessender, mesotropher Gewässer der Oberrheinebene. Letzte Meldungen: "Im Phragmitetum bei der Fischzuchtanstalt Blotzheim 1964, 1965, 1966. Seither verschwunden." (RASTETTER 1993), "bei Michelfelden..." (BINZ 1915). Bis 1982 in der Ziegelei Oberwil (ob wirklich ursprünglich?). In jüngerer Zeit häufig gepflanzt in Weiherbiotopen, z.B. Riehen (Autal, Eisweiher), Birsfelden (Schleuse), Pratteln (Erli), Bottmingen O (Talholz), Hofstetten (Waldweiher Hinterbuech).

10. R. flammula L. – *Kleiner Sumpf-H.*
Ö: An lichtoffenen, binsenreichen Waldweggräben und wenig befahrenen, nassen Forstwegen abgelegener Bergwälder. Auch gepflanzt in Weiherbiotopen. – Auf nassen, nährstoff- und kalkarmen, humosen, sandig-lehmigen und tonigen Böden.
S: Calthion (Epilobio-Juncetum), Agropyro-Rumicion.
V: Selten; nur in den Weitenauer Vorbergen, z.B. Röttler Wald zwischen 'Birkenmoos' und 'Haberacker', Hägelberg (Schwandgraben), Maulburg N (Hornberg, hier stellenweise häufig), Langenau W (zwischen 'Etzmatthalde'

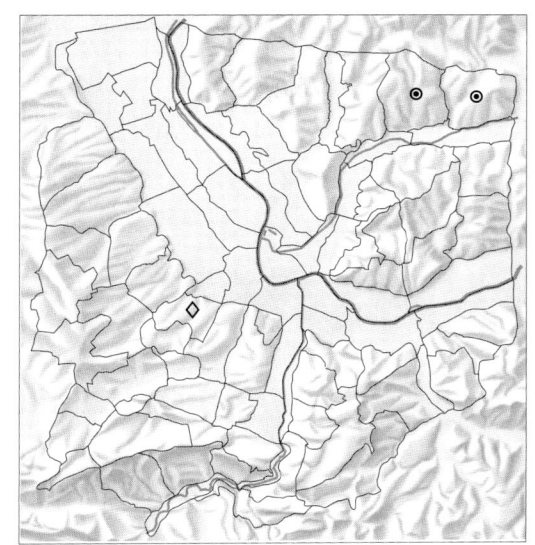

Ranunculus flammula

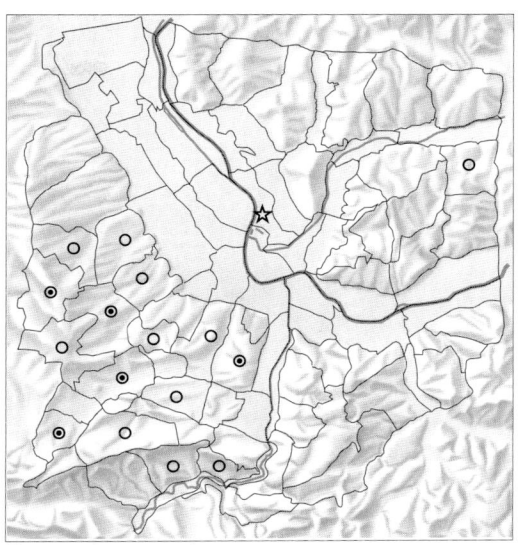

Ranunculus arvensis

und 'Roter Rain'). Eingepflanzt im Mühlibach-Weiher südlich Allschwil.
G: Stark zurückgegangen und in den ökologisch bedingten Randverbreitungsgebieten, z.B. in Grossseggenrieden und auf Riedwegen bei der Pisciculture (MOOR 1962) verschollen. Gefährdet.

11. R. arvensis L. – *Acker-H.*
B: Arch.
Ö: Einzeln bis locker gesellig in Getreideäckern, v.a. in dünn bewachsenen Randstreifen von Wintergetreide, auch in Baumschulen. Selten adventiv in Hafenanlagen. – Auf frischen bis mässig trockenen (sommertrockenen), nährstoff- und basenreichen, meist kalkarmen Lösslehmböden.
S: Aperion, seltener Caucalidion.
V: Im mittleren und höheren Sundgau ziemlich verbreitet aber selten, v.a. im Gebiet Bottmingen (Bruderholz)-Attenschwiller-Biederthal mit Schwergewicht um Folgensbourg. Sonst sehr selten: Dinkelberg: Adelhausen (Langstud); Lösslehm-Exklaven des Blauengebiets: Hofstetten W, Blauen Dorf); adventiv im Hafen Weil-Friedlingen. Im Ackerflorareservat der Reinacher Heide eingesät (1992).
G: Sehr stark zurückgegangen; an den verbliebenen Fundstellen oft nur noch sporadisch und in wenigen Restexemplaren. Auf den Niederterrassenfeldern der Birsebene (MOOR 1962) verschollen. Stark gefährdet.

12. R. muricatus L. – *Stachelfrüchtiger H.*
B: Eph. – Mittelmeergebiet; feuchte Wiesen, schlammige Strassenränder.
Ö/V: Adventiv im Hafen Weil-Friedlingen (1990).

13. R. sceleratus L. – *Gift-H.*
Ö: In lückigen, zeitweise überschwemmten Ufer-Pionierfluren eutrophierter, sommerwarmer Sümpfe und Kiesgrubentümpel, selten auf nassen Ackerbrachen. Etwas wärmeliebend. – Auf offenen, feuchten bis nassen, sehr nährstoffreichen, humosen, schlammigen, kiesig-sandigen und lehmigen Böden.
S: Bidention (Ranunculetum sclerati), seltener Polygono-Chenopodion.
V: Selten und oft ± unbeständig; nur an wenigen Stellen in der Oberrheinebene: Hegenheim O (Kiesgrube), Pisciculture, Maisacker am Hüningerkanal südwestlich Rosenau, Sierentz N (Sablière), Weil (Krebsbach, noch 1982, dann durch Fabrikbau zerstört).
G: Zurückgegangen; im Gebiet auch früher ± selten. Im Sundgau (BINZ 1911), im Markgräfler Hügelland (BINZ 1915) und auf dem Plateau von Olsberg-Giebenach (BINZ 1911) verschollen. Stark gefährdet.

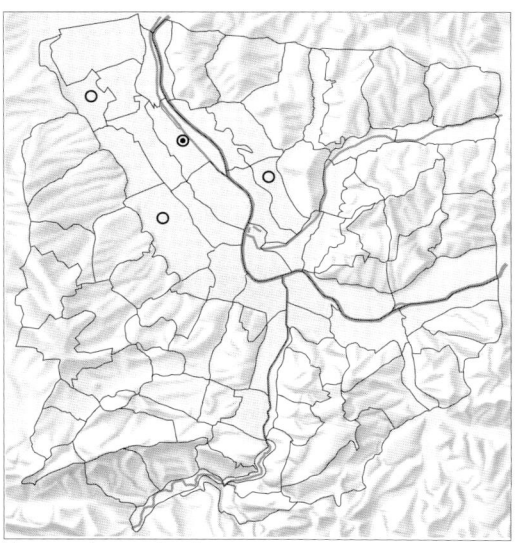

Ranunculus sceleratus

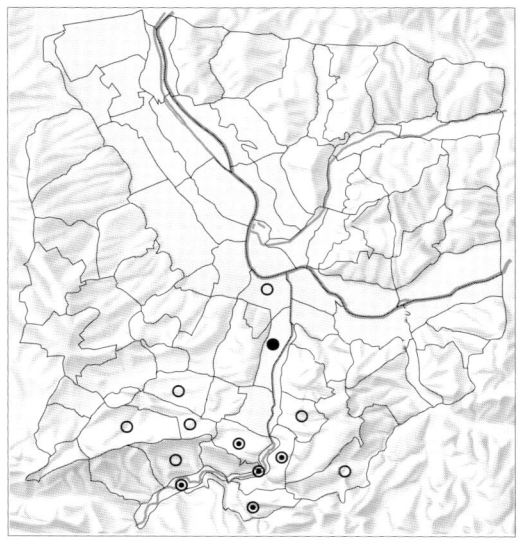

Ranunculus pseudocassubicus

**14.–28. Artengruppe
R. auricomus – *Gold-H.***

Vorbem.: Alle im Gebiet vorkommenden Kleinarten sind apomiktisch und insofern in ihren Merkmalen konstant. Daneben gibt es in unterschiedlicher Häufung, so z.B. im Gebiet Rodersdorf-Oltingen, auch durch gelegentliche Hybridisierung entstandene Lokalsippen und Biotypen, die zwar auch als Kleinarten angesehen, aber wegen ihrer sehr kleinen Areale und nicht mehr praktikablen Unterscheidbarkeit nicht behandelt werden können.
Lit.: KOCH (1933, 1939), ENGEL (1968), BRODTBECK 1988, 1997).

Ö: Einzeln bis gesellig in frischen Bacheschen- und Eichen-Hagebuchen-Wäldern, in Erlen-Eschen- und Buchenwäldern, in und an den Rändern von Gebüschen und Feldgehölzen, im Traufbereich einzelstehender Feldbäume, an nordexponierten Waldrändern, in halbmageren, frischen Wiesen, an Rainen, Wiesengräben und krautigen Bachufern, in Parkanlagen und alten, schattigen Villengärten. – Auf sikkerfrischen bis grundfeuchten, (mässig) nährstoffreichen, ± kalkhaltigen, nicht zu schweren, humosen Lehmböden.
S: Alno-Ulmion, Carpinion, Fagion, Berberidion, Mesobromion (Colchico-Mesobrometum), Filipendulion, Calthion.
V: Verbreitet und ziemlich häufig (vgl. Kleinarten).
G: Nicht gefährdet.

14. R. pseudocassubicus Christ ex W. Koch
– *Grosser Gold-H.*

Ö: Oft gesellig in frischen, ahorn- und eschenreichen Hang-Buchenwäldern, in Schluchten, im Ufergebüsch von Auenwäldern und Wiesenbächen. – Auf frischen bis feuchten, durchsickerten, auch zeitweilig überschwemmten, nährstoffreichen, kalkhaltigen, humosen, lehmigen Böden.
S: Feuchtes Fagion, Tilio-Acerion, Alno-Ulmion, Calthion, Filipendulion.
V: Im Jura und in der Birsebene zerstreut; häufig in der Birsaue von Reinach bis St. Jakob, Münchenstein (Brüglingen); Metzerlen (Uf Ried), Ettingen (Büttenenloch, Marchbach), Aesch-Pfeffingen (Chlusbach, Chlyfegg), Grellingen (gegen Kasteltal), Dornach (Schweidmech). Vorübergehend verschleppt in einem Vorgarten in Basel (Pfeffingerstrasse).
G: Nicht gefährdet.

15. R. biformis W. Koch – *Zweiform-Gold-H.*
Ö: In Hängen, Tälchen und Mulden von Buchenwäldern, in Bach- und Flussauenwäldern, an nordexponierten Waldrändern, unter Hecken und Feldbäumen, in Parkanlagen. – Auf (wechsel-)frischen, ziemlich nährstoffreichen, kalkhaltigen, humosen, z.T. steinigen, lehmigen Böden.

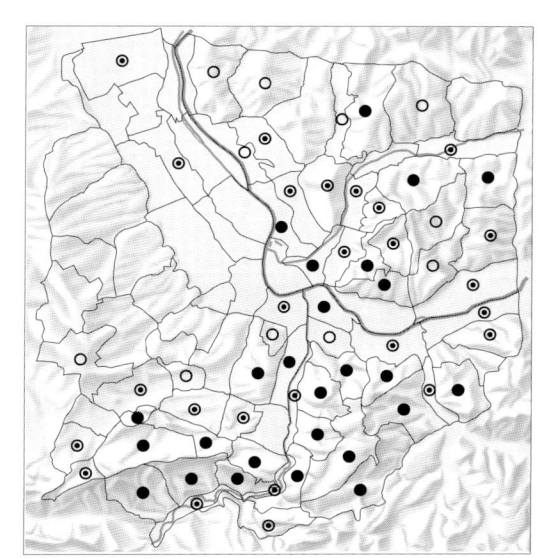

Ranunculus biformis

S: Fagion, Carpinion, Alno-Ulmion.
V: Im Jura, am Dinkelberg, in der Birs- und Hochrheinebene sowie im unteren Wiesental verbreitet und häufig, seltener im Markgräfler Hügelland, in den Weitenauer Vorbergen und im Sundgau vom Bruderholz bis Leymen. Im übrigen Sundgau und in der elsässischen Oberrheinebene sehr selten und bis auf wenige Stellen in der Elsässer Hardt ± fehlend.
G: Nicht gefährdet.

16. R. alsaticus W. Koch – *Elsässer Gold-H.*

Ö: In lichten Hainbuchen- und Bacheschenwäldern, in Ufergehölzen und Bachsäumen, an schattigen, grasigen Rainen, unter Obstbäumen. – Auf frischen bis mässig feuchten, nährstoffreichen, z.T. auch schweren, humosen Löss-, Lehm- und Tonböden.
S: Alno-Ulmion (Carici-Fraxinetum, Pruno-Fraxinetum), Filipendulion, Arrhenatherion.
V: Im Sundgau bis an den Nordfuss des Blauen (Witterswil, Ettingen, Pfeffingen) verbreitet; häufig im Leimental und im Gebiet Bruderholz-Blotzheim W, deutlich seltener im übrigen Sundgau. Sonst selten: Reinach-St.Jakob (linke Birsseite), Allschwil-Basel W, Elsässer Hardt, verschleppt an der Birs bei Zwingen und auf einem Grab im Friedhof Hörnli (Riehen).

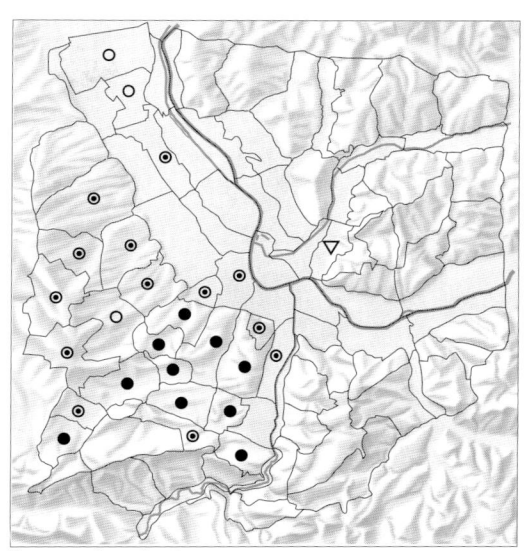

Ranunculus alsaticus

G: Nicht gefährdet, ausserhalb des Sundgaus potentiell gefährdet.

17. R. lyratus Brodtb. – *Leierförmiger Gold-H.*

Ö: In Erlen-Eschen- und anderen Laubmischwäldern, v.a. entlang Bachläufen und Sickergräben, in Uferstaudenfluren, in feuchten Wiesen, in Parkrasen unter Bäumen; meist mit *R. alsaticus* und oft schwer davon zu trennen. – Auf (frischen bis) feuchten, lockeren, gerne sandigen, humosen Lehm- und Tonböden.
S: Alno-Ulmion, Filipendulion, Arrhenatherion.
V: Lokalsippe; nur im Leimental, hier z.T. häufig, z.B. Biederthal, Rodersdorf, Leymen, Biel-Benken, Oberwil, Bottmingen, Binningen (Margarethenpark), Basel (Nachtigallenwäldchen, heute erloschen).
G: Nicht gefährdet.

18. R. alnetorum W. Koch – *Erlen-Gold-H.*

Ö: Gesellig in Krautteppichen grundwassernaher Waldauen an Bächen und Flüssen, in Erlen-, Eschen- und Traubenkirschen-Gehölzen. – Auf feuchten bis frischen, grundwasserzügigen, lockeren, humosen, steinigen und lehmigen Böden.
S: Alno-Ulmion (z.B. Pruno-Fraxinetum)

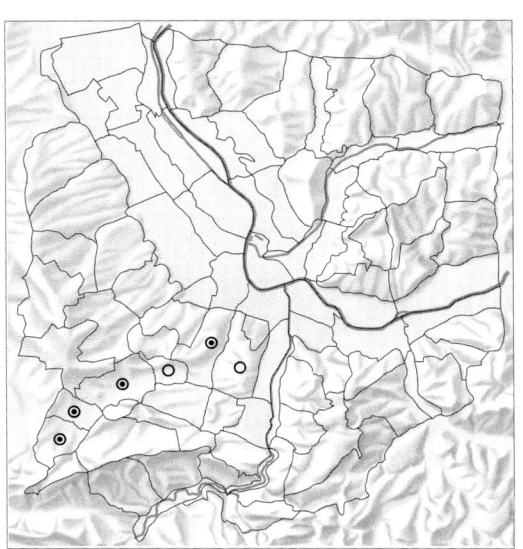

Ranunculus lyratus

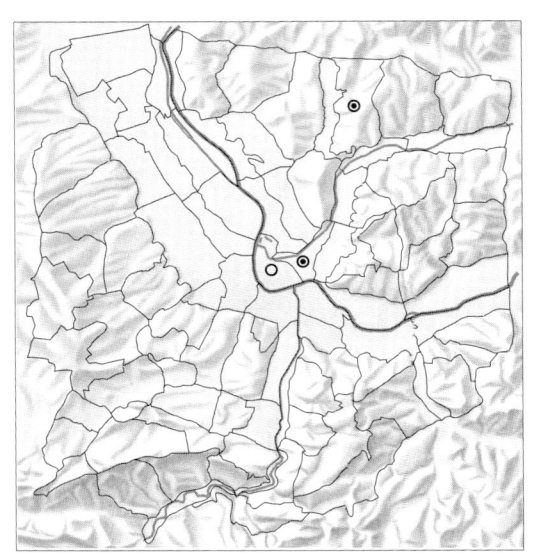

V: Lokalsippe; nur an wenigen, streng lokalisierten Stellen im Wiesental und seinen Seitentälchen: Lange Erlen (stellenweise häufig), Haagen N (Talboden und Seitentälchen bei 'Lichsen'/'Lingmatte', 1989, 1993; neu für Deutschland).
G: Potentiell gefährdet.

19. R. nicklesii Engel – *Nierenförmiger Gold-H.*

Ö: Meist in kleineren Beständen in sickerfeuchten Laubmischwäldern, in bachbegleitenden Erlen-Eschengehölzen, an hochstaudigen Bachuferböschungen und Wiesengräben. – Auf feuchten, humosen Ton- und Lehmböden.
S: Alno-Ulmion, Filipendulion.
V: Selten; nur im Leimental: Biel-Benken (Rüti, Chill, Fiechtenrain; hier vielfach eingestreut in den stets häufigeren *R. alsaticus*), Rodersdorf.
G: Potentiell gefährdet.

20. R. kunzii W. Koch – *Kunzscher Gold-H.*

Ö: In grundfeuchten Erlenwäldern, an Wiesengräben und in (ehemaligen) Wässerwiesen, an Wiesenrainen, in Haselgebüsch, unter Obstbäumen. – Auf frischen bis feuchten, nährstoffreichen, humosen Lehmböden.
S: Alno-Ulmion, Calthion, Arrhenatherion.
V: Lokalsippe; nur im Wiesental und am Nordfuss des Dinkelberges: Maulburg S (nordexpo-

nierter Hang mit Haselgebüsch, Grasrain und unter Obstbäumen gegen Friedhof), Höllstein SW (unterhalb der Merian'schen Anlagen, schon LITZELMANN 1963). In den Langen Erlen (1914, BINZ 1951) nachweislich erloschen, Neueinpflanzung 1997.
G: Stark gefährdet.

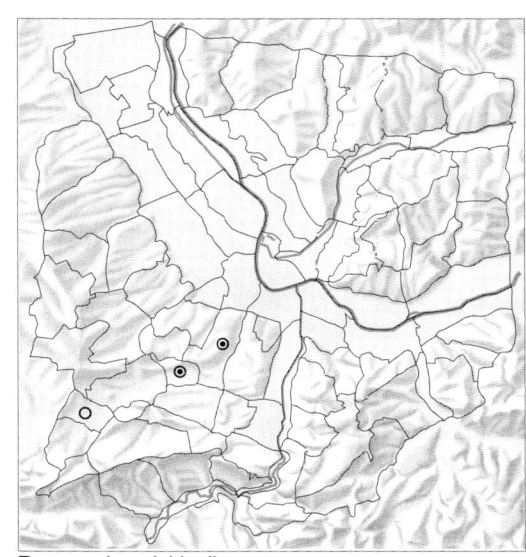

Ranunculus alnetorum

Ranunculus nicklesii

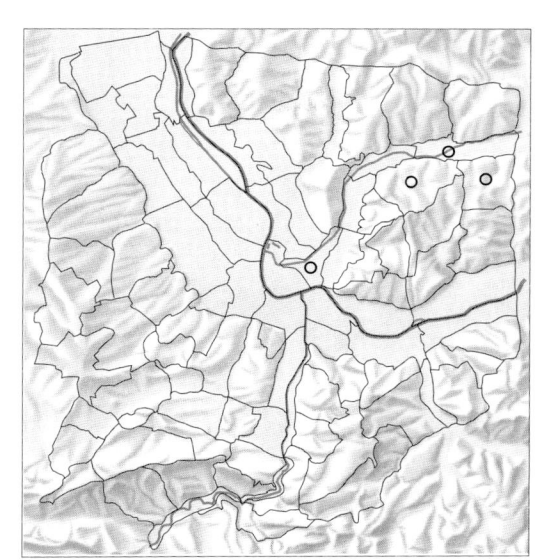

Ranunculus kunzii

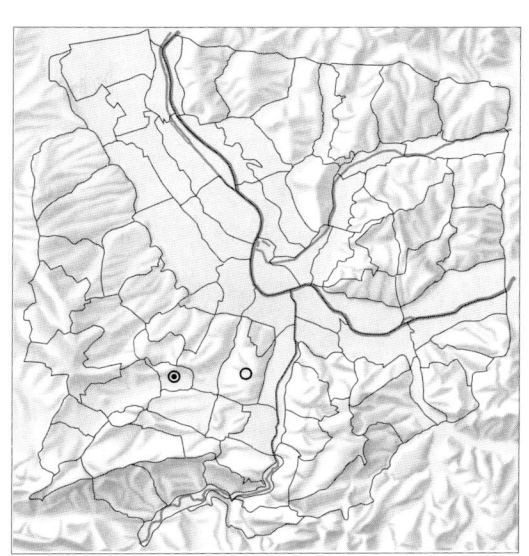

Ranunculus argoviensis

21. R. argoviensis W. Koch – *Aargauer Gold-H.*
Ö: In kleinen Beständen in sickerfrischen Laubwäldern und schattigen Parkwiesen. – Auf tiefgründigen, humosen Lehm- und Tonböden.
S: Carpinion (Stellario-Carpinetum), Alno-Ulmion (Pruno-Fraxinetum), Cynosurion, Aegopodion.
V: Selten; nur zwei Nachweise im Sundgau: Biel-Benken (Chill, mit *R. alsaticus*), Binningen (Margarethenpark, mit *R. macrotis*). Ausserhalb des Rayons im 'Wasserloch' östlich Rheinfelden.
G: Stark gefährdet.

22. R. lingulatus Brodtb. – *Zünglein-Gold-H.*
Ö: In Bachstaudenfluren, an Gräben und feuchten Wiesenrainen, in lichten Laubmischwäldern. – Auf (mässig) feuchten, nährstoffreichen, humosen Lehmböden.
S: Filipendulion, Arrhenatherion.
V: Lokalsippe; nur wenige Nachweise aus der Gegend von Biederthal (Börsegraben, Tannwald).
G: Stark gefährdet.

23. R. sphinx Brodtb. – *Sphinx-Gold-H.*
Ö: In krautreichen Eichen-Hainbuchen- und anderen Laubmischwäldern. – Auf frischen bis sickerfeuchten, humosen Lehmböden.
S: Carpinion, Alno-Ulmion.

V: Lokalsippe; nur an wenigen Stellen in der Elsässer Hardt zwischen Sierentz und Richardhäuser.
G: Stark gefährdet.

24. R. stellaris Brodtb. – *Stern-Gold-H.*
Ö: In sickerfrischen Eichen-Hagebuchen- und Ahorn-Eschenwäldern des Lösshügellandes,

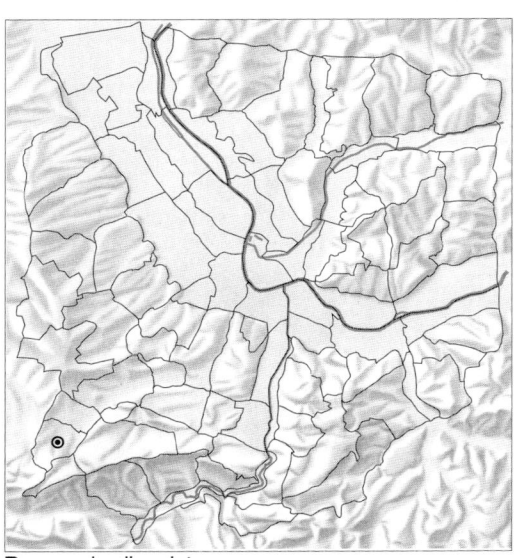

Ranunculus lingulatus

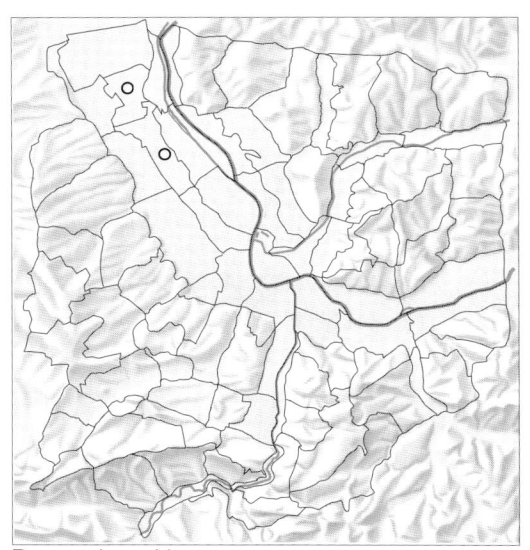

Ranunculus sphinx

in geophyten- und krautreichen Bachufergehölzen, an Waldrändern, in alten Parkanlagen, unter Hecken. – Auf sickerfrischen, nährstoffreichen, tiefgründigen, humosen Löss-, Lehm- und Tonböden.
S: Carpinion, Alno-Ulmion, Aegopodion, Alliarion.
V: Verbreitungsgebiet scharf umrissen: Markgräfler Hügelland (vom Engetal und seinen Hängen über Mappach, Hammerstein bis Binzen) und vorgelagertes Rheinvorland (Eimeldingen bis gegen Istein). Ein isoliertes Vorkommen in Riehen: Niederholzrainweg, Bahndamm (einziger Fundort in der Schweiz).
G: Nicht gefährdet.

25. R. lunaris Brodtb. – *Mond-Gold-H.*
Ö: In geophytenreichen Eschen-Ahornwäldern; mit *R. macrotis*. – Auf kiesigen, locker-humosen Lehm- und verlehmten Schotterböden.
S: Alno-Ulmion (Pruno-Fraxinetum)
V: Lokalsippe; nur im Moos- und Nonnenholz bei Weil.
G: Stark gefährdet.

26. R. macrotis Brodtb. – *Grossohr-Gold-H.*
Ö: In sickerfrischen Laubmischwäldern, an quelligen Waldhängen, in schattigen Parkwiesen. – Auf feuchten, locker-humosen bis schweren Lehm- und Tonböden.

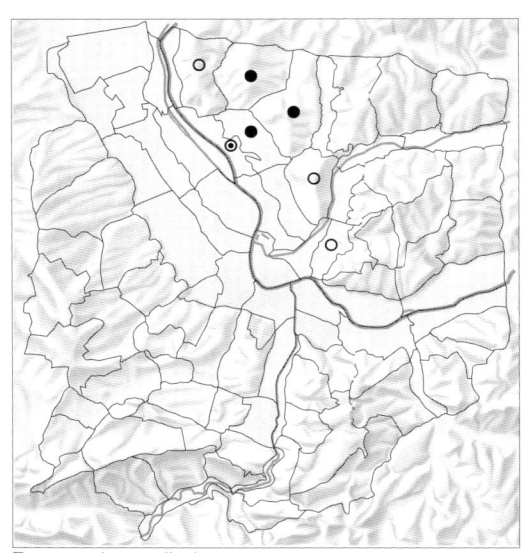

Ranunculus stellaris

S: Alno-Ulmion, Carpinion, feuchtes Fagion, Aegopodion.
V: Nördliches Gempengebiet: v.a. auf Opalinuston, z.B. Münchenstein-Muttenz, Pratteln S (Moderholden); Bruderholz, z.B. St. Margarethen-Jakobsberg; untere Wiese-, Birs- und Hochrheinebene: Weil (Nonnenholz usw.), Lange Erlen rechts der Wiese, Muttenzer Hard (häufig), Münchenstein (Brüglingen), Basel (Gellertgut, Singergut). Ausserhalb des Rayons östlich Rheinfelden (Wasserloch).
G: Nicht gefährdet.

27. R. gratiosus Brodtb. – *Gefälliger Gold-H.*
Ö: In krautreichen Eichen-Hagebuchen- und Bacheschenwäldern. – Auf humosen, sandigkiesigen, lehmigen Böden.
S: Carpinion (Stellario-Carpinetum), Alno-Ulmion (Carici-Fraxinetum).
V: Nur in der Elsässer Hardt, hier stellenweise häufig, z.B. zwischen Loechle und Sierentz, Geispitzerweg, gegen Niffer usw.
G: Nicht gefährdet.

28. R. quinatus Brodtb. – *Fünfzähliger Gold-H.*
Ö: In Baumhecken und Feldgehölzen, in lichten Buchen- und Hainbuchen-Mischwäldern und deren Säumen, in frischen, schattigen

Ranunculus lunaris

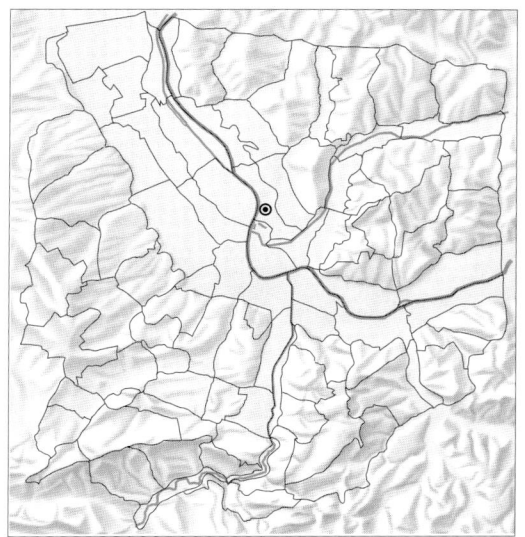

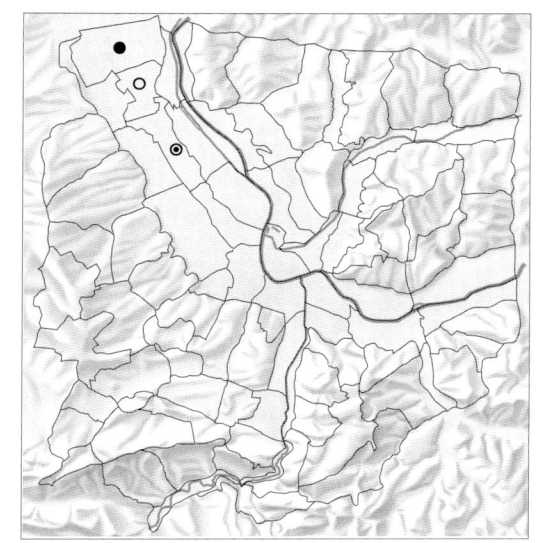

Ranunculus gratiosus

Wiesen, unter Obstbäumen, an Rainen und an Bachgräben. – Auf frischen, mässig nährstoffreichen, kalkhaltigen, lockeren, humosen, steinigen Lehmböden.
S: Berberidion, Carpinion, Fagion, Mesobromion (Colchico-Mesobrometum).
V: Verbreitungsgebiet scharf umrissen; häufig auf der Blauen-Nordseite (vom Rämel ostwärts bis Hofstetten) und im angrenzenden Sundgau (Wolschwiller-Biederthal, selten Rodersdorf). Sonst nur an wenigen Stellen: Dornach O (Dorneck-Schweidmech), Zwingen, Reinach-Münchenstein (Wissgrien), Schlosspark Bottmingen, verschleppt im Friedhof Hörnli (Riehen).
G: Nicht gefährdet.

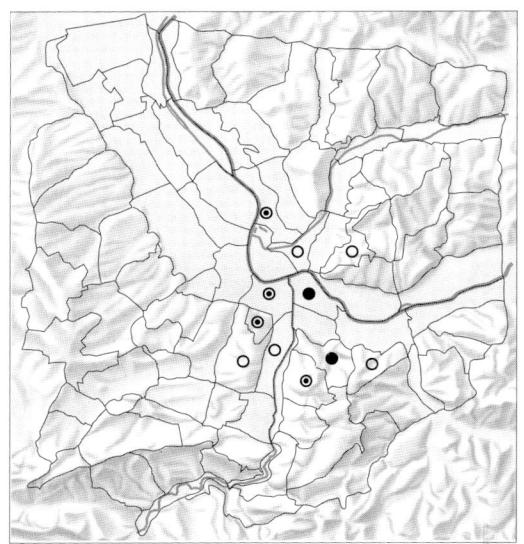

Ranunculus macrotis

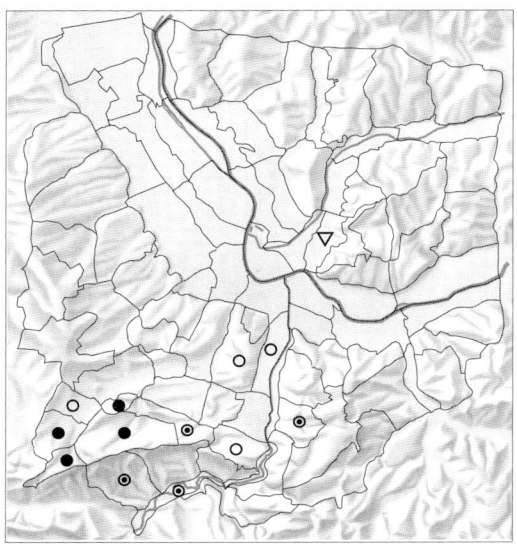

Ranunculus quinatus

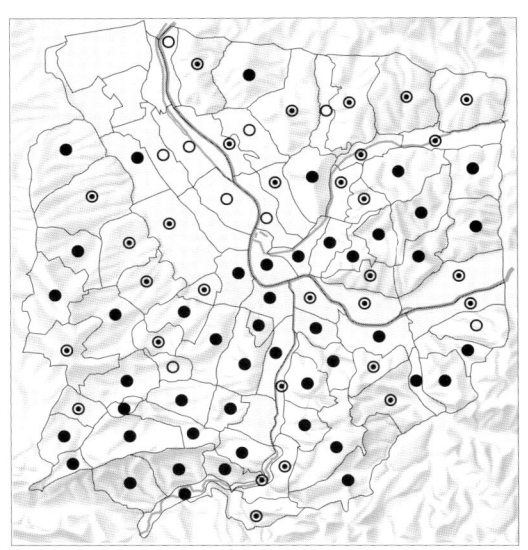

Ranunculus acer ssp. friesianus

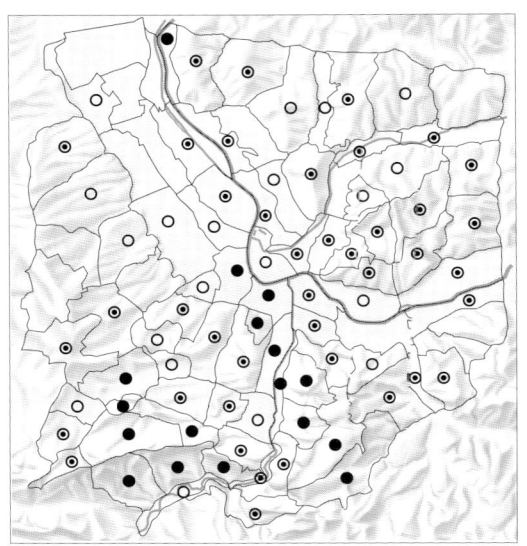

Ranunculus bulbosus

29. R. acer L. s. l. – *Scharfer H.*
Ö: Gesellig in frischen Fettwiesen und -weiden, in Feuchtwiesen, an Wiesengräben, in halbschattigen Scherrasen, an ruderalen Grasböschungen, auf Erdschutt, an Waldstrassen und -wegen. – Auf frischen bis feuchten, nährstoffreichen, tiefgründigen, humosen Lehmböden.
S: Arrhenatherion, Cynosurion, Calthion, seltener Mesobromion (Colchico-Mesobrometum), Alliarion, Agropyro-Rumicion.
V: Ziemlich verbreitet und mit Ausnahme der lehmarmen Teile der Oberrheinebene häufig.
G: Nicht gefährdet.

29a. – ssp. **acer** – *Scharfer H.*
Wenige Nachweise; wohl durch Grassaaten verschleppt, z.B. Allschwil S, Lörrach (Stetten, Ob der Gass), Nenzlingen SE (Wiese bei 'Cholholz', mit ssp. *friesianus*).

29b. – ssp. **friesianus** (Jord.) Syme (R. acer L. ssp. frieseanus (Jord.) Syme) – *Fries' H.*
Die allgemein verbreitete Sippe.

30. R. lanuginosus L. – *Wolliger H.*
Verschollen (?). Ein unsicherer Nachweis aus der Schlucht bei Mariastein (Flüh). Historische Meldungen: Gegend von Dornach und Gempen (BECHERER & GYHR 1921, BINZ 1922), Schleifenberg bei Liestal (BECHERER & GYHR 1921), Landskron (BINZ 1911).

31. R. bulbosus L. – *Knolliger H.*
Ö: In trockenen Fettwiesen, in Magerwiesen und -weiden, an sonnigen Rainen und Böschungen, an Weg- und Erdanrissen, in warmen Wald- und Heckensäumen. – Auf trockenen bis mässig frischen, mässig nährstoffreichen, gerne kalkhaltigen, lockeren, humosen, z.T. steinigen Lehm- und Lössböden.
S: Mesobromion, trockenes Arrhenatherion (Arrhenatheretum brometosum), Trifolion medii ('Origano-Brachypodietum').
V: Ziemlich verbreitet, aber nur in den Kalkgebieten ± häufig. In Gebieten mit intensiver Grünlandnutzung selten bis fehlend.
G: Zurückgegangen. Schonungsbedürftig.

32. R. sardous Crantz – *Sardinischer H.*
B: Eph. – Mittelmeergebiet; schlammige Ruderalstellen, Felder.
Ö/V: Adventiv auf bindigen Sand-Kies-Böden in den Hafenanlagen Basel-Kleinhüningen (bis 1986) und Weil-Friedlingen (bis 1990); Riehen (Rasenspickel Burgstrasse / Äussere Baselstrasse, 1997, zahlreich).

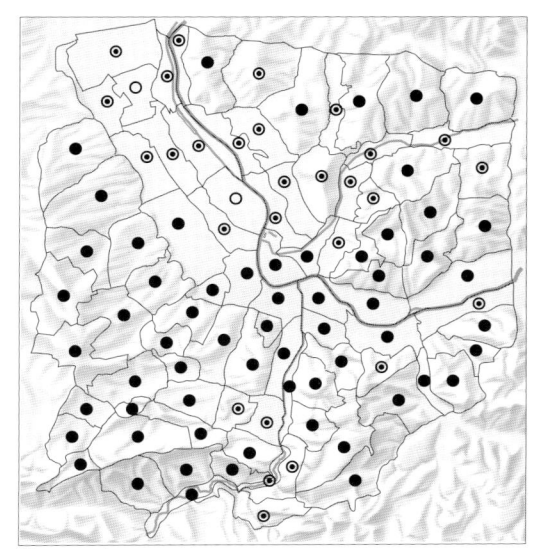

Ranunculus repens

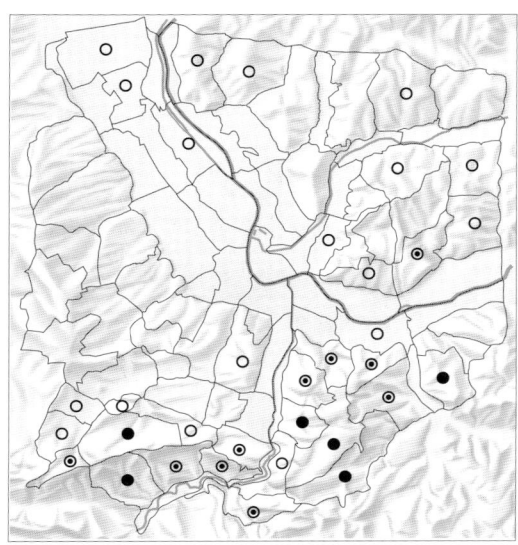

Ranunculus tuberosus

33. R. repens L. – *Kriechender H.*
Ö: Meist gesellig, z.T. in deckenden Beständen auf lehmigen Wald- und Feldwegen, auf Lehmschutt und festgetretenen Lehmplätzen, in gestörten, frischen Fettwiesen und -weiden, in Scherrasen, in Rebbergen, auf Acker- und Gartenland, in Pionierfluren an Tümpeln und Gräben, in Bach- und Flussspülsäumen, in Auenwäldern. – Auf mässig trockenen bis nassen, z.T. auch zeitweilig überschwemmten, nährstoffreichen, verdichteten, steinigen, sandigen oder reinen Lehm- und Tonböden.
S: Agropyro-Rumicion, auch Cynosurion, Artemisietalia, Chenopodietea, Alno-Ulmion, Salicion albae usw.
V: Verbreitet und häufig.
G: Nicht gefährdet.

34.–35. Artengruppe
R. nemorosus

34. R. tuberosus Lapeyr. (R. nemorosus DC. s. str., R. serpens Schrank ssp. nemorosus (DC.) G. López) – *Wald-H.*
Ö: In halbschattigen Säumen und an lichten Stellen von Kalk-Buchenwäldern, in frischen Berg-Magerwiesen und -weiden, optimal im Fallaubbereich an Waldrändern und unter Einzelbäumen. – In frischen, z.T. wechselfrischen, basen- und mässig nährstoffreichen, gerne kalkhaltigen, lockeren, humosen, steinigen und lehmigen Böden.
S: Fagion (Carici-Fagetum), Trifolion medii, Mesobromion (v.a. Colchico-Mesobrometum), Cynosurion.
V: Im Jura verbreitet und recht häufig. Sonst selten; v.a. am Dinkelberg, z.B. Degerfelden NW 'Schafhalde'), Wald beim Nollinger Steinbruch; Weitenauer Vorberge: Hägelberg NO; Markgräfler Hügelland: Wintersweiler (Westrand des Katzenberges); Elsässer Hardt: mehrfach, z.B. Sierentz NO.
G: Wohl zurückgegangen. Nicht gefährdet; ausserhalb des Juras gefährdet bis stark gefährdet.

35. R. polyanthemophyllus W. Koch & H. E. Hess (R. nemorosus DC. ssp. polyanthemophyllus (W. Koch & H. E. Hess) Tutin, R. serpens Schrank ssp. nemorosus (DC.) G. López p. p.) – *Polyanthemusblättriger H.*
Verschollen (?). Südwestlich von Istein (1955, Kunz in BINZ 1956).

53. Myosurus L. *Mäuseschwanz*

1. M. minimus L. – *Mäuseschwanz*
Verschollen. Früher selten in offenen, wechselnassen Pioniergesellschaften an Ufern und in Ackerrinnen des Sundgaus. Letzte Meldungen: "nördl. Wenzweiler" (1934, Moor in BECHERER 1938), "Lindenfeld bei Therwil" (1926, Heinis in BINZ 1941), "Lösshügel westl. vom Birsig hinter Binningen" (1921, Becherer in BINZ 1942).

54. Adonis L. *Adonis, Blutströpfchen*

1. A. flammea Jacq. – *Scharlachrotes B.*
B: (Arch).
Ö/V: Verschollen. Früher selten in trockenen, sommerwarmen, steinigen Kalk-Getreideäckern, vereinzelt auch in Rebbergen. Letzte Meldungen: Weinbaugebiet zwischen Efringen und Kleinkems (LITZELMANN 1966), "Gegen Reinach noch 1917" (Weiss in BECHERER 1922).

2. A. aestivalis L. – *Sommer-B.*
B: (Arch).
Ö/V: Verschollen. Früher hie und da in trockenwarmen, steinigen Kalk-Getreideäckern. Letzte Meldungen: "Brachfeld nordöstlich von Reinach" (1971, Heitz in BECHERER 1972a), bis mind. 1961 im Gebiet St. Jakob-Münchenstein, Dreispitz-Ruchfeld-Reinach und Reinacher Heide (MOOR 1962), Flughafenstrasse (1960, wenige Exemplare; leg. P. Frei), Rheinhafen Basel-Kleinhüningen (1960, BAUMGARTNER 1973), Acker westlich Huttingen (1951, Kunz in BINZ 1951).

BERBERIDACEAE
SAUERDORNGEWÄCHSE

55. Berberis L. *Berberitze, Sauerdorn*

1. B. hookeri Lem. – *Hookers B.*
B: Eph. – Himalaya; Tsuga-Rhododendron-Waldränder, 3000-3500 m.
Ö/V: Zierstrauch. Gelegentlich als Jungpflanze verwildert, v.a. im Bereich von Hecken der Siedlungsgebiete, z.B. Basel, Riehen, Hegenheim.

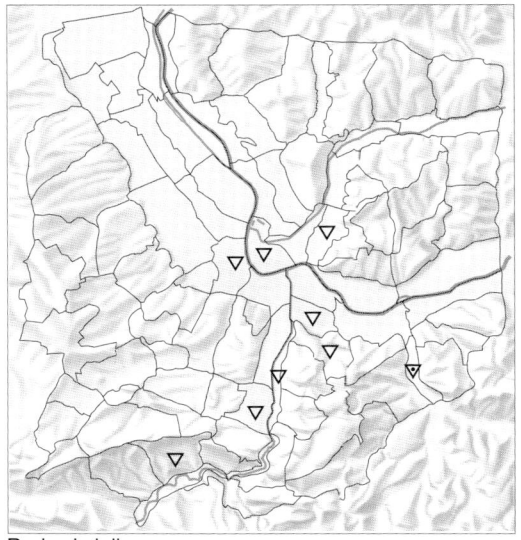

Berberis julianae

2. B. julianae Schneid. – *Julianas B.*
B: Eph (Neo). – W-China; Berghänge.
Ö: Zierstrauch. Verwildert und z.T. ± eingebürgert in Hecken, an Bahnböschungen, in siedlungsnahen, trockenen Wäldern und Gebüschen. – Auf (mässig) frischen, kalkhaltigen, steinig-humosen Lehmböden.
S: Berberidion.
V: Sehr zerstreut im Siedlungsgebiet und dessen nähere Umgebung, z.B. Basel, Riehen, Reinach, Aesch, Muttenz (Wartenberg), Pfeffingen (Schlossfelsen), Blauen (Blauenweide).

3. B. vulgaris L. – *Gewöhnliche B.*
Ö: In sonnigen Waldsäumen und Hecken, in Trockengebüschen, in lichten Wäldern, auf Felsköpfen, in Auen-Halbtrockenrasen, in steinigen Magerweiden, in föhren- oder eichenbestandenen Blaugrashalden. – Auf trockenen bis mässig frischen, nährstoff- und basenreichen, kalkhaltigen, ± humosen, tiefgründig-steinigen und lehmigen Böden.
S: Berberidion, seltener Quercion pubescentipetraeae, Erico-Pinion, Cephalanthero-Fagenion.
V: Im Jura und im Gebiet der Malmscholle von Istein verbreitet und recht häufig, seltener am Dinkelberg und in den holozänen Talauen von Rhein und Birs, z.B. Reinacher Heide, Neudorf-Rosenau (Kirchenerkopf), Kembser

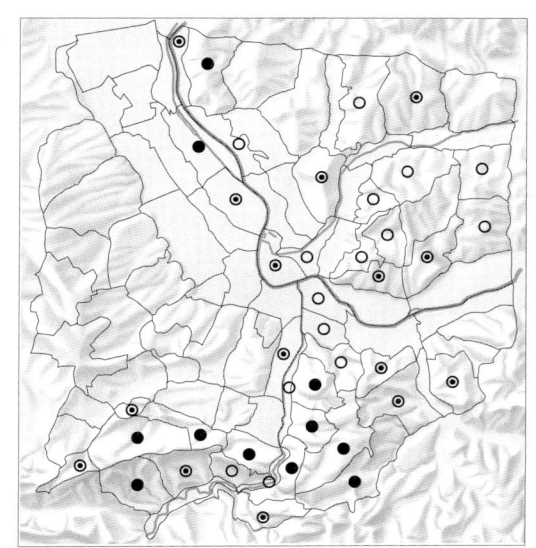

Berberis vulgaris

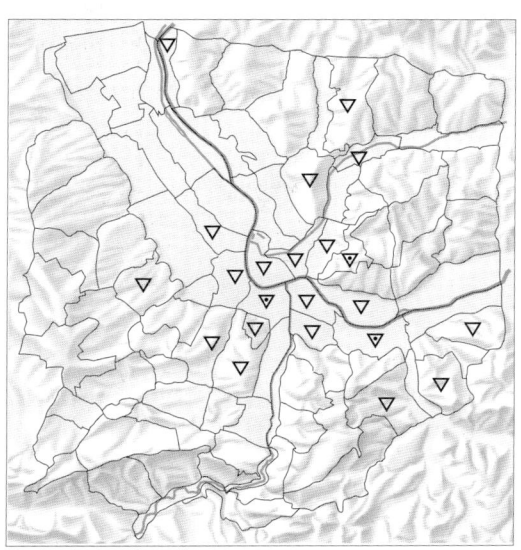

Berberis thunbergii

Rheininsel, Rheinvorland südwestlich Istein (Totengrien) und westlich Kleinkems. Sonst selten; in den Lössgebieten fehlend.
G: Zurückgegangen. Schonungsbedürftig; in den Flusstälern gefährdet.

4. B. thunbergii DC. – *Thunbergs B.*
B: Eph (Neo). – Japan; Berghänge.
Ö: Häufiger Zierstrauch, v.a. in Schnitthecken. Verwildert und z.T. ± eingebürgert an Mauerfüssen und schattig-steinigen Ruderalstellen, in Brombeerdickichten, auch im Waldesinnern, z.B. an Waldwegen. – Auf frischen, nährstoffreichen, auch kalkarmen, humosen, z.T. steinigen Lehmböden.
S: Berberidion, Sambuco-Salicion.
V: Nicht selten im Siedlungsgebiet und seiner näheren Umgebung, v.a. in der Stadt Basel, auch Riehen (Wenkenköpfli), Reinach (Satzrain), Neuwiller O usw.

56. Mahonia Nutt. *Mahonie*

1. M. aquifolium (Pursh) Nutt. – *Gewöhnliche M.*
B: Neo. – Pazifisches N-Amerika; Koniferen-Berghänge (Douglasie u.a.) bis 2100 m.
Ö: Häufiger Zierstrauch. Verwildert und eingebürgert in siedlungsnahen Wäldern und Gebüschen, an Bahndämmen und Flussböschungen, unter schattigen Parkbäumen, an Mauerfüssen, auf Schuttablagerungen, auf aufgelassenem Gartenland. Gerne in wintermilden Lagen. – Auf frischen, nährstoffreichen, lockeren, z.T. steinigen, humosen Lehmböden.
S: Prunetalia, Sambuco-Salicion, Artemisietalia, seltener Parietarietalia.
V: Im urbanen und halburbanen Siedlungsgebiet und dessen näherer Umgebung verbreitet und häufig.
G: In Ausbreitung. Nicht gefährdet.

57. Epimedium L. *Sockenblume*

1. E. alpinum L. – *Sockenblume*
B: Erg. – SO-Alpen bis Albanien; insubrisch-submediterrane Laubwälder und Gebüsche, 100-1000 m.
Ö/V: Alte Zierpflanze. Kaum verwildernd, doch da und dort als eingewachsenes Kulturrelikt in Hecken und Gebüschen, z.B. Oberwil (Eigene Scholle), Arlesheim (Schloss Richenstein).

PAPAVERACEAE
MOHNGEWÄCHSE

58. Eschscholtzia Cham.   *Eschscholtzie*

1. E. californica Cham. – *Kalifornischer Mohn*

B: Eph. – Kalifornien; Sanddünen, Steilufer.
Ö/V: Zierpflanze, auch angesät in 'Blumenwiesen'. Da und dort verwildert oder mit Erdschutt verschleppt, z.B. Basel (Ciba), Riehen (Autal), Münchenstein (Brüglingen), Büren, Brombach, Allschwil usw.; über Jahre beständig im lückigen Trockenrasen am rechten Wiesendamm in Riehen (Wiesengriener).

59. Chelidonium L.   *Schöllkraut*

1. C. majus L. – *Schöllkraut*

B: Arch.
Ö: Meist gesellig in halbschattigen, nitrophilen Kraut- und Staudenfluren an Hecken und Gebüschen, in Robinien-Aufwüchsen, in Hohlwegen, an Wegrändern, an Mauerfüssen, in den Fugen ± schattiger Mauern, auf Schutt, in Rabatten. Etwas wärmeliebend. – Auf (mässig) frischen, basen- und sehr nährstoffreichen, nicht zu schweren, ± humosen, lehmigen, auch steinigen Böden.
S: Alliarion, seltener Aegopodion, vereinzelt Parietarion, Cystopteridion, Lunario-Acerenion.
V: Ziemlich verbreitet und v.a. in den Siedlungsgebieten und deren Umgebung häufig. In den siedlungsfernen Waldgebieten selten und weithin fehlend.
G: Insgesamt wohl zurückgegangen, am Rand der Agglomeration aber z.T. in leichter Ausbreitung. Nicht gefährdet.

60. Macleaya R. Br.   *Federmohn*

1. M. cordata (Willd.) R. Br. – *Federmohn*

B: Eph (Neo). – China, Japan; Wiesen, Gebüsche, Wälder im Hügel- und Bergland bis 800 m.
Ö/V: Zierstaude. Gelegentlich verwildert und z.T. über Jahre beständig in sonnigen, hochwüchsigen Staudenfluren an Mauerfüssen, in den Fugen von Bermenmauern, in Bahnarealen usw., z.B. Haltingen W (Bermenmauer), Basel (DB-Verschiebebahnhof, ab 1995), Riehen (Kilchgrundstrasse, noch 1996). Meist in Gartennähe.

61. Roemeria Medik.   *Römer-Mohn*

1. R. hybrida (L.) DC. – *Violetter R.*

B: (Eph). – Mediterrangebiet; Äcker, Weinberge.
Ö/V: Kein aktueller Nachweis. Früher selten adventiv, letztmals 1960 im Hafen Basel-Kleinhüningen (BAUMGARTNER 1973).

62. Meconopsis Vig.   *Scheinmohn*

1. M. cambrica (L.) Vig. – *Kambrischer Scheinmohn*

B: Eph. – Atlantisches Europa (Wales, Cevennen, Pyrenäen); Wälder, schattige Plätze, bis 2100 m.
Ö/V: Zierpflanze. Gelegentlich aus Gärten verwildert an Mauerfüssen, in Heckensäumen, selten auch auf Ackerbrachen, z.B. Basel (Ötlingerstrasse), Riehen (Essigstrasse), Michelbach-le-Haut SW (Maisbrache, 1995).

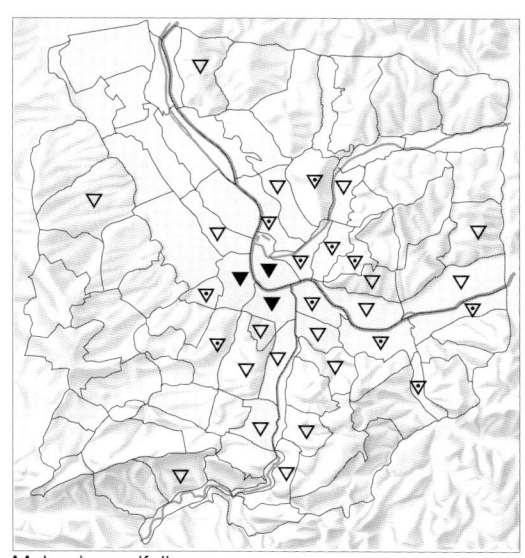

Mahonia aquifolium

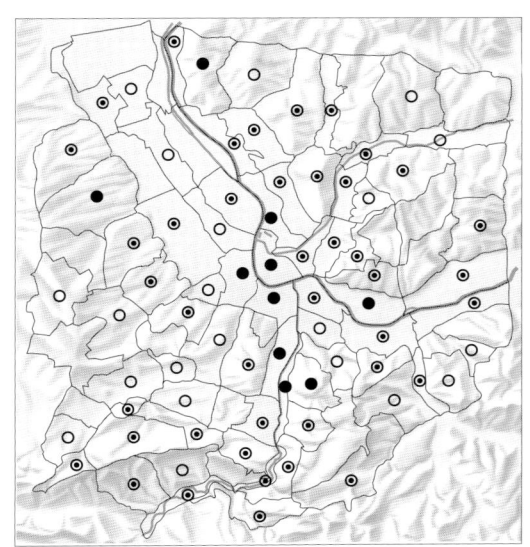

Chelidonium majus

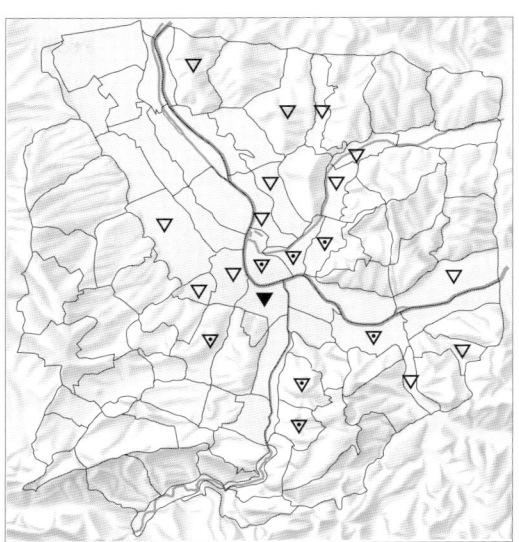

Papaver somniferum s.l.

63. Papaver L. *Mohn*

1. P. somniferum L. s. l. – *Schlaf-M.*

1a. – ssp. **somniferum** – *Schlaf-M.*
B: Arch. – Persien, wild unbekannt.
Ö/V: Alte Nutzpflanze, heute Zierpflanze. In den warmen Tieflagen nicht selten verwildert und ± eingebürgert an Schuttplätzen, in Baugruben, auf brachliegendem Gartenland, in Rabatten, in Kiesgruben, auf Erdschutt und dgl. Oft massenhaft, doch meist unbeständig oder vagierend.

1b. – ssp. **setigerum** (DC.) Corb. – *Borstiger Schlaf-M.*
Basel: Rabatte am Aeschenplatz (1990, 1 Exemplar), Rheinbord am Oberen Rheinweg (1996 f., zahlreich), hier mit Übergängen zur Nominat-Unterart.

2. P. orientale L. – *Türken-M.*
B: Eph. – Armenien, Kaukasus; felsige Hänge, sonnige Geröllwiesen, 1900-2800 m.
Ö/V: Zierpflanze. Verwildert auf aufgelassenem Gartenland beim Bad. Bahnhof, Basel (1986).

3. P. rhoeas L. – *Feuer-M., Klatsch-M.*
B: Arch.
Ö: Einzeln bis gesellig unter (Winter-)getreide, auf Stoppelfeldern, in Ackerbrachen, auch in Hackkulturen, an Schuttplätzen, auf neu geschütteten Wällen, seltener in lückigen, ruderalen Rasen an Dämmen, Strassenborden, in Bahnanlagen, mit Erde verschleppt in Rabatten. Als unbeständiger "Erstjahresblüher" in Buntbrachen und 'Blumenwiesen' angesät. Sehr lichtbedürftiger Rohbodenpionier. – Auf mässig feuchten bis trockenen, (mässig) nährstoff- und basenreichen, gerne kalkhaltigen, aber auch kalkarmen, nicht zu schweren, ± rohen, auch steinigen Lehmböden.
S: Aperion, seltener Caucalidion, auch Polygono-Chenopodietalia und Sisymbrion.
V: Ziemlich verbreitet und ± häufig. In Gebieten ohne oder mit sehr intensivem Ackerbau selten und z.T. nur verschleppt.
G: Zurückgegangen und an Ackerstandorten vielerorts selten geworden. Nicht gefährdet; als Ackerbaubegleiter schonungsbedürftig.

4. P. dubium L. s. l.

4a. – ssp. **dubium** – *Hügel-M.*
B: Arch.
Ö: Einzeln oder gesellig in Äckern und an Ackerrändern, in Rebbergen, an Rebbergmauern, auch an Wegrändern, in lückigen, ruderalen Rasen, verschleppt in Rabatten und an Schuttplätzen. Wärmeliebend. – Auf (mässig) trocke-

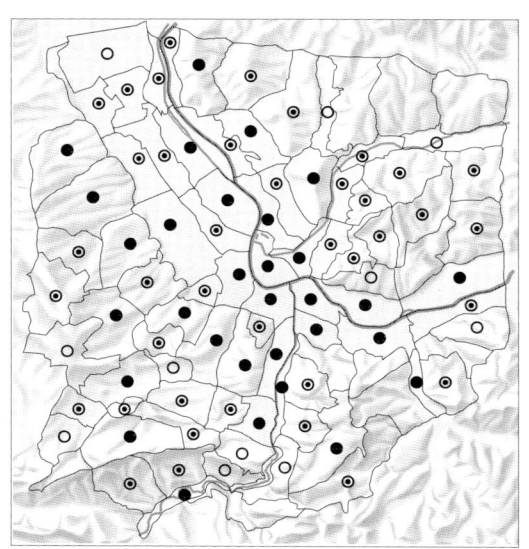

Papaver rhoeas

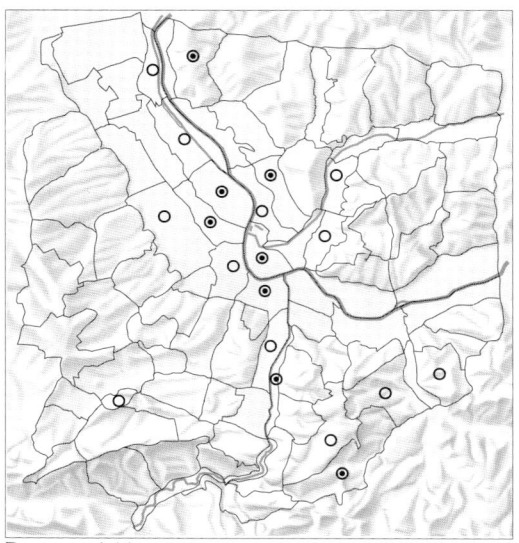

Papaver dubium s. l.

nen, nährstoffreichen, oft kalkarmen, lockeren, meist ± rohen sandigen und steinigen Lehmböden.
S: Aperion, Caucalidion, Fumario-Euphorbion, Sisymbrion, selten Convolvulo-Agropyrion.
V: Ziemlich selten und z.T. unbeständig; nur in den Flussebenen von Rhein, Birs und Wiese.
G: Zurückgegangen. Stark gefährdet.

4b. – ssp. lecoqii (Lamotte) Syme (P. lecoqii Lamotte) – *Lecoqs M.*
B: Arch.
Ö: Einzeln oder in kleinen Gruppen in offenen, ± initialen Kiesfluren und lückigen, ruderalen Rasen an Wegrändern und Dämmen, in Bahn- und Hafenanlagen, an Mauerfüssen und auf Mauerkronen, an Schuttstellen, auf Lesesteinhaufen, sehr selten in Äckern. Wärmeliebend. – Auf ziemlich trockenen, v.a. sommertrockenen, ± nährstoffreichen, meist rohen, lockeren, sandigen oder steinigen Böden.
S: Sisymbrion, Alysso-Sedion, Agropyretalia, seltener Caucalidion.
V: Ziemlich selten und oft vagierend: elsässische Oberrheinebene: z.B. Hüningen (mehrfach), nördliches Kleinbasel; Malmscholle von Istein: Isteiner Reben; Jura: Leymen (Landskronberg), Seewen, Gempen (Stollenhäuser). Auf weitere Vorkommen ist zu achten.
G: Zurückgegangen. Stark gefährdet.

5. P. argemone L. – *Sand-M.*
B: Arch.
Ö: Meist gesellig in windoffenen Bahnarealen, v.a. im Feinschotter entlang den Geleisen. Wärmeliebend. – Auf (sommer-)trockenen, basen- und mässig nährstoffreichen, meist kalkarmen, wenig humosen, lockeren, selten mergeligen Sandböden.
S: Sedo-Scleranthetalia, Sisymbrietalia.
V: Selten; fast ausschliesslich im Bereich von Bahnanlagen, z.B. Weil-Haltingen, St. Louis, Istein-Efringen (Südportal Eisenbahntunnel, 1984, massenhaft), Basel (Bad. Rangierbahnhof, Verbindungsbahn), Bahnhöfe Grenzach, Lörrach, Dornach-Arlesheim und Münchenstein, mit Kiesmaterial verschleppt auf einem Kiesdach in Riehen (Burgstrasse, 1996). In der Reinacher Heide eingesät (1994).
G: Zurückgegangen; im Gebiet auch früher nicht häufig. An Ackerstandorten und ausserhalb der Flusstäler, z.B. im Jura (BINZ 1945) verschollen. Stark gefährdet.

6. P. hybridum L. – *Krummborstiger M.*
B: (Eph). – Mittelmeergebiet, Orient; Getreidebegleiter.
Ö/V: Kein aktueller Nachweis. Rheinhafen Basel-Kleinhüningen (1972, BAUMGARTNER 1985).

64. Hypecoum L. — *Lappenblume*

1. H. imberbe Sibth. & Sm. – *Lappenblume*
B: Eph. – Mittelmeergebiet; Felder, Ruderalstellen.
Ö/V: Adventiv im Hafen Weil-Friedlingen (1990).

FUMARIACEAE
ERDRAUCHGEWÄCHSE

65. Dicentra Bernh. — *Herzblume*

1. D. spectabilis (L.) Lemaire – *Tränendes Herz*
B: Erg. – Korea, China, Japan; schattige, frische Bergwälder.
Ö/V: Zierstaude, z.B. in Bauerngärten. Selten als Kulturrelikt in verlassenen, schattigen Gärten und Parks, z.B. Basel (St. Alban-Anlage). Nicht verwildernd.

66. Corydalis Vent. — *Lerchensporn*

1. C. lutea (L.) DC. – *Gelber L.*
B: Neo.
Ö: Alte, neuerdings wieder häufiger verwendete Zierpflanze. Eingebürgert an alten, meist ± absonnigen, aber hell gelegenen Mauern und Mauerfüssen. Im Gebiet nirgends an Felsstandorten. In wintermilden Lagen. – In (sikker-)frischen bis mässig trockenen, nährstoff- und feinerdereichen, gerne kalkhaltigen, aber auch kalkarmen Mauerfugen.
S: Parietarion (Cymbalarietum muralis), seltener Potentillion caulescentis (Asplenietum trichomano-rutae-murariae).
V: Da und dort; nur im Siedlungsgebiet, v.a. in historischen Altstadtquartieren, Dorfkernen und Gebäudegruppen, z.B. Grossbasler Altstadt (mehrfach), Istein, Ötlingen, Rheinfelden, Riehen (Inzlingerstrasse), Liestal (Schleifenwuhrweg) usw.
G: Alteingewachsene Vorkommen zurückgegangen, vereinzelt aber auch Neubesiedlung geeigneter Stellen aus neueren Anpflanzungen, z.B. Rheinmauern St. Alban (Basel). Gefährdet.

2. C. cava (L.) Schweigg. & Körte – *Hohlknolliger L.*
Ö: Gesellig in frischen Laubmischwäldern, besonders an Hängen und Hangfüssen, in Bachtälchen und Schluchten, in Hartholzauen, in Hecken und Gebüschen und ihren Staudensäumen, unter Obstbäumen, in Rebbergen, in älteren Gärten und Parks. Gelegentlich mit Erde verschleppt. – Auf mässig feuchten bis

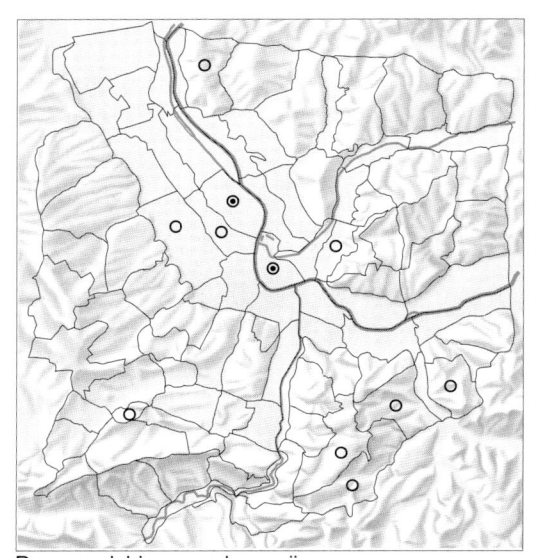

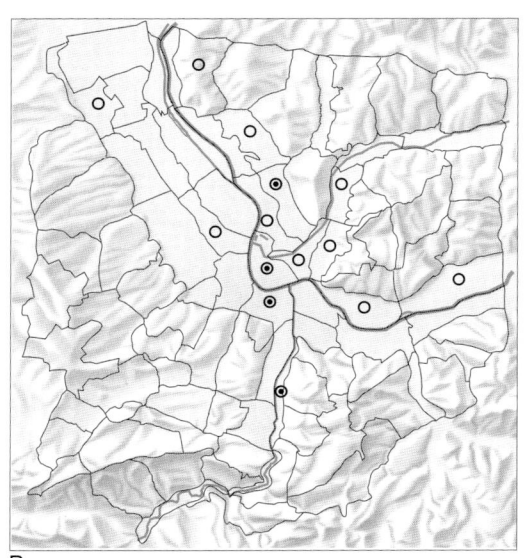

Papaver dubium ssp. lecoquii

Papaver argemone

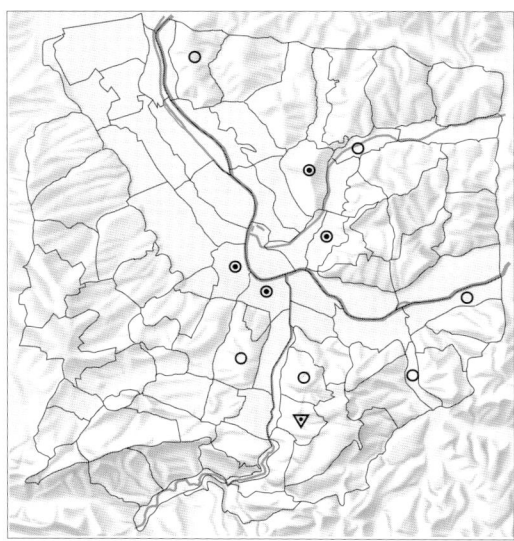

Corydalis lutea

frischen, z.T. aber ± sommertrockenen, nährstoff- und basenreichen, oft kalkhaltigen, tiefgründigen, humosen, lockeren, lehmigen, lehmig-steinigen und lehmig-sandigen Böden.
S: Lunario-Acerenion (Fraxino-Aceretum corydaletosum), Carpinion (Galio-Carpinetum corydaletosum), Alno-Ulmion, Aegopodion, Fumario-Euphorbion (Geranio-Allietum).
V: Im Jura über Malm-Gehängeschutt recht verbreitet und v.a. im nördlichen und östlichen Blauengebiet und an der Gempen-Westflanke häufig. Häufig auch im Rebland von Tüllingen bis Istein. Stellenweise in den Auen und auf den Niederterrassen der Flusstäler, z.B. Ostseite der Birsebene, Basel (Gellert, Breite, Münsterhügel zwischen Pfalz und Wettsteinbrükke), unteres Ergolztal, badische Oberrheinebene; Flanken des Dinkelberges (Muschelkalk), Sundgaurand zwischen Häsingen und Sierentz (Aufschlüsse des Jüngeren Deckenschotters und der Hochterrasse). Im Leimental an den jurabürtigen Zuflüssen des Birsigs. Sonst selten bis fehlend.
G: Nicht gefährdet.

3. C. solida (L.) Clairv. – *Festknolliger L.*

Ö: Gesellig, oft in grossen Herden in geophytenreichen Laubmischwäldern, besonders in Hartholzauen, an Terrassenborden, in Hecken und Gebüschen und ihren Staudensäumen,

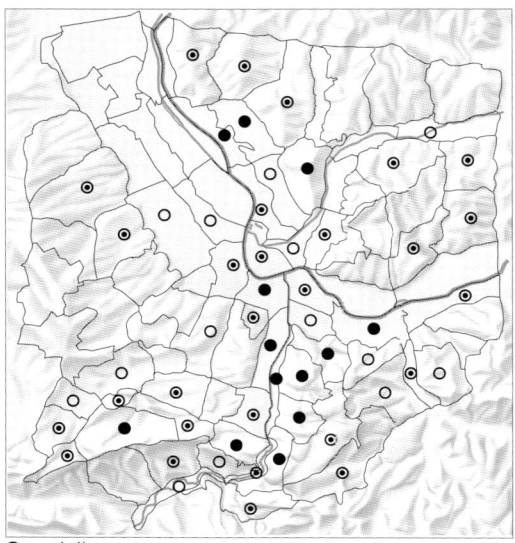

Corydalis cava

unter Obstbäumen, in älteren Gärten und Parks, seltener in Rebbergen. Auch mit Erde verschleppt. – Auf mässig feuchten bis frischen, z.T. aber ± sommertrockenen, nährstoff- und basenreichen, nicht nitrifizierten, kalkarmen, locker-humosen, nie verdichteten, meist ± sandig-lehmigen Böden.
S: Carpinion (Galio-Carpinetum corydaletosum), Alno-Ulmion, Aegopodion, Alliarion, selten Fumario-Euphorbion (Geranio-Allietum).
V: Rechts des Rheins im Sedimentbereich der Wiese (Aue bis Hochterrasse) und auf der badischen Seite der Oberrheinebene (abwärts bis Efringen) ziemlich verbreitet und v.a. in den Langen Erlen und in Riehen häufig; am Tüllinger Berg bis ins Käferholz. Selten links des Rheins: Basel-St. Johann, Hüningen. Sonst vereinzelt verschleppt oder angesalbt.
G: In der Muttenzer Hard (MOOR 1968b, MEIER 1985) und bei Frenkendorf (HEINIS 1904) verschollen. Am Hochrhein (Hard, Augst, Rheinfelden; LÜSCHER 1918) bereits von BECHERER (1925) vergeblich gesucht. Nicht gefährdet.

67. **Ceratocapnos** Durieu *Lerchensporn*

1. C. claviculata (L.) Lidén (Corydalis claviculata (L.) DC.) – *Rankender L.*

B. Eph. – W- und NW-Europa; Waldlichtungen, Waldsäume, Gebüsche, Silikatfelsen.

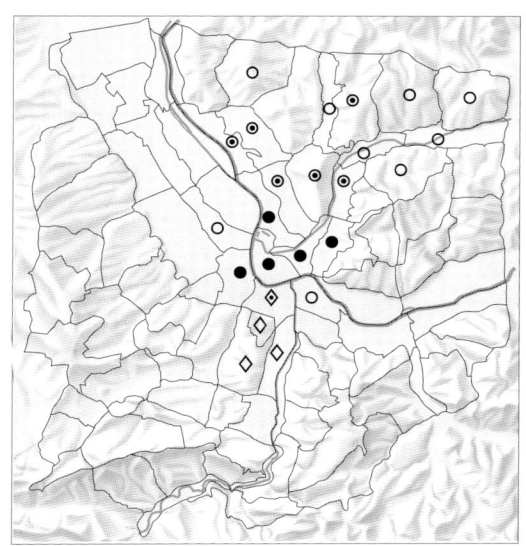

Corydalis solida

Ö/V: *Rhododendron*-Beet, Baumschule der Stadtgärtnerei Basel, Widenhof (Arlesheim), wohl mit torfigem Substrat und Pflanzenware aus Holland eingeschleppt. Bestand "seit etlichen Jahren" (R. Dups).

68. Fumaria L.   *Erdrauch*

1. F. officinalis L. s. l.

1a. – ssp. **officinalis** – *Gebräuchlicher E.*
B: Arch.
Ö: Einzeln oder gesellig in Hackkulturen, v.a. in Gemüsefeldern, in Gärten, auf Ackerbrachen, in Rebbergen und an Rebbergmauern, seltener in lückigen, ± ruderalen Rasen, verschleppt in Rabatten. – Auf frischen bis mässig trockenen, basen- und nährstoffreichen, oft kalkarmen, meist mittel- bis tiefgründigen, ± lockeren, gereiften, humosen Lehmböden.
S: Fumario-Euphorbion, seltener Polygono-Chenopodion.
V: In den Flusstälern und in den angrenzenden warmen Hügelländern recht verbreitet, aber nicht häufig. Sonst selten oder fehlend und z.T. nur verschleppt.
G: Mässig bis deutlich zurückgegangen. Schonungsbedürftig.

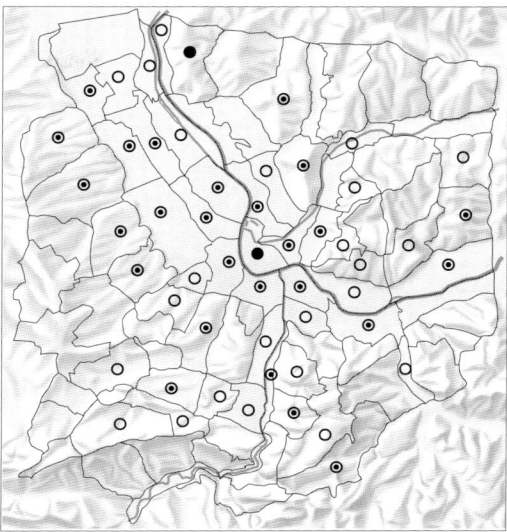

Fumaria officinalis s.str.

1b. – ssp. **wirtgenii** (Koch) Arcang. (F. wirtgenii Koch) – *Wirtgens E.*
B: Arch.
Ö: Einzeln oder in kleinen Trupps auf Kiesschutt (auch in Flussufernähe), in Hackkulturen, in Rabatten. – Auf mässig trockenen, nährstoffreichen, lockeren Sand-, Kies- und Lehmböden.
S: Fumario-Euphorbion, Polygono-Chenopodion.
V: Ähnlich *F. officinalis* s. str., doch deutlich seltener; v.a. Oberrheinebene und Stadt Basel, vereinzelt auch Birsebene und niederer Sundgau. Vielfach verkannt und übersehen. Auf weitere Vorkommen ist zu achten.

2. F. vaillantii Loiseleur s. str. – *Vaillants E.*
B: Arch.
Ö: In Äckern und Hackkulturen, verschleppt in Rabatten und unter Hecken. Wärmebedürftig. – Auf mässig trockenen, nährstoff- und basenreichen, meist kalkhaltigen, lockeren Lehmböden.
S: Fumario-Euphorbion.
V: Selten und unbeständig: z.B. Münchenstein, Arlesheim (Widenhof, Hauptstrasse), Muttenz, Frenkendorf. Auf weitere Vorkommen ist zu achten.
G: Zurückgegangen; im Gebiet schon lange selten. In der Oberrheinebene (BINZ 1911), auf

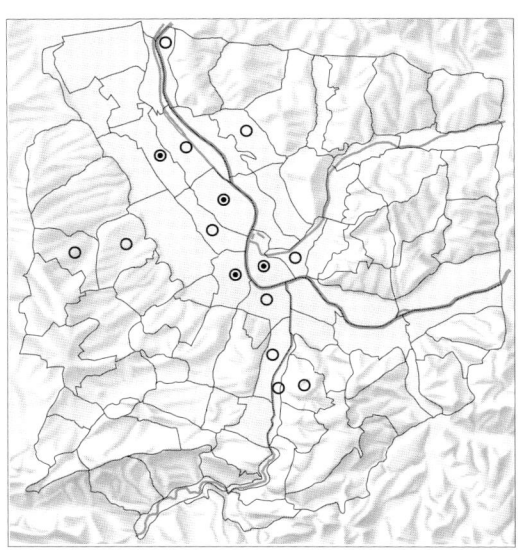

Fumaria officinalis ssp. wirtgenii

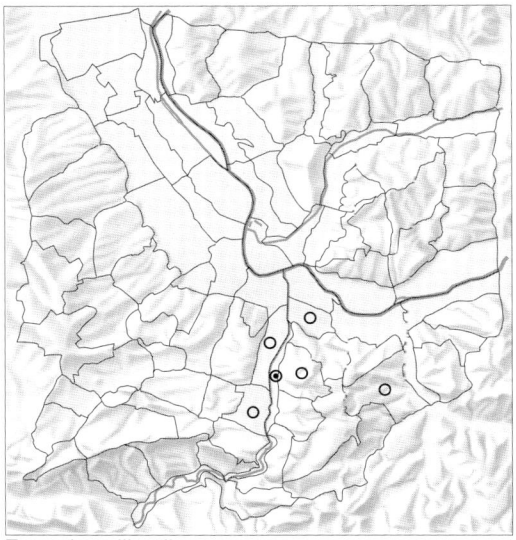

Fumaria vaillantii

dem Gempenplateau (BINZ 1911) und in der Lössmulde von Hofstetten (BINZ 1922, 1942) verschollen. Stark gefährdet.

3. F. kralikii Jord. – *Kraliks E.*

B: Eph. – Orient, S-Europa; Felder, Gebüschsäume.
Ö/V: Adventiv im Hafen Weil-Friedlingen (1990).

PLATANACEAE
PLATANENGEWÄCHSE

69. Platanus L.   *Platane*

1. P. hispanica Münchh. (P. × hybrida Brot., P. × acerifolia (Aiton) Willd.; P. occidentalis L. × orientalis L.) – *Bastard-P.*

B: Eph. – 1. N-Amerika; Alluvialwälder. 2. Balkan; Bach- und Flussuferwälder.
Ö/V: Häufiger Zier- und Alleebaum, v.a. im urbanen Siedlungsgebiet. Gelegentlich als Keimlinge oder Jungpflanzen verwildert in den Fugen von Strassenrandsteinen und Bermenmauern, an Mauerfüssen, an Flussufern und dgl., z.B. Basel (Schanzenstrasse, Maiengasse usw.), Kembser Rheininsel. Vereinzelt zu Bäumen auswachsend, z.B. Basel (Rheinhalde).

ULMACEAE
ULMENGEWÄCHSE

70. Ulmus L.   *Ulme*

1. U. laevis Pall. – *Flatter-U.*

Ö/V: Sehr selten; spontan in den Langen Erlen nördlich der Wiese (nordwestlich 'Eiserner Steg') und im Leuengraben zwischen Wyhlen und Herten (H. Boos), Pisciculture (M. Schläpfer). Am Erlenparkweg (Basel) gepflanzt.
G: Im Gebiet schon immer selten. An den wenigen historischen Fundstellen, z.B. "Muttenz, Schauenburg, Rütihard" (BINZ 1911) nicht mehr nachgewiesen (vgl. aber WELTEN & SUTTER 1982). Stark gefährdet.

2. U. minor Mill. (U. campestris L. em. Huds.) – *Feld-U.*

Ö: Einzeln und selten noch als grosser Baum in Wäldern der Hartholzauen und Terrassenböschungen. Als Strauch durch Wurzelbrut gesellig und z.T. bestandbildend in etwas ruderalen, pionierhaften Feldgebüschen, an Dämmen und Böschungen, an Ackerrainen, in den Fugen von Rebberg- und Ufermauern. Wärmeliebend. – Auf frischen, z.T. aber sommertrockenen, basen- und meist nährstoffrei-

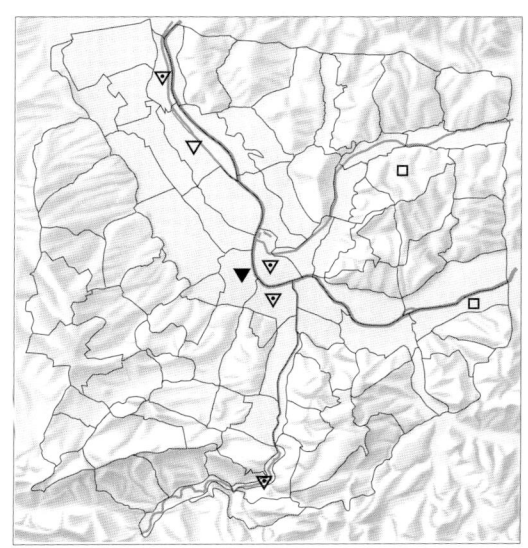

Platanus hispanica

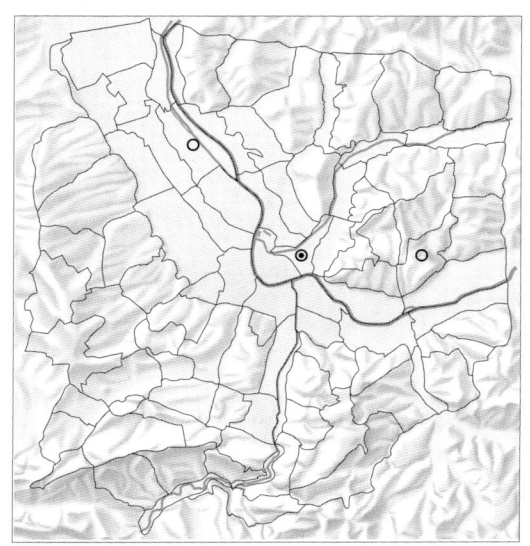

Ulmus laevis

chen, lockeren, ± humosen, oft steinigen, lehmigen Böden.
S: Alno-Ulmion (Querco-Ulmetum minoris), Berberidion (Rosa-Ulmus minor-Gesellschaft).
V: In der Hoch- und Oberrheinebene und in der Birsebene verbreitet und v.a. im Stadtgebiet von Basel z.T. häufig. Stellenweise an den warmen Talflanken, v.a. im Gebiet der Malmscholle von Istein und auf der Dinkelberg-Südseite, vereinzelt auch in Randlagen des Juras, z.B. Leymen (Landskronberg ob Tannwald, häufig). Z. T. in Übergangsformen zu *U. glabra* (*U. × hollandica* Mill.).
G: Zurückgehend und kaum mehr in alten Bäumen (Ulmensterben). Gefährdet.

**2a. – var. suberosa (Moench) Rehd. –
Korkleisten-U.**

Zerstreut; fast ausschliesslich als Strauch an nicht waldigen Standorten, z.B. Oberrhein- und Birsebene, Leymen (Landskronberg ob Tannwald). Meist mit der Nominatvarietät und mit dieser durch Übergänge verbunden.

**3. U. glabra Huds. (U. scabra Mill.) –
Berg-U.**

Ö: Meist einzeln und selten noch als grosser Baum, häufiger als Strauch oder kleiner Baum in ahorn-, eschen- und lindenreichen Laubmischwäldern an Steilhängen, an Felsfüssen und in Schluchten, in den Spalten schattiger Felsen. Früher nicht selten als Park- und Zierbaum gepflanzt und da und dort subspontan. Vorzugsweise in kühlen, luftfeuchten Lagen. – Auf frischen bis feuchten, basen- und ± nährstoffreichen, lockeren, humosen Steinschutt- und steinigen Lehmböden.

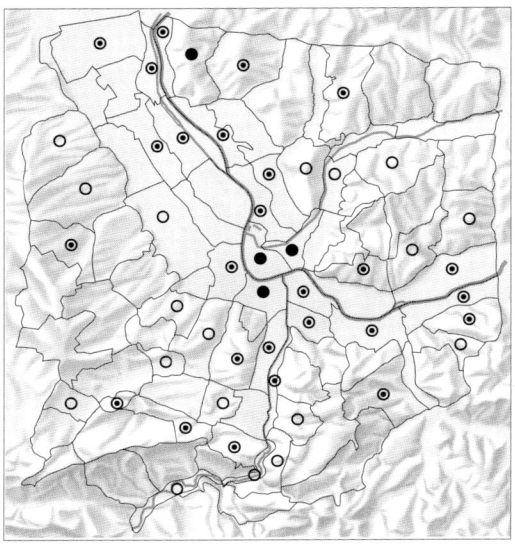

Ulmus minor

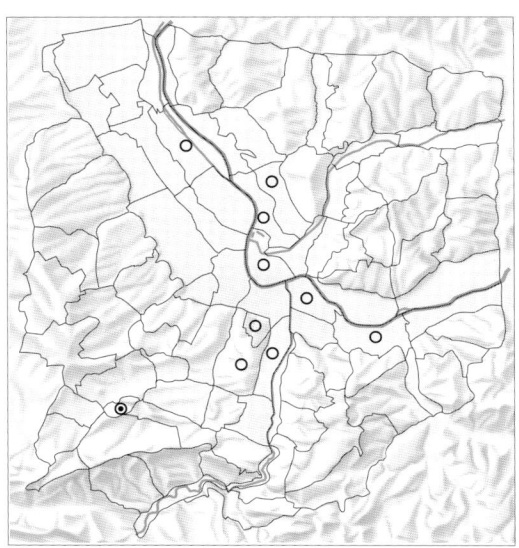

Ulmus minor var. suberosa

S: Tilio-Acerion, v.a. Lunario-Acerenion (Phyllitidi-Aceretum, Fraxino-Aceretum corydaletosum), Fagion, Carpinion.
V: Im Jura verbreitet, aber nur in Schluchtlagen ± häufig. Sonst zerstreut, z.B. Flanken des Dinkelberges, Sundgau (v.a. über Aufschlüssen der Hochterrassenschotter), Birs- und Hochrheinebene, Tälchen des Olsberger Waldes; in trockenwarmen Gebieten selten bis fehlend. V.a. in den Flusstälern oft in Übergängen zu *U. minor* (*U.* × *hollandica* Mill.).
G: Zurückgehend und kaum mehr als grosser Baum (Ulmensterben). Gefährdet.

71. Celtis L. *Zürgelbaum*

1. C. australis L. – *Südlicher Z.*

B: Eph. – Mittelmeergebiet, auch Südschweiz; Trockenbuschwald auf Kalk, bis 800 m.
Ö/V: Seltener wärmeliebender Stadtbaum. Gelegentlich nahverwildert an Mauerfüssen, am Rand gepflasterter Plätze, in den Fugen von Bermenmauern, in Hecken usw., z.B. Basel (Burgfelderstrasse, Schönbeinstrasse).

2. C. occidentalis L. – *Nordamerikanischer Z.*

B: Eph (Neo). – Östliches N-Amerika; Auen- und Hangwälder, sandige und felsige Böden.

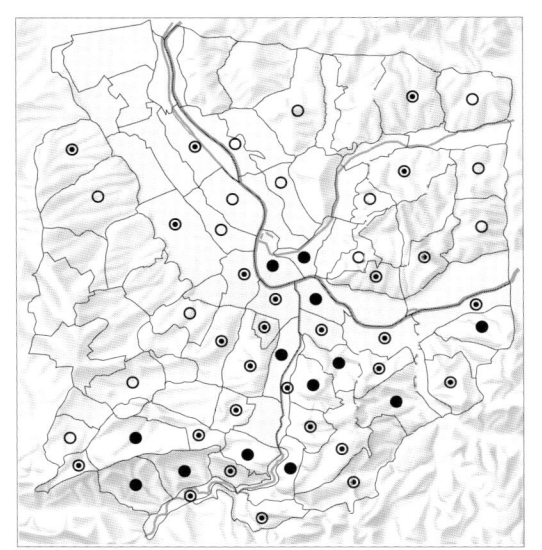

Ulmus glabra

Ö/V: Oft gepflanzter Stadtbaum in grösseren Parks und Anlagen. Im urbanen Siedlungsgebiet häufig verwildert und im Schutze anderer Ziergehölze nicht selten unbemerkt zu Bäumen auswachsend, besonders in Parkgehölzen und alten, verwachsenen Hinterhöfen, in Rabatten, an Bermenmauern, an Mauerfüssen, vereinzelt auch in Ruderalgebüschen an Bahn-

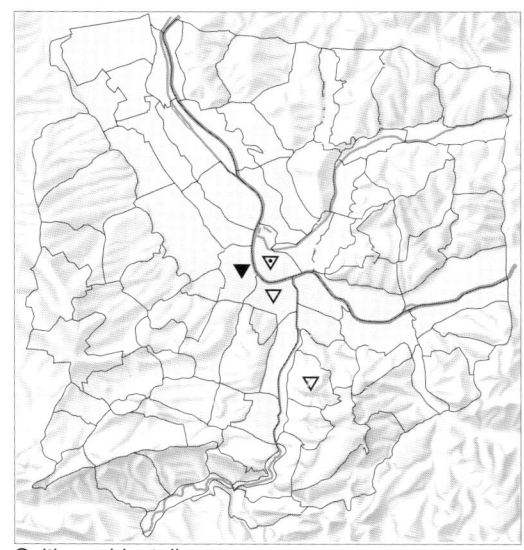

Celtis occidentalis

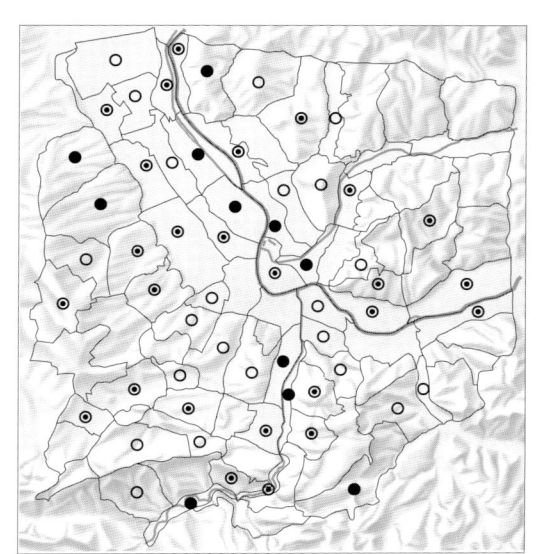

Humulus lupulus

und Strassendämmen, z.B. Schützenmattpark, Gellert, St. Johannplatz, Spitalstrasse, Solitude, Rheinmauer unterhalb Leuengasse, Bahnböschung beim Bad.Bahnhof (alle Basel), Arlesheim (Tramdepot).

CANNABACEAE
HANFGEWÄCHSE

72. Humulus L. *Hopfen*

1. H. lupulus L. – *Hopfen*

Ö: Einzeln oder gesellig in Auengehölzen, an feuchten Waldrändern und Hecken, an Hohlwegen, selten an Zäunen. – Auf dauerfeuchten, gerne wasserzügigen, nährstoffreichen, tiefgründigen, meist lockeren und humosen, z.T. steinigen Lehmböden.
S: Berberidion (v.a. Salici-Viburnetum opuli), Alno-Ulmion (v.a. Pruno-Fraxinetum, seltener Querco-Ulmetum), selten Salicion albae.
V: In den Flusstälern von Rhein und Birs und an den Rändern der angrenzenden Hügelländer, v.a. im vorderen Sundgau und im Gebiet der Malmscholle von Istein verbreitet und ziemlich häufig. Recht häufig auch im Oristal und im unteren Wiesental. Sonst zerstreut; in den Weitenauer Vorbergen und im Olsberger Wald sehr selten oder fehlend. Kaum im urbanen Siedlungsgebiet.

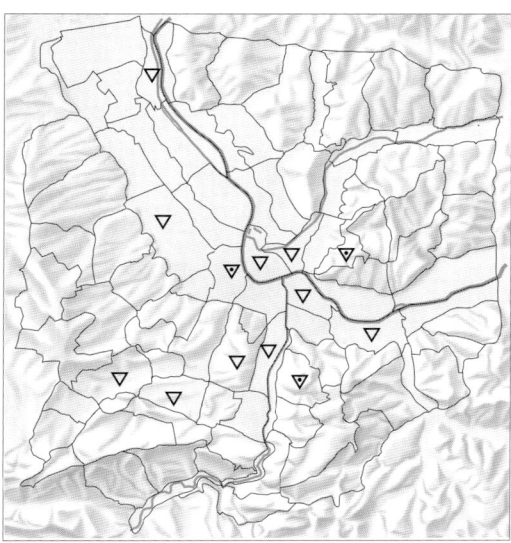

Cannabis sativa s.l.

G: Nicht gefährdet; lokal schonungsbedürftig.

73. Cannabis L. *Hanf*

1. C. sativa L. s. l. – *Hanf*
1a. – ssp. **sativa**
B: Eph (Neo).
Ö/V: Alte, zur Zeit kaum feldmässig angebaute Nutzpflanze. Vereinzelt, doch meist vorübergehend aus Vogelfutter verwildert an Wegrändern, in Rabatten und Baumscheiben, in Gehölzsäumen, verschleppt an Schutt- und Kompostplätzen, in Hafenanlagen usw. Auch in nitrophilen Krautfluren des Altrheins bei der Kembser Rheininsel. Weibliche Pflanzen da und dort als Berauschungsmittel an Waldrändern, Hecken usw. gepflanzt.

1b. – ssp. **spontanea** Serebrjakova
Ein Nachweis: Reinach (Predigerholz).

MORACEAE
MAULBEERGEWÄCHSE

74. Ficus L. *Feigenbaum*

1. F. carica L. – *Feigenbaum*
B: Eph (Neo). – Östliches Mittelmeergebiet (bis Westasien); sonnige Felsen.

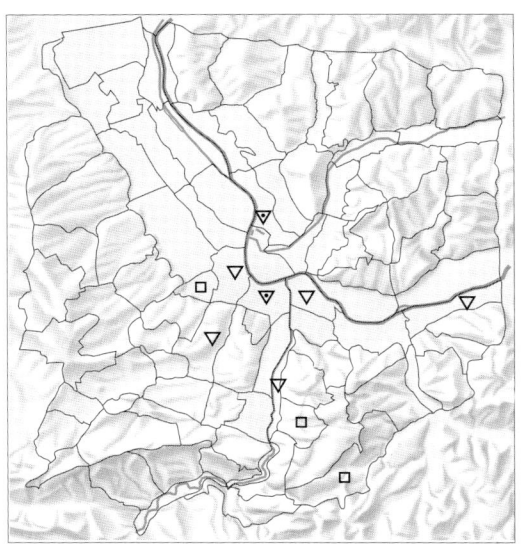

Ficus carica

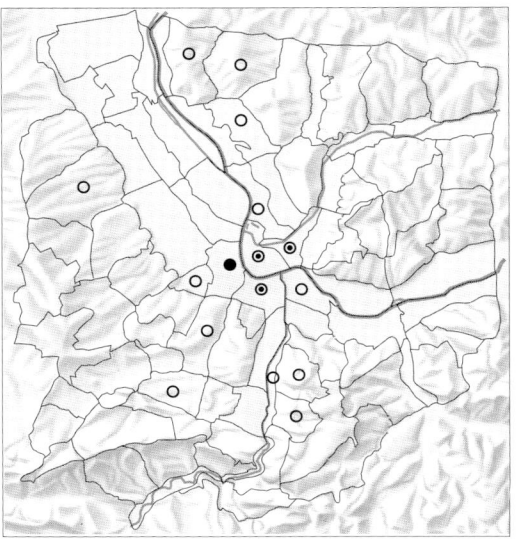

Urtica urens

Ö/V: V. a. in der Stadt Basel da und dort kultiviert. Gelegentlich verwildert und sich haltend an Flussufern, Schuttplätzen, Mauern usw., z.B. linkes Birsufer unterhalb St. Jakob (1989), bei Birsfelden (1997), Birsig unterhalb Zoologischer Garten (Basel), Felsen an der Ergolz bei Kaiseraugst (1984) usw. Frostempfindlich; in ungeschützten Lagen kaum winterhart.

URTICACEAE
BRENNESSELGEWÄCHSE

75. Urtica L. *Brennessel*

1. U. urens L. – *Kleine B.*
B: Arch.
Ö: In kleinen, meist lockeren Beständen in ruderalen Heckensäumen, an Zäunen, in Rabatten, an Schutt- und Kompostplätzen, in Hühnerhöfen, auf brachliegendem Gartenland, in Gemüsefeldern. – Auf mässig trockenen bis frischen, nährstoffreichen, tiefgründigen, lockeren Lehm- und Sandböden.
S: Sisymbrion (Urtico-Malvetum neglectae).
V: Selten und oft sporadisch oder unbeständig; v.a. in der Stadt Basel und ihrer nächsten Umgebung, z.B. Oberer Rheinweg, Schwarzpark (hier in grösseren, stabilen Beständen), Tierpark Lange Erlen (alle Basel); Siedlungsgebiete von Arlesheim, Dornach, Oberwil, Ettingen, Brinckheim usw.
G: Stark zurückgegangen; im Gebiet schon lange selten (vgl. Fundmeldungen in BINZ 1956, 1951, 1945, 1942, 1915). Stark gefährdet.

2. U. dioica L. – *Grosse B.*
Ö: Gesellig, oft in grossen, deckenden Herden in den Säumen, Verlichtungen und Schlägen feuchter Wälder, an Waldwegen, in Staudenfluren an Ufern, an ± schattigen Mauerfüssen, in Hinterhöfen, bei Miststöcken und Komposthaufen, an Schuttplätzen, in brachliegenden Äckern und Gärten, unter Obstbäumen, als Weideunkraut in Schafweiden. – Auf frischen bis nassen, sehr nährstoffreichen bis überdüngten, tiefgründigen, meist humosen, lehmigen und tonigen, seltener steinigen Böden.
S: Galio-Urticenea (v.a. Alliarion, Aegopodion), Arction, Alno-Ulmion, Salicion albae.
V: Verbreitet und häufig.
G: Nicht gefährdet.

76. Parietaria L. *Glaskraut*

1. P. officinalis L. – *Aufrechtes G.*
B: Arch.
Ö/V: Sehr selten und oft vorübergehend: Zierquittenrabatte am Spalengraben (Basel, seit

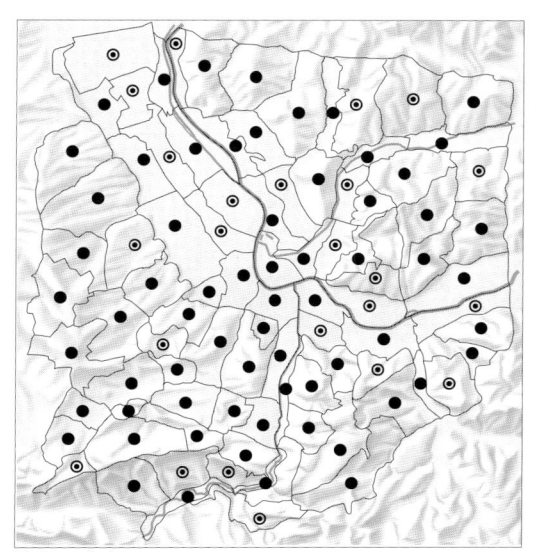

Urtica dioica

Jahren beständig), Mauer am St. Alban-Teich bei der Weidengasse (Basel), Birsufer bei St. Jakob und bei der Reinacher Heide (H. Meier), Kellerloch beim Goetheanum (Dornach, H. Boos).
G: Zurückgegangen und kaum mehr in alteingewachsenen Beständen. Bei St. Margrethen und am Rötteler Schloss (BINZ 1911) nicht mehr bestätigt. Vom Aussterben bedroht.

JUGLANDACEAE
WALNUSSGEWÄCHSE

77. Juglans L. *Walnuss*

1. J. regia L. – *Nussbaum*
B: Arch. – Balkan, Kleinasien.
Ö: Als Nutzbaum in Gärten und in der Feldflur, gelegentlich auch als Forstbaum kultiviert. Verwildert und ± eingebürgert an Rainen und Böschungen, an Bahndämmen, in Gebüschen, in brachliegenden Wiesen und Äckern, in Waldschlägen, an Waldrändern, in etwas lückigen, oft sekundären Waldbeständen (z.B. Auenwälder). Wärmeliebend. – Auf frischen, nährstoff- und basenreichen, tiefgründigen, ± lockeren, z.T. steinigen Lehmböden.

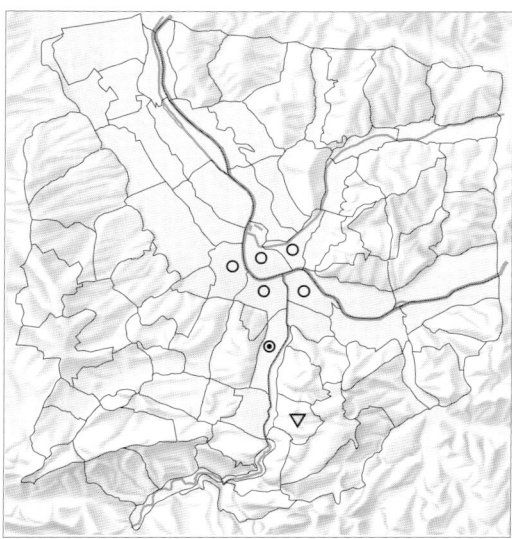

Parietaria officinalis

V: Verbreitet und v.a. in den wärmeren Teilen der Lösshügelländer, in der Birsebene und an den warmen Talflanken ziemlich häufig.
G: Nicht gefährdet.

2. J. nigra L. – *Schwarz-Nuss*
B: Erg. – Östliches und zentrales N-Amerika; Auen-, Hang- und Hochlandwälder.
Ö/V: Zier- und Parkbaum, auch Forstbaum, z.B. Olsberger Wald, Muttenzer Hard, Lange Erlen usw. Kaum verwildernd.

FAGACEAE
BUCHENGEWÄCHSE

78. Fagus L. *Buche*

1. F. sylvatica L. – *Rot-B.*
Ö: Meist gesellig bis bestandbildend, selten einzeln in Laubwäldern ausserhalb der Bach- und Flussauen, gelegentlich in Feldgehölzen und als Solitärbaum auf Weiden. Auch als Zier- und Alleebaum, selten als Heckengehölz gepflanzt. – Auf frischen bis mässig trockenen, basenreichen, doch nicht immer kalkhaltigen, tiefgründigen bis flachgründig-klüftigen, humosen, gut konsolidierten, z.T. steinigen, lehmigen Böden.

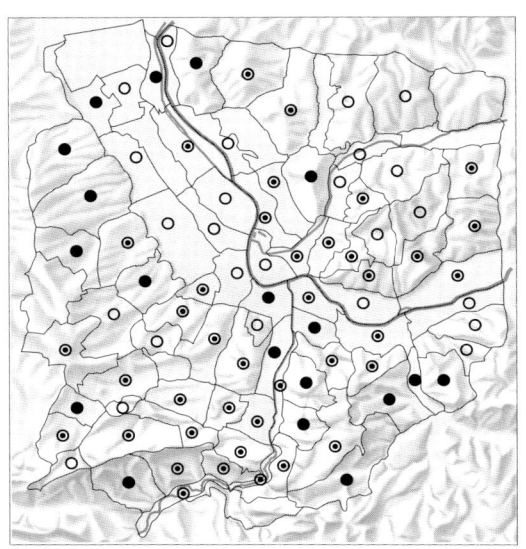

Juglans regia

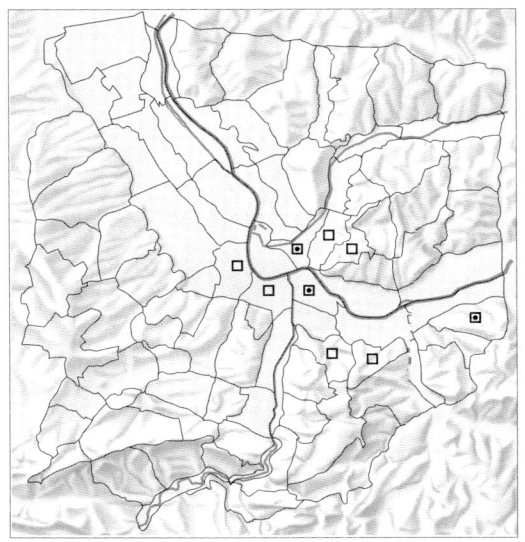

Juglans nigra

S: Fagion, auch Carpinion und Quercion pubescenti-petraeae.
V: Mit Ausnahme der Flussebenen verbreitet und häufig. In der Birsebene, im Hochrheintal und in der badischen Oberrheinebene sehr zerstreut und z.T. wohl gepflanzt; mehrfach und wahrscheinlich bodenständig über kalkreichem und lehmigem Untergrund auf dem Märkter (Auen-)Terrassenfeld. In der elsässischen Oberrheinebene sehr selten: Elsässer Hardt unterhalb Bartenheim-la-Chaussée, ein kleiner, streng lokalisierter Bestand.
G: Nicht gefährdet.

1a. – var. **atropunicea** Weston – *Blut-B.*

Zierbaum. Gelegentlich als Sämling verwildert in siedlungsnahen Hecken und Gebüschen.

79. **Castanea** Mill. *Kastanie*

1. C. sativa Mill. – *Edel-Kastanie*

B: Eph. – S-Europa, SW-Asien, N-Afrika; bodensaure, thermophile Wälder.
Ö/V: In sommerwarmen Lagen der kollinen Stufe gelegentlich als Ziergehölz, auf kalkarmen, lockeren, humosen Lehmböden vereinzelt auch als Forstbaum gepflanzt und verwildert, z.B. Olsberger Wald, Aesch S (Eischberg), Rütihard (Asprain).

80. **Quercus** L. *Eiche*

Vorbem.: Die einheimischen Arten der Gattung sind untereinander nicht scharf abgegrenzt. V. a. *Q. pubescens* und *Q. petraea*, aber auch *Q. robur* sind am gemeinsamen Standort durch vielfältige Übergänge miteinander verbunden.

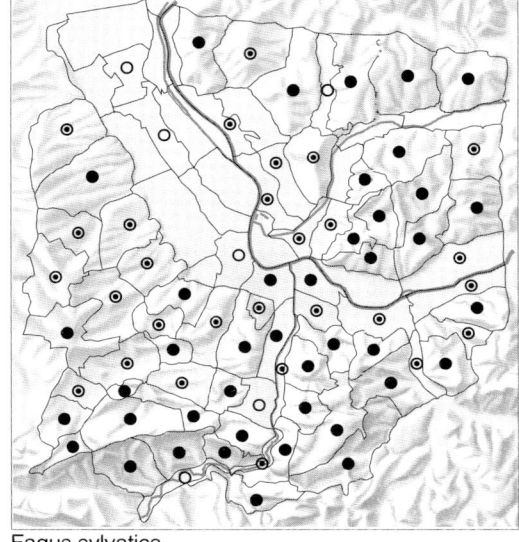

Fagus sylvatica

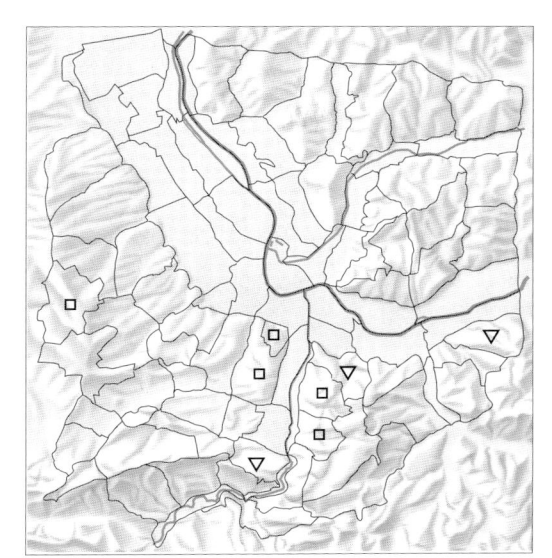

Castanea sativa

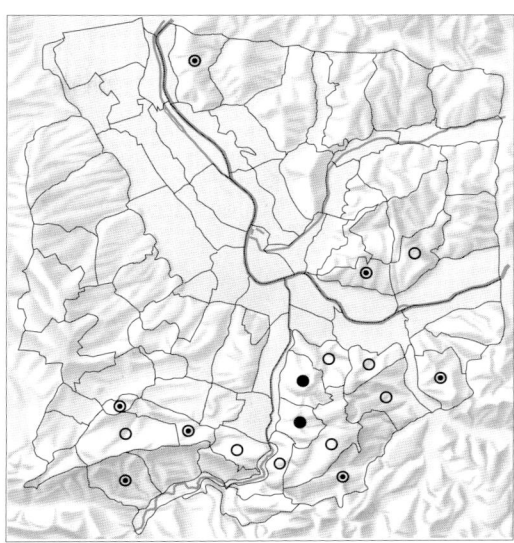

Quercus pubescens

1. Q. pubescens Willd. – *Flaum-E.*

Ö: Gesellig bis bestandbildend, aber meist niederwüchsig in trockenwarmen Eichenwäldern auf Felsköpfen und -graten, an sonnigen, felsigen Steilhängen. Sehr wärmebedürftig. – Auf (mässig) trockenen, basen- und fast immer kalkreichen, flach- bis mittelgründigen, klüftigen Fels- und steinigen, etwas lehmigen Böden.
S: Quercion pubescenti-petraeae.
V: Im Jura ziemlich verbreitet, aber nicht häufig und streng lokalisiert, z.B. Pfeffinger Schlossberg, Nenzlingen (Chuenisberg), Blauen (Hanslifels), Hofstetter Köpfli, Leymen (Landskronberg), Gempen-Westflanke bei Dornach und Arlesheim (Felsköpfe um die Gobenmatt, Richenstein-Hohle Fels, Hollenberg, Dornacher Schlossberg, Ingelstein), Büren (Lochfluh, Sternenberg), Frenkendorf (Schauenburgerfluh), Schleifenberg bei Liestal (Roti Flue). Sonst nur an wenigen wärmebegünstigten Stellen; grössere Bestände an der Westflanke der Malmscholle von Istein; Rheinvorland zwischen Istein und Rheinweiler (SEBALD et al. 1993), Dinkelberg-Südflanke ob Grenzach (Grenzacher Horn) und Herten (Rabenstein).
G: Im Gebiet von Natur aus nicht häufig. Nicht gefährdet.

2. Q. robur L. – *Stiel-E., Sommer-E.*

Ö: Einzeln bis gesellig, bei Mittelwaldbewirtschaftung auch bestandbildend in Laubmischwäldern der Hartholzauen und Schotterterrassen, in Bach- und Flusstälern, auf Deckenschotter-Plateaus, in tonigen Senken und Comben. Im Bereich vorherrschender Buchenwälder fast nur am Waldrand. Auch in Feldgehölzen und als Solitärbaum auf Weiden, an Wegverzweigungen usw. In neuerer Zeit (wieder) häufiger forstlich gepflanzt. – Auf frischen bis feuchten, nur oberflächlich austrocknenden, z.T. wasserzügigen, meist ± tiefgründigen, basenreichen, oft ± kalkarmen, humosen Schotter-, Lehm- und Tonböden.
S: Carpinion, Quercion robori-petraeae, Alno-Ulmion (v.a. Querco-Ulmetum), seltener Fagion.
V: Verbreitet und v.a. auf den Schotterterrassen der Flusstäler häufig. Auffallend selten in den Hochlagen des Blauen.
G: Nicht gefährdet; alte Bäume schonungsbedürftig.

3. Q. petraea Liebl. – *Trauben-E., Winter-E.*

Ö: Einzeln bis gesellig, bei Mittelwaldbewirtschaftung z.T. bestandbildend in Laubmischwäldern, niederwüchsig mit *Q. pubescens* und intermediären Sippen in Buschwäldern auf Felsköpfen und -graten. Auch in Feldgehölzen

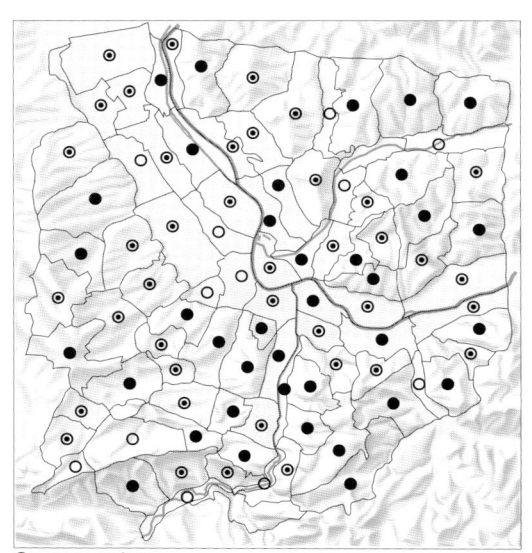

Quercus robur

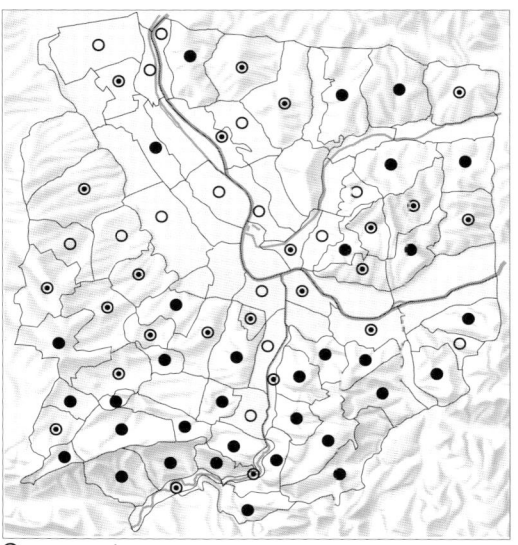

Quercus petraea

und als Solitärbaum auf Weiden. – Auf frischen bis ziemlich trockenen, kalkreichen und -armen, mittel- bis tiefgründigen oder flachgründig-klüftigen, nicht zu schweren, humosen Schotter- und steinigen, lehmigen Böden.
S: Carpinion, Quercion pubescenti-petraeae, Fagion (v.a. Carici-Fagetum, Luzulo-Fagetum), Quercion robori-petraeae.
V: Verbreitet und v.a. im Jura häufig. In den holozänen Talauen und in kühl-humiden Buchenwaldgebieten, z.B. in höheren Lagen des Blauennordhangs, selten.
G: Nicht gefährdet; alte Bäume schonungsbedürftig.

4. Q. rubra L. – *Rot-E.*

B: Erg (Eph). – Östliches N-Amerika; Wälder auf gut drainierten Böden.
Ö/V: Zierbaum, auf basenarmen, verlehmten Schotterböden auch Forstbaum, z.B. Olsberger Wald, Elsässer Hardt. In der Nähe der Anpflanzungen regelmässig verwildert, doch kaum zu grossen Bäumen auswachsend.

BETULACEAE
BIRKENGEWÄCHSE

81. Alnus Mill. *Erle*

1. A. viridis (Chaix) DC. – *Alpen-E., Grün-E.*
Seit langem verschollen: "Olsbergerwald" (Hagenbach in BINZ 1905), "Ein Strauch zwischen Olsberg und Rheinfelden" (Mühlberg in BINZ 1905).

2. A. glutinosa (L.) Gaert. – *Schwarz-E.*
Ö: Meist gesellig, z.T. bestandbildend in Auengehölzen an Flüssen und Bächen, in Waldsümpfen und an Bruchwaldstellen, in Hecken, als Aufwuchs in brachliegenden, feuchten Wiesen. Gelegentlich als Vorholz in Aufforstungen gepflanzt. – Auf feuchten bis nassen, oft wasserzügigen oder staunassen, grundwasserbeeinflussten bis zeitweilig überschwemmten, nährstoffreichen, gerne kalkarmen, tiefgründigen, humosen, vereinzelt torfigen, oft vergleyten Lehm- und Tonböden.
S: Alno-Ulmion (v.a. Pruno-Fraxinetum), Alnion glutinosae, Salicion cinereae, seltener Berberidion (Salici-Viburnetum opuli).
V: Im Sundgau, in den Weitenauer Vorbergen und auf dem Plateau von Olsberg-Giebenach verbreitet und häufig, seltener in den Flusstä-

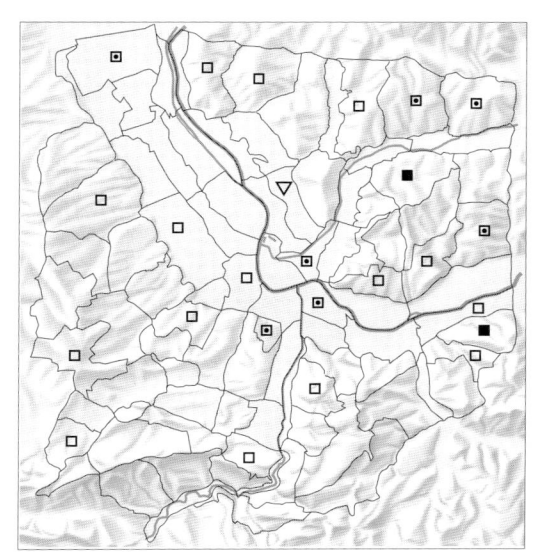

Quercus rubra

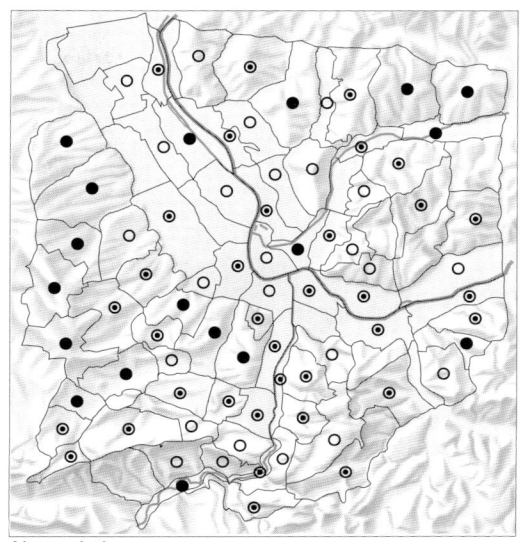

Alnus glutinosa

lern von Birs, Wiese und Hochrhein. Sonst zerstreut; auf dem Gempenplateau und in den Hochlagen des Blauen sehr selten oder fehlend.
G: Nicht gefährdet.

3. A. incana (L.) Moench – *Grau-E., Weiss-E.*

Ö/V: Selten; bodenständig wohl nur noch im Auengehölz der Birs bei Laufen-Zwingen-Duggingen, allenfalls auch im Kaltbrunnental. Nicht selten an Bächen und Flüssen und als Vorholz in Aufforstungen gepflanzt und gelegentlich subspontan. – Auf feuchten, in der Tiefe wasserzügigen, basen- und nährstoffreichen, tiefgründigen, lockeren, ± humosen, steinigen und lehmigen Böden.
S: Alno-Ulmion.
G: Autochthone Vorkommen stark zurückgegangen. Früher vereinzelt auch am Rhein (BECHERER 1922). Stark gefährdet.

Bastard

4. A. × pubescens Tausch (A. glutinosa × incana)

Sulzkopf (Muttenz), Münchensteiner Steinbruch. – Früher Birsig bei Bottmingen, Oberwil, Reinach, Liestal, Eimeldingen, Pisciculture (alle BINZ 1911).

82. Betula L. *Birke*

Vorbem.: Juvenile Sträucher mit ± stark behaarten Jährlingstrieben auf Ödland, in ± trockenen Waldschlägen usw. mögen z.T. hybridogener Natur sein (= *B. × aschersoniana* Hayek) (HEGI 1981).

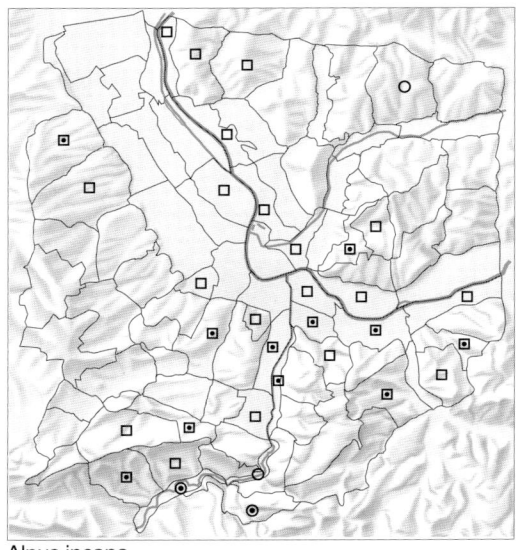

Alnus incana

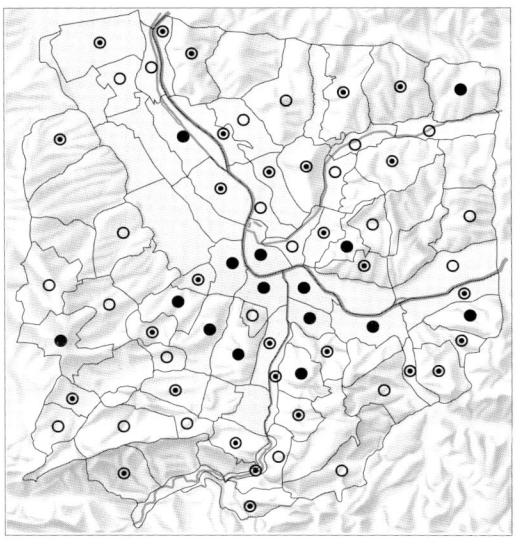

Betula pendula

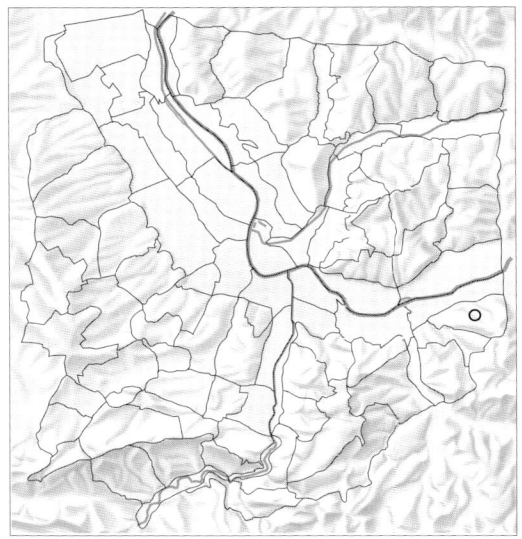

Betula pubescens

1. B. pendula Roth – *Hänge-B., Weiss-B.*
Ö: Einzeln bis gesellig in Waldschlägen und Vorwaldgebüschen, an Waldwegen, in lichten, hageren Wäldern, auch auf Ödland, an Mauern, als Piniergehölz in Brachwiesen. Häufig als Zier-, seltener als Forstbaum (Vorholz) gepflanzt. – Auf feuchten bis ziemlich trockenen, ± nährstoff- und meist kalkarmen, lockeren Lehm-, Schotter- und Sandböden.
S: Quercion robori-petraeae, Alnion glutinosae, Sambuco-Salicion.
V: In den Weitenauer Vorbergen und über Aufschlüssen der Decken- und Sundgauschotter im Olsberger Wald, auf der Rütihard und im Sundgau nicht selten, vereinzelt auch am Dinkelberg und auf den Niederterrassen der Hoch- und Oberrheinebene. Sonst häufig subspontan, v.a. in den Siedlungsgebieten.
G: Nicht gefährdet.

2. B. pubescens Ehrh. s. str. – *Moor-B.*
Ö/V: Sehr selten; nur ein kleiner, streng lokalisierter Bestand im Olsberger Wald: Rheinfelden SW (Häxenplatz-Spilplatz, schon BECHERER 1921); kleines Waldmoor (Carici elongatae-Alnetum glutinosae), mit *Frangula alnus* und *Salix aurita*. Isoliertes Vorkommen; nächste Fundorte im Hotzenwald. Da und dort auch als Zierbaum gepflanzt und nicht selten als rasch wachsende Jungpflanzen verwildert, z.B. Basel (St. Johann-Rheinweg, 1997), Rheinhafen Basel-Kleinhüningen (Südquaistrasse, 1986), Allschwil (Grabenring, 1990), Liestal (beim Bahnhof, 1995); in zu *B. pendula* vermittelnden Formen in Muttenz (Stockertstrasse, 1990), Bahnhof Liestal (Abstellgeleise, 1990).
G: Im Gebiet von Natur aus selten. Potentiell gefährdet.

3. B. papyrifera Marsh. – *Papier-B.*
B: Eph. – Kanada, USA; arme, ± feuchte Sandböden, Flussalluvionen.
Ö/V: Zierbaum. Selten als rasch wachsende Jungpflanzen verwildert, z.B. Rheinhafen Basel-Kleinhüningen (1988).

83. Carpinus L. *Hainbuche*

1. C. betulus L. – *Hagebuche, Weissbuche*
Ö: Gesellig, z.T. bestandbildend und durch häufigen Umtrieb gefördert in Laubmischwäldern. Häufig auch als Zier- und Heckengehölz gepflanzt und verwildert. – Auf frischen bis mässig trockenen, sommertrockenen, basenreichen, kalkhaltigen wie kalkfreien, meist humosen, z.T. steinigen Lehmböden.
S: Carpinion, Fagion (v.a. Carici-Fagetum), Quercion pubescenti-petraeae.
V: Verbreitet und meist häufig; in höheren Lagen ± auf warme Orte beschränkt. Im Sied-

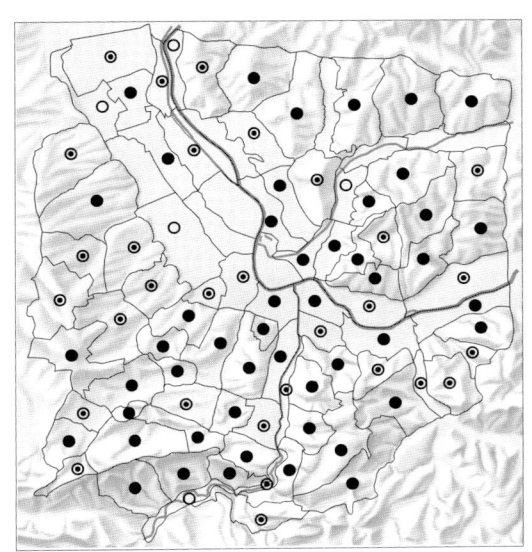

Carpinus betulus

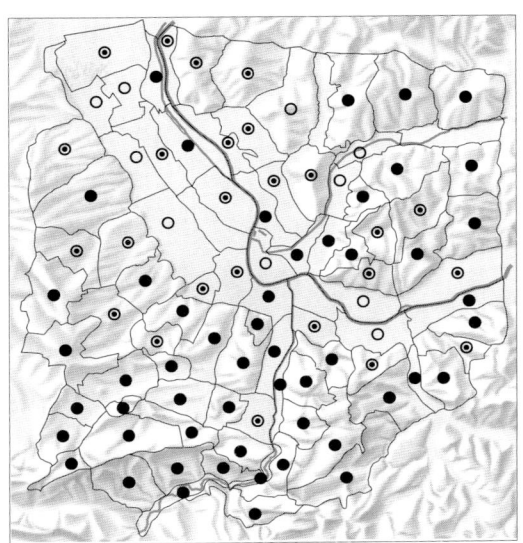

Corylus avellana

lungsgebiet wohl zum grössten Teil subspontan.
G: Nicht gefährdet.

84. Corylus L. *Hasel*

1. C. avellana L. – *Hasel, Haselstrauch*

Ö: Einzeln bis gesellig in Hecken und Feldgehölzen, auf Weiden und Lesesteinhaufen, an Felsköpfen, an Waldrändern, in Laubwäldern; gesellig bis bestandbildend in Lindenmischwäldern und ihren Verlichtungen, an Schutthängen, in Schluchten. Häufig auch als Hecken- und Ziergehölz gepflanzt und verwildert, z.T. in der f. *atropurpurea* Kirchn. (Blut-Hasel). – Auf feuchten bis mässig trockenen, basenreichen, gerne lockeren, auch bewegten, ± humosen (Kalk-)Steinschutt- und z.T. steinigen Lehmböden.
S: Berberidion (Pruno-Ligustretum, Convallario-Coryletum), Tilio-Acerion, Alno-Ulmion, Carpinion, Fagion (v.a. Carici-Fagetum), seltener Quercion pubescenti-petraeae.
V: Verbreitet und meist häufig.
G: Nicht gefährdet.

2. C. maxima Mill. – *Lambertsnuss*

B: Eph (Neo). – SO-Europa, Orient; frische, schattige Wälder.
Ö/V: Hie und da in Gärten, 'Wildhecken' und Vogelschutzgehölzen gepflanzt. Vereinzelt verwildert, allenfalls auch nur alt-eingepflanzt in siedlungsnahen Hecken, z.B. Allschwil (Mülibach), Riehen (Hohlweg Mohrhaldenstrasse, Friedhof Hörnli). Auf verwilderte Vorkommen ist zu achten.

2a. – cv. 'Purpurea' (C. maxima L. var. atropurpurea Bean.) – *Blut-Lambertsnuss*

Häufiger Zierstrauch. Oft als Jungpflanzen verwildert in siedlungsnahen Hecken und Wäldern. Die meisten verwilderten rotlaubigen Haselpflanzen gehören wohl zu dieser Sippe und nicht zu C. avellana f. atropurpurea Kirchn.

PHYTOLACCACEAE
KERMESBEERENGEWÄCHSE

85. Phytolacca L. *Kermesbeere*

1. P. americana L. – *Amerikanische K.*

B: Eph. – Östliches N-Amerika; fette Ruderalstellen bei Farmen, in Feldern, an Waldrändern.
Ö/V: Verwildert in Gehölzrabatten bei der Pauluskirche und an der Ahornstrasse (Basel).

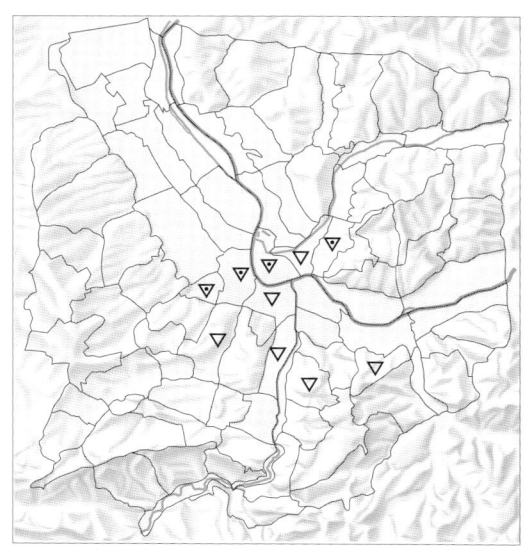

Phytolacca esculenta

Chenopodium botrys

2. P. esculenta Van Houtte – *Essbare K.*
B: Neo. – Himalaya bis China; siedlungsnahe Staudengebüsche, Lichtungen feuchtwarmer Laubwälder, 1000-3000 m.
Ö: Kaum (mehr) gepflanzt, doch oft verwildert und völlig eingebürgert in städtischen Gärten und Parks, am Fuss von Haus- und Gartenmauern, auf Schutt- und Ruderalplätzen, gelegentlich auch in Waldschlägen. – Auf frischen, lockeren, nährstoffreichen, humosen Lehmböden.
S: Arction, Alliarion.
V: Im urbanen Siedlungsgebiet und dessen näheren Umgebung ziemlich häufig, z.B. Basel (Friedensgasse, Schönbeinstrasse, Sperrstrasse usw.), Riehen (Kilchgrundstrasse, Klinik Sonnenhalde, Waldschlag am Ausserberg etc.), Allschwil (z.B. Mühle), Münchenstein (Brüglingen), Pratteln (Waldschlag Laahallen) usw.
G: In Ausbreitung. Nicht gefährdet.

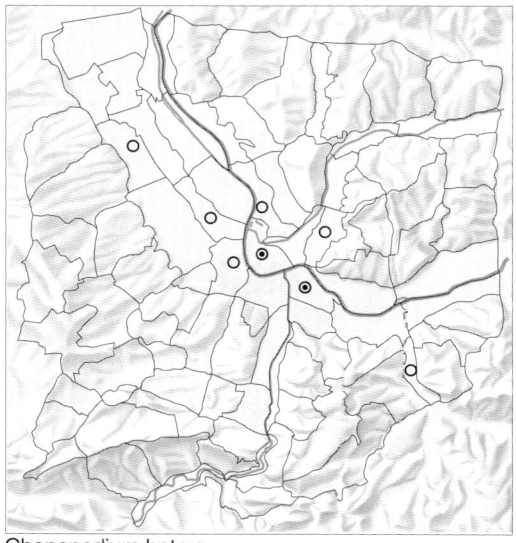

CHENOPODIACEAE
GÄNSEFUSSGEWÄCHSE

86. Chenopodium L. *Gänsefuss*

Sektionsgruppe
Botryoides C. A. Mey. – *Drüsen-Gänsefuss*

1. C. botrys L. – *Drüsiger G.*
B: Neo, seit Ende des 19. Jahrhunderts im Gebiet. – Mittelmeergebiet, Kleinasien; Sandplätze, Steilküstensäume, Ruderalstellen.
Ö: Gesellig, vorübergehend auch in grosser Menge auf Kohlelagerplätzen in Hafenarealen, in Schlacken- und Schrottdeponien, in Kieshalden und auf Kiesplätzen, auf Sandschutt. Sehr wärmeliebend. – Auf wechselfrischen, sommerlich auch stark austrocknenden, nährstoff- (stickstoff-)reichen, auch leicht salzhaltigen, ± lehmigen Sand- und Kiesböden.
S: Salsolion (Chaenorrhino-Chenopodietum botryos).
V: Ziemlich selten; beständig nur in den Hafenanlagen Basel-Kleinhüningen, Birsfelden und Weil-Friedlingen, ferner in der Schlackendeponie St. Louis und im Kieswerk Wölfer nördlich Füllinsdorf. Anderweitig wohl nur verschleppt, z.B. Basel (1987, Alte Stadtgärtne-

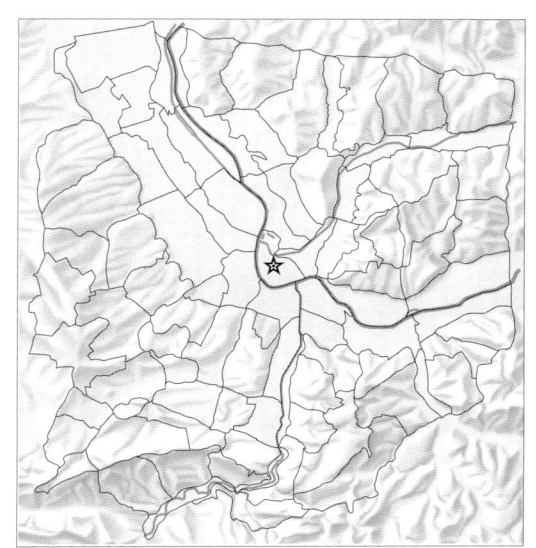

Chenopodium pumilio

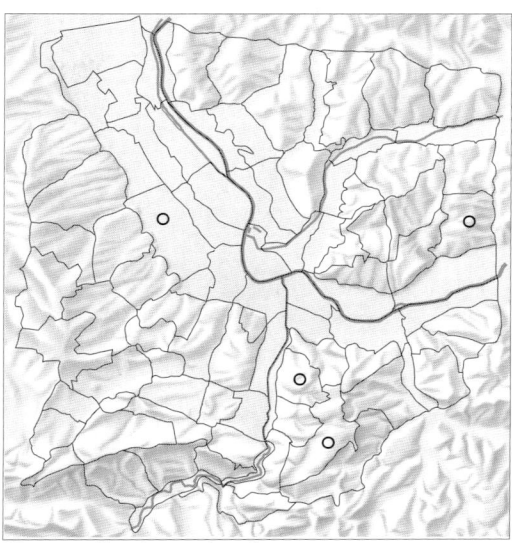

Chenopodium bonus-henricus

rei, heutiger St. Johannspark), Bartenheim SO (Kiesgrube an Autobahn), Riehen (Autal).

2. C. pumilio R. Br. – *Australischer G.*

B: Eph (Neo). – Australien, Neuseeland; Kulturen, Ruderalstellen.
Ö/V: Unregelmässig an Verladeplätzen in den Häfen Basel-Kleinhüningen (1985, 1989, 1992, 1996; schon 1979, BAUMGARTNER 1985) und Au (Muttenz). Ausserhalb des Rayons in einer lückigen Schafweide auf dem Flugfeld von Habsheim (1994).

3. C. ambrosioides L. – *Wohlriechender G.*

B: Eph. – Warmes Amerika; ruderal an feuchten Plätzen, Fusspfaden.
Ö/V: Adventiv in den Häfen Weil-Friedlingen (1984-1988) und Basel-Kleinhüningen (1984, BAUMGARTNER 1985).

Sektionsgruppe
Chenopodium – *Mehl-Gänsefuss*

4. C. bonus-henricus L. – *Guter Heinrich*

B: Arch.
Ö: Im Bereich dörflicher Wegsäume und Viehpfade, an ruderalen Grasrainen, in alten, schattigen Hinterhöfen. – Auf frischen, nährstoff-(stickstoff-)reichen Lehm- und Tonböden.
S: Arction.

V: Sehr selten: Arlesheim Dorf (Andlauerhof), Gempen (Baumgarten), Dorf Häsingen (1981, P. Steiger), Dorf Degerfelden (1987, G. Hügin). Knapp ausserhalb des Rayons in einem Hühnerhof in Niffer (1987, G. Hügin).
G: Seit langem stark zurückgegangen; in tieferen Lagen wohl nie besonders häufig. Im Weinbaugebiet zwischen Efringen und Kleinkems (LITZELMANN 1966) verschollen. Vom Aussterben bedroht.

5. C. hybridum L. – *Bastard-G.*

B: Arch.
Ö: Auf Erdschutt, an Baustellen, in umgebrochenen Rebbergen oder Äckern, an Mauerfüssen, an Ruderalstellen, seltener in Hafenanlagen. Wärmeliebend. – Auf (mässig) frischen, nährstoffreichen, gerne kalkhaltigen, lockeren, stark humosen, kiesigen, sandigen und lehmigen Böden.
S: Chenopodietalia (Fumario-Euphorbion, Polygono-Chenopodion).
V: Ziemlich selten und oft vorübergehend; v.a. in der Oberrheinebene und an den Rändern des angrenzenden Hügellandes, z.B. Hafen Basel-St. Johann, St. Louis-Hüningen, Sierentz, Blotzheim S, Weil, Efringen-Kirchen O, Fischingen SO, Isteiner Reben (1983, G. Hügin); Riehen (Dämme der Wiese, unter Douglasien jährlich), Muttenz (Bahnhofquartier, 1989).

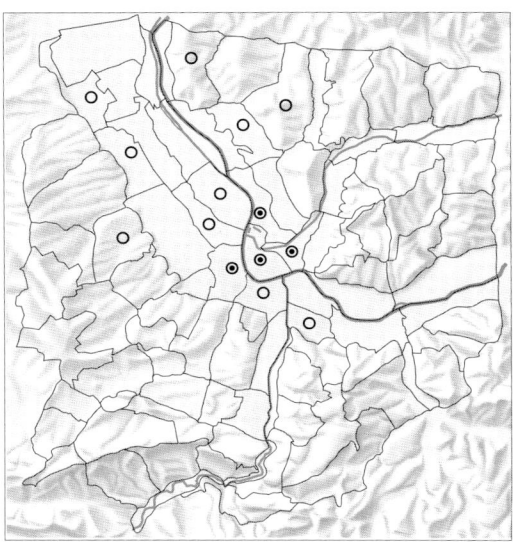

Chenopodium hybridum

G: Wohl zurückgegangen; im Gebiet schon immer etwas unbeständig. Stark gefährdet.

6. C. vulvaria L. – *Übelriechender G.*
B: (Arch).
Ö/V: Verschollen. Früher da und dort an trokkenen, warmen, nitrifizierten Mauerfüssen, an Wegrändern, im Strassenpflaster, an Schuttplätzen, auf Bahnhöfen. Letzte Meldungen: Bahnhof Liestal (1941, Heinis in BINZ 1945), Rheinhafen Basel-St. Johann (1940, Vischer in BINZ 1942), Kehrichtablagerung Heiligholz (1940, Heinis in BINZ 1942), Efringen (BINZ 1942), Lörrach (Lettau in BINZ 1942).

7. C. polyspermum L. – *Vielsamiger G.*
Ö: Gesellig, gelegentlich in grosser Menge in Hackkulturen, in Kartoffel- und Gemüseäkkern, in Klee- und Maisfeldern, in Getreideäkkern, in Krautgärten und Gärtnereien, in Blumenbeeten und Pflanztrögen, in Rabatten, auf Erdschutt und Deponien, in Spülsäumen von Bächen und Flüssen, auf trockenfallendem, schlammigem Flusskies, an seichten Gewässern und Tümpeln in Kiesgruben. Etwas wärmeliebend. – Auf frischen bis (wechsel-)feuchten, nährstoffreichen, humosen Sand-, Lehm- oder Schlammböden.

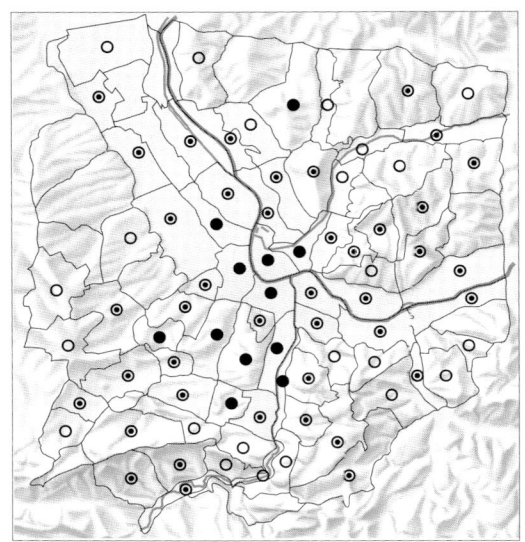

Chenopodium polyspermum

S: Polygono-Chenopodion (z.B. Chenopodio-Oxalidetum), Fumario-Euphorbion, Chenopodion rubri.
V: Ziemlich verbreitet und v.a. in tieferen Lagen recht häufig.
G: Nicht gefährdet.

8. C. murale L. – *Mauer-G.*
B: Arch.
Ö/V: Sehr selten: auf Trümmerschutt südlich Binningen (Neuhof, 1996), ferner adventiv oder aus alten Samenvorräten auflaufend an Kohlelagerplätzen im Hafen Weil-Friedlingen (1984-1988).
S: Sisymbrion.
G: Sehr stark zurückgegangen. Noch anfangs Jahrhundert in "Bad. u. Els. verbr." (BINZ 1915). Im Weinbaugebiet zwischen Efringen und Kleinkems (LITZELMANN 1966) verschollen. Vom Aussterben bedroht.

9. C. opulifolium Schrad. – *Schneeballblättriger G.*
B: Arch.
Ö: In Ruderalfluren, auf Schuttplätzen, in Hafenanlagen u. dgl. Wärmeliebend. – Auf ± trokkenen, nährstoffreichen, humosen Sand- und Lehmböden.
S: Sisymbrion.

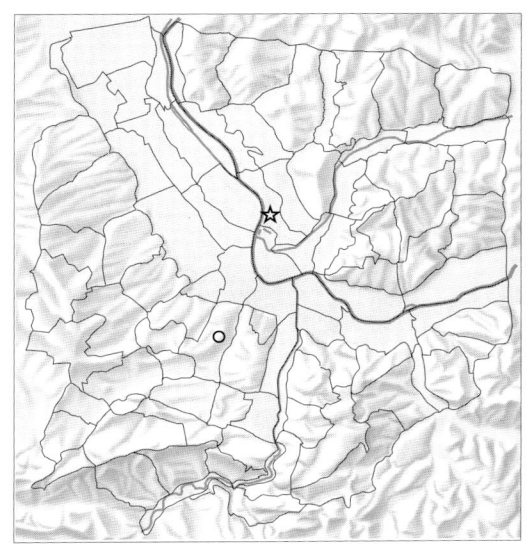

Chenopodium murale

V: Selten und unbeständig (?): Neudorf-Hüningen (1985), Häfen Weil-Friedlingen und Basel-Kleinhüningen, Basel (Lange Erlen rechts der Wiese, Jungpflanzung mit Ginkgos, 1986), Münchenstein (aufgelassener Garten), Bad. Rheinfelden (H. Boos). Auf weitere Vorkommen ist zu achten (Verwechslungen mit Ch. album).

10. C. ficifolium Sm. – *Feigenblättriger G.*
B: Arch.
Ö: Auf Schutt, in Hafenanlagen, in Maisäckern. – Auf frischen bis feuchten, nährstoff-(stickstoff-)reichen, humosen, sandigen Lehm- und Tonböden.
S: Polygono-Chenopodion, Chenopodion rubri.
V: Selten und unbeständig: Hafen Basel-Kleinhüningen (oft in Menge), Bahnhof Wolf (Basel), Maisacker bei Märkt.
G: Nach SEBALD et al. (1993) in Ausbreitung begriffen.

11. C. berlandieri Moq. s. l. – *Berlandiers G.*

11a. – ssp. **zschakkei** (Murr) Zobel
B: Eph. – USA, Mexiko; trockenes Ödland, Felder, Bahnlinien.

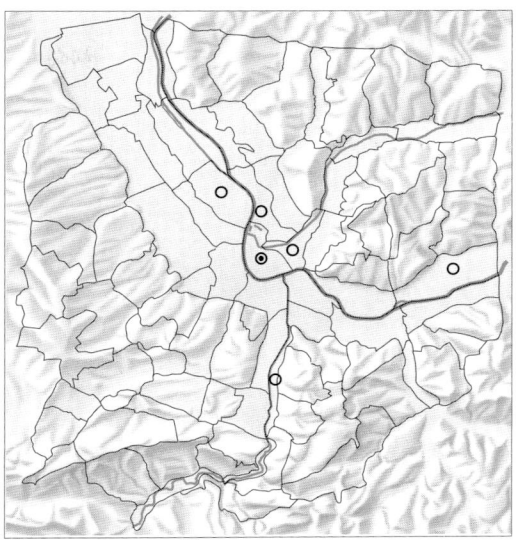

Chenopodium opulifolium

Ö/V: Adventiv im Hafen Basel-Kleinhüningen (1984; schon 1964, 1967 BAUMGARTNER 1973).

12. C. missouriense Aellen – *Missouri-G.*
B: (Eph). – O-USA und -Mexiko; Strassenränder, Kulturen.

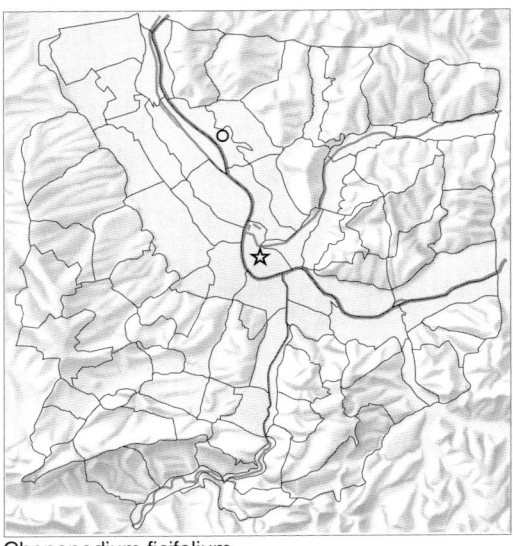

Chenopodium ficifolium

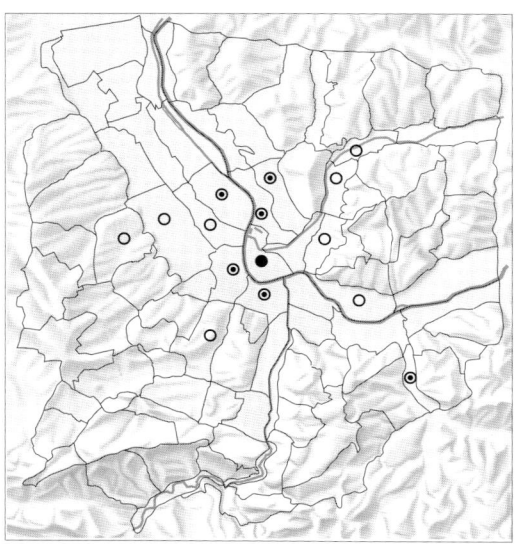

Chenopodium strictum

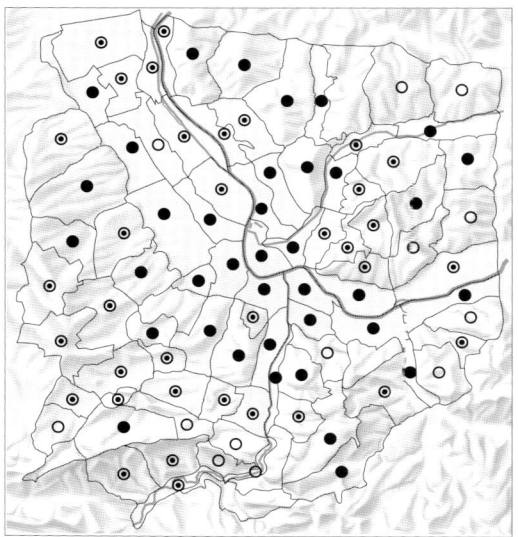

Chenopodium album

Ö/V: Kein aktueller Nachweis. Kohleareal im Hafen Basel-Kleinhüningen (1967, 1968; BAUMGARTNER 1973).

13. C. strictum Roth (Ch. album L. ssp. striatum (Krašan) Murr) – *Gestreifter G.*
B: Arch.
Ö: In lückigen, steinigen Ruderalfluren in Bahn- und Hafenanlagen, an Strassenrändern, auf sommerwarmem Bauschutt, an Trümmerstätten, an Mauerfüssen. Wärmeliebend. – Auf ziemlich trokkenen, nährstoff- (stickstoff-)reichen, ± rohen, oft gestörten Sand-, Kies- und Lehmböden, auch auf Kohlegrus, Schlacken usw.
S: Sisymbrion (Chenopodietum ruderale), Salsolion.
V: In der Stadt Basel und in den stadtnahen Teilen der Oberrheinebene ziemlich verbreitet und v.a. im Bereich von Bahn- und Hafenanlagen recht häufig. Sonst nur wenige Nachweise, z.B. Lörrach, Hauingen, Bahnhof Grenzach, Liestal, Oberwil (Stallen), Häsingen W. Meist im Siedlungsgebiet. In den wärmeren Teilen der Flussebenen wohl weiter verbreitet und z.T. übersehen.
G: Schonungsbedürftig (?).

14. C. album L. – *Weisser G.*
Vorbem.: In vielen, schwer unterscheidbaren Sippen.
Lit.: AELLEN (1959/1979).

Ö: Meist gesellig, oft in Menge in Hackfruchtäckern, Rebbergen, Gärten und Rabatten, auf brachliegendem Acker- und Gartenland, auf Erd- und Bauschutt, in Deponien und Kiesgruben, in Industrie-, Hafen- und Bahnarealen, an Mist- und Kompostplätzen, an Ufern, auf Schotterbänken, an Störstellen vor. Rasen und Wiesen. – Auf ± trockenen bis frischen, nährstoff- (stickstoff-)reichen, humosen oder rohen Sand-, Kies-, Lehm- und Tonböden.
S: Chenopodietea.
V: Verbreitet und häufig.
G: Nicht gefährdet.

14a. – var. **album**
Verbreitetste und häufigste Sippe.

14b. – var. **borbasii** (Murr) Soó – *Borbás' G.*
Adventiv auf stickstoffreichen Böden in den Hafenanlagen Basel-Kleinhüningen und Au (Muttenz). Vgl. auch *Chenopodium suecicum* Murr (Grüner G.), mit dem diese Varietät verwechselt werden könnte.

14c. – var. **lanceolatum** (Murr) Aellen – *Lanzettblättriger G.*
Wenige Nachweise: Hafen Basel-Kleinhüningen, Schlackendeponie St. Louis.

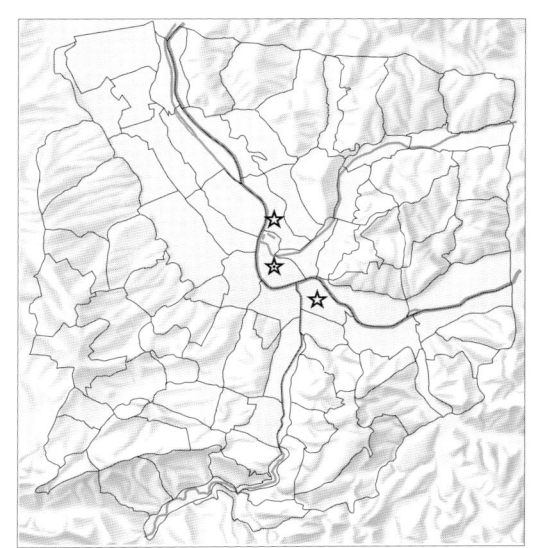

Chenopodium album var. borbasii

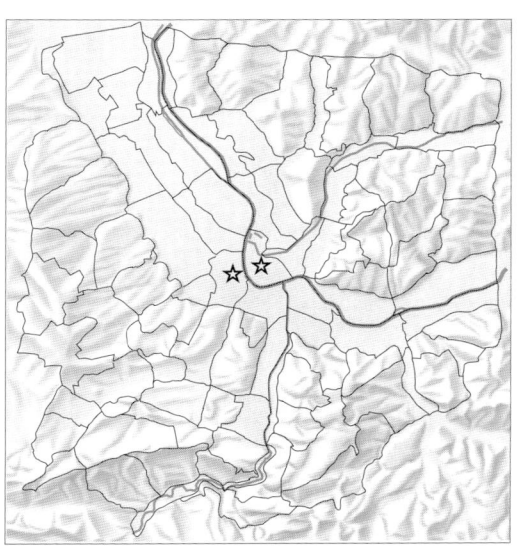

Chenopodium pratericola

15. C. pratericola Rydb. (C. desiccatum auct.) – *Schmalblättriger G.*
B: Eph. – USA, Mexiko; trockene, sandige Böden, Ödland, Felder.
Ö/V: Adventiv auf kiesig-sandigen Böden in den Hafenanlagen Basel-Kleinhüningen und Basel-St. Johann.

16. C. glaucum L. – *Graugrüner G.*
B: Arch.
Ö: In Hafenanlagen, auf Kohlelagerplätzen, in Schlackendeponien, an Mistdepots in der Feldflur, auf Erdschutt, in Kiesgruben, an schlammigen Ufern, verschleppt in Rabatten und Friedhöfen. – Auf mässig feuchten bis (mässig) frischen, sehr nährstoff- (stickstoff-) reichen, oft ammoniakalischen und salzigen Sand-, Lehm- und Tonböden.
S: Chenopodion rubri, Polygono-Chenopodion, Salsolion.
V: Ziemlich selten und meist unbeständig; v.a. in der Oberrheinebene, z.B. Häfen Basel-Kleinhüningen und Weil-Friedlingen, Basel (Wolf-Gottesacker), St. Louis (Schlackendeponie, Kiesgrubensee-Ufer), Hüningen (Rheinufer), Kleinkems; Hochrheinebene: Bad. Rheinfelden (Kiesgrube und Mülldeponie; H. Boos, G. Hügin), Muttenz (Auhafen); Birsebene: Münchenstein (Brüglingen); Sundgau: Hagenthal W und O; Riehen (Friedhof Hörnli, Stettenfeld).

17. C. urbicum L. – *Städte-G.*
B: Eph. – Eurasien; altes Kulturland, Ödland, Müllplätze.
Ö/V: Adventiv auf gelagerten türkischen Granitpflastersteinen im Hafen Weil-Friedlingen (1988). – Hafen Basel-Kleinhüningen (1979, BAUMGARTNER 1985).

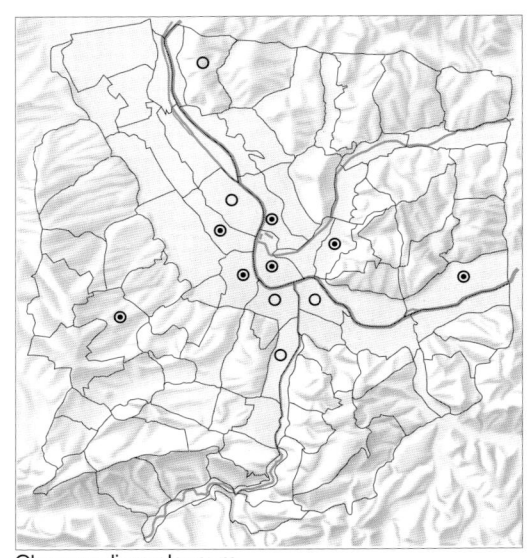

Chenopodium glaucum

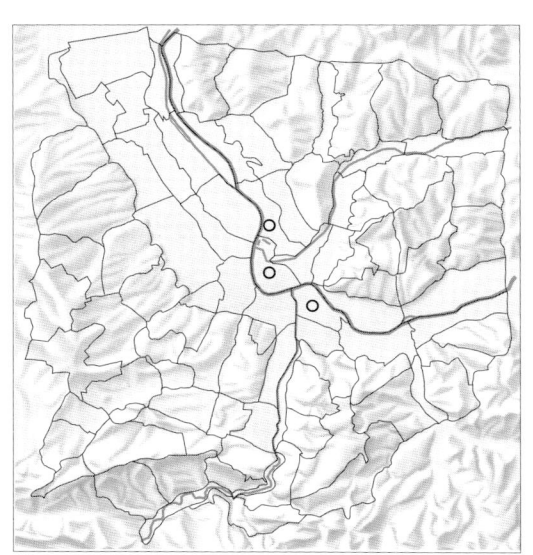

Chenopodium rubrum

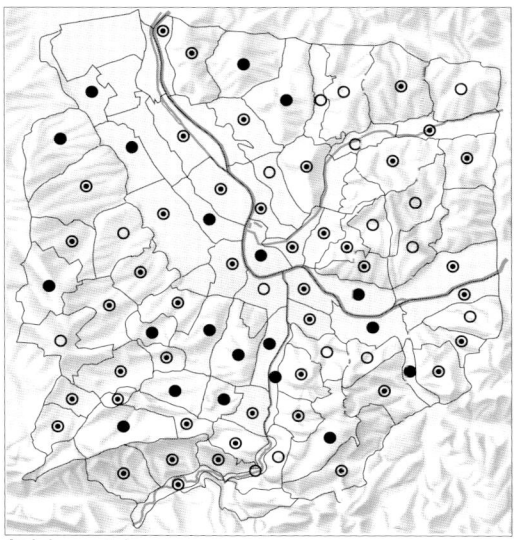

Atriplex patula

18. C. rubrum L. – *Roter G.*
Ö: Auf offenen, sich sommerlich stark erwärmenden Pionierflächen an Flussufern, in Hafenanlagen, auf dunklem Sand- und Kohlegrus. – Auf wechselfrischen bis -feuchten, nährstoff- (stickstoff-)reichen, ± rohen, lockeren, verschlammten Sand- und Kiesböden, auch auf Kohlegrus.
S: Chenopodion rubri, Sisymbrion.
V: Sehr selten: Hafen Basel-Kleinhüningen (Kohlelager Südquaistrasse, bis 1987; Klybeck 1997), südlich des Hafengeländes von Weil-Friedlingen (bis 1984), Birsfelden (Beginn 1980er Jahre, H. Meier).
G: Vom Aussterben bedroht.

---

87. Atriplex L.   *Melde*

---

1. A. hortensis L. – *Garten-M.*
B: Eph. – Wild unbekannt, mutmassliche Stammpflanzen: *A. nitens* Schkuhr oder *A. aucheri* Moq.
Ö/V: Alte, heute kaum mehr kultivierte Gemüsepflanze. Selten verwildert oder verschleppt: Basel (Burgfelderstrasse, Lehrgärtnerei, 1992, M. Ritter), Hegenheim (Hupfergrube, 1983).

2. A. micrantha Ledeb. – *Verschiedensamige M.*
B: Eph. – Ukraine, Iran, Turkestan; salzige Ruderalstellen.
Ö/V: Nicht im Gebiet. Ausserhalb des Rayons an der Autobahn bei Bad Bellingen (1987-88, SEBALD et al. 1993). In Baden-Württemberg auf den Mittelstreifen der Autobahnen seit ca. 1980 in rascher Ausbreitung (SEBALD et al. 1993). Auf Vorkommen ist zu achten.

3. A. patula L. – *Gemeine M.*
Ö: An Schuttstellen und Müllplätzen, an Wegen, in Gärten und Rabatten, in Hackfrucht- und Getreideäckern, in Maisfeldern, in Rebbergen. – Auf frischen, nährstoffreichen, tiefgründigen, locker-humosen Lehm- und Tonböden.
S: Polygono-Chenopodietalia (v.a. Polygono-Chenopodion), Chenopodion rubri.
V: Verbreitet und häufig.
G: Nicht gefährdet.

4. A. prostrata DC. (*A. hastata* auct., *A. latifolia* Wahlenb., *A. triangularis* Willd.) – *Spiessblättrige M., Niederliegende M.*
Ö: In Kohlelagern der Häfen, auf Schuttplätzen, in dörflichen Ruderalsäumen, an verschlammten Kiesgrubentümpeln, auf schlickigen, trockenliegenden Teichböden. – Auf frischen bis feuchten, nährstoff- (stickstoff-)rei-

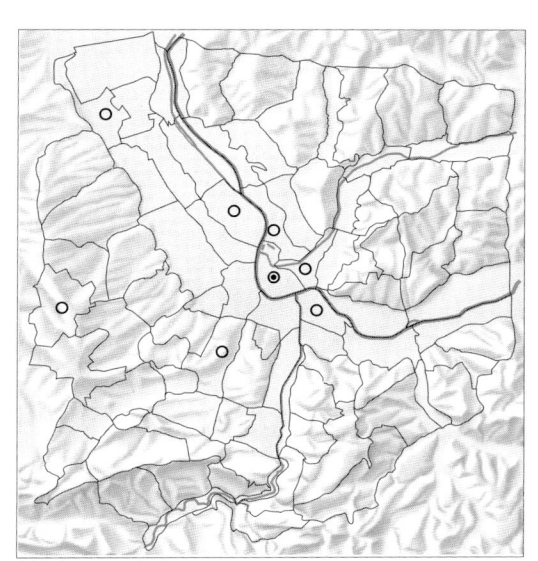

Atriplex prostrata

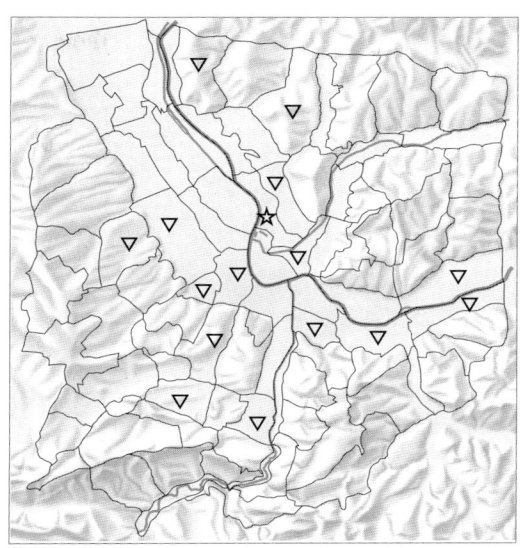

Beta vulgaris

chen, z.T. ammoniakalischen und salzhaltigen, sandigen oder reinen Lehm-, Ton- und Schlammböden.
S: Chenopodion rubri, Sisymbrion.
V: Selten; sporadisch in den Häfen Basel-Kleinhüningen, Weil-Friedlingen und Birsfelden; Neudorf-Hüningen (1985), Sierentz (Bord der Saurunz), Ziegelei Oberwil, Muespach-le-Haut (vor Dorfhecke), Riehen (Schulgarten Bäumlihof, A. Huber).
G: Im Gebiet schon immer selten. Gefährdet.

5. A. tatarica L. – *Tataren-M.*
B: Eph. – Mittelmeergebiet bis C-Asien; Meeresstrände, Sandplätze.
Ö/V: Adventiv in den Häfen Weil-Friedlingen (1986) und Basel-Kleinhüningen (1981, BAUMGARTNER 1985).

88. Beta L. Runkelrübe

1. B. vulgaris L. s. l. – *Mangold, Runkelrübe*
B: Eph. – Heimat der Stammsippe (ssp. *maritima* (L.) Arcang.): Meeresküsten W- und S-Europas; Tangspülicht auf Stein- und Kieswällen am Meeresstrand.
Ö/V: Häufig als Gemüsepflanze (ssp. *vulgaris*) und Futter- und Zuckerrübe (ssp. *rapacea* (Koch) Döll) angebaut. Gelegentlich aus Kultur überständig in Gemüsefeldern und Gartenbeeten, mit Gartenschutt verschleppt auf Deponien, in Kiesgruben, an Kompostplätzen u. dgl.

89. Bassia All. Radmelde

1. B. scoparia (L.) Voss s. l. – *Besen-R., Besenkraut*

1a. – ssp. **scoparia** (Kochia scoparia (L.) Schrad.)
B: Eph (Neo). – Gemässigtes Asien; ruderale Sandsteppen.
Ö: An offenen, sommertrockenen Ruderalstellen in Hafenanlagen, selten und unbeständig auch in Bahnarealen, auf Kiesplätzen, in Rabatten. Wärmeliebend. – Auf trockenen, nährstoffreichen, lehmigen Sand- und Kiesböden.
S: Sisymbrion, Salsolion.
V: Regelmässig im Hafen Basel-Kleinhüningen; Häfen Weil-Friedlingen, Auhafen (Muttenz) und Birsfelden, Güterbahnhof Wolf (Basel). In der Kultursippe '*Trichophila*' verwildert zwischen Pflastersteinen im Dorf Istein.

1b. – ssp. **densiflora** (Turcz.) Aellen (Kochia densiflora Turcz.) – *Flaumige R.*
B: Eph. – Asien; Sandsteppen.

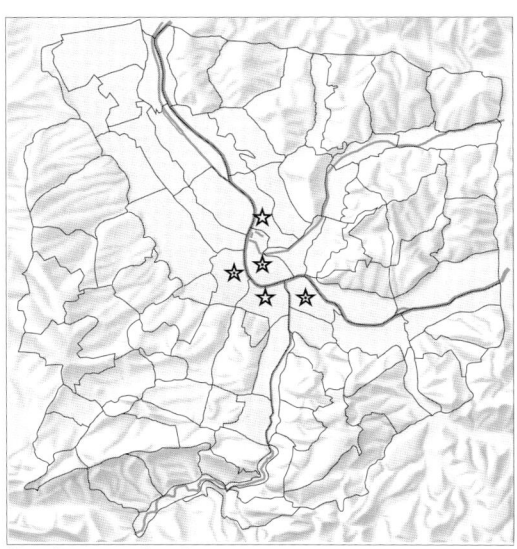

Bassia scoparia s.l.

Ö/V: Adventiv im Hafen Basel-Kleinhüningen (1984; schon 1964, BAUMGARTNER 1973).

Salsola ruthenica

Basel-Kleinhüningen, Bahnhof Frenkendorf (1986, A. Huber).

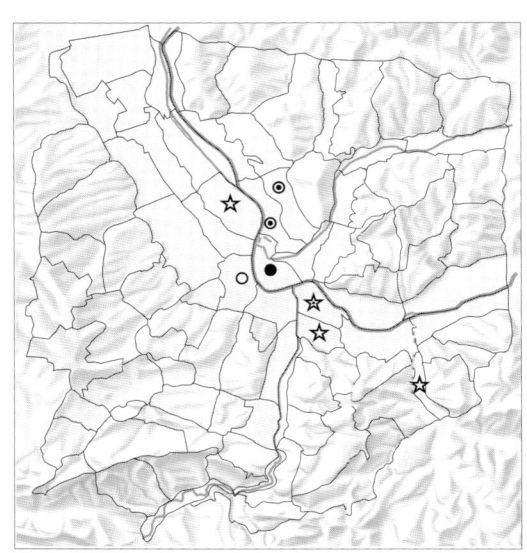

90. Salsola L. *Salzkraut*

1. S. ruthenica Iljin (S. kali L. ssp. ruthenica (Iljin) Soó) – *Salzkraut*

B: Neo, seit mindestens 1875 im Gebiet. – SO-Europa bis C-Asien; Sandsteppen.
Ö: In offenem Schotter und an Kieswegen in Bahngelände, auf kiesigen bis sandigen Lagerplätzen. – Auf sommertrockenen, nährstoffreichen, z.T. salzhaltigen, rohen, auch verdichteten Sand- und Kiesböden.
S: Sisymbrion, Salsolion.
V: s. Varietäten.
G: Zurückgehend. Stark gefährdet.

1a. – var. **ruthenica**

Selten; v.a. in den Bahnanlagen der Deutschen Bahn, z.B. Basel, Weil, Haltingen (hier bis vor kurzem noch häufig); Häfen Basel-Kleinhüningen (regelmässig), Basel-St. Johann, Birsfelden und Muttenz (Au); Neudorf-Hüningen (1985).

1b. – var. **tenuifolia** (Tausch) Aellen – *Feinblättriges S.*

Oft zusammen mit der Nominatvarietät: Bahnanlagen (Basel-) Weil-Haltingen, Hafen

91. Polycnemum L. *Knorpelkraut*

1. P. arvense L. – *Acker-K.*

Seit langem verschollen. Früher selten in sommertrockenen, basenreichen, sandig-kiesigen Äckern und auf offenen Sand- und Kiesflächen der Rhein- und Birsebene. Letzte Meldungen: Reinacher Heide (bis ca. 1920, MOOR 1981a), rechtes Birsufer zwischen Dornach und Angenstein, Weil, Hüningen, Niffer (alle BINZ 1911).

2. P. majus A. Braun – *Grosses K.*

Ö/V: Sehr selten: in jährlich schwankender Individuenzahl an lückig und kurz bewachsenen, sommertrockenen, sandig-kiesigen Ruderalstellen am Rand betretener oder befahrener Flächen im Hafen Birsfelden (1981-1990, 1990 noch zwei Exemplare); Bahngelände Weil (1996, ob noch ?, B. Moor).
S: Alysso-Sedion, Sisymbrion.
G: Stark zurückgegangen; im Gebiet auch früher selten. Im Hafen Basel-Kleinhüningen (1952, BAUMGARTNER 1973) nicht mehr bestätigt. Vom Aussterben bedroht.

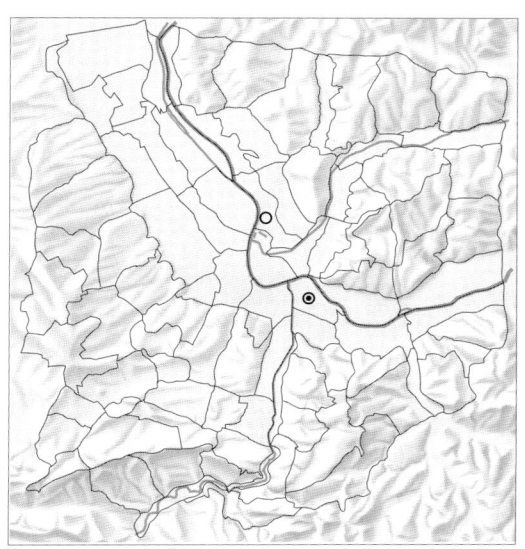

Polycnemum majus

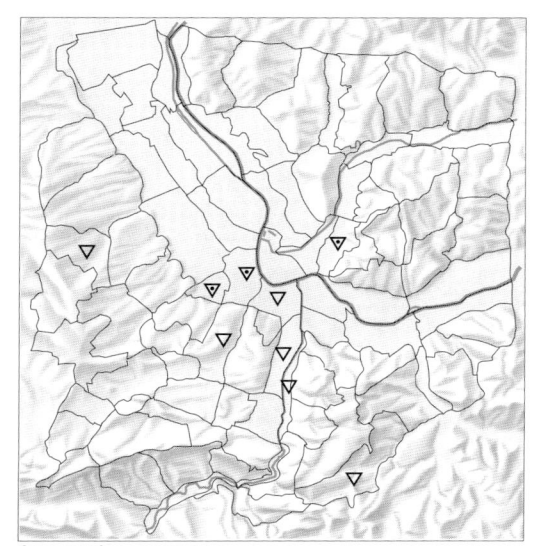

Amaranthus cruentus

92. Corispermum L. *Wanzensame*

1. C. leptopterum (Asch.) Iljin – *Schmalflügliger W.*

B: Neo. – S-Frankreich, Italien, Sizilien; sandige Flussalluvionen, Meeresstrände.
Ö/V: Eingeschleppt und während Jahren beständig auf lückig bewachsenen, sandigen, oberflächlich trockenen, in der Tiefe aber feuchten Kohle- und Schrottlagerplätzen im Hafen Birsfelden (seit 1968, HEITZ & WENIGER 1971).
G: In den letzten Jahren zurückgegangen, noch 1997 (H. Meier) festgestellt.

AMARANTHACEAE
AMARANTGEWÄCHSE

93. Amaranthus L.
Amarant, Fuchsschwanz

Untergattung
Amaranthus – *Amarant*

**1.–8. Artengruppe
A. hybridus**

Vorbem.: Die zwar begründbaren, aber eher verwirrenden statt klärenden neuesten nomenklatorischen Verschiebungen bedürfen eines Kommentars: 1.-3. sind alte Kulturarten mit meist rot gefärbtem Blütenstand, 1. mit lang hängenden Rispen, 3. aufrecht, 2. wird widersprüchlich beschrieben. Für 5. gibt es keinen Namen, der nicht schon missbräuchlich angewendet worden wäre; die Art tritt regelmässig adventiv auf. 6. ist die häufigste, weit verbreitete, eingebürgerte Art in Intensivkulturen mit vielen aufrechten, hellen Ästen und bis 5 mm langen Brakteen. 7. sieht ähnlich aus (aber die Kapseln springen nicht auf) und ist stark im Vormarsch. 4. und 8. sind seltene Adventivarten. In AESCHIMANN & HEITZ (1996) werden die Arten 2., 5. und 6. zu '*A. hypochondriacus* L.', die Arten 3. und 4. zu '*A. cruentus* L.' zusammengefasst. Vermehrte missverständliche Fundmeldungen sind wahrscheinlich. Wir verweisen auf die Bestimmungshilfen in ADLER et al. (1994), OBERDORFER (1994) u. ä.
Lit.: AELLEN (1959/1979), REED (1969, grundlegende Bearbeitung), HÜGIN (1986, 1987).

1. A. caudatus L. – *Garten-F.*

B: Eph. – Paläotropisch; Gartenland.
Ö/V: Zierpflanze. Gelegentlich vorübergehend verwildert oder verschleppt auf Erd- und Gartenschutt, in Schuttdeponien u. dgl., z.B. Münchenstein (Brüglingen, 1981), Rosenau (beim Hüningerkanal), Misthaufen bei Minseln (HÜGIN 1986).

2. A. hypochondriacus L. s. str. (*A. leucocarpos* S. Watson) – *Prinzenfeder-F.*

B: Erg. – Arizona, Mexiko, C-Amerika; alte Kulturpflanze, auch in Indien, Himalaya grossflächig angebaut.

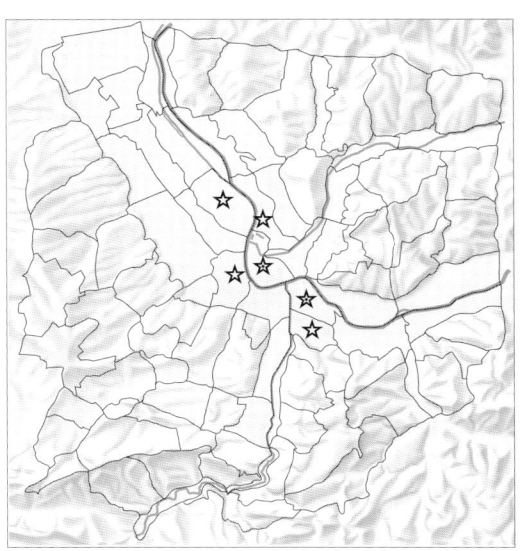

Amaranthus quitensis

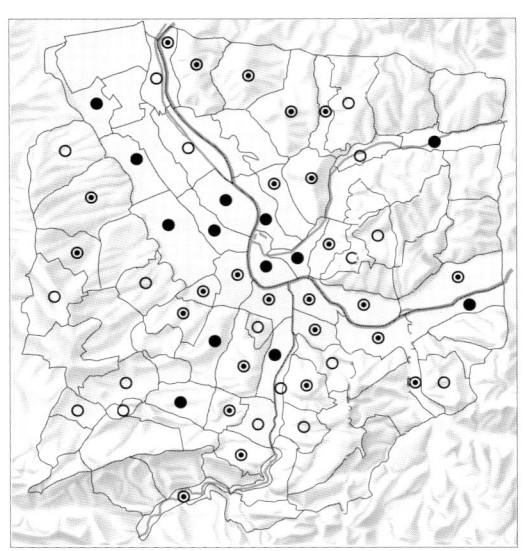

Amaranthus powellii

Ö/V: Kein Nachweis. Meldungen aus dem Gebiet beziehen sich meist auf *A. powellii*.

3. A. cruentus L. s. str. (A. paniculatus L.) – *Purpurroter F.*

B: Eph. – C- und S-Amerika; alte Kulturpflanze; ruderal an Strassenrändern, auf Schuttplätzen.
Ö/V: Zierpflanze. Hie und da vorübergehend verwildert oder verschleppt in Rabatten, in Baumscheiben, auf Schutt, in Pflanzkübeln, auf gartennahem Ödland, z.B. Allschwil, Münchenstein (Brüglingen), Basel, Riehen, Therwil, Pratteln.

4. A. patulus Bertol. – *Ausgebreiteter F.*

B: (Eph). – Tropisches Amerika; ruderal.
Ö/V: Hafen Basel-Kleinhüningen (BAUMGARTNER 1973, 1985). Angaben revisionsbedürftig.

5. A. quitensis Humb., Bonpland & Kunth sensu HÜGIN (1987) (A. hybridus L. s. str.) – *Pfeifenputzer-F.*

B: Eph (Neo). – Östliches N-Amerika, C-Amerika und nördliches S-Amerika; Pionier in Flussalluvionen, ruderal im Kulturland.
Ö: An Verladeplätzen in Hafenanlagen, auf Schutt, in Ruderalfluren. – Auf frischen, nährstoffreichen, rohen oder humosen, sandigen, steinigen und lehmigen Böden.
S: Polygono-Chenopodion.

V: Ziemlich regelmässig in den Hafenanlagen von Basel, Weil-Friedlingen und Birsfelden; Muttenz (Güterumschlagplatz an Bahn), Neudorf-Hüningen (1985), Robinsonspielplatz Birsfelden (2,20 m hoch, 1986).

6. A. powellii S. Watson (A. chlorostachys Willd., A. hybridus auct.) – *Grünähriger F.*

B: Neo, wohl seit ca. 1900 im Gebiet. – N- und C-Amerika, westliches S-Amerika; Pionier in Canyons, Ödland.
Ö: An warmen Ruderalstellen, an Müllplätzen, auf Erdschutt, in Getreide- und Hackfruchtfeldern, v.a. unter Mais, in Gärten und Rebbergen, in Strassengräben, in Bahn- und Hafenanlagen. Wärmeliebend. – Auf sommertrockenen bis mässig frischen, nährstoffreichen, ± humosen, lockeren Lehm- und Löss-, seltener Sandböden.
S: Polygono-Chenopodietalia: Digitario-Setarienion, Eragrostion, Polygono-Chenopodion, auch Sisymbrion.
V: In den Flusstälern und in den wärmeren Teilen der Lösshügelländer verbreitet und häufig. Sonst selten und z.T. nur verschleppt.
G: In Ausbreitung. Nicht gefährdet.

7. A. bouchonii Thell. – *Bouchons F.*

B: Neo, nachgewiesen seit 1954. – Herkunft unbekannt, 1925 in Frankreich entdeckt.

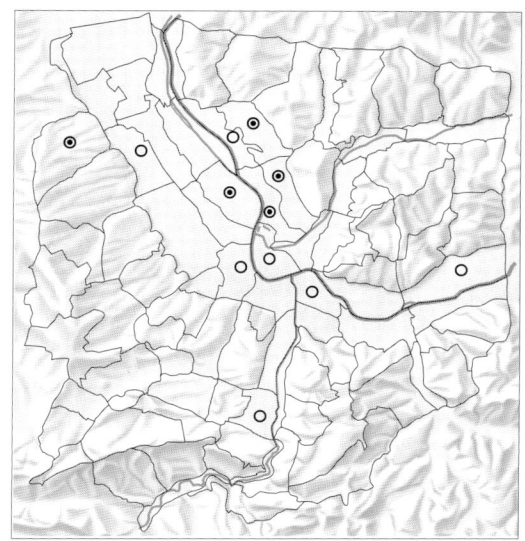

Amaranthus bouchonii

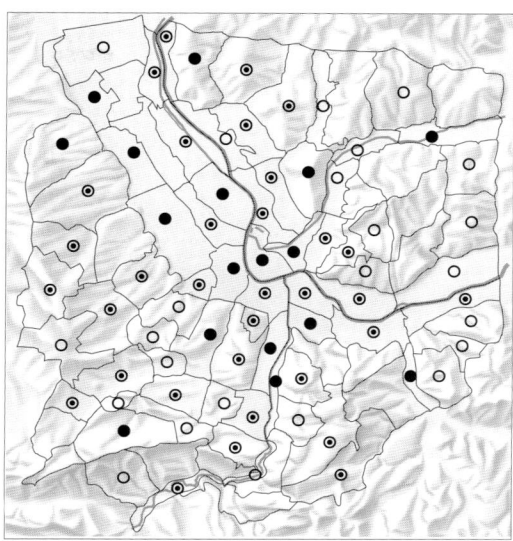

Amaranthus retroflexus

Ö: In Hafenanlagen, auf Schuttplätzen, in Intensivkulturen, v.a. in Maisfeldern. Wärmeliebend. – Auf frischen bis mässig trockenen, sommerwarmen, nährstoffreichen Lehmböden.
S: Chenopodietea.
V: Verbreitung ungenügend bekannt, da oft mit *A. powellii* verwechselt. In den Flussebenen und in den wärmeren Teilen des Sundgauer und Markgräfler Hügellandes wohl verbreitet und häufig. Gesichert in den Hafenanlagen Weil-Friedlingen, Basel-Kleinhüningen und Au (Muttenz); Neudorf-Hüningen (1985), Bahnhof Bad. Rheinfelden (H. Boos), nach G. Hügin (mdl.) auch Kappelen, um Brinckheim, Stetten, Uffheim, Neudorf-St. Louis, Rosenau, Kembs, Rheinalluvionen bei Loechle und Rheinweiler, Efringen, Märkt, Haltingen, Wintersweiler, um Mappach, Fischingen, Schallbach-Binzen-Rümmingen, um Hammerstein, Wollbach, Rührberg, Bahnhof Weil, Wyhlen S, Warmbach.
G: In jüngster Zeit in starker Ausbreitung. Nicht gefährdet.

8. A. dubius Mart. ex Thell. – *Zweifelhafter F.*
B: Eph. – C-Amerika, Karibik; Gärten, Ruderalstellen.
Ö/V: Adventiv im Hafen Basel-Kleinhüningen (1982, BAUMGARTNER 1985).

9. A. retroflexus L. – *Rauhhaariger A.*
B: Neo, seit dem 19. Jahrhundert im Gebiet. – Östliche USA und östliches Mexiko; Pionier auf Uferbänken; in Kulturen.
Ö: In intensiv bewirtschafteten Äckern, besonders unter Mais, in Gärten und Rebfluren, in Rabatten, auf Erdschutt und Müll, in Bahn- und Hafenanlagen, an gestörten, lückigen Grasborden an Strassen. Wärmeliebend. – Auf mässig trockenen bis frischen, sommerwarmen, sehr nährstoff- (stickstoff-)reichen, locker-humosen, gerne etwas sandigen Lehmböden.
S: Polygono-Chenopodion, Fumario-Euphorbion (v.a. Mercurialietum annuae), Sisymbrion (v.a.. Chenopodietum ruderale).
V: In den Flussebenen und in den wärmeren Teilen der Lösshügelländer verbreitet und häufig, ebenso in der Lössmulde von Hofstetten. Sonst selten und z.T. nur verschleppt. Mit Abstand häufigste *Amaranthus*-Art.
G: Nicht gefährdet.

10. A. spinosus L. – *Dorniger A.*
B: Eph. – Tropisches Amerika, östliche USA; Äcker, Ruderalstellen.
Ö/V: Adventiv im Hafen Basel-Kleinhüningen (1982, 1985, 1987, 1994; schon 1972 BAUMGARTNER 1985); Gänsegehege im Tierpark Lange Erlen (1986).

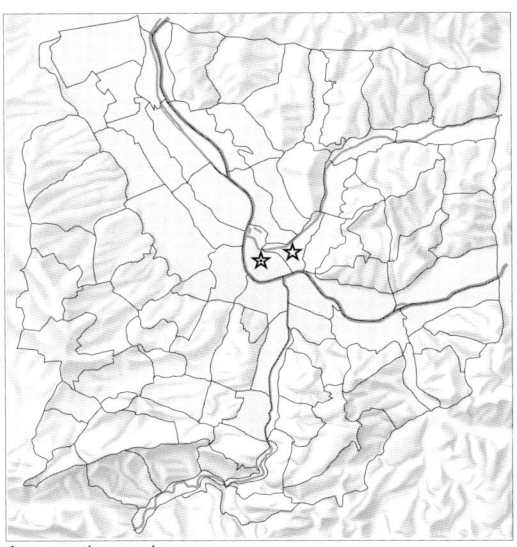

Amaranthus spinosus

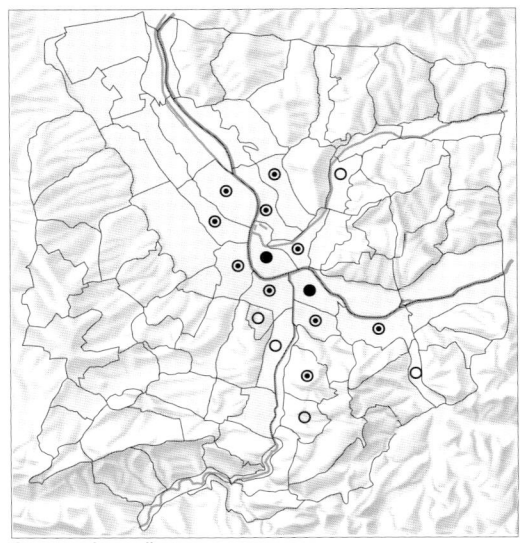

Amaranthus albus

11. A. albus L. – *Weisser A.*
B: Neo, als Adventivpflanze seit Ende des 19. Jahrhunderts im Gebiet, eingebürgert seit ca. 1920 (BINZ 1922). – Ursprünglich südliche USA, Mexiko, heute Kosmopolit; Kultur- und Ödland, Bahnlinien, Sand- und Kiesplätze.
Ö: Adventiv und eingebürgert an Verladeplätzen in Industrie-, Hafen- und Bahnanlagen, im Bereich von geschotterten Bahn- und Tramgeleisen, auf Stein- oder Sandschutt, in den Fugen von Strassenrandsteinen. Wärmeliebend. – Auf trockenen, sommerwarmen, nährstoff-(stickstoff-)reichen, lockeren, meist rohen, z.T. lehmigen, sandigen, kiesigen und steinigen Böden.
S: Eragrostion, Digitario-Setarienion, Salsolion, Sisymbrion, Polygonion avicularis.
V: In den ruderalen Siedlungsbereichen der Stadt Basel und ihrer näheren Umgebung (St. Louis, Hüningen, Weil, Riehen, Lörrach, Birsfelden, Muttenz, Pratteln) verbreitet und relativ häufig, auch Füllinsdorf (Kiesgrube), Arlesheim (altes Tramdepot, bis 1995).
G: In schwacher Ausbreitung. Nicht gefährdet.

12. A. standleyanus Parodi ex Covas – *Standleys A.*
B: Eph. – Argentinien; sandige Ruderalstellen.
Ö/V: Adventiv in Gleisanlagen im Hafen Basel-Kleinhüningen (Südquaistrasse, 1992; schon 1964, 1968, 1969, 1979 BAUMGARTNER 1973, 1985).

13. A. blitoides S. Watson – *Westamerikanischer A.*
B: Eph. – Westliches N-Amerika; Strassenränder, Felder.
Ö/V: Adventiv: Wegrand am Rheinufer südlich Hüningen (1984), Erdschutt südlich der 'Grande Sablière' (St. Louis, 1990), Hafen Basel-St. Johann (1990).

14. A. graecizans L. s. l.
14a. – ssp. **sylvestris** (Vill.) Brenan – *Wilder A.*
B: Arch.
Ö: In Gemüseäckern und anderen Hackkulturen, z.B. in Spargelfeldern, in Brachäckern, in Rebbergen. Wärmeliebend. – Auf mässig frischen, nährstoffreichen, lockeren, humosen Sand- und Lehmböden.
S: Polygono-Chenopodion (Setario-Galinsogetum parviflorae), Fumario-Euphorbion (Mercurialietum annuae).
V: Selten; v.a. in der Oberrheinebene: St. Louis-Hüningen (Spargelfelder), St. Louis-la-Chaussée N, Rosenau SO, Rheinweiler (HÜGIN 1986), nach G. Hügin (mdl.) in den 1980er Jahren in und um Neudorf häufig.
G: Zurückgegangen; im Gebiet schon immer selten. Stark gefährdet bis vom Aussterben bedroht.

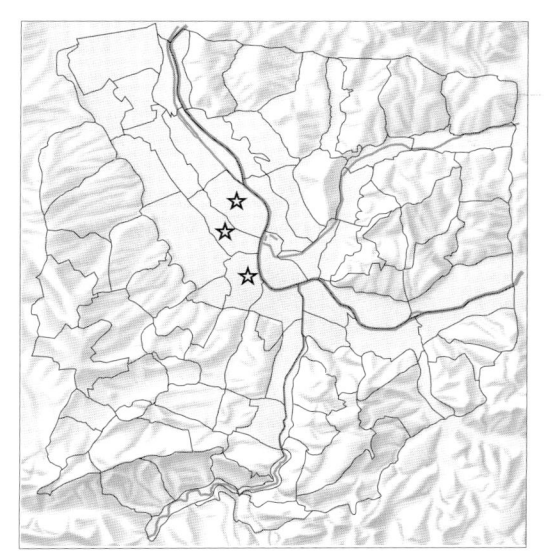

Amaranthus blitoides

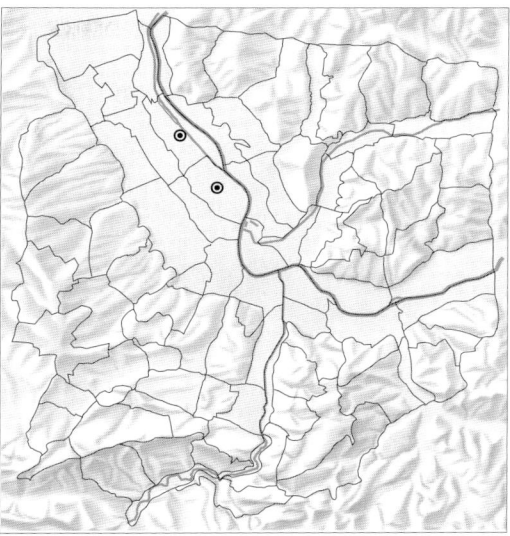

Amaranthus graecizans

15. A. blitum L. (A. lividus L.) –
Aufsteigender A.
B: Arch.
Ö: In Haus- und Feldgärten, in Gemüseäckern, in Rebbergen, in Gärtnereien und Friedhöfen, in Rabatten, in Pflanzkisten, auf Kompost und frischem Erdschutt, an städtischen und dörflichen Weg- und Strassenrändern, zwischen Pflastersteinen. Wärmeliebend. – Auf (mässig) frischen, nährstoff- (stickstoff-)reichen, locker-humosen, gerne etwas sandigen Lehm- und Lössböden.
S: Polygono-Chenopodion ('Portulaco-Amaranthetum lividi'), Fumario-Euphorbion (v.a. Mercurialetum annuae), Polygonion avicularis.
V: Ziemlich verbreitet, aber nur in den warmen Tieflagen ± häufig. Gerne im Siedlungsgebiet.
G: Nicht gefährdet.

16. A. emarginatus Moq. ex Uline & Bray
s. l. – *Kerb-A.*
B: Neo. – Warmes S-Amerika (?); ruderal.
Ö: In Hausgärten, in Friedhöfen und gärtnerischen Anlagen, an Ruderalstellen, in Hafenanlagen, in städtischem Kopfsteinpflaster. Wärmeliebend. – Auf mässig trockenen, nährstoffreichen, z.T. lehmigen Sandböden.
S: Polygono-Chenopodion, Polygonion avicularis.
V: s. Unterarten.

16a. – ssp. **emarginatus** – *Kleiner Kerb-A.*
Verbreitung ungenügend bekannt. Gesicherte Nachweise: Basel (Rheingasse, 1995), Hafen Basel-Kleinhüningen (1992), nach G. Hügin (mdl.) auch in Hausgärten in Istein und Blansingen sowie in Friedhöfen in Weil, Lörrach und Bad. Rheinfelden.

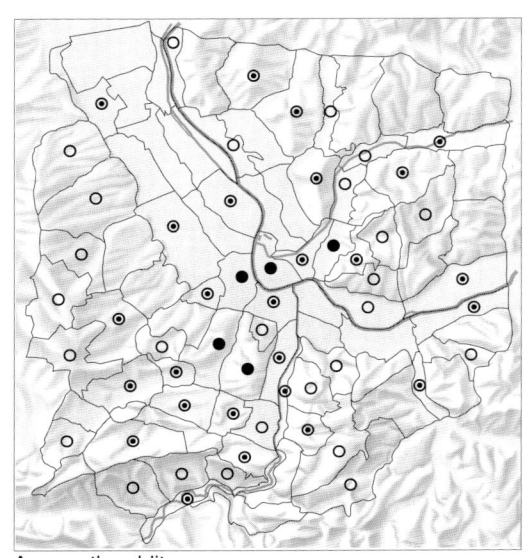

Amaranthus blitum

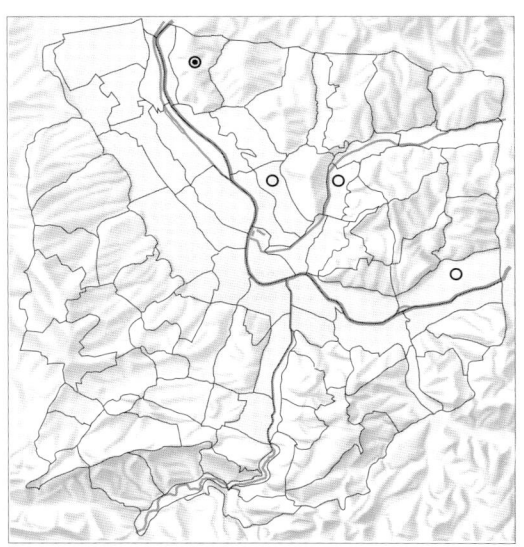

Amaranthus emarginatus

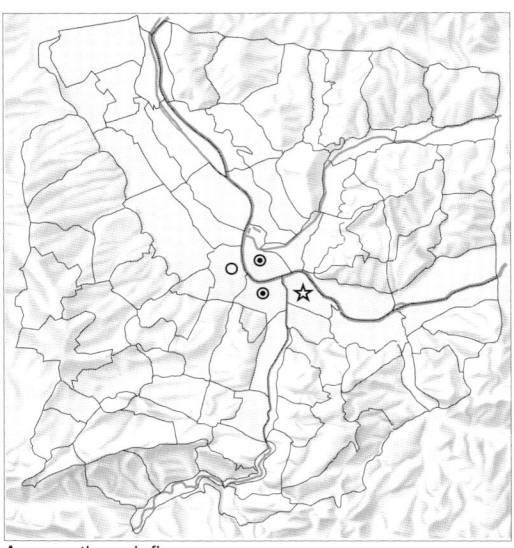

Amaranthus deflexus

16b. – ssp. **pseudogracilis** (Thell.) Hügin – *Hoher Kerb-A.*
Wenige Nachweise: Schlackendeponie 600 m südwestlich Bahnhof St. Louis (1988), ruderal im alten Botanischen Garten Basel (HÜGIN 1987).

17. A. deflexus L. – *Niederliegender A.*
B: Neo, seit den 1930er Jahren im Gebiet (BINZ 1942). – Wärmeres S-Amerika; trockene Ruderalstellen.
Ö: Adventiv und eingebürgert in Bahn- und Hafenanlagen; in Hafennähe auch in Rabatten, an Hecken, unter Alleebäumen und an Schrebergartenwegen. Fern von Hafenanlagen an ruderalisierten, sandig-staubigen Stellen unter dem Schirm und im regengeschützten Randbereich von Zierkoniferen. Wärmeliebend. – Auf (mässig) trockenen, nährstoffreichen, lockeren, sandigen bis kiesigen, z.T. lehmigen Böden.
S: Sisymbrion, Polygonion avicularis, Polygono-Chenopodion ('Portulaco-Amaranthetum lividi'), Fumario-Euphorbion (Mercurialetum annuae).
V: Selten und z.T. unbeständig: Hafen Basel-Kleinhüningen und hafennahes Siedlungsgebiet (Südquaistrasse, Rebweg, Gärtnerstrasse), Bahnhof Wolf (Basel; schon 1937, BINZ 1942), Hafen Birsfelden. Neuerdings in schönen, stabilen Beständen im Basler Kannenfeldpark (1997).

G: Gefährdet.

18. A. viridis L. – *Grüner A.*
B: Eph. – Tropisches C- und S-Amerika, pantropisch; offene Sand- und Kiesböden, Intensivkulturen (z.B. Mais, Bohnen).
Ö/V: Adventiv in den Hafenanlagen Weil-Friedlingen, Basel-Kleinhüningen (hier fast jährlich; schon 1964, BAUMGARTNER 1973) und Au (Muttenz, 1994).

Untergattung
Acnida (L.) Aellen –
Zweihäusiger Amarant

19. A. australis (A. Gray) J. D. Sauer – *Südlicher A.*
B: Eph. – SO-USA, Karibik; Salzmarschen.
Ö/V: Hin und wieder adventiv auf sandigen Kiesböden im Hafen Basel-Kleinhüningen (1982, 1983, BAUMGARTNER 1985; erneut 1985-1987, 1991, 1992, 1994); Hafen Basel-St. Johann (1991).

20. A. tamariscinus Nutt. – *Tamarisken-A.*
B: Eph. – C-USA; Flussalluvionen, sandige Felder und Ruderalstellen.
Ö/V: Hin und wieder adventiv auf warmen Sand- und Kiesböden im Hafen Basel-Klein-

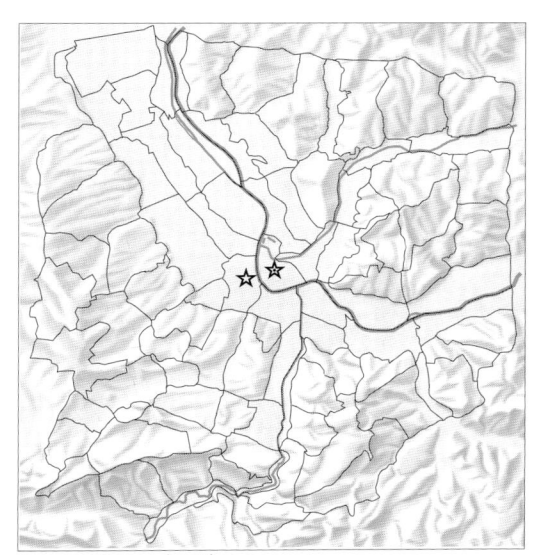

Amaranthus palmeri

hüningen (1979, 1982, BAUMGARTNER 1985; erneut 1985, 1992, 1994).

21. A. palmeri S. Watson – *Palmers A.*

B: Eph. – S-USA, Mexiko; sandig-kiesige Flussalluvionen, Schwemmebenen, Felder.
Ö/V: Ziemlich regelmässig an Verladeplätzen im Hafen Basel-Kleinhüningen (schon 1958, BAUMGARTNER 1973); Hafen Basel-St. Johann, Neudorf-Hüningen (Schuttplatz, 1985).

22. A. arenicola I. M. Johnst. – *Sand-A.*

B: Eph. – SW-USA; Sandhügel, Sandbänke, Strassenränder, Felder.
Ö/V: Adventiv im Hafen Basel-Kleinhüningen (1992; schon 1967, BAUMGARTNER 1973).

94. Alternanthera Forssk.
                                    Papageienblatt

1. A. tenella Colla – *Zarter Silber-Amarant*

B: Eph. – C- und S-Amerika, tropisch-subtropisch; Sandstrände, sonnige Ruderalfluren.
Ö/V: Adventiv im Hafen Basel-Kleinhüningen (1992).

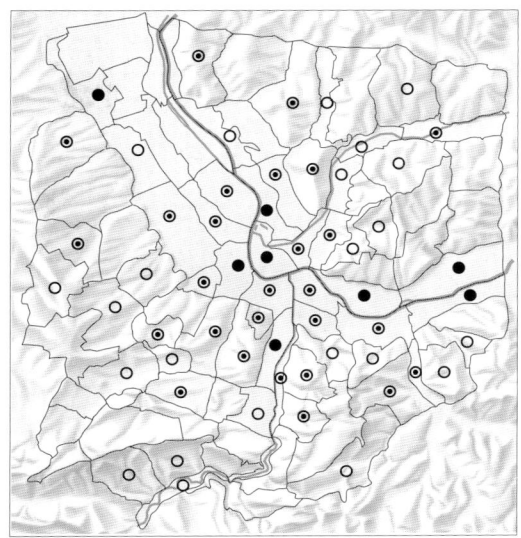

Portulaca oleracea

PORTULACACEAE
PORTULAKGEWÄCHSE

95. Portulaca L.   *Portulak*

1. P. oleracea L. – *Portulak*

Vorbem.: Die Zugehörigkeit zu den in der Flora Iberica (CASTROVIEJO et al. 1990) dargestellten Unterarten bleibt abzuklären.

B: Arch.
Ö: In Haus- und Feldgärten, in Gärtnereien, in Weinbergen, in Gemüsefeldern und Hackfruchtäckern, in Schrebergärten, in Rabatten, in Friedhöfen und Parkanlagen, in Industrie-, Bahn- und Hafenarealen, an Sand- und Kieswegen, in Pflasterritzen, zwischen Steinplatten und -stufen, an Hausmauern, in lückigen Tritt- und Scherrasen. Wärmeliebend und frostempfindlich. – Auf sommertrockenen, nährstoffreichen, humosen, aber auch ziemlich rohen, sandig-kiesigen und sandig-lehmigen Böden.
S: Digitario-Setarienion (Setario-Galinsogetum), Polygono-Chenopodion ('Portulaco-Amaranthetum lividi'), Polygonion avicularis, Sisymbrion.
V: In den Flussebenen von Rhein, Birs und Wiese sowie im Ergolz- und Leimental ziemlich verbreitet und v.a. in der Stadt Basel und ihrer näheren Umgebung recht häufig. Stellen-

weise auch in warmen Randlagen des übrigen Gebiets, z.B. Bruderholz, Tüllinger Berg usw.
G: In den letzten 100 Jahren häufiger geworden. Nicht gefährdet.

2. P. grandiflora Hooker – *Portulakröschen*

B: Eph (Neo). – Brasilien, Uruguay; sekundär im Mittelmeergebiet; Pionier an trockenen, steinigen Plätzen.
Ö/V: Steingartenpflanze. Gelegentlich subspontan an trockenen Mauerfüssen, in Pflasterfugen u. dgl., z.B. CH-Rheinfelden (reichlich vor Schulhaus), Hegenheim (Villa 'Neureich').

96. Claytonia L. *Claytonie*

1. C. perfoliata Donn ex Willd. (Montia perfoliata (Donn ex Willd.) Howell) – *Kubaspinat*

B: Eph (Neo). – Pazifisches N-Amerika; schattige Quellfluren.
Ö/V: Bad. Personenbahnhof (Basel): zahlreich im Verbundsteinpflaster und im schattigen Geleisekörper im Umkreis eines Pflanztroges, seit 1996 beobachtet (J. Paulsen).

97. Montia L. *Quellkraut*

1. M. fontana L. s. l.

1. – ssp. **chondrosperma** (Fenzl) Walters – *Acker-Q., Kleines Q.*

B: (Arch).
Ö/V: Verschollen. Früher selten in feuchten, zeitweise überschwemmten Dellen und Gräben sandiger, kalkarmer Lehmäcker und Sandplätze. Letzte Meldungen: Bruderholz (MOOR 1962, BINZ 1942), an der Wiese (BECHERER 1925, Courvoisier in BINZ 1905).

CARYOPHYLLACEAE
NELKENGEWÄCHSE

Unterfamilie
PARONYCHIOIDEAE –
NAGELKRAUTARTIGE

98. Herniaria L. *Bruchkraut*

1. H. glabra L. – *Kahles B.*

Ö: Einzeln oder in lockeren Beständen in sandigen und kiesigen Trittfluren auf Lagerplätzen und wenig begangenen Wegen, in Bahn-, Hafen- und Industriearealen, in den Fugen von Pflästerungen und Strassenrandsteinen. – Auf trockenen, ± flachgründigen, basenreichen, aber kalkarmen, meist gealterten, ± lockeren, humusarmen Sand- und Kiesböden.
S: Sedo-Scleranthetalia, Polygonion avicularis (Polygonetum calcati).
V: In den Flussebenen von Rhein und Wiese zerstreut, stellenweise aber häufig, z.B. Weil-Haltingen, Basel-Kleinhüningen (Rheinhafen, DB-Bahnanlagen usw.), Basel (Münsterplatz), Häfen von Birsfelden und Muttenz, Bad. Rheinfelden-Nollingen (Verkehrsteiler). In der Birsebene und ausserhalb der Flussebenen selten und z.T. wohl nur mit Kies oder Bettungs-

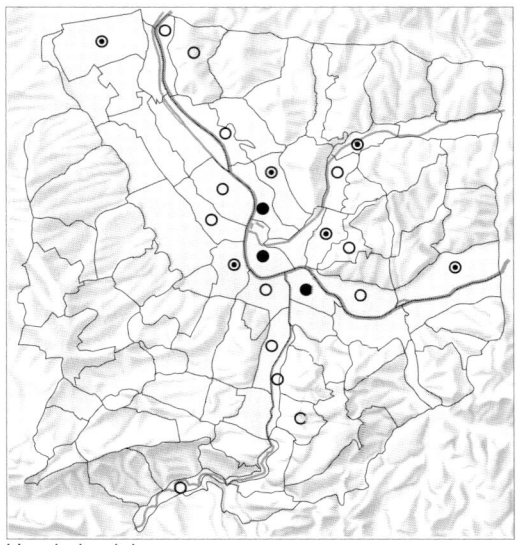

Herniaria glabra

sand verschleppt: Münchenstein (Unter-Brüglingen), Bahnhof Dornach, Ober-Dornach (Heimatmuseum), Laufen, Dorfplatz Bettingen, Riehen (Schnitterweg), Blansingen usw.
G: Schonungsbedürftig.

2. H. hirsuta L. – *Behaartes B.*
Ö: Einzeln oder locker-gesellig in nicht zu stark betretenen Sand- und Kiesfluren auf Lagerplätzen und Wegen, in älteren Bahn-, Hafen- und Industriearealen, in Pflasterfugen. Wärmeliebend. – Auf trockenen, z.T. sehr flachgründigen, basenreichen, aber kalkarmen, meist gealterten, ± lockeren, wenig humosen Sand- und Kiesböden.
S: Thero-Airion, Polygonion avicularis (Polygonetum calcati).
V: Ziemlich selten; fast ausschliesslich in der Oberrheinebene und in der untersten Hochrheinebene, grössere Vorkommen z.B. im Rangierbahnhof Weil-Haltingen, in den Häfen Weil-Friedlingen, Birsfelden und Au (Muttenz), Basel (nördliches Kleinbasel, Dreispitz), ferner an der Autobahn im Gebiet der Elsässer Hardt (Nifferweg), St. Louis, Bahnhof Eimeldingen, Arlesheim (ABB-Areal). Deutlich seltener als *H. glabra*.
G: Zurückgegangen; an Ackerstandorten verschollen. Gefährdet.

99. Corrigiola L. *Hirschsprung*

1. C. litoralis L. – *Hirschsprung*
Ö: In Kohlelagern von Hafenanlagen, auf offenen, sommerwarmen Sand- und Kiesflächen. – Auf tiefgründig feuchten, oberflächlich aber trockenen, ± nährstoffreichen, kalkarmen, rohen, sandigen und sandig-kiesigen Böden; auch auf Kohlegrus.
S: Chenopodion rubri.
V: Sehr selten: Birsfelder Hafen (schon 1968, HEITZ & WENIGER 1971; aktuell nur noch einzelne Exemplare), Hafen Weil-Friedlingen (1984), Bartenheim-la-Chaussée S (1989, massenhaft, mit *Ornithopus perpusillus* und *Spergularia rubra*).
G: Natürliche Vorkommen an der Wiese bei Basel seit 1883 (Courvoisier in BECHERER 1972) erloschen. Vom Aussterben bedroht.

100. Spergula L. *Spark*

1. S. arvensis L. s. l. – *Acker-Sp., Spörgel*
1a. – ssp. **arvensis**
B: Arch.
Ö: Einzeln bis gesellig in Hackkulturen und Ackerbrachen, in Baumschulen, auf Erdschutt. – Auf frischen bis feuchten, (mässig)

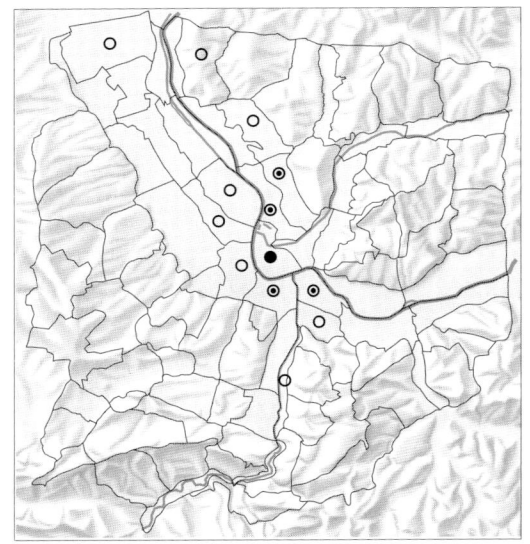

Herniaria hirsuta

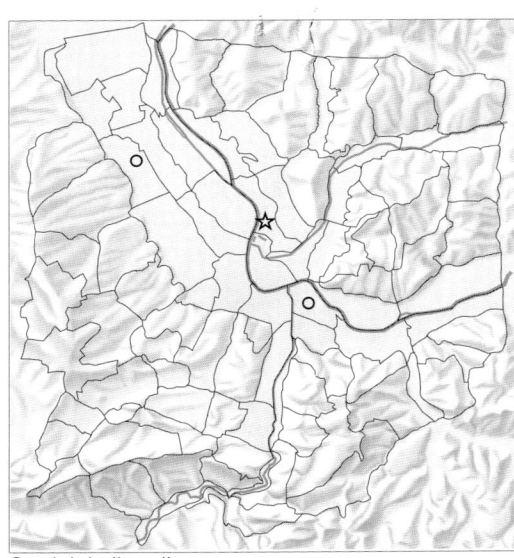

Corrigiola litoralis

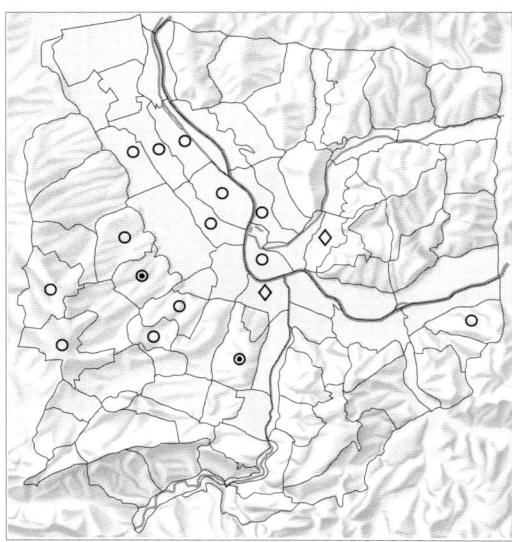

Spergula arvensis s.l.

nährstoffreichen, kalkarmen, tiefgründigen, lockeren, humosen, sandigen bis sandig-lehmigen Böden; gerne auf Löss.
S: Polygono-Chenopodion, seltener Aperion.
V: Ziemlich selten und oft unbeständig; v.a. im Sundgau, z.B. Bruderholz (mehrfach), bei Schönenbuch, Neuwiller, Wentzwiller und Buschwiller, Sundgaurand bei Blotzheim;

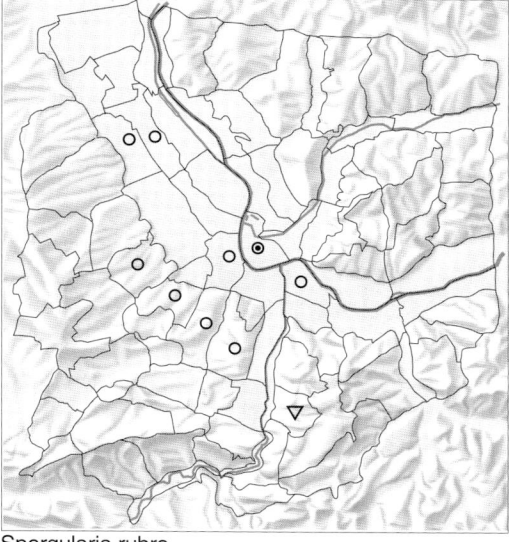

Spergularia rubra

Oberrheinebene: um St. Louis-la-Chaussée, Bartenheim, Hafen Basel-Kleinhüningen, Weil ('Laguna', Erdaufschüttung); Olsberg (Baumschule Walder).
G: Als Ackerbegleiter stark zurückgegangen. Auf der Rütihard seit langem verschollen (MEIER 1985). Stark gefährdet bis vom Aussterben bedroht.

1b. – ssp. **maxima** (Weihe) Schwarz

Da und dort in Gründüngungs- und 'Blumenwiesen'saaten, z.B. Friedhof Hörnli (Riehen). Auf Verwilderungen ist zu achten.

1c. – ssp. **sativa** (Boenn.) Čelak.

Wie die ssp. *maxima*. Ob Im Gebiet (?).

101. **Spergularia** (Pers.) J. & C. Presl
Schuppenmiere

1. S. rubra (L.) J. & C. Presl – *Rote Sch.*

Ö: Einzeln bis gesellig, ausnahmsweise in Menge in ± gestörten, offenen Sandfluren in Kiesgruben, an Wegen, auf Lagerplätzen, in Kohlelagern der Häfen, in den Fugen von Pflästerungen und Strassenrandsteinen, sehr selten in Äckern. – Auf zumindest in der Tiefe ± feuchten, oberflächlich aber zeitweilig trockenen (sommertrockenen), eher nährstoffreichen, kalkarmen, rohen, etwas verdichteten Sand-, Lehm- und Tonböden.
S: Polygonion avicularis, Nanocyperion.
V: Selten: Sundgau: Bottmingen (Rand eines Gemüseackers), Binningen (Hauptstrasse), Hegenheim (an der Strasse nach Buschwiller); elsässische Oberrheinebene: Blotzheim (Ritty/Gravières), Bartenheim (Radiobalise), Basel (Rosshof, Kasernenareal), Rheinhäfen Basel-Kleinhüningen und Birsfelden; Dornach (Kugelstossplatz 'Gygersloch', massenhaft).
G: Stark zurückgegangen und an Ackerstandorten nahezu verschwunden. Noch in den 1940er Jahren im Sundgau und in der elsässischen Oberrheinebene verbreitet (BINZ 1942). Stark gefährdet.

2. S. bocconei (Scheele) Asch. & Graebn. – *Boccones Sch.*

B: Eph. – Mittelmeergebiet; sandige Ruderalstellen in Küstennähe, Pflasterfugen.
Ö/V: Adventiv im Hafen Weil-Friedlingen (1989).

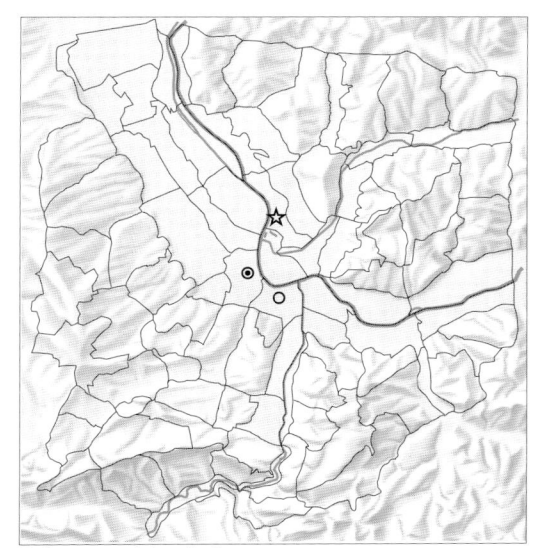

Polycarpon tetraphyllum

3. S. segetalis (L.) Don (Delia segetalis (L.) Dumort.) – *Getreidemiere*

Verschollen. Früher in Dellen und Gräben feuchter, kalkarmer Löss- und sandiger Lehmäcker. Im Sundgau einst weit verbreitet. Letzte Meldungen: "Südöstlich des Dorfes Schönenbuch (Baselland), Lösslehmacker" (1969, Moor in BECHERER 1970 und MOOR 1971), Bruderholz südlich Basel (bis 1964, MOOR 1971), "Lingert bei Hauingen" (1958, Hügin & Kunz in BECHERER 1960), Mulde von Hofstetten (BINZ 1942), Rütihard (BINZ 1942).

102. Polycarpon L.   *Nagelkraut*

1. P. tetraphyllum (L.) L. – *Nagelkraut*

Ö: Gesellig in den Fugen von Kopfsteinpflaster. Wärmeliebend. – Auf ziemlich trockenen, ± nährstoffreichen Sandböden.
S: Polygonion avicularis.
V: Sehr selten; beständig und in grösseren Beständen nur im historischen Kopfsteinpflaster des Münster- und Petersplatz (Basel), vereinzelt auch am Rheinsprung. Sonst wohl nur adventiv oder vorübergehend verschleppt, z.B. Spalenring (Basel, 1992), Hafen Weil-Friedlingen (1985, 1986).
G: Im Gebiet schon immer selten und oft etwas unbeständig. Stark gefährdet.

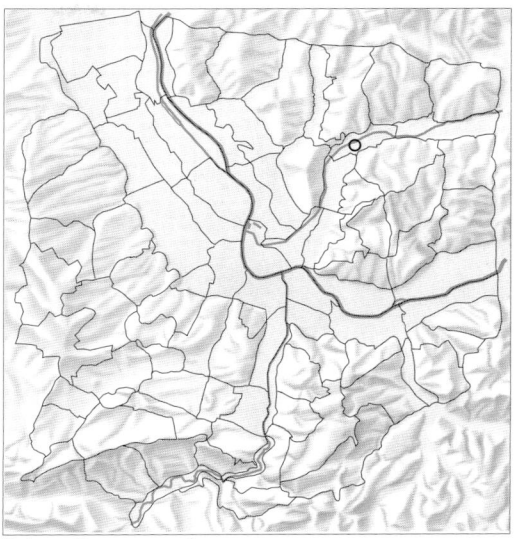

Scleranthus perennis

Unterfamilie
ALSINOIDEAE – *MIERENARTIGE*

103. Scleranthus L.   *Knäuel*

1. S. perennis L. – *Ausdauernder K.*

Ö/V: Sehr selten: Haagen, 100 m ostnordöstlich Autobahnschleife; lückiger, trockener, kalkfreier Sandmagerrasen, wenige Exemplare. Ausserhalb des Rayons auf dem Flugfeld von Habsheim.
S: Sedo-Scleranthetalia.
G: Zurückgegangen; im Gebiet auch früher nicht häufig und ± auf das Wiesental und die Gegend von Weil-Haltingen beschränkt (BINZ 1911). Vom Aussterben bedroht.

2. S. annuus L. s.str. – *Einjähriger K.*

Ö: Einzeln oder in kleinen Beständen in sandigen Äckern, auf wenig begangenen Feldwegen und an ihren Rändern, gelegentlich auch mit Bettungssand verschleppt in Pflästerungen. – Auf ziemlich trockenen bis frischen, nährstoff- und kalkarmen, meist rohen Sand-, Kies- und sandigen Lehmböden.
S: Aperion, seltener Polygono-Chenopodion.
V: Selten; v.a. in der Oberrheinebene, z.B. Weil (Erlenmatten), Rheinhafen Basel-Kleinhüningen, Dorf Blotzheim, um St. Louis-la-Chaus-

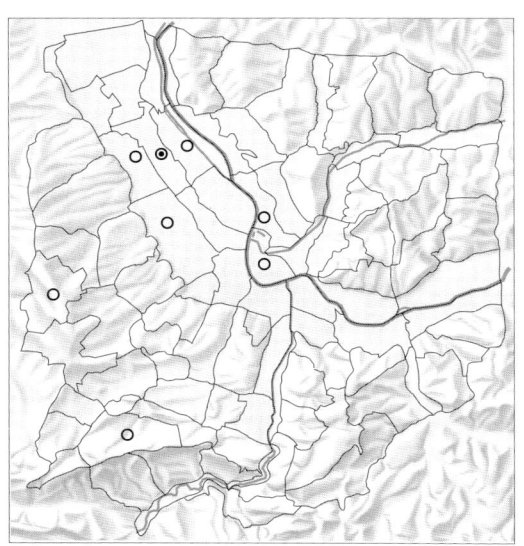

Scleranthus annuus

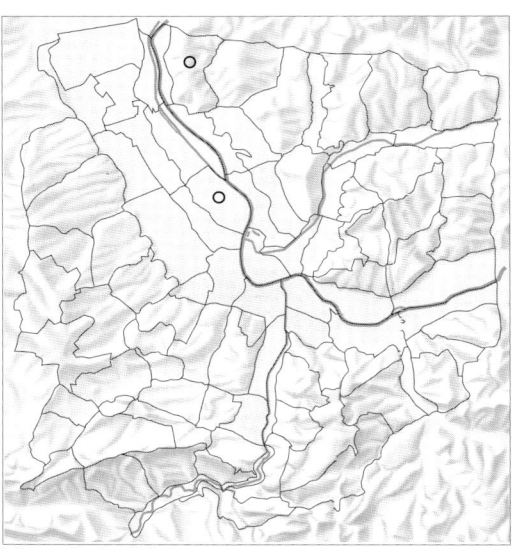

Minuartia fastigiata

sée; Sundgau: Muespach-le-Haut (Nieder-Allmendacker); Lössmulde von Hofstetten: Stüppen-Eimberg (1986, ob noch ?). Knapp ausserhalb des Rayons in der Hochrheinebene östlich Bad. Rheinfelden: Parkplatz beim Schloss Beuggen (H. Boos).
G: Stark zurückgegangen und gebietsweise, z.B. auf dem Bruderholz (MOOR 1962) verschollen. Stark gefährdet bis vom Aussterben bedroht.

104. Minuartia Loefl. *Miere*

1. M. fastigiata (Sm.) Rchb. (M. rubra (Scop.) McNeill) – *Büschel-M.*
Ö: In sehr lückigen, sonnigen Trockenrasen und Felsgrusfluren auf Felsköpfen und Flussschotter. – Auf trockenen, nährstoffarmen, aber basenreichen, meist kalkhaltigen, flachgründigen, etwas sandigen Stein- und Schotterböden.
S: Alysso-Sedion (Cerastietum pumili), Xerobromion.
V: Sehr selten: Isteiner Klotz (Sporn), Neudorf SO (bei Wohnwagenfirma 'Adria', 1986, A. Huber).
G: Stark zurückgegangen; im Gebiet auch früher selten. Am Grenzacher Horn (DÖLL 1862), am Hardberg bei Istein (LITZELMANN 1966), an der Rheinhalde gegen Grenzach (BINZ 1911, BECHERER 1925), in einer Kiesgrube südöstlich Neudorf (1958, RASTETTER 1993) und im Xerobrometum 'Haid' nordöstlich der Pisciculture (MOOR 1962) erloschen. Stark gefährdet; ausserhalb des Isteiner Klotz vom Aussterben bedroht.

2. M. hybrida (Vill.) Schischk. s. l. – *Zarte M.*

2a. – ssp. **vaillantiana** (DC.) Mattf.
Ö: Gesellig in offenen, sonnigen, sommerwarmen Kiesgrusfluren in Bahnarealen, auf Flachdächern, auf Mauerkronen, in den Fugen von Böschungsmauern, in lückigen Felsrasen. – Auf ziemlich trockenen, ± nährstoffarmen, basenreichen, oft kalkhaltigen, ± flachgründigen, Stein- und Schotterböden.
S: Alysso-Sedion (v.a. Poo-Saxifragetum tridactylitis).
V: Ziemlich selten; fast ausschliesslich in den Flusstälern von Rhein und Birs, z.B. Basel (Rheinböschung St. Alban-Rheinweg), Bahnanlagen Basel-Weil-Haltingen, Kembser Rheininsel, Bartenheim-la-Chaussée, Kleinkems (Rheinweg), Pratteln (Zurlindengrube), Arlesheim (Widenhof), Reinacher Heide; Malmscholle von Istein: Isteiner Klotz; Jura: Arlesheim (Schloss Birseck).
G: Zurückgegangen; an Ackerstandorten verschwunden. Stark gefährdet.

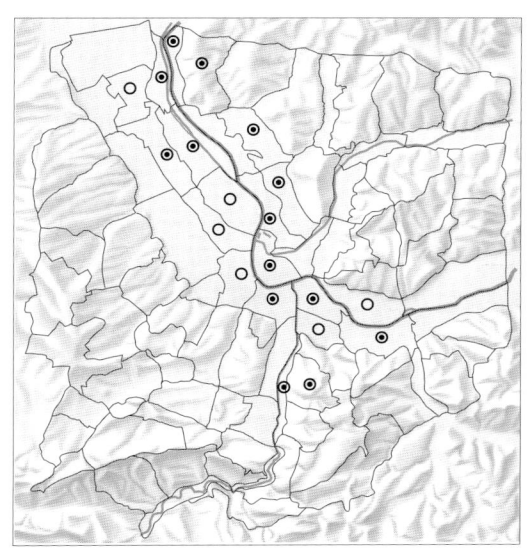

Minuartia hybrida

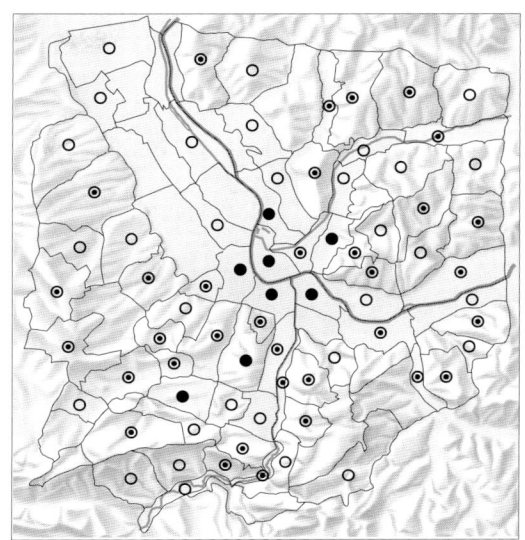

Sagina procumbens

105. Sagina L. — *Mastkraut*

1. S. procumbens L. – *Niederliegendes M.*
B: Arch.
Ö: Einzeln bis gesellig in den Fugen von Pflästerungen und Strassenrandsteinen, in lehmigen Äckern, auf Gartenland, seltener in feuchten, lückigen, oft etwas beschatteten Tritt- und Scherrasen. – Auf frischen bis feuchten, nur oberflächlich zeitweise trockenfallenden, basenreichen, oft kalkarmen, tiefgründigen Lehm- und ± lehmigen Sandböden.
S: Polygonion avicularis (v.a. Bryo-Saginetum), Nanocyperion.
V: Verbreitet und v.a. in den Siedlungen und in den Lösslehmgebieten häufig.
G: Nicht gefährdet.

2. S. apetala Ard. s. l.
Vorbem.: Die Unterarten sind morphologisch und ökologisch nicht scharf geschieden.

2a. – ssp. **apetala** (S. ciliata Fr.) – *Bewimpertes M.*
Ö: Einzeln bis gesellig in sandigen Kiesfluren, auf Plätzen, an Geleiserändern, in Verbundsteinpflaster, selten in Äckern. Wärmeliebend. – Auf sommertrockenen, meist nährstoff- und kalkarmen, ziemlich rohen Sand-, Kies- und sandigen Lehmböden.
S: Thero-Airion, Polygonion avicularis.
V: Selten (?): mehrfach um Weil und in der Stadt Basel; Bad. Rheinfelden, Münchenstein (Brüglingen), Schönenbuch (Langeacker). Wohl oft übersehen.

2b. – ssp. **erecta** F. Herm. (S. micropetala Rauschert) – *Kronblattloses M.*

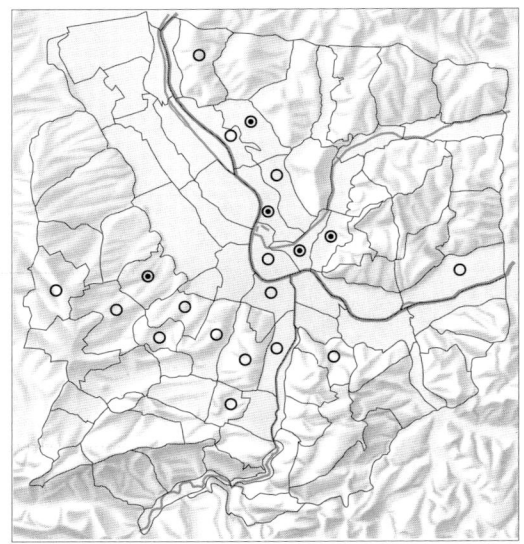

Sagina apetala ssp. erecta

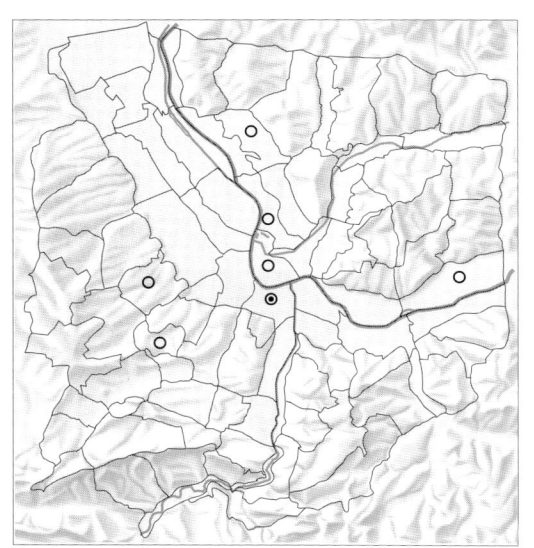

Sagina apetala s.str.

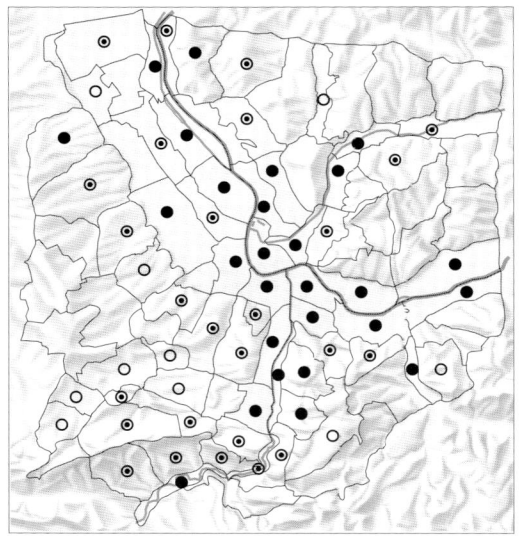

Arenaria serpylllifolia

Ö: Einzeln bis gesellig in Lössäckern, an Feldwegen, in Ackergräben, in Gärtnereien, im Umkreis von Pflanztrögen, auch in Bahnanlagen. – Auf ± feuchten, zeitweise aber austrocknenden, mässig nährstoffreichen, kalkarmen, gerne sandigen Lehmböden.
S: Nanocyperion, Polygonion avicularis.
V: Ziemlich selten (?) und z.T. unbeständig; v. a. im Sundgau, z.B. bei Wentzwiller und Buschwiller, Neuwiller, Schönenbuch, Bruderholz; Muttenz-Münchenstein (Rütihard), Riehen (Friedhof Hörnli, Südende der Hörnliallee, Stettenfeld), Bettingen, Herten, DB-Bahnanlagen von Weil bis Efringen-Kirchen. Wohl oft übersehen.

3. S. subulata (Sw.) C. Presl (inkl. S. × normaniana Lagerh. (S. procumbens L. × saginoides (L.) H. Karst.)) – *Pfriemblättriges M.*
B: Eph. – W- und S-Europa; feuchte Sandböden, Silikatfelstreppen.
Ö/V: Steingarten-Bodendecker. Selten verwildert zwischen Pflasterfugen, an Beeträndern: Münchenstein (Brüglingen).

106. Arenaria L. *Sandkraut*

1. A. serpyllifolia L. – *Quendelblättriges S.*
Ö: Gesellig in offenen Sand- und Kiesgrusfluren in Bahnarealen, in Tramtrassen, an Wegrändern, in Kiesgruben, auf Flachdächern, in den Fugen von Pflästerungen, auf Mauerkro-

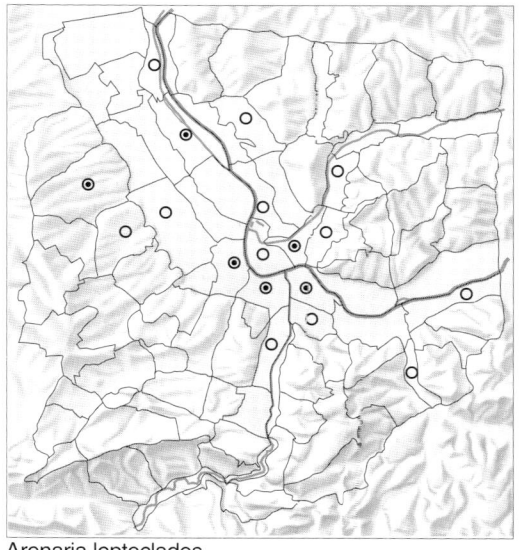

Arenaria leptoclados

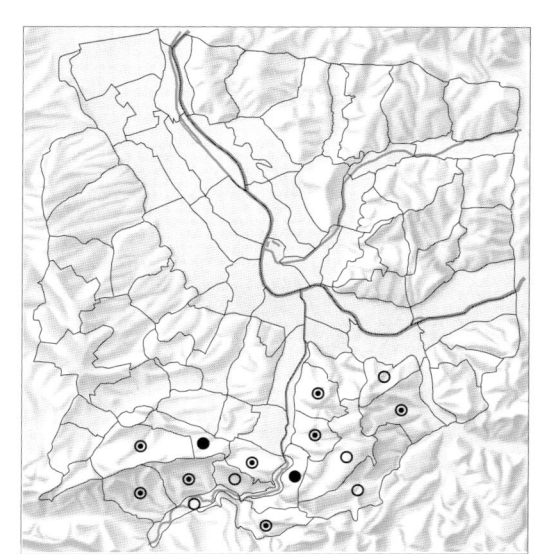

Moehringia muscosa

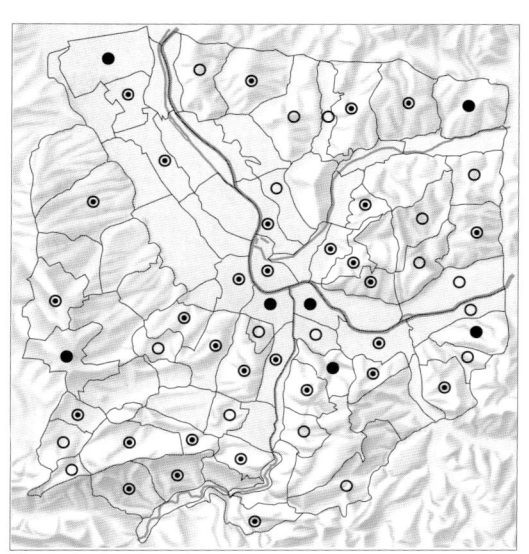

Moehringia trinervia

nen, in lückigen, auch etwas gestörten Trocken- und Halbtrockenrasen, in mageren Weiden und Scherrasen, in sandigen Äckern. – Auf (mässig) trockenen, ± nährstoffarmen, basenreichen, aber nicht immer kalkhaltigen, mittel- bis flachgründigen, lockeren Sand-, Kies- und sandigen Lehmböden. Gerne auf Löss.
S: Sedo-Scleranthetalia, Xerobromion, Mesobromion (Teucrio-Mesobrometum), Cynosurion (Festuco-Crepidetum), Polygonion avicularis (v.a. Polygonetum calcati), Caucalidion.
V: In den Flusstälern und in den wärmeren Teilen des Sundgauer und Markgräfler Hügellandes sowie des Juras verbreitet und häufig. Sonst sehr zerstreut bis fehlend.
G: Nicht gefährdet.

2. A. leptoclados (Rchb.) Guss. – *Zartes S.*
Ö: Gesellig in sonnigen Kiesgrusfluren, in den Fugen von Bermenmauern und wenig begangenen Pflästerungen, in lückigen, mageren Rasen, in Baumschulen. Wärmeliebend. – Auf (mässig) trockenen, eher nährstoffarmen, flachgründigen, meist feinerdereichen Sandböden.
S: Alysso-Sedion, Polygonion avicularis (v.a. Polygonetum calcati), Cynosurion (Festuco-Crepidetum).
V: Ziemlich selten, doch oft verkannt; v.a. in den Flussebenen von Rhein, Birs und Wiese

und an den warmen Rändern der angrenzenden Hügelländer, z.B. Basel (Gymnasium Bäumlihof, Strasseninseln Petersgraben/Auf der Lyss, Bermenmauern an der Wiese, St. Johann-Bahnhof usw.), Reinacher Heide, Efringer Reben, Häsingen W, Blotzheim NW, Brinckheim. Auf weitere Vorkommen ist zu achten.
G: Nicht gefährdet (?).

107. Moehringia L. *Nabelmiere*

1. M. muscosa L. – *Moos-N.*
Ö: Einzeln bis gesellig in den Moosbehängen von Felsen und ruhendem Grob-Blockschutt, seltener von Feinschutt in Schlucht- und Hangfusswäldern. In ± schattigen, luftfeuchten, sommerkühlen Lagen. – Auf frischem bis feuchtem, basenreichem, meist kalkhaltigem, humus- und feinerdereichem Substrat.
S: Ctenidion mollusci (v.a. Thamnietum alopecuri, Neckeretum crispae), Cystopteridion; meist innerhalb des Lunario-Acerenion (Phyllitidi-Aceretum).
V: Nur im Jura, hier ± verbreitet, aber nicht häufig und streng lokalisiert, z.B. Ettingen (Büttenenloch, Fürstenstein, Amselfels), Metzerler Köpfli, Hofstetten (Chälengraben, Sternenberg), Dittingen (Obmert), Röschenz (Forstberg), Grellingen-Himmelried (Kalt-

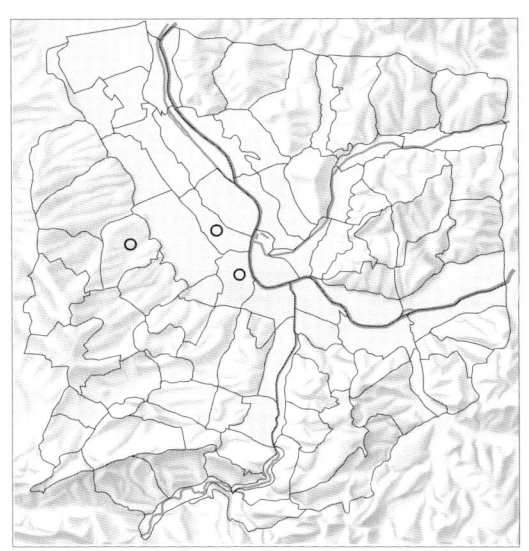

Holosteum umbellatum

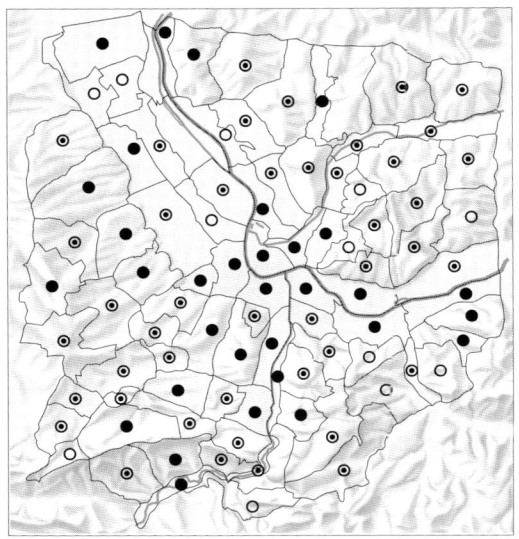

Stellaria media

brunnen- und Kasteltal), Arlesheim (Eremitage), Dornach (Hilzenstein, Tüfleten), Frenkendorf (Wolfenried, Christen, Blockschutt am Fuss der Schauenburgerfluh), Nuglar (Disliberg) usw.
G: Nicht gefährdet.

2. M. trinervia (L.) Clairv. – *Dreinervige N.*
Ö: Einzeln oder gesellig in schattigen, etwas lückigen Krautfluren ± gestörter Wälder, in Nadelforsten, in Waldschlägen und an Waldwegen, unter Bäumen und Büschen in Gärten und Parks, in schattigen, lückigen Scherrasen, in Fugen und an der Basis absonniger Mauern, in wenig betretenen Pflästerungen. – Auf frischen bis feuchten, nährstoffreichen, kalkarmen oder zumindest oberflächlich entkalkten, ± humosen, auch modrigen Lehm- und Tonböden.
S: Alliarion, Sambuco-Salicion, seltener Cynosurion, Parietarion (Cymbalarietum muralis).
V: In den kalkarmen Waldgebieten (Weitenauer Vorberge, Olsberger Wald, Hardwälder der Hoch- und Oberrheinebene usw.) verbreitet und häufig, ebenso im Stadtgebiet von Basel. Sonst sehr zerstreut; in den holozänen Talauen selten oder fehlend. Gerne in Siedlungsnähe.
G: Nicht gefährdet.

108. Holosteum L.   *Spurre*

1. H. umbellatum L. – *Spurre*
B: Arch.
Ö: Gesellig in gehackten Rebbergen, im Kiesgrus von Bahnarealen. Wärmeliebend. – Auf ziemlich trockenen, sommerwarmen, basen- und mässig nährstoffreichen, lockeren, ± rohen, sandigen und sandig-lehmigen Böden.
S: Fumario-Euphorbion, Alysso-Sedion.
V: Sehr selten: Rebberge bei Häsingen (ob noch ?), Bahnhof Basel-St. Johann (Ch. Staehelin), Hüningen (nördlich Zoll, ein Exemplar).
G: Stark zurückgegangen. Früher im Oberrheingebiet von Basel an abwärts häufig (BECHERER 1925). In der Reinacher Heide verschollen (MOOR 1981). Vom Aussterben bedroht.

109. Moenchia Ehrh.   *Weissmiere*

1. M. mantica (L.) Bartl. s. l. – *Fünfzählige W.*
1a. – ssp. **caerulea** (Boiss.) Clapham – *Blaue W.*

B: Eph. – Balkan, Türkei; Gestrüpp, Sandbänke, Dünen.
Ö/V: Adventiv an einer Lagerstätte mit türkischen Granitblöcken im Hafen Weil-Friedlingen (1988).

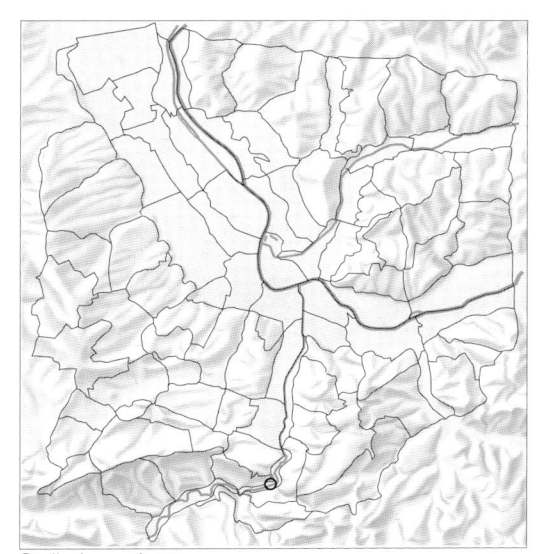

Stellaria neglecta

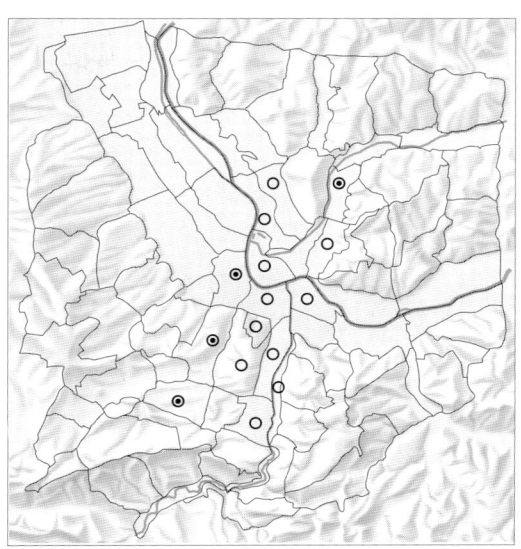

Stellaria pallida

110. Stellaria L. — *Sternmiere*

1.–3. Artengruppe S. media

1. S. media (L.) Vill. (S. media (L.) Vill. s. str.) – *Hühnerdarm, Vogelmiere*

Ö: Gesellig und im Frühjahr bisweilen bestandbildend in Hackfruchtkulturen, in Gärten, Rebbergen und Gemüsefeldern, unter Sommer- und Wintergetreide. Auch in lückigen Scherrasen und Fettweiden, in Trittrasen wenig begangener (Feld-)wege, in Pflasterfugen, in Pflanztrögen, an Schuttplätzen und Deponien, an Waldwegen, auf Uferschlick. – Auf frischen bis feuchten, sehr nährstoffreichen, tiefgründigen, meist lockeren und humosen, reinen und sandigen Lehm- und Tonböden.
S: Chenopodietea, Aperion, Polygonion avicularis, Cynosurion, Bidention.
V: Verbreitet und häufig.
G: Nicht gefährdet.

2. S. neglecta Weihe (S. media (L.) Vill. ssp. neglecta (Weihe) Gremli) – *Übersehene Vogelmiere*

Ein Nachweis: auf feuchtem bis nassem, oberflächlich aber trockenfallendem, nährstoffreichem, schlickigem Flusskies im Hochwasserbereich der Birs bei Duggingen (1987, Liebmatt). Auf weitere Vorkommen, im besonderen auch auf solche in Wäldern (feuchte Waldstellen, Waldwege etc.) ist zu achten.

3. S. pallida (Dumort.) Piré (S. media (L.) Vill. ssp. pallida (Dumort.) Asch. & Gr.) – *Bleiche Vogelmiere*

B: Neo. – W-, C- und S-Europa, Orient; trockene Weiden, Wegränder, Sandgelände.
Ö: Gesellig, im Winter und Frühjahr z.T. bestandbildend in lückigen, ± mageren Trittfluren und betretenen Scherrasen sowie an humosen oder feinerdereichen Stellen im Schotter von Tramtrassen. Etwas wärmeliebend. – Auf mässig frischen, aber oft sommertrockenen, basenreichen, mittel- bis flachgründigen, ± humosen Sand- und sandigen Lehmböden.
S: Polygonion avicularis, Cynosurion.
V: Mehrfach in der Stadt Basel (Voltamatte, Wilhelm Klein-Anlage, Tramtrasse am Jakobsberg), in der Gegend von Weil (Leopoldshöhe), in der Arlesheimer und Aescher Birsebene und auf mehreren Stationen der Tramlinie 10, z.B. Binningen, Bottmingen, Therwil, Ettingen, Flüh; nach G. Hügin (mdl.) auch Lörrach (Hebelpark, Rathaus, Nordstadt). Oft übersehen. Auf weitere Vorkommen ist zu achten.
G: In Ausbreitung. Nicht gefährdet.

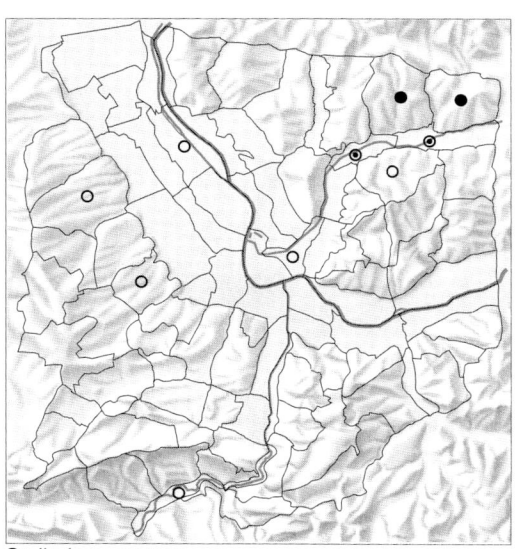

Stellaria nemorum

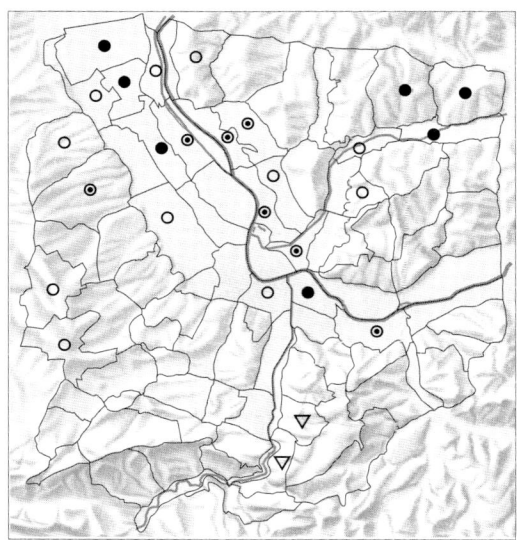

Stellaria holostea

4. S. nemorum L. s. str. – *Hain-St.*
Ö: Einzeln oder gesellig in Hochstaudenbeständen von Erlenauenwäldern, an Waldbächen und -gräben, in feuchten Waldverlichtungen und -schlägen. Vorzugsweise in kühlen, niederschlagsreichen Lagen. – Auf feuchten, sickerfrischen bis wasserzügigen, nährstoff- und basenreichen, meist kalkarmen bis kalkfreien, tiefgründigen, humosen Lehm- und Tonböden.
S: Alno-Ulmion (Stellario-Alnetum), feuchtes Carpinion, Epilobion angustifolii, seltener Alliarion.
V: In den Weitenauer Vorbergen verbreitet und ziemlich häufig. Vereinzelt auch im Wiesental, z.B. Hauingen, Steinen, abwärts bis zum 'Wiesengriener' (Riehen) südlich der Lörracher Grenze. Ausserdem in kleinen Gruppen an der Birs zwischen Zwingen und Grellingen und bei Arlesheim (1992, wenige Exemplare). Angaben aus dem übrigen Gebiet, z.B. Hegenheim (Lertzbach), Michelbach-le-Bas N (Roggenberg), Pisciculture (Augraben) zu überprüfen.
G: Ausserhalb der Weitenauer Vorberge stark gefährdet.

5. S. holostea L. – *Grossblumige St.*
Ö: Gesellig, zum Teil in grossen Herden in lichten Eichen-Hagebuchenwäldern und eichenreichen Buchenwäldern, in Waldsäumen, an Waldwegen, seltener in Feldgehölzen; gerne in Nieder- und Mittelwäldern. In Rabatten der Stadt Basel neuerdings vielfach angepflanzt. – Auf frischen bis mässig trockenen, ± nährstoffreichen, meist kalkarmen, mittel- bis tiefgründigen, lockeren, humosen, sandigen bis steinigen oder kiesigen Lehmböden.
S: Carpinion, Alno-Ulmion, Trifolion medii, seltener Atropion und Alliarion, selten Fagion.
V: Auf den Niederterrassen der Oberrheinebene und der unteren Hochrheinebene (aufwärts bis 'Hard' nördlich Pratteln) verbreitet und v.a. in der Elsässer Hardt häufig, ebenso am Rand der Weitenauer Vorberge von Hauingen an ostwärts. Vereinzelt auch an den Rändern und Füssen der angrenzenden Hügelländer, z. B. Bartenheim (Schneckenberg), Uffheim S (Hohlweg), Isteiner Klotz. Ein spontanes Vorkommen in der Stadt Basel (Wolf-Gottesacker, wohl Waldrelikt). Ferner mehrfach im Wiesental (Lange Erlen, Hauingen-Steinen-Maulburg). Sonst selten: höherer Sundgau: Bettlach N, Michelbach-le-Haut (Allmend); Jura: Hofstetter Köpfli, verschleppt im unteren Kasteltal (Grellingen).
G: Insgesamt wohl zurückgegangen. In den Wäldern von Allschwil-Binningen (BINZ 1945) und auf der Rütihard (BINZ 1911) verschollen. Nicht gefährdet; ausserhalb der

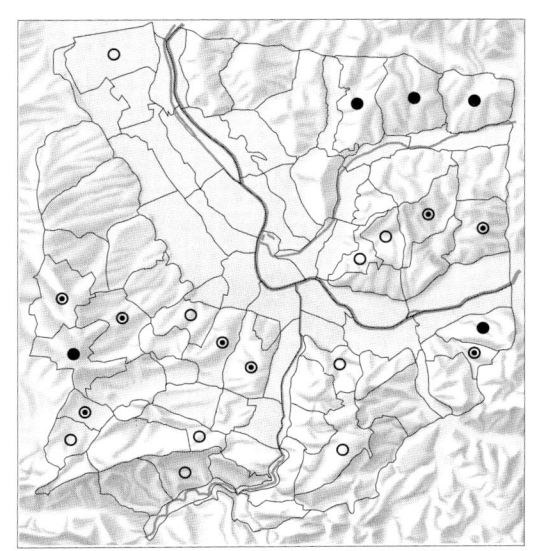

Stellaria alsine

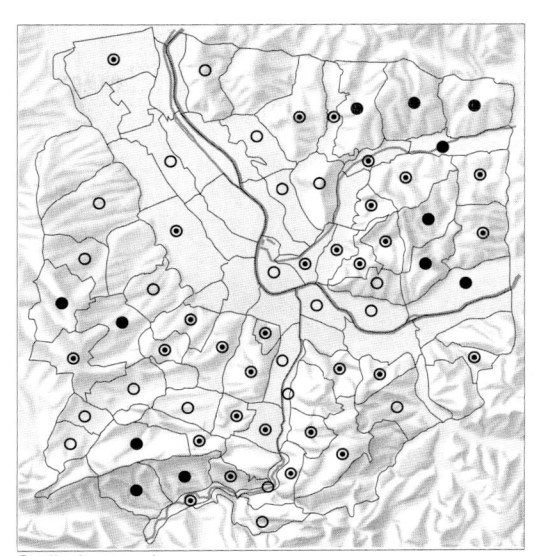

Stellaria graminea

Oberrheinebene und der Weitenauer Vorberge schonungsbedürftig.

6. S. alsine Grimm (S. uliginosa Murray) – *Moor-St.*

Ö: Einzeln oder gesellig an ± offenen, halbschattigen Stellen in Wald-Quellsümpfen und -gräben, auf nassen Waldwegen und Waldschlägen. Vorzugsweise in kühlen, niederschlagsreichen Lagen. – Auf feuchten bis nassen, auch staunassen, (mässig) nährstoffreichen, kalkarmen bis kalkfreien, tiefgründigen, etwas sandigen Lehm- und Tonböden.
S: Cardamino-Montion, Nanocyperion, Alno-Ulmion (v.a. Carici remotae-Fraxinetum).
V: In den Weitenauer Vorbergen, im Olsberger Wald und im höheren Sundgau verbreitet und stellenweise häufig, etwas weniger häufig am Dinkelberg und auf dem Bruderholz. Sonst selten: Ettingen (Mettli), Muttenz (Asprain), Elsässer Hardt nördlich Kembs (wenige Exemplare).
G: Nicht gefährdet.

7. S. graminea L. – *Grasblättrige St.*

Ö: Einzeln oder in lockeren Beständen in frischen, ± mageren Wiesen und Weiden, in Weidebrachen, an grasigen Böschungen, in Gebüsch- und Waldsäumen, an Waldwegen, seltener an den Rändern waldnaher Äcker. – Auf frischen bis ziemlich feuchten, mässig nährstoffreichen, kalkarmen, tiefgründigen, humosen Lehm- und Tonböden.
S: Arrhenatheretalia (v.a. Cynosurion), seltener Trifolion medii, Aperion.
V: Ziemlich verbreitet, doch nur in den kühlhumiden Hochlagen einigermassen häufig. In den Flussebenen und in den niederen Hügelländern (vorderer Sundgau, Markgräfler Hügelland) meist selten.
G: Zurückgegangen. Schonungsbedürftig; in tieferen Lagen gefährdet.

111. Myosoton Moench   *Wassermiere*

1. M. aquaticum (L.) Moench (Stellaria aquatica (L.) Scop.) – *Wassermiere*

Ö: Meist gesellig, gelegentlich in grossen Beständen in Uferstaudenfluren an Flüssen und Bächen, an Gräben, in Auengebüschen und in Verlichtungen von Auenwäldern, in nassen Waldsenken, an flussnahen Ruderalstellen. – Auf nassen, mindestens dauerfeuchten, z.T. zeitweise überschwemmten, nährstoffreichen, tiefgründigen, oft schlammigen Lehm- und Tonböden.
S: Convolvulion, seltener Aegopodion.
V: In den Auen und auf den Niederterrassen der Flusstäler von Rhein, Birs, Wiese und Er-

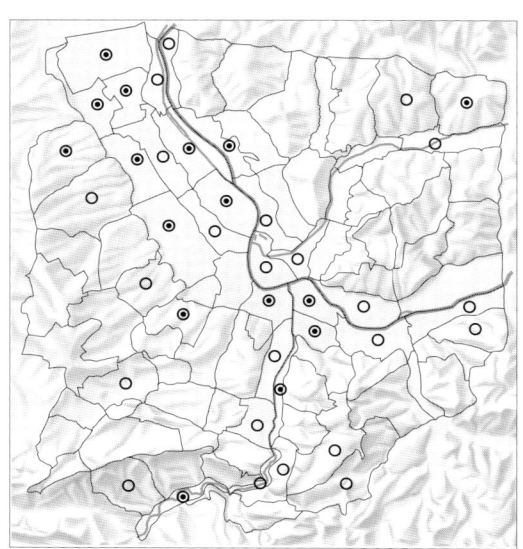

Myosoton aquaticum

golz verbreitet, aber nicht durchwegs häufig. Mehrfach im Leimental und am Sundgaurand zwischen Hegenheim und Uffheim. Sonst selten: Jura: Dittingen W; Weitenauer Vorberge: um Steinen. Bis ins urbane und rurale Siedlungsgebiet.
G: Schonungsbedürftig (?).

112. Cerastium L. — Hornkraut

1. C. arvense L. s. str. – Acker-H.
Ö: Meist gesellig in lückigen Halbtrockenrasen, in sonnigen Gebüschsäumen, an Weg- und Ackerrainen, an Erdanrissen, in Hohlwegen, gelegentlich in mageren Scherrasen und Schafweiden. Wärmeliebend. – Auf (mässig) trockenen, ± nährstoffarmen, basenreichen, meist kalkhaltigen, mittel- bis tiefgründigen, oft humosen, lockeren, sandigen, steinigen und lehmigen Böden; gerne auf Löss.
S: Convolvulo-Agropyrion, Mesobromion, Trifolion medii, seltener Arrhenatherion, Cynosurion.
V: In den wärmeren Teilen des Gebiets ziemlich verbreitet, aber meist selten; etwas häufiger nur in der Birs- und elsässischen Oberrheinebene, im vorderen Sundgau und in der Gegend von Istein.
G: Stark zurückgegangen. Gefährdet.

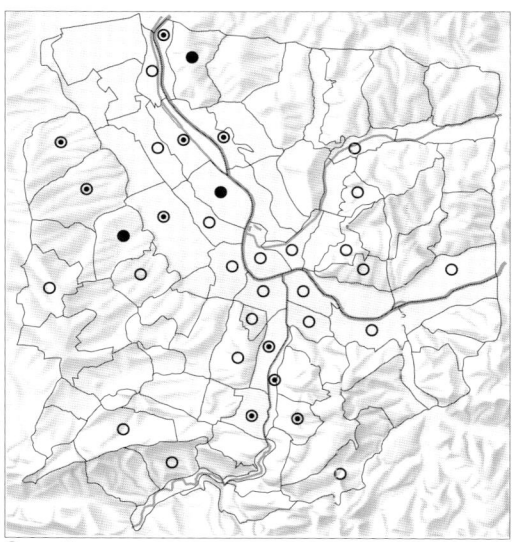

Cerastium arvense

2. C. tomentosum L. – Filziges H.
B: Neo. – Gebirge Mittel- und Süditaliens bis Sizilien; Felsen und Felsschutt.
Ö/V: Häufige Zierpflanze in Steingärten, an Schalensteinmauern usw. Nicht selten nahverwildernd und z.T. eingebürgert an sonnigen Mauern, Felsen und Mauerfüssen, auf Mauerkronen, in kiesigen Tramtrassen, z.B. rechtes

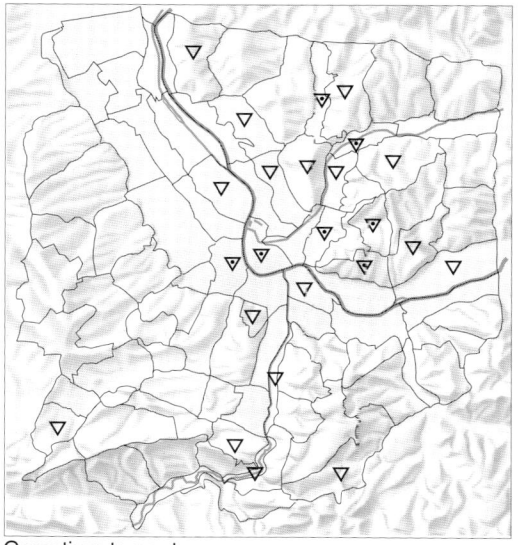

Cerastium tomentosum

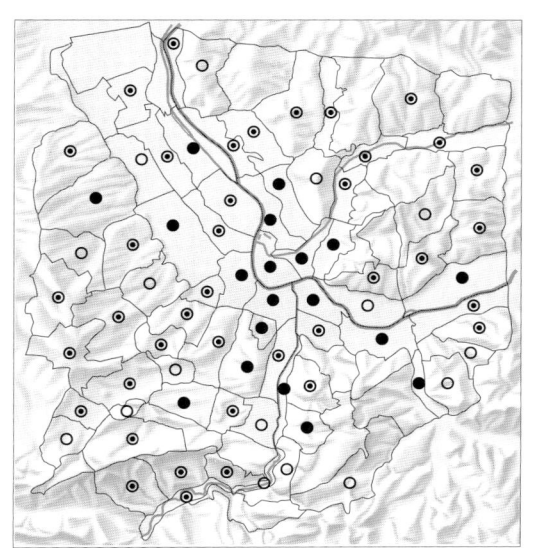

Cerastium glomeratum

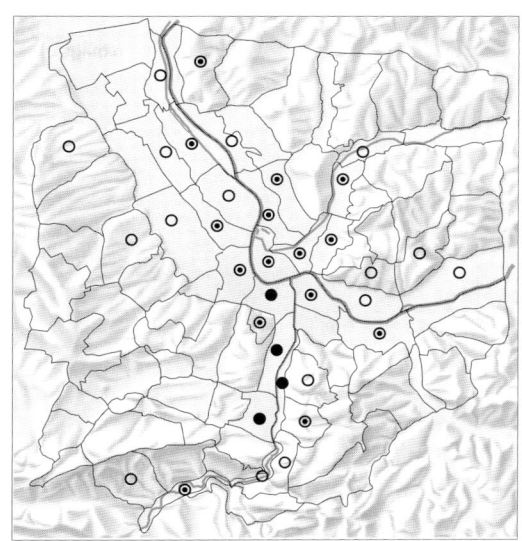

Cerastium brachypetalum

Wiesebord an der Hochbergerstrasse (Basel), Hüningen (Hüningerkanal), Grellingen (an der Strasse gegen Duggingen).

3. C. glomeratum Thuill. – *Knäuelblütiges H.*
B: Arch (?).
Ö: Meist gesellig, gelegentlich in dichten Herden in Äckern und Ackerbrachen, in Rebbergen, an Wegrändern, in den Fugen von Pflästerungen, in lückigen, oft etwas ruderalen Wiesen, in krautreichen Scherrasen und mageren Weiden. – Auf mässig feuchten bis mässig trokkenen, basen- und nährstoffreichen, oft kalkarmen, lockeren, lehmigen und lehmig-sandigen Böden.
S: Aperion, Fumario-Euphorbion, Polygonion avicularis, seltener Cynosurion und Mesobromion, selten Xerobromion.
V: Recht verbreitet und v.a. in tieferen Lagen ziemlich häufig.
G: Nicht gefährdet.

4. C. brachypetalum Pers. s. l. –
Kleinblütiges H.
Vorbem.: Die Unterarten sind nicht scharf voneinander geschieden, der Drüsenbesatz der Blütenstände ist variabel.

4a. – ssp. **brachypetalum**
Selten. Vereinzelt mit der folgenden Unterart, z.B. Münchenstein (Brüglingen).

4b. – ssp. **tauricum** (Spreng.) Murb.
Ö: Meist gesellig in lückigen, sonnigen Trokkenrasen an Rainen, Böschungen und Dämmen, auf offenen Trampelwegen von Magerweiden, seltener in niederwüchsigen Annuellenfluren in Geleiseanlagen und an Wegrändern. Wärmeliebend. – Auf (sommer-)trockenen, nicht zu nährstoff-, aber basenreichen, flach- bis mittelgründigen, oft feinerdereichen oder humosen, steinigen bis sandigen und lehmigen Böden.
S: Xerobromion (Cerastio-Xerobrometum), Sedo-Scleranthetalia, seltener Sisymbrion.
V: In den Flussebenen von Rhein, Birs und Wiese recht verbreitet, aber nur stellenweise häufig, z.B. Rangierbahnhöfe Weil, Haltingen und Basel, Münchenstein-Dornach, Aesch (Grundwasseranreicherungsanlage Neuaesch). Stellenweise in den wärmeren Teilen des angrenzenden Hügel- und Berglandes, z.B. im Gebiet der Malmscholle von Istein, südöstlich Michelbach-le-Bas, baselstädtisches Bruderholz, Dinkelberg-Südflanke ob Degerfelden, Dornach (Lolibach, Asp usw.), Dittinger Weide. Auch verschleppt.
G: Zurückgegangen. Gefährdet.

4c. – ssp. **tenoreanum** (Ser.) Soó – *Tenores H.*
Verschollen. "Strassenbord am Kohlistieg bei Riehen" (1949, Kunz in BECHERER 1950).

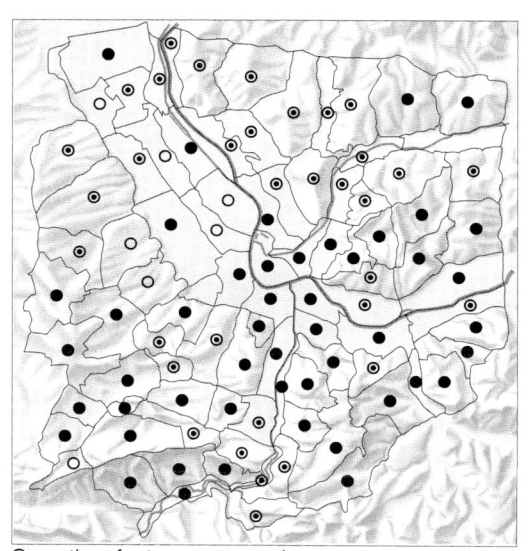

Cerastium fontanum ssp. vulgare

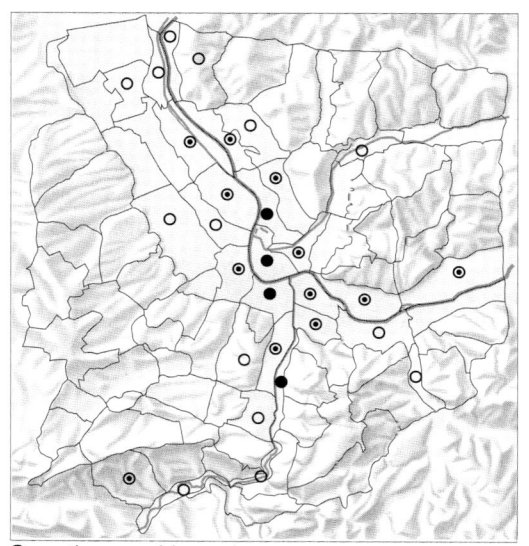

Cerastium semidecandrum

5. C. fontanum Baumg. s. l.

5a. – ssp. **vulgare** (Hartm.) Greuter & Burdet (C. holosteoides Fr., C. caespitosum Gilib.) – *Gemeines H.*

Ö: In Fettwiesen und -weiden, in Scherrasen, in frischen Magerwiesen, in Äckern und an Ackerrändern, auf grasigen Feldwegen, an Waldwegen, gelegentlich auch ruderal an Schuttplätzen. – Auf frischen bis feuchten, auch mässig trockenen, ± nährstoffreichen, tiefgründigen Lehm- und Tonböden.
S: Arrhenatherion, Cynosurion, Agropyro-Rumicion, Mesobromion (v.a. Colchico-Mesobrometum), Polygonion avicularis, Aperion, Polygono-Chenopodion.
V: Verbreitet und häufig.
G: Nicht gefährdet.

6. C. semidecandrum L. – *Sand-H.*

Ö: Meist gesellig in offenen Sand- und Kiesgrusfluren in Bahnarealen, an Wegrändern, auf Damm- und Mauerkronen, auf älteren Kiesdächern, in den Fugen wenig begangener Pflästerungen, in sonnigen, lückigen, z.T. auch ruderalen Trockenrasen. Wärmeliebend. – Auf (mässig) trockenen, nicht zu nährstoffreichen, basenreichen, ± flachgründigen, oft rohen, lokkeren, sandigen bis lehmigen Kiesböden.

S: Alysso-Sedion, Sisymbrion (v.a. Conyzo-Lactucetum), seltener Xerobromion.
V: In den wärmeren Teilen der Flusstäler ziemlich verbreitet und stellenweise häufig, z.B. Bahnanlagen Muttenz-Pratteln (auch Zufahrtslinie zum Auhafen), Basel-Weil-Haltingen-Eimeldingen, Bad. Rheinweg bei Istein und Kleinkems, Birsebene (Tramtrassee); auf anthropogenen Auftragsböden z.T. über das eigentliche Verbreitungsareal hinausgehend, z.B. Bahnhof Grellingen. Ausserhalb der Flusstäler selten: Sundgau über Elsässer Molasse: Therwil (Kirchhof, Chäppelirain); Isteiner Klotz (Nordportal des Eisenbahntunnels); Jura: Dittinger Weide.
G: Zurückgegangen. Gefährdet.

7. C. pumilum Curtis s. l.

Vorbem.: Nach SEBALD et al. (1993) kommt in Baden-Württemberg v.a. die ssp. *pallens* vor. Für das nördliche Baden-Württemberg und das angrenzende Mainfranken dürfte dies zutreffen. In unserem Gebiet scheint jedoch *C. pumilum* s. str. häufiger zu sein. Die Auffassungen hierüber sind allerdings geteilt. So stellt G. Hügin (mdl.) seine Funde aus dem Gebiet (Bahnhöfe Haltingen, Hammerstein, Wollbach, Bad. Rheinfelden) zur ssp. *pallens*. Weitere Abklärungen empfohlen.

Ö: Gesellig, bisweilen in Menge in lückigen Felsrasen, in Sand- und Kiesgrusfluren in Bahnarealen und Kiesgruben. Wärmeliebend. – Auf (sommer-)trockenen, nicht zu nährstoff-

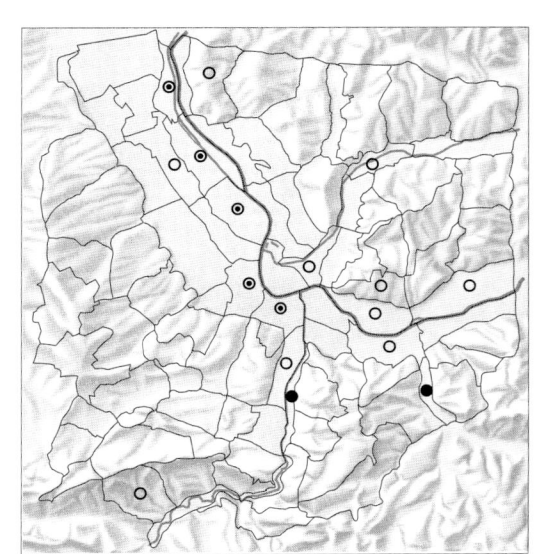

Cerastium pumilum s.str.

reichen, kalkhaltigen, oft flachgründigen, lokkeren, kiesig-sandigen Böden.
S: Alysso-Sedion (Cerastietum pumili), Festucion pallescentis, Xerobromion.
V: s. Unterarten.
G: Zurückgegangen. Gefährdet.

7a. – ssp. **pumilum** – *Niedriges H.*
In den Flusstälern von Rhein, Birs, Wiese und Ergolz zerstreut, z.B. Hüningen, Basel (Dreispitz, Bahnhof Wolf), Pratteln (Zurlindengrube), Reinacher Heide, Haagen, Bahnhöfe Frenkendorf und Liestal. Sonst sehr selten: Isteiner Klotz.

7b. – ssp. **pallens** (Schultz) Schinz & Thell. (C. glutinosum Fr.) – *Blasses H.*
Sicher nachgewiesen nur am Bad. Rheinweg bei Istein, beim Flughafen Basel-Mulhouse und in der Staatsgrube Birsfelden (H. Zoller).

Unterfamilie
SILENOIDEAE – *LEIMKRAUTARTIGE*

113. Gypsophila L. *Gipskraut*

1. G. muralis L. – *Acker-G.*
B: Arch.
Ö: Meist einzeln auf sonnigen Lösslehmäckern, in Ackergräben und Furchen der Stoppelfelder, selten auf lückig bewachsenen Sandplätzen. Etwas wärmeliebend. – Auf feuchten, zeitweise vernässten, basen- und nährstoffreichen, kalkarmen, lockeren, etwas sandigen Lehmböden.

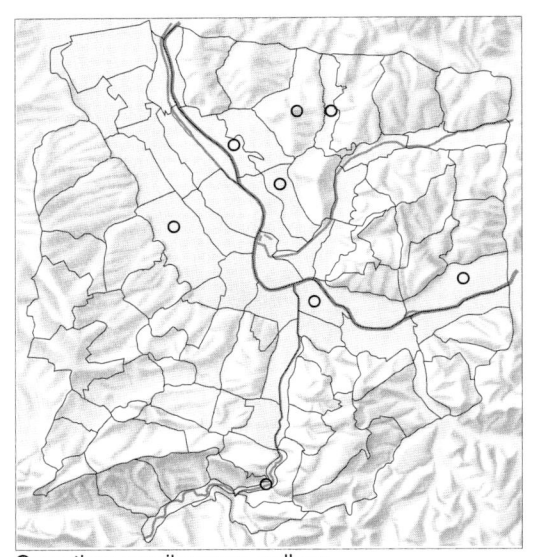

Cerastium pumilum ssp. pallens

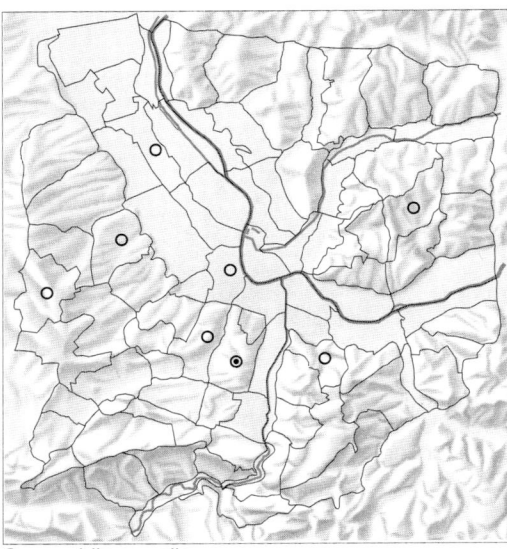

Gypsophila muralis

S: Nanocyperion (Centunculo-Anthoceretum).
V: Selten und oft sporadisch, doch wohl auch übersehen; v.a. im Sundgau: Oberwil NW (Nähe P. 383), Bottmingen SO, Binningen (Acht Jucharten), Therwil (Witterswilerfeld), Ettingen (Hocheigen), Muespach-le-Haut (Schelmacker beim Césarhof), Michelbach-le-Bas SO (nördlich 'Fichthag'); Muttenz-Münchenstein (Rütihard, 1981, zwei Exemplare); Oberrheinebene: St. Louis-la-Chaussée (Haberhäuser), Kiesgrube Weil (1997, ein Exemplar, B. Moor); Dinkelberg: Obereichsel W (Auf Festenau); nach SEBALD et al. (1993) auch auf den Messtischblattquadranten Lörrach SO (8311/4), Schopfheim NW, NO (8312/1+2).
G: Stark zurückgegangen. Im Olsberger Wald (MOOR 1962) verschollen. Stark gefährdet bis vom Aussterben bedroht.

2. G. repens L. – *Kriechendes G.*

Seit langem verschollen. Früher als Alpenschwemmling am Rhein bei Rheinweiler (Klein in BINZ 1901) und im Mündungsgebiet der Wiese bei Kleinhüningen (1899, Baumberger in Herb. helv., BINZ 1942).

3. G. elegans M. Bieb. – *Hübsches G.*

B: Eph. – S-Ukraine, Kaukasus, O-Türkei; steinige Hänge, Steppen, Schotterbänke, 600-2600 m.

Ö/V: Zierpflanze, auch angesät in 'Blumenwiesen'. Gelegentlich verwildert in Baumscheiben, Rabatten und Strauchpflanzungen, z.B. Hagenthal-le-Haut. In Ansaat in Basel (Neuhausstrasse), Münchenstein (Brüglingen), Arlesheim (Widenhof), Büren usw.

4. G. viscosa Murray – *Klebriges G.*

B: Eph. – Kleinasien, Türkei bis Arabien; Steppen, Ödland, Strassenränder.
Ö/V: Angesät, doch vorübergehend auf Prellbocksand im Rheinhafen Basel-Kleinhüningen (Westquaistrasse, 1985).

114. Saponaria L. *Seifenkraut*

1. S. officinalis L. – *Gebräuchliches S.*

B: Arch.
Ö: Truppweise, z.T. auch in grösseren Herden an Uferböschungen von Flüssen und Kanälen, an Bahndämmen, an Wegrändern, in ruderalen Staudenfluren, in gestörten Magerrasen und Waldsäumen, seltener auf Kiesbänken. Wärmeliebend. – Auf oberflächlich trockenen, nährstoffreichen, rohen und ± humosen, lockeren, gerne etwas verlehmten Schotter- und Steinschuttböden.
S: Onopordion, Dauco-Melilotion, Arction, Convolvulo-Agropyrion.

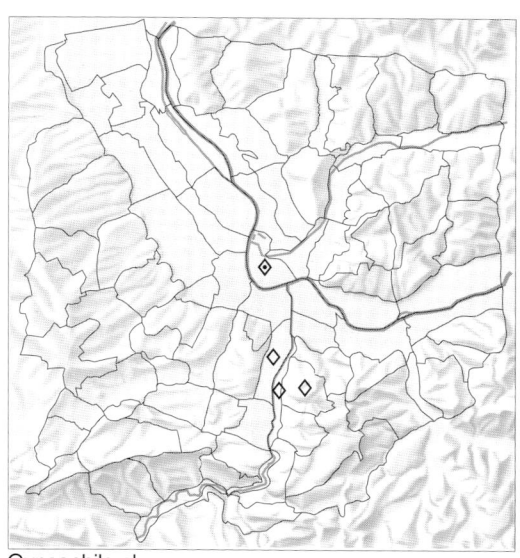

Gypsophila elegans

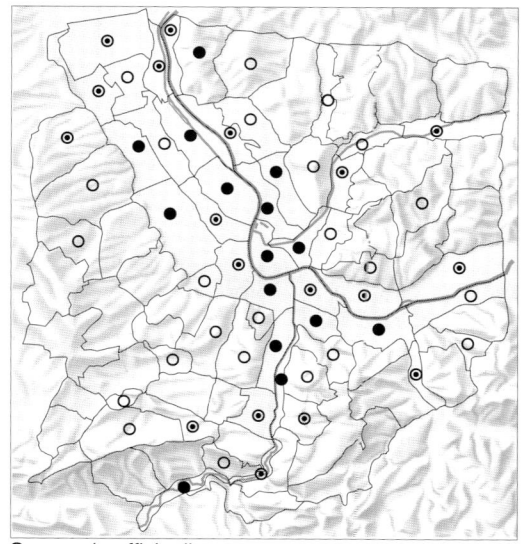

Saponaria officinalis

V: In den Flusstälern verbreitet und häufig. Sonst selten bis fehlend und z.T. nur verschleppt.
G: Nicht gefährdet.

2. S. ocymoides L. – *Rotes S.*

B: Eph. – SW-Europa, Alpen und Jura (bis Weissensteingebiet); Kalkschutthänge, Felshalden.
Ö/V: Steingartenpflanze. Selten verwildert an Mauerfüssen, im Bahnschotter u. dgl., z.B. Bahnhof Lörrach (1983ff.), Efringen. Nächste autochthone Vorkommen in der Weissensteinkette.

115. Vaccaria Wolf   Kuhnelke

1. V. hispanica (Mill.) Rauschert – *Kuhnelke*

B: (Arch).
Ö/V: Als Wildpflanze verschollen. Früher zerstreut in mässig trockenen, sommerwarmen, etwas sandigen Getreideäckern, an Schuttplätzen. Letzte Meldungen: Rheinhafen Basel-Kleinhüningen (1952, 1965; BAUMGARTNER 1973), Aufschüttung im Rheinvorland bei Istein (1959, Herb. Wenk, BAS), Flussbett der Ergolz oberhalb Niederschönthal (HEINIS 1950), Äcker auf dem Bruderholz (1926, 1932; BINZ 1942), bei Riehen (BINZ 1942). Neuerdings da und dort in Begrünungssaaten, z.B. Riehen (Schlipf, Reservat Eisweiher), Giebenach. In Äckern im Gebiet der Reinacher Heide eingesät (1993).

116. Petrorhagia (Ser.) Link   Felsennelke

1. P. prolifera (L.) P. W. Ball & Heywood – *Sprossende F.*

Ö: Gesellig in lückigen Trocken- und Halbtrockenrasen, auf offenen oder spärlich bewachsenen Sandflächen, auf gemergelten Park- und Lagerplätzen, an karg bewachsenen Trampelpfaden, in Bahn- und Hafenarealen. Wärmeliebend. – Auf trockenen, basenreichen, oft flachgründigen, lockeren, rohen, seltener ± gereiften, feinkiesigen bis sandigen, z.T. auch etwas lehmigen Böden.
S: Alysso-Sedion (v.a. Cerastietum pumili), Xerobromion, initiales Mesobromion, Onopordion, Dauco-Melilotion.

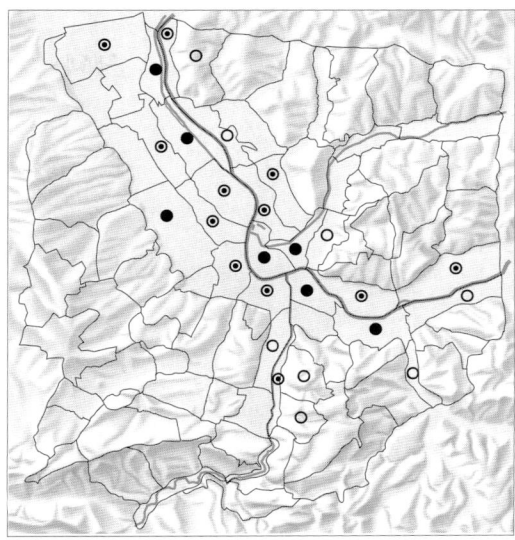

Petrorhagia prolifera

V: In der Hoch- und Oberrheinebene verbreitet und v.a. in Stadtnähe und längs der Verkehrswege nicht selten. Vereinzelt auch in den übrigen Flusstälern, hier auf die tiefsten und wärmsten Lagen beschränkt: Birsebene: südwärts bis gegen Dornachbrugg, z.B. Reinacher Heide, Arlesheim ('Obere Widen'); Ergolztal: Füllinsdorf (Kiesgrube Wölfer). Ausnahmsweise auch an den warmen Talflanken: Isteiner Klotz, Arlesheimer Reben.
G: Zurückgegangen und ausserhalb der Flusstäler, z.B. am Dinkelberg (LITZELMANN 1960) nahezu verschwunden. Schonungsbedürftig.

2. P. saxifraga (L.) Link – *Gewöhnliche F.*

B: Neo. – Mittelmeergebiet bis Altai, Süd- und Zentralalpen; felsige Trockenrasen, Mauern.
Ö: Steingartenpflanze, auch angesät auf Flachdächern. Verwildert und z.T. völlig eingebürgert in offenen Sand- und Schotterfluren der Siedlungsgebiete und Bahnanlagen, in den Fugen von Bermenmauern, Treppenstufen und Pflästerungen, im Feinschotter selten befahrener Geleise, in kiesigen Rabatten. Sehr wärmeliebend. – Auf trockenen, mässig nährstoffreichen, kalkhaltigen, wenig humosen, sandigen Schotterböden.
S: Alysso-Sedion, seltener Sisymbrion und Polygonion avicularis.

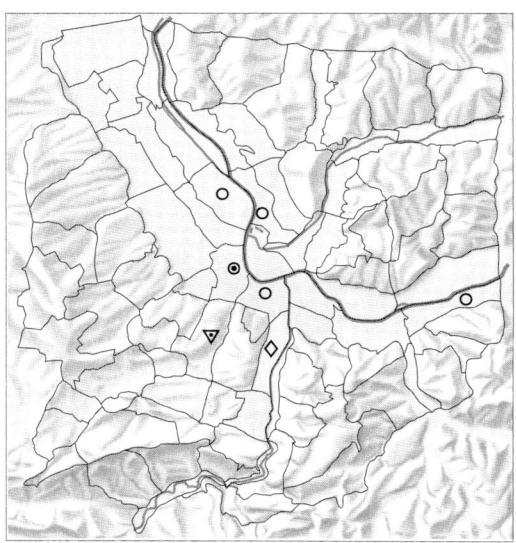

Petrorhagia saxifraga

V: Selten; völlig eingebürgert am St. Johann-Rheinweg (Basel), am Dreispitz-Nordeck (Basel) und im Bahngelände Weil-Haltingen, vorübergehend verwildert bei Michelfelden, Oberwil usw.
G: Eingebürgerte Vorkommen schonungsbedürftig.

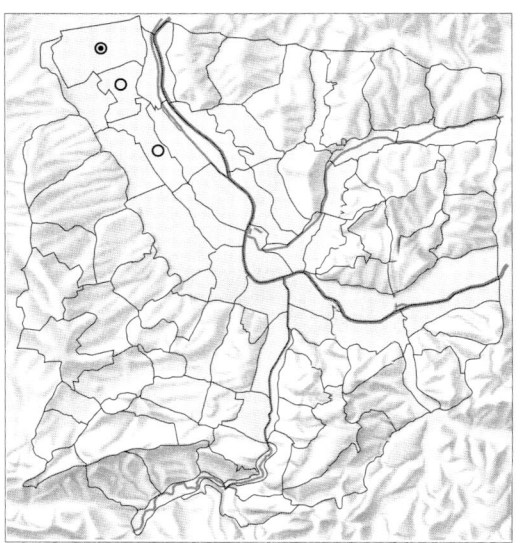

Dianthus superbus s.str.

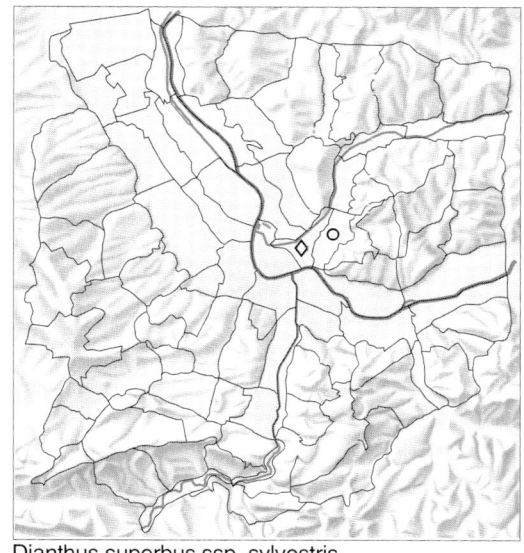

men, etwas verdichteten, lehmigen bis tonigen Schotterböden.
S: Trifolion medii, Carpinion (Stellario-Carpinetum).
V: Selten; nur in den Hardwäldern der elsässischen Oberrheinebene, z.B. an der 'Route forestière' südwestlich Kembs, Westrand der 'Petite Hart' usw.

117. Dianthus L. *Nelke*

1. D. superbus L. s. l. – *Pracht-N.*

1a. – ssp. **superbus**
Ö/V: Sehr selten: Riehen (Friedhof Hörnli); wechselfeuchte Wiese an Gebüschrand, 1996, wenige Exemplare (E. Trueb). Angesät in einer 'Blumenwiese' am Veloweg längs der Deutschen Bahn in Riehen. Ausserhalb des Rayons auf einer mageren Schafweide ob Bärschwil (Ob. Rüti).
S: Mesobromion.
G: Stark zurückgegangen. Stark gefährdet.

1b. – ssp. **sylvestris** Čelak. (D. superbus L. ssp. autumnalis Oberd.)
Ö: Einzeln oder in kleinen Trupps in lichten, hageren Eichenmischwäldern und deren Säumen; gerne in Nieder- und Mittelwäldern. – Auf mässig trockenen, ± basenreichen, kalkar-

Dianthus superbus ssp. sylvestris

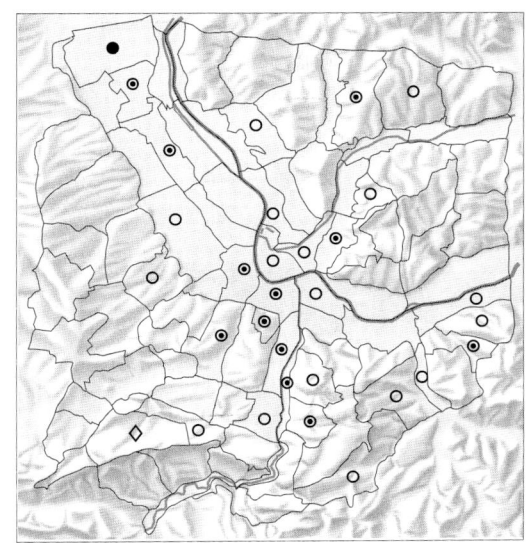

Dianthus armeria

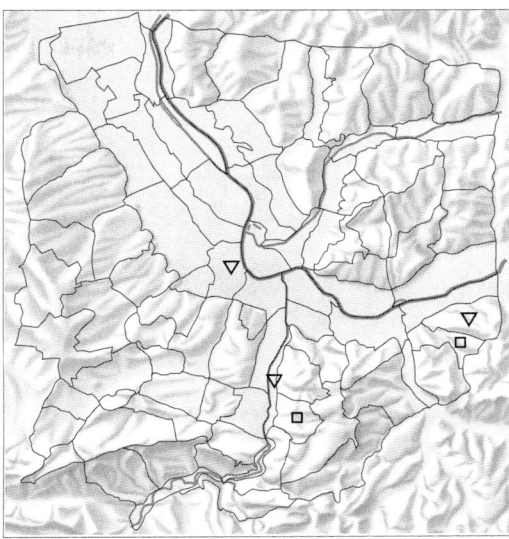

Dianthus barbatus

G: Durch Aufgabe der Nieder- und Mittelwaldnutzung stark zurückgegangen. An den verbliebenen Fundstellen meist nur noch in einzelnen Exemplaren und kleinsten Restbeständen vorhanden. Stark gefährdet.

2. D. armeria L. – *Rauhe N.*

Ö: Meist in lockeren Gruppen, vorübergehend auch massenhaft an Strassenböschungen, auf älteren Ruderalflächen, in hageren Wald- und Gebüschsäumen, in lichten bis halbschattigen, wenig betretenen, mageren Scherrasen. – Auf mässig trockenen bis frischen, nicht zu nährstoffreichen, meist kalkarmen, ± lockeren, humosen, sandigen bis sandig-lehmigen, z.T. steinigen Böden.
S: Trifolion medii, Mesobromion, Cynosurion, Dauco-Melilotion.
V: Zerstreut; beständig wohl nur im urbanen Siedlungsgebiet und im Bereich hagerer, ± bodensaurer Wälder, z.B. Elsässer Hardt, Therwil (Allme), Hauingen (südlich Hasel) usw. Sonst meist nur verschleppt und nach einigen Jahren der Massenentfaltung wieder verschwindend, z.B. Reinacher Heide (1989-1994), Autobahnböschungen um Augst (ca. 1985) usw.
G: Am ursprünglichen Hauptstandort (magere Gebüsch- und Waldsäume) stark zurückgegangen, als (unbeständige) Ruderalpflanze in leichter Ausbreitung. Gefährdet.

3. D. barbatus L. – *Bart-N., Busch-N.*

B: Eph. – S-Europa, Armenien, Kaukasus; Alpenrosengebüsche und subalpine Weiden auf Silikat, 800-2400 m.
Ö/V: Zierpflanze. Hie und da verwildert und z.T. über Jahre beständig in frischen, humosen Gebüschsäumen, an Waldwegen, auf Flussschotter, auf Gartenschutt u. dgl., z.B. Olsberger Wald (Tannenchopf), Basel (Bahnhof St. Johann), Reinacher Heide, Arlesheim (südlich 'Widenhof', bis 1990).

4. D. carthusianorum L. s. l.

4a. – ssp. **carthusianorum** – *Kartäuser-N.*

Ö: Einzeln oder in lockeren Gruppen in ± lükkigen Trocken- und Halbtrockenrasen, auf sonnigen, begrasten Felsbändern, in lockeren Gebüschsäumen, an mageren, steinigen Wegrändern, auf trockenen Dämmen. In sommerwarmen Lagen. – Auf trockenen, nährstoffarmen, basenreichen, doch nicht immer kalkhaltigen, lockeren, steinigen, sandigen und lehmigen Böden.
S: Mesobromion, Xerobromion, Geranion sanguinei.

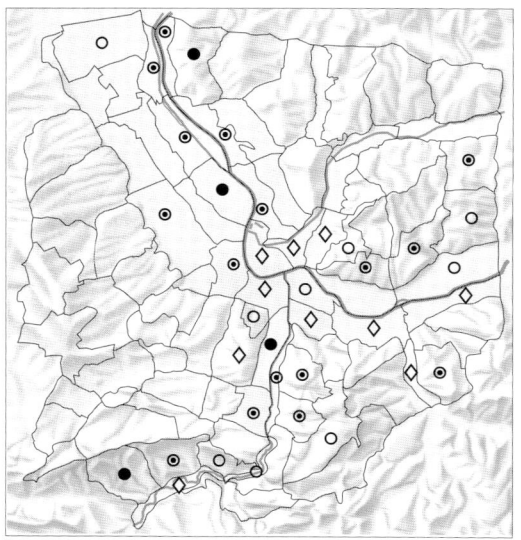

Dianthus carthusianorum s.l.

V: In der Birs- und Oberrheinebene (v.a. holozäne Aue und Niederterrassenrand), im Gebiet der Malmscholle von Istein und am Blauen-Südhang ziemlich verbreitet, aber nicht durchwegs häufig. Sonst selten: Dinkelberg: v. a. Südrand, z.B. Bettingen (Kaiser), Nollingen; Gempen-Westflanke; Hochrheinebene: Wyhlen (am Geleise zum Kraftwerk); baselstädtisches Bruderholz (Zwölf Jucharten).
G: Stark zurückgegangen. Früher in der Ebene und in der Hügelstufe häufig (BINZ 1942). Gefährdet.

4b. – ssp. latifolius (Griseb. & Schenk) Hegi – *Breitblättrige Kartäuser-N.*

B: Erg. – östliche Südalpen und Alpen-Ostrand; trockene Berghänge.
Ö/V: Neuerdings häufig in Magerwiesensaaten an Strassenborden, auf Strasseninseln, auf Kiesdächern u. dgl., z.B. Basel, Riehen (Reservat Autal), Muttenz, Münchenstein, Aesch, Laufen, Liestal, Kaiseraugst usw. Im Kanton Baselland bald auf jeder kiesigen Strasseninsel. Auf Verwilderungen ist zu achten.

4c. – ssp. vaginatus (Chaix) Schinz & R. Keller – *Scheidige Kartäuser-N.*

B: Erg. – Mittlere und westliche S- und C-Alpen, z.B. Wallis, Tessin; sonnige Bergwiesen.

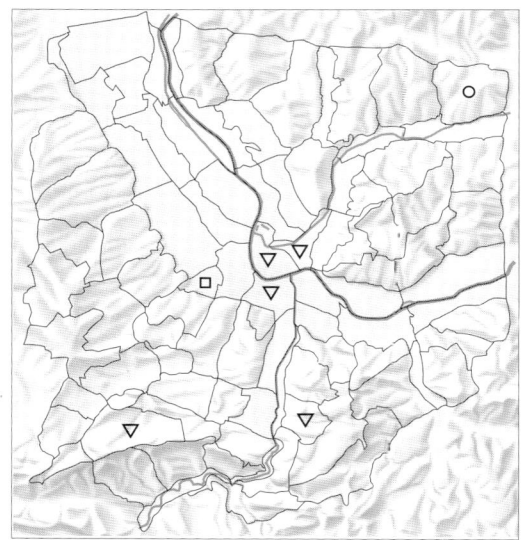

Dianthus deltoides

Ö/V: Angesalbt an der Rheinböschung am Elsässer Rheinweg, Basel (seit ca. 1995).

5. D. deltoides L. – *Heide-N.*

Sehr selten: ein Stock an einem lückig-bewachsenen, silikatisch-sandigen Strassenrand am bergseitigen Ostrand von Steinen (spontan ?). Sonst hie und da aus Kultur verwildert, z.B. Riehen (Friedhof Hörnli), Basel (Nordeckareal, ein Stock zwischen Geleisen, 1995), Hofstetten SW (Im oberen Steinweg), Dornachbrugg. Ausserhalb des Rayons auf dem Flugfeld von Habsheim.

6. D. gratianopolitanus Vill. – *Grenobler N.*

Ö/V: Sehr selten; nur ein Nachweis in der Blauenkette: Nenzlingen (Chuenisberg); westexponierter Felskopf, auf trockenem, warmem, aber nicht voll besonntem, flachgründigem Kalkfelsboden über Rauracien (vgl. schon BINZ 1922).
S: Seslerion.
G: Im Gebiet schon immer selten. An der Westflanke der Malmscholle von Istein (LITZELMANN 1966, hier nach SEBALD et al. 1993 nicht ursprünglich) und am Schleifenberg bei Liestal (HEINIS 1911) verschollen. Potentiell gefährdet.

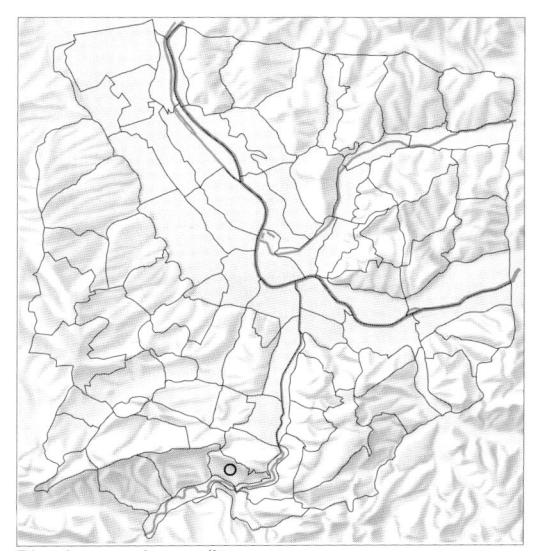

Dianthus gratianopolitanus

118. Silene L. — *Leimkraut*

1. S. noctiflora L. (Melandrium noctiflorum (L.) Fr.) – *Ackernelke*

B: Arch.
Ö: In Wintergetreideäckern, in Stoppelfeldern, gelegentlich verschleppt an Schuttplätzen, in Hafen- und Bahnanlagen usw. Wärmeliebend. – Auf ziemlich trockenen, basen- und mässig nährstoffreichen, meist kalkhaltigen, steinigen und lehmigen Böden.
S: Caucalidion (v.a. Kickxietum spuriae).
V: Ziemlich selten; v.a. in den Flussebenen von Rhein und Birs und in den wärmeren Teilen der Lösshügelländer; Jura: Blauen, Hofstetten, Gempen (Stollenhäuser); Dinkelberg: Bettingen (Lenzen).
G: Zurückgegangen. Gefährdet.

2. S. dioica (L.) Clairv. (Melandrium rubrum (Weigel) Garcke) – *Rote Waldnelke*

Ö: Meist in lockeren Herden an schattigen, krautigen Waldrändern, an Fluss- und Bachufern, in Auen- und Hang-Eschenwäldern, in Waldschlägen, auf Waldwiesen. Vorzugsweise in sommerkühlen und etwas luftfeuchten Lagen. – Auf frischen bis feuchten, basen- und nährstoffreichen, tiefgründigen, lockeren, humosen, lehmigen Böden.
S: Aegopodion, Alno-Ulmion, selten Convolvulion, Atropion und Arrhenatherion (Arrhenatheretum cirsietosum).
V: In den Weitenauer Vorbergen verbreitet und häufig, seltener im angrenzenden Markgräfler Hügelland, in der badischen Oberrheinebene (v.a. um Efringen-Kirchen, auch Kleinkems N, Weil S), im Wiesental (abwärts bis in die Lan-

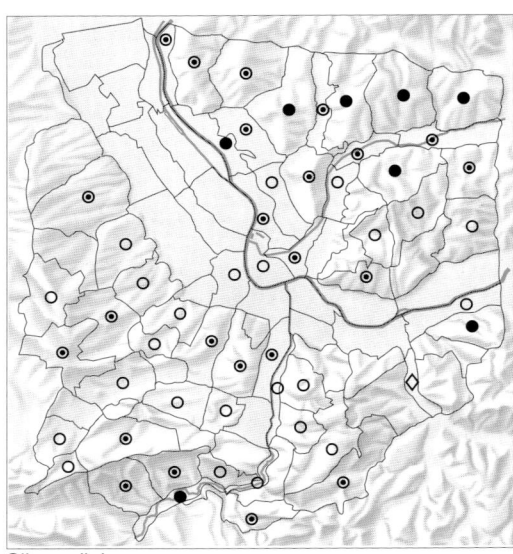

Silene noctiflora

Silene dioica

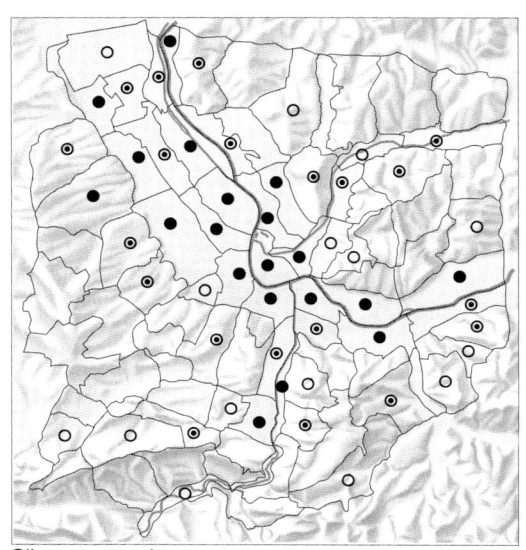

Silene pratensis

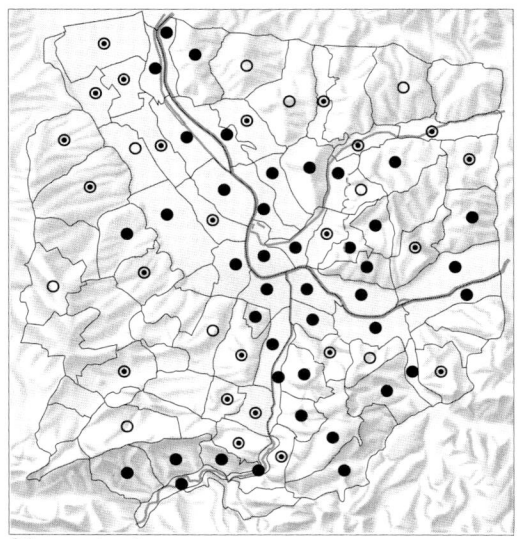

Silene vulgaris

gen Erlen) und am Nordrand des Dinkelberges. Sonst zerstreut; mehrfach und lokal nicht selten im Olsberger Wald und im Birstal von Grellingen an aufwärts. In der Hochrheinebene und in der elsässischen Oberrheinebene sehr selten oder fehlend.
G: Wohl zurückgegangen. Schonungsbedürftig; in tieferen Lagen gefährdet.

3. S. pratensis (Rafn) Godr. (Melandrium album (Mill.) Garcke, S. alba (Mill.) E. H. L. Krause, S. latifolia Poir. ssp. alba (Mill.) Greuter & Burdet) – *Weisse Waldnelke*
Ö: Einzeln oder in lockeren Trupps in ruderalen Gehölzsäumen, in den Lücken von Brombeer-Dickichten, an Bahn- und Strassendämmen, auf Schuttplätzen, in Staudenfluren an Flussufern, an Ackerrändern und Feldwegen, in lückigen Queckenrasen. Recht wärmeliebend. – Auf mässig trockenen bis frischen, basen- und nährstoffreichen, ± rohen oder humosen, steinigen, sandigen und lehmigen Böden.
S: Arction, Onopordion, Convolvulo-Agropyrion, seltener Alliarion.
V: In den wärmeren Teilen der Flusstäler (v.a. Rhein und Birs) und an den Rändern des Sundgauer und Markgräfler Hügellandes verbreitet und häufig. Sonst selten bis weithin fehlend und oft nur verschleppt.
G: Nicht gefährdet.

4. S. vulgaris (Moench) Garcke s. str. – *Gemeines L.*
Ö: Einzeln oder in grösseren Gruppen in mageren Wiesen und Weiden, an lückig bewachsenen Strassen- und Flussböschungen, an Bahndämmen, als Pionier in Steinbrüchen, in Kieshalden, an steinigen Erdanrissen, auf Bahnschotter, selten in mageren Rebbergen und in Felsspalten. Neuerdings in Magerwiesensaaten. – Auf trockenen bis frischen, höchstens mässig nährstoffreichen, meist kalkhaltigen, rohen, seltener humosen, steinigen und lehmigen Böden.
S: Mesobromion, trockenes Arrhenatherion (Arrhenatheretum brometosum), Dauco-Melilotion.
V: Ziemlich verbreitet, aber nur in den Flusstälern und in den Kalkgebieten ± häufig.
G: Nicht gefährdet; in Gebieten mit intensiver Grünlandbewirtschaftung schonungsbedürftig.

5. S. conica L. – *Kegelfrüchtiges L.*
B: (Eph). – S- und SC-Europa, Kleinasien; sandig-steinige Trockenwiesen, Brachfelder, auf Kalk.
Ö/V: Kein aktueller Nachweis. Hafen Basel-Kleinhüningen (letzmals 1978, BAUMGARTNER 1985), 'Lucke' bei Lörrach (Hügin in PHILIPPI 1961).

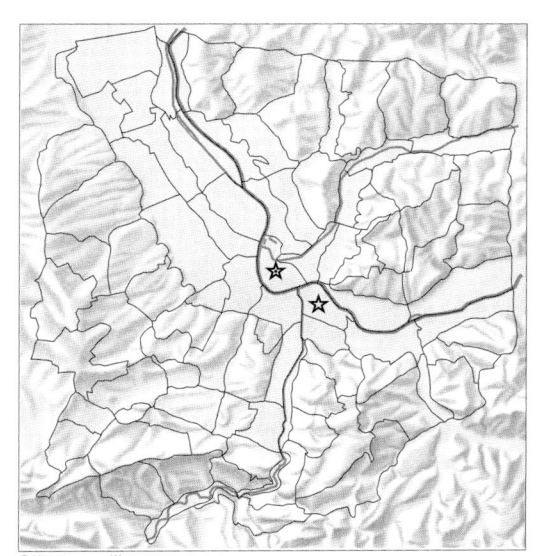

Silene gallica

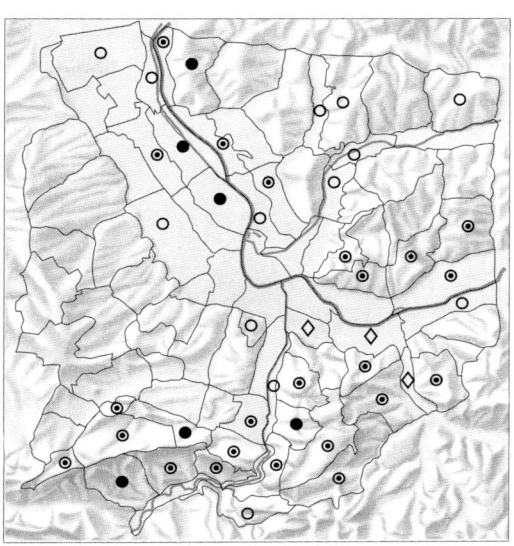

Silene nutans

6. S. conoidea L. – *Grosskegeliges L.*
B: Eph. – SW-Europa, Kleinasien; Äcker, Weiden, Ruderalstellen.
Ö/V: Adventiv im Hafen Basel-Kleinhüningen (1981, BAUMGARTNER 1985).

7. S. gallica L. – *Französisches L.*
B: Neo, als Adventivpflanze bereits 1844 im Gebiet (Labram in BINZ 1915) . – Mittelmeergebiet, kosmopolitisch; sandige, steinige Äcker, Wegränder, Ödland .
Ö: Adventiv und z.T. ± eingebürgert in Hafenanlagen, auf offenen, sandigen Ruderalflächen. – Auf (mässig) trockenen, nährstoffreichen, sandigen Böden.
S: Sisymbrion.
V: Hafen Basel-Kleinhüningen (Südquaistrasse, während Jahren beständig, 1995 nur noch wenige Exemplare), Auhafen (Muttenz, 1983-1986).
G: Zurückgegangen; im Gebiet wohl nie besonders häufig und schon immer etwas unbeständig. An Ackerstandorten verschollen. Vom Aussterben bedroht.

8. S. nocturna L. – *Nacht-L.*
B: (Eph). – Mediterrangebiet; sandige Orte, Ödland, Weinberge.
Ö/V: Kein aktueller Nachweis. Bahnhof Liestal (1957, Heinis in BECHERER 1958), "Basel,
Biascastrasse, auf Schutt" (1953, Heinis in BECHERER 1954).

9. S. dichotoma Ehrh. – *Gabeliges L.*
B: (Neo) Eph. – O- und SO-Europa, Kleinasien; Steppen, Äcker, Ruderalstellen in Industrie- und Bahnarealen.
Ö/V: Sehr selten: um 1980 am Bahndamm bei St. Jakob (leg. & det. H. Meier).
G: Zurückgegangen; im Gebiet wohl nie besonders häufig und schon immer ± unbeständig. Meiste historische Meldungen zwischen 1900 und 1950. Vom Aussterben bedroht.

10. S. cretica L. – *Kretisches L.*
B: Eph. – Mediterrangebiet; Äcker, ruderale Krautfluren, Leinfelder.
Ö/V: Adventiv auf einem Verladegleis im Auhafen Muttenz (1983, 1985).

11. S. nutans L. s. str. – *Nickendes L.*
Ö: Truppweise in sonnigen Säumen und in Verlichtungen trockener, föhren- und eichenreicher Wälder, in Trockenrasen, auf Felstreppen, am Rand alter Lesesteinhaufen, an steinigen Erdanrissen, gelegentlich auf alten Mauern und in Ritzen gemauerter Böschungen. Neuerdings in Magerwiesensaaten. – Auf trokkenen, nährstoffarmen, basenreichen, kalkreichen wie kalkarmen, mittel- bis flachgründi-

gen, steinig-lehmigen und klüftig-felsigen Böden.
S: Geranion sanguinei, seltener Trifolion medii, Quercion pubescenti-petraeae, Brometalia, Echio-Melilotetum.
V: Im Jura, am südlichen und südwestlichen Dinkelberg, im Gebiet der Malmscholle von Istein und in der holozänen Aue der Oberrheinebene verbreitet, aber nicht durchwegs häufig. Sonst selten; fehlt den Lössgebieten und der Stadt Basel.
G: Zurückgegangen und in Gebieten mit intensiver Landnutzung nahezu verschwunden. Schonungsbedürftig; ausserhalb des Juras gefährdet.

12. S. armeria L. – *Nelken-L.*

B: Eph. – S-, O- und C-Europa; trockene, sandige, felsige Orte auf Silikat, Felder, Ödland.
Ö/V: Seit den 1980er Jahren da und dort in Wiesen- und Buntbrachensaaten. Vorübergehend verwildert in offenen Rabatten, in den Fugen von Pflästerungen usw., z.B. Basel (Spalengraben, badischer Verschiebebahnhof), Muttenz (Prattelerstrasse).

13. S. rupestris L. – *Felsen-L.*

Seit langem verschollen. Früher seltener Schwemmling der Wiese, abwärts bis zur Mündung (HAGENBACH 1821, SCHNEIDER 1880, BINZ 1911). Art des Schwarzwaldes.

Bastard

14. S. × hampeana Meusel & Werner (S. dioica × pratensis)

Kein aktueller Nachweis. "Wiese bei Weil" (Christ in BINZ 1915), "Bei Binningen" (1873, Christ in BINZ 1905).

119. Lychnis L.   *Lichtnelke, Pechnelke*

1. L. coronaria (L.) Desr. (Silene coronaria (L.) Clairv.) – *Kranzrade*

B: Eph (Neo). – SO-Europa, Kleinasien, auch Unterwallis; sonnige Felsen, Gebüsche, Lichtungen, bis 1300 m.
Ö: Zierpflanze. Verwildert und sich einbürgernd an Mauerfüssen, in Plattenfugen, in Baumscheiben, auch in Weiden, an Böschungen und Dämmen, ausserdem mit Gartenschutt verschleppt in Kiesgruben, an Waldwegen und Gebüschsäumen. Wärmeliebend. – Auf frischen bis mässig trockenen, nährstoffreichen, humosen, steinigen und lehmigen Böden.
S: Sisymbrion, Arction.
V: In den Siedlungsgebieten und in der Nähe von Anpflanzungen nicht selten; v.a. in warmen Tieflagen.

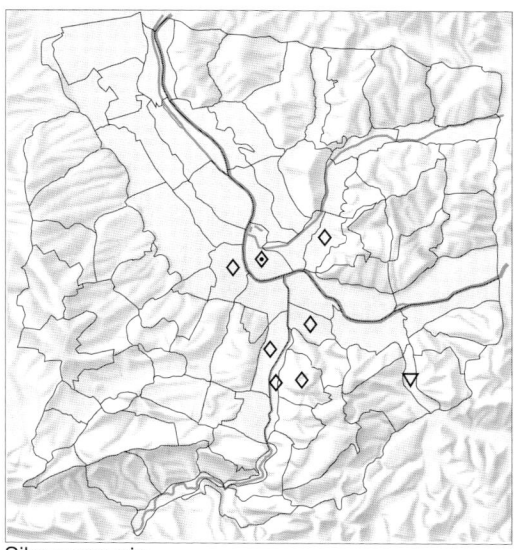

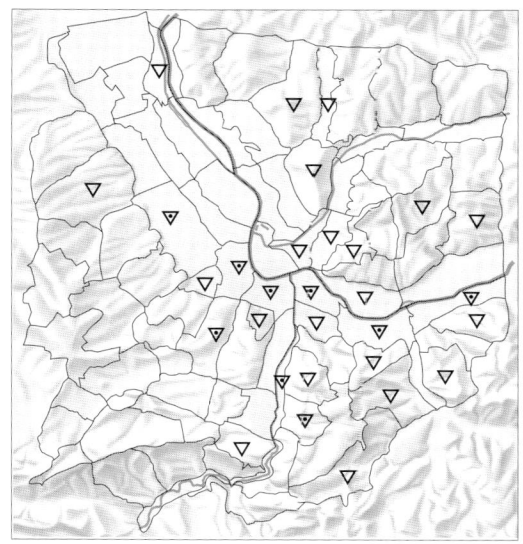

Silene armeria

Lychnis coronaria

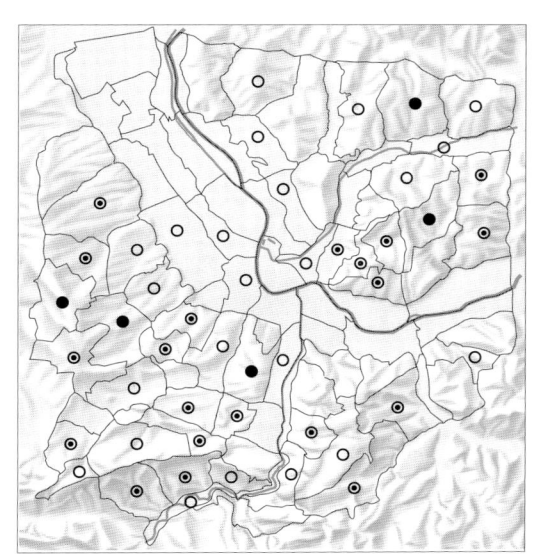

Lychnis flos-cuculi

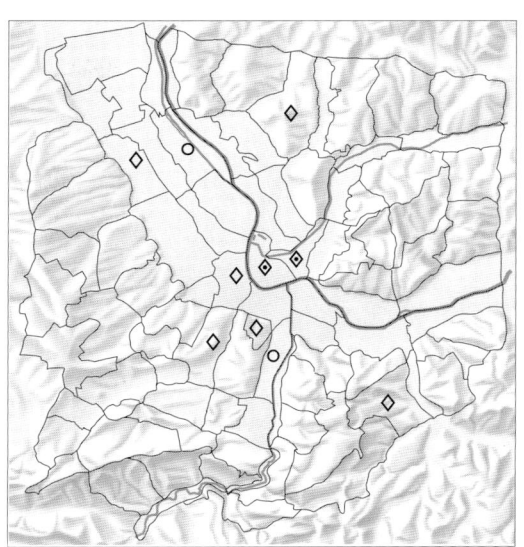

Agrostemma githago

2. L. flos-cuculi L. (Silene flos-cuculi (L.) Clairv.) – *Kuckucksnelke*
Ö: Einzeln oder in lockeren Herden in feuchten, mageren Glatthaferwiesen, seltener an feuchten Böschungen und Gräben, in Waldschlägen und halbschattigen Säumen von Eschen- und Erlenwäldern, in Sumpfwiesen. Neuerdings in Wiesensaaten und angepflanzt in Weiherbiotopen. – Auf feuchten bis nassen, nicht zu nährstoffreichen, tiefgründigen, humosen Lehm- und Tonböden.
S: Arrhenatherion (Arrhenatheretum cirsietosum), Calthion, seltener Molinion und Aegopodion.
V: Im Sundgau verbreitet und v.a. im mittleren und höheren Sundgau z.T. recht häufig. Ziemlich häufig auch über Keupertonen des Dinkelberges und um Hägelberg-Weitenau. Sonst sehr zerstreut; in den Flusstälern selten bis weithin fehlend.
G: Stark zurückgegangen. Gefährdet.

---

120. Agrostemma L.   *Kornrade*

1. A. githago L. – *Kornrade*
B: Arch.
Ö: In Getreideäckern. Neuerdings häufig eingesät in Ackerreservaten und Buntbrachen, in städtischen Baumrabatten, in künstlich angelegten Trockenwiesen (z.T. var. *microcalyx* Rupr.). – Auf trockenen bis frischen, ± nährstoffreichen, sandigen Lehmböden.
S: Secalietea.
V: Sehr selten: Neudorf-Rosenau (Acker westlich 'Kirchenerkopf', noch 1983; vgl. auch RASTETTER 1993). Sonst angesät, z.B. im Gebiet der Reinacher Heide (1991, seither jährlich).
G: Als spontaner Ackerbaubegleiter sehr stark zurückgegangen; im Gebiet bereits in den 1960er Jahren selten geworden (MOOR 1962). Wildvorkommen vom Aussterben bedroht.

POLYGONACEAE
KNÖTERICHGEWÄCHSE

---

121. Rumex L.   *Ampfer*

Untergattung
Acetosella (Meissner) Rech. f. – *Kleiner Sauer-Ampfer*

1. R. acetosella L. s. l. – *Kleiner Sauer-A.*
Vorbem.: Die drei durch verschiedene Chromosomenzahlen und Sterilitätsbarrieren getrennten Unterarten sind im Gebiet noch nicht untersucht.

Ö: Einzeln bis gesellig in offenen Kies- und Sandfluren, in lückigen Magerrasen, an Rai-

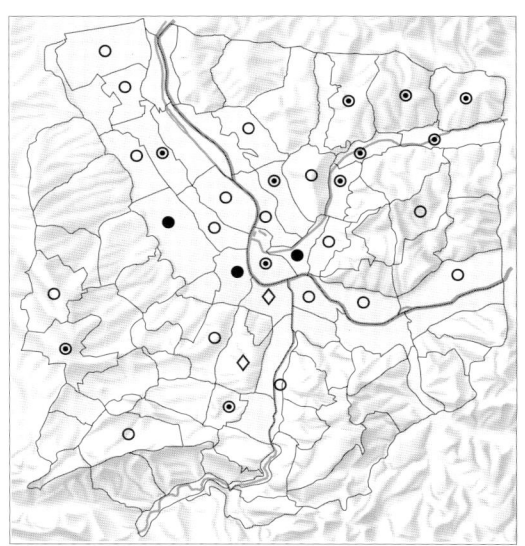

Rumex acetosella

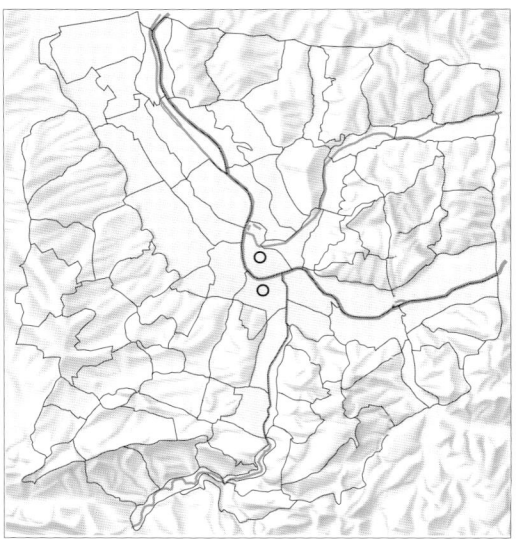

Rumex scutatus

nen und Dämmen, in Bahnarealen, in Kohlelagern, in Mauerfugen und auf Mauerkronen, seltener in Äckern, an Wegrändern, an sonnigen Borden von Waldstrassen, in hageren Waldschlägen und Waldsäumen. Auch mit Sand und Torfmull verschleppt in Ziergartenbeeten, Blumentrögen u. dgl. – Auf frischen bis trockenen, ziemlich nährstoff- und basenarmen, meist kalkfreien, lockeren, rohen oder humosen, z.T. torfigen Sand- und sandigen Lehmböden.
S: Sedo-Scleranthetalia, seltener Violion caninae, Xerobromion und Aperion (Papaveretum argemone).
V: Auf den Niederterrassen und den höheren Auenniveaus der Oberrheinebene, im Wiesental und in den Weitenauer Vorbergen verbreitet und stellenweise recht häufig. Sonst selten; v.a. im höheren Sundgau, z.B. im Gebiet Liebenswiller-Hagenthal-le-Haut-Bettlach; Dinkelberg: Degerfelden NW (Hagenbach); Hochrheinebene: Bahnböschung beim Kraftwerk Wyhlen, Kiesgrube südlich Herten; im Jura nur bei Hofstetten (Stüppen, 1987).
G: Zurückgegangen und an Ackerstandorten nahezu verschwunden. Gefährdet.

1a. – ssp. **acetosella** – *Kleiner Sauer-A.*
Wohl die verbreitetste und häufigste Sippe.

1b. – ssp. **tenuifolius** (Wallr.) Schwarz (R. tenuifolius (Wallr.) A. Löve) – *Schmalblättriger Sauer-A.*
Ein Nachweis: Riehen (Bahndamm Landauer, 1984).

1c. – ssp. **angiocarpus** (Murb.) Murb. (R. angiocarpus Murb.) – *Hüllfrüchtiger Sauer-A.*
Wenige gesicherte Nachweise: Bahnhof Basel-St. Johann, Hüningen (Leimgruben).

Untergattung
Acetosa (Mill.) Rech. f. – *Sauer-Ampfer*

2. R. scutatus L. – *Schild-A.*
B: Eph. – Westliches Eurasien und Nordwest-Afrika, auch Jura; Geröll, Felsschutt.
Ö/V: Selten adventiv im Bahnschotter: Wolf-Bahnhof (Basel), Damm der Hochrheinlinie zwischen Bad. Bahnhof und Hirzbrunnen (Basel). An der Landskron (BINZ 1911) und am Isteiner Klotz (Neuberger in BINZ 1915) verschollen.

3. R. acetosa L. – *Wiesen-Sauer-A.*
Ö: Einzeln, oft aber gesellig in Fettwiesen, in frischen Magerwiesen, seltener in Fettweiden und Parkrasen, an Feld- und Waldwegen, in Äckern, an Schuttplätzen. – Auf frischen bis

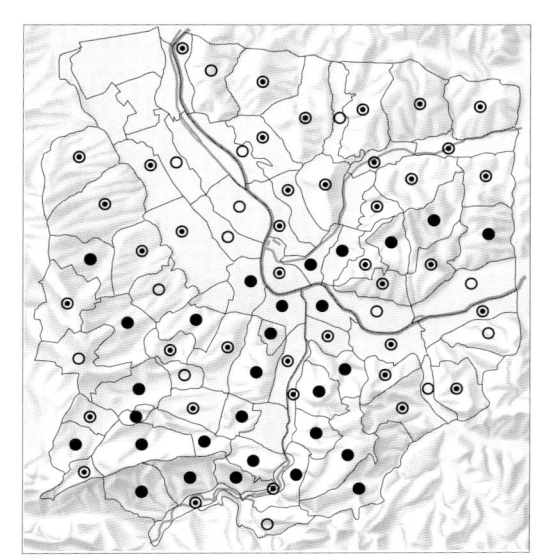

Rumex acetosa

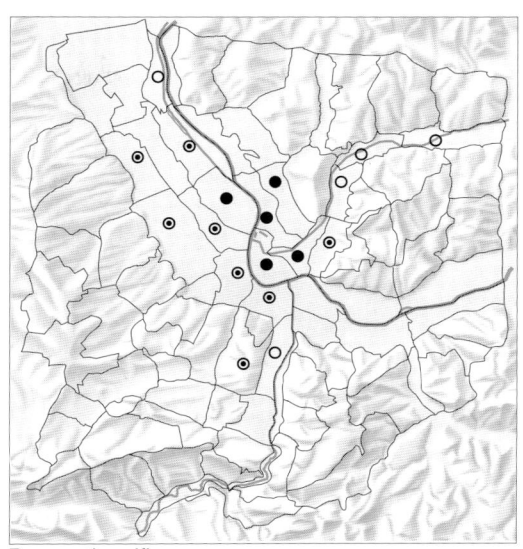

Rumex thyrsiflorus

feuchten, meist nährstoffreichen, aber nicht überdüngten, tiefgründigen, humosen Lehm- und Tonböden.
S: Arrhenatherion, Mesobromion (Colchico-Mesobrometum), Cynosurion, Agropyro-Rumicion.
V: Verbreitet und v.a. in den Hügelländern häufig.
G: Nicht gefährdet.

4. R. thyrsiflorus Fingerh. – *Rispen-Sauer-A.*

B: Neo, seit ca. 1925 im Gebiet (BECHERER 1926, 1927b). – Osteuropa, West- und Zentralasien; Kiesfluren, Dämme, Wege.
Ö: Einzeln bis locker gesellig in z.T. lückigen und etwas gestörten Wiesen, in ruderalen Staudenfluren auf Ödland und in Bahnarealen, an Strassen und Wegen, an Bahndämmen, an Rainen und Böschungen. Wärmeliebend. – Auf ziemlich trockenen, mässig nährstoffreichen, oft kalkarmen, ± lockeren, z.T. rohen, lehmigen Schotterböden.
S: Convolvulo-Agropyrion, gestörtes Arrhenatherion und Mesobromion, Dauco-Melilotion, seltener Arction und Onopordion.
V: In der Gegend von Weil-Haltingen (schon BECHERER 1926), Neudorf, St. Louis, Blotzheim und in den nördlichen Teilen der Stadt Basel (Kleinhüningen, Bahnanlagen der Deutschen Bahn, Böschungen der Wiese) verbreitet

und häufig. In den übrigen Flusstälern und in den übrigen Teilen der Oberrheinebene selten und z.T. unbeständig: Birsebene: südwärts bis Reinach; Wiesental: Lörrach, Haagen, Steinen; unteres Leimental: Binningen, Bottmingen. Ausnahmsweise auch an den warmen Talflanken: Riehen (Scheibenstand im Moostal).
G: In leichter Zunahme und Ausbreitung. Nicht gefährdet.

Untergattung
Rumex – *Ampfer*

Vorbem.: Die Arten der Untergattung *Rumex* bastardieren leicht. Die Bastarde sind weitgehend bis völlig steril. Ihre Untersuchung im Gebiet steht noch aus.

5. R. obtusifolius L. – *Stumpfblättriger A.*

Ö: Einzeln, oft aber gesellig, gelegentlich in Menge in überdüngten Fettwiesen und -weiden, an Feldwegen und Strassenrändern, in Äckern, auf Gartenland, in Uferstaudenfluren, an Schuttstellen, an Mist- und Kompostplätzen, an Waldwegen, in Waldschlägen. – Auf frischen bis nassen, sehr nährstoffreichen, tiefgründigen, humosen oder rohen, z.T. schweren Lehm- und Tonböden.
S: Agropyro-Rumicion, Cynosurion, gestörtes Arrhenatherion, feuchtes Arction und Aegopodion, Aperion, Polygono-Chenopodion.
V: Verbreitet und häufig.
G: Nicht gefährdet.

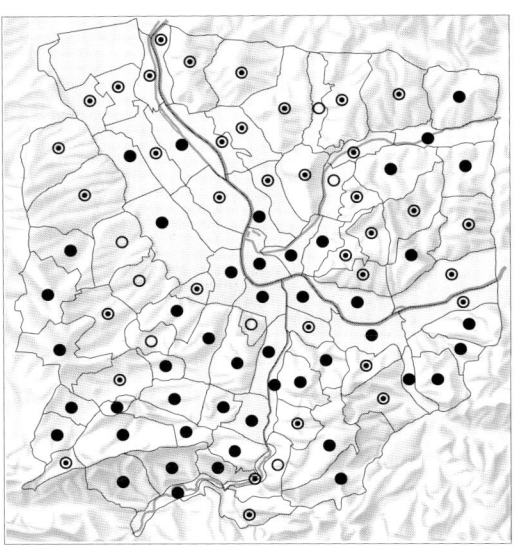

Rumex obtusifolius

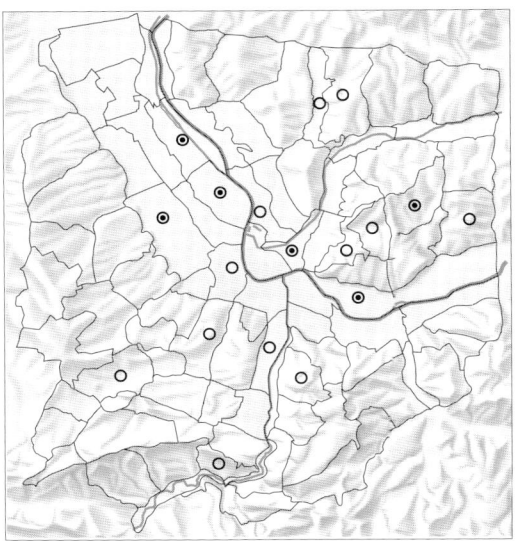

Rumex conglomeratus

6. R. triangulivalvis (Dans.) Rech.f. – *Weidenblatt-A.*
B: (Eph). – N-Amerika bis Guatemala; sumpfige Orte, Ruderalstellen.
Ö/V: Kein aktueller Nachweis. Rheinhafen Basel-Kleinhüningen (1965, Simon in BECHERER 1966; 1959, BAUMGARTNER 1973).

7. R. pulcher L. – *Schöner A.*
B: Eph. – W-Europa, Mittelmeergebiet, Kleinasien; unbebautes Land, Brachfelder, Dünen.
Ö/V: Adventiv in den Häfen Weil-Friedlingen (1988f.) und Basel-Kleinhüningen (1990).

8. R. maritimus L. – *Strand-A.*
B: (Id) Eph. – Eurasien; periodisch nasse Schlammböden, z.B. Fischteiche.
Ö/V: Innerhalb der Gebietsgrenzen als beständige Wildpflanze (SCHNEIDER 1880, BINZ 1911, 1915) seit langem verschollen. 1987 verschleppt in einer Baumschule auf dem Bruderholz bei Bottmingen (Spitzenhägli).

9. R. conglomeratus Murray – *Knäuelblütiger A.*
B: Arch.
Ö: Einzeln bis gesellig an Ufern und Gräben, an Kiesgrubentümpeln, an Schuttstellen, in feuchten Waldschlägen und an Waldwegen. – Auf feuchten bis nassen, nährstoff- (stick-stoff-)reichen, tiefgründigen, humosen Lehm- und Tonböden.
S: Bidention, Agropyro-Rumicion.
V: Sehr zerstreut; v.a. in der holozänen Aue der elsässischen Oberrheinebene, z.B. Neudorf (Quackery), am Hüningerkanal (mehrfach), Kiesgrube östlich Blotzheim, Rheinufer westlich Haltingen; Dinkelberg: Riehen (Maienbühl), Degerfelden NW (Hagenbach); Sundgau: Ziegelei Oberwil usw.
G: Zurückgegangen. Gefährdet.

10. R. sanguineus L. – *Blut-A.*
B: Arch.
Ö: Meist gesellig in Bachauenwäldern, in feuchten Waldsenken, an Waldwegen, in Waldschlägen; gerne an Störstellen. – Auf (sikker-)feuchten bis (sicker-)nassen, z.T. auch staunassen, basen- und nährstoffreichen, meist kalkarmen, tiefgründigen, humosen Lehm- und Tonböden.
S: Alno-Ulmion (v.a. Pruno-Fraxinetum, Carici remotae-Fraxinetum), Aegopodion.
V: Ziemlich verbreitet; häufig in Gebieten mit kalkarmen oder entkalkten Böden (Weitenauer Vorberge, Dinkelberg, Hardwälder der Hoch- und Oberrheinebene, Bruderholz usw.), selten auf der Blauen-Nordseite und auf dem Gempenplateau.
G: Nicht gefährdet.

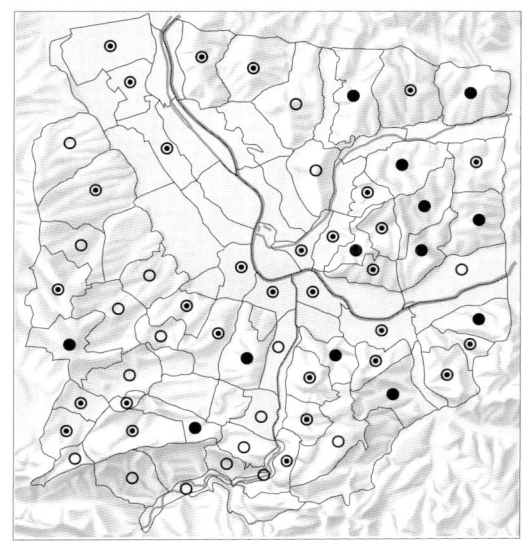

S: Magnocaricion.
V: Ziemlich selten; fast ausschliesslich in der elsässischen Oberrheinebene, z.B. Hüningerkanal bei Hüningen, Rosenau, Richardshäuser usw., Rhein beim Hafen Hüningen, Elsässerkanal (Kembser Stau), Pisciculture; badische Oberrheinebene: Altwasser bei Märkt; Hochrheinebene: sehr vereinzelt am rechten Rheinufer beim Birsfelder Stau und bei Grenzach (unterhalb Strandbad).
G: Zurückgehend; im Gebiet schon immer selten. Gefährdet.

12. R. crispus L. – *Krauser A.*

Ö: Einzeln bis gesellig in Staudenfluren an Ufern und Gräben, an Schuttplätzen, an Weg- und Strassenrändern, in Bahn- und Hafenanlagen, in gestörten Fettwiesen und übernutzten Weiden, in Äckern und Ackerbrachen. – Auf feuchten bis mässig trockenen, nährstoff-(stickstoff-)reichen, ± tiefgründigen, oft verdichteten Lehm- und Tonböden.
S: Agropyro-Rumicion, Convolvulo-Agropyrion (v.a. Poo-Tussilaginetum), auch Aperion und Polygono-Chenopodion.
V: Verbreitet und v.a. in den Flusstälern und in den niederen Hügelländern ziemlich häufig.
G: Nicht gefährdet.

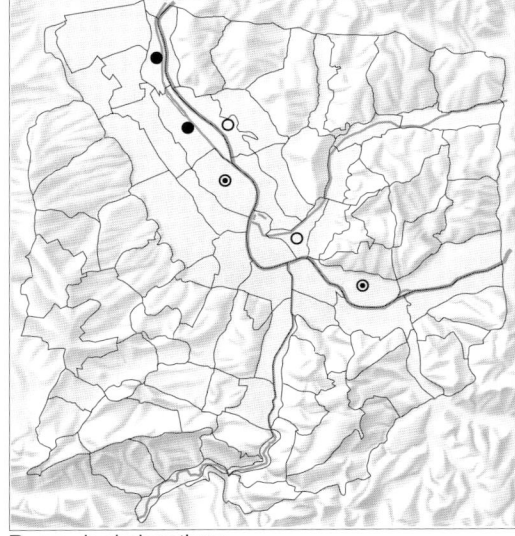

Rumex sanguineus

11. R. hydrolapathum Huds. – *Riesen-A.*

Ö: Einzeln oder in Gruppen an schlammigen Ufern oder in seichtem Wasser langsam fliessender Flüsse und Kanäle, am Rande von Röhricht. – Auf nassen, zeitweilig überschwemmten, sehr nährstoffreichen, schlammigen Kiesböden.

Rumex hydrolapathum

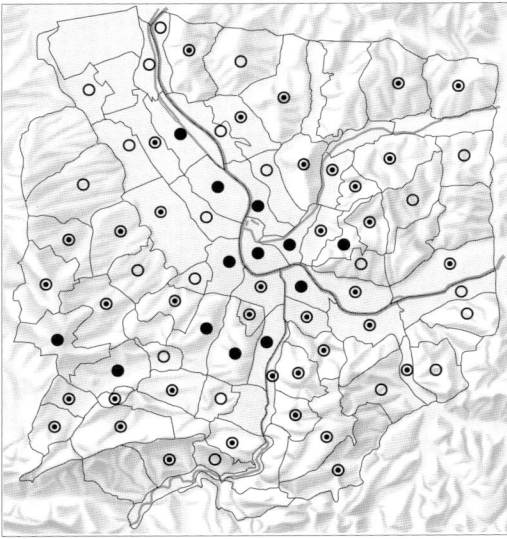

Rumex crispus

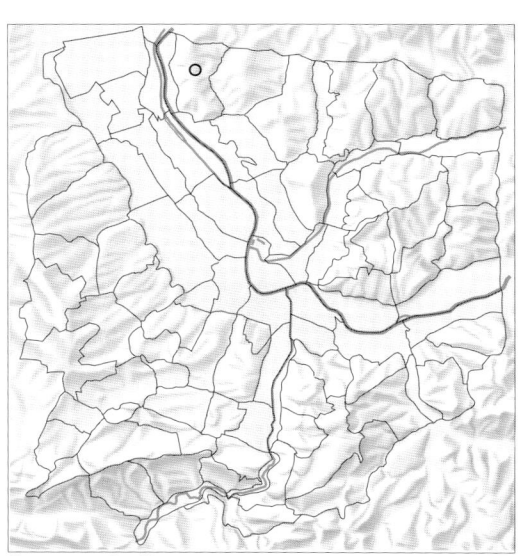

Rumex patientia

13. R. patientia L. – *Garten-A.*
B: Neo. – SO-Europa, Kleinasien; Felder, Ruderalstellen.
Ö/V: Früher häufig, heute kaum mehr kultivierte Gemüsepflanze. Eingebürgert im Efringer Rebberg (1992, HÜGIN & KOCH 1993).

122. Rheum L.   *Rhabarber*

1. R. rhabarbarum L. – *Gemeiner R.*
B: Eph. – Mongolei und Umgebung; offene Berghänge.
Ö/V: Nutzpflanze. Da und dort als Gartenrelikt auf Brachland, verschleppt an Schutt- und Kompostplätzen.

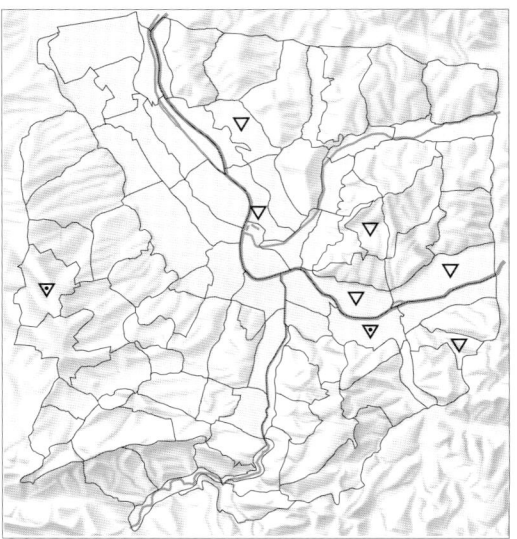

123. Fallopia Adans. *Windenknöterich*

1. F. convolvulus (L.) A. Löve (Polygonum convolvulus L.) – *Windenknöterich*
Ö: Einzeln bis gesellig, vereinzelt in Massenbeständen in Getreide- und Kartoffeläckern, in Mais- und Gemüsefeldern, auch an Zäunen, an Schuttplätzen, in Rabatten. – Auf mässig trockenen bis ziemlich feuchten, nährstoffreichen, ± tiefgründigen, gerne humosen Lehmböden.

Rheum rhabarbarum

S: Aperion, Polygono-Chenopodion, seltener Sisymbrion.
V: Verbreitet und mit Ausnahme der grösseren Waldgebiete meist häufig.
G: Nicht gefährdet.

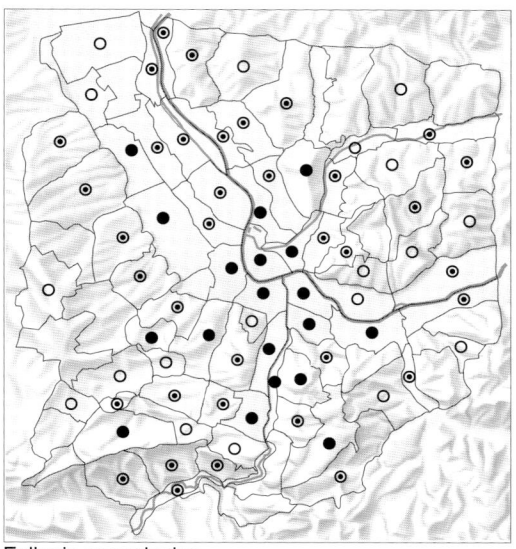

Fallopia convolvulus

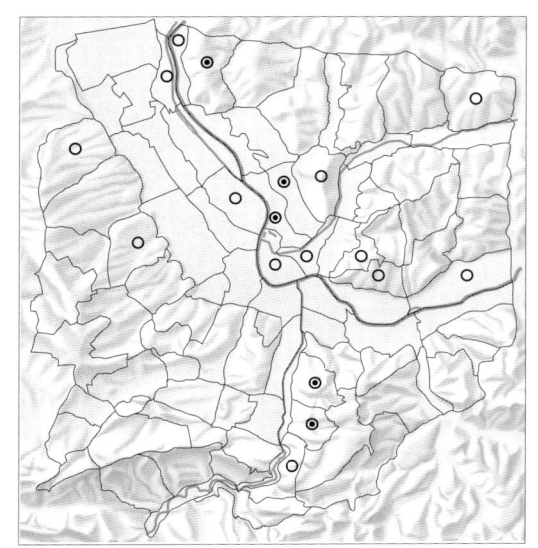

Fallopia dumetorum

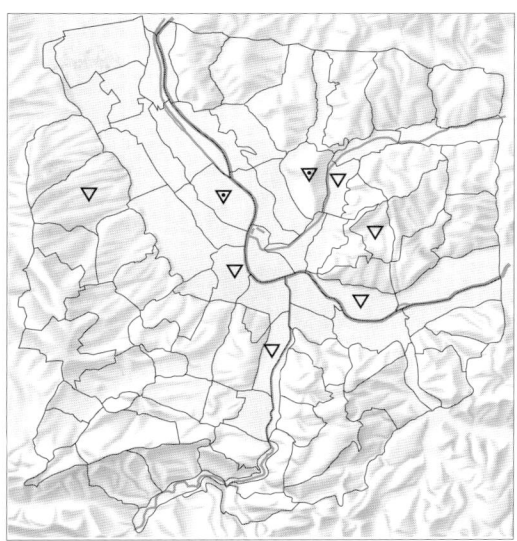

Fallopia aubertii

2. F. dumetorum (L.) Holub (Polygonum dumetorum L.) – *Heckenknöterich*

Ö: Meist gesellig, gelegentlich in Menge in stickstoffbeeinflussten Wald- und Heckensäumen, in Waldschlägen, in Hohlwegen, an Rebmauern, in aufgelassenen Rebbergen. Wärmeliebend. – Auf frischen bis mässig trockenen, basen- und ± nährstoffreichen, mittel- bis tiefgründigen, humosen, lockeren, lehmigen und sandig-lehmigen Böden.
S: Alliarion, Aegopodion, Sambuco-Salicion.
V: Ziemlich selten; nur in den Flusstälern und an den warmen Talflanken, z.B. Rhein bei Hüningen, Kembs-Loechle (Langhag), Gegend von Istein, Sundgauvand bei Blotzheim und Sierentz, um Weil-Haltingen, Wiese bei Kleinhüningen, Riehen (Ausserberg), Bahndamm westlich Warmbach (H. Boos), Gempen-Westflanke bei Arlesheim (Schäferrain-Reichenstein, Welschelselisgraben, Eremitage), Duggingen (Angenstein, schon BINZ 1942).
G: Gefährdet.

3. F. aubertii (Henry) Holub (Polygonum aubertii Henry) – *Schlingknöterich*

B: Neo, als Zierpflanze seit dem 19. Jahrhundert in Europa. – W-China, Tibet; buschige Berghänge.

Ö/V: Als Zierpflanze an Pergolen, Hauswänden u. dgl. öfters kultiviert. Da und dort nahverwildernd oder mit Erdmaterial verschleppt an Mauern und Gebüschen, vereinzelt auch eingebürgert und in gewaltigen Kaskaden wuchernd in ruderalen Gebüschen und Robiniengehölzen, z.B. in Rheinnähe unterhalb Hüningen und bei Michelfelden (Augraben). Fast ausschliesslich im Siedlungsgebiet und seiner näheren Umgebung.

124. **Reynoutria** Houtt.
Staudenknöterich

1. R. japonica Houtt. (Polygonum cuspidatum Siebold & Zucc.) – *Japanischer St.*

B: Neo, seit ca. 1920 im Gebiet (BINZ 1922, GOLDER 1922). – Japan, Korea, China, Taiwan; sonnige Hügel und Bergflanken.
Ö: Ursprünglich Zierpflanze. Völlig eingebürgert und oft in dichten Massenbeständen an Fluss- und Bachufern, in gestörten Auengehölzen, an Dämmen, in Kiesgruben, an Schuttplätzen. – Auf zumindest in der Tiefe feuchten, nährstoffreichen, oft rohen Kies-, Lehm- und Tonböden.
S: Aegopodion, gestörtes Alno-Ulmion, seltener robinienreiches Sambuco-Salicion.

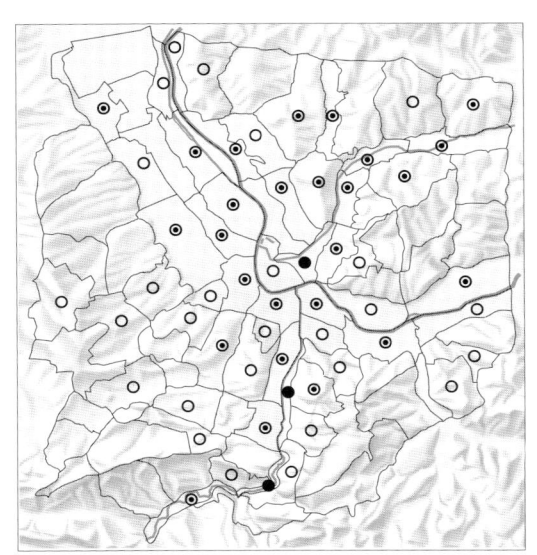

Reynoutria japonica

V: In den Flusstälern verbreitet und v.a. im Birs- und Wiesental häufig. Sonst sehr zerstreut; im Jura selten und über weite Strecken fehlend.
G: In Ausbreitung. Nicht gefährdet.

2. R. sachalinensis (Frdr. Schmidt) Nakai (Polygonum sachalinense Frdr. Schmidt) – *Sachalin-St.*

B: Neo. – Japan, Sachalin, Kurilen; Schluchten und Bergbäche.
Ö: Ursprünglich Zierpflanze. Eingebürgert an Dammböschungen, in Hecken und Gebüschen. – Auf (sicker-)frischen, nährstoffreichen, lockeren, z.T. steinigen Lehmböden.
S: Aegopodion, robinienreiches Sambuco-Salicion.
V: Wenige Nachweise: Riehen (Wiesengrießner), Rheinfelden S (Autobahnböschung östlich des Magdenerbachs). Auf weitere Vorkommen ist zu achten. Die in SEBALD et al. (1993) dargestellte Verbreitung entspricht nicht den Tatsachen, sondern bezieht sich allermeist auf *R. japonica* (G. Hügin, mdl.).

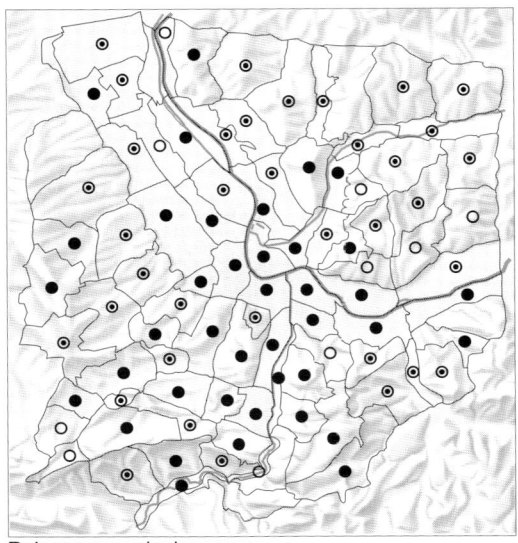

Polygonum aviculare aggr.

125. Polygonum L. Knöterich

Sektion
Polygonum – *Vogel-Knöterich*

**1.–5. Artengruppe
P. aviculare**

Vorbem.: Die Vogelknöterich-Gruppe gliedert sich zunächst in zwei Grundarten: *P. arenastrum* Boreau und *P. aviculare* L. In unserem Gebiet sind 4 Arten (1.-4.) gut unterscheidbar, mit Übergängen zwischen 1. und 2. bzw. zwischen 3. und 4. Lit.: SCHOLZ 1958, 1959, 1960.

1. P. aequale Lindm. (P. arenastrum Boreau p. p.) – *Gleichblättriger Vogel-K.*

Ö: Einzeln, meist aber gesellig in Trittrasen, in stark genutzten, lückigen Scherrasen, in Standweiden, in den Fugen von Pflästerungen, Strassen- und Trottoirrandsteinen, auf Feldwegen, auf unbefestigten Plätzen, seltener und v.a. randlich in Äckern und Rebbergen. – Auf feuchten bis mässig trockenen (sommertrockenen), basen- und meist nährstoffreichen, gerne ± tiefgründigen, oft verdichteten, z.T. steinigen oder sandigen Lehmböden.
S: Polygonion avicularis (Lolio-Polygonetum avicularis, Bryo-Saginetum), Cynosurion, seltener Agropyro-Rumicion und Polygono-Chenopodion.

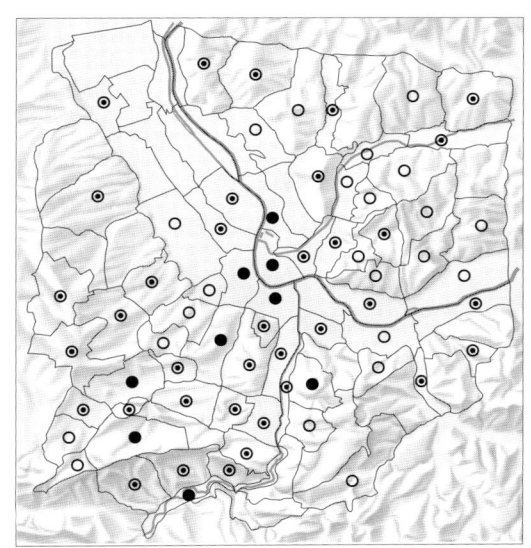

Polygonum aequale

V: Verbreitet und ausserhalb der grösseren Waldgebiete häufig.
G: Nicht gefährdet.

2. P. calcatum Lindm. (P. arenastrum Boreau p. p.) – *Niedriger Vogel-K.*
Ö: Einzeln bis gesellig in den Fugen von Pflästerungen, Strassen- und Trottoirrandsteinen, auf lückig bewachsenen Kies-, Sand- und Mergelplätzen und -wegen, in sehr lückigen Tritt- und Scherrasen, z.T. auch mit Bettungssand verschleppt. Wärmeliebend. – Auf mässig frischen bis trockenen, nur mässig nährstoffreichen, rohen Sand-, Kies- und Lehmböden.
S: Polygonion avicularis (Polygonetum calcati, Bryo-Saginetum polygonetosum calcati).
V: Verbreitung ungenügend erfasst. Recht häufig in der Stadt Basel, in der Birsebene und in der Gegend von Dornach-Arlesheim; im Leimental vereinzelt bis Ettingen; Hoch- und Oberrrheinebene: CH-Rheinfelden, Weil, St. Louis; Wiesental: z.B. Maulburg; Ergolztal: Liestal; Sundgau: Muespach-le-Haut, Folgensbourg, Hagenthal usw. Deutlich seltener als *P. aequale*. Auf weitere Vorkommen ist zu achten.
G: Nicht gefährdet.

3. P. heterophyllum Lindm. (P. aviculare L. p. p.) – *Verschiedenblättriger Vogel-K.*
Ö: Einzeln, oft aber gesellig in (Winter-)Getreideäckern, in Ackerbrachen und Rebbergen, an den Rändern von Feldwegen, verschleppt in Rabatten. – Auf mässig feuchten bis mässig trockenen, basen- und nährstoffreichen, mittel- bis tiefgründigen, steinigen, sandigen und reinen Lehmböden.
S: Aperion, seltener Caucalidion und Polygono-Chenopodion.

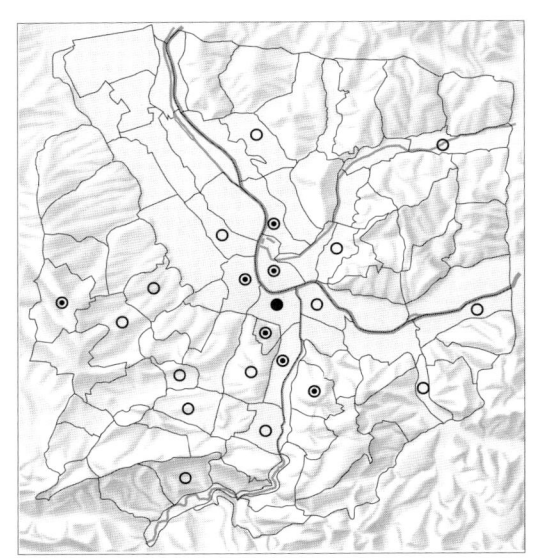

Polygonum calcatum

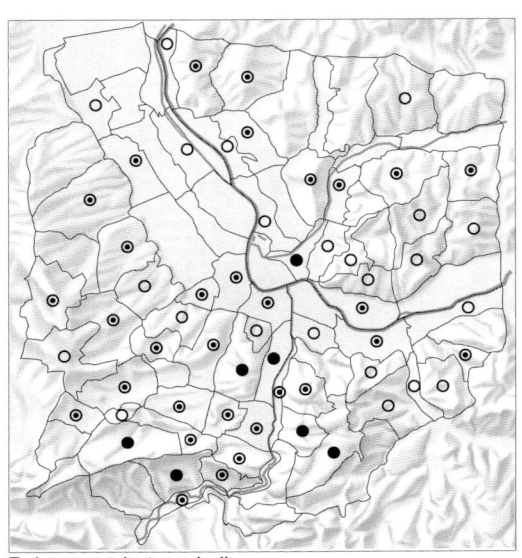

Polygonum heterophyllum

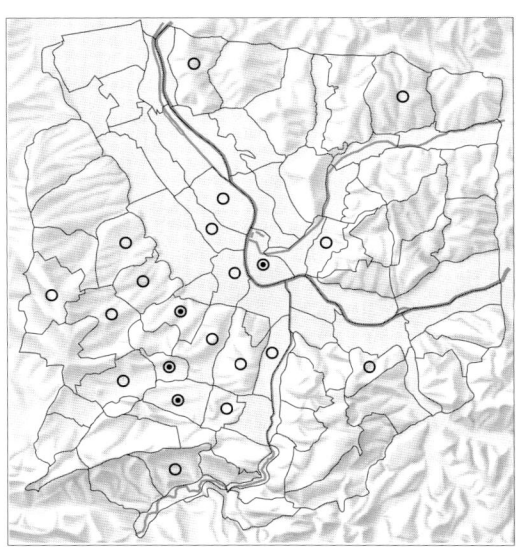

Polygonum monspeliense

V: Verbreitet und v.a. in den Lösslehmgebieten ziemlich häufig.
G: Nicht gefährdet.

4. P. monspeliense Thiéb. (P. aviculare L. p. p.) – *Aufrechter Vogel-K.*
Ö: Einzeln bis gesellig, selten in Menge in Hackkulturen, in Gemüse- und Kartoffelfeldern, in 'Krautgärten', gelegentlich unter Sommergetreide, v.a. unter Mais. – Auf feuchten, sehr nährstoffreichen, tiefgründigen, humosen Lehmböden.
S: Polygono-Chenopodion.
V: Wie *P. heterophyllum*, doch deutlich seltener, z.B. Allschwil S, Oberwil N, zwischen Therwil und Ettingen, Leymen, Reinach, Pratteln O, Hägelberg S.
G: Nicht gefährdet.

5. P. rurivagum Jord. – *Unbeständiger Vogel-K.*
Ruderal auf Kies im Bahnareal Muttenz (Hofacker, 1984).

6. P. patulum M. Bieb. (P. bellardii auct.) – *Lockerähriger K.*
B: Eph. – Mediterrangebiet, Osteuropa; Getreidefelder, Ruderalstellen.
Ö/V: Hin und wieder adventiv auf sandigen Böden in den Häfen Basel-Kleinhüningen und Weil-Friedlingen.

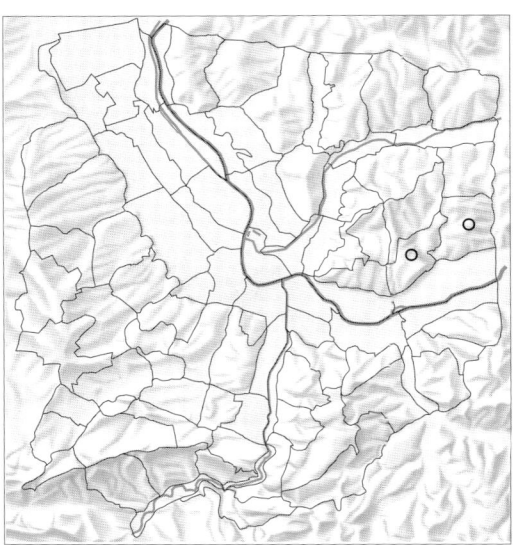

Polygonum polystachyum

7. P. ramosissimum Michx. – *Vielästiger K.*
B: (Eph). – USA, Kanada; Sandstrände, Ödland, Strassenränder.
Ö/V: Kein aktueller Nachweis. Hafen Basel-Kleinhüningen (1972, BAUMGARTNER 1985).

Sektion
Aconogonon Meissner – *Alpen-Knöterich*

8. P. polystachyum Meisn. – *Vielähriger K.*
B: Neo. – Himalaya bis SW-China; Gehölze, offene Berghänge, 2000-4000m.
Ö/V: Ein Nachweis: 2 km nördlich Degerfelden an der Strasse nach Eichsel, hier neuerdings auf Feuchtwiesen jenseits der Strasse übergreifend (H. Boos). Auf weiteres Auftreten im Gebiet ist zu achten.

Sektion
Bistorta (L.) D. Don – *Schlangen-Knöterich*

9. P. bistorta L. – *Schlangen-K.*
Ö: Einzeln bis gesellig in feuchten Fettwiesen und Staudenfluren. Vorzugsweise in höheren, sommerkühlen Lagen. – Auf frischen bis feuchten, nährstoffreichen, gerne ± kalkarmen, meist tiefgründigen, humosen Lehm- und Tonböden.

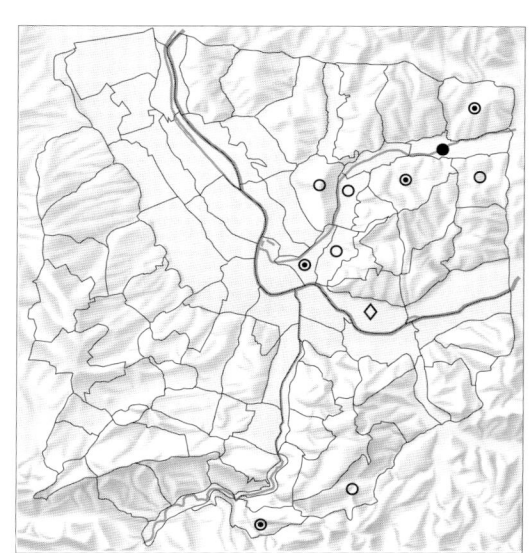

Polygonum bistorta

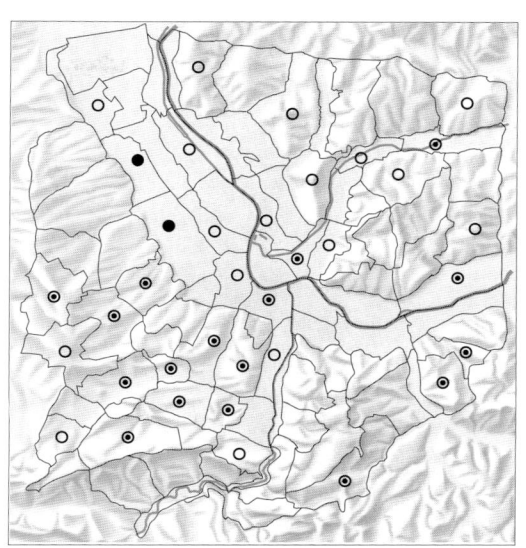

Polygonum amphibium f. terrestre

S: Arrhenatherion (Arrhenatheretum cirsietosum), Aegopodion.
V: Ziemlich selten; v.a. im Wiesental zwischen Maulburg und Brombach, auch an der Wiese bei Lörrach sowie an drei Stellen am Wiesendamm in den Langen Erlen; um Weitenau; Tüllinger Berg nördlich Weil; Dinkelberg: Hüsingen S (am Weg Richtung 'Zinsacker'), Maulburg S; Jura: unterhalb Steffenschmitten im Kasteltal (Himmelried).
G: Zurückgegangen. Im Birs- und Ergolztal sowie im Leimental (u.a. BINZ 1911) verschollen. Gefährdet.

Sektion
Persicaria (L.) Meissner – *Feld-Knöterich*

10. P. amphibium L. – *Sumpf-K.*

10a. – f. **terrestre** Leyss.
Ö: Einzeln oder gesellig an den Rändern von Äckern, Fettwiesen und Fettweiden, an befahrenen Feldecken, auf Schuttplätzen und Ödland, an Feld-, seltener an Waldwegen, an Gräben und Ufern, hier z.T. in Übergängen zur f. *aquaticum* Leyss. – Auf (dauer-)feuchten bis staunassen, sehr nährstoffreichen, tiefgründigen, ± humosen, z.T. auch schweren und verdichteten Lehm- und Tonböden.

S: Agropyro-Rumicion, Polygono-Chenopodion.
V: Zerstreut; v.a. in den Lössgebieten und auf den Niederterrassen der elsässischen Oberrheinebene.
G: Schonungsbedürftig.

10b. – f. **aquaticum** Leyss.
Ö: In kleinen und grösseren Beständen an den Ufern und im Flachwasserbereich von Weihern und Teichen. Da und dort in Weiherbiotopen gepflanzt. – Auf nassen, mindestens zeitweise überfluteten, nährstoffreichen, schlammigen Lehm- und Tonböden.
S: Nymphaeion.
V: Sehr selten; spontan nur an wenigen Stellen in der elsässsischen Oberrheinebene: St. Louis (Grande Sablière), Rosenau W (an der Strasse Richtung Bartenheim-la-Chaussée). Sonst wohl gepflanzt, z.B. Arlesheim (Eremitage), Aesch (Tannmatt), Riehen (Eisweiher), Binningen (Herzogenmatt) usw.
G: Als Wildpflanze stark zurückgegangen. Vom Aussterben bedroht.

11. P. capitatum Buchanan-Hamilton – *Kugel-K.*
B: Eph. – Himalaya bis SW-China; Felsen, Steilhänge, Kulturland, 600-2400m.

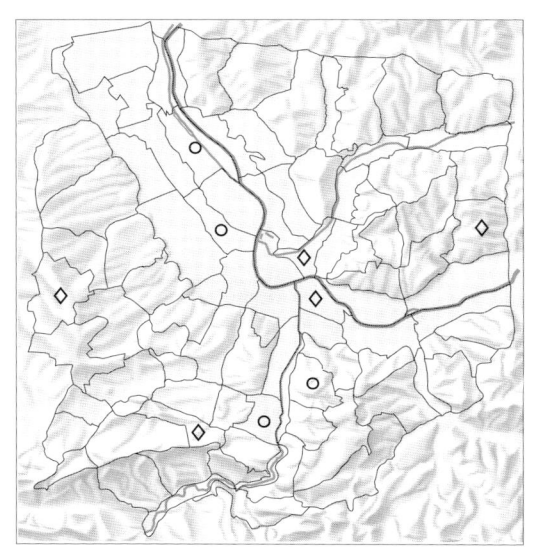

Polygonum amphibium f. aquaticum

Ö/V: Zierpflanze. Vorübergehend nahverwildernd: Birsfelden (Hauptstrasse).

12. P. nepalense Meisn. – *Nepal-K.*

B: (Eph). – Himalaya, Indien; Strassenränder subtropischer Bergwälder, 750-3000 m.
Ö/V: Kein aktueller Nachweis. Hafen Basel-Kleinhüningen (1957, BAUMGARTNER 1985).

13. P. orientale L. – *Östlicher K.*

B: Eph, in Mitteleuropa seit ca. 200 Jahren in Kultur. – China, Indien, Malaysia; austrocknende Gräben und Tümpel.
Ö/V: Zierpflanze. Vorübergehend verschleppt auf der Abdeckung der Weberalterndeponie bei Bad. Rheinfelden (1989, H. Boos).

14. P. persicaria L. – *Pfirsichblättriger K.*

Ö: Einzeln bis gesellig in (Winter-)Getreideäkkern, in Ackerbrachen, seltener in Hackkulturen. Auch an Schuttstellen, auf Erd- und Kiesdeponien, an Ufern, verschleppt in Rabatten. – Auf (mässig) frischen bis feuchten, nährstoff- (stickstoff-)reichen, mittel- bis tiefgründigen, sandigen, lehmigen und tonigen Böden.
S: Aperion, seltener Polygono-Chenopodion und Bidention.
V: Verbreitet und meist häufig.
G: Nicht gefährdet.

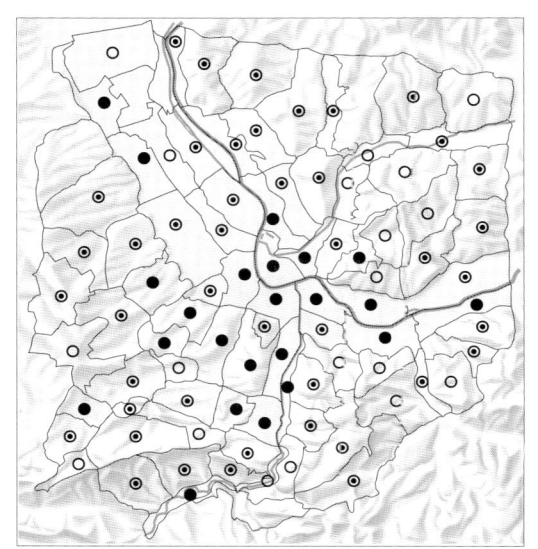

Polygonum persicaria

15. P. pensylvanicum L. – *Pensylvanischer K.*

Vorbem.: Meist in der Nominatvarietät. selten in der var. *laevigatum* Fern.

B: Eph (Neo). – USA, Kanada; Schwemmböden, sumpfige Ruderalstellen, Bahnareale.
Ö: Einzeln bis gesellig auf Lager- und Umschlagplätzen und auf Verladegleisen der Rheinhäfen.

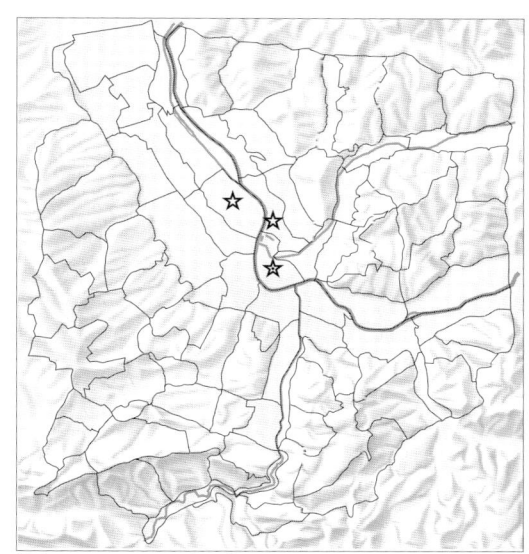

Polygonum pensylvanicum

V: Alljährlich und wahrscheinlich in Einbürgerung im Rheinhafen Basel-Kleinhüningen (seit 1982, BAUMGARTNER 1985); unbeständig in den Häfen von Hüningen und Weil-Friedlingen.

16. P. lapathifolium L. s. l. – *Ampferblättriger K.*

Vorbem.: Verbreitung und Ökologie der Unterarten im Gebiet sind noch ungenügend bekannt, die aufgeführten Vorkommen sind als Beispiele zu verstehen.
Ö: Einzeln bis gesellig, gelegentlich in Menge unter Sommergetreide, v.a. unter Mais, in Kartoffel- und Gemüseäckern, in 'Krautgärten', in Ackerbrachen, auf Ödland und an Schuttplätzen, an Ufern und auf schlammigem Flusskies, verschleppt in Rabatten. – Auf ziemlich feuchten bis nassen, z.T. auch zeitweilig überschwemmten, sehr nährstoff- (v.a. stickstoff-) reichen, tiefgründigen, Lehm-, Ton- und schlammigen Kies- und Sandböden.
S: Polygono-Chenopodion, Bidention.
V: Ziemlich verbreitet und v.a. in den Flusstälern und in den Lössgebieten häufig.
G: Nicht gefährdet.

16a. – ssp. **lapathifolium**
Die im ganzen Gebiet verbreitete, häufige Unterart.

16b. – ssp. **mesomorphum** (Dans.) Dans.
Flusstäler und Sundgau, gerne auf Löss: z.B. Biel-Benken-Witterswil (Eggfeld), Leymen (Eckfeld), Aesch (Schlattfeld), Riehen (Wiesengriener nördlich Weilstrasse), Weil (Rheinufer). Selten im Jura: Nenzlingen (Oberfeld).

16c. – ssp. **pallidum** (With.) Fr.
Flusstäler, Sundgau und Dinkelberg, z.B. Therwil (Lindenfeld), Ettingen (Marchbach), Allschwil (Hegenheimermattweg), Basel, Dornach, Haagen-Hauingen, Bettingen (Buechholz), Obereichsel W (Auf Festenau).

17. P. salicifolium Brouss. ex Willd. (P. serrulatum Lag.) – *Weidenblättriger K.*

B: (Eph). – Mittelmeergebiet, Orient; Schlammböden, Sümpfe.
Ö/V: Kein aktueller Nachweis. Hafen Basel-Kleinhüningen (1964, BAUMGARTNER 1973).

18. P. hydropiper L. – *Wasserpfeffer-K.*

Ö: Einzeln bis gesellig, gelegentlich in Menge in feuchten Äckern und Ackerbrachen, in Baumschulen, in Ackergräben, an Karrengleisen von Feld- und Waldwegen, in nassen Waldschlägen, in gestörten Nasswiesen, an schlammigen, gelegentlich auch überschwemmten Ufern von Flüssen, Weihern und

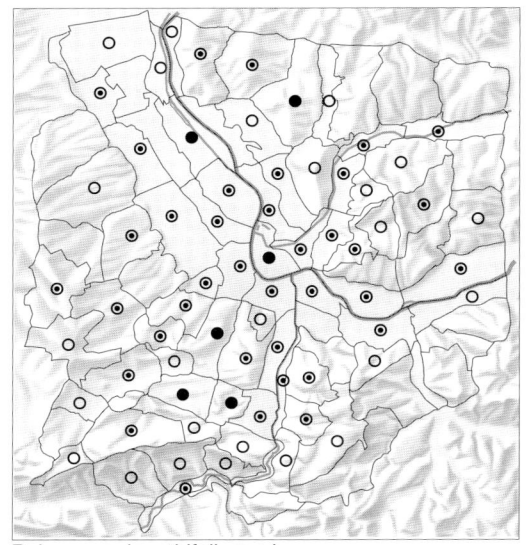

Polygonum lapathifolium s.l.

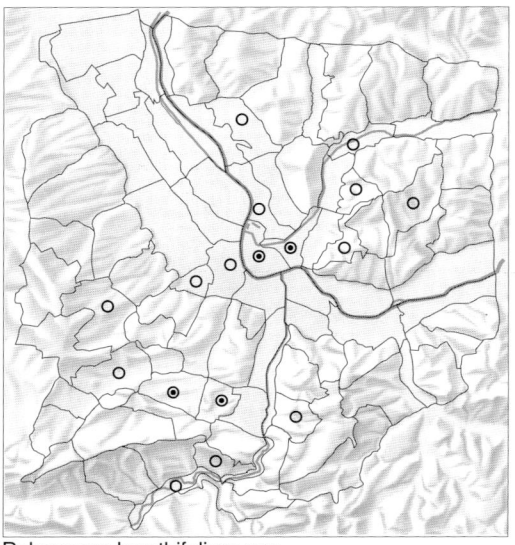

Polygonum lapathifolium ssp.

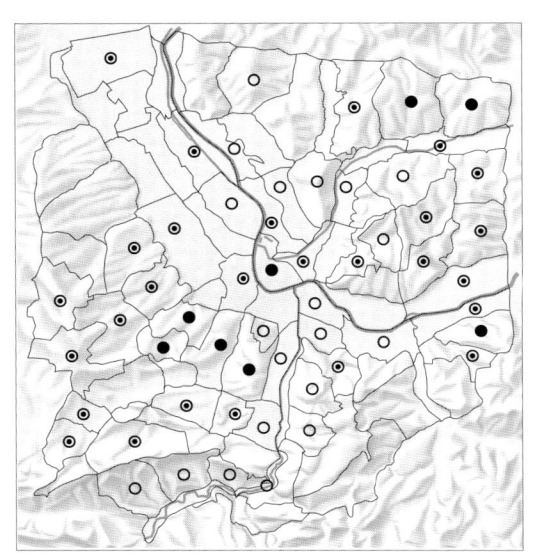

Polygonum hydropiper

Teichen, auf Ödland, an Schuttplätzen. – Auf feuchten bis nassen, oft staunassen, nährstoffreichen, oft kalkarmen, tiefgründigen Lehm-, Ton- und schlammigen Kiesböden.
S: Feuchtes Aperion und Polygono-Chenopodion, Agropyro-Rumicion, Nanocyperion, Bidention.
V: Im Sundgau, in den Weitenauer Vorbergen, auf dem Plateau von Olsberg-Giebenach und im Wiesental verbreitet und häufig, seltener am Dinkelberg. Sonst sehr zerstreut; im Jura fast ausschliesslich in den Lössnischen am Blauen und an der Gempen-Westflanke.
G: Nicht gefährdet.

19. P. mite Schrank – *Milder K.*
Ö: Einzeln bis gesellig in Karrengleisen nasser Feld- und Waldwege, in Waldschlägen, an zeitweilig überschwemmten Ufern von Bächen und Flüssen, in Gräben, selten in vernässten Äckern und verschleppt an Schuttstellen. – Auf dauerfeuchten bis nassen, auch zeitweise überschwemmten, basen- und nährstoffreichen, tiefgründigen Lehm-, Ton- und schlammigen Kies- und Sandböden.
S: Bidention, Nanocyperion.
V: Zerstreut, z.B. Lange Erlen, Binningen-Therwil, Olsberger Wald-Giebenach, Herten N, Obereichsel W, Birsufer bei Dornachbrugg

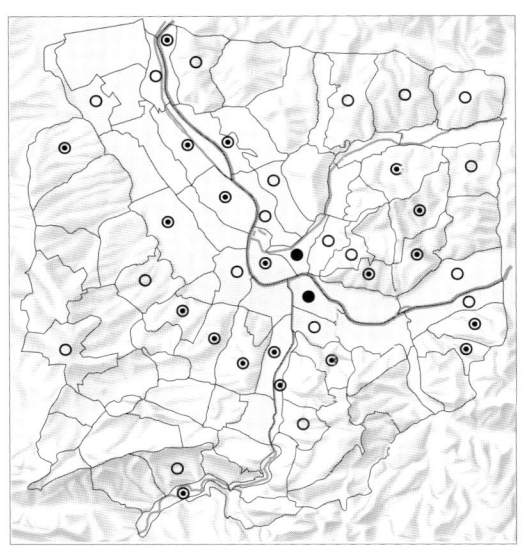

Polygonum mite

usw. Im Jura selten: Zwingen (Schäflete), Dornach (Asp).
G: Nicht gefährdet.

20. P. minus Huds. – *Kleiner K.*
Ö: Einzeln bis gesellig in Dellen und Gräben nasser Waldwege, in Waldschlägen. – Auf nassen, auch zeitweise überschwemmten, ± nähr-

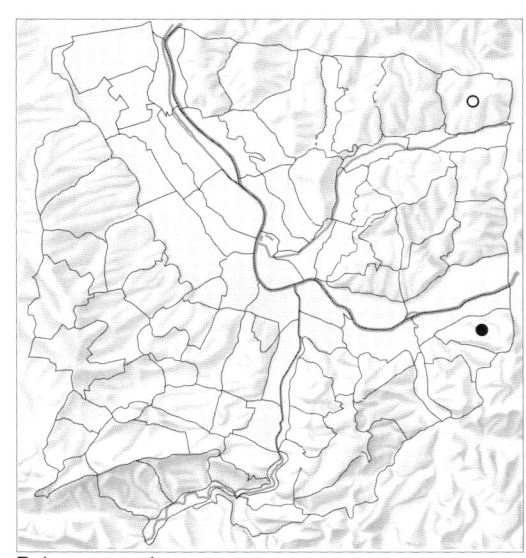

Polygonum minus

stoffreichen, meist völlig kalkfreien, tiefgründigen, humosen Lehm- und Tonböden.
S: Nanocyperion, Alliarion (feuchtes Epilobio-Geranietum), selten Bidention.
V: Selten; fast ausschliesslich im Olsberger Wald, z.B. im Gebiet 'Hexenplatz'-'Spilplatz'-'Niderwald'; Weitenauer Vorberge: Langenau W (Etzmatthalde).
G: Zurückgegangen; im Gebiet auch früher nicht häufig. In den Langen Erlen (BINZ 1911) und auf dem Bruderholz bei Basel (BINZ 1942) und Therwil (HEINIS 1926) verschollen. Gefährdet.

126. Fagopyrum Mill. *Buchweizen*

1. F. esculentum Moench – *Echter B.*

B: Eph. – C- und O-Asien; wild nicht bekannt.
Ö/V: Alte, seit dem Spätmittelalter angebaute, heute nur noch vereinzelt zur Gründüngung (z.B.. Tüllinger Berg), als Buntbrache (Kiesgrube Weil) und als Wildfutter angesäte Mehlfrucht. Gelegentlich adventiv oder vorübergehend aus Vogelfutter verwildert, z.B. Hafen Basel-Kleinhüningen und Deutscher Güterbahnhof, an der Wiese (Lange Erlen), bei Giebenach (Ramschberg) usw.

PLUMBAGINACEAE
BLEIWURZGEWÄCHSE

127. Armeria (DC.) Willd. *Grasnelke*

1. A. maritima (Mill.) Willd. – *Strand-G.*

B: Eph. – Atlantikküste Nordwesteuropas; Küstengerölle und -felsen.
Ö/V: Zierpflanze. Verwildert und sich haltend in einer Pflästerung im Güterbahnhof Wolf (Basel).

PAEONIACEAE
PFINGSTROSENGEWÄCHSE

128. Paeonia L. *Pfingstrose*

1. P. officinalis L. – *Pfingstrose*

B: Eph. – S-Europa, Kleinasien; Felsgebüsche lichter Berghänge.
Ö/V: Zierstaude. Gelegentlich mit Erde verschleppt oder in verlassenen Gärten überständig, z.B. Münchenstein (Brüglingen), Arlesheim, Muttenzer Hard. Nicht subspontan verwildernd.

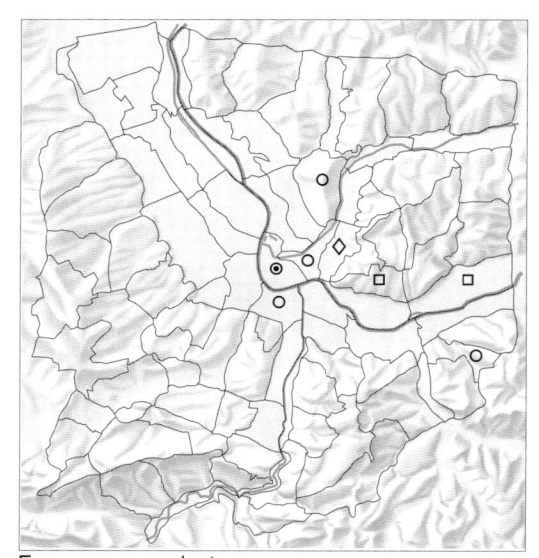

Fagopyrum esculentum

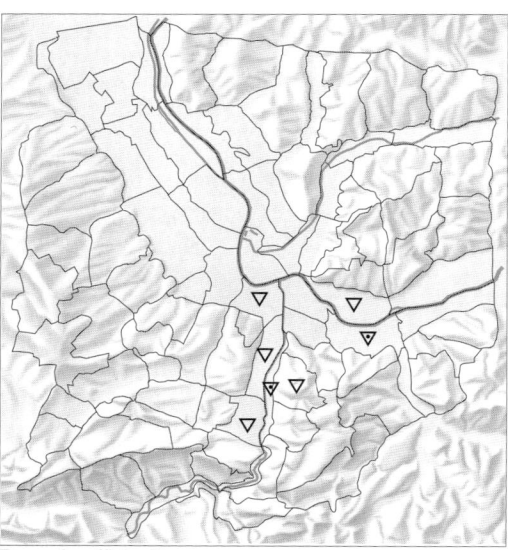

Paeonia officinalis

ACTINIDIACEAE
STRAHLENGRIFFELGEWÄCHSE

129. Actinidia Lindl. *Strahlengriffel*

1. A. deliciosa (Chevall.) Liang & Ferguson – *Kiwi*

B: Eph. – China; Bergwälder.
Ö/V: Adventiv im Hafen Basel-Kleinhüningen (1987).

HYPERICACEAE
JOHANNISKRAUTGEWÄCHSE

130. Hypericum L. *Johanniskraut, Hartheu*

1. H. androsaemum L. – *Mannsblut*

B: Neo. – W- und S-Europa, Türkei; luftfeuchte, schattige Waldgebüsche.
Ö: Zier- und Heilpflanze. Verwildert und z.T. eingebürgert im halblichten Unterholz siedlungsnaher Laubmischwälder, in Schlagfluren, an Waldwegen und Waldstrassen, auch an Ufermauern des Rheins. In warmen, wintermilden Lagen. – Auf frischen, humosen Lehmböden.
S: Sambuco-Salicion, Atropion, Fagetalia (Tilio-Acerion).
V: Selten, z.B. Arlesheim (Spitalholz, Gstüd), Reinach (Predigerholz), Riehen (Ausserberg, Friedhof Hörnli), auch Hauingen (Stockert), Basel (Oberer Rheinweg) usw.
G: Ohne deutliche Ausbreitungstendenz.

2. H. calycinum L. – *Grossblütiges J.*

B: Eph (Neo), als Gartenpflanze seit dem 17. Jahrhundert im Gebiet. – SO-Bulgarien, N-Türkei, Kolchis; schattige Wälder.
Ö/V: Häufige Zierpflanze, v.a. in Rabatten. Ziemlich selten verwildert oder verschleppt und z.T. ± naturalisiert, z.B. Muttenzer Hard (Bahnbord), Büren (Sternenberg, 6 m² grosse Kolonie neben Waldweg), Liestal W (Säuboden).

3. H. humifusum L. – *Niederliegendes J.*

B: Arch.
Ö: Einzeln oder in lockeren Beständen in periodisch feuchten Furchen von Löss- und Lehmäckern, an lückigen Pionierstellen feuchter, bodensaurer Wälder, z.B. an Waldweggräben und in hageren Waldschlägen, selten an Störstellen in Wiesen. – Auf feuchten bis zeitweise nassen, mässig nährstoffreichen, kalkarmen, lehmigen und tonigen Böden.
S: Nanocyperion, Epilobion angustifolii.

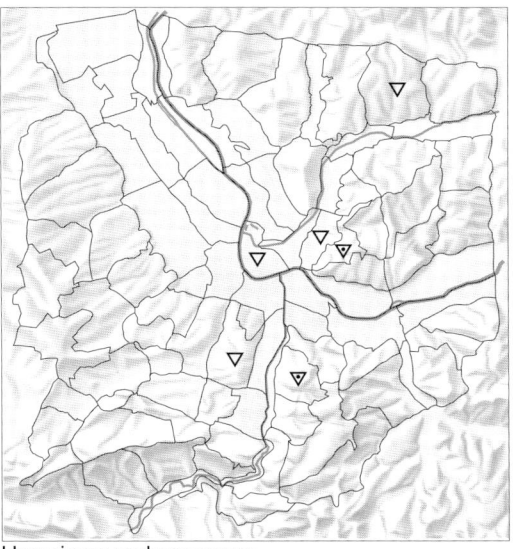

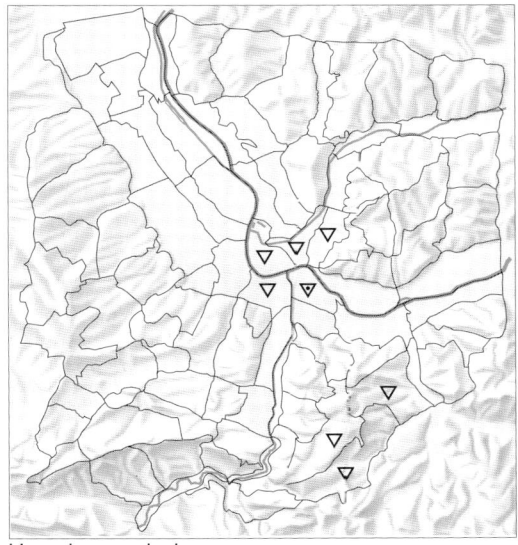

Hypericum androsaemum

Hypericum calycinum

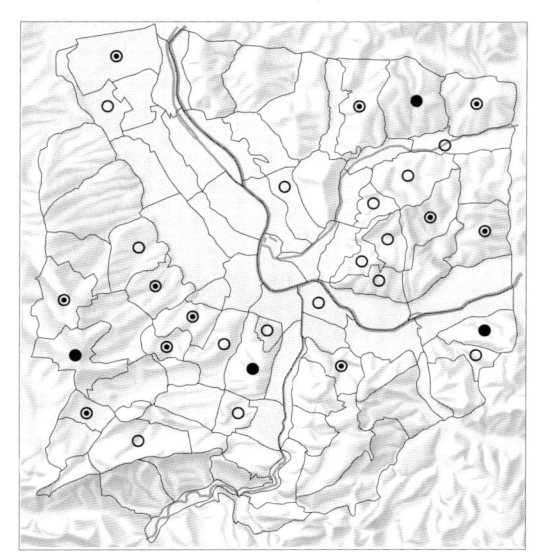

Hypericum humifusum

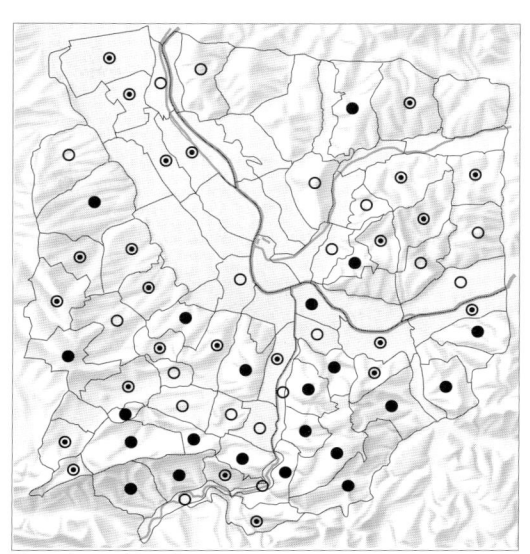

Hypericum hirsutum

V: Im Sundgau, auf dem Plateau von Olsberg-Giebenach und in den Weitenauer Vorbergen ziemlich verbreitet, aber nicht häufig, seltener am Dinkelberg. Sonst ± selten: Muttenzer Hard, Elsässer Hardt (z.B. Bahnhof Schlierbach), Muttenz-Münchenstein (Rütihard) usw.; im Jura nur westlich Hofstetten.
G: Zurückgegangen. Gefährdet.

4. H. hirsutum L. – *Behaartes J.*

Ö: Meist gesellig in Waldschlägen, an buschig-krautigen Waldrändern, an Waldstrassen, auch in nicht zu schattigen Forsten sowie in nicht mehr gemähten, waldnahen Wiesen, an Wegrainen, selten in Hecken. – Auf frischen bis mässig trockenen, basen- und ± nährstoffreichen, humosen, steinigen und lehmigen Böden.
S: Epilobietalia (v.a. Atropion), Trifolion medii.
V: Ziemlich verbreitet und v.a. im Jura, im Olsberger Wald und in den Hardwäldern der Hoch- und Oberrheinebene meist häufig. Im urbanen Siedlungsgebiet und in den holozänen Talauen selten bis fehlend.
G: Nicht gefährdet.

5. H. pulchrum L. – *Schönes J.*

Ö: Einzeln oder zu wenigen an oberflächlich trockenen, offenen Stellen in lichten, hageren Eichen-Birken- und Buchenwäldern, in alten Nadelforsten, in alten, verwachsenen Schlägen und neuen Schlagfluren; meist im Halbschatten. In wintermilden Lagen. – Auf frischen bis mässig trockenen, basen- und nährstoffarmen, kalkfreien, modrig-humosen, gerne etwas sandigen Lehmböden.

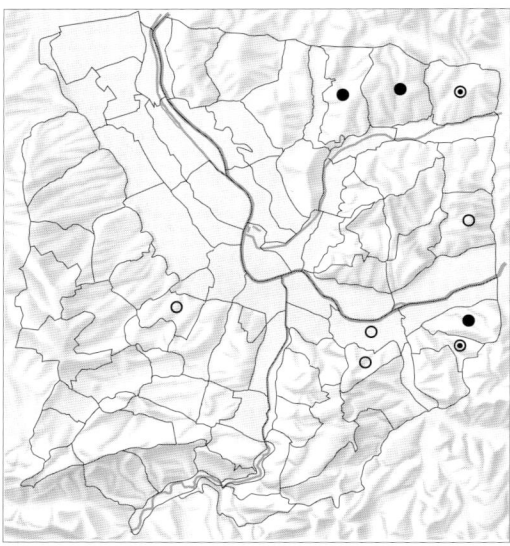

Hypericum pulchrum

S: Luzulo-Fagenion, Vaccinio-Abietenion, Epilobion angustifoliae, Quercion robori-petraeae.
V: In den Weitenauer Vorbergen und auf dem Plateau von Olsberg-Giebenach (Olsberger Wald, Bärenfelser Wald) nicht selten. Sonst nur an wenigen, streng lokalisierten Stellen: Hochrheinebene: Pratteler Hard (bis 1986, ob noch ?; vgl. schon BINZ 1911, MOOR 1962); nordöstliches Gempengebiet: Pratteln (Blözen); Sundgau: Allschwil S (Vögtenhegli); Dinkelberg: Nollinger Berg (bei 'Tränkerain', H. Boos).
G: Im Gebiet von Natur aus nicht häufig. In der Hardt bei Blotzheim (Weber in BINZ 1915) verschollen. Schonungsbedürftig; ausserhalb der Weitenauer Vorberge und des Olsberger Waldes stark gefährdet.

6. H. montanum L. – *Berg-J.*

Ö: Einzeln oder in lockeren Gruppen in sonnigen Wald- und Gebüschsäumen, an trockenwarmen Geländekanten im lichten Wald, an Waldwegen, in hageren Waldschlägen, an Erdanrissen, an Rainen. – Auf mässig trockenen, mässig nährstoffreichen, basenreichen, kalkhaltigen wie kalkfreien, mittelgründigen, steinigen, mergeligen und lehmigen Böden.
S: Geranion sanguinei, Atropion, Berberidion, Quercion pubescenti-petraeae, Cephalanthero-Fagenion, warmes Luzulo-Fagenion, Carpinion.

V: Im Jura verbreitet und ziemlich häufig, etwas weniger häufig im Olsberger Wald, am Dinkelberg (v.a. über Muschelkalk) und in den Weitenauer Vorbergen. Sonst selten: Hoch- und Oberrheinebene: Elsässer Hardt, Muttenzer Bahngelände; Sundgau: Reinach (Predigerholz), Allschwil S (Vögtenhegli), Buschwiller W (Buchholz); Malmscholle von Istein: Efringen N ('Kalkgraben').
G: Gebietsweise zurückgegangen. Nicht gefährdet; in den Flusstälern sowie im Markgräfler und Sundgauer Hügelland gefährdet.

7.–9. Artengruppe
H. perforatum – maculatum

Vorbem.: Die durch Bastardierung und Apomixis (bei 7.) komplexen Verhältnisse dieser noch ungenügend erforschten Gruppe stellen sich in unserem Gebiet etwa so dar: 7a. dürfte, wenn überhaupt, nur adventiv vorkommen; magere Formen von 7b. nähern sich morphologisch dieser Sippe; 7b. scheint gesichert zu sein, ist aber kaum präzis zu trennen von Trockenheitsformen der ssp. 7c; diese Hauptsippe umfasst nicht nur geographisch, sondern auch ökologisch vom Fels bis zum Wald das gesamte Spektrum; 7d. ist eine wohldefinierte, in den hiesigen Mittelgebirgswäldern verbreitete Sippe; sie stellt die Verbindung zu 8. dar, dessen ssp. 8b. recht nahe an den Merkmalskreis von 7d. heranreicht und oft schwer davon zu trennen ist, während 8a. die ausserhalb des Rayons weit verbreitete, bei uns nur seltene, montane Bergwiesensippe darstellt. Die wohl hybridogen entstandene Art 9. steht mit ihren Merkmalen im Dreieck zwischen 7., 8. und 10. Einzelne Sippenzuweisungen sind revisionsbedürftig.

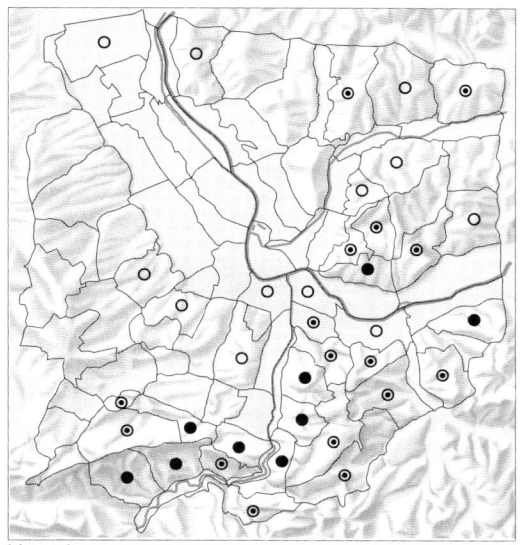

Hypericum montanum

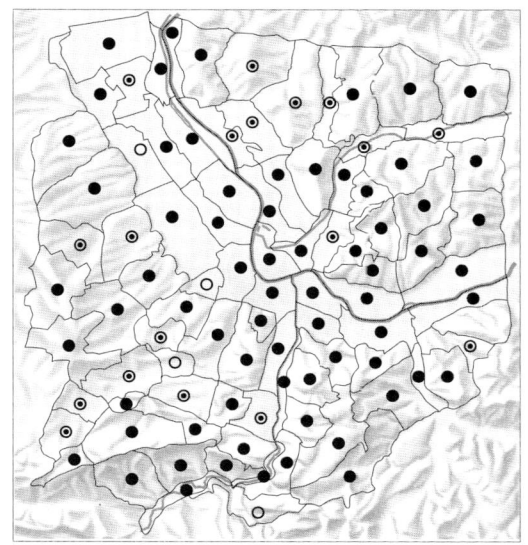

Hypericum perforatum s.l.

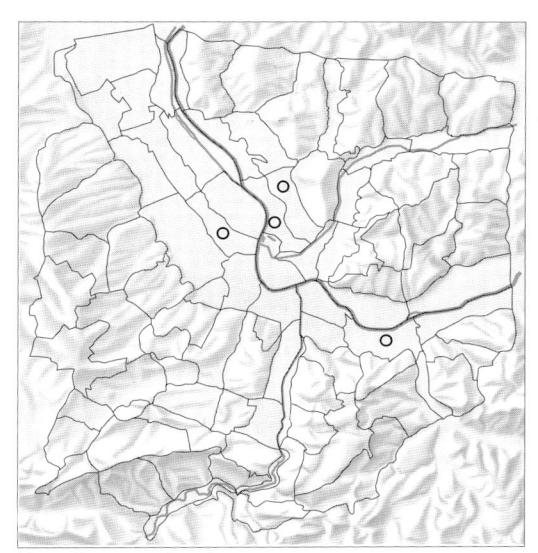

Hypericum perforatum ssp. veronense

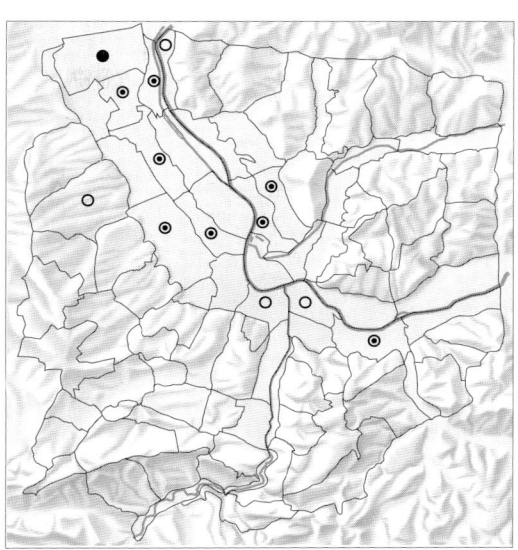

Hypericum perforatum ssp. angustifolium

7. H. perforatum L. s. l.

7a. – ssp. **veronense** (Schrank) A. Fröhl. – *Veronenser J.*

B: Eph (Neo) ? – submediterran.
Ö/V: Wenige, unsichere Nachweise aus Bahn- und Industrieanlagen der Hoch- und Oberrheinebene, z.B. St. Louis, Weil-Haltingen, Pratteln.

7b. – ssp. **angustifolium** (DC.) Gaudin – *Schmalblättriges J.*

Ö: In sommertrockenen, steinigen Ruderalfluren, in ± ruderalen Trockenrasen, an kiesigen Böschungen, in Bahnanlagen. – Auf trockenen, sandig-steinigen Böden.
S: Dauco-Melilotion, Alysso-Sedion.
V: Zahlreiche, z.T. unsichere Nachweise aus der Oberrheinebene, z.B. Elsässer Hardt (Randbereiche der Autobahn), Weil-Friedlingen, Bahngelände Weil-Haltingen usw.; Hochrheinebene: Muttenz-Pratteln. Wohl weiter verbreitet und oft nicht von *H. perforatum* s. str. getrennt.
G: Nicht gefährdet.

7c. – ssp. **perforatum** – *Gemeines J.*

Ö: An sonnigen Rainen, Böschungen und Dämmen, in verbrachten oder selten gemähten, mageren und ± fetten Wiesen und Weiden,
in Halbtrockenrasen, in Gebüschsäumen, an Waldwegen, auf Waldschlägen, in Ruderalfluren, an Mauern, in Steinbrüchen und Bahnanlagen, in Ackerbrachen, an Ackerrändern. – Auf (mässig) trockenen bis frischen, ± nährstoff- und basenreichen, steinigen, kiesig-sandigen bis (rein) lehmigen Böden.
S: Origanetalia, Brometalia, Onopordetalia (v. a. Dauco-Melilotion), Convolvulo-Agropyrion, seltener Arction, Alliarion, Atropion.
V: Verbreitet und häufig.
G: Nicht gefährdet.

7d. – ssp. **latifolium** (Koch) A. Fröhl. – *Breitblättriges J.*

Ö: An sonnigen bis schattigen Waldwegen, in Staudensäumen an Wiesen und Bächen, in Holzschlägen, an Wald- und Gebüschrändern, in lichten Buchen-Mischwäldern. – Auf frischen, nährstoff- und basenreichen, humosen, z.T. steinigen Lehmböden.
S: Fagion, Berberidion, Trifolion medii (v.a. Knautietum sylvaticae), seltener Arction.
V: Im Jura und in den Weitenauer Vorbergen ziemlich verbreitet, aber nur z.T. ± häufig, besonders auf dem Gempenplateau und in den oberen Lagen der Blauennordseite, ausserdem um Röschenz-Dittingen. Am Dinkelberg sehr zerstreut, z.B. Adelhausen W, Lörrach (Moosmatt). Sonst nur wenige Nachweise: Olsberger

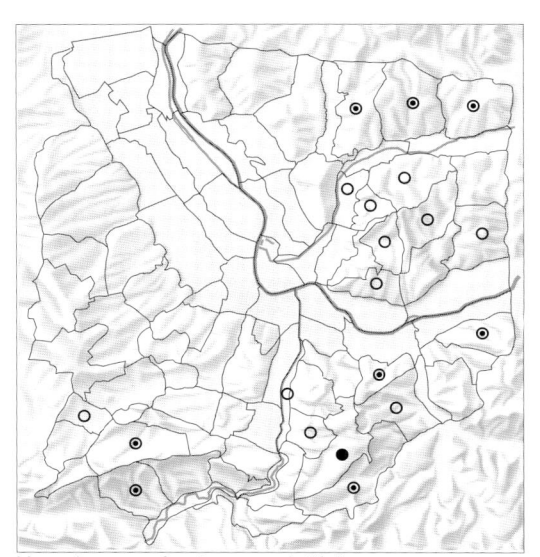

Hypericum perforatum ssp. latifolium

Wald; Sundgau: Leymen, ob Hagenthal, Rodersdorf (Holzlager, wohl verschleppt); an Birs und Wiese vereinzelt bis in tiefere Lagen.
G: Schonungsbedürftig (?).

8. H. maculatum Crantz s. l.

8a. – ssp. **maculatum** – *Geflecktes J.*
Ö: In lichten, etwas mageren Bergwiesen, im Saum artenreicher Gebüsche. – Auf frischen, ± nährstoffarmen, meist kalkarmen, humosen Lehmböden.
S: Trifolion medii.
V: Selten: Weitenauer Vorberge: Steinen O (westlich Föhrishäusle); Gempengebiet: Hochwald S (Stierenweid); baselstädtisches Bruderholz (Oberer Batterieweg/Oscar Frey-Strasse). Im Jura an der Rayongrenze z.T. häufiger, z.B. Seewen-Bretzwil.
G: Wohl zurückgegangen. Stark gefährdet.

8b. – ssp. **obtusiusculum** (Tourlet) Hayek (H. dubium Leers) – *Stumpfes J.*
Ö: In frischen, zeitweise überspülten oder vernässten Fettwiesen, in grasigen Auen, in Flussufer-Staudenfluren, an Waldweggräben, auf vernässten Feldwegen. – Auf frischen bis nassen, nährstoffreichen, kalkarmen, humosen Lehm- und Tonböden.
S: Filipendulion, Agropyro-Rumicion.

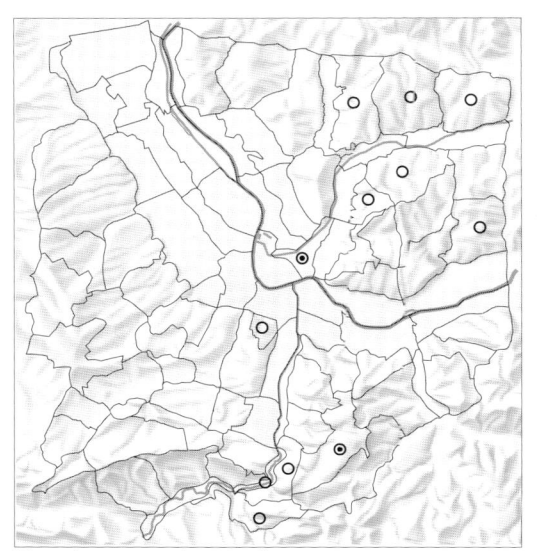

Hypericum maculatum s.l.

V: Selten; v.a. im Wiesental und an seinen Talflanken, z.B. Lange Erlen (an der Wiese in der Nähe der Grenze), Einzelfunde ob Brombach, Haagen, Hauingen und Steinen; Dinkelberg: Degerfelden (südlich 'Gelkenhof'); Jura: Gempen SW (nahe P. 683).
G: Zurückgegangen (?). Gefährdet.

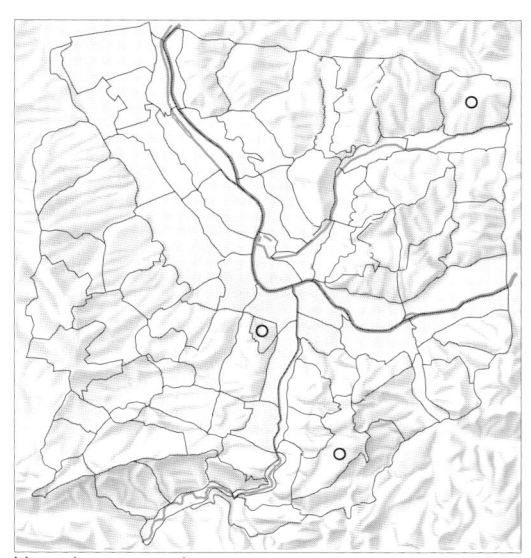

Hypericum maculatum s.str.

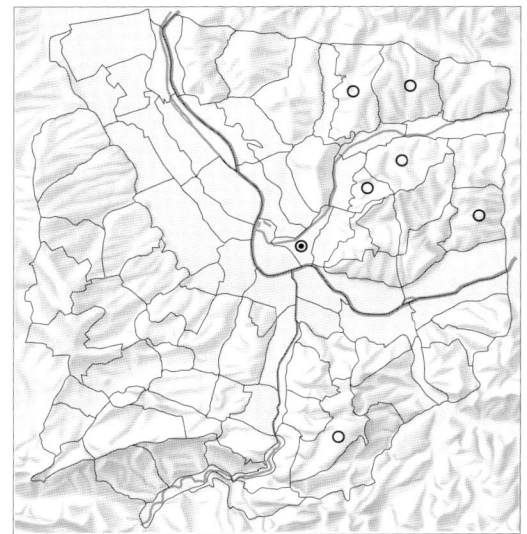

Hypericum maculatum ssp. obtusiusculum

9. H. desetangsii Lamotte – *Des Etangs' J.*
Ö: Einzeln oder in kleinen Gruppen in frischen bis sickerfeuchten Wiesen und Weiden, an Wiesenbächen und Gräben, in nassen Waldlichtungen. – Auf ± nassen bis wechselfeuchten, nährstoffreichen, meist kalkhaltigen, humosen Lehm- oder Tonböden; auch über Tuff.

S: Filipendulion, seltener Arrhenatherion (Arrhenatheretum cirsietosum), Mesobromion (Colchico-Mesobrometum).
V: Ziemlich selten; v.a. im Jura, z.B. Hofstetten (Bümertsrüti), Pfeffingen/Nenzlingen (Blatten-Bergmatten), Muttenz (Laahallen), Nuglar (Burg, Schweini), Liestal (Tugmatt); Dinkelberg: Bettingen (St. Chrischona). Auf weitere Vorkommen ist zu achten (z.B. Sundgau).
G: Gefährdet.

10. H. tetrapterum Fr. (H. quadrangulum L.) – *Vierflügeliges J.*
Ö: An staudenreichen Wiesengräben und Bächen, an Quellen, an ± gestörten Ufern, in Wässerwiesen, in feuchten Waldsenken und Waldlichtungen, selten in Ackergräben. – Auf feuchten bis nassen, gerne wechselnassen, ziemlich nährstoffreichen, kalkarmen und kalkhaltigen, humosen Lehm- und Tonböden.
S: Filipendulion, seltener Alliarion.
V: Ziemlich verbreitet; recht häufig in den Weitenauer Vorbergen, im Olsberger Wald, im mittleren und höheren Sundgau, auf dem Bruderholz und am Dinkelberg (v.a. über Keuper), seltener im Jura. In den Flusstälern und in den trockenwarmen Teilen der Lösshügelländer ± selten bis weithin fehlend.
G: Zurückgegangen und v.a. in tieferen Lagen vielerorts verschwunden. Schonungsbedürftig.

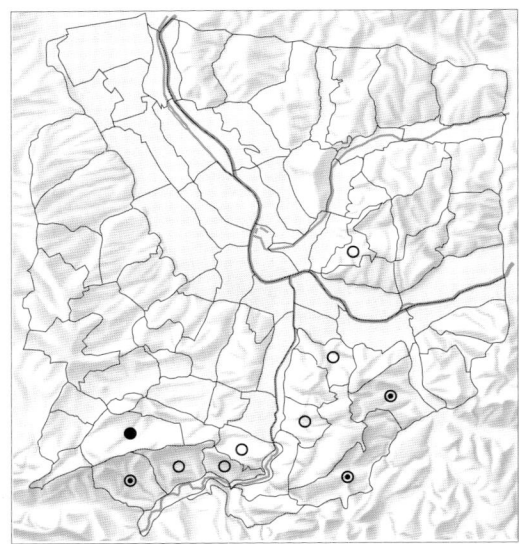

Hypericum desetangsii

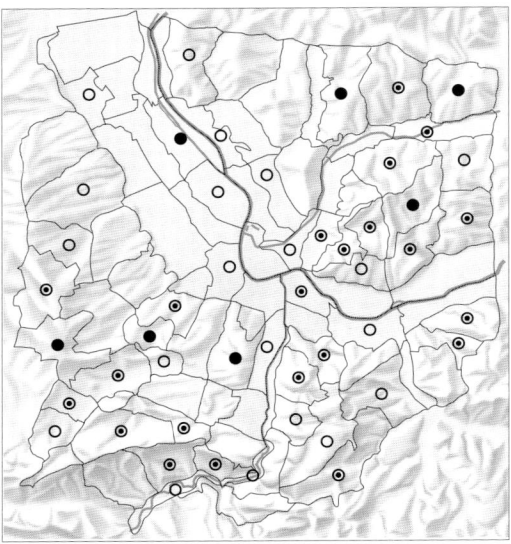

Hypericum tetrapterum

TILIACEAE
LINDENGEWÄCHSE

131. Tilia L. *Linde*

1. T. cordata Mill. – *Winter-L.*
Ö: Einzeln, seltener gesellig bis bestandbildend in Laubmischwäldern. Vielfach auch als Forst-, Zier- und Alleebaum gepflanzt und nicht selten nahverwildernd. – Auf mässig trockenen, z.T. sommertrockenen, basenreichen, meist kalkarmen, lockeren, oft nicht völlig konsolidierten, eher lehmarmen Schotterböden, seltener auch auf steinigen, humosen, lehmigen Böden.
S: Carpinion (v.a. Galio-Carpinetum), seltener Alno-Ulmion (Querco-Ulmetum).
V: Bodenständig wohl nur in den Flusstälern von Rhein und Wiese und an den Rändern der angrenzenden Hügelländer, hier v.a. an den Kanten von Terrassen- und Deckenschottern; Dinkelberg-Südrand: z.B. Herten, Nollingen (vgl. *T.* × *vulgaris*); Malmscholle von Istein. Im Jura sowie im mittleren und höheren Sundgau spontan fehlend.
G: Nicht gefährdet.

2. T. platyphyllos Scop. – *Sommer-L.*
Ö: Einzeln in Laubmischwäldern, gesellig bis bestandbildend auf bewegtem oder ruhendem Stein- und Blockschutt in ahornreichen Hang- und Felsfusswäldern. Auch als Forst- und Zierbaum gepflanzt und vereinzelt verwildert. – Auf mässig trockenen bis frischen, meist kalkhaltigen, hohlraumreichen, meist lockeren, oft nicht völlig konsolidierten, humusreichen, eher ton- und lehmarmen Felsschutt- und Schotterböden.
S: Tilio-Acerion, Fagion (Dentario-Fagetum tilietosum), seltener Carpinion.
V: Im Jura und in den Kalkgebieten des Dinkelberges verbreitet und häufig. Stellenweise im Sundgau, hier v.a. über Aufschlüssen des Hochterrassenschotters (z.B. Bruderholz); Hoch- und Oberrheinebene: z.B. Pratteler und Muttenzer Hard, Elsässer Hardt; Gegend von Istein. Sonst selten bis fehlend und meist nur gepflanzt.
G: Nicht gefährdet.

2a. – ssp. **platyphyllos**
Ein Nachweis: Weil; angepflanztes Lindengehölz östlich der Sportanlagen.

2b. – ssp. **cordifolia** (Besser) C. K. Schneid.
Die im Gebiet und v.a. im Jura allgemein verbreitete Sippe.

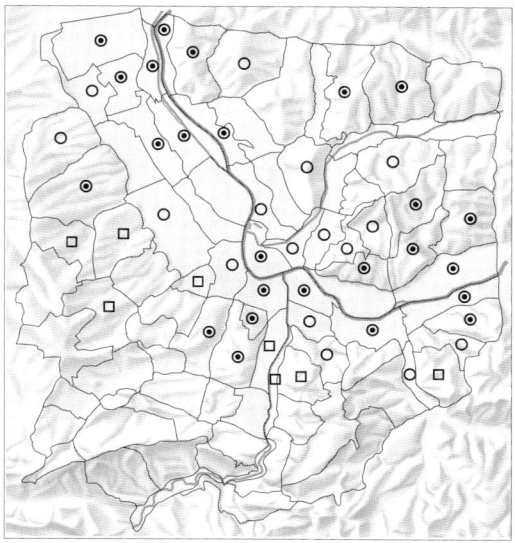

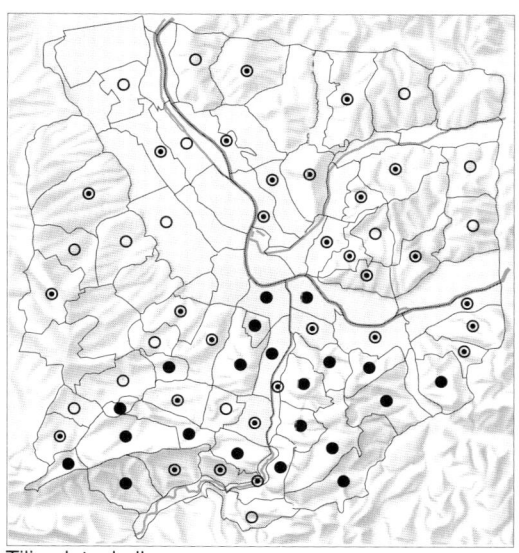

Tilia cordata

Tilia platyphyllos

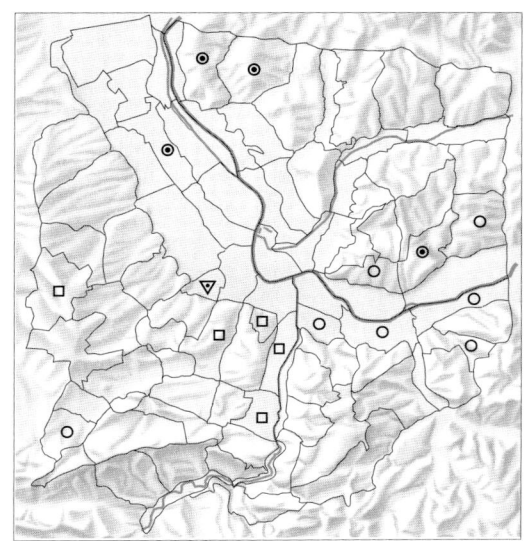

Tilia x vulgaris

3. T. × vulgaris Hayne (T. cordata × platyphyllos) – *Herbst-L.*
Ö: In der Ökologie zwischen den Eltern stehend. Auch als Forst-, Zier- und Alleebaum gepflanzt.
S: V. a. Tilio-Acerion (Aceri-Tilietum).
V: Ziemlich selten, doch oft übersehen: Hoch- und Oberrheinebene und Ränder der angrenzenden Hügelländer, z.B. Gegend von Istein-Kleinkems, Südrand des Dinkelberges (v.a. oberhalb Herten).

4. T. tomentosa Moench (inkl. T. petiolaris DC.) – *Silber-L.*
B: Eph (Neo). – SO-Europa, W-Asien; Laubwälder.
Ö/V: Da und dort als Park-, seltener als Alleebaum gepflanzt. In einzelnen ausgewachsenen Exemplaren verwildert am Altrhein im Gebiet der Kembser Rheininsel und entlang dem badischen Rheinweg zwischen Kleinkems und Rheinweiler (hier *T. petiolaris*), ferner nicht selten als Jungpflanzen an trockenen, steinigen oder kiesigen, buschigen Ruderalstellen der Siedlungsgebiete, z.B. Bahnhof Riehen.

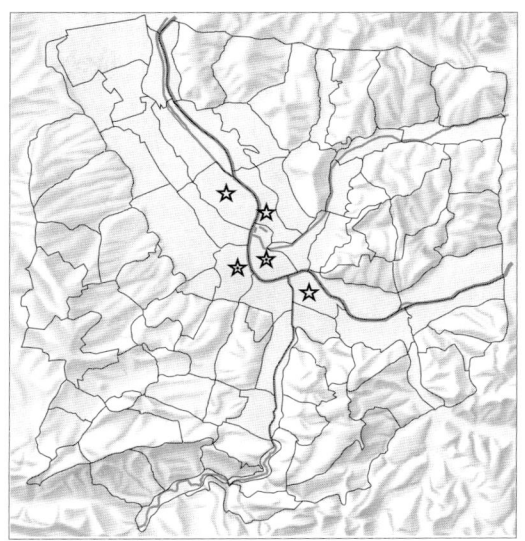

Abutilon theophrasti

MALVACEAE
MALVENGEWÄCHSE

132. Abutilon Mill. *Sammetpappel*

1. A. theophrasti Medik. – *Sammetpappel*
B: Eph. – China, Tibet, eingebürgert SW-Asien, Mittelmeergebiet, USA; Brachland, Ruderalstellen, feuchte Grabenränder.
Ö/V: Ziemlich regelmässig auf sommerwarmem, z.T. feucht-schattigem, sandigem oder lehmig-steinigem Substrat in den Hafenanlagen von Basel, Weil-Friedlingen und Muttenz (Au); Neudorf-Hüningen (Schuttplatz, 1985), Baumscheiben Feldbergstrasse-Johanniterbrücke (Basel, 1996). Neuerdings auch an ruderalisierten, sandig-staubigen Stellen unter dem Schirm und im regengeschützten Randbereich von Nadelgehölzen im Basler Kannenfeldpark (1997).

133. Lavatera L. *Strauchpappel*

1. L. trimestris L. – *Buschmalve, Strauchpappel*
B: Eph. – Mittelmeergebiet, Orient; Felder, Ruderalstellen.
Ö/V: Zierpflanze. Gelegentlich mit Gartenerde verschleppt, z.B. Oberwil gegen Therwil.

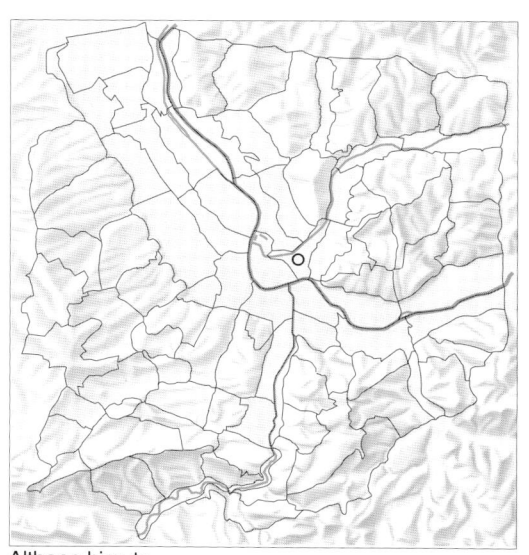

Althaea hirsuta

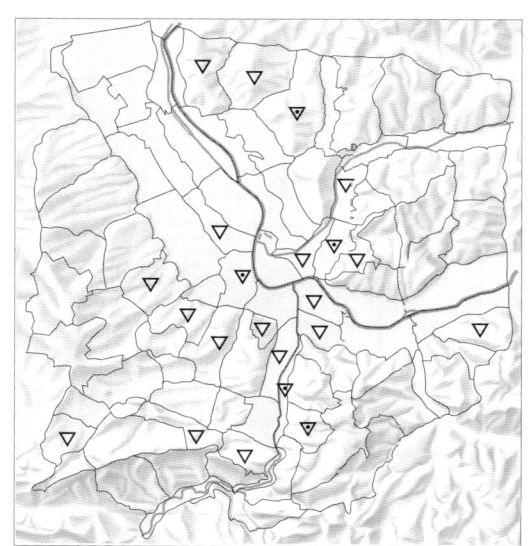

Alcea rosea

134. Althaea L. *Eibisch*

1. A. hirsuta L. – *Rauhhaariger E.*
B: Arch.
Ö/V: Sehr selten: wenige Exemplare in einem Rebberg im Riehener Schlipf (1989, ob noch ?). Nahe ausserhalb des Rayons in den Reben von Feuerbach.
G: Stark zurückgegangen; im Gebiet wohl nie besonders häufig und oft etwas unbeständig. Vom Aussterben bedroht.

2. A. officinalis L. – *Gebräuchlicher E.*
B: Eph. – O-Europa-Sibirien, pontische Stromtalpflanze; Salzstellen.
Ö/V: Alte, heute kaum mehr kultivierte Heilpflanze (Bauerngärten). Selten verwildert oder verschleppt in ruderalen Staudenfluren: Metzerlen (Feldweg, 1986, A. Huber), Metzerlen-Rotberg (neben Deponie, Massenbestand, 1997), Riehen (Weide Mohrhaldenstrasse, 1996, wenige Exemplare).

135. Alcea L. *Stockrose*

1. A. rosea L. – *Gewöhnliche St.*
B: Eph (Neo). – Wild unbekannt, nächstverwandte Arten: Balkan, Anatolien; steiniges Ödland, Strassenränder.
Ö/V: Alte Zierpflanze. Nicht selten verwildert und z.T. ± eingebürgert im Randbereich von Gärten, an Mauerfüssen, in Baumscheiben, an Uferböschungen, an Strassenrändern, in Kiesgruben und Steinbrüchen, in ruderalen Rasen- und Weidesäumen, in Rebbergen, auf Komposthaufen, z.B. Basel (St. Johanns-Rheinweg, Schaffhauser Rheinweg-Solitude, DB-Areal), Riehen (Schlipf), Bettingen (Steinbruch), Wintersweiler.

136. Malva L. *Malve*

1. M. alcea L. – *Sigmarswurz*
B: Arch.
Ö: In sonnigen, lückigen Kraut- und Staudenfluren und leicht gestörten Wiesen an Rainen, Böschungen und Dämmen, an Weg- und Strassenrändern, an Hecken, in Steingruben. Neuerdings in 'Blumenwiesen'-Saaten und als Zierpflanze gepflanzt und verwildernd. Etwas wärmeliebend. – Auf frischen bis trockenen, nährstoffreichen, tiefgründig-lockeren, z.T. humosen, oft steiniger. Lehmböden.
S: Onopordion, Dauco-Melilotion, Convolvulo-Agropyrion, seltener Arction.
V: In der Oberrheinebene verbreitet und z.T. relativ häufig, z.B. um Rosenau, Blotzheim-Bartenheim, Gebiet des Flughafens Basel-Mul-

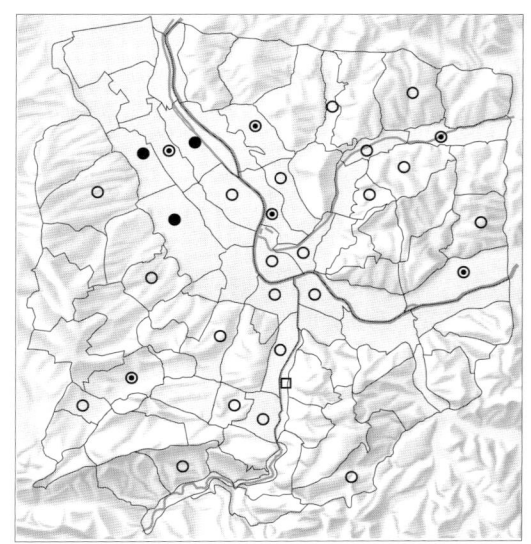

Malva alcea

house, Weil, Efringen-Kirchen. Sonst sehr zerstreut; v.a. im Wiesental (z.B. um Steinen), vereinzelt auch in den Flussebenen von Birs und Hochrhein (z.B. Bad. Rheinfelden, Reinach), am Dinkelberg und im Sundgau (z.B. Leymen), selten im Jura (bei Seewen) und im Kandertal (Wittlingen). Oft vorübergehend.
G: Stark zurückgegangen. Gefährdet; ausserhalb der Oberrheinebene stark gefährdet.

2. M. moschata L. – *Bisam-M., Moschus-M.*
B: Arch.
Ö: In leicht gestörten bis schwach ruderalisierten Wiesen und Weiden, an Strassenborden, an Bahndämmen, in Bahnanlagen, in Kiesgruben, an trockenen Rainen des offenen Agrarlandes, in sonnigen, ruderalen Staudensäumen an Wegen, Hecken und Zäunen. Auch gepflanzt und verwildert. Etwas wärmeliebend. – Auf frischen bis (mässig) trockenen, nährstoff- und basenreichen, oft steinigen, sandig-lehmigen bis lehmig-tonigen Böden.
S: Gestörtes Arrhenatherion, Convolvulo-Agropyrion, Onopordetalia (v.a. Dauco-Melilotion), seltener Origanetalia.
V: In der Hoch- und Oberrheinebene verbreitet und v.a. in den stärker ruderalisierten, stadtnahen Bereichen recht häufig, z.B. Weil-Haltingen, St. Louis, Flughafen Basel-Mulhouse, Pratteln, Bad. Rheinfelden, Reinacher Heide.

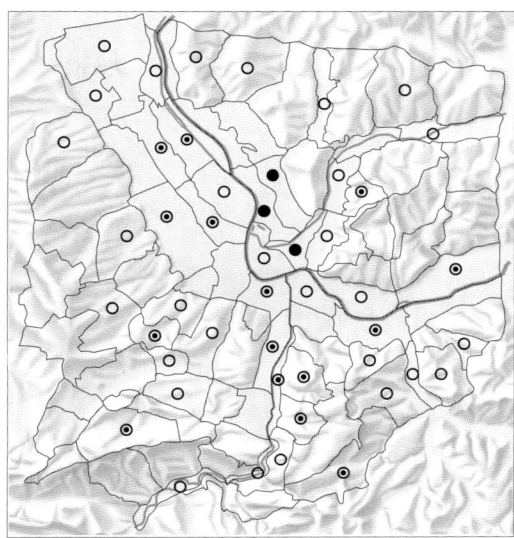

Malva moschata

Sonst sehr zerstreut und z.T. vorübergehend; in einer weissblühenden Sippe bei Grellingen (Seetel).
G: In schwacher Ausbreitung. Nicht gefährdet.

3. M. sylvestris L. s. l.
3a. – ssp. **sylvestris** – *Wilde M.*
B: Arch.

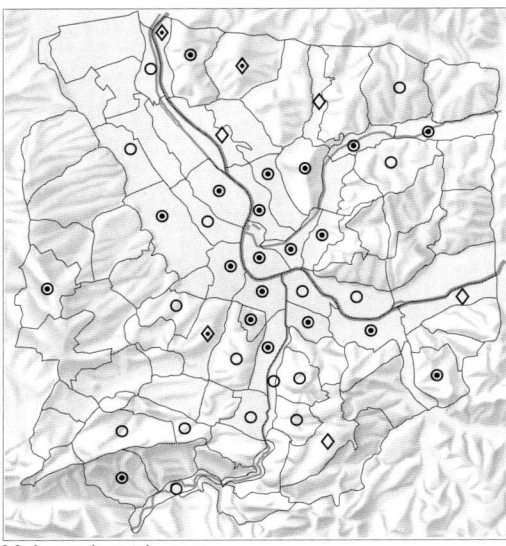

Malva sylvestris s.str.

Ö: An Wegrändern und Mauerfüsssen, in Bahnanlagen, in Kiesgruben, auf Schuttplätzen und steinigen Aufschüttungen, an sonnigen Böschungen, Rainen und Strassenborden, an Zäunen, auch an Ackerrändern. Wärmeliebend. – Auf sommertrockenen, nährstoff-(stickstoff-)reichen, sandigen, kiesigen und lehmigen Böden.
S: Onopordion, Dauco-Melilotion, Sisymbrion, Arction, Convolvulo-Agropyrion.
V: Zerstreut; nur in den warmen Tieflagen, z.B. St. Louis, um Weil, Malmscholle von Istein, Tüllinger Berg, Dornach (Schloss Dorneck), Reinach (Reinacher Hof).
G: Stark zurückgegangen. Gefährdet.

Anm.: Ein 1995 erstmals beobachteter, aber vielleicht in Ausbreitung begriffener Kultivar mit sehr grossen dunkelpurpurnen Blüten wird auf deutschem Territorium zur Gründüngung in Reben, Maisäckern usw. angebaut und findet sich vereinzelt verwildert in Brachen, auf Schutt u. dgl., z.B. Efringen, Kleinkems, Tüllinger Berg, Wintersweiler, Rheinweiler, selten auch auf Schweizer Gebiet: Kaiseraugst.

3b. – ssp. mauritiana A. & Gr. – *Mauritanische M.*

B: Eph. – Mittelmeergebiet.
Ö/V: Alte Gartenpflanze. Neuerdings auch angesät in 'Blumenwiesen' und gelegentlich vorübergehend verwildert, z.B. Basel, Riehen, Birsfelden, Ettingen.

4. M. neglecta Wallr. – *Gänse-M., Käslikraut*

B: Arch.
Ö: Gesellig an nitrifizierten Wegrändern in Dörfern und Städten, in lückigen Scherrasen und Fettweiden, in Baumscheiben, an Viehlägern und in Hühnerhöfen, in Gärten und Hackfruchtäckern, in Rebbergen, in Industrie- und Hafenanlagen. – Auf frischen, sehr nährstoff- (stickstoff-)reichen, humosen, auch etwas verdichteten, z.T. steinigen Lehmböden.
S: Sisymbrion (Urtico-Malvetum), Polgono-Chenopodion, Cynosurion, Polygonion avicularis.
V: Ziemlich verbreitet und v.a. in den ruderalisierten Siedlungsbereichen der Stadt Basel und in den Rebbaugebieten des Markgräfler Hügellandes (Tüllinger Berg, Malmscholle von Istein) häufig. In Siedlungsferne meist selten oder fehlend.
G: Nicht gefährdet.

5. M. parviflora L. – *Kleinblütige M.*

B: Eph. – Mittelmeergebiet, Orient, N-Amerika; Wegränder, Brachland.
Ö/V: Adventiv im Hafen Basel-Kleinhüningen (1988), zusammen mit nordamerikanischen Begleitarten.

6. M. pusilla Sm. – *Kleine M.*

B: Eph. – O-Europa, Sibirien; Ruderalplätze.

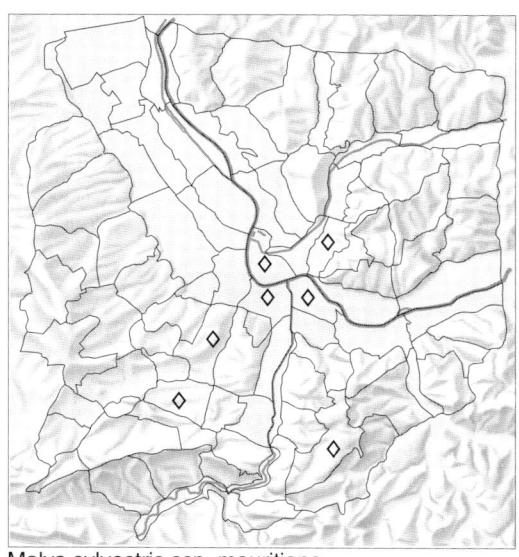

Malva sylvestris ssp. mauritiana

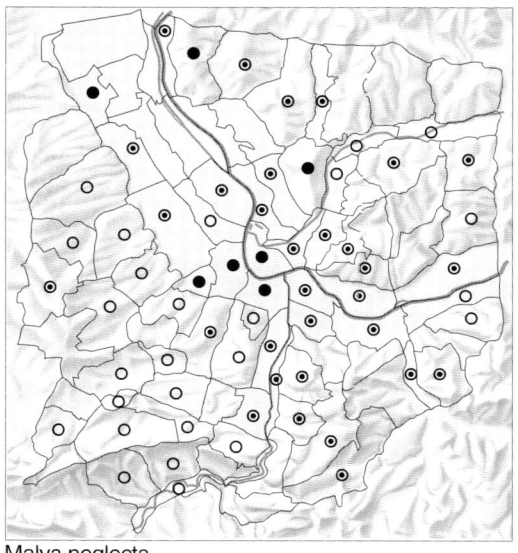

Malva neglecta

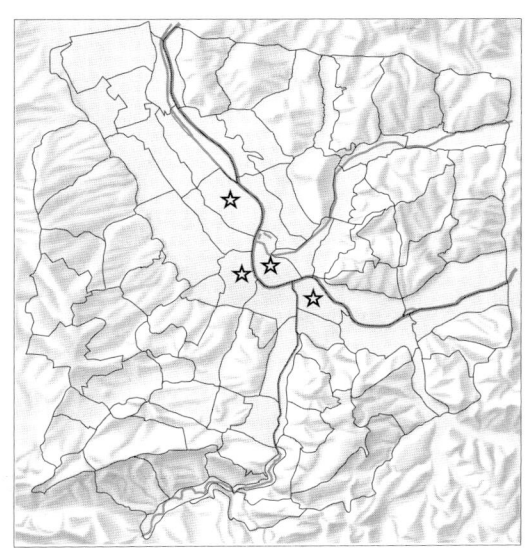

Malva pusilla

Ö/V: Adventiv in den Hafenanlagen Basel-Kleinhüningen (1986, 1994), Basel-St. Johann (1987, 1994) und Au (Muttenz, 1994); Neudorf-Hüningen (Schuttplatz, 1985).

Bastard

7. M. × intermedia Boreau (M. alcea × moschata)

Zwei Nachweise: Rebberg bei Benken (1989), Hochwasserdamm der Wiese nordwestlich Hüsingen (1990).

137. Sida L. *Gilve*

1. S. spinosa L. – *Dornige G.*

B: Eph. – tropisch-subtropisch, USA; Felder, ruderales Grasland, Strassenränder.
Ö/V: Regelmässig auf trockenwarmen, nährstoffreichen, sandig-kiesigen Böden in den Häfen Basel-Kleinhüningen (schon 1967, BAUMGARTNER 1973) und Basel-St. Johann; Neudorf-Hüningen (Schuttplatz, 1985).

2. S. rhombifolia L. – *Rhombenblättrige G.*

B: Eph. – tropisch-subtropisch, S-USA; Alluvionen, Strassenränder, Weiden.
Ö/V: Hin und wieder auf warmen, sandig-lehmigen Böden in den Häfen Basel-Kleinhüningen und Basel-St. Johann; Neudorf-Hüningen (Schuttplatz, 1985, G. Hügin).

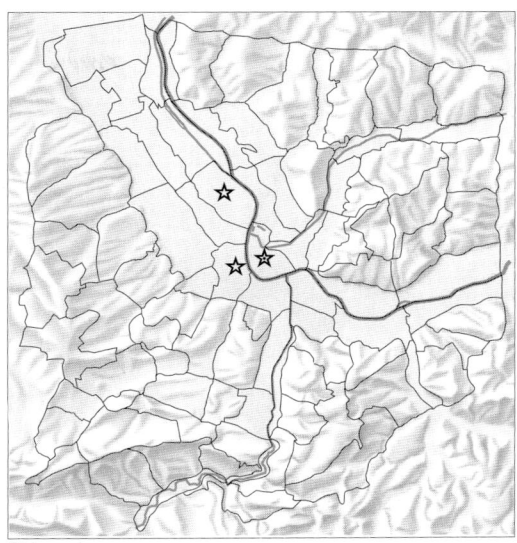

Sida spinosa

138. Anoda Cav. *Mexikomalve*

1. A. cristata (L.) Schtdl. – *Mexikomalve*

B: Eph. – Tropisches Amerika, Mexiko, SW-USA, eingebürgert in O-USA; Ufer-Kiesbänke, Strassenränder, Ruderalstellen.

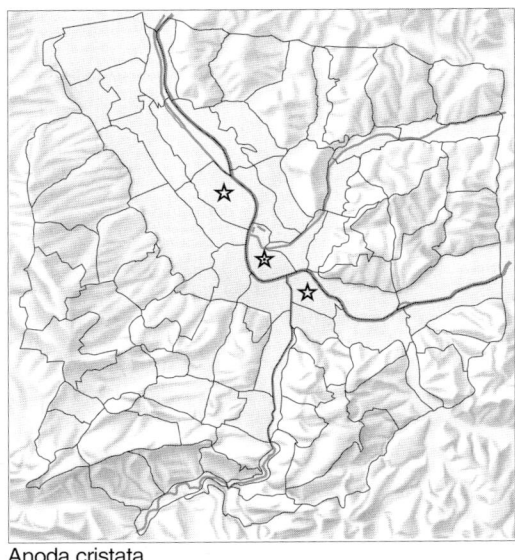

Anoda cristata

Ö/V: Selten adventiv auf nährstoffreichem, humosem, lehmigem Schotter in den Hafenanlagen Basel-Kleinhüningen (1981, 1990, 1994, 1996; schon 1957, BAUMGARTNER 1973) und Au (Muttenz, 1994); Neudorf-Hüningen (Schuttplatz, 1985).

139. Hibiscus L. *Stundenblume, Eibisch*

1. H. syriacus L. – *Syrischer E.*

B: Eph. – Wild unbekannt; nächstverwandte Art: China.
Ö/V: Häufiger Zierstrauch. Regelmässig als Jungpflanzen nahverwildert im Randbereich von Gärten, an Mauerfüssen, in Rabatten usw., z.B. Basel, Riehen, Therwil, Ettingen, Hofstetten, Pratteln, Arlesheim usw.

2. H. trionum L. – *Stundenblume*

B: Eph. – S-Asien, Afrika; Felder, Strassenränder.
Ö/V: Adventiv auf lockerem, sandigem Boden im Hafen Basel-Kleinhüningen (1993, 1995).

CISTACEAE
CISTROSENGEWÄCHSE

140. Helianthemum Mill.
Sonnenröschen

1. H. nummularium (L.) Mill. s. l.

Vorbem.: Zwischen den Unterarten bestehen an den Orten gemeinsamer Vorkommen praktisch fliessende Übergänge bezüglich Gestalt und Behaarung der Blätter. Derartige Formen werden als ssp. × *kerneri* Gottlieb & Janchen zusammengefasst. Nachweise: Oberrheinebene: Kembser Rheininsel, um Kembs und Loechle, Istein (Totengrien), Kleinkems (Zuckergrien), Bahngelände Haltingen usw.; Blauengebiet: Dittinger Weide, Blauen-Weide.

1a. – ssp. nummularium – *Gemeines S.*

Ö: In lückigen, sonnig-heissen Trockenrasen, an mageren, sandig-kiesigen Blössen und Anrissen, in alten Bahnarealen. Wärmeliebend. – Auf (sehr) trockenen, nährstoffarmen, basenreichen, auch kalkarmen, etwas lehmigen Sand-, Kies- und Schotterböden.
S: Xerobromion.
V: Ziemlich selten; v.a. in der Oberrheinebene und im Gebiet der Malmscholle von Istein, z. B. Kembs, Loechle, Kembser Rheininsel, badisches Rheinvorland bei Rheinweiler-Kleinkems-Istein (Totengrien), Isteiner Klotz und Hardberg bei Istein, Huttingen N (Birken); Tüllinger Berg: bei Ötlingen (angepflanzt?): Hochrheinebene: Nagelfluhkopf östlich Kaiseraugst (Augsterstich) und bei Bad. Rheinfelden (Dürrenbachmündung, H. Boos); Sundgau: Allschwil-Schönenbuch (über Elsässer Molasse); Jura: Dittingen (Chälen).
G: Zurückgegangen. Gefährdet; ausserhalb der Oberrheinebene und der Malmscholle von Istein stark gefährdet.

1b. – ssp. obscurum (Čelak.) Holub (H. ovatum (Viv.) Dunal) – *Ovalblättriges S.*

Ö: Oft gesellig in kurzwüchsigen, trockenen Kalkmagerrasen, auf Felsköpfen, an sonnigen Rainen. Recht wärmeliebend. – Auf trockenen, nährstoffarmen, basenreichen, meist kalkhaltigen, etwas lehmigen Sand-, Kies-, Schotter- und Felsböden.
S: Mesobromion (Teucrio-Mesobrometum), Xerobromion.
V: Im Jura, in der Oberrheinebene und im Gebiet der Malmscholle von Istein verbreitet, aber nicht durchwegs häufig. Stellenweise in der Birs- und Hochrheinebene (Reinacher Heide) sowie am Dinkelberg, hier v.a. an der Südflanke ob Grenzach. Sonst nur an wenigen Stellen im Sundgau: Rodersdorf (Pferdeweide

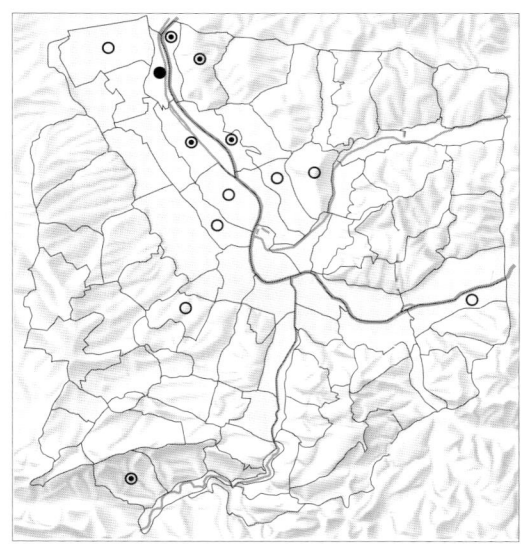

Helianthemum nummularium s.str.

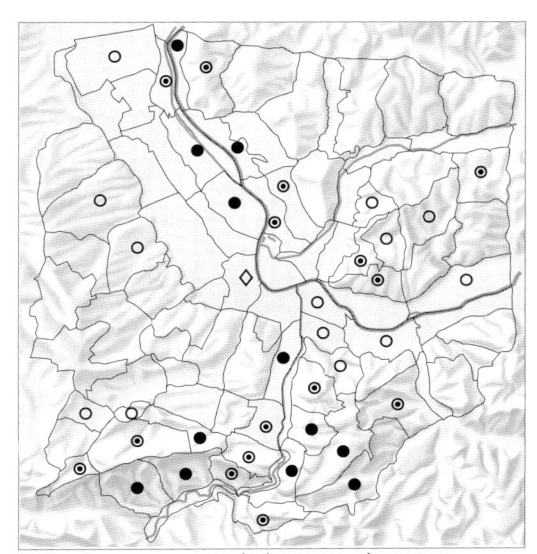

Helianthemum nummularium ssp. obscurum

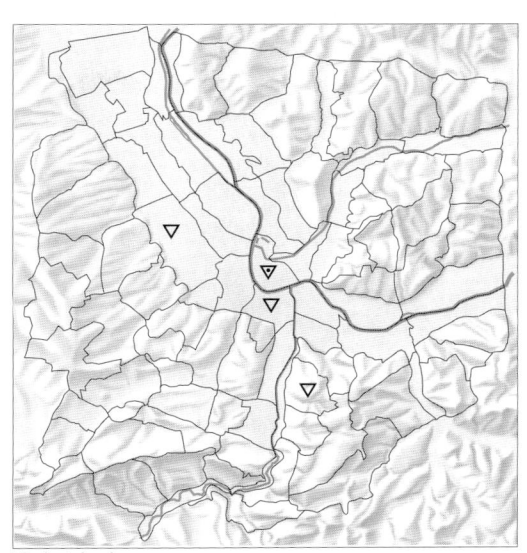

Viola tricolor

bei P. 401.9), Kappelen S (Breite Hurst), Häsingen. In einer strauchigen Standortsform (var. *fruticans* W. Koch) im Bahngelände Weil-Haltingen. Fehlt dem Stadtgebiet von Basel.
G: Stark zurückgegangen. Gefährdet.

VIOLACEAE
VEILCHENGEWÄCHSE

141. Viola L.   *Veilchen, Stiefmütterchen*

Sektion
Melanium Gingins – *Stiefmütterchen*

1. V. tricolor L. s. str.

B: Eph. – Mittelgebirge Europas; magere Weiden und halbruderale Silikatrasen.
Ö/V: Selten und unbeständig in Bahn- und Hafenanlagen, in Rabatten, z.B. Rheinhafen Basel-Kleinhüningen, Güterbahnhof Wolf (Basel), Arlesheim (Rabatte).

2. V. arvensis Murray – *Acker-St.*

B: Arch.
Ö: Einzeln oder in lockeren Beständen in Getreide- und Hackfruchtäckern, in Rapsfeldern, in Ackerbrachen, auf Erdschutt, in Bahn- und Hafenanlagen, verschleppt in Gärten und Rabatten. – Auf meist frischen, basenreichen, nicht zu dichten, ± tiefgründigen, z.T. steinigen Lehm- und Tonböden.
S: Aperion, seltener Polygono-Chenopodion.
V: Ziemlich verbreitet und bis in die Siedlungsgebiete häufig.
G: Etwas zurückgegangen. Nicht gefährdet.

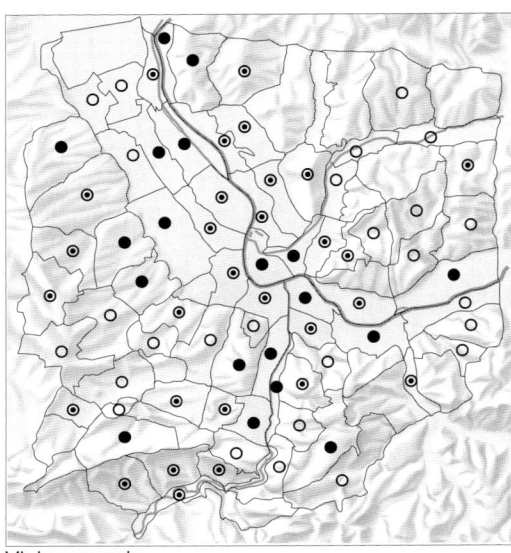

Viola arvensis

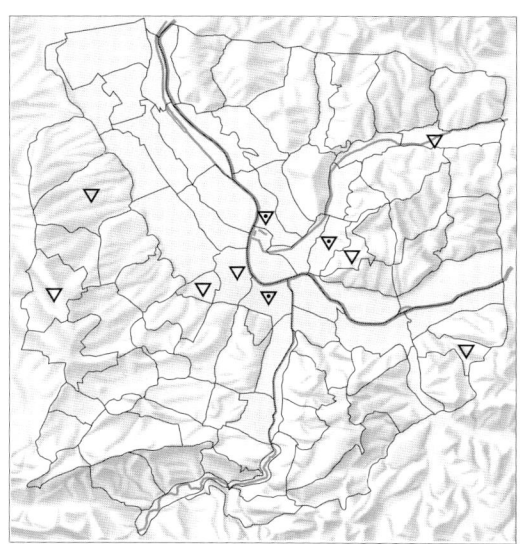

Viola wittrockiana

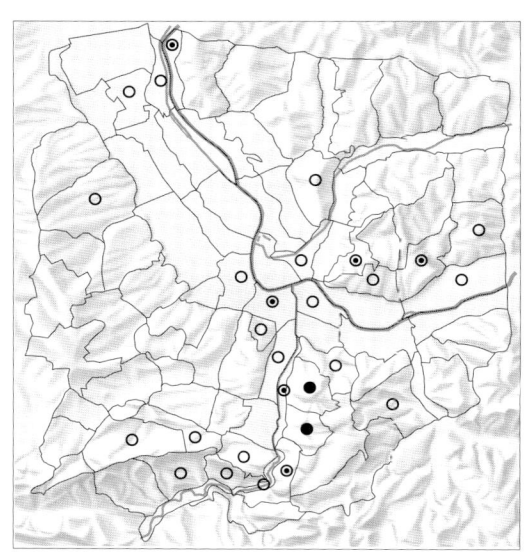

Viola alba s.str.

2a. – var. arvensis
Die allgemein verbreitete und häufige Sippe.

2b. – var. curtisepala (Wittrock) Neuman
In höheren Lagen: Mulde von Hofstetten-Metzerlen, Gempenplateau, höherer Sundgau (Muespach-Le-Haut: Schelmacker beim Cäsarhof).

3. V. wittrockiana Gams – *Garten-St.*
B: Eph. – Kulturhybride aus eurasiatischen Gebirgsarten.
Ö/V: Häufige Zierpflanze. Da und dort als Kulturrelikt auf aufgelassenem Gartenland, auf Gartenschutt, in Deponien und Kiesgruben usw., z.T. auch in kleinblütigen, den Wildarten angenäherten Sippen rückverwildernd.

Sektion
Viola – *Veilchen*

4. V. palustris L. – *Sumpf-V.*
Ob im Gebiet (?). Nach SEBALD et al. (1993) auf Messtischblattquadrant Schopfheim NW (8312/1). Ausserhalb des Rayons im Schwarzwald verbreitet.

5. V. alba Besser s. l.
Ö: Einzeln, oft aber gesellig in lichten, meist siedlungsnahen Wäldern und Gebüschen, in Gebüschsäumen, an Waldwegrändern, in Waldschlägen, unter Parkbäumen, in Rabatten und – gelegentlich in Menge – in mageren Scherrasen. Wärmeliebend. – Auf (mässig) frischen, z.T. sommertrockenen, basen- und mässig nährstoffreichen, kalkhaltigen, nicht zu flachgründigen, gerne steinigen Lehmböden.
S: Fagion (Carici-Fagetum), Tilienion platyphylli, Quercion pubescenti-petraeae, Alliarion, Cynosurion (Festuco-Crepidetum).
V: An der Westflanke des Gempengebiets von der Winterhalde (Münchenstein) und vom Sulzkopf (Muttenz) bis zum Pelzmühletal verbreitet und ziemlich häufig, selten auch an der Ostflanke: Frenkendorf (Wolfenried). Sonst sehr zerstreut: östliches Blauengebiet: z.B. Ettingen (Mettli), Blauen (Blatten), Duggingen (Muggenberg); westlicher und südlicher Dinkelberg: Riehen (Ausserberg), Grenzacher Horn, ob Herten, Degerfelden O (Riesberg, H. Boos); Birsebene und Rheinniederung zwischen Istein und Kembs (z.B. südwestlich Rheinweiler bei 'Köpfle'); Malmscholle von Istein: Eichenbuschwald zwischen Istein und Kleinkems (1981, SEBALD et al. 1993). Da und dort auch in den Siedlungsgebieten von Basel, Riehen und Arlesheim.
G: Schonungsbedürftig.

5a. – ssp. alba – *Weisses V.*
Die häufige und verbreitete Sippe.

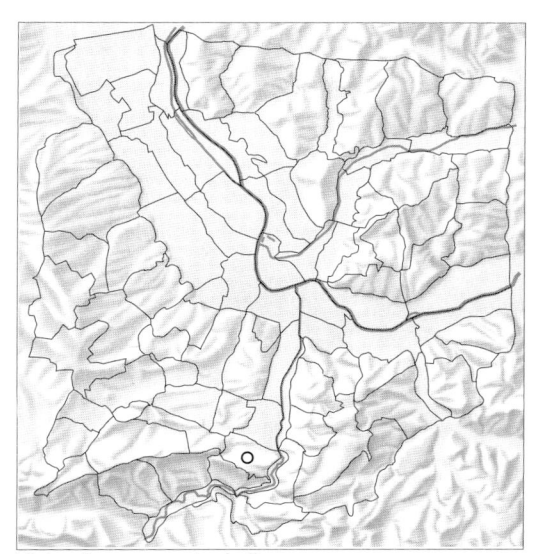

Viola alba ssp. scotophylla

Viola odorata

5b. – ssp. scotophylla (Jord.) Nyman – *Dunkelblättriges V.*
Ein aktueller Nachweis: Pfeffingen (Schlossberg/Schlossgraben).

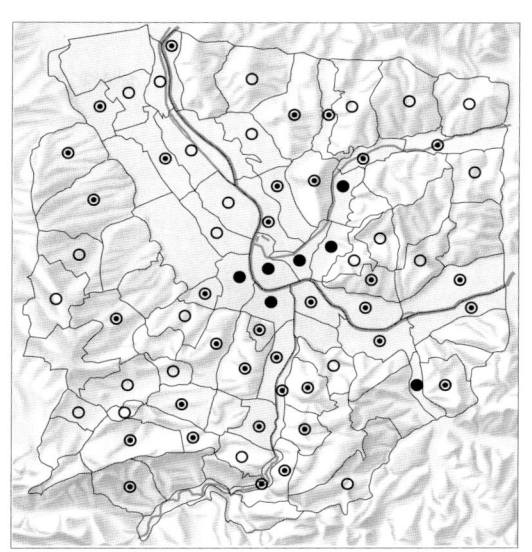

6. V. odorata L. – *Wohlriechendes V.*
B: Arch.
Ö: Meist gesellig in halbschattigen Gebüsch- und Heckensäumen, in Waldschlägen, in Robinienaufwüchsen, unter Bäumen und Sträuchern in älteren Gärten und Parks, in gehölznahen Scherrasen, unter Zäunen. Alte Zier- und Heilpflanze. Etwas wärmeliebend. – Auf frischen, nährstoffreichen, meist ± tiefgründigen, humosen Lehmböden.
S: Alliarion, Cynosurion.
V: In den Siedlungsgebieten und deren näheren Umgebung verbreitet und v.a. in der Stadt Basel und ihren Vororten ziemlich häufig. Sonst zerstreut; in den höheren und siedlungsfernen Waldgebieten selten oder fehlend.
G: Nicht gefährdet.

6a. – var. erythrantha Beck
Selten: z.B. mehrfach in den Siedlungsgebieten von Basel (Wolf-Ost, St. Alban-Anlage), Riehen (Landauerwegli), Dornach und Arlesheim (z.B. Schwimmbadweg, Fuchsmattstrasse); Bad. Rheinfelden.

7. V. hirta L. – *Rauhhaariges V.*
Ö: Einzeln bis locker gesellig in sonnigen, mageren (Brach-)Wiesen und Weiden, an Böschungen und Rainen, an warmen Gebüsch- und Waldrändern, in lichten Wäldern, auf Felsköpfen. Auch in mageren Scherrasen und als Pionier auf humosem Sandgrus. – Auf mässig frischen bis trockenen, ± nährstoffarmen,

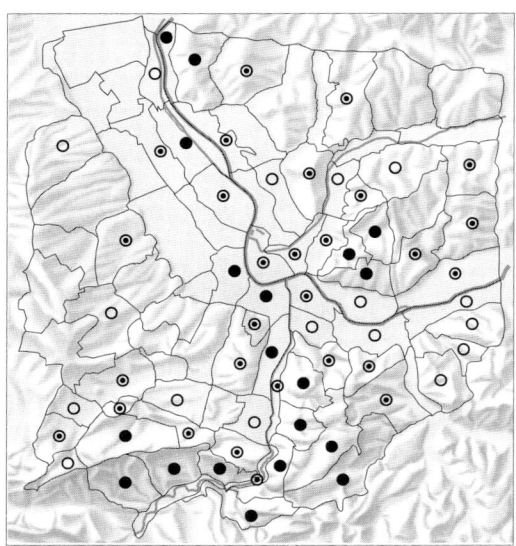

Viola hirta

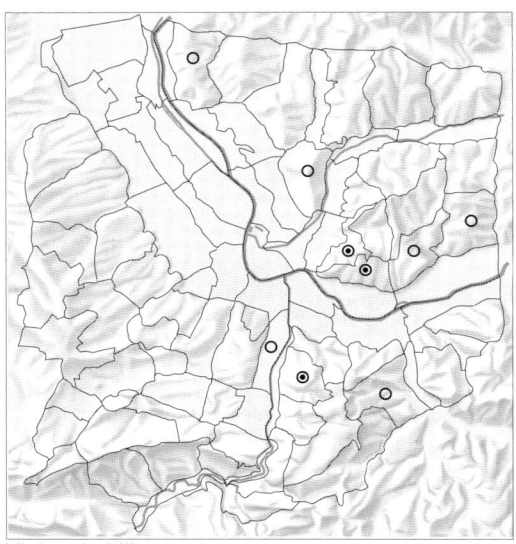

Viola mirabilis

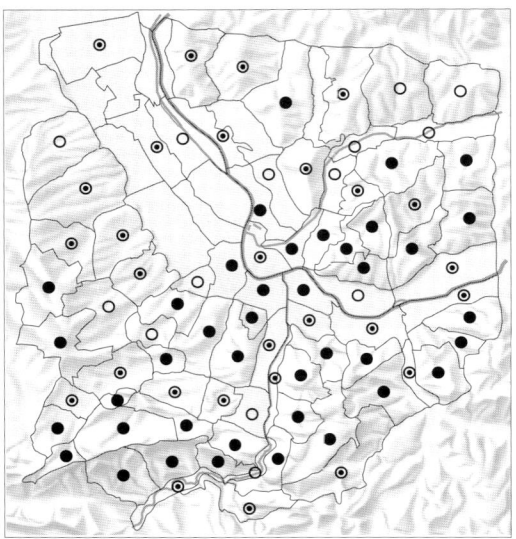

Viola reichenbachiana

basenreichen, meist kalkhaltigen, humosen, mittel- bis flachgründigen, klüftig-felsigen, steinigen und lehmigen Böden.
S: Mesobromion, Trifolion medii ('Origano-Brachypodietum'), seltener Xerobromion, mageres Arrhenatherion und Cynosurion, Geranion sanguinei, Quercion pubescenti-petraeae, seltener Tilienion platyphylli und Cephalanthero-Fagenion (Carici-Fagetum), Erico-Pinion.
V: Im Jura, am westlichen und südlichen Dinkelberg, im Gebiet der Malmscholle von Istein, in der Birsebene und in der holozänen Aue der Oberrheinebene verbreitet und bis in die Siedlungsgebiete z.T. häufig. Sonst zerstreut; im Sundgau meist über Aufschlüssen der Elsässer Molasse oder Hochterrassenschotter. In kalkarmen Gebieten, z.B. in weiten Teilen der Weitenauer Vorberge, des Olsberger Waldes und des Wiesentals sehr selten oder fehlend.
G: Zurückgegangen. Schonungsbedürftig.

8. V. collina Besser – *Hügel-V.*
Ö/V: Wenige Nachweise; in Übergangsformen zu *V. hirta* (*V. × umbrosa* Hoppe) bei Arlesheim (Chilchholz) und Herten (Rabenstein). Als reine Art verschollen (ob je ?). – "Felsen über dem Mückenberg gegenüber Duggingen" (1953, Kunz in Binz 1956), Birsfelder Hard (BECHERER 1925), "Wartenberg, Schartenfluh" (BINZ 1911).

G: Potentiell gefährdet.

9. V. mirabilis L. – *Wunder-V.*
Ö: Einzeln oder in lockeren Beständen in warmen, lichten, meist lindenreichen Laubmischwäldern; gerne in etwas instabilen Rieselschutthalden. – Auf frischen bis mässig trockenen, meist kalkhaltigen, lockeren, humosen Steinschutt- und steinig-lehmigen Böden.
S: Tilienion platyphylli (Aceri-Tilietum), Cephalanthero-Fagenion (Carici-Fagetum).
V: Ziemlich selten; v.a. am Südrand des Dinkelberges, z.B. Grenzach-Wyhlen (Rötelsteinfels), Herten W (Schlosskopf), Nollingen W (Riesberg), Riehen (Mittelberg, A. Mattenberger), Bettingen (Wyhlengraben, A. Mattenberger); Tüllinger Berg: Ötlingen SO (Käferholz); Jura: Arlesheim (Gobenrain), Frenkendorf (Wolfenried); Malmscholle von Istein: Kleinkems (Buchholz); nach MOOR (1981c) und MEIER (1985) auch in der Münchensteiner Au.
G: Im Gebiet schon immer ± selten. Potentiell gefährdet.

10. V. rupestris F. W. Schmidt – *Sand-V.*
Ausgestorben. Früher in trockenen, sandigen, lückigen Magerrasen der Neudorfer Heide südöstlich Neudorf (Linder-Hopf in BINZ 1905), zuletzt 1964 (RASTETTER 1993). Standort heute vernichtet.

11. V. reichenbachiana Boreau (V. sylvestris Lam. em. Rchb.) – *Wald-V.*

Ö: Einzeln oder in lockeren Beständen in Wäldern, Hecken und Gebüschen, in älteren Gärten und Parks, in schattigen Scherrasen. – Auf ± frischen bis mässig feuchten, basen- und ± nährstoffreichen, mittel- bis tiefgründigen, humosen, z.T. steinigen Lehm- und Tonböden.
S: Fagetalia, Berberidion, selten Cynosurion.
V: Ziemlich verbreitet und bis in die Siedlungsgebiete meist häufig. Vorkommen unzureichend erfasst.
G: Nicht gefährdet.

12. V. riviniana Rchb. – *Rivinus' V.*

Ö: Einzeln oder locker gesellig auf verhagerten Kuppen und an Wegböschungen in lichten Laubwäldern, seltener in hageren Gebüsch- und Waldsäumen. – Auf frischen bis mässig trockenen, ± nährstoffarmen, kalkarmen bis kalkfreien, modrig-humosen, gerne sandigen und kiesigen, seltener reinen Lehmböden.
S: Luzulo-Fagenion (Luzulo-Fagetum), Galio odorati-Fagenion, Carpinion, Quercion roboripetraeae, selten Trifolion medii.
V: In den Weitenauer Vorbergen, in der Elsässer Hardt und über Aufschlüssen quartärer Schotter im Sundgau, auf der Rütihard und im Olsberger Wald verbreitet und häufig. Sonst zerstreut; im Jura und in den holozänen Talauen selten oder fehlend.

G: In den ökologisch bedingten Randverbreitungsgebieten, z.B. im Jura wohl zurückgegangen. Nicht gefährdet.

12a. – var. **minor** (Murb. ex E. S. Gregory) Valentine et al.

Ein Nachweis: Böschung der Hafenbahn im Hardwald östlich Birsfelden.

13. V. canina L. s. l.

13a. – ssp. **canina** – *Hunds-V., Heide-V.*

Ö/V: Sehr selten; nur ein Nachweis: Himmelried (Buechberg); verbuschte, ziemlich trockene, magere, bodensaure Weide. Ausserhalb des Rayons auf einer extensiv bestossenen Schafweide auf dem Flugfeld von Habsheim.
G: Stark zurückgegangen; im Gebiet wohl nie besonders häufig. Noch ca. 1940 zwischen Wentzwiller und Folgensbourg (H. Zoller). Vom Aussterben bedroht.

13b. – ssp. **schultzii** (Billot) Kirschl. – *Schultz' V.*

Ausserhalb des Rayons: "Lichtung nordöstl. Flugplatz bei Habsheim, 1980 bis 1991; aber immer selten" (RASTETTER 1993).

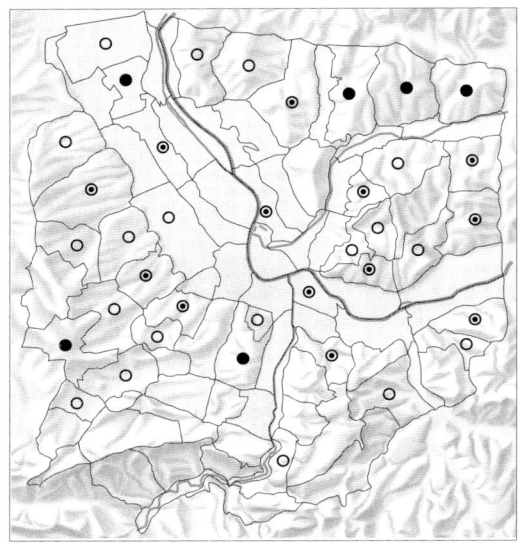

Viola riviniana

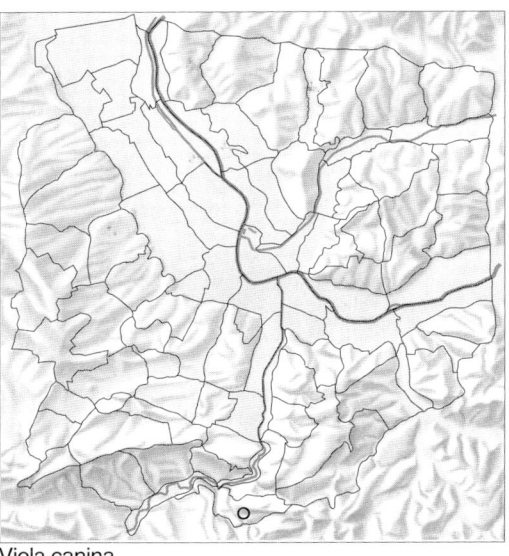

Viola canina

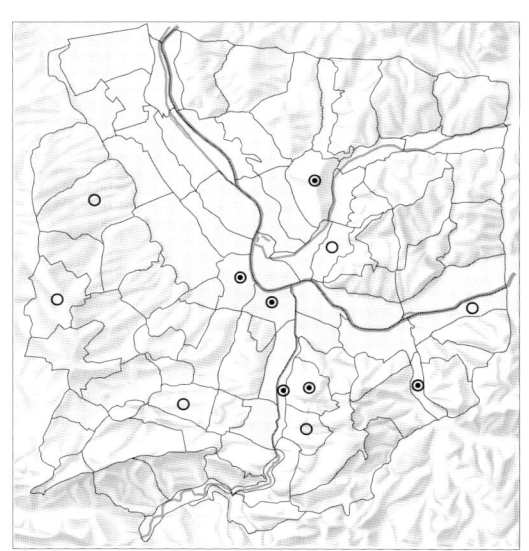

Viola x scabra

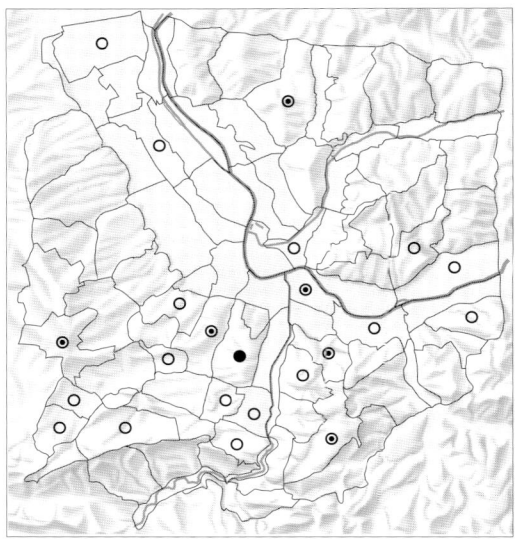

Viola x dubia

Bastarde

14. V. × schoenachii Murr & Döll (V. alba × hirta)

Kein aktueller Nachweis. "Dornacher Schlossberg, Fuss der Felsen ob Obertiefenthal b. Dornach, Wartenberg, Hügel gegen d. Lachenköpfli b. Muttenz (...) Isteiner Klotz (...) Els.: Hard" (BINZ 1911); "Bettingen" (BINZ 1915).

15. V. × cluniensis Murr & Döll (V. alba × odorata)

In der Ökologie der Eltern; alle Nachweise in mageren, frischen Scherrasen: Basel (Domhof), Arlesheim (Hirslandweg), Ettingen (Schulgässlein).

16. V. × scabra T. Braun (V. hirta × odorata)

In der Ökologie zwischen den Eltern: In Parkgehölzen, in mageren, meist gehölznahen Scherrasen, in ± trockenen, siedlungsnahen Wäldern. V. a. im urbanen Siedlungsgebiet recht verbreitet und z.T. häufiger als *V. hirta*, z. B. Basel, Riehen, Arlesheim, Liestal. Sonst sehr zerstreut, z.B. Tüllinger Berg (Ötlingen, Ober-Tüllingen SW), Arlesheim (Hollenberg), Bartenheim (Brestenberg).

17. V. × perplexa Gremli (V. mirabilis × reichenbachiana)

Mit den Eltern: Arlesheim (Gobenrain).

18. V. × dubia Wiesb. (V. reichenbachiana × riviniana) – *Bastard-Wald-V.*

Hybridschwarm bzw. Komplex mit Übergängen zu beiden Elternarten. In der Ökologie ähnlich *V. riviniana*, doch im Mittel etwas feuchter und weniger sauer stehend. Mehrfach nachgewiesen im südlichen Sundgau, z. B. auf dem Bruderholz. Auch im Jura, auf der Rütihard und im Olsberger Wald. Wahrscheinlich weiter verbreitet, doch oft der einen oder andern Elternart zugeordnet.

TAMARICACEAE
TAMARISKENGEWÄCHSE

142. Myricaria Desv. *Tamariske*

1. M. germanica (L.) Desv. – *Deutsche T.*

Verschollen. Früher auf periodisch überflutetem, grundwassernahem Flusskies und Schwemmsand an Rhein, Birs und Wiese (BINZ 1911). Letzte Meldung: sommerfeuchte Mulde am Hüningerkanal östlich der Pisciculture (MOOR 1962).

143. Tamarix L. *Tamariske*

1. T. pentandra Pall. – *Sommer-T.*
B: Eph. – Zentral-Asien; Salzsteppen.
Ö/V: Zierstrauch. Mit Gartenschutt verschleppt in der Grande Sablière nördlich St. Louis (1990).

CUCURBITACEAE
KÜRBISGEWÄCHSE

144. Bryonia L. *Zaunrübe*

1. B. dioica Jacq. – *Zweihäusige Z.*
B: Arch.
Ö: Einzeln bis gesellig in Heckensäumen, an Gehölzrändern, in Hohlwegen, in Gärten und Parks, in Rabatten, an Zäunen, an Einzelbäumen. Wärmeliebend. – Auf frischen, nährstoff- (stickstoff-)reichen, lockeren, humosen, lehmigen, auch kiesigen Böden.
S: Alliarion.
V: In den Flussebenen von Rhein und Birs und deren warmen Talflanken verbreitet und v.a. im Siedlungsgebiet und seiner näheren Umgebung ziemlich häufig. Sonst selten bis fehlend.
G: Nicht gefährdet.

145. Ecballium A. Richard *Spritzgurke*

1. E. elaterium (L.) A. Richard – *Spritzgurke*
B: Eph. – Mittelmeergebiet; Schutt, Wegränder, Sandstrände.
Ö/V: Adventiv auf türkischem Granit-Schutt im Hafen Weil-Friedlingen (1988, 1989).

146. Citrullus Schrad. *Wassermelone*

1. C. lanatus (Thunb.) Matsumura & Nakai – *Wassermelone*
B: Eph. – (Sub-)tropisches Afrika, Madagaskar; Savannen, Brachland, um 1000 m.
Ö/V: Adventiv an der Entladerampe für Südfrüchte im Güterbahnhof Wolf (1990) und am Unteren Rheinweg (1995, B. Moor), Basel.

147. Cucumis L. *Gurke*

1. C. sativus L. – *Gurke*
B: Eph. – Nächstverwandte Art (*C. hardwickii* Royle): Himalaya-Südfuss (NW-Indien); Schluchthänge, Dschungelsäume, Sekundärwald.
Ö/V: Nutzpflanze. In den wärmeren Teilen des Gebiets hin und wieder verwildert auf Schutt und Kompost, an Gütergleisen, in De-

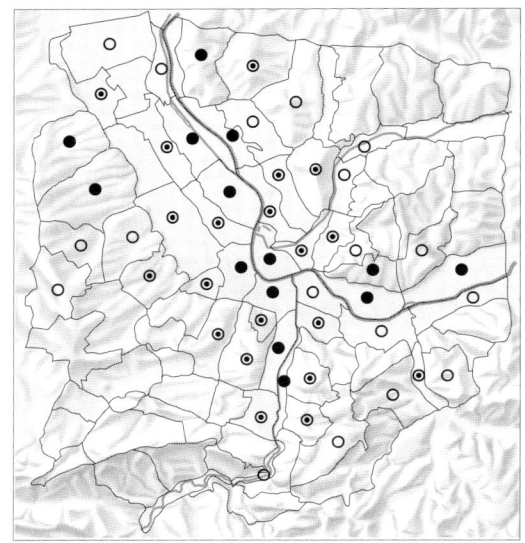

Bryonia dioica

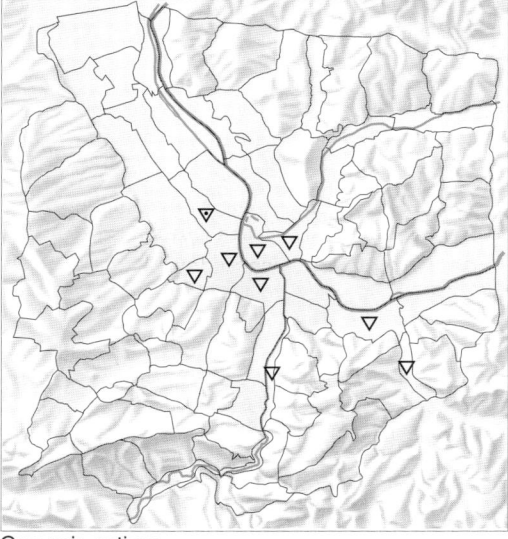

Cucumis sativus

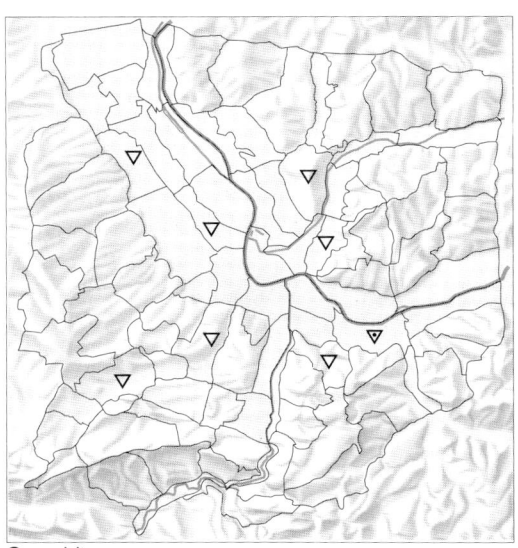

Cucurbita pepo

Populus tremula

ponien, in alluvialem Flusskies, z.B. Flussbett der Birs westlich Dornach.

2. C. melo L. – *Melone*

B: Eph. – Tropisches Asien und Afrika (ursprünglich O-Afrika); offenes Buschland.
Ö/V: Adventiv an der Entladerampe für Südfrüchte im Güterbahnhof Wolf, Basel (1990).

148. Cucurbita L.   *Kürbis*

1. C. pepo L. – *Kürbis*

B: Eph (Neo). – Heimat der Stammart (*C. texana* Gray): Mexiko, Texas; auf Trümmern und Treibholzhaufen, an Bäumen hochkletternd.
Ö/V: Gemüsepflanze. In den wärmeren Teilen des Gebiets hie und da vorübergehend verwildert auf Erdschutt, auf Komposthaufen, auf brachliegendem Garten- und Ackerland u. dgl., z.B. Pratteln, Oberwil, St. Louis.

149. Sicyos L.   *Haargurke*

1. S. angulatus L. – *Kantige H.*

B: Eph. – Mexiko, warme USA; Flussdickichte, Maisfelder.
Ö/V: Selten adventiv an krautigen oder schattigen Stellen im Hafen Basel-Kleinhüningen (1993, 1994; 1981, BAUMGARTNER 1985).

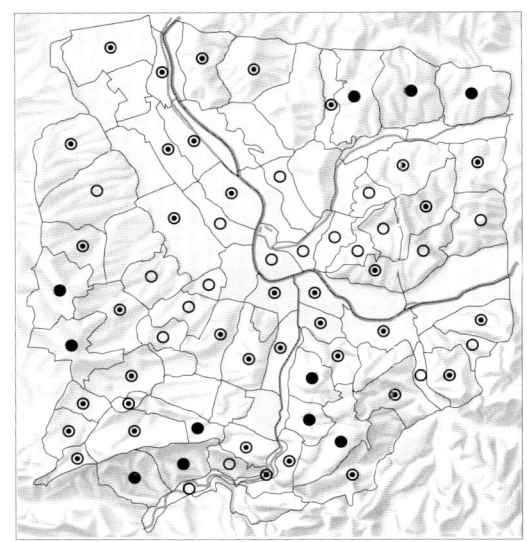

SALICACEAE
WEIDENGEWÄCHSE

150. Populus L.   *Pappel*

1. P. tremula L. – *Espe, Zitter-P.*

Ö: Durch Wurzelbrut oft gesellig an Waldrändern, in Feldgehölzen, in Waldschlägen, als Pioniergehölz in brachliegenden oder stark unternutzten, meist waldnahen Wiesen und Weiden, an Rutschhängen und Weganrissen, seltener in Ufergehölzen. – Auf feuchten oder wechselfeuchten, ± nährstoffreichen, oft kalkarmen, meist tiefgründigen, z.T. steinigen Mergel-, Lehm- und Tonböden.
S: Sambuco-Salicion, Epilobion angustifolii, Atropion, Berberidion, seltener Trifolion medii.
V: Im Jura, im höheren Sundgau und in den Weitenauer Vorbergen verbreitet und häufig. Sonst zerstreut; in tieferen Lagen (z.B. vorderer Sundgau, elsässische Niederterrasse der Oberrheinebene) vielfach selten und über weite Strecken fehlend.
G: Nicht gefährdet.

2. P. × canescens (Aiton) Sm. (*P. alba × tremula*) – *Grau-P.*

In der Ökologie und Soziologie ähnlich *P. alba*, doch z.T. etwas trockener stehend. Selten: St.

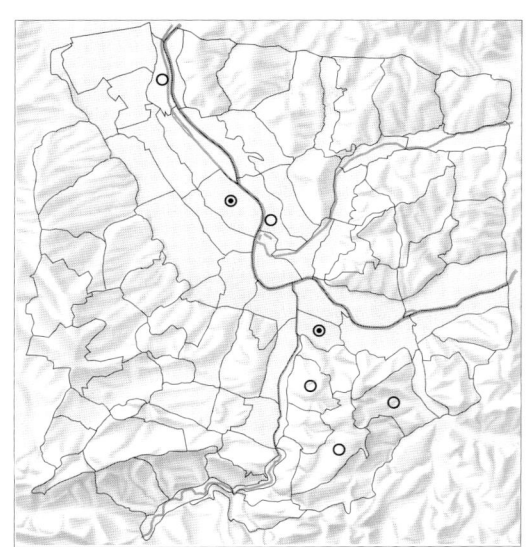

Schotterflächen, in Bahnanlagen. Auch gepflanzt und verwildernd. Wärmeliebend. – Auf oberflächlich z.T. trockenen, in der Tiefe aber feuchten, sommerwarmen, basenreichen, gerne humosen, aber auch ± rohen, lockeren, z.T. etwas lehmigen Sand- und Schotterböden. S: Alno-Ulmion (v.a. Querco-Ulmetum), Berberidion (Salici-Hippophaëtum).
V: In der Hoch- und Oberrheinebene und in der Birsebene verbreitet und stellenweise häufig, z.B. Elsässer Hardt, Petite Camargue, Kembser Rheininsel, Istein-Rheinweiler, Rangierbahnhof Muttenz, Birsauen von Aesch bis St. Jakob. Ausserhalb der Flussebenen selten und kaum bodenständig; mehrfach am Westrand des Gempengebiets in der Gegend von Arlesheim (Eremitage, Birseck-Richenstein, Gobenmatt).
G: Nicht gefährdet.

4. P. nigra L. – *Schwarz-P.*

Ö: Als grosser Baum in Auengehölzen an Flüssen, seltener an Bächen, als Strauch z.T. gesellig in grundwassernahen Kiesgruben, an gemauerten Uferböschungen, auf ruderalen Kiesflächen in Bahn-, Hafen- und Industriearealen, als Sämling auch auf Flachdächern. Gelegentlich gepflanzt. Etwas wärmeliebend. – Auf oberflächlich z.T. trockenen, in der Tiefe aber stets (sicker-)feuchten, basenreichen,

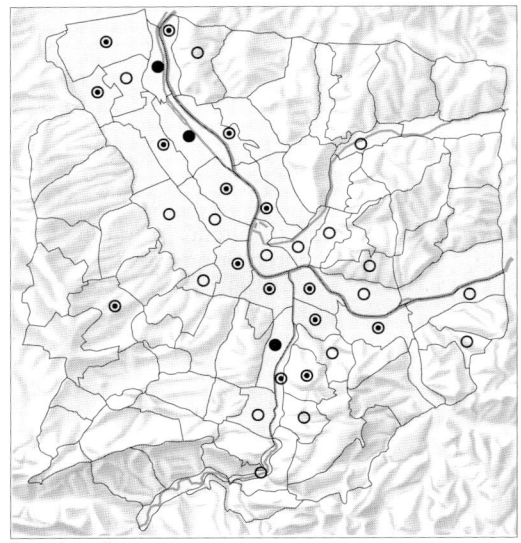

Populus x canescens

Louis, Weil, um St.. Jakob, Arlesheim (Eremitage, Ränggersmatt), Gempen (Schartenfluh), Liestal W.

3. P. alba L. – *Silber-P.*

Ö: Mit Wurzelbrut gesellig in Auengehölzen an Flüssen, seltener an Bächen, als Pioniergehölz in Kiesgruben, auf grundwassernahen

Populus alba

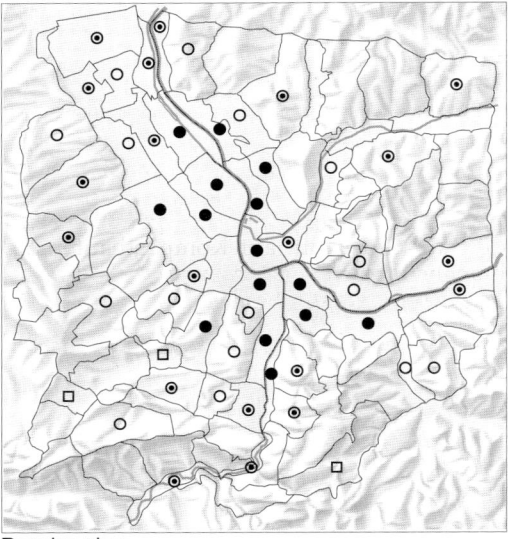

Populus nigra

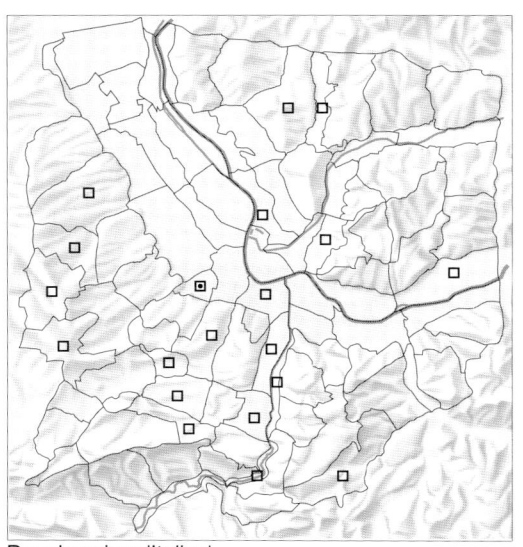

Populus nigra 'Italica'

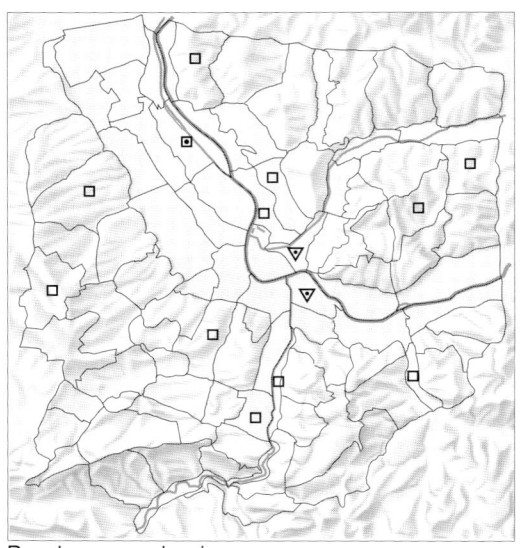

Populus x canadensis

ziemlich rohen, lockeren Kies- und Sand-, seltener Lehmböden.
S: Alno-Ulmion (v.a. Querco-Ulmetum), Salicion albae, Berberidion, Dauco-Melilotion.
V: In den Flusstälern von Rhein und Birs verbreitet und häufig. Sonst selten; ausserhalb der grossen Flusstäler kaum bodenständig.
G: Nicht gefährdet.

4a. – cv. 'Italica' (P. nigra L. ssp. pyramidalis Celak.) – *Italienische P., Pyramiden-P.*
B: Erg.
Ö/V: Häufig gepflanzt. Der Wildform angenäherte Sippen mit breit säulenförmigem Wuchs bisweilen auf grundwassernahen Schotterflächen, z.B. beim Kraftwerk Birsfelden.

5. P. × canadensis Moench (P. nigra × deltoides Marsh. u.a.) – *Kanadische P.*
B: Erg. – Heimat der 2. Stammart: Kanada, USA; Flussalluvionen, Seeufer.
Ö/V: Als Forstbaum, seltener auch als Zierbaum gepflanzt, z.B. Lange Erlen (Wässerstellen), Muttenzer Hard, Bahngelände Weil-Haltingen usw. Verwildert, allenfalls auch nur Wurzelbrut gepflanzter Elternbäume an der Rhein- und Birsböschung am Birskopf (Birsfelden).

6. P. balsamifera L. – *Balsam-P.*
B: Eph (Neo). – Kanada, N-USA; Flussalluvionen, Seeufer.
Ö/V: Gepflanzt. Gelegentlich verwildert auf frischen, grundwasserfeuchten, kiesigen oder reinen Sand- und Tonböden in offenen Flussauen, in Kiesgruben und Deponien, z.B. St. Louis N (Grande Sablière), an der Wiese unterhalb Steinen, Zwingen (Deponie 'Unter Chleeboden'). Angenährte, wohl hybridogene (× *P. nigra* ?) Sippen ohne weissliche Blattunterseite bestandbildend im Pappelauengebüsch der Kraftwerkinsel Birsfelden.

---

151. Salix L.   *Weide*

Vorbem.: Unter den Weiden sind die Möglichkeiten zur Bastardierung vielfältig. Bastarde entstehen jedoch nur zwischen Arten der gleichen Untergattung; sie treten in der freien Natur lange nicht so häufig auf, wie oft angenommen wird. Aufgeführt werden nur Bastarde, denen sicher interpretierbare Belege oder historische Angaben zugrundeliegen; letztere sind als Anregungen für zukünftige Forschungen zu verstehen.
Lit.: Rechinger in HEGI (1981), LAUTENSCHLAGER (1983, 1989, 1994), HEINIS (1936, 1965).

Untergattung
Salix – *Baumweiden*

1. S. × sepulcralis Simonk. (S. alba × babylonica L.) – *Trauer-W.*

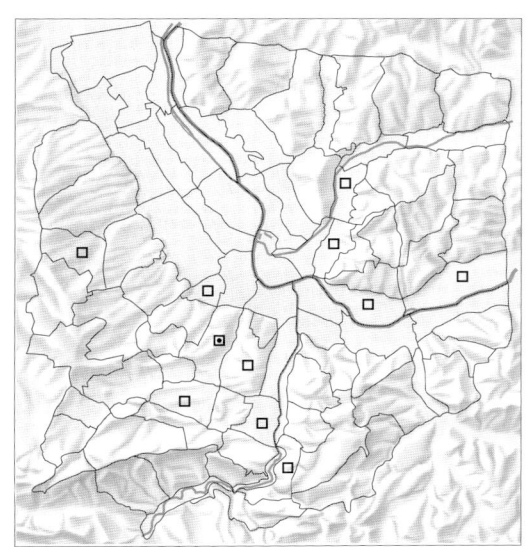

Salix x sepulcralis

B: Erg. – Heimat der 2. Stammart: Himalaya-China; Bergtäler.
Ö/V: Gepflanzt in Gärten und Parks, an Teichen und Flussufern. Kaum verwildernd.

2. S. alba L. s. l. – *Silber-W.*

2a. – ssp. **alba** – *Gewöhnliche Silber-W.*

Ö: Einzeln oder gesellig, als Baum z.T. bestandbildend in gelegentlich überschwemmten Ufergehölzen von Flüssen und Bächen, in grundwassernahen Kiesgruben, als Strauch auch in gewässerfernen Wald-Schlagfluren, auf Lagerplätzen und ruderalen Kiesplätzen, in Hafen- und Bahnarealen, als Sämling auf Kiesdächern. Auch gepflanzt. Etwas wärmeliebend. – Auf oberflächlich z.T. trockenen, in der Tiefe aber feuchten und wasserzügigen, basen- und nährstoffreichen, lockeren Sand-, Kies- und sandigen Lehmböden.
S: Salicion albae (Salicetum albae), Alno-Ulmion (v.a. Pruno-Fraxinetum), Sambuco-Salicion, Dauco-Melilotion.
V: Verbreitet; häufig in den Flusstälern von Rhein, Birs, Wiese und Ergolz sowie im Leimental.
G: Nicht gefährdet.

2b. – ssp. **vitellina** (L.) Arcang. – *Dotter-W.*

B: Erg (Neo). – Alte Kultursippe.
Ö/V: Da und dort gepflanzt und verwildert, z. B. Basel (Rheinufer Grenzacherstrasse), Kaiseraugst (Kiesgrube 'Rinau'), an der Birs bei Dornach, Reinach usw.

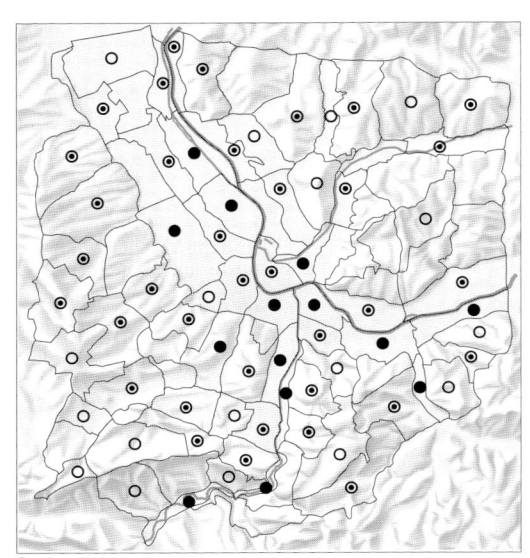

Salix alba s.str.

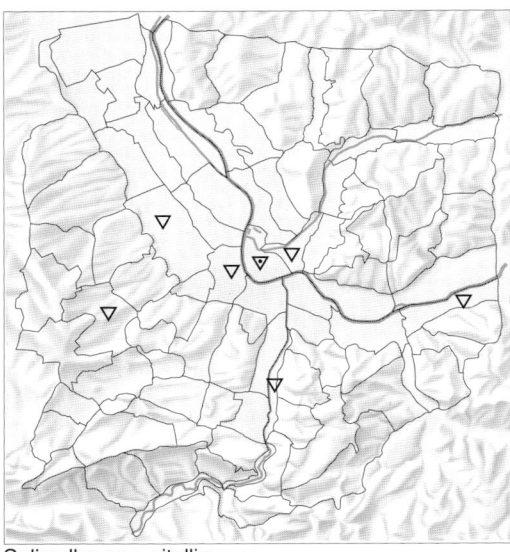

Salix alba ssp. vitellina

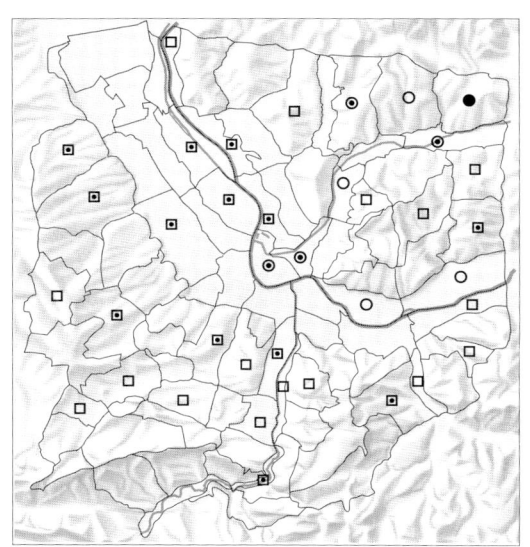

Salix fragilis

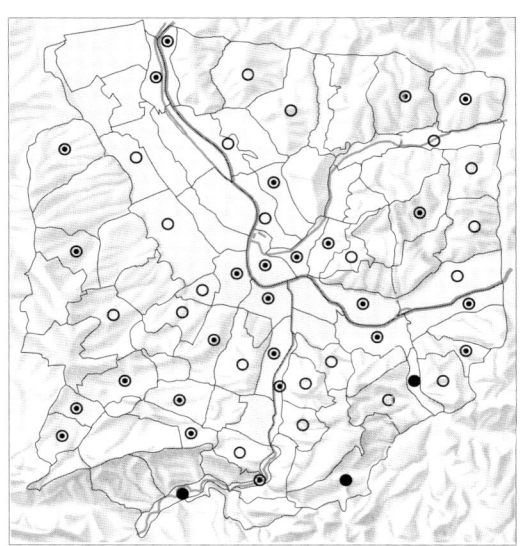

Salix x rubens

3. S. fragilis L. – *Bruch-W.*
Ö: Meist einzeln in gelegentlich überschwemmten Ufergehölzen von Flüssen und Bächen. Da und dort auch gepflanzt. – Auf wasserzügigen, oberflächlich auch ziemlich trockenen, meist kalkarmen, lockeren, sandig-kiesigen Böden.
S: Salicion albae.
V: Ziemlich selten; bodenständig wohl nur im Wiesental (abwärts bis in die Langen Erlen) und in den Weitenauer Vorbergen. Sonst gepflanzt oder in Übergangsformen zu *S. alba* (vgl. *S.* × *rubens*).
G: Als reine Art im Gebiet schon immer selten. Gefährdet.

4. S. × **rubens** Schrank (S. alba × fragilis) – *Bastard-Bruch-W.*
Ö: Als grosser Baum einzeln bis gesellig in gelegentlich überschwemmten Ufergehölzen von Flüssen und Bächen, als Strauch auch in grundwassernahen Kiesgruben und auf ruderalen Kiesflächen. Auch gepflanzt und als Kopfweide geschnitten. – Auf oberflächlich oft recht trockenen, in der Tiefe aber feuchten und wasserzügigen, basenreichen, lockeren Schotter- und Lehmböden.
S: Salicion albae, Alno-Ulmion (Pruno-Fraxinetum).
V: An Birs, Ergolz und Orisbach sowie im Leimental nicht selten. Sonst ± zerstreut. Vorkommen wohl nur unzureichend erfasst.
G: Nicht gefährdet.

5. S. triandra L. s. l. – *Mandel-W.*

5a. – ssp. **concolor** (Koch) Neumann ex Rechinger
Ö: Meist einzeln in gelegentlich überschwemmten Ufergehölzen von Bächen und Flüssen. Selten gepflanzt. – Auf feuchten bis nassen, in der Tiefe meist wasserzügigen, basen- und nährstoffreichen, oft kalkhaltigen Kies- und Lehmböden.
S: Salicion albae (v.a. Salicetum triandrae), Alno-Ulmion.
V: Ziemlich selten; mehrfach an der Birs (abwärts bis zur Reinacher Heide, hier heute erloschen), im Oristal, an Eschbach und Marchbach (Ettingen); Oberrheinebene: Kembser Rheininsel (Altrhein), am Rhein südwestlich Rheinweiler; vorderer Sundgau: Brinckheim; Tüllinger Berg; Jura: Hofstetten (Ursprung).
G: Zurückgegangen. Gefährdet.

5b. – ssp. **discolor** (Koch) Neumann ex Rechinger
Kein aktueller Nachweis. Nach HEINIS (1965) deutlich seltener als die ssp. *concolor*, "z.B. im Birsigtal; bei St. Jakob; bei Liestal; Schönthal-Augst; Rheinfelden-Olsberg".

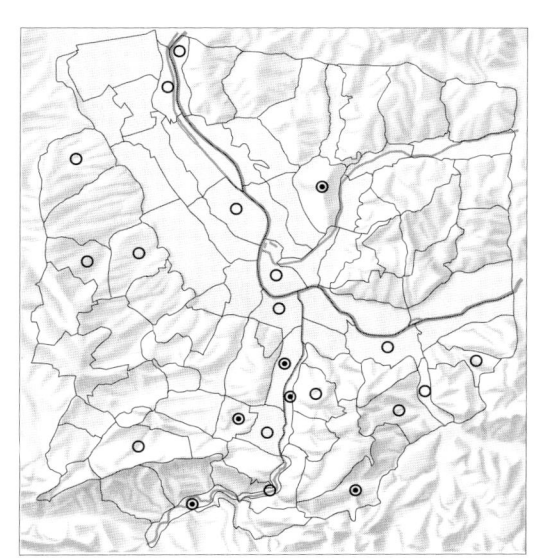

Salix triandra

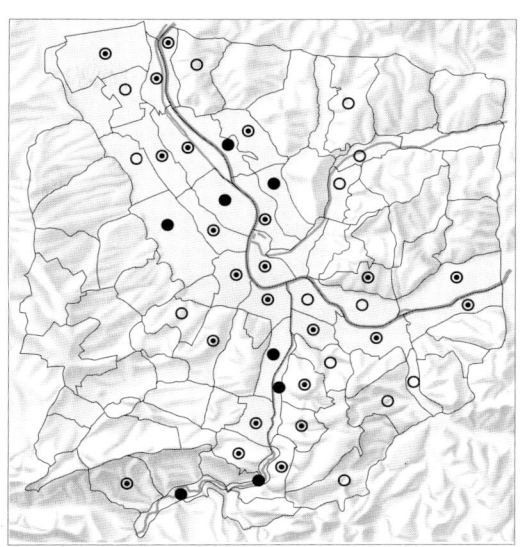

Salix elaeagnos s.str.

6. S. pentandra L. – *Lorbeer-W.*
Im Gebiet kaum bodenständig. Selten gepflanzt. Eine nicht überprüfte Angabe vom Absetzweiher der 'Chlingentalgrube', Muttenz (MEIER 1985).

Untergattung
Caprisalix Dum. – *Strauchweiden*

7. S. elaeagnos Scop. s. l. – *Lavendel-W.*
7a. – ssp. **elaeagnos**
Ö: Einzeln bis gesellig als Strauch, seltener als Baum in Ufergehölzen von Flüssen und Bächen, in Pioniergebüschen der Auen, in Kiesgruben, seltener in Steinbrüchen, an Mergelhalden und in Wald-Schlagfluren. Auch ruderal. Da und dort gepflanzt. – Auf oberflächlich oft recht trockenen, in der Tiefe aber feuchten bis wasserzügigen, basenreichen, ± lockeren, rohen Schotter-, Steinschutt- und steinigen Lehmböden.
S: Salicion albae, Berberidion (v.a. Salici-Hippophaëtum), Dauco-Melilotion.
V: In den Flusstälern von Rhein und Birs verbreitet und ziemlich häufig. Stellenweise auch an den warmen Talflanken, z.B. am Westrand des Gempengebiets und auf der Dinkelbergsüdseite. Sonst selten bis fehlend; im Sundgau nur in den Ziegeleigruben von Oberwil und Allschwil.

7b. – ssp. **angustifolia** (Cariot) Rech. f.
B: Erg. – S-Frankreich, Spanien; Schluchttäler, steinige Flussufer.
Ö/V: Gärtnerisch gepflanzt, vereinzelt auch in 'Wildhecken'. Ob verwildernd ?

8. S. daphnoides Vill. – *Reif-W.*
Ö/V: Selten auf zeitweilig überschwemmtem Flusskies und im Uferweidengebüsch der Birs:

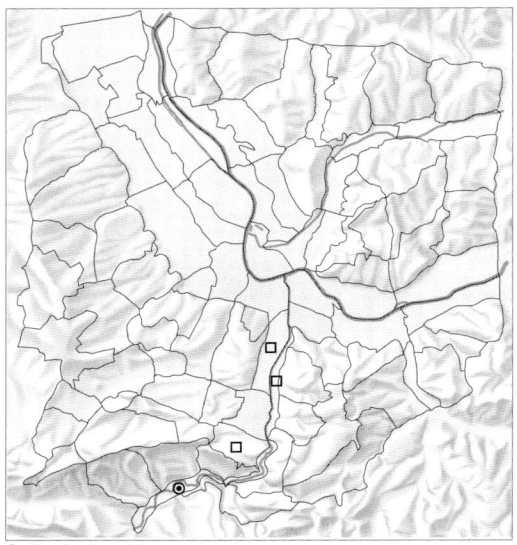

Salix daphnoides

Zwingen (Oberer Chleeboden), rechtes Birsufer zwischen Aesch und Dornachbrugg. Vorkommen unklaren Indigenats; allenfalls durch verschwemmte Ast- und Zweigteile gepflanzter Sträucher (Lebendverbau) entstanden.
G: Als Wildpflanze stark zurückgegangen (bzw. verschollen). Früher mehrfach am Hoch- und Oberrhein, z.B. unterhalb Kleinhüningen, bei Neudorf und unterhalb Istein (BINZ 1911), letztmals um 1960 bei der Kandermündung (Hügin in PHILIPPI 1961).

9. S. purpurea L. s. l. – *Purpur-W.*

Vorbem.: Die beiden Unterarten sind im Gebiet durch zahlreiche Übergänge miteinander verbunden.

Ö: Einzeln bis gesellig als Strauch, seltener als Baum in gelegentlich überschwemmten Ufergehölzen von Flüssen und Bächen, an Wassergräben, in Pioniergebüschen der Flussauen, in grundwassernahen Kiesgruben, an Lagerplätzen in Bahn-, Hafen- und Industrieerealen, in Steinbrüchen, auf Felsschutt, in Waldschlagfluren, als Sämling auf Flachdächern. Bisweilen gepflanzt. – Auf oberflächlich z.T. trockenen, in der Tiefe aber ± ständig feuchten bis wasserzügigen, basenreichen Sand-, Kies- und Lehmböden.
S: Salicion albae, Alno-Ulmion, Berberidion (v. a. Salici-Viburnetum, Salici-Hippophaëtum), Dauco-Melilotion.

V: In den Flusstälern von Rhein und Birs verbreitet und häufig, ebenso am Orisbach. Sonst sehr zerstreut; im höheren Sundgau und in den Weitenauer Vorbergen selten bis fehlend.
G: Nicht gefährdet.

9a. – ssp. **purpurea**
Verbreitet.

9b. – ssp. **lambertiana** (Sm.) Koch
Recht verbreitet.

10. S. cordata Mühlenberg – *Herzblättrige W.*

B: (Erg). – N-Amerika; feuchte Orte.
Ö/V: Kein aktueller Nachweis. "Früher als 'Amerikanische Weide' (*Salix americana* hort.), zum Teil in Menge, kultiviert bei Liestal und in der Klus bei Aesch" (HEINIS 1965). Von Heinis als *S. purpurea × triandra* interpretiert.

11. S. viminalis L. – *Korb-W.*

Ö: Einzeln bis gesellig als Strauch oder kleiner Baum in zeitweise überschwemmten Ufergehölzen von Bächen und Flüssen, an Teichen und Wassergräben. Öfters angepflanzt und als Kopfweide geschnitten. – Auf tiefgründig feuchten, oft wasserzügigen, basenreichen Sand-, Lehm- und Tonböden.

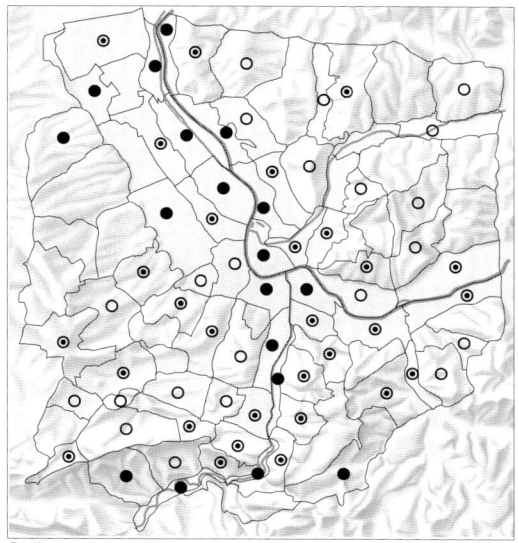

Salix purpurea

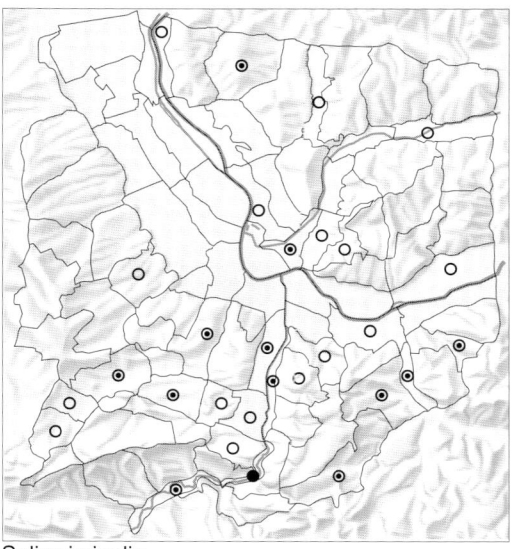

Salix viminalis

S: Salicion albae (v.a. Salicetum triandrae), Berberidion (Salici-Viburnetum).
V: Mehrfach und z.T. nicht selten an Birs, Birsig, Orisbach sowie am badischen Hochrhein (H. Boos). Sonst sehr zerstreut bis weithin fehlend. An den meisten Orten ursprünglich wohl gepflanzt.
G: Zurückgegangen. Schonungsbedürftig.

12. S. nigricans Sm. (S. myrsinifolia Salisb.) – *Schwarz-W.*
Ö: Meist einzeln in gelegentlich überschwemmten Ufergehölzen von Bächen und Flüssen, seltener in wasserfernen Gebüschen und an schattigen Waldrändern, in aufgelassenen Kiesgruben. – Auf feuchten bis nassen, wasserzügigen, nährstoffreichen, meist kalkhaltigen, tiefgründigen Lehm- und Tonböden.
S: Berberidion (Salici-Viburnetum), Alno-Ulmion (Pruno-Fraxinetum).
V: Ziemlich selten; v.a. im Jura und juranahen Sundgau, im Birstal von Angenstein an aufwärts sowie im Oristal; Birsebene: Birsufer beim Wissgrien (Münchenstein), Hoch- und Oberrheinebene: Herten (Kiesgrube am Rhein), "Kiesgrube südl. der Sodafabrik Wyhlen" (1986, Quinger in SEBALD et al. 1993), "Kiesgrube südöstl. Eimeldingen" (1986, Quinger in SEBALD et al. 1993); Malmscholle von Istein: Blansingen N (Reckhölderle).

G: Zurückgegangen und gebietsweise, z.B. in der elsässischen Oberrheinebene, im Wiesental und am Dinkelberg (BINZ 1911) verschollen. Gefährdet; in der Hoch- und Oberrheinebene stark gefährdet bis vom Aussterben bedroht.

13. S. repens L.
13a. – ssp. **repens** – *Moor-W.*
Seit langem verschollen. "Weiherfeld b. Rheinfelden" (BINZ 1905), "Michelfelden" (Hagenbach in BINZ 1905), "Rosenau" (G. Müller in BINZ 1905).
13b. – ssp. **argentea** (Sm.) G. & A. Camus – *Sand-W.*
B: Erg. – Nordsee, Ostsee; Dünengebiete.
Ö/V: Angepflanzt am Orisbach bei Neu-Nuglar (LAUTENSCHLAGER 1983, 1989, 1994). Nach 1991 verschwunden.

14. S. appendiculata Vill. – *Gebirgs-W., Grossblättrige W.*
Verschollen. "Schleifenberg bei Liestal" (HEINIS 1965), Schauenburgerfluh (1822, J. A. Müller in HAGENBACH 1834). Nächste Vorkommen z.B. ob Bretzwil, Bölchen usw.

15. S. caprea L. – *Sal-W.*
Ö: Einzeln oder gesellig als Strauch, seltener als Baum in Waldschlägen, an Waldwegen und

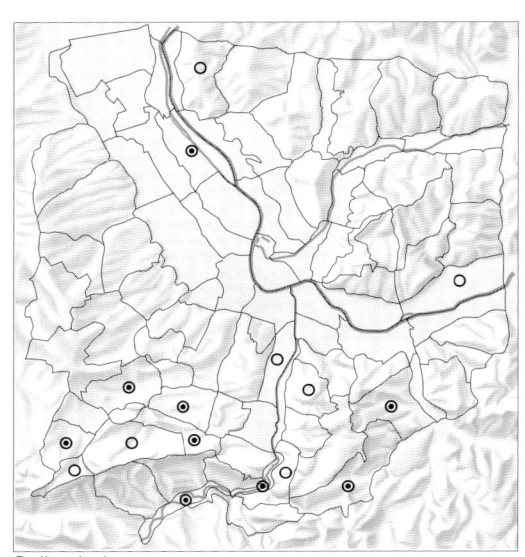

Salix nigricans

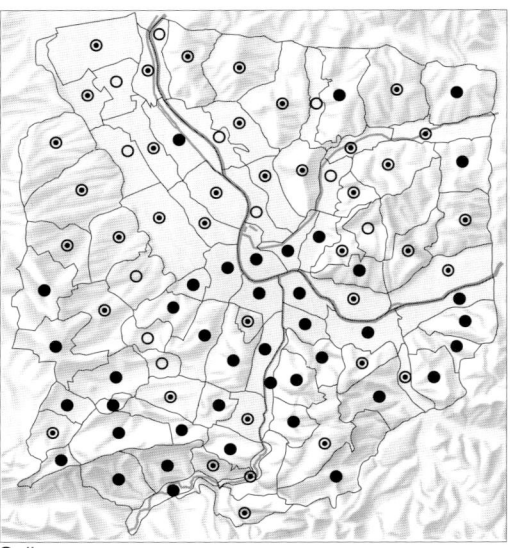

Salix caprea

Waldrändern, in Hecken, auf Felsschutt, in Kies-, Lehm- und Tongruben, in Steinbrüchen, in Bahn- und Industrieanlagen, an Ufern, seltener an Felsen und Mauern. – Auf ± frischen bis feuchten, nährstoffreichen, z.T. steinigen, auch rohen Lehm- und Tonböden.
S: Sambuco-Salicion, Berberidion, Alno-Ulmion, seltener Atropion.
V: Verbreitet und meist häufig.
G: Nicht gefährdet.

16. S. aurita L. – *Ohr-W., Öhrchen-W.*
Ö: Einzeln bis gesellig, vereinzelt bestandbildend in Erlenbrüchen und Waldsümpfen, in vernässten Senken, in Moorwiesen, seltener in Waldschlägen und an Waldrändern. – Auf feuchten bis nassen, oft staunassen, meist kalk- und nährstoffarmen, tiefgründigen, modrig-humosen Lehm- und Tonböden. Ausnahmsweise auf basen- und kalkreichem Lehm.
S: Salicion cinereae (v.a. Salicetum auritae).
V: Ziemlich selten; v.a. in den Weitenauer Vorbergen, z.B. Hauingen N (Gugelhut-Birkenmoos, Stockert), 'Stoffelberg' nördlich Kloster Weitenau, Maulburg N (Etzmatthalde); höherer Sundgau: Hagenthal-le-Haut, Heiligenbrunn W, Bettlach N und NO; Dinkelberg: Nollingen NO (auf Deckenschotter, H. Boos); ein schöner Bestand im Olsberger Wald südwestlich Rheinfelden (Spilplatz-Hexenplatz).

Sehr selten und wohl vorübergehend bei Ettingen (Schaien) und in einem Waldschlag in den Langen Erlen (Riehen).
G: Im Gebiet von Natur aus nicht besonders häufig und ± auf die bodensauren Waldgebiete beschränkt. Gefährdet.

17. S. cinerea L. – *Aschgraue W.*
Ö: Einzeln bis gesellig in zeitweise überschwemmten Ufergehölzen von Bächen, seltener von Flüssen, in Ton- und Lehmgruben, in Waldsümpfen, in Schlagfluren, an feuchten Waldrändern, an Waldwegen, in verbuschten Nasswiesen und quelligen Weiden, an Wiesengräben. – Auf feuchten bis nassen, oft wasserzügigen oder staunassen, tiefgründigen, basenreichen Lehm- und Tonböden.
S: Alno-Ulmion (v.a. Pruno-Fraxinetum), Berberidion (Salici-Viburnetum salicetosum cinereae), Salicion cinereae.
V: Ziemlich verbreitet; recht häufig im Sundgau, auf der Nordseite des Blauen und in den Tälchen am West- und Ostrand des Gempengebiets, z.B. um Leymen, unterhalb Liebenswiller, Hofstetten (Bergmatten, Bümersrüti), Arlesheim (Gobenmatt), Oristal, Röserental; stellenweise häufig in der holozänen Aue der elsässischen Oberrheinebene (Neudorf-Rosenau, Kembs) und im Birstal. Sonst selten.
G: Wohl zurückgegangen. Schonungsbedürftig.

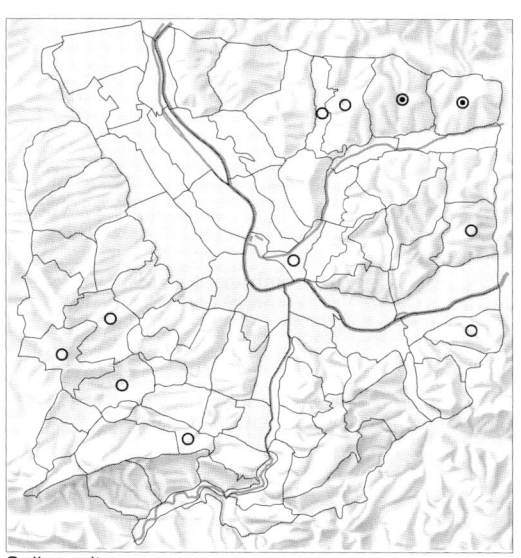

Salix aurita

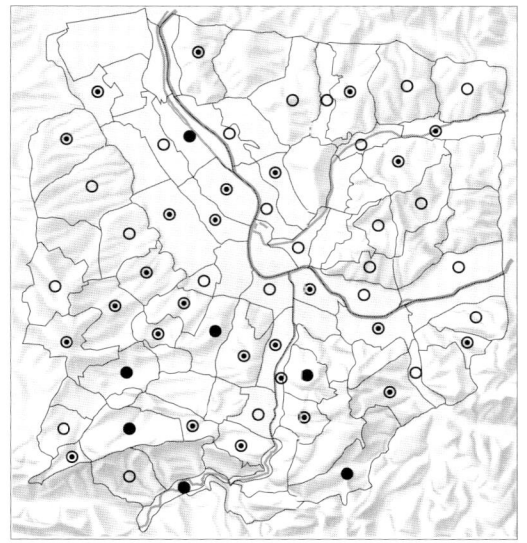

Salix cinerea

Bastarde

18. S. × undulata Ehrh. (S. alba × triandra)
Kein aktueller Nachweis. Ein weiblicher Strauch im Röserental bei Liestal (HEINIS 1965). "Die Existenz dieses Bastards wird von SKVORTSOV (1982) und von MEIKLE (1984) angezweifelt" (SEBALD et al. 1993).

19. S. × tinctoria Schleich. (S. fragilis × pentandra)
Gepflanzt in älterer, 'naturnaher' Gehölzpflanzung auf der Kraftwerkinsel Birsfelden.

20. S. × multinervis Döll (S. aurita × cinerea)
Mehrfach in den Weitenauer Vorbergen, z.B. Hauingen N (Birkenmoos), Maulburg NW (nordöstlich 'Ottersmoos'). Weitere Verbreitung nicht bekannt.

21. S. × reichardtii Kerner (S. caprea × cinerea)
Verbreitung ungenügend bekannt. Ettingen (Mettli), bei Kappelen (an Bach westlich 'Chapelle').

22. S. × flueggeana Willd. (S. caprea × elaeagnos)
Kein aktueller Nachweis. Rheininsel südöstlich Kembs-Loechle (1960-64, RASTETTER 1966), "Bei Grellingen an der Strasse nach Seewen", "Im Steinbruch Reichenstein bei Münchenstein", "Bei Reichenstein" (alle HEINIS 1965); "Zwischen Duggingen u. Grellingen" (1938, 1939; Heinis in BECHERER 1940), "Am Rhein bei Rheinfelden" (BINZ 1905).

23. S. × wimmeriana Gren. & Godr. (S. caprea × purpurea)
Kein aktueller Nachweis. "Im Steinbruch Reichenstein ob Münchenstein" (HEINIS 1965), "Warmbach b. Rheinfelden" (Klein in BINZ 1905).

24. S. × smithiana Willd. (S. caprea × viminalis)
Häufig gepflanzt an verbauten Flussufern, in anthropogenen Naturschutzgebieten, in 'Wildhecken' u. dgl., z.B. Birs bei Zwingen, Oristal, Hauingen N. Als 'S. caprea' im Handel.

25. S. × vaudensis Schleich. (S. cinerea × nigricans)
Kein aktueller Nachweis. Pisciculture (1971-72, RASTETTER 1974a), "Zwischen Liestal und Schönthal", "An der Ergolz unterhalb Schönthal gegen Augst und am Magdenerbach" (alle HEINIS 1965).

26. S. × holosericea Willd. (S. cinerea × viminalis)
Kein aktueller Nachweis. "Bei Olsberg", "am Wiesenufer", "am Rösernbach bei Liestal" (alle HEINIS 1965).

27. S. × glaucovillosa Hand.-Mazz. (S. elaeagnos × nigricans)
Kein aktueller Nachweis. "Bei der Fischzuchtanstalt" (BINZ 1911).

28. S. × helix L. (S. purpurea × viminalis)
Kein aktueller Nachweis. Nach HEINIS (1965) einer der häufigsten Weidenbastarde neben S. × rubens, z.B. Basel, bei Binningen, Therwil, St. Jakob, an der Frenke bei Liestal usw., ferner zahlreiche Angaben in BINZ (1911). Früher häufig kultiviert.

CAPPARIDACEAE
KAPERNSTRAUCHGEWÄCHSE

152. Cleome L.　　*Spinnenpflanze*

1. C. hasslerana Chodat – *Spinnenpflanze*
B: Eph. – SO-Brasilien, N-Argentinien; Brachland, Schutt.
Ö/V: Zierpflanze. Hie und da vorübergehend verwildert im Umfeld von Staudengärten oder mit Saatgut verschleppt auf Erdschutt, in Baumscheiben, an Mauerfüssen usw., z.B. Basel (Hinterhof am Nadelberg), Bettingen (Dorf, St. Chrischona), Riehen (Kilchgrundstrasse), Arlesheim, Reinacher Heide, Hafen Weil-Friedlingen.

BRASSICACEAE
KREUZBLÜTLER

Tribus
SISYMBRIEAE – *RAUKENARTIGE*

153. Sisymbrium L.   *Rauke*

1. S. strictissimum L. – *Steife R.*

B: Eph. – Ost- und östliches Mitteleuropa: Stromtäler (Donau, Neckar, Main usw.), Talzüge der östlichen Zentralalpen (Engadin, Vintschgau, Tiroler Oberinntal).
Ö/V: Bei der hinteren Ausfahrt des Botanischen Gartens Basel seit einigen Jahren gartenflüchtig und in die Baumrabatte an der Bernoullistrasse übergetreten. Die Angabe "Neudorf" (HESS, LANDOLT & HIRZEL 1977) bezieht sich auf ein adventives (BINZ 1911), heute wohl erloschenes Vorkommen.

2. S. altissimum L. – *Ungarische R.*

B: Eph (Neo), wohl seit Ende des 19. Jahrhunderts im Gebiet. – O-/SO-Europa bis C-Asien; Sandgebiete, Ödland, Äcker.
Ö/V: Adventiv und meist vorübergehend im Badischen Güter- und Rangierbahnhof Basel, in den Rheinhäfen Basel-Kleinhüningen, Birsfelden und Au (Muttenz). 1985 massenhaft in einem aufgelassenen, sandigen Acker in der Kiesgrube Weil. 1992 in Rasenansaaten in den Friedhöfen Hörnli (Riehen) und Wolf (Basel). Wärmeliebend. – Auf sommerwarmen, offenen, lockeren, nur wenig lehmigen Schotter- und Sandböden.
G: Im Gebiet wohl schon immer selten und unbeständig.

3. S. officinale (L.) Scop. – *Weg-R.*

B: Arch.
Ö: Einzeln bis gesellig in lichten, ± offenen, ruderalen Kraut- und Staudenfluren an dörflichen und städtischen Wegsäumen, an Zäunen, in Baumscheiben, an befahrenen Grasborden, an Mergelplätzen, an Mauerfüssen, auf steinigem Ödland, in Industrie- und Bahngelände, an Ackerrändern, auf Weideblössen. – Auf mässig frischen bis trockenen, nährstoff-(stickstoff-)reichen, tiefgründigen, oft steinigen, mergeligen oder sandigen Lehmböden.
S: Sisymbrion, auch Polygonion aviculare, Arction.
V: In den Flusstälern verbreitet und v.a. in den ruderalisierten Teilen des urbanen Siedlungsgebiets recht häufig. Sonst sehr zerstreut und z.T. nur verschleppt. In Siedlungsferne selten oder fehlend.
G: Im ruralen Bereich zurückgehend. Nicht gefährdet; ausserhalb des urbanen Siedlungsgebiets schonungsbedürftig.

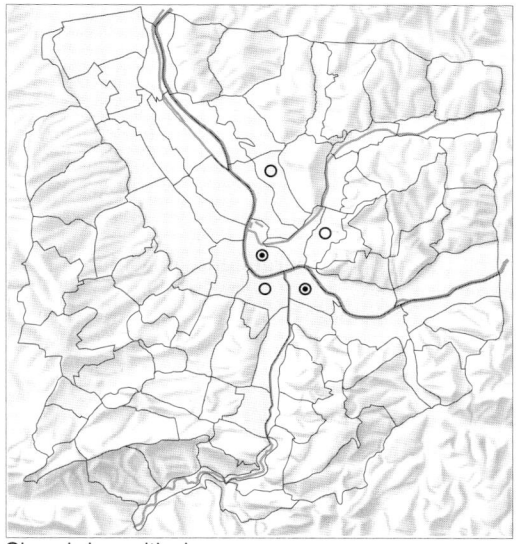

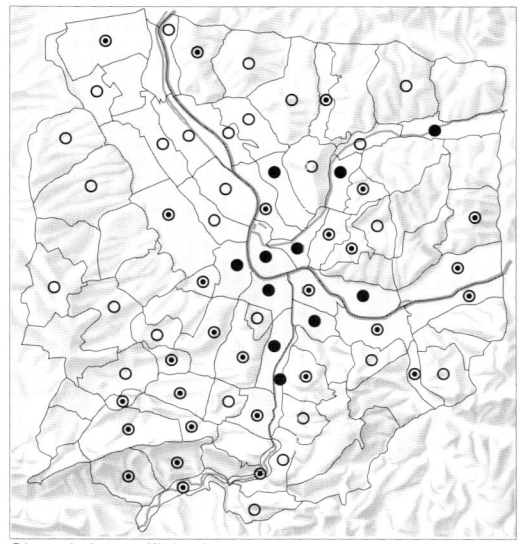

Sisymbrium altissimum

Sisymbrium officinale

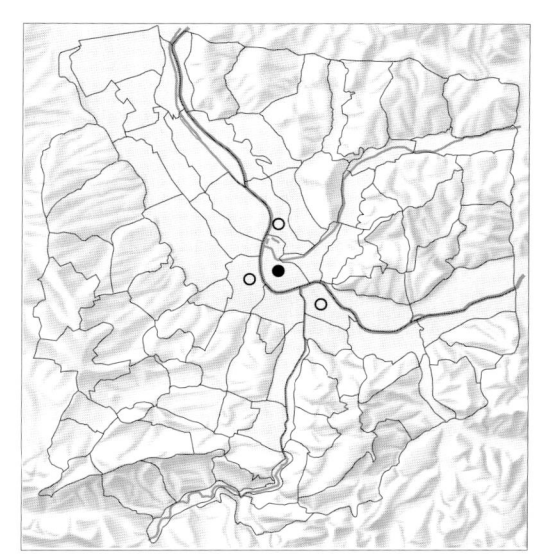

Sisymbrium orientale

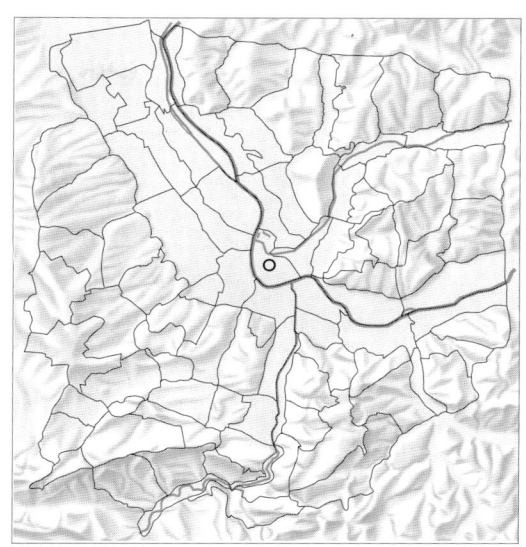

4. S. orientale L. – *Östliche R.*

B: Neo, wohl seit Ende des 19. Jahrhunderts im Gebiet. – Mittelmeergebiet, Orient; ruderal-segetal, z.B. Strassenränder, Schutt.
Ö: Einzeln, meist aber gesellig in Bahn- und Hafenanlagen, auf Lagerplätzen, auf rohem Schutt, im urbanen Siedlungsbereich vereinzelt auch in Pflasterfugen und an Mauerfüssen. Wärmeliebend. – Auf trockenen, nährstoffreichen, ± rohen Schotter- und steinigen Lehmböden.
S: Sisymbrion.
V: Beständig und völlig eingebürgert in den Hafenanlagen von Basel (Kleinhüningen, St. Johann), Weil-Friedlingen und Muttenz (Auhafen); altes Gaswerkareal, Deutscher Güterbahnhof, Schlachthofareal, Kasernenplatz (alle Basel).
G: Gefährdet.

5. S. irio L. – *Schlaffe R.*

B: Eph (Neo). – Mittelmeergebiet bis Indien; Brachland, Gärten.
Ö/V: Eingeschleppt und in gewissen Jahren reichlich im Hafen Basel-Kleinhüningen (Klybeck, seit 1987).

6. S. loeselii L. – *Loesels R.*

B: Eph. – O- und SO-Europa bis Zentralasien; ruderal-segetal.

Sisymbrium irio

Ö/V: Sehr selten: Basel (Matthäusstrasse); ruderaler Trittrasen vor Haus Nr. 6, 1997 (A. Huber). Ca. 1980 auch im Auhafen, Muttenz (MEIER 1985).

154. Descurainia D. A. Webb & Berthel. *Sophienkraut*

1. D. sophia (L.) Prantl – *Sophienkraut*

B: (Arch) Eph.
Ö: Verschleppt an offenen, sandigen Ruderalstellen, an Wegen, in Bahn- und Hafenanlagen. Neuerdings auch in Saatmischungen für Grünbrachen und 'Blumenwiesen'. – Auf (mässig) trockenen, sommerwarmen, nährstoffreichen, sandigen bis sandig-lehmigen Böden.
S: Sisymbrion.
V: Selten und vorübergehend; fast ausschliesslich im urbanen und ruderalisierten Siedlungsbereich: Basel: Wolf-Gottesacker (1992, aus Ansaat), Kleinhüningen, Zugang zum DB-Rangierbahnhof (Grenzstrasse, 1984); Muttenz (Schänzli, 1986); adventiv in den Häfen Basel-Kleinhüningen, Basel-St. Johann und Au (Muttenz). In Ansaat u.a. in Riehen (Kilchgrundstrasse, Grünbrache Weilstrasse).
G: Zurückgegangen und heute nur noch verschleppt oder adventiv. Früher im Elsass häufig (BINZ 1911). Stark gefährdet.

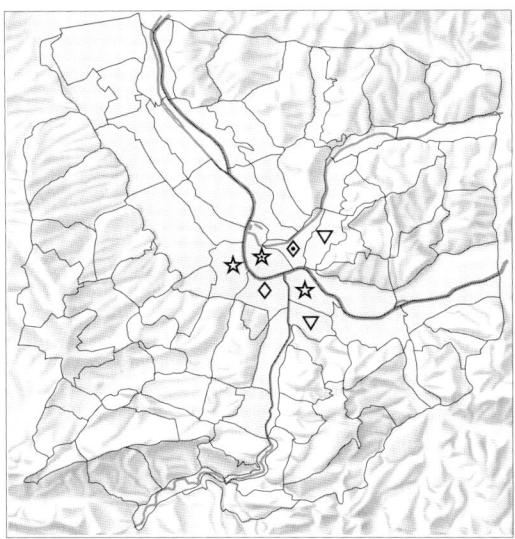

Descurainia sophia

155. Alliaria Fabr. *Knoblauchhederich*

1. A. petiolata (M. Bieb.) Cavara & Grande – *Knoblauchhederich*

B: Arch.
Ö: Gesellig in halbschattigen, nitrophilen Kraut- und Staudenfluren an Waldrändern, an Hecken und Zäunen, an Waldwegen, an Holzlagerplätzen, in Verlichtungen feuchter Wälder, in Waldschlägen, in schattigen Gärten und Parks, in Felsbalmen, an Mauerfüssen, an Ufern und Gräben. – Auf frischen bis mässig feuchten, nährstoffreichen, tiefgründigen, humosen Lehm- und Tonböden.
S: Alliarion, seltener Aegopodion.
V: Verbreitet und häufig.
G: Nicht gefährdet

156. Arabidopsis (DC.) Heynh. *Schotenkresse*

1. A. thaliana (L.) Heynh. – *Schotenkresse*

B: Arch.
Ö: Gesellig, z.T. in Menge in Äckern und Rebbergen, Gärten und Rabatten, an sandig-lehmigen Pionierstellen, z.B. an Feinsandanschwemmungen in Flussbetten, in Pflasterfugen, auf sandigen Parkplätzen, auf Dächern und Mauerkronen, an lückig bewachsenen Böschungen, in lückigen Magerrasen, in krautigen Scherrasen, in Friedhöfen, in Bahn- und Industrieanlagen. – Auf frischen bis (mässig) trockenen, (mässig) nährstoff- und basenreichen, kalkarmen, ± humosen, auch rohen, kiesig-sandigen oder feinsandigen und lehmigen Böden.

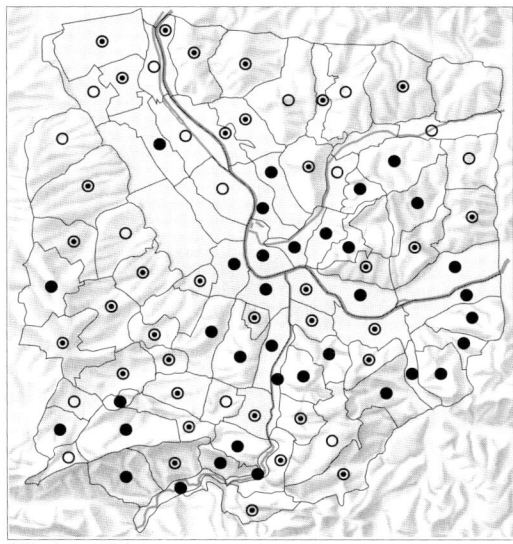

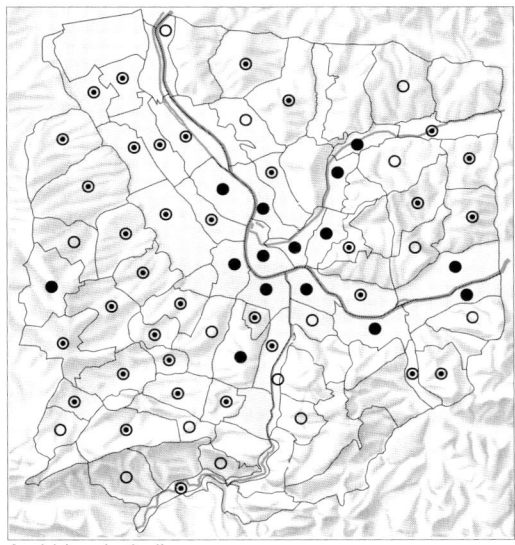

Alliaria petiolata

Arabidopsis thaliana

S: Sedo-Scleranthetalia, Polygono-Chenopodion, Eragrostion, Aperion, Sisymbrion, Polygonion avicularis.
V: In den Flusstälern von Rhein und Wiese sowie im Sundgau verbreitet und häufig, seltener im Markgräfler Hügelland und am Dinkelberg. Sonst selten und z.T. nur verschleppt; im Jura mit Ausnahme weniger Löss- und Lehminseln (z.B. Hofstetten) fehlend.
G: Nicht gefährdet.

2. A. pumila (Stephan) N. Busch – *Zwerg-Sch.*

B: Eph. – Gebirge SW-Asiens; Salzsteppen.
Ö/V: Adventiv im Rheinhafen Basel-Kleinhüningen (1981, BAUMGARTNER 1985).

157. Isatis L. *Waid*

1. I. tinctoria L. – *Färber-W.*

B: Arch.
Ö: Meist gesellig an trockenwarmen Böschungen und Dämmen, an Felsschultern in der Weinbauzone, in leicht ruderalisierten Trockenrasen, in Gleisschotter, in Kiesgruben, in Bahn- und Hafenanlagen. Sommerwärme liebend. – Auf trockenen, mässig nährstoffreichen, basenreichen, meist kalkhaltigen, ± humosen, lockeren Sand-, Kies- und Schotterböden.

S: Dauco-Melilotion, Onopordion, Convolvulo-Agropyrion, schwach ruderalisiertes Xerobromion.
V: In der holozänen Aue der Oberrheinebene, in der Stadt Basel (meist in Bahnanlagen) und in den stadtnahen Teilen der Hochrheinebene verbreitet, aber nicht durchwegs häufig, z.B. um Kembs, Rosenau, Bahnanlagen Basel-Weil-Haltingen, Basel (Böschungen der Wiese); am Hochrhein v.a. im Gebiet Birsfelden-Muttenz-Pratteln, auf der badischen Seite bei Grenzach und Herten. Mehrfach in der Gegend von Istein: Isteiner Klotz, Dorf und Bahnhof Istein, Hardberg. Sonst selten; ein isoliertes, unbeständiges Vorkommen nordöstlich Bahnhof Laufen (1988, R. Lüthi).
G: Zurückgehend. Gefährdet.

158. Bunias L. *Zackenschötchen*

1. B. orientalis L. – *Östliches Z.*

B: Neo, seit Ende des 19. Jahrhunderts im Gebiet. – SO-Europa, Kaukasus, Sibirien; Felder, Felshänge, in der Türkei 1600-2300 m.
Ö: In hochwüchsigen ruderalen Kraut- und Staudenfluren und spät oder unregelmässig gemähten, gestörten Wiesen an Dämmen und Flussuferböschungen, an Strassenborden, an Schutt- und Lagerplätzen, in Industrie- und

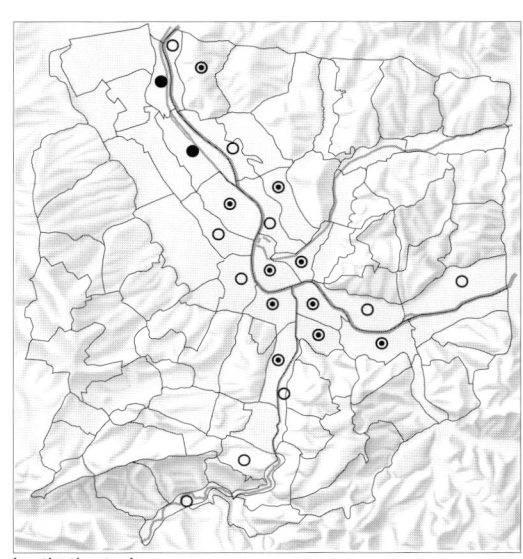

Isatis tinctoria

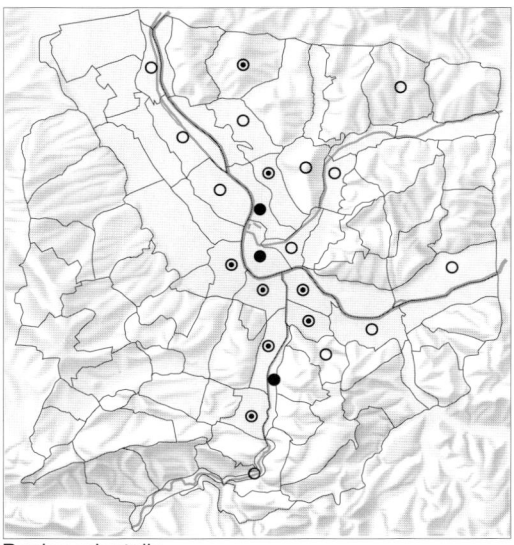

Bunias orientalis

Dryopteris affinis. N Hauingen. 6.1991.

Ranunculus quinatus. E Wolschwiller. 4.1987.

Ranunculus pseudocassubicus. Park Brüglingen. 4.1985.

Ranunculus argoviensis. Chillwald, Biel. 5.1985.

Fumaria vaillantii. E Muttenz. 5.1986.

Chenopodium botrys. Kohlelager Birsfelden. 8.1985.

Bahnarealen. Wärmeliebend. – Auf frischen bis mässig trockenen, nährstoffreichen, tiefgründigen, locker-humosen, auch ± rohen, kiesigen Lehmböden.
S: Onopordion, Dauco-Melilotion, Arction, Convolvulo-Agropyrion, auch trockenes Arrhenatherion.
V: In der Stadt Basel und ihrer näheren Umgebung (Weil, Riehen, Muttenz usw.) sowie in der Birsebene (aufwärts bis Angenstein) verbreitet und ziemlich häufig. Sonst selten, z.B. Michelfelden, Loechle SO, Efringen (beim Bahnhof), Bad. Rheinfelden, Duggingen (Liebmatt). Ausnahmsweise auch ausserhalb der Flusstäler: zwischen Efringen und Wintersweiler (durch Agrarmaschinen verschleppt), Untertüllingen gegen Lörrach.
G: Lokal in Ausbreitung (z.B. an Birs und Wiese), andernorts zurückgehend. Schonungsbedürftig.

Tribus
HESPERIDEAE –
NACHTVIOLENARTIGE

159. Erysimum L.
Schöterich, Schotendotter

1. E. cheiranthoides L. – *Acker-Sch.*
B: Arch.
Ö: Einzeln bis gesellig in Getreide- und Hackfruchtäckern, in ruderalen Flussuferfluren, auf Kiesbänken und Erdschutt, an Störstellen im Industrie- und Siedlungsgelände. – Auf frischen bis feuchten, nährstoff- und basenreichen, tiefgründigen, kiesigen, sandigen oder reinen Lehmböden.
S: Chenopodion rubri, Polygono-Chenopodion, seltener Aperion, Sisymbrion, Bidention.
V: Ziemlich selten und oft vorübergehend; z.B. Basel (Hafenanlagen Kleinhüningen, Wiesebord usw.), Bruderholz, Birsebene bei Arlesheim, Dornach, Reinach und Aesch, Hochrheinebene und unteres Ergolztal zwischen Birsfelden und Liestal (v.a. Pratteln), selten auch im badischen Gebietsteil: Autobahnböschung bei Röttelnweiler (1988, M. Litzelmann, STU).
G: Zurückgehend; im Gebiet wohl nie besonders häufig. Gefährdet.

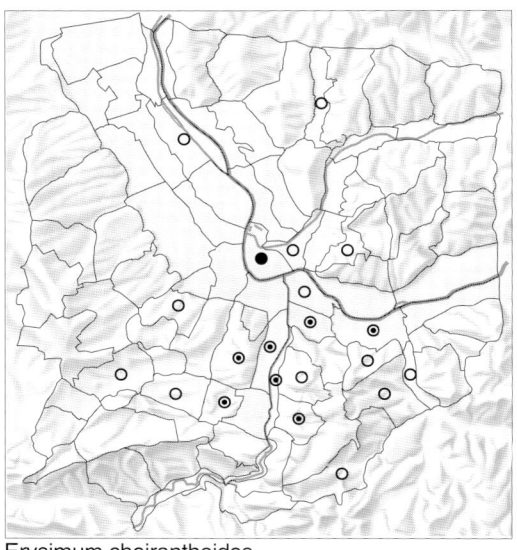

Erysimum cheiranthoides

2. E. repandum L. – *Brachen-Sch.*
B: (Eph). – SO-Europa, SW-Asien; Felder, Ödland.
Ö/V: Kein aktueller Nachweis. Früher selten eingeschleppt an Wegrändern, Schuttstellen und Flussufern (u.a. BINZ 1911, HEINIS 1926, HEINIS 1948), letztmals 1972 im Hafen Basel-Kleinhüningen (BAUMGARTNER 1985).

160. Cheiranthus L. *Goldlack*

1. C. cheiri L. (Erysimum cheiri (L.) Crantz) – *Goldlack*
B: Neo. – Heimat der Stammarten (*Ch. corinthius* Boiss., *Ch. senoneri* Heldr. & Sart.): S-Griechenland, Ägäis; Felsen.
Ö: Alte Zierstaude. In gelbblühenden, den Stammarten nahestehenden Sippen eingebürgert in trockenen, nährstoff- (stickstoff-)reichen, humosen, kalkreichen Fugen und Spalten mittelalterlicher Burggemäuer, an alten Brücken und Mauern, an Felsen. Wärmeliebend. Daneben verhältnismässig junge Verwilderungen mit meist orangen bis braunroten Blütentönen im Randbereich von Gärten, an Mauerfüssen, in Deponien, selten auch angesät in 'Blumenwiesen'.
S: Centrantho-Parietarion, auch Artemisietea.

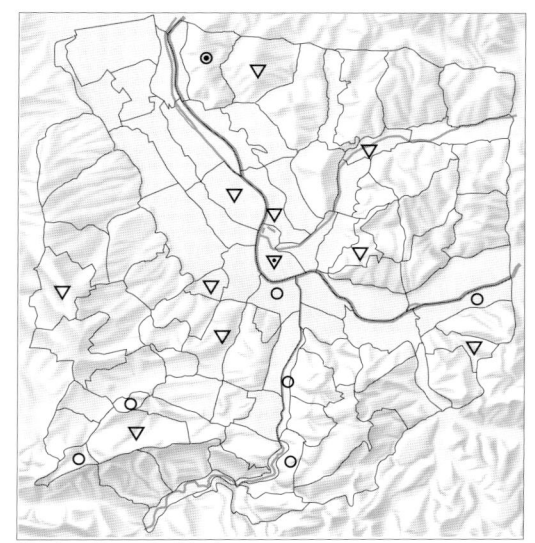

Cheiranthus cheiri s.l.

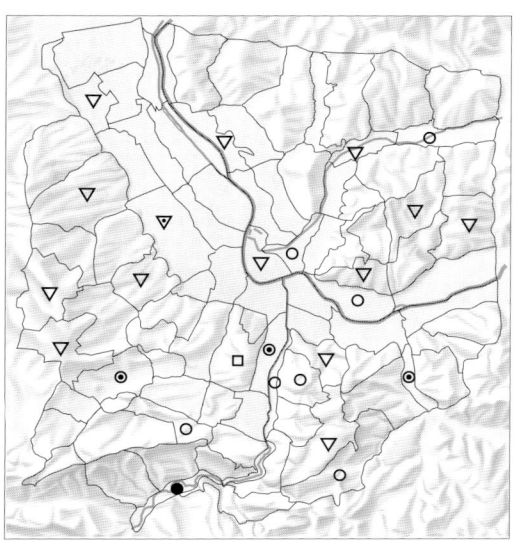

Hesperis matronalis

V: Eingebürgerte Vorkommen selten und streng lokalisiert: Burg (Schlossfelsen), Leymen (Landskron), Duggingen (Angenstein), Dorf Istein, Kaiseraugst (Felsen an der grossen Ergolzschlaufe), Basel (Bahnhof SBB-Münchensteinerstrasse). Sonst da und dort vorübergehend verwildert oder verschleppt.
G: Alteingesessene, eingebürgerte Vorkommen zurückgegangen. Noch ca. 1960 an der Schlossruine Dorneck (Dornach).

2. C. × allionii auct. (Erysimum × allionii ined.)

B: Eph (Neo). – Kulturhybride aus Felsenarten Europas und der USA.
Ö/V: Zierstaude. Verwildert und seit Jahren beständig an der Nordseite der Nepomukbrücke bei Dornachbrugg, ein Stock, noch 1996.

161. Hesperis L. *Nachtviole*

1. H. matronalis L. – *Nachtviole*

B: Neo, in Mitteleuropa seit mindestens 1500 in Kultur. – S-Europa bis C-Asien; Schluchten, Feuchtgebüsche.
Ö: Alte, früher häufig, heute nur noch selten kultivierte Zierpflanze. Völlig eingebürgert im Halbschatten von Bach- und Flussufergehölzen, in krautreichen Flussauen, als Neuverwilderungen im Randbereich von Gärten, in Schuttdeponien, auf fettem Brach- und Wiesland. – Auf frischen bis sickernassen, nährstoff- und basenreichen, locker-humosen, z.T. steinigen Lehm- und Tonböden.
S: Alliarion, Alno-Ulmion, Arction.
V: Ziemlich häufig in den Flussauen der Birs, v.a. von Angenstein an aufwärts, vereinzelt auch unterhalb, so bei Aesch, Dornach, südlich Dornachbrugg, entlang der Reinacher Heide, Reinach-Münchenstein. Sonst selten: Birsig bei Leymen, Ergolz bei Füllinsdorf, Orisbach unterhalb Büren, Wiese nördlich Maulburg (H. Boos), Rhein bei Grenzach. Ausserhalb der Flussauen hie und da gartenflüchtig oder verschleppt.
G: Alteingesessene Vorkommen schonungsbedürftig.

162. Matthiola R. Br. *Levkoje*

1. M. tricuspidata (L.) R. Br. – *Dreispitzige L.*

B: Erg. – Mittelmeergebiet; sandige Meeresküsten.
Ö/V: Selten angesät in 'Blumenwiesen': Basel-Kleinhüningen (Ciba-Areal), Riehen (Schlipf), Bettingen. Hält sich nicht selbständig.

Salsola kali. Kohlelager Birsfelden. 8.1985.

Portulaca oleracea. Friedhof Hörnli. 9.1994.

Polycarpon tetraphyllum. Münsterplatz. 6.1994.

Corrigiola litoralis. Kohlelager Birsfelden. 8.1984.

Dianthus armeria. Reinacher Heide. 7.1989.

Petrorhagia saxifraga. Oberwil E. 9.1986.

Rumex thyrsiflorus. Bahnhof Weil. 5.1990.

Fallopia aubertii. Huningue. 9.1985.

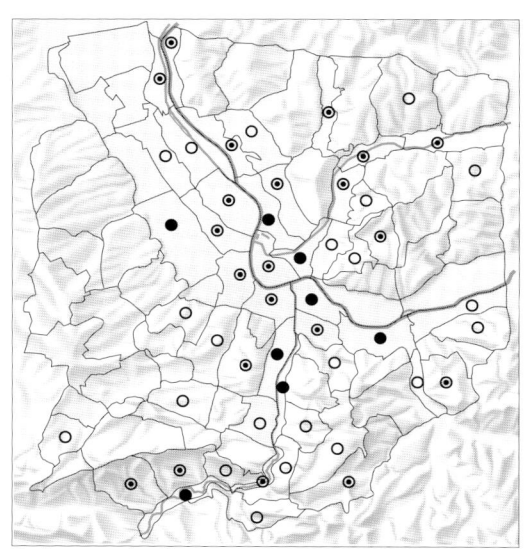

Barbarea vulgaris

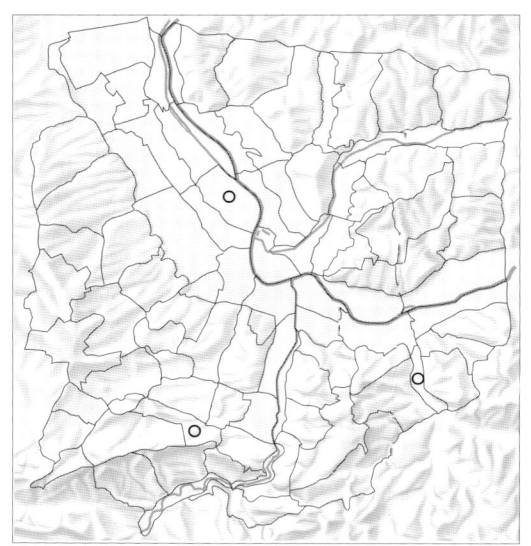

Barbarea intermedia

Tribus
ARABIDEAE –
SCHAUMKRAUTARTIGE

163. Barbarea R. Br. *Winterkresse*

1. B. vulgaris R. Br. – *Gemeine W.*
Ö: In zeitweise überfluteten Schotterfluren und Ufersäumen grösserer Flüsse, an Weihern und Bächen, auf feuchtem Schutt, an frischen, kiesigen Ruderalstellen, an Waldwegen und in Waldschlägen, in etwas gestörten feuchten Wiesen. Lichtliebende Pionierpflanze. – Auf feuchten bis zeitweise nassen, oberflächlich gelegentlich aber austrocknenden, nährstoff- und basenreichen, gerne rohen, kiesig-sandigen und reinen Lehmböden.
S: Agropyro-Rumicion, Bidention, Artemisietalia (v. a. Arction).
V: In den Flusstälern von Rhein, Birs und Wiese verbreitet und ziemlich häufig. Sonst selten und z.T. wohl nur verschleppt.
G: Nicht gefährdet.

2. B. intermedia Boreau – *Mittlere W.*
B: Arch.
Ö: An offenen, lückigen Ruderalstellen, an sonnigen Uferböschungen. – Auf mässig frischen, zeitweise auch feuchten, nährstoffreichen, gerne steinigen Lehmböden.

S: Sisymbrion, Polygono-Chenopodion.
V: Selten und oft unbeständig: Hüningen (am Hüningerkanal, 1984), Liestal (Ecke Oristalstrasse/Rotackerstrasse, 1995), Hofstetten (neue Strassenböschung).
G: Im Gebiet schon immer selten und etwas unbeständig (u.a. BINZ 1911, 1922, 1945, 1956). Nach H. Zoller (mdl.) in den 1940er Jahren längere Zeit an der Hörnliallee beim Hirtenweg (Riehen).

3. B. verna (Mill.) Asch. – *Frühlings-W.*
B: (Eph). – S- und W-Europa; feuchte Ruderalstellen.
Ö/V: Kein aktueller Nachweis. Nach H. Zoller (mdl.) früher öfters als Salatpflanze kultiviert und verwildert. Letzte Meldungen: adventiv im St. Johannbahnhof (1920, Thellung in BECHERER 1921), "Riehen" (Christ in BINZ 1915), "Liestal" (Heinis in BINZ 1915). Eine zweifelhafte Angabe aus dem Gempengebiet (WELTEN & SUTTER 1982).

164. Armoracia P. Gaertn. et al.
Meerrettich

1. A. rusticana P. Gaertn. et al. – *Meerrettich*
B: Neo. – Russland, Don-Wolga-Gebiet; Flussniederungen.

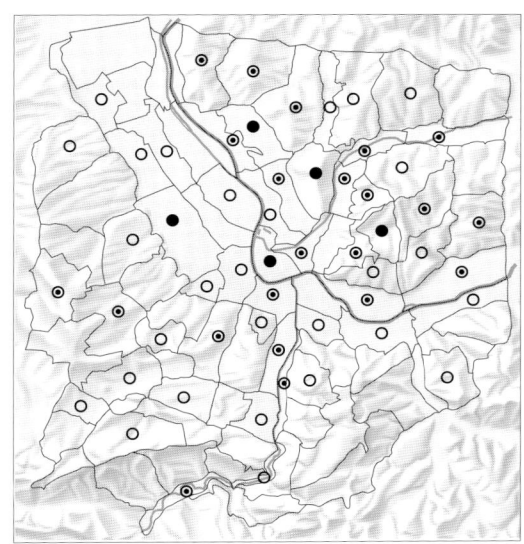

Armoracia rusticana

Ö: Alte Gemüse- und Heilpflanze. Einzeln, seltener gesellig verwildert und völlig eingebürgert in Uferstaudenfluren, an krautig-grasigen Feldrändern, an Feldwegen und Strassenrändern, an Böschungen, in gestörten Wiesen, in Baumscheiben, auf Erdschutt und Deponien. – Auf frischen bis feuchten, sehr nährstoffreichen, tiefgründigen Lehm- und Tonböden.
S: Agropyro-Rumicion, Arrhenatherion, Convolvulo-Agropyrion (Poo-Tussilaginetum).
V: Mit Ausnahme des Juras ziemlich verbreitet und v.a. auf deutschem Boden z.T. häufig, z.B. Tüllinger Berg, um Inzlingen.
G: In anhaltender, wenn auch schwacher Ausbreitung. Nicht gefährdet.

165. **Rorippa** Scop. *Sumpfkresse*

1. **R. palustris** (L.) Besser – *Echte S.*

Ö: Als Pionier an zeitweise nassen Ruderalstellen, im Schwemmbereich von Flussufern, in bewässerten Kulturen und Baumschulen, in Baumrabatten, an verdichteten Kies- und Lehmwegen, an Baustellen, auf Erd- und Kiesschutt. Wärmeliebend. – Auf frischen, zeitweise nassen, nährstoffreichen, z.T. schlammigen Lehm- und Tonböden.
S: Bidentetalia, Agropyro-Rumicion, Polygono-Chenopodion.

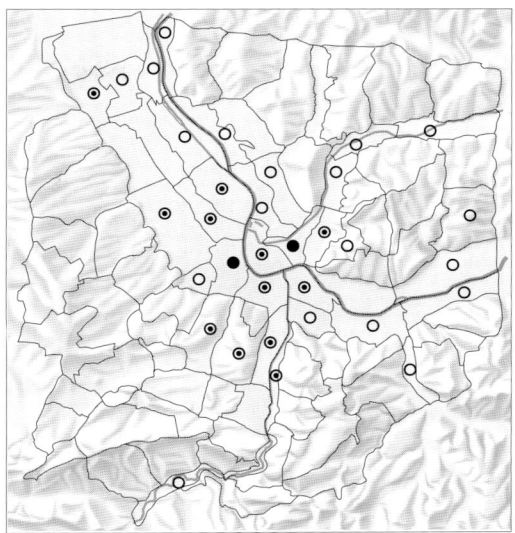

Rorippa palustris

V: In den Flusstälern von Rhein, Birs und Wiese ziemlich verbreitet und v.a. in der Stadt Basel und ihrer näheren Umgebung ± häufig. Vereinzelt bis ins Leimental, z.B. Oberwil. Ausserhalb der Flusstäler selten oder fehlend.
G: Leicht zurückgehend. Schonungsbedürftig.

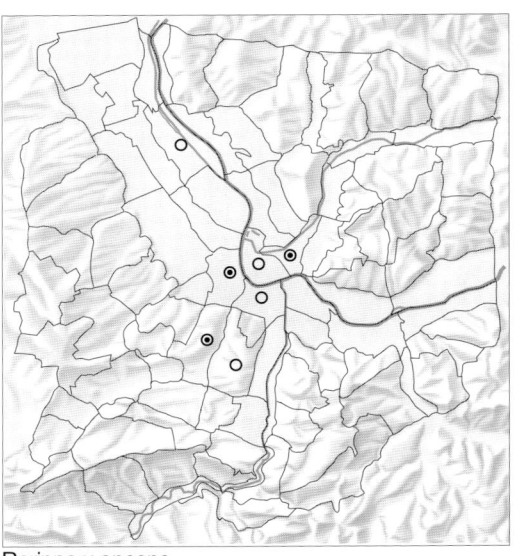

Rorippa x anceps

Malva moschata. Schweizerhalle. 7.1986.

Cucumis sativa. Birsufer, Dornach. 9.1986.

Viola alba s.str. Lolibach, Dornach. 4.1987.

Viola riviniana. Untere Hard, Muttenz. 4.1987.

Alyssum montanum. Hofstetter Köpfli. 4.1980.

Draba aizoides. Tüfleten (Tiefental), S Dornach. 4.1987.

Cardaminopsis borbasii. Reinacher Heide. 5.1992.

Diplotaxis muralis. Isteiner Klotz. 6.1986.

2. R. × anceps (Wahlenb.) Rchb. (R. prostrata (Bergeret) Schinz & Thell.; R. amphibia – sylvestris) – *Niederliegende S.*

Vorbem.: Äusserst variable Sippe.

Ö: In Flutrasen an Flussufern und -böschungen, auf Kiesbänken, auch ruderal in Rabatten u. ä. – Auf feuchten, z.T. zeitweilig überschwemmten, nährstoffreichen Schlamm- und Lehmböden.
S: Agropyro-Rumicion, Magnocaricion (Phalaridetum), Polygono-Chenopodion.
V: Selten; Verbreitung wohl unzureichend erfasst: Basel (Grossbasler Rheinbord, Kleinbasel, Wieseufer), Binningen-Bottmingen, Altrhein östlich Kembs, hier in der var. *stenocarpa* (Godr.) Baum & Thell.
G: Gefährdet (?).

3. R. austriaca (Crantz) Besser – *Österreichische S.*

B: Neo, wohl erst seit ca. 20 Jahren im Gebiet. – Kontinentales C- und O-Europa; Grabenränder, Ufer.
Ö: In feuchten, nicht zu stark begangenen Trittfluren an Wegrändern und Lagerplätzen, im Mittelwasserbereich von Flussufern. – Auf feuchten, zeitweilig überschwemmten, oberflächlich vorübergehend auch recht trockenen, sandigen, gerne etwas verdichteten Lehm- und Schlammböden.

S: Agropyro-Rumicion.
V: Selten; nur an wenigen Stellen in der unteren Wieseebene: Riehen (Weilmatten, seit mindestens 1981 jährlich in schönen, wenn auch wenig expansiven Beständen), Wieseufer bei Riehen (Wiesengriener, 1991, ein Exemplar), Basel-Kleinhüningen (Rabatte beim Wiesensteg, 1983). Neuerdings verschleppt in einer Baumscheibe an der Reservoirstrasse, Basel (1997).
G: Im Gebiet bislang ohne Ausbreitungstendenz. Einziges grösseres Vorkommen (Weilmatten, Riehen) durch die Anlage eines Naturschutzweihers akut bedroht.

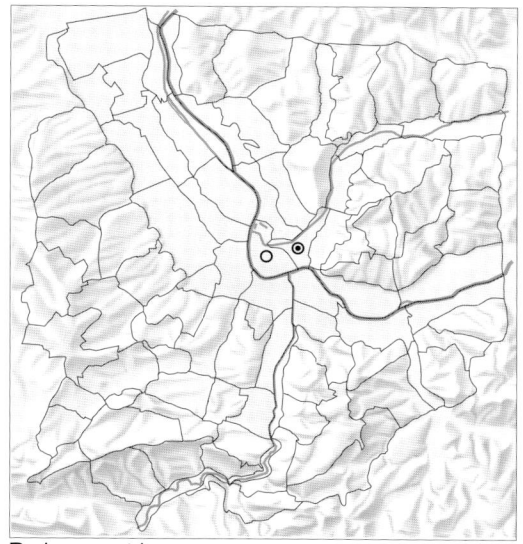

4. R. amphibia (L.) Besser – *Wasserkresse*

Ö: Im Bereich schwankenden Wasserstands an flachen Ufern ruhig fliessender oder stehender, sommerwarmer Gewässer, z.B. in Kiesgrubentümpeln. Im vollen Licht oder halb unter Gebüsch. – Auf nassen, zeitweise trockenfallenden, nährstoffreichen, humosen Schlammböden.
S: Phragmition, Magnocaricion (Phalaridetum), Agropyro-Rumicion.
V: Selten: mehrfach am Rhein zwischen Märkt und Kembs, Sierentz (Sablière), ein kleines Vorkommen in Basel (linkes Rheinufer bei der Münsterfähre). Knapp ausserhalb des Rayons

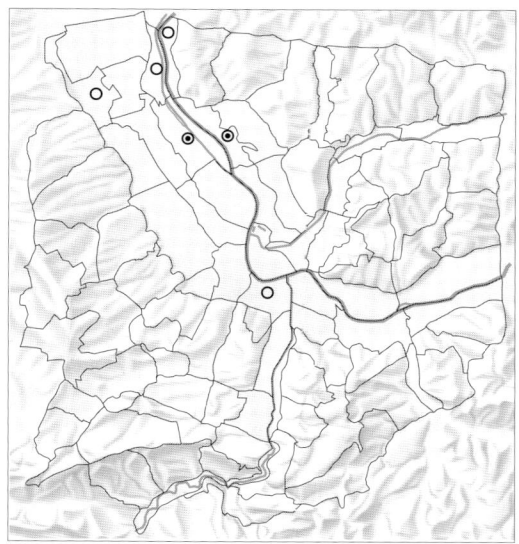

Rorippa austriaca

Rorippa amphibia

an der Kanalmauer beim Kraftwerk Bad. Rheinfelden (H. Boos).
G: Stark gefährdet.

5. R. pyrenaica (All.) Rchb. – *Pyrenäen-S.*

Verschollen. Früher in lückigen Fettwiesen der Wiese- und badischen Oberrheinebene; silikathold. Letzte Meldungen: "Weil" (1931, Aellen, STU in SEBALD et al. 1993), "...wenige Meter ausserhalb der Landesgrenze auf dem rechten Ufer der Wiese zwischen Basel und Weil" (BECHERER 1928), "Istein" (Thellung in HEGI 1918). Nächste aktuelle Vorkommen in der Gegend von Freiburg i.Br. (SEBALD et al. 1993).

6. R. sylvestris (L.) Besser – *Wilde S.*

Vorbem.: In Feldgärtnereien, Gemüsekulturen usw. finden sich oft Exemplare mit meist sterilen Früchten, zu *R. × anceps* var. *stenocarpa* überleitend.

Ö: Gesellig, gelegentlich in Menge an Flussufern und Uferböschungen, in intensiv bewässerten Hackkulturen, z.B. in Gemüsefeldern, Feldgärtnereien usw., in sandigen Äckern, auf Gartenland, in Baumscheiben, in Baumschulen, seltener an feuchten Waldwegrändern und in Schlagfluren. – Auf ziemlich feuchten bis zeitweise nassen, nährstoffreichen, lockeren bis dichten, sandigen oder reinen Lehm- und Tonböden.

S: Agropyro-Rumicion (Rorippo-Agrostietum), Polygono-Chenopodion.
V: In den Flusstälern von Rhein, Birs und Wiese sowie im Leimental ziemlich verbreitet, aber nicht durchwegs häufig, etwas häufiger in den Langen Erlen. Sonst sehr zerstreut, z.B. Bruderholz, Aesch-Ettingen, Olsberger Wald, Grenzach (Junkholz).
G: Nicht gefährdet.

166. Nasturtium R. Br. *Brunnenkresse*

1. N. officinale R. Br. – *Gemeine B.*

Ö: Gesellig in Uferstaudenfluren und Flutrasen klarer Bäche und Flüsse, in Gräben, an Quellen und Sickerhängen. – In klarem, ± kühlem, nährstoffreichem Wasser auf humosen Schlamm- und Kiesböden.
S: Sparganio-Glycerion.
V: Ziemlich selten; z.B. Oberrheinebene (Quellgräben entlang den Terrassenrändern), Hochrheinebene (zwischen Nollingen und Rheinfelden, H. Boos), Gempengebiet (Oristal, Lolibach), Dinkelberg (Brombach O, Unterminseln, Inzlingen), Weitenauer Vorberge (Langenau W), Markgräfler Hügelland (Wintersweiler), Sundgau (Brinckheim) usw.
G: Zurückgegangen. Schonungsbedürftig; ausserhalb der Oberrheinebene gefährdet.

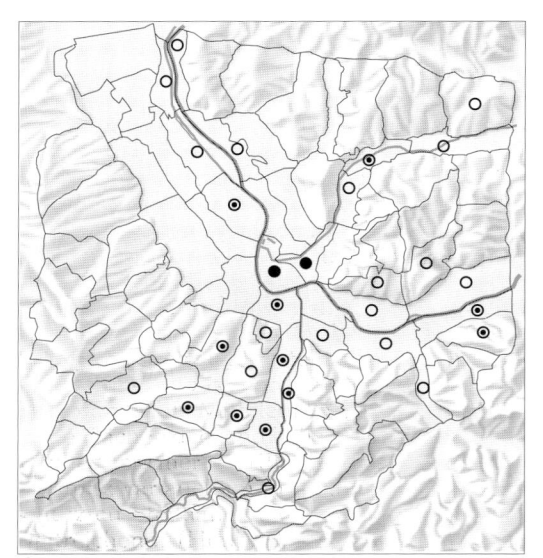

Rorippa sylvestris

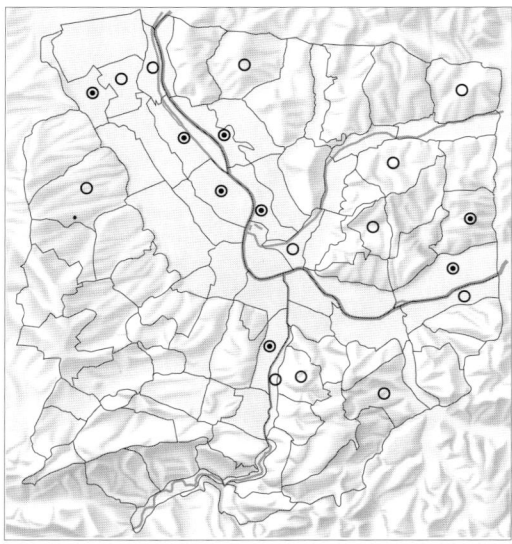

Nasturtium officinale

Draba muralis. Brüglingerstr. St. Jakob. 4.1982.

Lepidium graminifolium. Bahnhof St. Johann. 9.1986.

Raphanus raphanistrum f. *flavus.* S Weil. 9.1985.

Coronopus squamatus. Käppeli, Muttenz. 10.1986.

Reseda luteola. Reinacher Wald. 7.1984.

Monotropa hypopitys. E Arlesheim. 7.1981.

Tellima grandiflora. Lange Erlen. 5.1985.

Tellima grandiflora. Lange Erlen. 5.1985.

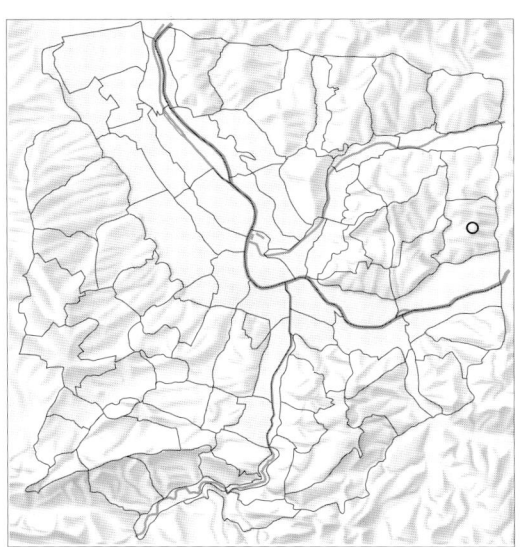

Nasturtium microphyllum

2. N. microphyllum (Boenn.) Rchb. – *Kleinblättrige B.*
Ein gesicherter Nachweis: Minseln W (Bleich), sumpfiges Weiherufer (leg. H. Boos). Auf weitere Vorkommen ist zu achten.

167. Cardamine L.   *Schaumkraut*

1. C. amara L. – *Bitteres Sch.*
Ö: An Quellen und Waldbächen, an schattigen Flussufern, in Waldsümpfen, an Grundwasserkanälen und in Wässerstellen, an Wässergräben, an sickernassen Hängen; meist im Halbschatten. – Auf ± nassen, meist stark durchsickerten, ± nährstoff- und basenreichen, humosen Lehmböden; auch Tuffböden.
S: Alno-Ulmion, auch Sparganio-Glycerion, Cardamino-Montion.
V: Sehr zerstreut; z.B. Grundwasserkanäle der Oberrheinebene, Lange Erlen (Wässerstellen), Hochrheinebene: Herten S, Degerfelden S, CH-Rheinfelden W; Birstal oberhalb Angenstein, Jura: Kaltbrunnental, Oristal, um Flüh, Dornach (Lolibach); Dinkelberg: Riehen (Aubach); Weitenauer Vorberge: Hauingen N (Hägstel, Rehköpfle), Maulburg NW (Häglerberg); Sundgau: Hegenheim SW (Lertzbach), Attenschwiler O (Liesbach) usw.
G: Wohl zurückgegangen. Schonungsbedürftig.

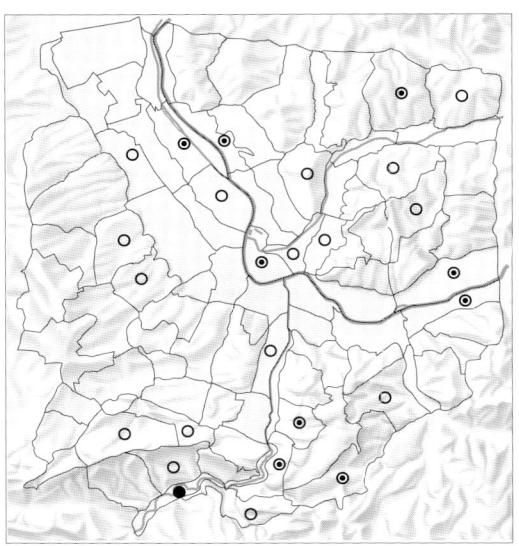

Cardamine amara

2. C. pratensis L.

2a. – var. **pratensis** – *Wiesen-Sch.*
Ö: Gesellig, z.T. in grossen Herden in frischen, meist etwas schattigen Wiesen, Weiden und Scherrasen, in Gärten und Parks, in frischen, besonders erlen- und eschenreichen Laubmischwäldern, an Waldwegen, in Waldlich-

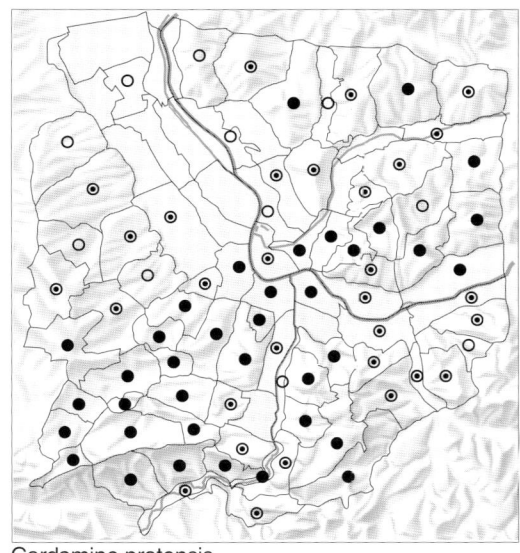

Cardamine pratensis

tungen, an Bachufern. Gerne in ± feucht-kühlen Lagen. – Auf sickerfrischen bis -feuchten, mässig nährstoffreichen, tiefgründigen, humosen Lehmböden.
S: Alno-Ulmion, frisches Fagion, Arrhenatherion, Calthion, Filipendulion.
V: Ziemlich verbreitet und meist häufig. In der Oberrheinebene auffallend selten und über weite Strecken fehlend.
G: Nicht gefährdet.

2b. – var. **nemorosa** (Lej.) Lej. & Court. (C. nemorosa Lej.) – *Hain-Sch.*
Morphologisch schwer von der Nennvarietät abgrenzbare Sippe. Mehrere cytologisch nicht belegte, unsichere Nachweise von Waldstandorten, z.B. Nollinger Wald, Degerfelden (Eichberg), Bettlach-Liebenswiller (Bois de St. Brice). Ein gesicherter Nachweis: "Haagen" (SEBALD et al. 1993).

3. C. impatiens L. – *Spring-Sch.*
Ö: An lückig bewachsenen Flussuferböschungen, an Waldwegen, an Störstellen feuchter Wälder, bei Sägereien und Holzlagern, in Schrebergärten und Gartenanlagen, an Mauerfüssen, in Sand- und Kiesgruben; gerne im Halbschatten. – Auf frischen, grundfeuchten, ± nährstoffreichen, humosen, meist sandigen Lehmböden.

S: Alliarion.
V: Ziemlich selten und oft etwas unbeständig; z.B. Basel (Tramendstation Kleinhüningen, St. Alban-Rheinbord, Klingental, Bruderholz, St. Jakob usw.), Riehen (Grenzacherweg), Wyhlen O (Leuengraben, H. Boos), Rötteler Schloss, Elsässer Hardt, Bad. Rheinfelden, CH-Rheinfelden W, Birsebene bei Arlesheim, Flüh (Holzlager), Leymen (Sägerei) usw.
G: Im Gebiet wohl nie besonders häufig. Schonungsbedürftig.

4. C. flexuosa With. – *Wald-Sch.*
Ö: Gesellig an feuchten bis nassen Waldwegen, an Quellen und Waldbächen, an schattigen Grabenrändern, auch in feuchten, schattigen Rabatten und Gärten. – Auf sickerfeuchten bis -nassen, ± nährstoffreichen, gerne kalkarmen oder -freien, stark humosen, oft sandigen Lehmböden.
S: Alliarion, Agropyro-Rumicion, Cardamino-Montion (?).
V: In den Weitenauer Vorbergen, am Dinkelberg, im Olsberger Wald, im höheren Sundgau und auf dem Bruderholz verbreitet und häufig. Recht häufig auch in Teilen der Stadt Basel und am Blauen, seltener in der Muttenzer Hard. Sonst sehr zerstreut; in den Kalkgebieten und in den trockenwarmen Bereichen der

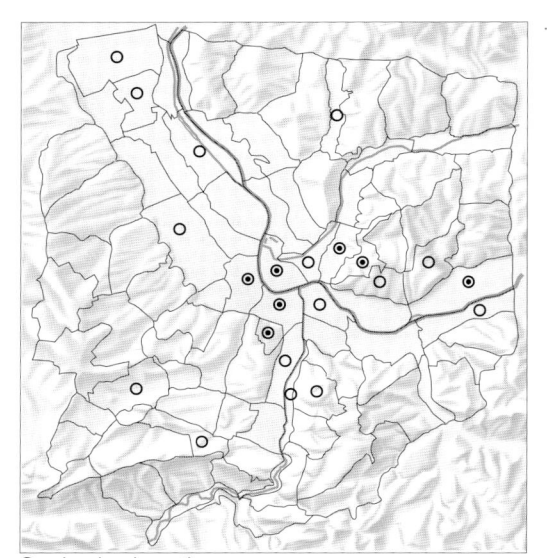

Cardamine impatiens

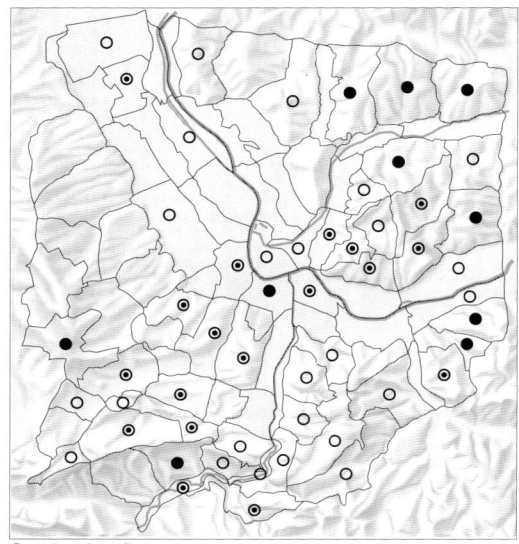

Cardamine flexuosa

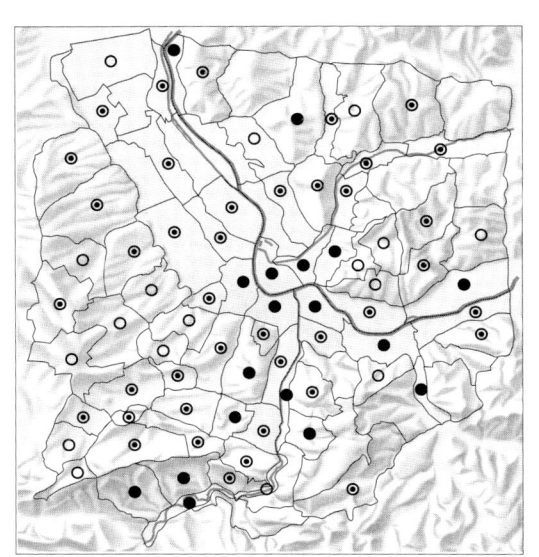

Cardamine hirsuta

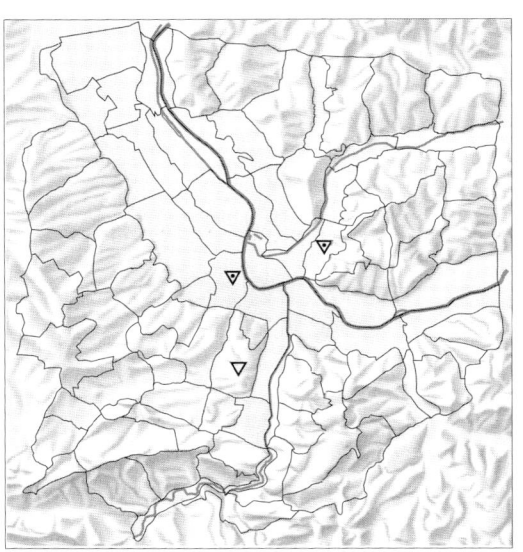

Dentaria bulbifera

Flusstäler und Lösshügelländer selten oder fehlend, doch z.T. wohl auch übersehen.
G: In den letzten 100 Jahren deutlich häufiger geworden. Nicht gefährdet.

5. C. hirsuta L. – *Vielstengliges Sch.*
Ö: Gesellig, z.T. in Menge in Gärten und Rebbergen, in Rabatten, in Pflanztrögen, in Friedhöfen und Parkanlagen, an Wegen, an Mauerfüssen, in lückigen Scherrasen, an Bahnborden, auf Erdschutt, auch an ruhigen, feinsandigen, frischen Flussufern, verschleppt an Waldwegen und auf Waldschlägen. Etwas wärmeliebend, in wintermilden Lagen. – Auf frischen, nährstoffreichen, gerne ± kalkarmen, lockeren, humosen, sandigen Lehmböden.
S: Polygono-Chenopodietalia, Sisymbrion, Cynosurion, seltener Alliarion.
V: Ziemlich verbreitet und v.a. in den Siedlungsgebieten häufig.
G: In Ausbreitung, v.a. im Siedlungsgebiet. Nicht gefährdet.

168. Dentaria L.   *Zahnwurz*

1. D. bulbifera L. (Cardamine bulbifera (L.) Crantz) – *Knöllchen-Z.*
B: Eph (Neo). – Europa; frische Wälder.
Ö: Eingeschleppt und z.T. beständig in schattigen Gärten, Parks und Anlagen, selten auch in siedlungsnahen Laubmischwäldern. – Auf frischen, nährstoff- und basenreichen, humosen Lehmböden.
S: Alliarion (Fagion, frisches Carpinion).
V: Selten: Basel (Garten Kantonsspital, Neubadstrasse, Vogesenstrasse), Riehen (Chrischonaweg/Klinik Sonnenhalde, 'Am Ausserberg'), Reinach (Predigerholz, zahlreich, D. Küry). Nächste indigene Vorkommen bei Emmendingen nördlich Freiburg i.Br.

2. D. pentaphyllos L. (Cardamine pentaphyllos (L.) Crantz) – *Fingerblättrige Z.*
Nicht im Gebiet! Nächste Vorkommen im südöstlichen Baselbiet (Oltingen, Zeglingen).

3. D. heptaphylla Vill. (Cardamine heptaphylla (Vill.) O. E. Schulz) – *Fiederblättrige Z.*
Ö: Gesellig in schattigen, z.T. lindenreichen Buchenwäldern, in ahornreichen Schlucht- und Hangfusswäldern, seltener an absonnigen Felsen. – Auf frischen, ± nährstoffreichen, immer kalkhaltigen, humosen, steinigen, lehmigen und konsolidierten Steinschuttböden.
S: Fagion (Dentario-Fagetum), Lunario-Acerenion.
V: Im Jura verbreitet und häufig. Sonst nur an wenigen Stellen am Dinkelberg: Lörrach (Ei-

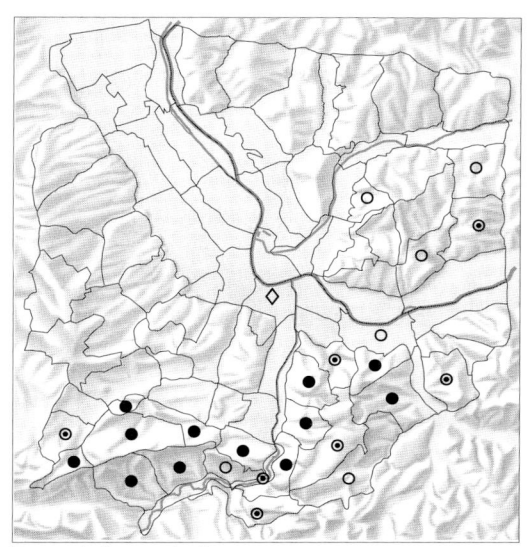

Dentaria heptaphylla

serne Hand, knapp ausserhalb der Schweizer Grenze), Höllstein SO (Buchhalde), Degerfelden O (Riesberg-Wolfsgraben). Ausserhalb des Rayons bei Kandern (Sitzenkirch).
G: Nicht gefährdet; ausserhalb des Juras potentiell gefährdet.

169. Cardaminopsis C. A. Mey.
Schaumkresse

1. C. arenosa (L.) Hayek s. l. (Arabis arenosa (L.) Scop.)

1a. – ssp. **arenosa** – *Sand-Sch.*

B: Eph. – Ozeanisches Europa; Sandböden.
Ö/V: Adventiv an einem Verladegleis im Rheinhafen Basel-Kleinhüningen (1984, 1985, 1987).

1b. – ssp. **borbasii** (Zapal.) H. Scholz (C. borbasii (Zapal.) H. E. Hess & Landolt) – *Felsen-Sch.*

Ö: Stellenweise gesellig in lichten bis halbschattigen, aber oft absonnigen Felsfluren, in Steinschutt, an flussnahen Stein- und Mergelhalden, auf sandigen Anschwemmungen, in Hangrunsen. In ± luftfeuchten Lagen. – Auf (mässig) frischen, mässig nährstoffreichen, kalkhaltigen, klüftigen Fels-, auch auf Kies-, Stein- und Steinschuttböden.

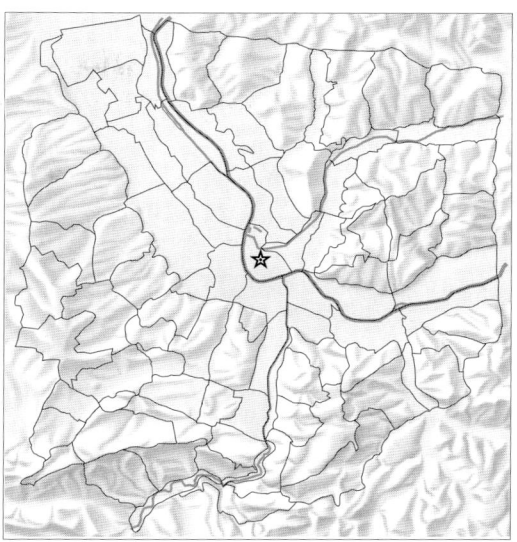

Cardaminopsis arenosa s.str.

S: Cystopteridion.
V: Selten; v.a. in der Birsklus zwischen Angenstein und Zwingen: Pfeffingen-Duggingen (Schlossberg, Muggenberg), Kaltbrunnental, an der Birs östlich Zwingen; Arlesheim (Hombergrain), Reinacher Heide (lange Zeit verschollen, 1983 bei Bachumlegung wieder auf-

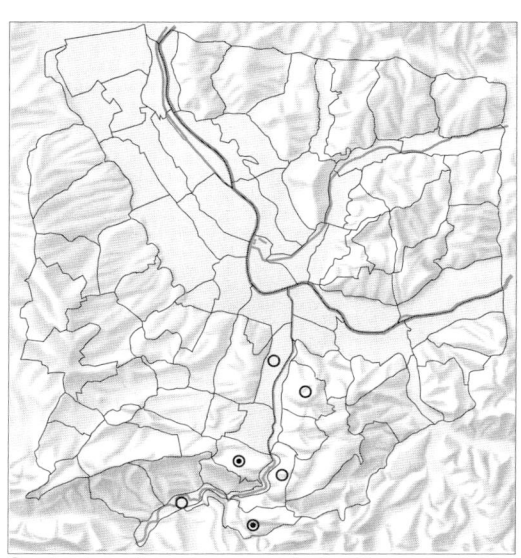

Cardaminopsis arenosa ssp. borbasii

getaucht). Knapp ausserhalb des Rayons: Bad. Rheinfelden NO (1996, H. Boos).
G: Zurückgegangen. Nach H. Zoller (mdl.) früher um Grellingen (Pelzmühletal, Kasteltal, Chessiloch usw.) viel häufiger; heute an den meisten Stellen verschwunden. Noch in den 1970er Jahren bei Birsfelden (H. Meier) und 1976 in einer Kiesgrube bei Bad. Rheinfelden (H. Boos). Gefährdet.

170. Turritis L. *Turmkraut*

1. T. glabra L. (Arabis glabra (L.) Bernh.) – *Turmkraut*
Ö: Meist locker gesellig in steinigen, warmen Ruderalfluren, in Kiesgruben und Steinbrüchen, in Bahnanlagen, an kiesigen Uferbänken, seltener an lichten Waldwegrändern und buschigen Felshängen. – Auf (mässig) trockenen, ± nährstoffreichen, meist kalkhaltigen, ziemlich rohen, sandigen und etwas lehmigen Schotter- und steinigen Lehmböden.
S: Alysso-Sedion, Dauco-Melilotion, auch gestörte Brometalia, Sisymbrion, selten Alliarion.
V: Ziemlich selten; v.a. in der Oberrheinebene, z.B. um Weil, Kembser Rheininsel, badischer Rheinweg zwischen Märkt und Istein, Basel (rechtes Wiesebord westlich Riehenring, Deutscher Verschiebebahnhof); Hochrheinebene: Grenzach SO, Pratteln (Schweizerhalle). Vereinzelt auch ausserhalb der Flusstäler: Grenzacher Horn, Dornach (Schloss Dorneck), Dittingen (Schachleten).
G: Zurückgegangen und gebietsweise, z.B. in der Birsebene (BINZ 1905), am Isteiner Klotz (LITZELMANN 1966) usw. verschollen. Gefährdet.

171. Arabis L. *Gänsekresse*

1. A. turrita L. – *Turm-G.*
Ö: An (halb-)schattigen, oft buschig verwachsenen Kalkfelsbändern, an waldigen Felsrippen und Felskreten, in Schluchten und felsigen Waldlichtungen, an Waldweganrissen im Bereich warmer, gebüschreicher Buchenmischwälder. Oft in mässig luftfeuchter Lage. – Auf trockenen bis (mässig) frischen, humosen, z.T. lehmigen Kalkfelsböden.
S: Cephalanthero-Fagenion, Tilio-Acerenion (v.a. Aceri-Tilietum), Quercion pubescenti-petraeae, Berberidion, Cystopteridion.
V: Im Jura verbreitet und recht häufig, z.B. Felsen bei Burg und Biederthal, Flüh (Flüeberg), Witterswil (Witterswilerberg), Pfeffinger Schlossfelsen, Angenstein, Seewen (Welschhans), Frenkendorf (Schauenburgerfluh), Muttenz (Sulzkopf). Ausserhalb des Juras als alterabgeschwemmter Flussschwemmling

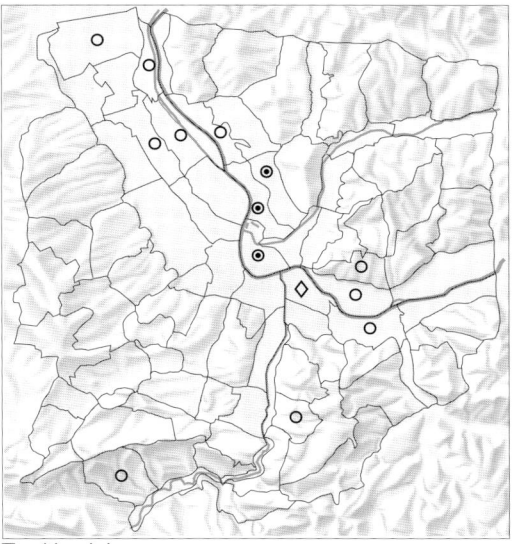

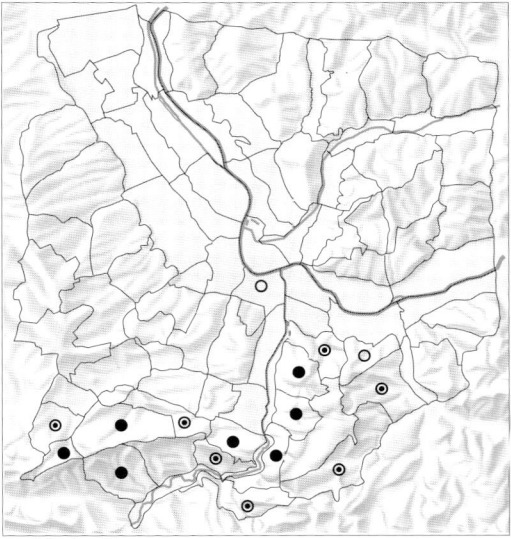

Turritis glabra

Arabis turrita

an den und am Fuss der Basler Pfalzmauern (schon 1841, BINZ 1922).
G: Nicht gefährdet.

2. A. alpina L. s. l.

2a. – ssp. **alpina** – *Alpen-G.*

Ö: In Klüften und am Fuss schattiger Kalkfelsen, in moosigem Block- und Steinschutt, seltener an Mauern mittelalterlicher Burgruinen. Auch herabgeschwemmt an Kalksteinbrocken an Flussufern. Vorzugsweise in sommerkühlen, luftfeuchten Lagen. – Auf frischem, ± nährstoffreichem, kalkreichem, humosem, klüftigem Fels und Felsschutt.
S: Cystopteridion.
V: In der Blauenkette, an den Flanken des südlichen Gempengebiets und im Gebiet der Birsklus zwischen Angenstein und Zwingen verbreitet, aber nicht durchwegs häufig, z.B. Kaltbrunnen- und Kasteltal, Pfeffinger Schloss, Duggingen (Falkenfluh), Ettingen (Fürstenstein), 'Chlus' bei Aesch, Dornach (Hilzenstein); im übrigen Jura sehr selten: Frenkendorf (Schauenburgerfluh). Sonst da und dort herabgeschwemmt: Birs: mehrfach, z.B. Reinacher Heide (bis 1986), Basel (Birskopf, 1996); Hochrhein: Pratteln (nordöstlich Schweizerhalle, 2 Stellen).
G: Als Flussschwemmling wohl zurückgegangen. Früher auch an der Ergolz, z.B. an Felsen beim Kessel von Liestal (HEINIS 1950). Nicht gefährdet.

2b. – ssp. **caucasica** (Willd.) Briq. (A. caucasica Willd.) – *Kaukasische G.*

B: Eph. – S- und SO-Europa, montan; Felsen, Mauern, Grotten.
Ö/V: Zierpflanze. Da und dort verwildert, doch meist vorübergehend an Mauerfüssen, im Pflaster oder im Kies, z.B. Basel, Riehen (Gstaltenrainweg), Ötlingen.

3. A. hirsuta (L.) Scop. – *Rauhhaarige G.*

Ö: Einzeln oder in kleinen Gruppen in Felsfluren und auf Felsköpfen, in lückigen Trocken- und Halbtrockenrasen, in lichten Buchen- und Föhrenwäldern und ihren Säumen, pionierartig auf offenem Kies und auf feinem Felsschutt, in Steinbrüchen, an sonnigen Wegborden, in steinigen Schlagfluren. – Auf ziemlich trockenen, nährstoffarmen, basenreichen, meist kalkhaltigen, ± humosen, steinigen, grusigen oder mergeligen Böden.
S: Mesobromion (Teucrio-Mesobrometum), Xerobromion (Coronillo-Caricetum), Origanetalia (v.a. Geranion sanguinei), Quercion pubescenti-petraeae, Cephalanthero-Fagenion (v. a. Carici-Fagetum seslerietosum), Erico-Pinion (Coronillo-Pinetum).

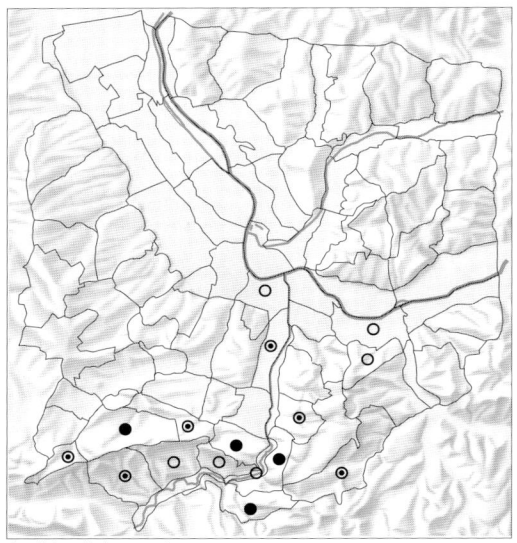

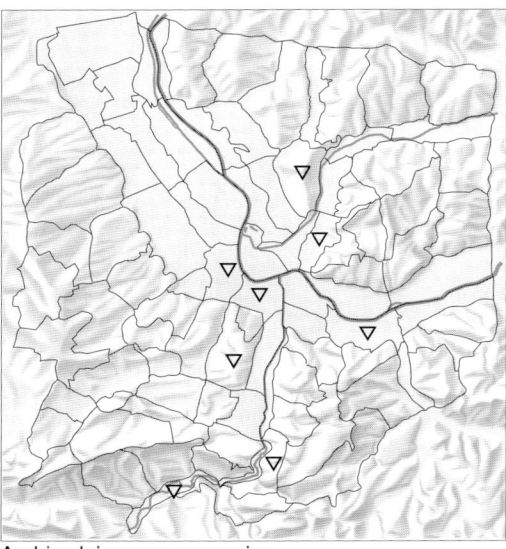

Arabis alpina s.str.

Arabis alpina ssp. caucasica

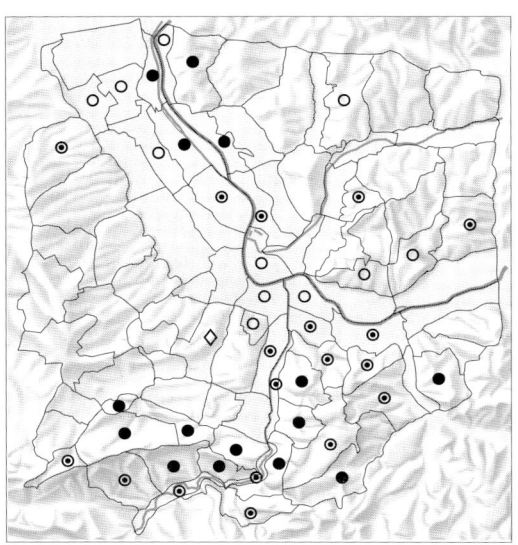

Arabis hirsuta

Aubrieta deltoidea

V: Im Jura, in der holozänen Aue der Oberrheinebene, in der Birsebene und an der Westflanke der Malmscholle von Istein verbreitet und ziemlich häufig. Sonst selten: Hochrhein: z.B. St. Jakob (H. Meier), Hagnau (H. Meier), Pratteln (Schweizerhalle), Rheinweg westlich Augst; Dinkelberg: ob Grenzach (gegen 'Unterberg'), Lörrach (Schädelberg, Hünerberg); Weitenauer Vorberge: Kalksteinbruch südöstlich Nebenau; Sundgau: baselstädtisches Bruderholz (Zwölf Jucharten), Binningen ('Trokkenbiotop' Herzogenmatt).
G: Zurückgegangen. Schonungsbedürftig.

172. Aubrieta Adans. *Blaukissen*

1. A. deltoidea (L.) DC. – *Blaukissen*

B: Erg (Neo). – SO-mediterran, z.B. Ägäis; Kalkfelsen.
Ö/V: Häufige Zierpflanze an Mauern und in Steingärten. Da und dort verwildert oder als Kulturrelikt an Mauern und Felsen, an Mauerfüssen, in Mauerfugen und Pflasterritzen, in Tramtrassen, z.B. Allschwil S (Mühlerainweg), Biederthal, Schloss Zwingen, Gempen (Schartenfluh), Arisdorf, Wintersweiler.

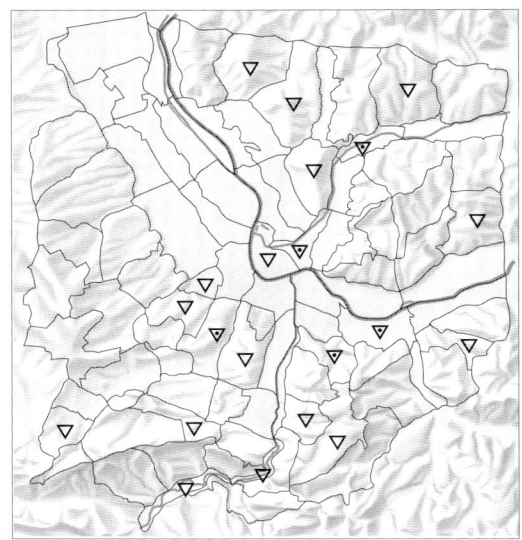

Tribus
ALYSSEAE – *SILBERBLATTARTIGE*

173. Lunaria L. *Mondviole*

1. L. rediviva L. – *Wilde M.*

Ö: Gesellig und z.T. in grossen Beständen in ± schattigen, luftfeuchten Schlucht- und Fels-

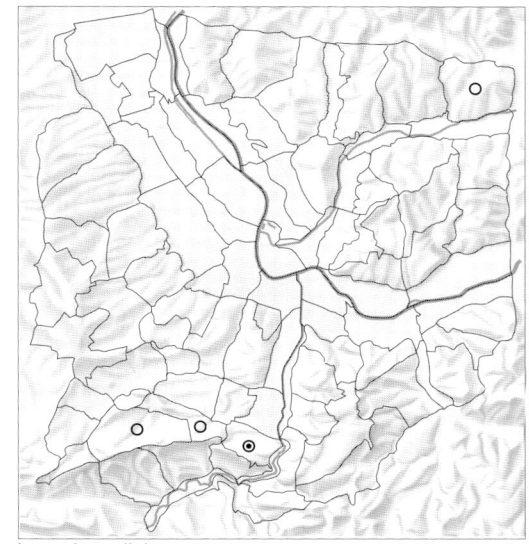

Lunaria rediviva

schuttwäldern, seltener an schattigen Felsen. – Auf frischen, basenreichen, humosen, etwas lehmigen oder tonigen, feinerdereichen Steinschuttböden.
S: Lunario-Acerenion.
V: Selten und streng lokalisiert; fast ausschliesslich im Blauengebiet: Hofstetten (Chälengraben), Biederthal (felsiges Tälchen am Geissberg), Ettingen (Büttenenloch), Pfeffingen (Schalberg-Chlus, Bielgraben), Aesch (Nordseite des 'Tschöpperli'), Duggingen/Pfeffingen (Muggenberg); Weitenauer Vorberge: wenige Stöcke im Wald 'Reben' nördlich Maulburg.
G: Im Gebiet von Natur aus selten. Potentiell gefährdet.

2. L. annua L. – *Garten-M., Silberblatt*
B: Eph. – SO-Europa; Schluchten, feucht-schattige Felsen.
Ö/V: Zierpflanze. Hie und da verwildert, doch meist vorübergehend auf frischen, meist humosen Böden unter Hecken und Alleebäumen, an schattigen Rainen, auf Erd- und Gartenschutt, auf verlassenem Gartenland, z.B. Riehen, Ranspach-le-Bas usw.

174. Alyssum L. *Steinkraut*

1. A. alyssoides (L.) L. – *Gemeines St.*
Ö: In sonnigen, z.T. pionierhaften Sand- und Kiesgrusfluren, in lückigen Trockenrasen, auf Felsköpfen, auf steinigen Trampelpfaden, ausnahmsweise auch im Randbereich steiniger, trockener Äcker und Rebberge. – Auf trockenen, sommerwarmen, ziemlich nährstoffarmen, basenreichen, meist kalkhaltigen, lockeren, oft ± rohen oder initialen Löss-, Sand- und Kiesböden.
S: Alysso-Sedion, Xerobromion.
V: Selten; v.a. in der Hoch- und Oberrheinebene, z.B. Kembs, St. Louis-la-Chaussée, St. Louis-Flughafen Basel-Mulhouse, Kleinkems W (Bad. Rheinweg), Birsfelden (Hardstrasse/Hafenstrasse, 1986), Pratteln (Strassenrand bei Schweizerhalle und Zurlinden), Grenzach-Wyhlen (Industriegebiet); Birsebene: Reinach (Tramtrasse beim 'Reinacher Hof', 1997); Malmscholle von Istein: Isteiner Klotz, Steinbruch Kleinkems (S. Meineke); Blauen-Südseite: Blauen-Weide, Dittingen (Schemel, Chälen).
G: Sehr stark zurückgegangen und oft nur noch vorübergehend verschleppt. Stark gefährdet.

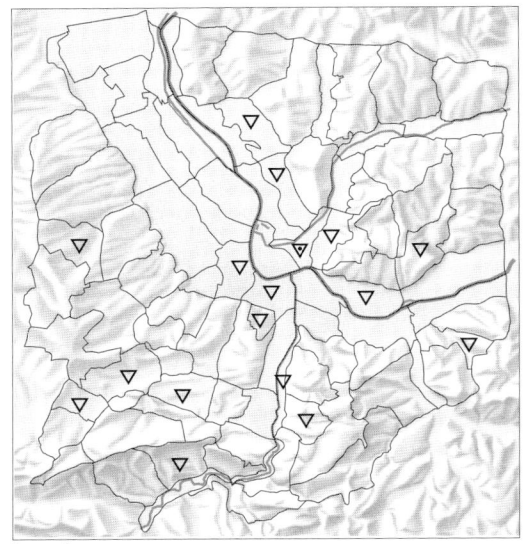

Lunaria annua

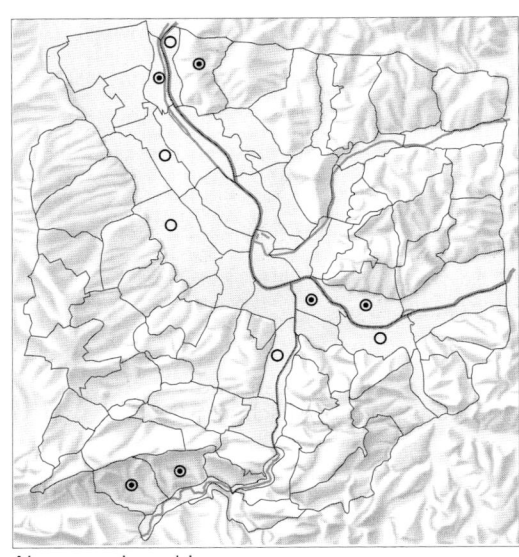

Alyssum alyssoides

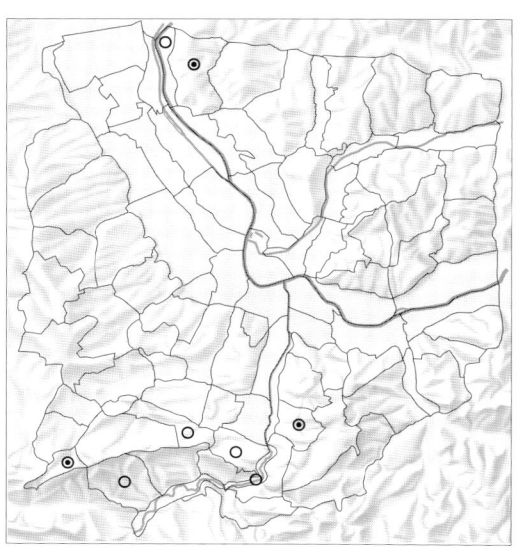

Alyssum montanum

Aurinia saxatilis

2. A. montanum L. s. str. – *Berg-St.*
Ö: Meist gesellig auf warmen, sonnigen Kalkfelsköpfen und -graten, in Felsspalten und auf Felssimsen. Auch angesalbt. – Auf trockenen, kalkreichen, klüftigen, humosen Felsböden. Im Gebiet nur auf Rauracien-Malmkalk.
S: Xerobromion (Coronillo-Caricetum), Alysso-Sedion, Potentillion caulescentis.
V: Ziemlich selten und auf zwei Verbreitungsinseln beschränkt: 1. Blauengebiet und Gempen-Westflanke: Rämel (angesalbt ?), Dittingen (Burgkopf, angesalbt ?), Leymen (Landskronberg), Hofstetter Köpfli, Pfeffinger Schlossberg, Dornach (Felsgrat unterhalb Schloss Dorneck), Dornach-Hochwald (Tüfletenfelsen). 2. Malmscholle von Istein und vorgelagerte Rheinebene: Isteiner Klotz und Westflanke zwischen Istein und Kleinkems, ausserdem im 'Zuckergrien' (Kleinkems).
G: Im Gebiet von Natur aus selten. Potentiell gefährdet.

175. Aurinia Desv. *Felsensteinkraut*

1. A. saxatilis (L.) Desv. s. l. (Alyssum saxatile L.) – *Felsensteinkraut*

1a. – ssp. **orientalis** (Ard.) T. R. Dudley (Alyssum orientale Ard.)
B: Neo. – S-/SO-Europa, Türkei ; Kalkfelsen in mittleren Berglagen, 100-1000 m.

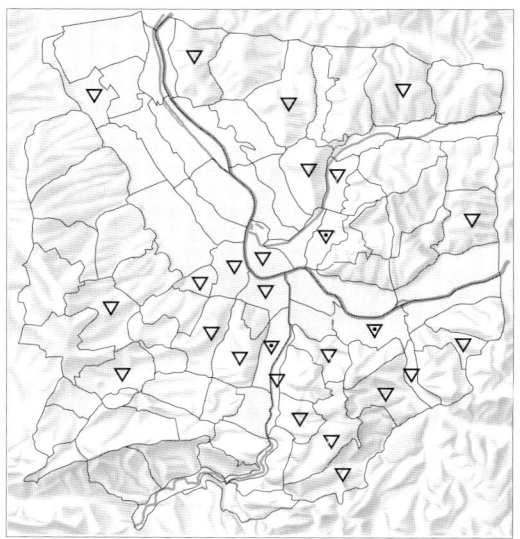

Ö: Steingartenpflanze. Nahverwildert im Bereich von Steingärten und Mauerkronen, an Mauerfüssen, seltener fern von Stammkulturen an Böschungsmauern, in Kiesgruben und an ruderalisierten Felsen. – In trockenen, basenreichen, humosen Mauer- und Felsspalten.
S: Centrantho-Parietarion.
V: Da und dort im Siedlungsgebiet, v.a. in Dörfern und Aussenquartieren; ± eingebürgert z.B. am St. Alban-Rheinbord (Basel, aktuell nicht mehr), in der Zurlindengrube (Pratteln) und in Seewen (Fels in Siedlungsnähe).

176. Lobularia Desv. *Silberkraut*

1. L. maritima (L.) Desv. – *Silberkraut*
B: Eph (Neo). – Mittelmeergebiet; trockenes Ödland, Dünen, meernahe Felsen, Mauern.
Ö: Beliebte Steingartenpflanze. Leicht verwildernd und z.T. wohl eingebürgert an Mauerfüssen, in gekiesten Wegen, in den Fugen von Pflästerungen und Strassenrandsteinen, auf Schutt, in Gartenabraumdeponien. Wärmeliebend. – Auf mässig frischen bis trockenen, nährstoffreichen, humosen, sandig-kiesigen Lehmböden.
S: Sisymbrion, Polygonion avicularis, auch Polygono-Chenopodion.
V: In den Siedlungsgebieten der warmen Tieflagen nicht selten, z.B. Basel (Pflästerung am Spalengraben), Allschwil, Hagenthal, Wintersweiler, Liestal (Friedhof) usw.

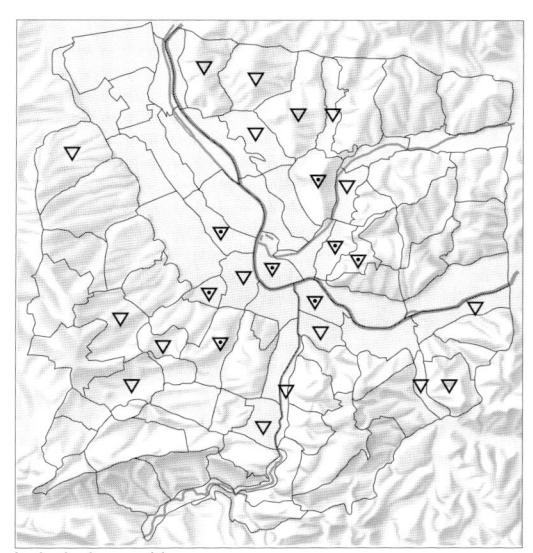

Lobularia maritima

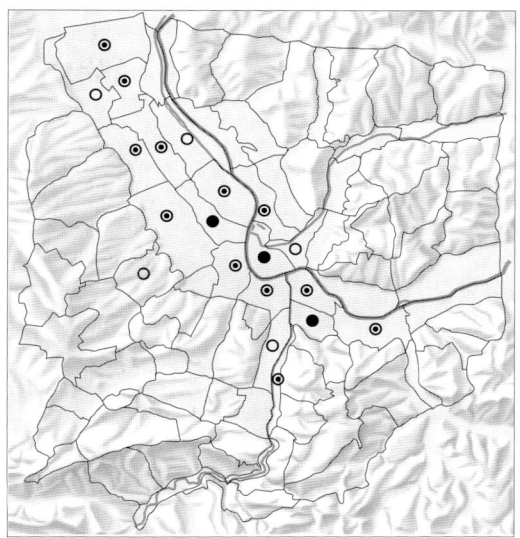

Berteroa incana

177. Berteroa DC. — *Graukresse*

1. B. incana (L.) DC. – *Graukresse*

B: Neo, seit ca. 1880 im Gebiet. – O-Europa, W-Asien; steinige Hänge, Sandfelder, Bahnlinien.
Ö: In artenreichen, gereiften, sonnigen, ruderalen Staudenfluren und Trockenrasen an Bahn- und Flussböschungen, an alten Strassenborden, in Bahn- und Industrieanlagen, in Kiesgruben. Wärmeliebend. – Auf trockenen, nährstoffreichen, kalk- und humusarmen, etwas lehmigen Sand- und Kiesböden.

S: Dauco-Melilotion, Onopordion, Convolvulo-Agropyrion.

V: Links des Rheins in den stadtnahen Teilen der Hoch- und Oberrheinebene verbreitet und ziemlich häufig, z.B. Gegend von Hüningen-St.Louis-Burgfelden, Birsböschung von St. Jakob an abwärts, Birsfelden-Muttenz-Pratteln. Rechts des Rheins in Weil-Friedlingen und westlich Haltingen (Bad. Rheinweg). Im Stadtgebiet fast ausschliesslich in Gleisanlagen sowie an den Flussböschungen von Rhein, Birs und Wiese. In den stadtfernen Teilen der Oberrheinebene ± selten und weitgehend auf die Randbereiche der französischen Autobahn beschränkt. Sonst sehr selten und z.T. wohl nur verschleppt: ein stabiler Bestand beim Bahnhof Aesch, Reinacher Heide (seit 1990, mit Kies eingeschleppt ?), Sundgaurand bei Hegenheim (B. Moor).

G: Zurückgehend. Gefährdet.

178. Draba L. — *Hungerblümchen*

1. D. aizoides L. – *Immergrünes H.*

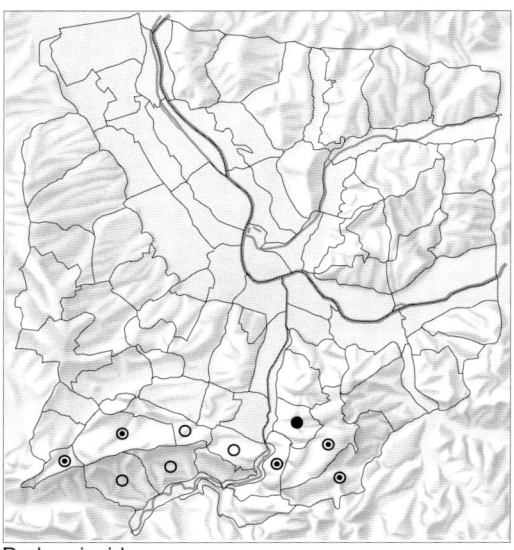

Draba aizoides

1a. – var. montana Koch

Ö: Truppweise auf exponierten, lichten, auch etwas absonnigen Felsköpfen und -graten, an hohen klüftigen Felswänden, auf Felsblöcken und z.T. moosigen Gesimsen. – In mässig trokkenen, ± humosen Ritzen und Klüften reich strukturierter Kalkfelsen. Im Gebiet ausschliesslich auf Rauracien-Malmkalk.
S: Potentillion caulescentis (Potentillo-Hieracietum humilis).
V: Ziemlich selten; nur an wenigen, streng lokalisierten Stellen im Jura: Blauengebiet: Burg (Galgenfels-Rämel), Flüh (Mariastein), Hofstetter Köpfli, Pfeffingen/Duggingen (Muggenberg), Blauen (Hanslifels); Gempengebiet: Dornach (Ingelstein), Gempen (Schartenfluh), Dornach-Hochwald (Tüfleten), Duggingen (Falkenfluh), Grellingen-Seewen (Pelzmühletal).
G: Im Gebiet von Natur aus selten. Potentiell gefährdet.

2. D. muralis L. – *Mauer-H.*

Ö: An sommertrockenen, staubig-sandigen Rainen, Böschungen und Plätzen, an Erdanrissen, in lückigen, meist etwas ruderalisierten Trockenrasen an Bahn- und Flussdämmen, an Güterglesien, in Bahn- und Hafenanlagen, in Kohlenlagern, auf aufgelassenem Rebland, auch in Gebüschaufwüchsen, unter Brombeeren usw. Etwas wärmeliebend. – Auf (sommer-)trockenen, mässig nährstoffreichen, basenreichen, ± humusarmen Sand-, Schotter-, Löss- und Lehmböden.
S: Alysso-Sedion, Xerobromion, trockenes Arrhenatherion.
V: In der Stadt Basel und ihrer nächsten Umgebung und in der Birsebene verbreitet und z.T. recht häufig, z.B. im Gebiet Dreispitz-St. Jakob, Bahnhof St. Johann und Elsässerbahn (Basel), Wieseböschung in den Langen Erlen, Weil, Münchenstein (Brüglingen, an der Bahn bei 'Neue Welt'), Bahnhof Dornach-Arlesheim. In den übrigen Bereichen der Flussebenen zerstreut, so bei Efringen-Kirchen (G. Hügin), Kleinkems (G. Hügin), Lörrach, Tumringen, Höllstein, Grenzach, Herten, Frenkendorf (Hülften), Füllinsdorf (Kiesgrube 'Wölfer') usw. Lokal auch an den warmen Talflanken, z. B. Isteiner Klotz, Sundgauran bei Blotzheim und Häsingen, Gempen-Westflanke bei Dornach. Auch verschleppt, z.B. Ettingen. Oft übersehen.
G: Schonungsbedürftig.

179. Erophila DC. *Lenzblümchen*

1.–2. Artengruppe
E. verna

Vorbem.: *Erophila* ist meist selbstbestäubend, deshalb ergeben sich reine Erblinien, die sich in verschiedenen

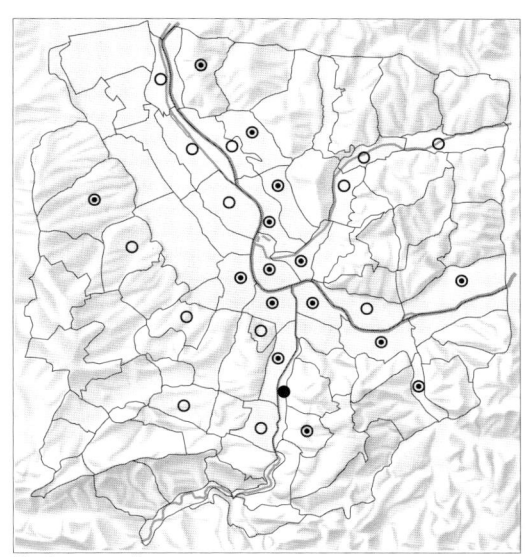

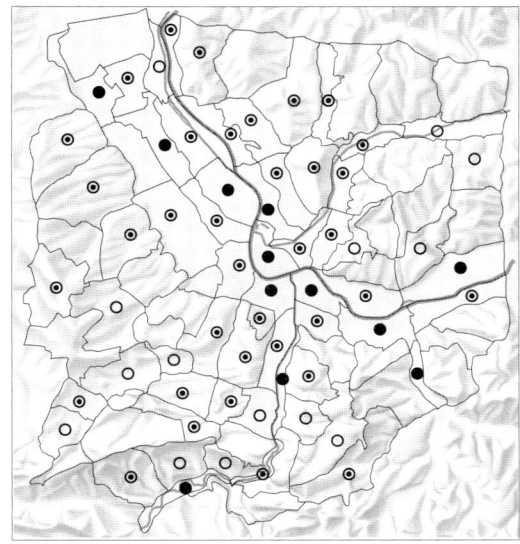

Draba muralis

Erophila verna aggr.

Varietäten niederschlagen. Die Arten 1. und 2. wurden zu Beginn unserer Aufnahmen noch nicht immer unterschieden. Die hier gegebene Darstellung der geographischen Verbreitung ist deshalb noch mit einigen Unsicherheiten behaftet. Belege sind v.a. aus den Hügelländern (z.B. Sundgau) und aus dem Jura erwünscht.

1. E. verna (L.) Chevall. – *Gemeines L.*

Ö: Meist gesellig an und auf wenig begangenen Wegen und Plätzen, in Pflaster- und Mauerfugen, seltener in Äckern und gehackten Rebbergen. – Auf ziemlich trockenen (sommertrockenen), mässig nährstoffreichen, oft kalkarmen, nicht zu flachgründigen, ± lockeren Sand- und sandigen Lehmböden. Gerne auf Löss.
S: Aperion, Fumario-Euphorbion, Polygono-Chenopodion, Polygonion avicularis.
V: In den Lösshügelländern, im Wiesental und in der Hoch- und Oberrheinebene ziemlich verbreitet, aber nicht häufig. Sonst selten oder fehlend.
G: Wahrscheinlich stark zurückgegangen. Gefährdet.

1a. – var. **majuscula** (Jord.) Hausskn.
Die häufigste Sippe.

2. E. praecox (Steven) DC. (E. verna (L.) Chevall. ssp. praecox (Steven) Walters) – *Frühblühendes L.*

Ö: Gesellig, oft in grossen flächenhaften Beständen auf Kies-, Sand- und Mergelplätzen, in Bahnanlagen, in Kiesgruben, an Weg- und Strassenrändern, in Pflasterfugen, auf Flachdächern; einzeln oder in lockeren Beständen in lückigen Trockenwiesen, Magerweiden und Scherrasen, auf Felsköpfen und Mauerkronen, in den Fugen von Böschungsmauern. Wärmeliebend. – Auf sommertrockenen, oft flachgründigen, ± nährstoffarmen, basenreichen, gerne kalkhaltigen, rohen Kies-, Sand- und Mergelböden.
S: Alysso-Sedion, Polygonion avicularis (v.a. Polygonetum calcati), Xerobromion.
V: In den Flusstälern verbreitet und v.a. längs der Verkehrswege häufig. Stellenweise auch an den warmen Talflanken, z.B. auf der Blauen-Südseite (v.a. Blauen-Weide, Dittinger Weide) und im Gebiet der Malmscholle von Istein. Sonst selten oder fehlend; im Leimental fast ausschliesslich an der Tramlinie zwischen Binningen und Therwil und bei Witterswil sowie mehrfach im Dorf Leymen.
G: Teilweise in Ausbreitung, v.a. im Bereich von Verkehrs- und Industrieanlagen. Nicht gefährdet.

2a. – var. **virescens** (Jord.) O. E. Schulz
Zerstreut; meist in halbschattigen Lagen.

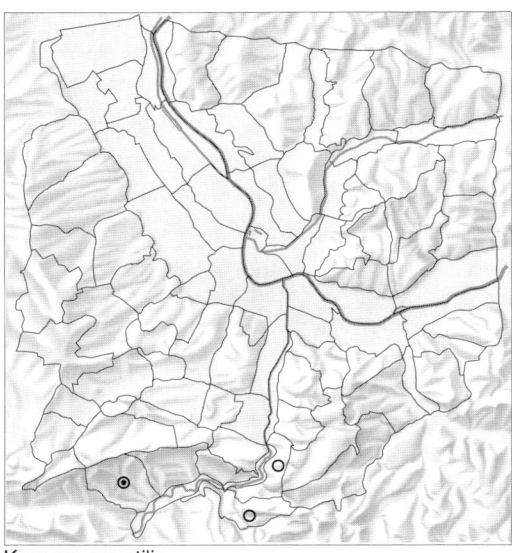

Erophila praecox

Kernera saxatilis

Tribus
LEPIDIEAE – *KRESSEARTIGE*

180. Kernera Medik.   *Kugelschötchen*

1. K. saxatilis (L.) Sweet – *Kugelschötchen*

Ö: In ± trockenen, ± humosen Spalten lichter, aber oft absonniger Kalkfelsen.
S: Potentillion caulescentis.
V: Selten; nur an wenigen Stellen im Jura: Grellingen (Kastelberg), Röschenz (Redelsfluh). Ausserhalb des Rayons: Bahnhof Liesberg (nordexponierte Felswand), Bretzwil (Felsen bei Ruine Ramstein).
G: Vorwiegend montan-subalpine Art; im Gebiet von Natur aus selten. Bis mindestens 1950 an den Felsen beim Kessel von Liestal (HEINIS 1950). Am Dornacherberg, an der Schartenfluh und an der Schauenburgerfluh (BINZ 1905) seit langem verschollen. Potentiell gefährdet.

181. Camelina Crantz   *Leindotter*

1.–3. Artengruppe
C. sativa

Vorbem.: Taxonomisch schwierige Gruppe; Anzahl und Rangstufe der zu unterscheidenden Sippen umstritten.

1. C. microcarpa DC. – *Kleinfrüchtiger L.*

B: (Arch) Eph.
Ö: In lückigen, ruderalen Pionierfluren an Bahn- und Strassenböschungen, in Hafenanlagen. – Auf sommertrockenen, nährstoffreichen Lehm- und Lössböden.
S: Sisymbrion.
V: Sehr selten und unbeständig: Bahnböschung vor Zoll Otterbach (Basel, ca. 1990, A. Huber), Häfen Basel-Kleinhüningen (schon 1973, BAUMGARTNER 1985; 1995 gegen hundert Exemplare, A. Mattenberger) und Basel-St. Johann (A. Huber).
G: Zurückgegangen; im Gebiet auch früher nicht häufig. An Ackerstandorten verschwunden. Vom Aussterben bedroht.

2. C. sativa (L.) Crantz – *Saat-L.*

B: (Arch).
Ö/V: Verschollen. Alte, heute nicht mehr kultivierte Ölpflanze. Früher da und dort verwildert und z.T. wohl ± eingebürgert an Ruderal- und Segetalstandorten. Letzte Meldung: "Rainmatt bei Grellingen" (Kilcher in BINZ 1942). Ferner wenige Angaben von *C. pilosa* (DC.) Vassilcz., einer zu *C. microcarpa* überleitenden, von AESCHIMANN & HEITZ (1996) zu *C. sativa* (L.) Crantz gestellten Sippe; letztmals 1949: "Linksufriger Damm der Wiese zwischen Lange Erlen und Riehen" (Kunz in BINZ 1951).

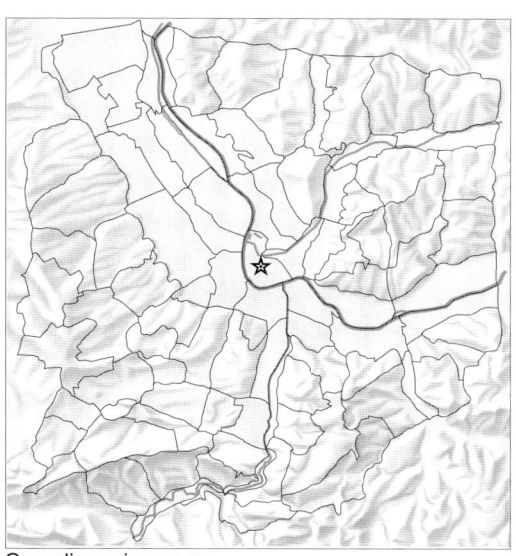

Camelina microcarpa

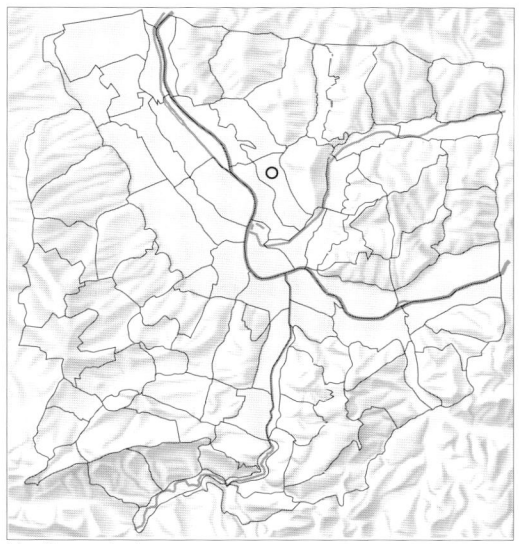

Neslia paniculata

3. C. alyssum (Mill.) Thell. (C. sativa (L.) Crantz ssp. alyssum (Mill.) E. Schmid) – *Gezähnter L.*
B: (Arch).
Ö/V: Verschollen. Früher nicht häufig und oft unbeständig in Leinäckern. Letzte Meldungen: "Bruderholz" (BINZ 1922), "Liestal-Schöntal" (Heinis in BINZ 1915).

182. Neslia Desv. *Ackernüsschen*

1. N. paniculata (L.) Desv. s. l.

1a. – ssp. **paniculata** – *Kugelfrüchtiges A.*
B: Arch.
Ö/V: Sehr selten. Bis 1985 gesellig in einem sandigen Ackergelände in der Kiesgrube südlich Weil, hier bereits 1975 beobachtet. Dann durch den Bau von Freizeitanlagen zerstört. 1997 in einem anderen Teil der Kiesgrube in einem Exemplar wiederaufgefunden.
G: Zurückgegangen; im Gebiet schon immer selten (BINZ 1911, BECHERER 1925). Ältere Vorkommen, z.B. Reinacher Heide (bis ca. 1960, 1993 wieder angesät), "Huttingen" (1951, KUNZ in BINZ 1951), "Äcker nördlich von Therwil" (1919, BINZ 1922) usw. seit langem erloschen.

1b. – ssp. **thracica** (Velen.) Bornm. (N. apiculata Fisch. et al.) – *Spitzfrüchtiges A.*
B: (Eph). – Mittelmeergebiet, Orient; Felder, Äcker.
Ö/V: Kein aktueller Nachweis. Einzige Meldung: Acker westlich Huttingen (1951, KUNZ 1956).

183. Capsella Medik. *Hirtentäschchen*

1. C. bursa-pastoris (L.) Medik. – *Gemeines H.*
B: Arch.
Ö: Einzeln bis gesellig in Äckern, Rebbergen und Gärten, an Kompost- und Mistplätzen, an Störstellen in Wiesen und Weiden, in lückigen Scherrasen, in Baumscheiben, auf Schutt, in Deponien, in Trittfluren, zwischen Pflastersteinen, an Strassenrändern. – Auf frischen bis mässig trockenen, nährstoffreichen, z.T. ammoniakalischen, humosen oder sandigen Lehmböden.
S: Chenopodietea, Polygonion avicularis, seltener Sisymbrion.
V: Verbreitet und häufig.
G: Nicht gefährdet.

2. C. rubella Reut. – *Rötliches H.*
B: Neo. – Mediterrangebiet; Ödland, Felder.

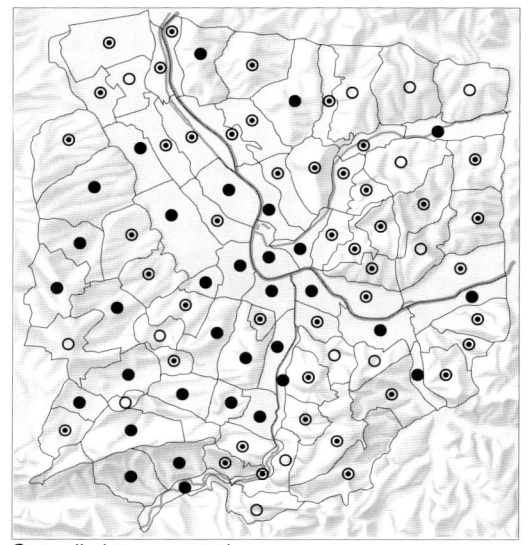

Capsella bursa-pastoris

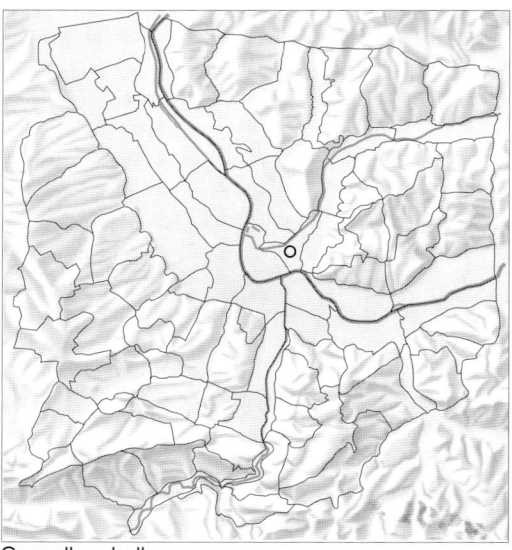

Capsella rubella

Ö/V: Sehr selten und nur noch sporadisch im sandigen, lückigen Trittrasen des rechtsufrigen Wiese-Vorlandes unterhalb der Schliesse, Riehen (schon BINZ 1956). Regelmässiger dort der Bastard *C. bursa-pastoris* × *rubella* (*C.* × *gracilis* Grenier).
G: Zurückgegangen; im Gebiet wohl nie besonders häufig. Vom Aussterben bedroht.

184. Pritzelago Kuntze   Gemskresse

1. P. alpina (L.) Kuntze (Hutchinsia alpina (L.) R. Br.) – *Alpen-G.*
Kein aktueller Nachweis. 1874 herabgeschwemmt am Rheinufer zwischen Rheinfelden und Wyhlen (Sickenberger in BINZ 1905).

185. Teesdalia R. Br.   Teesdalie

1. T. nudicaulis (L.) R. Br. – *Teesdalie*
Verschollen. Früher selten in ± trockenen, offenen, mageren, silikatischen Sandrasen. Letzte Meldungen: Bis mindestens 1960 in einer Kiesgrube bei Sierentz (H. Zoller, U. Kienzle), Olsberg (THELLUNG 1913, LÜSCHER 1918), hier von BECHERER (1925) vergeblich gesucht; nach SEBALD et al. (1993) zwischen 1900 und 1944 auf Messtischblattquadrant Schopfheim NO (8312/2, wohl ausserhalb des Rayons).

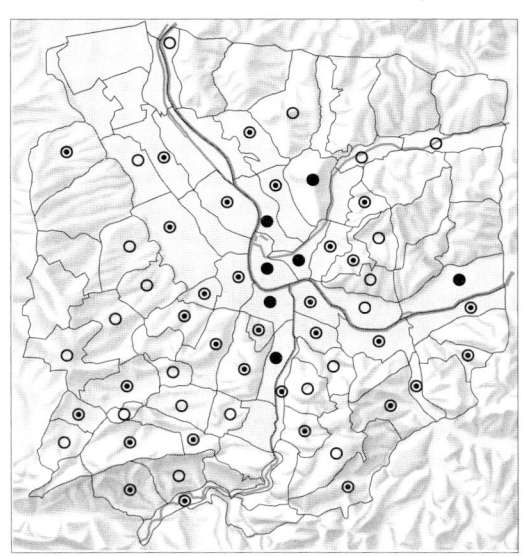

Thlaspi arvense

186. Thlaspi L.   Täschelkraut

1. T. arvense L. – *Acker-T.*
B: Arch.
Ö: Gesellig, gelegentlich in Menge in Äckern, besonders in Hackäckern und Gemüsegärten, in Rebbergen, auf Erdschutt und in Rabatten. – Auf frischen, nährstoffreichen, tiefgründighumosen Lehm- und Tonböden.
S: Polygono-Chenopodietalia (v.a. Polygono-Chenopodion, auch Fumario-Euphorbion), seltener Aperion.
V: Ziemlich verbreitet, aber nicht überall häufig; gehäuft z.B. am Tüllinger Berg.
G: Nicht gefährdet.

2. T. perfoliatum L. – *Stengelumfassendes T.*
Ö: Gesellig in lückigen Halbtrockenrasen und Magerweiden, an Böschungen und Dämmen, an Rebmauern, als Pionier an steinigen Erdanrissen und Strassenborden, selten in Reb- und Ackerland. Etwas wärmeliebend. – Auf (ziemlich) trockenen, mässig nährstoffreichen, kalkhaltigen, oft rohen, steinigen Mergel-, Lehm- und Lössböden.
S: Mesobromion, seltener Xerobromion, Alysso-Sedion.
V: In den Flusstälern von Rhein und Birs und an den warmen Talflanken verbreitet, aber nicht häufig, z.B. Basel (Bahndamm Elsässer-

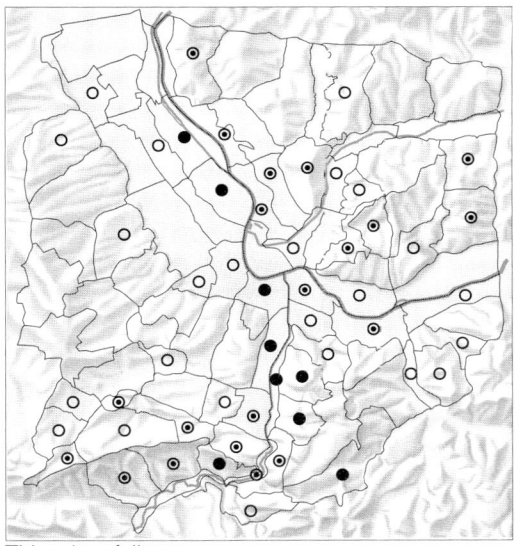

Thlaspi perfoliatum

bahn), Riehen (Landauer), Münchenstein (Brüglingen-Neue Welt), Reinacher Heide, Dornach (Schloss Dorneck), Blauen-Südseite (z.B. Nenzlinger Weide, Blauen-Weide, Dittinger Weide), ob Bettingen (gegen 'Kaiser'), Tüllinger Berg, Isteiner Klotz usw. Sonst sehr zerstreut; in kalkarmen Gebieten, z.B. in den Weitenauer Vorbergen und in weiten Teilen der Lösshügelländer selten oder fehlend.
G: Zurückgegangen. Schonungsbedürftig.

3. T. montanum L. – *Berg-T.*

Ö: Meist gesellig in Kalkschutt am Fuss sonniger Felsen, in lichten, meist blaugrasreichen Buchen- und Föhrenwäldern, seltener in Eichengebüschen auf Felsköpfen und in Felsrasen. – Auf mässig frischen bis mässig trockenen, kalkreichen, flachgründigen, oft wenig konsolidierten, humosen, z.T. mergeligen Gesteinsschuttböden.
S: Fagion (Carici-Fagetum seslerietosum), Erico-Pinion (Coronillo-Pinetum), Quercion pubescenti-petraeae, Xerobromion (Coronillo-Caricetum).
V: Nur im Jura, hier ziemlich selten und streng lokalisiert, z.B. Hofstetter Köpfli, Blauen (Hanslifels), Dittingen (Burgkopf, Chälen); Dornach (Ingelstein), Dornach-Hochwald (Tüfleten), Gempen (Schartenfluh), Duggingen (Falkenfluh), Büren (Sternenberg), eine isolierte Kolonie am Wartenberg (Muttenz).

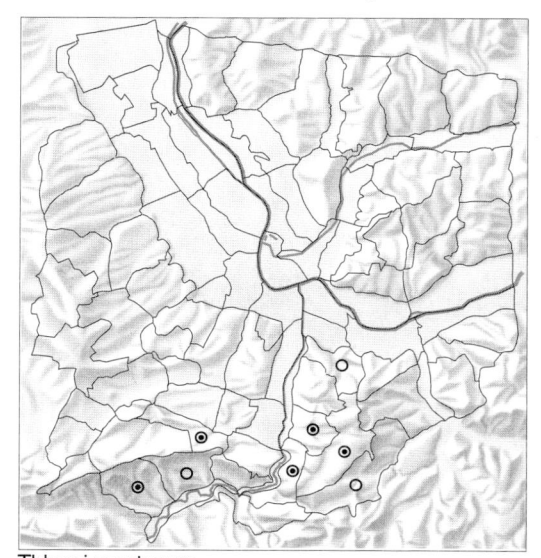

G: Im Gebiet von Natur aus ± selten. Potentiell gefährdet.

187. Iberis L.
Bauernsenf, Schleifenblume

1. I. sempervirens L. – *Immergrüner B.*

B: Eph. – mediterrane Hochgebirge, 600-2100 m; Kalkfelsspalten.
Ö/V: Steingartenpflanze. Selten kulturnah verwildert an Mauern und Mauerfüssen, z.B. Metzerlen, Oberwil, Pratteln.

2. I. amara L. – *Bitterer B.*

B: (Arch).
Ö/V: Als Wildpflanze verschollen. Früher nicht selten in trockenen, steinigen oder kiesigen Kalkäckern. Letzte Meldungen: Gempenplateau (BRUN-HOOL 1963). Neuerdings da und dort in Begrünungssaaten, z.B. Basel (Anlage Schützengraben, 1992, A. Huber), Reinach.

3. I. umbellata L. – *Doldiger B.*

B: Eph (Neo). – mittel- bis ostmediterran; Trokkengebüsche, steinige Lichtungen, Garigues.
Ö/V: Zierpflanze. Nicht selten verwildert, doch meist vorübergehend im Randbereich von Gärten, auf Kieswegen, an Mauerfüssen, in Rabatten, auf Erdschutt, in Kiesgruben u.

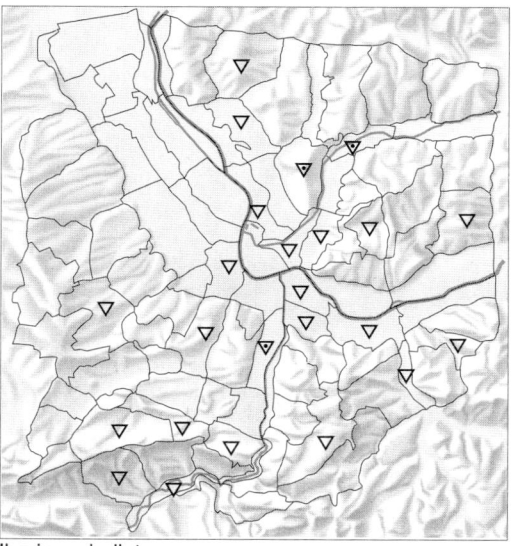

Thlaspi montanum

Iberis umbellata

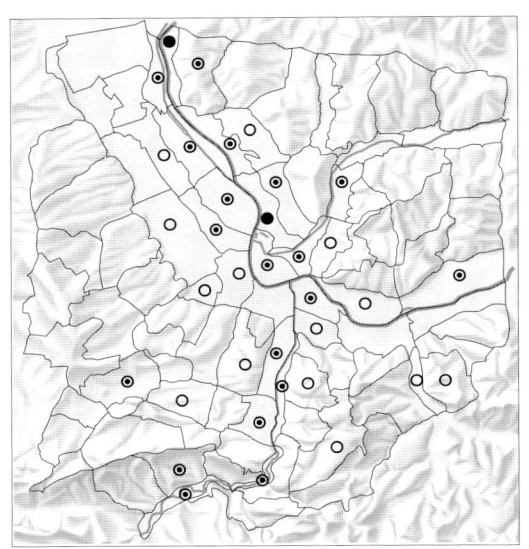

Lepidium campestre

dgl., z.B. Basel (Neubadstrasse), Riehen (Elsternweg), Hagenthal, Brombach, Arisdorf, Steinbruch östlich Laufen usw.

188. Lepidium L. *Kresse*

1. L. perfoliatum L. – *Durchwachsenblättrige K.*
B: (Eph). – SO-Europa und SW-Asien; Ödland, steinige Hänge, Felder.
Ö/V: Kein aktueller Nachweis. Früher hie und da adventiv, allenfalls auch ± eingebürgert in Hafenanlagen, an Uferböschungen u. dgl. Letzte Meldungen: Hafen Basel-Kleinhüningen (1958, 1967; BAUMGARTNER 1973), "Rheinhafen St. Johann immer noch reichlich" (BINZ 1945).

2. L. campestre (L.) R. Br. – *Feld-K.*
B: Arch.
Ö: An sonnigen Uferböschungen, an steinigen Halden und Erdanrissen, in Steinbrüchen und Kiesgruben, in lückigen Trockenrasen und Ruderalsäumen an Strassenrändern und Bahngeleisen, im Umfeld von Rebfluren, auch an sonnigen Waldwegen. Wärmeliebend. – Auf (mässig) trockenen, nährstoffreichen, basenreichen, gerne kalkhaltigen, steinigen, z.T. etwas lehmigen Böden.

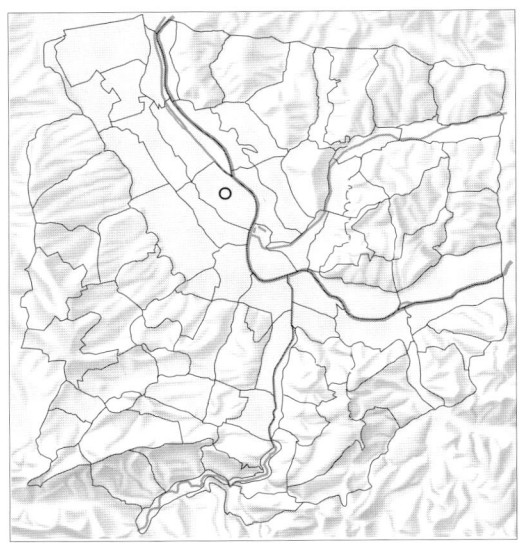

Lepidium latifolium

S: Dauco-Melilotion (z.B. Dauco-Picridetum), leicht ruderalisiertes Xerobromion, Sisymbrion, seltener Fumario-Euphorbion.
V: In den Flusstälern ziemlich verbreitet und v. a. in der holozänen Aue der Oberrheinebene und in der Birsebene recht häufig. Stellenweise an die warmen Talhänge ansteigend, v.a. am Isteiner Klotz und an der Gempen-Westflanke bei Arlesheim. Sonst selten, z.B. Ettingen, Leymen, Hochwald W, Blauensüdseite ob Zwingen.
G: Zurückgehend. Schonungsbedürftig.

3. L. heterophyllum Benth. – *Verschiedenblättrige K.*
B: Eph. – W-Europa; Weiden, Wegränder, Silikatgrus.
Ö/V: Knapp ausserhalb des Rayons: Schopfheim; an der Wiese, mit *Aira caryophyllea* und *Myosotis ramosissima* (1996, H. Boos).

4. L. latifolium L. – *Breitblättrige K.*
B: Neo. – Mittelmeergebiet, Kleinasien; Ödland, Salzwiesen.
Ö/V: Alte, kaum mehr angebaute Gewürzpflanze. Eingebürgert an der kiesig-sandigen Böschung des Hünigerkanals bei Hüningen. Fundort 1990 durch den Bau einer Freizeitanlage zerstört.
G: Eingebürgerte Vorkommen zurückgegangen; aktuell verschollen. Vom Aussterben bedroht.

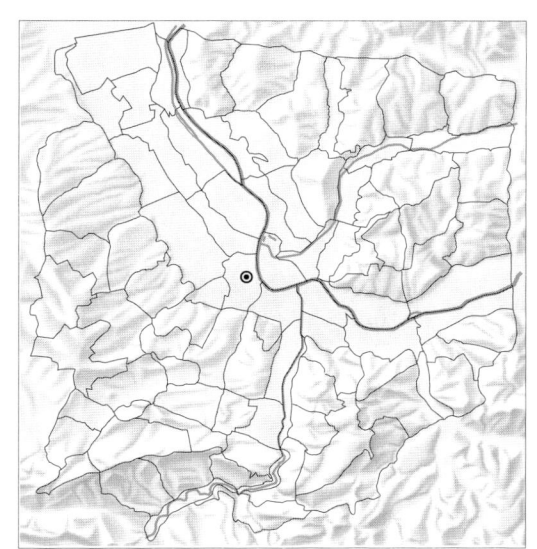

Lepidium graminifolium

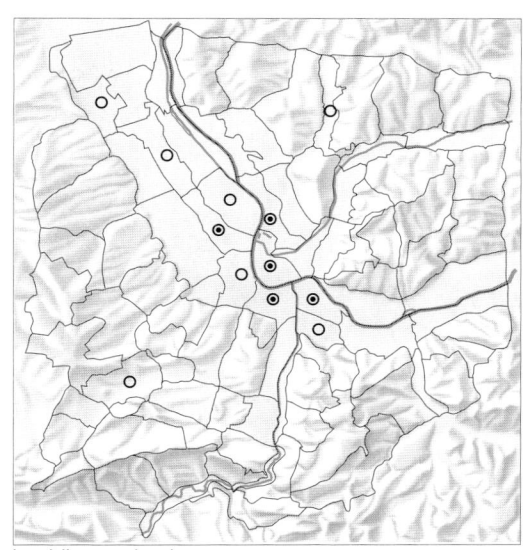

Lepidium ruderale

5. L. graminifolium L. – *Grasblättrige K.*

B: Neo, seit ca. 1940 im Gebiet (Aellen in BINZ 1942). – Mittelmeergebiet; trockene Wegränder.
Ö: Eingeschleppt und völlig eingebürgert in trockenen, dichten, hochwüchsigen Ruderalbeständen am Rande festgetretener Splittwege, entlang Gütergleisen in Bahnanlagen, an Mauern und Zäunen. Wärmeliebend. – Auf trockenen, nährstoffreichen, wenig humosen, etwas lehmigen Sand- und Kiesböden.
S: Dauco-Melilotion, Sisymbrion.
V: Sehr selten; nur an wenigen, eng begrenzten Stellen im Nordwesten der Stadt Basel: St. Johann-Bahnhof und entlang Geleise zum alten Schlachthof-Areal (heute St. Johann-Park).
G: Kaum expandierend. Beim "Bahnhof Liestal" (1948, Heinis in BECHERER 1950) wieder verschwunden. Stark gefährdet.

6. L. sativum L. – *Garten-K.*

B: Eph. – Ägypten, SW-Asien; Felder.
Ö/V: Alte Kulturpflanze. Vorübergehend verwildert auf Erdschutt, in Baumscheiben, in Rabatten usw., z.B. Basel (mehrfach), Riehen (Rabatte Gotenwegli, 1997), Kleinkems (Zuckergrien, 1989).

7. L. ruderale L. – *Schutt-K.*

B: Arch.

Ö: An dörflichen und städtischen Mauersäumen, zwischen alten Pflastersteinen (oft im Halbschatten), an Trittpfaden, an Weg- und Strassenrändern, auf sandigen Lagerplätzen, in Hafen- und Bahnanlagen. – Auf frischen bis (mässig) trockenen, nährstoffreichen, gerne ammoniakalischen, festen, sandigen bis lehmigen Böden
S: Polygonion aviculare, Sisymbrion.
V: Nicht häufig; v.a. in der Stadt Basel, z.B. Martinskirchplatz, Marktplatz, Kleinhüningen, Kasernenareal (bei den ehemaligen Pferdeställen), Rheinhafen Basel-Kleinhüningen (1981, 1982; BAUMGARTNER 1985); Sierentz, Bartenheim SO (Gravières), St. Louis, Weil, Birsfelden (Hardstrasse/Hafenstrasse), Muttenz (St. Jakob). Ausnahmsweise auch ausserhalb der Hoch- und Oberrheinebene: Leymen (Station), Rümmingen (Bahnlinie).
G: Stark zurückgegangen und gebietsweise, z.B. in der Birsebene (BINZ 1911) und im Ergolztal (HEINIS 1904) verschollen. Nach HEINIS (1904) in der ersten Hälfte des 19. Jahrhunderts selten, dann infolge Eisenbahnbaus in rascher Ausbreitung. Gefährdet.

8. L. virginicum L. – *Virginische K.*

B: Neo, seit Ende des 19. Jahrhunderts im Gebiet. – N-Amerika; Felsköpfe, Ödland, Strassenränder und Bahnlinien.

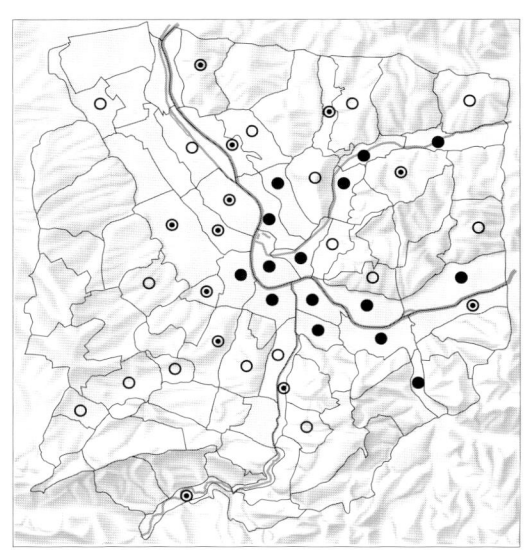

Lepidium virginicum

Ö: Gesellig in offenen, lichten, aber nicht immer sonnigen Ruderalfluren an Wegen und Plätzen, auf Sandschutt, in Sand- und Kiesgruben, in Industrie- und Bahnanlagen, bei Holzlagern. Wärmeliebend. – Auf mässig frischen bis ziemlich trockenen, nährstoffreichen, festen, z.T. etwas lehmigen Sand- und Kiesböden.
S: Sisymbrion (v.a. Conyzo-Lactucetum), Dauco-Melilotion, Onopordion.
V: In den Flusstälern verbreitet und mit Ausnahme der stadtfernen Teile der Oberrheinebene häufig. Sonst ± selten und z.T. nur verschleppt, z.B. Rümmingen, Wollbach, Oberwil, Benken, Rodersdorf (Holzlager), ausnahmsweise auch in warmen Hanglagen: Hegenheim W, Tumringen.
G: In anhaltender, wenn auch gegenüber der ersten Jahrhunderhälfte deutlich verlangsamter Ausbreitung. Nicht gefährdet.

9. L. neglectum Thell. – *Übersehene K.*

Vorbem.: Status als Art zweifelhaft; in amerikanischen Floren meist zu *L. densiflorum* gezogen.

B: Eph. – N-Amerika; Ruderalstellen.
Ö/V: Selten an offenen, kiesigen Ruderalstellen: Hafen Basel-Kleinhüningen (1982, BAUMGARTNER 1985), Pratteln NO (Bahnlinie beim Schwimmbad). Nachweise z.T. unsicher.

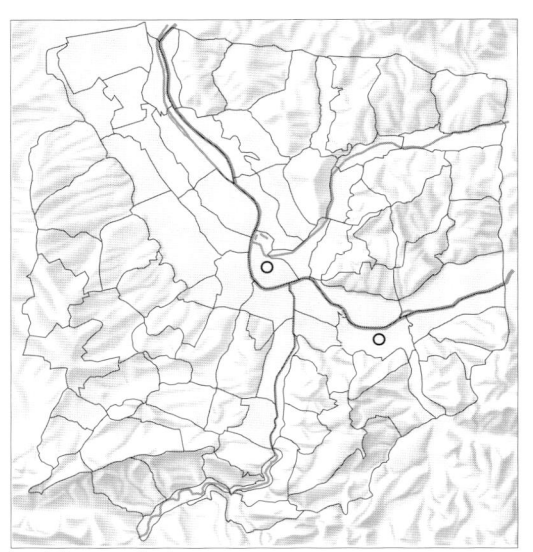

Lepidium neglectum

10. L. densiflorum Schrad. – *Dichtblütige K.*

B: Neo, seit ca. 1910-20 im Gebiet (BINZ 1922). – N-Amerika; trockene, sandige Böden.
Ö: In sonnigen, lockerwüchsigen Ruderalfluren. – Auf trockenen, nährstoffreichen Kies- und Sandböden.
S: Sisymbrion (Conyzo-Lactucetum).

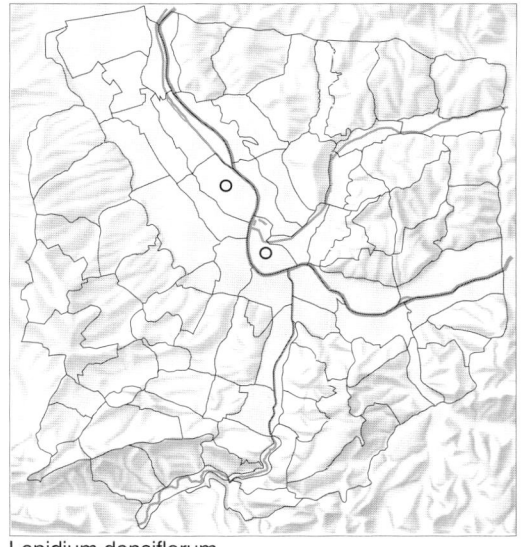

Lepidium densiflorum

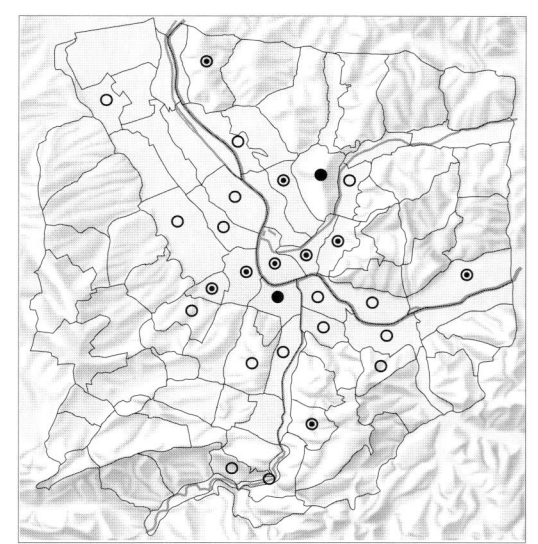

Cardaria draba

Coronopus squamatus

V: Selten, doch wohl auch übersehen: Basel-Kleinhüningen (schon 1970, BAUMGARTNER 1973), ein unsicherer Nachweis vom Rheinuferweg südlich Hüningen. Auf weitere Vorkommen ist zu achten.
G: Zurückgegangen (?). Zahlreiche Fundmeldungen bis ca. 1950, z.B. "Grenzacherstrasse am Damm der badischen Bahn" (1945, BINZ 1951), "In Menge bei St. Jakob" (1943, BINZ 1945) usw.

189. Cardaria Desv. *Pfeilkresse*

1. C. draba (L.) Desv. – *Pfeilkresse*
B: Neo, seit dem 19. Jahrhundert im Gebiet. – SO-Europa, SW-Asien; Felder, Ödland, Salzsteppen.
Ö: Herdenweise in Rebbergen, an sonnigen, gestörten Wiesenböschungen, an Strassen- und Ackerrändern, an Bahndämmen, in Baumscheiben, in Rabatten. Auch auf herbizidbehandelten Flächen. Wärmeliebend. – Auf sommertrockenen, nährstoff- und basenreichen, z.T. steinigen Lehm- und Tonböden.
S: Convolvulo-Agropyrion (Cardario-Agropyretum), Sisymbrion.
V: Nur in den warmen Tieflagen: häufig in der Stadt Basel und am Tüllinger Berg, sonst sehr zerstreut, z.B. beim Bahnhof Istein, Bahngelände Muttenz-Pratteln, Bruderholz, Grellingen.

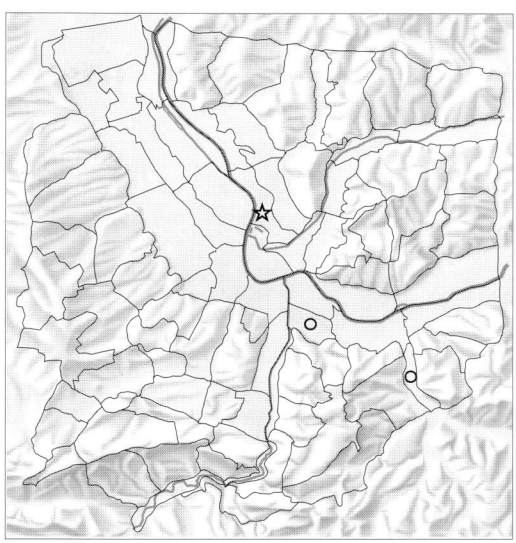

G: Vorkommen und geographische Verbreitung seit BINZ (1911) weitgehend unverändert. Nicht gefährdet.

190. Coronopus Zinn *Krähenfuss*

1. C. squamatus (Forssk.) Asch. – *Niederliegender K.*
B: Arch.
Ö: In wechselfeuchten Trittfluren, auf grasigen Feldwegen und Schafweiden, auf Abruchgelände und Bauerwartungsland. Etwas wärmeliebend. – Auf wechselfrischen bis -feuchten, nährstoffreichen, gerne ammoniakalischen, gestörten, verdichteten Lehm- und Tonböden.
S: Polygonion avicularis (Poo-Coronopetum squamati).
V: Sehr selten und oft vorübergehend: Muttenz (Rütihardhof, ± beständig, M. Ritter; Käppelirain, 1986, jetzt Altersheim), Liestal (Gasstrasse, 1991f, jetzt Ergolz-Center), Inzlingen (1987, HÜGIN & KOCH 1993).
G: Zurückgegangen und Vorkommen sukzessive erloschen. Ca. 1970 bei Bad. Rheinfelden (Kiesgrube, H. Boos), 1955 bei Neudorf (RASTETTER 1993), Reinach (1938, Lohrer in BECHERER 1940) usw. Stark gefährdet bis vom Aussterben bedroht.

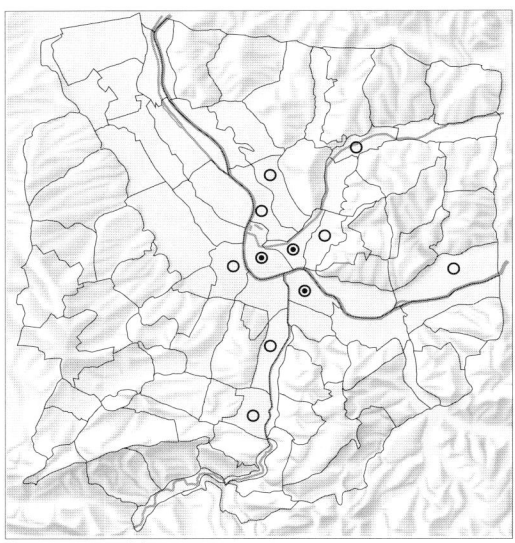

Coronopus didymus

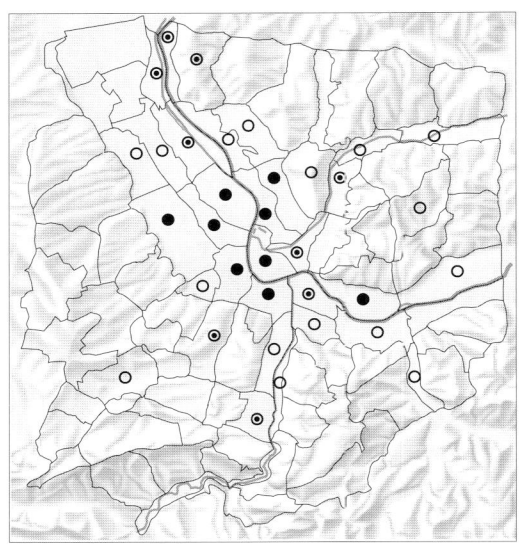

Diplotaxis tenuifolia

2. C. didymus (L.) Sm. – *Zweiknotiger K.*
B: Eph (Neo), seit Ende des 19. Jahrhunders im Gebiet. – Gemässigtes Südamerika; ruderal, besonders in Ortschaften.
Ö: Eingeschleppt und z.T. wohl ± eingebürgert in Bahn- und Hafenanlagen, auf Schutt, in Tiergehegen, in den Fugen von Plattenbelägen. Wärmeliebend. – Auf (mässig) frischen, nährstoffreichen, ammoniakalischen, ± humosen, sandigen Lehm- und Tonböden.
S: Polygonion avicularis, Polygono-Chenopodion.
V: Selten und oft vorübergehend, z.B. Hafenanlagen Weil-Friedlingen, Basel-Kleinhüningen und Muttenz (Au); Riehen (Friedhof Hörnli), Basel (Tierpark Lange Erlen, Vogelgehege), Münchenstein (Brüglingen), Aesch, Haagen O, Lörrach (1982, Hügin in SEBALD et al. 1993).

Tribus
BRASSICEAE – *KOHLARTIGE*

191. Conringia Fabr.   *Ackerkohl*

1. C. orientalis (L.) Dumort. – *Ackerkohl*
B: (Arch).
Ö/V: Verschollen. Früher in der Umgebung der Stadt Basel verbreitet, aber unbeständig an Wegrändern, Flussufern und Schuttplätzen (BINZ 1911). Letzte Meldungen: Rheinhafen Basel-Kleinhüningen (1956, BAUMGARTNER 1973), Liestal (1945, HEINIS 1948). Ob im Gebiet je völlig eingebürgert (?).

192. Diplotaxis DC.   *Doppelsame*

1. D. tenuifolia (L.) DC. –
Schmalblättriger D.
Ö: In ruderalen Staudenfluren und gestörten Trockenrasen an Böschungen und Dämmen, an Weg- und Strassenrändern, auf Abbruchgelände, an nitrifizierten Plätzen in Bahn- und Hafenanlagen, auf Kies- und Schlackenschutt, in Baumscheiben und Rabatten, in Strassenhecken. Wärmeliebend. – Auf trockenen, nährstoffreichen, ziemlich rohen, lockeren, sandigkiesigen bis sandig-lehmigen Böden.
S: Convolvulo-Agropyrion (v.a. Diplotaxi-Agropyretum), Sisymbrion, Onopordion, Dauco-Melilotion.
V: In der Stadt Basel und in den stadtnahen Teilen der Hoch- und Oberrheinebene und der Wieseebene verbreitet und ziemlich häufig, ebenso an der Westflanke der Malmscholle von Istein. In den übrigen Flusstälern und in Stadtferne deutlich seltener bis fehlend. Ausserhalb der Flusstäler und der Malmscholle von Istein

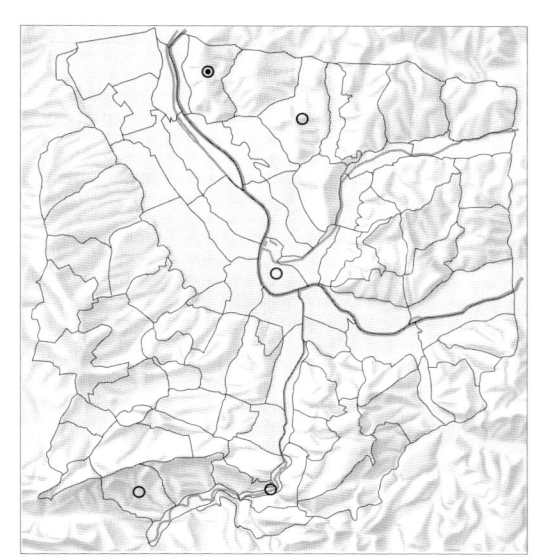

Diplotaxis muralis

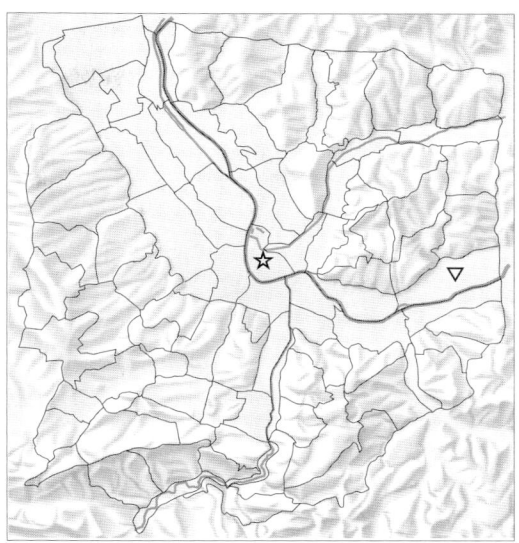

Brassica nigra

sehr selten und z.T. wohl nur verschleppt: Tüllinger Berg (Obertüllingen), Inzlingen N (Waidhof), Therwil (1 Exemplar), Leymen (Mergelplatz bei der 'Couronne d'Or')
G: Leicht zurückgehend. Schonungsbedürftig.

2. D. muralis (L.) DC. – *Mauer-D.*

B: Arch.
Ö: In Rebbergen und Rebbrachen, an Grasborden, an Mauern und Felsen. Wärmeliebend. – Auf (mässig) trockenen, nährstoff- und basenreichen, kalkhaltigen, locker-humosen, lehmigen Böden.
S: Fumario-Euphorbion, Sisymbrion, selten Eragrostion.
V: Selten; v.a. an der Westflanke der Malmscholle von Istein, z.B. Isteiner Klotz, Reben von Istein und Kleinkems, selten auch Reben von Efringen; Reben nordwestlich Binzen, Basel-Kleinhüningen (Schäferweg/Rebweg, 1996, mehrere Exemplare, A. Huber), Reinacher Heide (bis ca. 1980), Grellingen (Martisrain), Dittingen (Ritteberghollen, Schemel).
G: Stark zurückgegangen und auch im ursprünglichen Hauptverbreitungsgebiet (am Rhein in und unterhalb Basel, BINZ 1911) nahezu verschwunden. Stark gefährdet.

3. D. viminea (L.) DC. – *Rutenästiger D.*

B: (Eph). – Mittelmeergebiet; Kulturen, Ruderalstellen.

Ö/V: Kein aktueller Nachweis. Kleinkems (LITZELMANN 1966). Angabe nach PHILIPPI (1971) in SEBALD et al. (1993) zweifelhaft.

4. D. erucoides (L.) DC. – *Rauken-D.*

B: Eph. – westliches Mittelmeergebiet; Felder, Gärten, Wegränder.
Ö/V: Adventiv an der Südfrüchteverladerampe im Güterbahnhof Wolf, Basel (1990, A. Huber).

193. Brassica L. *Kohl*

1. B. nigra (L.) Koch – *Schwarzer Senf*

B: Eph. – W- und S-Europa, Kleinasien; Flussufer mit stark schwankendem Wasserstand.
Ö/V: Adventiv im Hafen Basel-Kleinhüningen (A. Huber; schon 1965 BAUMGARTNER 1973), ferner in einem Acker bei Herten (H. Boos, angesät ?). Früher in der Nähe der Stadt ± eingebürgert auf Kies- und Schlickflächen, an Uferböschungen u. dgl. (vgl. BINZ 1911, 1915; BECHERER 1925).

2. B. rapa L. s. l. – *Rüben-K., Weisse Rübe*

B: Eph. – Heimat der Wildsippe (= ssp. *sylvestris* (L.) Janchen): wohl mediterran.
Ö/V: Alte Nutzpflanze. Hie und da aus Saatgut verwildert oder verschleppt in Bahn- und Hafenanlagen, auch an Uferböschungen und

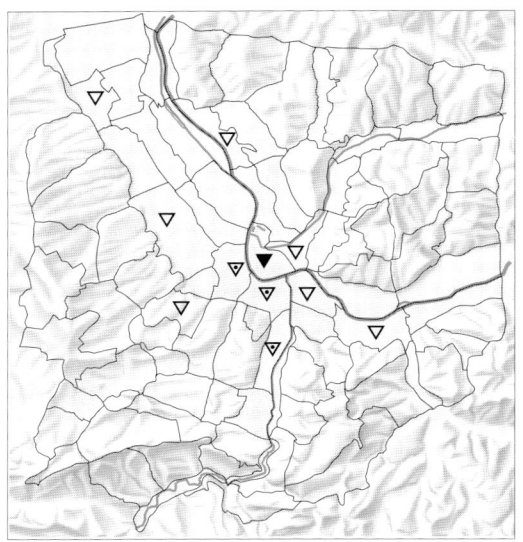

Brassica rapa

Bahnborden, in Kunstwiesen, auf Erdschutt, z. B. Hafenanlagen Basel-Kleinküningen, Basel-St. Johann und Au (Muttenz), Münchenstein (Ruchfeld), Pratteln N (Rheinstrasse, Verzweigung P. 269) usw.

2a. – ssp. rapa – *Weisse Rübe*
Hie und da als Viehfutter, selten auch als Gemüsepflanze kultiviert. Kaum verwildernd.

2b. – ssp. oleifera Metzger – *Rübsen*
Die verwilderte bzw. eingeschleppte Sippe.

2c. – ssp. sylvestris (L.) Janchen – *Acker-K.*
Ob im Gebiet (?). In weiten Teilen Europas als Ruderalpflanze und Ackerunkraut verbreitet (SEBALD et al. 1993). Auf Vorkommen ist zu achten.

3. B. napus L. s. l. – *Lewat, Raps*
B: Eph (Neo). – Vermutlich aus *B. oleracea* × *rapa* entstanden.
Ö: Nutzpflanze. Verwildert und in neuerer Zeit wohl völlig eingebürgert an Bahnlinien und Tramtrassen, an Strassenborden, in Güterbahnhöfen, in Hafenanlagen, an Vogelfutterplätzen, in Rabatten, in Baumscheiben, ferner als vorübergehendes Kulturrelikt in Äckern. – Auf frischen, lockeren, nährstoffreichen, sandigen bis sandig-kiesigen, lehmigen Böden.
S: Sisymbrion, Polygono-Chenopodion.

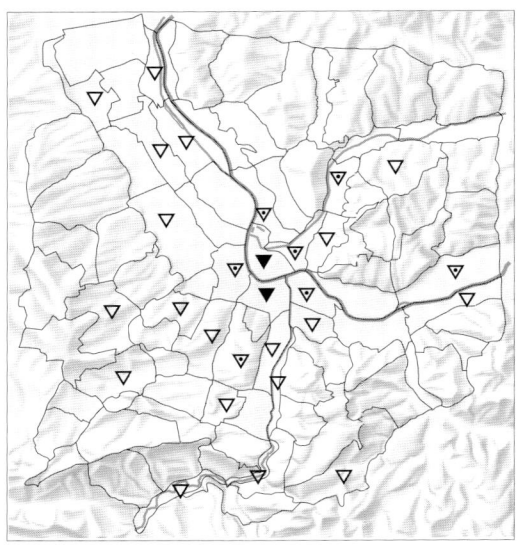

Brassica napus

V: In den Flusstälern ziemlich verbreitet und v. a. in den ruderalisierten Siedlungsbereichen der Stadt Basel und längs der Verkehrswege häufig. Sonst wohl nur vorübergehend verwildert oder verschleppt.
G: In Ausbreitung. Nicht gefährdet.

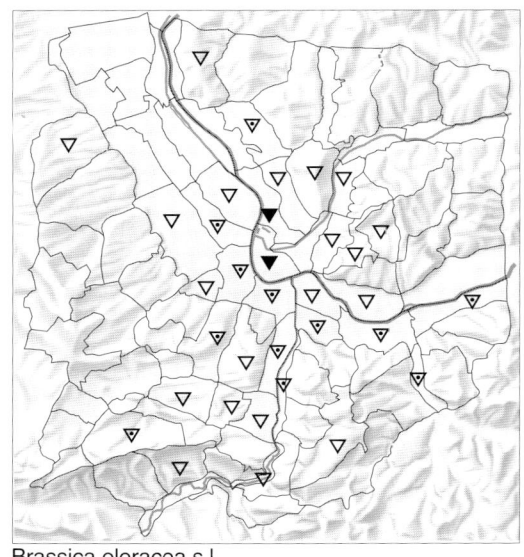

Brassica oleracea s.l.

3a. – ssp. napus
Häufig als Ölpflanze kultiviert. Die verwilderte und ± eingebürgerte Sippe.

3b. – ssp. rapifera Metzger – *Kohlrübe, Steckrübe*
Futterpflanze. Kaum verwildernd.

4. B. oleracea s. l. – *Gemüse-K.*
B: Eph (Neo). – Heimat der Stammarten: Felsküsten des Atlantiks und des Mittelmeers.
Ö: Gemüsepflanze. Verwildert und z.T. ± eingebürgert an Strassenrändern und Bahngeleisen, an Flussufern, in Rabatten, auf Erdschutt, ferner aus Kultur überständig in Gemüsefeldern. – Auf frischen bis mässig trockenen, nährstoffreichen, lehmigen Böden.
S: Polygono-Chenopodion, Sisymbrion.
V: Nicht selten, v.a. im Urban- und Agglomerationsraum.

5. B. juncea (L.) Czern. – *Sarepta-Senf*
B: Eph. – Alte Kulturpflanze aus dem subtropischen SO-Asien, vermutlich aus B. *nigra* × *oleracea* entstanden.
Ö/V: Adventiv in den Hafenanlagen Basel-Kleinhüningen, Basel-St. Johann und Muttenz (Au), Badischer Verschiebebahnhof (Basel), Rheinbord östlich Neudorf (1986, zahlreich, A. Huber), Lastwagenparkplatz an der Strasse Schweizerhalle-Augst (1982), Böschung an der Autobahn bei Röttelnweiler (1984, M. Litzelmann, STU).

6. B. elongata Ehrh. – *Langtraubiger K.*
B: (Eph). – O-Europa bis C-Asien; Felshänge, Steppen, Felder, Bahnlinien.
Ö/V: Kein aktueller Nachweis. Um 1900 im Mündungsgebiet der Wiese jährlich (BINZ 1905, 1911).

194. Sinapis L. *Senf*

1. S. arvensis L. – *Acker-S.*
B: Arch.
Ö: Als Erstbesiedler bisweilen massenhaft in frisch umgebrochenen Äckern, in Hackkulturen und unter Sommergetreide, auf Erdschutt, an Baustellen, in Kunstrasen und Rabatten. – Auf (mässig) frischen, nährstoff- und basenreichen, gerne humosen Lehm- und Tonböden.
S: Chenopodietea, Secalinetea.
V: Verbreitet und häufig.
G: Nicht gefährdet.

1a. – var. arvensis
Die allgemein verbreitete und häufige Sippe.

1b. – var. orientalis (L.) Koch & Ziz
Adventiv im Hafen Basel-Kleinhüningen (1989).

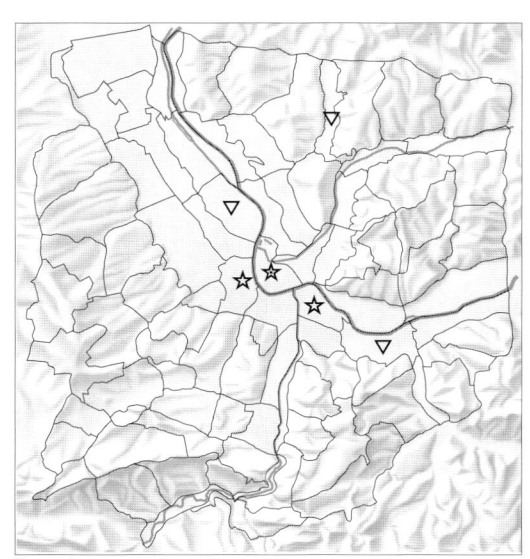

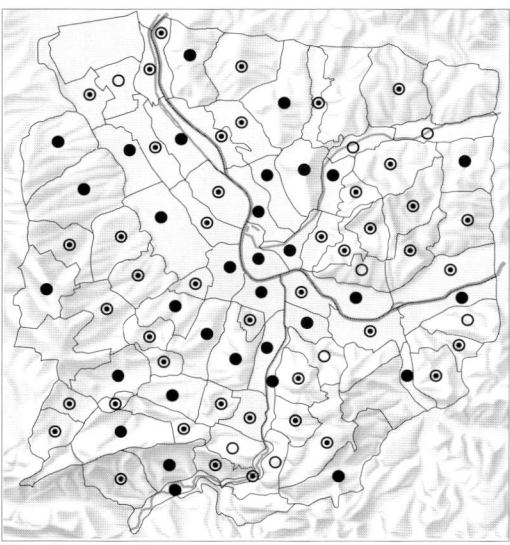

Brassica juncea

Sinapis arvensis

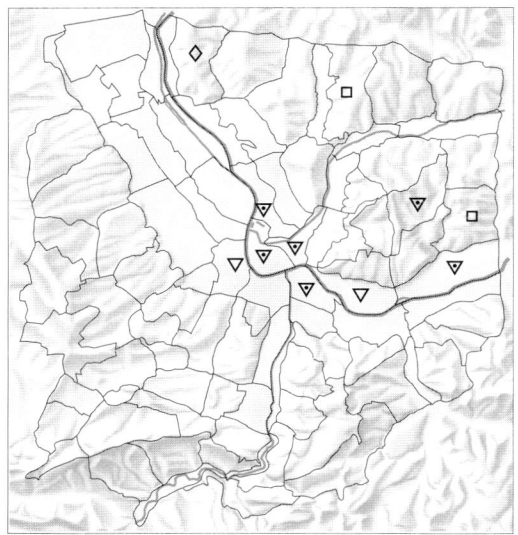

Sinapis alba

2. S. alba L. s. str. – *Weisser S.*
B: Eph. – Mittelmeergebiet; Kulturbegleiter.
Ö/V: Hin und wieder zur Gründüngung angebaut. Verwildert in Äckern, auf Schutt, in Kiesgruben, an Vogelfutterplätzen, adventiv an Umschlagstellen in Bahn- und Hafenanlagen, z.B. Basel-Kleinhüningen, Basel-St. Johann, Weil-Friedlingen und Auhafen (Muttenz).

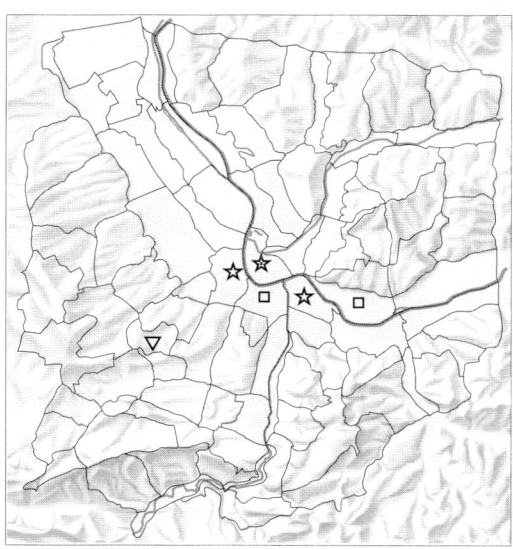

Eruca sativa

195. Eruca Mill. *Ruke*

1. E. sativa Mill. – *Ruke*
B: Eph. – Mittelmeergebiet und Orient; Felder, Ödland, Strassenränder.
Ö/V: Adventiv in den Hafenanlagen Basel-Kleinhüningen, Basel-St. Johann und Au (Muttenz). Da und dort auch als Salatpflanze ('Rucola') kultiviert und selten verwildert.

196. Erucastrum C. Presl *Rampe*

1. E. nasturtiifolium (Poir.) O. E. Schulz – *Brunnenkressenblättrige R.*
Ö: An gereiften Ruderalstellen, auf offenen Kies- und Schotterflächen, an steinigen Böschungen, in Bahnanlagen, an Strassenrändern, auf rissigem Asphalt, in lückigen Trockenrasen. Etwas wärmeliebend. – Auf oberflächlich trockenen, basen- und mässig nährstoffreichen, rohen, etwas lehmigen Sand- und Kiesböden.
S: Dauco-Melilotion, Epilobion fleischeri (Epilobio-Scrophularietum), selten Xerobromion.
V: Selten; fast ausschliesslich auf der Schweizer Seite der untersten Hochrheinebene: Birsfelden (Areal Hardstrasse/Hafenstrasse), Muttenz (Auhafen und Gewerbegebiet Nähe Bahnhof), Pratteln (Bahnhof); Kleinkems W.

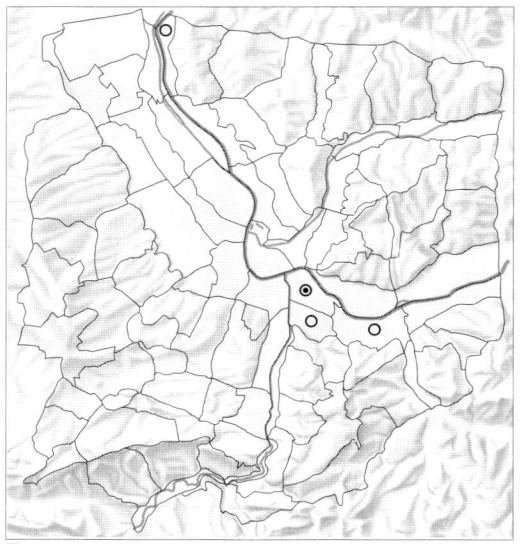

Erucastrum nasturtiifolium

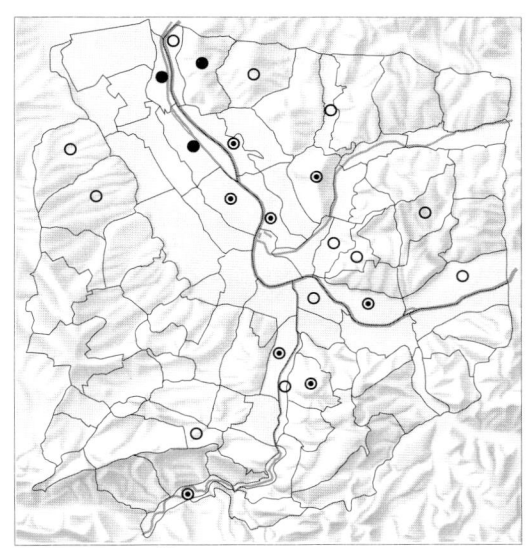

Erucastrum gallicum

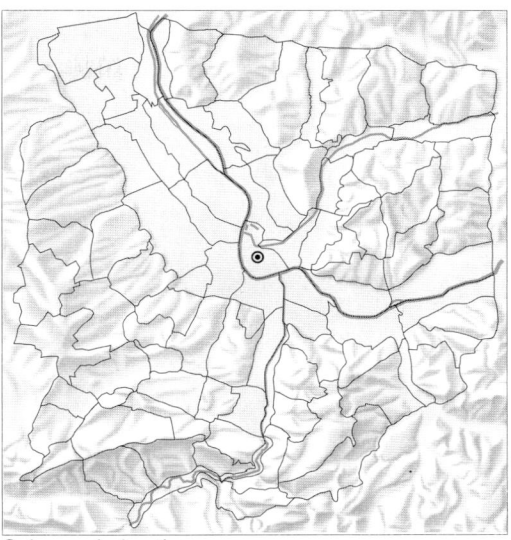

Coincya cheiranthos

G: Zurückgegangen; im Gebiet schon immer ± selten. An den aktuellen Fundorten nur noch in kleinen und kleinsten Restbeständen. Stark gefährdet bis vom Aussterben bedroht.

2. E. gallicum (Willd.) O. E. Schulz – *Französische R.*

Ö: Als Pionier auf kiesig-staubigen Ödlandflächen, an mergeligen Felsabbrüchen, in Kies- und Mergelgruben, an Kieshalden, an sandigen Wegrändern, in Hackäckern, in Rebbergen und unter Mais. Wärmeliebend, vorzugsweise in wintermilden Lagen (blüht auch im Dezember und Januar). – Auf mässig frischen, zeitweise trockenen, basen- und (mässig) nährstoffreichen, kalkhaltigen oder kalkfreien, schluffig-sandigen Lehmböden und lehmigen Kiesböden.
S: Chenopodietea, v.a. Sisymbrion und Fumario-Euphorbion, Dauco-Melilotion.
V: In der holozänen Aue der Oberrheinebene und an den warmen Rändern des angrenzenden Markgräfler Hügellandes (Malmscholle von Istein, Tüllinger Berg) verbreitet, aber nicht häufig. Sonst selten und z.T. nur vorübergehend verschleppt, z.B. Reinacher Heide, Birsfelder Hafen, Kiesgrube südlich Herten, Bettingen (Schiessstand), Bartenheim NW (Haselberg), Blotzheim NW (Vogelsang).
G: Zurückgegangen und oft nur noch verschleppt. Gefährdet; ausserhalb der Oberrheinebene stark gefährdet.

197. Coincya Rouy   *Lacksenf*

1. C. cheiranthos (Vill.) Greuter & Burdet s. str. (Rhynchosinapis cheiranthos (Vill.) Dandy) – *Lacksenf*

B: Neo, wohl erst seit einigen Jahrzehnten im Gebiet (Eisenbahnwanderer). – S- und W-Europa, in Deutschland v.a. zwischen Offenburg und Karlsruhe.
Ö: Eingebürgert in lichten, lückigen Ruderalfluren in Bahnanlagen und an bahnnahen Böschungen. Wärmeliebend. – Auf sommertrockenen, ± nährstoffreichen, silikatischen, etwas lehmigen Schotter-, Kies- und Sandböden.
S: Sisymbrion, Dauco-Melilotion.
V: Sehr selten; nur im Bereich der Bahnanlagen der Deutschen Bahn (Basel): Rain beim Badischen Personenbahnhof ('Im Surinam', zahlreich und beständig), vorübergehend im Deutschen Güter- und Verschiebebahnhof.
G: Vom Aussterben bedroht.

198. Hirschfeldia Moench   *Graukohl*

1. H. incana (L.) Lagr.-Foss. – *Graukohl*

B: Neo, seit dem 18. Jahrhundert im Gebiet. – Mittelmeer-Orient; Wegränder, Brachäcker.
Ö: An offenen Ruderalstellen in Bahn- und Hafenanlagen, an Flussböschungen und Kies-

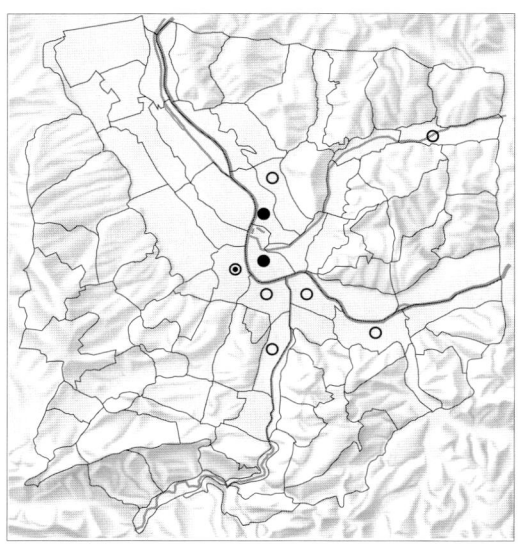

Hirschfeldia incana

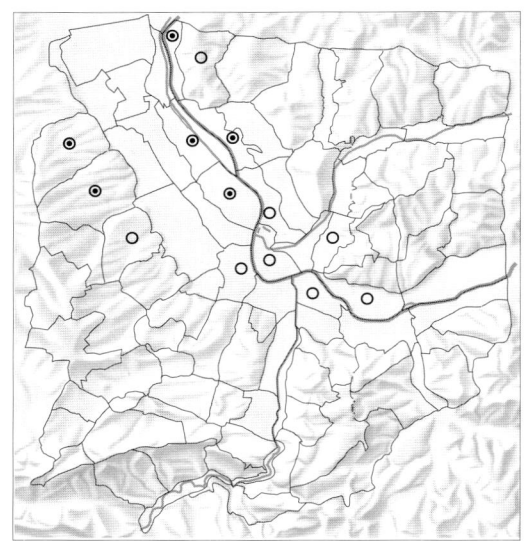

Rapistrum rugosum s.str.

halden, ausnahmsweise in Äckern. Wärmeliebend. – Auf trockenen, nährstoffreichen, meist rohen, kiesig-sandigen bis schluffigen Lehmböden.
S: Sisymbrion.
V: Nicht häufig, aber regelmässig in den Hafenarealen Weil-Friedlingen, Basel-Kleinhüningen, Basel-St. Johann und Au (Muttenz). In der Stadt Basel auch an den Flussböschungen von Rhein und Wiese, z.B. Schaffhauser Rheinweg. Sonst sehr selten und z.T. wohl verschleppt: Münchenstein (Brüglingen, H. Zoller), Steinen (Wieseufer, 1 Exemplar), Pratteln (Bahngleis Salinenweglein, 1 Exemplar).
G: Im Gebiet schon immer ± selten und auf die nähere Umgebung der Stadt Basel beschränkt. Stark gefährdet.

199. Rapistrum Crantz   *Rapsdotter*

1. R. rugosum (L.) All. s. l.

1a. – ssp. **rugosum** – *Runzliger R.*
B: Arch.
Ö: In Äckern, v.a. unter Getreide, Mais und Raps, auf Schutt, an Ruderalstellen. Auch adventiv in Hafenanlagen. Wärmeliebend. – Auf mässig trockenen, nährstoff- und basenreichen, humosen Lehmböden.
S: Secalietea, seltener Chenopodietea.

V: Ziemlich selten; v.a. in der Oberrheinebene und im vorderen Sundgau, z.B. um Rosenau und in der Gegend von Uffheim-Brinckheim; Huttingen N (gegen 'Birken'), Dorf Binzen, Riehen (Rudolf Wackernagelstrasse, auf Schutt, 1984), Grenzach (Industriegebiet) usw., adventiv in den Häfen Basel-Kleinhüningen und Au (Muttenz).
G: Zurückgegangen und gebietsweise, z.B. auf dem Bruderholz (BINZ 1905) verschollen. Stark gefährdet.

1b. – ssp. **orientale** (L.) Arcang. – *Orientalischer R.*
B: Eph (Neo). – Zentral- und ostmediterran, häufig verschleppt.
Ö: An Schuttstellen und Vogelfutterplätzen, an Verladeplätzen, in Hafenanlagen. Wärmeliebend. – Auf mässig trockenen, nährstoffreichen, sandigen oder steinigen Lehmböden.
S: Sisymbrion.
V: Selten und meist vorübergehend: Häfen Basel-Kleinhüningen, Basel-St. Johann, Au (Muttenz) und Weil-Friedlingen; Basel (Schützenmatte 1982; Wiese-Böschungen beim Hochbergerplatz, beständig), Grenzach W, Aesch-Dornachbrugg.

2. R. perenne (L.) All. – *Mehrjähriger R.*
B: Eph. – kontinentales Europa; Ödland, trockene Grashalden.

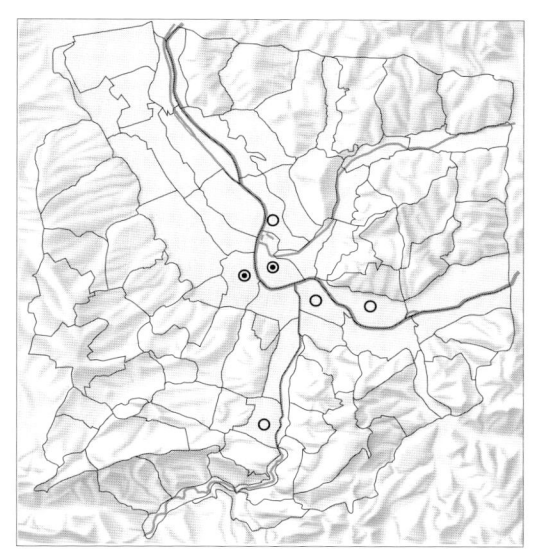

Rapistrum rugosum ssp. orientale

Ö/V: Vorübergehend verschleppt in einem neu angelegten Garten in Grellingen (1985).

200. Calepina Adans. *Calepine*

1. C. irregularis (Asso) Thell. – *Calepine*

B: (Neo). – Mittelmeergebiet; krautige Ruderalfluren, Gebüschsäume.
Ö/V: Verschollen. Früher eingebürgert in trokkenen Ruderalfluren in der Gegend von Weil. Letzte Meldungen: "Weil am Rhein, am Weg zur Tüllinger Höhe" (1963, LITZELMANN 1963 in SEBALD et al. 1993), "beim Bahnhof Weil am Rhein (früher 'Leopoldshöhe') immer noch" (1955, Litzelmann in BINZ 1956), hier schon 1863 (BINZ 1911).

201. Raphanus L. *Rettich*

1. R. raphanistrum L. – *Acker-R., Hederich*
B: Arch.
Ö: In Getreide- und Hackfruchtäckern, in Rebbergen, seltener auf Gartenland und Erdschutt. – Auf frischen bis ± feuchten, nährstoffreichen, basenreichen, gerne kalkarmen, humosen Löss- und Lehmböden.
S: Aperion, Polygono-Chenopodion.
V: Im Sundgau und in den Flusstälern von Rhein und Wiese verbreitet und ± häufig.

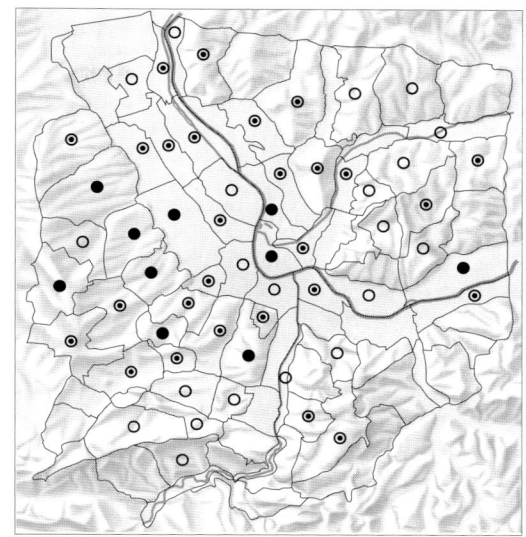

Raphanus raphanistrum

Sonst sehr zerstreut; im Jura selten, z.B. Muttenz-Münchenstein (Rütihard), Lössmulde von Hofstetten, Hochwald S.
G: Nicht gefährdet.

1a. – f. raphanistrum
Die weitaus häufigste Sippe.

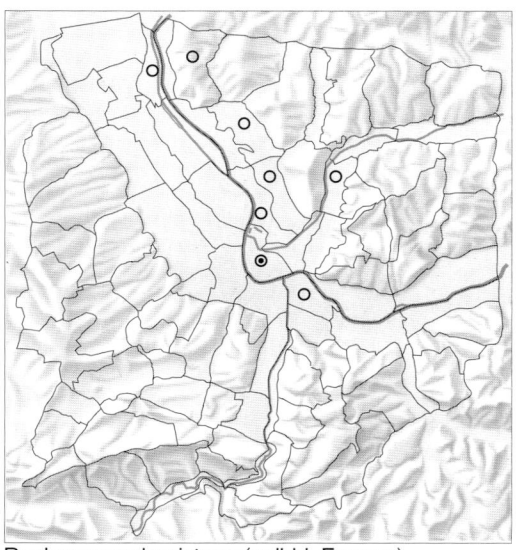

Raphanus raphanistrum (gelbbl. Formen)

1b. – f. flavus (Schübl. & G. Martens) Thell. – *Gilb-Hederich*

Selten und mehr auf stärker sandigen Böden, z.B. Fischingen S, Weil S (Käppeli, Erlenmatten), adventiv in den Hafenanlagen Basel-Kleinhüningen und Au (Muttenz).

1c. – f. sulphureus (Barbey) Thell. – *Schwefel-Hederich*

Selten und mehr auf stärker sandigen Böden: Huttingen N, Kembser Rheininsel (Altrhein), Haagen, adventiv im Hafen Basel-Kleinhüningen.

2. R. sativus L. – *Garten-R.*

B: Eph. – Heimat unbekannt, wohl aus *R. raphanistrum* entstanden.
Ö/V: Nutzpflanze, in neuerer Zeit häufig auch zur Gründüngung angesät, z.B. in Rebbergen. Nicht selten verwildert in meist frischen, lehmigen Äckern und Rebbergen, an Feldwegen, in Rabatten, in Deponien und Kiesgruben, z.B. Riehen (Schlipf), Aesch (Chluser Reben).

RESEDACEAE
RESEDAGEWÄCHSE

202. Reseda L.   *Reseda*

1. R. luteola L. – *Färber-R.*

B: Arch.
Ö: Meist einzeln oder in kleineren Beständen auf Kiesplätzen, an kiesigen Dämmen, an Strassen- und Uferböschungen, in gestörten Trockenrasen, in Fluss- und Bahnschotter, in Industriegeländen, seltener an alten Mauern, an warmen Gehölzrändern, in Kunstwiesen, auf Brachäckern. Wärmeliebend. – Auf (mässig) trockenen, nährstoff- und basenreichen, gerne lockeren, z.T. ± rohen, meist kiesig-steinigen, lehmigen, seltener mergeligen Böden.
S: Onopordion, Dauco-Melilotion, Arction, Convolvulo-Agropyrion, Centrantho-Parietarion.
V: In der Birs- und Oberrheinebene verbreitet, aber nur um Hüningen-St. Louis und im Gebiet der Reinacher Heide einigermassen häufig. Sonst selten, z.B. Basel (Lysbüchel, Elsässerbahn, Wolf-Bahnhof, Tierpark Lange Erlen), Zwingen, Liestal, Nollingen W, Steinen, ausnahmsweise auch ausserhalb der Flusstä-

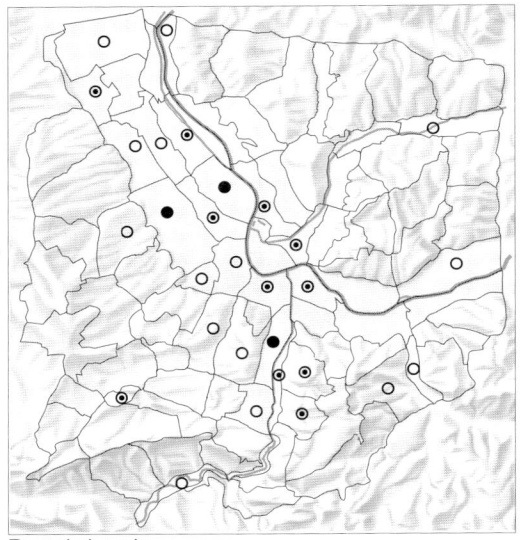

Reseda luteola

ler: Binningen, Häsingen (nordwestlich Reckwilerhof), Gempen-Westflanke bei Arlesheim, Leymen (Landskron, altes Kulturrelikt ?). Oft vorübergehend.
G: In den letzten Jahrzehnten stark zurückgegangen. Gefährdet; ausserhalb der Birs- und Oberrheinebene stark gefährdet.

2. R. lutea L. – *Gelbe R.*

B: Arch.
Ö: In ruderalen Kies-, Sand- und Schotterfluren in Bahn- und Hafenanlagen, in Kiesgruben und Steinbrüchen, an Wegrändern, an Fluss- und Strassenböschungen, an Schuttplätzen, seltener in Äckern. Wärmeliebend. – Auf trockenen bis (mässig) frischen, nährstoff- und basenreichen, humusarmen bis rohen Stein-, Schotter-, Sand- und Lehmböden.
S: Dauco-Melilotion, auch Onopordion, Convolvulo-Agropyrion, seltener Sisymbrion.
V: In den Flusstälern von Rhein, Birs, Wiese und Ergolz und an den warmen Rändern des Markgräfler und Sundgauer Hügellandes verbreitet und ziemlich häufig. Sonst selten bis fehlend und z.T. nur verschleppt.
G: Nicht gefährdet.

3. R. alba L. – *Weisse R.*

B: Eph. – Mittelmeergebiet; steinige Strassenränder, Ödland.

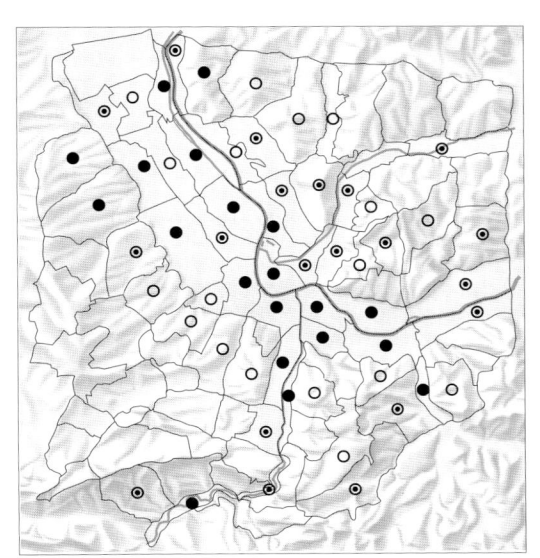

Reseda lutea

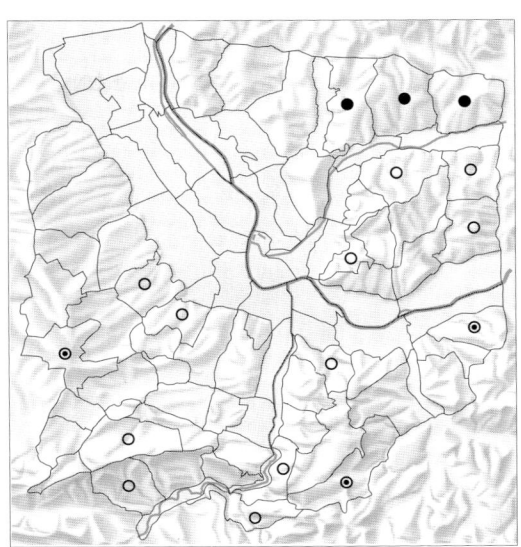

Vaccinium myrtillus

Ö/V: Adventiv im Gleisschotter des Deutschen Verschiebebahnhofs, Basel (1983).

4. R. odorata L. – *Wohlriechende R.*
B: Erg. – N-Afrika; steiniges Ödland.
Ö/V: Zierpflanze, selten auch in 'Blumenwiesen'-Saaten, z.B. Basel-Kleinhüningen.

ERICACEAE
HEIDEKRAUTGEWÄCHSE

203. Rhododendron L.   *Alpenrose*

1. R. hirsutum L. – *Bewimperte A.*
B: Erg. – Alpen; subalpine Zwergstrauchheiden.
Ö/V: Gepflanzt und sich haltend in einer artenreichen Magerwiese westlich Burg (bei P. 576).

204. Vaccinium L.   *Heidelbeere*

1. V. vitis-idaea L. – *Preiselbeere*
Ö/V: Einziger Nachweis: Metzerlen, westlich Balmisried, 800 m; in der Nadelstreu am Rande eines alten Fichtenbestands in Gesellschaft säurezeigender Moose und Kräuter. – Auf frischem, oberflächlich nährstoff- und basenarmem, kalkfreiem, modrig-humosem Boden; eine drei Quadratmeter grosse, isolierte Kolonie (ZEMP 1989).
G: Montan-subalpine Art; im Gebiet schon immer sehr selten und am Rande der Verbreitung. Potentiell gefährdet.

2. V. myrtillus L. – *Heidelbeere*
Ö: Meist in kleineren oder grösseren, z.T. lockeren Beständen in moosigen Buchen- und Nadelwäldern, in alten Fichtenforsten, begünstigt in schattseitigen Waldsäumen und an hageren Böschungen von Waldstrassen; selten auf schattigen Felsköpfen. In luftfeuchten, niederschlagsreichen Lagen. – Auf frischen, nährstoffarmen, mindestens oberflächlich kalkfreien, modrigen, sandigen oder steinigen humosen Böden.
S: Piceion abietis (Luzulo-Abietetum), Quercion robori-petraeae (Querco-Betuletum), Luzulo-Fagenion (Luzulo-Fagetum), Carpinion (Galio-Carpinetum luzuletosum).
V: In den Weitenauer Vorbergen verbreitet und häufig, etwas weniger häufig im Olsberger Wald. Sonst ziemlich selten und streng lokalisiert: Sundgau: v.a. über Sundgauschotter und älterem Deckenschotter, z.B. Bettlach-Liebenswiller (Bois de St. Brice, z.T. häufig), Buschwiller W (Buchholz), Allschwil S (Vögtenhegli); Blauengebiet: Metzerlen (Hollen), Dittingen

(gegen 'Bergmattenhof'), Blauen (Obmert); Gempengebiet: Muttenz (Rütihard-Rothallen), Duggingen (Falkenfluh), Grellingen-Seewen (Flühe am 'Eichenberg'); Dinkelberg: Riehen (Eiserne Hand), Hüsingen S (Waldrand 'Zinsacker'), Maulburg S (Mauerhaldebuck), Degerfelden (Nettenberg).
G: In den Kalkgebieten zurückgegangen. Nicht gefährdet; im Jura, am Dinkelberg und im niederen Sundgau gefährdet.

205. Calluna Salisb. *Heidekraut*

1. C. vulgaris (L.) Hull – *Besenheide*

Ö: Meist gesellig auf verhagerten Kuppen und Kanten in lichten Föhren-, Fichten-, Eichen-, seltener Buchenwäldern, in alten Waldschlägen, an Böschungskanten von Waldwegen, an trockenwarmen Waldrändern; gerne mit Heidelbeere, Ginstern und Strauchflechten. – Auf oberflächlich ± trockenen, nährstoff- und basenarmen, modrig-humosen, lehmigen bis sandigen Böden.
S: Luzulo-Fagenion, Piceion abietis (Luzulo-Abietetum), Nardo-Callunetea.
V: In den Weitenauer Vorbergen und im Olsberger Wald verbreitet, aber nicht durchwegs häufig und streng lokalisiert. Sonst selten: Sundgau: Bettlach NO-Hagenthal-le-Haut W (Alte Römerstrasse), Buschwiller WSW (Buchholz); Oberrheinebene: Elsässer Hardt östlich Schlierbach, Flughafen Basel-Mulhouse (Wäldchen Nähe Flughafengebäude); Dinkelberg: Maulburg (Mauerhaldebuck), Degerfelden (Nettenberg, alter Buntsandsteinbruch, H. Boos); Jura: Dittingen (Obmert), Metzerlen (Balmisried), Himmelried (Buechberg, Scheibenstand).
G: Zurückgegangen und v.a. in den ökologisch bedingten Randverbreitungsgebieten, z.B. im Jura, vielerorts verschwunden. Gefährdet; ausserhalb der Weitenauer Vorberge und des Olsberger Waldes stark gefährdet bis vom Aussterben bedroht.

PYROLACEAE
WINTERGRÜNGEWÄCHSE

206. Moneses A. Gray *Moosauge*

1. M. uniflora (L.) A. Gray – *Moosauge, Einblütiges Wintergrün*

Verschollen. Früher selten in schattigen, moosigen Waldbeständen in der Gegend von Olsberg. Letzte Meldung: Bärenfelserholz bei Olsberg (BECHERER 1921).

207. Orthilia Raf. *Birngrün*

1. O. secunda (L.) House – *Birngrün, Einseitswendiges Wintergrün*

Ö: In kleinen Gruppen auf ± schattigen, bemoosten Felsgraten und -absätzen, unter Tannen und Föhren, auf modrigen Falllaub- und Nadelansammlungen ± luftfeuchter Buchen- und Tannenwälder, v.a. am Fuss nord- bis nordostexponierter Felsbänder, in humosen Klüften von Blockschutt, in alten, verwaldeten Steingruben. – Auf frischem bis mässig trockenem, nährstoffarmem, pilzdurchsetztem Moder über steinigem Lehm, Kalksteinschutt und Kalkfels.
S: Dicrano-Pinion, seltener Erico-Pinion und Fagion.
V: Selten; nur im Jura: Blauengebiet: Röschenz (Forstberg), Dittingen (Obmert, Burgkopf), Blauen (Hanslifels), Metzerler Köpfli, Ettingen (Fürstenstein, Hollenweg); Gempengebiet: Muttenz (Sulzkopf), Dornach (Aktiengrube

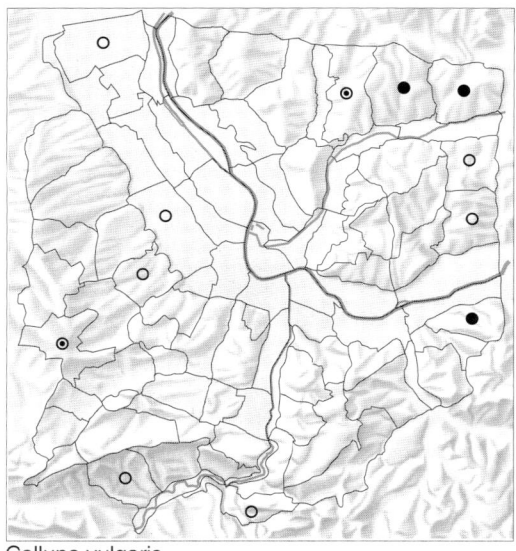

Calluna vulgaris

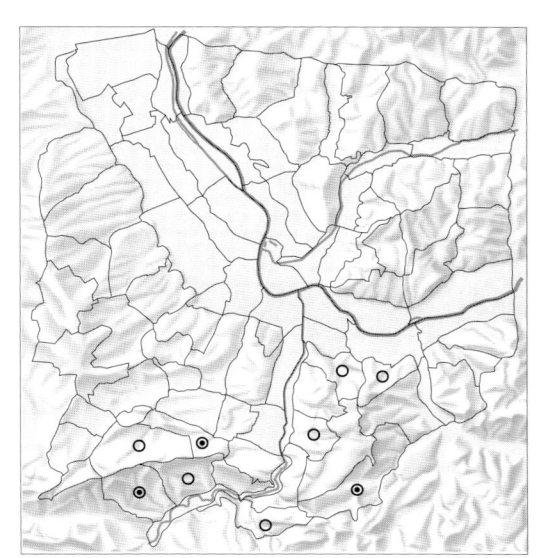

Orthilia secunda

Pyrola rotundifolia

Affolter), Frenkendorf (Blockschutt am Fuss der Schauenburgerfluh), Flühe im Pelzmühletal (Grellingen-Seewen).
G: Vorwiegend montan-subalpine Art; im Gebiet von Natur aus selten. Potentiell gefährdet.

208. Pyrola L. *Wintergrün*

1. P. rotundifolia L. – *Rundblättriges W.*

Ö/V: Sehr selten: In wenigen Exemplaren in der Nadelstreu des luftfeuchten Föhrenwäldchens der Sulzgrube (Muttenz) und unter alten gepflanzten Fichten in der Aktiengrube bei Dornach (Affolter). – Auf frischem, nährstoffarmem, ± basenreichem, oberflächlich aber kalkfreiem, pilzdurchsetztem Moder über steinigem Lehm und Kalkschutt.
S: Dicrano-Pinion.
G: Zurückgegangen; im Gebiet auch früher nicht häufig. Am Dornacher Berg südlich 'Schweidmech' (1961, MOOR 1963) nicht mehr bestätigt. Bis 1950 im grossen Steinbruch am Südfuss des 'Weilerts' oberhalb Lörrach (LITZELMANN 1960). Weitere historische Angaben vom Tüllinger Berg (BINZ 1911) und aus dem Gempengebiet (BINZ 1911, 1922). Stark gefährdet.

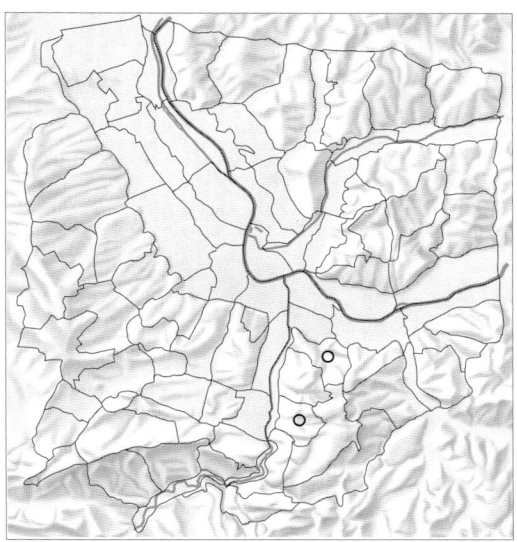

2. P. minor L. – *Kleines W.*

Ö: In kleineren oder grösseren geschlossenen Kolonien in hageren, unterwuchsarmen, lichten Buchen-, Eichen- und Nadelwäldern; gerne an Wegkanten. – Auf frischen, nährstoffarmen, ± basenreichen, kalkfreien, modrig-humosen, sandigen Lehmböden.
S: Luzulo-Fagenion.

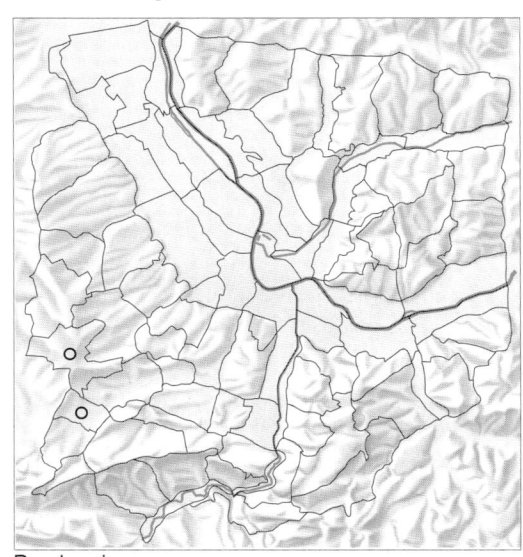

Pyrola minor

V: Sehr selten; nur wenige Nachweise im Sundgau: Bettlach NO (Wald beim 'Mittleren Feld', 2 verschiedene Stellen, 1995), Rodersdorf (Hinterwald, Grenzpfad, 1994).
G: Zurückgegangen; im Gebiet auch früher nicht häufig. Am Dinkelberg (BINZ 1911, 1942), im Blauen- und Gempengebiet (BINZ 1911) und im Olsberger Wald (BINZ 1911) verschollen. Stark gefährdet.

MONOTROPACEAE
FICHTENSPARGELGEWÄCHSE

209. Monotropa L. *Fichtenspargel*

1. M. hypopitys L. – *Behaarter F., Echter F.*
Ö: In kleinen, geschlossenen Kolonien in fallaubreichen, krautarmen, schattigen Buchen- und Buchenmischwäldern. Im Gebiet bislang kein Nachweis unter Nadelholz. – Auf frischem bis mässig trockenem, nährstoff- und basenarmem, gut durchpilztem, mächtigem Moder über Lehm und Kalkgestein.
S: Fagion (Luzulo-Fagetum, Galio odorati-Fagetum, Carici-Fagetum).
V: Selten; v.a. im Jura, z.B. Leymen (Landskronberg), Ettingen S (Mettli), Münchenstein (Asp), Muttenz (Sulzkopf, schon LÖW 1967), Arlesheim (Gstüd, Chilchholz, Eichmatt), Pratteln (Madlechöpfli), Büren (Sternenberg); Dinkelberg: Riehen (Mittelberg, M. Blattner), Bettingen (Nasser Grund, A. Mattenberger), Wyhlen (Leuengraben) und Nollinger Wald (H. Boos); höherer Sundgau: Bettlach O (Palmen).
G: Zurückgegangen; im Gebiet wohl auch früher nicht besonders häufig. Gefährdet.

2. M. hypophegea Wallr. (M. hypopitys L. ssp. hypophegea (Wallr.) Sóo) – *Buchenspargel, Kahler F.*
Ö/V: Sehr selten; nur drei aktuelle Nachweise am Dinkelberg bei Riehen: Maienbühl (ein Exemplar, 1994, A. Mattenberger), Ausserberg (über 50 Exemplare; 1994, 1995; A. Mattenberger), Friedhof Hörnli (hagere Stelle unter Hagenbuchen, 150 Exemplare, 1997).
G: Zurückgegangen. Im Jura (BINZ 1905, 1942) und beim Rötteler Schloss (Courvoisier in BINZ 1905) verschollen. Stark gefährdet.

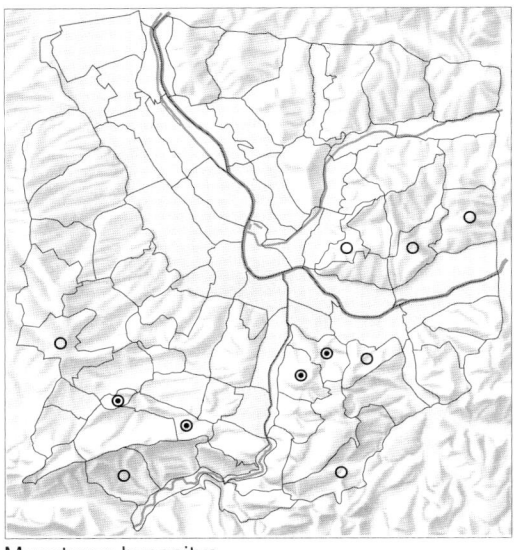

Monotropa hypopitys

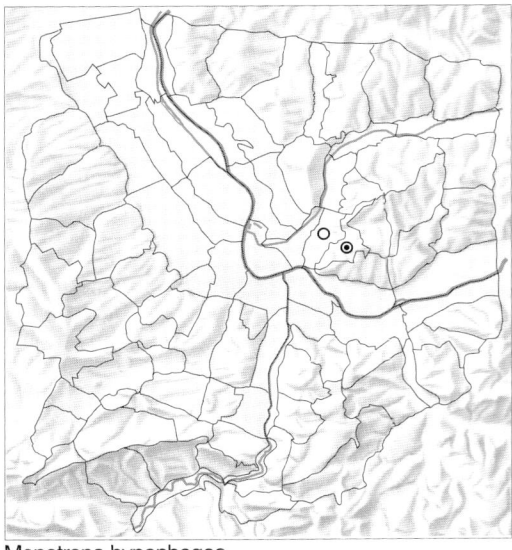

Monotropa hypophegea

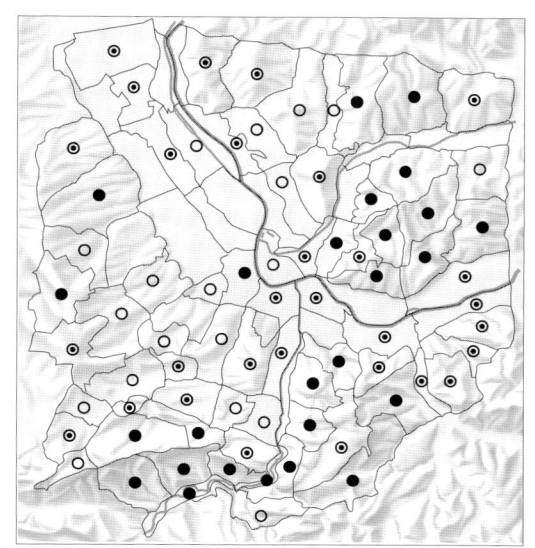

Lysimachia nummularia

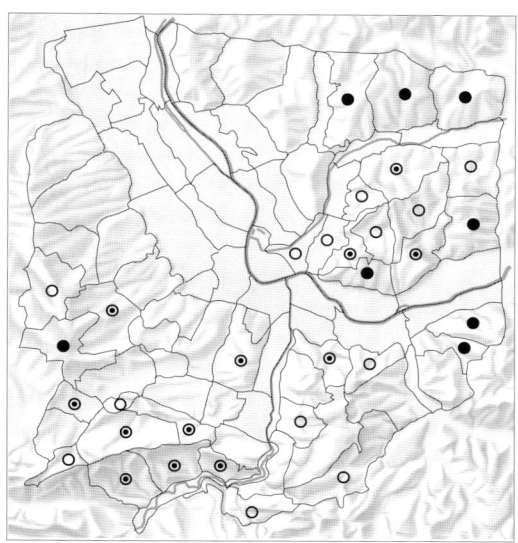

Lysimachia nemorum

PRIMULACEAE
SCHLÜSSELBLUMENGEWÄCHSE

210. Lysimachia L.
Lysimachie, Gilbweiderich

1. L. nummaria L. – *Pfennigkraut*
Ö: In feuchten Wiesen und Weiden, in moosigschattigen Scherrasen, an Waldwegen, an Gräben und Dolenschächten, an Gerinnen und Quellen. – Auf frischen bis feuchten, basen- und nährstoffreichen, humosen, tiefgründigen Lehm- und Tonböden.
S: Agropyro-Rumicion, Arrhenatherion, Cynosurion, Molinion, Aegopodion, Alno-Ulmion.
V: Verbreitet und meist häufig.
G: Nicht gefährdet.

2. L. nemorum L. – *Wald-L.*
Ö: In schattigen, feuchten, ± bodensauren Laub-, Misch- und Nadelwäldern, in Nadelforsten, an Waldwegen und Waldgräben, in Schlagfluren; oft mit *Veronica montana*. In luftfeuchten Lagen. – Auf sickerfrischen bis -feuchten, auch quelligen, nährstoffreichen, kalkarmen, modrig-humosen, sandigen oder reinen Lehm- und Tonböden.
S: Alno-Ulmion (Carici remotae-Fraxinetum), feuchtes Fagion und Alliarion (Epilobio-Geranietum).
V: In den Weitenauer Vorbergen und im Olsberger Wald verbreitet und häufig, etwas seltener am Dinkelberg und im höheren Sundgau. Im Jura zerstreut; gehäuft im Blauengebiet, im Kaltbrunnental und am Nordabfall des Gempengebiets (Adlergewölbe). Sonst nur wenige Nachweise: Bruderholz (v.a. 'Allme' bei Therwil), Lange Erlen. Fehlt der Oberrheinebene und dem angrenzenden Sundgauer und Markgräfler Hügelland.
G: Nicht gefährdet.

3. L. vulgaris L. – *Gewöhnlicher G.*
Ö: In Staudenfluren an Flüssen, Bächen, Gräben und (Wald-)weihern, in brachliegenden Sumpfwiesen, in lichten Auen- und Bruchwäldern, an nassen Waldwegen, an Rutschhängen. – Auf (wechsel-)nassen, mässig nährstoffreichen, oft kalkarmen, tiefgründigen, humosen Lehm- und Tonböden; auch auf Tuff.
S: Filipendulion, Magnocaricion, Alno-Ulmion, Salicion cinereae.
V: Ziemlich verbreitet, doch nicht durchwegs häufig, z.B. Weitenauer Vorberge, Ufer der Wiese, holozäne Aue der Oberrheinebene, Gegend von Leymen-Liebenswiller, an der Birs Dornach-Arlesheim, Oristal, Seewen (Seebach)

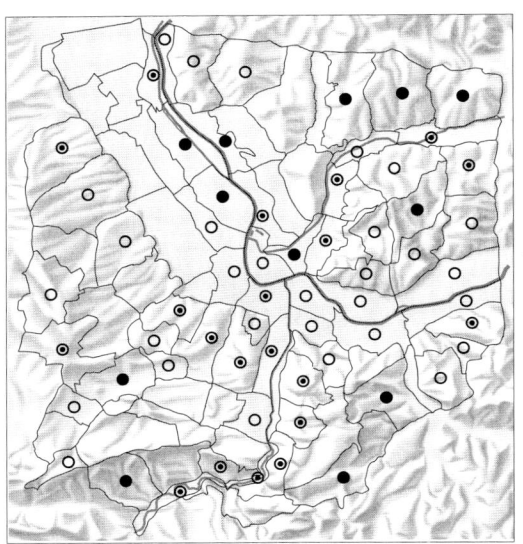

Lysimachia vulgaris

usw. Auf den Niederterrassen der Oberrheinebene, im Markgräfler Hügelland und in weiten Teilen des Juras selten bis fehlend.
G: Wohl zurückgegangen. Schonungsbedürftig.

4. L. punctata L. – *Getüpfelter G.*

B: Neo. – SO-Europa; feuchte Gebüsche.

Ö: Zierpflanze, auch in Weiherbiotopen gepflanzt. Eingebürgert und z.T. in grossen Herden in Kiesgruben und Bahnanlagen, an Schuttstellen, in ruderalen Gebüschen, in Verlichtungen feuchter, meist siedlungsnaher Wälder, ferner als Kulturrelikt in aufgelassenen Gärten. – Auf frischen bis feuchten, nährstoff- und basenreichen, humosen Lehm- und Tonböden.
S: Artemisietalia (z.B. Arction), Glechometalia.
V: Hie und da; v.a. in den Flusstälern, z.B. Geispitzen NO (Kiesgrube), Lörrach (Bahnlinie gegen Riehen), Arlesheim.

5. L. thyrsiflora L. – *Strauss-G.*

B: Erg. – Kühle und gemässsigte Zonen der Nordhalbkugel, in Europa v.a. Nord- und Osteuropa; Ufer ruhiger, mesotropher Gewässer.
Ö/V: Eingepflanzt in Weiherbiotopen, z.B. Riehen (Eisweiher), Birsfelden (Schleuse), Bottmingen (Chnebelacker), Hofstetten usw.

211. Trientalis L. *Siebenstern*

1. T. europaea L. – *Siebenstern*

B: Eph. – Eurasien, westliches Nordamerika; in Europa v.a. in den nördlichen und nordöstlichen Teilen, auch Schwarzwald, Alpen; Flachmoore der subalpinen Fichtenwaldstufe.

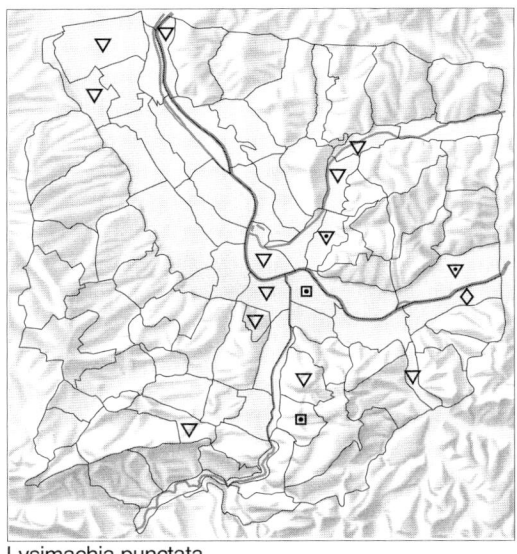

Lysimachia punctata

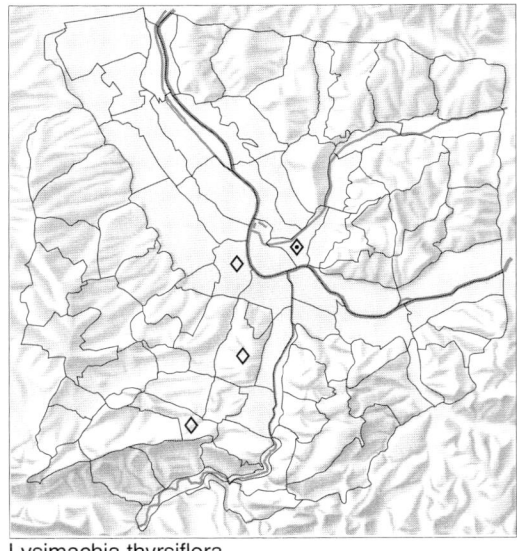

Lysimachia thyrsiflora

Ö/V: Eingeschleppt und während Jahren beständig in einer Staudenrabatte in der Riehener Wettsteinanlage (1989, wenige Exemplare). 1997 nicht mehr beobachtet.

212. Anagallis L. — *Gauchheil*

1. A. arvensis L. – *Acker-G.*
B: Arch.
Ö: In Getreide- und Hackfrucht-Äckern, auf Reb- und Gartenland, auf Erd- und Kiesschutt, an Strassenrändern, in Rabatten, auch als Pionier auf lehmigen Anschwemmungen und in seichten Auskolkungen oft trockenfallender Stellen in Flussbetten, verschleppt an lichten Waldwegen. – Auf frischen, auch wechselfeuchten und ± sommertrockenen, nährstoffreichen, oft etwas sandigen Lehmböden.
S: Polygono-Chenopodietalia (v.a. Fumario-Euphorbion), Secalietalia (v.a. Aperion), auch Agropyro-Rumicion (z.B. Rorippo-Agrostietum).
V: Verbreitet und v.a. in den Flusstälern und in den Lösshügelländern häufig. Gelegentlich mit vergrünten Blüten (f. *viridiflora* Stan.), z.B. südlich Wintersweiler (1995).
G: Nicht gefährdet.

1a. – var. azurea (Hyl.) Marsden-Jones & Weiss
Selten; nur ein sicherer Nachweis: Reinach (Wiedenweg, 1985).

2. A. foemina Mill. – *Blauer G.*
B: Arch.
Ö: In Getreide- und Gemüseäckern, auf Stoppelfeldern, auch auf Gartenland, auf Erd- und Kiesschutt. Wärmeliebend. – Auf mässig trokkenen, basen- und nährstoffreichen, meist kalkhaltigen, oft steinigen oder kiesigen Lehmböden.
S: Caucalidion, Polygono-Chenopodion, Fumario-Euphorbion.
V: In der Birs- und Oberrheinebene und an den warmen Rändern des vorderen Sundgaus ziemlich verbreitet, aber nicht durchwegs häufig, vereinzelt bis in die Stadt Basel und in die untere Hochrheinebene. Sonst selten; v.a. im Markgräfler Hügelland, z.B. Wintersweiler S, Huttingen N, Obertüllingen NW; Jura: Leymen (Landskron/Tannwald), Dittingen (Flugfeld, Vorderfeld). Auch verschleppt.
G: Stark zurückgegangen. Gefährdet; im badischen und schweizerischen Gebietsteil stark gefährdet.

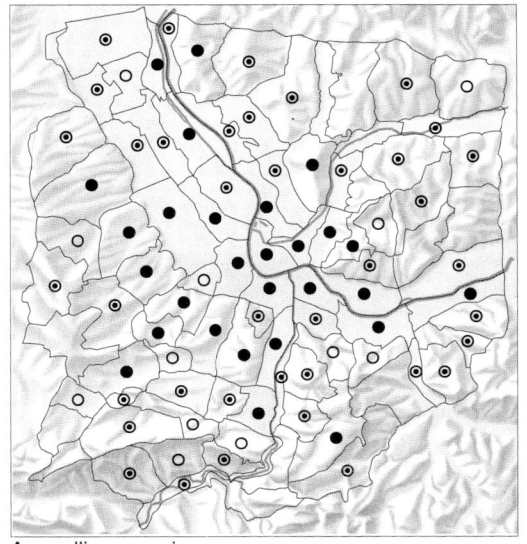

Anagallis arvensis

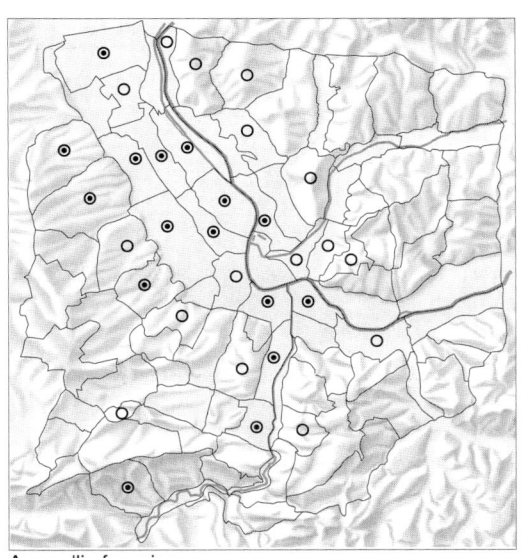

Anagallis foemina

Bastard

3. A. × carnea Schrank (A. arvensis × foemina)

Mehrfach in der Birs- und Oberrheinebene sowie im Sundgau, z.B. um St. Louis-la-Chaussée, St. Louis (Flughafenstrasse), Hegenheim (Kirchweiherle), Oberwil (südlich P. 383), Basel (Friedhof Wolf) usw.; Jura: Arlesheimer Steinbruch.

213. Centunculus L. *Kleinling*

1. C. minimus L. (Anagallis minima (L.) E. H. L. Krause) – *Kleinling*

B: Arch.
Ö: In zeitweise vernässten Dellen und Gräben lehmiger Äcker und Baumschulen, selten als Pionier auf Schlammböden in Kiesgruben. – Auf frischen bis feuchten, ± nährstoffreichen, kalkarmen, wenig humosen Löss-, Lehm- und Tonböden.
S: Nanocyperion (Centunculo-Anthoceretum).
V: Selten und an den Fundorten nicht alljährlich; fast ausschliesslich im Sundgau, z.B. Bruderholz (Wannen, Asterhag O, Spitzenhegli, Lättenmatt), Ettingen (Vorderberg), Therwil (Witterswiler Feld), Neuwiller (z.B. Langeacker), Folgensbourg (Oberer Steinberg), Muespach-le-Haut (Schelmacker beim Césarhof); Hochrheinebene: Kiesgrube 'Webernaltern' südwestlich Herten (1996, H. Boos).
G: Zurückgegangen; im Gebiet auch früher selten. Auf dem Plateau von Olsberg-Giebenach (BECHERER 1925, MOOR 1962), in den Weitenauer Vorbergen (BECHERER 1960, LITZELMANN 1963), in der Reinacher Heide (bis ca. 1970, vgl. auch MOOR 1981a), bei der Pisciculture (MOOR 1962) und auf der Rütihard (letztmals 1974, H. Meier) verschollen. Stark gefährdet bis vom Aussterben bedroht.

214. Primula L. *Schlüsselblume, Primel*

1. P. acaulis (L.) L. – *Schaftlose Sch.*

B: Neo. – S- und W-Europa, auch Tessin und westlicher Jura; Baumgärten, lichte Wälder.
Ö: Häufige Zierpflanze. Verwildert und eingebürgert in sonnigen bis etwas schattigen Scherrasen in Gärten und Parks, in Obstgärten, an siedlungsnahen Böschungen und Rainen, an Mauerfüssen, mit Erdschutt verschleppt an Waldrändern. In wintermilden Lagen. – Auf (sicker-)frischen, nährstoffreichen, tiefgründigen, humosen Lehmböden.
S: Arrhenatherion, Cynosurion, seltener Aegopodion und Fagetalia.

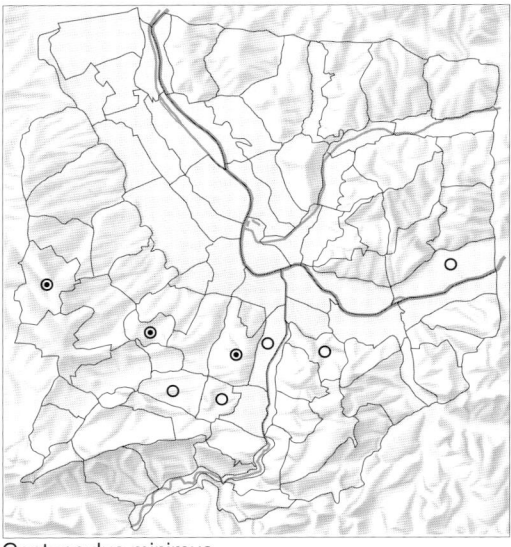

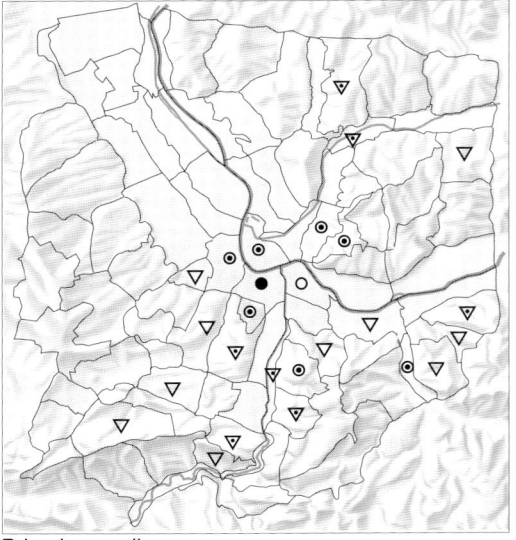

Centunculus minimus

Primula acaulis

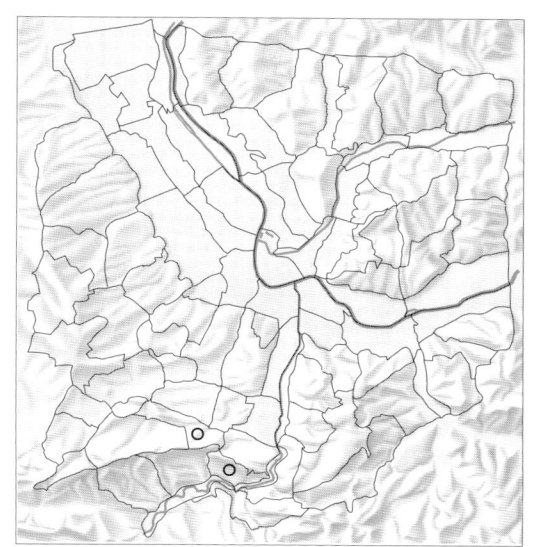

Primula auricula

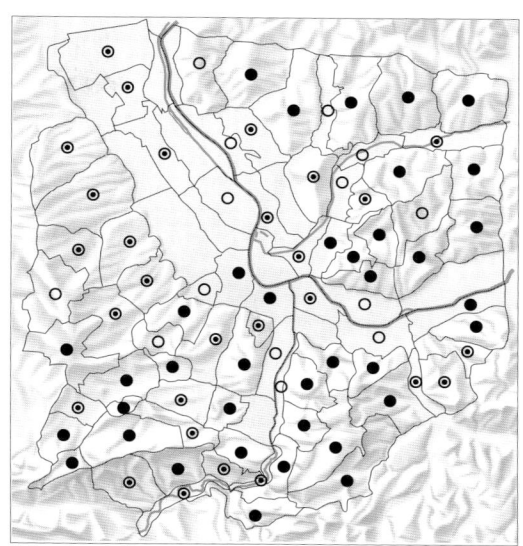

Primula elatior

V: In den Siedlungsgebieten verbreitet und recht häufig; oft zusammen mit der rot- bis rosablühenden var. *rosea* Boiss. und mit dieser durch zahlreiche Übergänge verbunden.
G: Nicht gefährdet.

2. P. auricula L. – *Aurikel, Flühblümchen*

Ö: Einzeln in Spalten und auf Simsen steiler, absonniger, aber lichter Kalkfelswände unter dem Schirm von Föhren, Mehlbeerbäumen und Eichen. – In frischen, zeitweise ± austrocknenden, kalkreichen, humosen, klüftigen Felsböden.
S: Potentillion caulescentis, Erico-Pinion (Coronillo-Pinetum),
V: Sehr selten in der Blauenkette: Ettingen (Fürstenstein), Nenzlingen (Chuenisberg).
G: Vorwiegend montan-subalpine Art; im Gebiet von Natur aus selten. Potentiell gefährdet.

3. P. elatior (L.) L. s. str. – *Wald-Sch.*

Ö: Gesellig in frischen bis feuchten Laubmischwäldern, in Forsten, in Gebüschen und unter Hecken, in waldnahen Wiesensäumen, an schattigen Böschungen und Rainen, an Quellbächen und Wiesengräben, in älteren Gärten und Parks. – Auf frischen bis feuchten, nährstoff- und basenreichen, tiefgründigen, humosen Lehmböden.
S: Alno-Ulmion, Galio odorati-Fagenion, Carpinion, Arrhenatherion (Arrhenatheretum cirsietosum), Calthion, seltener Filipendulion.
V: Verbreitet und mit Ausnahme der rezenten Talauen und der waldarmen Agrargebiete häufig.
G: Nicht gefährdet

4. P. veris L. s. l.
4a. – ssp. veris – *Frühlings-Sch.*

Ö: In mageren, niederwüchsigen Wiesen und Weiden, an sonnigen Rainen und Dämmen, in Parkrasen und Waldwiesen, seltener in lichten Eichenwäldern und ihren Säumen. – Auf frischen bis mässig trockenen, basen- und mässig nährstoffreichen, meist kalkhaltigen, ± lockeren, humosen, steinigen und lehmigen Böden.
S: Mesobromion, Arrhenatherion (Arrhenatheretum brometosum), Cynosurion, seltener Trifolion medii, Quercion pubescenti-petraeae, Cephalanthero-Fagenion.
V: Im Jura und juranahen Sundgau verbreitet, aber nur z.T. häufig, z.B. Blauen-Weide, Nenzlinger Weide, Dittinger Weide, um Burg und Biederthal, Seewen (Bödeli). Sonst sehr zerstreut; in den Weitenauer Vorbergen und in Gebieten mit intensiver Grünlandbewirtschaftung sehr selten oder fehlend.
G: Stark zurückgegangen. Schonungsbedürftig.

4b. – ssp. **columnae** (Ten.) Maire & Petitm.
(P. veris L. ssp. suaveolens (Bertol.)
Gutermann & Ehrend.) – *Graufilzige Sch.*

Ö: Truppweise in warmen, lichten, gerne lindenreichen, meist süd- bis westexponierten Laubmischwäldern. – Auf frischen bis mässig trockenen, ± nährstoffreichen, meist kalkhaltigen, lockeren, humus- und feinerdereichen, tiefgründigen, steinigen und etwas lehmigen Böden.
S: Cephalanthero-Fagenion, Tilienion (Aceri-Tilietum), Quercion pubescenti-petraeae.
V: Ziemlich häufig an der Westflanke der Malmscholle von Istein zwischen Istein und Kleinkems. Sonst ± selten; v.a. im Jura und am Dinkelberg, z.B. Pfeffinger Schlossberg, Liestal (Summerholden, Burgholden, Windetelholden), Dinkelberg-Südflanke ob Markhof (Herten W) und westlich Nollingen; Tüllinger Berg: Obertüllingen; Flussebenen von Rhein und Birs: Bartenheim-la-Chaussée S (Südrand der 'Petite Hart'), Augst S (westlich 'Feldhof').

5. P. japonica A. Gray – *Japan-P.*

B: Erg. – Japan; an Bergbächen.
Ö/V: Eingepflanzt an einem Weiherufer im Reservat Autal, Riehen (noch 1990, heute verschwunden).

Bastarde

6. P. × digenea Kerner (P. acaulis × elatior)

Hie und da im Siedlungsgebiet und seiner näheren Umgebung, z.B. Hüningen, Basel (Wolf), Basel-Riehen (Lange Erlen), Riehen (Friedhof Hörnli).

7. P. × purpurascens (Cam.) Beck
(P. acaulis var. rosea × elatior)

Ziemlich selten im Siedlungsgebiet, z.B. Basel (Gellert), Riehen (Mohrhaldenstrasse, Unterm Schellenberg usw.).

8. P. × brevistyla DC. (P. acaulis × veris s. str.)

Hie und da im Siedlungsgebiet, z.B. Basel (Wolf, Gellert), Riehen (Mohrhaldenstrasse).

9. P. × media Peterm. (P. elatior × veris s. str.)

Zerstreut bis selten, z.B. Binningen (Margarethenpark), Hofstetten (Vorhollen), Riehen (Mohrhaldenstrasse).

215. Hottonia L. — *Wasserfeder*

1. H. palustris L. – *Wasserfeder*

B: (Id) Erg.
Ö/V: Als Wildpflanze verschollen (?). Früher selten in mässig nährstoffreichen, meist kalk-

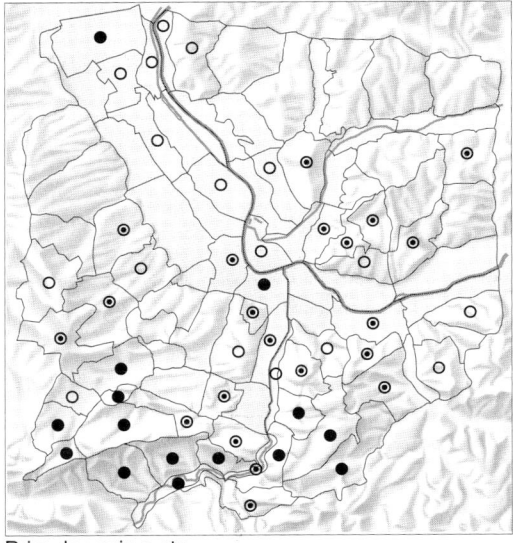

Primula veris s.str.

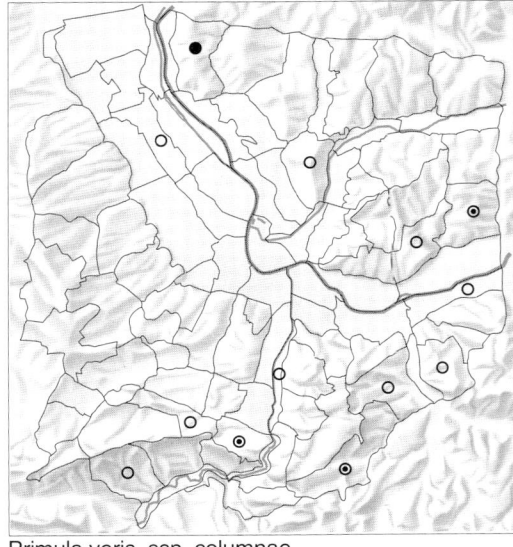

Primula veris ssp. columnae

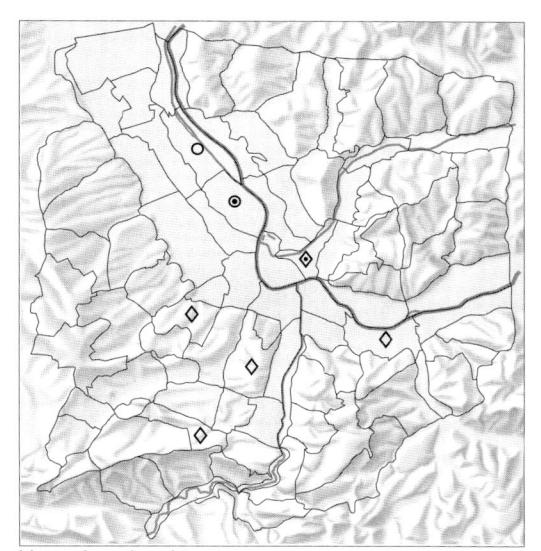

Hottonia palustris

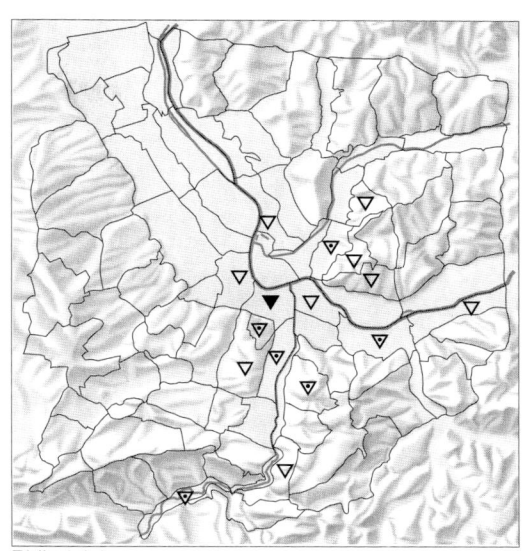

Philadelphus coronarius

armen, etwas beschatteten Wassergräben und Altwässern der elsässischen und badischen Oberrheinebene. Bis in die späten 1970er Jahre (ev. noch später) bei Michelfelden (Morgenweide), hier ca. 1985 wieder festgestellt (wieder eingepflanzt ?). – "Tümpel im Wald am Rhein südwestlich von Kirchen" (1955, Kunz in BINZ 1956), Weiherfeld bei Rheinfelden (1941, Koch & Kunz in BECHERER 1942). In jüngerer Zeit da und dort in Weiherbiotopen gepflanzt, z.B. Allschwil (Mülibach), Riehen (Eisweiher, Weiher im 'Wiesengriener'), Pratteln (Erli).

HYDRANGEACEAE
HORTENSIENGEWÄCHSE

216. Philadelphus L.   *Pfeifenstrauch*

1. P. coronarius L. – *Falscher Jasmin, Pfeifenstrauch*

B: Neo. – SO-Alpen, S-Karpaten, Kaukasus; submediterrane Laubholzgebüsche warmer Felsschluchten.
Ö: Zierstrauch. Eingebürgert an alten, verwachsenen Mauern, in schattigen Felsgebüschen, bei Steinbrüchen; meist in der Nähe von historischen Gebäuden, Schlössern und Burgruinen. Auch vorübergehend verwildert oder verschleppt an Mauerfüssen, in Deponien u.dgl., als Kulturrelikt in verlassenen Gärten und in Parks, in siedlungsnahen Wäldern. – Auf frischen bis mässig trockenen, meist kalkreichen, humosen, steinigen Lehm- und klüftigen Fels- und Steinschuttböden.
S: Berberidion.
V: Da und dort; eingebürgert z.B. Basel (Rheinsprung, St. Alban), Binningen (St. Margarethen), Arlesheim (Eremitage, Schloss Birseck, Hombergrain), Kaiseraugst (römische Mauer), Lörrach (Hünerberg).
G: Eingebürgerte Vorkommen schonungsbedürftig.

217. Deutzia Thunb.   *Deutzie*

1. D. crenata Siebold & Zucc. – *Gekerbte D.*

B: Eph (Neo). – Japan, China; Wälder.
Ö: Zierstrauch. Gelegentlich verwildert in kleinen Lichtungen schattiger Wälder. – Auf frischen, nährstoffarmen, humosen, ± steinigen Lehmböden.
S: Prunetalia.
V: Lange Erlen (Spittelmattweiher, angepflanzt und verwildert), Olsberger Wald (Niderwald), Lörrach (Hünerberg), Dornach (Naturschutzgebiet 'Affolter', gepflanzt).

2. D. × magnifica (Lemoine) Rehder (D. scabra Thunb. × vilmoriniae Lemoine) – *Pracht-D.*

B: Eph (Neo). – Hybrid aus ostasiatischen Arten.
Ö/V: Zierstrauch. Gelegentlich verwildert an Mauern und Mauerfüssen, z.B. Riehen (Kilchgrundstrasse, Essigstrasse), Basel (Mauer am St. Alban-Teich, Oberer Batterieweg).

218. Hydrangea L. *Hortensie*

1. H. macrophylla (Thunb.) Ser. – *Hortensie*

B: Eph. – Japan, China; sonnige Gebüsche in Meeresnähe.
Ö/V: Altmodischer Zierstrauch. Selten verwildert: Bettingen (St. Chrischona, Mauer), Pratteln (vernachlässigtes Gartengelände).

GROSSULARIACEAE
STACHELBEERGEWÄCHSE

219. Ribes L. *Johannisbeere*

1. R. uva-crispa L. – *Stachelbeere*
Ö: Einzeln bis gesellig, z.T. in grösseren Beständen in ± schattigen Laubwäldern, v.a. in Bach- und Flussauen, in Schluchten und an Hangfüssen, ferner in Feldgehölzen und Hohlwegen, auf Blockschutt, auf verwachsenen Lesesteinriegeln, an schattigen Felsen und Mauern. In grossfrüchtigen, z.T. unter Einkreuzung amerikanischer Arten entstandener Sorten kultiviert. – Auf feuchten bis (mässig) frischen, nährstoff- und basenreichen, gerne kalkhaltigen, mittel- bis tiefgründigen, humosen, ± lockeren, gerne steinigen, lehmigen und tonigen Böden.
S: Alno-Ulmion, Lunario-Acerenion, seltener Fagion, Berberidion.
V: Mit Ausnahme der kalkarmen Gebiete (z.B. Weitenauer Vorberge, höherer Sundgau) ziemlich verbreitet und v.a. im Jura, am westlichen Dinkelberg, am Bruderholz und am Sundgaurand von Blotzheim bis Uffheim häufig. In den Flusstälern von Rhein und Birs v.a. an Ufer- und Terrassenböschungen.
G: Nicht gefährdet.

2. R. alpinum L. – *Alpen-J.*

Ö: Einzeln oder in lockeren Beständen in lichten, aber eher absonnigen Laubwäldern und Feldgehölzen. Ausserdem vielfach als Zierstrauch, z.T. auch in 'Wildhecken' und an Strassenböschungen gepflanzt. – Auf ± frischen, kalkhaltigen, humosen, etwas lehmigen, konsolidierten Steinschuttböden.

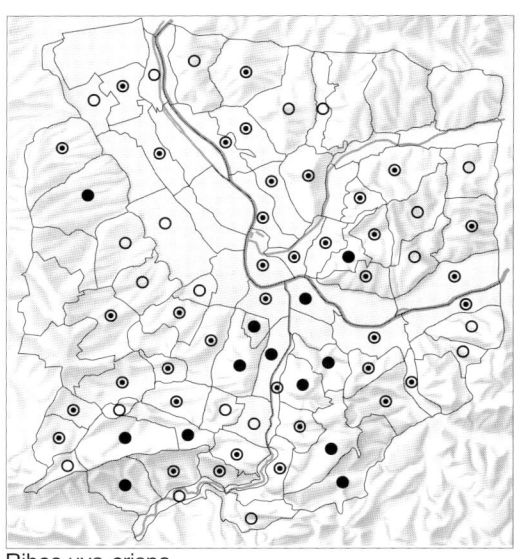

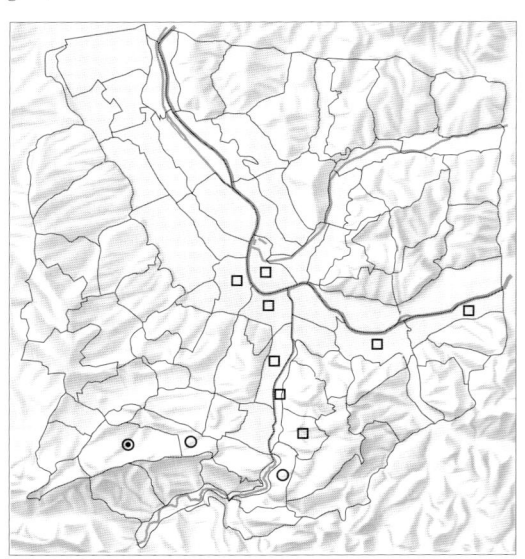

Ribes uva-crispa

Ribes alpinum

S: Fagion (Dentario-Fagetum tilietosum), Berberidion.
V: Selten; nur an wenigen, streng lokalisierten Stellen im Jura: Metzerlen (Rotberg, Oberfeld, Gobenrain), Bättwil (Bättwiler Berg)/Hofstetter Köpfli, Duggingen (unter der Falkenfluh); Rheinhalde bei Augst (ob bodenständig ?).
G: Vorwiegend montan-hochmontane Art; im Gebiet von Natur aus selten. Am Wartenberg (BINZ 1905) verschollen. Potentiell gefährdet.

3. R. rubrum L. – *Rote J.*

B: Neo. – NW-Europa; wechselfeuchte Bachauen.
Ö: Beerenobst. Völlig eingebürgert in Auengehölzen und anderen feuchten Laubmischwäldern, in Hecken und Hohlwegen. Auch mit Gartenerde verschleppt. – Auf frischen bis feuchten, bisweilen auch nassen, basen- und nährstoffreichen, tiefgründigen, nicht zu dichten, humosen Lehm- und Tonböden.
S: Alno-Ulmion.
V: In den Lösslehmgebieten ziemlich verbreitet und recht häufig. Sonst zerstreut, z.B. untere Wieseebene (Lange Erlen), Rheinhalden der Hochrheinebene, Olsberger Wald, Dinkelberg bei Riehen; in den Weitenauer Vorbergen und in den siedlungsfernen Teilen des Juras und des Dinkelberges selten und weithin fehlend.
G: Nicht gefährdet.

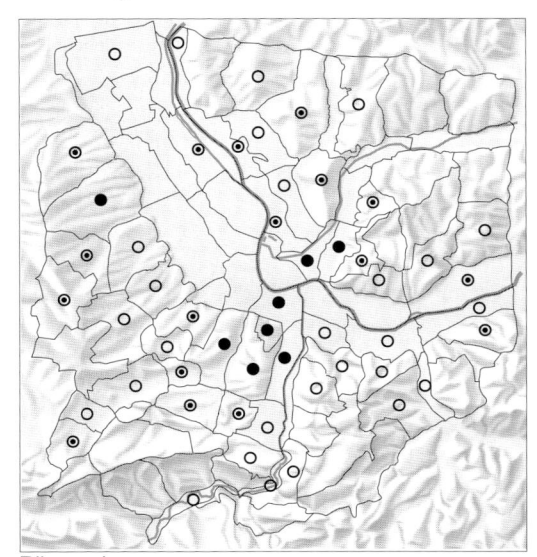

Ribes rubrum

4. R. cf. spicatum Robson – *Ährige J.*

B: Eph (Neo). – N-Europa-Sibirien; Wälder, Bachufer.
Ö/V: Gelegentlich verwildert und z.T. eingebürgert in siedlungsnahen, frischen, schattigen Wäldern und Gebüschen, z.B. Basel (Klosterfiechten), Neu-Münchenstein (Lärchenstrasse).

5. R. nigrum L. – *Cassis, Schwarze J.*

B: Eph (Neo). – Nördliches C- und O-Europa, Asien; Feuchtwälder.
Ö/V: Beerenobst. Verwildert in siedlungsnahen Auengehölzen und feuchten Gebüschen: Oberwil (Rütiacker), Ufergehölz der Birs bei Zwingen (Chleeboden). Wohl auch übersehen.

6. R. aureum Pursh – *Gold-J.*

B: Erg. – Westliches N-Amerika; Uferbänke, Canyons im Gebirge, (1000-) 2000-2700 m.
Ö/V: Zierpflanze. Selten verwildert oder als Kulturrelikt, z.B. Rebbergrain nordwestlich Binzen (Schlattberg).

7. R. sanguineum Pursh – *Blut-J.*

B: Eph. – Pazifisches N-Amerika; feuchte, schattige Plätze, Bachrinnen in Nadelwäldern, 600-1800 m.
Ö/V: Häufiger Zierstrauch. Da und dort verwildert an schattigen Mauerfüssen, z.B. Riehen (Burgstrasse), Schönenbuch usw., mit Gartenschutt verschleppt in der Weiler Kiesgrube.

CRASSULACEAE
DICKBLATTGEWÄCHSE

220. Sedum L. *Fetthenne, Mauerpfeffer*

Sektion
Telephium S. F. Gray – *Rote Fetthenne*

1. S. telephium L. s. l.

1a. – ssp. **maximum** (L.) Kirschl. (S. maximum (L.) Hoffm.) – *Grosse F.*

Verschollen. Früher selten an lichten, steinigen, waldigen Orten. Letzte Meldungen: Bettingen, Münchenstein, Reinach (BINZ 1911). Spätere Meldungen (WELTEN & SUTTER 1982) sehr zweifelhaft.

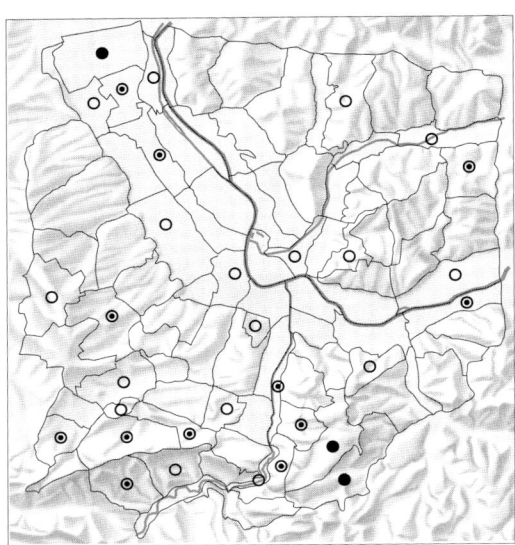

Sedum telephium s.str.

1b. – ssp. telephium (S. purpurascens Koch) – *Purpurrote F.*
Ö: Meist einzeln bis locker gesellig in sonnigen, steinigen Wald- und Gebüschsäumen, auf überwachsenem Steinschutt, in Lesesteingebüsch, an Bahn- und Strassenböschungen, an Ackerrainen, seltener in steinigen Äckern. – Auf mässig trockenen, ± basenreichen, steinigen oder kiesigen, lehmigen Böden.
S: Origanetalia, seltener Caucalidion.
V: Im Jura, im mittleren Sundgau und in den Hardwäldern der elsässischen Oberrheinebene ziemlich verbreitet, aber nur stellenweise ± häufig, v.a. Gempenplateau, Gegend von Hofstetten-Metzerlen, um Hagenthal-Liebenswiller, Elsässer Hardt. Sonst selten: Rheinhalden bei Herten und Kaiseraugst, Lange Erlen (Wiesendamm), Duggingen (Im Grund), Basel (Klosterfiechten), Bettingen (Lenzen), Ober-Minseln W/NW usw.
G: Zurückgegangen; im Gebiet wohl nie besonders häufig. Gefährdet.

1c. – ssp. fabaria (Koch) Kirschl. (S. vulgaris (Haw.) Link) – *Saubohnen-F.*
Fehlmeldung (WELTEN & SUTTER 1982). Ausserhalb des Rayons im südlichen Schwarzwald (Belchen) und in den Vogesen.

2. S. spectabile Boreau – *Ansehnliche F.*
B: Eph (Neo). – Japan, Korea; steinige Berghang-Kreten tiefer Lagen.
Ö/V: Zierstaude. Gelegentlich verwildert und z.T. ± eingebürgert im steinigen Randbereich von Gärten, an Zäunen, auf Mauersimsen u.dgl., z.B. Basel (Kannenfeldplatz, über Bahntunnel), Liestal (Güterbahnhof).

3. S. spurium M. Bieb. – *Kaukasus-F.*
B: Neo. – Kaukasus; Felsen, 1600-2700 m.
Ö: Häufige Zierpflanze. Mit Gartenschutt verschleppt und z.T. in grossen, beständigen Kolonien an steinigen Bahn-, Strassen- und Flussdämmen, an Mauern und Mauerfüssen, in den Fugen wenig begangener Pflästerungen, in Kiesgruben und Steinbrüchen, an Hecken- und Waldrändern, an Schuttplätzen. Auch ausgepflanzt. – Auf frischen bis ± trockenen, basenreichen, lockeren Kies- und steinigen bis sandigen Lehmböden.
V: Im urbanen und ruralen Siedlungsgebiet und seiner näheren Umgebung nicht selten, z.B. Hegenheim (Kiesgrube), Riehen (Landauerwegli etc.), Haagen, Blauen, Füllinsdorf, Arisdorf, Muespach-le Haut, Folgensbourg usw.
G: Nicht gefährdet.

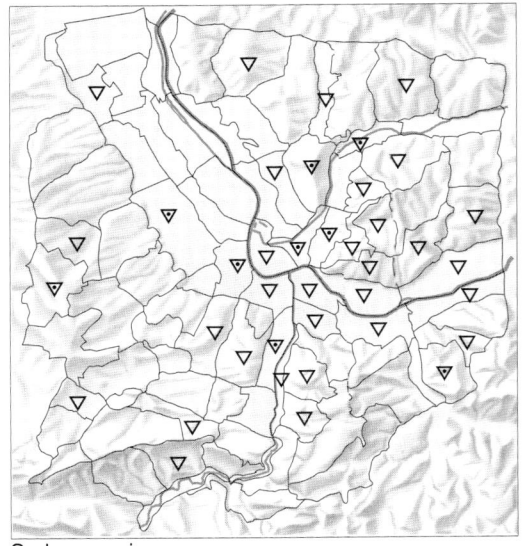

Sedum spurium

Sektion
Aizoon Koch – *Gelbe Fetthenne*

4. S. hybridum L. – *Bergsteppen-F.*
B: Eph (Neo). – Sibirien, Mongolei; felsige Berghänge.
Ö/V: Steingartenpflanze. Verwildert bei Grenzach (Steingasse); steinige Trockenflur an Mauerfuss, eine ausgedehnte Kolonie.

5. S. kamtschaticum Fisch. & C. A. Mey. – *Kamtschatka-F.*
B: Eph (Neo). – N-China, Mongolei, Korea, Kamtschatka, Japan; felsige Berghänge, 600-1800 m.
Ö: In Steingärten und als Beeteinfassung gepflanzt. Verwildert oder als Kulturrelikt an Strassenrändern, an Fusswegen usw. – Auf trockenen, humosen, steinig-lehmigen Böden.
S: Sedo-Scleranthetalia, Polygonion avicularis.
V: Hie und da; v.a. in Ortschaften, z.B. Efringen, Binzen, Weil (Bahngelände), Inzlingen, Degerfelden, Kaiseraugst O.

6. S. floriferum Praeger – *Vielblütige F.*
B: Eph (Neo). – NO-China; Berghänge unter 1000 m.
Ö/V: Ökologie und Verbreitung ähnlich *S. kamtschaticum*, doch seltener und z.T. mit dieser verwechselt, z.B. in aufgelassenen Rabatten in Riehen (Friedhof Hörnli) und Haagen.

Sektion
Sedum – *Mauerpfeffer*

7. S. rupestre L. (S. reflexum L.) – *Felsen-M.*
Ö: Gesellig in lückigen, z.T. initialen Trockenrasen an Terrassenböschungen, an Fluss- und Strassendämmen, in alten Bahn- und Industriearealen, auf Mauerkronen, in Kiesgruben, verschleppt an Schuttplätzen, als Kulturrelikt in Rebgärten. Oft auch als Zierpflanze gepflanzt und verwildert. – Auf (sommer-)trockenen, basenreichen, meist kalkarmen bis kalkfreien, wenig humosen, gealterten Sand- und Kiesböden.
S: Sedo-Scleranthetalia, Xerobromion.
V: In den Flusstälern von Rhein und Wiese verbreitet, aber nicht häufig, z.B. Wiesendämme zwischen Kleinhüningen und Schopfheim, Bahnanlagen Weil-Haltingen, St. Louis-Hüningen, Flughafen Basel-Mulhouse (inkl.

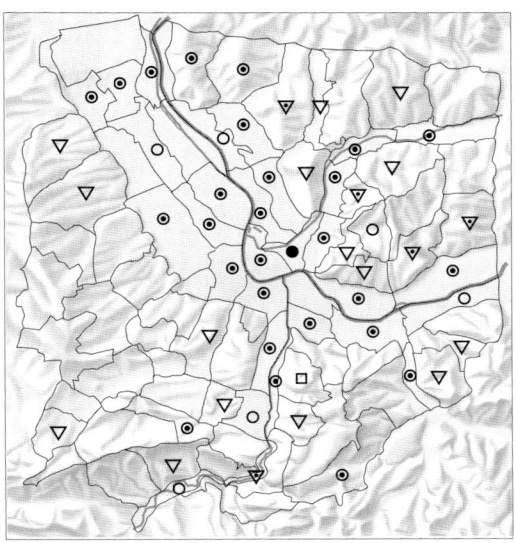

Sedum rupestre

Flughafenstrasse), Pratteln-Schweizerhalle usw. Stellenweise auch an den Rändern des angrenzenden Hügellandes, z.B. Tüllinger Berg. Sonst selten und oft nur verwildert oder verschleppt.
G: Alteingewachsene Vorkommen wohl zurückgegangen, an Sekundärstandorten, z.B. an kiesigen Autobahnböschungen, z.T. aber in Ausbreitung. Schonungsbedürftig.

8. S. acre L. – *Scharfer M.*
Ö: An sonnigen Böschungsmauern und Felsen, auf Flachdächern und Mauersimsen, an Brückenpfeilern, in Silikatsandrasen und gefestigten Kiesfluren, in Tramtrassen, in Bahnanlagen und Schotterkörpern wenig befahrener Streckengeleise, in Kiesgruben. Auch gepflanzt, z.B. bei Dachbegrünungen. – Auf trockenen, ± nährstoff- und basenreichen, gerne kalkarmen, wenig humosen, sandigen, kiesigen und felsigen Böden.
S: Sedo-Scleranthetalia, Xerobromion.
V: In den Flusstälern von Rhein und Wiese verbreitet und v.a. in den stadtnahen Teilen der Wiese- und Oberrheinebene und in der Gegend von Kembs ziemlich häufig. Sonst sehr zerstreut, z.B. Gebiet der Malmscholle von Istein, Ergolztal, Laufental, Blauen-Südseite (Dittinger Weide).
G: Schonungsbedürftig.

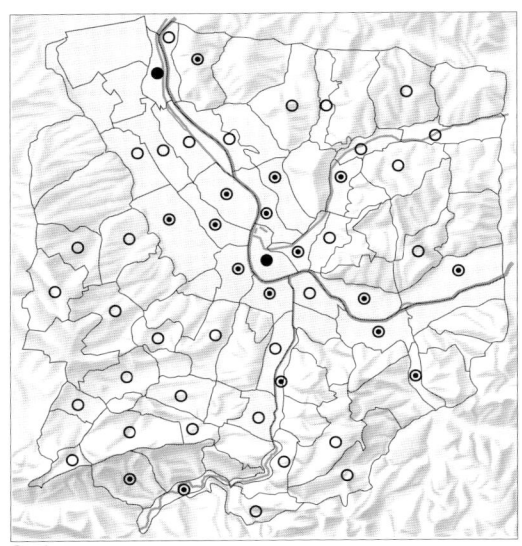

Sedum acre

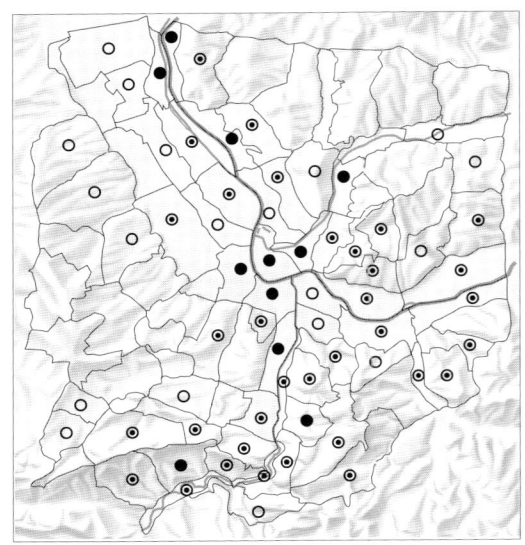

Sedum sexangulare

9. S. sexangulare L. – *Milder M.*
Ö: Gesellig in sonnigen Sand-, Kies- und Steingrusfluren an Strassenborden, an Flussdämmen, in Bahnanlagen, auf Dächern und Mauerkronen, in lückigen, kargen Trockenrasen und Magerweiden, seltener auf Felsköpfen und in trockenen Scherrasen. – Auf (sommer-)trockenen, nicht zu nährstoffarmen, meist basenreichen, wenig humosen, aber ± feinerdereichen, lockeren, sandigen, kiesigen und felsigen Böden.
S: Sedo-Scleranthetalia (v.a. Alysso-Sedion), seltener Xerobromion, Mesobromion.
V: In den Flusstälern von Rhein, Birs und Wiese sowie in wärmebegünstigten Lagen des Juras (z.B. Blauen-Südseite, Gempen-Westflanke), des Dinkelberges und der Malmscholle von Istein verbreitet und recht häufig. Sonst selten oder fehlend.
G: Nicht gefährdet.

10. S. dasyphyllum L. – *Dickblättriger M.*
Sehr selten: Muttenz, Nordseite des Bahndammes bei St. Jakob östlich der Birs (ca. 1980, H. Meier). Sonst nur wenige historische Meldungen wohl zumeist gepflanzter Vorkommen, z.B. Istein (1911), "an einer Gartenmauer in Efringen" (BINZ 1915), "Egerten bei Wollbach" (1876-1921, F. Zimmermann in BINZ 1922).

11. S. rubens L. – *Rötlicher M.*
Verschollen; die meisten Vorkommen wohl schon um die Jahrhundertwende erloschen. Früher selten auf trockenen, offenen, ± kalkarmen, sandigen Böden in Brachäckern und Weinbergen, an Wegrändern, an Mauern usw. Letzte Meldungen: "Rheininsel s. des Kembser Kraftwerkes, 1 Pfl." (1960, RASTETTER 1966), Äcker am Isteiner Klotz (HEGI 1921), "Galgenreben bei Dornach" (Suter in BINZ 1915), Lörrach-Steinen (SEUBERT & KLEIN 1905).

12. S. hispanicum L. – *Spanischer M.*
B: Neo. – Alpen, z.B. Föhntäler, SO-Europa, Orient; schattig-moosige oder sonnige Kalkfelsen.
Ö: Zierpflanze. Eingebürgert in den Fugen wenig begangener Pflästerungen, auf Kieswegen, an Mauern und Mauerfüssen, in lückigen Scherrasen. – Auf frischen bis mässig trockenen, basenreichen, gerne humosen oder feinerdereichen Böden.
S: Polygonion avicularis, seltener Potentillion caulescentis, Sedo-Scleranthetalia.
V: Da und dort im Siedlungsgebiet, z.B. Rodersdorf (mehrfach), Kleinkems (Friedhof), Arlesheim Dorf, Münchenstein (Baselstrasse), Basel (Wolf-Gottesacker), Bad. Rheinfelden. Wohl weiter verbreitet und vielfach verkannt.
G: In Ausbreitung. Nicht gefährdet.

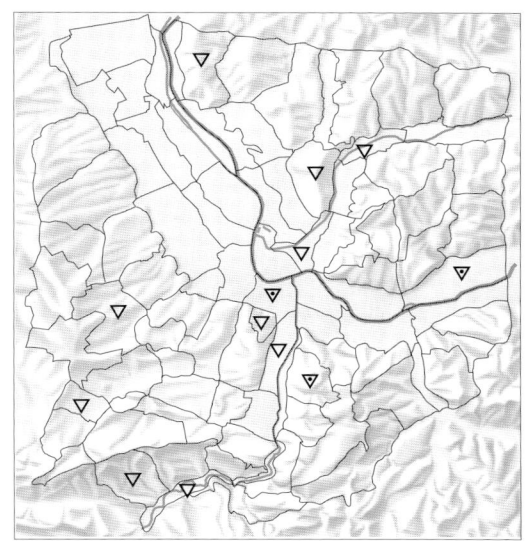

Sedum hispanicum

13. S. album L. – *Weisser M.*

Ö: Gesellig in sonnigen bis halbschattigen Kies- und Steingrusfluren auf Felsköpfen, auf Dächern und Mauerkronen, in Kiesgruben und Steinbrüchen, in Bahn- und Industrieanlagen, an Strassenborden, in steinigen Wald- und Gebüschsäumen, in initialen oder lückigen Trocken- und Halbtrockenrasen, auf Kieswegen, in den Fugen von Mauern und wenig begangenen Pflästerungen. – Auf (sommer-)trockenen, meist basenreichen, flachgründigen, feinerdereichen, z.T. auch humosen, klüftigen Fels- und gealterten, steinigen und kiesigen Böden.
S: Sedo-Scleranthetalia (v.a. Alysso-Sedion), initiales Xero- und Mesobromion, Potentillion caulescentis.
V: In den Flusstälern von Rhein, Birs, Wiese und Ergolz sowie im Jura und im Gebiet der Malmscholle von Istein verbreitet und häufig, seltener am Dinkelberg. Sonst selten oder fehlend und weitgehend auf anthropogene Sekundärstandorte, z.B. Kiesdächer, beschränkt.
G: Nicht gefährdet.

221. Sempervivum L.   *Hauswurz*

1. S. tectorum L. s. str. – *Gemeine H.*

B: Neo. – Gebirge W-, C- und S-Europas.
Ö: Steingartenpflanze, auch auf Mauern, Torpfosten (im Elsass typisch), Dächern, alten Kaminen u.dgl. kultiviert. Verwildert oder verschleppt, z.T. auch eingebürgert in Mauerfugen, auf Mauerkronen (z.B. bei Friedhöfen) und Kiesdächern, im Bahnschotter, an siedlungsnahen Felsen, ausnahmsweise auch ausserhalb der Siedlungen auf Felsköpfen. – In trockenen, humosen Gesteinsspalten und auf

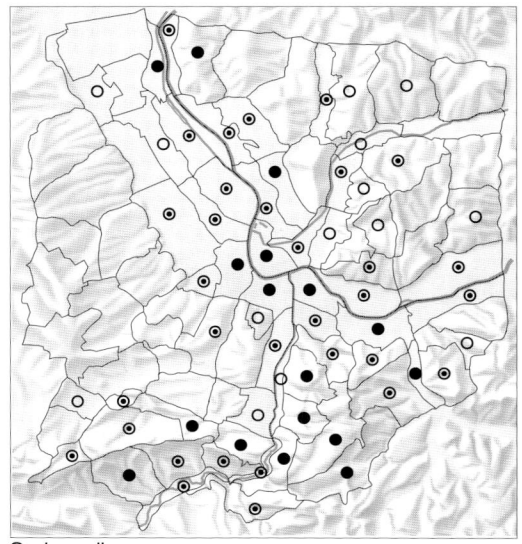

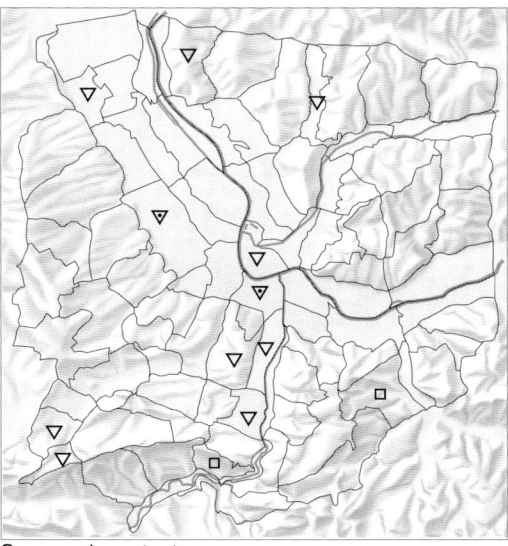

Sedum album

Sempervivum tectorum

flachgründigen, ± nährstoff- und basenreichen, steinigen Böden.
S: Asplenietea, Sedo-Scleranthetalia.
V: Völlig eingebürgert auf der Rappenfluh (Frenkendorf). Sonst da und dort im Siedlungsgebiet, z.B. Burg, Biederthal, Basel (Dreispitz, Wolf-Bahnhof), Binningen (Friedhof), Blansingen und Wollbach (Mauerfugen).

SAXIFRAGACEAE
STEINBRECHGEWÄCHSE

222. Rodgersia A. Gray   *Blattspiere*

1. R. aesculifolia Batalin –
Kastanienblättrige B.
B: Eph. – M- und N-China; halbschattig in montanem Gesteinsschutt, bis 2900 m.
Ö/V: Zierpflanze. Mit Gartenschutt verschleppt in der Hupfergrube Hegenheim.

223. Bergenia Moench   *Bergenie*

1. B. crassifolia (L.) Fritsch – *Bergenie*
B: Eph (Neo). – C-Asien (Altai); frische Felshänge im Hochgebirge, ca. 1500-4000 m.
Ö/V: Zierstaude. Selten mit Gartenschutt verschleppt und sich haltend, z.B. Böschung bei der Degerfeldener Säge.

224. Saxifraga L.   *Steinbrech*

1. S. paniculata Mill. – *Trauben-S.*
Ö: In Spalten und auf Absätzen ± absonniger, aber lichter, hoher Felsflühe. – Auf ± frischen, humosen, klüftigen Felsböden; im Gebiet ausschliesslich auf Malmkalk (Rauracien).
S: Potentillion caulescentis.
V: Selten; nur an wenigen Stellen im Jura: Burg (Schlossfelsen und Klus), Grellingen (Eggfluh), Duggingen (Falkenfluh, 'Amboss'), Gempen (Schartenfluh), Dornach (Hilzenstein), Frenkendorf (Schauenburgerfluh, Chleiflüeli).
G: Montan-subalpine Art; im Gebiet von Natur aus selten. Potentiell gefährdet.

2. S. aizoides L. – *Bewimperter S.*
Längst erloschen. Früher als seltener Flussschwemmling in kiesigen Anschwemmungen des Hochrheins. Letzte Meldung: "unterhalb Schweizerhall und in der Hard b. Birsfelden" (Abderhalden in BINZ 1905).

3. S. granulata L. – *Knöllchen-S.*
Ö: In frischen, gerne etwas lückigen, mageren Wiesen und Weiden, begünstigt in Trittblössen. – Auf frischen bis mässig trockenen, mässig nährstoffreichen, ± kalkarmen, lockeren, humosen, lehmigen Böden.

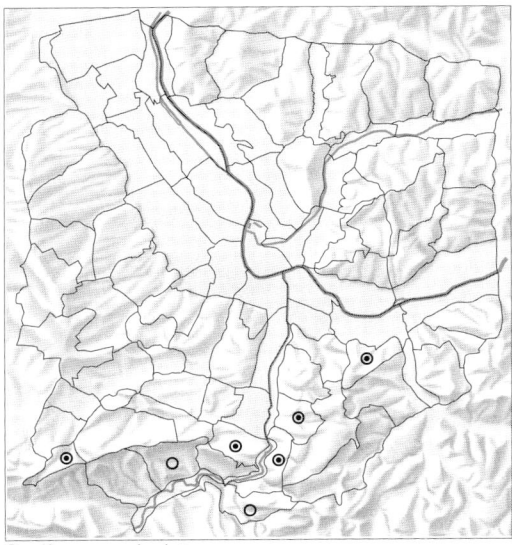

Saxifraga paniculata

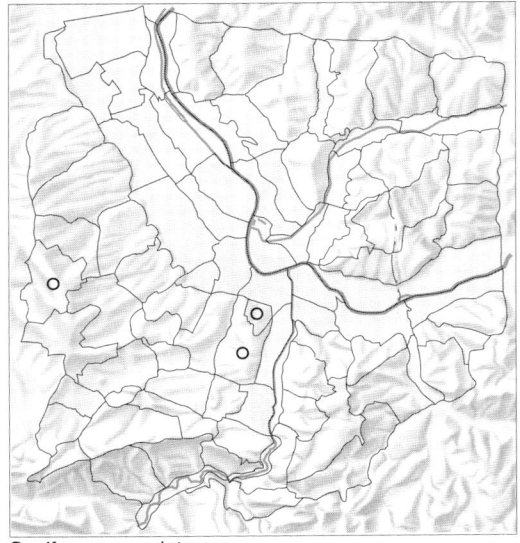

Saxifraga granulata

S: Mageres Arrhenatherion, Cynosurion.
V: Sehr selten; nur im Sundgau: Binningen (Margarethenhügel), Basel (Schäublinstrasse), Michelbach-le-Haut W (Rounis, waldrandnahe Wiese).
G: Seit längerem zurückgegangen und vielerorts, z.B. im Markgräfler Hügelland und in der Oberrheinebene (BINZ 1911), verschwunden. Stark gefährdet.

4. S. tridactylites L. – *Dreifingriger S.*
Ö: Scharenweise als Pionier auf offenen, kiesig-sandigen Flächen, v.a. in Bahnanlagen und an Streckengleisen, in Gewerbearealen und Friedhöfen, auch auf Flachdächern und Mauerkronen, in Pflasterritzen, an offenen Lössrainen im Rebgelände und an steinigen Ackerrändern, seltener, aber wohl ursprünglich in lückigen Trockenrasen und auf Felsköpfen. Recht wärmeliebend. – Auf trockenen, mässig nährstoff- und basenreichen, flachgründigen, meist humusarmen, etwas lehmigen Sand- und Schotterböden.
S: Alysso-Sedion, Sisymbrion (Conyzo-Lactucetum), seltener Xerobromion.
V: In den Flusstälern von Rhein und Birs sowie im Gebiet der Malmscholle von Istein verbreitet und v.a. in der Stadt Basel und ihrer näheren Umgebung und längs der Verkehrswege häufig. Stellenweise im Sundgau, z.B. Häsingen (Hittenberg), Leimental (Binningen, Oberwil, Therwil, Benken, Leymen usw.). Selten auch auf Felsköpfen des Juras: Nenzlingen (Chuenisberg), nach MOOR (1962) auch Pfeffinger Schlossberg. Sonst sehr selten und meist nur verschleppt.
G: Nicht gefährdet.

225. Tellima R. Br.
Falsche Alraunwurzel

1. T. grandiflora (Pursh) Douglas – *Falsche Alraunwurzel, Fransenbecher*
B: Neo. – Pazifisches N-Amerika; Felsspalten in feuchten, immergrünen Bergwäldern, 200-1500 m.
Ö/V: Eine begrenzte, alteingesessene Kolonie in einem frischen Auengebüsch beim Erlenparksteg in den Langen Erlen (Basel).

226. Chrysosplenium L.   *Milzkraut*

1. C. alternifolium L. – *Wechselblättriges M.*
Ö: Einzeln bis gesellig in waldigen Bachauen, Quelltälchen und Schluchten, an nassen Waldweggräben, in Eschen-Ahorn-Wäldern, auch in Fichtenforsten. Gerne in kühlen, luftfeuchten Lagen. – Auf sickerfeuchten bis -nassen,

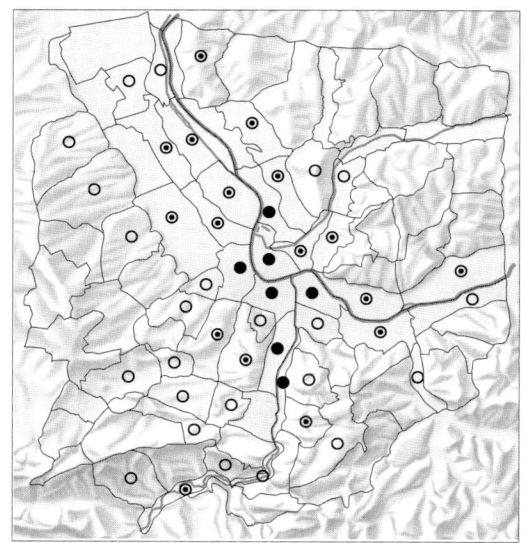

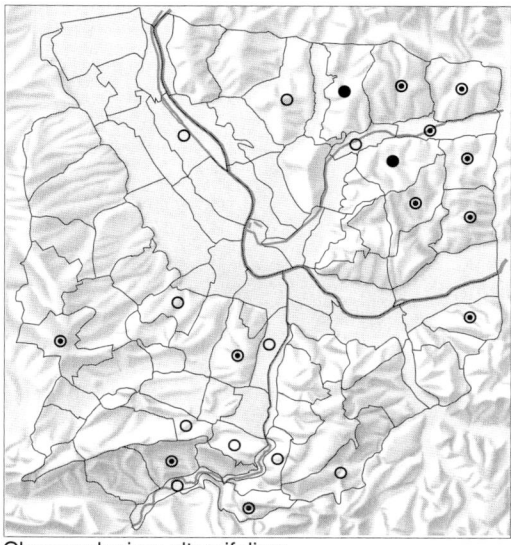

Saxifraga tridactylites

Chrysosplenium alternifolium

basen- und ± nährstoffreichen, vornehmlich kalkarmen, humosen Lehm- und Tonböden.
S: Alno-Ulmion, Lunario-Acerenion (Fraxino-Aceretum), feuchtes Fagion, Cardamino-Montion.
V: In den Weitenauer Vorbergen, auf der Nordseite des Dinkelbergs und im Olsberger Wald verbreitet und ziemlich häufig. Stellenweise auch im Jura, z.B. Kaltbrunnen- und Kasteltal (häufig), Pelzmühletal, Ettingen (Büttenenloch), Blauen (Tälchen unterhalb Kleinblauen). Sonst selten: Sundgau: Therwil (Allme), Allschwil (Kirschner, Mühlibach), Bettlach N (Goben d'Attenschwiller); Wiesental: abwärts mehrfach bis Hauingen, vereinzelt bis in die Langen Erlen (Fischzucht nördlich 'Spittelmatten', wenige Exemplare, A. Mattenberger); Oberrheinebene: in wenigen Exemplaren herabgeschwemmt am Altrhein östlich Rosenau.
G: Nicht gefährdet.

2. C. oppositifolium L. – *Gegenblättriges M.*
Ö: In ± geschlossenen Kolonien an Waldbächen, in schattigen Quellfluren, in Schluchten, Runsen und Gräben, an überrieselten Waldfelsen, an Waldwegen; gerne an sonst vegetationsarmen Stellen. In ausgesprochen feucht-kühlen Lagen. – Auf sickernassen, ± nährstoffarmen, basenreichen, meist kalkarmen, ± humosen, steinigen Tonböden.

S: Cardamino-Montion (Chrysosplenietum oppositifolii).
V: In den Weitenauer Vorbergen verbreitet und stellenweise häufig; herabgeschwemmt an der Kander bei Binzen. Sonst nur an wenigen, streng lokalisierten Stellen im Jura: häufig im Kaltbrunnental, Tälchen unterhalb Kleinblauen. Ausserhalb des Rayons in der waldigen Talaue des Lützelbachs.
G: Nicht gefährdet; im Jura potentiell gefährdet.

PARNASSIACEAE
HERZBLATTGEWÄCHSE

227. Parnassia L. *Herzblatt*

1. P. palustris L. – *Herzblatt, Studentenröschen*
Ö: In kurzwüchsigen, mageren Feuchtwiesen und Kalk-Flachmooren, in ständig durchrieselten Gräben. – Auf sickernassen bis wechselfeuchten, mässig nährstoffreichen, kalkreichen, humosen oder ± rohen Lehm- und Mergelböden.
S: Tofieldietalia, auch Cratoneurion, Molinion.
V: Sehr selten: Neudorf-Rosenau (Kirchenerkopf), Dittingen N (Flachmoor bei 'Chälen'). Ausserhalb des Rayons bei Seewen (Dietel-

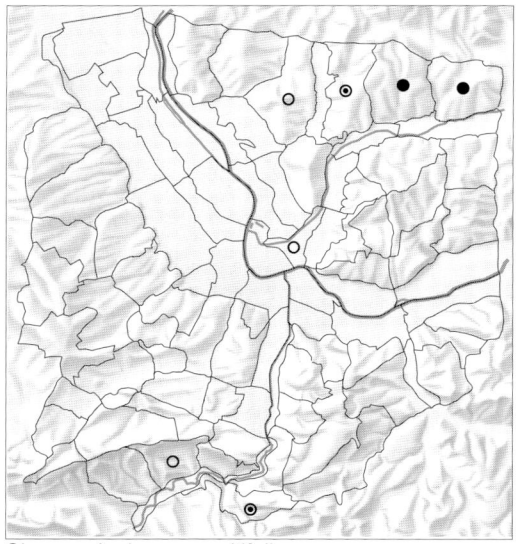

Chrysosplenium oppositifolium

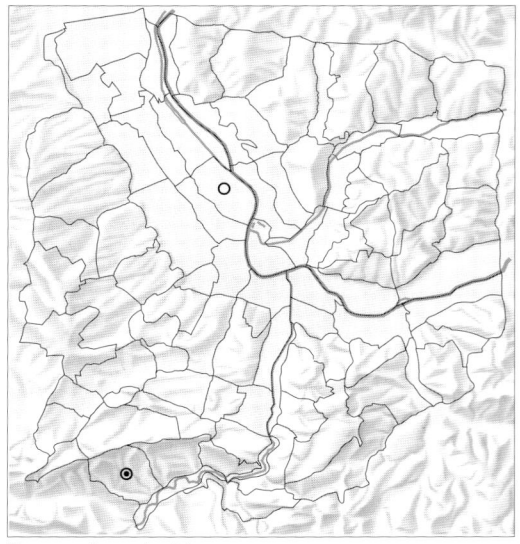

Parnassia palustris

mätteli), ferner mehrfach in der Gegend von Bärschwil.
G: Stark zurückgegangen. Auf der Blauen-Nordseite, z.B. Metzerlen-Felsplatten (1954, leg. P. Frei), verschollen. Vom Aussterben bedroht.

ROSACEAE
ROSENGEWÄCHSE

Unterfamilie
SPIRAEOIDEAE – *SPIRÄENARTIGE*

228. Spiraea L. *Spierstrauch*

1. S. chamaedryfolia L. em. Jacq. – *Gamander-Sp.*

B: Eph (Neo). – SO-Europa bis NO-Asien, Japan; Wälder, Felsgebüsche.
Ö/V: Zierstrauch. Vereinzelt auch in naturnahen Gebüschen gepflanzt oder verwildert, z.B. Arlesheim (Eremitage), Riehen (Waldrand beim Maienbühl).

2. S. japonica L. f. – *Japan-Sp.*

B: Eph. – Himalaya, China bis Japan; Berggebüsche.
Ö/V: Zierstrauch. Selten verwildert oder mit Gartenschutt verschleppt an Waldrändern und Hohlwegen, z.B. bei Wyhlen, Lörrach (Schindelberg), bei Steinen.

3. S. media F. Schmidt – *Mittlerer Sp.*

B: Erg. – O-Europa bis NO-Asien; felsige Gebüsche.
Ö/V: Zierstrauch. Gepflanzt z.B. im Feuchtbiotop 'Moosholz' bei Therwil.

4. S. salicifolia aggr. (S. salicifolia L. / S. × billardii Hérincq) – *Weiden-Sp.*

B: Eph (Neo). – SO-Europa bis NO-Asien, Japan; sumpfige Bergwälder.
Ö/V: Zierstrauch. Gelegentlich verwildert oder als Kulturrelikt in aufgelassenen Gärten, auf Bauerwartungsland, in Deponien, an Flussböschungen usw., z.B. Muttenz (Gempengasse 1986), Oberwil O (Richtung Bruderholzhof, gepflanzt), Birsböschung bei Angenstein (S. × *billardii*).

5. S. × arguta Zab. (inkl. S. thunbergii Sieb. ex Bl.; S. multiflora Zab. × thunbergii Sieb. ex Bl.) – *Braut-Sp.*

B: Eph. – Hybrid aus Arten südosteuropäischer Bergwälder.
Ö/V: Häufiger Zierstrauch. Selten verwildert oder als Kulturrelikt in aufgelassenen Gärten, an Mauerfüssen usw., z.B. bei Ober-Tüllingen.

6. S. × vanhouttei (Briot) Zab. (S. cantoniensis Lour. × trilobata L.) – *Belgischer Sp.*

B: Erg (Eph). – Hybrid aus asiatischen Arten.
Ö/V: Zierstrauch. Gelegentlich verwildert oder als Kulturrelikt in aufgelassenen Gärten, in Gartenschuttdeponien usw., z.B. Weiler Kiesgrube, Basel (Fiechtenrain), Reinacher Heide.

229. Sorbaria (Ser. ex DC.) A. Br. *Fiederspiere*

1. S. sorbifolia (L.) A. Br. – *Sibirische F.*

B: Eph. – NO-Asien, Japan; lockere Berghangwälder, 250-1500m.
Ö/V: Zierstrauch. Nicht selten als Sämling vorübergehend verwildert an dauerfrischen, nährstoffreichen, humosen Stellen in Hinterhöfen, in den Spalten von Treppenstufen, an Mauerfüssen, in Rabatten, auf Schutt usw., z.B. Basel (Innerstadt), baselstädtisches Bruderholz, Aesch, Liestal usw.

230. Aruncus Adans. *Geissbart*

1. A. dioicus (Walter) Fernald (A. sylvestris Kostel.) – *Geissbart*
Ö: Meist gesellig in Eschen-Ahornwäldern von Schluchten und luftfeuchten Taleinhängen, in ± nordexponierten, gerne bachnahen, frischen Buchenwäldern. Meist in ± absonnigen Steillagen. Bisweilen auch als Zierstaude in schattigen Gärten und Anlagen gepflanzt und verwildert. – Auf (sicker-)frischen, basenreichen, aber nicht immer kalkhaltigen, ± tiefgründigen, humosen, oft nicht völlig konsolidierten, lockeren, feinerdereichen, z.T. lehmigen Feinschuttböden.
S: Lunario-Acerenion, frisches Fagion.
V: Im Jura, in den Weitenauer Vorbergen und im Olsberger Wald ziemlich verbreitet und z.T.

Saxifraga granulata. Margarethenhügel. 5.1985.

Rosa jundzillii. Blauen-Weide. 5.1993.

Potentilla supina. Hafen Kleinhüningen. 6.1985.

Potentilla intermedia. Birsfelden. 6.1986.

Duchesnea indica. E Binningen. 9.1993.

Alchemilla glabra. NW Oltingue. 5.1987.

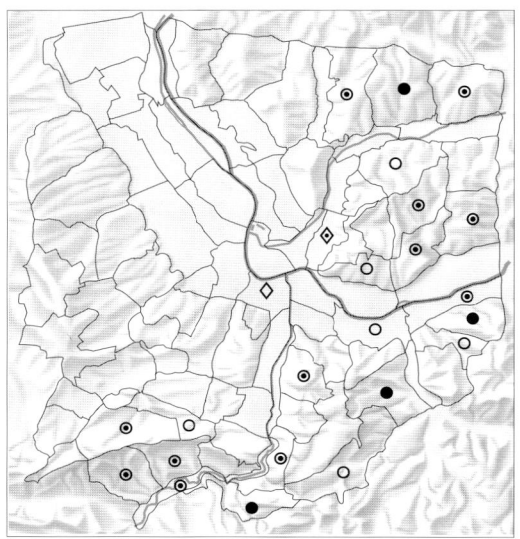

Aruncus dioicus

Filipendula ulmaria

recht häufig, z.B. Birsklus zwischen Angenstein und Zwingen, Kaltbrunnental, Arlesheim (Armenholz), Liestal W (Goldbrunnen, Röserental, Riffengraben), Büren (Lätzenpelz) usw. Stellenweise auch am Dinkelberg (v.a. Schluchttälchen der Südflanke) und an der nordexponierten Rheinhalde zwischen Kaiseraugst und Rheinfelden. Sonst sehr selten oder fehlend; im urbanen Siedlungsgebiet wohl ausschliesslich gepflanzt.
G: Nicht gefährdet.

Unterfamilie
ROSOIDEAE – *ROSENARTIGE*

---

231. Filipendula Mill.
Spierstaude, Mädesüss

---

1. F. ulmaria (L.) Maxim. – *Moor-Sp.*
Ö: Gesellig bis bestandbildend in hochwüchsigen Staudenfluren an Bächen, Gräben und Flussufern, in verbrachten Nasswiesen, an nassen Böschungen und Rainen, auch in ± lichten Eschenwäldern. – Auf feuchten bis nassen, nährstoffreichen, tiefgründigen, meist humosen Lehm- und Tonböden.
S: Filipendulion, Alno-Ulmion, seltener Calthion und Aegopodion.
V: Verbreitet und meist häufig.

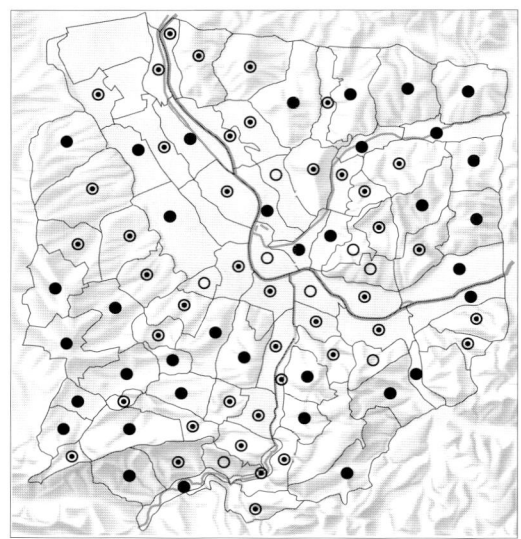

G: In Gebieten mit intensiver Grünlandnutzung etwas zurückgegangen. Nicht gefährdet.

2. F. vulgaris Moench – *Knollige Sp.*
Ö: Einzeln bis locker gesellig in artenreichen, z.T. verbrachten Magerwiesen, in lichten Gebüschsäumen. – Auf wechselfeuchten bis

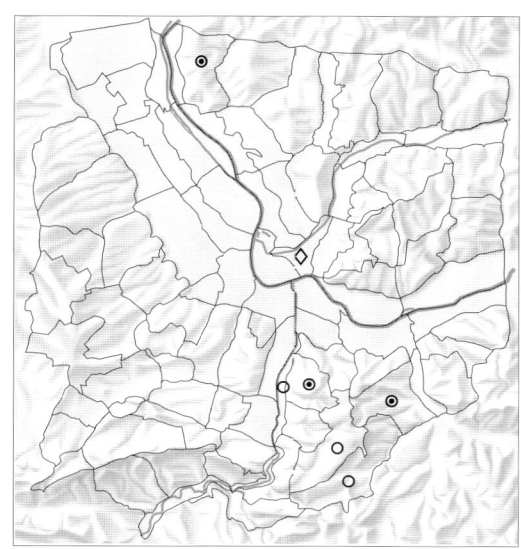

Filipendula vulgaris

wechseltrockenen, nährstoffarmen, basenreichen, doch nicht immer kalkhaltigen, ziemlich dichten, humosen Mergel- und Tonböden. Im Jura fast immer über Oxfordton.
S: Mesobromion (Colchico-Mesobrometum), Trifolion medii.
V: Selten: Gempengebiet: Arlesheim (Ränggersmatt, Chilchholz), Frenkendorf/Liestal (Tugmatt), Nuglar (Röselen, Schweini, Disliberg); Malmscholle von Istein: Isteiner Klotz (Nordportal Eisenbahntunnel), Hardberg.
G: Zurückgegangen; im Gebiet auch früher nicht häufig und ± auf das Gempengebiet und die Gegend von Istein beschränkt. Stark gefährdet.

232. Kerria DC.
Goldkerrie, Ranunkelstrauch

1. K. japonica (L.) DC. – *Goldkerrie, Ranunkelstrauch*
B: Erg. – China (Japan); buschige Berghänge, 200-2000 m.
Ö/V: Zierstrauch. Selten mit Gartenschutt verschleppt in siedlungsnahen Gebüschen, an Waldrändern u.dgl. und in 'Biotopen' gepflanzt, z.B. Liestal (Waldecke an der Sichterenstrasse), Therwil (Moosholz), Birsig zwischen Oberwil und Therwil.

233. Rubus L. *Brombeere*

Vorbem.: Die enorme Vielgestaltigkeit in der Gattung *Rubus*, v.a. in der *R. fruticosus*- und *R. corylifolius*-Gruppe ist begründet in der Kombination von Apomixis (Fixierung separater Vererbungslinien) und Bastardierung (Vermischung derselben). Das Hauptaugenmerk muss auf die weit verbreiteten, durch Apomixis stabilisierten 'Hauptarten' mit gut charakterisierter Morphologie und Ökologie gerichtet bleiben. Die zahlreichen kleinräumig verbreiteten, kaum fassbaren Lokalsippen und singulären Biotypen können in der vorliegenden Arbeit nicht berücksichtigt werden, auch wenn sie gebietsweise massgebend an der Brombeerflora beteiligt sein können. Eine umfassende Bearbeitung der Brombeerarten, besonders ihrer Verbreitung im Gebiet, steht noch aus und Nachweise weiterer Arten sind durchaus möglich. Aussagekräftige Verbreitungskarten können deshalb nur für wenige Arten bzw. Artengruppen publiziert werden. Fundmeldungen mit Belegen sind erwünscht.
Lit.: Weber in SEBALD et al. (1992), WEBER (1985, 1987).

Untergattung
Anoplobatus Focke – *Dornlose Brombeere*

1. R. odoratus L. – *Zimtbrombeere*
B: Eph. – Östliches N-Amerika; felsige Wälder.
Ö: Zierstrauch. Selten in Gartennähe verwildert: Grenzach (Im Rippel, A. Huber), Haltingen (hinter Betriebsgebäude Rangierbahnhof).

Untergattung
Cyclactis (Rafin.) Focke – *Steinbeere*

2. R. saxatilis L. – *Steinbeere*
Ö: In meist lockeren Beständen in lichten Wäldern in der Umgebung von Felsen, an steinigen Waldwegen und Waldrändern, in Felsschutt. Nicht in vollsonnigen Lagen. – Auf mässig trockenen, in der Tiefe meist ± frischen, mässig nährstoffreichen, kalkhaltigen, lockeren, humosen, konsolidierten Steinschutt- und steinigen Lehmböden.
S: Tilio-Acerenion, Fagion (Carici-Fagetum, Dentario-Fagetum tilietosum), Erico-Pinion.
V: Nur im Jura, hier zerstreut, z.B. Burg (Galgenfels), Metzerlen (Chöpfli), Grat des Blauen ob Bergmatten, Dittingen (Ritteberg), Ettingen (Fürstenstein), Hochwald (Tüfletenberg), Duggingen (Falkenfluh), Büren (Bürenfluh,

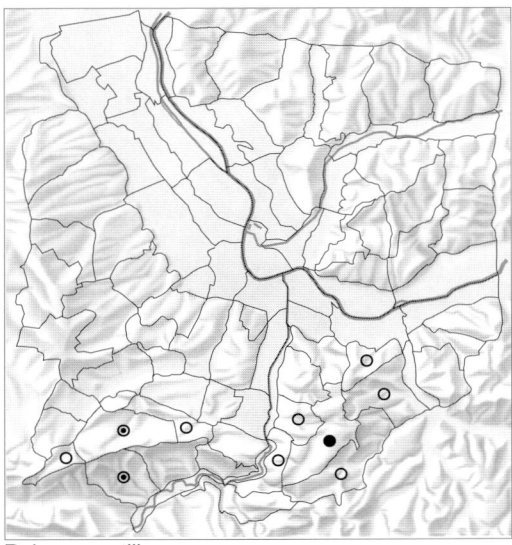

Rubus saxatilis

Vicia sativa. Bhf. St. Johann. 6.1987.

Vicia lutea. Reinacher Heide. 6.1987.

Vicia dumetorum. E Arlesheim. 8.1988.

Lathyrus niger. Montgesoye (F). 6.1986.

Lathyrus latifolius. Pratteln, Bahn. 7.1986.

Trifolium fragiferum. Friedhof Hörnli. 9.1994.

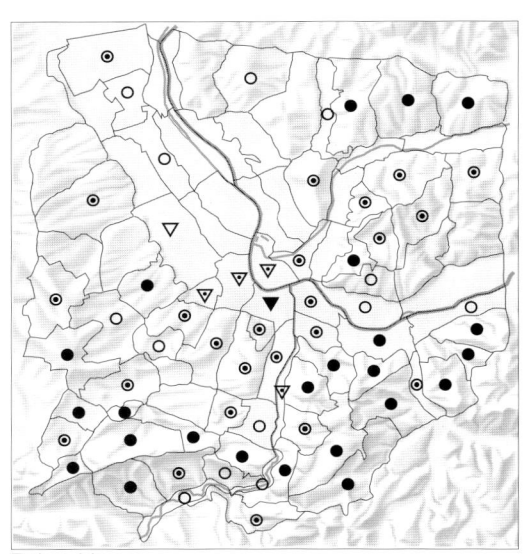

Rubus idaeus

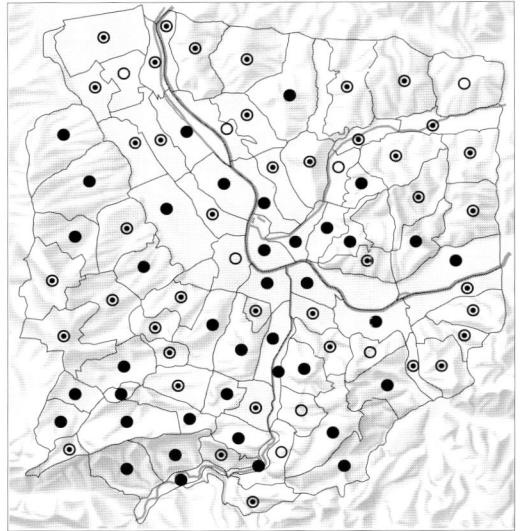

Rubus caesius

Sternenberg), Frenkendorf (Wolfenried, Blockschutt am Fuss der Schauenburgerfluh).
G: Zurückgegangen (?). An mehreren historischen Fundstellen (u.a. MOOR 1972) nicht mehr bestätigt. Nicht gefährdet.

Untergattung
Idaeobatus Focke – *Himbeere*

3. R. idaeus L. – *Himbeere*
Ö: Gesellig, z.T. in Herden in Waldlichtungen und auf älteren Waldschlägen, an Waldwegen, auf vergandeten Weiden. Häufig auch als Beerenobst kultiviert; verwildert an Waldrändern, in Feldgehölzen, an Böschungen und Rainen. – Auf (sicker-)frischen bis feuchten, nährstoff- und basenreichen, gerne kalkarmen, humosen, lockeren Lehmböden.
S: Sambuco-Salicion, Epilobion angustifolii.
V: Im Jura, in den Weitenauer Vorbergen, im Olsberger Wald und am Dinkelberg verbreitet und häufig, etwas weniger häufig in den Hardwäldern der Hoch- und Oberrheinebene. Sonst selten und oft nur verwildert.
G: Nicht gefährdet.

Untergattung
Rubus – *Brombeere*

4. R. caesius L. – *Hechtblaue B., Kratzbeere*
Ö: Gesellig, oft in Herden im Unterwuchs lichter, krautreicher Laubmischwälder, auf Waldschlägen, in Waldlichtungen, in frischen Staudensäumen an Waldrändern, Waldwegen, Hecken, Feld- und Weidegebüschen, an Ufern und Gräben, Böschungen und Ackerrainen, in Kies- und Lehmgruben. – Auf frischen bis feuchten, basen- und nährstoffreichen, gerne rohen, auch gestörten oder aufgeschütteten Lehm- und Tonböden.
S: Convolvulion, Salicion albae, Alno-Ulmion (v.a. Pruno-Fraxinetum), feuchtes Carpinion und Fagion.
V: Verbreitet und häufig.
G: Nicht gefährdet.

5.-27. Artengruppe
R. fruticosus – *Echte Brombeeren*

5. R. nessensis Hall – *Aufrechte B.*
Kein aktueller Nachweis. Bruderholz bei Therwil (1925, HEINIS in BECHERER 1946); Hard, zwischen Schönenbuch und Buschwiller (BINZ 1911).

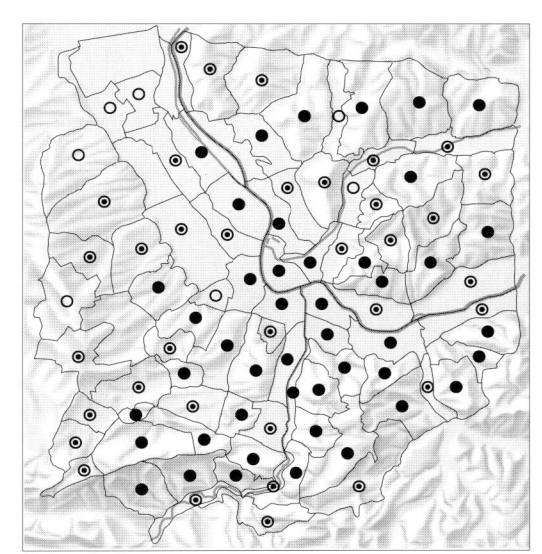

Rubus fruticosus aggr.

6. R. sulcatus Vest – *Gefurchte B.*

Ö: Einzeln oder in kleinen Beständen in Waldlichtungen, auf alten verwachsenen Waldschlägen, an Waldwegen und -strassen. – Auf sickerfrischen bis -feuchten, mässig basen- und nährstoffreichen, stets kalkfreien, humosen, lehmigen Böden.
S: Frangulo-Rubenion fruticosi.
V: Sehr zerstreut und streng lokalisiert: Elsässer Hardt: mehrfach nördlich Bartenheim-La-Chaussée; Dinkelberg: Riehen (Maienbühl), Adelhausen (unsicher); Muttenz-Münchenstein (Rütihard); Markgräfler Hügelland: Welmlingen O; höherer Sundgau (Bois de St. Brice, unsicher). Auf weitere Vorkommen ist in Gebieten mit kalkfreien Böden zu achten.
G: Im Gebiet von Natur aus nicht häufig. Potentiell gefährdet (?).

7. R. allegheniensis Porter – *Allegheny-B.*

B: Eph. – Östliches N-Amerika; offene Felsbuschwälder, Abhänge.
Ö/V: Beerenobst. Selten verwildert: Birsfelder Hard, 1992, wenige Exemplare.

8. R. bifrons Vest – *Zweifarbige B.*

Ö: Gesellig an Waldrändern, in Weide- und Feldgebüschen, an Weg- und Ackerrainen, seltener in Waldlichtungen und auf Waldschlägen. Etwas wärmeliebend. – Auf frischen bis mässig trockenen, basen- und nährstoffreichen, im Gebiet meist kalkhaltigen, steinigen Lehmböden.
S: Rubo-Prunenion spinosi, Berberidion.
V: Im Jura, am Dinkelberg und in den Kalkgebieten des Markgräfler Hügellandes verbreitet und meist häufig. Deutlich seltener im übrigen Gebiet, z.B. Hegenheim, Buschwiller, Rheinhalde bei Herten. In der elsässischen Oberrheinebene und in den Siedlungsgebieten sehr selten oder fehlend. Eine der häufigsten Wildbrombeeren im Gebiet.
G: Nicht gefährdet.

9. R. praecox Bertol. – *Frühe B.*

Ö: Gesellig in sonnigen, ± ruderalisierten Feldgehölzen und Waldsäumen, in Pioniergebüschen an Weg- und Ackerrainen, an älteren verwachsenen Schuttplätzen, in Kiesgruben. Wärmeliebend. – Auf mässig trockenen, basenreichen, gerne humosen, verlehmten Kies- und steinigen Lehmböden.
S: Rubo-Prunenion spinosi, auch Berberidion; meist in Kontakt mit Carpinion.
V: In der elsässischen Oberrheinebene verbreitet und v.a. auf der Niederterrasse häufig, hier mit Abstand die häufigste Art der *R. fruticosus*-Gruppe. Vereinzelt und z.T. nur verschleppt in der untersten Birs- und Wieseebene sowie an den warmen Rändern des Sundgaus (Biel-Benken, Buschwiller-Schönenbuch usw.), des Juras (Arlesheim) und des Dinkelberges (Hornfelsen-Grenzach). Auf weitere Vorkommen ist besonders in den wärmsten Teilen des Gebiets zu achten.
G: Nicht gefährdet.

10. R. armeniacus Focke – *Armenische B., Garten-B.*

B: Neo, seit dem 19. Jahrhundert in Kultur. – Kaukasusländer; Gebüsche, schattige Dämme.
Ö: Häufiger Beerenstrauch. Völlig eingebürgert und oft bestandbildend an Bahndämmen, an Weg- und Ackerrainen, auf Schuttplätzen, an Strassen- und Flussböschungen, in siedlungsnahen Feld- und Weidegehölzen, an Waldrändern, auf aufgelassenem Garten- und Rebland. Etwas wärmeliebend. – Auf frischen, basen- und nährstoffreichen, auch kalkhaltigen, ± tiefgründigen, gerne humosen, biologisch aktiven Lehmböden.

Lythrum hyssopifolia. Ettingen. 9.1987.

Thymelaea passerina. W Häsingen. 9.1985.

Euphorbia seguieriana. Kirchenerkopf. 5.1981.

Epilobium dodonaei. Bahnhof Wolf. 8.1991.

Euphorbia humifusa. Friedhof Hörnli. 9.1994.

Euphorbia maculata. Friedhof Hörnli. 9.1994.

Staphylea pinnata. Münchenstein. 5.1991.

Ailanthus altissima. Basel St. Johann. 6.1987.

S: Sambuco-Salicion, Artemisietalia, seltener Rubo-Prunenion spinosi und Berberidion.
V: In den Siedlungsgebieten und deren näheren Umgebung verbreitet und v.a. in den Flusstälern von Birs, Wiese und Hochrhein häufig. Auffallend selten in den stadtfernen Teilen der elsässischen Oberrheinebene, hier grösstenteils durch R. praecox ersetzt. In den Siedlungsgebieten oft die einzige Brombeerart der R. fruticosus-Gruppe.
G: In Ausbreitung. Nicht gefährdet.

11. R. obtusangulus Gremli – *Stumpfkantige B.*

Ein Nachweis: Riehen (Maienbühl); alter, grasig verwachsener Waldschlag, 1992, mehrere Exemplare.

12. R. montanus Lej. – *Weissliche B.*

Ö: Auf alten Waldschlägen, in Waldlichtungen, an Waldrändern. – Auf mässig frischen bis mässig trockenen, basenreichen, meist steinigen Lehmböden.
S: Rubo-Prunenion spinosi, Berberidion.
V: Wenige Nachweise: Jura: Arlesheim (Spitalholz), Dinkelberg: Riehen (Ausserberg, Maienbühl), Inzlingen O (Bergkopf). Auf weitere Vorkommen ist v.a. in den Kalkgebieten zu achten.

13. R. grabowskii Weihe – *Straussblütige B.*

Ö: Meist gesellig, z.T. bestandbildend an Waldrändern und in waldnahen Feldgebüschen, seltener in Waldlichtungen, auf Waldschlägen. – Auf frischen bis mässig trockenen, basen- und ± nährstoffreichen, lehmigen Böden.
S: Rubo-Prunenion spinosi, seltener Sambuco-Salicion.
V: Mehrfach im elsässischen Sundgau, z.B. Bettlach-Liebenswiller (Bois de St. Brice), Buschwiller-Schönenbuch.

14. R. phyllostachys P. J. Müll. – *Blattährige B.*

Ö: Meist einzeln oder in kleinen Beständen in Waldlichtungen und an Waldwegen, seltener an Waldrändern und in Weidegebüschen. – Auf frischen, basenreichen, gerne kalkhaltigen, humosen, steinigen, lehmigen Böden.
S: Rubo-Prunenion spinosi, Sambuco-Salicion, selten Berberidion.

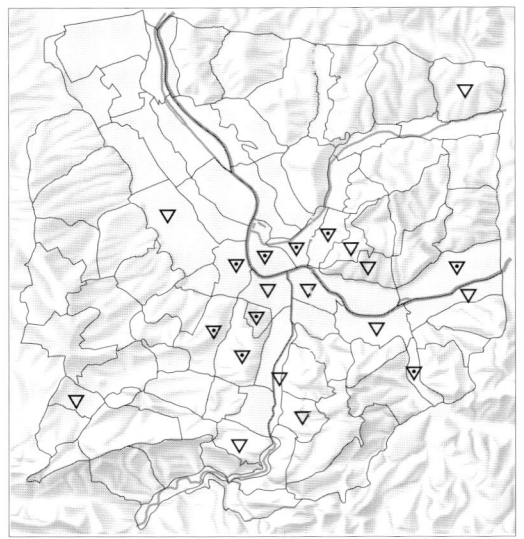

Rubus laciniatus

V: Mehrfach im Jura, z.B. Blauen-Nordhang zwischen Ettingen und Flüh, Duggingen (Angenstein gegen Ober-Aesch), Röserental.
G: Nicht gefährdet.

15. R. albiflorus Boulay & Luc. – *Weissblütige B.*

Ein Nachweis: Nuglar W; Waldrand.

16. R. laciniatus Willd. – *Schlitzblättrige B.*

B: Eph (Neo). – Heimat unbekannt.
Ö: Obst- und Zierstrauch. Verwildert, doch oft nur in Einzelexemplaren an Weg- und Strassenrändern, an Schuttplätzen, in Rabatten, auf aufgelassenem Gartenland, seltener in Lichtungen siedlungsnaher Wälder. – Auf frischen bis mässig trockenen, basen- und nährstoffreichen Kies- und steinigen Lehmböden.
S: Artemisietalia.
V: Im urbanen und urbanisierten Siedlungsgebiet ziemlich verbreitet, aber nicht häufig und oft unbeständig. In Siedlungsferne selten oder fehlend.

17. R. macrophyllos Weihe & Nees – *Grossblättrige B.*

Unsichere, R. macrophyllos angenäherte Sippen aus dem Sundgau (z.B. Bois de St. Brice) und den Langen Erlen. Auf Vorkommen ist zu achten.

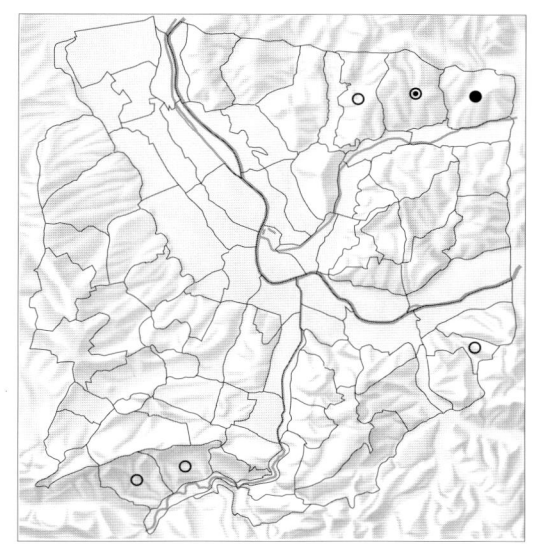

Rubus canescens

18. R. canescens DC. – *Filzige B.*

Ö: Einzeln oder in kleinen Trupps in sonnigen Wald- und Gebüschsäumen, auf mageren Weiden. – Auf ± trockenen, basenreichen, oft kalk- und nährstoffarmen, flachgründigen, steinigen, lehmigen Böden.
S: Rubo-Prunenion spinosi, seltener Berberidion.
V: In den Weitenauer Vorbergen ziemlich verbreitet und stellenweise ± häufig. Sonst nur wenige Nachweise aus dem Jura: Blauen N (Waldrand, mehrfach), Dittingen NW (Schemel), Arisdorf W.
G: Stark zurückgegangen und vielerorts verschollen. Ausserhalb der Weitenauer Vorberge stark gefährdet.

19. R. vestitus Weihe – *Samtige B.*

Ö: Gesellig auf älteren, verwachsenen Waldschlägen, in frischen Waldlichtungen, an Waldwegen, an schattigen Waldrändern, seltener auch ausserhalb des Waldes auf Magerweiden und in Weidegebüschen, hier z.T. in auffällig kleinblättrigen Standortsformen. Vorzugsweise in kühl-humiden Lagen. – Auf sickerfrischen bis -feuchten, z.T. oberwärts ± trockenen, basenreichen, gerne kalkhaltigen, seltener kalkfreien, ± humosen, oft steinigen Lehmböden.
S: Rubo-Prunenion spinosi, Sambuco-Salicion, selten Berberidion.
V: Im Jura und juranahen Sundgau verbreitet und häufig, z.B. Blauennordseite ob Ettingen, Witterswil usw., Röserental, Arisdorf NW, Seewen (Ziegelschüren) usw. Vereinzelt auch im übrigen Sundgau, z.B. Bruderholz (mehrfach), Allschwil (Ziegelhof). Fehlt den Flusstälern (?). Auf weitere Vorkommen ist v.a. in den niederschlagsreicheren Teilen des Gebiets zu achten.
G: Nicht gefährdet.

19a. – f. vestitus

Rosablühende Form. Bisher v.a. an ± nährstoff- und kalkarmen Standorten des höheren Sundgaus, z.B. Bettlach-Liebenswiller (Bois de St. Brice).

19b. – f. albiflorus G. Braun ex Kretzer

Weissblühende Form. Die im Jura verbreitete Sippe.

20. R. conspicuus P. J. Müll. – *Ansehnliche B.*

Ob im Gebiet? Unsichere Nachweise von der Blauen-Nordseite und der Rütihard. Wohl nur untypische, intensiv rosa blühende Formen von *R. vestitus*.

21. R. radula Weihe – *Raspel-B.*

Ö: Einzeln oder gesellig auf alten, verwachsenen Waldschlägen, seltener an Waldrändern. – Auf frischen, basen- und ± nährstoffreichen, gerne kalkhaltigen, steinigen Lehmböden.
S: Rubo-Prunenion spinosi, Sambuco-Salicion.
V: Selten (?): Dinkelberg: mehrfach am Ausserberg bei Riehen; Jura: Duggingen-Ober-Aesch, Muttenz-Münchenstein (Rütihard/Asp).
G: Im Gebiet wohl nie besonders häufig. Potentiell gefährdet (?).

22. R. rudis Weihe – *Rauhe B.*

Ö: Gesellig an buschigen Waldrändern. Auch mit Gehölzpflanzungen verschleppt. – Auf frischen bis mässig trockenen, basen- und ± nährstoffreichen, im Gebiet meist kalkarmen oder oberwärts entkalkten, z.T. aber auch kalkhaltigen, steinigen oder kiesigen Lehmböden.
S: Rubo-Prunenion spinosi, auch Sambuco-Salicion.
V: Zerstreut: Oberrheinebene: Elsässer Hardt, hier z.T. ziemlich häufig, z.B. nördlich Bartenheim-La-Chaussée; Jura: Muttenz-München-

Eryngium campestre. Rhein Haltingen. 7.1985.

Bupleurum rotundifolium. Reinacher Heide. 8.1988.

Orlaya grandiflora. Reinacher Heide. 9.1989.

Bifora radians. Bahnhof Weil. 5.1990.

Chaerophyllum temulum. Hofstetten. 6.1994.

Falcaria vulgaris. Blotzheim. 8.1986.

Athamanta cretensis. Hanslifels, Blauen. 7.1997.

Peucedanum carvifolia. Reinacher Heide. 9.1995.

stein (Rütihard); Weitenauer Vorberge: Rötteler Wald zwischen Haagen und Egerten; Olsberger Wald: Kaiseraugst (Talhof-Eichlihag). Verschleppt an der Autobahnböschung beim Schänzli (Muttenz).
G: Nicht gefährdet.

23. R. foliosus aggr. – *Blattreiche B.*
Vorbem.: Die beiden nah verwandten Arten *R. foliosus* Weihe und *R. flexuosus* P. J. Müller & Lef. sind im Gebiet durch zahlreiche Übergänge miteinander verbunden und lassen hinsichtlich Verbreitung und Ökologie keine Unterschiede erkennen. Die sich *R. flexuosus* annähernden Sippen von *R. foliosus* wurden von P. J. Müller als *R. corymbosus* beschrieben.

Ö: Gesellig, oft in ausgedehnten, dichten Teppichen im Unterwuchs lichter bis relativ schattiger Laub- und Mischwälder, besonders in forstlich mit Nadelhölzern angereicherten Beständen, ferner in alten, verwachsenen Waldschlägen und -lichtungen, in Aufforstungen. – Auf sickerfrischen bis -feuchten, z.T. auch nassen, mässig nährstoff- und basenreichen, meist kalkarmen oder entkalkten, humosen, lehmigen Böden.
S: Pruno-Rubion fruticosi.
V: Ziemlich verbreitet und meist häufig. In der elsässischen Oberrheinebene selten oder fehlend. Eine der häufigsten Wildbrombeeren im Gebiet.
G: In Ausbreitung (?). Nicht gefährdet.

24. R. distractus Wirtg. – *Menkes B.*
Ob im Gebiet? Bisher keine eindeutigen Nachweise. Auf Vorkommen ist zu achten.

25. R. bregutiensis A. Kern. ex Focke – *Bregenzer B.*
Ö: Gesellig auf alten, hageren Waldschlägen, an Gebüschrändern. – Auf frischen bis mässig trockenen, basen- und nährstoffarmen, kalkarmen bis -freien, oft steinigen Lehmböden.
S: Frangulo-Rubenion.
V: Wenige gesicherte Nachweise: Riehen (Ausserberg), Muttenz-Münchenstein (Rütihard/Asp), Muttenzer Hard (Industriegebiet). In Gebieten mit verhagerten Böden wohl nicht selten.

26. R. pedemontanus Pinkw. – *Träufelspitzen-B.*
Montane Sippe. Ob im Gebiet? Bisher keine eindeutigen Nachweise. Auf Vorkommen ist zu achten.

27. R. hirtus aggr. – *Drüsige B.*
Vorbem.: Die Gruppe umfasst dunkeldrüsige, taxonomisch nicht weiter fassbare, nicht stabilisierte Morphotypen.

Vorwiegend montane Sippen. Bis anhin nur verschleppt an Waldwegen und Waldstrassen, z.B. Gempen N (Schauenburg-Schönmatt), Muttenz-Münchenstein (Asprain), Birsfelder Hard. Meldungen aus dem Gebiet beruhen wohl meist auf Verwechslungen mit *R. foliosus* aggr. und anderen dunkeldrüsigen Sippen.

Artengruppe
R. corylifolius – *Haselblatt-Brombeeren*
Vorbem.: Diese Gruppe enthält hybridogene Sippen, an deren Entstehung unbekannte Vertreter der *R. fruticosus*-Gruppe und *R. caesius* beteiligt sind. Die Unterscheidung der ± stabilisierten Sippen von spontan entstandenen Primärbastarden ist in vielen Fällen schwierig. Belege aus dem Gebiet sind zahlreich vorhanden, wurden aber im Rahmen der vorliegenden Arbeit nur lückenhaft aufgearbeitet.

28. R. villarsianus Focke ex Gremli – *Schweizer B.*
Ö: Meist gesellig an frischen, schattigen, oft leicht ruderalisierten Wald- und Gebüschrändern, an Waldwegen, auf Waldlichtungen. – Auf frischen bis feuchten, nährstoff- und basenreichen, auch kalkhaltigen Lehm- und Tonböden.
S: Convolvulion.
V: Verbreitet und häufig (?), z.B. Birsfelder Hard, Olsberger Wald, Binningen (Herzogenmatt-Paradieshof), Münchenstein (Rütihard), Wissgrien), Weil-Haltingen (Krebsbach), Riehen (Ausserberg beim Friedhof Hörnli), Frenkendorf (ob der Rappenfluh), Duggingen (unter der Falkenfluh), Grellingen S, Ettingen gegen 'Stapflen' usw.
G: Nicht gefährdet.

Bastarde

Vorbem.: Bei den aufgeführten Bastarden handelt es sich um mutmassliche Primärbastarde, die beim Zusammentreffen 'guter' Elternarten immer wieder von neuem entstehen können.

29. R. armeniacus × caesius

Im Siedlungsgebiet und dessen näheren Umgebung nicht selten, v.a. in frischen, ruderalisierten Gebüschen, an Weg- und Ackerrändern usw., z.B. Weil S (Erlenmatten), Basel (Bettingerweg, Grenzacherstrasse) usw.

30. R. canescens × caesius

Ein Nachweis: Duggingen S (Schiessstand).

31. R. idaeus × sp. ?

Vorbem.: Diese Gruppe umfasst noch nicht weiter untersuchte Bastardsippen zwischen *R. idaeus* und Arten der *R. fruticosus*-Gruppe.

Wenige Nachweise, z.B. Arlesheim (Spitalholz), Muttenz-Münchenstein (Rütihard) usw.

32. R. caesius × idaeus (R. × pseudoidaeus (Weihe) Lej.)

Ein Nachweis: Basel (Jakobsbergerholz).

234. Rosa L. — *Rose*

Vorbem.: In der Gattung *Rosa* herrschen besondere Vererbungsverhältnisse (balancierte Heterogamie, vgl. HESS et al. 1977), die den grossen Varietätenreichtum bei an sich gut abgrenzbaren Arten bedingen. In der Systematik der Gattung folgen wir im Wesentlichen CHRIST (1873), KELLER (1931) und SCHENK (1955, 1957). Trotz zahlreich gesammelter Belege kann die vorliegende Darstellung keine Vollständigkeit beanspruchen. Nachweise weiterer beschriebener und unbeschriebener Sippen sowie von Bastarden und Bestätigungen historisch belegter Angaben (CHRIST 1873, BINZ 1901, 1905, 1911 usw., KELLER 1931, HEINIS 1958 u.a.) sind deshalb sehr wohl möglich.

1. R. pendulina L. — *Alpen-Hagrose*

Ö: Einzeln oder gesellig auf lichten, aber nicht immer vollsonnigen, z.T. auch ± schattigen, buschigen Felsköpfen und -graten, in lichtem Buchenwald. Oft steril. — Auf mässig trockenen, basenreichen, im Gebiet meist kalkhaltigen, etwas lehmigen, humosen, mittel- bis flachgründigen Stein- und klüftigen Felsböden.
S: Berberidion (Cotoneastro-Amelanchieretum), Fagion (Carici-Fagetum seslerietosum).
V: Ziemlich selten; nur im Jura: Rämel, Blauengrat, Röschenz (Forstberg), Blauen (Hanslifels), Ettingen (Fürstenstein), Himmelried (Rütenen), Duggingen O (Falkenfluh), Arlesheim (Armenholz), Muttenz (Wartenberg), Frenkendorf (Schauenburg).
G: Montan-subalpine Art; im Gebiet von Natur aus selten. Potentiell gefährdet.

1a. — var. **setosa** Ser.

Rämel, mehrfach auf dem Grat des Blauen von den Challplatten bis östlich des Blauenpasses, Ettingen (Fürstenstein), Röschenz (Forstberg), Duggingen O (Falkenfluh).

1b. — var. **pyrenaica** Ser.

Wenige Nachweise am Nordrand des Gempengebiets: Muttenz (Wartenberg), Frenkendorf (Schauenburg).

2. R. pimpinellifolia L. (R. spinosissima auct.) — *Reichstachelige R.*

Ö: Gesellig in Gebüschsäumen auf sonnigen Felsköpfen und -bändern. Auch in 'Wildhek-

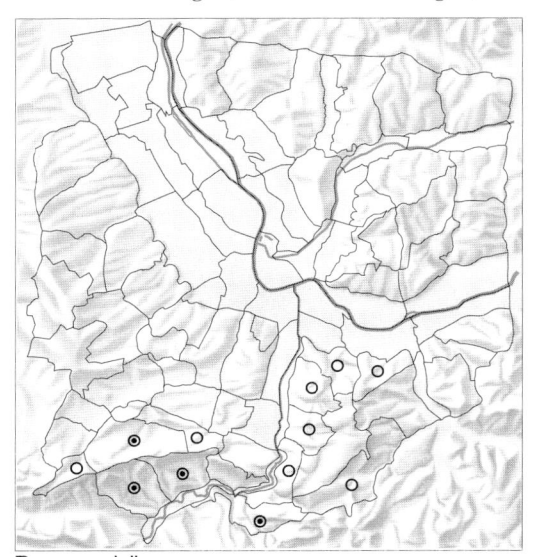

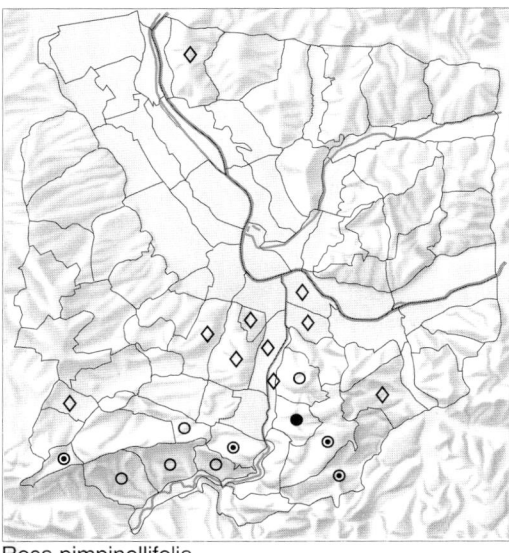

Rosa pendulina

Rosa pimpinellifolia

ken' gepflanzt. – Auf ziemlich trockenen, kalkreichen, flachgründigen, ± klüftigen, oft etwas verlehmten Felsböden.
S: Geranion sanguinei (Peucedano-Geranietum).
V: Ziemlich selten und streng lokalisiert; bodenständig nur im Jura (vgl. Varietäten).
G: Im Gebiet von Natur aus nicht häufig. Potentiell gefährdet.

2a. – var. **pimpinellifolia** (p. p. f. inermis DC.)

Hofstetter Köpfli, Blauen (Hanslifels), Pfeffingen/Duggingen (Schlossberg/Muggenberg), Dornach/Gempen (Ingelstein/Ramstel), Gempen (Schartenfluh), Hochwald (Tüfleten), Büren (Lochfluh/Sternenberg).

2b. – var. **spinosissima** (L.) R. Keller (p. p. f. anacantha R. Keller)

Blauen (Hanslifels), Nenzlingen (Chuenisberg), Arlesheim (Hohle Fels), Dornach/Gempen (Ingelstein/Ramstel), Gempen (Schartenfluh).

2c. – cv. **'Altaica'**

B: Eph.
Ö/V: Zierstrauch, nicht selten auch in 'Naturhecken' und an Strassen- und Flussböschungen gepflanzt. Selten verwildert, z.B. Riehen (Reservat Autal), Birsfelden (Birskopf).

3. R. hugonis Hemsley – *Father Hugos Gelbe R.*

B: Erg. – C-China; sonnige Berggebüsche, 600-2300 m.
Ö/V: Zierstrauch. Gepflanzt in einer 'Naturhecke' an der Birsböschung bei Birsfelden (Hagnau).

4. R. rugosa Thunb. – *Kartoffel-R.*

B: Eph (Neo). – O-Sibirien, N-China, Korea, Japan; sandige Meeresstrände.
Ö/V: Häufiger Zierstrauch. Nicht selten verwildert, v.a. an sonnigen, kiesig-sandigen Orten, z.B. Bahnhöfe Riehen und Grenzach, Bahngelände Basel-Kleinhüningen und Muttenz, Siedlungsgebiete von Allschwil, Aesch und Bettingen, Rheinböschung bei Weil usw.

5. R. majalis Herrm. – *Zimt-R.*

Kein aktueller Nachweis. 'Ostenberg' bei Liestal, vermutlich mit Fichtenpflanzungen einge-

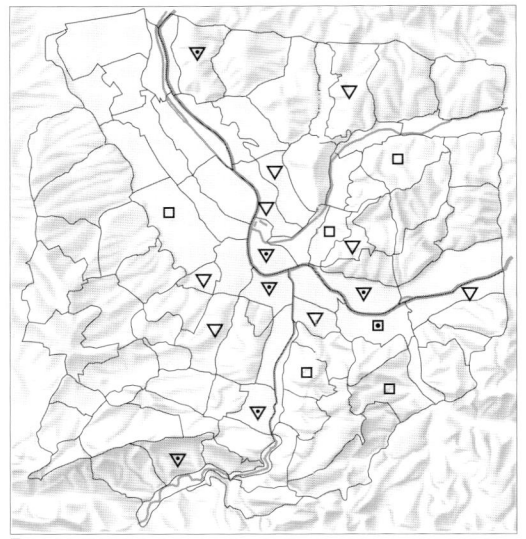

Rosa rugosa

schleppt (HEINIS 1926; noch 1950, Heinis in BECHERER 1954).

6. R. virginiana Mill. (R. lucida Ehrh.) – *Virginische R.*

B: Eph (Neo). – Östliches N-Amerika; trockene Felsgebüsche.
Ö/V: Zierstrauch. Hie und da verwildert oder ausgepflanzt in warmen, trockenen Mantelgebüschen von Seggen-Buchenwäldern und anderen thermophilen Laubwäldern, z.B. Flüh-Hofstetten (verwildert), 'Spitalholz' bei Arlesheim (gepflanzt und nahverwildert), Oberwil gegen 'Bruderholzhof' ('Naturhecke').

7. R. multiflora Thunb. ex Murray – *Vielblütige R., Rispen-R.*

B: Neo. – Japan, Korea; Gebüsche an Berghängen.
Ö/V: Zierstrauch, oft auch in Feucht- und Trockenbiotopen, an Strassenböschungen und in 'Naturhecken' gepflanzt. Nicht selten verwildert und z.T. völlig eingebürgert in nicht zu trockenen Wäldern und Gebüschen, in Brachwiesen usw., z.B. Binningen (Herzogenmatt), Ziegelei Oberwil, Riehen (Autal), Grenzach (Lenzen), Istein S (Rand des 'Totengrien').

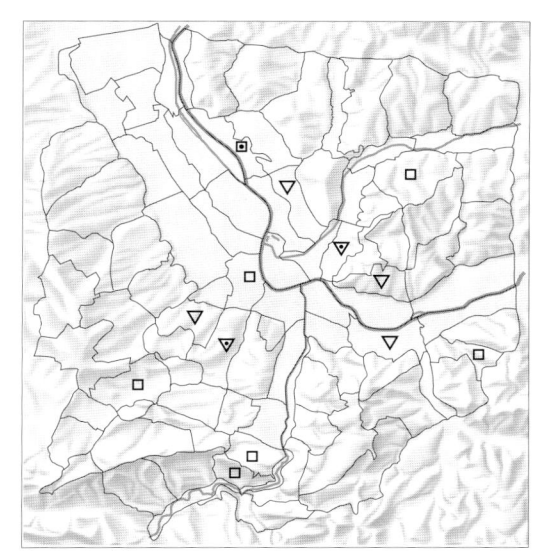

Rosa multiflora

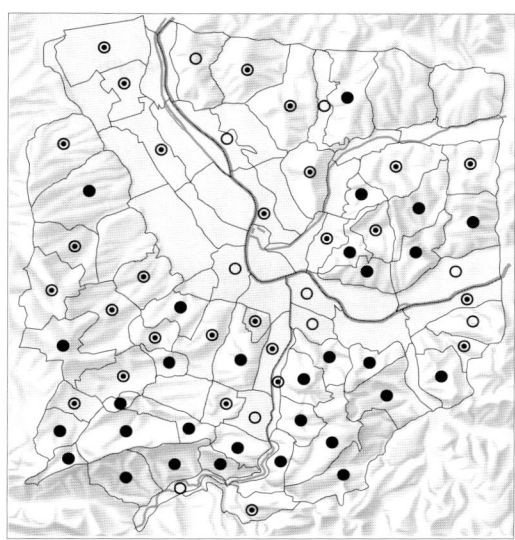

Rosa arvensis

8. R. arvensis Huds. – *Feld-R.*

Ö: Gesellig an ± sonnigen Waldrändern, in Weide- und Felsgebüschen, an Waldwegen und in Waldschlägen, einzeln oder in lockeren Beständen im Innern nicht zu schattiger Buchen- und Eichen-Hagebuchenwälder. – Auf frischen bis mässig trockenen, basenreichen, ± tiefgründigen, oft humosen, reinen oder steinigen Lehmböden.
S: Berberidion (v.a. Pruno-Ligustretum), Carpinion, Fagion (v.a. Carici-Fagetum).
V: Ziemlich verbreitet und v.a. im Jura, am Dinkelberg und in der Elsässer Hardt häufig. In den rezenten Talauen und im urbanen Siedlungsgebiet sehr selten oder fehlend.
G: Nicht gefährdet.

8a. – var. **arvensis**
Verbreitet, v.a. in der f. *subbiserrata* R. Keller.

8b. – var. **biserrata** Crépin
Zerstreut.

8c. – var. **pilifolia** Borbás
Zerstreut: mehrfach im Blauengebiet, z.B. Blauen-Weide; Arlesheim (Eremitage).

8d. – var. **multiflora** R. Keller
Kein aktueller Nachweis. Ein aufrechter Strauch am Waldrand ob Hofstetten gegen Hofstetterköpfli (1949, HEINIS 1958).

9. R. rubiginosa L. (R. eglanteria L.) – *Wein-R.*

Ö: Einzeln auf mageren Weiden, in sonnigen Weidegebüschen und Hecken, seltener auf Felsköpfen und an lichten Waldrändern. Vereinzelt in Hecken gepflanzt. – Auf ziemlich trockenen, basenreichen, doch nicht immer kalkhaltigen, mittel- bis flachgründigen Schotter- und steinig-lehmigen Böden.
S: Berberidion (Pruno-Ligustretum), Quercion pubescenti-petraeae.
V: Ziemlich selten; v.a. im Blauengebiet, z.B. Dittinger-Weide, Dittinger Bergmatten, Blauen-Weide, Hofstetter Köpfli, Pfeffinger Schlossfelsen; Gempengebiet: Arlesheim (Spitalholz, Chilchholz, Gstüd), Dornach (Dornachberg); Hoch- und Oberrheinebene: Weil-Haltingen, St. Louis, Rheinweiler S (Nähe Autobahn), Herten-Rheinfelden; Wiesental: Brombach W; Dinkelberg: Nollingen N.
G: Stark zurückgegangen und gebietsweise, z.B. am Bruderholz (BINZ 1911, BINZ 1942) und im Markgräfler Hügelland (Isteiner Klotz, LITZELMANN 1966; Tüllinger Höhe, BINZ 1911), nachweislich erloschen bzw. verschollen. Gefährdet.

9a. – var. **comosa** (Rip.) Dumort.
Hofstetter Köpfli, Blauen-Weide, Kleinblauen.

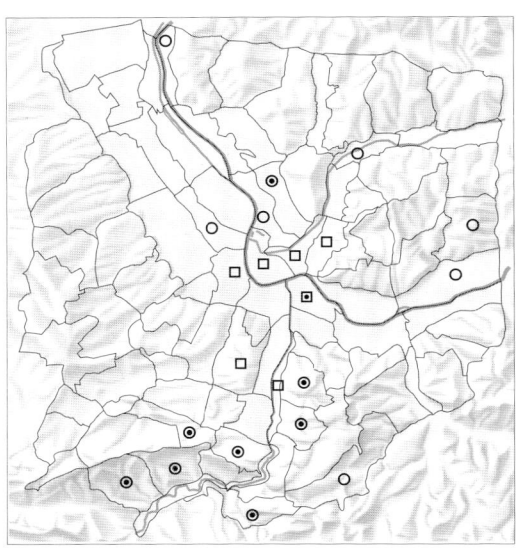

Rosa rubiginosa

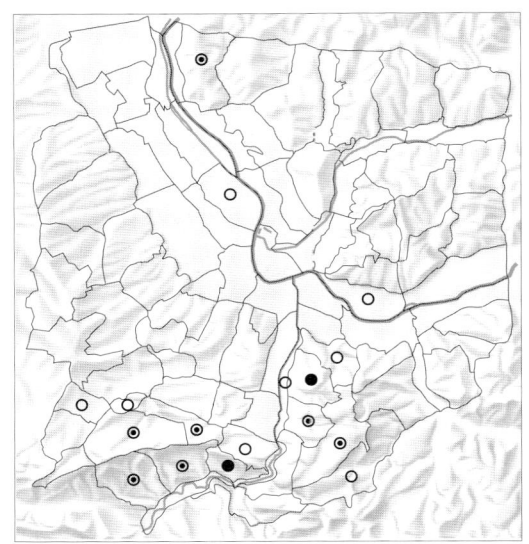

Rosa micrantha

9b. – var. umbellata (Leers) Dumort.

Blauengebiet: Dittinger Bergmatten, Dittinger Weide, Blauen-Weide; Oberrheinebene: Rangierbahnhof Haltingen, beim Bahnhof St. Louis.

9c. – var. liostyla Christ

Pfeffinger Schlossberg.

10. R. micrantha Sm. – *Kleinblütige R.*

Ö: Einzeln auf mageren Weiden, in sonnigen Feld- und Weidegebüschen und Hecken, an Waldrändern und auf Felsköpfen. Vereinzelt angepflanzt (s. Varietäten). – Auf ziemlich trockenen, basenreichen, gerne kalkhaltigen, mittel- bis flachgründigen, steinig-lehmigen und klüftig-felsigen Böden.
S: Berberidion (v.a. Pruno-Ligustretum), Quercion pubescenti-petraeae.
V: Im Blauen- und Gempengebiet (v.a. Gempen-Westflanke) sowie im Gebiet der Malmscholle von Istein zerstreut. Sonst sehr selten: Grenzach und St. Louis (ob wirklich bodenständig ?), Rodersdorf (Forstbüel).
G: Zurückgegangen. Gefährdet.

10a. – var. micrantha

Blauen- und Nenzlinger Weide, Hofstetter Köpfli, Pfeffinger Schlossberg.

10b. – var. operta (Puget) Borbás

Blauengebiet: Hofstetter Köpfli, Blauen-Weide; Westrand des Gempengebiets: Arlesheim (Spitalholz, Schloss Birseck, Chilchholz).

10c. – var. hystrix Baker

Blauengebiet: Blauen-Weide, Hofstetter Berg, Leymen (Landskronberg); Isteiner Klotz. – "Am Hornfels bei Grenzach" (BINZ 1942), "westl. vom Pfeffingerschloss" (BINZ 1915), "Bruderholz, Ettingen, Dornacher Schlossberg" (BINZ 1911).

10d. – var. cf. lepida R. Keller

Gepflanzt in Hecken, z.B. Basel, Oberwil, Muttenz.

11. R. agrestis Savi – *Hohe Hecken-R.*

Ö: Einzeln auf mageren Weiden, in sonnigen Weidegebüschen und Hecken, an Waldrändern und auf Felsköpfen, seltener im lichten Wald, z.B. an besonnten Waldwegrändern. Vereinzelt angepflanzt. – Auf ziemlich trockenen, basenreichen, gerne kalkhaltigen, mittel- bis flachgründigen, steinig-lehmigen und klüftig-felsigen Böden.
S: Berberidion (Pruno-Ligustretum, Cotoneastro-Amelanchieretum), Quercion pubescenti-petraeae.

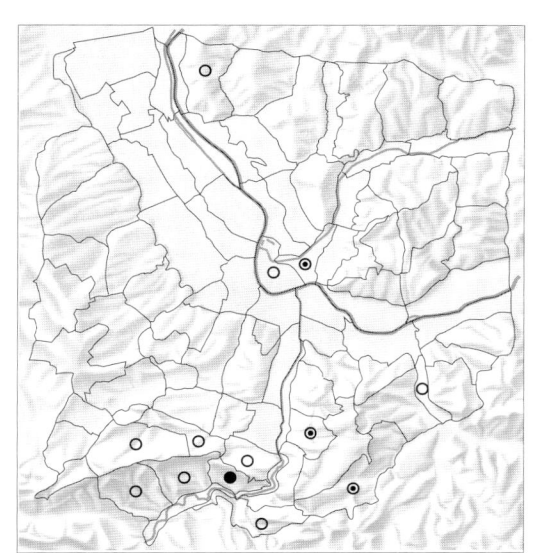

Rosa agrestis

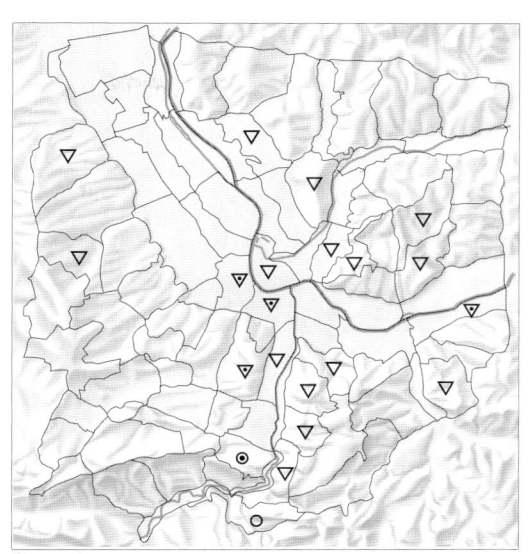

Rosa glauca

V: Ziemlich selten; v.a. im Blauengebiet, z.B. Nenzlinger Weide (hier ± häufig), Blauen-Weide, Dittinger Weide, Hofstetter Köpfli; Gempengebiet: Dornach (Dichelberg, Riederen), Büren (Bürenfluh: Unter dem Berg); Isteiner Klotz. Ein isoliertes Vorkommen unklarer Herkunft am Bahndamm beim Bäumlihof (Basel, zahlreiche Büsche). In den Langen Erlen gepflanzt.
G: Wohl zurückgegangen. Am Schleifenberg bei Liestal (1952, Heinis in BINZ 1956) verschollen. Gefährdet.

11a. – var. agrestis
Da und dort im Blauengebiet: Hofstetter Köpfli, Dittinger Weide, Blauen-Weide, Nenzlinger Weide.

11b. – var. pubescens Rapin
Selten: Blauengebiet: Blauen-Weide, Nenzlingen (Chuenisberg); Isteiner Klotz (Nordportal des Eisenbahntunnels).

11c. – var. columbiensis R. Keller
Kein aktueller Nachweis: "Ob Dorf Blauen, nahe am Waldrand" (1945, HEINIS 1958).

12. R. glauca Pourr. – *Bereifte R.*
12a. – var. glauca
Ö/V: Selten; bodenständig nur in lichten Felsgebüschen am Ostgrat der Eggfluh (Grellingen/Pfeffingen) und am Eischberg bei Aesch.
S: Berberidion (Cotoneastro-Amelanchieretum).
G: Vorwiegend montan-subalpine Art; im Gebiet von Natur aus selten. Potentiell gefährdet.

12b. – var. glaucescens Wulfen
B: Eph (Neo).
Ö/V: Recht häufig als Zierstrauch in Gärten und in Hecken gepflanzt und gelegentlich verwildert, z.B. Basel (Antilopenweglein, Bahnhof und Friedhof Wolf, Elsässerbahn beim Morgartenring), Kaiseraugst (Kiesgrube 'Gstalten'), Wyhlen usw.

13. R. jundzillii Besser – *Jundzills R., Rauhblättrige R.*
Ö: Einzeln auf Weiden, in Weide-, Feld- und Waldrandgebüschen, auf Felsköpfen (hier in der f. *aliothii* Christ). – Auf mässig trockenen, kalkreichen, mittel- bis flachgründigen steinig-lehmigen Böden.
S: Berberidion.
V: Ziemlich selten; nur im Jura (vgl. Varietäten).
G: Wohl zurückgegangen. Am Isteiner Klotz (LITZELMANN 1966) verschollen. Gefährdet.

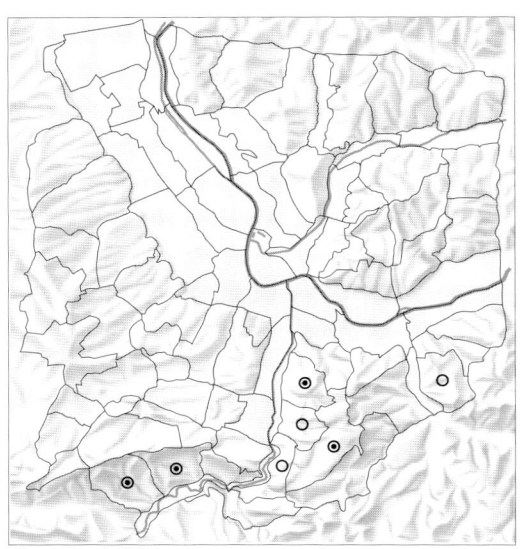

Rosa jundzillii

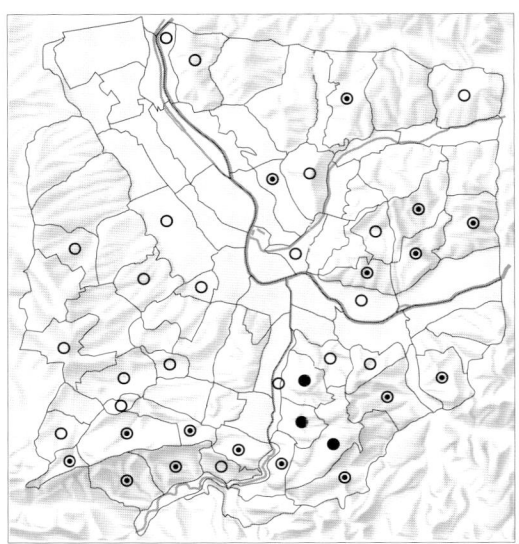

Rosa tomentosa

13a. – var. jundzillii
Kein aktueller Nachweis. "am Blauen ob Burg" (Christ in HEINIS 1958); in der f. *pugeti* (Boreau) Christ am Blauen-Südhang (1941; HEINIS 1958).

13b. – var. trachyphylla (Rau) Crépin
f. *sylvatica* Fr.: Blauen-Weide, Dittinger Weide, Hochwald (Rotenrain), Gempen (Zürzech).
f. *aliothii* Christ: Dittingen (Obmert), Arlesheim (Chilchholz, Hornichopf), Dornach (Ingelstein), Duggingen (Falkenfluh).

14. R. tomentosa Sm. – *Filzige R.*
Ö: Einzeln, seltener gesellig in Feld- und Weidegebüschen, in Hecken, an Waldrändern, an Waldwegen und in Waldschlägen, in lichten Wäldern. – Auf trockenen bis mässig frischen, basenreichen, meist mittelgründigen, ± steinigen und lehmigen Böden.
S: Berberidion, v.a. Pruno-Ligustretum.
V: Im Jura verbreitet und ziemlich häufig, deutlich seltener am Dinkelberg. Vereinzelt auch in den Weitenauer Vorbergen, im Markgräfler Hügelland (Tüllinger Berg, Isteiner Klotz) und im Sundgau, selten in der Hoch- und Oberrheinebene, z.B. Rheinvorland südwestlich Rheinweiler, Wyhlen SO.
G: Zurückgegangen. Schonungsbedürftig.

14a. – var. tomentosa
Verbreitet.

14b. – var. cinerascens (Dumort.) Crépin
Verbreitet, z.B. Arlesheim (Eremitage), Inzlingen (Fuchshalde).

14c. – var. subglobosa (Sm.) Carion
Verbreitet.

14d. – var. gisleri (Puget) Crépin
Hochwald (Bützlen), Blauen-Weide, Leymen (Landskronberg).

14e. – var. seringeana (Godron) Dumort.
Isteiner Reben, Hofstetter Köpfli/Flühberg, Bättwiler Berg.

15. R. scabriuscula Sm. em. H. Braun (R. tomentosa Sm. em H. Braun ssp. pseudoscabriuscula R. Keller) – *Kratz-R.*
Ö: In sonnigen Weide- und Feldgebüschen, an Waldrändern. – Auf ziemlich trockenen, basenreichen, ± steinigen und lehmigen Böden.
S: Berberidion.
V: Verbreitung ungenügend bekannt. Blauengebiet: Blauen-Weide; Dinkelberg: Riehen (Maienbühl), mehrfach um Inzlingen.

15a. – var. intromissa Crépin
Ein Nachweis: Blauen-Weide.

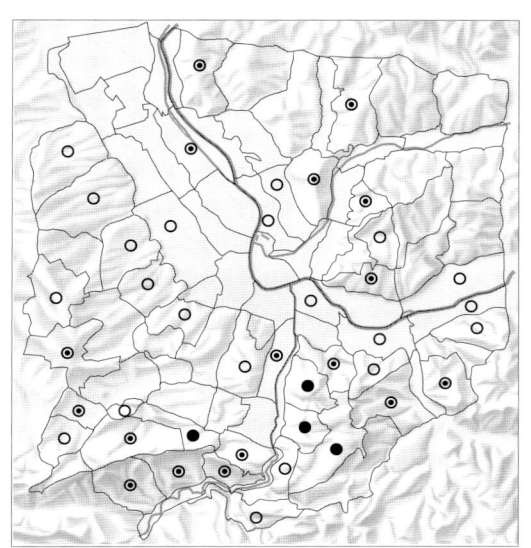

Rosa corymbifera

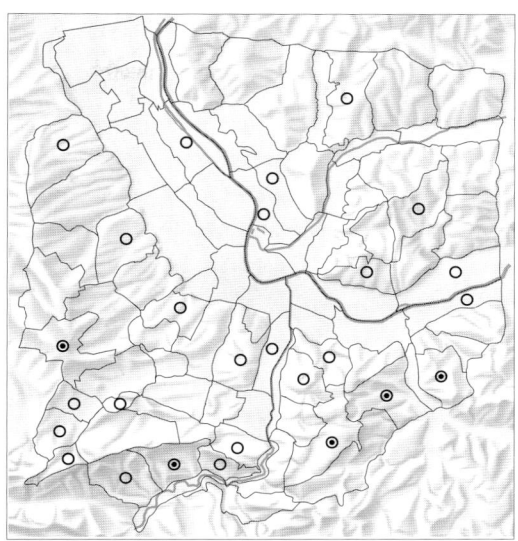

16. R. villosa L. (R. pomifera Herrm.) – *Apfel-R.*

Einzelner nicht blühender Strauch im Felskopfgebüsch am Pfeffinger Schlossberg. Altes Kulturrelikt? Montan-subalpine Art; im Gebiet wohl nicht bodenständig.

17. R. tomentella Léman em. Christ (R. obtusifolia Desv. ssp. tomentella (Léman em. Christ) R. Keller) – *Flaum-R.*

Als Einzelstrauch und in Weidegebüschen auf der Blauen-Weide. Nach SEBALD et al. (1992) auch auf Messtischblattquadrant Lörrach NW (8311/1). Weitere Verbreitung nicht bekannt. Zu überprüfen sind u.a. folgende historische Angaben: "Rote Fluh ob Liestal" (HEINIS 1926), "Hofstetter Köpfli" (Suter in Binz 1915).

18. R. corymbifera Borkh. (R. dumetorum Thuill.) – *Busch-R.*

Ö: Einzeln in Hecken, in Feld- und Weidegebüschen, an Waldrändern, seltener in lichten Laubwäldern. – Auf mässig trockenen bis frischen, basenreichen, mittel- bis tiefgründigen, steinigen oder reinen Lehmböden.
S: Berberidion, v. a . Pruno-Ligustretum.
V: Im Jura verbreitet und v.a. im Blauen- und Gempengebiet z.T. ziemlich häufig. Mehrfach auf der Dinkelberg-Südseite, am Tüllinger Berg und in der Gegend von Istein, vereinzelt auch im Sundgau und auf den Niederterrassen der Flusstäler. Sonst sehr selten oder fehlend.
G: Wohl zurückgegangen. Schonungsbedürftig.

18a. – var. **platyphylla** (Rau) Christ
Verbreitet.

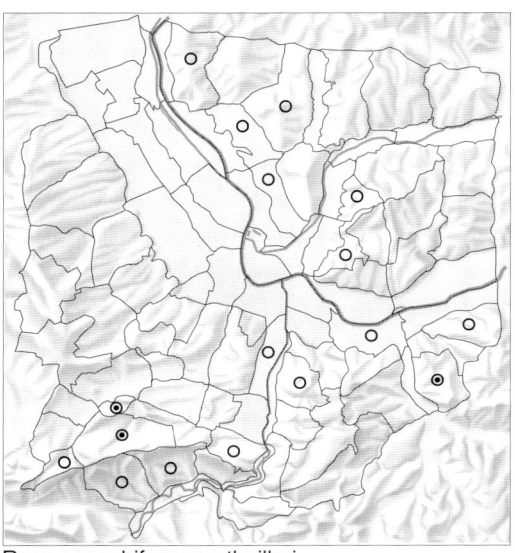

Rosa corymbifera var. platyphylla

Rosa corymbifera var. thuilleri

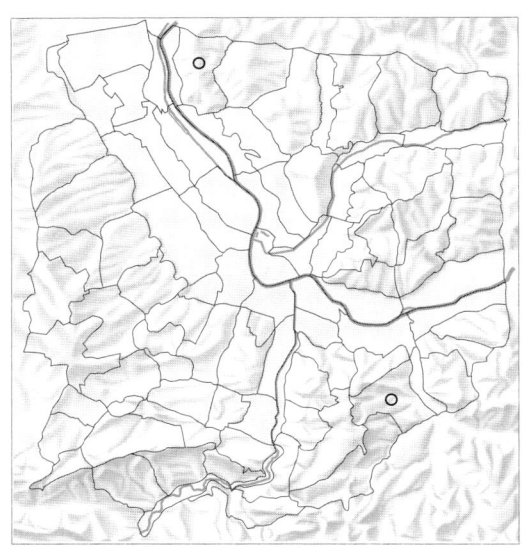

Rosa corymbifera var. hemitricha

18b. – var. **thuilleri** Christ

Zerstreut.

18c. – var. **hemitricha** (Rip.) R. Keller

Verbreitung ungenügend bekannt; nachgewiesen auf der Blauen-Weide und am Isteiner Klotz. – "Hofstetterköpfli im Wald unter dem Südgrat" (BINZ 1942).

18d. – var. **deseglisei** (Boreau) Christ (R. deseglisei Boreau)

Verbreitung ungenügend bekannt; nachgewiesen am Münchensteiner Schlossfelsen und bei Hagenthal-le-Haut (Breiacker). – Bruderholz, bei Blauen, Dinkelberg bei Adelhausen (alle BINZ 1911).

19. R. stylosa Desv. – *Säulengriffige R.*

19a. – var. **desvauxiana** Ser.

Ö/V: Sehr selten: Metzerlen (Niderholz); ein einzelner grosser Strauch in Waldmantelgebüsch; in der f. *lanceolata* Lindl. am Isteiner Klotz (1989, Timmermann in SEBALD et al. 1992; vgl. schon BINZ 1905).
G: Zurückgegangen und an den meisten historischen Fundstellen (CHRIST 1873, BINZ 1911, HEINIS 1958) verschollen. Vom Aussterben bedroht.

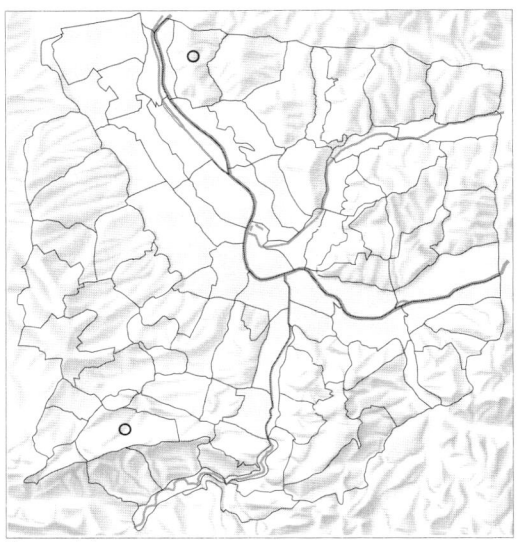

Rosa stylosa

20. R. canina L. – *Hunds-R., Hecken-R.*

Ö: Einzeln oder gesellig auf Weiden, in Weide- und Feldgebüschen, an Böschungen und Rainen, an Waldrändern, an Waldwegen, in Waldschlägen und in lichten Wäldern, auf Felsköpfen, seltener an Felsen und Mauern. Auch ruderal. Vielfach in Hecken gepflanzt und verwildernd. – Auf trockenen bis mässig

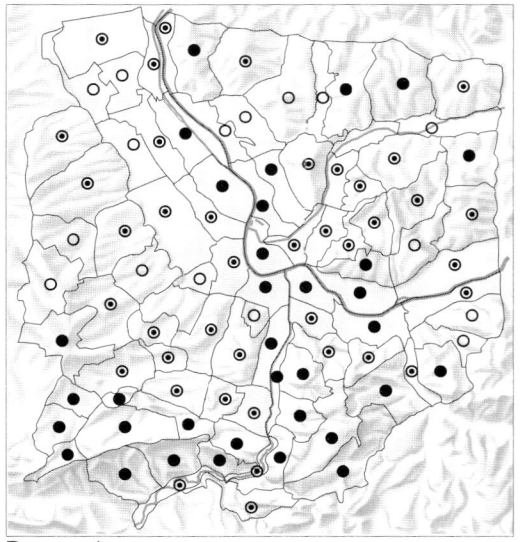

Rosa canina

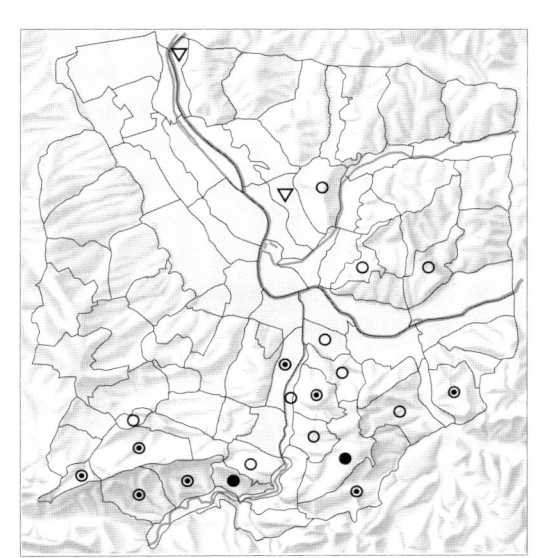

Rosa canina var. lutetiana

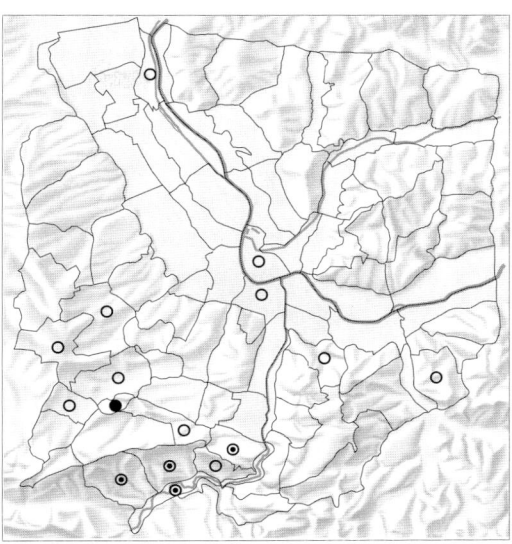

Rosa canina var. transitoria

feuchten, basenreichen, mittel- bis tiefgründigen Stein-, Schotter- und Lehmböden.
S: Berberidion, Sambuco-Salicion, Fagetalia.
V: Verbreitet und v.a. im Jura, am Dinkelberg, im Gebiet der Malmscholle von Istein und in den Flusstälern von Birs und Rhein häufig. Bis ins urbane Siedlungsgebiet.
G: Nicht gefährdet.

20a. – var. **lutetiana** (Lam.) Baker
Verbreitet. Formenreich.

20b. – var. **hispidula** (Rip. p.p.) R. Keller
Ziemlich verbreitet.

20c. – var. **andegavensis** (Bastard) Desp.
(R. andegavensis Bastard)

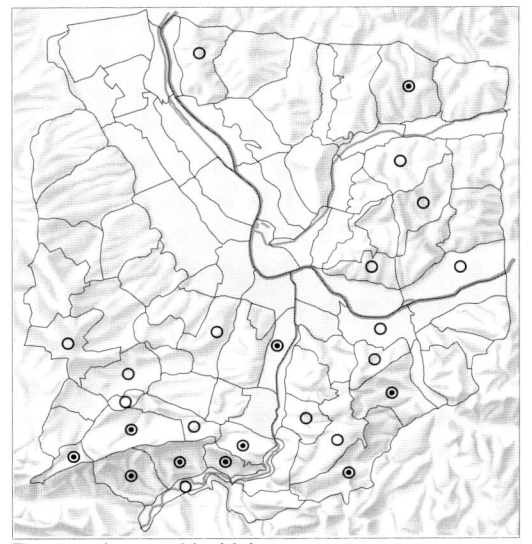

Rosa canina var. hispidula

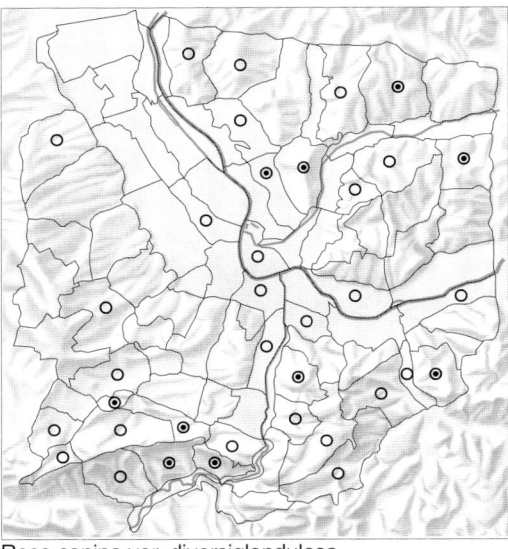

Rosa canina var. diversiglandulosa

Blauen-Weide, nach SEBALD et al. (1992) auch Messtischblattquadrant Lörrach NW (8311/1). Weitere Verbreitung nicht bekannt.

20d. – var. **transitoria** R. Keller
Verbreitet. Formenreich.

20e. – var. **diversiglandulosa** R. Keller
Verbreitet; recht häufig im Blauengebiet.

20f. – var. **hirtella** (Rip.) Christ
Blauen-Weide, Grellingen (Räben).

20g. – var. **dumalis** Baker
Ziemlich verbreitet.

20h. – var. **biserrata** (Mérat) Baker
Selten im Blauengebiet, z.B. Blauen-Weide, Hofstetter Köpfli.

20i. – var. **villosiuscula** (Rip.) Borbás
Verbreitet; häufig im Blauengebiet.

20j. – var. **verticillacantha** (Mérat) Baker
Blauen-Weide. Weitere Verbreitung nicht bekannt.

20k. – var. **scabrata** Crép. apud Scheutz
Selten; angenähert auf der Blauen-Weide.

20l. – var. **blondaeana** (Rip.) Crép.
In den Kalkgebieten zerstreut, z.B. Blauengebiet: Blauen-Weide.

21. R. vosagiaca N. H. F. Desp. s. l.

21a. – ssp. **vosagiaca** – *Blaugrüne R.*
Ö: Einzeln in Hecken- und Feldgebüschen, selten auf Felsköpfen. – Auf mässig trockenen, basenreichen, steinigen und lehmigen Böden.
S: Berberidion.
V: Selten; nur wenige Nachweise aus dem Gempengebiet: Gempen (Ramstel, Zürzech).
G: Stark gefährdet.

21b. – ssp. **subcanina** Christ (R. subcanina (Christ) Dalla Torre & Sarnth.) – *Falsche Hunds-R.*
Ö: Einzeln in Hecken- und Feldgebüschen, an Waldrändern. – Auf mässig trockenen, basenreichen, meist kalkhaltigen, steinigen und lehmigen Böden.
S: Berberidion (Pruno-Ligustretum).
V: Ziemlich selten; fast ausschliesslich im Jura, z.B. Hofstetter Köpfli, Hofstetten O, Metzerlen (Niderholz), Gempen (Ramstel), Schleifenberg bei Liestal; Tüllinger Berg: Südwestrand des Käferholzes.
G: Zurückgegangen. Gefährdet.

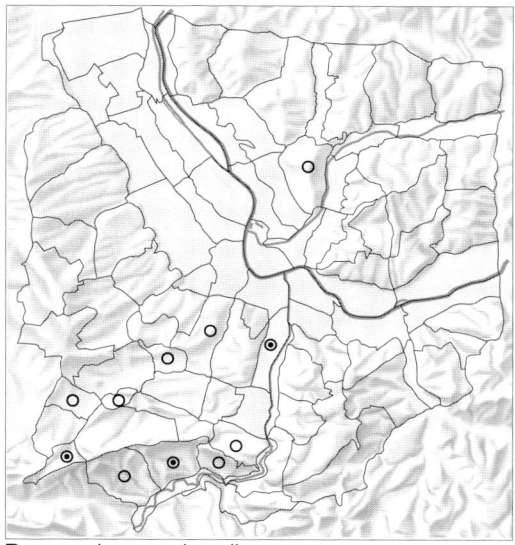

Rosa canina var. dumalis

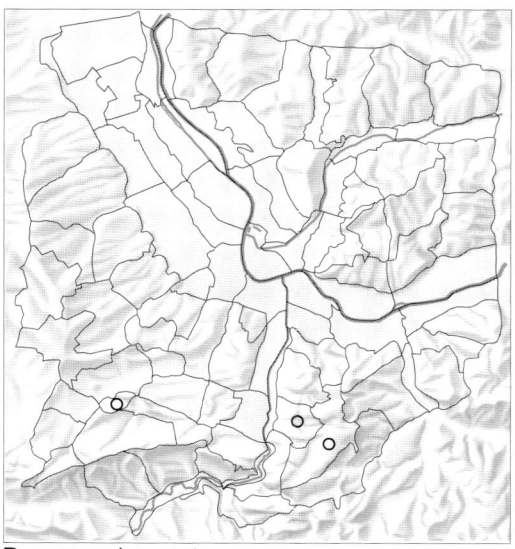

Rosa vosagiaca s.str.

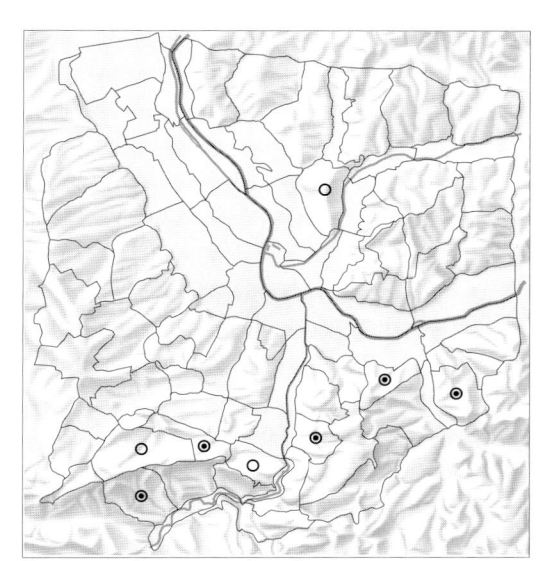

Rosa vosagiaca ssp. subcanina

22. R. × centifolia L. – *Hundertblättrige R.*

B: Erg. – Alte Gartenhybride, Stammform aus dem Kaukasus.
Ö: Zierstrauch, selten an kulturfremden Stellen, z.B. ruderal in Friedhöfen. Muttenz (östlich 'Hofacker', verwaldetes einstiges Schrebergartenland).

Bastarde

23. R. agrestis × micrantha

Kein aktueller Nachweis. "Isteiner Klotz" (BINZ 1911).

24. R. arvensis × canina

Kein aktueller Nachweis. "Bruderholz bei Therwil" (1945, Heinis in BINZ 1951)

25. R. pendulina × spinosissima

Kein aktueller Nachweis. "Hofstetterköpfli" (1947, HEINIS 1958), "Schartenfluh, Ingelsteinfluh" (BINZ 1911).

26. R. pendulina × tomentosa

Kein aktueller Nachweis. "Schleifenberg bei Liestal, Südhang, wieder 1954" (Heinis in BINZ 1956).

27. R. pimpinellifolia × tomentosa

Kein aktueller Nachweis. "Ingelsteinfluh" (BINZ 1915, hier als *R. pendulina × tomentosa* interpretiert, in BINZ 1922 korrigiert).

28. R. tomentella × tomentosa var. subglobosa

Kein aktueller Nachweis. "Sichtern bei Liestal" (Christ in BINZ 1915).

235. Agrimonia L.　　*Odermennig*

1. A. eupatoria L. – *Gemeiner O.*

Ö: Einzeln bis gesellig an warmen, sonnigen Böschungen und Rainen, in Gebüsch- und Waldsäumen, in mageren Brachwiesen, auf Magerweiden. – Auf mässig trockenen, mässig nährstoffreichen, basen-, aber nicht immer kalkreichen, gerne tiefgründigen, humosen, lehmigen und steinig-lehmigen Böden.
S: Trifolion medii ('Origano-Brachypodietum', Trifolio-Agrimonietum), Mesobromion, seltener Berberidion (Pruno-Ligustretum).
V: Verbreitet und ziemlich häufig; in Gebieten mit intensiver Grünlandnutzung selten oder fehlend.
G: Zurückgegangen. Schonungsbedürftig.

2. A. procera Wallr. – *Wohlriechender O.*

Verschollen. Früher selten auf ± kalkarmen Magerweiden, an Wegböschungen und im Saum von Gebüschen, v.a. im Wiesental und seinen Seitentälern sowie im Kandertal (BINZ 1911). Eine ältere Angabe aus dem Schweizer

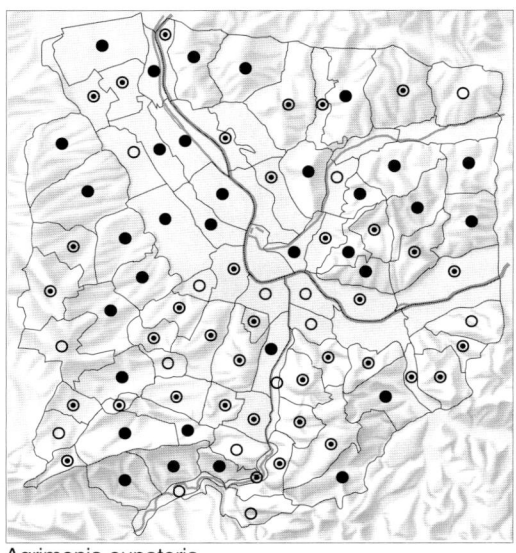

Agrimonia eupatoria

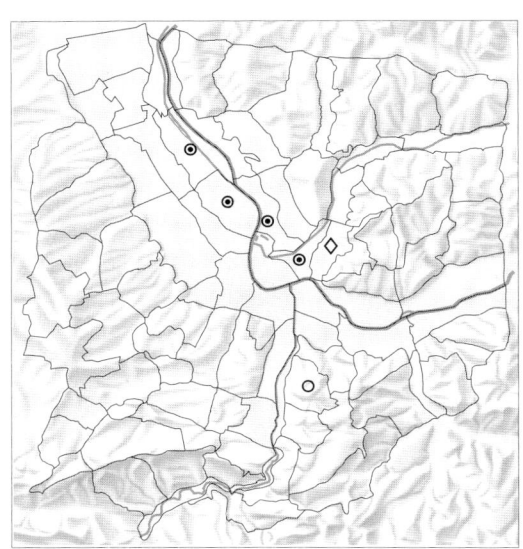

Sanguisorba officinalis

Sundgau: "Reinach (Baselland), oberhalb des Rebberges" (1970, Moor in BECHERER 1972a). Knapp ausserhalb des Rayons: 1 km nordöstlich Weitenau an einem Feldweg westlich 'Schillighof', 1997, reichlich.

236. Sanguisorba L. Wiesenknopf

1. S. officinalis L. – *Grosser W.*

Ö: Einzeln oder in lockeren Gruppen in feuchten bis nassen Wiesen, an Sumpfgräben, an wechselfeuchten Böschungen. Da und dort gepflanzt in Feuchtbiotopen. – Auf feuchten bis wechselfeuchten, mässig nährstoffreichen, eher kalkarmen, humosen, lehmigen, sandiglehmigen und tonigen Böden.
S: Molinietalia (Calthion, Molinion).
V: Selten; v.a. in der Oberrheinebene: Pisciculture, hier in ansehnlichen Beständen, vereinzelt auch Weil, Haltingen, Loechle O; Basel (Lange Erlen; Rheinufer oberhalb Kraftwerk Birsfelden, wenige Exemplare, A. Mattenberger); Jura: Arlesheim (Ränggersmatt). Gepflanzt z.B. im Reservat Autal (Riehen).
G: Zurückgegangen; im Gebiet auch früher selten (BINZ 1911). An den meisten Fundstellen nur noch in wenigen Exemplaren. Stark gefährdet.

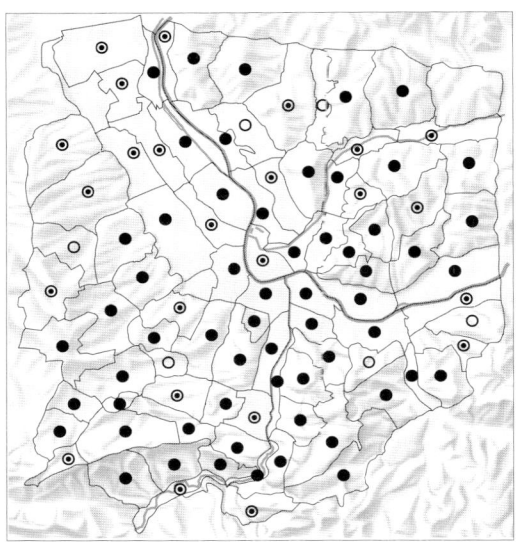

Sanguisorba minor s.str.

2. S. minor Scop. s. l.

2a. – ssp. **minor** – *Kleiner W.*

Ö: In mageren Wiesen und Weiden, in trockenen Fettwiesen, an Weg- und Ackerrainen, in lichten, grasigen Eichen- und Föhrenwäldern. Auch als Pionier in Steinbrüchen und Kiesgruben, auf Kiesbänken, seltener auf steinigen Wegen und Plätzen, auf offenen Ruderalflächen in Bahn- und Hafenanlagen, ausnahmsweise in Getreideäckern. – Auf trockenen bis mässig frischen, basen- und mässig nährstoffreichen, meist kalkhaltigen, flach- bis mittelgründigen, auch rohen und wenig humosen, ± lockeren, steinigen, sandigen und lehmigen Böden.
S: Mesobromion, seltener Xerobromion, Arrhenatherion (Arrhenatheretum brometosum), Cynosurion, Erico-Pinion.
V: Verbreitet und ± häufig; in Gebieten mit intensiver Grünlandnutzung selten oder fehlend.
G: Nicht gefährdet.

2b. – ssp. **polygama** (Waldst. & Kit.) Cout. (S. muricata (Spach) Gremli, S. minor Scop. ssp. muricata (Rouy & Camus) Briq.) – *Geflügelter W.*

B: Eph (Neo). – Mediterrangebiet; Trockenwiesen, Garigues.

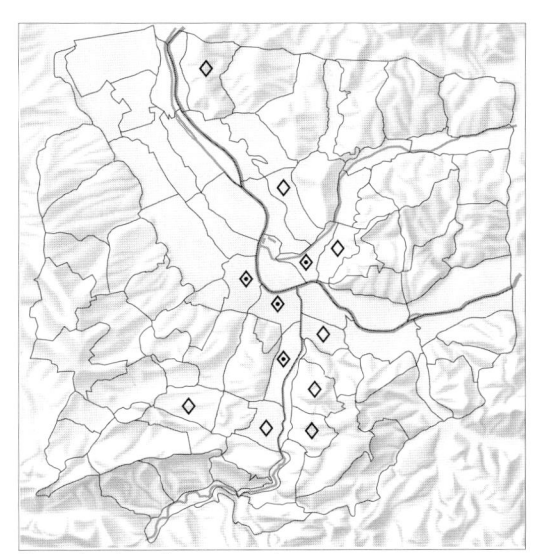

Sanguisorba minor ssp. polygama

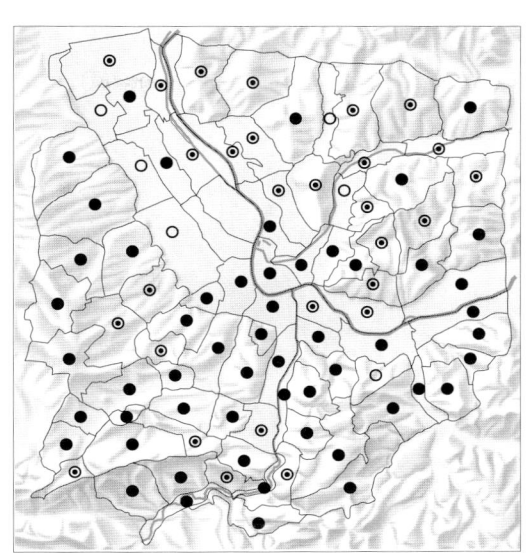

Geum urbanum

Ö/V: Nicht selten angesät, doch z.T. unbeständig in neu angelegten Wiesen, an Dämmen und Strassenböschungen u.dgl., z.B. Basel (St. Johann-Park, Wolf-Passage, Gellert-Dreieck), Neumünchenstein (Kaspar Pfeiffer-Strasse etc.), Dornach, Arlesheim, Ettingen, Muttenz usw. Wohl auch unbeabsichtigt eingeschleppt. Auf Vorkommen und ökologisches Verhalten ist zu achten.

237. Dryas L. — *Silberwurz*

1. D. × suendermannii Sündermann (D. octopetala L. × drummondii Richards. ex Hook.) – *Silberwurz*

B: Eph. – Hybrid aus arktisch-alpinen Arten Europas und N-Amerikas.
Ö/V: Zierpflanze (Bodendecker). Verwildert in Pflasterritzen im Friedhof Hörnli (Riehen).

238. Geum L. — *Nelkenwurz*

1. G. urbanum L. – *Benediktenkraut, Gemeine N.*

Ö: Meist gesellig in nährstoffreichen Staudensäumen an Gebüschen und Feldgehölzen, an Waldwegen und an Störstellen im Wald, in Bachauen und Auenwäldern, an Hecken und unter Bäumen in Gärten und Parks, in schattigen Rasen und Pflasterfugen, an Mauerfüssen, auf eingewachsenen Schuttdeponien. – Auf frischen, nährstoffreichen, meist tiefgründigen, ± humosen, z.T. verdichteten Lehmböden.
S: Glechometalia (v.a. Alliarion), Sambuco-Salicion, Alno-Ulmion.
V: Verbreitet und häufig. Gerne im Siedlungsgebiet.
G: Nicht gefährdet.

2. G. rivale L. – *Bach-N.*

Ö: In Staudenfluren an Quellen und Bachufern, in Verlichtungen von Auenwäldern. Gerne in kühl-feuchten Lagen. – Auf sickerfeuchten bis -nassen, z.T. quelligen, basen- und nährstoffreichen, eher kalkarmen, tiefgründigen, lockeren, humosen, vergleyten Ton-, Mergel- und Lehmböden.
S: Calthion, Filipendulion, Alno-Ulmion.
V: Im Leimental verbreitet und recht häufig, dem Birsig entlang abwärts bis Basel (Zoo Dorenbach). Stellenweise im Jura, z.B. Birsklus zwischen Grellingen und Zwingen, Kaltbrunnental, Seewen, Oristal, Giebenach (Ramschberg). Sonst selten: Basel-Riehen (Lange Erlen), Riehen (Wenkenhof), Michelfelden usw.
G: Zurückgegangen. Gefährdet.

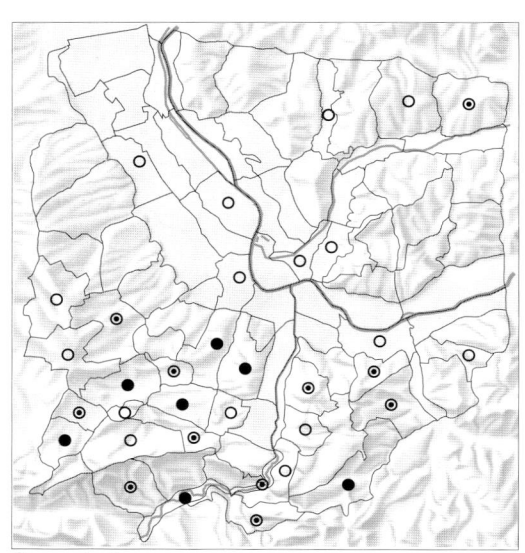

Geum rivale

Bastard

3. G. × intermedium Ehrh. (G. rivale × urbanum) – *Bastard-Nelkenwurz*

Selten; zwischen den Eltern: Birsig nordwestlich Biederthal, Liestal (Orisbach).

239. Potentilla L. *Fingerkraut*

Untergattung
Trichothalamus (Lehm.) Rchb. – *Strauch-Fingerkraut*

1. P. fruticosa L. – *Strauch-F.*

B: Eph. – Boreales N-Amerika, Pyrenäen, Rhodopen; ähnliche Arten im Himalaya; feuchte Bergmatten und Felshänge, bis 3500 m.
Ö/V: Zierstrauch. Hie und da mit Gartenerde verschleppt, selten auch als Sämlinge oder Jungpflanzen verwildert an Mauerfüssen, auf Schuttplätzen u.dgl., z.B. Allschwil, Weil (Kiesgrube), Riehen (Friedhof Hörnli, Immenbachstrasse) usw.

Untergattung
Comarum (L.) Syme – *Purpur-Fingerkraut*

2. P. palustris (L.) Scop. (Comarum palustre L.) – *Blutauge*

Als Wildpflanze längst erloschen. Früher im Weiherfeld bei Rheinfelden (BINZ 1905). Sel-

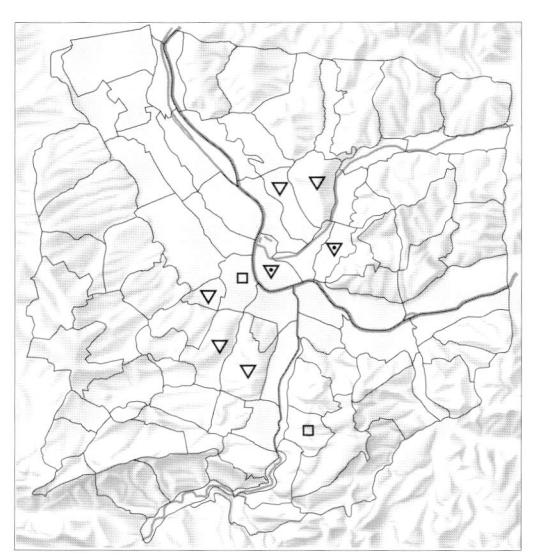

Potentilla fruticosa

ten gepflanzt, doch oft vorübergehend in anthropogenen Weiherbiotopen, z.B. Reservat Eisweiher (Riehen).

Untergattung
Fragariastrum (Heister ex Fabr.) Rchb. – *Erdbeer-Fingerkraut*

3. P. alba L. – *Weisses F.*

Nahe ausserhalb des Rayons in mageren, wechseltrockenen Waldsäumen und Waldlichtungen der Elsässer Hardt bei Habsheim.

4. P. sterilis (L.) Garcke – *Erdbeer-F.*

Ö: In lichten, krautreichen Laubmischwäldern und deren Säumen, an Waldwegen, auf Waldschlägen, an grasigen Rainen, in mageren, schattigen Glatthaferwiesen und gehölznahen Scherrasen. – Auf frischen, basen- und (mässig) nährstoffreichen, oft etwas entkalkten, humosen, sandigen, etwas steinigen und reinen Lehmböden.
S: Fagetalia, v.a. Carpinion und Fagion (Carici-Fagetum); Trifolion medii, Arrhenatheretalia.
V: Verbreitet und meist häufig; in den holozänen Talauen auffallend selten bis weithin fehlend.
G: Nicht gefährdet.

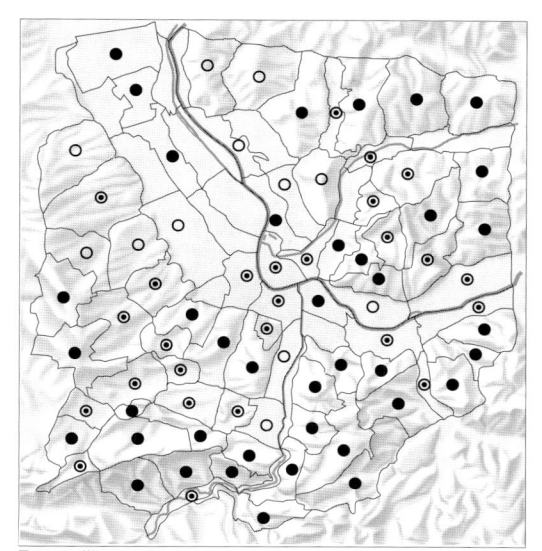

Potentilla sterilis

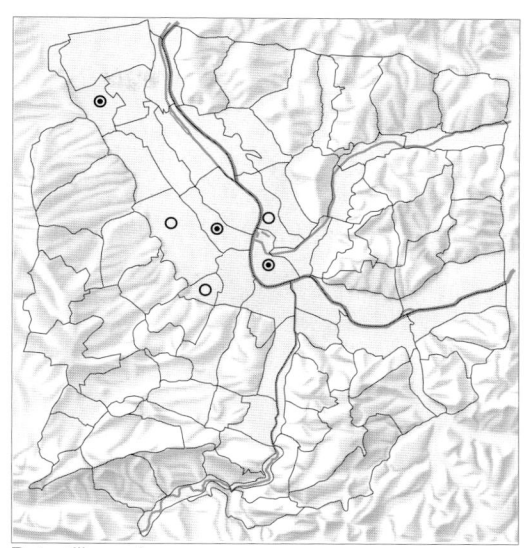

Potentilla supina

5. P. micrantha DC. – *Kleinblütiges F.*
Eingeschleppt und seit Jahren beständig in einem Garten in Allschwil (Schützenweg). In der Bartenheimer Hardt (Godet in BINZ 1905) verschollen.

Untergattung
Potentilla – *Fingerkraut*

6. P. supina L. – *Niederliegendes F.*
Ö: In zeitweilig überschwemmten oder vernässten Pionierfluren in grundwassernahen Kiesgruben, auf tonigen Wegen, auf Lagerplätzen, in Bahn- und Hafenanlagen. Wärmeliebend. – Auf feuchten, z.T. periodisch überschwemmten, nährstoffreichen, meist verdichteten, offenen Schlamm- und schlammigen Kiesböden.
S: Agropyro-Rumicion, Bidention, Nanocyperion.
V: Selten; nur in der Oberrheinebene, z.B. Kiesgruben bei Sierentz, St. Louis (Grande Sablière), Hafen Basel-Kleinhüningen (schon 1973, Baumgartner & Heitz in BECHERER 1974; neuerdings nur noch in wenigen Exemplaren).
G: Zurückgegangen; im Gebiet wohl nie besonders häufig und ± auf die Oberrheinebene beschränkt. Im Sundgau, z.B. Kappelen (Mantz in BINZ 1915) verschollen. Stark gefährdet.

7. P. anserina L. – *Gänse-F.*
Ö: Gesellig auf lehmigen Feldwegen, an Weg- und Strassenrändern, auf Lagerplätzen, in zeitweilig überschwemmten Pionierfluren an Ufern und Gräben, auf frischen Standweiden, in Hühnerhöfen und Gänseangern, im befahrenen Randbereich von Lehmäckern, auf Ackerbrachen. – Auf frischen bis feuchten, oft

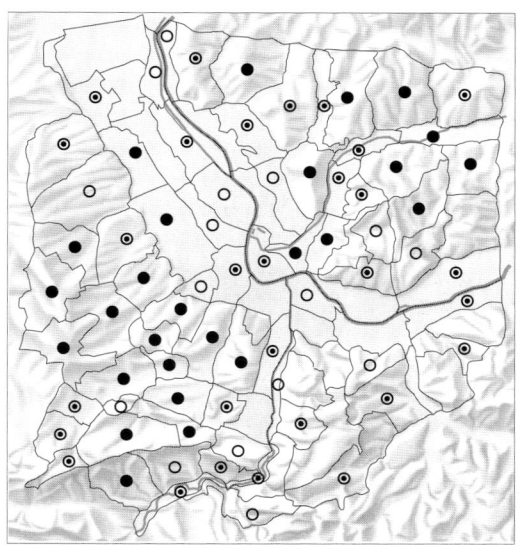

Potentilla anserina

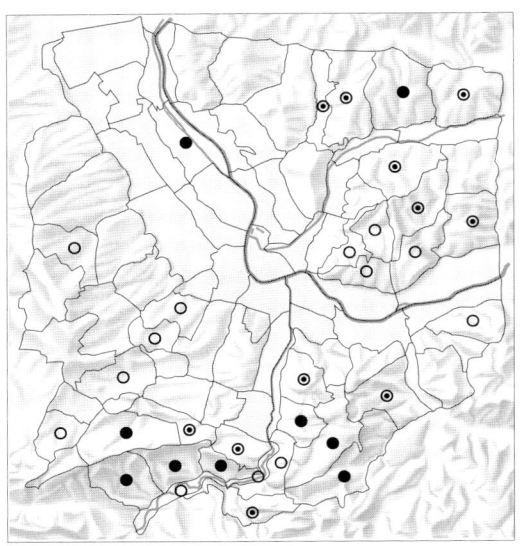

Potentilla erecta

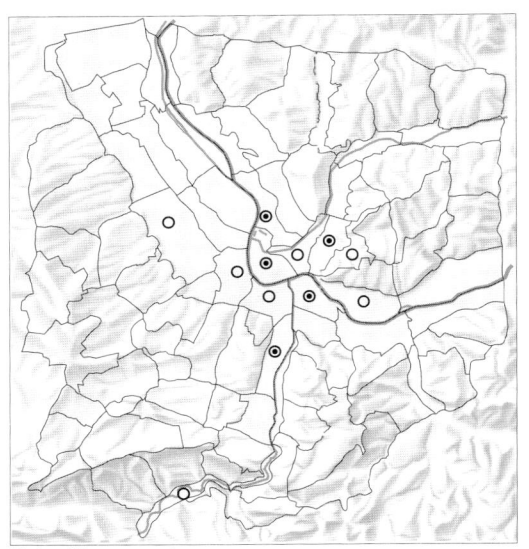

Potentilla norvegica

zeitweilig nassen, basen- und nährstoffreichen, ± rohen, dichten Lehm- und Tonböden.
S: Agropyro-Rumicion.
V: Ziemlich verbreitet, aber nur in den Lehm- und Lösslehmgebieten häufig. In den Flusstälern weitgehend auf verlehmte Niederterrassenschotter beschränkt.
G: Nicht gefährdet.

8. P. erecta (L.) Raeusch. – *Gemeiner Tormentill*
Ö: In frischen Magerrasen und -weiden, in mageren Waldsäumen, Pfeifengrasbeständen und lichten Pfeifengras-Föhrenwäldern. – Auf frischen bis feuchten, gerne wechselfeuchten, nährstoff- und meist kalkarmen, humosen Lehm- und Tonböden.
S: Mesobromion (Colchico-Mesobrometum), Erico-Pinion (Molinio-Pinetum).
V: Im Blauen- und Gempengebiet und in den Weitenauer Vorbergen verbreitet, aber nicht häufig, deutlich seltener am Dinkelberg. Sonst selten: Sundgau: Leymen N, Ranspach-le-Haut, Folgensbourg; Oberrheinebene: Loechle, Pisciculture NW ('Russenlager'); Olsberger Wald (Frauenwald).
G: Stark zurückgegangen und v.a. in den tieferen Lagen vielerorts verschwunden. Gefährdet; im Sundgau und in der Oberrheinebene stark gefährdet.

9. P. norvegica L. – *Norwegisches F.*
B: Neo, wohl seit dem 19. Jahrhundert im Gebiet. – N-, C- und O-Europa; Ödland, Dämme, Wegränder, Schlacken.
Ö: Eingeschleppt in lückigen, frischen Ruderalfluren an Lager- und Verladeplätzen, z.B. in Steinkohlelagern, an Weg- und Strassenrändern, in wenig begangenen Pflästerungen, auf Erd- und Schuttdeponien, selten auf Waldschlägen. – Auf frischen, nährstoffreichen, meist kalkarmen Böden; auch auf Kohlegrus.
S: Sisymbrion, Polygonion avicularis.
V: Selten; vorwiegend in Stadtnähe: ± beständig wohl nur in den Hafenanlagen Weil-Friedlingen, Basel-Kleinhüningen, Birsfelden und Au (Muttenz). Sonst vorübergehend verschleppt, z.B. Basel (Martinsgasse, Kleinhüningen), Riehen (Friedhof Riehen, Lange Erlen), Münchenstein (Brüglingen), Reinacher Heide, Bahnhof Laufen (1987), Flugplatz Basel-Mulhouse.
G: Im Gebiet schon immer selten und bis Mitte Jahrhundert wohl nur adventiv (BINZ 1911, 1942). Stark gefährdet.

10. P. reptans L. – *Kriechendes F.*
Ö: Gesellig, z.T. in Menge in frischen Trittrasen auf lehmigen Feld- und Waldwegen, an Weg- und Ackerrändern, in gestörten Fettwiesen

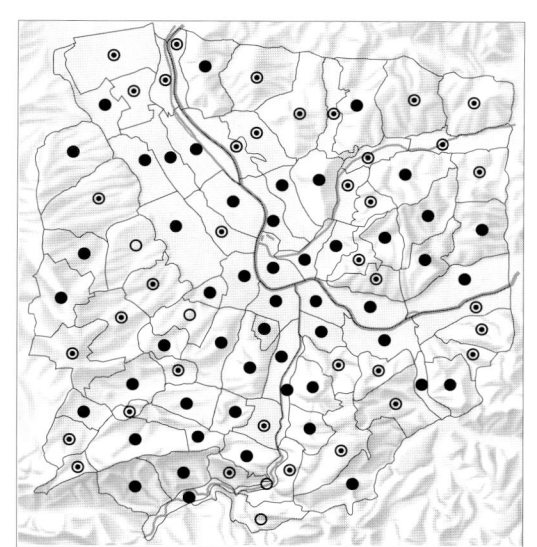

Potentilla reptans

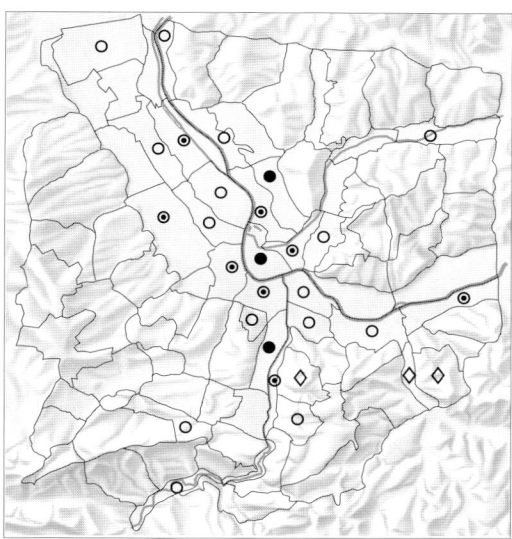

Potentilla recta

und -weiden, in Scherrasen, in Rebbergen, in zeitweilig überschwemmten Pionierrasen an Gräben, Tümpeln und Flussufern. – Auf frischen bis feuchten, nährstoffreichen, oft rohen, verdichteten, z.T. gestörten oder künstlich aufgeschütteten Lehm- und Tonböden.
S: Agropyro-Rumicion, Cynosurion.
V: Verbreitet und häufig.
G: Nicht gefährdet.

11. P. recta L. s. l. – *Hohes F.*

11a. – ssp. **recta**
B: Neo, seit der ersten Hälfte des 19. Jahrhunderts im Gebiet.
Ö: In lückigen, gestörten Rasen an steinigen Dämmen, an Fluss- und Strassenböschungen, in Kiesgruben, in Bahn- und Hafenanlagen, auf Schuttplätzen, seltener auf Ackerbrachen. Auch in 'Blumenwiesen'-Saaten. Wärmeliebend. – Auf trockenen, basen- und (mässig) nährstoffreichen Sand- und Kiesböden.
S: Convolvulo-Agropyrion, Onopordetalia, seltener Sedo-Scleranthetalia, vereinzelt Mesobromion.
V: In den Flussebenen von Rhein, Birs und Wiese zerstreut und oft unbeständig; gehäuft in der Stadt Basel und in den stadtnahen Teilen der Oberrheinebene, z.B. Weil-Haltingen, Basel-Kleinhüningen, Pratteln (Zurlindengrube) usw., ferner mehrfach im Gebiet der Reinacher Heide. Sonst selten und wohl nur vorübergehend verschleppt oder aus Ansaaten verwildert.
G: Im Gebiet wohl nie besonders häufig. Schonungsbedürftig.

11b. – ssp. **obscura** (Willd.) Rchb. f. ex Rothm.

B: Neo. – Mediterrangebiet; Trockenwiesen.
Ö/V: Zierpflanze. Gelegentlich verwildert und seit kurzem völlig eingebürgert in halbruderalen Wiesen, z.B. Basel (Binningerstrasse).

12. P. argentea L. – *Silber-F.*

Vorbem.: Komplex aus diploiden und polyploiden, sich überwiegend apomiktisch fortpflanzenden Sippen, die morphologisch durch zahlreiche Zwischenformen miteinander verbunden sind. Auf eine Unterscheidung dieser Sippen muss hier verzichtet werden.

Ö: In lückigen, steinigen Magerrasen und sonnigen Sand- und Kiesfluren an Weg- und Strassenrändern, an Flussböschungen, in Bahnarealen, in Kiesgruben. Neuerdings in Saaten für Magerwiesen und Flachdächer, hier z.T. in der var. *tenuiloba* (Jord.) Schwarz (z.B. Reservat Eisweiher, Riehen). – Auf (mässig) trockenen, sommertrockenen, basenreichen, stets kalkarmen, ± rohen, aber feinerdereichen, gealterten Sand- und Kiesböden.

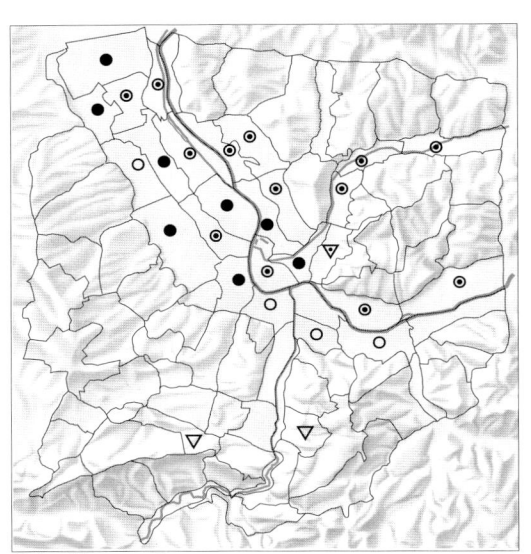

Potentilla argentea

S: Sedo-Scleranthetalia, Xerobromion (Cerastio-Xerobrometum).
V: In der Oberrheinebene und im Wiesental verbreitet und bis ins urbane Siedlungsgebiet z.T. recht häufig. Selten auch am Hochrhein, z.B. Wyhlen (Auhof), Kiesgrube westlich Bad. Rheinfelden. Sonst sehr selten und wohl nur verschleppt.
G: In anhaltend starkem Rückgang. Gefährdet; in der Stadt Basel stark gefährdet.

13. P. inclinata Vill. – *Graues F.*

B: Neo. – Trockengebiete S- und C-Europas; Sand- und Kiesfluren.
Ö: An trockenen Weg- und Strassenrändern, auf Lagerplätzen, an sonnigen, ruderalen Böschungen und Dämmen, seltener in gestörten Trockenrasen. – Auf (mässig) trockenen, basen- und nährstoffreichen, kalkarmen, lehmigen Sand- und Kiesböden.
S: Sedo-Scleranthetalia.
V: Selten; nur in der Oberrheinebene, hier v.a. auf der elsässischen Niederterrasse, z.B. im Gebiet der Elsässer Hardt (besonders entlang Autobahn), Blotzheim NO, sehr selten auch auf der badischen Seite: Haltingen S (Ödland zwischen Bahnschlaufe und Krebsbach).
G: Gefährdet.

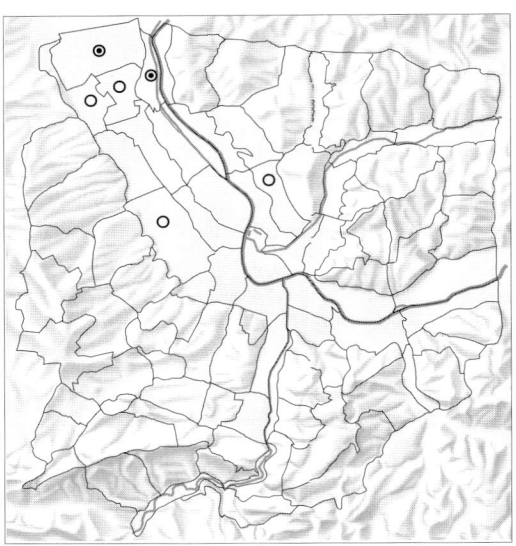

Potentilla inclinata

14. P. collina aggr. – *Hügel-F.*

Keine aktuellen Nachweise. Angaben aus dem Gebiet (*P. wibeliana* Th. Wolf, *P. praecox* F. Schultz, ausserdem *P. wiemanniana* Guenther & Schummel; vgl.HEGI 1923) unsicher.

15. P. intermedia L. – *Mittleres F.*

B: Neo, seit Ende des 19. Jahrhunderts im Gebiet. – N- und C-Russland, in Europa eingebürgert; Ödland, Kiesgruben, Bahnhöfe.
Ö: Eingeschleppt an Verladeplätzen und in verkrauteten Geleiseanlagen im Bereich von Hafenanlagen. – Auf trockenen, gealterten, ± rohen Kies- und Sandböden.
S: Dauco-Melilotion, Sisymbrion.
V: Selten; Häfen Basel-Kleinhüningen (meist vorübergehend) und Birsfelden (schon 1974, Gerber in BECHERER 1976, aktuell nur noch wenige Exemplare), Weil-Friedlingen (Ödland in Hafennähe, Fundort heute vernichtet), Basel (Bad. Güterbahnhof und Verschiebebahnhof, 1991).
G: Im Gebiet schon immer selten und oft etwas unbeständig. Dauerhafte Vorkommen heute weitgehend zerstört. Vom Aussterben bedroht.

16. P. heptaphylla L. – *Rötliches F.*

Ö: Einzeln oder in kleinen Beständen in sonnigen Magerrasen und mageren Gebüsch-

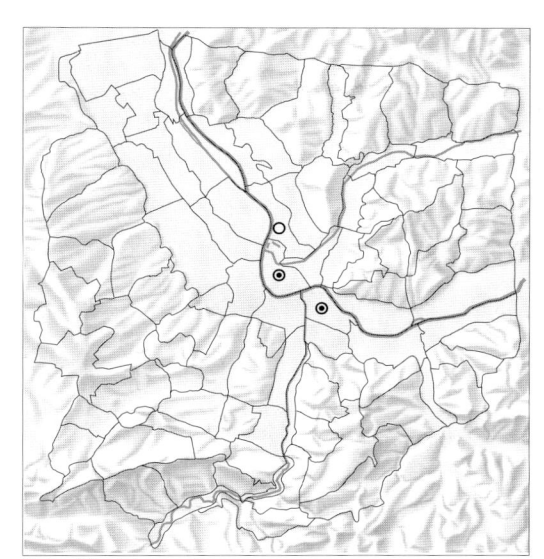

Istein: Felsen zwischen Efringen und Istein (oberhalb Lonza-Werke, wenige Exemplare); Basel (Dreispitz); Dinkelberg: Bettingen (beim Wasserreservoir am Kaiser, 1996, ein Exemplar).
G: Stark zurückgegangen; im Gebiet nie besonders häufig und auf die wärmsten Teile beschränkt. Im Gebiet der Malmscholle von Istein (BINZ 1911, LITZELMANN 1966) und am Dinkelberg (BINZ 1911, BECHERER 1925, BINZ 1951, LITZELMANN 1960) nahezu verschwunden. Stark gefährdet bis vom Aussterben bedroht.

17. P. neumanniana Rchb. (P. tabernaemontani Aschers., P. verna auct.) – *Frühlings-F.*
Ö: An lückigen Stellen in sonnigen Magerrasen und -weiden, in lichten Föhren- und Eichenbuschwäldern, auf Felsköpfen und -bändern, an steinigen Weg- und Strassenböschungen, an Flussdämmen, auf wenig begangenen Kieswegen, auf Mauerkronen, selten in alten, gereiften Scherrasen. Licht- und wärmebedürftig. – Auf trockenen, nährstoffarmen, basenreichen, gerne kalkhaltigen, humosen, lockeren Sand- und Lehmböden und feinerdereichen Kiesböden.
S: Brometalia, seltener Arrhenatherion und Cynosurion, Alysso-Sedion.

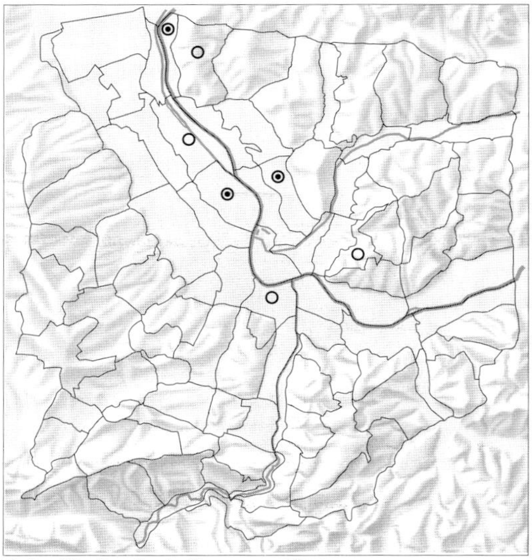

Potentilla intermedia

säumen. Wärmeliebend. – Auf (mässig) trokkenen, nährstoffarmen, basenreichen und meist kalkhaltigen, lockeren, sandigen Lehmböden.
S: Brometalia, Geranion sanguinei.
V: Selten; v.a. in der Oberrheinebene: Neudorf N, Haltingen-Leopopoldshöhe, Rheinvorland bei Istein und Rheinweiler; Malmscholle von

Potentilla heptaphylla

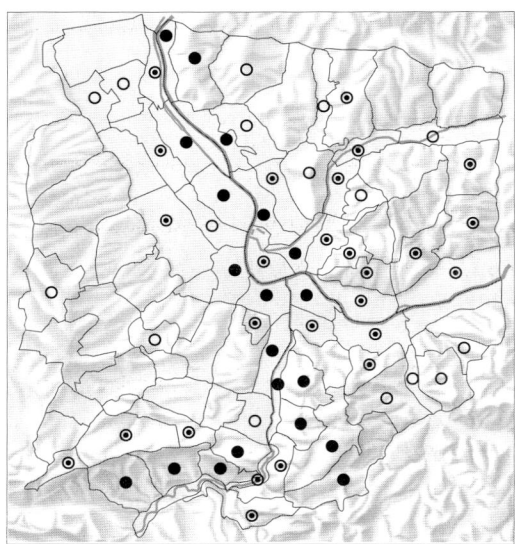

Potentilla neumanniana

V: Im Jura, in der Birsebene, in der holozänen Aue der Oberrheinebene und im Gebiet der Malmscholle von Istein verbreitet und recht häufig. Seltener in den übrigen Flusstälern, am Dinkelberg (v.a. Südflanke) und in den Weitenauer Vorbergen. Sonst sehr selten oder fehlend.
G: Zurückgegangen. Schonungsbedürftig.

18. P. arenaria Borkh. – *Sand-F.*
Ö: In lückigen Trockenrasen, auf Kalkfelsen und an felsigen Hängen, in jüngerer Zeit vermehrt auch an Sekundärstandorten, z.B. an sonnigen, kiesig-sandigen Autobahnrändern und -böschungen. Wärmeliebend. – Auf trockenen, nährstoffarmen, basenreichen, kalkhaltigen wie kalkarmen, lockeren, sandigen bis steinigen Böden.
S: Xerobromion, Alysso-Sedion.
V: Selten: Malmscholle von Istein: Isteiner Klotz (inkl. Nordportal Eisenbahntunnel) und Hardberg bei Istein; Sundgaurand bei Blotzheim (Oberkante eines Hohlweges, wenige Exemplare); elsässische Oberrheinebene: mehrere Stellen, v.a. längs der Autobahn (wohl jüngere Ansiedlungen).
G: Zurückgegangen; im Gebiet schon immer selten und ± auf die Malmscholle von Istein beschränkt. In der Oberrheinebene, z.B. Neudorf (Issler in BINZ 1915), Rheinvorland zwischen Istein und Rheinweiler (LITZELMANN 1966) vielerorts verschollen. Stark gefährdet; im Sundgau vom Aussterben bedroht.

Bastarde

19. P. × subrubens Borbás (P. arenaria × heptaphylla)
Isteiner Klotz N, Fels an Bahn (1988). – "Hardberg bei Istein" (1934, BINZ 1942).

20. P. × subarenaria Borbás ex Zimmeter (P. arenaria × neumanniana)
Isteiner Klotz (mit den Eltern), Malmkalkhalde zwischen Istein und Kleinkems. – "Hofstetterköpfli bei Flüh" (1941, Schmid in BECHERER 1942).

21. P. × aurulenta Gremli (P. heptaphylla × neumanniana)
Ein unsicherer Nachweis: badischer Rheinweg zwischen Istein und Kleinkems (1988). – "Hornberg, Grenzacherberg, Isteiner Klotz" (BINZ 1911).

---

240. Fragaria L. *Erdbeere*

Vorbem.: Neben den unten aufgeführten Sippen können v.a. im Siedlungsgebiet und dessen Umgebung gelegentlich weitere, zur Zeit nicht näher ansprechbare, oft sterile Klone beobachtet werden. Augenscheinlich handelt es sich dabei um hybridogene Sippen zwischen kultivierten und wildwachsenden Erdbeeren. Weitere Untersuchungen empfohlen.

1. F. moschata Duchesne (inkl. F. moschata × vesca (F. × intermedia Bach)) – *Moschus-E.*
Ö: In Gebüschen und Gebüschsäumen; oft in der Nähe historischer Gebäude (alte Kulturpflanze). – Auf ± frischen, nährstoff- und basenreichen, humosen, tiefgründigen Lehmböden.
S: Alliarion, Pruno-Rubenion.
V: Selten, z.B. Arlesheim (Eremitage), Dornach (Ruine Dorneck), Metzerlen (Rotberg), Riehen (Bahndamm Kilchgrundstrasse), Häsingen (Hittenberg), Nebenau, Herten (östlich Kläranlage), nach Voggesberger in SEBALD et al. (1992) auch Wyhlen N (Klosterhau). Wohl auch übersehen.
G: Zurückgegangen; im Gebiet schon immer selten. Gefährdet.

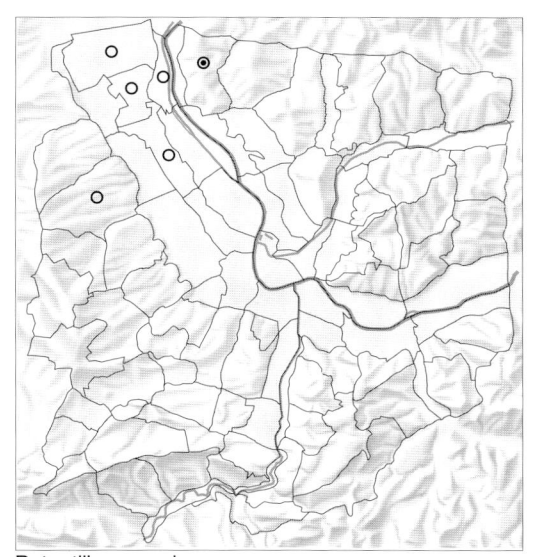

Potentilla arenaria

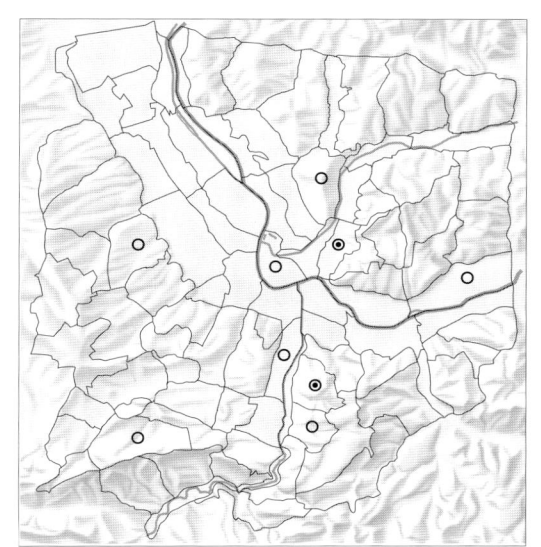

Fragaria moschata

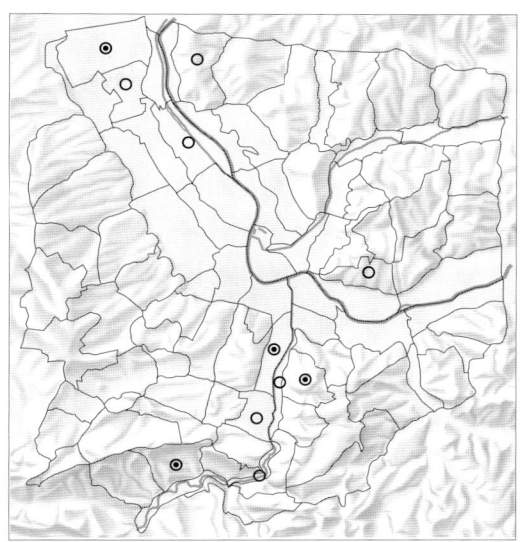

Fragaria viridis

2. F. viridis Duchesne – *Hügel-E.*
Ö: Meist gesellig, z.T. in grösseren Beständen im Saum sonniger Gebüsche, in Magerwiesenbrachen, an Böschungen und Rainen. – Auf mässig trockenen, basen- und mässig nährstoffreichen, meist kalkhaltigen, aber auch kalkarmen, humosen, steinigen, sandigen und lehmigen Böden.
S: Geranion sanguinei, Trifolion medii ('Origano-Brachypodietum').
V: Ziemlich selten; v.a. in der Birsebene, z.B. Reinacher Heide, Niederterrassenkanten bei Reinach, Aesch, Dornach und Arlesheim; Oberrheinebene: Pisciculture, Elsässer Hardt; Isteiner Klotz (Nordportal Eisenbahntunnel); Jura: Blauen-Weide.
G: Zurückgegangen; im Gebiet auch früher nicht häufig. Am Bruderholz zwischen Reinach und Therwil (BINZ 1911) verschollen. Stark gefährdet.

3. F. vesca L. – *Wald-E.*
Ö: In Wäldern, Hecken und Gebüschen, begünstigt und z.T. in grösseren Beständen in Schlagfluren, an Waldwegen und in Waldsäumen, auch in gehölznahen Wiesenbrachen, im Siedlungsgebiet in Scherrasen, an Mauern und in schattigen Hinterhöfen. – Auf mässig trockenen bis frischen, meist basen- und ± nährstoffreichen, mittel- bis tiefgründigen, humosen, steinigen, sandigen und reinen Lehmböden.
S: Epilobietea, Querco-Fagetea, Luzulo-Abietenion, Trifolion medii.
V: Verbreitet und meist häufig.
G: Nicht gefährdet.

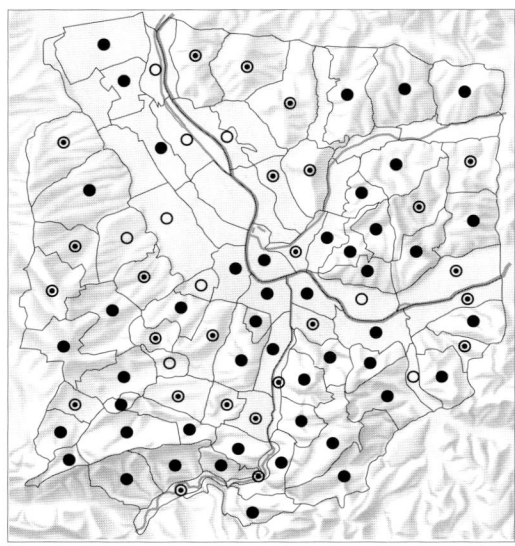

Fragaria vesca

Bastarde

4. F. moschata × viridis

Kein aktueller Nachweis. "Binningen b. Schlösschen" (Christ in BINZ 1905), hier bereits von BINZ (1905) als "wohl erloschen" gemeldet.

5. F. × hagenbachiana Lang & Koch (F. vesca × viridis)

Eine Angabe: "Haagen, 1981" (DIENST 1981 in SEBALD et al. 1992).

6. F. × ananassa Duchesne (F. chiloensis (L.) Duchesne × virginiana Duchesne) – *Ananas-E., Garten-E.*

B: Eph. – 1. Pazifisches Amerika; Meeresstrände. 2. Östliches N-Amerika; offene, trockene Böden.
Ö/V: Beerenobst. Vereinzelt mit Gartenerde und Erdschutt verschleppt, z.B. Basel (Elsässerbahn, St. Alban-Rheinweg), Haltingen (Reben).

241. Duchesnea Sm. *Scheinerdbeere*

1. D. indica (Andrews) Focke – *Scheinerdbeere*

B: Neo, seit ca. 1950 im Gebiet. – Indien bis Japan; feuchtwarme montane Graslandschaften, Teeplantagen, Waldlichtungen, 800-4400 m.

Ö: Ursprünglich Zierpflanze. Völlig eingebürgert und oft gesellig in Baumkulturen und unter Hecken in Parks und Friedhöfen, auf Deponien, an oft gemähten Rainen, in schattigen Scherrasen und Rabatten, auf Waldschlägen und an Waldwegen siedlungsnaher Wälder. In milden, luftfeuchten Lagen. – Auf frischen, nährstoffreichen, humosen Lehmböden.
S: Alliarion, Cynosurion.
V: In der Stadt Basel (v.a. Basel-West und -Nord) sowie in Riehen und Bettingen verbreitet und häufig, am Ausserberg bei Riehen bereits 1949 (Brodbeck in BINZ 1951). Seltener in den stadtnahen Teilen des Schweizer Sundgaus und an der Gempen-Westflanke (Dornach, Arlesheim). Sonst selten und z.T. nur verschleppt, z.B. Hüningen, Rheinhalde bei Herten, isolierte Vorkommen im Nollinger Wald (H. Boos) und in Seewen. Fast alle Fundorte auf Schweizer Gebiet.
G: In Ausbreitung. Nicht gefährdet.

242. Aphanes L. *Ackerfrauenmantel*

1. A. arvensis L. – *Ackerfrauenmantel*

B: Arch.
Ö: In Getreideäckern und Rapsfeldern, in Hack- und Beerenkulturen, auch an grasigen Strassenböschungen und in lückigen Scher-

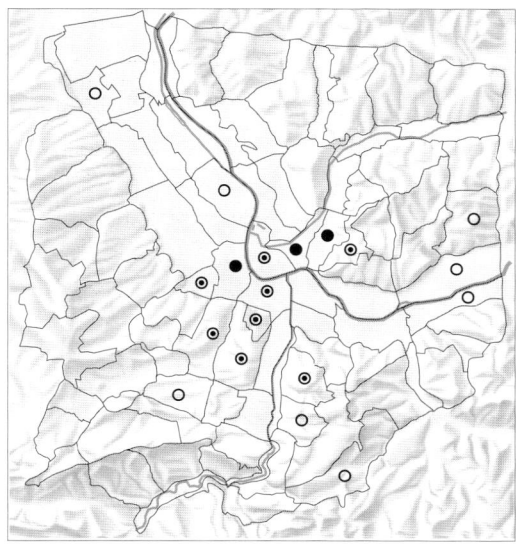

Duchesnea indica

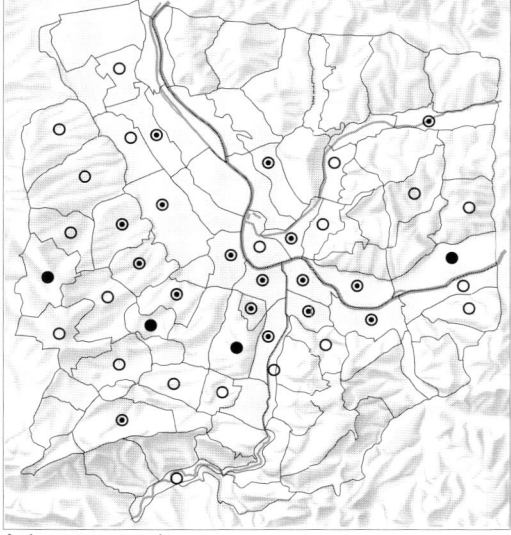

Aphanes arvensis

rasen, z.B. in Parks und Blocksiedlungen. – Auf frischen, zeitweilig auch nassen, nicht zu nährstoffreichen, kalkarmen, lehmigen und sandig-lehmigen Böden.
S: Aperion (Aphano-Matricarietum), seltener Polygono-Chenopodion, Cynosurion.
V: Im Sundgau und in den Flusstälern von Rhein (v.a. Niederterrasse) und Wiese ziemlich verbreitet, aber nicht durchwegs häufig, z.B. Bruderholz, Leimental, um Neuwiller, Césarhof-Folgensbourg-Wentzwiller-Buschwiller, Hochrheinebene zwischen Grenzach und Rheinfelden. Sonst selten oder fehlend; im Jura nur in den externen Lösslehmgebieten, z.B. Mulde von Hofstetten-Metzerlen, Rütihard, Arlesheim (Sportplatz 'Hagenbuechen'); Dinkelberg: bei Obereichsel.
G: Zurückgegangen. Schonungsbedürftig.

243. Alchemilla L.
Frauenmantel, Taumantel

1. A. mollis (Buser) Rothm. – *Weicher F.*
B: Eph. – Rumänien, Kleinasien; Talzüge in Buchen- und Tannenwäldern, 900-2100 m.
Ö/V: Häufige Zierpflanze. Selten verschleppt oder verwildert: Hägelberg W.

2.-9. Artengruppe
A. vulgaris (inkl. **A. hybrida**) – *Wiesen-Frauenmantel*

Vrbem.: Alle bei uns vorkommenden Kleinarten sind apomiktisch und in ihren Merkmalen konstant, wenn auch nicht leicht zu trennen. Die Angaben zur Verbreitung sind sicher noch unvollständig. Fundhinweise mit Belegen sind deshalb, auch für die umliegenden Gebiete (z.B. höherer Jura), erwünscht. Zur Synonymie: In AESCHIMANN & HEITZ (1996) laufen die Kleinarten 2. und 3. unter dem Namen 'A. hybrida aggr.', 4. bis 8. unter 'A. vulgaris aggr.' und 9. unter 'A. glabra aggr.'.
Lit.: Fröhner in HEGI (1990), Fröhner in ROTHMALER (1988), Lippert in OBERDORFER (1994), SEBALD et al. (1992).

2. A. glaucescens Wallr. (A. hybrida L. em. Mill.) – *Filziger F.*
Ö: In meist ± kurzwüchsigen, auch etwas lückigen Magerweiden, an Erdanrissen. Vorzugsweise in höheren, sommerkühlen Lagen. – Auf frischen bis mässig trockenen, oberflächlich verhagerten, aber basenreichen, wenig humosen, oft steinigen Lehmböden.
S: Mesobromion (Colchico-Mesobrometum).

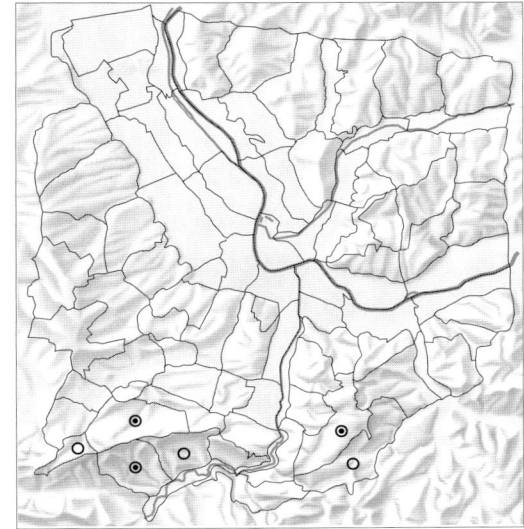

Alchemilla glaucescens

V: Ziemlich selten; nur im Jura: Blauengebiet: Hofstetten (Bergmatten, Bümertsrüti, Vorhollen), Zwingen W, Dittinger Weide, Rämelweide; Gempengebiet: Gempen NO und SO, Seewen W (Eichenberg).
G: Zurückgegangen und an den verbliebenen Fundstellen z.T. nur noch reliktisch. (Stark?) gefährdet.

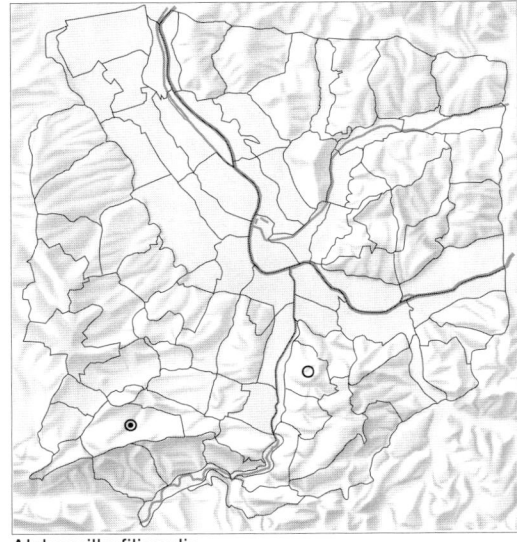

Alchemilla filicaulis

3. A. filicaulis Buser s. str. – *Fadenstengel-F.*
Ö: In frischen, mageren Bergwiesen und -weiden. – Auf frischen bis feuchten, mässig nährstoffreichen, humosen Lehmböden.
S: Arrhenatherion, Cynosurion.
V: Selten; nur im Jura: Hofstetten (Bergmatten, Bümertsrüti, Vorhollen), Arlesheim (Im finsteren Boden).
G: Zurückgegangen. (Stark?) gefährdet.

4. A. xanthochlora Rothm. – *Gelbgrüner F.*
Ö: An Wiesenbächen und quelligen Wiesengräben, in lichten Quellsümpfen, in sickerfeuchten, oft waldnahen Wiesen, an Waldwegen, in Waldwiesen. – Auf sickerfrischen bis -feuchten, basen- und ± nährstoffreichen, humosen Lehm- und Tonböden.
S: Calthion (Angelico-Cirsietum), Arrhenatherion (Arrhenatheretum cirsietosum), seltener Filipendulion und Aegopodion.
V: Im Jura, am Dinkelberg und in den Weitenauer Vorbergen ziemlich verbreitet, aber nicht häufig. Vereinzelt auch im mittleren und höheren Sundgau, z.B. um Folgensbourg. An Birs und Wiese da und dort bis in tiefere Lagen, z.B. im Gebiet der Langen Erlen. Häufigste Kleinart der Wiesen-Frauenmantel-Gruppe.
G: In anhaltendem Rückgang. Schonungsbedürftig; in tieferen Lagen gefährdet.

5. A. monticola Opiz – *Berg-F.*
Ö: Oft gesellig in dauerfrischen Weiden und recht sonnigen, aber lange taufeuchten Bergwiesen; an Wiesengräben. Vorzugsweise in höheren, sommerkühlen Lagen. – Auf frischen, mässig nährstoffreichen, meist kalkarmen, humosen Lehmböden.
S: Cynosurion ('Alchemillo-Cynosuretum'), Arrhenatherion, selten Lolio-Polygonetum.
V: In der Blauenkette ziemlich verbreitet, aber nur auf der Blauen-Nordseite etwas häufiger, z.B. Hofstetten (Bergmatten, Bümertsrüti, Vorhollen), Rämelweide; Blauen (Blatten). Sonst nur an wenigen Stellen: Sundgau: baselstädtisches Bruderholz (Batterie); Oberrheinebene: Efringen-Kirchen (Engetal, bei P. 267.7); Weitenauer Vorberge: Kloster Weitenau, Steinen N (westlich 'Au'); an der Wiese stellenweise bis in tiefere Lagen: Steinen S, Lange Erlen.
G: Wohl zurückgegangen und v.a. in tieferen Lagen vielerorts, z.B. Muttenz-Münchenstein, Friedlingen (BINZ 1911) verschollen. Gefährdet; ausserhalb des Blauengebiets stark gefährdet.

6. A. micans Buser (A. gracilis Opiz) – *Zierlicher F.*
Ö: In frischen, eher mageren Bergwiesen und -weiden, auch an feuchten Waldwegen und in binsenreichen Schlagfluren. – Auf frischen bis

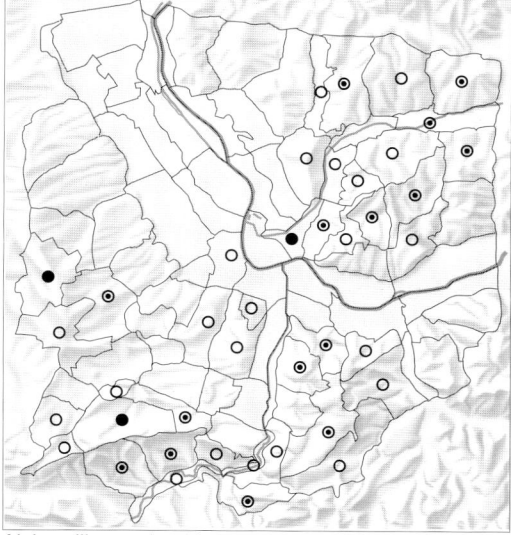

Alchemilla xanthochlora

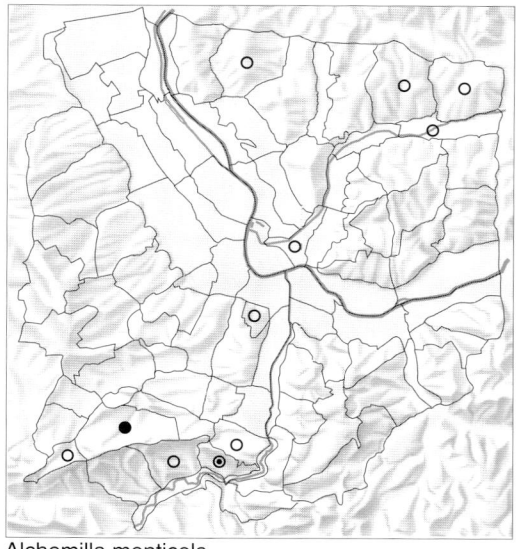

Alchemilla monticola

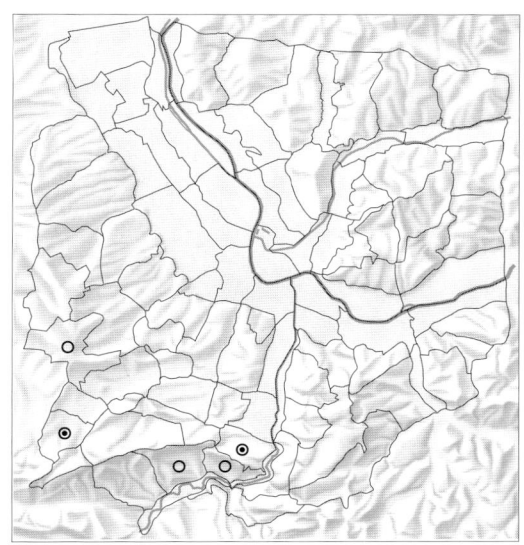

Alchemilla micans

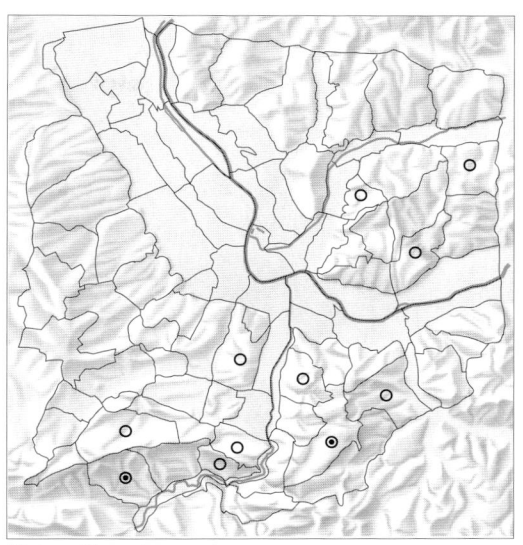

Alchemilla subcrenata

feuchten, mässig nährstoffreichen, humosen Lehmböden.
S: Cynosurion (Lolio-Cynosuretum), Arrhenatherion.
V: Ziemlich selten; nur im Blauengebiet und im blauennahen Sundgau: Wolschwiller (Rittimatte, 600-700 m), Biederthal (Geissberg), Pfeffingen W (Uf Egg, 640m; Flank, 575m), Nenzlingen (Blatten, 500m), Blauen W (Waldrand nördlich P. 571), Liebenswiller W (Schlagflur).
G: Montan-subalpine Art; im Gebiet wohl schon immer selten und auf kühlhumide Lagen des Blauengebiets beschränkt. (Stark?) gefährdet.

7. A. acutiloba Opiz (A. acutangula Buser, A. vulgaris L. em. Fröhner) – *Spitzlappiger F.*

Kein aktueller Nachweis. Rämel ob Burg (1897, A. Binz, BAS).

8. A. subcrenata Buser – *Kerbiger F.*

Ö: In frischen, oft waldnahen und absonnigen, ± mageren Wiesen und Weiden. Vorzugsweise in höheren, sommerkühlen Lagen. – Auf frischen bis feuchten, mässig nährstoffreichen, meist tiefgründigen, humosen Lehmböden.
S: Arrhenatherion (Arrhenatheretum cirsietosum), Cynosurion (Lolio-Cynosuretum), Mesobromion (Colchico-Mesobrometum).

V: Ziemlich selten; v.a. im Jura, z.B. Pfeffinger Bergmatten-Blatten, Röschenz (Schachlete, Unzenacker), Gempen SW, Nuglar (Disliberg), Münchenstein (Gruet); Sundgau: Binningen (Margarethenpark); Dinkelberg: Lörrach (Eiserne Hand), Degerfelden NW (südlich 'Säge').
G: Zurückgegangen. (Stark?) gefährdet.

9. A. glabra Neygenf. – *Kahler F.*

Ö: In sickerfeuchten Matten und Wiesen, in taufeuchten, krautigen Säumen schattiger Waldränder, an quelligen Wald- und Wiesengräben, in Bachuferfluren. Vorzugsweise in höheren Lagen. – Auf dauerfeuchten, mässig nährstoffreichen, oft kalkarmen oder ± entkalkten, humosen Lehmböden.
S: Calthion, Filipendulion, Mesobromion (Colchico-Mesobrometum), Cardamino-Montion.
V: Im Jura, am Dinkelberg, in den Weitenauer Vorbergen und im Olsberger Wald zerstreut, etwas häufiger z.B. auf dem Gempenplateau. Selten im höheren Sundgau, z.B. westlich Biederthal. An Birs und Wiese da und dort bis in tiefere Lagen hinabsteigend, z.B. im Gebiet der Langen Erlen.
G: Zurückgegangen. Schonungsbedürftig; in tieferen Lagen gefährdet.

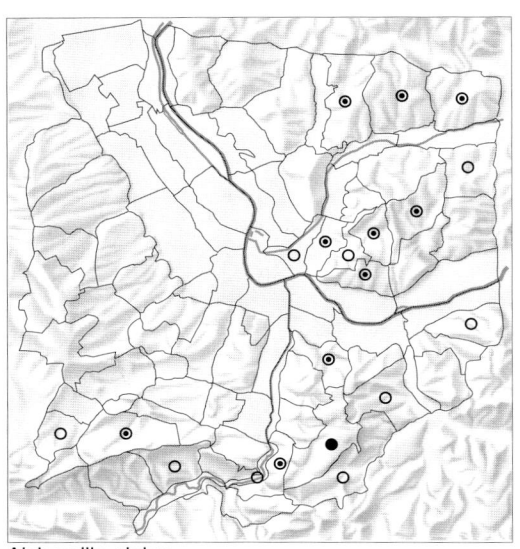

Alchemilla glabra

Chaenomeles japonica

Unterfamilie
MALOIDEAE – *KERNOBSTARTIGE*

244. Cydonia Mill. *Quitte*

1. C. oblonga Mill. – *Quitte*
B: Erg. – Alte Kulturpflanze, Kaukasien- Persien.
Ö/V: Obstbaum. Nicht verwildernd, doch bisweilen als Kulturrelikt in Gebüschen.

245. Chaenomeles Lindl. *Zierquitte*

1. C. japonica (Thunb.) Lindl. ex Spach – *Feuerbusch, Japanische Z.*
B: Eph (Neo). – Japan; niedriges Bergland.
Ö/V: Häufiger Zierstrauch in Gärten und Anlagen. Hie und da als Jungpflanzen verwildert an Mauerfüssen und Böschungen, in Hecken, Gebüschen und lichten Wäldchen, v.a. im städtischen Siedlungsbereich, z.B. Basel, Allschwil-Muttenz, Weil, Brombach usw.

246. Pyrus L. *Birnbaum*

1. P. communis L. – *Birnbaum*
B: Erg. – Ursprung hybridogen; nur als Kulturpflanze bekannt.

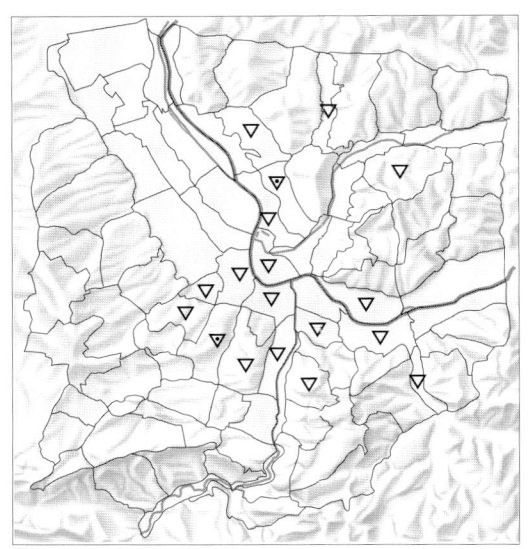

Ö/V: Obstbaum. Sehr selten in warmen Waldrandgebüschen verwildert oder aus Kultur überständig, z.B. Tüllinger Berg ob Weil, Dinkelberg südlich Hüsingen.

2. P. pyraster Burgsd. – *Wild-Birne*
Ö: In artenreichen Trockengebüschen, gerne in Gebüschsäumen oberhalb sonnigen Kalk-

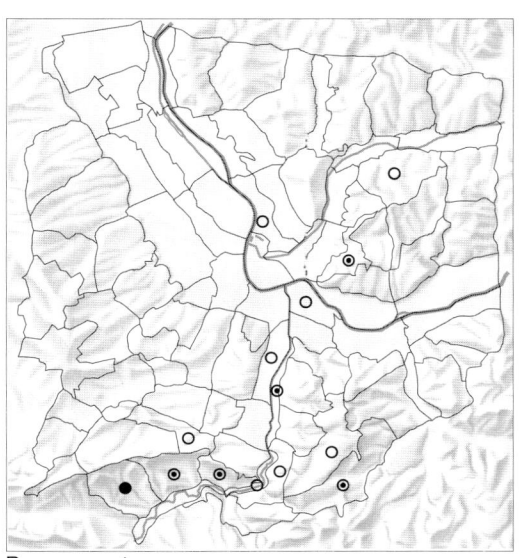

Pyrus pyraster

magerrasen, in Gehölzaufwüchsen. – Auf (mässig) trockenen bis sickerfrischen, nährstoff- und z.T. kalkreichen, steinigen Lehmböden.
S: Berberidion.
V: Ziemlich selten; v.a. im Jura, z.B. Ettingen (Stapflenreben), Blauen (Räben-Hinterhärd), Gempen (Eimerech), Seewen (Lör), Pelzmühletal; Dinkelberg: Riehen (Ausserberg), Lörrach (Schwarzer Graben); Birs- und Oberrheinebene: Birsfelden (Hagnau), Arlesheim (Hagenbuechen), Reinacher Heide, Weil (Bahngelände).
G: Wohl zurückgegangen. Gefährdet.

247. Malus Mill. *Apfelbaum*

1. M. sylvestris Mill. – *Holz-Apfel*

Ö: Meist einzeln in Gehölzen der Hartholzauen und in lichten, gebüschreichen Laubmischwäldern, an steinigen, waldigen Hängen und Flussböschungen, auf Lesesteinriegeln, in Weidegebüschen. Selten gepflanzt. – Auf frischen, basen- und mässig nährstoffreichen, meist kalkhaltigen, ± tiefgründigen, gerne steinigen und lehmigen Böden.
S: Fagion, Carpinion, Alno-Ulmion (Querco-Ulmetum), Berberidion.
V: Im Jura zerstreut; v.a. auf der Blauen-Südseite, auf dem Gempenplateau und an der Gempen-Westflanke. Mehrfach auch in den Flusstälern von Rhein und Birs, z.B. Elsässer Hardt nördlich Bartenheim-la-Chaussée, Duggingen-Grellingen, Reinacher Heide, linkes Birsufer unweit der Mündung (beim Unterwerk Birsbrücke), Rheinhalde bei Herten usw. Sonst selten: Sundgaurand bei Blotzheim; Dinkelberg: Herten (Schlosskopf); Weitenauer Vorberge: Haagen (Lingert).
G: Wohl zurückgegangen. Schonungsbedürftig.

2. M. domestica Borkh. – *Apfelbaum*

B: Eph (Neo).
Ö/V: Häufiger Obstbaum. V. a. in den warmen Tieflagen nicht selten verwildert, z.T. auch überständig an Böschungen und Rainen, an Fluss- und Eisenbahndämmen, in Brachwiesen, vereinzelt auch an Waldrändern, in Hecken und Feldgehölzen, z.B. Riehen (Bahndamm DB), Märkt (Rheinböschung) usw.

248. Sorbus L. *Vogelbeere, Mehlbeere*

Vorbem.: Ausser den diploiden Arten (1, 2, 3, 5) kommen zahlreiche fixierte Hybridsippen (4, 6, 7) und an Ort und Stelle entstandene Hybriden (Primärbastarde, 4) vor. Möglicherweise existieren weitere, im Aussehen *S. aria* und *S. mougeotii* nahestehende, noch unerkannte und unbeschriebene Kleinarten. Die Interpretation von *S. latifolia* ist in diesem Sinne noch offen.

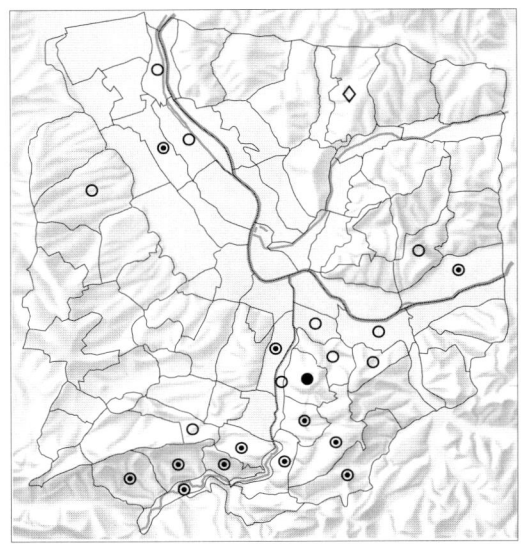

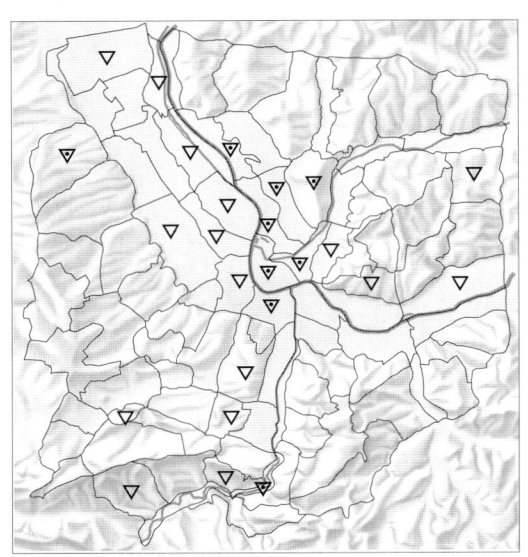

Malus sylvestris

Malus domestica

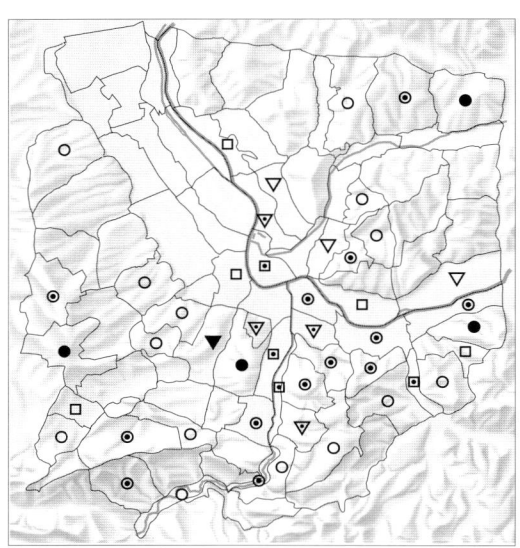

Sorbus aucuparia

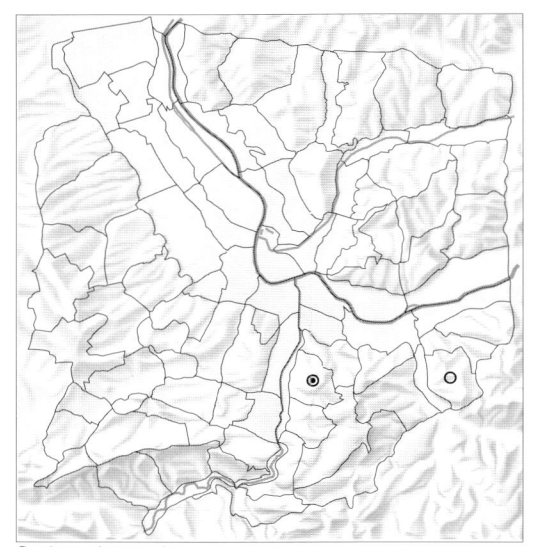

Sorbus domestica

1. S. aucuparia L. s. str. – *Vogelbeerbaum*
Ö: Einzeln bis gesellig an verhagerten, oft zwergstrauchreichen Stellen in frischen Buchenwäldern und Waldschlägen, in Fichtenbeständen und fichtenreichen Aufforstungen, z.T. wohl mit Nadelholzanpflanzungen eingeschleppt. Häufig auch kultiviert in Gärten, 'Wildhecken', 'Biotopen' usw. und als Sämlinge oder Jungpflanzen verwildert. – Auf frischen bis mässig trockenen, ± basenreichen, aber kalkarmen, humosen, oft sandigen Lehmböden.
S: Sambuco-Salicion, Luzulo-Fagenion, Luzulo-Abietenion.
V: In den Weitenauer Vorbergen, im Olsberger Wald und im höheren Sundgau ziemlich verbreitet, aber nicht häufig. Seltener im mittleren Sundgau (v.a. Bruderholz) und im Jura, vereinzelt auch am Dinkelberg. Sonst nicht selten gepflanzt und subspontan.
G: Vorwiegend montan-subalpine Art; im Gebiet von Natur aus nicht häufig. Nicht gefährdet.

2. S. domestica L. – *Speierling, Sperberbaum*
Ö: Einzeln, z.T. aber als grosser Baum in lichten, warmen Laubmischwäldern. Früher da und dort als Obstbaum kultiviert, z.B. bei Kembs (BINZ 1942). Neuerdings im Zuge von Naturschutz- und Erhaltungsmassnahmen wieder häufiger gepflanzt. – Auf mässig trockenen, basenreichen, im Gebiet meist kalkhaltigen, flach- bis mittelgründigen, lockeren, gerne humosen, steinigen und lehmigen Böden.
S: Fagion (Carici-Fagetum).
V: Sehr selten; nur im Jura: grosse Bäume im 'Spitalholz', im 'Armenholz' und auf der 'Eichmatt' (Arlesheim); Füllinsdorf (Elbis, Ch. Heitz). Neu gepflanzte Jungpflanzen z.B. am Damm der Wiese bei Riehen und auf der Kraftwerkinsel Birsfelden.
G: Wohl zurückgegangen; im Gebiet schon immer selten. An der Gempen-Ostflanke (BECHERER 1962) und am Schleifenberg bei Liestal (BECHERER 1946, 1956) zur Zeit verschollen. Stark gefährdet.

3. S. torminalis (L.) Crantz – *Elsbeerbaum*
Ö: Meist einzeln in lichten, trocken-warmen, unterholzreichen Laubmischwäldern, an Waldrändern. – Auf (mässig) trockenen, basenreichen, doch nicht immer kalkhaltigen, steinigen oder kiesigen, lehmigen Böden.
S: Carpinion, Quercion pubescenti-petraeae, seltener Fagion (v.a. Carici-Fagetum).
V: Mit Ausnahme der holozänen Talauen ziemlich verbreitet und in den Kalkgebieten und in den Hardwäldern der Hoch- und Ober-

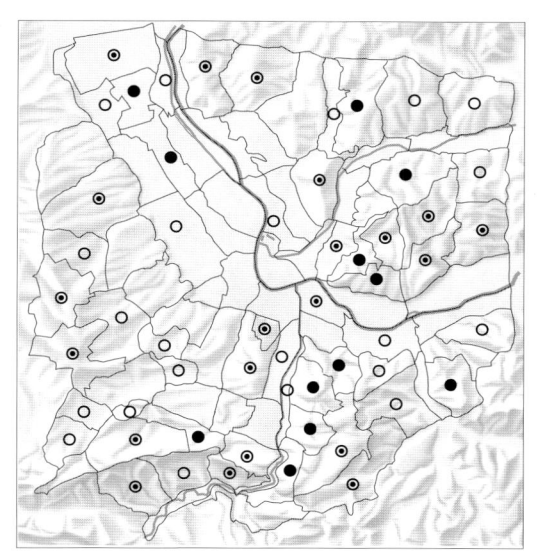

Sorbus torminalis

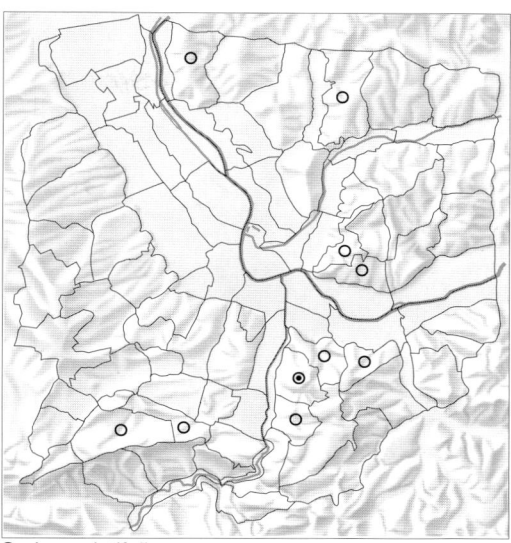

Sorbus x latifolia

rheinebene (v.a. Elsässer Hardt) recht häufig. Im Sundgau meist über Decken- und Sundgauschottern, z.B. Bruderholz, Biel-Benken (Fiechtenrainholz), Michelbach-le-Bas, Neuwiller.
G: Nicht gefährdet; alte Bäume schonungsbedürftig.

4. S. × latifolia auct. (S. aria – torminalis) – *Breitblättrige M.*

Vorbem.: Die Gruppe umfasst den Primärbastard *S. aria × torminalis* (= *S. rotundifolia* (Bechst.) Hedl.) und eine Reihe von aus diesem Bastard entstandenen apogamen Kleinarten (= *S. latifolia* (Lamk.) Pers.) sowie Rückkreuzungen mit den Mutterarten.
Lit.: MOOR (1967), AAS et al. (1994), RUDOW et al. (1997).

Ö: Einzeln in lichten warmen Laubmischwäldern. – Auf (mässig) trockenen, basenreichen, im Gebiet meist kalkhaltigen, lockeren, steinigen und lehmigen Böden.
S: Carpinion, Quercion pubescenti-petraeae, Fagion (v.a. Carici-Fagetum).
V: Ziemlich selten; v.a. im Jura, z.B. Ettingen (Fürstenstein), Metzerlen S (Chöpfli), Pratteln (Adler), Arlesheim (Spitalholz, Chilchholz), Dornach (Schloss Dorneck), Gempen (Ramstel); sonst sehr selten: Isteiner Klotz; Dinkelberg: Riehen (Ausserberg), Grenzach (Hornfelsen); Weitenauer Vorberge: Wollbach N (Letten).

G: Im Gebiet von Natur aus selten. Potentiell gefährdet.

5. S. aria (L.) Crantz – *Mehlbeerbaum*

Ö: Einzeln bis gesellig in lichten Eichen-, Föhren- und Buchenmischwäldern, in sonnigen Weidegebüschen, auf Felsköpfen und an felsigen Hängen. – Auf mässig trockenen, basen-

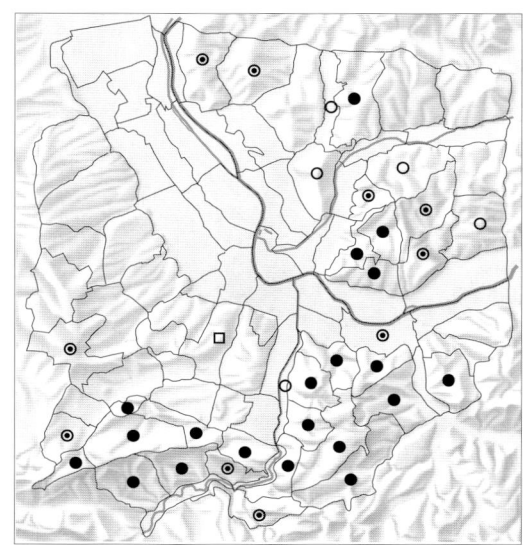

Sorbus aria

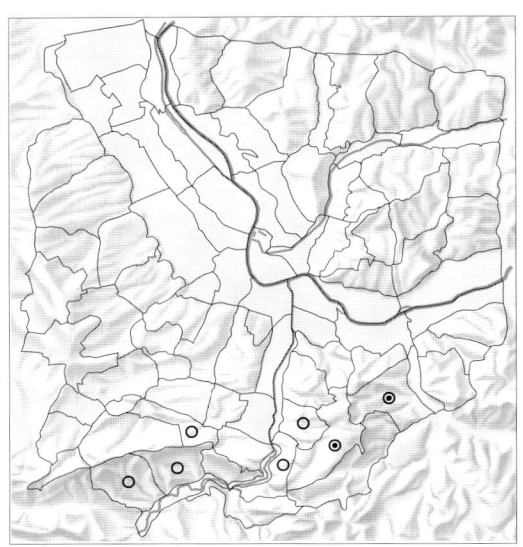

Sorbus mougeotii

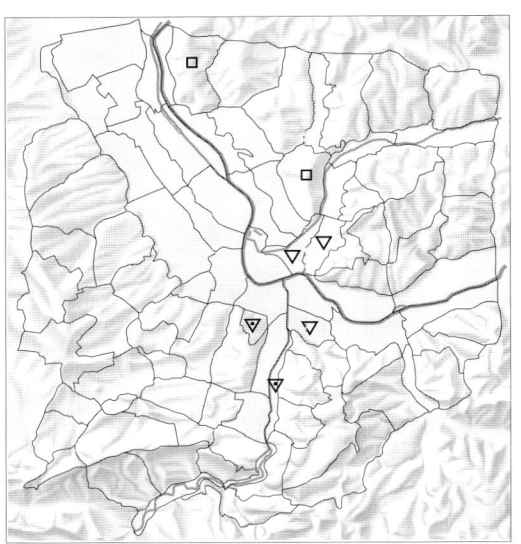

Sorbus intermedia

reichen, im Gebiet meist kalkhaltigen, lockeren, gerne humosen, flachgründigen, steinigen Lehm- und klüftigen Felsböden.
S: Quercion pubescenti-petraeae, Berberidion, Fagion (v.a. Carici-Fagetum, Dentario-Fagetum tilietosum).
V: In den Kalkgebieten verbreitet und häufig. Sonst selten: Birsebene: Arlesheim (Terrassenrand 'Hagenbuechen'); Hochrheinebene: Pratteln (Zurlindengrube), Rheinhalde gegen Kaiseraugst; höherer Sundgau: Bettlach-Liebenswiller (Bois de St. Brice).
G: Nicht gefährdet.

6. S. mougeotii Soy.-Will. & Godr. (S. aria – aucuparia) – *Mougeots M.*
Ö: Im Trockengebüsch auf Felsköpfen und Felsrippen. – Auf (mässig) trockenen, basenreichen, im Gebiet stets kalkhaltigen, klüftigen Felsböden und steinig-lehmigen Böden.
S: Berberidion (Cotoneastro-Amelanchieretum).
V: Selten; nur im Jura: Gempen (Schartenfluh), Dornach (Hilzenstein), Gempen-Frenkendorf (Wolfenried, Röselen), Duggingen (Felsen ob Oberäsch), Dittingen (Felsen gegen 'Bergmatten'), Ettingen (Fürstenstein).
G: Vorwiegend montane Art des Juras; im Gebiet von Natur aus selten. Potentiell gefährdet.

7. S. intermedia (Ehrh.) Pers. (S. torminalis – aria – aucuparia) – *Schwedische V.*
B: Eph (Neo). – Skandinavien, Ostseeraum; lichte Wälder, Waldweiden auf steinigem Grund.
Ö/V: Oft gepflanzt in Anlagen und als Strassenbaum, vereinzelt auch in 'Wildhecken' und anthropogenen Feuchtbiotopen. Gelegentlich als Sämling oder Jungpflanze verwildert, z.B. Riehen (Friedhof Hörnli), Basel (Bruderholz-Reservoir), Münchensteiner Schloss, Muttenz (Unterwart).

Bastard

8. S. aucuparia × torminalis
Fehlmeldung. Isteiner Klotz (Klein in BINZ 1905, von BECHERER 1926 widerrufen und korrigiert).

249. Eriobotrya Lindl. *Wollmispel*

1. E. japonica (Thunb.) Lindl. – *Japanische Mispel*
B: Eph. – Japan, China; Berghänge.
Ö/V: Verwildert im Badischen Güterbahnhof (Basel), ein junges Exemplar (1994-1995, A. Huber).

250. Amelanchier Medik. *Felsenbirne*

1. A. ovalis Medik. – *Echte F.*
Ö: Im Trockengebüsch sonnenexponierter Felsköpfe und -bänder. Wärmebedürftig. – Auf trockenen, basenreichen, im Gebiet stets kalkhaltigen, klüftigen Felsböden.
S: Berberidion (Cotoneastro-Amelanchieretum), Quercion pubescenti-petraeae, Erico-Pinion.
V: Im Jura verbreitet und häufig. Sonst nur am Isteiner Klotz.
G: An der Dinkelberg-Südflanke (BINZ 1911, BECHERER 1925) verschollen. Nicht gefährdet.

2. A. lamarckii F.-G. Schroeder – *Kupfer-F.*
B: Erg. – Östliches Kanada; trockene Waldhänge, Sandbänke.
Ö/V: Häufiger Zierstrauch. Nicht selten auch in 'Wildhecken', an Böschungen usw. in der freien Landschaft gepflanzt, z.B. Istein NO, Bottmingen-Oberwil (Spazierweg am Birsigufer).

3. A. laevis Wiegand – *Kahle F.*
B: Erg. – Östliches N-Amerika; Trockengebüsche.
Ö/V: Gepflanzt in Gebüschsaum am Zugang zur Fischzucht nordwestlich Giebenach.

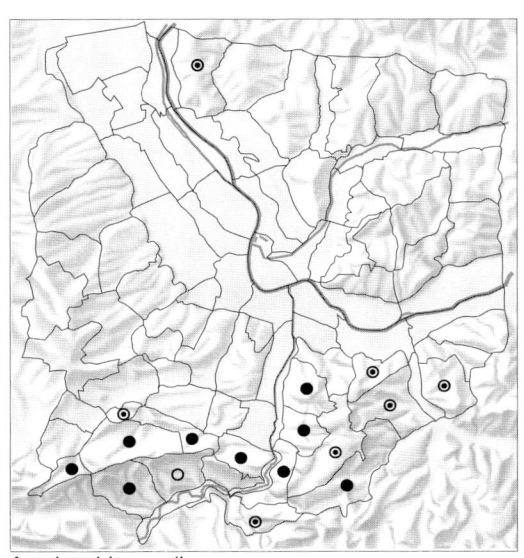

Amelanchier ovalis

251. Cotoneaster Medik. *Zwergmispel*

Vorbem.: Die Gattung gewinnt im Gebiet eine wachsende Bedeutung durch zahlreiche Verwilderungen und Einbürgerungen asiatischer Arten. Die meisten Arten sind apomiktisch.

1. C. horizontalis Decaisne – *Fächer-Z.*
B: Neo. – W- und SW-China; Gebüsche an Felskanten, 2000-3500 m.
Ö: Zierstrauch. Verwildert und vielfach eingebürgert an Mauerfüssen, in Hecken, in Scherrasen, auf Gartenland, an trockenen, kiesigen Rainen, an steinigen Weganrissen, an Bahndämmen, in Kiesgruben, an sonnigen Waldrändern, in Schlagfluren, in trockenen Magerweiden, besonders typisch an beschatteten oder offenen Felsköpfen und in Steinbrüchen. – Auf (mässig) frischen bis trockenen, steinigen, meist kalkreichen, humosen, lehmigen, steinigen und felsigen Böden.
S: Prunetalia (v.a. Berberidion), Mesobromion, seltener Onopordetalia.
V: Nicht selten; v.a. in den Flusstälern von Birs und Hochrhein sowie an wärmebegünstigten Stellen der Kalkgebiete, z.B. Haagen (Lingert), Wyhlen (Felskanten), Dittinger Weide, Gempen-Westflanke usw. Oft, aber nicht immer im Siedlungsgebiet und dessen näheren Umgebung.
G: In Ausbreitung. Nicht gefährdet.

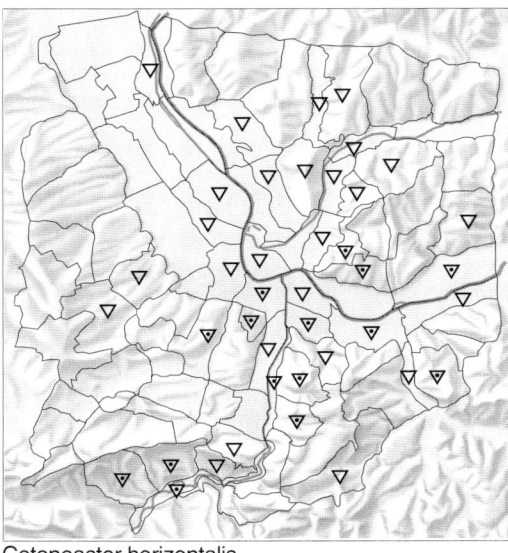

Cotoneaster horizontalis

2. C. adpressus Bois – *Spalier-Z.*
B: Neo. – C- und SW-China, Burma, O-Indien; Waldränder an Berghängen, Felsgebüsche, 1900-4000 m.
Ö: Zierstrauch. Verwildert und z.T. eingebürgert in Felsgebüschen und gebüschreichen Kalkschuttfluren, auf sonnigen Magerweiden, auf Gartenland. – Auf trockenen, ± humosen Kalksteinböden.
S: Berberidion, seltener Mesobromion.
V: Hie und da, z.B. Münchensteiner Schlossberg, Arlesheim (Reichenstein). Wohl auch anderwärts, doch z.T. mit *C. horizontalis* verwechselt.

3. C. apiculatus Rehder & Wilson – *Bespitzte Z.*
B: Eph. – SW-China; Wegränder an Berghängen, Waldränder, 1500-3100 m.
Ö/V: Zierstrauch. Zwei Nachweise verwilderter Vorkommen: Flüh (Flüeberg), lichter Trockenwald; Dittingen SSO (Hüslimatt W), magerer Rain an Waldrand.

4. C. ascendens Flink & Hylmö – *Aufsteigende Z.*
B: Eph. – C-China; Berggebüsche.
Ö/V: Zierstrauch. Aus naher Anpflanzung verwildert, blühend und fruchtend im Gleisfeld des Badischen Bahnhofs (Basel).

5. C. divaricatus Rehder & Wilson – *Sparrige Z.*
B: Neo. – C- und SW-China; steinige, gebüschreiche Berghänge, 1600-3400 m.
Ö: Häufiger Zierstrauch. Verwildert und vielerorts eingebürgert in Zierhecken und Parkgehölzen, an Waldrändern, typisch im Halbschatten auf Einzelfelsen, in Felsgebüschen, in überwachsenen Steinbrüchen, auch in Kalkmagerweiden, vorübergehend an Mauerfüssen und in Deponien. – Auf mässig frischen bis trockenen, kalkreichen, meist humosen, steinig-lehmigen, z.T. felsigen Böden.
S: Berberidion, seltener Mesobromion.
V: In den urbanen und urbanisierten Teilen der Flusstäler, im stadtnahen Sundgau, im Jura und am Dinkelberg ziemlich verbreitet und z.T. völlig eingebürgert, z.B. Burg (Schlossfelsen), Metzerlen (Rotberg), Dornach-Hochwald (Tüfleten), Pratteln (Adler), Riehen (Ausserberg), Lörrach (Schädelberg). Bislang keine Nachweise aus den elsässischen Teilen der Oberrheinebene und des Sundgaus. Eine der am häufigsten verwilderten und eingebürgerten Zwergmispelarten.
G: Nicht gefährdet.

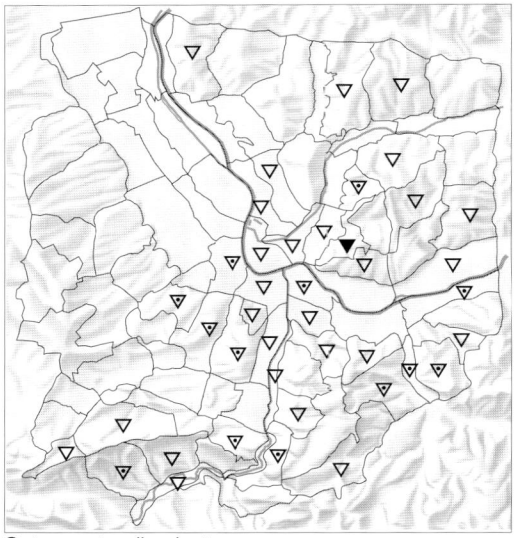

Cotoneaster divaricatus

6. C. simonsii Baker – *Steife Z.*
B: Erg. – O-Himalaya; Nadelwaldränder, 2300-3800 m.
Ö/V: Häufige Heckenpflanze. Kein sicherer Nachweis verwilderter Vorkommen. In SCHINZ & KELLER (1914) als einzige verwilderte *Cotoneaster*-Art erwähnt.

7. C. franchetii Bois – *Franchets Z.*
B: Eph (Neo). – SW-China, Tibet, N-Thailand; sonnige Kalkfelsgebüsche, 2000-2900 m.
Ö/V: Zierstrauch. Selten verwildert, z.T. vielleicht auch eingebürgert in trockenen, steinigen Pioniergebüschen, in Baumscheiben, auf verwachsenem Bahnschotter, z.B. Pratteln (Salinenweglein), Basel (Burgfelderstrasse).

8. C. dielsianus Pritzel – *Diels' Z.*
B: Neo. – SW-China; Brachhänge, Grasheiden, Gebüsche, 1000-3600 m.
Ö: Zierstrauch. Verwildert und z.T. eingebürgert in unterholzreichen Pioniergehölzen, in trockenen Waldsäumen. – Auf mässig frischen bis trockenen, sommerwarmen, humosen, steinigen und lehmigen Böden.

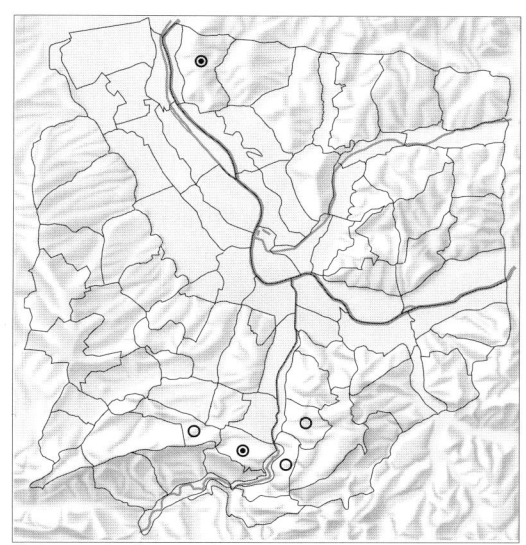

Cotoneaster integerrimus

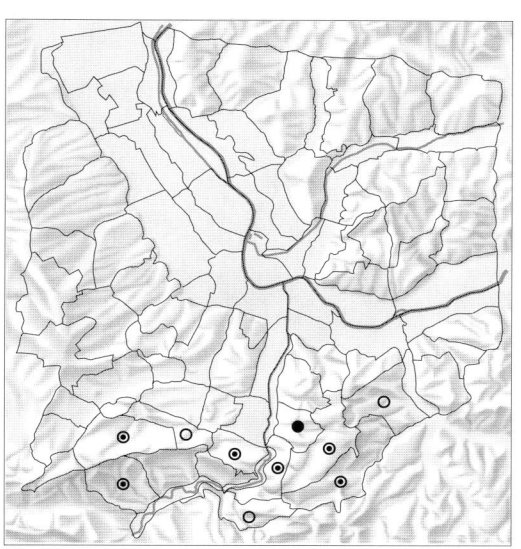

Cotoneaster tomentosus

S: Berberidion.
V: Selten: Bahngelände Weil-Haltingen, hier in zahlreichen Individuen in einem Eichen-Pioniergehölz integriert; Maulburg N (Föhrishäusle), Riehen (Mühlestiegstrasse).

9. C. integerrimus Medik. – *Gewöhnliche Z.*
Ö: An vollsonnigen Felswänden und auf exponierten Felsköpfen. – Auf trockenen, sommerwarmen, klüftigen Kalkfelsböden.
S: Berberidion (Cotoneastro-Amelanchieretum).
V: Selten; nur im Jura und an der Westflanke der Malmscholle von Istein: Hofstetter Köpfli, Pfeffinger Schlossfelsen, Dornach (Schloss Dorneck), Duggingen (Felsen südöstlich Oberäsch); Isteiner Klotz, Istein-Kleinkems (Buchgraben).
G: Im Gebiet von Natur aus selten. Am Grenzacher Berg (BINZ 1911) verschollen. Potentiell gefährdet.

10. C. tomentosus Lindl. (C. nebrodensis (Guss.) Koch) – *Filzige Z.*
Ö: Auf vollsonnigen bis halbschattigen Felsköpfen und -graten, in Felsfluren, in lichten Eichenbusch- und Föhrenwäldern, auch in trockenen Magerweiden. – Auf trockenen, sommerwarmen, nährstoffarmen, kalkreichen, flachgründigen, humosen, steinigen Lehm- und klüftigen Felsböden.

S: Berberidion (Cotoneastro-Amelanchieretum, selten Pruno-Ligustretum), Quercion pubescenti-petraeae, Erico-Pinion, Mesobromion (Teucrio-Mesobrometum).
V: Im Jura ziemlich verbreitet, aber streng lokalisiert, z.B. Ettingen (Fürstenstein), Metzerlen (Gobenrain, Baholz), Pfeffingen/Nenzlingen (Eggfluh), Pfeffinger Schlossfelsen, Zwingen (Marderhollen), Dittingen (Ritterghollen), Dornach-Gempen (Ingelstein-Ramstel), Gempen (Schartenfluh), Dornach-Hochwald (Tüfleten), Duggingen (Angenstein, Dugginger Fluh, Falkenfluh), Grellingen-Seewen (Pelzmühletal), Büren (Bürenfluh, Lochfluh). Nach Hügin in SEBALD et al. (1992) auch an der Dinkelberg-Südflanke ob Grenzach, 1979 (vgl. schon BINZ 1922, WENIGER 1967); nach einer historischen, zu bestätigenden Angabe auch zwischen Wyhlen und Degerfelden (Neuberger in BINZ 1915).
G: Im Gebiet von Natur aus nicht häufig. Nicht gefährdet.

11. C. acuminatus Lindl. – *Spitzblättrige Z.*
B: Eph (Neo). – Himalaya von Kaschmir bis SW-China; Mischwälder mit Koniferen, Rhododendron usw., 1500-4000 m.
Ö/V: Zierstrauch. Selten verwildert, allenfalls auch eingebürgert im Unterholz siedlungsnaher Wälder und Gebüsche, z.B. Therwil (Moosholz), Arlesheim (Spitalholz).

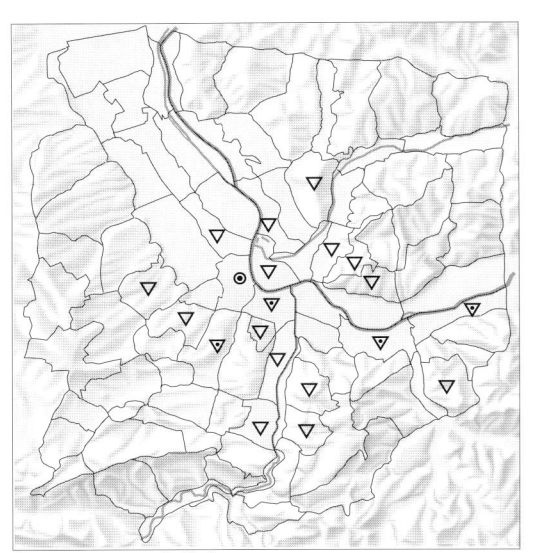

Cotoneaster salicifolius

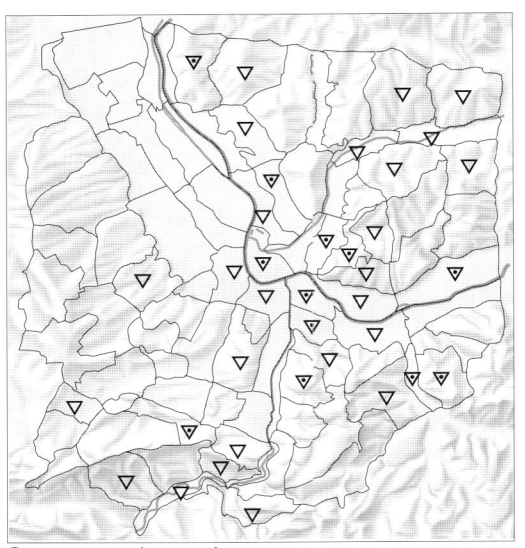

Cotoneaster dammeri

12. C. bullatus Bois – *Runzel-Z.*

B: Eph (Neo). – SW-China, Tibet; locker bewaldete Berghänge, 2000-3200 m.
Ö/V: Zierstrauch. Verwildert am Gebüschrand eines gepflanzten Baumbestands im Bahngelände Haltingen.

13. C. salicifolius Franch. – *Weidenblättrige Z.*

B: Neo. – C- und SW-China; im Saum von Mischwäldern, an Berghängen, 1800-3000 m.
Ö: Zierstrauch. Verwildert und z.T. eingebürgert an Mauerfüssen, in Friedhöfen, an Bermenmauern, auf Kiesplätzen, an trockenen Böschungen, in Bahnanlagen, in Steinbrüchen, in Trockengebüsch. – Auf (mässig) trockenen, sommerwarmen, ± nährstoffreichen, humosen, oft steinigen, lehmigen Böden.
S: Prunetalia (Berberidion) und Initialen.
V: Nicht selten; v.a. in den Flusstälern der Birs und Hochrhein, an wärmebegünstigten Stellen auch an den Talflanken. Meist im Siedlungsgebiet und seiner näheren Umgebung.

14. C. × watereri Exell (C. frigidus Lindl. × salicifolius Franch.) – *Hybrid-Weiden-Z.*

B: Eph. – Hybrid aus zentralasiatischen Gebirgsarten.
Ö/V: In der Ökologie ähnlich *C. salicifolius*. Hie und da, z.B. an der badischen Bahn in Basel.

15. C. dammeri Schneider – *Teppich-Z.*

B: Neo. – C- und SW-China; felsiges Bergland mit Mischwaldfragmenten, 1300-2600 m.
Ö: Häufige Zierpflanze (Bodendecker). Verwildert und z.T. eingebürgert in Kiesgruben, Steinbrüchen, Trockengebüschen, flachgründigen Weiderasen und Scherrasen, an steinigen Waldstrassen und Böschungen, an Mauerfüssen, auf Pflanzland und Gartenschutt, in Deponien. – Auf frischen bis trockenen, basen- und ± nährstoffreichen, humosen oder rohen, steinigen, lehmigen und tonigen Böden.
S: Prunetalia (Berberidion), Origanetalia, seltener Mesobromion.
V: Zerstreut und v.a. in den Flusstälern nicht selten. Oft, aber nicht immer in Siedlungsnähe; siedlungsfern z.B. Ettingen (Esselgraben), Liestal (Windetelholden).
G: In Ausbreitung begriffen (Vogelverbreitung). Nicht gefährdet.

252. Pyracantha M. J. Roem. *Feuerdorn*

1. P. coccinea M. J. Roem. – *Feuerdorn*

B: Eph (Neo). – S-Europa; Hartlaubbusch, Steineichenwälder, Macchien.
Ö/V: Häufiger Zierstrauch in Rabatten und Anlagen. Gelegentlich verschleppt, selten verwildert auf Trockenmauern, an steinigen Böschungen, in Kiesgruben, z.B. Basel, Weil, St. Louis.

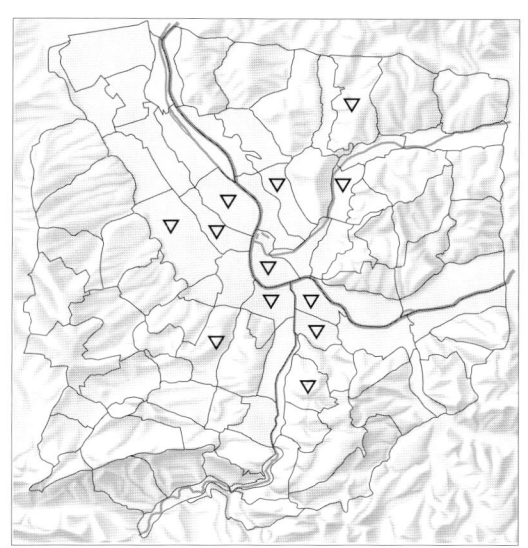

Pyracantha coccinea

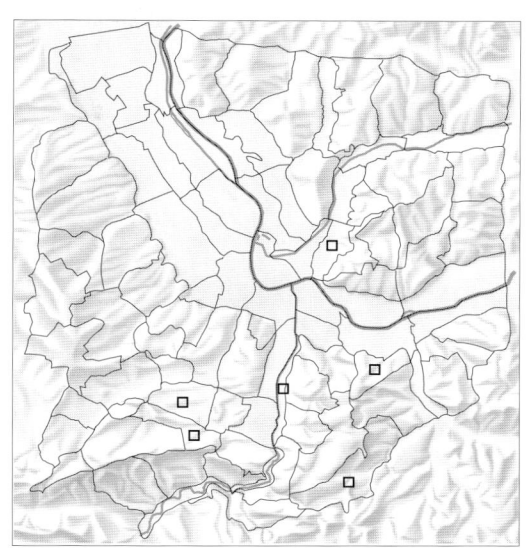

Mespilus germanica

253. Mespilus L. — *Mispel*

1. M. germanica L. – *Mispel*

B: Erg. – SO-Europa, Vorderasien; Trockengebüsch.
Ö/V: Altes, heute im Zuge von Naturschutz- und Arterhaltungsmassnahmen wieder häufiger gepflanztes Obstgehölz. Früher selten verwildert, z.T. vielleicht auch nur als eingewachsenes Kulturrelikt in steinigen Trockengebüschen, z.B. zwischen Istein und Kleinkems (LITZELMANN 1966), "Waldrand ob Engental, Muttenz" (1952, Heinis in BINZ 1956), "Duggingen, am Fussweg längs der Bahn nach Grellingen" (1944, Kilcher in BINZ 1951). Aktuell nur noch gepflanzte Vorkommen bekannt; alte Bäume in einem Baumgarten in Witterswil (Ch. Heitz) und in Riehen (Sarasin-Park), in den 1970er Jahren auch Dornach (Apfelsee).

254. Crataegus L. — *Weissdorn*

1. C. pedicellata Sargent (C. rotundifolia Moench nom. illeg.) – *Rundblättriger W.*

B: Eph. – Östliches N-Amerika; Gebüsche.
Ö/V: Hie und da gepflanzt und verwildert, z.B. Basel (Reservat Rheinhalde, Zoo).

2. C. × lavallei Hérincq ex Lavallée (C. pubescens (H.B.K.) Steud. × crus-galli L.) – *Leder-W.*

B: Erg. – 1. Mexiko; mesophiler Bergeichenbusch. 2. Östliche USA; Weiden, Felsgebüsche.
Ö/V: Hie und da als Zier- und Strassenbaum gepflanzt, vereinzelt auch in Naturschutzgebieten, z.B. Vogelreservat Muttenz-Schänzli. Nicht verwildernd.

**3.-9. Artengruppe
C. laevigata-monogyna**

Vorbem.: Neben den Hauptarten (3. und 4. sind diploid, 5. und 6. tetraploid) treten nicht selten fertile Hybridschwärme auf; sie sind in den variablen und uneinheitlichen Hybridsippen (7. bis 9.) zusammengefasst. Die Erforschung der europäischen Weissdorne ist noch nicht abgeschlossen, und aus dem Gebiet fehlt eine gründliche Bearbeitung. Bei einigen Sippen kann verschieden starke Behaarung an Blättern und Blütenorganen auftreten, der aber kein systematischer Wert zugemessen wird. Die Angaben über Ökologie und Verbreitung der selteneren Taxa sind erst als Ansatzpunkte zu verstehen und dürfen nicht unbesehen übernommen werden.
Lit.: SEBALD et al. (1992), TIMMERMANN & MÜLLER (1994).

3. C. laevigata (Poir.) DC. (C. oxyacantha L. em. Jacq.) – *Zweigriffliger W.*

Ö: Im Unterholz lichter, strauchreicher Laubmischwälder, an Waldrändern, in Hecken und Feldgehölzen. Selten auch angepflanzt in

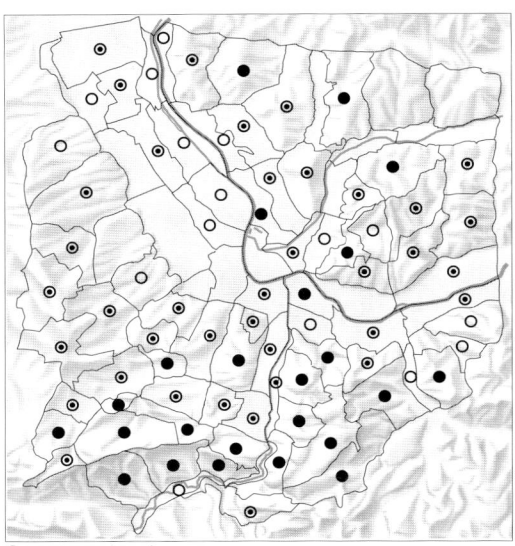

Crataegus laevigata

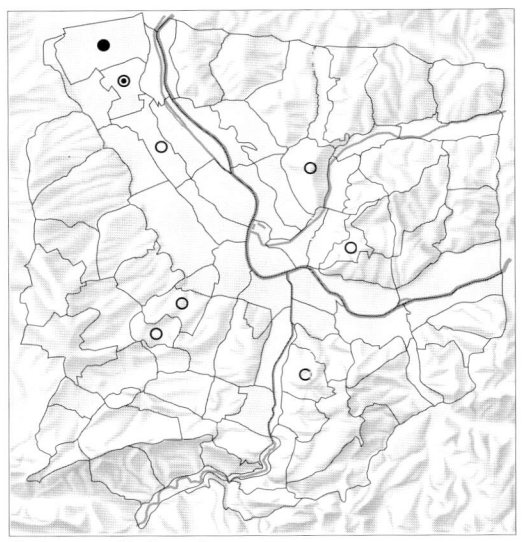

'Wildhecken' (kaum im Handel). – Auf frischen, basenreichen, ± tiefgründigen Lehmböden.
S: Fagetalia, Berberidion.
V: Verbreitet und meist häufig.
G: Nicht gefährdet.

4. C. monogyna Jacq. – *Eingriffliger W.*
Ö: Im Unterholz lichter, strauchreicher Laubmischwälder, an sonnigen Waldrändern, in

Crataegus monogyna

Crataegus lindmanii

Hecken und Feldgehölzen, in trockenen Auen-, Weide- und Felsgebüschen. Oft auch angepflanzt in 'Wildhecken'. – Auf (mässig) trockenen, seltener frischen, basenreichen, gerne steinigen und etwas lehmigen Böden.
S: Berberidion, Fagetalia, Quercion pubescenti-petraeae.
V: Verbreitet und meist häufig.
G: Nicht gefährdet.

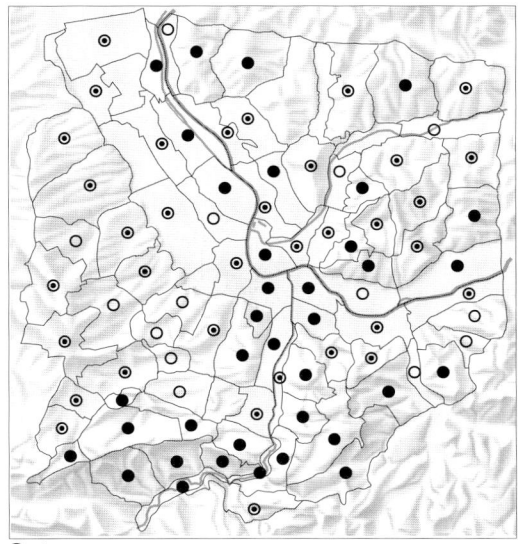

5. C. rhipidophylla Gand. (C. rosiformis Janka s. str.) – *Langkelchiger W.*
Ö/V: V.a. in wärmeren Lagen, z.B. Dittingen (Brunnenberg), Biel-Benken (Fiechtenrain), Riehen (Maienbühl-Eiserne Hand), Haagen (Steinbruch südlich 'Lingert'), Wintersweiler NO, Egerten (Kalkberg).

6. C. lindmanii Hrabetová (C. rosiformis Janka ssp. lindmanii (Hrab.-Uhr.) Christensen) – *Lindmans W.*
Ö: Im Unterholz und im Waldmantel warmer, lichter, strauchreicher Laubmischwälder. – Auf frischen bis mässig trockenen, basenreichen, oft kalkarmen, lockeren Lehmböden.
S: Carpinion, seltener Fagion und Berberidion.
V: Nur in den warmen Tieflagen. In den Hardwäldern der elsässischen Oberrheinebene verbreitet und z.T. recht häufig. Sonst nur wenige Nachweise: Tüllinger Berg (Käfer-

holz), Schönenbuch/Neuwiller (Geiser), Riehen (Mittelberg oberhalb Schiessstand, Ausserberg nordöstlich P. 442). Auf weitere Vorkommen ist v.a. in den wärmeren Teilen der Flusstäler und an den Rändern des angrenzenden Hügellandes zu achten.
G: Nicht gefährdet.

7. C. × media Bechst. (C. × ovalis Kit.; C. laevigata × monogyna) – *Bastard-W.*

Ö/V: Einzeln, meist mit den Eltern im Unterholz lichter Laubmischwälder, z.B. Elsässer Hardt, Tüllinger Berg (Käferholz), Basel (Niederterrassenböschung beim Bethesda-Spital), Münchenstein (Wissgrien), Riehen (Autal-Hinterengeli), Kloster Weitenau NO.

8. C. × macrocarpa Hegetschw. (C. laevigata × rhipidophylla/lindmanii) – *Grossfrüchtiger W.*

Ö/V: Nicht selten, z.B. Liestal (südlich 'Lindenstock'), Hofstetter Köpfli, Arlesheim (Gstüd), Dornach (Affolter), Bürenfluh, Grellingen (Schmälzenried), Binningen (Weiherhof), Riehen (Maienbühl südlich P. 385), Lörrach (Maienbühl), Inzlingen (Buttenhalde) usw.

9. C. × kyrtostyla Fingerh. (C. × heterodonta Pojark.; C. monogyna × rhipidophylla/lindmanii) – *Verschiedenzähniger W.*

Ö/V: Da und dort. Hegenheim (Hengelberg, nördlich P. 318), St. Louis (südwestlich Friedhof, Bahnhofunterführung, ev. gepflanzt), Reinacher Heide, Reinach (westlich 'Neuhof', P. 309), Basel (Birsböschung, gepflanzt).

Unterfamilie
PRUNOIDEAE – *STEINOBSTARTIGE*

255. Prunus L.   *Steinobstbäume*

Untergattung
Amygdalus (L.) Focke – *Mandeln*

1. P. persica (L.) Batsch (Persica vulgaris Mill.) – *Pfirsichbaum*

B: Neo. – Alte Kulturpflanze, China.
Ö/V: In den wärmeren Teilen des Gebietes oft als Obstbaum gepflanzt in Gärten und Rebbergen. Nicht selten verwildert und z.T. eingebürgert in ruderalen Gebüschen an Böschungen und Dämmen, an Strassenrändern, auf aufgelassenem Garten- und Rebland, v.a. in der Oberrheinebene und an den Rändern des angrenzenden Hügellandes, z.B. Stadt Basel, Gegend von Weil-Haltingen und St. Louis.

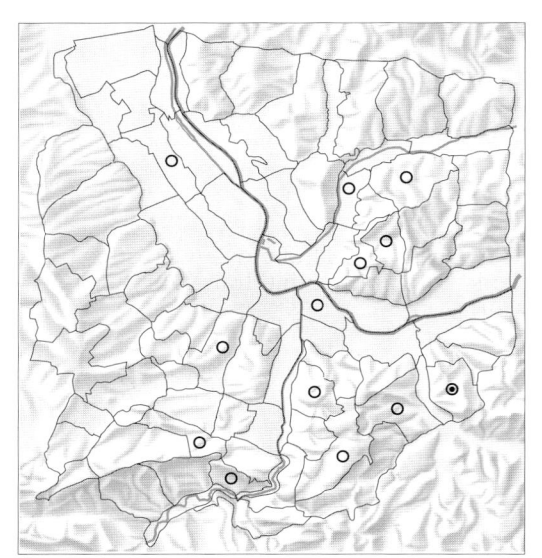

Crataegus x macrocarpa

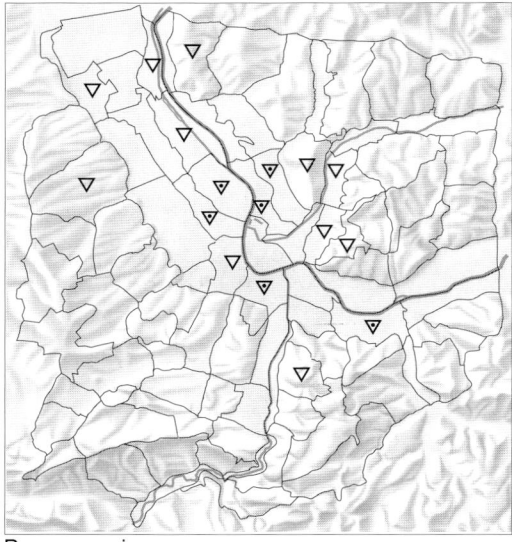

Prunus persica

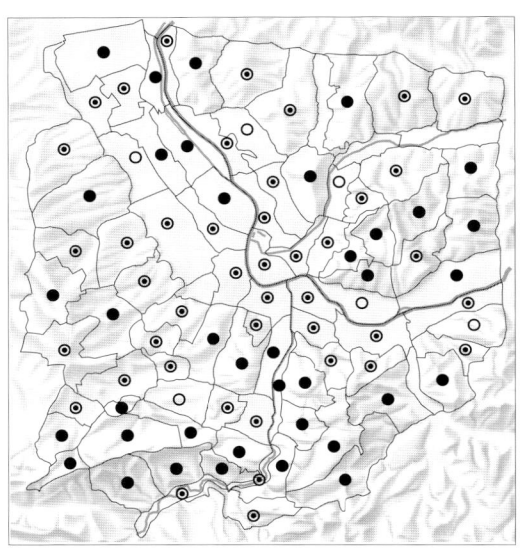

Prunus spinosa s.str.

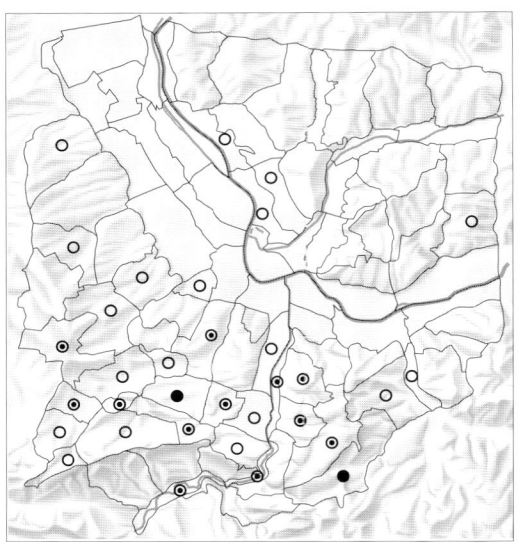

Prunus spinosa ssp. fruticans

Untergattung
Prunus – *Pflaumen*

2. P. armeniaca L. (Armeniaca vulgaris Lamk.) – *Aprikosenbaum*
B: Eph. – Alte Kulturpflanze, Turkestan bis NW-China.
Ö/V: Da und dort als Obstbaum kultiviert, v.a. als Spalier, selten im Freiland. Adventiv am Geleise der Südfrüchte-Entladerampe im Güterbahnhof Wolf, Basel (1990).

3. P. spinosa L. s. l. – *Schlehe, Schwarzdorn*

3a. – ssp. **spinosa**
Ö: Gesellig, z.T. bestandbildend in Hecken und Gebüschen, an sonnigen Waldrändern, in lichten Wäldern, an Böschungen und Rainen, oft auch als Verbrachungszeiger in aufgelassenen oder extensiv bestossenen Weiden und selten gemähten Magerrasen. – Auf frischen bis mässsig trockenen, basenreichen, ± nährstoffreichen, gerne humosen, steinigen und lehmigen Böden.
S: Prunetalia, seltener Fagetalia.
V: Verbreitet und meist häufig.
G: Im intensiv genutzten Grünland zurückgegangen. Nicht gefährdet.

3b. – ssp. **fruticans** (Weihe) Rouy & Cam. – *Haferschlehe*
Ö: In feuchten Auen- und Feldgehölzen. – Auf frischen bis feuchten, nährstoff- und basenreichen, tiefgründigen Lehmböden.
S: Prunetalia, Alno-Ulmion.
V: Im Jura und juranahen Sundgau recht verbreitet und z.T. häufig, z.B. im Gebiet Ettingen-Therwil-Biel-Benken, Oristal. Vereinzelt auch in den rezenten Talauen von Rhein, Birs und Ergolz. Auf weitere Vorkommen ist zu achten.
G: Nicht gefährdet.

4. P. domestica L. – *Zwetschgenbaum*
B: Arch. – Alte Kulturhybride aus *P. spinosa* und *P. cerasifera* var. *divaricata*.
Ö: Häufiger Obstbaum. Verwildert oder als zähes, ausbreitungsfreudiges Kulturrelikt z.T. eingebürgert und mit Wurzelbrut bestandbildend in Feldhecken und -gehölzen, oft auch in bachbegleitenden Auengehölzen, in aufgelassenen Gärten, in Wiesenbrachen, seltener an Waldrändern. – Auf frischen bis feuchten, oft auch (sicker)nassen, basen- und nährstoffreichen, tiefgründigen, gerne humosen Lehm- und Tonböden.
S: Berberidion, v.a. Pruno-Ligustretum, Salici-Viburnetum.
V: Ziemlich verbreitet und v.a. im Sundgau recht häufig; grössere Bestände z.B. am Tül-

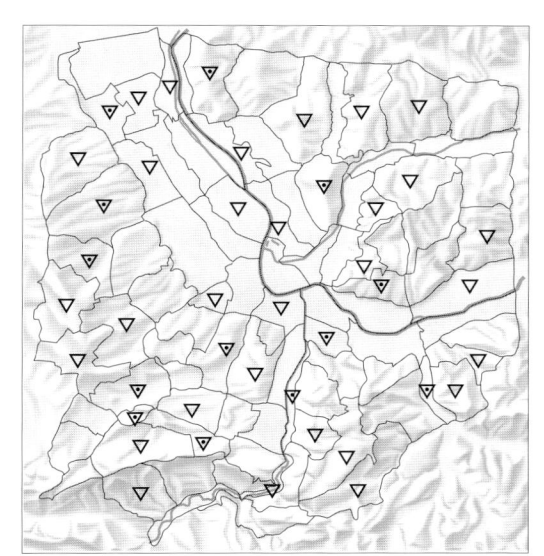

Prunus domestica

linger Berg unterhalb Ober-Tüllingen, Binningen/Oberwil (Paradieshof), Michelbach-le-Haut (Hintere Matte), Bartenheim (Schnekkenberg) usw.
G: Nicht gefährdet.

5. P. insititia L. (P. domestica L. ssp. insititia (L.) C. K. Schneid.) – *Pflaumenbaum*
B: Arch. – Alte Kulturhybride.
Ö: In edleren, z.T. wohl hybridogenen (× *P. domestica*, × *P. cerasifera*) Formen gelegentlich als Obstbaum (Reineclaude, Mirabelle) kultiviert. Verwildert oder als Kulturrelikt in sonnigen Hecken und Feldgehölzen, an Ackerrainen, in Hohlwegen. – Auf frischen bis mässig trockenen, basen- und nährstoffreichen, tiefgründigen, lockeren Lehmböden. Gerne auf Löss.
S: Berberidion (Pruno-Ligustretum).
V: Deutlich seltener als *P. domestica* und wohl auf wärmere Lagen beschränkt, z.B. Bartenheim W (Muehlimatten), Riehen (Mittelfeld), Münchensteiner Schloss, Muttenz SO. Auf weitere Vorkommen ist zu achten.

6. P. cerasifera Ehrh. – *Kirschpflaume*
B: Neo. – Balkan, Krim, Türkei; offene Bergwälder, felsige Steilhänge.

Ö: Hie und da als Zierbaum in Gärten und Anlagen kultiviert, ferner Veredelungsunterlage vieler Pflaumensorten. Verwildert und stellenweise wohl eingebürgert an bewaldeten Steilufern und Terrassenböschungen der Flusstäler, an buschigen Bahndämmen, seltener an siedlungsnahen Waldrändern und in Feldgehölzen. – Auf frischen, basen- und nährstoffreichen, tiefgründigen, gerne humosen, lockeren, lehmigen und sandigen Böden.
S: Sambuco-Salicion, Berberidion, Alno-Ulmion.
V: In den Flusstälern zerstreut, z.B. Basel (Rheinböschung Schaffhauser Rheinweg, Reservat Rheinhalde, Lange Erlen nördlich Eglisee), Riehen (Pfaffenloh, Bahndamm DB), Rheinhalde bei Grenzach, Böschung der Niederterrasse bei Arlesheim, Birsböschung oberhalb Zwingen usw. Im Siedlungsgebiet nicht selten in Übergängen zur var. *atropurpurea* Dipp. Auf weitere Vorkommen ist zu achten.
G: Nicht gefährdet.

6a. – var. **atropurpurea** Dipp. (P. cerasifera cv. 'Pissardii') – *Blutpflaume*
Sehr häufiger Zierbaum. Häufig verwildert in siedlungsnahen Hecken und Gebüschen, an Bahn- und Flussböschungen, an Mauerfüssen u.dgl., z.B. Riehen (Bahndamm DB), Basel (Schaffhauser Rheinweg). Oft in Übergängen zur Nennvarietät.

Untergattung
Cerasus (Mill.) Focke – *Kirschen*

7. P. avium L. (Cerasus avium (L.) Moench) – *Süsskirsche, Kirschbaum*
Vorbem.: Die Wildsippe (var. *avium*) ist mit den beiden kultivierten Sippen var. *juliana* (L.) Schübl. & G. Martens (Herzkirsche) und var. *duracina* (L.) Schübl. & G. Martens (Knorpelkirsche) durch zahlreiche Übergänge verbunden. Solche Übergangssippen sind v.a. in Kultur- und Siedlungsnähe sowie in forstlichen Anpflanzungen nicht selten.

Ö: In Laubmischwäldern, an Waldrändern, seltener in Hecken und Feldgehölzen. In jüngerer Zeit vermehrt auch forstlich angepflanzt. – Auf frischen, basen- und ± nährstoffreichen, nicht zu dichten, mittel- bis tiefgründigen, lehmigen Böden.
S: Carpinion, seltener Fagion, Alno-Ulmion.
V: Verbreitet und meist häufig.
G: Nicht gefährdet.

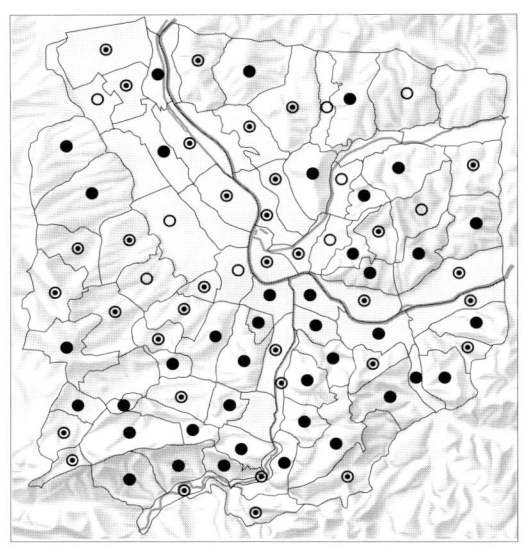

Prunus avium

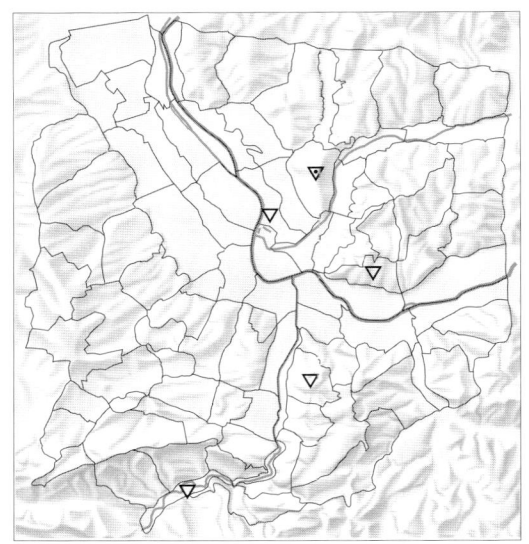

Prunus cerasus s.l.

8. P. cerasus L. s. l. (Cerasus vulgaris Mill.) – *Weichselkirsche*

8a. – ssp. **cerasus** – *Baum-Weichsel*
Früher häufig, heute nur noch selten gepflanzter Obstbaum. Hie und da verwildert, meist aber wohl nur Kulturrelikt in aufgelassenen Obstgärten, z.B. Bahngelände Weil, Arlesheim, Obertüllingen, Grenzach (Reben), Laufen (Lochbrugg).

8b. – ssp. **acida** (Dumort.) Asch. & Graebn. – *Strauch-Weichsel*
Ein Nachweis: Tüllinger Berg zwischen Weil und Ober-Tüllingen; alte, verbuschte Rebbergmauer. Auf weitere Vorkommen ist v.a. in den wärmsten Teilen des Markgräfler Hügellandes (Tüllinger Berg, Efringen-Istein-Kleinkems, Fischingen) zu achten. Vgl. auch Anmerkung unter *P. fruticosa*.

9. P. fruticosa Pall. – *Zwergkirsche*
Nicht im Gebiet. Angaben aus der Gegend von Istein-Kleinkems (LITZELMANN 1966) beziehen sich auf *P. cerasus* ssp. *acida* (SEBALD et al. 1992).

10. P. mahaleb L. (Cerasus mahaleb (L.) Mill.) – *Felsenkirsche, Steinweichsel*
Ö: In sonnigen Gebüschen auf Kalkfelsköpfen, an felsigen Hängen, in Auen-Halbtrockenrasen und an Terrassenböschungen der Flusstäler. Da und dort auch gepflanzt, z.B. an Autobahnböschungen. – Auf ± trockenen, meist kalkreichen, steinig-lehmigen oder klüftig-felsigen Böden.
S: Berberidion (Cotoneastro-Amelanchieretum, Salici-Hippophaëtum), Quercion pubescenti-petraeae.
V: Im Jura ziemlich verbreitet und besonders an der Gempen-Westflanke und in den nördlichen Randketten des Blauen z.T. recht häufig, z.B. Arlesheim (Reichenstein, Gstüd, Chilchholz), Dornach (Schloss Dorneck), Dornach-Hochwald (Tüfleten), Leymen (Landskronberg), Hofstetter Köpfli, Pfeffingen/Duggingen (Muggenberg, Pfeffinger Schlossberg). Mehrfach und z.T. in bis zu 8 Meter hohen Bäumen auch in der Birsebene und an den Böschungen der Niederterrasse von Dornachbrugg an abwärts bis Brüglingen und St. Jakob. Sonst sehr selten: Oberrheinebene: Kembser Rheininsel auf der Höhe von Efringen-Kirchen, badisches Rheinvorland bei Istein (Totengrien, gepflanzt ?); Basel (Reservat Rheinhalde); nach SEBALD et al. (1992) auch am Isteiner Klotz.
G: In den Flusstälern wohl zurückgegangen. Am Dinkelberg (BINZ 1905, NEUBERGER 1912, BECHERER 1925) verschollen. Ausserhalb des Juras und der Birsebene stark gefährdet.

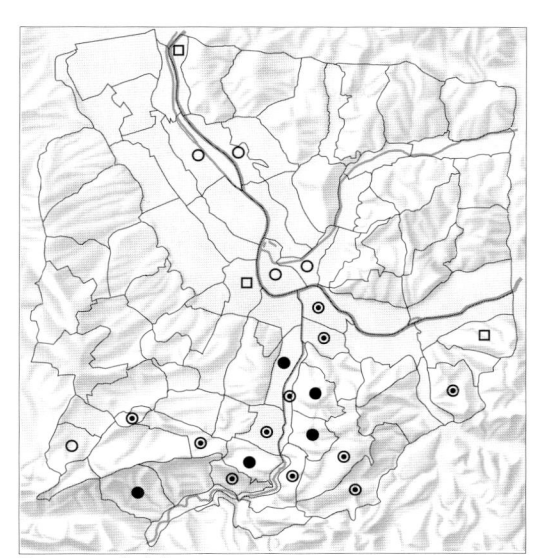

Prunus mahaleb

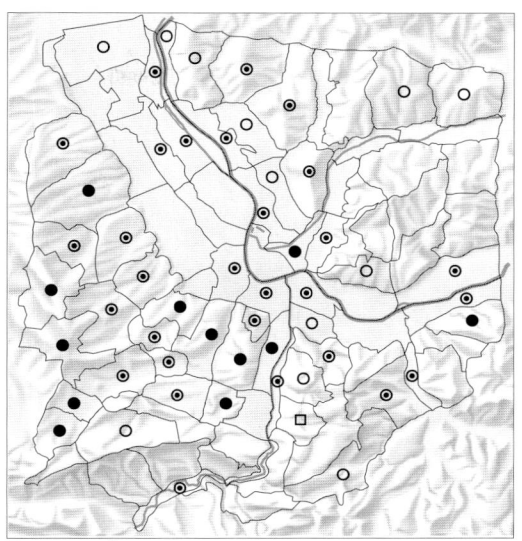

Prunus padus

Untergattung
Padus (Mill.) Focke – *Traubenkirschen*

11. P. padus L. s. str. (Padus avium Mill. s. str.) – *Traubenkirsche*

Ö: Meist gesellig im Unterholz krautreicher, grundfeuchter, sowohl gewässernaher als auch gewässerferner Laubmischwälder. Auch gepflanzt. – Auf feuchten bis nassen, basen- und nährstoffreichen, meist kalkarmen, tiefgründigen, humosen, reinen bis sandigen Lehm- und Tonböden.
S: Alno-Ulmion, feuchtes Carpinion.
V: Im Sundgau verbreitet und häufig, seltener in den übrigen Lössgebieten, im Olsberger Wald und in den Flusstälern von Rhein und Wiese (v.a. Lange Erlen). Sonst sehr zerstreut; in den Kalkgebieten sehr selten oder fehlend.
G: Nicht gefährdet.

12. P. virginiana L. – *Virginische Traubenkirsche*

B: Eph. – Östliche USA; Wälder, Schluchten, Küstenfelsen.
Ö/V: Seltener Zierstrauch. Verwildert im Auengebüsch der Kraftwerkinsel Birsfelden, ein blühendes und fruchtendes Exemplar (1996).

13. P. serotina Ehrh. (Padus serotina (Ehrh.) Borkh.) – *Späte Traubenkirsche, Herbst-Kirsche*

B: Eph (Neo). – Östliches N-Amerika; offene Wälder in Flusstälern, sandige Plätze.
Ö/V: Gepflanzt in 'Naturhecken' und Aufforstungen. Hie und da verwildert, z.B. Birsfelden-St. Jakob, Liestal (Schürholden).

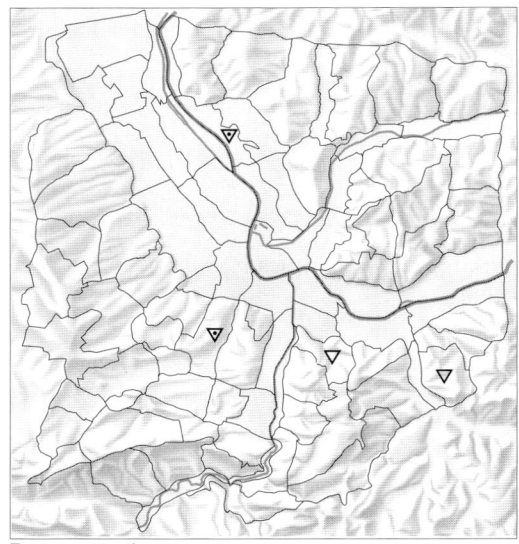

Prunus serotina

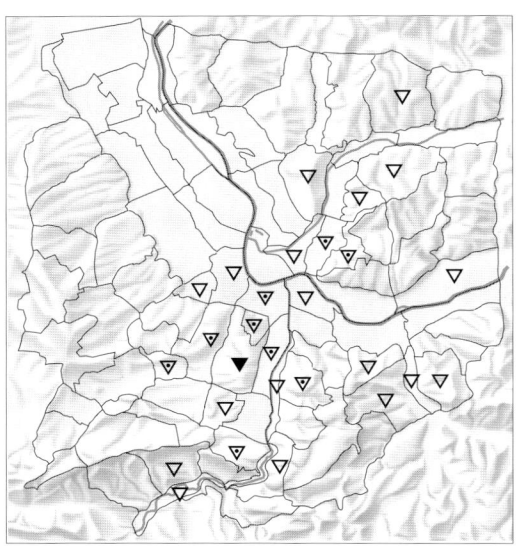

Prunus laurocerasus

14. P. laurocerasus L. – *Kirschlorbeer*
B: Neo. – SO-Europa, W-Kaukasus, Türkei, N-Iran; Unterwuchs in montanen Buchen- und Rhododendron-Wäldern, 100-2000 m.
Ö: Häufig als Zierstrauch und Heckengehölz gepflanzt. Verwildert und eingebürgert in schattigen, siedlungsnahen Gehölzen und Laubmischwäldern. In kalten Wintern z.T. zurückfrierend. – Auf frischen bis feuchten, basen- und nährstoffreichen, tiefgründigen, gerne humosen Lehmböden.
V: Im Siedlungsgebiet und seiner näheren Umgebung verbreitet und recht häufig, z.B. Riehen (Ausserberg), Reinach (Predigerholz), Pfeffingen (Eischberg) usw.
G: In Ausbreitung. Nicht gefährdet.

MIMOSACEAE
MIMOSENGEWÄCHSE

256. Albizia Durazzo *Schirmakazie*

1. A. julibrissin Durazzo – *Schirmakazie*
B: Eph. – Persien-Himalaya-China; steinige Waldhänge, 1500-2300 m.
Ö/V: Seltener Zierbaum. Nahverwildert an einem Trottoirrand in Kirchen.

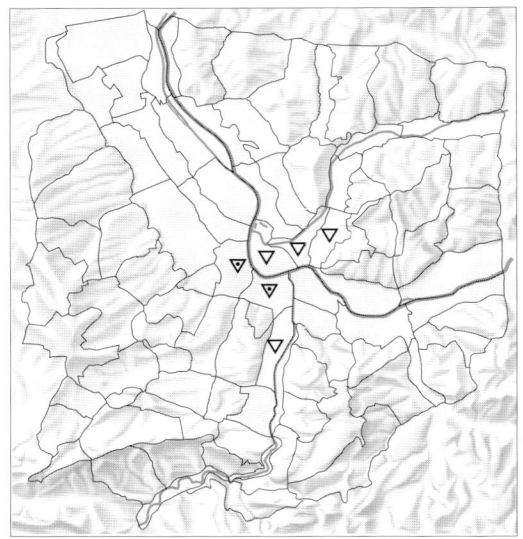

Gleditsia triacanthos

CAESALPINIACEAE
JOHANNISBROTBAUMGEWÄCHSE

257. Gleditsia L. *Gleditschie*

1. G. triacanthos L. – *Amerikanische G.*
B: Eph. – Östliche USA; Wälder in Tal- und Hochlagen.

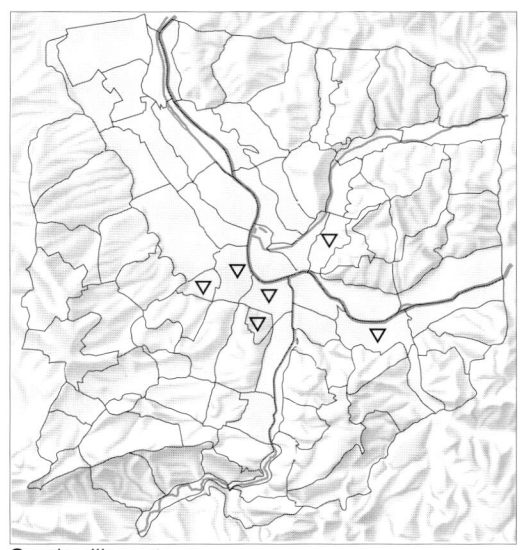

Cercis siliquastrum

Ö/V: Parkbaum. Nicht selten als Keimlinge oder Jungpflanzen im Umkreis alter Bäume verwildert, z.B. Basel (Schützenmattpark, Bethesdaspital, Hegenheimerstrasse usw.), Riehen (Pfaffenloh).

258. Cercis L. *Judasbaum*

1. C. siliquastrum L. – *Gemeiner J.*

B: Eph. – S-Europa – Kleinasien; thermophile Laubwälder, Macchie.
Ö/V: Recht seltener Zierbaum in Gärten und Parks. Da und dort als Jungpflanzen verwildert unter Strassenhecken, an Mauerfüssen, in den Fugen von Strassenrandsteinen usw., z.B. Basel (Kastelstrasse, Urs-Graf-Strasse), Riehen (Kilchgrundstrasse).

259. Cassia L. *Gewürzrinde*

1. C. obtusifolia L. – *Stumpfblättrige G.*

B: Eph. – Pantropisch, ursprünglich amerikanisch; sandige Ufer, Ruderalstellen.
Ö/V: Hin und wieder adventiv im Rheinhafen Basel-Kleinhüningen (letztmals 1994); Neudorf-Hüningen (Schuttplatz, 1985), Bahnhof Aesch (1985).

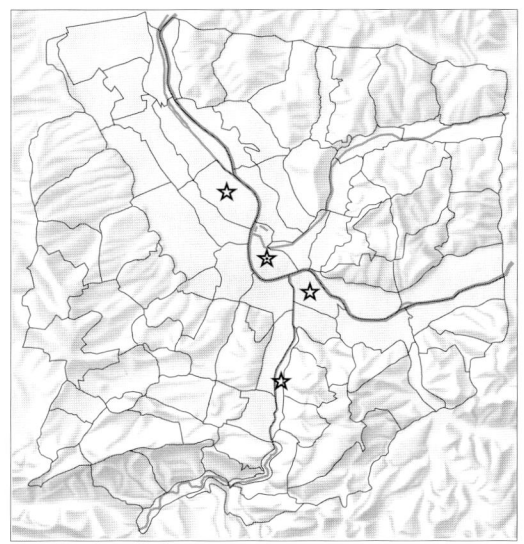

FABACEAE
SCHMETTERLINGSBLÜTLER

Tribus
GENISTEAE – *GINSTERARTIGE*

260. Lupinus L. *Lupine, Wolfsbohne*

1. L. albus L. s. str. – *Weisse L.*

B: Erg. – Balkan-Ägäis, mediterran kultiviert; Kulturland, Ruderalstellen.
Ö/V: In Ansaat am Schützengraben, Basel (1992). Wieder verschwunden.

2. L. angustifolius L. – *Schmalblättrige L.*

B: Eph. – Mittelmeergebiet; saure, leichte Böden.
Ö/V: Adventiv in den Hafenanlagen Basel-Kleinhüningen (1985) und Au (Muttenz, 1985). Auch Bestandteil von Gründüngungsmischungen.

3. L. polyphyllus Lindl. – *Vielblättrige L.*

B: Neo. – Pazifisches N-Amerika; feuchte Plätze, bis 2500 m.
Ö: Zierpflanze, z.B. in Bauerngärten. Auf deutschem Gebiet seit Ende des 19. Jahrhunderts nicht selten auch als Bodenfestiger und Bodenverbesserer an Strassenböschungen angesät.

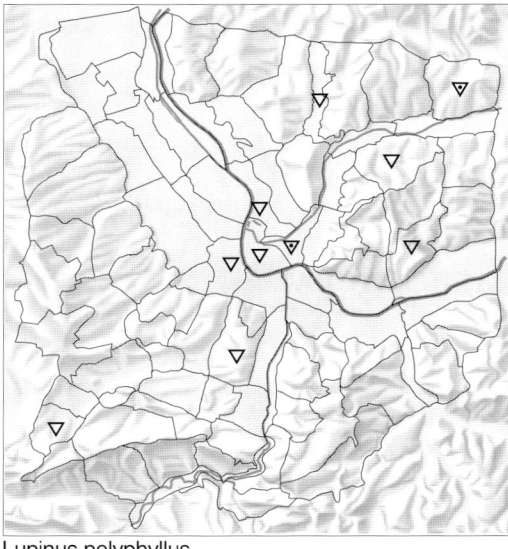

Cassia obtusifolia

Lupinus polyphyllus

Verwildert und stellenweise eingebürgert in Waldblössen und auf Waldschlägen, an Erdanrissen, an Waldstrassen, an Böschungen und Bahndämmen. – Auf ± frischen, kalkarmen, meist stärker sauren, rohen, sandigen und sandig-lehmigen Böden.
S: Epilobietalia (Sambuco-Salicion).
V: Eingebürgert und nicht selten in den Weitenauer Vorbergen nördlich Steinen-Maulburg, ferner am Dinkelberg um Degerfelden. Sonst da und dort verwildert, z.B. Basel (Elsässerbahn, Badischer Bahnhof).
G: Nicht gefährdet.

261. Spartium L. *Binsenginster*

1. S. junceum L. – *Binsenginster, Spanischer Ginster*

B: Erg. – Mediterrangebiet; sonnige Hügel, Macchie.
Ö/V: Im Elsass selten in Trockenhecken und an kiesigen Strassenborden gepflanzt, z.B. beim Flughafen Basel-Mulhouse. Gelegentlich auch als Zierstrauch kultiviert. In kalten Wintern zurückfrierend.

262. Genista L. *Ginster*

1. G. germanica L. – *Deutscher G.*

Ö: In lichten, hageren eichenreichen Buchen- und Eichen-Hainbuchenwäldern und ihren Säumen, an Waldwegen, an verhagerten Geländekanten. – Auf mässig trockenen, nährstoff- und kalkarmen, humosen, meist steinigen oder kiesigen Lehmböden.
S: Calluno-Genistion, Trifolion medii.
V: Ziemlich selten und streng lokalisiert; v.a. auf der elsässischen Niederterrasse der Oberrheinebene und in den Weitenauer Vorbergen, z.B. Elsässer Hardt, Bartenheim-la-Chaussée S (Ritty-Trois Maisons), Flughafen Basel-Mulhouse, Wollbach N, Steinen O, Weitenau-Kloster Weitenau; Sundgau: Reinach (Predigerholz); Olsberger Wald (Chänzeli); Jura: Dittinger Weide.
G: Zurückgegangen und gebietsweise, z.B. am Dinkelberg (BINZ 1911, LITZELMANN 1960), auf der Rütihard (BINZ 1911) und in den Hardwäldern der Hochrheinebene (BINZ 1911) verschollen. Stark gefährdet.

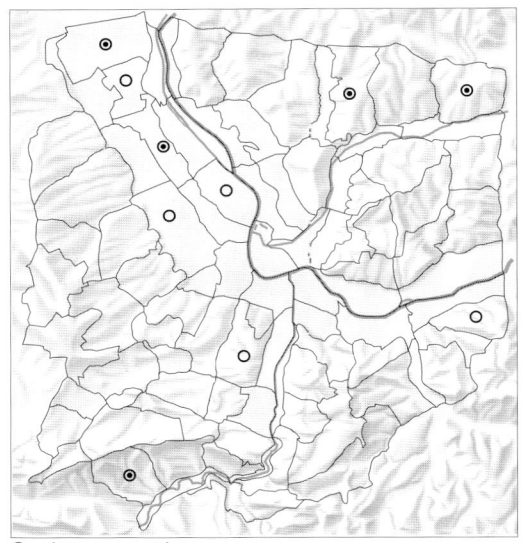

Genista germanica

2. G. tinctoria L. – *Färber-G.*

Ö: Einzeln, meist aber gesellig in sonnigen, mageren Wald- und Gebüschsäumen, auf unterbestossenen Magerweiden, in Pfeifengrasbeständen, in lichten Eichen- und Föhrenwäldern, an Fels- und Steinbruchkanten, auf Flühen. Auch in Trockenbiotopen gepflanzt. – Auf wechselfrischen bis wechseltrockenen, basenreichen, oft kalkarmen oder entkalkten, nährstoffarmen, ± tiefgründigen Lehm- und Tonböden.
S: Mesobromion, Trifolion medii ('Origano-Brachypodietum'), Geranion sanguinei, Molinion (Cirsio tuberosi-Molinietum), Erico-Pinion (Molinio-Pinetum).
V: Zerstreut; gehäuft im Blauengebiet und in der elsässischen Oberrheinebene (Aue und Niederterrasse), z.B. Leymen (Landskronberg), Röschenz (Säntel), Dittingen (Weide, Oberfeld, Burgkopf), Blauen (Räben), Aesch (Chlusberg); Elsässer Hardt, am Hüningerkanal bei der Pisciculture; Gempengebiet: Büren (Bürenfluh), Dornacher Schlossberg; Dinkelberg: Wyhlen O, Herthen NW, Ottwanger, Niedereichsel O; Weitenauer Vorberge: Wollbach N, Weitenau W, Maulburg N; Sundgau: Neuwiller (Fundort vernichtet), Rodersdorf (Pferdeweide vor 'Chrütlihof'), Bettlach (alte Römerstrasse); Markgräfler Hügelland: Welmlingen O.
G: Zurückgegangen. Gefährdet.

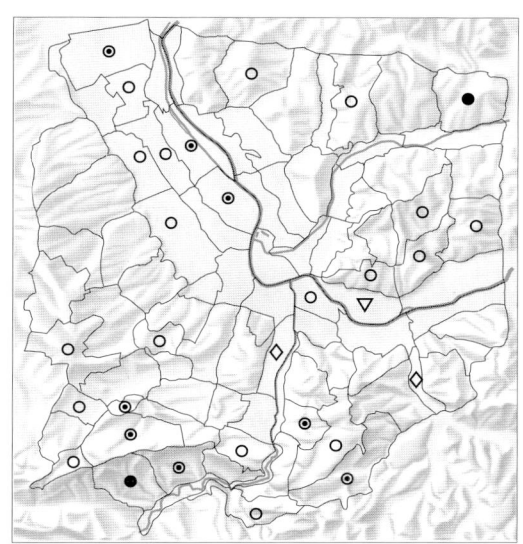

Genista tinctoria

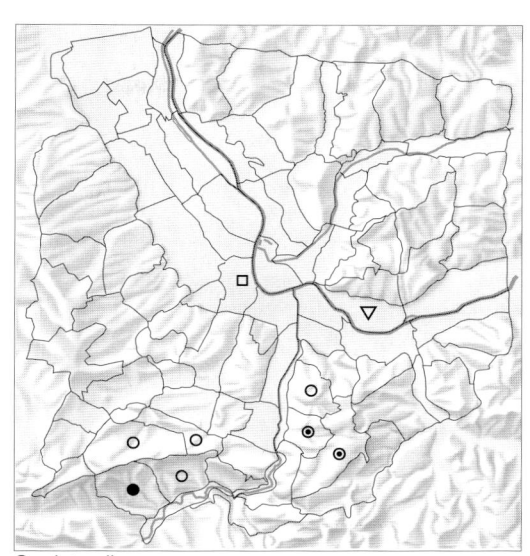

Genista pilosa

3. G. pilosa L. – *Behaarter G.*

Ö: Meist gesellig auf sonnigen Kalkfelsköpfen und in Felstreppenrasen, seltener in Magerweiden. Höherwüchsig (var. *sylvestris* (Boenningh.)) in halbschattigem Gebüsch auf Felskreten. – Auf trockenen, nährstoffarmen, humosen, klüftigen Kalkfelsböden. Im Gebiet ausschliesslich über Malmkalk (Rauracien)!
S: Xerobromion (Coronillo-Caricetum humilis), Erico-Pinion (Coronillo-Pinetum).
V: Ziemlich selten und streng lokalisiert; bodenständig nur im Blauen- und Gempengebiet, z.B. Hofstetten (Köpfli, Felskopf westlich 'Eimberg'), Blauen (Hanslifels), Dittinger Weide, Arlesheim (Reichenstein, Hohle Fels), Dornach (Ingelstein), Dornach-Hochwald (Tüfleten), Gempen (Schartenfluh). Verschleppt mit Schwarzwaldsand in Grenzach (Industriegebiet).
G: Im Gebiet von Natur aus selten. Potentiell gefährdet.

4. G. sagittalis L. (Chamaespartium sagittale (L.) P. E. Gibbs) – *Flügel-G.*

Ö: Meist gesellig in Magerweiden, in sonnigen, mageren Waldsäumen, an alten Erdanrissen, an hageren Strassenböschungen und Geländekanten, auf halbverschatteten Felsbändern und Felsköpfen. – Auf (mässig) trockenen, seltener ± frischen, nährstoff- und kalk-armen oder zumindest oberflächlich entkalkten, ± humosen, steinigen, sandigen und lehmigen Böden.
S: Origanetalia, Mesobromion, auch Violion caninae und Erico-Pinion.
V: Im Jura ziemlich verbreitet, aber nicht häufig, z.B. Blauen-Südseite (Dittingen-Blauen-Nenzlingen), Hofstetten (Köpfli, Sternenberg,

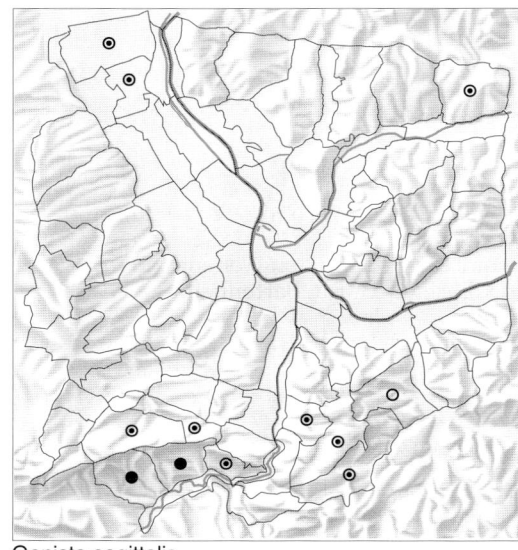

Genista sagittalis

Felsen westlich 'Eimberg', Vorhollen), Metzerlen (Balmisried), Dornach (Strassenrain unterhalb Schloss Dorneck), Büren (Bürenfluh), Gempen O, Hochwald SW. Mehrfach und z.T. in grossen, deckenden Beständen im Gebiet der Elsässer Hardt, hier v.a. längs der Autobahn. Sonst selten: Weitenau W.
G: Zurückgegangen und gebietsweise, z.B. am Dinkelberg (BINZ 1911, 1942; LITZELMANN 1960), am Bruderholz bei Münchenstein (BINZ 1922, 1942) und Reinach (BINZ 1911), im Olsberger Wald (BINZ 1911) und in der Hochrheinebene (BINZ 1911) verschollen. Gefährdet.

263. Laburnum Fabr.   *Goldregen*

1. L. anagyroides Medik. (inkl. L. × watereri (Kirchn.) Dipp.) – *Gewöhnlicher G.*

(Neo). – Südliches Zentraleuropa und Italien; thermophile Gebüsche.
Ö/V: Häufiger Zierstrauch in Gärten und Anlagen, v.a. der Bastard *L. alpinum × anagyroides* (*L. × watereri* (Kirchn.) Dipp.). Da und dort als Jungpflanzen verwildert, z.B. in Rabatten an der Ausseren Baselstrasse in Riehen. Nach historischen, aktuell nicht mehr bestätigten Angaben früher z.T. eingebürgert an Felsstandorten, z.B. Pelzmühletal (BINZ 1911, 1942), Grenzacher Horn (Buxtorf in BINZ 1942).

264. Cytisus Desf.   *Geissklee*

1. C. scoparius (L.) Link (Sarothamnus scoparius (L.) Koch) – *Besenginster*

Ö: Gesellig an sonnigen, hageren Waldrändern, in Güterbahnhöfen, an Strassenböschungen. Auch angepflanzt, z.B. an Autobahnböschungen. – Auf frischen bis mässig trockenen, nährstoff- und basenarmen, kalkfreien, humosen, lockeren, sandigen Lehmböden.
V: Selten und z.T. wohl verschleppt: Weitenauer Vorberge nördlich und nordöstlich Wollbach, Elsässer Hardt nordöstlich Sierentz (ein Strauch), Dinkelberg nordwestlich Degerfelden (ein Strauch, H. Boos), Basel (Badischer Güterbahnhof, Bahnhof St. Johann).
G: Im Gebiet schon immer selten und am Rande der Verbreitung. Hauptvorkommen im Schwarzwald und in den Vogesen. Potentiell gefährdet.

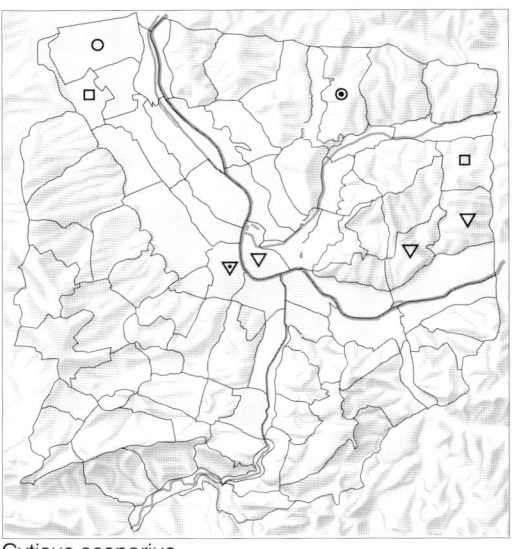

Cytisus scoparius

Tribusgruppe
ASTRAGALEAE/TRIFOLIEAE – *TRAGANT- UND KLEEARTIGE*

265. Amorpha L.   *Bastardindigo*

1. A. fruticosa L. – *Bastardindigo*

B: Eph. – Östliche USA; Kiesbänke.
Ö/V: Zierstrauch. Verschleppt (?) im Waldrandgebüsch des 'Spitalholzes' (Arlesheim).

266. Galega L.   *Geissraute*

1. G. officinalis L. – *Geissraute*

B: Eph, als Heil- und Zierpflanze seit dem 17. Jahrhundert kultiviert. – S-, SO- und O-Europa; feuchte Ruderalstellen und Flussauen.
Ö: An Ruderalstellen, in feuchtem Acker-, Reb- und Wiesland. Auch in 'Blumenwiesen' und zur Begrünung von Böschungen angesät. – Auf frischen, nährstoffreichen Lehmböden.
V: Selten und meist vorübergehend: Hagenthal-le-Bas N, Tüllinger Berg, angesät in Münchenstein (Heiligholz).
G: Im Gebiet schon immer selten und ± unbeständig. Zwischen 1925 und 1940 jährlich auf einem Lagerplatz am Dreispitz, Basel (BINZ 1942).

267. Robinia L. — *Robinie*

1. R. pseudoacacia L. – *Falsche Akazie, Robinie*

B: Neo, in Europa seit ca. 1635 in Kultur. – Östliche USA; Hochlandwälder, Dickichte.
Ö: Angepflanzt als anspruchsloser Bodenfestiger an Strassenböschungen, an Dämmen und Flussufern, in Hohlwegen usw., als Zierbaum in Gärten und Anlagen. Eingebürgert und oft bestandbildend in aufgelassenen Kiesgruben und Steinbrüchen, auf offenen Schotterflächen, in Auen-Halbtrockenrasen, auf Erddeponien und Schuttplätzen, auf verlassenem Acker-, Reb- und Gartenland, in gestörten Waldbeständen, an Waldrändern, auf Schlagflächen. Licht- und wärmebedürftig. – Auf mässig feuchten bis trockenen, rohen oder humosen, lockeren, sandigen, kiesigen, steinigen und lehmigen Böden. Optimal auf lockeren Aufschüttungen.
S: Sambuco-Salicion (Robinia pseudoacacia-Sambuco-Salicion-Gesellschaft), Artemisietea usw.
V: Ziemlich verbreitet und v.a. in den warmen Tieflagen häufig. Gerne im Siedlungs- und Industriegebiet und seiner näheren Umgebung. Fehlt den waldigen und wenig ruderalisierten Gegenden des Juras, z.B. Hochlagen des Blauen- und Gempengebiets.
G: In anhaltender Ausbreitung. Nicht gefährdet.

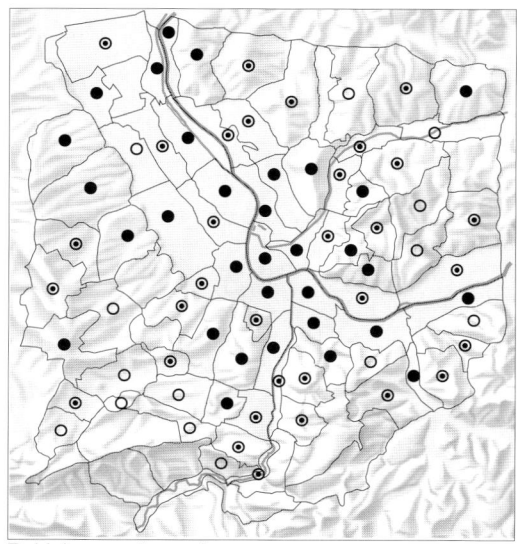

268. Sesbania Scop. — *Sesbanie*

1. S. macrocarpa Muhl. – *Bequilla, Schnabelfrüchtige S.*

B: Eph. – SO- und S-USA; sandige Uferbänke und Strassenränder.
Ö/V: Adventiv: Hafen Basel-Klybeck (1993), Neudorf-Hüningen (Schuttplatz, 1985).

269. Colutea L. — *Blasenstrauch*

1. C. arborescens L. – *Blasenstrauch*

Ö: Meist einzeln in lichten Felsgebüschen, an ausgesprochen warmen Rainen, Böschungen und Dämmen. Gelegentlich als Zierstrauch in Gärten und Anlagen, vereinzelt auch an Strassenböschungen gepflanzt. – Auf (mässig) trockenen, steinigen bis kiesig-sandigen Böden.
S: Berberidion.
V: Sehr selten; bodenständig nur in der Gegend von Istein: Kalkfelssporn an der Bahnlinie zwischen Istein und Kleinkems. Sonst gelegentlich verwildert und eingebürgert, v.a. in der Stadt Basel (Schaffhauser Rheinweg, Auberg, Elsässer Bahn), auch St. Louis. Gepflanzt bei der Palmrainbrücke (Weil-Neudorf), an der Wiese bei Lörrach, bei Pratteln (Richtung Schwimmbad), westlich Füllinsdorf usw.
G: Im Gebiet von Natur aus selten. Stark gefährdet.

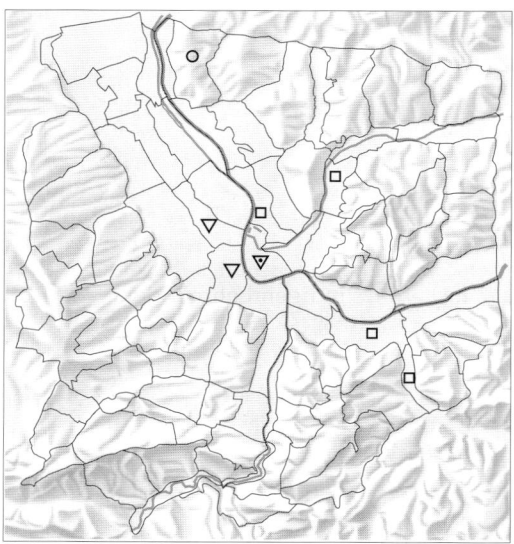

Robinia pseudoacacia

Colutea arborescens

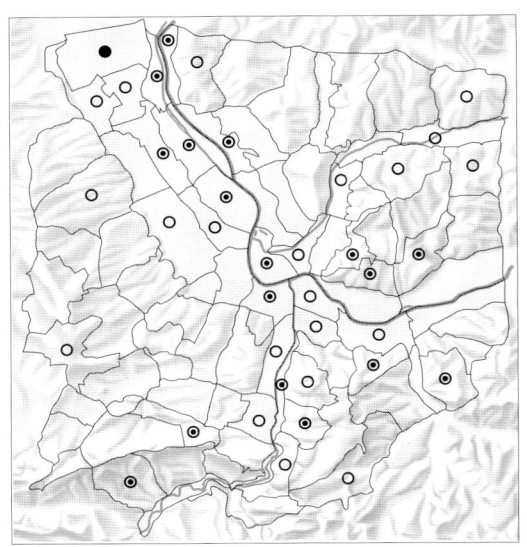

Astragalus glycyphyllos

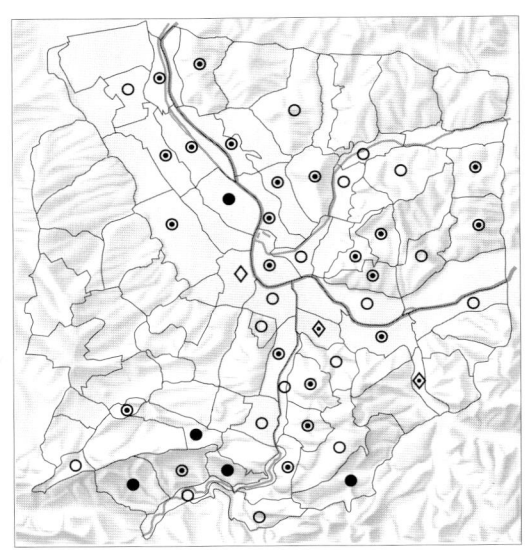

Anthyllis vulneraria s.l.

270. Astragalus L. *Tragant*

1. A. glycyphyllos L. –
Bärenschote, Süsser T.

Ö: Meist einzeln oder in wenigen Exemplaren in sonnigen bis halbschattigen, oft etwas gestörten Stauden- und Krautsäumen an Waldwegen, an Wald- und Gebüschrändern, an Mauerfüssen, auf unternutzten Weiden, an Böschungen und Rainen. – Auf frischen bis mässig trockenen, basen- und mässig nährstoffreichen, mittel- bis tiefgründigen, oft rohen, steinigen und lehmigen Böden.
S: Origanetalia, Arction.
V: In der Oberrheinebene verbreitet und v.a. in der Elsässer Hardt und im Gebiet Neudorf-Rosenau ziemlich häufig. Sonst zerstreut: Basel (z.B. rechtes Wieseufer bei Kleinhüningen); Jura: Ettingen (Fürstenstein, Grundmatt), Dittinger Weide, Arlesheim (Gstüd), Dornach (Dichelberg, Dorneck), Pratteln (Adler), Frenkendorf (Ruine Schauenburg), Füllinsdorf (Ruine Büechlihau), Liestal (Windetelholden); Dinkelberg: Riehen-Bettingen (Ausserberg, Lenzen), Grenzach-Wyhlen (z.B. Klosterhau), Brombach (Mezelhöhe), Höllstein S, Degerfelden (Säge, Kalkofen); Birsebene: Birs bei Birsfelden, Dornach, Dornachbrugg, Duggingen (Angenstein); Sundgau: Leymen (oberhalb 'Grossbichly'), Kappelen (Breite Hurst).

G: Wahrscheinlich zurückgegangen. Schonungsbedürftig; ausserhalb der Oberrheinebene gefährdet.

271. Anthyllis L. *Wundklee*

1. A. vulneraria L. s. l.

Vorbem.: Die Grenzen zwischen den an sich klar definierten Unterarten sind durch Bastardierungen verwischt (Merkmalsintrogressionen); besonders 1a. und 1c. sind nicht einheitlich (vgl. OBERDORFER 1994).
Lit.: BRODTBECK & ZEMP (1986).

1a. – ssp. **vulneraria** (A. vulneraria L. ssp. pseudovulneraria (Sagorski) in Oberd. 1994) – *Echter W.*

Selten und zuweilen nur verschleppt auf sandig-kiesigen Aufschüttungen, an Bahn- und Strassendämmen, in Steinbrüchen: St. Louis-la-Chaussée N (Haberhäuser), Basel (Überwerfung der Wiesentalbahn und der Hochrheinlinie, in angenäherter Form), Nollingen (Steinbruch), Laufen (Steinbruch östlich der Birs). Auf weitere Vorkommen ist zu achten.

1b. – ssp. **carpatica** (Pant.) Nyman (A. vulgaris (Koch) Kerner) – *Karpaten-W.*

Ö: In sonnigen, mageren, meist lückigen Wiesen und Weiden, auf Felsköpfen und in Steinbrüchen, in steinigen Waldschneisen, an älteren Erdanrissen, an Rainen und alten Däm-

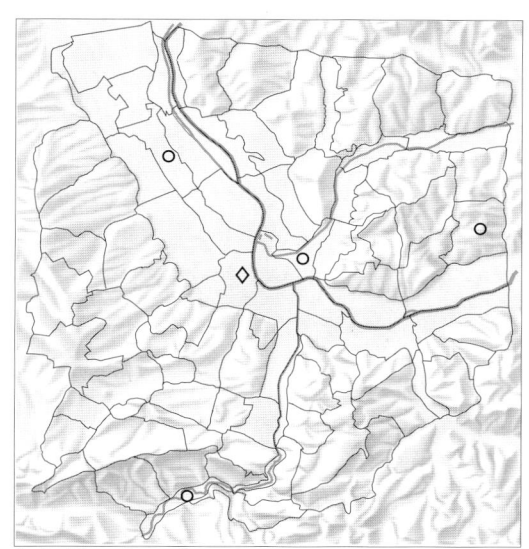

Anthyllis vulneraria s.str.

Anthyllis vulneraria ssp. carpatica

men, in Bahnanlagen, auf gekiesten Park- und Verladeplätzen. – Auf (mässig) trockenen, oft wechseltrockenen, nährstoffarmen, basenreichen, meist kalkhaltigen, steinigen, kiesigsandigen, auch lehmigen und mergeligen Böden. Gerne auf gealterten Rohböden.
S: Mesobromion, seltener Xerobromion und Alysso-Sedion.
V: In den Kalkgebieten, in der Birsebene und in der Oberrheinebene (v.a. holozäne Talaue) ziemlich verbreitet, aber nicht durchwegs häufig, z.B. Blauensüdseite (Dittingen-Blauen-Nenzlingen, 'Schmälzeried' ob Grellingen), Leymen (Landskronberg), Duggingen (z.B. Seetel), Dornach-Gempen, Büren-Nuglar; Bettingen (z.B. St. Chrischona-Tal, Schiessstand), Ober-Inzlingen, zwischen Ober-Minseln und Adelhausen; Malmscholle von Istein, Binzen NW, Tüllinger Berg; Reinacher Heide, Neudorf-Rosenau. Sonst nur an wenigen Stellen: Wyhlen (Kraftwerk, H. Boos), Pratteln (Höchenrain), Kaiseraugst (Augsterstich); in den kalkarmen Gebieten und in den Lösshügelländern sehr selten oder fehlend.
G: Stark zurückgegangen. Gefährdet.

1c. – ssp. polyphylla (DC.) Nyman (A. polyphylla (DC.) Kit.) – *Steppen-W.*
B: Erg. – C- bis SO-Europa, pontisch; Steppenwiesen, Föhrenhaine.

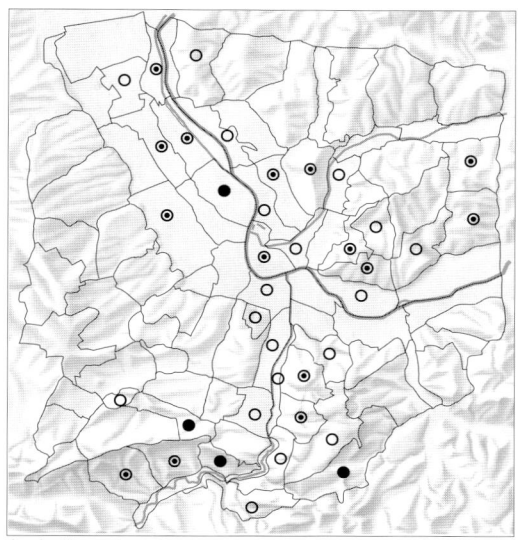

Ö/V: Angenäherte Sippen in 'Blumenwiesen'- und Begrünungssaaten, z.B. Muttenz (Damm Rütihard), Liestal (Oristalerstrasse). Vorläufig ohne Tendenz zur selbständigen Ausbreitung. Auf weiteres Verhalten ist zu achten.

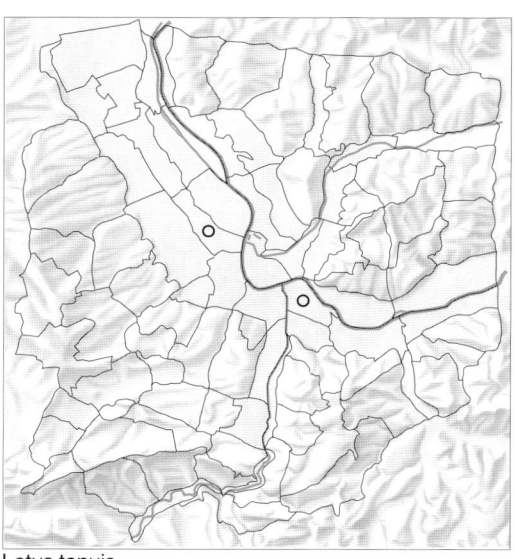

Lotus tenuis

272. Lotus L. Hornkleee, Schotenklee

1. L. tenuis Willd. (L. glaber Mill.) – *Schmalblättriger H.*
Ö: In offenen, lückigen, sporadisch überschwemmten Ruderalfluren. – Auf feuchten, basenreichen, rohen Lehmböden.
S: Agrostietalia.
V: Sehr selten: Areal Hüninger Kiesgrube (1984), Rheinböschung bei Birsfelden (Birskopf, 1983).
G: Im Gebiet schon immer selten. Vom Aussterben bedroht.

2. L. corniculatus L.
Vorbem.: Die Sippen sind im Gebiet morphologisch nicht scharf voneinander getrennt. Varietätenkonzept nach CHRTKOVÁ-ŽERTOVÁ (1973), vgl. SEBALD et al. (1992).
Lit.: BRODTBECK & ZEMP (1986).

2a. – var. **corniculatus** – *Gewöhnlicher H.*
Ö: In ± mageren Wiesen und Weiden, in mageren Scherrasen, an Weg- und Strassenrändern, an Erdanrissen, in Steinbrüchen und Kiesgruben, in Bahnarealen, seltener in Waldsäumen und auf Waldschlägen. Auch angesät. – Auf frischen bis mässig trockenen, basenreichen, nicht zu nährstoffreichen, mittel- bis tiefgründigen, lockeren, auch rohen, steinigen und lehmigen Böden.
S: Arrhenatherion (v.a. Arrhenatheretum brometosum), Cynosurion, Mesobromion, Trifolion medii, Dauco-Melilotion (Dauco-Picridetum).
V: Verbreitet und häufig.
G: Als Wiesenpflanze zurückgegangen. Nicht gefährdet.

2b. – var. **kochii** Chrtková-Žertová (L. ciliatus auct.) – *Bewimperter H.*
Ö: In mageren, sonnigen Wiesen und Weiden, auf Felsköpfen und auf Gesteinsschutt. – Auf (mässig) trockenen, basenreichen, mittelgründigen, steinigen und lehmigen Böden.
S: Trockenes Arrhenatherion, Mesobromion, Dauco-Melilotion.
V: In den wärmeren Teilen des Gebiets ziemlich verbreitet, aber deutlich seltener als die Nennvarietät.

2c. – var. **hirsutus** Koch (L. corniculatus L. ssp. hirsutus (Koch) Rothm.) – *Behaarter H.*
Ö: In sonnig-warmen, lückigen Magerrasen, auf Felsköpfen, in Gesteinsschutt. – Auf trockenen, eher nährstoffarmen, kalkhaltigen, mittel- bis flachgründigen, steinigen, auch steinig-lehmigen Böden.
S: Mesobromion, Xerobromion.

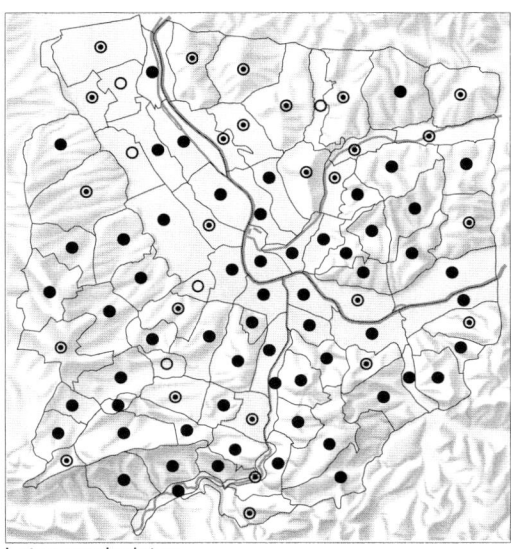

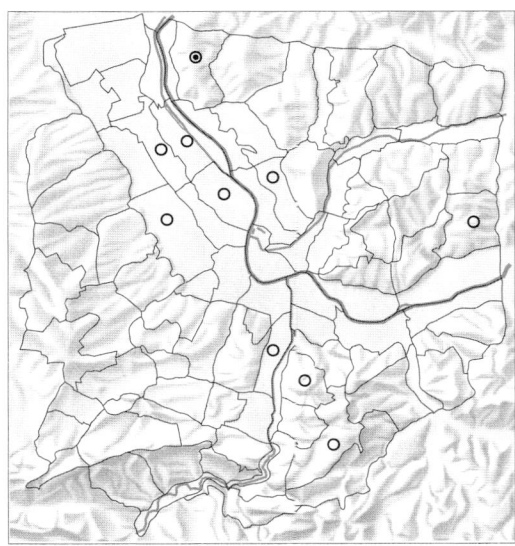

Lotus corniculatus

Lotus corniculatus var. hirsutus

V: Vereinzelt in der Birs- und Oberrheinebene und im Gebiet der Malmscholle von Istein; Jura: Arlesheim (Chilchholz).
G: Kaum gefährdet.

2d. – var. sativus Hyl. in Jalas – *Saat-H.*

Mit Saatgut verschleppt, z.B. Basel (Bad. Bahnhof), Nenzlingen (gegen die Eggfluh bei P. 610). Auf weitere Vorkommen und auf zukünftiges ökologisches Verhalten ist zu achten.

3. L. uliginosus Schkuhr (L. pendunculatus Cav.) – *Sumpf-H.*

Vorbem.: Die Nennvarietät ist im Gebiet mit der var. *villosus* (Thuill.) Lamotte durch lückenlose Übergänge verbunden. Sie teilt mit ihr Standort und Verbreitung.

Ö: In Staudenfluren an Gräben, an feuchten Waldwegen und in Waldschlägen, an vernässten, quelligen Stellen in Weiden. – Auf feuchten bis (sicker-)nassen, nährstoff- und basenreichen, meist aber kalkarmen, tiefgründigen Lehm- und Tonböden.
S: Molinietalia (v.a. Calthion), Agropyro-Rumicion (Mentho-Juncetum inflexi), Epilobion angustifolii, Sambuco-Salicion.
V: In den Weitenauer Vorbergen, im Olsberger Wald und im mittleren und höheren Sundgau verbreitet und recht häufig. Stellenweise am Dinkelberg und im Blauengebiet. Sonst selten; in den trockenwarmen Teilen der Flusstäler und der niederen Lösshügelländer sowie in den tonarmen Hochlagen des Gempenplateaus über weite Strecken fehlend.
G: Ausserhalb des Waldes wohl zurückgegangen. Schonungsbedürftig.

273. Tetragonolobus Scop. *Spargelerbse*

1. T. maritimus (L.) Roth (Lotus maritimus L.) – *Spargelerbse*

Ö: Meist gesellig in etwas lückigen Kalkmagerrasen, in Pfeifengraswiesen, an quelligen Hängen. Auch als Pionier auf Mergelrutschen, an feuchten Dämmen und auf tonigen Aufschüttungen. – Auf wechselnassen bis wechseltrockenen, nährstoffarmen, stets kalkreichen, dichten, gerne rohen Mergel- und Tonböden; im Jura meist über Oxfordton.
S: Mesobromion (Tetragonolobo-Molinietum), Molinion (Cirsio tuberosi-Molinietum), auch Agropyro-Rumicion (Juncetum compressi).
V: Ziemlich selten: holozäne Aue der Oberrheinebene: v.a. Neudorf-Rosenau, seltener auf der badischen Seite, z.B. Rheinweiler-Kleinkems, Istein S (Totengrien, Stockfeld); Blauengebiet: Blauen (Hinterhärd), Dittingen (Weide, Bergmattenhof), Röschenz (Schachlete, Wizlesten), Rämel, Burg (Cholacker); Gempengebiet: Büren (Hasel).
G: Zurückgegangen. Stark gefährdet.

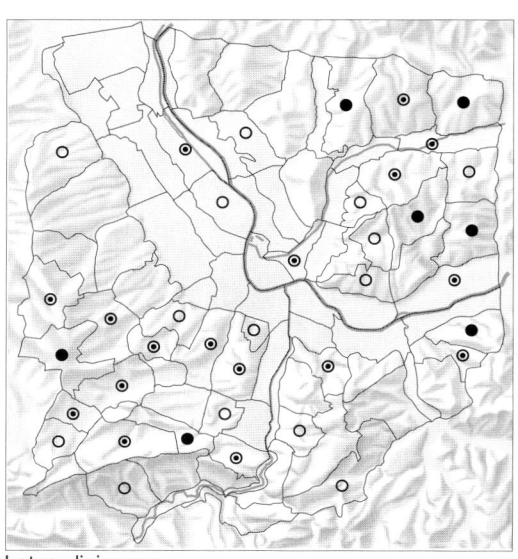

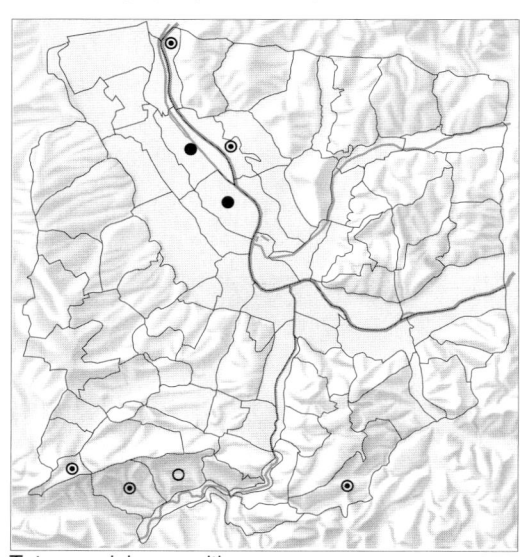

Lotus uliginosus

Tetragonolobus maritimus

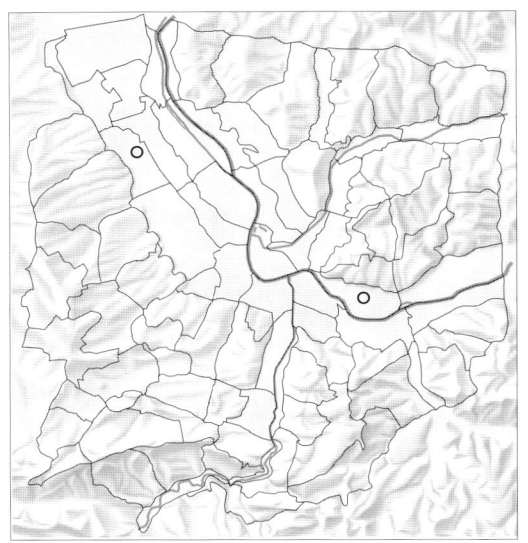

Ornithopus perpusillus

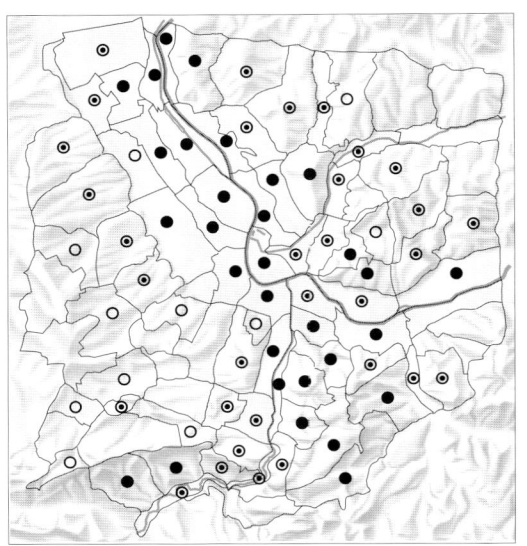

Coronilla varia

274. Ornithopus L. *Vogelfuss*

1. O. perpusillus L. – *Krallenklee, Vogelfuss*

Ö: In lückigen, mageren, silikatisch-sandigen Pionierrasen.
S: Thero-Airion.
V: Sehr selten: an der Autobahn südlich Bartenheim-la-Chaussée, zusammen mit *Corrigiola litoralis* und *Spergularia rubra* (1989, mehrere Dutzend Exemplare); Wyhlen O (alte Bahnböschung, H. Boos).
G: Im Gebiet schon immer selten und am Rande der Verbreitung. Bodenständige Vorkommen im südlichen Schwarzwald (v.a. Belchengebiet) und am Vogesenrand (Ochsenfeld bei Cernay usw.). Vom Aussterben bedroht.

275. Coronilla L. *Kronwicke*

1. C. varia L. (Securigera varia (L.) Lassen) – *Bunte K.*

Ö: Gesellig und z.T. bestandbildend in sonnigen bis halbschattigen Gebüsch- und Waldsäumen, in Brachwiesen, in ruderalen Halbtrockenrasen, an Böschungen und Rainen, an Rebbergmauern, in Steinbrüchen und Kiesgruben, an Wegrändern, in Bahnanlagen. Neuerdings Bestandteil von Wiesenblumensaaten.
– Auf frischen bis (mässig) trockenen, basenreichen, gerne kalkhaltigen, oft rohen, steinigen, kiesigen oder lehmigen Böden.
S: Trifolion medii, Convolvulo-Agropyrion, Mesobromion.
V: In den Flusstälern von Rhein, Birs, Wiese und Ergolz, im niederen Sundgau, im Markgräfler Hügelland und in den wärmeren Teilen des Juras und des Dinkelberges verbreitet und häufig. Sonst sehr zerstreut; im mittleren und höheren Sundgau, in den Weitenauer Vorbergen und auf dem Plateau von Olsberg-Giebenach selten oder fehlend.
G: Nicht gefährdet.

2. C. emerus L. (Hippocrepis emerus (L.) Lassen) – *Strauchwicke*

Ö: In lichten, warmen Buchen- und Eichen-, seltener Linden-Mischwäldern, an buschigen, felsigen Hängen, in verwachsenen Steinbrüchen. Neuerdings nicht selten gepflanzt in 'Wildhecken' und als Zierstrauch in Rabatten.
– Auf (mässig) trockenen, basenreichen, meist kalkhaltigen, mittel- bis flachgründigen, steinigen und lehmigen Böden.
S: Carici-Fagetum, Quercion pubescenti-petraeae, Berberidion, Geranion sanguinei.
V: Im Jura und an der Westflanke der Malmscholle von Istein (inkl. Leuselberg bei Efringen-Kirchen) verbreitet und ziemlich häufig.

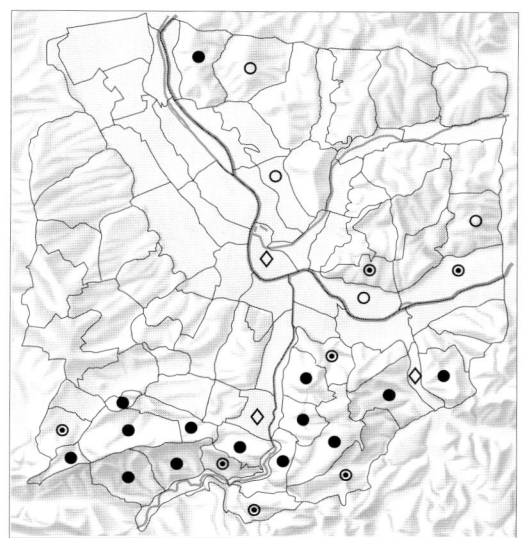

Coronilla emerus

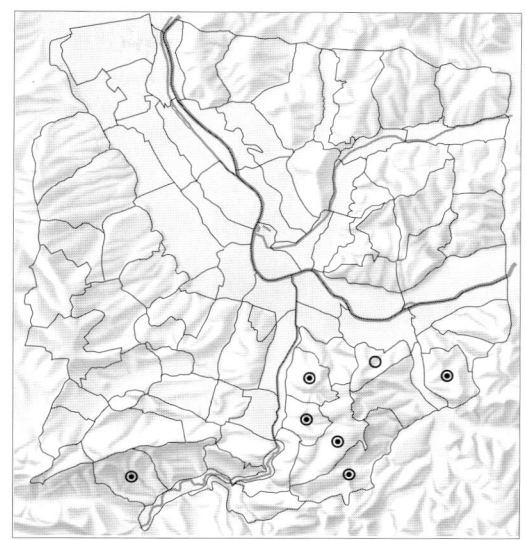

Coronilla coronata

Sonst nur an wenigen Stellen: Dinkelberg: Grenzach-Wyhlen (Rötelstein, Buttenhalde), Degerfelden (Riesberg, H. Boos); Hoch- und Oberrheinebene: Niederterrassenböschung bei Haltingen, Rheinhalde bei Herten und Bad. Rheinfelden, Uferböschung des Altrheins bei Wyhlen.
G: Gebietsweise, z.B. an den Rheinhalden der Hochrheinebene (BECHERER et al. 1922, 1925) und am Dinkelberg (BECHERER 1925, LITZELMANN 1960) stark zurückgegangen. Nicht gefährdet; ausserhalb des Juras und der Malmscholle von Istein stark gefährdet.

3. C. coronata L. – Berg-K.

Ö: Gesellig in lichten, sonnigen (Flaum-)Eichenwäldern und ihren Staudensäumen, seltener in Felsrasen und Felsschutt; meist in Felskopfnähe. – Auf trockenen bis wechseltrockenen, kalkreichen, ± flachgründigen, steinigen und lehmigen Böden.
S: Geranion sanguinei, Berberidion (Cotoneastro-Amelanchieretum), Quercetum pubescenti-petraeae.
V: Ziemlich selten; nur im Jura: v.a. Gempengebiet: Arlesheim (Gstüd, Chilchholz, Eichmatt, Sporn südwestlich 'Schönmatt'), Dornach O (Affolter, Ingelstein), Büren N (Eimerech-Sternenberg, 'Unter dem Berg', Spitzenflüeli), Pratteln (Adler/Madlen); Blauen-Südseite: Dittingen (Burgkopf, Dittingerrank); Schleifenberg bei Liestal (Roti Flue, Waldweg oberhalb Hof 'Windetel').
G: Im Gebiet von Natur aus nicht häufig. Am Hofstetter Köpfli (BINZ 1915; noch 1959, leg. P. Frei) und über dem Bahnhof Kleinkems (1947, Litzelmann in BINZ 1951; LITZELMANN 1966) verschollen. Potentiell gefährdet.

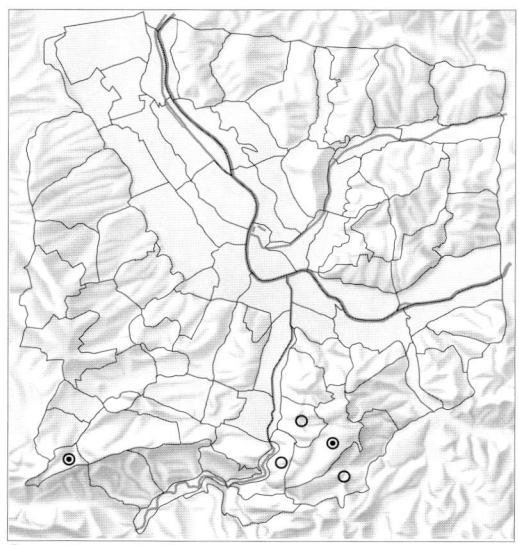

Coronilla vaginalis

4. C. vaginalis Lam. – *Scheiden-K.*
Ö: In lückigen, blaugrasreichen Rasen und lichten, grasigen Föhrenbeständen auf Flühen und Felsköpfen. – Auf trockenen, kalkreichen, klüftig-felsigen Böden. Im Gebiet ausschliesslich über Malm-Kalk (Rauracien).
S: Xerobromion (Coronillo-Caricetum), Erico-Pinion (Coronillo-Pinetum).
V: Selten und streng lokalisiert; nur im Jura: Gempen (Schartenfluh), Büren (Flühe oberhalb 'Schlunz' und bei 'Sternenberg'), Duggingen (Falkenfluh), Burg (Galgenfels), Rämel.
G: Vorwiegend montan-subalpine Art; im Gebiet von Natur aus selten. Potentiell gefährdet.

5. C. scorpioides (L.) Koch – *Skorpions-K.*
B: Eph. – Mittelmeergebiet; trockenes Kulturland, Ruderalstellen.
Ö/V: Adventiv auf einem Schuttplatz zwischen Neudorf und Hüningen (1985).

---

276. Hippocrepis L.　　*Hufeisenklee*

1. H. comosa L. – *Hufeisenklee*
Ö: Gesellig in ± lückigen, sonnigen Halbtrockenrasen und Magerweiden, auf Felsköpfen und Felsbändern, an warmen Böschungen und Rainen, an steinigen Erdanrissen, in alten Steinbrüchen, in Gebüsch- und Waldsäumen, seltener in lichten Wäldern. – Auf trockenen bis (wechsel-)frischen, kalkreichen, steinigen, oft rohen Mergel- oder Lehm- und klüftigen Felsböden.
S: Mesobromion (v.a. Teucrio-Mesobrometum, Tetragonolobo-Molinietum), Xerobromion (Coronillo-Caricetum, Teucrio-Xerobrometum), selten Geranion sanguinei, Arrhenatherion (Arrhenatheretum brometosum) und Potentillion caulescentis.
V: In den Kalkgebieten und in der holozänen Aue der Oberrheinebene verbreitet und v.a. im Jura recht häufig. Stellenweise in der Birs- und Hochrheinebene, z.B. Reinacher Heide, Aescher Heide, Muttenz (Vogelreservat Schänzli), Pratteln (Höchenrain). Sonst sehr selten oder fehlend; im Sundgau nur ein Nachweis über Cyrenenmergel: Aesch (Hollenrain).
G: Zurückgegangen. Schonungsbedürftig; in den Flusstälern (stark) gefährdet.

---

277. Onobrychis Mill.　　*Esparsette*

1. O. viciifolia Scop. s. str. – *Saat-E.*
B: Neo, in Süddeutschland seit dem 16. Jahrhundert in Kultur. – Herkunft wohl (ost-)mediterran, montan; Trockenwiesen, Weiden in Berglagen.

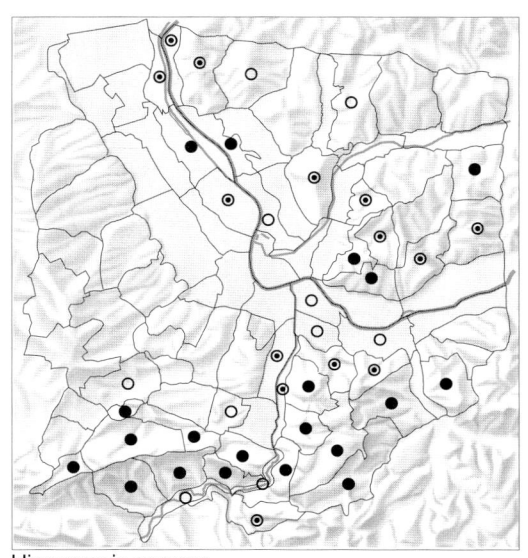

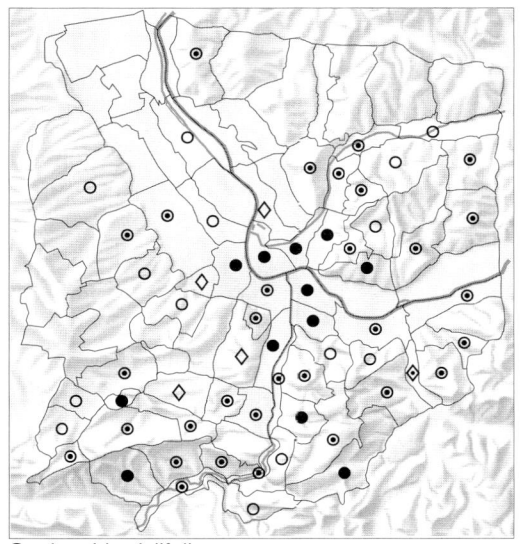

Hippocrepis comosa

Onobrychis viciifolia

Ö: Meist gesellig in gereiften, sonnigen, meist gemähten Trespenrasen und mageren Glatthaferwiesen. Neuerdings vielfach angesät an Böschungen und Dämmen, auf Strasseninseln, in Baumscheiben usw. – Auf mässig trockenen bis mässig frischen, nährstoffarmen, kalkreichen, mittel- bis tiefgründigen, lockeren, meist steinigen und lehmigen Böden.
S: Mesobromion (Salvio-Dauco-Mesobrometum), Arrhenatherion (Arrhenatheretum brometosum), seltener Dauco-Melilotion.
V: In den Kalkgebieten ziemlich verbreitet, aber nicht häufig. Als alteingesessene Wiesenpflanze besonders in landwirtschaftlich wenig intensiv genutzten Gegenden des Juras und des juranahen Sundgaus, z.B. Dittinger Weide, Blauen (Räben), Nenzlingen (Unterfeld), Grellingen (Räben, Schmälzeried), Leymen (Tannwald), Seewen (Lindenhöfli, Lör), Gegend von Büren (z.B. Schomel), Liebenswiller. In den Flusstälern und im urbanen und ruderalen Siedlungsbereich wohl meist aus Ansaaten.
G: Alteingesessene Vorkommen stark zurückgegangen und gefährdet. Jüngere, wenig stabilisierte Ansiedlungen in leichter Zunahme, v.a. im Siedlungsgebiet.

278. Ononis L.   *Hauhechel*

1. O. spinosa L. s. l.

1a. – ssp. **spinosa** (O. repens L. ssp. spinosa Greuter) – ***Dornige H.***

Ö: In offenen, sonnig-warmen Halbtrockenrasen und mageren Weiden, in lückigen Gebüsch- und Waldsäumen, an alten Rainen und Wegböschungen. – Auf (mässig) trockenen, gerne wechseltrockenen, ± nährstoffarmen, basenreichen, meist kalkhaltigen, mittelgründigen, humosen, oft steinigen, lehmigen, seltener tonigen Böden.
S: Mesobromion, auch Geranion sanguinei.
V: In der holozänen Aue der Oberrheinebene ziemlich verbreitet, aber nicht häufig, etwas häufiger nur im Gebiet Neudorf-Rosenau. Sonst sehr selten: Basel: Deutscher Verschiebebahnhof nördlich Freiburgerstrasse; Tüllinger Berg: Tumringen (Lucke); Malmscholle von Istein: Istein Ö (Schafberg); Weitenauer Vorberge: Nebenau NO.
G: Stark zurückgegangen und in weiten Teilen des Gebiets, z.B. am Dinkelberg (LITZELMANN 1960) verschollen. Stark gefährdet.

1b. – ssp. **austriaca** (Beck) Gams (O. foetens All.) – ***Österreichische H.***

Ö: An buschigen Pfeifengrashängen unter Föhren, in brachliegenden Weiderasen. – Auf

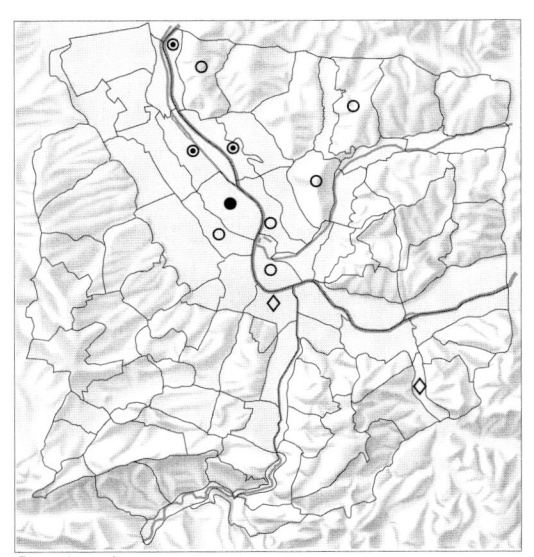

Ononis spinosa s.str.

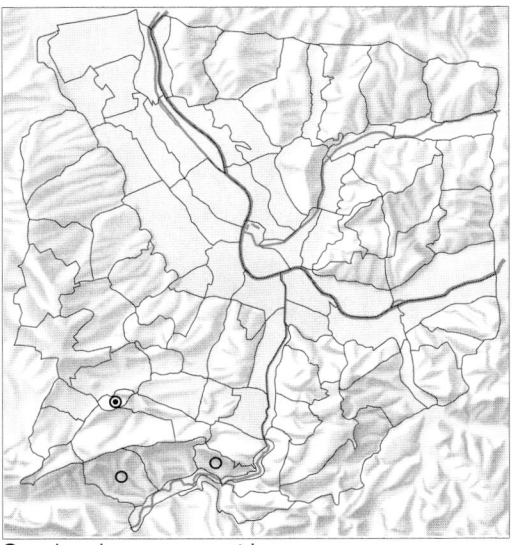

Ononis spinosa ssp. austriaca

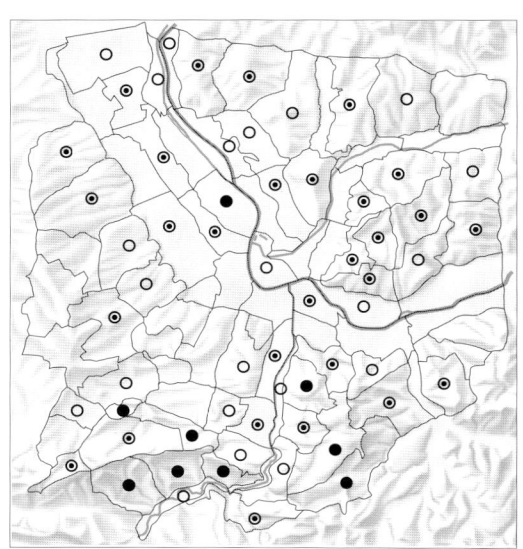

Ononis repens

wechseltrockenen bis wechselfeuchten, basenreichen, ± tiefgründigen Mergelböden.
S: Erico-Pinion (Molinio-Pinetum), Trifolion medii ('Origano-Brachypodietum').
V: Selten; nur drei Nachweise im Blauengebiet: Grellingen (Räben), Leymen (Landskronberg), Röschenz (Ob. Schachlete). Auf weitere Verbreitung ist zu achten.
G: Im Gebiet wohl nie besonders häufig. Stark gefährdet.

2. O. repens L. s. l. – *Kriechende H.*

2a. – ssp. **procurrens** (Wallr.) Asch. & Graebn.

Ö: In lückigen, mageren Extensivweiden und verbrachten Halbtrockenrasen, an Wegrändern, in sonnigen Waldsäumen, an Böschungen und Rainen, im Siedlungsgebiet auf länger ungestörte Stellen in Bahn- und Hafenanlagen beschränkt. Pionierfreudiger als *O. spinosa*. – Auf mässig trockenen, gerne wechseltrockenen, basenreichen, aber nicht immer kalkhaltigen, nährstoffarmen, ± tiefgründigen, humosen, aber auch ± rohen, oft steinigen oder mergeligen, lehmigen und z.T. tonigen Böden.
S: Mesobromion (v.a. Teucrio-Mesobrometum, Tetragonolobo-Molinietum), seltener Arrhenatherion und Cynosurion, auch Molinion und Trifolion medii.

V: Mit Ausnahme der bodensauren Waldgebiete ziemlich verbreitet, aber nur im Jura und in der elsässischen Oberrheinebene ± häufig. In Gebieten mit intensiver Landnutzung, z.B. im basellandschaftlichen und solothurnischen Leimental weithin fehlend.
G: Gebietsweise stark zurückgegangen. Gefährdet.

279. Medicago L. *Schneckenklee*

Untergattung
Medicago – *Glattschnecken*

1. M. falcata L. – *Gelbe Luzerne, Sichelklee*
Ö: In sonnigen Gebüschsäumen, in Trockenrasen und trockenen, gereiften Ruderalfluren, an warmen Böschungen und Dämmen. – Auf trockenen, kalkreichen, tiefgründigen, oft rohen, steinigen, sandigen und lehmigen Böden.
S: Geranion sanguinei, Xerobromion, Convolvulo-Agropyrion.
V: In der Oberrheinebene (v.a. Holozän) verbreitet, aber nicht häufig. Sonst selten: Birs- und Hochrheinebene: Reinacher Heide, Arlesheim (Widenhof), Birsfelden (Hagnau), Bad. Rheinfelden (H. Boos); vereinzelt auch ausserhalb der Flusstäler, z.B. Plateau der Malmscholle von Istein (Efringen-Huttingen-Blan-

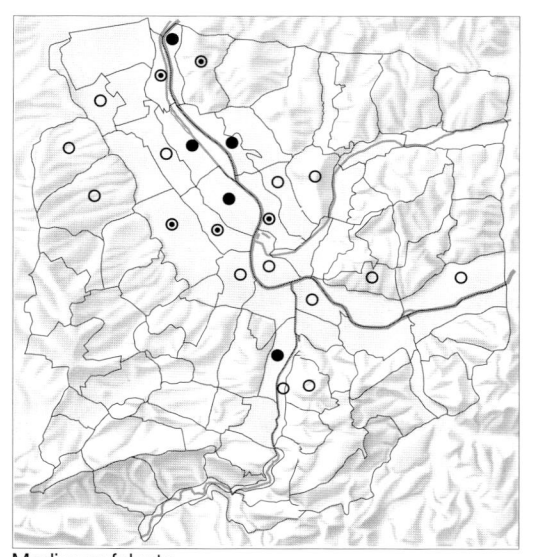

Medicago falcata

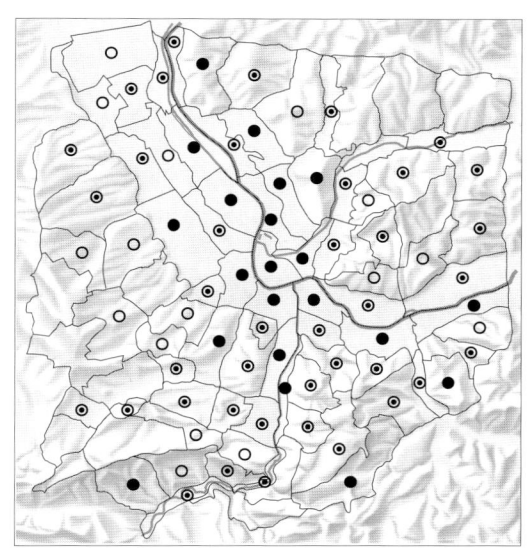

Medicago sativa

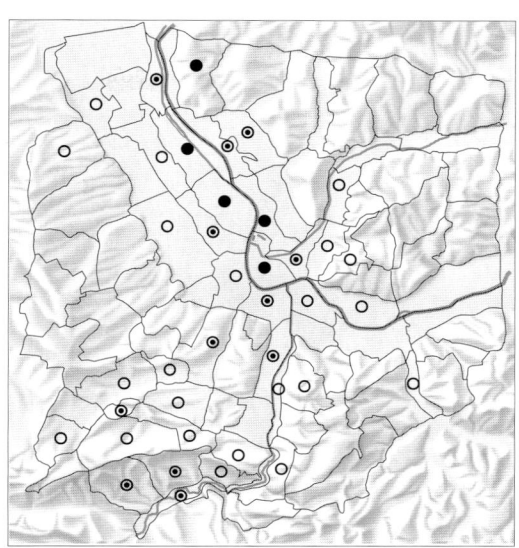

Medicago x varia

singen), Tüllinger Berg (bei Haltingen), Dinkelberg-Südflanke ob Wyhlen, Sundgaurand bei Sierentz und Brinckheim. Im Jura nahe ausserhalb des Rayons bei Seltisberg.
G: Zurückgegangen. Gefährdet; ausserhalb der Oberrheinebene stark gefährdet.

2. M. sativa L. – *Luzerne*

Vorbem.: Die reine Art *M. sativa* L. ist bei uns nirgends in Kultur. Vielmehr handelt es sich dabei um Bastardsorten, bei denen *M. falcata* mehr oder weniger stark eingekreuzt ist (vgl. *M.* × *varia*), VOLLRATH (1973) in SEBALD et al. (1992). Dunkel- und hellviolett sowie weiss blühende Pflanzen werden hier dennoch unter dem Namen *M. sativa* eingereiht.

B: Neo, als Kulturpflanze seit dem 18. Jahrhundert im Gebiet. – Ursprünglich Kaukasusgebiet, Türkei; Steppen, Dünen, felsige Grashänge, Weiden.
Ö: Vielfach als Futterpflanze und zur Gründüngung angebaut. Vollständig eingebürgert in trockenen Ruderalfluren und ruderalen Rasen, in lückigen Wiesen, an Weg- und Ackerrändern. Gerne in sommerwarmen, niederschlagsarmen Lagen. – Auf mässig trockenen, basen- und ± nährstoffreichen, gerne kalkhaltigen, tiefgründigen, lockeren Sand-, Kies- und Lehmböden.
S: Convolvulo-Agropyrion, Dauco-Melilotion, ferner gestörtes Mesobromion (Salvio-Mesobrometum) und Arrhenatherion.

V: Ziemlich verbreitet und v.a. in den Flusstälern häufig. In den kalkarmen Gebieten und in den niederschlagsreicheren Hochregionen, z.B. höherer Sundgau, Weitenauer Vorberge usw. selten oder fehlend.
G: In anhaltender Ausbreitung, v.a. in den ruderalen Siedlungsbereichen. Nicht gefährdet.

3. M. × varia Martyn (M. falcata × sativa) – *Bastard-Luzerne, Sand-Luzerne*

Vorbem.: Hierher Pflanzen mit deutlich verschiedenfarbigen, gescheckten bzw. hellgelben Blüten und stark gewundenen Früchten.

B: Neo.
Ö: An trockenen Ruderalstellen, in Bahnanlagen, in ruderalisierten Halbtrockenrasen. – Auf mässig trockenen, meist kalkhaltigen, lokkeren, sandigen, kiesigen und lehmigen Böden.
S: Convolvulo-Agropyrion, gestörtes Mesobromion.
V: In der Oberrheinebene (v.a. Holozän) und im Gebiet der Malmscholle von Istein verbreitet und stellenweise häufig. Sonst zerstreut bis weithin fehlend.
G: Nicht gefährdet.

4. M. orbicularis (L.) Bartal. –
Scheiben-Sch.

B: Eph. – Mediterrangebiet, Orient; Felshänge, Kultur- und Brachland.
Ö/V: Adventiv im Hafen Weil-Friedlingen (1989, 1990).

5. M. lupulina L. – *Hopfenklee*

Vorbem.: Die Varietäten, besonders 5b. mit drüsigen Früchten und 5c. mit Drüsen an Früchten, Blütenstand und Blättchen, sind durch Übergänge miteinander verbunden.

5a. – var. lupulina

B: Arch.
Ö: Meist gesellig in Kalk-Magerrasen, in sonnigen, trockenen Fettwiesen und -weiden, in lückigen Scherrasen, nicht selten auch in Äckern und Rebbergen, in Rabatten, in Ruderalfluren, auf Kiesplätzen und Wegen, in Pflästerungen, an Erdanrissen. – Auf trockenen bis frischen, eher nährstoffarmen, basenreichen, gerne kalkhaltigen, ± lehmigen Böden.
S: Mesobromion, Arrhenatherion (Arrhenatheretum brometosum), Cynosurion, auch Dauco-Melilotion, Convolvulo-Agropyrion, Secalietea und Chenopodietea.
V: Verbreitet und meist häufig.
G: Nicht gefährdet.

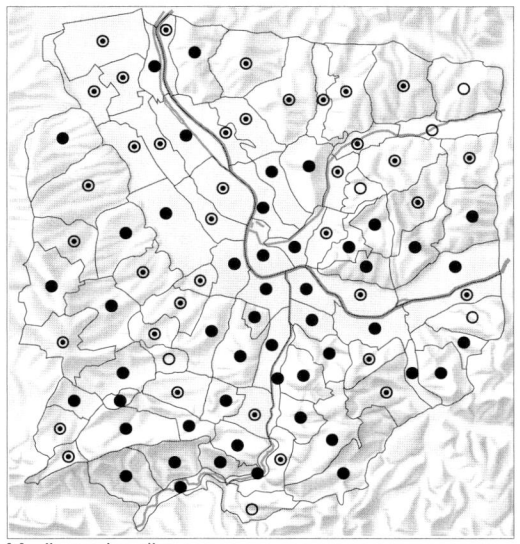

Medicago lupulina

5b. – var. willdenowiana Koch

Ö: In ruderalen, offenen Kiesgrusfluren, in lückigen oder gestörten, z.T. auch ruderalisierten Trockenrasen. – Auf mässig trockenen, durchlässigen, basen- und ± nährstoffreichen, ± rohen, kiesigen oder sandigen Böden.
S: Sisymbrion (Conyzo-Lactucetum), seltener Convolvulo-Agropyrion und ± gestörte Brometalia.
V: Mehrfach; v.a. in den stadtnahen Teilen der Flusstäler, z.B. Basel (Elsässer Rheinweg, Dreispitz), St. Louis (Flughafenstrasse), Münchenstein (Ruchfeld), auch Füllinsdorf, Wyhlen (Ziegelhof-Halde), Istein. Auf Vorkommen ist zu achten.

5c. – var. glanduligera Neumann

Ö: In lückigen oder gestörten, z.T. auch ruderalisierten Trockenrasen. – Auf ziemlich trockenen, durchlässigen, rohen, sandigen Kies- und Lehmböden.
S: Mesobromion, Xerobromion, Convolvulo-Agropyrion, Sisymbrion.
V: Mehrfach; z.B. beim Kraftwerk Kembs, Sierentz (Neue Matten), Efringer Reben, Friedhof Riehen, Grenzach (Reben), Herten (Im Volkertsberg), Wyhlen (Kraftwerk), Muttenz, Oberwil (Stallen), Arlesheim (Ränggersmatt), Liestal (Ortschaft, Schleifenberg). Auf Vorkommen ist zu achten.

Untergattung
Cymatium (Pospichal) Gams –
Stachelschnecken

6. M. minima (L.) L. – *Zwerg-Sch.*

B: Arch.
Ö: Auf dürftig bewachsenen, sonnigen Kies- und Sandplätzen, in lückigen Trockenrasen, auf steinigen, wenig begangenen Wegen, auf Dammkronen und Kiesdächern, in Bahn- und Industrieanlagen. In sommerheissen, trockenen Lagen. – Auf rasch erwärmten, trockenen, basenreichen, nährstoffarmen, flachgründigen, leicht humosen, feinerdereichen, durchlässigen Kies- und Grobsandböden. Gerne auf gealterten Rohböden.
S: Sedo-Scleranthetalia, Xerobromion.
V: In der Oberrheinebene bis ins Stadtgebiet von Basel ziemlich verbreitet, aber nicht häufig; besonders in Rheinnähe und im Bereich von Verkehrs- und Industrieanlagen. In den

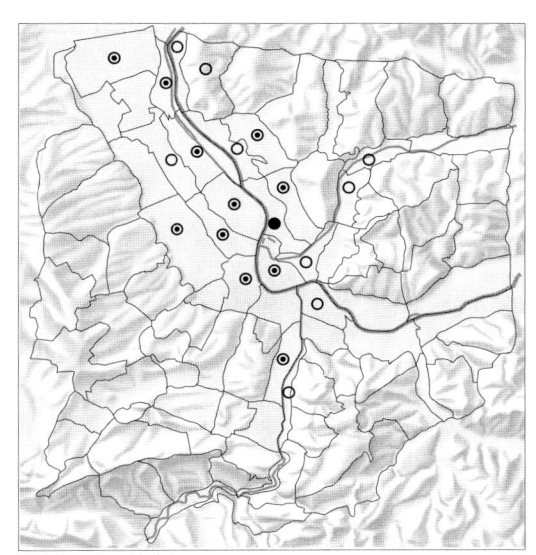

Medicago minima

übrigen Flussebenen selten, z.B. Bahnhöfe Brombach und Lörrach, Hafen Birsfelden, Bahnhof Münchenstein, Reinacher Heide. Ausnahmsweise auch an den Talflanken: Isteiner Klotz.
G: Stark zurückgegangen und ausserhalb der Flusstäler (u.a. BINZ 1911, LITZELMANN 1960, LITZELMANN 1966) nahezu verschwunden. Stark gefährdet.

6a. – var. mollissima (Roth) Koch

Ein Nachweis: Flachdach Klingentalstrasse/ Claragraben (Basel). – Istein, Burgfelden, Blotzheim, Bartenheim (BINZ 1911). Auf Vorkommen ist zu achten.

6b. – var. angustifolia Strobl

Ein Nachweis: in einer niederwüchsigen, trokkenen Ruderalflur beim Bahnhof Hüningen.

7. M. rigidula (L.) All. – *Steiflicher Sch.*
B: (Eph). – Mittelmeergebiet; trockene Ruderalstellen.
Ö/V: Kein aktueller Nachweis. Hardberg zwischen Efringen und Istein, Felsflur über der Bahnlinie, wohl adventiv (LITZELMANN 1966).

8. M. arabica (L.) Huds. – *Arabischer Sch.*
B: Eph (Neo). – Mediterrangebiet, Orient; Felder, Brachland, Wege.

Ö/V: Selten eingeschleppt in gestörten, lückigen Scherrasen: Basel (Bethesda-Spital, 1988), Grenzach (Industriegebiet, 1994, zahlreich).

9. M. polymorpha L. (M. nigra (L.) Krock.) – *Stachliger Sch.*
B: Eph. – Mittelmeergebiet, Orient usw.; trokkene Ruderalstellen, Wege, Brachland.
Ö/V: Adventiv im Hafen Weil-Friedlingen (1989).

280. Melilotus Mill.
Honigklee, Steinklee

1. M. albus Medik. – *Weisser H.*
B: Arch.
Ö: Gesellig und oft bestandbildend in sonnigen bis leicht beschatteten, ± lückigen, ruderalen Kraut- und Staudenfluren in Bahn- und Industriearealen, in Kiesgruben und Steinbrüchen, auf trockenliegendem Flusskies, in den Fugen von Bermenmauern, seltener in initialen Queckenrasen, in ruderalen Gebüschsäumen und in Ufergebüsch. – Auf meist trockenen und durchlässigen, basen- und z.T. nährstoffreichen, mittel- bis tiefgründigen, lockeren, rohen, sandigen Schotter- und steinigen, seltener lehmigen Böden.

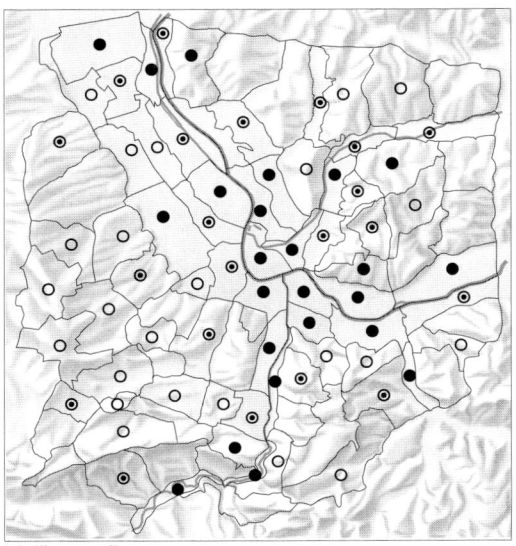

Melilotus albus

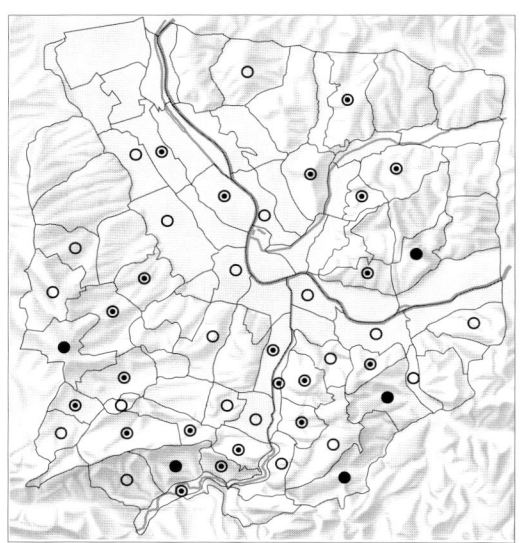

Melilotus altissimus

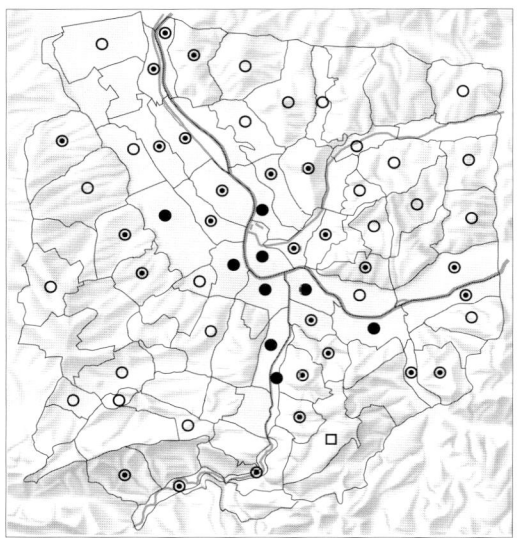

Melilotus officinalis

S: Onopordetalia (v.a. Dauco-Melilotion), seltener Convolvulo-Agropyrion, Epilobion fleischeri (Epilobio-Scrophularietum), Salicion albae.
V: In den Flusstälern von Rhein, Birs, Wiese und Ergolz verbreitet und v.a. im Bereich der Siedlungen und Verkehrswege recht häufig. Stellenweise auch an den Talhängen, z.B. im Gebiet der Malmscholle von Istein und an der Dinkelberg-Südflanke. Sonst sehr zerstreut und z.T. wohl nur verschleppt. In den kühlfeuchten Waldgebieten selten oder fehlend.
G: Nicht gefährdet.

2. M. altissimus Thuill. – *Hoher H.*

Ö: In ± sonnigen Waldsäumen und -schlägen, an etwas verbrachten Rainen, auf Extensivweiden, in lückigen Sumpfwiesen, niederwüchsig an Wegrändern und auf grasigen Wegen. – Auf sickerfrischen bis wechselfeuchten, basenreichen, gerne kalkhaltigen, mittelbis tiefgründigen, meist humosen Ton-, Mergel- und Lehmböden.
S: Trifolion medii ('Origano-Brachypodietum'), Atropion, seltener Cynosurion und Agropyro-Rumicion.
V: Im Jura verbreitet und z.T. recht häufig, z.B. Büren-Nuglar, Oristal, Liestal-Röserental, Seewen (Lör), Tälchen der Blauensüdseite (z.B. Zwingen N und NO, 'Chlus' bei Blauen). Sonst

zerstreut; mehrfach an der Dinkelberg-Südflanke und am Tüllinger Berg; mittlerer und höherer Sundgau (über Cyrenenmergel !), Birsebene, Hoch- und Oberrheinebene (z.B. Michelfelden-Langenhäuser). Kaum im Siedlungsgebiet.
G: Zurückgegangen (?). Schonungsbedürftig; in den Flusstälern gefährdet (?).

3. M. officinalis (L.) Lam. – *Gebräuchlicher H.*

B: Arch.
Ö: Gesellig in offen sonnigen, lückigen, ruderalen Kraut- und Staudenfluren in Kiesgruben und Steinbrüchen, in Bahn- und Industriearealen, an Böschungen und Dämmen, in den Fugen von Bermenmauern, an Weg- und Strassenrändern, auf trockenliegendem Flusskies, seltener in initialen Queckenrasen. – Auf frischen bis mässig trockenen, oft wechseltrockenen, nährstoff- und basenreichen, z.T. ± dichten, schotterig-sandigen, auch steinigen und lehmigen, humusarmen Rohböden.
S: Onopordetalia (v.a. Dauco-Melilotion), seltener Convolvulo-Agropyrion.
V: In den Flusstälern von Rhein, Birs, Wiese und Ergolz verbreitet und meist häufig. Sonst zerstreut und z.T. nur verschleppt.
G: Nicht gefährdet.

4. M. indicus (L.) All. – *Kleinblütiger H.*

B: Eph. – Östliches Mediterrangebiet bis Vorderindien; Meeressand, Kultur- und Ödland, Ruderalstellen.
Ö/V: Nur wenige aktuelle Nachweise: Häfen Weil-Friedlingen (1989, 1990) und Basel-Kleinhüningen (1980, BAUMGARTNER 1985). V. a. in der ersten Jahrhunderthälfte nicht selten eingeschleppt an Bahndämmen, in Hafenanlagen, auf Schuttplätzen, an Ackerrändern usw. (u.a. BINZ 1922, 1942, 1945, 1951).

5. M. sulcatus Desf. – *Gefurchter H.*

B: (Eph). – Mittelmeergebiet; Ackerland.
Ö/V: Kein aktueller Nachweis. Früher selten adventiv (BINZ 1922, 1942), letztmals 1961 im Hafen Basel-Kleinhüningen (BAUMGARTNER 1973).

281. Trifolium L.   Klee

Sektion
Vesicaria Crantz – *Blasen-Klee*

1. T. fragiferum L. – *Erdbeer-K.*

Ö: An zeitweise vernässten lückigen Stellen auf festgetretenen Wegen, in Extensivweiden und Scherrasen. – Auf wechselfeuchten, zeitweise auch nassen, basenreichen, verdichteten, oft rohen Ton- oder Lehmböden.

S: Agropyro-Rumicion, Polygonion avicularis (Lolio-Polygonetum), Cynosurion (Lolio-Cynosuretum).
V: Sehr selten: Pisciculture, Blauen-Weide, Riehen (Friedhof Hörnli).
G: Stark zurückgegangen; im Gebiet wohl nie besonders häufig. In weiten Teilen des Gebiets, z.B. im Sundgau (BINZ 1942, 1922), im Markgräfler Hügelland (BINZ 1956, 1922, 1911), auf dem Plateau von Olsberg-Giebenach (BINZ 1911) und in der badischen Oberrheinebene (BINZ 1942) verschollen. Stark gefährdet bis vom Aussterben bedroht.

2. T. resupinatum L. – *Persischer K.*

2a. – var. **resupinatum** –
Persischer Wende-K.

B: (Eph). – Mittelmeergebiet, Vorderasien; Flussufer, feuchte Grasplätze, Schutt.
Ö/V: Kein aktueller Nachweis. Früher gelegentlich eingeschleppt an Bahndämmen und Schuttplätzen, an Ackerrändern, auf trockenfallendem Flusskies usw. (vgl. u.a. BINZ 1911, BECHERER 1950; ob immer diese Sippe?).

2b. – var. **majus** Boiss. (T. suaveolens Willd.) – *Persischer Futter-K.*

B: Eph, im Baselbiet seit ca. 1965 in Kultur (Buess in BECHERER 1968). – Kulturvarietät, wild unbekannt.

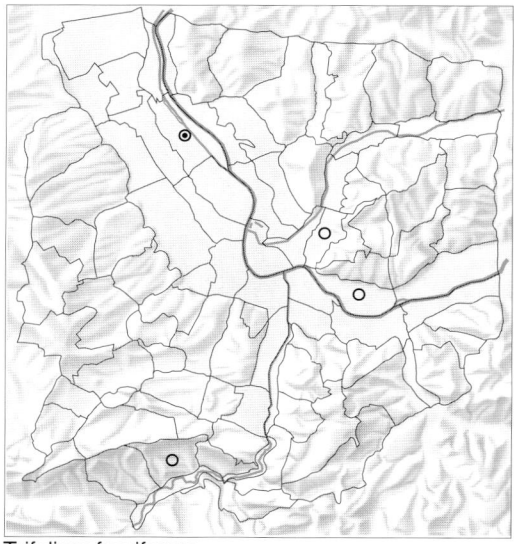

Trifolium fragiferum

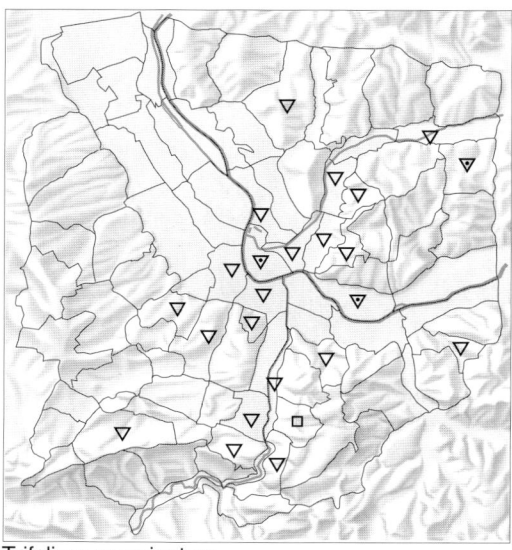

Trifolium resupinatum

Ö/V: Vielfach zur Gründüngung und zur Begrünung von Böschungen angesät, auch Futterpflanze. V. a. in den warmen Tieflagen nicht selten vorübergehend verwildert oder mit Erdschutt verschleppt in ackernahen Wiesenstreifen, an Feldwegen, auf Schuttplätzen, in Baumscheiben, in Rabatten u.dgl. Gerne auf feuchten, nährstoffreichen, oft verdichteten Lehm- oder Tonböden. Trockenheitsresistenter als *T. alexandrinum* (Buess in BECHERER 1968).

3. T. tomentosum L. – *Filziger K.*

B: Eph. – Mittelmeergebiet; trockene Plätze.
Ö/V: Adventiv im Hafen Weil-Friedlingen (1988).

Sektion
Trifolium – *Köpfchen-Klee*

4. T. rubens L. – *Purpur-K.*

Ö: Einzeln oder in kleinen Trupps in sonnig warmen Gebüsch- und Waldsäumen, auf Kalkfelsköpfen, in verbrachten Halbtrockenrasen. Wärmeliebend. – Auf trockenen, (mässig) basenreichen, auch kalkarmen, humosen, lehmigen und kiesigen Böden.
S: Geranion sanguinei (Geranio-Peucedanetum cervariae).

V: Selten: Dinkelberg: Felsköpfe bei Grenzach-Wyhlen, Lörrach (Schädelberg); Isteiner Klotz (Nordportal Eisenbahntunnel); Elsässer Hardt: Sierentz-Schlierbach (wenige Exemplare).
G: Zurückgegangen; im Gebiet schon immer ± selten und weitgehend auf die Vorhügel des Schwarzwaldes beschränkt (BINZ 1915). Am Südrand des Adlerwaldes bei Frenkendorf (Suter in BINZ 1922) verschollen. Stark gefährdet.

5. T. angustifolium L. – *Schmalblättriger K.*

B: Eph. – S-Europa; trockene, kalkarme Stellen.
Ö/V: Adventiv im Hafen Weil-Friedlingen (1988, 1989).

6. T. medium L. – *Mittlerer K.*

Ö: Gesellig in mageren Wald- und Gebüschsäumen, in lichten Wäldern, an Böschungen und Rainen, in verbrachten Magerrasen und Pfeifengraswiesen. – Auf frischen bis mässig trockenen, auch wechseltrockenen, nährstoffarmen, basenreichen, kalkarmen wie kalkreichen, ± tiefgründigen, humosen, z.T. steinigen Lehmböden.
S: Trifolion medii, auch Mesobromion (Colchico-Mesobrometum, Tetragonolobo-Molinietum).

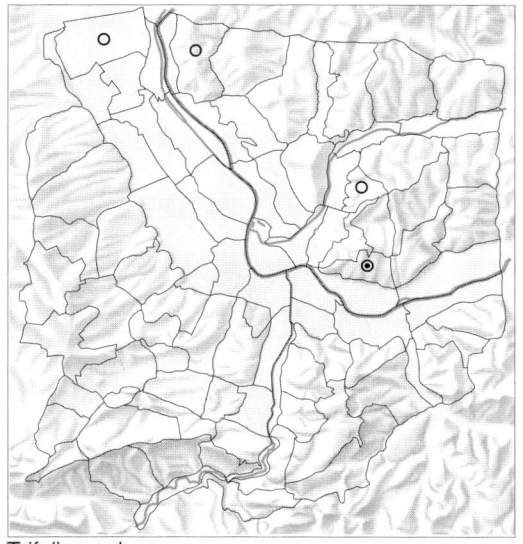

Trifolium rubens

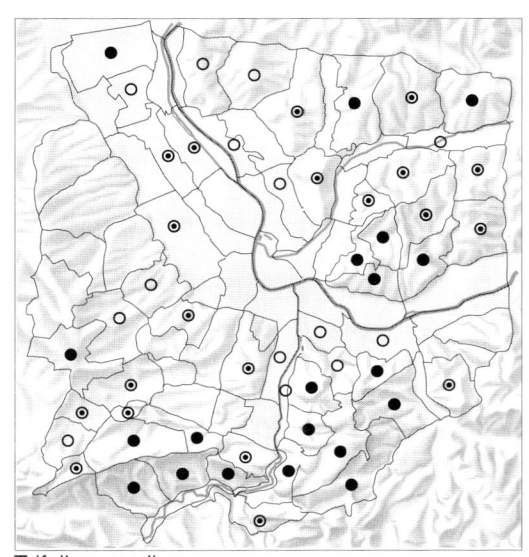

Trifolium medium

V: Im Jura und juranahen Sundgau, am Dinkelberg, in den Weitenauer Vorbergen und in der Elsässer Hardt verbreitet und ± häufig. Sonst sehr zerstreut; in den Siedlungsgebieten und in den waldarmen Teilen der Flusstäler sehr selten oder fehlend.
G: Wohl zurückgegangen. Nicht gefährdet; in Gebieten mit intensiver Landnutzung gefährdet.

7. T. arvense L. – *Hasen-K.*

Ö: Gesellig in niederwüchsigen, lückigen Rasen an Strassen- und Wegrändern, auf Kies- und Sandplätzen, in Kiesgruben, in lückigen Magerrasen und -weiden, seltener auf Brachäckern und unter Getreide. – Auf trockenen, ± basenreichen, kalkarmen, rohen Silikatsand- und Kiesböden.
S: Thero-Airion, seltener Aperion (Papaveretum argemone) und Xerobromion.
V: Auf den Niederterrassen der Oberrheinebene ziemlich verbreitet, aber nicht durchwegs häufig, z.B. Bahnanlagen Basel N–Weil-Haltingen, Weil (Kiesgrube), Burgfelden (Terrassenkante), elsässische Niederterrasse von Blotzheim und St. Louis-la-Chaussée an nordwärts. Seltener im Wiesental: Tumringen-Haagen-Lörrach N, Steinen O. Sonst nur an wenigen Stellen auf dem Bruderholz und im Hochrheintal bei Rheinfelden.

G: Stark zurückgegangen und in den ökologisch bedingten Randverbreitungsgebieten, z.B. im Sundgau, weitgehend verschwunden. Gefährdet.

8. T. lappaceum L. – *Klettenartiger K.*

B: Eph. – Mittelmeergebiet, Orient; trockene Grasplätze, Felder, Lichtungen.
Ö/V: Adventiv im Hafen Weil-Friedlingen (1990).

9. T. incarnatum L. s. str. – *Inkarnat-K.*

B: Eph, seit dem 19. Jahrhundert in Kultur. – Westliches Mittelmeergebiet; Weiden, Wiesen, Strassenränder.
Ö/V: Nicht selten zur Gründüngung oder als Futterpflanze angebaut, auch in 'Blumenwiesen'-Saaten. V. a. in den wärmeren Tieflagen da und dort verwildert oder mit Erdschutt verschleppt. Auch adventiv in Hafenanlagen. Ohne Tendenz zur selbständigen Ausbreitung.

10. T. alexandrinum L. – *Alexandriner-K.*

B: Eph, in der Schweiz seit den 1950er Jahren in Kultur (Frey in BECHERER 1958). – Nordostafrika, Orient (wild unbekannt).
Ö/V: Da und dort zur Gründüngung und Böschungsbegrünung und als Futterpflanze angebaut. Kaum verwildernd, doch gelegentlich mit Erde verschleppt.

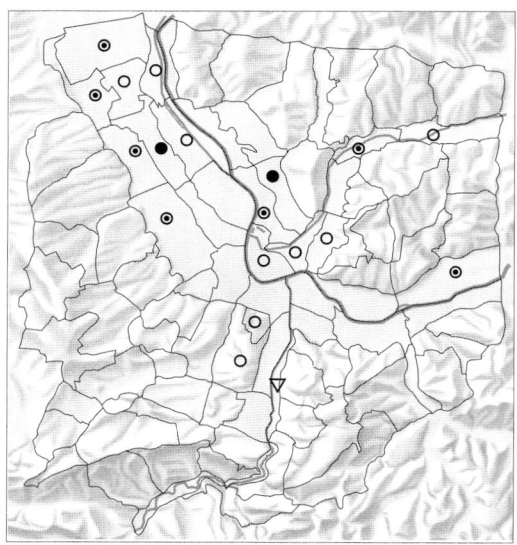

Trifolium arvense

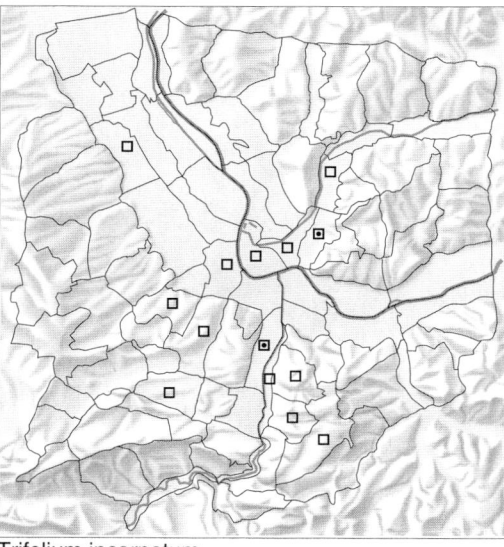

Trifolium incarnatum

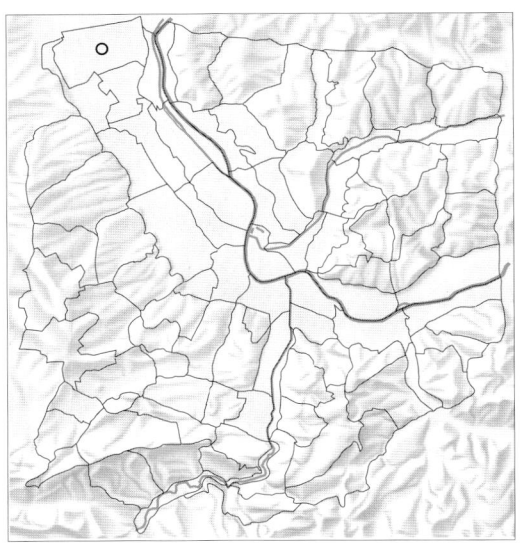

Trifolium alpestre

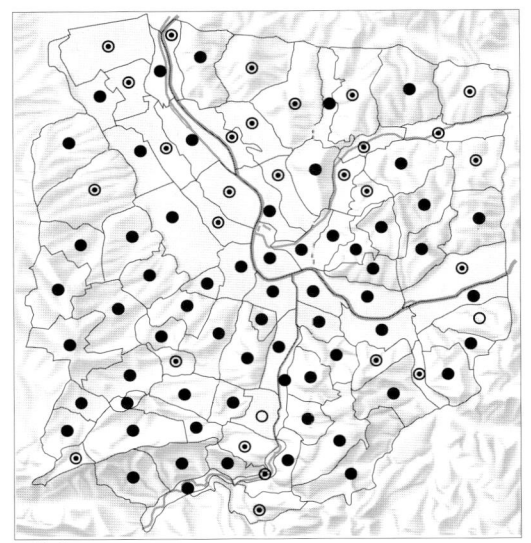

Trifolium pratense

11. T. alpestre L. – *Hügel-K.*
Ö/V: Sehr selten; nur in der Elsässer Hardt: Bahnhof Schlierbach-Sierentz; trockener, sonniger Saum eines Eichen-Hainbuchenwaldes, auf basenreichem, oberflächlich entkalktem, verlehmtem Schotterboden, eine kleine Kolonie. In der Hardt ausserhalb des Rayons verbreitet und recht häufig.
S: Geranion sanguinei.
G: Im Gebiet schon immer selten. Am Isteiner Klotz (BINZ 1905, 1911) erloschen; bis 1949 am Hardberg bei Istein (LITZELMANN 1966). Stark gefährdet.

12. T. pratense L. s. l. – *Rot-K., Roter Wiesen-K.*
Vorbem.: Die beiden Unterarten sind im Gebiet durch zahlreiche Übergänge miteinander verbunden. Eine befriedigende taxonomische Gliederung steht noch aus.

12a. – ssp. pratense
Ö: In Fettwiesen und -weiden, seltener in nicht zu mageren Halbtrockenrasen und in Nasswiesen, ferner in Waldsäumen, an Strassenböschungen und als Rohbodenpionier in ruderalen Staudenfluren. Auch angebaut, z.T. in auffallend hochwüchsigen, ± kahlen, zur ssp. *sativum* überleitenden Sippen. – Auf frischen bis mässig trockenen, basen- und nährstoffreichen, aber nicht überdüngten, tiefgründigen Lehmböden.

S: Arrhenatheretalia, Artemisietalia (Arction, Dauco-Melilotion), auch Mesobromion, seltener Trifolion medii.
V: Verbreitet und häufig.
G: In Fettwiesen deutlich zurückgegangen. Nicht gefährdet.

12b. – ssp. sativum (Crome) Janch.
Angesät in Kunstwiesen und Grünbrachen. Verwildert an Wegrändern, an Schuttplätzen, in Spülsäumen von Flüssen und Bächen, auf schlammigen Kiesinseln usw., z.B. Altrhein bei Kembs, Riehen (Autal). Auf Vorkommen und das zukünftige ökologische Verhalten ist zu achten.

13. T. ochroleucon Huds. – *Gelblicher K.*
Ö: In Magerrasen und extensiv bestossenen Weiden, in sonnigen Waldsäumen. – Auf mässig trockenen, oft wechseltrockenen, basenreichen, kalkarmen oder zumindest oberflächlich entkalkten, lehmigen und tonigen Böden.
S: Mesobromion, Origanetalia.
V: Selten; nur im Blauengebiet, z.B. Hofstetten, Nenzlinger Weide, Blauen-Weide (Stelli), Dittingen (Weide, Bergmatten, 'Schachlete' südlich 'Vorderfeld'). Ausserhalb des Rayons in der Elsässer Hardt östlich Habsheim (Katzenpfad).

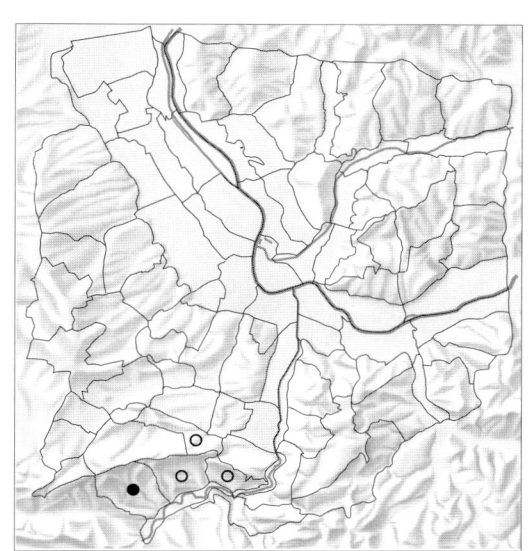

Trifolium ochroleucon

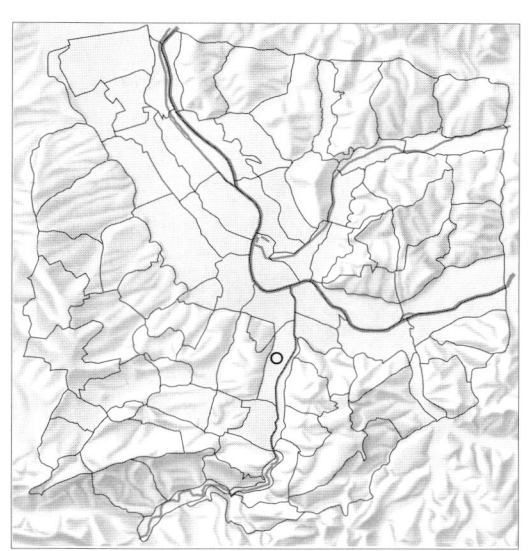

Trifolium scabrum

G: Stark zurückgegangen. Ausserhalb des Juras schon immer selten und heute verschollen: Wollbach am Steinbüchsle (1952, 1959, LITZELMANN 1963), Hard zwischen Sierentz und Schlierbach (BINZ 1942). Stark gefährdet.

14. T. scabrum L. – *Rauher K.*

Ö: In lückigen, niederwüchsigen Pionierrasen an steinigen Wegen, Plätzen und Erdanrissen. Wärmeliebend. – Auf trockenen, basenreichen, flachgründigen, rohen, etwas lehmigen Kiesböden.
S: Alysso-Sedion.
V: Sehr selten; nur in der Reinacherheide, hier in gewissen Jahren zahlreich. Seit ca. 1992 nicht mehr beobachtet.
G: Im Gebiet schon immer selten. An den meisten historischen Fundorten seit langem verschollen, z.B. Gegend von Istein, zuletzt am Hardberg (Neuberger in BINZ 1915, SCHLATTERER 1920), hier zwischen 1923 und 1933 durch Steinbruchbetrieb vernichtet (LITZELMANN 1966); bei Hüningen (noch 1897, BINZ 1905), Niffer (ZAHN 1895 in BINZ 1905). Vom Aussterben bedroht.

15. T. striatum L. – *Gestreifter K.*

Verschollen (?). "Village-Neuf (Elsass), 1981" SEBALD et al. (1992). Früher selten in lükkigen, mageren Silikatsandrasen. Letzte Meldungen: Hardberg bei Istein (SCHLATTERER 1920), an der Wiese bei Basel und Lörrach (SCHNEIDER 1880), Rheinfelden (Baumberger in BINZ 1905). Aktuell ausserhalb des Rayons auf dem Flugfeld von Habsheim (1993, massenhaft).

Sektion
Lotoidea Crantz – *Dolden-Klee*

16. T. repens L. s. str. – *Kriechender Weiss-K., Weisser Wiesen-K.*

Ö: Gesellig und oft bestandbildend in intensiv genutzten Fettwiesen und -weiden, in Scherrasen, in Trittfluren an Wegen, an Ruderalstellen und in ruderalen Halbtrockenrasen, seltener auf Äckern. Auch angesät als Futterpflanze und zur Gründüngung sowie als Erosionsschutz in Rebbergen. – Auf feuchten bis mässig frischen, z.T. auch recht trockenen, nährstoffreichen, gerne etwas verdichteten Lehm- und Tonböden.
S: Cynosurion, Arrhenatherion, Polygonion avicularis, Agropyro-Rumicion, Convolvulo-Agropyrion.
V: Verbreitet und häufig.
G: Nicht gefährdet.

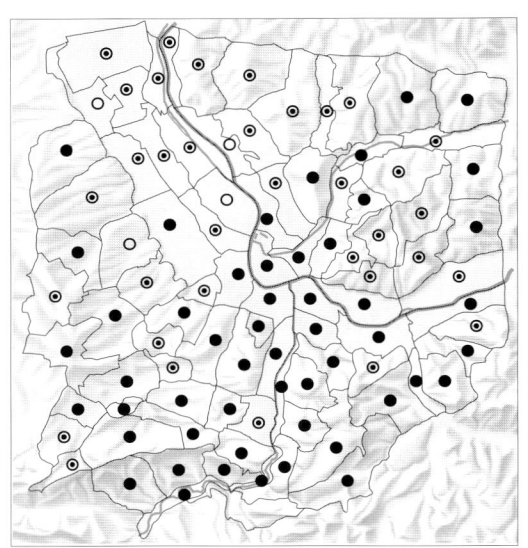

Trifolium repens

17. T. montanum L. – *Berg-K.*
Ö: In Magerwiesen und extensiv bestossenen Magerweiden, in lichten Föhrenwäldern, in Wald- und Gebüschsäumen, auf Felstreppen und in Pionierrasen aufgelassener Steinbrüche. – Auf mässig frischen bis trockenen, oft wechseltrockenen, nährstoffarmen, meist kalkhaltigen, gerne steinigen und etwas lehmigen oder mergeligen Böden.
S: Mesobromion, Geranion sanguinei (Geranio-Peucedanetum cervariae), Molinion (Cirsio tuberosi-Molinietum).
V: Im Jura ziemlich verbreitet, aber nicht häufig, z.B. Dittinger Weide, Blauen-Weide, Nenzlinger Weide, Duggingen (Rödle), ob Dornach, Gempen NO, Büren (Chöpfli), Seewen (Dummeten) usw. Sonst nur an wenigen Stellen in der holozänen Aue der Oberrheinebene: Neudorf-Rosenau (Kirchener Kopf), Istein S (Totengrien, Stockfeld).
G: Stark zurückgegangen. Im Gebiet der Malmscholle von Istein (Isteiner Klotz, Hardberg; LITZELMANN 1966) verschollen. Gefährdet.

18. T. hybridum L. s. l.
18a. – ssp. hybridum – *Schweden-K.*
B: Neo, seit der 2. Hälfte des 19. Jahrhunderts im Gebiet. – Herkunft wohl mediterran-atlantisch; feuchte Bergwiesen.
Ö: Häufig als Futterpflanze und zur Böschungsbegrünung angesät. Verwildert und z.T. eingebürgert in gestörten Fettwiesen und -weiden, an Wegrändern, auf Kies- und Schuttplätzen. – Auf frischen bis feuchten, nährstoffreichen, gerne verdichteten, oft rohen Lehm- und Tonböden.

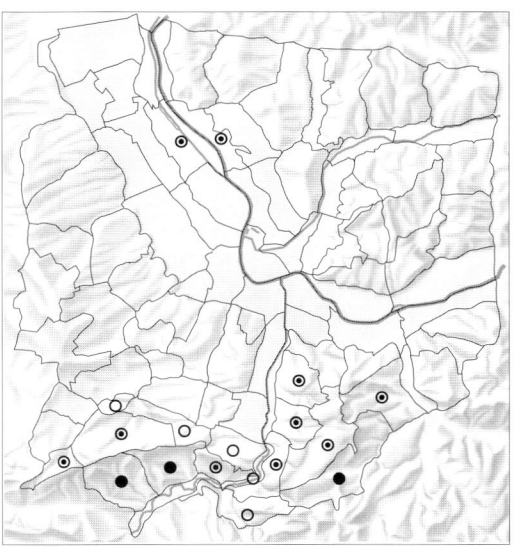

Trifolium montanum

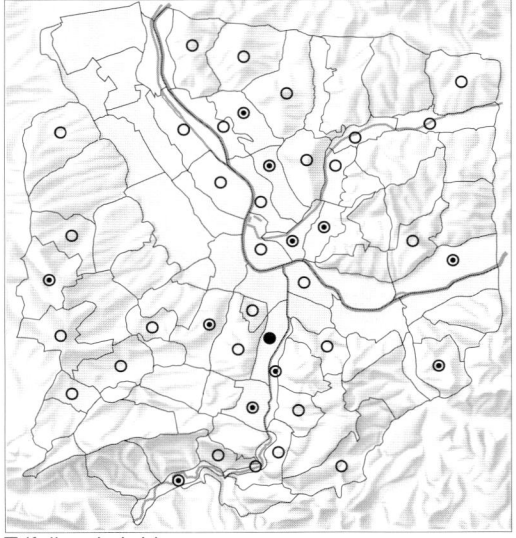

Trifolium hybridum

S: Arrhenatheretalia, Agropyro-Rumicion.
V: Zerstreut; v.a. in den Flusstälern und Lösslehmgebieten, z.B. Weil (Krebsbach), Loechle, Duggingen (Liebmatt), Leymen (Sägerei). Meist vorübergehend.

18b. – ssp. elegans (Savi) Asch. & Graebn. (T. hybridum L. var. elegans (Savi) Boiss.) – *Zierlicher K.*
B: Neo. – S-Europa; Wiesen, Weiden.
Ö: An Weg- und Strassenrändern, auf Kies- und Schuttplätzen. Früher auch als Futterpflanze angesät (SEBALD et al. 1992). – Auf trockenen, nährstoff- und basenreichen, oft etwas lehmigen Sand- und Kiesböden.
S: Polygonion avicularis, Sedo-Scleranthetalia.
V: Selten; nur wenige Nachweise aus der Oberrheinebene, z.B. Neudorf-Rosenau (Kirchenerkopf). Auf weitere Vorkommen ist zu achten.

19. T. pallescens Schreb. – *Bleicher K.*
B: (Eph). – Gebirge Zentral- und Südeuropas; Alluvionen, Gletscher-Vorfelder, magere Rasen.
Ö/V: Kein aktueller Nachweis. Früher adventiv im Hafen Basel-Kleinhüningen (1951, 1965; BAUMGARTNER 1973).

20. T. nigrescens Viv. s. str. – *Schwarzwerdender K.*
B: Eph. – Südeuropa, Kleinasien, Nordwestafrika; Grasland, Ödland.
Ö/V: Adventiv im Hafen Weil-Friedlingen (1990).

21. T. michelianum Savi – *Michelis K.*
B: Eph. – S- und SW-Europa; feuchte Matten.
Ö/V: Adventiv im Hafen Weil-Friedlingen (1989).

22. T. glomeratum L. – *Knäuel-K.*
B: Eph. – S- und W-Europa; trockene Stellen.
Ö/V: Adventiv im Hafen Weil-Friedlingen (1989).

Sektion
Chronosemium Ser. – **Gelb-Klee**

23. T. aureum Pollich – *Gold-K.*
Ö: Einzeln oder locker gesellig auf mageren, lückigen Weiden, an Waldwegen, in hageren

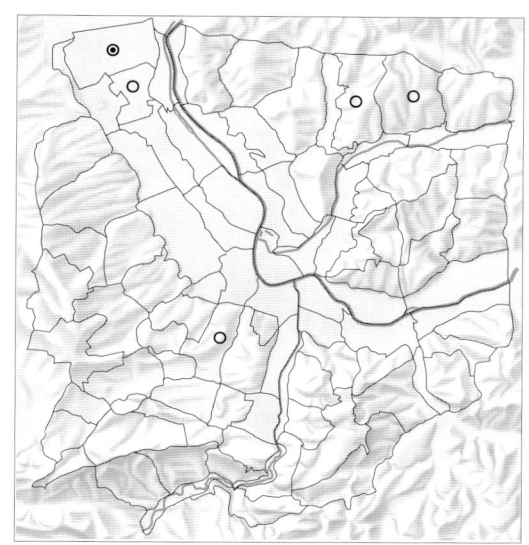

Trifolium aureum

Waldsäumen und Waldlichtungen. – Auf mässig trockenen, auch wechseltrockenen, nährstoffarmen, kalkarmen oder zumindest oberflächlich entkalkten, rohen Lehm- und verlehmten Kiesböden.
S: Violion caninae, auch Mesobromion, Trifolion medii, Thero-Airion.
V: Selten: Elsässer Hardt: mehrfach, z.B. Geispitzen (östlich Autobahn, 'Geispitzerweg' westlich Autobahn), Schlierbach (Nifferweg), westlich Schäferhof/Loechle; Weitenauer Vorberge: Röttler Wald ('Jungholz' nördlich Haagen, P. 611.4 südlich 'Munzenberg'); Sundgau: Oberwil (Allme, mit *Dianthus armeria*).
G: Stark zurückgegangen und an den verbliebenen Fundstellen nur noch in wenigen Exemplaren. Im Gempengebiet und in den Langen Erlen (BINZ 1911) verschollen. Stark gefährdet bis vom Aussterben bedroht.

24. T. campestre Schreb. – *Gelber Acker-K.*
B: Arch.
Ö: In lückigen, mageren Wiesen und Scherrasen, auf Weideblössen, an Erdanrissen, in aufgelassenen Steinbüchen, auf Äckern und Brachäckern, in Rebbrachen, an Weg- und Strassenrändern, in Bahnarealen. Wärmeliebend. – Auf meist trockenen, basen- und mässig nährstoffreichen, lockeren, oft rohen, steinigen oder sandigen, lehmigen Böden.

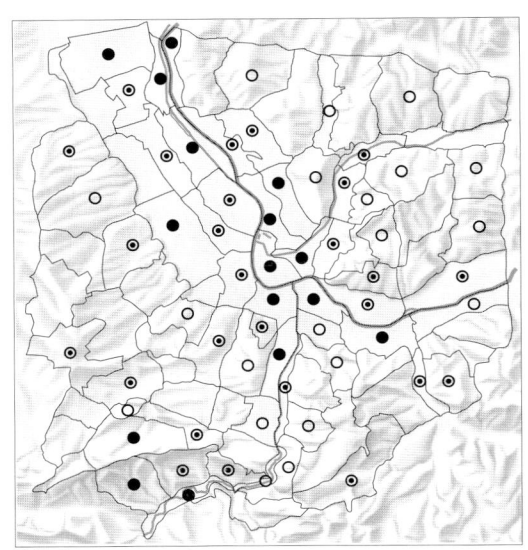

Trifolium campestre

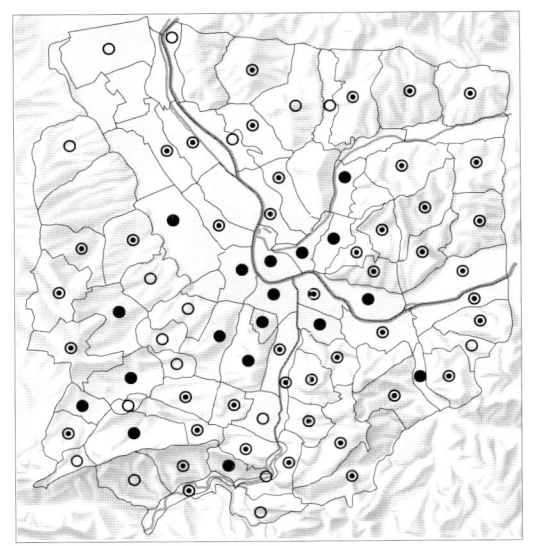

Trifolium dubium

S: Alysso-Sedion, Mesobromion, Arrhenatherion, auch Fumario-Euphorbion, Aperion und Dauco-Melilotion.
V: In den Flusstälern verbreitet und z.T. häufig. Lokal auch an den warmen Talflanken und an wärmebegünstigten Stellen des Juras. Sonst sehr zerstreut; in den kühlhumiden Waldgebieten selten oder fehlend.
G: Gebietsweise, z.B. im Jura, zurückgegangen. Schonungsbedürftig.

24a. – var. campestre
Die mehr in Äckern und Brachäckern, in Rebbergen u.dgl. auftretende, eher seltene Sippe mit grossen, goldgelben Blütenköpfchen.

24b. – var. minus (Koch) Gremli – *Feld-K.*
Die mehr in Rasengesellschaften und an Ruderalstandorten auftretende, häufige Sippe mit kleinen, hellgelben Blütenköpfchen.

25. T. dubium Sibth. – *Gelber Wiesen-K.*
Ö: Gesellig in Fettwiesen und -weiden, in lückigen, vermoosten Scherrasen, auf Grasplätzen, an Wegrändern, in den Fugen wenig begangener Pflästerungen, seltener in Halbtrockenrasen und Nasswiesen. – Auf frischen bis mässig trockenen, sommertrockenen, ± nährstoffreichen, oberflächlich meist entkalkten, lehmigen und sandigen Böden.

S: Cynosurion, Arrhenatherion, Mesobromion, Xerobromion (Cerastio-Xerobrometum), Alysso-Sedion, Polygonion avicularis, seltener Sisymbrion.
V: Ziemlich verbreitet und meist häufig.
G: Nicht gefährdet.

Tribusgruppe
FABEAE/PHASEOLAE –
WICKENARTIGE

282. Cicer L. *Kichererbse*

1. C. arietinum L. – *Kichererbse*
B: Eph. – Herkunft ostmediterran (wild unbekannt).
Ö/V: Adventiv im Bahnhof Basel-St. Johann (1994) und in einem Vorgarten bei der Haltestelle 'Leimgrubenweg' (Basel, 1995).

283. Vicia L. *Wicke*

1. V. hirsuta (L.) Gray – *Rauhhaarige W.*
B: Arch.
Ö: Meist gesellig in Getreidefeldern, seltener in Hackfruchtäckern, auch an Schuttplätzen und Wegrändern, an grasigen Rainen von Hohlwegen, in Geleiseanlagen usw., im urbanen Siedlungsgebiet oft in Rabatten. Wärme-

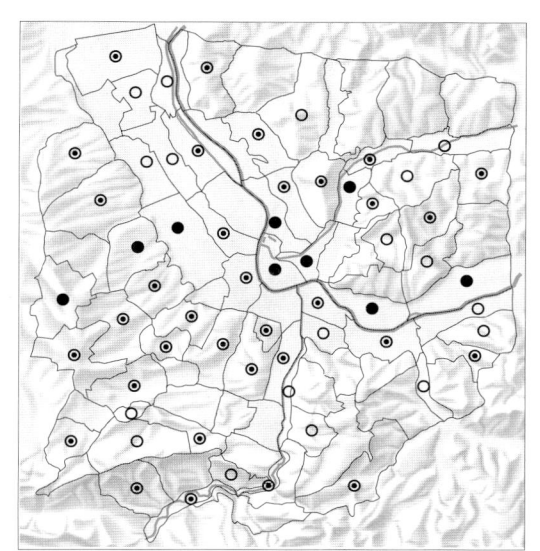

Vicia hirsuta

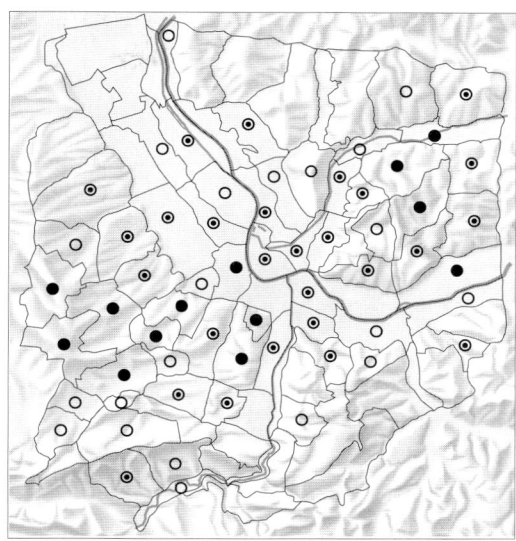

Vicia tetrasperma

bedürftig. – Auf (mässig) trockenen, nährstoff- und basenreichen, gerne kalkarmen, lockeren Lehmböden.
S: Aperion, Polygono-Chenopodion, Sisymbrion, selten Caucalidion.
V: In den Flusstälern von Rhein (v.a. Niederterrasse) und Wiese sowie im Sundgau verbreitet und ziemlich häufig. Sonst sehr zerstreut; in den Kalkgebieten selten oder fehlend und z.T. nur verschleppt.
G: Deutlich zurückgegangen und als Ackerkulturbegleiter vielerorts verschwunden. Schonungsbedürftig.

2. V. tetrasperma (L.) Schreb. – *Viersamige W.*

B: Arch.
Ö: Gesellig, gelegentlich in Menge in Getreideäckern, seltener unter Hackfrucht und auf Gartenland; in lückigen, gestörten Magerrasen, an Weg- und Ackerrainen, an Schuttplätzen. Im urbanen Siedlungsgebiet gerne in Johanniskraut-Rabatten. – Auf frischen bis mässig trockenen, ± nährstoffreichen, meist kalkarmen, tiefgründigen, lockeren Lehmböden. Besonders häufig auf Lösslehm.
S: Aperion, Polygono-Chenopodion, seltener gestörtes Arrhenatherion und Mesobromion.
V: Im Sundgau und in den Flusstälern von Rhein und Wiese verbreitet und z.T. häufig, ebenso am Dinkelberg, hier v.a. über Lösslehm, Buntsandstein und Keuper. Sonst sehr zerstreut; in den Kalkgebieten selten oder fehlend und z.T. nur verschleppt.
G: Nicht gefährdet.

3. V. dumetorum L. – *Hecken-W.*

Ö: Meist in kleineren Beständen im Saum frischer Laubmischwälder und Gebüsche, an Waldwegen, in Waldlichtungen und auf Waldschlägen. – Auf (sicker-)frischen, nährstoff- und basenreichen, meist kalkhaltigen, lockeren, humosen, steinigen Lehmböden.
S: Trifolion medii (Vicietum sylvaticae-dumetorum).
V: Im Gempengebiet zerstreut, z.B. Arlesheim (Ränggersmatt), Münchenstein (Eselhallen), Muttenz (Wartenberg, Laahallen, Chlosterchöpfli), Pratteln (Cholholz-Moderholden-Horn), Frenkendorf (Berg, Ättenberg), Gempen (Ramstel), Nuglar W, Duggingen (Angenstein/Länzberg). Mehrfach auch in der elsässischen Oberrheinebene: Pisciculture, Elsässer Hardt (z.B. nördlich Bartenheim-la-Chaussée, Schlierbach-Ziegelweg). Sonst nur an wenigen Stellen: Blauengebiet: Pfeffingen (Steinbruch südlich Schlossgraben); Elbisgebiet: Füllinsdorf (Ruine Büechlihau); Olsberger Wald (östlich 'Challeren', zwischen P. 306.7 und 384); Dinkelberg: Rührberg SO (Im Volkertsberg).

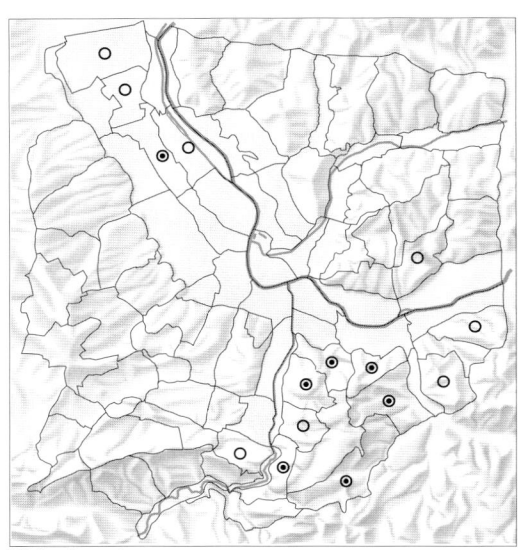

Vicia dumetorum

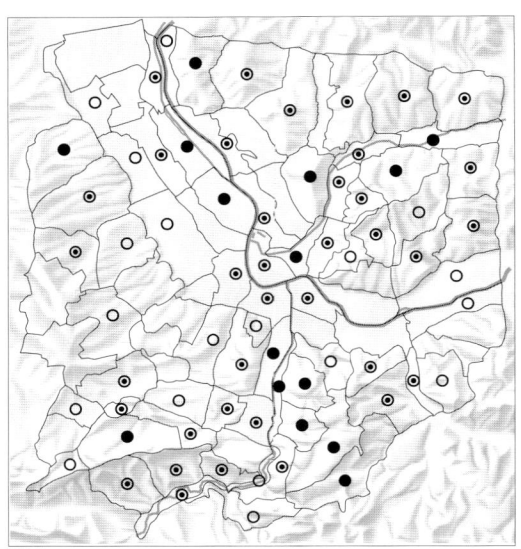

Vicia cracca

G: Wohl zurückgegangen und vielerorts, z.B. in der Birsbene (St. Jakob-Neue Welt, Aellen in BINZ 1915) und auf der Blauennordseite (Blauen ob Ettingen, BINZ 1905), verschollen. Gefährdet.

4.-5. Artengruppe
V. cracca – *Vogel-Wicke*

4. V. cracca Roth (V. cracca L. s. str.) – *Vogel-W.*
Ö: In lichten bis halbschattigen Kraut- und Staudensäumen an Waldrändern, Hecken und Feldgehölzen, in Uferstaudenfluren und in Ufergebüsch, in Ruderalfluren, in brachliegenden oder spät gemähten Wiesen und auf Weiden. – Auf (dauer-)frischen bis feuchten, nährstoff- und basenreichen, ± tiefgründigen, humosen, z.T. auch steinigen Lehm- und Tonböden.
S: Trifolion medii (z.B. 'Colchico-Brachypodietum'), Atropion, Filipendulion, selten Convolvulion.
V: Ziemlich verbreitet und bis ins urbane Siedlungsgebiet meist häufig. In Gebieten mit intensiver Grünlandbewirtschaftung selten oder fehlend.
G: Zurückgegangen. Schonungsbedürftig.

5. V. tenuifolia Roth (V. cracca L. ssp. tenuifolia (Roth) Bonnier & Layens) – *Schmalblättrige Vogel-W.*

Ob im äussersten Norden des Gebiets (?). In der mittleren Oberrheinebene ausserhalb des Rayons nicht selten in warmen, mageren Wald- und Gebüschsäumen, z.B. Colmar, Rouffach. Historische, z.T. fragliche Angaben: "über dem Bahnwärterhaus nördlich Kleinkems" (1948, LITZELMANN 1966), 'Reben' ob Grellingen, eine grosse Kolonie" (1946, BINZ 1951), "bei Grellingen" (1923, Nyffeler in BINZ 1942), "Sierentz" (Aellen in BINZ 1915), "Riehen: zwischen Pfaffenloh und Hörnli" (Christ in BINZ 1915).

6. V. villosa Roth s. l.

6a. – ssp. **villosa** – *Zottige W.*
B: Arch.
Ö: Einzeln oder gesellig, gelegentlich in Menge unter Wintergetreide und in Rebbergen, seltener ruderal an Schuttplätzen und Wegrändern. Ursprünglich Futterpflanze (ROTHMALER 1988, BINZ 1945), heute gelegentlich Bestandteil von Gründüngsmischungen. Etwas wärmebedürftig. – Auf mässig trockenen, basen- und nährstoffreichen, mittel- bis tiefgründigen, lockeren, gerne etwas sandigen Lehmböden.
S: Aperion, Caucalidion.
V: In den warmen Tieflagen zerstreut, z.B. elsässische Oberrheinebene, Basel (z.B. Deut-

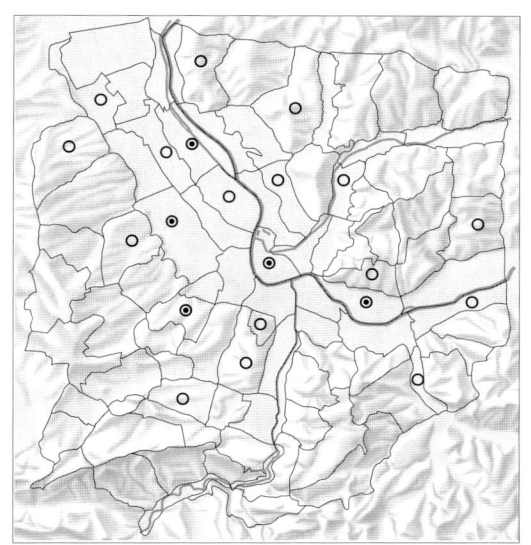

Vicia villosa s.str.

scher Verschiebebahnhof), Hochrheinebene, Sundgau (Allschwil, Schönenbuch, Bruderholz, Häsingen usw.), Dinkelberg (Grenzacher Reben, Minseln W), Markgräfler Hügelland (Reben ob Rheinweiler und westlich Rümmingen). Oft vorübergehend.
G: Zurückgegangen. Gefährdet.

6b. – ssp. **varia** (Host) Corb. (V. dasycarpa Ten.) – *Bunte W.*
B: Neo, seit ca. 1870 im Gebiet. – Mittelmeergebiet; steiniges Brachland, Gebüsche, Eichengehölz.
Ö: Einzeln oder gesellig, gelegentlich in Menge unter Wintergetreide, seltener an Schuttplätzen und Wegrändern. Ursprünglich Futterpflanze (ROTHMALER 1988); im Gebiet aktuell kein Anbau. Wärmeliebend. – Auf mässig frischen bis mässig trockenen, basen- und nährstoffreichen, meist tiefgründigen, gerne sandigen oder steinigen Lehmböden.
S: Aperion, seltener Caucalidion.
V: In den warmen Tieflagen zerstreut; gehäuft in der Hoch- und Oberrheinebene, z.B. um Rheinfelden-Degerfelden (SCHNEIDER 1880, BECHERER 1925), Weil-Haltingen, Hüningen, Neudorf, St. Louis, Leimental, Bruderholz. Oft vorübergehend.
G: Gefährdet.

7. V. faba L. – *Ackerbohne, Saubohne*
B: Eph. – Alte Kulturpflanze, ursprünglich wohl Orient.
Ö/V: Gemüse- und Futterpflanze. Selten vorübergehend verwildert oder mit Erdmaterial verschleppt, z.B. Landskronberg gegen Flüh (Gerstenfeld, 1990), Münchenstein (Brüglingen, 1983).

8. V. narbonensis L. – *Maus-W.*

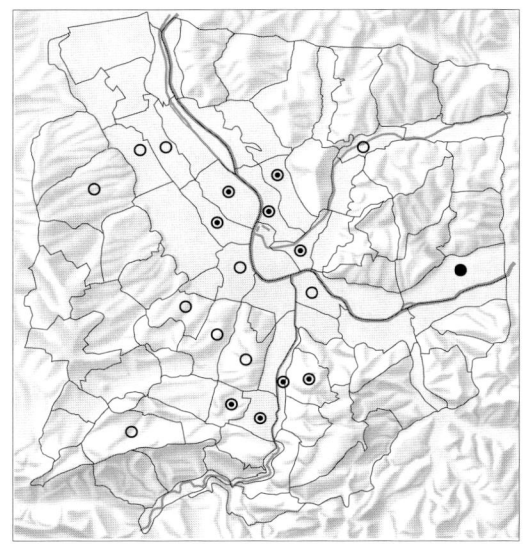

Vicia villosa ssp. varia

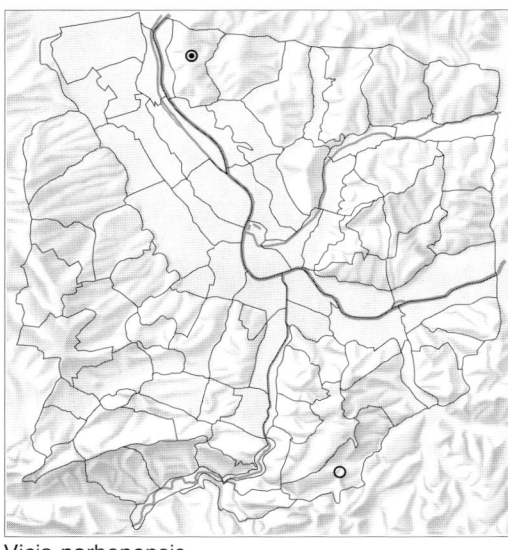

Vicia narbonensis

8a. – var. integrifolia Ser.

B: Neo, Erstnachweis: 1863 (De Bary in DÖLL 1864). – Mittelmeergebiet, Türkei; Kulturen, Brachland (Kalk, Porphyr), bis 1500 m.
Ö: In Weinbergen und gestörten, sonnig-warmen Gebüschsäumen. Wärmebedürftig. – Auf mässig trockenen, nährstoff- und basenreichen, kalkhaltigen Lehmböden.
S: Fumario-Euphorbion, Alliarion.
V: Sehr selten: Malmscholle von Istein: Isteiner Reben (mehrfach, noch 1995); Gempen-Ostflanke: Rebberge von Büren.
G: Zurückgegangen; im Gebiet schon immer selten und ± auf die wärmsten Teile des Markgräfler Hügellandes und der Dinkelberg-Südseite beschränkt. Bei Grenzach erloschen (LITZELMANN 1966). An den verbliebenen Fundstellen meist nur noch in einzelnen Exemplaren. Vom Aussterben bedroht.

9. V. pannonica Crantz – *Ungarische W.*

B: Neo, seit Ende des 19. Jahrhunderts im Gebiet. – O-Europa (pannonisches Becken); Äcker, Wegränder.
Ö: Unter Wintergetreide, auch ruderal an Schuttplätzen. Ursprünglich Futterpflanze (ROTHMALER 1988); im Gebiet aktuell kein Anbau. Wärmeliebend. – Auf mässig frischen bis mässig trockenen, basen- und nährstoffreichen, lockeren, etwas sandigen Lehmböden.
S: Aperion.
V: Sehr selten und oft vorübergehend: Oberwil (Bruderholzhof, 1989), St. Louis (Kleinfeld, 1984, M. Ritter), Liestal (Orishof, 1991), Riehen (Mittelfeld, 1994).
G: Stark zurückgegangen; im Gebiet auch früher nicht häufig und etwas unbeständig. In der schmutzigviolett blühenden var. *purpurascens* (DC.) Ser. (vgl. BINZ 1922, 1942) heute verschollen. Vom Aussterben bedroht.

10. V. sepium L. – *Zaun-W.*

Vorbem.: Die Varietäten (vgl. HESS, LANDOLT & HIRZEL 1977) sind im Gebiet durch Übergänge miteinander verbunden. Die meisten Pflanzen können der var. *eriocalyx* Čelak. zugeordnet werden. Daneben finden sich nicht selten Übergangsformen zur var. *sepium*. Die reine var. *sepium* dagegen scheint selten zu sein, z.B. Riehen (Reservat Autal), ebenso die var. *montana* Koch. Unterschiede bezüglich Ökologie und Verbreitung sind im Gebiet nicht erkennbar, Mischpopulationen sind häufig.

Ö: Gesellig in Fettwiesen, in Hecken und Gebüschen, in Waldsäumen, auf Waldschlägen, an lichten Stellen in krautreichen Laubmischwäldern, an grasigen Ackerrändern, im urbanen Gebiet v.a. in Zwergstrauch- und Staudenrabatten. – Auf frischen, nährstoff- und basenreichen, tiefgründigen, humosen Lehmböden.

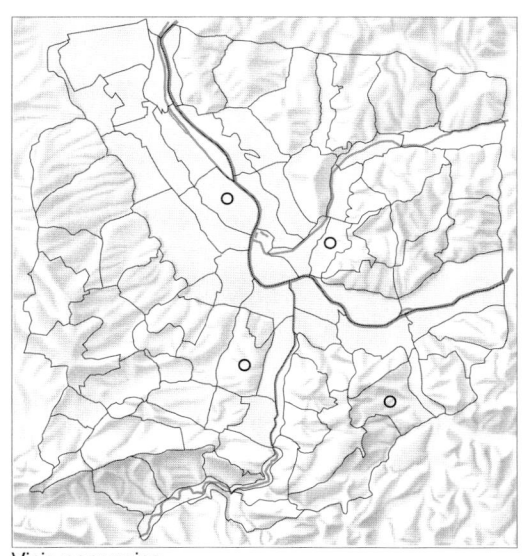

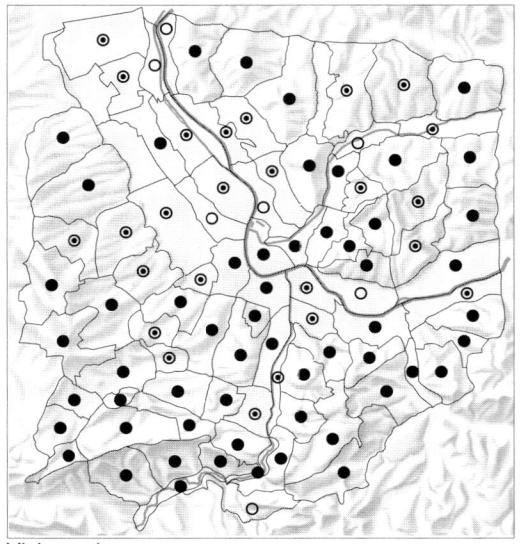

Vicia pannonica

Vicia sepium

S: Arrhenatheretalia (v.a. Arrhenatherion), Aegopodion, Alliarion, Fagetalia, seltener Trifolion medii.
V: Verbreitet und häufig. Weiss- und gelbblütige Formen (f. *albiflorus* Gaudin, f. *ochroleuca* Bart.) zusammen mit der Nennart, doch meist nur in einzelnen Exemplaren, z.B. Bettingen (St. Chrischona), Arisdorf, Münchenstein, Elsässer Hardt usw.
G: Nicht gefährdet.

11. V. lutea L. – *Gelbe W.*

B: Neo, als Adventivpflanze seit 1916 im Gebiet (BINZ 1922). – Mittelmeergebiet, Orient; Felder, Ödland, trockene Weiden, Macchien.
Ö: Eingeschleppt und stellenweise eingebürgert an Wegrändern und ruderalen Böschungen, auf Brachäckern, in Getreidefeldern. Auch adventiv in Hafenanlagen. Wärmebedürftig. – Auf (mässig) trockenen, nährstoffreichen, kalkhaltigen, oft steinigen Lehmböden.
S: Caucalidion.
V: Sehr selten; eingebürgert nur in der Birsebene: Reinacher Heide (noch 1990), Dornachbrugg (westlich Gempenring-Brücklein, Bord oberhalb Holzlager, ca. 1982, Ch. Heitz), Arlesheim (Ob. Widen, 1984, Fundort heute überbaut); adventiv im Hafen Weil-Friedlingen (1989).
G: In den letzten Jahrzehnten stark zurückgegangen. Vom Aussterben bedroht.

12.-14. Artengruppe
V. sativa

12. V. sativa L. (V. sativa L. s. str.) – *Futter-W.*

B: Eph. – Mediterran-turanisch; trockene Wiesen, Brachen, Kalkhänge.
Ö/V: Zur Gründüngung und als Futterpflanze angebaut. Da und dort vorübergehend verwildert in Raps- und Getreidefeldern, auf Brachäckern, an Ackerrainen und Wegrändern, an Schuttplätzen, in Rabatten, z.B. Basel (St. Johann-Bahnhof), Hafen Weil-Friedlingen (1989), Loechle O (gegen Hüningerkanal), Zwingen O (Strängenfeld).

13. V. cordata Hoppe (V. sativa L. ssp. cordata (Hoppe) Batt.) – *Herzblättrige W.*

B: (Neo?). – Mittelmeergebiet; Garigue, Trockenbusch.
Ö/V: Verschollen. Nach BECHERER (1925) an der Rheinhalde zwischen Basel und dem Grenzacher Horn, Rhein bei Herten. Keine weiteren Meldungen.

14. V. angustifolia L. s. l. (V. sativa L. ssp. nigra (L.) Ehrh.) – *Schmalblättrige W.*

14a. – ssp. **angustifolia**
B: Arch.

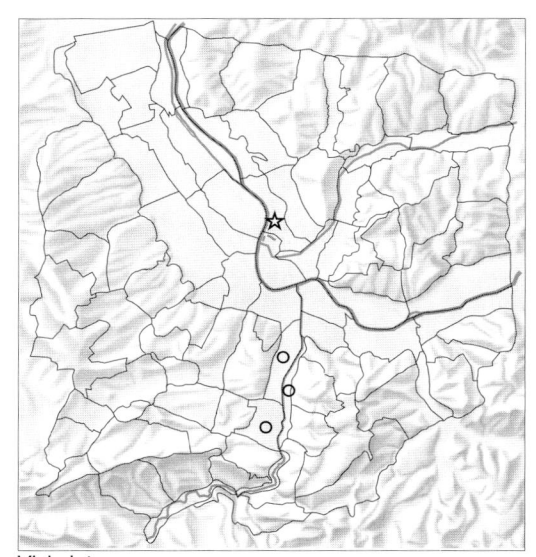

Vicia lutea

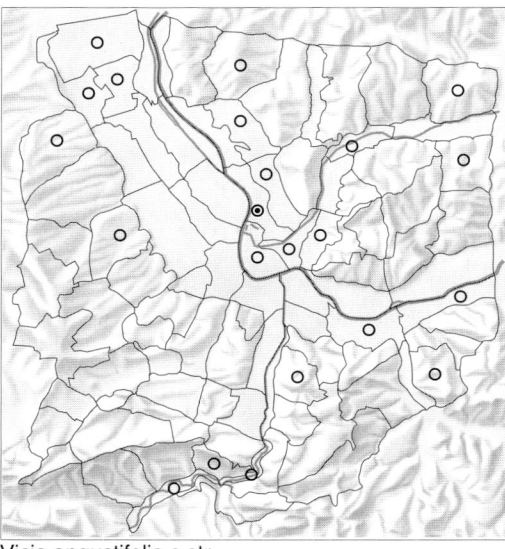

Vicia angustifolia s.str.

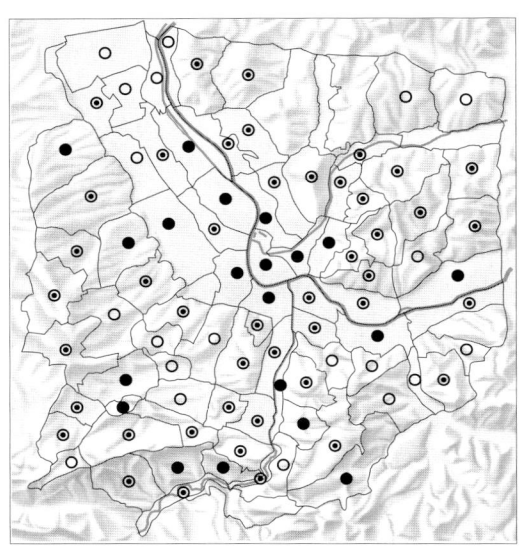

Vicia angustifolia s.l.

Ö: In sonnigen, lückigen, meist etwas gestörten Trocken- und Halbtrockenrasen und Gebüschsäumen, auch an Schuttplätzen und Wegrändern, in Kiesgruben und an anderen Ruderalstandorten. Kaum unter Getreide. Wärmebedürftig. – Auf trockenen, nährstoff- und basenreichen, oft kalkarmen, lockeren, ± rohen Sand- und Kiesböden.
S: Sedo-Scleranthetea, Convolvulo-Agropyrion, Xerobromion (Cerastio-Xerobrometum), seltener Sisymbrion, Onopordetalia und Origanetalia.
V: Ziemlich selten, z.B. Pratteln (Hard), Kaiseraugst O, Weil (Kiesgrube, DB-Bahnanlagen), Efringen-Kirchen, Elsässer Hardt, Duggingen, Zwingen usw. Auf weitere Verbreitung ist zu achten.

14b. – ssp. **segetalis** (Thuill.) Corb.
B: Arch.
Ö: In Getreidefeldern, in gestörten Fettwiesen und -weiden, in ruderalisierten Halbtrockenrasen, auf Gartenland, auch ruderal an Schuttplätzen und Wegrändern, in Kiesgruben usw. Im urbanen Siedlungsgebiet oft in Rabatten, Blumentrögen u.dgl. – Auf frischen bis mässig trockenen, nährstoffreichen, meist lehmigen Böden.
S: Aperetalia, Fumario-Euphorbion, Arrhenatherion, Cynosurion, seltener Mesobromion.

V: Verbreitet und meist häufig.
G: Nicht gefährdet.

284. Lens Mill. *Linse*

1. L. culinaris Medik. – *Linse*
B: Eph. – Wohl mediterran (wild unbekannt).
Ö/V: Bis in die erste Hälfte des 20. Jahrhunderts alleine oder zusammen mit Getreide feldmässig angebaut. Heute nur noch selten adventiv, z.B. Kleinbasler Rheinbord oberhalb der Wettsteinbrücke, Basel (1984, M. Ritter).

285. Lathyrus L. *Platterbse*

1. L. nissolia L. – *Gras-P.*
B: (Arch).
Ö/V: Verschollen. Früher selten in ± trockenen, basenreichen, aber kalkarmen Äckern. Letzte Meldungen: Bruderholz und benachbartes Sundgauer Hügelland (MOOR 1962), "St. Jakob-Schänzli" (Baumberger in BINZ 1915), "Alter bad. Bahnhof" (Aellen in BINZ 1915), "beim Dornacherschloss" (BINZ 1915), "Helfranzkirch" (Mantz in BINZ 1915); in der Hochrheinebene und in der Gegend von Olsberg (BECHERER 1925) wohl bereits anfangs des 20. Jahrhunderts erloschen. Ausserhalb des Rayons: "Triften östl. Flugplatz von Habsheim 1974 bis 1990" (RASTETTER 1993).

2. L. ochrus (L.) DC. – *Scheidige P.*
B: (Eph). – Mittelmeergebiet; Ödland, Felder, Gebüschsäume.
Ö/V: Kein aktueller Nachweis. Früher selten adventiv, letztmals 1964 im Hafen Basel-Kleinhüningen (BAUMGARTNER 1973).

3. L. aphaca L. – *Ranken-P.*
B: Arch.
Ö: In Getreidefeldern, v.a. unter Wintergetreide, auf Brachäckern, an grasigen Acker- und Wegrainen, in Hohlwegen, in Gebüsch- und Heckensäumen, seltener ruderal. Wärmebedürftig. – Auf frischen bis trockenen, nährstoff- und basenreichen, lockeren, meist sandigen Lehmböden. Gerne auf Löss.
S: Caucalidion (Apero-Lathyretum aphacae, Kickxietum spuriae), Convolvulo-Agropyrion (Falcario-Agropyretum).

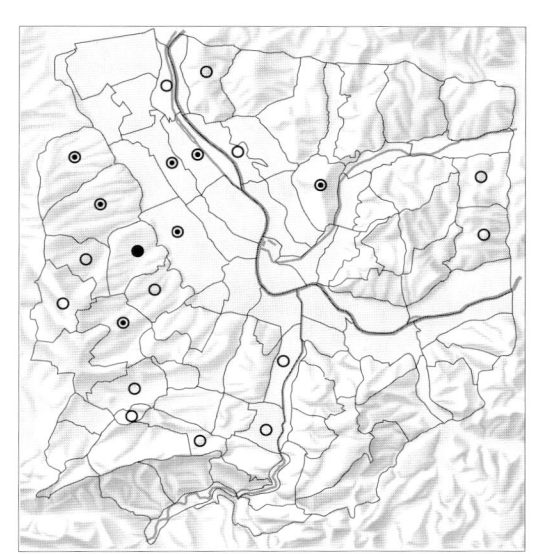

Lathyrus aphaca

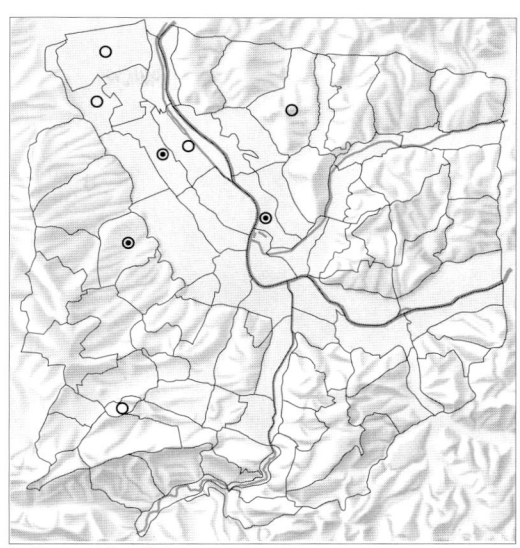

Lathyrus hirsutus

V: Im Sundgau ziemlich verbreitet, aber nicht häufig, z.B. Sundgaurand bei Blotzheim und Uffheim, Häsingen-Attenschwiller, Hegenheim S (Kirchweiherle) usw. Sonst selten; mehrfach in der Oberrheinebene, z.B. Pisciculture-Rosenau, Haberhäuser-Welschen Schlag, Richardshäuser O, Kembs SO; Birsebene: Aesch-Dornachbrugg, wieder eingebracht in Ackerreservaten der Reinacher Heide; Markgräfler Hügelland: um Ober-Tüllingen, Isteiner Reben; Dinkelberg: Oberminseln W (Hürn); Jura: Leymen (Landskronberg/Tannwald).
G: Stark zurückgegangen. Gefährdet; ausserhalb des Sundgaus stark gefährdet.

4. L. hirsutus L. – *Behaartfrüchtige P.*
B: Arch.
Ö: Meist einzeln in ruderalen Halbtrockenrasen, an Wegrainen und Autobahnböschungen, in Kiesgruben, auf Brachäckern, in gestörten Gebüschsäumen. Wärmebedürftig. – Auf (mässig) trockenen, basen- und nährstoffreichen, kalkreichen und -armen, sandigen und lehmigen Böden.
S: Convolvulo-Agropyrion, auch Onopordetalia, seltener Caucalidion.
V: Selten und oft unbeständig; v.a. in der Oberrheinebene, z.B. Sierentz (Sablière, A. Huber), Bartenheim-la-Chaussée, St. Louis-la-Chaussée N (Haberhäuser, les Trois Maisons), Pisciculture (Haid), Weil (Bahnanlagen, Hafen); Sundgau: Attenschwiller (Lerchenberg); Markgräfler Hügelland: Fischingen (Läufelberg); Jura: Leymen (Landskronberg/Tannwald).
G: Stark zurückgegangen und am früheren Hauptstandort (basenreiche Sand- und Lehmäcker) weitgehend verschwunden. Stark gefährdet bis vom Aussterben bedroht.

5. L. cicera L. – *Kicher-P.*
B: (Eph). – Mittelmeergebiet, Orient; trockenes Ödland, Felder, Trockenbusch.
Ö/V: Verschollen. Früher da und dort als 'Kichererbse' kultiviert und verwildert, z.B. Bruderholz, Oberwil-Benken, Reinach-Münchenstein, bei Michelfelden (BINZ 1901, 1905, 1911).

6. L. sativus L. – *Saat-P.*
B: (Eph). – Herkunft wohl ostmediterran (wild unbekannt).
Ö/V: Seit langem verschollen. Bis Anfang des 20. Jahrhunderts häufig als Futterpflanze kultiviert und verwildert (vgl. BINZ 1911, SEBALD et al. 1992).

7. L. pratensis L. – *Wiesen-P.*
Ö: In ± mageren, oft etwas schattigen Wiesen und Weiden, in Wald- und Gebüschsäumen, an Wiesenrainen, in Binsenfluren, an grasigen,

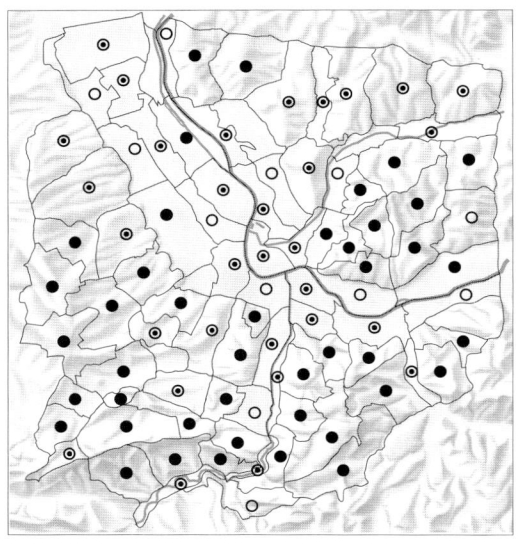

Lathyrus pratensis

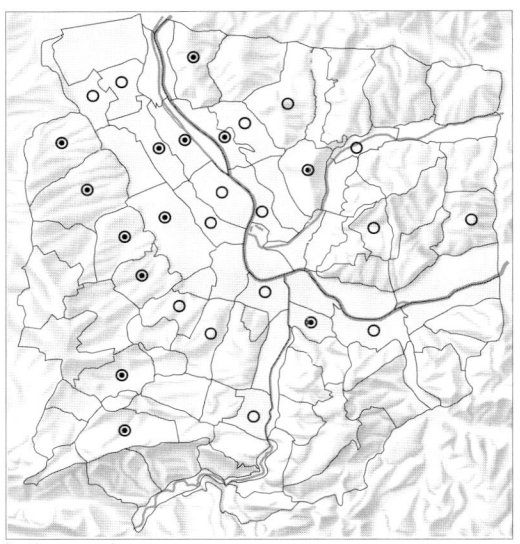

Lathyrus tuberosus

lichten Waldstellen und auf Waldschlägen, hier gerne mit *Carex flacca*. – Auf frischen bis feuchten, oft wechsel- oder sickerfeuchten, basen- und nährstoffreichen, aber nicht überdüngten, tiefgründigen, auch ± rohen Lehm- und Tonböden.
S: Arrhenatheretalia, Trifolion medii, Agropyro-Rumicion.
V: Verbreitet und meist häufig.
G: Ausserhalb des Waldes wohl zurückgegangen. Nicht gefährdet; in Gebieten mit intensiver Grünlandbewirtschaftung schonungsbedürftig.

8. L. tuberosus L. – *Knollige P.*
B: Arch.
Ö: In Getreidefeldern, seltener in Hackfruchtäckern; an Weg- und Ackerrainen, in gestörten, ackernahen Halbtrockenrasen und Gebüschsäumen. – Auf mässig trockenen, nährstoff- und basenreichen, kalkhaltigen oder leicht entkalkten, oft etwas verdichteten, sandigen Lehm- und lehmigen Kiesböden.
S: Caucalidion (Kickxietum spuriae, Apero-Lathyretum aphacae), auch Convolvulo-Agropyrion.
V: In der Oberrheinebene und in den wärmeren Teilen des elsässischen Sundgaus (z.B. bei Häsingen und Blotzheim) und des Markgräfler Hügellandes ziemlich verbreitet, aber nicht häufig. Deutlich seltener im übrigen Sundgau: Allschwil-Schönenbuch (noch 1997), Oberwil, Leymen (Eckfeld), Liebenswiller (Altberg Reben). Sonst nur an wenigen Stellen: Hochrheinebene: Muttenz-Pratteln; Basel (Bethesda-Spital); Wieseebene: Tumringen O (Radweg); Dinkelberg: Karsau W (Buch); Jura: Hofstetten W.
G: V. a. im schweizerischen und deutschen Gebietsteil deutlich zurückgegangen. Gefährdet; ausserhalb der Oberrheinebene und der angrenzenden Hügelländer stark gefährdet.

9. L. palustris L. – *Sumpf-P.*
Ö/V: Sehr selten; Art wechselnasser Riedwiesen und Röhrichte; nur in der elsässischen Oberrheinebene (ob noch ?): Loechle (mit Schilf, um 1980, M. Ritter), "Vertiefung bei der Fischzuchtanstalt Blotzheim mit *Calamagrostis canescens*, 1981" (RASTETTER 1993).
G: Zurückgegangen; im Gebiet schon immer selten und auf die badische und elsässische Oberrheinebene beschränkt. Noch 1963-1965 bei Kembs-Loechle (RASTETTER 1993). Vom Aussterben bedroht.

10. L. sylvestris L. – *Wald-P.*
Ö: In warmen, oft leicht gestörten Gebüsch- und Waldsäumen, in verbrachten Wiesen, an Flussböschungen, auf Steinschutt. – Auf mäs-

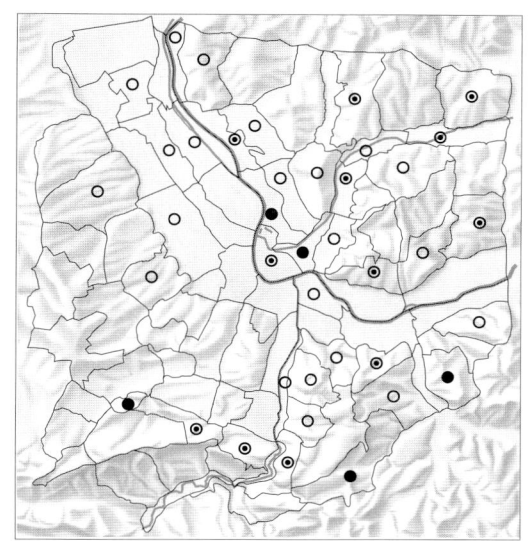

Lathyrus sylvestris

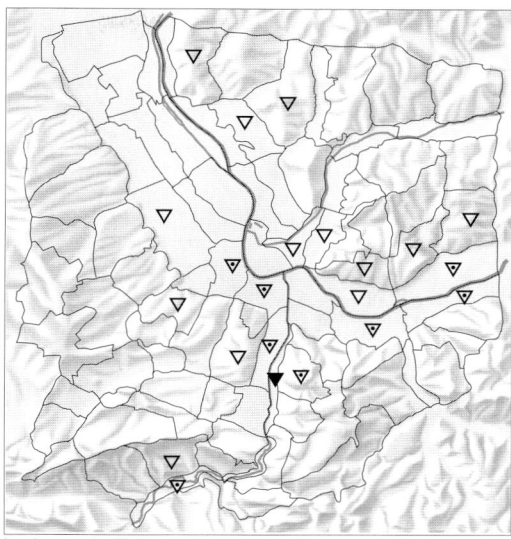

Lathyrus latifolius

sig trockenen, eher nährstoff- und basenreichen, oft rohen, steinigen und lehmigen Böden.
S: Trifolion medii, Convolvulo-Agropyrion.
V: Zerstreut; gehäuft im Jura, im Wiesental und in der Oberrheinebene, z.B. Leymen (Landskronberg), Nuglar (Hangfuss Hollen), Liestal (Schleifenberg), Dämme der Wiese von Steinen bis zur Mündung, Weil und bad. Rheinweg bei Istein usw. In den Lössgebieten selten und weithin fehlend.
G: Zurückgegangen. Schonungsbedürftig.

11. L. latifolius L. – *Breitblättrige P.*
B: Neo, eingebürgert seit ca. 1920 (BINZ 1922). – Mittelmeergebiet, bis Österreich reichend; sonniges Brachland, Magerwiesen, warme Gebüschsäume.
Ö: Zierpflanze. Verwildert und stellenweise eingebürgert in sonnigen, oft etwas gestörten, verbrachten Halbtrockenrasen, in Gebüschsäumen, an Bahndämmen und Strassenböschungen, in Kiesgruben, verschleppt an Schuttplätzen. Wärmebedürftig. – Auf mässig trockenen, kalkreichen, steinigen, kiesigen und lehmigen Böden.
S: Convolvulo-Agropyrion, Trifolion medii, seltener trockenes Arrhenatherion.
V: In den Flusstälern von Birs und Hochrhein ziemlich verbreitet, aber nicht häufig, z.B. Basel (Elsässerbahn), Bahnhof Herten, Bad. Rheinfelden (Kiesgrube), Pratteln (Bahngelände), Kaiseraugst (z.B. Kiesgrube 'Gstolten'), CH-Rheinfelden S, Münchenstein-Arlesheim (Bahndamm, Birs), Zwingen (Bahndamm) usw. Vereinzelt auch an den warmen Talflanken: Dinkelberg: Grenzach (Reben), Degerfelden SW; Markgräfler Hügelland: Binzen NW, Isteiner Reben.
G: Ohne deutliche Ausbreitungstendenz. Eingebürgerte Vorkommen schonungsbedürftig.

12. L. odoratus L. – *Gartenwicke*
B: Eph. – S-Italien, Sizilien; trockene Tonböden.
Ö/V: Häufige Zierpflanze. Selten vorübergehend verwildert, z.B. Riehen (Bockrainweg, 1984).

13. L. linifolius (Reichhard) Bässler (L. montanus Bernh.) – *Berg-P.*
Ö: Einzeln oder in kleinen Beständen in lichten, hageren, eichenreichen Buchen- und Eichen-Hainbuchenwäldern und ihren Säumen; gerne an Waldweg- und Geländekanten, auf kleinen Kuppen u.dgl. – Auf mässig trockenen, nährstoff- und basenarmen, lehmigen Böden.

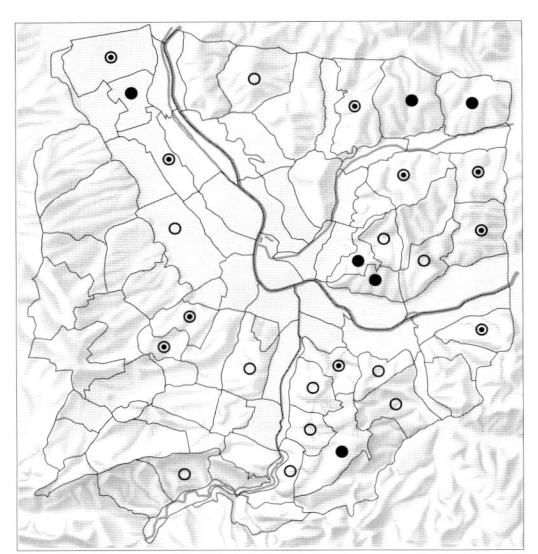

Lathyrus linifolius

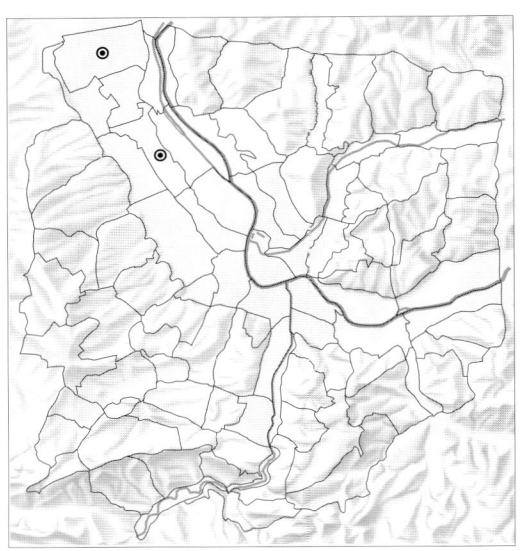

Lathyrus niger

S: Carpinion, Luzulo-Fagenion, Galio odorati-Fagenion, auch Trifolion medii (z.B. Holcus mollis-Teucrium scorodonia-Gesellschaft).
V: In den Weitenauer Vorbergen, im Olsberger Wald und in den Hardwäldern der elsässischen Oberrheinebene verbreitet, aber nicht durchwegs häufig. Stellenweise am Dinkelberg und im Gempengebiet über Verwitterungslehm, z.B. Riehen (Ausserberg, Mittelberg, Maienbühl), Wyhlen (zwischen Bettinger Grenze und Klosterhau), Muttenz-Münchenstein (Rothallen), zwischen Gempen und Hochwald NO (z.B. 'Chälen') usw. Sonst selten: Sundgau: Reinach (Predigerholz), Allschwil (Vögtenhegli), Neuwiller SO; Markgräfler Hügelland: Wintersweiler S (Kalksteinbruch); Blauen-Südseite: Blauen (Stelli).
G: Wohl zurückgegangen. Schonungsbedürftig.

13a. – var. tenuifolius (Roth) Garcke

Verschollen. "Oberhalb Rütihard, Eichwald zwischen Muttenz und Maienfels, bei Gibenach" (BINZ 1911). Aktuell wenig ausserhalb des Rayons im Rötteler Wald gegen Kandern.

14. L. niger (L.) Bernh. – *Dunkle P.*

Ö: Meist einzeln oder in kleinen Trupps im Halbschatten lichter Eichen-Hainbuchen- und Buchenwälder und ihren Säumen. Wärmebedürftig. – Auf (mässig) trockenen, nährstoffarmen, ± basenreichen, aber kalkarmen oder zumindest oberflächlich entkalkten, humosen, lehmigen Kiesböden.
S: Carpinion (Stellario-Carpinetum), selten warmes Fagion.
V: Selten; nur in den Hardwäldern der elsässischen Oberrheinebene, z.B. Bartenheim-la-Chaussée SW (Jordan), Elsässer Hardt westlich Bartenheim-la-Chaussée-Loechle, Schlierbach (Straessle, Nifferweg O). Ausserhalb des Rayons auch im Markgräfler Hügelland (Gegend von Feuerbach).
G: Im Gebiet schon immer selten. Potentiell gefährdet.

15. L. vernus (L.) Bernh. s. str. – *Frühlings-P.*

Ö: Im Halbschatten und Schatten krautreicher Buchen- und Buchenmischwälder, selten in Säumen von Weidegebüschen. – Auf (mässig) frischen, nährstoff- und basenreichen, zumindest im Untergrund kalkhaltigen, humosen, steinigen und lehmigen Böden.
S: Cephalanthero-Fagenicn, Lonicero-Fagenion, selten Carpinion (Stellario-Carpinetum asaretosum).
V: Im Jura verbreitet und häufig. Sonst nur an wenigen Stellen: Dinkelberg: Riehen (nördli-

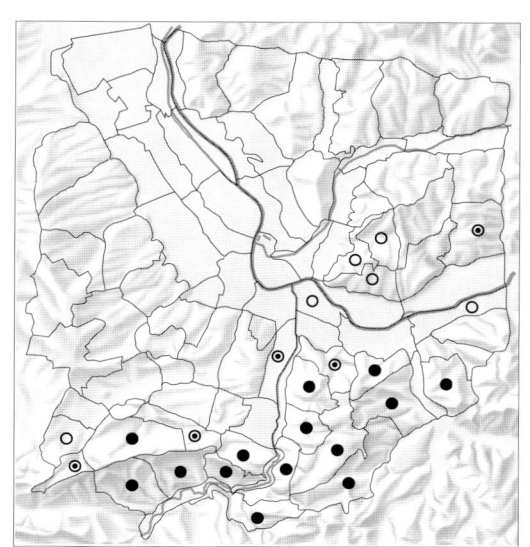

Lathyrus vernus

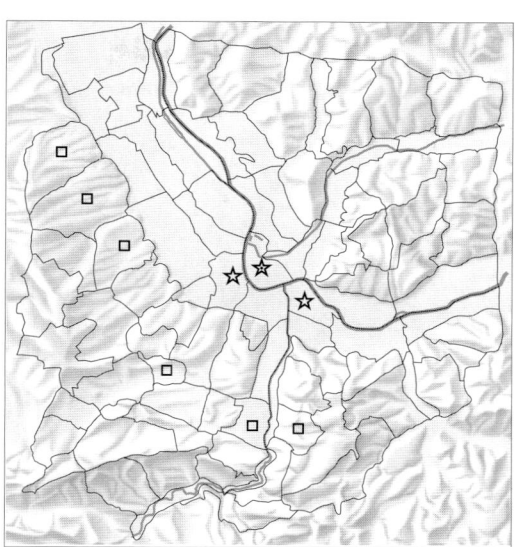

Glycine max

cher Ausserberg), Rührberg W (Herrenwald), ob Wyhlen (Nettenberg), Degerfelden (Wolfsgraben-Riesberg); Birsebene: Münchenstein (Wissgrien/Au); Hochrheinebene: Muttenzer Hard (Röm. Warte, Pumpwerk Auweg), CH-Rheinfelden (Rheinhalde westlich 'Augarten', mit *Carex pilosa*).

G: Nicht gefährdet; ausserhalb des Juras potentiell gefährdet.

286. Pisum L. *Erbse*

1. P. sativum L. s. l.

1a. – ssp. **sativum** – *Garten-E.*

B: Eph. – Ausgangssippen aus Vorderasien.
Ö/V: Gemüsepflanze. Selten aus Vogelfutter verwildert, mit Erdmaterial verschleppt oder als Kulturrelikt in Äckern, z.B. Rheinbord beim Hafen Basel-Klybeck (1988), Binningen (nordöstlich 'Paradieshof').

1b. – ssp. **arvense** (L.) Asch. & Graebn. – *Feld-E.*

B: Eph. – Vorderasien; Äcker, felsiges Ödland.
Ö: Gründüngungs- und Futterpflanze. Verwildert in Getreidefeldern, seltener in Hackfruchtäckern. – Auf frischen, nährstoff- und basenreichen, lockeren Lehmböden.

S: Secalietea, seltener Chenopodietea.
V: Selten und meist unbeständig, z.B. Birsebene zwischen Münchenstein und Dornachbrugg, Hochwald, Dornach (Goetheanum) usw.

287. Glycine Willd. *Soja*

1. G. max (L.) Merr. – *Soja*

B: Eph. – O-Asien: Japan, China, Taiwan (Stammpflanze = *Glycine soja* Sieb. & Zucc.); Gebüschsäume in den Niederungen.
Ö/V: V. a. in wärmeren Teilen des Sundgaus nicht selten feldmässig angebaut. Adventiv und in gewissen Jahren massenhaft an Verladeplätzen, z.B. Häfen Basel-Kleinhüningen (schon 1951, BAUMGARTNER 1973), Basel-St. Johann und Muttenz (Auhafen).

288. Phaseolus L. *Bohne*

1. P. vulgaris L. s. l. – *Garten-B.*

1a. – ssp. **vulgaris** – *Stangen-B.*

B: Erg. – Subtropisches C-Amerika. pazifisches Mexiko bis Peru (Stammform); Lavafelder, lichte Föhren- und Eichenwälder, 1000–2200 m.
Ö/V: Gemüsepflanze. Bislang weder verwildert noch adventiv beobachtet.

1b. – ssp. **nanus** (L.) Asch. – *Busch-B.*
B: Eph.
Ö/V: Gemüsepflanze. Bisweilen mit Erdmaterial verschleppt in Deponien u.dgl. oder als Kulturrelikt in Äckern. Auch adventiv in Hafenanlagen, z.B. Basel-Kleinhüningen.

2. P. coccineus L. – *Feuer-B.*
B: Eph. – Subtropisches Bergland von Mexiko; Schluchten, Verlichtungen, 1000-2200 m.
Ö/V: Zier- und Gemüsepflanze. Adventiv auf Sandschutt im Hafen Birsfelden (1994).

ELAEAGNACEAE
ÖLWEIDENGEWÄCHSE

289. Hippophaë L. *Sanddorn*

1. H. rhamnoides L. s. l. – *Sanddorn*
1a. – ssp. **fluviatilis** v. Soest
Ö: Gesellig und durch Wurzelbrut z.T. bestandbildend in sonnig-heissem Pioniergebüsch nicht mehr überschwemmter Flussschotterbänke, in Auen-Halbtrockenrasen, seltener in grundwassernahen Kiesgruben und stillgelegten Bahnarealen. Vielfach gepflanzt als Bodenfestiger an Strassenböschungen bzw. als Zier- und Vogelschutzgehölz in Gärten und anthropogenen Naturschutzgebieten. – Auf trockenen, in der Tiefe aber nassen bis wasserzügigen, basenreichen, gerne kalkhaltigen, gealterten, wenig humosen Kiesböden.
S: Berberidion (Salici-Hippophaëtum).
V: Bodenständig nur in der Oberrheinebene, hier verbreitet und v.a. im Bereich der holozänen Flussaue, vereinzelt auch an entsprechenden Sekundärstandorten (z.B. Kiesgruben) auf der Niederterrasse z.T. häufig, z.B. Neudorf-Rosenau (Kirchener Kopf), Kembser Rheininsel, Bad. Rheinweg zwischen Istein S und Rheinweiler, Haltingen (Bahnareal, Kiesgrube) usw. Ausserhalb der Oberrheinebene ausschliesslich gepflanzt.
G: Zurückgehend. Gefährdet.

290. Elaeagnus L. *Ölweide*

1. E. angustifolia L. – *Schmalblättrige Ö.*
B: Eph. – Gemässigtes Asien; sandig-kiesige Ebenen und Steppenhänge.
Ö/V: Zierbaum, im Elsass da und dort auch an trockenen Landstrassen und Dämmen gepflanzt. Selten verwildert: Pistenböschung Flughafen Basel-Mulhouse.

HALORAGACEAE
TAUSENDBLATTGEWÄCHSE

291. Myriophyllum L. *Tausendblatt*

1. M. verticillatum L. – *Quirliges T.*
Ö: Einzeln oder gesellig in Unterwasserwiesen und Flutrasen seichter bis mässig tiefer, ± sauberer, warmer, nährstoffreicher, stehender und langsam fliessender Gewässer, vereinzelt auch im Bodenschlamm zeitweilig trockenfallender Weiher, Tümpel und Teiche, z.B. in Kiesgruben. Auch eingeschleppt in anthropogenen Weiherbiotopen.
S: Potamogetonetalia, Nanocyperion.
V: Selten, doch wohl unzureichend erfasst: Hüningerkanal bei Hüningen, Geispitzen NO (Kiesgrube am Rand der Hardt). Eingepflanzt oder unbeabsichtigt eingeschleppt in den Weiherreservaten Autal und Eisweiher (Riehen), Oberwil (Ziegelei), Therwil (Moosholz).
G: Zurückgegangen. Als Wildpflanze ausserhalb der Oberrheinebene, z.B. an der Birs

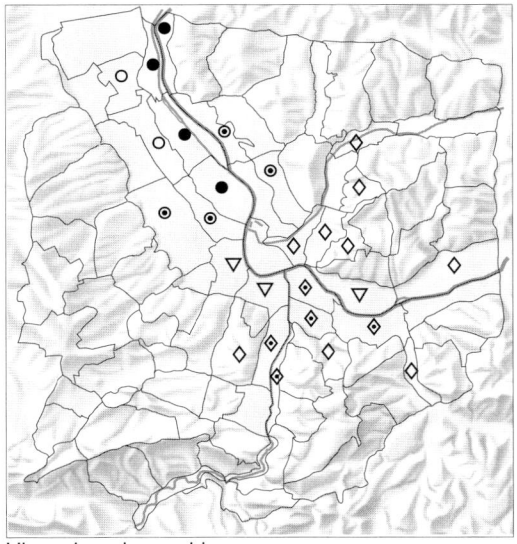

Hippophae rhamnoides

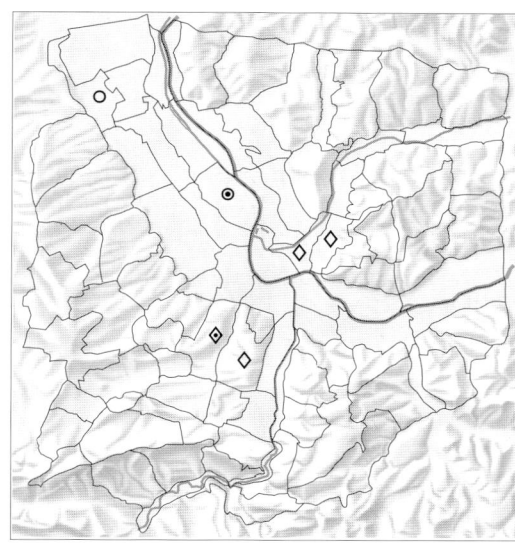

Myriophyllum verticillatum

(BINZ 1942) und Wiese (BINZ 1911) verschollen. Gefährdet.

2. M. spicatum L. – *Ähriges T.*

Ö: Einzeln oder gesellig in Unterwasserwiesen und Flutrasen meist tiefer, ± sauberer bis mässig verschmutzter, nährstoffreicher, stehender oder langsam fliessender Gewässer. Auch ein-geschleppt in anthropogenen Weiherbiotopen.
S: Potamogetonetalia.
V: Ziemlich selten, doch wohl auch übersehen: v.a. elsässische Oberrheinebene, z.B. um Kembs (Hüningerkanal, Grand Canal, Rhein), Neudorf (Quackery), Pisciculture, St. Louis-la-Chaussée NW (Kiesgrube 'Im Wolf'), Hegenheimer Kiesgruben. Ausserhalb der Flusstäler meist gepflanzt oder unbeabsichtigt eingeschleppt, z.B. Oberwil (Ziegelei), Blauen (Lättenloch), Laufen (Weiher 'Schachlete'), Rümmingen N, Riehen (Eisweiher, Autal). Deutlich häufiger als *M. verticillatum*.
G: Nicht gefährdet.

LYTHRACEAE
WEIDERICHGEWÄCHSE

292. Lythrum L. — *Weiderich*

1. L. salicaria L. – *Blut-W.*

Ö: In Uferstaudensäumen an Bächen, Gräben, Kanälen und Weihern, in ± gestörten oder brachliegenden Nass- und Moorwiesen, in Waldsümpfen, auf nassen Waldschlägen und an Waldwegen, auch in feuchten Äckern und Ackerbrachen und auf aufgelassenem feuchtem Gartenland. Angepflanzt in anthropoge-

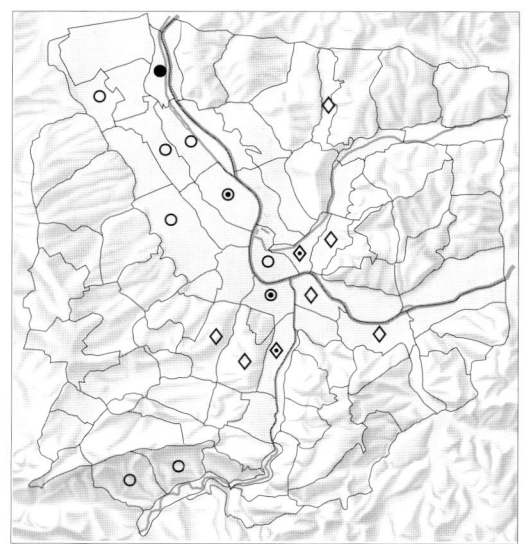

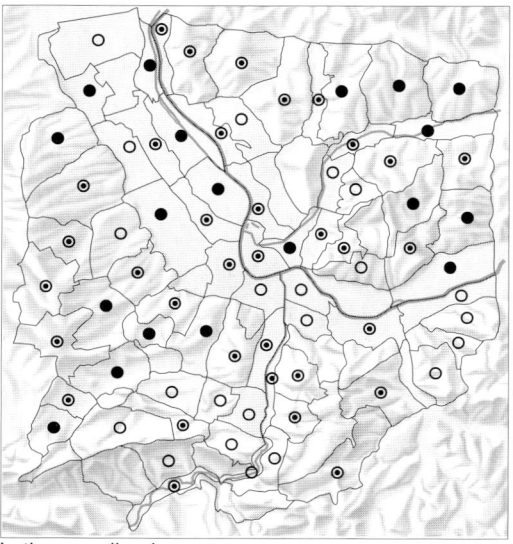

Myriophyllum spicatum

Lythrum salicaria

nen Weiherbiotopen, z.T. auch als Zierpflanze in Gärten. – Auf nassen bis feuchten, basen- und nährstoffreichen, gerne ± kalkarmen, humosen Lehm- und Tonböden.
S: Filipendulion, gestörtes oder initiales Magnocaricion, Filipendulion, seltener Calthion, Molinion, Alno-Ulmion.
V: Ziemlich verbreitet und v.a. im Sundgau, in den Weitenauer Vorbergen und in den Flusstälern von Rhein und Wiese recht häufig. Im Jura über weite Strecken selten bis fehlend.
G: Wohl zurückgegangen. Schonungsbedürftig.

2. L. hyssopifolia L. – *Ysop-W.*
B: Arch.
Ö: Einzeln, selten in grösseren Beständen in feuchtehaltenden Ackerfurchen und -gräben, gerne in Rapsäckern. – Auf offenen, frischen bis feuchten, zeitweilig vernässten oder knapp überschwemmten, mässig nährstoff- und basenreichen, kalkarmen, humosen Lehm- und Tonböden.
S: Nanocyperion (Centunculo-Anthoceretum).
V: Selten und an den Fundorten nicht alljährlich; fast ausschliesslich im Sundgau, z.B. Bruderholz bei Neumünchenstein (Predigerhof), Ettingen O (Hocheigen), Schönenbuch S (Langeacker), Wentzwiller (Bellevue W), Muespach-le-Haut (Schelmenacker beim Césarhof), Folgensbourg WSW, Attenschwiller; Dinkelberg: Obereichsel W (Auf Festnau); Weitenauer Vorberge: Hägelberg (ca. 430 m, Buntsandstein, zuletzt 1988 zahlreich; SEBALD et al. 1992).
G: Zurückgegangen; im Gebiet bereits vor 1900 selten. Noch um 1950 auf der Rütihard und auf dem Plateau von Olsberg-Giebenach (H. Kunz in BINZ 1951), 1958 am Lingert bei Hauingen (G. Hügin & H. Kunz in BECHERER 1960). Stark gefährdet bis vom Aussterben bedroht.

3. L. junceum Banks & Solander – *Binsen-W.*
B: Eph. – Mittelmeergebiet und SW-Europa; Gräben, Bäche, Schlammlachen.
Ö/V: Vorübergehend am Kleinbasler Rheinufer oberhalb der Wettsteinbrücke (1981).

293. Peplis L. *Sumpfquendel*

1. P. portula L. (Lythrum portula (L.) D. A. Webb) – *Sumpfquendel*
Ö: Meist einzeln in sumpfigen Ackerfurchen und -gräben mit zeitweilig stehendem Wasser (Getreide, Raps). – Auf feuchten, zeitweilig staunassen oder flach überschwemmten, nährstoff- und basenreichen, kalkarmen, humosen Lehm- und Tonböden.

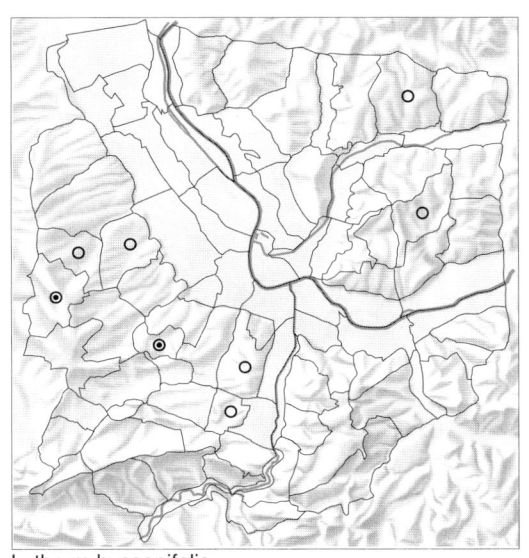

Lythrum hyssopifolia

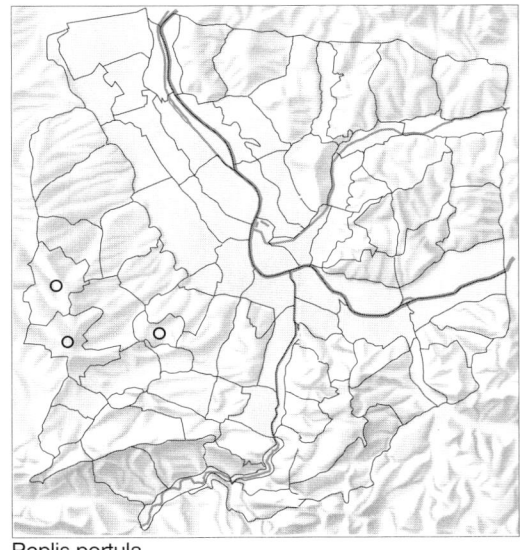

Peplis portula

S: Nanocyperion (Centunculo-Anthoceretum).
V: Selten und an den Fundstellen nicht alljährlich; nur an wenigen Stellen im Sundgau: Muespach-le-Haut ('Schelmenacker' beim Césarhof, 1995), Hagenthal-le-Haut (Alte Römerstrasse Nähe P. 496, 1990, reichlich), Hagenthal-le-Bas (Langeacker, 1987, 1 Exemplar).
G: Zurückgegangen; im Gebiet schon lange selten. Ausserhalb des Sundgaus, z.B. im Olsberger Wald (BINZ 1911, MOOR 1962), im Wiesental (BINZ 1911) und in den Weitenauer Vorbergen (BINZ 1942) verschollen. Stark gefährdet bis vom Aussterben bedroht.

THYMELAEACEAE
SEIDELBASTGEWÄCHSE

294. Thymelaea Mill.
Vogelkopf, Spatzenzunge

1. T. passerina (L.) Coss. & Germ. – *Vogelkopf*
Ö: Meist gesellig, doch in stark schwankenden Beständen in lückigen Trockenrasen und mageren Äckern. – Auf trockenen, sommerwarmen, basen- und mässig nährstoffreichen, z.T. steinigen Lehmböden.
S: Caucalidion.

V: Sehr selten: Reinacher Heide (neuerdings verschollen), Häsingen WSW (1985 zahlreich, 1987 nicht mehr festgestellt).
G: Zurückgegangen; im Gebiet bereits um 1920 sehr selten geworden (HEINIS 1926). Noch bis in die 1950er Jahre über den Reben von Istein (LITZELMANN 1966). Vom Aussterben bedroht.

295. Daphne L. *Seidelbast, Kellerhals*

1. D. mezereum L. – *Gemeiner S., Ziland*
Ö: Einzeln in krautreichen Laubmischwäldern, begünstigt in älteren Schlagfluren und Waldlichtungen. Auch in Gärten gepflanzt. – Auf (sicker-)frischen bis mässig trockenen, nährstoff- und basenreichen, meist kalkhaltigen, tiefgründigen, lockeren, humosen, gerne steinigen und lehmigen Böden.
S: Fagetalia (v.a. Fagion, Carpinion, seltener Alno-Ulmion).
V: In den Kalkgebieten (v.a. Jura, Dinkelberg) verbreitet, aber nicht häufig. Sonst selten: Sundgau: Kappelen S (Oberholz), Liebenswiller (Bois de St. Brice), Bois de Hagenthal-le-Bas, Leymen (L'Altenberg); Elsässer Hardt westlich Bartenheim-la-Chaussée/Loechle (2 Stellen).
G: Nicht gefährdet.

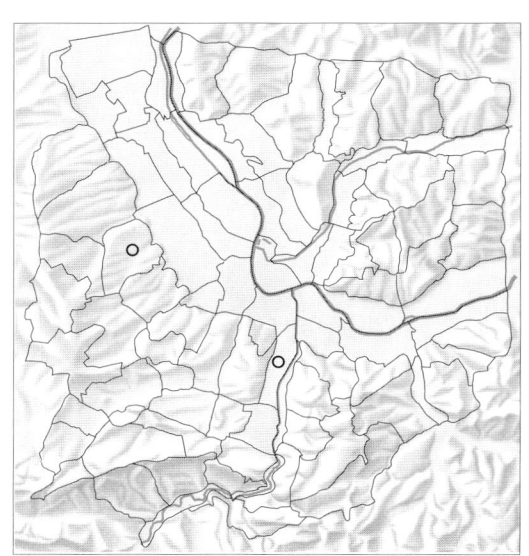

Thymelaea passerina

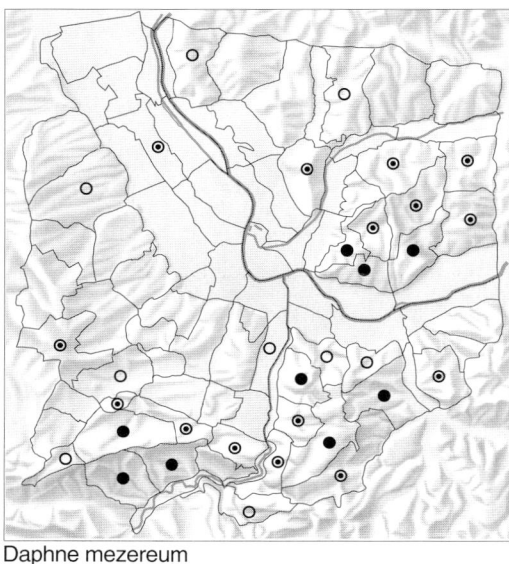

Daphne mezereum

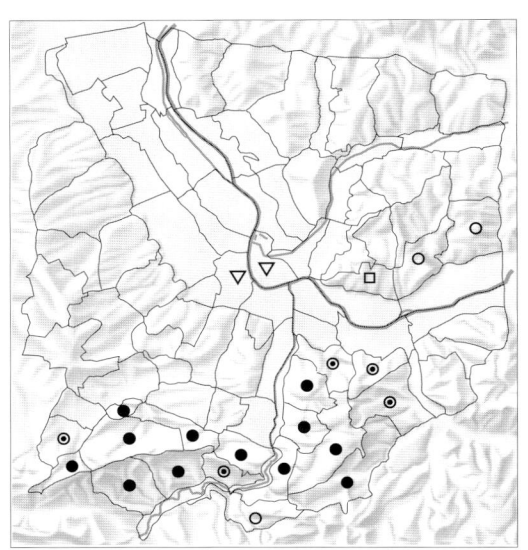

Daphne laureola

2. D. laureola L. – *Lorbeer-S.*

Ö: Einzeln oder in lockeren Gruppen in Buchen- und Laubmischwäldern. Gelegentlich durch Vögel verschleppt in Hecken und Gebüschen des urbanen Siedlungsgebiets. Auch gepflanzt und verwildert. In wintermilden Lagen. – Auf ± frischen, ± nährstoffreichen, kalkhaltigen, humosen, lockeren, steinigen und lehmigen Böden.
S: Fagion (v.a. Cephalanthero-Fagenion, Lonicero alpigenae-Fagenion), Tilio-Acerion, Quercion pubescenti-petraeae.
V: Im Jura verbreitet und häufig, am Nordabfall der Gempentafel rasch seltener werdend. Sonst nur an wenigen Stellen an der Dinkelberg-Südflanke: Unterminseln W (Buhrenboden, ca. 50-100 Exemplare), hier 1971 von H. Boos entdeckt (einziger grösserer Bestand am Dinkelberg); Wald oberhalb 'Schafhalde' nordwestlich Degerfelden (1995, 5 Stöcke, H. Boos). Von den 280 am Unterberg bei Grenzach ausgepflanzten Jungpflanzen (VOGT 1985) 1991 nur noch 6 Exemplare vorhanden (Braun & Voggesberger in SEBALD et al. 1992). Gelegentlich auch durch Vögel verschleppt, z.B. Basel (Bad. Bahnhof, Oekolampad usw.).
G: Nicht gefährdet; am Dinkelberg potentiell gefährdet.

3. D. cneorum L. – *Flaumiger S., Fluhröschen*

Ausserhalb des Rayons: Bärschwil (Landsberg).

TRAPACEAE
WASSERNUSSGEWÄCHSE

296. Trapa L.   *Wassernuss*

1. T. natans L. – *Wassernuss*
B: Erg. – Europa, N-Afrika, Asien; Altwässer, Weiher.
Ö/V: Selten eingepflanzt in anthropogenen Weiherbiotopen, z.B. Reservat Eisweiher (Riehen), Bottmingen (Chnebelacker: Weiher ca. 100 m nördlich P. 356). Nächste autochthone Fundstellen im Elsass (Dannemarie-Delle, RASTETTER 1993).

ONAGRACEAE
NACHTKERZENGEWÄCHSE

297. Epilobium L.   *Weidenröschen*

Untergattung
Chamaenerion Tausch – *Zwergoleander*

1. E. angustifolium L. – *Wald-W.*
Ö: Einzeln bis gesellig in Waldlichtungen und Schlagfluren, an Waldwegen und Waldrändern, an Holzlagerplätzen, auf Stein- und Trümmerschutt, an Mauerfüssen, an ± schattigen Lagerplätzen, selten verschleppt in Rabatten. – Auf frischen bis mässig feuchten, eher nährstoffreichen, meist kalkarmen, ± lockeren, humosen Steinschutt- und steinigen oder reinen Lehmböden.
S: Epilobion angustifolii, Sambuco-Salicion, seltener Alliarion.
V: Ziemlich verbreitet, aber nur in den kühl-humiden Waldgebieten (Weitenauer Vorberge, Olsberger Wald, Hochlagen des Gempen usw.) einigermassen häufig. Nicht selten auch an schattigen Ruderalstellen in der Stadt Basel. Sonst selten und oft unbeständig.
G: Im Gebiet wohl nie besonders häufig. Nicht gefährdet.

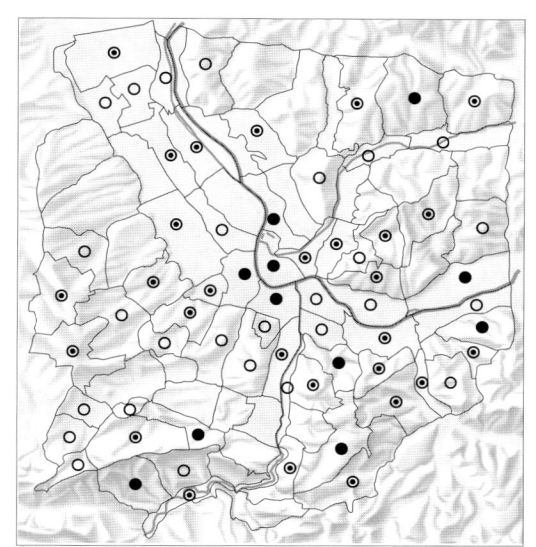

Epilobium angustifolium

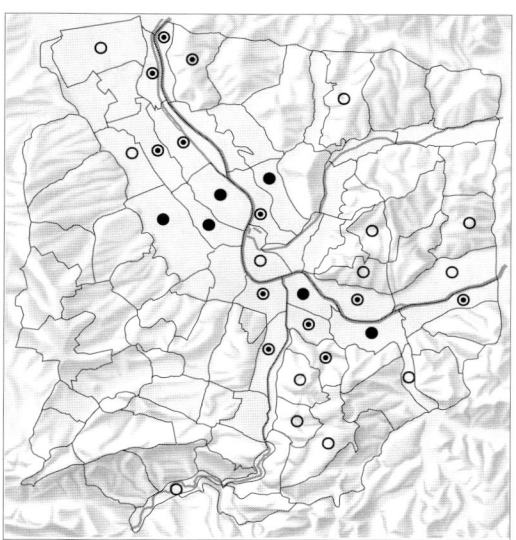

Epilobium dodonaei

2. E. dodonaei Vill. – *Rosmarinblättriges W., Dodonaeus' W.*

Ö: Einzeln bis gesellig auf offenem Kies- und Steinschutt in sonnigen, ± gefestigten Flussalluvionen, in Kiesgruben, in Bahn- und Hafenanlagen, in lückigen Staudenfluren und Trockenrasen an Rainen und Dämmen, in aufgelassenen Steinbrüchen. – Auf oberflächlich trockenen, basen- und meist kalkreichen, mittel- bis tiefgründigen, ± rohen, sandigen Schotter- und Steinschuttböden sowie in Spalten leicht verwitternder Kalkfelsen.
S: Epilobion fleischeri (Epilobio-Scrophularietum caninae), Alysso-Sedion, Dauco-Melilotion, Onopordion, seltener Potentillion caulescentis.
V: In den Auen und auf den Niederterrassen der Hoch- und Oberrheinebene verbreitet, aber nicht durchwegs häufig; gehäuft zwischen Hüningen und Blotzheim, um Weil-Haltingen und auf der schweizerischen Seite des Hochrheins zwischen Muttenz und Augst. In den übrigen Flusstälern selten und z.T. wohl vorübergehend: Münchenstein (Brüglingen), Reinacher Heide, Zwingen (In den Widen), Frenkendorf (Kiesgrube 'Wölfer'). Sonst nur an wenigen, streng lokalisierten Stellen in Steinbrüchen: Malmscholle von Istein: Isteiner Klotz, bei Kleinkems; Weitenauer Vorberge: Haagen (Lingert); Dinkelberg: bei Inzlingen (Ersteltal), Wyhlen (Buttenhalde), Nollingen; Jura: Muttenz (Sulzkopf), bei Münchenstein, Dornach (Riederen/Aktiengrube).
G: Stark zurückgegangen und auch an den ehemals reichen Vorkommen am Schweizer Hochrhein oft nur noch in kleinen Beständen. Gefährdet.

Untergattung
Epilobium – *Weidenröschen*

3. E. hirsutum L. – *Zottiges W.*

Ö: Einzeln bis gesellig, gelegentlich herdenweise in Uferstaudenfluren, an Gräben und Tümpeln, in Verlichtungen von Auenwäldern, an Waldwegen, auf Waldschlägen, in ± gestörten Gebüsch- und Heckensäumen, auf brachliegendem, feuchtem Wies- und Ackerland, auf Schutt- und Lagerplätzen, in Rabatten. – Auf feuchten bis nassen, z.T. staunassen, nährstoff- und basenreichen, tiefgründigen, humosen, auch ± dichten Lehm- und Tonböden.
S: Convolvulion, Senecion fluviatilis, Filipendulion, Agropyro-Rumicion, seltener Aegopodion.
V: Verbreitet und meist häufig.
G: Nicht gefährdet.

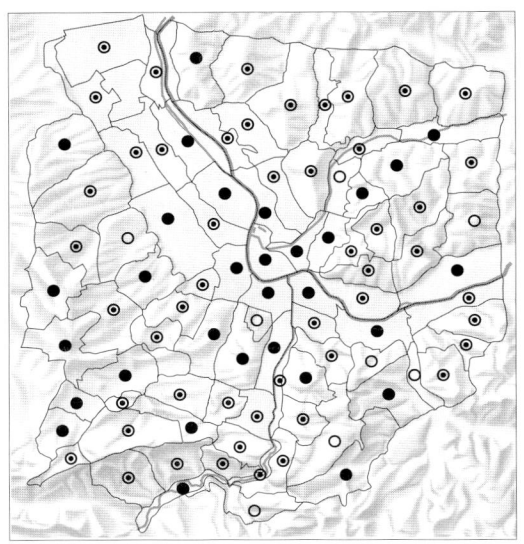

Epilobium hirsutum

4. E. parviflorum Schreb. –
Kleinblütiges W.
Ö: Einzeln bis gesellig an Gräben, in Uferstaudenfluren und Spülsäumen, auf feuchten Acker- und Wiesenbrachen, in ± gestörten Heckensäumen, in Waldschlägen und an Waldwegen, an schattigen Ruderalstellen, in Gärten. – Auf nassen bis feuchten, basen- und nährstoffreichen, tiefgründigen, humosen, seltener ± rohen Lehm- und Tonböden.
S: Convolvulion, Agropyro-Rumicion, Sparganio-Glycerion, Filipendulion, Alliarion, Arction.
V: Verbreitet und häufig.
G: Nicht gefährdet.

5. E. montanum L. – *Berg-W.*
Ö: Einzeln bis locker gesellig in gehölzreichen Gärten und Parkanlagen, in ± schattigen Wald- und Heckensäumen, an Störstellen in Wäldern, in Schlagfluren und an Waldwegen, auch in Brachwiesen und -äckern, an absonnigen Felsen, Mauern und Mauerfüssen, auf Fels- und Erdschutt, auf ± beschatteten Lagerplätzen. – Auf frischen bis (mässig) feuchten, nährstoffreichen, mittel- bis tiefgründigen, gerne humosen, z.T. steinigen Lehmböden.
S: Alliarion (v.a. Epilobio-Geranietum), Aegopodion, Atropion, Sambuco-Salicion, gestörte Fagetalia.
V: Verbreitet und mit Ausnahme der waldarmen Teile der Oberrheinebene meist häufig. Bis ins urbane Siedlungsgebiet.
G: Nicht gefährdet.

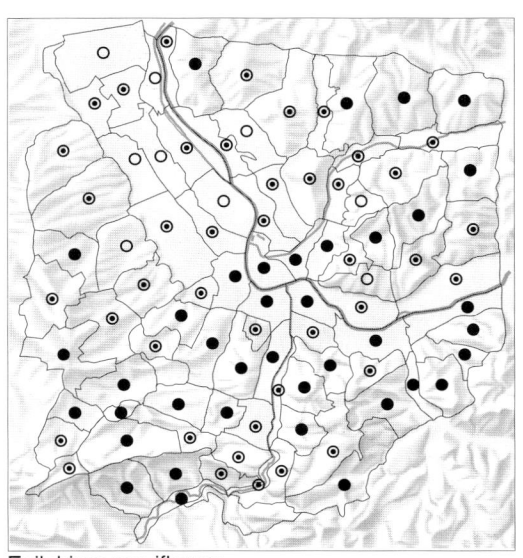

Epilobium parviflorum

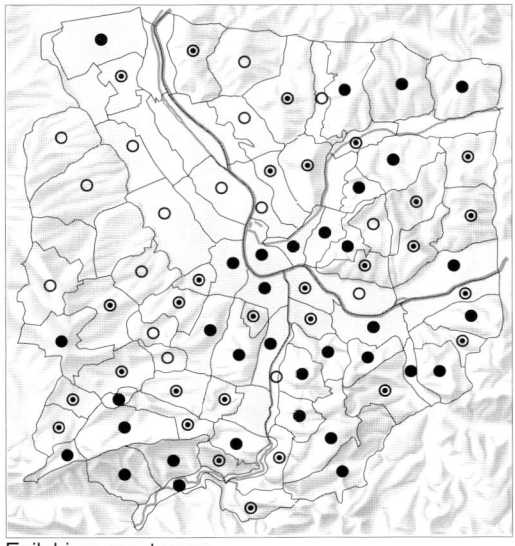

Epilobium montanum

5a. – var. thellungianum Léveillé – *Grossblütiges Berg-W.*

Selten; nur ein Nachweis im Wiesental: Sumpfwiese 1 km südlich Brombach östlich 'Borsthalde'. Nach SEBALD et al. (1992) und OBERDORFER (1994) in subalpinen Hochstaudenfluren des südlichen Schwarzwaldes (Feldberg, Belchen).

6. E. palustre L. – *Sumpf-W.*

Ö: In kleinen Beständen in Quell- und Verlandungssümpfen, an Bächen und Wiesengräben, an quelligen Waldwegen. – Auf (sicker-)nassen, ± nährstoffreichen, meist kalkarmen und deutlich sauren, kiesig-lehmigen Sumpfhumusböden.
S: Cardamino-Montion, Calthion, Phragmition.
V: Selten: z.B. Olsberger Wald (Nordfuss); Sundgau: Neuwiller N, Häsingen W (Liesbach); Oberrheinebene: Neudorf-Rosenau (Kirchenerkopf), Pisciculture, Rheinufer östlich Rosenau; Jura: Dittingen NW; Weitenauer Vorberge: Steinen (Bann).
G: Wohl zurückgegangen; im Gebiet schon immer selten. Gefährdet.

7. E. roseum Schreb. – *Rosenrotes W.*

Ö: Einzeln bis gesellig in nitrifizierten Heckensäumen, in Sträucherrabatten und Pflanztrögen, an ± schattigen Schuttplätzen, an Mauerfüssen und in Mauerfugen, in den Fugen von Strassenrandsteinen, in Schlagfluren, an nassen Waldwegen, seltener in etwas gestörten Uferstaudenfluren und Röhrichten. – Auf feuchten bis frischen, z.T. auch nassen, nährstoff- und basenreichen, gerne oberflächlich entkalkten und etwas humosen, meist tiefgründigen Lehm- und Tonböden.
S: Alliarion, Aegopodion, Agropyro-Rumicion, seltener Sambuco-Salicion und Filipendulion.
V: Zerstreut; häufig in der Stadt Basel, auch Riehen, Arlesheim, Dornach usw. Gerne im Siedlungsgebiet.
G: Nicht gefährdet.

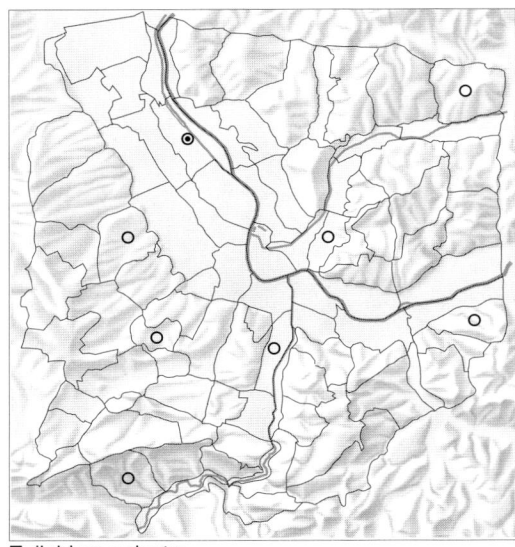

8. E. obscurum Schreb. – *Dunkelgrünes W.*

Ö: Einzeln bis locker gesellig in Waldschlägen, an Waldwegen und Holzlagerplätzen, in Ackerbrachen und Uferstaudenfluren. – Auf feuchten, z.T. auch nassen, ± nährstoffreichen, kalkarmen, tiefgründigen, humosen, sandigen Lehm- und Tonböden.
S: Epilobion angustifolii, Aegopodion, Alliarion, Aperion, Filipendulion.
V: In den Weitenauer Vorbergen verbreitet und recht häufig, an der Wiese stellenweise bis in tiefere Lagen (Lange Erlen). Sonst sehr zerstreut, z.B. Bruderholz: Oberwil (Neusatz),

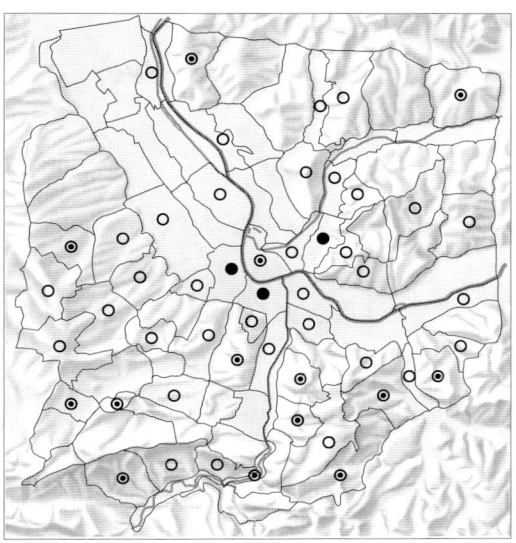

Epilobium roseum

Epilobium palustre

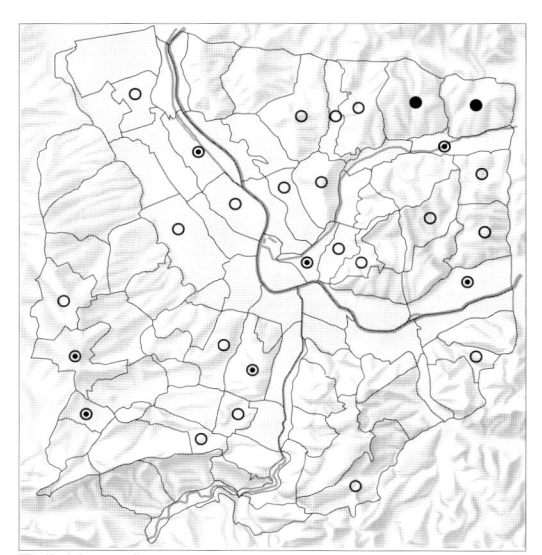

Epilobium obscurum

Reinach (Predigerhof), Therwil (Allme); höherer Sundgau: Rodersdorf (Vorder- und Hinterwald), Bettlach (Palmen), Michelbach-le-Haut (Hintere Matte) usw.; Hochrheinebene: Kiesgruben Herten und Rheinfelden, Holzlagerplatz Herten. In den Kalkgebieten und in den niederen Lösshügelländern sehr selten oder fehlend. Wohl auch übersehen.
G: Schonungsbedürftig (?).

9. E. ciliatum Raf. (E. adenocaulon Hausskn.) – *Bewimpertes W.*

B: Neo, nachgewiesen seit ca. 1980. – N-Amerika; Nasswiesen, Sümpfe.
Ö: Oft gesellig an schattigen Ruderalstellen, an Waldwegen, in Waldschlägen, unter Hecken, in Friedhöfen, in Pflanztrögen, in Äckern und Brachfeldern, in schattigem Gleisschotter von Tram und Bahn, auf Trümmerschutt. – Auf frischen, nährstoff- und basenreichen Lehm- und lehmigen Schotterböden.
S: Glechometalia (v.a. Alliarion), Epilobietea.
V: Zerstreut, z.B. Basel (Wolf-Bahnhof, Wolf-Gottesacker), Oberwil (Allme), Ettingen (Tramlinie), Reinach (Predigerhof, Acker ob Schwimmbad, Neuhof), Olsberger Wald, Brombach, Lörrach (Stetten S), Huttingen. Auf weitere Vorkommen ist zu achten.
G: In Ausbreitung. Nicht gefährdet.

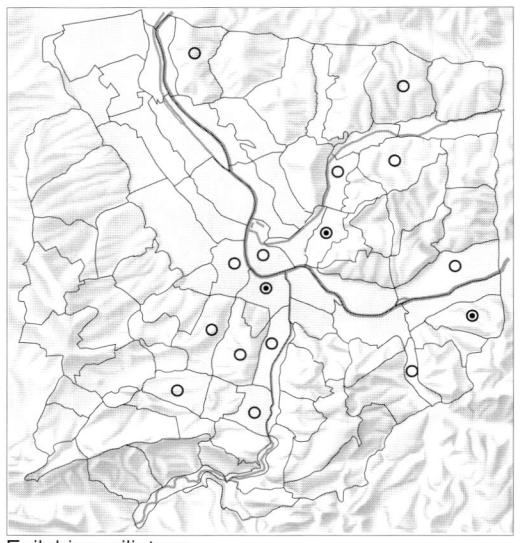

Epilobium ciliatum

10. E. tetragonum L. s. l.

10a. – ssp. **tetragonum** (E. adnatum Griseb.) – *Vierkantiges W.*
B: Arch.
Ö: Einzeln oder locker gesellig auf Acker-, Reb- und Gartenland, an Wassergräben, in Rabatten, auf Erdschutt, an Wegrändern, in

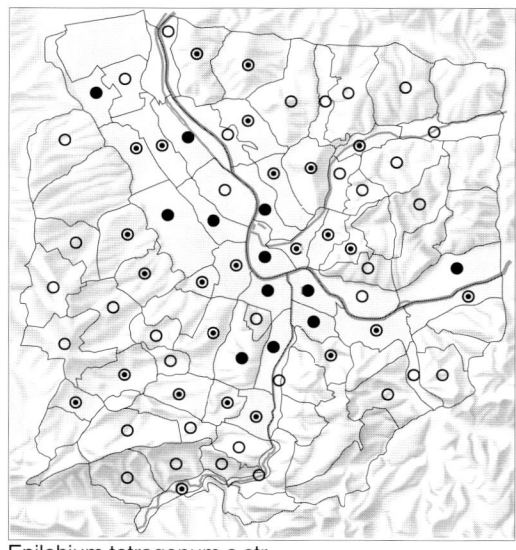

Epilobium tetragonum s.str.

Waldschlägen und an Waldwegen. – Auf frischen bis ziemlich feuchten, nährstoffreichen, oft kalkarmen, tiefgründigen, z.T. verdichteten Lehm- und Tonböden.
S: Polygono-Chenopodion, Aperion, Alliarion, seltener Digitario-Setarienion und Sisymbrion.
V: Ziemlich verbreitet und v.a. in den Siedlungsgebieten und ihrer Umgebung recht häufig; grössere Verbreitungslücken im Gempengebiet.
G: In den letzten Jahrzehnten häufiger geworden. Nicht gefährdet.

10b. – ssp. **lamyi** (F. W. Schultz) Nyman (E. lamyi F. W. Schultz) – *Lamys W.*
B: Arch.
Ö: In sonnigen, lichten Ruderalfluren, auf Brachäckern, an Wegrändern, auf sandigen Plätzen, in Kiesgruben. Wärmeliebend. – Auf (mässig) trockenen bis frischen, nährstoff- und basenreichen, z.T. kalkarmen, humosen, lokkeren, sandigen bis lehmigen Kiesböden.
S: Polygono-Chenopodion, Aperion, Digitario-Setarienion, Sisymbrion.
V: Ziemlich selten; v.a. in den Flusstälern von Rhein und Wiese, z.B. Rheinweiler SW (Kiesgrube), Lörrach (Sandwerk südlich 'Grütt'), Herten S (Kiesgrube), gehäuft um Kaiseraugst (z.B. Kiesgrube nordwestlich 'Challeren').

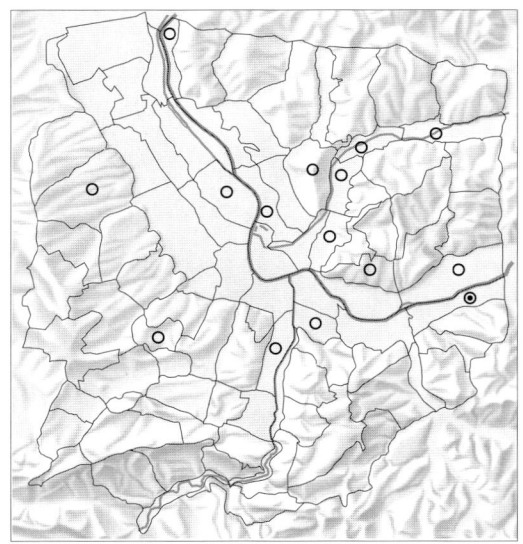

Epilobium tetragonum ssp. lamyi

Sonst nur wenige Nachweise: bei Brinckheim, Reinach (südlich Kläranlage), Wyhlen (Rötelstein-Südfuss).
G: Schonungsbedürftig (?).

Bastarde

Vorbem.: Die Angaben über die Verbreitungsgebiete sind als Einschätzung, die Fundorte als Beispiele aufzufassen. Kenntnisse vielfach unzureichend.

11. E. × erroneum Hausskn. (E. hirsutum × montanum)

In den Lösslehmgebieten zerstreut, z.B. Ettingen (Rüttenen).

12. E. × subhirsutum Gennariss (E. hirsutum × parviflorum)

Ziemlich verbreitet, z.B. Basel (Zoologischer Garten), Riehen (Friedhof Hörnli, Autal), Lupsingen (Stegmatt).

13. E. × limosum Schur (E. montanum × parviflorum)

Verbreitet, z.B. Ettingen, Hagenthal, Kirchen, Brombach.

14. E. × mutabile Boissier & Reuter (E. montanum × roseum)

Eher selten, z.B. Riehen (Friedhof Hörnli), Arlesheim (Hollenberg).

15. E. × beckhausii Hausskn. (E. montanum × tetragonum)

Selten, z.B. Binningen (Acht Jucharten, 1993/94).

16. E. × weissenburgiense F. W. Schultz (E. parviflorum × tetragonum)

Bei Ettingen.

---

298. Oenothera L. *Nachtkerze*

1.-12. Artengruppe
Oe. biennis – parviflora

Vorbem.: Die speziellen genetischen Verhältnisse sind seit über 100 Jahren Gegenstand gründlicher Forschungen (vgl. HESS, LANDOLT & HIRZEL 1977). Trotzdem werden auch heute noch neue Kleinarten entdeckt. Die brauchbarste Einführung in die hiesige Nachtkerzenflora geben Philippi und Kappus in SEBALD et al. (1992). Für das Elsass vgl. Linder in ISSLER et al. (1965). Das Zusammenfassen von 10.-12. zu einer Sammelart 'Oe. parviflora' (z.B. AESCHIMANN & HEITZ 1996) führt zu Missverständnissen. Eine Bearbeitung der Oenothera-Arten für die Schweiz steht noch aus.

B: Neo, seit dem 17. Jahrhundert im Gebiet. –
N-Amerika; Ödland, Flussuferbänke, Kulturland, Bahnkörper.
Ö: Gesellig in offenen, sonnigen Kiesfluren an Flussufern, in Kiesgruben und Steinbrüchen, an Dämmen, in Hafen- und Bahnanlagen, an Strassenrändern, in steinigen Brachäckern, an Waldwegen. Oft in Naturgärten gepflanzt. Wärmeliebend. – Auf frischen bis mässig trockenen, meist sommertrockenen, aber grundfrischen, basen- und ± nährstoffreichen, oft rohen, lockeren, z.T. lehmigen Sand-, Kies- und Schotterböden.
S: Dauco-Melilotion, Onopordion, seltener Arction; Sisymbrion, Epilobion fleischeri (Epilobio-Scrophularietum), Convolvulo-Agropyrion.
V: In den Flusstälern von Rhein, Birs, Wiese und Ergolz sowie im unteren Leimental verbreitet und v.a. in Stadtnähe und längs der Verkehrswege häufig. Sonst sehr zerstreut und oft vorübergehend.
G: In Ausbreitung. Nicht gefährdet.

1. Oe. biennis L. s. str. – *Gemeine N.*

B: Neo. – Stammarten aus dem östlichen N-Amerika, Kleinart in Europa entstanden.
Ö: Auf offenen, kiesigen Pionierflächen, an Uferböschungen, auf Kies- und Trümmerschutt, in Bahn- und Hafenanlagen. – Auf

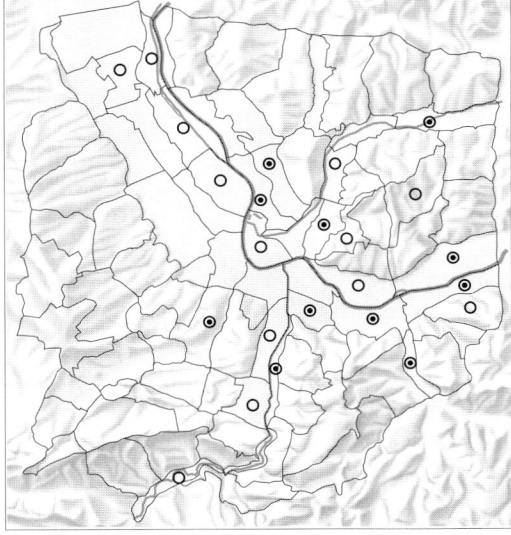

Oenothera biennis s. str.

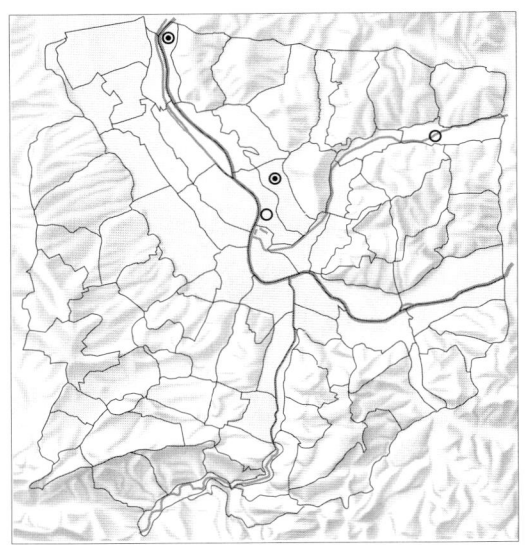

Oenothera suaveolens

(mässig) trockenen, ± nährstoffreichen, meist rohen, lehmigen Sand-, Kies- und Steinschuttböden.
S: Dauco-Melilotion, Sisymbrion.
V: In den Flusstälern verbreitet, doch nur stellenweise häufig, z.B. um Weil.

2. Oe. suaveolens Pers. – *Wohlriechende N.*

B: Neo. – In Europa entstanden.
Ö: An kiesig-trockenen Ruderalstellen, in Kiesgruben, in steinigen Brachfeldern. – Auf (mässig) trockenen, lockeren, schluffig-sandigen bis lehmigen Kiesböden.
S: Onopordion, Dauco-Melilotion, Arction.
V: Ziemlich selten; v.a. in der badischen Oberrheinebene, z.B. Weiler Kiesgrube und nächste Umgebung (mehrfach), Kiesgrube Haltingen, Rheinweiler SW (Bad. Rheinweg); Wiesental: zwischen Steinen und Brombach.

3. Oe. oehlkersii Kappus – *Oehlkers' N.*

B: Neo. – In Europa entstanden, vorwiegend Südeuropa.
Ö: In kiesig-trockenen, ruderalen Kraut- und Staudenfluren, z.B. in Bahnanlagen, an Flussufern, an steinigen Böschungen. – Auf ± trockenen, z.T. grundwassernahen, ± gefestigten Sand-, Stein- und Kiesböden.
S: Dauco-Melilotion, Onopordion, seltener Arction.

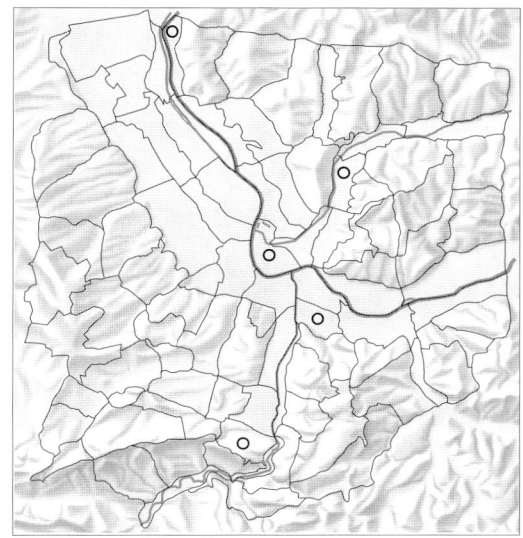

Oenothera oehlkersii

Oenothera pycnocarpa

V: Ziemlich selten, z.B. Bad. Rheinweg südwestlich Rheinweiler (1995), um Weil-Istein (SEBALD et al. 1992), Basel (DB-Verschiebebahnhof Nähe Wiese, Hafen Kleinhüningen), Lörrach (rechtes Wieseufer), Muttenz (Kiesdamm nördlich Rütihardhof), Grellingen-Duggingen (Büttenen).

4. Oe. pycnocarpa Atkinson & Bartlett (Oe. chicagoensis Renner ex Cleeland & Blakeslee) – *Chicago-N., Dickfrüchtige N.*
B: Neo. – Östliche USA; Ödland, Felder, Lichtungen.
Ö: An sonnigen Böschungen, in Kiesgruben, in Gleisanlagen, in ± trockenen, grasigen, ruderalen Kraut- und Staudenfluren. – Auf (mässig) trockenen, nährstoffreichen, humosen oder rohen, z.T. lehmigen Kiesböden.
S: Dauco-Melilotion, Convolvulo-Agropyrion, Onopordion.
V: In den Flusstälern zerstreut, v.a. in den Tieflagen um Basel, z.B. Basel (Elsässer Rheinweg, Rheinhafen Kleinhüningen), Hegenheim, Weil-Friedlingen, Lörrach O, Wyhlen, Münchenstein (St. Jakob), Arlesheim (Widenhof), Dornachbrugg, nach Kappus in SEBALD et al. (1992) auch "Istein" (1992). Vorkommen ungenügend erfasst.

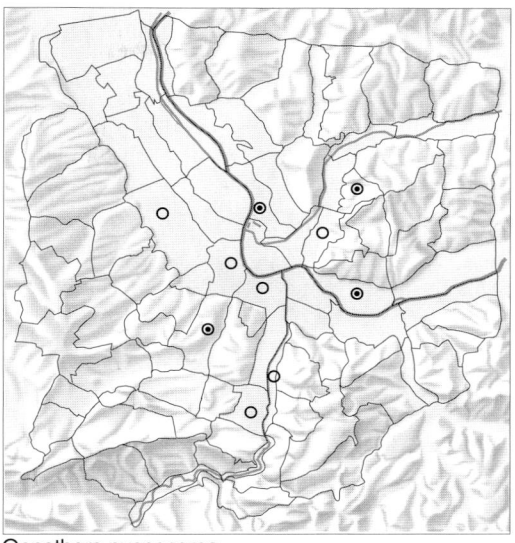

5. Oe. erythrosepala Borbás (Oe. glazioviana Micheli) – *Lamarcks N.*
B: Neo. – Vermutlich in Europa entstandene Garten-Hybride.
Ö: Ursprünglich Zierpflanze. Verwildert und völlig eingebürgert in hochwüchsigen Kraut- und Staudenfluren auf Brachäckern und aufgelassenem Gartenland, an Bahn- und Stras-

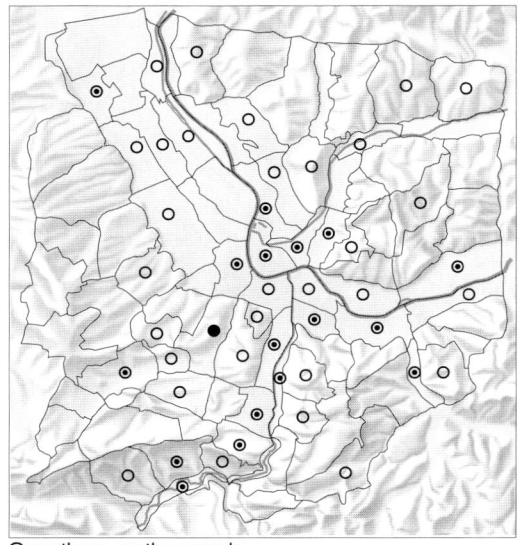

Oenothera erythrosepala

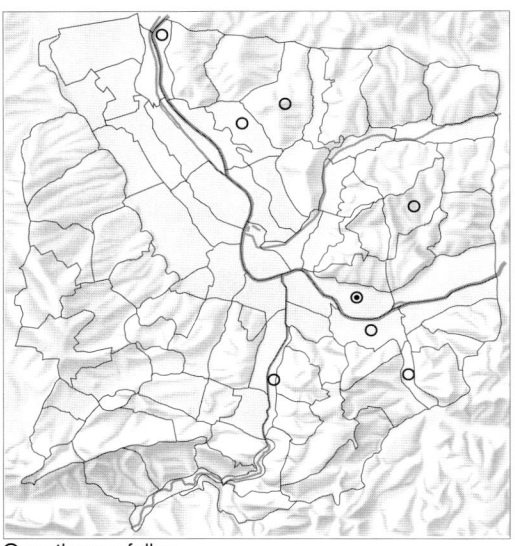

Oenothera x fallax

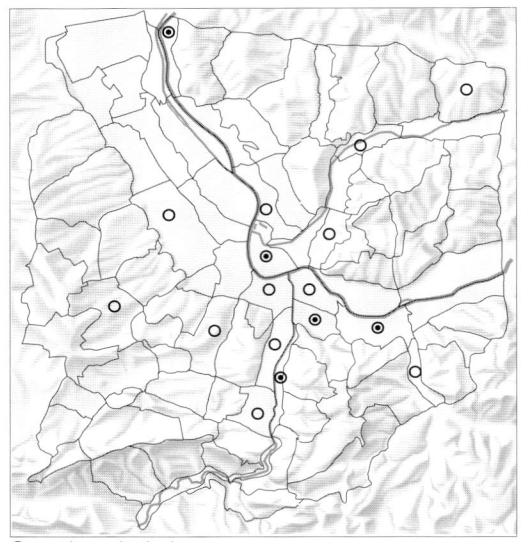

Oenothera issleri

sendämmen, auf Erdschutt, an Flussufern, Feldrainen und lichten Waldwegen. – Auf frischen bis mässig trockenen, nährstoffreichen, humosen oder rohen, z.T. kiesigen, lehmigen Böden.
S: Arction, Convolvulion, Dauco-Melilotion.
V: In den Flusstälern verbreitet und stellenweise ziemlich häufig, z.B. Weil-Haltingen, Oberwil-Therwil, Münchenstein-Arlesheim. Häufigste Nachtkerzen-Kleinart.

6. Oe. × fallax Renner (Oe. biennis × erythrosepala) – *Rotkelchige Bastard-N.*
B: Neo.
Ö: Auf lockeren Anschwemmungen an Ufern und auf Kiesinseln, in Brachäckern, in Deponien, an Strassenrändern. – Auf frischen bis mässig trockenen, nährstoffreichen, humosen, sandig-kiesigen und lehmigen Böden.
S: Arction, Dauco-Melilotion, Epilobion fleischeri (Epilobio-Scrophularietum caninae).
V: Nicht selten, z.B. Efringen O, Binzen NO, Grenzach O, Pratteln (Schweizerhalle), Füllinsdorf. Nach SEBALD et al. (1992) z.T. häufiger als *Oe. erythrosepala*.

7. Oe. strigosa (Rydberg) Mackenzie & Bush (Oe. villosa Thunb.) – *Borstige N.*
B: Eph. – W- und C-N-Amerika; Flussalluvionen.
Ö/V: Adventiv im Rheinhafen Basel-Kleinhüningen (1983, BAUMGARTNER 1985).

8. Oe. oakesiana Robbins (Oe. syrticola Bartl.) – *Sandbank-N.*
B: Neo. – Östliche USA (Boston-New York); sandige Felder.
Ö/V: In einer trockenen, offenen, sandig-kiesigen, hochwüchsigen Ruderalflur auf dem Junkerfeld südwestlich Haltingen (1984, ob noch?). Adventiv im Rheinhafen Basel-Kleinhüningen (1997).

9. Oe. 'Kehl' (KAPPUS 1957) – *Kehler N.*
B: Neo.
Ö: An Strassenrändern, in trockenen Brachfeldern, in Sand- und Kieswerken. – Auf ± trockenen, ± nährstoffreichen, etwas lehmigen Sand- und Kiesböden.
S: Dauco-Melilotion.
V: Wenige Nachweise aus dem Wiesental: Lörrach, Ostseite der Autobahn (bei 'Riederfeld', im Sandwerk westlich 'Hellberg' und an Zaun 200 m weiter östlich); Höllstein (Strassendamm beim Unterwerk).

10. Oe. issleri Renner – *Isslers N.*
B: Neo. – Im Elsass entstanden.
Ö: Auf offenen Kiesböden in trockenen Staudenfluren, an Uferböschungen, in Kiesgruben, in Trümmerschutt, in Bahn- und Hafenanlagen. – Auf (mässig) trockenen, ± nährstoffreichen, etwas lehmigen Sand-, Kies- und Steinschuttböden.

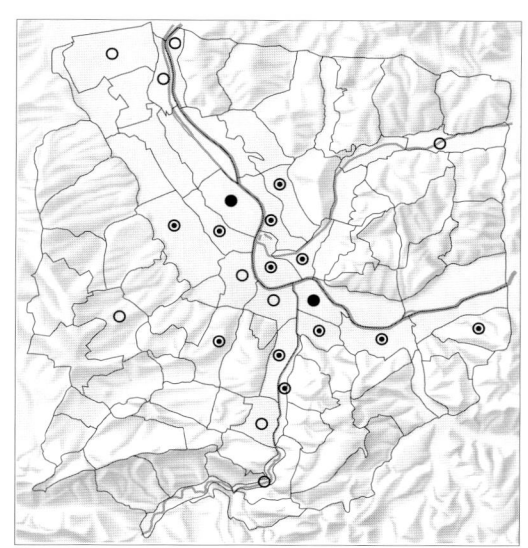

Oenothera parviflora

S: Dauco-Melilotion.
V: In den Flusstälern zerstreut, z.B. Basel (Rheinböschung Schaffhauser Rheinweg, Wolf-Bahnhof), Badischer Rheinweg zwischen Kleinkems und Rheinweiler, Blotzheim, Muttenz-Pratteln (Bahnanlagen und Umgebung), Brombach, Arlesheim, Füllinsdorf (Wölfer).

11. Oe. 'Goldscheuer' (KAPPUS 1957)

B: Neo.
Ö/V: Ein unsicherer Nachweis: Dinkelberg-Autobahntransversale bei Hagenbach nordwestlich Degerfelden, eine Kolonie. Nach KAPPUS (1957) in SEBALD et al. (1992) entlang des Rheines zwischen Basel und Kehl.

12. Oe. parviflora L. – *Kleinblütige N.*

B: Neo. – Östliche USA (Virginia); sandige Felder.
Ö: In offenen Kiesfluren, an Uferdämmen, in Kiesgruben, an steinigen Wegrändern, in Bahn- und Hafenanlagen, hier z.B. auf Sandverwehungen und in Kohlenlagern. – Auf trockenen, sommerwarmen, ± nährstoffreichen, lockeren, ± rohen Sand-, Kies- und Steinböden.
S: Dauco-Melilotion, Sisymbrion, Epilobion fleischeri (Epilobio-Scrophularietum caninae).
V: In der Hoch- und Oberrheinebene verbreitet, aber nur in Stadtnähe häufig, z.B. St. Louis-Weil, Birsfelden-Muttenz-Pratteln (v.a. Muttenzer Rangierbahnhof). Sonst ± selten: mehrfach am Birsufer zwischen Dornach und Münchenstein; Steinen, Oberwil, bei Olsberg usw.

13. Oe. laciniata Hill (Raimannia laciniata (Hill.) Rose) – *Fiederschnittige N.*

B: Eph. – C- und O-USA, Mexiko; trockene Sandebenen, Ödland, Felder.
Ö/V: Adventiv auf sandigem Boden im Hafen Weil-Friedlingen (1990).

299. Gaura L.
Prachtkerze, Mandelraute

1. G. lindheimeri Engelmann & Gray – *Grosse M.*

B: Erg. – Texas, N-Mexiko; Prärien.
Ö/V: In Ansaat in einem 'Trockenbiotop' in Riehen (Langelängeweg, 1996).

300. Circaea L. *Hexenkraut*

1. C. lutetiana L. – *Gemeines H.*

Ö: Meist gesellig in feuchten Wäldern und Gebüschen und ihren Säumen, an Waldwegen, in älteren, baumbestandenen Gärten und Anlagen, an schattigen Mauerfüssen, auf Holzlagerplätzen, in Baumschulen und Bee-

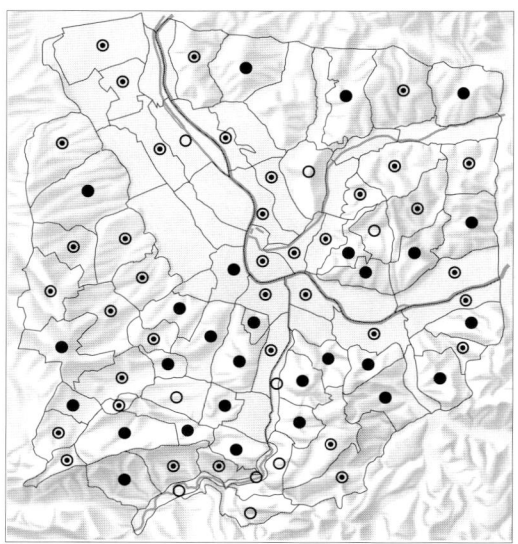

Circaea lutetiana

renkulturen. – Auf frischen bis feuchten, auch zeitweilig nassen, nährstoffreichen, tiefgründigen, humosen Lehm- und Tonböden.
S: Alno-Ulmion, feuchtes Fagion und Carpinion, Aegopodion, seltener Alliarion.
V: Ziemlich verbreitet und bis ins urbane Siedlungsgebiet meist häufig. In den waldarmen Teilen der Oberrheinebene und in den Auen des Oberrheins selten oder fehlend.
G: Nicht gefährdet.

2. C. × intermedia Ehrh. (C. alpina × lutetiana) – *Mittleres H.*
Längst verschollen. Bottminger Wäldchen (HAGENBACH 1821). Heute nur noch ausserhalb des Rayons, z.B. bei Bretzwil (H. Lenzin).

3. C. alpina L. – *Alpen-H.*
Verschollen. Blauen (BINZ 1911).

CORNACEAE
HORNSTRAUCHGEWÄCHSE

301. Cornus L.   *Hornstrauch*

1. C. sanguinea L. s. l. – *Hartriegel, Roter H.*

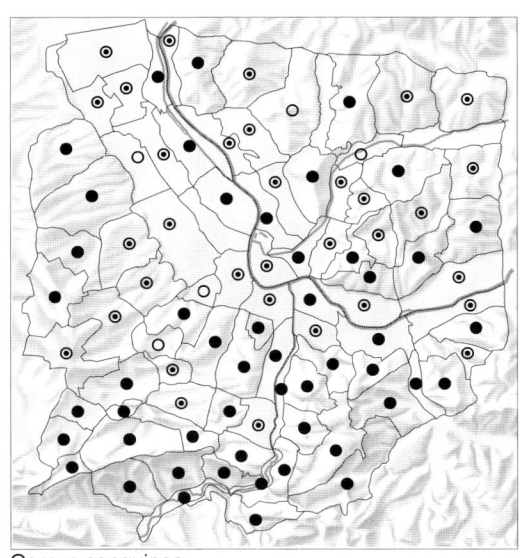

1a. – ssp. sanguinea
Ö: In den Mantelgebüschen von Wäldern, von Felsköpfen bis ins Ufergebüsch von Bächen, in Hecken und Feldgehölzen, mit geringerer Deckung auch im Innern ± lichter Wälder, als Wurzelbrutpionier in Brachwiesen und Extensivweiden, an Bahndämmen, an Feldrainen. Neuerdings oft in Hecken gepflanzt (vgl. auch ssp. *australis*). – Auf trockenen bis feuchten, optimal mässig trockenen bis frischen, basenreichen, doch nicht immer kalkhaltigen, meist lehmigen, auch steinigen oder tonigen Böden.
S: Berberidion (v.a. Pruno-Ligustretum), Fagetalia (v.a. Cephalanthero-Fagenion, Carpinion, Alno-Ulmion), Quercion pubescenti-petraeae.
V: Verbreitet und bis ins Siedlungsgebiet häufig.
G: Nicht gefährdet.

1b. – ssp. australis (C. A. Mey.) Jav. in Soó & Jav. – *Südlicher H.*
B: Erg. – SO-Europa bis C-Asien; Gebüsche auf Kalk.
Ö/V: Oft gepflanzt in 'Wildhecken'. Im Gebiet keine Wildvorkommen bekannt.

2. C. alba aggr. – *Weisser H.*
Vorbem.: Die sibirische *C. alba* L. und die boreal-nordamerikanische *C. sericea* (= *C. stolonifera* Michx.) sind schwer auseinanderzuhalten und werden hier deshalb als Aggregat behandelt.

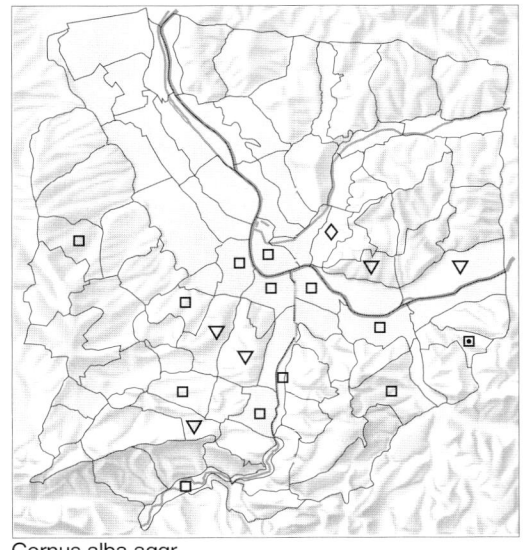

Cornus sanguinea

Cornus alba aggr.

B: Eph. – Sibirien und Nordamerika; Auengebüsche.
Ö/V: Häufiger Zierstrauch in Gärten und Anlagen, auch in 'Wildhecken' entlang von Strassen, Autobahnen u.dgl. und in anthropogenen Naturschutzgebieten gepflanzt. Da und dort subspontan oder mit Erdmaterial verschleppt und sich haltend an Schuttstellen, auf vernachlässigtem Gartenland, in siedlungsnahen Wäldern und Gebüschen, z.B. baselstädtisches Bruderholz (Jakobsbergerholz), Riehen (Reservat Autal) usw. Ohne deutliche Tendenz zur spontanen Weiterausbreitung und Einbürgerung.

3. C. mas L. – *Kornelkirsche, Tierlibaum*

B: Eph (Neo). – Ost- und Südeuropa, südliche Alpen; Trockengebüsche.
Ö: Vielfach als Solitär- und Heckenstrauch in Gärten und Parkanlagen gepflanzt, in den letzten Jahren vermehrt auch in 'Wildhecken', in anthropogenen Naturschutzgebieten, an Waldrändern usw. Subspontan in Trockengebüschen und lichten, siedlungsnahen Wäldern. – Auf mässig trockenen bis frischen, nährstoff- und basenreichen, z.T. steinigen, lehmigen Böden.
S: Berberidion.
V: Da und dort; v.a. im Siedlungsgebiet und seiner näheren Umgebung, von alten Pflanzungen nicht immer eindeutig unterscheidbar, z.B. Reservat Rheinhalde (Basel), Muttenz (Wartenberg), Schleifenberg ob Liestal, hier z.T. in spontan anmutenden Beständen.
G: Ohne erkennbare Tendenz zur weiteren Ausbreitung.

Anm.: BECHERER (u.a. 1972a, 1976) nennt mehrere natürlich wirkende Fundorte aus dem Waldenburger-, Homburger- und oberen Ergolztal (ausserhalb des Rayons). Alter und Herkunft dieser Vorkommen sind unsicher, kann doch die Kornelkirsche im Gebiet kaum als bodenständig gelten. Inwieweit zwischen den genannten Fundorten und dem Vorkommen am Schleifenberg ein Zusammenhang besteht, bedarf weiterer Abklärungen.

302. Aucuba Thunb.
Schusterpalme, Aukube

1. A. japonica Thunb. – *Japanische A.*

B: Eph. – Japan, Korea; montan-gemässigte, immergrüne Breitlaub-Gebüsche.
Ö/V: In Vorgärten und Friedhöfen gepflanzt. Selten verwildert: Riehen (Friedhof Hörnli, 1996).

SANTALACEAE
SANDELHOLZGEWÄCHSE

303. Thesium L. *Leinblatt, Bergflachs*

1. T. pyrenaicum Pourr. – *Pyrenäen-B.*

Ö: Oft einzeln oder in wenigen Exemplaren in mageren Wiesen und Weiden, am Rand lockerer Gebüsche. – Auf wechseltrockenen bis frischen, nährstoffarmen, kalkarmen oder zumindest oberwärts entkalkten, humosen, lehmigen Böden.
S: Mesobromion (v.a. Colchico-Mesobrometum).
V: Selten; fast ausschliesslich im Jura: Nuglar (Schomel-Simmen), Büren (Hasel), Seewen (Lör), Himmelried (Latschgenweid), Hofstetten (Bümertsrüti, Vorhollen), Dittinger Weide, Leymen (Landskronberg); Birsebene: Reinacher Heide.
G: Stark zurückgegangen und gebietsweise, z.B. in der Oberrheinebene und am Tüllinger Berg (BINZ 1911) verschwunden. Ohne Tendenz zur Besiedlung neuer Orte. Stark gefährdet.

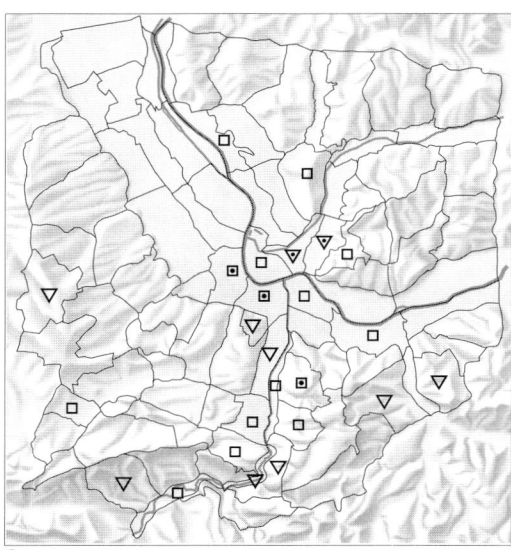

Cornus mas

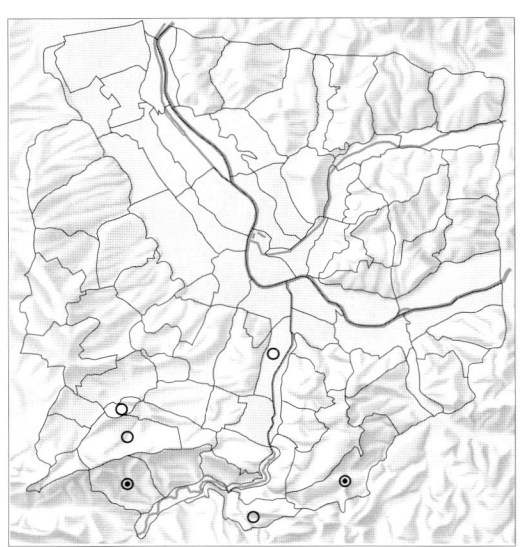

Thesium pyrenaicum

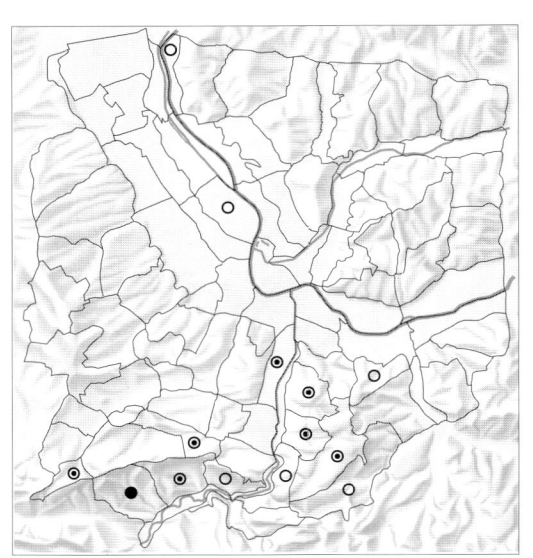

Thesium alpinum

2. T. alpinum L. – *Gemeiner B.*
Ö: Auf begrasten Felstreppen und -köpfen, in lichten Föhrenbeständen, in sonnigen, kurzwüchsigen Magerwiesen und -weiden. – Auf trockenen, nährstoffarmen, flachgründigen, humosen, steinigen, seltener kiesigen Böden.
S: Xerobromion (Coronillo-Caricetum humilis), Erico-Pinion, selten Mesobromion (Teucrio-Mesobrometum).
V: In der Blauenkette und an den felsigen Rändern des Gempenplateaus zerstreut, z.B. Rämel, Burg (Galgenfels), Röschenz (Redelsfluh), Dittinger Weide, Blauen (Hanslifels, Räben), Nenzlingen (Chuenisberg), Ettingen (Fürstenstein), Arlesheim (Gstüd), Dornach (Tüfleten), Gempen (Schartenfluh), Büren (Eimerech, Lochfluh), Frenkendorf (Schauenburgerfluh). Sonst nur an wenigen Stellen in der Birs- und Oberrheinebene: Reinacher Heide, Neudorf-Rosenau (Kirchenerkopf), Istein NW (Zuckergrien, westlich Autobahn).
G: Stark zurückgegangen. Gefährdet; in den Flusstälern stark gefährdet bis vom Aussterben bedroht.

3. T. rostratum Mert. & Koch – *Schnabelfrüchtiger B.*
Sehr selten: Neudorf-Rosenau (Kirchenerkopf: 'Ponyweid'); trockener, kiesiger Magerrasen (SCHMIDT 1996). Ungeklärt ist, wie diese seltene und viel weiter östlich (Hegau, Vorderrheintal usw.) heimische Art hierher gelangt ist.

4. T. linophyllon L. – *Leinblättriger B.*
Seit langem verschollen. Früher selten in warmen, lückigen Trockenrasen. Loechle (1884, Courvoisier in BINZ 1942), Tüllingen (BINZ 1911).

LORANTHACEAE
MISTELGEWÄCHSE

304. Viscum L.   *Mistel*

1. V. album L. s. l. – *Mistel*

1a. – ssp. **album** – *Laubholz-M.*
Ö: Als Halbparasit auf einheimischen und fremdländischen Laubhölzern, vorzugsweise auf *Malus domestica*, *Populus* sp., *Robinia pseudoacacia*, *Acer platanoides* und *saccharinum*, *Tilia platyphyllos*, *Sorbus aria* usw.; im Gebiet nie auf *Fagus* und *Quercus*. Mehr auf freistehenden Bäumen, in Feldgehölzen, an Waldrändern usw. als im dichten Wald.
V: Lokal häufig, z.B. im hinteren Leimental, an der Birs bei Münchenstein/Reinach, in den

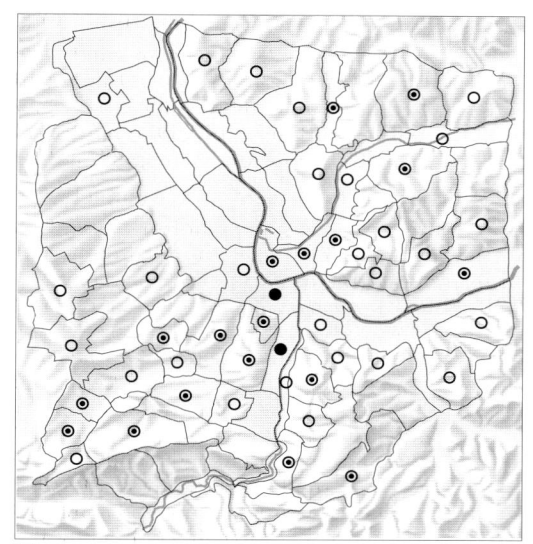

Viscum album s.str.

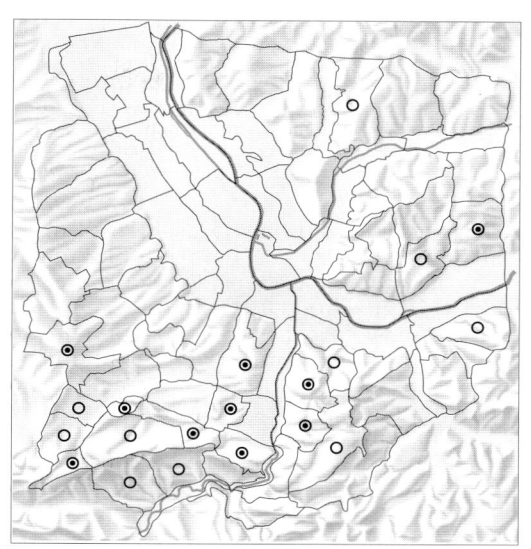

Viscum album ssp. abietis

Langen Erlen und auf Parkbäumen im Stadtgebiet von Basel. In weiten Teilen des Gebiets jedoch selten bis fehlend, z.B. Oberrheinebene, vorderer Sundgau, Markgräfler Hügelland usw.
G: In Gebieten mit intensiver Grünlandnutzung zurückgegangen. Nicht gefährdet.

1b. – ssp. **abietis** (Wiesb.) Janch. (V. abietis (Wiesb.) Fritsch) – *Tannen-M.*
Ö: Spezifischer Halbparasit der Weisstanne; im Gebiet nicht auf anderen Wirtsbaumarten.
S: Fagion, Luzulo-Abietenion.
V: Im Jura und juranahen Sundgau (hinteres Bruderholz, hinteres Leimental, Bois de St. Brice usw.) ziemlich verbreitet. Sonst nur wenige Nachweise: Olsberger Wald (Brügglihau); Weitenauer Vorberge: Rötteler Schloss W (Karlshöhe); Dinkelberg: z.B. Rührberg O (Volkertsberg, H. Boos). In den Weitenauer Vorbergen und auf dem Dinkelberg wohl weiter verbreitet, aber übersehen.
G: Nicht gefährdet.

1c. – ssp. **austriacum** (Wiesb.) Vollm. (V. laxum Boiss. & Reuter) – *Föhren-M., Österreichische M.*
B: Erg, Ansalbung nach 1978 wahrscheinlich (BRODTBECK & ZEMP 1986). – C- und S-Europa; Halbparasit auf Föhren.

Ö/V: Angesalbt auf *Pinus sylvestris* in niederwüchsigen Föhrenbeständen des Gempengebiets, z.B. Arlesheim (Gstüd), Dornach-Hochwald (Tiefental), Büren (Lochfluh). Nächste autochthone Vorkommen: Nordbaden (Mannheim-Rastatt), Wallis, Uri usw.

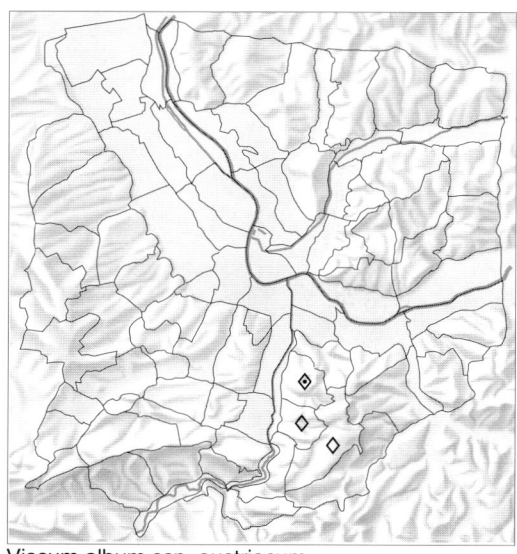

Viscum album ssp. austriacum

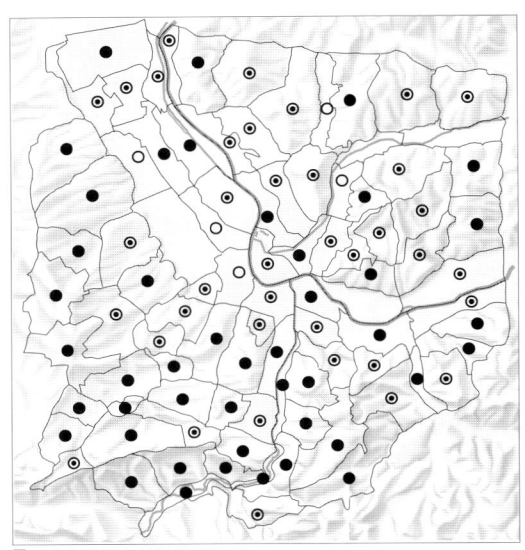

Euonymus europaeus

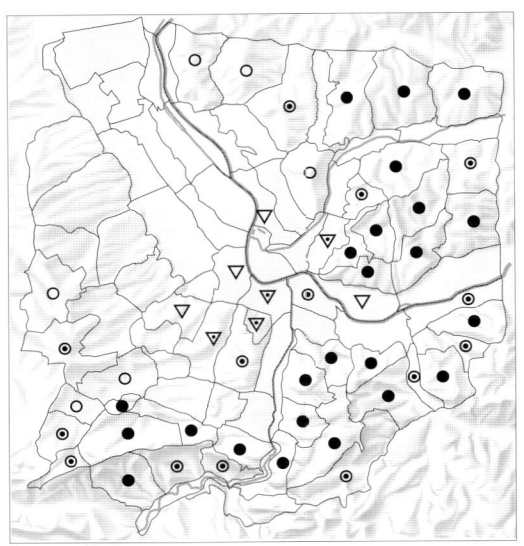

Ilex aquifolium

CELASTRACEAE
SPINDELSTRAUCHGEWÄCHSE

305. Euonymus L. *Spindelstrauch*

1. E. europaeus L. (Evonymus europaeus L.) – *Gemeiner Sp., Pfaffenhütchen*
Ö: In Hecken und Feldgehölzen, an Waldrändern, seltener und meist niederwüchsig im Innern lichter Laubmischwälder; als Pionier in feuchten Brachwiesen, an Böschungen und Rainen. – Auf frischen bis feuchten, gerne etwas wasserzügigen, basen- und ± nährstoffreichen, tiefgründigen, humosen Lehm- und Tonböden.
S: Berberidion (Salici-Viburnetum, Pruno-Ligustretum), Alno-Ulmion, Fagion.
V: Verbreitet und häufig.
G: Nicht gefährdet.

AQUIFOLIACEAE
STECHPALMENGEWÄCHSE

306. Ilex L. *Stechpalme*

1. I. aquifolium L. – *Stechpalme*
Ö: Einzeln, stellenweise aber in grösseren Beständen in Buchen-, seltener in eichenreichen Laubmischwäldern. Auch gepflanzt und verwildert. – Auf (mässig) frischen, basenreichen, ± tiefgründigen, humosen, meist steinigen und lehmigen Böden.
S: Fagion (Hordelymo-Fagetum, seltener Carici-Fagetum, Dentario-Fagetum und Galio odorati-Fagetum), auch Carpinion, Quercion pubescenti-petraeae, selten Alno-Ulmion.
V: Im Jura, am Dinkelberg, in den Weitenauer Vorbergen und im Olsberger Wald verbreitet und z.T. recht häufig. Sonst selten: höherer Sundgau: nordwärts bis 'Bois de St. Brice'; Markgräfler Hügelland: Tüllinger Berg (Käferholz), Istein (Grünberg), Welmlingen (Eichwald), Schallbach (Schallbacherholz), Holzen (Holzeneinig); in den Flusstälern wohl ausschliesslich subspontan.
G: Nicht gefährdet.

BUXACEAE
BUCHSBAUMGEWÄCHSE

307. Buxus L. *Buchs, Buchsbaum*

1. B. sempervirens L. – *Buchs*
Ö: Meist in dichten Beständen in warmen, oft ± südexponierten Winterlinden-, Eichen- und Buchenwäldern, an buschigen, felsigen Hän-

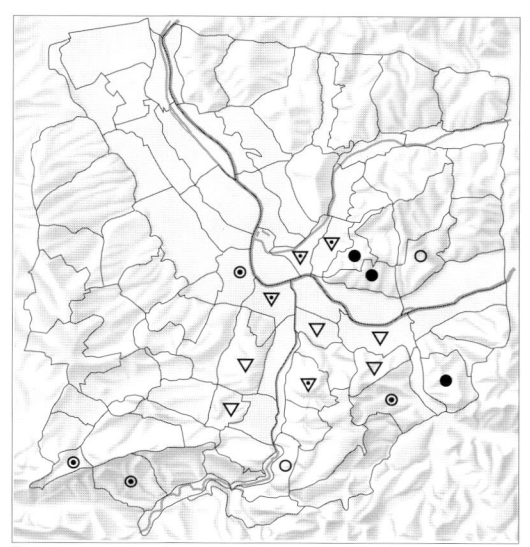

Buxus sempervirens

Mercurialis annua

gen. Auch gepflanzt und verwildert. In warmen, wintermilden Lagen. – Auf mässig trokkenen bis frischen, kalkhaltigen, meist mittelgründigen, humosen, steinigen und lehmigen Böden.
S: Quercion pubescenti-petraeae, Cephalanthero-Fagenion (Carici-Fagetum), Berberidion, Tilienion.
V: Drei Verbreitungsinseln: 1. südwestlicher Dinkelberg vom südlichen Ausserberg (Riehen) bis zur Himmelspforte (Wyhlen), nach SEBALD et al. (1992) vereinzelt auch am Augstberg und Schlosskopf nordöstlich Wyhlen; um Bettingen (Kaiser, Bettingen N); 2. um Liestal: Schauenburgerfluh, Chuzenkopf, Bintal, Schleifenberg-Hümpeli; 3. Burg i. L.: beide Klusfelsen. Sonst gepflanzt und verwildert, z.B. Duggingen (Angenstein), Münchenstein (Asp-Hofmatt) usw.
G: Nicht gefährdet.

EUPHORBIACEAE
WOLFSMILCHGEWÄCHSE

308. Mercurialis L. *Bingelkraut*

1. M. annua L. – *Einjähriges B.*
B: Arch.

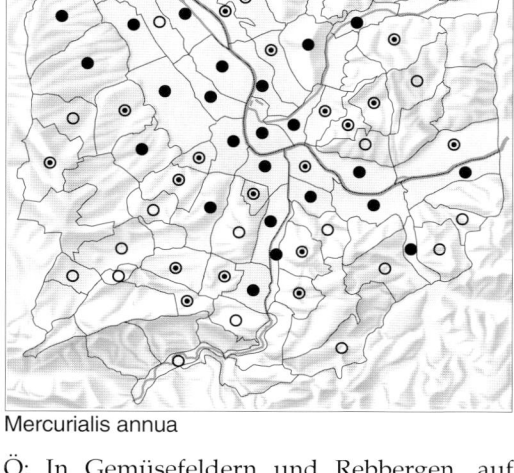

Ö: In Gemüsefeldern und Rebbergen, auf Äckern, v.a. in Sommerkulturen, z.B. unter Mais, in 'Krautgärten' der Feldflur, seltener in Hausgärten; auch auf Ödland und Erdschutt, in Rabatten. In warmen, wintermilden Lagen. – Auf frischen bis mässig trockenen, nährstoff- (stickstoff-) und basenreichen, oft kalkarmen, lockeren, humosen, tiefgründigen Lehmböden.
S: Polygono-Chenopodietalia (v.a. Fumario-Euphorbion, Polygono-Chenopodion).
V: In den warmen Tieflagen verbreitet und häufig. Sonst selten bis fehlend.
G: Nicht gefährdet.

2. M. perennis L. – *Ausdauerndes B.*
Ö: Gesellig in krautreichen Buchen- und anderen Laubwäldern, auch in alten, schattigen Gärten und Parks. – Auf frischen bis mässig trockenen, basenreichen, gerne kalkhaltigen, lockeren, humosen, ± steinigen und lehmigen Böden.
S: Fagion (Lonicero alpigenae-Fagenion, Cephalanthero-Fagenion), Carpinion, auch Tilio-Acerion, seltener Alno-Ulmion.
V: Im Jura und am Dinkelberg verbreitet und häufig, ebenso in der Flexurzone zwischen Haagen und Nebenau N. Stellenweise im Olsberger Wald (Berg), in der Birsebene und auf den Niederterrassen der Hoch- und badischen

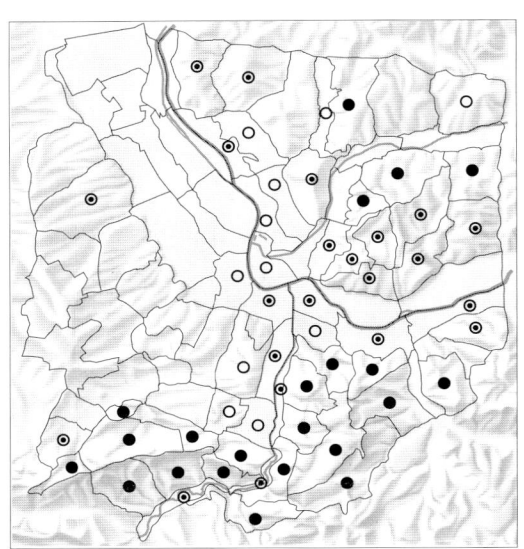

Mercurialis perennis

Oberrheinebene, hier z.T. bis in die Stadt Basel (z.B. Gellert). Sonst selten bis weithin fehlend; im Sundgau auf Tertiäraufschlüsse und Hochterrassenschotter beschränkt, z.B. Hochterrassenkante bei Blotzheim.
G: Nicht gefährdet; im urbanen Siedlungsgebiet schonungsbedürftig.

309. Acalypha L. *Nesselblatt*

1. A. cf. virginica L. – *Virginisches N.*
B: Eph. – Östliche USA; ruderal und in Gebüschen, auf frischen Sandböden.
Ö/V: Adventiv im Hafen Basel-Kleinhüningen (1992).

2. A. rhomboidea Rafinesque – *Rhombenförmiges N.*
B: Eph. – Östliche USA; feuchte bis trockene Sandplätze.
Ö/V: Adventiv im Hafen Basel-Kleinhüningen (1995, A. Huber).

310. Ricinus L. *Rizinus*

1. R. communis L. – *Rizinus, Wunderbaum*
B: Eph. – Tropisches Afrika; Trockenbuschland, 600-2000 m.

Ö/V: Sommerliche Zierpflanze. Adventiv oder verwildert an der Oberkante einer Böschung im Hafen Basel-Kleinhüningen (Hafenbecken II, 1992).

311. Euphorbia L. *Wolfsmilch*

Untergattung
Chamaesyce Rafin. – *Zwergfeige*

1. E. nutans Lag. (E. maculata L. sensu auct. americ.) – *Nickende W.*
B: Neo, seit den 1950er Jahren im Gebiet. – Östliche USA, Mexiko; Gebüschsäume, Wegränder, Kulturen, bis 2800 m.
Ö: Als Pionier an ± offenen Stellen in Bahn- und Hafenanlagen. – Auf sommertrockenen, nährstoffreichen, rohen, sandigen bis lehmigen Schotter- und Kiesböden.
S: Sisymbrion, Dauco-Melilotion.
V: Selten: Bahnanlagen Weil-Haltingen, hier bereits in den 1950er Jahren (G. Hügin sen. in HÜGIN & KOCH 1993), Deutscher Verschiebebahnhof (Basel, 1996f.), Bahnhof Efringen-Kirchen (1992, HÜGIN & KOCH 1993), Hafen Basel-Kleinhüningen, Wolf-Bahnhof (Basel, 1992; am Bahndamm St. Jakob schon in den 1970er Jahren, MEIER 1985), Bad. Rheinfelden (1992, H. Boos; 1995, G. Hügin), ausserdem ein

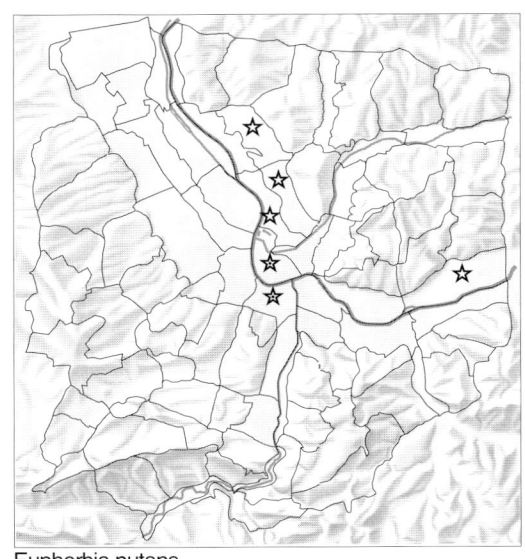

Euphorbia nutans

Herbarbeleg von Lörrach (leg. G. Hügin sen., HÜGIN & KOCH 1993).
G: Schwache Ausbreitungstendenz in Bahnanlagen.

2. E. prostrata Aiton – *Ausgebreitete W.*

B: Neo. – Karibik, C-Amerika, S-USA; sandige Plätze, Gesteinsspalten, städtische Trottoirs.
Ö/V: Ein Nachweis: Basel (Rheingasse); in mässig trockenen, sandig-humosen Pflasterfugen, 1995.

3. E. maculata L. (E. supina Raf. sensu auct. americ.) – *Gefleckte W.*

B: Neo, seit der 2. Hälfte des 19. Jahrhunderts im Gebiet (1877, WINTER 1889). – N-Amerika; trockene Ruderalstellen, Trottoirs, Strassen, Bahnlinien.
Ö: Gesellig zwischen Steinplatten und in Pflasterfugen, in Kieswegen, entlang von Beeten, gerne in Friedhöfen, seltener in Parks. Auch in den Fugen von Bermenmauern, in Bahnanlagen. Wärmeliebend. – Auf mässig frischen bis trockenen, nährstoffreichen, humus- und feinerdearmen, sandigen und steinigen Böden.
S: Polygonion avicularis (z.B. Polygonetum calcati eragrostietosum).
V: Nicht selten; nur im Siedlungsgebiet, z.B. Basel (Vogesenstrasse, Kannenfeldpark, Oberer Rheinweg), Riehen (Friedhof Hörnli), Münchenstein (Brüglingen), Dornach, Pratteln (Schweizerhalle), Bad. Rheinfelden (H. Boos), Friedhöfe von Wollbach, Therwil, Witterswil, Bartenheim und Helfrantzkirch, nach G. Hügin (1994-96, mdl.) auch Friedhöfe Weil, Eimeldingen, Efringen, Kleinkems, Blansingen, Welmlingen, Egringen, Holzen, Haltingen, Binzen, Tumringen, Lörrach, Brombach, Haagen, Steinen, Höllstein, Hüsingen, Maulburg, Minseln, Eichsel und Grenzach.
G: In langsamer Ausbreitung; vermutlich durch Gärtnereibetriebe verbreitet. Nicht gefährdet.

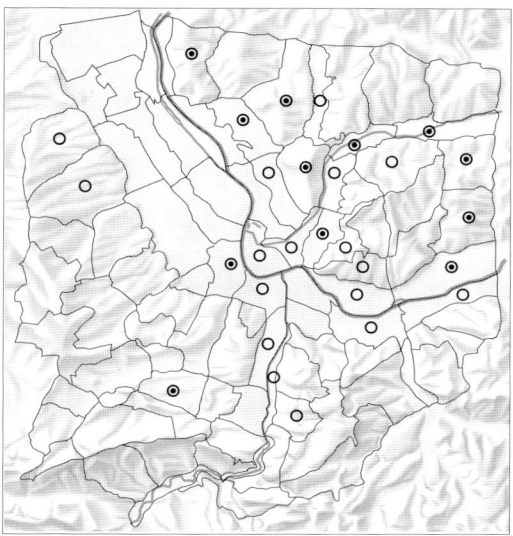

4. E. humifusa Willd. – *Niederliegende W.*

B: Neo, seit ca. 1900 im Gebiet (SCHINZ & KELLER 1909). – Temperiertes Sibirien und O-Asien; Gärten, Felder.
Ö: Gesellig in Pflasterfugen und Rabattensäumen in Friedhöfen, botanischen Gärten und Parks; oft zusammen mit *Euphorbia maculata* und *Veronica peregrina*. – Auf frischen bis mässig trockenen, nährstoffreichen, lockeren, humosen, sandig-lehmigen Böden.
S: Polygonion avicularis (Bryo-Saginetum).
V: Selten; nur im Siedlungsgebiet, z.B. Basel (Botanischer Garten, Wolf-Gottesacker, Kannenfeldpark), Riehen (Friedhöfe Hörnli und Riehen), Birsfelden (Schulstrasse, 1986), nach G. Hügin (1994-96, mdl.) auch in den Friedhö-

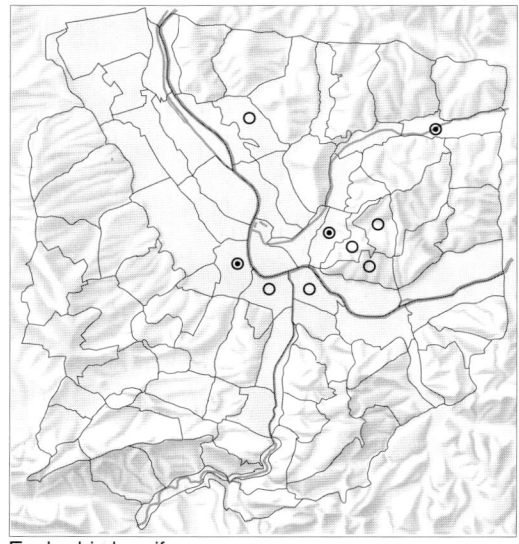

fen von Efringen, Steinen, Höllstein, Inzlingen und Grenzach.
G: Ohne deutliche Ausbreitungstendenz.

5. E. glyptosperma Engelm. – *Kerbfrüchtige W.*

B: Eph. – N-Amerika; sandige, kiesige Böden.
Ö/V: Adventiv im Hafen Basel-St. Johann (1994, wenige Exemplare).

Untergattung
Esula Pers. – *Wolfsmilch*

6. E. lathyris L. – *Kreuzblättrige W.*

B: Neo. – Mittelmeergebiet, Kleinasien; sumpfige Stellen, Schutt.
Ö: Alte Heilpflanze, heute v.a. als Zierpflanze und angebliches Vertreibungsmittel gegen Wühlmäuse kultiviert. Verwildert und z.T. ± eingebürgert auf brachliegendem Garten- und Rebland, an Zäunen, in gartennahen Hecken und Gebüschen, an Mauerfüssen, auf Erdschutt und Kompost. Wärmeliebend. – Auf frischen, nährstoffreichen, tiefgründigen, humosen, sandigen und lehmigen Böden.
S: Sisymbrion, Alliarion, Polygono-Chenopodion.
V: In den Siedlungs- und Weinbaugebieten nicht selten. Oft vorübergehend.
G: Nicht gefährdet.

7. E. helioscopia L. – *Sonnenwend-W.*

B: Arch.
Ö: In Rebbergen, in Hackfruchtäckern und unter Sommergetreide, in Gemüsefeldern, in Gärten und Rabatten, auf frischem Erdschutt. Etwas wärmeliebend. – Auf mässig feuchten bis mässig trockenen, basen- und nährstoffreichen, oft kalkarmen, humosen, lockeren, z.T. steinigen Lehmböden.
S: Polygono-Chenopodion, Fumario-Euphorbion, seltener Sisymbrion und Aperion.
V: Ziemlich verbreitet und v.a. im Sundgauer und Markgräfler Hügelland recht häufig.
G: Nicht gefährdet.

8. E. seguieriana Neck. s. str. – *Séguiers W.*

Ö: In lückigen, sonnig-heissen Trockenrasen und -weiden. – Auf trockenen, durchlässigen, kalkreichen, etwas humosen Sand- und Kiesböden.
S: Xerobromion.
V: Selten; nur in der holozänen Aue der Oberrheinebene, z.B. Neudorf-Rosenau (Kirchenerkopf), Hüningen-Neudorf (Neudorferheide), Pisciculture, auf der badischen Seite bei Märkt (S. Meineke), Istein (Stockfeld), Kleinkems (Rheinvorland).
G: Zurückgegangen. Stark gefährdet.

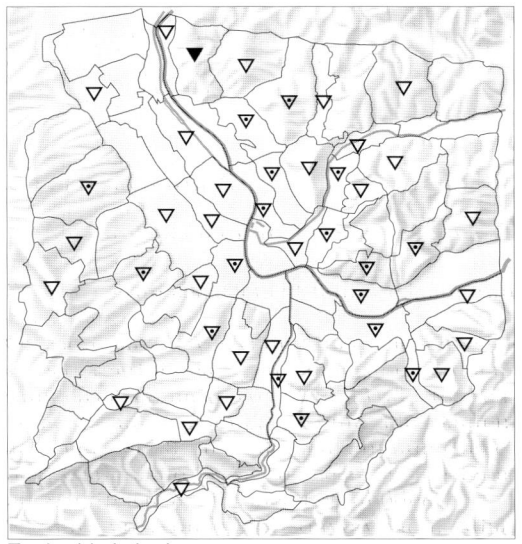

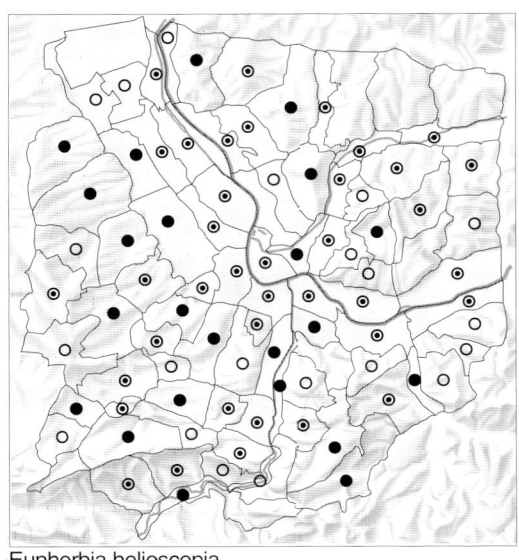

Euphorbia lathyris

Euphorbia helioscopia

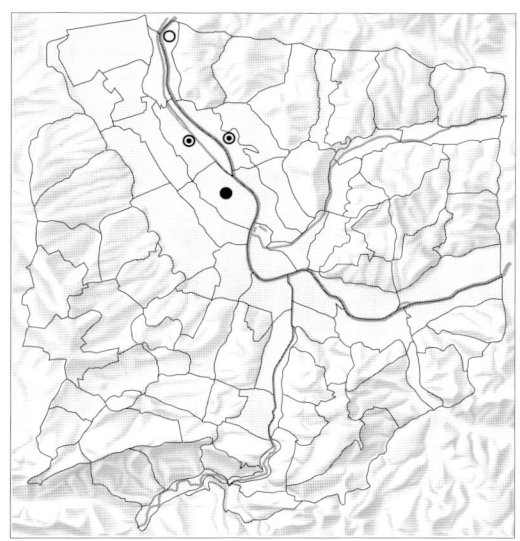

Euphorbia seguieriana

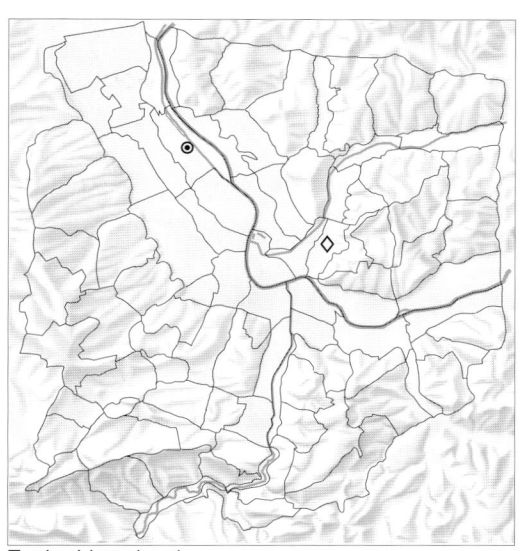

Euphorbia palustris

9. E. myrsinites L. – *Walzen-W.*
B: Eph. – Mittelmeergebiet; Felsen und steinige Hänge, v.a. auf Kalk, 600-1900 m.
Ö/V: Steingartenpflanze. Selten nahverwildert an Mauerecken, in Kieswegen u.dgl., z.B. Hofstetten, Riehen, Wyhlen.

10. E. palustris L. – *Sumpf-W.*
Ö: An Wassergräben, in Grossseggenriedern, am Rande von Schilfbeständen, in brachliegenden oder selten gemähten Nasswiesen. – Auf nassen, zumindest in der Tiefe staunassen, ± nährstoffreichen Ton- und Sumpfhumusböden.
S: Magnocaricion, seltener Filipendulion (Euphorbia palustris-Gesellschaft) und Molinion.
V: Selten; nur an wenigen Stellen in der elsässischen Oberrheinebene: Pisciculture (hier häufig), ehemalige Rheinarme bei Loechle und unterhalb Bartenheim-la Chaussée.
G: Zurückgegangen. Noch ca. 1970 bei Istein (U. Kienzle). Stark gefährdet.

11. E. platyphyllos L. – *Breitblättrige W.*
B: Arch.
Ö: Einzeln oder in lockeren Beständen in Hackfruchtkulturen und unter Sommergetreide, auf Brachäckern, in frisch angelegten Kunstwiesen, in Bunt- und Grünbrachen, auf Erdschutt, an den Rändern von Feldwegen, in Baumschulen. Etwas wärmeliebend. – Auf frischen, nährstoff- und basenreichen, ± schweren Lehmböden.
S: Polygono-Chenopodion, Aperion, selten Alliarion.
V: Zerstreut.

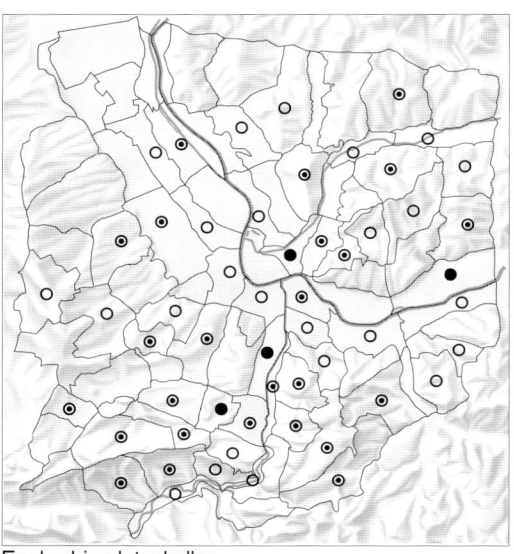

Euphorbia platyphyllos

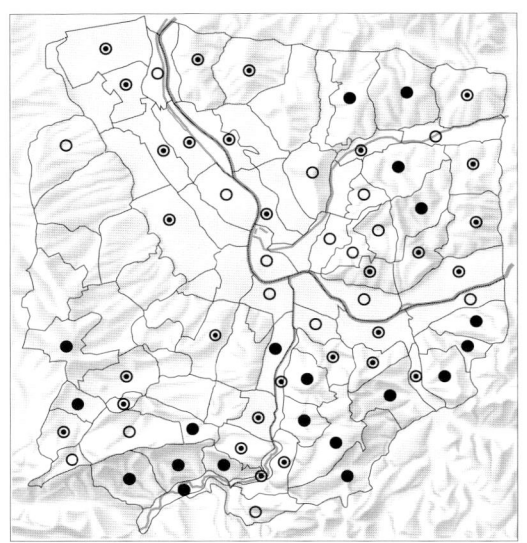

Euphorbia stricta

Euphorbia dulcis

G: Zurückgegangen; im schweizerischen Gebietsteil seit einigen Jahren als Folge der veränderten Bewirtschaftung von Fruchtfolgeflächen (Bunt- und Grünbrachen) in leichter Ausbreitung. Schonungsbedürftig.

12. E. stricta L. (E. serrulata Thuill.) – *Steife W.*

Ö: An Wald- und Feldwegen, an gestörten Waldrändern, in Waldlichtungen und Schlagfluren, an nassen Weidestellen, auf Brachäckern, in Steinbrüchen. – Auf feuchten bis nassen, z.T. wasserzügigen, nährstoff- und basenreichen, oft ± rohen Ton- und Lehmböden.
S: Alliarion (v.a. Euphorbietum strictae).
V: Mit Ausnahme der Lössgebiete ziemlich verbreitet und v.a. im Jura und am Dinkelberg häufig.
G: Nicht gefährdet.

13. E. dulcis L. s. l. – *Süsse W.*

13a. – ssp. **purpurata** (Thuill.) Rothm.
Ö: Einzeln oder in kleinen Gruppen, bisweilen auch locker-gesellig in krautreichen Laubwäldern, in Wald- und Gebüschsäumen, selten in Pfeifengraswiesen. – Auf (sicker-)frischen bis mässig trockenen, nährstoff- und basenreichen, humosen, lockeren, steinigen und lehmigen Böden.

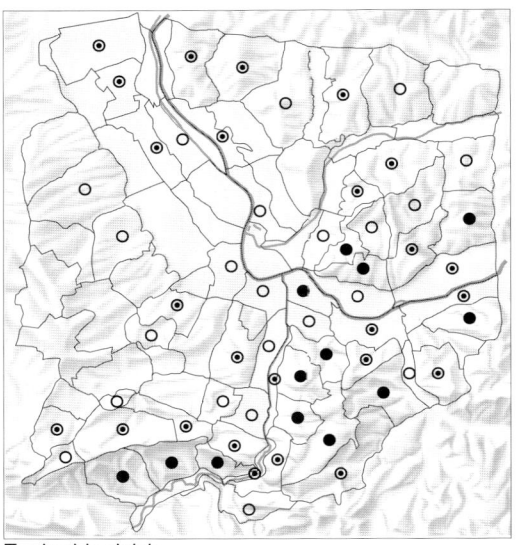

S: Fagetalia (Fagion, Carpinion, Alno-Ulmion), selten Molinion.
V: Im Jura, am Dinkelberg, im Olsberger Wald und auf den bewaldeten Niederterrassen von Birs und Rhein verbreitet und meist häufig. Sonst zerstreut; im Sundgau nur über basenreichen Tertiär- und Hochterrassenaufschlüssen.
G: Nicht gefährdet.

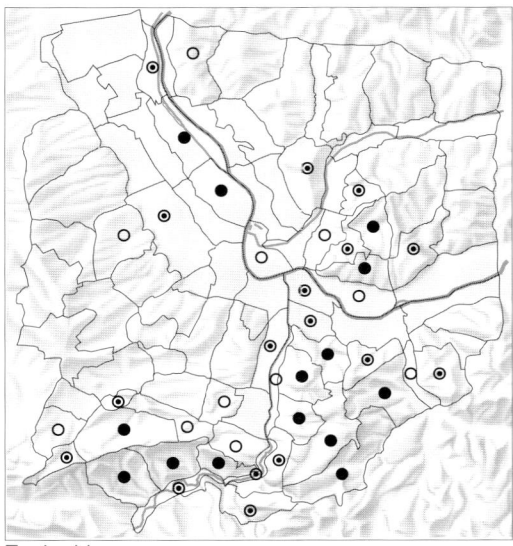

Euphorbia verrucosa

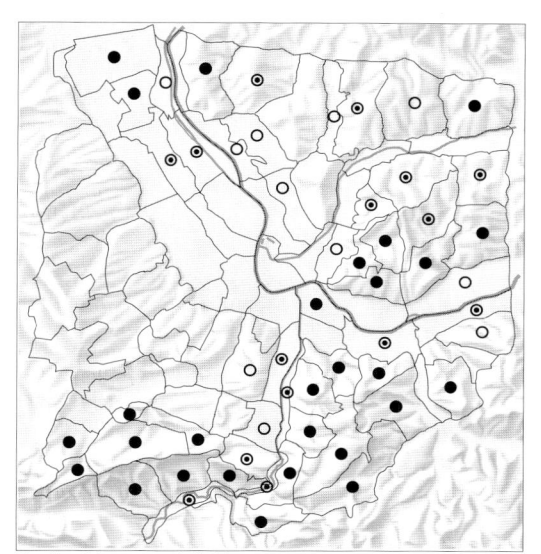

Euphorbia amygdaloides

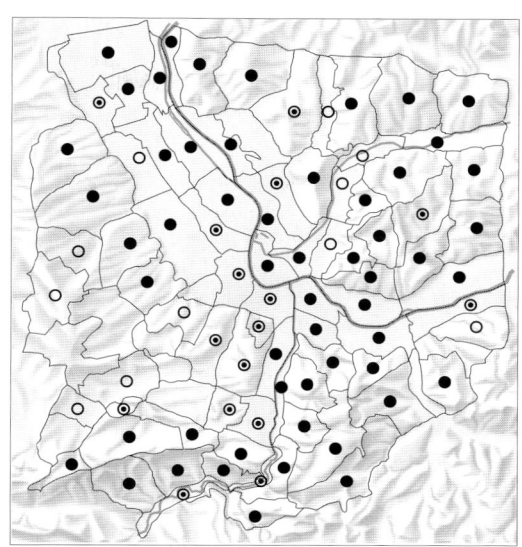

Euphorbia cyparissias

14. E. verrucosa L. (E. brittingeri Opiz ex Samp.) – *Warzige W.*
Ö: In Magerwiesen und -weiden, an Böschungen und Rainen, in lichten Wäldern, z.B. in Pfeifengras-Föhrenwäldern, in mageren Gebüsch- und Waldsäumen. – Auf frischen bis mässig trockenen, oft wechseltrockenen, nährstoffarmen, kalkreichen, tiefgründigen, ± humosen, steinigen Ton-, Mergel- und Lehmböden.
S: Mesobromion (v.a. Colchico-Mesobrometum, Tetragonolobo-Molinietum), Trifolion medii, seltener Molinion (Cirsio tuberosi-Molinietum).
V: Im Jura, am südwestlichen Dinkelberg und in der holozänen Aue der elsässischen Oberrheinebene verbreitet und recht häufig. Stellenweise auch in den Kalkgebieten des Markgräfler Hügellandes (v.a. Tüllinger Berg) und in der Birs- und Hochrheinebene. Sonst selten bis fehlend.
G: Zurückgegangen. Schonungsbedürftig.

15. E. amygdaloides L. –
Mandelblättrige W.
Ö: In ± lichten Laubwäldern und deren Säumen, begünstigt in Schlagfluren und an Waldwegen, in aufgelassenen Steinbrüchen, an Mergelhalden, selten in Pfeifengrasbeständen. – Auf mässig trockenen bis frischen, basenreichen, kalkhaltigen wie kalkarmen, humo-

sen, lockeren, oft mergeligen, steinigen oder kiesigen, lehmigen Böden.
S: Fagetalia (v.a. Cephalanthero-Fagenion), auch Quercion pubescenti-petraeae.
V: Im Jura, am Dinkelberg, im Gebiet der Malmscholle von Istein und in den Hardwäldern der Hoch- und Oberrheinebene (v.a. Elsässer Hardt) verbreitet und häufig. Stellenweise auch in der Birsebene (z.B. Wissgrien) und in den Weitenauer Vorbergen (Steinen-Weitenau-Langenau, westlich Kloster Weitenau, Wollbach S, Haagen), selten im Olsberger Wald (Niderwald). Fehlt den Lösslehmgebieten und dem urbanen Siedlungsgebiet.
G: Nicht gefährdet.

16. E. cyparissias L. – *Zypressen-W.*
Ö: Meist gesellig auf ± mageren Weiden, in brachliegenden Trocken- und Halbtrockenrasen, an Böschungen und Rainen, in Hohlwegen, an Erdanrissen, in Kiesgruben und Steinbrüchen, auf Felsköpfen und Felsbändern, in Steinschutthalden, auf Lesesteinhaufen, in Wald- und Gebüschsäumen, als Freilandrelikt in lichten Wäldern. – Auf mässig trockenen, z.T. wechseltrockenen, ± nährstoffarmen, basen-, aber nicht immer kalkreichen, z.T. rohen Sand-, Kies-, Mergel-, Lehm-, Löss-, Steinschutt- und klüftigen Felsböden.

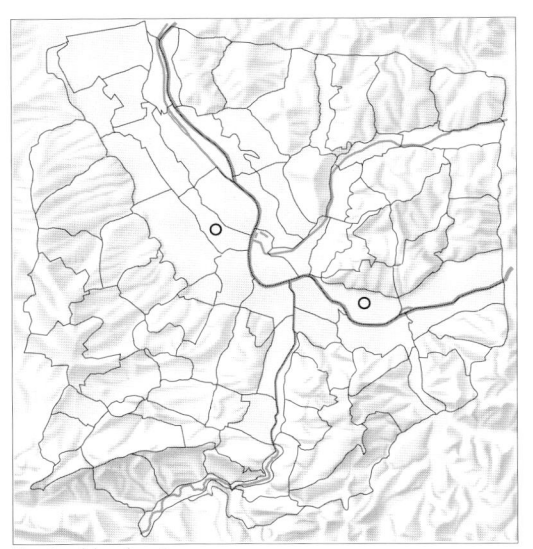

Euphorbia virgata

S: Brometalia, Origanetalia, Alysso-Sedion, seltener Convolvulo-Agropyrion.
V: Verbreitet und meist häufig.
G: In Gebieten mit intensiver Grünlandnutzung zurückgehend. Nicht gefährdet.

17. E. virgata Waldst. & Kit. – *Rutenförmige W.*

B: Neo, seit ca. 1885 im Gebiet. – SO-Europa; Trockenwiesen, trockene Wegränder.
Ö: In ± hochwüchsigen, etwas gestörten Trockenrasen und Trockenstaudenfluren. Wärmeliebend. – Auf mässig trockenen, z.T. wechseltrockenen, basen- und ± nährstoffreichen, wenig humosen, etwas lehmigen Sand- und Kiesböden.
S: Convolvulo-Agropyrion, Dauco-Melilotion, seltener gestörtes Arrhenatherion.
V: Sehr selten: Verbindungsbahn St. Louis-Hüningen (1983, ob noch ?), Wyhlen SO (Kraftwerkböschung beim Schalthaus, H. Boos).
G: Zurückgegangen; im Gebiet auch früher selten (u.a. BINZ 1905, 1942). Noch 1970 im Rheinvorland von Istein (Kunz in SEBALD et al. 1992). Vom Aussterben bedroht.

18. E. peplus L. – *Garten-W.*

B: Arch.
Ö: In Gemüsegärten und häufig gehackten Rabatten, auf Friedhöfen, in Baumschulen und

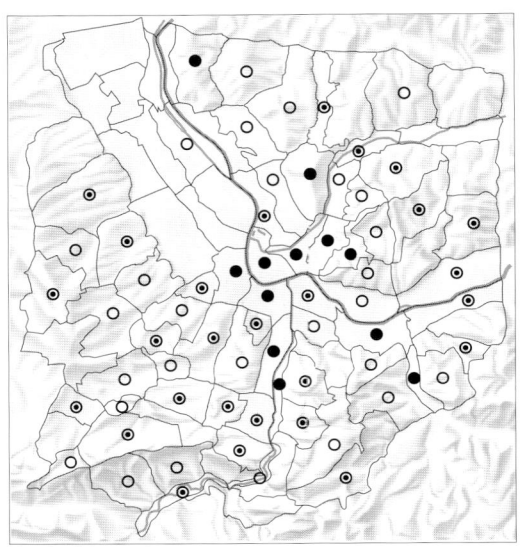

Euphorbia peplus

Rebbergen, selten unter Getreide. – Auf frischen, nährstoffreichen, oft kalkarmen, lockeren, humosen Lehmböden.
S: Fumario-Euphorbion, Polygono-Chenopodion, selten Alliarion.
V: In den Siedlungsgebieten verbreitet und häufig. Ausserhalb der Siedlungen selten oder fehlend.
G: Nicht gefährdet.

19. E. exigua L. – *Kleine W.*

B: Arch.
Ö: In Äckern, v.a. unter Wintergetreide, seltener in Rebbergen, verschleppt in Rabatten, auf Kieswegen, in Bahnarealen. – Auf frischen bis mässig trockenen, basen- und ± nährstoffreichen, lockeren, lehmigen und z.T. steinigen Böden.
S: Caucalidion, auch Aperion, selten Fumario-Euphorbion.
V: Ziemlich verbreitet, doch nur in den Lössgebieten (v.a. Sundgau), in der Birsebene und auf dem Gempenplateau einigermassen häufig.
G: Stark zurückgegangen. Gefährdet.

Untergattung
Poinsettia Graham – *Weihnachtsstern*

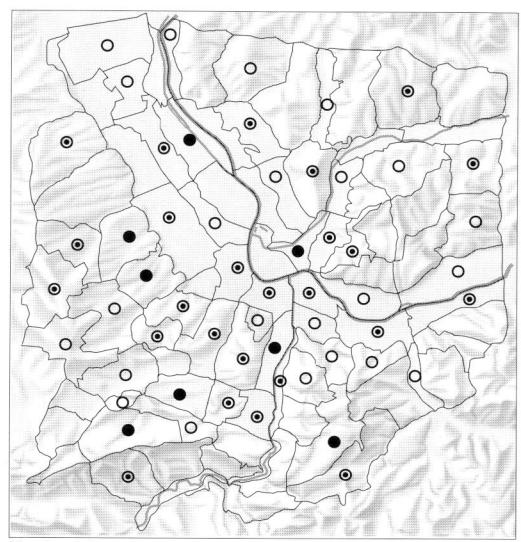

Euphorbia exigua

Rhamnus cathartica

20. E. heterophylla L. – *Verschiedenblättrige W.*
B: Eph. – Tropisches Amerika bis C- und O-USA; ruderal in Gärten und Kulturen, an Strassenrändern.
Ö/V: Adventiv im Rheinhafen Basel-Kleinhüningen (ab 1990 hin und wieder).

21. E. dentata Michx. – *Gezähnte W.*
B: Eph. – Mexiko, S- und O-USA; Pionier auf trockenen und feuchten Böden.
Ö/V: Adventiv im Hafen Basel-Kleinhüningen (1993, 1994).

RHAMNACEAE
KREUZDORNGEWÄCHSE

312. Rhamnus L. *Kreuzdorn*

1. R. cathartica L. – *Gemeiner K.*
Ö: Meist einzeln in Hecken und Feldgehölzen, an Waldrändern, in lichten Wäldern, an buschigen, felsigen Hängen, auf Felsköpfen, auf Magerweiden, in Ufergebüsch an Bächen. – Auf ziemlich trockenen bis frischen, gerne wechseltrockenen, gelegentlich auch feuchten bis etwas wasserzügigen, basenreichen, meist kalkhaltigen, oft steinigen oder kiesigen, lehmigen Böden.

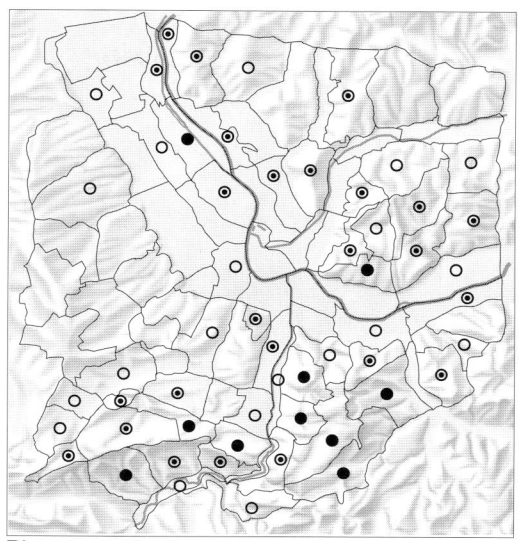

S: Berberidion, Cephalanthero-Fagenion, Erico-Pinion.
V: In den Kalkgebieten verbreitet, aber nicht häufig. Stellenweise auch in der Birs- und Hochrheinebene und in der holozänen Aue der Oberrheinebene, z.B. Reinacher Heide (hier häufig), Rheinfelden (Insel 'Stein'), Kembser Rheininsel, Kembs S, Neudorf-Ro-

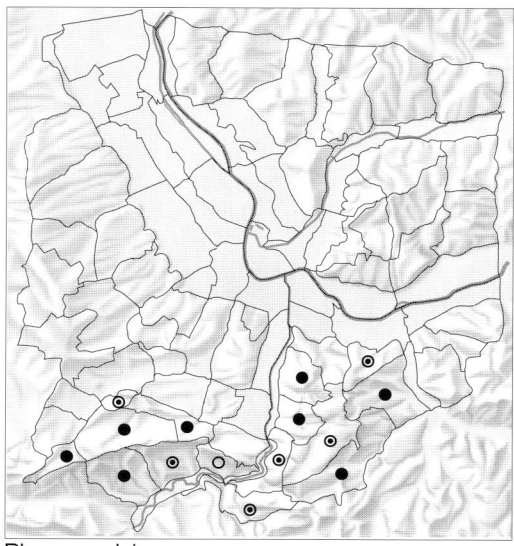

Rhamnus alpina

senau (Kirchenerkopf). Sonst selten: Sundgau: Blotzheim W, Leymen (Weisskirch), Rodersdorf W (Birsig); in den Weitenauer Vorbergen nur in der Flexurzone zwischen Haagen und Nebenau: Wollbach S, Haagen (Lingert).
G: Wohl zurückgegangen. Schonungsbedürftig.

2. R. alpina L. – *Alpen-K.*
Ö: Meist einzeln im Trockengebüsch auf Felsköpfen und Felsgraten, in lichten, blaugrasreichen Buchen- und Föhrenwäldern, an buschigen, felsigen Steilhängen. – Auf (ziemlich) trockenen, kalkreichen, steinigen und klüftigfelsigen Böden.
S: Berberidion (Cotoneastro-Amelanchieretum), Cephalanthero-Fagenion (Carici-Fagetum seslerietosum), Erico-Pinion.
V: Im Blauen- und Gempengebiet verbreitet und z.T. recht häufig, z.B. Hofstetten (Köpfli, Chälengraben, Blauenkamm), Leymen (Landskronberg), Ettingen (Fürstenstein), Röschenz (Redelsfluh), Dittingen (Burgkopf, Obmert), Nenzlingen (Chuenisberg), Blauen (Hanslifels), Pfeffingen (Eggfluh), Duggingen (Falkenfluh), Gempen (Schartenfluh), Arlesheim (Chilchholz, Schloss Birseck), Dornach (Ingelstein), Nuglar (Dirliberg), Büren (Lochfluh), Frenkendorf (Schauenburg) usw.
G: Am Bruderholz bei Therwil (1932, Heinis in BECHERER 1936) verschollen. Nicht gefährdet.

---

313. Frangula Mill.   *Faulbaum*

1. F. alnus Mill. – *Faulbaum, Pulverholz*
Ö: Meist einzeln in Grauweidengebüschen und Erlenbruchwäldern, in pfeifengras-, adlerfarn- und brombeerreichen Waldschlägen, an Waldwegen und hageren Waldsäumen, in brachliegenden Feuchtwiesen. – Auf wechselfeuchten bis staunassen, oberwärts z.T. auch recht trockenen, ± nährstoff- und meist kalkarmen, tiefgründigen, humosen, z.T. sandigen Lehm- und Tonböden.
S: Salicion cinereae, Alnion glutinosae, Pruno-Rubion (v.a. Frangulo-Rubetum plicati), seltener Epilobion angustifolii.
V: In den Weitenauer Vorbergen und im Olsberger Wald verbreitet und ± häufig. Sonst zerstreut; gehäuft in den Sumpfwiesen der elsässischen Oberrheinebene (Pisciculture, Kir-

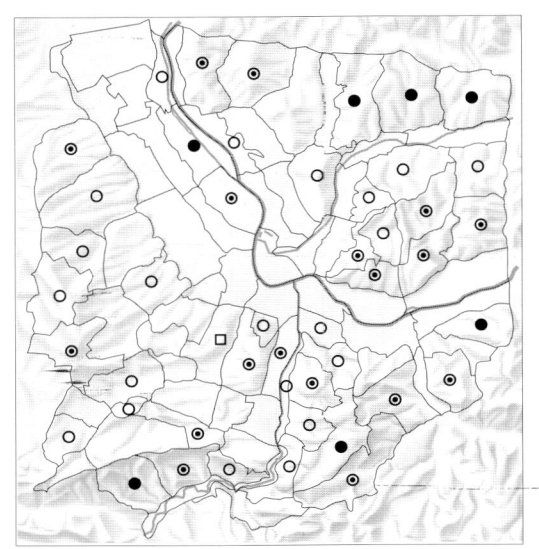

Frangula alnus

chenerkopf), am Dinkelberg, auf dem Gempenplateau, Liestal (Röserental), Ettingen (Rütenen) usw.
G: Wohl zurückgegangen. Schonungsbedürftig.

VITACEAE
WEINREBENGEWÄCHSE

---

314. Vitis L.   *Weinrebe, Rebe*

1. V. sylvestris C.C. Gmelin (V. vinifera L. var. sylvestris (Gmelin) sensu Alleweldt) – *Wild-R.*
Ö: Einzeln in Mantelgebüschen von Auenwäldern. – Auf frischen bis feuchten, kalk- und nährstoffreichen Böden.
S: Berberidion (Pruno-Coryletum).
V: Sehr selten: Birsufer bei Duggingen und bei der Reinacher Heide.
G: Zurückgegangen. Vom Aussterben bedroht.

2. V. vinifera L. (V. vinifera L. var. sativa (DC.) sensu Alleweldt) – *Europäische W.*
B: Eph (Neo). – Heimat der Stammart (V. sylvestris): SO- und SW-Europa; Auenwälder.
Ö/V: In zahlreichen Rassen und Kreuzungen kultiviert. In den wärmeren Teilen des Gebiets

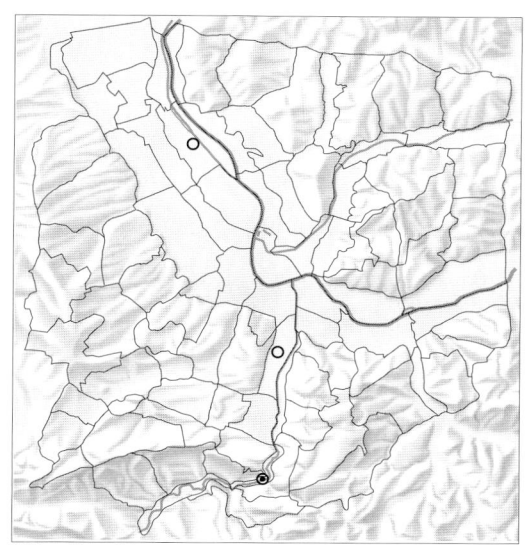

Vitis silvestris

nicht selten verwildert in Auengehölzen und Gehölzaufwüchsen, ferner als Kulturrelikt in aufgelassenen Rebbergen.

---

315. Parthenocissus Planch.
Jungfernrebe, Wilder Wein

1. P. quinquefolia (L.) Planch. – *Selbstkletternde J.*

B: Eph. – O-USA bis Mexiko; Unterholz, Schluchten.
Ö/V: Zierpflanze. Selten verwildert: Gemäuer am Schloss Birseck (Arlesheim) und an der Ruine Dorneck (Dornach).

2. P. inserta (A. Kern.) Fritsch – *Gewöhnl. J.*

B: Neo. – S-Kanada, N- und W-USA; Waldhänge, Dickichte, Hecken.
Ö: Zierpflanze. Verwildert und eingebürgert in Strauchmänteln von Auengehölzen, an verbuschten Böschungen und Dämmen, in Bahnarealen, auf Trümmerschutt.
S: Alno-Ulmion, Calystegion.
V: In den grösseren Flusstälern zerstreut; v.a. am Rhein und an der Birs sowie im Bereich von Bahnanlagen, z.B. St. Louis-Michelfelden, Hüningen, Haltingen, Basel (Bahnhof St. Johann, Wolf-Bahnhof, Rheinhalde), Bahnanlagen Muttenz-Pratteln, Birsaue bei Arlesheim/Rei-

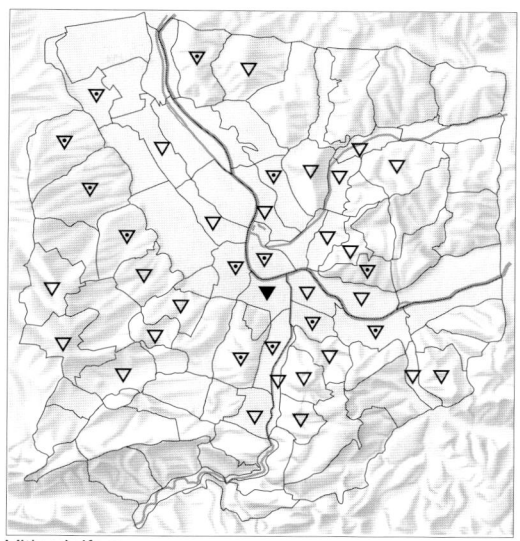

Vitis vinifera

nach, auch Duggingen (Angenstein), Laufen usw.
G: Nicht gefährdet.

3. P. tricuspidata (Sieb. & Zucc.) Planch. – *Kletterwein*

B: Erg. – China, Korea, Japan; Gebüsche und Wälder des Hügel- und Berglandes.

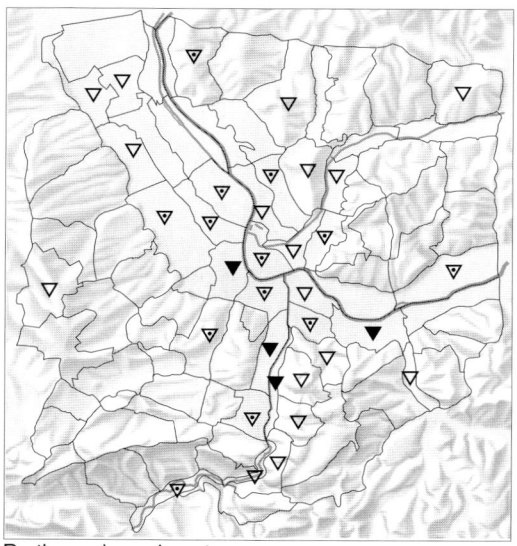

Parthenocissus inserta

Ö/V: Zierpflanze. Nicht verwildernd, doch gelegentlich als Kulturrelikt an verbuschten Mauern und Felsen, z.B. Ergolz bei Augst.

LINACEAE
LEINGEWÄCHSE

316. Linum L. *Lein*

1. L. catharticum L. – *Purgier-L.*
Ö: In Kalk-Magerrasen, in nicht zu fetten, etwas lückigen Wiesen und Weiden, in Riedwiesen, auf Mergelaufschüttungen und an mergeligen Erdanrissen, selten in mageren Scherrasen und in Ackerbrachen. – Auf wechseltrockenen bis -feuchten, nährstoffarmen, basenreichen, meist kalkhaltigen, gerne rohen und ± dichten, mergeligen, tonigen, lehmigen und steinigen Böden.
S: Mesobromion, Molinion, Arrhenatherion (Arrhenatheretum brometosum), Cynosurion.
V: Ziemlich verbreitet, aber nur im Jura ± häufig. Im urbanen Siedlungsgebiet und in Gebieten mit intensiver Grünlandnutzung, z.B. im basellandschaftlichen Leimental, selten oder fehlend.
G: Stark zurückgegangen und im intensiv genutzten Grünland nahezu verschwunden. Gefährdet.

2. L. tenuifolium L. – *Feinblättriger L.*
Ö: Einzeln bis locker gesellig in alten, sonnigen, lückigen Trockenrasen, in offenen, mageren Kiesfluren, auf südexponierten Kalkfelstreppen. Licht- und wärmebedürftig. – Auf sehr trockenen, kalkreichen, meist etwas humosen, flachgründigen, steinigen und felsigen Böden.
S: Xerobromion, Alysso-Sedion, selten Mesobromion (Teucrio-Mesobrometum).
V: Sehr selten: beim Steinbruch Kleinkems (heute nur noch spärlich), Reinacher Heide, Dittingen N (Schemel, Chälen; aktuell verschollen), Haagen (unterhalb Rötteler Schloss, ca. 1987, wenige Exemplare).
G: Stark zurückgegangen und vielerorts, z.B. in der elsässischen Oberrheinebene (MOOR 1962), bei Leymen (BINZ 1951), am Tüllinger Berg (BINZ 1942), am Dinkelberg (BECHERER 1925, LITZELMANN 1960) und in weiten Teilen der Malmscholle von Istein (LITZELMANN 1966) verschwunden. Vom Aussterben bedroht.

3. L. grandiflorum Desf. – *Grossblütiger L.*
B: Eph. – Algerien; Steppenrasen.
Ö/V: Zierpflanze. Verwildert am Kiesdamm beim Rütihardhof (Muttenz, 1989); in Einsaat in einem Acker ob Binzen (1995).

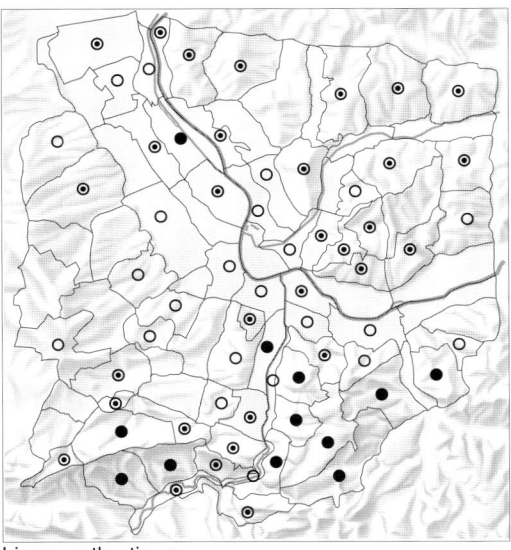

Linum catharticum

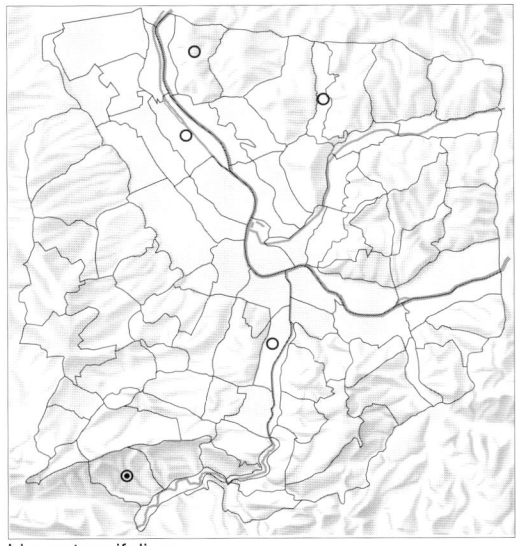

Linum tenuifolium

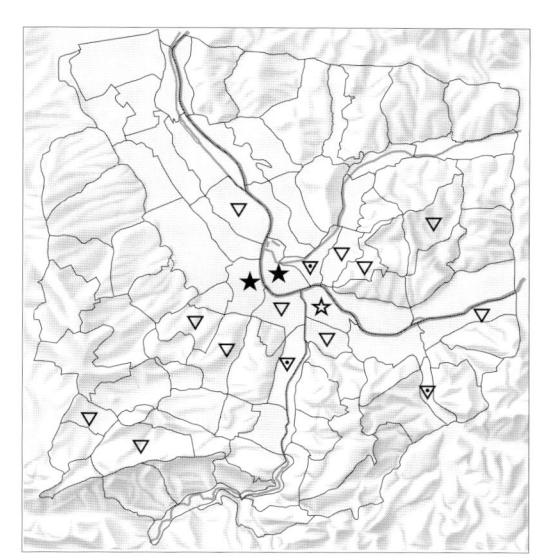

Linum usitatissimum

4. L. usitatissimum L. – *Flachs, Saat-L.*

B: Eph. – Wild unbekannt, Heimat der mutmasslichen Stammpflanze (*L. bienne* Mill.): Mittelmeergebiet, Vorder- und Zentralasien.
Ö/V: Alte, heute kaum mehr kultivierte Faser- und Ölpflanze. Nicht selten aus Vogelfutter verwildert, doch meist vorübergehend in Baumscheiben, in Rabatten und Pflanztrögen, an Flussböschungen u.dgl. Auch adventiv in Hafen-, seltener in Bahnanlagen, z.B. Häfen Basel-Kleinhüningen, Basel-St. Johann und Au (Muttenz), Bahnhof Liestal. Angesät bei Kembs.

5. L. perenne L. s. str. – *Ausdauernder L.*

B: Eph. – O-Europa, selten W-Europa; Trockenwiesen.
Ö/V: Reichlich an einer sonnigen, windgeschützten Stelle im Hinterhof einer Apotheke in Bad. Rheinfelden (1996, H. Boos).

6. L. austriacum L. – *Österreichischer L.*

B: Eph (Neo). – SO-Europa, Vorderasien; steinige Triften, submediterrane Rasen.
Ö/V: Angesät in einer Kunstwiese bei Riehen (Oberfeld); "Märkt, 1990" (Demuth in SEBALD et al. 1992).

317. Radiola Hill *Zwergflachs*

1. R. linoides Roth – *Zwergflachs*
B: (Arch).
Ö/V: Ausgestorben. Früher auf feuchten, nährstoff- und basenarmen, offenen Sandflächen an der Wiese, letztmals 1886 (Gremli in BINZ 1905).

POLYGALACEAE
KREUZBLUMENGEWÄCHSE

318. Polygala L. *Kreuzblume*

1. P. chamaebuxus L. – *Buchsblättrige K.*
Ausgestorben. Schauenburger Fluh (Fries in SCHNEIDER 1880, Binz in BINZ 1901), Liestal (Hagenbach in BINZ 1905).

2. P. calcarea F. W. Schultz – *Kalk-K.*
Ausgestorben. Früher in Kalk-Magerrasen am Isteiner Klotz (NEUBERGER 1898), hier vermutlich 1935 durch Militäranlagen vernichtet (LITZELMANN 1966).

3. P. amarella Crantz s. str. – *Bittere K.*
Ö: In Kalk-Magerrasen, in lückigen Sumpfwiesen, in lichten Föhrenbeständen, als Pionier an Mergelanrissen und auf Wegen. – Auf frischen bis wechseltrockenen, gerne etwas wasserzügigen, nährstoffarmen, kalkhaltigen, oft rohen Mergel- und z.T. steinigen Lehmböden.
S: Mesobromion (v.a. Teucrio-Mesobrometum, Tetragonolobo-Molinietum), Molinion, Erico-Pinion (Molinio-Pinetum).
V: Im Jura und am Dinkelberg zerstreut, z.B. Rämelweide, Burg (Cholacker), Dittinger Weide, Blauen-Weide, Nenzlinger Weide, Leymen (Landskronberg), Muttenz (Sulzkopf), Arlesheim (Gstüd), Dornach (Woll), Duggingen (Oberäsch, Seetel), Himmelried (Latschgetweid), Seewen (Schiessstand), Röserental (Tugmatt); Riehen (Friedhof Hörnli Ostteil), Bettingen (Schiessstand, Lauber), Wyhlen (Mühlerain), Degerfelden NW (Säge und Umgebung), Adelhausen-Oberminseln (Heidengräber, Hürn, Windelberg S). Sonst nur an wenigen Stellen: Malmscholle von Istein: Istein (Grünberg); badisches Rheinvorland bei Istein

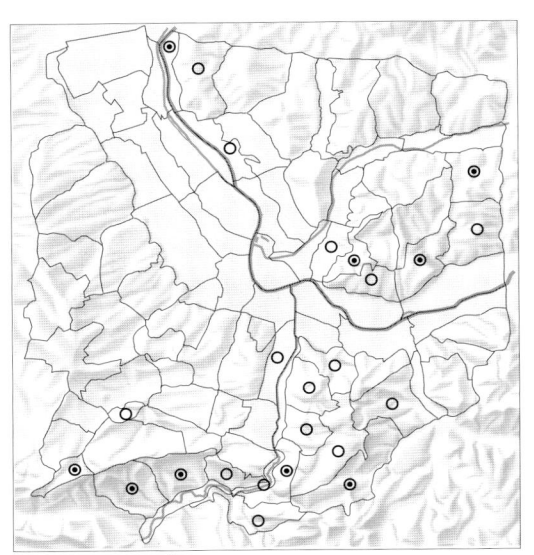

Polygala amarella

Polygala vulgaris

(Zuckergrien, Totengrien) und südwestlich Rheinweiler; Birsebene: Reinacher Heide.
G: Stark zurückgegangen. Gefährdet; in den Flusstälern stark gefährdet.

4. P. vulgaris L. s. str. – *Gemeine K.*
Ö: Meist einzeln oder in kleinen Gruppen in mageren, ungedüngten Wiesen, an ausgehagerten Stellen von Magerweiden, an sandigen Wegrändern, in hageren Waldsäumen. – Auf frischen, nährstoff- und kalkarmen oder zumindest oberflächlich entkalkten, ± tiefgründigen, humosen Sand- oder Lehmböden. Gerne über Verwitterungslehmen.
S: Mesobromion (Colchico-Mesobrometum), Violion caninae.
V: Im Jura zerstreut, z.B. Röserental (Liestal), Büren (Lochfluh), Nuglar (Disliberg, nördlich 'Breiti'), Seewen SW, Dittinger Weide, Blauen-Weide, Nenzlinger Weide, Hofstetten (Bümertsrüti, Bergmatten, Vorhollen), Leymen (südlich Landskron). Sonst selten: Oberrheinebene (v.a. Niederterrasse): Elsässer Hardt, St. Louis-la-Chaussée N (Haberhäuser, Fundort vernichtet), Wäldchen beim Flughafen Basel-Mulhouse (nordwestlich 'Hellhof'), Istein (Totengrien); Sundgau: Neuwiller S (Fundort vernichtet); Weitenauer Vorberge: Steinen (westlich 'Reifhalden', Wolfischbühl, Föhrishäusle). Im Jura z.T. wohl übersehen.

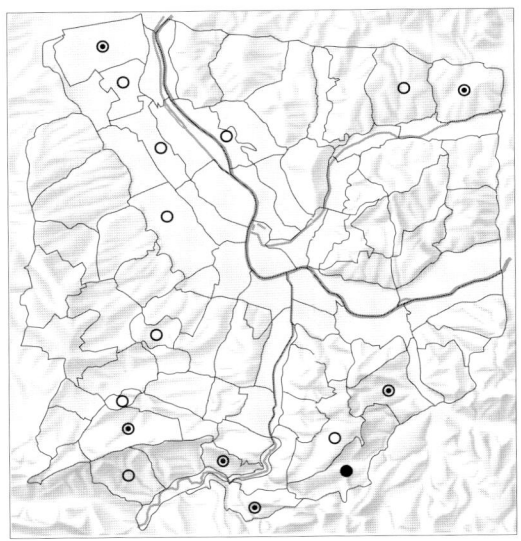

G: Stark zurückgegangen und an den verbliebenen Fundstellen oft nur noch in einzelnen Exemplaren. Gefährdet; ausserhalb des Juras stark gefährdet.

5. P. comosa Schkuhr – *Schopfige K.*
Ö: Meist einzeln in sonnigen, warmen, gereiften Kalk-Magerrasen, an steinigen Wegrainen, seltener auf Felsköpfen. – Auf mässig trockenen, nährstoffarmen, kalkhaltigen, humosen Stein- und feinschuttreichen Lehmböden.
S: Mesobromion (v.a. Teucrio-Mesobrometum).
V: Auf der Blauensüdseite nicht selten, z.B. Laufen (Schachlete), Dittinger Weide, Blauen-Weide, Nenzlinger Weide, vereinzelt auch im übrigen Jura: Leymen (Landskronberg), Seewen (Rebacker), Himmelried (Schindelboden, Latschgetweid). Sonst nur an wenigen Stellen: Dinkelberg-Südflanke ob Wyhlen (Mühlerain) und nordwestlich Degerfelden (Säge); Tüllinger Berg: Ötlingen SO (Altenbrunnen); Birsebene: Reinacher Heide (bis ca. 1990); holozäne Aue der Oberrheinebene: Hüningen-Neudorf (Neudorferheide), Istein (Zuckergrien, Totengrien, nordwestlich 'Ochsenkopf')
G: Stark zurückgegangen. Gefährdet; ausserhalb des Juras stark gefährdet.

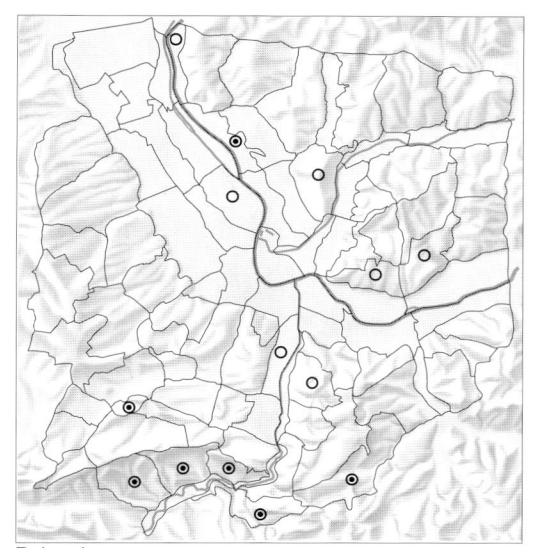

Polygala comosa

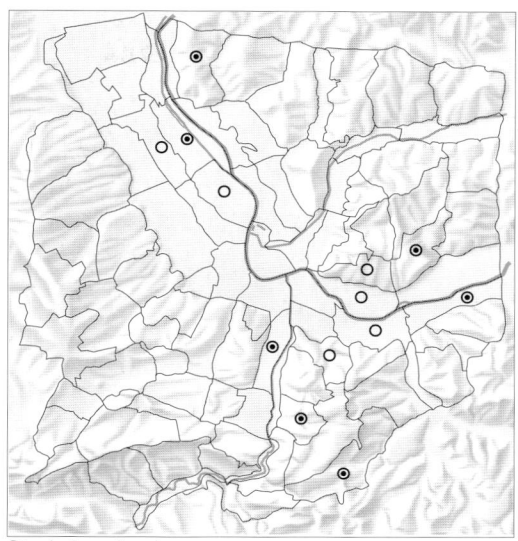

Staphylea pinnata

STAPHYLEACEAE
PIMPERNUSSGEWÄCHSE

319. Staphylea L. *Pimpernuss*

1. S. pinnata L. – *Pimpernuss*

Ö: Oft in grösseren Beständen in ± lichten, warmen, meist haselreichen Gebüschen und lindenreichen Laubmischwäldern an Felsfüssen, Schutthängen und Terrassenborden, seltener in ebenen Lagen. – Auf frischen bis mässig trockenen, basen- und meist kalkreichen, mittel- bis tiefgründigen, lockeren, humosen, oft schwach konsolidierten Felsschutt- und Schotterböden.
S: Berberidion (Convallario-Coryletum), Tilio-Acerion (Aceri-Tilietum), selten Carpinion.
V: Ziemlich selten und streng lokalisiert: Gempengebiet: z.B. Dornach (Tüfleten), Büren (Lochfluh), Muttenz (Wartenberg); Westflanke der Malmscholle von Istein zwischen Istein und Rheinweiler; elsässische Oberrheinebene: Bord der Niederterrasse von St. Louis-la-Chaussée an abwärts, Pisciculture NW ('Russenlager'), Elsässer Hardt westlich Loechle; Hochrheinebene: felsiges Hochrheinufer westlich Augst und zwischen Augst und Rheinfelden (z.B. Im Rohr, Augsterstich); Birsebene: Niederterrassenbord der Münchensteiner Au; Dinkelberg-Südseite oberhalb Wyhlen bis Herten.
G: In den Flusstälern zurückgegangen und v.a. am Hochrhein (BINZ 1922, 1942; BECHERER 1925) vielerorts verschwunden. Nicht gefährdet; Vorkommen an Terrassenborden durch Schuttablagerungen potentiell bedroht.

SAPINDACEAE
SEIFENBAUMGEWÄCHSE

320. Koelreuteria Laxm. *Blasenesche*

1. K. paniculata Laxm. – *Blasenesche*

B: Eph. – Korea, China; lichte Wälder.
Ö/V: Zierbaum. Gelegentlich als Sämling oder Jungpflanze nahverwildert in Baumscheiben, in Gärten und unter Hecken, z.B. Basel (St.Galler-Ring, Hegenheimerstrasse); mit Gartenschutt verschleppt in einer Kiesgrube östlich Hegenheim (Hupfergrube).

321. Cardiospermum L. *Herzerbse*

1. C. halicacabum L. – *Herzerbse, Ballonrebe*

B: Eph. – Texas, Mexiko, warmes S-Amerika; überwächst Felder, Weidland und Gebüschdickichte; 0-2500 m.

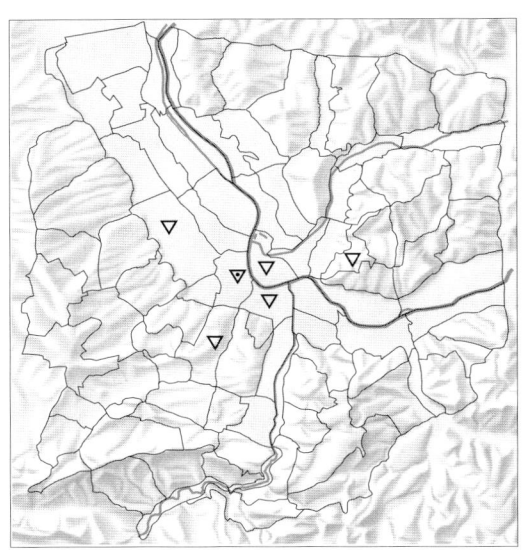

Koelreuteria paniculata

Ö/V: Adventiv in den Hafenanlagen Basel-Kleinhüningen und Basel-St. Johann (ab 1990).

HIPPOCASTANACEAE
ROSSKASTANIENGEWÄCHSE

322. Aesculus L. *Rosskastanie*

1. A. hippocastanum L. – *Balkan-R.*

B: Eph (Neo). – C-Balkan; montane Schluchtwälder.
Ö/V: Zierbaum. V. a. im urbanen Siedlungsgebiet und seiner Umgebung häufig subspontan in Rabatten, in verwilderten Gärten und Anlagen, in siedlungsnahen, meist etwas gestörten, nicht zu trockenen Wäldern (gerne in Auenwäldern), z.B. Basel-Riehen (Lange Erlen), Muttenzer und Pratteler Hard, Muttenz (Wartenberg), Birsaue zwischen Münchenstein und Dornach, Basel (Jakobsbergerholz, Gellert, Schwarzpark), Frenkendorf (Eben-Ezer-Röseren-Schauenburg Bad); oft auch in der Nähe von Schlössern: Angenstein (Duggingen), Birseck (Arlesheim) usw. Ohne erkennbare Tendenz zur weiteren Ausbreitung und Einbürgerung.

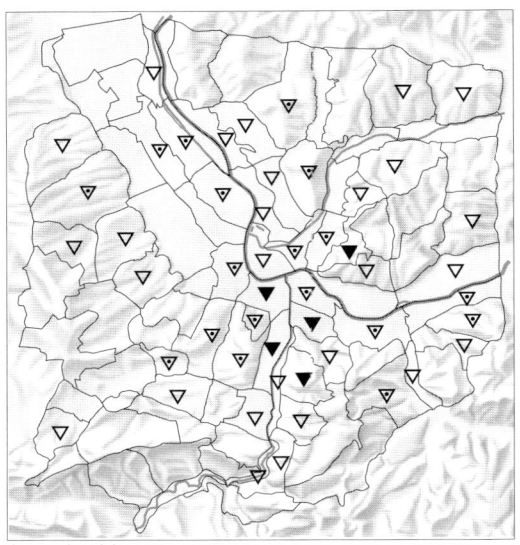

Aesculus hippocastanum

ACERACEAE
AHORNGEWÄCHSE

323. Acer L. *Ahorn*

1. A. negundo L. – *Eschen-A.*

B: Neo, in Europa seit dem 17. Jahrhundert kultiviert. – Gemässigtes N-Amerika; Flussalluvionen.
Ö: Zierbaum. Verwildert und v.a. im urbanen Bereich völlig eingebürgert in ruderalen Pioniergehölzen in Bahn- und Industrieanlagen, an Uferböschungen und Bermenmauern, auf Schuttplätzen u.dgl., selten in Auenwäldern. Wärmeliebend; optimal im sommerwarmen Stadtklima. – Auf feuchten bis mässig trockenen, nährstoffreichen, sandig-kiesigen Lehmböden.
S: Dauco-Melilotion, Sambuco-Salicion.
V: Im urbanen und urbanisierten Siedlungsgebiet verbreitet und v.a. in den ruderalen Teilen der Stadt Basel häufig. Selten siedlungsfern, z.B. Kembser Rheininsel (Altrhein).
G: In Ausbreitung. Nicht gefährdet.

1a. – var. **violaceum** (Kirschleger) Jaeger – *Bereifter Eschen-A.*

Die allgemein gepflanzte und verwilderte Sippe.

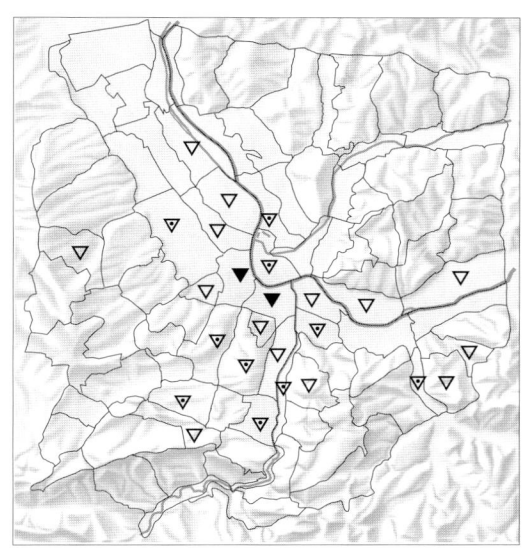

Acer negundo

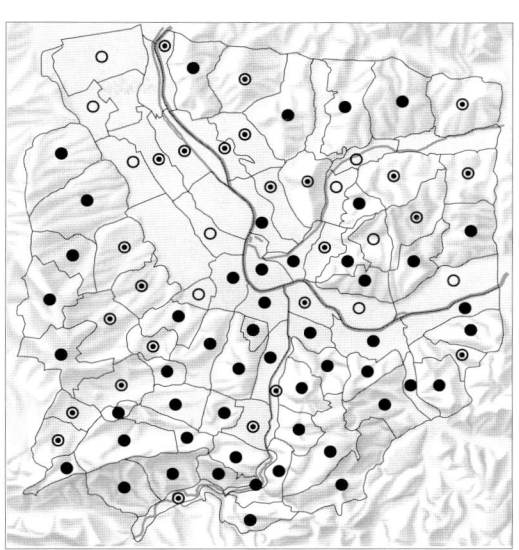

Acer pseudoplatanus

1b. – var. **californicum** (Torrey & Gray) Sargent – *Flaumiger Eschen-A.*
Auf Brachland in der Industriezone von Grenzach.

1c. – cv. **'Variegatum'** – *Panaschierter Eschen-A.*
An der Strasse nach Duggingen südlich des Bahnhofs Aesch.

2. A. pseudoplatanus L. – *Berg-A.*
Ö: Als grosser Baum bestandbildend in ± luftfeuchten Schlucht- und Hangfusswäldern, in Bachtälchen, im Einzelstand auch in Buchenwäldern. Als Sämling und Jungbaum z.T. massenhaft in Schlagfluren und im Jungwuchs feuchter Laubmischwälder. Häufig auch an Ruderalstellen, an verbuschten Bahnböschungen, in verwilderten Gartenhecken usw. Als Parkbaum v.a. im 19. Jahrhundert häufig gepflanzt. – Auf ± frischen bis feuchten, doch nicht staunassen, basen- und nährstoffreichen, lockeren, humosen, oft steinigen bis grobblockigen, z.T. wenig konsolidierten, aber auch auf tiefgründigen, lehmigen Böden.
S: Tilio-Acerion, seltener Alno-Ulmion, Fagion, Sambuco-Salicion, selten Carpinion.
V: Ziemlich verbreitet und v.a. in den kühlhumiden Berglagen häufig. Im urbanen Siedlungsgebiet wohl meist subspontan. In der Oberrheinebene v.a. auf der badische Seite (Schwemmlehm).
G: In den letzten 100 Jahren wohl häufiger geworden. Nicht gefährdet.

2a. – cv. **'Purpurascens'**
Zierbaum. Häufig verwildert in siedlungsnahen, oft etwas gestörten Wäldern, Hecken und Gebüschen, an Böschungen u.dgl., z.B. Basel (Rheinbord), Basel-Riehen (Lange Erlen), Riehen (Friedhof Hörnli), Lörrach, Olsberger Wald usw.

3. A. platanoides L. – *Spitz-A.*
Ö: Als Baum in wintermilden, sommerwarmen Laubmischwäldern an Hang- und Felsfüssen, in Bachtälchen und Schluchten, an Terrassenborden der Flusstäler. Als Strauch in Eichenmischwäldern und gebüschreichen Buchenwäldern, als Vorholz in Schlagfluren. Auch in Baumhecken und Feldgehölzen und in gereiften Ruderalgebüschen. Oft als Park- und Alleebaum, gelegentlich auch forstlich gepflanzt und auf nahe gelegene potentielle Wildstandorte, z.B. Niederterrassenborde, zurückverwildernd. Wärmeliebend. – Auf frischen bis mässig trockenen, ± sommertrockenen, basen-, doch nicht immer kalkreichen, mittel- bis tiefgründigen, lockeren, mullhumosen, steinigen, auch grobblockigen und schottrigen, z.T. lehmigen Böden.

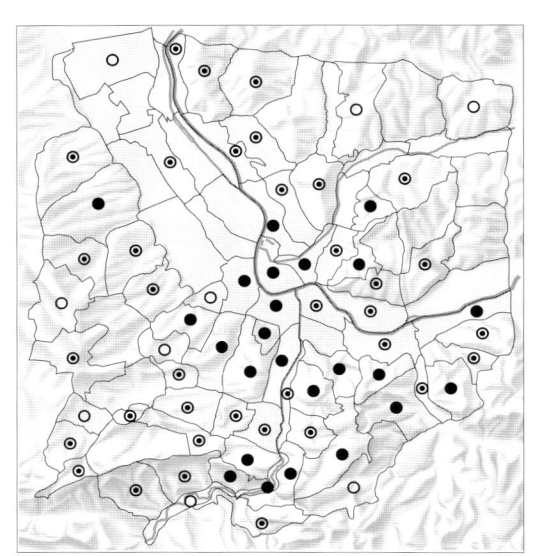

Acer platanoides

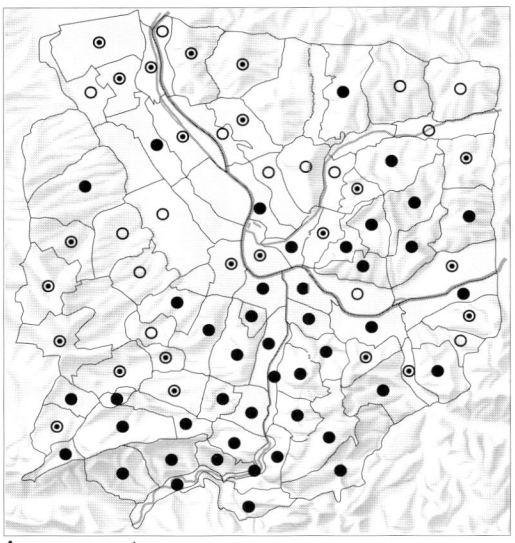

Acer campestre

S: Tilio-Acerion (v.a. Aceri-Tilietum), Carpinion, Alno-Ulmion, seltener Quercion pubescenti-petraeae und Cephalanthero-Fagenion (Carici-Fagetum).
V: In den wärmeren Teilen des Juras verbreitet und recht häufig. Häufig, doch vielfach subspontan auch im urbanen Siedlungsgebiet und seiner näheren Umgebung. Sonst sehr zerstreut; bodenständig wohl nur an Niederterrassenböschungen der Birs- und Hochrheinebene, in der Gegend von Istein und am Dinkelberg.
G: In den letzten 100 Jahren häufiger geworden. Nicht gefährdet.

4. A. cappadocicum Gled. – *Kolchischer Spitz-A.*

B: Eph. – Kaukasus, N-Iran, Anatolien; Bergwälder.
Ö/V: Zierbaum. Angepflanzt und subspontan an zwei mässig feuchten, siedlungsnahen Waldstellen am baselstädtischen Bruderholz (Jakobsbergerholz, Schlangenwäldchen).

5. A. ginnala Maxim. – *Feuer-A., Mongolischer Steppen-A.*

B: Eph. – Korea, Mandschurei, O-Sibirien; feuchte Wälder.
Ö/V: Zierbaum. Selten verwildert: Bahnhof Riehen (1995).

6. A. saccharinum L. – *Silber-A.*

B: Eph. – Östliches und mittleres Nordamerika; Auenwälder.
Ö/V: Häufiger Zierbaum. Gelegentlich als Keimlinge nahverwildernd in den Fugen von Strassenrandsteinen und auf frisch umgebrochenen, feuchten, lehmigen Äckern, z.B. Basel (Zu den Drei Linden, Schäublinstrasse), Riehen (Mühlestiegstrasse), Birsfelden (Kraftwerk).

7. A. campestre L. – *Feld-A., Massholder*

Ö: In lichten, warmen, kraut- und strauchreichen Laubmischwäldern, besonders in (ehemaligen) Mittel- und Niederwäldern, in Feldgehölzen und Gebüschen. Kaum zu grossen Bäumen auswachsend, selten über 12 m hoch. Häufig auch als Zier- und Heckengehölz gepflanzt. – Auf frischen bis (mässig) trockenen, basenreichen, nicht zu flachgründigen, humosen, lockeren, meist steinigen und ± lehmigen Böden.
S: Carpinion, Alno-Ulmion, Tilio-Acerion, Cephalanthero-Fagenion, auch Berberidion.
V: Verbreitet und v.a. im Jura, am Dinkelberg und auf den bewaldeten Niederterrassen der Flusstäler meist häufig. Bis ins urbane Siedlungsgebiet, hier z.T. wohl subspontan.
G: Nicht gefährdet.

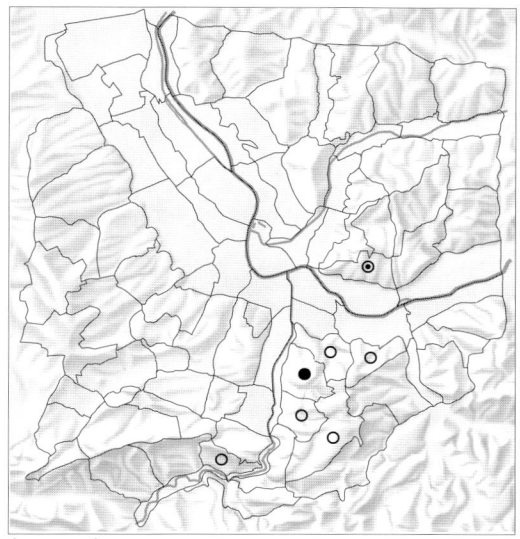

Acer opalus

Cotinus coggygria

8. A. opalus Mill. – *Schneeballblättriger A.*
Lit.: KUNZ (1969), ROENSCH (1979), VOGT (1984).

Ö: Oft als Strauch, aber auch als bis 10 m hoher Baum in lichten, gebüschreichen Eichen- und Buchen-Mischwäldern, an buschigen, felsigen Hängen, auf waldigen Felskreten und Felsköpfen; meist in Südexposition. In sommerwarmen, wintermilden Lagen. – Auf mässig trockenen, kalkreichen, flach- bis mittelgründigen, humosen, steinigen Lehm- und klüftigen Felsböden.
S: Quercion pubescenti-petraeae, Cephalanthero-Fagenion (Carici-Fagetum seslerietosum).
V: Ziemlich selten und streng lokalisiert; v.a. am West- und Nordabfall des Gempenplateaus, z.B. Dornach (Tiefentalfelsen), Arlesheim (Umgebung der Gobenmatt), Pratteln (Horn); östliches Blauengebiet: Grellingen (Glögglifels); Dinkelberg-Südflanke ob Grenzach-Wyhlen (wenige Bäume). Im Gebiet an der absoluten Nordostgrenze der Verbreitung.
G: Im Gebiet von Natur aus selten. Nicht gefährdet; am Dinkelberg potentiell gefährdet.

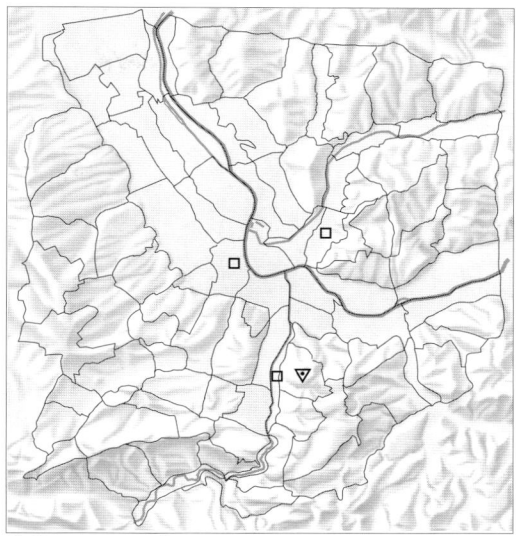

ANACARDIACEAE
SUMACHGEWÄCHSE

324. Cotinus Mill. *Perückenstrauch*

1. C. coggygria Scop. – *Perückenstrauch*
B: Neo. – S- und SO-Europa; trockene Kalkfelshänge.
Ö/V: Häufiger Zierstrauch. Eingebürgert an sonnigen, trockenwarmen, kalkschuttreichen buschigen Hängen der Gempen-Westflanke bei Arlesheim (Gstüd-Südhang, Homburgrain, südlich 'Spitalholz', Schloss Richenstein). Beim Schloss Birseck (Arlesheim) angepflanzt, hier vermutlich Stammpflanzen.

325. Rhus L. *Sumach*

1. R. typhina L. – *Essigbaum, Hirschkolben-S.*
B: Neo. – Östliches Kanada und USA; Weiden, Hecken und Waldränder (Vorwaldgehölze) auf sumpfigen und steinigen Böden.
Ö: Zierbaum. Verwildert oder verschleppt, z.T. auch eingebürgert an Böschungen und Dämmen, auf steinigem Brachland, an Schuttplätzen, in Mülldeponien, an Flussufern, an gestörten Waldrändern, z.T. auch in siedlungs-

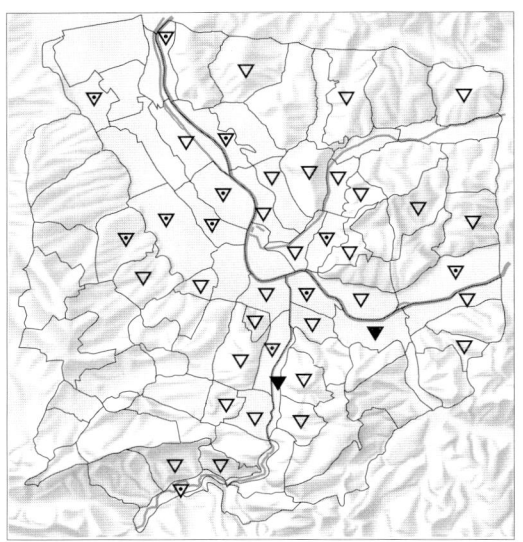

Rhus typhina

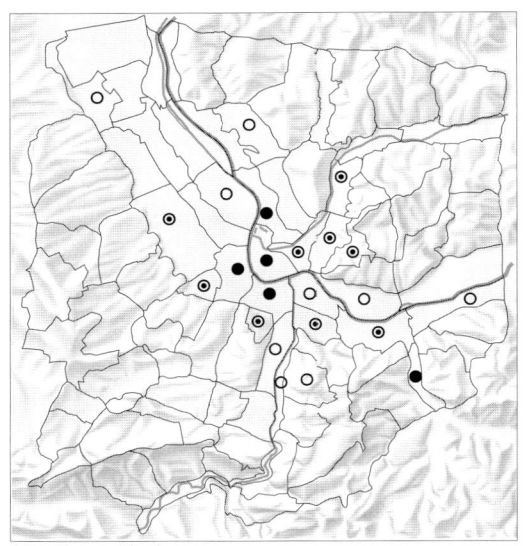

Ailanthus altissima

fernen Gehölzen. Durch Wurzelbrut oft kompakte Bestände bildend. – Auf frischen bis (wechsel-)trockenen, nährstoffreichen, humosen, gestörten Böden.
S: Sambuco-Salicion (Epilobio-Salicetum solidagetosum), Convolvulo-Agropyrion.
V: In den Flussebenen von Rhein und Birs ziemlich verbreitet und lokal recht häufig, z.B. Reinacher Heide, Dornach (Apfelsee), Reinach-Aesch, Münchenstein, Zwingen, Muttenz-Pratteln, St. Louis. Sonst zerstreut; ausserhalb der Flusstäler selten bis weithin fehlend.
G: An den Fundstellen oft expansiv. Nicht gefährdet.

1a. – cv. **'Dissecta'** – *Schlitzblättriger E.*

Da und dort, z.B. Basel (Walkeweg), Buschwiller, Sierentz.

SIMAROUBACEAE
BITTERESCHENGEWÄCHSE

326. **Ailanthus** Desf. *Götterbaum*

1. A. altissima (Mill.) Swingle – *Götterbaum*

B: Neo, als Kulturpflanze seit Mitte des 18. Jahrhunderts in Europa. – China, Taiwan; in feucht-warmem, sommerheissem Klima an Kalkhängen bis 1500 m.
Ö: Zierbaum, früher gelegentlich auch forstlich angepflanzt. Völlig eingebürgert in ruderalen Pioniergebüschen auf Schuttstellen und Trümmerfeldern, in Industrie- und Gewerbearealen, in Bahnanlagen, in Stadtgärten und Hinterhöfen, am Fuss von Hausmauern, an Uferbermen, seltener in Schlagfluren. Wärmeliebend; optimal im frostarmen, sommerwarmen Stadtklima. – Auf mässig frischen bis trockenen, basen- und nährstoffreichen, humosen, aber auch ± rohen, kiesigen bis steinigen, lehmigen Böden.
S: Jungaufwuchs im Sisymbrion und anderen Ruderalgesellschaften, Sambuco-Salicion (Sambuco-Salicetum solidagetosum), hier z.T. in Reinbeständen.
V: In der Stadt Basel und auf den urbanisierten Talböden verbreitet und häufig.
G: Etabliert sich rasch im Stadtbereich; leichte Ausbreitungstendenz, v.a. in die weitere Agglomeration. Nicht gefährdet.

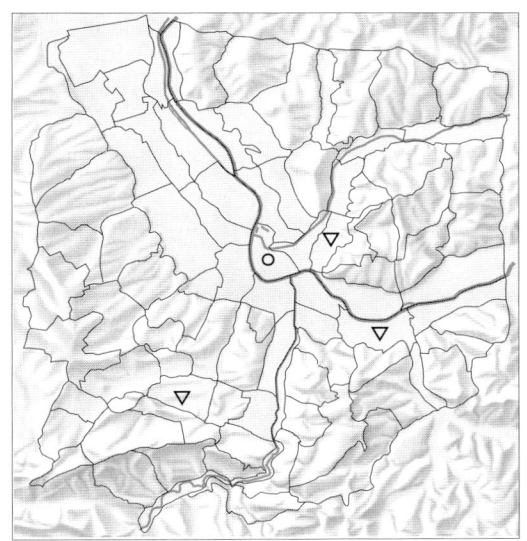

Ruta graveolens

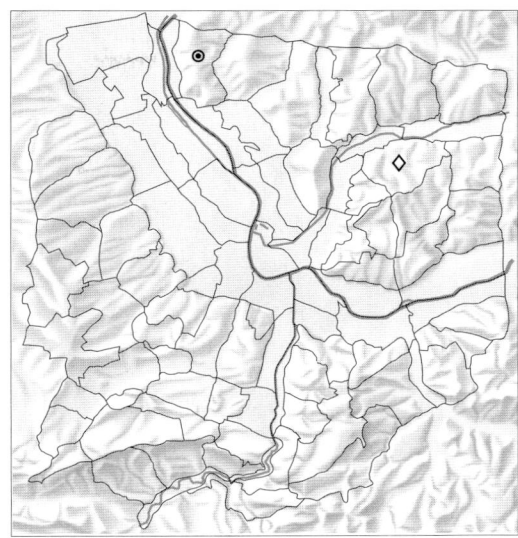

Dictamnus albus

RUTACEAE
RAUTENGEWÄCHSE

327. Ruta L. — *Raute*

1. R. graveolens L. – *Wein-R.*

B: Neo. – Mittelmeergebiet, ursprünglich ostmediterran; krautreiche, felsige Trockenhänge, bis 1100 m.
Ö: Zierpflanze, früher Heil- und Gewürzpflanze. Verwildert und z.T. eingebürgert an sonnigen Flussböschungen und Uferbermen, an trockenen Plätzen, an Mauerfüssen. Wärmeliebend. – Auf trockenen, ± nährstoff- und basenreichen, steinigen Böden.
S: Onopordion, Sisymbrion.
V: Eingebürgert am rechten Wiesebord in Basel. Sonst gelegentlich nahverwildert, z.B. Ettingen, Pratteln (Schweizerhalle), Riehen (Rössligasse).
G: Eingebürgerte Vorkommen schonungsbedürftig.

328. Dictamnus L. — *Diptam*

1. D. albus L. – *Diptam*

Ö: In Säumen und Verlichtungen sonniger, warmer Flaumeichen- und Lindenwälder, an offenen Felshängen. In neuerer Zeit da und dort als 'Wildstaude' an trockenen, kiesigen oder steinigen Orten angepflanzt. – Auf trockenen, nährstoffarmen, im Gebiet kalkreichen, humus- und feinerdereichen, ± flachgründigen, steinigen, lehmigen und klüftig-felsigen Böden.
S: Geranion sanguinei, Berberidion, Quercion pubescenti-petraeae.
V: Sehr selten; nur an wenigen Stellen an der Westflanke der Malmscholle von Istein zwischen Istein (Buchgraben) und Kleinkems (Steinbruch). Ein Vorkommen unklarer Herkunft (angesalbt ?) an der Böschung über der Autobahn Lörrach-Inzlingen (T. Stalling).
G: Im Gebiet schon immer selten und auf die Westflanke der Malmscholle von Istein beschränkt. Stark gefährdet.

329. Ptelea L. — *Kleeulme*

1. P. trifoliata L. – *Kleeulme*

B: Eph. – Atlantisches N-Amerika; Schluchtwälder und Felsgebüsche auf Kalk.
Ö/V: Zierstrauch. Verwildert in einem ruderalen Gebüsch im Muttenzer Gewerbegebiet (Farnsburgerstrasse).

ZYGOPHYLLACEAE
JOCHBLATTGEWÄCHSE

330. Tribulus L. *Burzeldorn*

1. T. terrestris L. – *Burzeldorn*

B: Eph. – Mittelmeergebiet-Orient; offene, sandige Plätze, Ödland.
Ö/V: Adventiv auf trockenen, sandig-kiesigen Böden in den Hafenanlagen Weil-Friedlingen (1988) und Basel-St. Johann (1994ff.).

OXALIDACEAE
SAUERKLEEGEWÄCHSE

331. Oxalis L. *Sauerklee*

1. O. acetosella L. – *Gemeiner S., Kuckucksklee*

Ö: Gesellig in schattigen Buchen- und Laubmischwäldern, auch in Fichtenforsten und anderen Nadelgehölzen, auf bemoostem Blockschutt, auf morschen Baumstümpfen, unter Hecken, in alten, schattigen Gärten und Parks. Gerne in sommerkühlen, luftfeuchten Lagen. – Auf frischen bis feuchten, mässig nährstoffreichen, kalkarmen oder zumindest oberflächlich kalkfreien, lockeren, stark modrig-humosen Böden.
S: Fagion (v.a. Luzulo-Fagenion), Vaccinio-Abietenion, seltener Lunario-Acerenion, Carpinion.
V: Mit Ausnahme der Flusstäler und der trockenwarmen Teilen des Markgräfler und Sundgauer Hügellandes verbreitet und häufig. In der Oberrheinebene sehr selten: Elsässer Hardt bei 'Nifferweg' (Schlierbach).
G: Nicht gefährdet.

2. O. fontana Bunge (O. europaea Jord., O. stricta auct.) – *Aufrechter S.*

B: Neo, wohl seit dem 18. Jahrhundert im Gebiet. – C- und O-Nordamerika; lichte (Birken-, Ahorn-) Wälder.
Ö: In Hackäckern und Gemüsekulturen, in Rapsfeldern, in Rebbergen, in Gärten und Friedhöfen, auf Erdschutt, in Lehm- und Kiesgruben, in Bahnanlagen, an Dämmen, an Flussufern, auch an Waldwegen und auf Waldschlägen. Wärmeliebend. – Auf frischen bis mässig trockenen, nährstoffreichen, meist kalkarmen, lockeren, oft humosen, sandigen, kiesigen und lehmigen Böden.
S: Polygono-Chenopodion (Chenopodio-Oxalidetum), Setarienion, Fumario-Euphorbion, seltener Sisymbrion, Aperion, Alliarion.

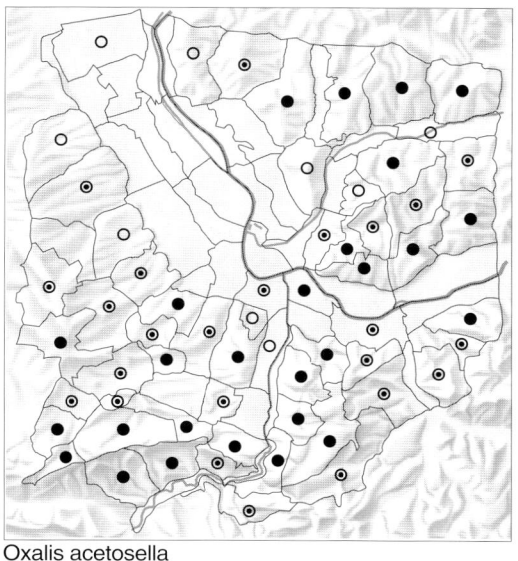

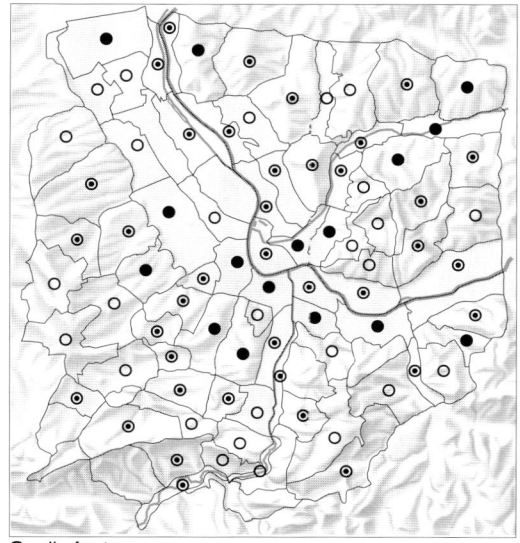

Oxalis acetosella

Oxalis fontana

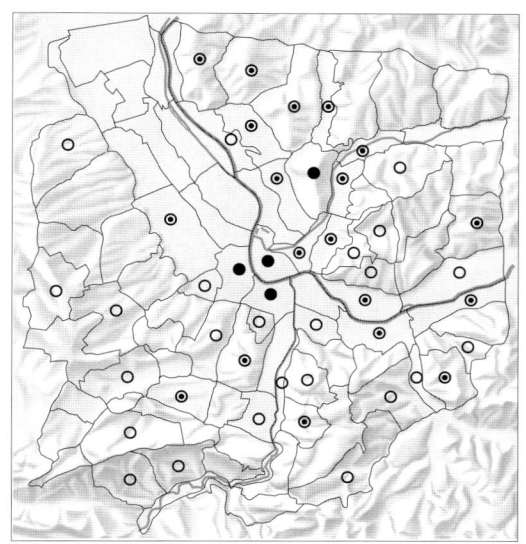

Oxalis corniculata

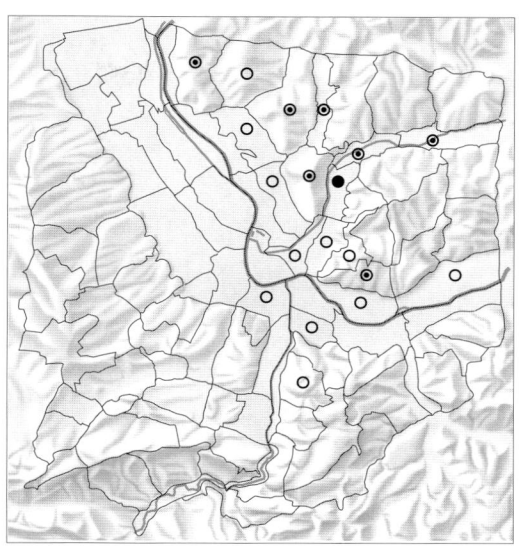

Oxalis dillenii

V: Ziemlich verbreitet und v.a. in tieferen Lagen häufig; nicht selten auch in der zottigen f. *villicaulis* Wiegand. Im Jura auffallend selten und weithin fehlend.
G: Nicht gefährdet.

3. O. corniculata L. – *Hornfrüchtiger S.*

B: Arch. – Mediterrangebiet-(sub-)trop. Asien (kosmopolitisch); in Gewächshäusern, Kulturen, Rasen, an Mauern.
Ö: In Gartenbeeten, in Gärtnereien, in Treibhäusern, in Rabatten, auf Friedhöfen und in Parkanlagen, an Mauerfüssen, in Pflasterritzen, auf Kieswegen, in lückigen Scherrasen. Feuchte Wärme liebend. – Auf frischen bis mässig trokkenen, nährstoffreichen, gerne kalkarmen, lockeren, schluffigen bis sandigen Lehmböden.
S: Polygono-Chenopodietalia, Polygonion avicularis.
V: In den Siedlungsgebieten ziemlich verbreitet und v.a. in der Stadt Basel häufig; meist in der rotlaubigen var. *atropurpurea* Planch. Verbreitung unzureichend erfasst.
G: Sukzessive zunehmend. Nicht gefährdet.

4. O. dillenii Jacq. – *Dillens S.*

B: Neo, nachgewiesen seit 1985, doch wohl schon früher im Gebiet. – C- und O-Nordamerika bis Mexiko; Gärten, Felder, Ödland, Flussauen, Wälder.

Ö: In Friedhöfen und Gärtnereien, in Beeten und Rabatten, inmitten von Bodendeckern, in lückigen Scherrasen, an schattigen Sandplätzen. In milden, warmen Lagen. – Auf frisch bearbeiteten, (mässig) frischen, nährstoffreichen, lockeren, sandig-humosen Lehmböden.
S: Polygono-Chenopodietalia, seltener Polygonion avicularis, Cynosurion.
V: Bis jetzt mehrfach im Markgräfler Hügelland und in den Flusstälern von Rhein und Wiese, z.B. Basel, Grenzach, Riehen, Bettingen, Lörrach, Brombach, Tumringen, Wollbach, Fischingen, Huttingen, Kleinkems; nach Hügin (1994-1996, mdl.) auch Weil, Efringen, Welmlingen, Mappach, Egringen, Schallbach, Holzen, Binzen, Haltingen, Röttelnweiler, Rümmingen, Haagen, Steinen, Höllstein, Hüningen. Oft mit *O. fontana* verwechselt. Auf weitere Vorkommen und zukünftiges ökologisches Verhalten ist zu achten.
G: Lokal starke Zunahme, aber geographische Ausbreitung nur schleichend. Nicht gefährdet.

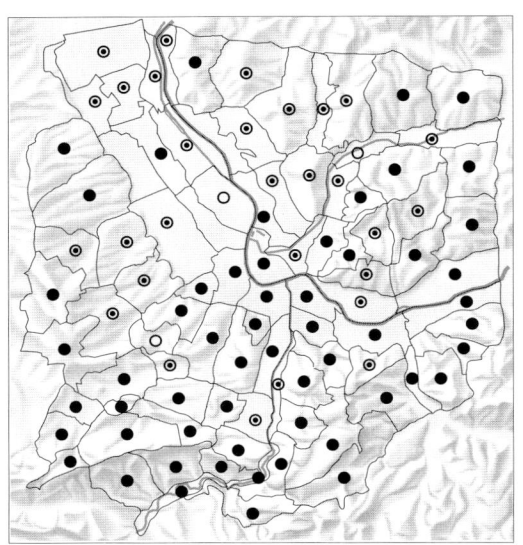

Geranium robertianum

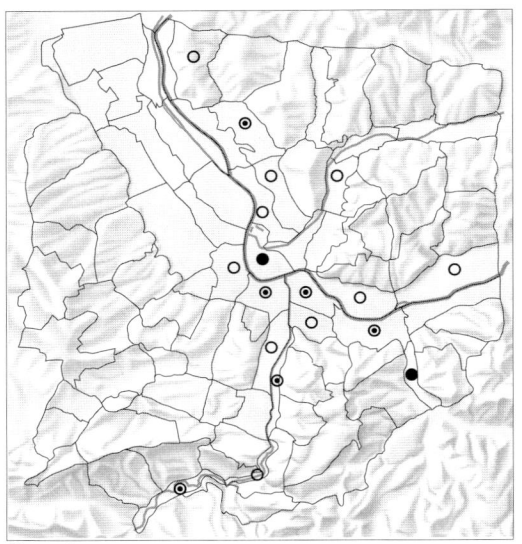

Geranium purpureum

GERANIACEAE
STORCHSCHNABELGEWÄCHSE

332. Geranium L. *Storchschnabel*

1. G. robertianum L. – *Ruprechtskraut*
Ö: In meist schattigen bis halbschattigen nitrophilen Kraut- und Staudensäumen, in Verlichtungen und an gestörten Stellen ± feuchter, oft moosiger Wälder, an Waldwegen, an Fels- und Mauerfüssen, in Felsspalten und Mauerfugen, auf Felsschutt, an Holzlagerplätzen, auf bemoosten Dächern und Bäumen, unter Hecken, Gebüschen und Bäumen schattiger Gärten und Parks, auch in schattigen Parkrasen. Seltener an sonnigen Stellen, z.B. in Bahnschotter (vgl. aber *G. purpureum* Vill.). – Auf feuchten bis mässig trockenen, nährstoff- und basenreichen, meist tiefgründigen, humosen, lockeren, reinen und steinigen Lehm-, klüftigen Fels- und Steinschuttböden.
S: Alliarion (v.a. Epilobio-Geranietum), seltener Aegopodion, Sambuco-Salicion, Cystopteridion, Fagetalia (v.a. Lunario-Acerenion, Alno-Ulmion).
V: Verbreitet und häufig.
G: Nicht gefährdet.

2. G. purpureum Vill. (G. robertianum ssp. purpureum (Vill.) Nyman) – *Purpur-St.*
B: Neo, seit ca. 1980 im Gebiet. – Mittelmeergebiet; sonnige Kalkfelsen und Mauern.
Ö: Gesellig in sonnigem Bahnschotter in Bahnhöfen und Hafenanlagen, v.a. auf weniger unterhaltenen, selten befahrenen Abschnitten und auf Abstellgeleisen, neuerdings auch in Tramtrassen und in bahnnahen Rabatten. – Auf mässig trockenen, ± nährstoffarmen, ± rohen, oft sandigen bis feinkiesigen Schotterböden.
S: Galeopsietum angustifoliae.
V: Bisher auf allen Bahnhöfen der Strecke Basel-Olten, Bahnhöfe Münchenstein, Grellingen, Zwingen, Laufen usw.; auch Efringen-Kirchen, Istein, Rheinweiler, Güterbahnhof Lörrach (alle G. Hügin, Mitte der 1990er Jahre, mdl.); Grenzach, Bad. Rheinfelden (alle G. Hügin & H. Boos, mdl.), Rangierbahnhöfe Weil-Haltingen und Muttenz, Badischer Güterbahnhof Basel (seit 1980), Häfen Basel-Kleinhüningen und Birsfelden. Seit kurzem auch in Tramtrassen der Überlandlinien, z.B. Münchenstein-Reinach. Bis anhin keine Nachweise aus der elsässischen Oberrheinebene. Auf weitere Vorkommen und zukünftiges ökologisches Verhalten ist zu achten.
G: In rasanter Ausbreitung. Nicht gefährdet.

3. G. macrorrhizum L. – *Felsen-St.*
B: Eph. – S- und SO-Europa; montane Kiesfluren, Felsen, Wälder.
Ö/V: Häufige Zierstaude. Da und dort verwildert oder verschleppt an krautig-buschigen Wegsäumen, z.B. Herten SO (gegen Rhein), Allschwil S (Charthaus).

4. G. rotundifolium L. – *Rundblättriger St.*
B: Arch.
Ö: In gehackten Rebbergen und am Fuss von Rebbergmauern, in sonnigen, nitrophilen Kraut- und Staudensäumen an Wegrändern und Bahndämmen, in lückigen ruderalen Queckenrasen, seltener in krautreichen, ± trockenen Scherrasen, vorübergehend verschleppt in Rabatten. Licht- und wärmebedürftig. – Auf frischen bis mässig trockenen, nährstoff- und basenreichen, oft kalkarmen, ± tiefgründigen, sandigen bis steinigen Lehmböden.
S: Fumario-Euphorbion (v.a. Geranio-Allietum), Convolvulo-Agropyrion, auch Sisymbrion, Alliarion, Arction.
V: Nur in den warmen Tieflagen: häufig in den ruderalen Siedlungsbereichen von Basel, Riehen, Lörrach, Weil, St. Louis, Grenzach, Bad. Rheinfelden, Birsfelden, Muttenz und Pratteln, ferner an der Bahnstrecke Weil-Haltingen-Eimeldingen-Efringen. Recht häufig auch in den Rebgeländen von Efringen-Istein-Kleinkems und Grenzach-Wyhlen-Herten, seltener von Muttenz (Wartenberg). Als Rebkultur-Relikt bei Ettingen (WEIDKUHN 1984) und Bettingen. Ein isoliertes, aber beständiges Vorkommen im Dorf Biel (Biel-Benken).
G: Im Rebgelände z.T. stark zurückgegangen, im ruderalen Siedlungsgebiet ± stabil. Schonungsbedürftig.

5. G. palustre L. – *Sumpf-St.*
Ö: In Uferstaudenfluren an Bächen und Gräben. Auch in Weiherbiotopen gepflanzt. – Auf feuchten bis nassen, basen- und nährstoffreichen, humosen, tiefgründigen Lehm- und Tonböden.
S: Filipendulion (Geranio-Filipenduletum).
V: Sehr selten: Leymen (Ehnerfeld), Orisbach bei Liestal. Bei Reinach (Buechholz) ursprünglich wohl gepflanzt.
G: Zurückgegangen; im Gebiet auch früher nicht häufig. Am Violenbach zwischen Olsberg und Giebenach (MOOR 1962) nicht mehr bestätigt. Vom Aussterben bedroht.

6. G. nodosum L. – *Knotiger St.*
B: Eph (Neo). – Südalpen bis Pyrenäen; Bergwälder.

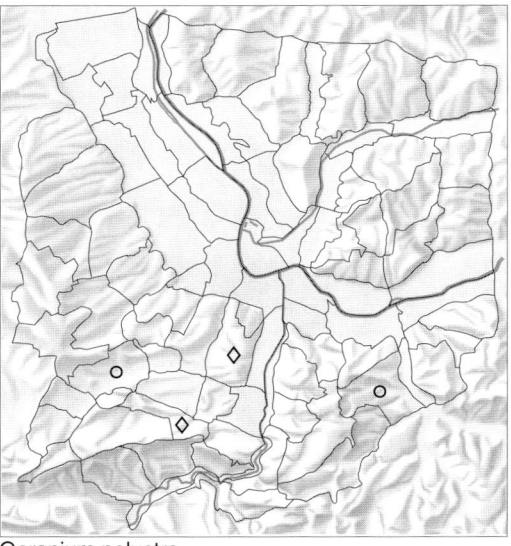

Geranium rotundifolium

Geranium palustre

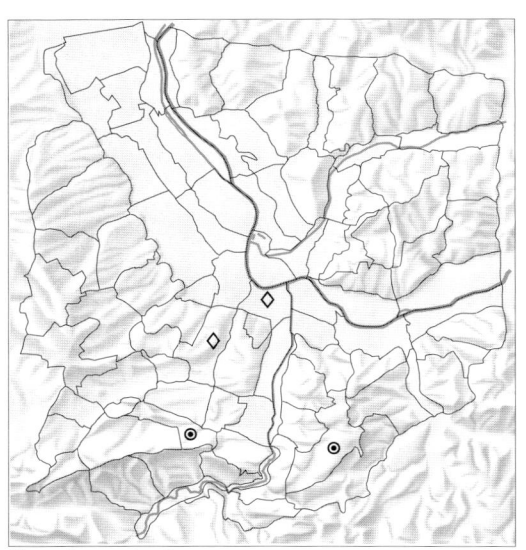

Geranium sylvaticum

Ö/V: Eingeschleppt und sich haltend unter einer Hecke in Riehen (Ecke Lachenweg/Grasserweg; schon 1964, W. Baumgartner in BECHERER 1972a).

7. G. sylvaticum L. – *Wald-St.*

Ö: In Buchenwäldern, in waldnahen Hecken und ihren Säumen, in halbschattigen Hochstaudenfluren. Im Gebiet nicht (nicht mehr ?) auf frischen Fettwiesen. In sommerkühlen Lagen. – Auf frischen, nährstoff- und basenreichen, tiefgründigen, humosen, z.T. steinigen Lehmböden.
S: Aegopodion, Alliarion, Fagion (Hordelymo-Fagetum).
V: Sehr selten; nur wenige Nachweise aus dem Jura: Gempen (Zwäracher), Hochwald (Chälen), Flüh (Flüemüli), Hofstetten Dorf.
G: Zurückgegangen (?); im Gebiet von Natur aus nicht häufig. Am Dinkelberg (BINZ 1942) verschollen. Stark gefährdet.

8. G. pratense L. – *Wiesen-St.*

B: Arch.
Ö: Gesellig in frischen Fettwiesen und -weiden, in grasigen Staudenfluren, in Rebbergen, auf Brachland, an Gräben. Auch angesät und als Zierpflanze kultiviert. – Auf (wechsel-)frischen, in der Tiefe oft wasserzügigen, nährstoff- und basenreichen, tiefgründigen Lehm- und Tonböden.

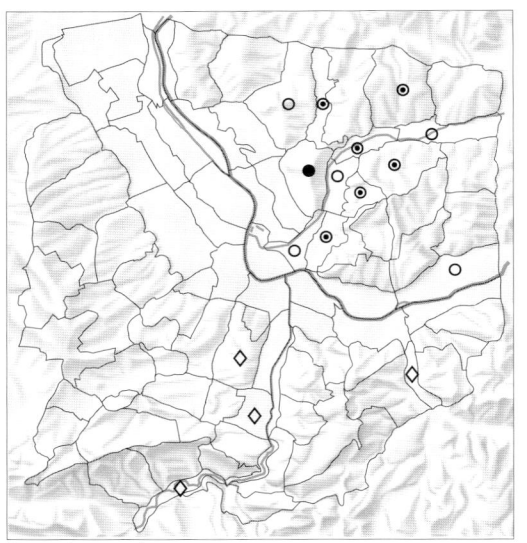

Geranium pratense

S: Arrhenatherion, Convolvulo-Agropyrion, Aegopodion.
V: Fast ausschliesslich im Einzugsgebiet der Wiese: häufig am Tüllinger Berg (inkl. 'Schlipf' bei Riehen); Rötteln (Lucke), Wollbach, Holzen, Hauingen (Heilisau), Hägelberg, Lörrach W, Tumringen, Haagen, Steinen W, Riehen (unteres Moostal, Diakonissenhaus), Lörrach O (Wallbrunnstrasse-Weilert-Rüttegraben, z.T. in grossen Beständen), oberhalb Brombach usw.; Dinkelberg-Südrand: Nollingen-Beuggen. Sonst wohl ausschliesslich angesät oder angepflanzt, z.B. Aesch, Laufen, Bottmingen (Fiechtenhag), Ufer der Ergolz bei Liestal.
G: Nicht gefährdet; ausserhalb des Tüllinger Berges schonungsbedürftig.

9. G. sanguineum L. – *Blutroter St.*

Ö: In sonnigen bis leicht schattigen Staudenfluren im Saum und an lichten Stellen warmer Eichenmischwälder und Trockengebüsche, auf Felsköpfen. Auch Zierpflanze, doch kaum verwildernd. – Auf (mässig) trockenen, nährstoffarmen, basenreichen, im Gebiet stets kalkhaltigen, lockeren, humosen, meist steinigen Lehmböden.
S: Geranion sanguinei (Peucedano-Geranietum).
V: Selten und streng lokalisiert; v.a. auf der Dinkelberg-Südseite zwischen Grenzacher

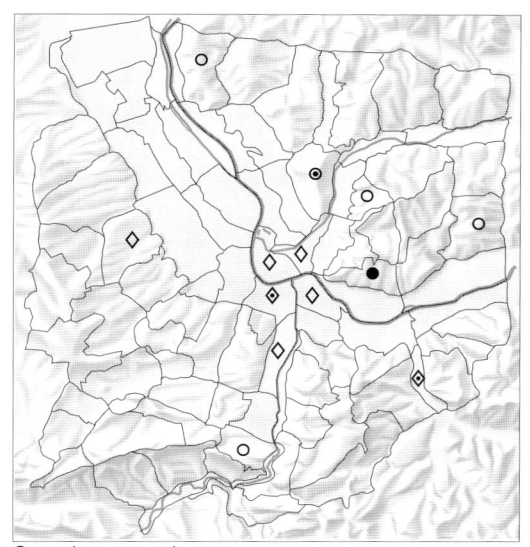

Geranium sanguineum

Horn und Steinbruch Wyhlen, ausserdem am Hünerberg bei Lörrach; Tüllinger Berg: Obertüllingen; Westflanke der Malmscholle von Istein zwischen Istein und Kleinkems; Jura: Pfeffinger Schlossberg. Ausserhalb des Rayons im Laufental (z.B. Liesberg) und in der Elsässer Hardt südlich Habsheim.
G: Wohl zurückgegangen; im Gebiet schon immer ± selten. Am Bruderholz gegen Therwil (HEINIS 1911) verschollen. Stark gefährdet.

10. G. columbinum L. – *Tauben-St.*
B: Arch.
Ö: In Rebbergen, auf Acker- und Gartenland, in gestörten, lückigen Wiesen und Weiden, in ruderalen Krautfluren und Queckenrasen an Weg- und Strassenrändern, an Böschungen und Dämmen, in Baumscheiben und Rabatten. Licht- und wärmeliebend. – Auf frischen bis mässig trockenen, nährstoff- und basenreichen, gerne kalkhaltigen, nicht zu dichten, ± rohen und wenig humosen, sandigen bis steinigen, lehmigen Böden.
S: Polygono-Chenopodietalia (v.a. Fumario-Euphorbion), Sisymbrion, Convolvulo-Agropyrion, seltener Cynosurion.
V: Ziemlich verbreitet, aber nicht durchwegs häufig; gehäuft in den Flusstälern von Rhein und Birs und in den wärmeren Teilen des Juras (z.B. Blauen-Südseite).

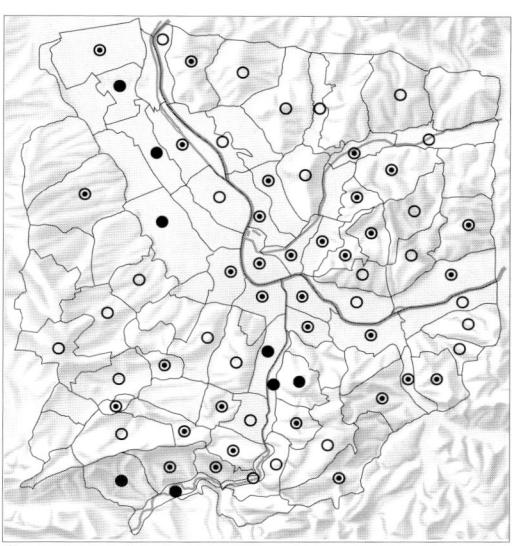

Geranium columbinum

G: Zurückgegangen. Schonungsbedürftig.

11. G. dissectum L. – *Schlitzblättriger St.*
B: Arch.
Ö: In Gemüsefeldern und auf Gartenland, in Rebbergen, in Sommer- und Wintergetreideäckern, an Störstellen in Wiesen und Weiden,

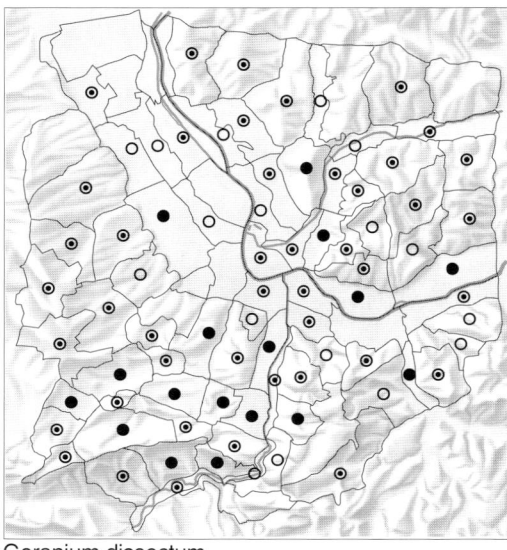

Geranium dissectum

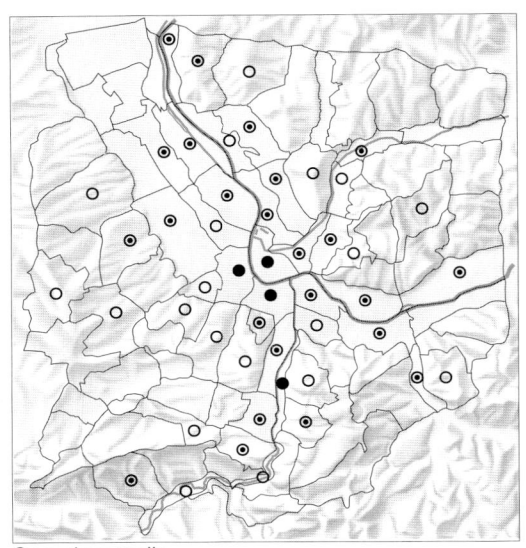

Geranium molle

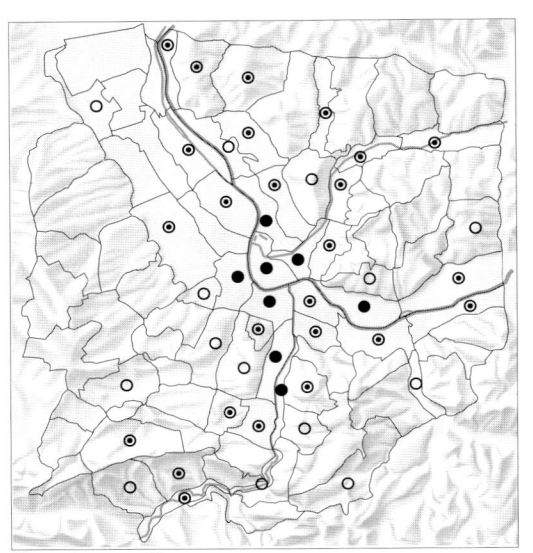

Geranium pusillum

in krautreichen Scherrasen, auf Erdschutt, in Rabatten. – Auf frischen bis ziemlich feuchten, nährstoff- und basenreichen, tiefgründigen, oft schweren Lehmböden.
S: Polygono-Chenopodietalia (v.a. Fumario-Euphorbion, auch Polygono-Chenopodion), Cynosurion.
V: Verbreitet und v.a. in den Lehmgebieten und auf den verlehmten Niederterrassen der Flusstäler (Schwemmlehm aus den Hügelländern) häufig. In der holozänen Aue der Oberrheinebene selten bis fehlend.
G: Nicht gefährdet.

12. G. molle L. – *Weicher St.*
B: Arch.
Ö: In lückigen, ruderalen Rasen an sonnigen Böschungen und Dämmen, an Weg- und Strassenrändern, in Schafweiden, in lückigen, trockenen Scherrasen, selten in Rebbergen und auf Ackerland. Licht- und wärmeliebend. – Auf mässig trockenen, oft nur mässig nährstoffreichen, gerne kalkarmen, ± tiefgründigen, lockeren, lehmigen bis sandigen Böden.
S: Convolvulo-Agropyrion, Cynosurion (Festuco-Crepidetum), seltener Fumario-Euphorbion.
V: In den wärmeren Teilen der Flusstäler verbreitet und v.a. in den urbanen und halburbanen Siedlungsbereichen häufig. Stellen-

weise auch an den warmen Talflanken, z.B. im Gebiet der Malmscholle von Istein. Sonst selten und z.T. nur verschleppt.
G: Zurückgegangen. Schonungsbedürftig.

13. G. pusillum L. – *Kleiner St.*
B: Arch.
Ö: Gesellig, z.T. in Menge in Gemüsefeldern und Rebbergen, auf Gartenland, in sonnigen, ruderalen Krautfluren an Weg- und Strassenrändern, in Baumscheiben, in lückigen, krautreichen Scherrasen. Licht- und wärmebedürftig. – Auf frischen bis mässig trockenen, oft sommertrockenen, nährstoff-(stickstoff-) und basenreichen, meist kalkarmen, tiefgründigen, lockeren, sandigen Lehmböden.
S: Polygono-Chenopodietalia (v.a. Fumario-Euphorbion), Cynosurion (Festuco-Cynosuretum, Trifolio-Veronicetum), auch Sisymbrion.
V: In den Flusstälern verbreitet und v.a. in den Siedlungsgebieten (Scherrasen) recht häufig. Sonst sehr zerstreut und schon in submontanen Lagen ± fehlend.
G: Nicht gefährdet.

14. G. pyrenaicum Burm. f. – *Pyrenäen-St.*
B: Neo, seit ca. 1800 im Gebiet. – S- und W-Europa; Weiden, Ödland, Gebüschsäume.

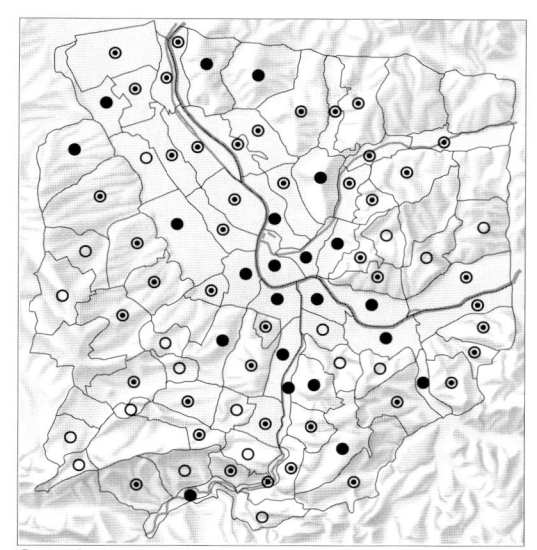

Geranium pyrenaicum

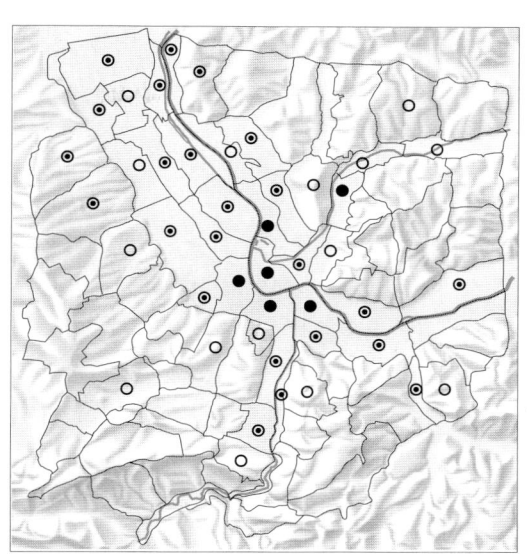

Erodium cicutarium

Ö: Längst eingebürgert in nitrophilen Kraut- und Staudenfluren an Gebüschrändern und Mauerfüssen, in Fugen schattiger Mauern, an Böschungen und Dämmen, in frischen, etwas gestörten, krautreichen Fettwiesen und -weiden, in Baumschulen, in Ackerbrachen, auf Schuttplätzen, an Strassenrändern. Etwas wärmeliebend. – Auf frischen, nährstoffreichen, tiefgründigen, gerne humosen, reinen, steinigen und sandigen Lehmböden.
S: Glechometalia, v.a. Alliarion (z.B. Alliario-Chaerophylletum), Arction; Convolvulo-Agropyrion, Arrhenatherion.
V: Ziemlich verbreitet und v.a. in den Siedlungsgebieten und ihrer Umgebung häufig.
G: Nicht gefährdet.

15. G. bohemicum L. – *Zigeuner-St.*

B: Eph. – O- und N-Europa; Verlichtungen und Brandstellen montaner Nadelwälder.
Ö/V: Aus Ansaat verwildert auf dem Basler Andreasplatz (A. Huber).

---

333. Erodium L'Hér.   *Reiherschnabel*

1. E. cicutarium (L.) L'Hér. – *Gemeiner R.*
B: Arch.
Ö: In offenen Kiesfluren von Bahn- und Hafenanlagen, an Strassenrändern, in lückigen Trockenrasen, seltener in mageren Scherrasen und Standweiden, in Rebbergen. Wärmeliebend. – Auf recht trockenen, basen- und ± nährstoffreichen, oft kalkarmen, gerne rohen oder wenig humosen Sand-, Kies- und Steingrusböden.
S: Sedo-Scleranthetalia, Xerobromion (Cerastio-Xerobrometum), Cynosurion, Sisymbrion.
V: In den Flussebenen von Rhein und Wiese, seltener auch Birs verbreitet, aber nicht durchwegs häufig; gehäuft in der Stadt Basel und längs der Verkehrswege. Ausserhalb der Flussebenen selten oder fehlend.
G: Zurückgegangen. Schonungsbedürftig.

1a. – var. **macranthum** Beck – *Grossblütiger R.*

V: Wenige Nachweise aus der Oberrheinebene: Hüningen (-Neudorf), Weil-Friedlingen N, Istein W (Strasse Richtung Friedhof), Hafen Basel-Kleinhüningen.

TROPAEOLACEAE
KAPUZINERKRESSENGEWÄCHSE

---

334. Tropaeolum L.   *Kapuzinerkresse*

1. T. majus L. – *Grosse K.*
B: Eph. – Peruanische Anden; Rinnsale in Felsfluren.

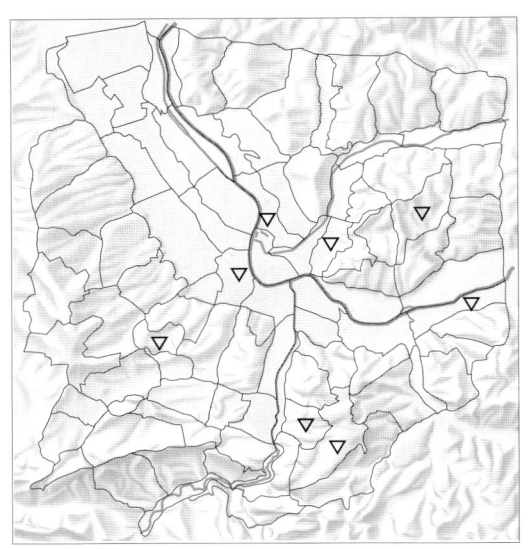

Tropaeolum majus

Ö/V: Zierpflanze. Selten vorübergehend verwildert oder mit Gartenschutt verschleppt in Deponien, auf altem Kompost und ausgedienten Misthaufen, an Hecken usw., z.B. Basel (St. Johann-Rheinweg, 1997), Riehen (Meierweg, 1981), Dornach (Goetheanum), Hochwald, Kaiseraugst.

BALSAMINACEAE
BALSAMINENGEWÄCHSE

335. Impatiens L. *Springkraut*

1. I. balsamina L. – *Balsamine*
B: Eph. – SO-Asien; schattige Schluchten, Bachläufe, Waldstrassen.
Ö/V: Zierpflanze. Verwildert in einer frischen, hochwüchsigen Schuttstaudenflur am 'Quai du Rhin' bei Hüningen (1984).

2. I. glandulifera Royle – *Drüsiges Sp.*
B: Neo, seit 1904 im Gebiet. – Himalaya Pakistan-Nepal; Hochstaudenfluren im Gebirge, 1800-4000 m.
Ö: Ursprünglich Zierpflanze. Völlig eingebürgert und meist in üppigen Beständen in offenen oder von Weichhölzern beschatteten Ufersäumen von Flüssen, Bächen und Weihern, in brachliegenden Riedwiesen, in Waldschlägen,

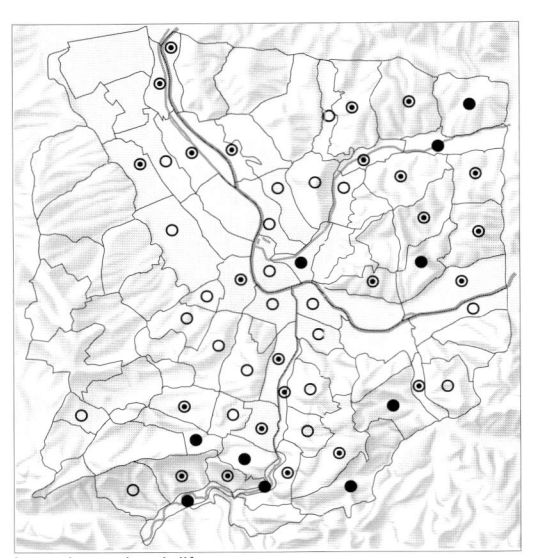

Impatiens glandulifera

an feuchten Waldstrassen, an Holzlagerplätzen, in Deponien. In luftfeuchten Lagen. – Auf nassen bis feuchten, mindestens aber frischen, basen- und nährstoffreichen Lehm- und Tonböden.
S: Salicion albae, Convolvuletalia, Magnocaricion, Arction, auch feuchte Fagetalia.
V: In den Flusstälern verbreitet und v.a. entlang der Birs und Wiese häufig. Stellenweise häufig auch im Jura (östliches Gempengebiet, Blauen-Nord- und Osthang), am Dinkelberg (v.a. Südseite) und in den Weitenauer Vorbergen (um Wollbach und nördlich Steinen-Maulburg). Sonst sehr zerstreut; im Westen des Gebiets (französischer Sundgau, westliches Blauengebiet) sehr selten oder fehlend.
G: In anhaltender Ausbreitung, seit einigen Jahren durch Verschleppung an Forststrassen vermehrt auch ausserhalb der Flusstäler. Nicht gefährdet.

3. I. balfourii Hook. f. – *Balfours Sp.*
B: Neo. – NW-Himalaya; feuchtwarme Waldschläge, Staudendickichte, 1500-2000 m.
Ö: Zierpflanze. Verwildert und z.T. eingebürgert in hochwüchsigen, feuchtigkeitsbedürftigen, ruderalen Kraut- und Staudenfluren, in Deponien. Wärmeliebend. – Auf frischen bis feuchten, nährstoffreichen, humosen Lehmböden.

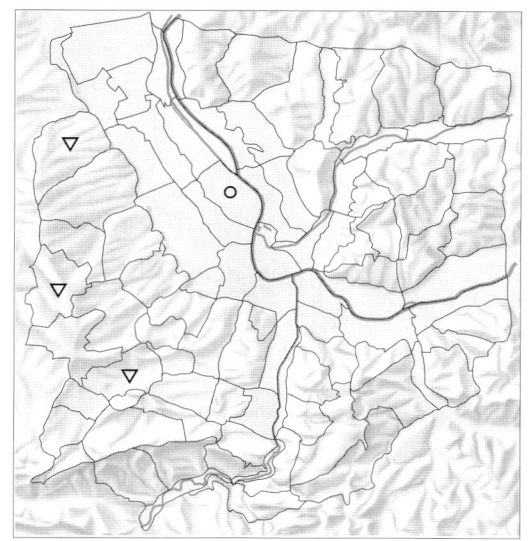

Impatiens balfourii

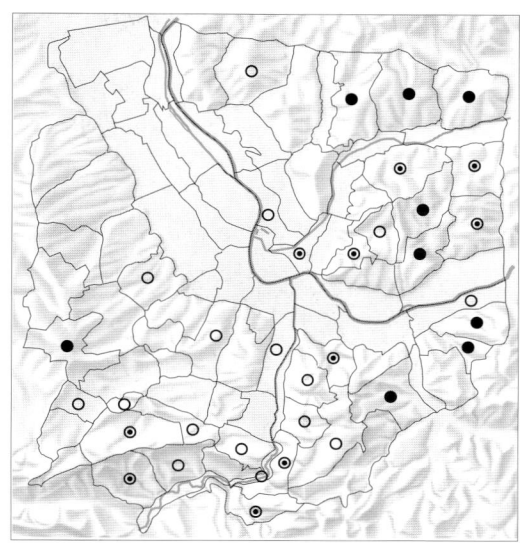

Impatiens noli-tangere

S: Alliarion, Polygono-Chenopodion, Magnocaricion (Phalaridetum arundinaceae).
V: Selten; nur an wenigen Stellen im Elsass: Folgensbourg (mehrfach), Stetten SW, Biederthal, Neudorf O, um 1975 auch bei der Station Leymen (M. Schwarz).
G: Bestände wenig expansiv.

4. I. walleriana Hooker fil. – *Fleissiges Lieschen*

B: Eph. – O-Afrika; schattige Bachrinnen im tropischen Regenwald.
Ö/V: Sommerliche Zierpflanze. Selten verwildert: Pflästerung im Wolf-Gottesacker (Basel), Bad. Rheinfelden (H. Boos).

5. I. noli-tangere L. – *Rührmichnichtan, Springkraut*

Ö: Meist gesellig in zeitweise vernässten Senken von Auen- und Bacheschenwäldern, an Quellen und Waldbächen, an Gräben, an den Rändern von Waldstrassen, an krautig verwachsenen Waldwegen, auf feuchten Waldschlägen, seltener an Flussufern. – Auf sickernassen bis -feuchten, nährstoffreichen, gerne kalkarmen, tiefgründigen, stark humosen Lehm- und Tonböden.
S: Alno-Ulmion, Alliarion (Epilobio-Geranietum).

V: In den Weitenauer Vorbergen, am Dinkelberg, auf dem Plateau von Olsberg-Giebenach und im höheren Sundgau verbreitet und häufig. Im Jura zerstreut; häufig in der Gegend des Röserentals (Liestal). In den Flusstälern und in den niederen Lösshügelländern selten, z.B. Basel-Riehen (Lange Erlen), Weil (Krebsbach), Rheinfelden W (Weiherholden), Oberwil (Meierhegli), Welmlingen (Eichwald).
G: Gebietsweise, z.B. im Jura und in den grossen Flusstälern wohl zurückgegangen. Nicht gefährdet.

6. I. parviflora DC. – *Kleinblütiges Sp.*

B: Neo, seit ca. Mitte des 19. Jahrhunderts im Gebiet (SEBALD et al. 1992). – Himalaya bis Altai; schattige Gebirgshänge bis 3000 m.
Ö: Truppweise an Störstellen siedlungsnaher Wälder und Hecken, an Waldwegen, auf Waldschlägen, an Waldrändern, in feuchten Waldsenken, an Kanälen und Flüssen, in Gärtnereien, in Gründeponien, an Holzlagerplätzen, in schattigen Ruderalfluren luftfeuchter Hinterhöfe und Parkanlagen. – Auf frischen, z.T. auch staufeuchten, nährstoff- (stickstoff-)reichen, meist kalkarmen, humosen Lehm- und Tonböden.
S: Alliarion (Epilobio-Geranietum), auch Alno-Ulmion und feuchtes Fagion.

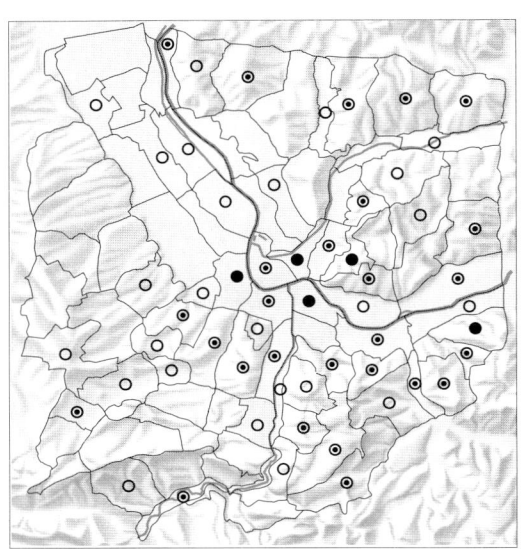

Impatiens parviflora

Hedera helix

V: Ziemlich verbreitet; häufig in der Stadt Basel und in den stadtnahen Teilen des Sundgaus und des Dinkelberges, ebenso im Olsberger Wald und in den Weitenauer Vorbergen. Im Blauengebiet, in der Oberrheinebene und in den wärmeren Teilen der Lösshügelländer auffallend selten und weithin fehlend.
G: In anhaltender, wenn auch langsamer Ausbreitung. Nicht gefährdet.

ARALIACEAE
EFEUGEWÄCHSE

336. Hedera L. *Efeu*

1. H. helix L. – *Efeu*
Ö: Gesellig und steril in der Bodenschicht von Wäldern und nicht völlig initialen, älteren Gehölzen, an schattigen Waldrändern und in beschatteten waldnahen Wiesen; kletternd und fertil in linden- und eichenreichen Wäldern, z.B. in Schlucht-, Auen- und Hangfusswäldern, an ± schattigen Felsen und Mauern. Häufig als Bodendecker in Gärten und Rabatten kultiviert, hier z.T. in der grossblättrigen var. *hybernica* Kirchner. – Auf mässig trockenen bis feuchten, nährstoff- und ± basenreichen, nicht zu flachgründigen, humosen, fast immer lehmigen Böden.

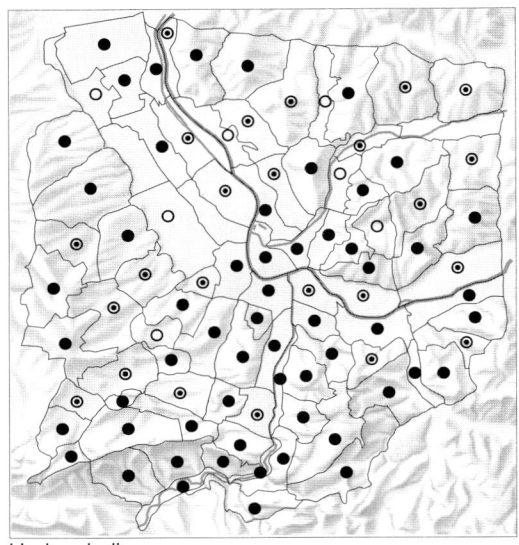

S: Querco-Fagetea (v.a. Fagetalia), Cystopteridion.
V: Verbreitet und bis ins urbane Siedlungsgebiet häufig.
G: Nicht gefährdet.

2. H. colchica (K. Koch) K. Koch – **Kolchischer E.**
B: Erg. – Kaukasus, N-Anatolien; Baumkletterer.
Ö/V: Als Bodendecker gepflanzt, z.B. Zoo Basel. Nicht verwildernd.

337. Aralia L. *Aralie*

1. A. cf. **elata** (Miquel) Seemann – **Japanischer Angelikabaum**
B: Eph. – Japan, Korea, Mandschurei; Gebüsche, lichte Wälder.
Ö/V: Zierstrauch. Selten verwildert, allenfalls auch nur mit der gepflanzten Mutterpflanze durch Ausläufer verbunden: Riehen (Schäferstrasse), Liestal (Friedhof).

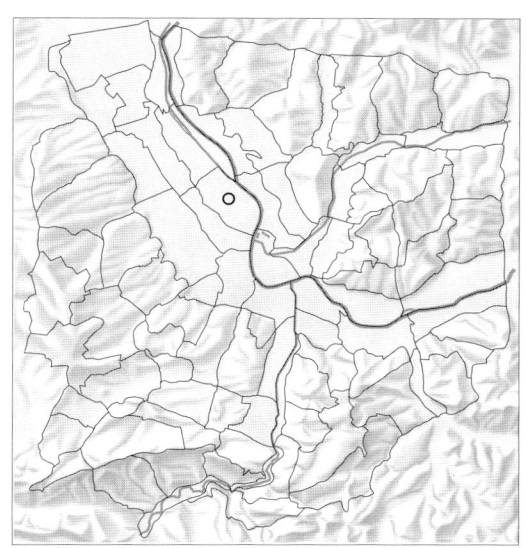

Hydrocotyle vulgaris

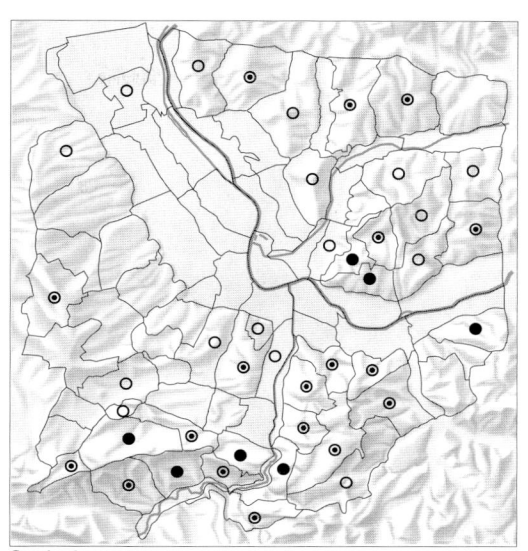

Sanicula europaea

APIACEAE
DOLDENGEWÄCHSE

Unterfamilie
HYDROCOTYLOIDEAE –
WASSERNABELARTIGE

338. Hydrocotyle L. *Wassernabel*

1. H. vulgaris L. – *Wassernabel*
Ö/V: Sehr selten; nur an einer Stelle in der elsässischen Oberrheinebene: Neudorf-Rosenau (Kirchenerkopf: 'Ponyweiher'), 1995, eine ca. 1 m² grosse Kolonie (M. Schläpfer), hier bereits 1968 und 1972 von M. Nydegger gesammelt.
G: Zurückgegangen; im Gebiet schon immer selten. Vom Aussterben bedroht.

Unterfamilie
SANICULOIDEAE – *SANIKELARTIGE*

339. Sanicula L. *Heilkraut*

1. S. europaea L. – *Sanikel*
Ö: In schattigen, krautreichen Laub- und Mischwäldern, in waldigen Bachtälchen und Schluchten, in quellfeuchten Mulden und Hängen. In sommerkühlen, luftfeuchten Lagen. – Auf sickerfrischen bis -feuchten, z.T. wasserzügigen, basen- und mässig nährstoffreichen, oft kalkhaltigen, lockeren, stark humosen Ton- und Lehmböden.
S: Fagion (Hordelymo-Fagetum, Dentario-Fagetum allietosum), Alno-Ulmion, Carpinion, Lunario-Acerenion.
V: Im Jura und am Dinkelberg verbreitet und z.T. recht häufig. Nicht selten, doch ± lokalisiert im Olsberger Wald, in den Weitenauer Vorbergen und an basenreicheren Stellen des Sundgauer und Markgräfler Hügellandes, z.B. Bruderholz, Leymen (Eichwald), Stetten (Oberried), Welmlingen (Eichwald) usw. In den Flusstälern sehr selten: Elsässer Hardt (wenige Exemplare), Reinach-Münchenstein (Wissgrien, ob noch ?).
G: Nicht gefährdet.

340. Eryngium L. *Mannstreu*

1. E. campestre L. – *Feld-M.*
Ö: In lückigen Trocken- und Felsrasen, an Flussböschungen, an sonnigen Weg- und Ackerrainen, im Randbereich steiniger Äcker. Wärmeliebend. – Auf sommertrockenen, nährstoffarmen, basenreichen, meist kalkhaltigen Lehm-, Schotter- und klüftigen Felsböden.

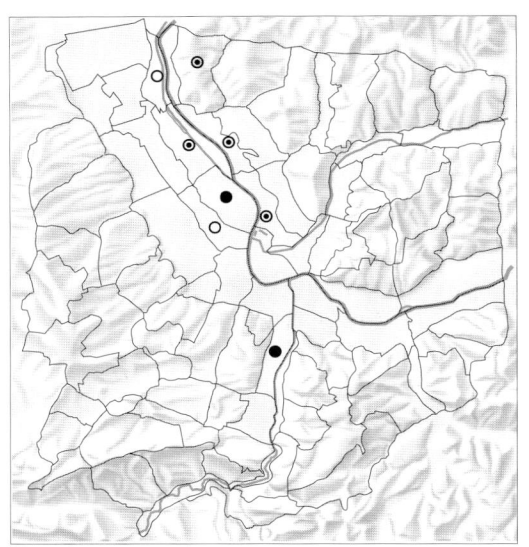

Eryngium campestre

S: Xerobromion (Xerobrometum), Convolvulo-Agropyrion.
V: Ziemlich selten; v.a. in der holozänen Aue der elsässischen Oberrheinebene, z.B. Neudorf-Rosenau (Kirchenerkopf, Hüningerkanal), Neudorf-Hüningen ('Neudörferheide'), Hüninger Kiesgrube usw., vereinzelt auch auf der badischen Seite: Rheindamm bei Haltingen und Märkt; Birsebene: Reinacher Heide, Münchenstein (Brüglingen); Westflanke der Malmscholle von Istein zwischen Istein und Kleinkems.
G: Zurückgegangen. Am Bruderholz (BINZ 1911), an den Rheinhalden der Hochrheinebene (BECHERER 1925), auf dem Plateau von Olsberg-Giebenach (BECHERER 1925) und an vielen Stellen im Gebiet der Malmscholle von Istein (LITZELMANN 1966) erloschen. Stark gefährdet.

Unterfamilie
APIOIDEAE – *KERBELARTIGE*

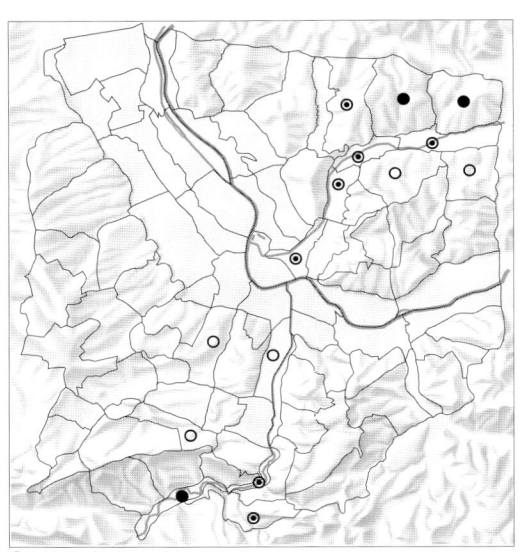

341. Chaerophyllum L. *Kälberkropf*

1. C. hirsutum L. – *Gebirgs-K.*

Ö: Gesellig an klaren, kühlen Bächen, in Schluchten, an Gräben in Bergwiesen, an lichten, quelligen Waldstellen, in bachbegleitenden Erlen-Eschengehölzen, auch in Uferstaudensäumen von Flüssen. Gerne in kühlen, luftfeuchten Lagen. – Auf feuchten bis nassen, nährstoffreichen, humosen, z.T. steinigen Lehm- und Tonböden.
S: Aegopodion, Alno-Ulmion, Calthion (Chaerophyllo-Ranunculetum aconitifolii), Filipendulion.
V: In den Weitenauer Vorbergen und im Wiesental verbreitet und ziemlich häufig, der Wiese entlang abwärts bis in die Langen Erlen. Recht häufig auch im Birstal zwischen Laufen und Angenstein (Duggingen). Sonst selten: Birsufer bei der Reinacher Heide (spärlich); Blauennordseite: Ettingen (Büttenenloch); Nordseite des Dinkelberges: Hüsingen-Höllstein; Sundgau: Oberwil N (südlich Paradieshof).
G: Nicht gefährdet; in tieferen Lagen schonungsbedürftig.

2. C. bulbosum L. – *Kerbelrübe*

Ausserhalb des Rayons: "Steinenstadt, in Hekken; 1991" (HÜGIN & KOCH 1993).

3. C. temulum L. – *Taumel-Kerbel, Hecken-K.*

Ö: Gesellig im Saum von Hecken und Gebüschen, in halbschattigen Krautfluren an Zäunen, in Parkanlagen und alten Gärten, auch entlang von Flussläufen und an beackerten Wald-

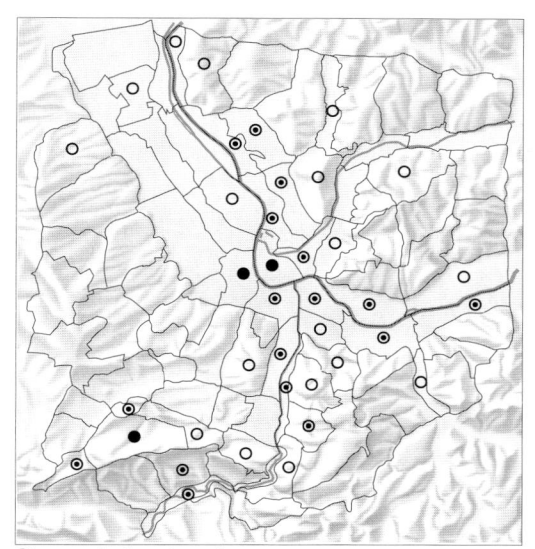

Chaerophyllum temulum

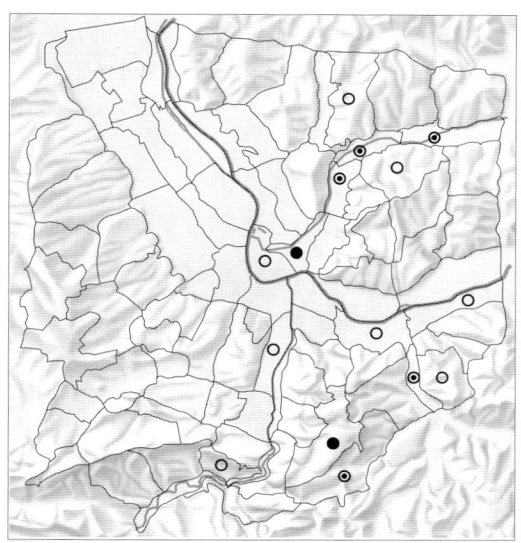

Chaerophyllum aureum

rändern. Wärmeliebend. – Auf (mässig) frischen, nährstoff- (stickstoff-)reichen, meist lokkeren, humosen, oft steinigen Lehmböden.
S: Alliarion (Alliario-Chaerophylletum temuli).
V: In der Stadt Basel und in den stadtnahen Teilen der Oberrheinebene sowie in der Birs- und Hochrheinebene verbreitet und ziemlich häufig. Nicht selten auch in Dörfern des Blauengebiets, z.B. Leymen (Tannwald, Landskronberg), um Flüh, Hofstetten, Metzerlen, Burg, Blauen, Zwingen. Sonst sehr zerstreut und weitgehend auf die Flusstäler und die wärmeren Teile des angrenzenden Hügellandes beschränkt. Meist im Siedlungsgebiet oder in der Nähe historischer Gebäude.
G: Zurückgegangen; in der Stadt Basel seit kurzem wieder in leichter Ausbreitung. Schonungsbedürftig.

4. C. aureum L. – *Gelbfrüchtiger K.*

Ö: Im Saum von Baumhecken und Gebüschen, in Staudenfluren an Ackerrändern, Wegborden, Strassenrändern und Zäunen des Berglandes, besonders in Dorfnähe, in der Ebene fast ausschliesslich in Uferstaudensäumen grösserer Flüsse. – Auf frischen, nährstoff-(stickstoff-)reichen, tiefgründigen, humosen Lehmböden.
S: Aegopodion (Chaerophylletum aurei), seltener Arrhenatherion.

V: Auf dem Gempenplateau verbreitet und ziemlich häufig, v.a. um Gempen (nordwärts bis 'Haselstuden'), Hochwald SO, um Seewen. Nicht selten auch im Wiesental, der Wiese entlang abwärts bis zur Mündung. Sonst nur wenige Nachweise, z.B. Dinkelberg ob Hüsingen, Haagen (Halden), Rhein bei Augst, Reinacher Heide (Birsufer), Nenzlingen NW (Blatten), Frenkendorf (Hülften), Liestal (Schleifenberg).
G: Nicht gefährdet; in den Flusstälern schonungsbedürftig.

342. Anthriscus Pers. *Kerbel*

1. A. sylvestris (L.) Hoffm. s. str. – *Wiesen-K.*

Ö: Meist gesellig, oft in Menge in Fettwiesen, unter Obstbäumen, in Uferstaudenfluren an Bächen und Flüssen, in Wald- und Gebüschsäumen, an Böschungen und Rainen, in Hohlwegen, in schattigen, waldnahen Wiesen, an Waldstrassen, in Hühnerhöfen, auf feuchtem Erdschutt. – Auf frischen bis feuchten, nährstoff- (stickstoff-)reichen, tiefgründigen, lokkeren, humosen Lehmböden.
S: Arrhenatherion, Aegopodion (Anthriscus sylvestris-Gesellschaft), Alliarion (Alliario-Chaerophylletum temuli, Epilobio-Geranietum robertiani), Arction, seltener Calthion, Filipendulion.

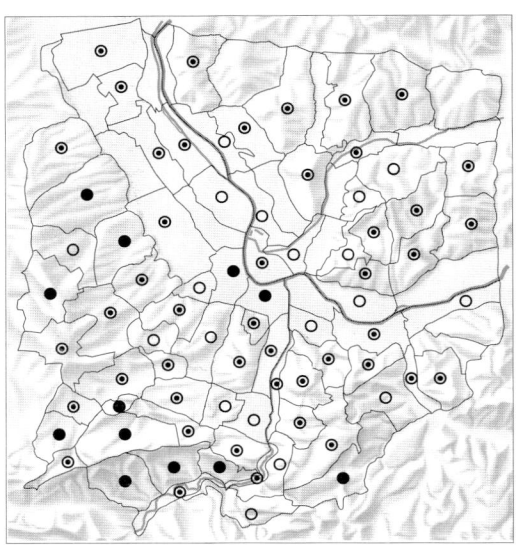

Anthriscus sylvestris

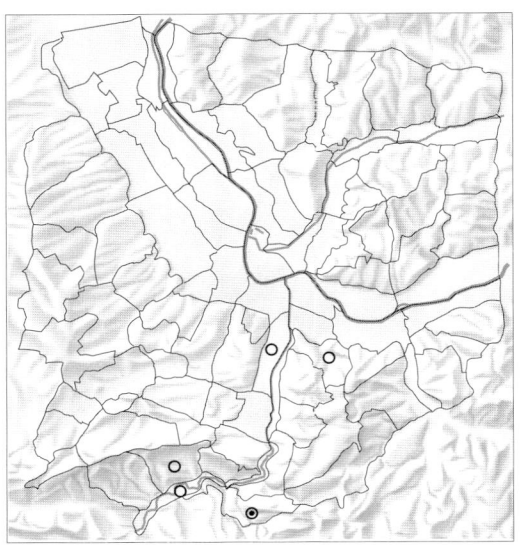

Anthriscus nitida

V: Verbreitet, doch nicht durchwegs häufig.
G: Mässig zurückgegangen. Nicht gefährdet; vielerorts, z.B. in weiten Teilen der Flusstäler schonungsbedürftig.

2. A. nitida (Wahlenb.) Hazsl. – *Glänzender K.*

Ö: In feuchten Buchen- und Bergahornwäldern an sickerfrischen Hängen und in Schluchten, seltener an nordexponierten, kraut- und gebüschreichen Waldrändern. In kühlen, luftfeuchten Lagen. – Auf frischen bis feuchten, kalkreichen, humosen, meist steinigen, lehmigen Böden.
S: Lunario-Acerenion (Phyllitidi-Aceretum), Aegopodion.
V: Selten; fast ausschliesslich im Jura: Kaltbrunnental (schon BINZ 1945), Tälchen westlich Kleinblauen, Muttenz (Laahallen); herabgeschwemmt an der Birs östlich Zwingen (südlich 'Cholflüe') und zwischen Reinach und Münchenstein (Wissgrien, 1 Exemplar).
G: Vorwiegend montan-subalpine Art; im Gebiet von Natur aus selten. Potentiell gefährdet.

3. A. cerefolium (L.) Hoffm. – *Garten-K.*

B: (Eph). – O- und SO-Europa; Gebüsche, Wälder.
Ö/V: Alte, heute kaum mehr kultivierte Gewürz- und Heilpflanze. Früher da und dort verwildert in schattigen Krautfluren an Hekken, Gebüschen und Waldrändern. Letzte Meldungen: Basel (Grenzacherstrasse), Obertüllingen, Rhein bei Grenzach (alle BECHERER 1921).

4. A. caucalis M. Bieb. – *Gemeiner K.*

B: Arch.
Ö/V: Sehr selten; beständig nur an gealterten, sommertrockenen, sandig-kiesigen, humosen Ruderalstellen (v.a. auf Gleisschotter) im Hafen und Bahnhof Basel-St. Johann (schon BINZ 1942); adventiv im Hafen Basel-Kleinhüningen (1984, 1985). Wärmebedürftig.
S: Sisymbrion.
G: Zurückgegangen; im Gebiet schon immer selten. Stark gefährdet.

343. Scandix L.   *Nadelkerbel*

1. S. pecten-veneris L. – *Venuskamm*

B: (Arch) Eph.
Ö/V: 1983 in einer Rabatte in Arlesheim (Hirslandstrasse). Angesät in Baumscheiben an der Kannenfeldstrasse, Basel (1994). – Rheinhafen Basel-Kleinhüningen (1978, BAUMGARTNER 1985).
G: Als beständige Wildpflanze seit langem verschollen. Bis mindestens 1961 in Äckern

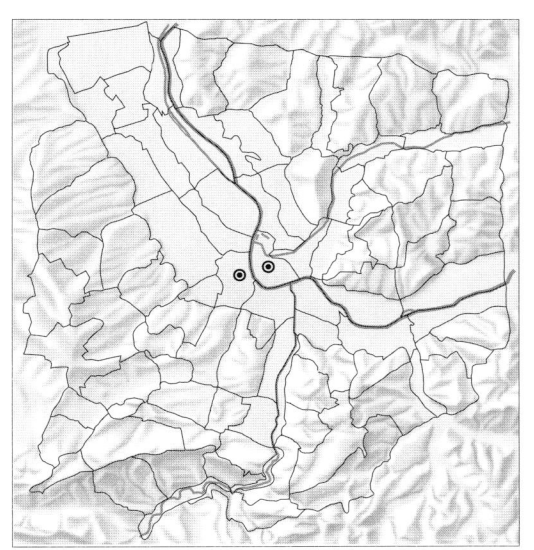

Anthriscus caucalis

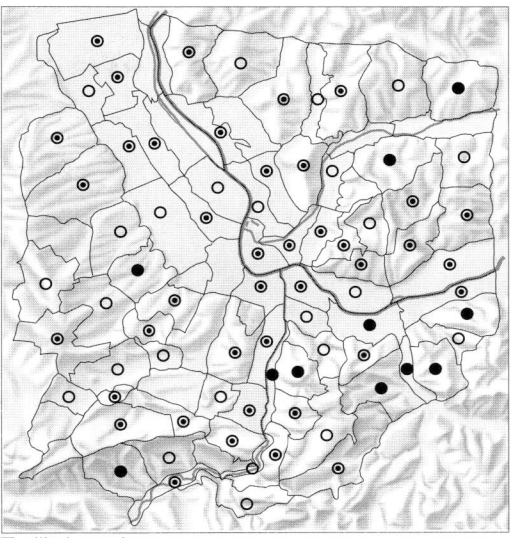

Torilis japonica

der Birsebene (MOOR 1962). Noch in den ersten Jahrzehnten des 20. Jahrhunderts als Ruderalpflanze bei Basel und in der Rheinebene allgemein verbreitet (BINZ 1922).

344. Torilis Adans. *Borstendolde*

1. T. nodosa (L.) Gaertn. s. str. – *Knäuelkerbel*

B: Eph. – S- und W-Europa; trockenes, sandiglehmiges Kulturland, Brachen.
Ö/V: Vorübergehend an einem neu angelegten Weiherbiotop südlich des Rütihardhofes, Muttenz (1984). – Adventiv im Hafen Basel-Kleinhüningen (1961, BAUMGARTNER 1973).

2. T. japonica (Houtt.) DC. – *Gemeine B.*

B: Arch.
Ö: An etwas gestörten, sonnigen bis halbschattigen Gebüschsäumen, in verbrachten Wiesen, an beackerten Waldrändern, an Waldwegen und in Waldschlägen, in Steinbrüchen, in Bahnanlagen, an steinigen Uferböschungen, an Weg- und Ackerrainen, auf Rebterrassen und an Rebbergmauern, an Mauerfüssen in dörflichen Siedlungen. Sommerwärme liebend. – Auf frischen bis ziemlich trockenen, basen- und ± nährstoffreichen, lokkeren, humosen, gerne steinigen Lehm- und ± lehmigen Schotterböden.

S: Alliarion (Torilidetum japonicae), seltener Atropion (Atropo-Digitalietum) und Trifolion medii ('Origano-Brachypodietum').
V: Ziemlich verbreitet, aber nicht überall gleich häufig; gehäuft z.B. im vorderen Sundgau, um Liestal, bei Hofstetten, in der Birsebene, im Olsberger Wald usw.
G: Nicht gefährdet.

3. T. arvensis (Huds.) Link – *Feld-B.*

B: Arch.
Ö: Gesellig in ruderalen Staudenfluren vollsonniger, sommertrockener Rebberge, auch an Ackerrändern und in Kiesgruben sowie als Pionier auf Schotter im Bahngelände. Wärmeliebend. – Auf ziemlich trockenen, basen- und nährstoffreichen, oft, aber nicht immer kalkhaltigen, gerne steinigen Lehmböden.
S: Onopordion, Sisymbrion (Conyzo-Lactucetum), Convolvulo-Agropyrion (Convolvulo-Agropyretum, Diplotaxi-Agropyretum), Caucalidion.
V: Nur in den warmen Tieflagen. Ziemlich häufig im Gebiet Kleinkems-Istein-Efringen-Kirchen-Eimeldingen. Sonst selten: Haltingen, Weil, St. Louis (Sablière), Lörrach, Basel (z.B. Wolfbahnhof, Gellertpromenade), Allschwil (Hegenheimermattweg, 1985), Reben von Grenzach und Muttenz, Frenkendorf (Hülften), Zwingen (Vorderfeld).

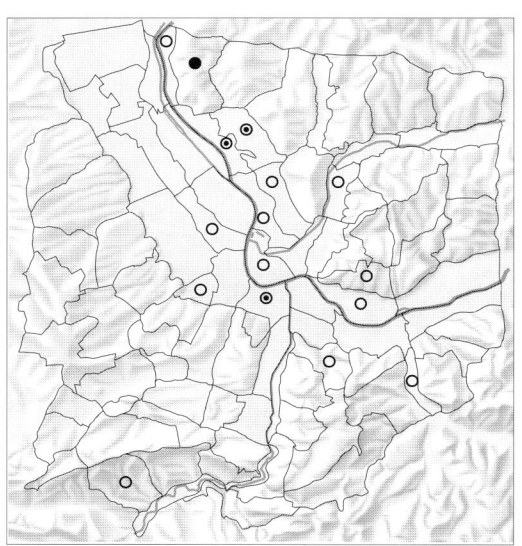

Torilis arvensis

G: Als Reb- und Ackerbaubegleiter zurückgegangen; neuerdings schwache Ausbreitungstendenz in Bahnanlagen. Gefährdet.

345. Caucalis L. — *Haftdolde*

1. C. platycarpos L. – *Möhren-H.*
B: Arch.

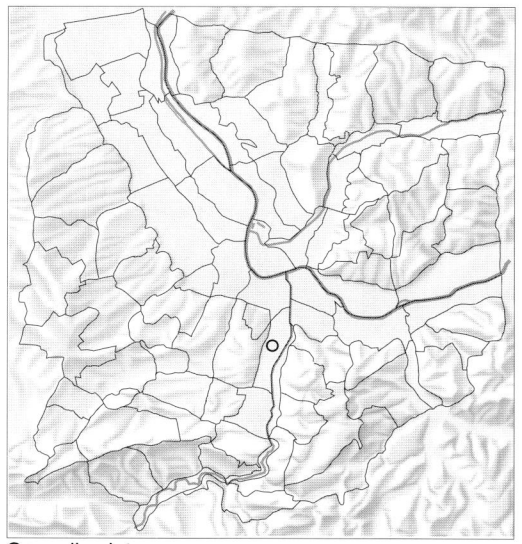

Caucalis platycarpos

Ö/V: Sehr selten; bis ca. 1980 an einer Stelle in der Reinacher Heide, hier 1988 in einem Ackerreservat wieder eingesät.
G: Als Wildpflanze aktuell verschollen. Früher in der Ebene und Hügelregion verbreitet (BINZ 1911) und v.a. in der Nähe der Stadt häufig (BINZ 1905). Vom Aussterben bedroht; spontanes Fortkommen im Reservat ungesichert.

346. Turgenia Hoffm. — *Turgenie*

1. T. latifolia (L.) Hoffm. – *Breitblättrige T.*
B: (Arch).
Ö/V: Verschollen. Früher selten in lehmigen Kalk-Getreideäckern, an Wegrändern und Schuttplätzen. Letzte Meldungen: bis mindestens 1961 in Äckern der unteren Birsebene (MOOR 1962); Häfen Basel-Kleinhüningen (1956, BAUMGARTNER 1973) und Basel-St. Johann (1940, BINZ 1942).

347. Orlaya Hoffm. — *Breitsame*

1. O. grandiflora (L.) Hoffm. – *Breitsame*
B: Arch.
Ö/V: Sehr selten; seit 1988 jährlich in reaktivierten Äckern der Reinacher Heide (ursprünglich wohl eingesät).
S: Caucalidion.

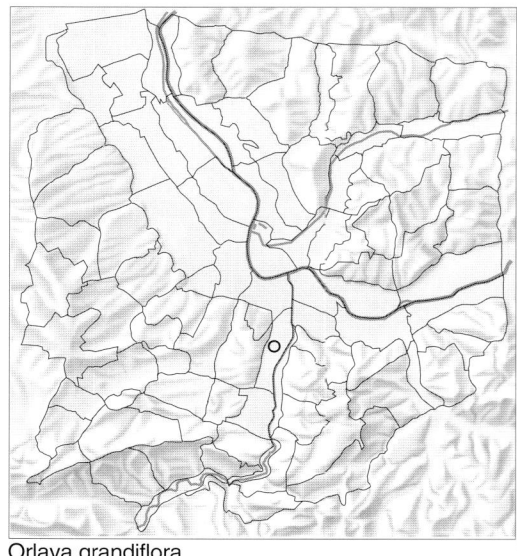

Orlaya grandiflora

G: Zurückgegangen; im Gebiet auch früher selten und oft unbeständig. Stark gefährdet.

348. Coriandrum L. — *Koriander*

1. C. sativum L. – *Koriander*

B: Eph. – Heimat unsicher, wohl N-Afrika und SW-Asien; Brachfelder, Eichengestrüpp.
Ö/V: Alte, heute kaum mehr kultivierte Gewürzpflanze. Selten vorübergehend verwildert: Rheinbord westlich Haltingen, Münchenstein N (Zollfreilager, 1984, M. Ritter), Basel (Wolf-Bahnhof, 1992), Rheinhafen Basel-Kleinhüningen (1997, A. Huber).

349. Bifora Hoffm. — *Hohlsame*

1. B. radians M. Bieb. – *Strahlen-H.*

B: Neo, als Adventivpflanze seit Ende des 19. Jahrhunderts im Gebiet (BINZ 1905). – SO-Europa bis Iran; Ödland, Ackerränder.
Ö: In lückig bewachsenen Getreideäckern. – Auf (mässig) trockenen, kalkreichen, steiniglehmigen Böden.
S: Caucalidion.
V: Sehr selten: Arlesheim (Ob. Widen, bis 1987 jährlich in schönen Beständen, dann Fundort durch den Bau von Freizeitanlagen und Gewerbebauten vernichtet), westlich Gartenbad Reinach (1979, Moor in FUCHS & HEITZ 1982); adventiv im Bahngelände Weil (1990, A. Huber).
G: Zurückgegangen; im Gebiet wohl immer selten. Aktuell verschollen. Vom Aussterben bedroht.

2. B. testiculata (L.) Spreng. – *Grubiger H.*

B: Eph. – Mittelmeergebiet, SW-Asien; Eichengestrüpp, Ackerränder.
Ö/V: Eingeschleppt in der Baumschule Wenk an der Weilstrasse in Riehen (1985).

350. Smyrnium L. — *Gelbdolde*

1. S. perfoliatum L. – *Gelbdolde*

B: Eph (Neo). – Mittelmeergebiet, SO-Europa; schattige Kulturhaine, Lichtungen.
Ö/V: Eine stabile Population unter einem Aprikosenbaum in Binningen (1996, K. Buser).

351. Conium L. — *Schierling, Fleckenschierling*

1. C. maculatum L. – *Fleckenschierling*

B: Arch.
Ö: In hochwüchsigen Staudenfluren der Flusstäler, an Schutt- und Ruderalplätzen, in rude-

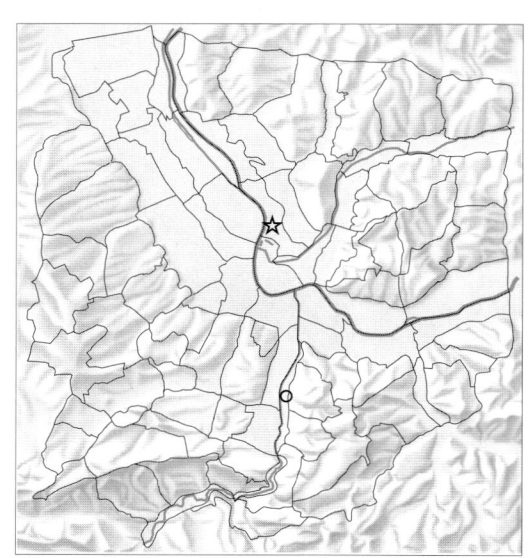

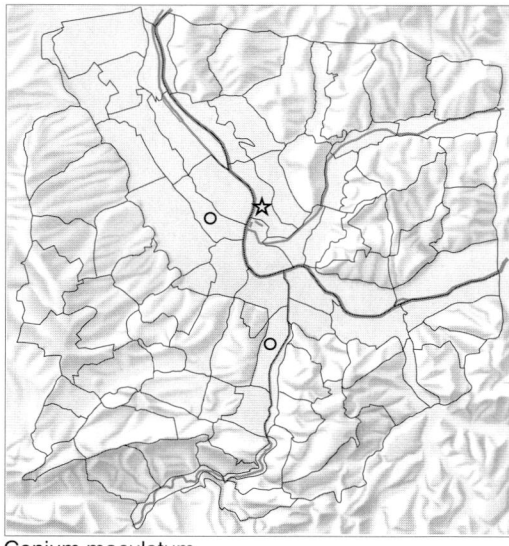

Bifora radians

Conium maculatum

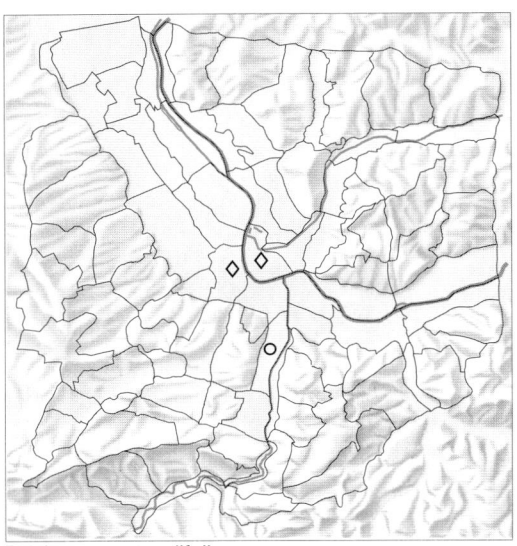

Bupleurum rotundifolium

ralen Gebüschsäumen, adventiv in Hafenanlagen. Wärmeliebend. – Auf frischen bis wechselfeuchten, basen- und sehr nährstoff- (stickstoff-)reichen, humosen Lehmböden.
S: Alliarion, Arction.
V: Sehr selten: St. Louis (1993, schöner Bestand auf einem verwachsenen Abbruchgelände, wohl erloschen), Münchenstein (Botanischer Garten Brüglingen, eingeschleppt, noch 1997); adventiv im Hafen Weil-Friedlingen (1989). Ausserhalb des Rayons: Steinenstadt; gebüschreiche Böschung nördlich des Holebachs, 1995, in Menge.
G: Zurückgegangen; im Gebiet nie besonders häufig. Stark gefährdet.

352. Bupleurum L. *Hasenohr*

1. B. rotundifolium L. – *Rundblättriges H.*
B: Arch.
Ö/V: Sehr selten: mehrfach in reaktivierten steinigen, kalkreichen, lückig bewachsenen Äckern der Reinacher Heide, hier bereits vor der Einrichtung von Ackerreservaten (1992) vereinzelt vorhanden (z.B. 1989, 1990). Ferner aus Ansaat in Basel (Rabatte Ob. Rheinweg, 1996f.).
S: Caucalidion.

G: Zurückgegangen; im Gebiet auch früher selten. Bis 1954 unter Getreide bei Nuglar (Heinis in BINZ 1956). Stark gefährdet.

2. B. falcatum L. s. str. – *Sichelblättriges H.*
Ö: In Säumen und Verlichtungen warmer Buchen- und Eichenwälder, an felsigen, buschigen Hängen, auf Felsköpfen, in Spalten sonniger Felsen, auf Lesesteinhaufen, in verbrachten oder extensiv bewirtschafteten Trocken- und Halbtrockenrasen, in aufgelassenem Rebgelände. Wärmeliebend. – Auf (mässig) trokkenen, nährstoffarmen, basenreichen, meist kalhaltigen, nicht allzu flachgründigen, humosen, steinigen und etwas lehmigen Böden; auch über Löss.
S: Geranion sanguinei (Peucedano-Geranietum), Mesobromion, Xerobromion.
V: In den wärmeren Lagen des Juras verbreitet, aber nicht durchwegs häufig, ebenso am südwestlichen Dinkelberg, am Tüllinger Berg und im Gebiet der Malmscholle von Istein. Sonst nur an wenigen Stellen in der Birs- und Oberrheinebene, z.B. Reinacher Heide (häufig), Birsfelden (Hagnau), Hüningen-Neudorf (Neudorfer Heide), Neudorf-Rosenau (Kirchenerkopf), Rosenau N (Hüningerkanal), Kembser Rheininsel, Efringen-Kirchen (bad. Rheinweg).
G: Zurückgegangen. Am Bruderholz (BINZ 1911) und in der Hochrheinebene (BECHERER

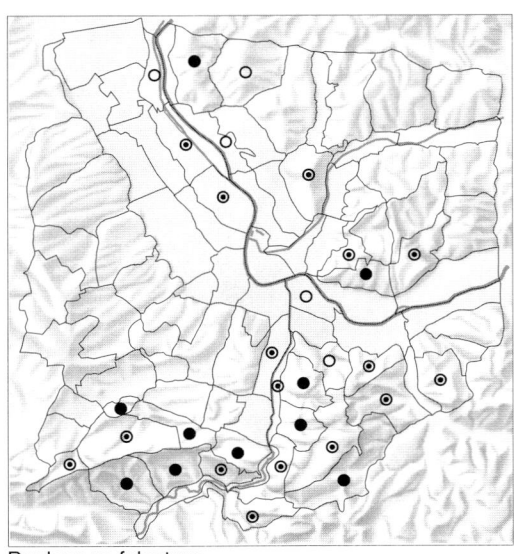

Bupleurum falcatum

1925) verschollen. Schonungsbedürftig; in den Flussebenen gefährdet.

353. Trinia Hoffm. *Faserschirm*

1. T. glauca (L.) Dumort. – *Faserschirm*

Ö/V: Sehr selten; nur in offenen, sonnigen, sommertrockenen, flachgründigen Kalkfelsfluren und Federgras-Rasen am Isteiner Klotz: Klotzfelsen, Nordportal des Eisenbahntunnels, vereinzelt auch auf abgesprengtem, grobem Felsschutt am Fuss der Felsen. Isoliertes Vorkommen, nächste Fundstellen im mittleren Elsass (Rouffach).
S: Xerobromion (Teucrio-Xerobrometum).
G: Im Gebiet von Natur aus selten (NO-Grenze des Verbreitungsareals) und auf die Westflanke der Malmscholle von Istein beschränkt. In der ersten Hälfte des 20. Jahrhunderts durch Steinbruchbetrieb und Felssprengungen bis auf wenige, heute unter Naturschutz stehende Stellen vernichtet. Stark gefährdet.

354. Apium L. *Sellerie, Eppich*

1. A. graveolens L. – *Sellerie*
1a. – var. **rapaceum** DC. – *Sellerie*

B: Eph. – Heimat der Stammsippe: Küsten Europas.

Ö/V: Alte Gemüsepflanze. Selten verwildert an frischen, nährstoffreichen Ruderalplätzen: Therwil, Uffheim.

2. A. leptophyllum (Pers.) F. Mueller ex Bentham – *Feinblättriger S.*

B: (Eph). – Tropisches Amerika (pantropisch); feuchtes Kulturland, Gräben.
Ö/V: Kein aktueller Nachweis. Hafen Basel-Kleinhüningen (1967, BAUMGARTNER 1973).

355. Petroselinum Hill *Petersilie*

1. P. crispum (Mill.) A. W. Hill – *Petersilie*

B: Eph. – Herkunft unbekannt, wohl Orient.
Ö/V: Gewürzpflanze. Selten verwildert an Schutt- und Umschlagsplätzen, in aufgelassenen Gärten u.dgl., z.B. Güterbahnhof Wolf (Basel).

356. Cicuta L. *Wasserschierling*

1. C. virosa L. – *Wasserschierling*

Ö/V: Sehr selten; in einzelnen Exemplaren in wasserumspülten, humosen Spalten des befestigten Rheinbords westlich Haltingen (1985, noch 1994), u.a. mit *Bidens cernua, Bidens*

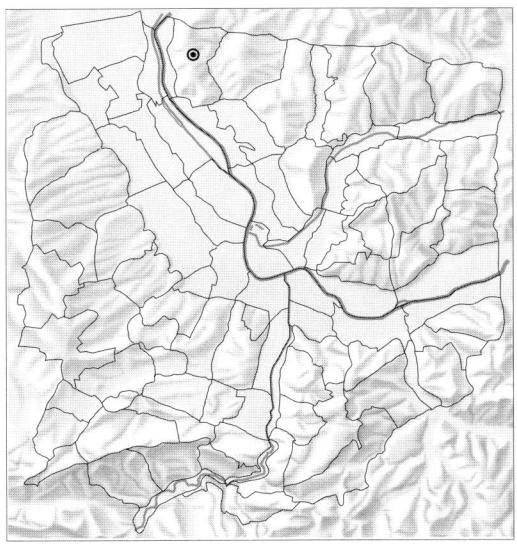

Trinia glauca

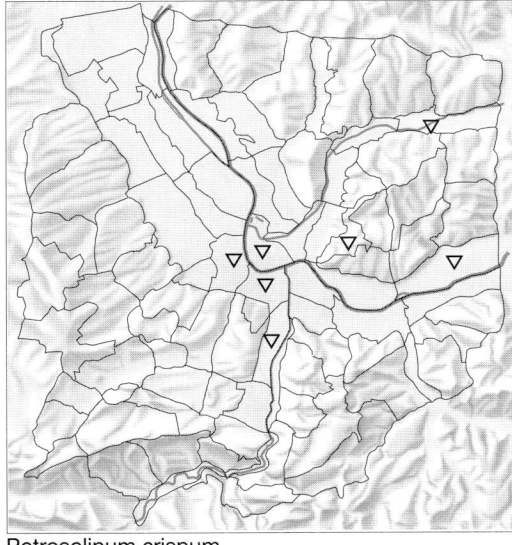

Petroselinum crispum

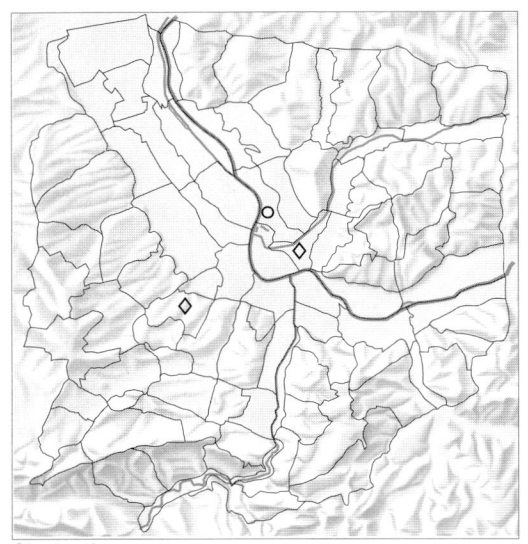

Cicuta virosa

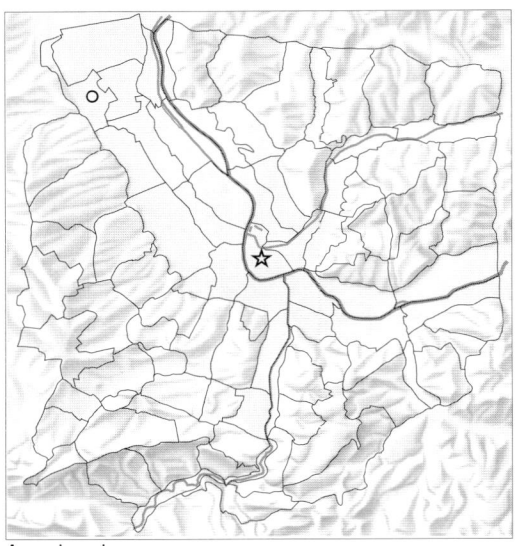

Ammi majus

connata, Scutellaria galericulata, Mentha longifolia usw. Auch gepflanzt in Weiherbiotopen: Riehen (Eisweiher), Allschwil (Mühlibach).
S: Initiales Magnocaricion und Bidention.
G: Zurückgegangen; im Gebiet auch früher selten. Vom Aussterben bedroht.

357. Ammi L. *Knorpelmöhre, Ammei*

1. A. majus L. – *Grosse K.*
B: Eph (Neo). – Mittelmeergebiet; Wegränder, Hackkulturen.
Ö/V: Sehr selten: Sierentz N; Futterrübenacker und angrenzender ruderaler Wiesenstreif, 1991, in Menge. Adventiv in den Hafenanlagen Basel-Kleinhüningen (1981, 1985; schon BAUMGARTNER 1973, 1985) und Weil-Friedlingen (1 Exemplar, 1990). Neuerdings vereinzelt auch als Zierpflanze für Blumensträusse kultiviert, so in Riehen (Diakonissenhaus).

2. A. visnaga (L.) Lam. – *Zahnstocher-K.*
B: (Eph). – Mittelmeergebiet; feuchte tonige Ruderalstellen.
Ö/V: Kein aktueller Nachweis. Hafen Basel-Kleinhüningen (1970, 1973; BAUMGARTNER 1973, 1985).

358. Falcaria Fabr. *Sicheldolde*

1. F. vulgaris Bernh. – *Sicheldolde*
B: Arch.
Ö: An staubigen, sonnigen Rainen von Feld- und Hohlwegen, in gestörten, meist lückigen Trockenrasen, an sommerdürren Grasböschungen und Ackerrändern. Wärmeliebend.
– Auf sommertrockenen, basen- und nährstoffreichen, lockeren, oft recht rohen Lehm- und Lössböden.
S: Convolvulo-Agropyrion (Convolvulo-Agropyretum, Falcario-Agropyretum).
V: Selten; v.a. am Sundgaurand zwischen Häsingen und Uffheim, z.B. Häsingen (Hittenberg), Blotzheim W (Muehlberg, Vogelsang, Kalamonis), Brinckheim W, Uffheim (Euly, Tiefgrund); elsässische Oberrheinebene: Kembs NO (Grand Canal d'Alsace), Dietwiller ('Meyenhardt Ranch'), Sierentz O, Hüningen (Kleinfeld, bis 1984); Markgräfler Hügelland: Blansingen (Römerstrasse, gegen 'Wannen').
G: Stark zurückgegangen und an den verbliebenen Fundstellen meist nur noch in wenigen Exemplaren. In der Nähe der Stadt Basel bereits in den 1920er Jahren selten geworden (BECHERER 1925). Stark gefährdet; ausserhalb des Sundgaus vom Aussterben bedroht.

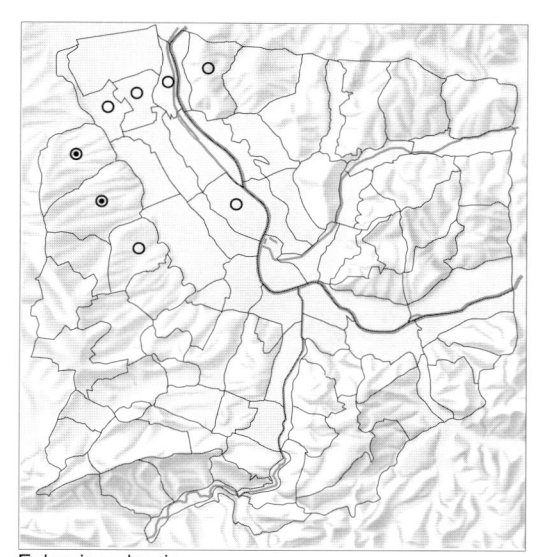

Falcaria vulgaris

359. Carum L. *Kümmel*

1. C. carvi L. – *Kümmel*
B: Arch.
Ö: Einzeln oder gruppenweise in kurzwüchsigen, nicht zu mageren Wiesen und Weiden, in Obstgärten, an Wegrändern. Neuerdings in Wiesensaaten. Gerne in ± kühl-feuchten Lagen. – Auf frischen, nährstoff- und basenreichen, gerne kalkhaltigen, tiefgründigen, ± humosen Lehm- und Tonböden.
S: Arrhenatherion, Cynosurion.
V: Ziemlich selten; v.a. im Jura, z.B. Burg-Biederthal, Hofstetter Bergmatten, Pfeffingen (Blatten-Bergmatten), Seewen NW (Dummeten); Sundgau: Liebenswiller N, Folgensbourg S, baselstädtisches Bruderholz (Im Spitzacker); Dinkelberg: Inzlingen S (Waldrand südwestlich 'Hühnerwenden'), Niedereichsel oberhalb Sportplatz (H. Boos). In Ansaat z.B. bei Münchenstein und Wyhlen.
G: Stark zurückgegangen und ausserhalb des Juras nahezu verschwunden. Stark gefährdet.

360. Bunium L. *Knollenkümmel*

1. B. bulbocastanum L. – *Erdkastanie*
B: (Eph). – W- und S-Europa, auch Wallis; kalkreiche Getreidefelder, Bergmagerwiesen.
Ö/V: Verschollen; im Gebiet wohl immer ± unbeständig und oft nur verwildert oder verschleppt. Letzte Meldungen: bis mindestens 1961 in Äckern der unteren Birsebene (MOOR 1962), Liestal (adventiv, 1946, HEINIS 1948).

361. Pimpinella L. *Bibernelle*

1. P. major (L.) Huds. s. str. – *Grosse B.*
Ö: Gesellig in frischen, gerne etwas schattigen, waldnahen Fettwiesen, in Waldsäumen, in Obstgärten, an feuchten Waldwegen und lichten Waldstellen, in Seggen-Buchenwäldern, in Uferstaudenfluren an Flüssen und Bächen. – Auf ± frischen bis mässig feuchten, nährstoff- und basenreichen, lockeren, humosen, z.T. steinigen Lehmböden.
S: Arrhenatherion, Aegopodion, Cephalanthero-Fagenion, seltener Calthion und Filipendulion.
V: Im Jura, am Dinkelberg, in den Weitenauer Vorbergen und im mittleren und höheren Sundgau verbreitet und recht häufig, im Uferstaudensaum der Wiese stellenweise bis in tiefere Lagen, z.B. Lange Erlen. In den trockenwarmen Teilen der Flusstäler und der niederen Losshügelländer selten bis weithin fehlend.
G: Nicht gefährdet; in tieferen Lagen schonungsbedürftig.

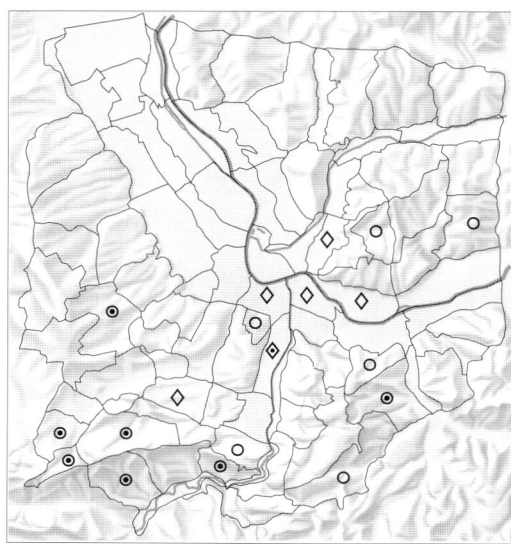

Carum carvi

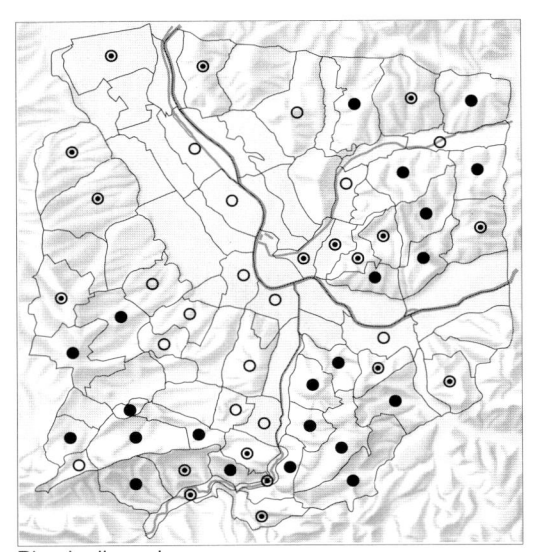

Pimpinella major

2. P. saxifraga L. – *Kleine B.*
Vorbem.: Formenreich (vgl. ROTHMALER 1988).

Ö: In trockenen, auch leicht ruderalisierten Magerwiesen und -weiden, auf sonnigen Felsköpfen und Felstreppen, in lichten, warmen Eichen- und Föhrenwäldern und ihren Säumen, in offenen, lückigen Pionierfluren in Steinbrüchen, Kiesgruben und Bahnanlagen. –

Auf (mässig) trockenen, nährstoffarmen, basenreichen, oft kalkhaltigen, aber auch kalkarmen, lockeren, humosen oder rohen, sandigen, kiesigen, steinigen oder reinen Lehm- und Lössböden.
S: Xerobromion, Mesobromion, Erico-Pinion, seltener Convolvulo-Agropyrion, Dauco-Melilotion.
V: Ziemlich verbreitet, aber nur im Jura, in der Birs- und Oberrheinebene und in den Kalkgebieten des Markgräfler Hügellandes (Malmscholle von Istein, Tüllinger Berg usw.) einigermassen häufig.
G: Zurückgegangen. Schonungsbedürftig; ausserhalb des Juras gefährdet.

2a. – var. **saxifraga**
Verbreitete Sippe.

2b. – var. **poteriifolia** Wallr.
Verbreitet; v.a. im Jura; auch am Dinkelberg: Bettingen (Riesiwegli).

2c. – var. **hircina** (Mill.) DC.
In Sand- und Kiesfluren und in Silikatmagerrasen der Oberrheinebene und des Wiesentals, z.B. Hüningen (östlich Kiesgrube), Haagen S.

3. P. peregrina L. – *Fremde B.*
B: Eph (Neo). – Mediterrangebiet bis C-Asien; staudenreiches Ödland, Trockengebüsche.

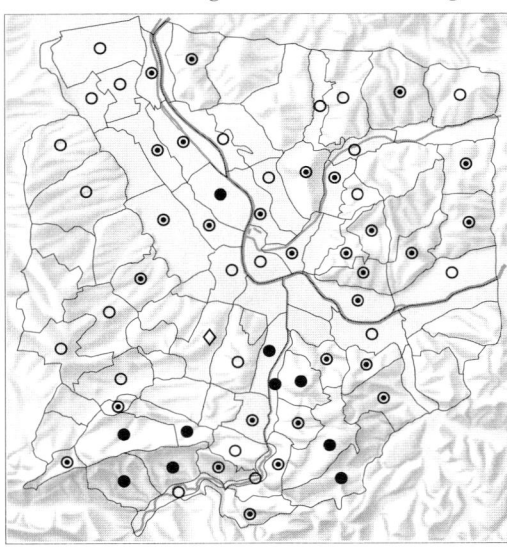

Pimpinella saxifraga

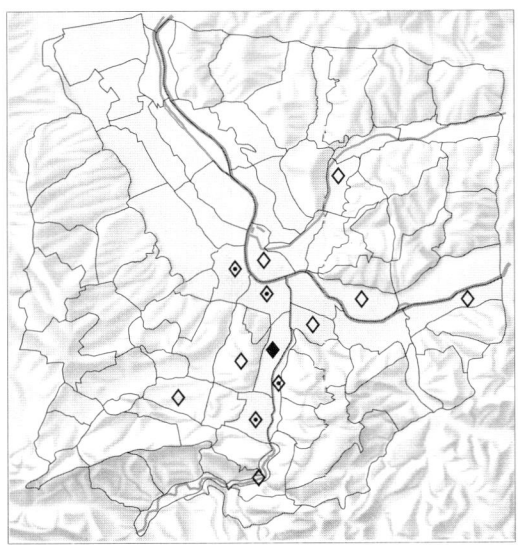

Pimpinella peregrina

Ö: Häufig angesät in Kunstwiesen und künstlichen Magerwiesen, von da aus nicht selten verwildernd und sich einbürgernd in Baumscheiben, an Wegrändern und Mauerfüssen, in Bahnanlagen usw. – Auf (mässig) trockenen, mässig nährstoffreichen, z.T. sandigen Lehmböden.
S: Dauco-Melilotion, Sisymbrion.
V: Nicht selten in den warmen Tieflagen des schweizerischen Gebietsteils, z.B. Münchenstein (Brüglingen, Neue Welt, Neumünchenstein), Bahnhof Dornach-Arlesheim, Dornachbrugg (Bruggfeld), Basel (St. Johann-Park, Südquaistrasse) usw., vereinzelt auch auf deutschem Gebiet: Tumringen (Veloweg), Wyhlen. Meist im Siedlungsgebiet und seiner Umgebung.
G: In schwacher Ausbreitung. Nicht gefährdet.

362. Aegopodium L. *Geissfuss*

1. A. podagraria L. – *Geissfuss*

Ö: Gesellig, z.T. in ausgedehnten sterilen Klonen in schattigen bis halbschattigen Staudensäumen an Gebüschrändern, im Traufbereich von Obst- und Parkbäumen, an Hecken und Mauerfüssen, in feuchten Laubmischwäldern. – Auf frischen bis feuchten, basen- und nährstoffreichen, tiefgründigen, nicht zu dichten, humosen Lehm- und Tonböden.

S: Aegopodion (v.a. Urtici-Aegopodietum), feuchte Fagetalia (Alno-Ulmion, Lunario-Acerenion, feuchtes Fagion und Carpinion).
V: Verbreitet und bis ins urbane Siedlungsgebiet meist häufig. In den Auen der Oberrheinebene und in den trockeneren Teilen der Elsässer Hardt selten bis fehlend.
G: Nicht gefährdet.

363. Berula Koch *Wassersellerie*

1. B. erecta (Huds.) Coville – *Kleiner Merk, Wassersellerie*

Ö: Oft in dichten Beständen in und an klaren, kühlen, sauberen, nicht zu rasch fliessenden Bächen und Wiesengräben, in Grundwasserkanälen und Quellläufen, im seichten, lichtoffenen Wasser flutend (f. *submersum* Glück) oder die Ufer säumend (f. *erecta*); gerne mit *Veronica anagallis-aquatica*. – Auf nassen, basen- und (mässig) nährstoffreichen, sandigen Schlammböden.
S: Sparganio-Glycerion (Sium erectum-Gesellschaft), Ranunculion fluitantis (f. *submersum* Glück).
V: Ziemlich selten; z.B. Flusstäler von Rhein, Birs, Wiese und Ergolz: Höllstein, Bad. Rheinfelden W (mehrfach, H. Boos), Dornach (Apfelsee), um Rosenau (Grand Canal und

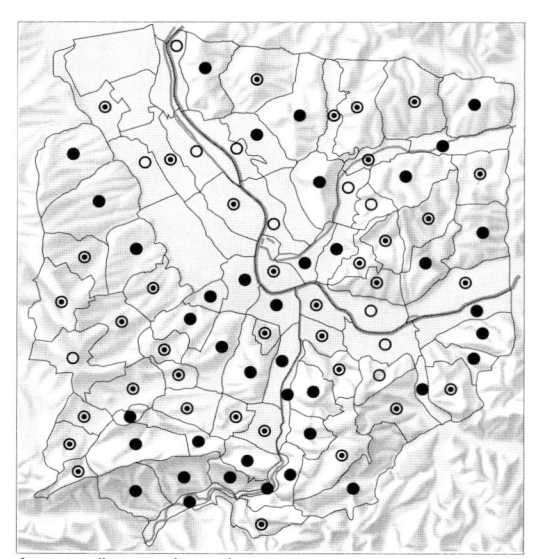

Aegopodium podagraria

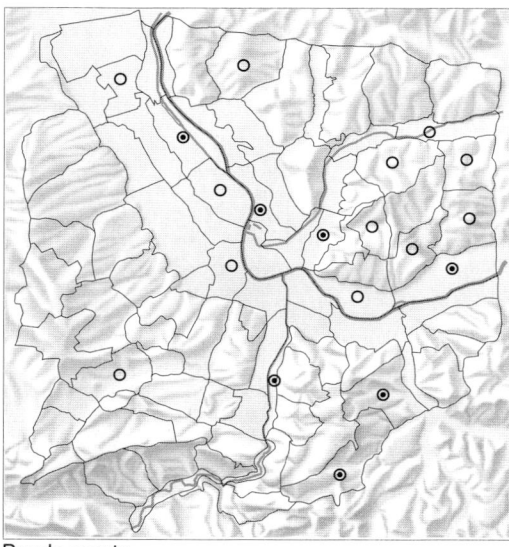

Berula erecta

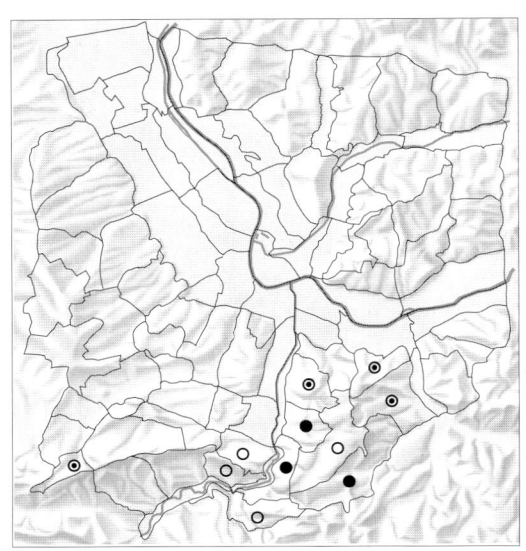

Seseli libanotis

Rhein), Weil (Krebsbach); Leimental: Leymen, Zoo Basel; Jura: Oristal (Orismühle, Stegmatt); Dinkelberg: Riehen (Immenbach), Inzlinger Schloss, Höllstein, Hüsingen N, Rührberg SO (Im Volkertsberg), Unter-Minseln, Ober-Minseln (nördlich 'Katzensteig', H. Boos); Markgräfler Hügelland: Mappach (Neun Brunnen).
G: Zurückgegangen. Gefährdet.

364. Seseli L. — Sesel

1. S. libanotis (L.) Koch – *Hirschheil*
Ö: Einzeln auf halbschattigen bis sonnigen Felstreppen, in spaltenreichen, z.T. buschigen Felsfluren und blaugrasreichen Felsabstürzen, in lichten, trockenen Föhrenwäldern; gerne in W- oder O-, seltener in reiner S-Exposition. – Auf (ziemlich) trockenen, nährstoffarmen, kalkhaltigen, humosen, steinigen Lehmböden, in feinerdereichen Felsspalten und auf gefestigtem Kalk-Felsschutt. Im Gebiet immer über Malmkalk.
S: Erico-Pinion (Coronillo-Pinetum), Geranion sanguinei (Geranio-Peucedanetum), seltener Xerobromion (Coronillo-Caricetum).
G: Als Flussschwemmling an der Birs bei Reinach und zwischen Dornachbrugg und Aesch (BINZ 1942) verschollen.

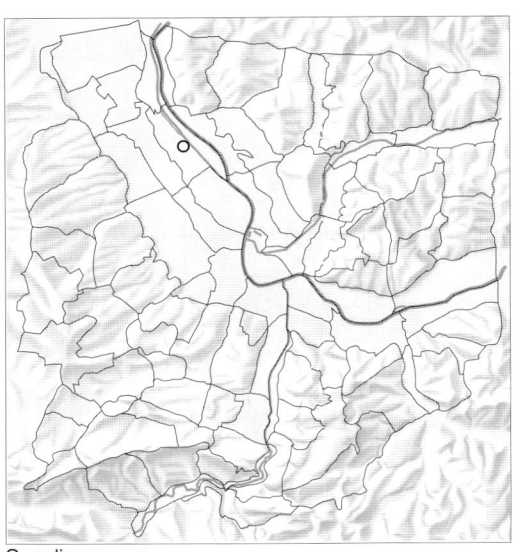

Seseli annuum

2. S. montanum L. – *Berg-S., Echter Bergfenchel*
Nahe ausserhalb des Rayons: Kleinlützel (Dorfhollen); steiniger Felsrasen, 1993, wenige Exemplare. Pflanzengeographisch bedeutsamer Fund der nur weiter westlich (Ajoie, Pfirt (Ferette), französischer Jura) bekannten Art.

3. S. annuum L. s. str. – *Hügel-S.*
Ö/V: Sehr selten: steiniger, lückiger Trockenrasen am Hüningerkanal nordöstlich der Pisciculture.
S: Xerobromion.
G: Zurückgegangen; im Gebiet schon immer selten. Am Dinkelberg (BINZ 1911, BECHERER 1925) und im Gebiet der Malmscholle von Istein (BINZ 1915, LITZELMANN 1966) erloschen. Stark gefährdet.

365. Oenanthe L. — Rebendolde

1. O. aquatica (L.) Poir. – *Wasserfenchel*
B: (Id) Erg.
Ö/V: Als Wildpflanze längst verschollen. Früher selten in Sumpfgräben der Oberrheinebene. Letzte Meldung: Michelfelden (BINZ 1905, 1911). Eingepflanzt im Reservat Eisweiher (Riehen).

2. O. fistulosa L. – *Röhrige R.*

Seit langem verschollen. Früher selten in lückigen Grossseggenbeständen und Sumpfwiesen der Oberrheinebene. Letzte Meldung: Friedlingen (G. Müller in BINZ 1905), Michelfelden (Hagenbach in BINZ 1905).

3. O. lachenalii C. C. Gmelin – *Lachenals R.*

Ö: Einzeln in lückigen, etwas gestörten, binsen- und minzenreichen Uferstaudenfluren an stehenden Gewässern, an Altwässern und Fischteichen. In sommerwarmen, milden Lagen. – Auf nassen, zeitweise überschwemmten, basen- und ± nährstoffreichen, rohen Lehmböden.
S: Phragmition.
V: Sehr selten; nur an wenigen Stellen in der elsässischen Oberrheinebene: Neudorf (Quakkery), Pisciculture (2 Stellen).
G: Zurückgegangen; im Gebiet auch früher selten. Bei Loechle (BINZ 1915) erloschen. An den verbliebenen Fundstellen nur in wenigen Exemplaren.
Vom Aussterben bedroht.

366. Aethusa L. — *Hundspetersilie*

1. A. cynapium L. s. l. – *Hundspetersilie*

1a. – ssp. **cynapium** (inkl. ssp. **agrestis** (Wallr.) Dost)

Vorbem.: Die sparrig verzweigte, niederwüchsige ssp. *agrestis* (Wallr.) Dost. mit stark rilligem Stengel ist im Gebiet von der Spezies s. str. nicht scharf geschieden. Sie wird fast ausschliesslich in abgeernteten Winter-Getreideäckern gefunden. Augenscheinlich handelt es sich bei den Pflanzen um Neuaustriebe an den (stark rilligen !) Stengelbasen abgeschnittener Pflanzen von *A. cynapium* s. str.

B: Arch.
Ö: In Getreideäckern und unter Hackfrucht, z.B. in Kartoffel- und Gemüsefeldern, seltener in Gärten und Rebbergen, an Schuttplätzen, in Rabatten. – Auf frischen bis mässig trockenen, basen- und nährstoffreichen, meist tiefgründigen und lockeren, lehmigen und lehmig-steinigen Böden.
S: Aperion, Caucalidion, Fumario-Euphorbion.
V: Ziemlich verbreitet und mit Ausnahme der grösseren Waldgebiete meist häufig.
G: Nicht gefährdet.

1b. – ssp. **cynapioides** (M. Bieb.) Nym. – *Wald-H.*

B: Arch.
Ö: Meist im Einzelstand oder in kleinen Gruppen in nitrophilen Staudenfluren ± schattiger Wald- und Gebüschränder, in Waldverlichtungen, an Waldstrassen, auch in Ufergebüschen. – Auf frischen bis feuchten, basen- und nährstoffreichen, meist tiefgründigen, lehmigen bis tonigen Böden.

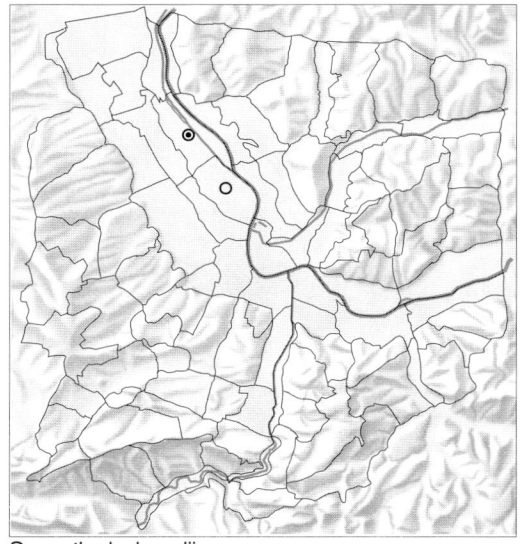

Oenanthe lachenalii

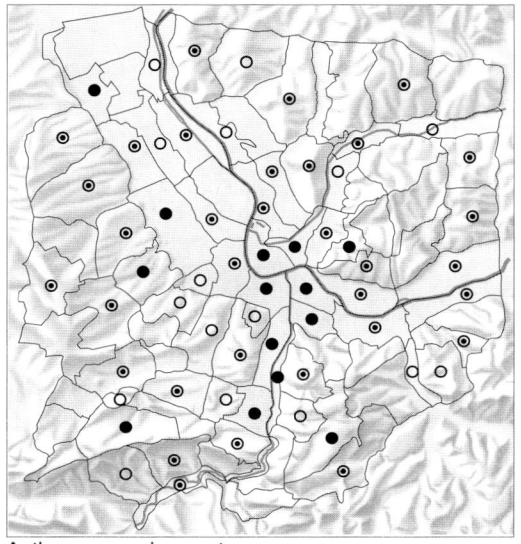

Aethusa cynapium s.str.

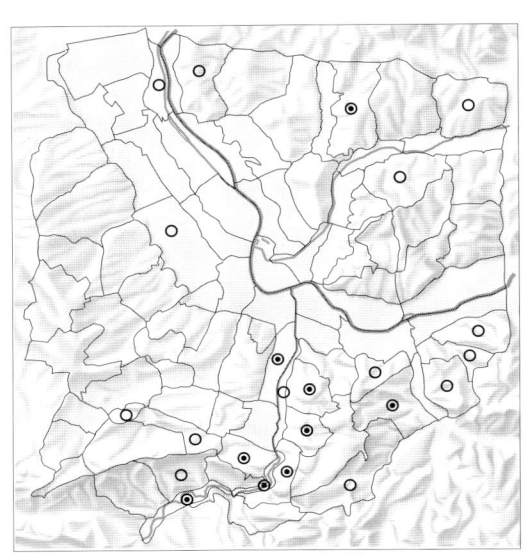

Aethusa cynapium ssp. cynapioides

Athamanta cretensis

S: Glechometalia, v.a. Aegopodion, seltener Alliarion und Convolvulion.
V: Im Jura verbreitet, aber nicht häufig, v.a. in Birsnähe zwischen Angenstein und Zwingen. Sonst nur wenige Nachweise: Weitenauer Vorberge: z.B. Rümmingen (gegen 'Hohe Strasse'); Dinkelberg: Lörrach (Homburg); Olsberger Wald; elsässische Oberrheinebene: Kembser Rheininsel (Rheinaue Nähe Kraftwerk Kembs); Malmscholle von Istein: Efringen N (Kalkgraben). Meidet weitgehend das Siedlungsgebiet. Auf weitere Vorkommen ist zu achten.
G: Schonungsbedürftig (?).

367. Athamanta L. *Augenwurz*

1. A. cretensis L. – *Augenwurz*

1a. – var. **decipiens** Duby
Ö: Einzeln oder in lockeren Gruppen in Blaugrasrasen klüftiger Felsgratfluren, an Felskanten, in lichten Bestandeslücken von Föhren- und Mehlbeerbaumbeständen; gerne etwas absonnig und windexponiert. – In (mässig) trockenen, feinerdearmen Spalten von Malmkalkfelsen.
S: Erico-Pinion (Coronillo-Pinetum), Seslerion (Carici-Seslerietum), Potentillion caulescentis (Drabo-Hieracietum humilis).

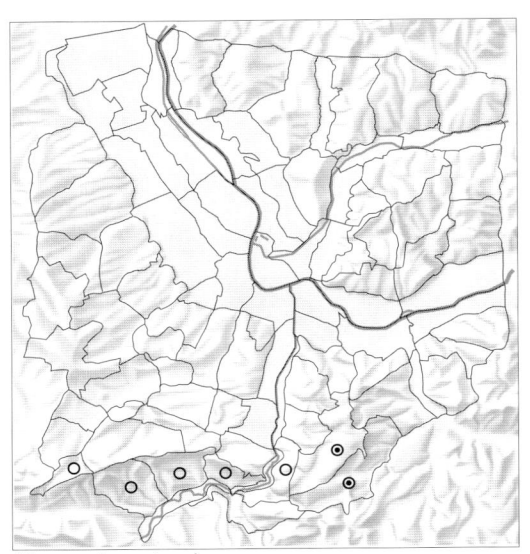

V: Selten und streng lokalisiert; nur im Jura: Rämel, Blauen (Hanslifels), Nenzlingen (Chuenisberg), Röschenz (Redelsfluh), alte Steinbrüche von Laufen, Pelzmühletal, Duggingen (Falkenfluh), Gempen (Schartenfluh), Büren (Lochfluh und benachbarte Felsköpfe).
G: Montan-subalpine Art; im Gebiet von Natur aus selten. Potentiell gefährdet.

368. Foeniculum Mill. *Fenchel*

1. F. vulgare Mill. – *Fenchel*

B: Neo. – Mediterrangebiet bis Nepal; felsige Trockenhänge, Föhrenwälder, trockenes Ödland.
Ö: Gemüsepflanze. Eingebürgert in trockenen, sommerdürren Staudenfluren, in lückigen, halbruderalen Rasen, auf steinigem Ödland, an Strassenrändern, in aufgelassenen Rebbergen, vorübergehend auch an Schuttplätzen. In wintermilden Lagen. – Auf (mässig) trockenen, nährstoff- und basenreichen, oft steinigen Lehm- oder auf reinen Lössböden.
S: Convolvulo-Agropyrion, Onopordion, Sisymbrion.
V: Ziemlich selten; eingebürgert in der elsässischen Oberrheinebene (St. Louis, Hüningen) und im Gebiet der Malmscholle von Istein. Sonst hie und da vorübergehend verwildert,

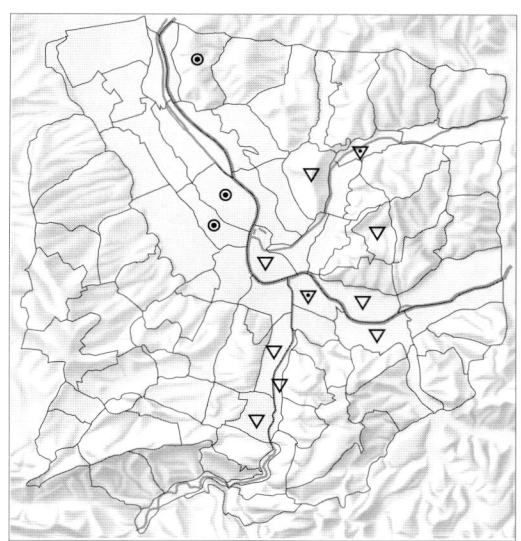

Foeniculum vulgare

Silaum silaus

z.B. Birsfelden, Pratteln, Haagen-Brombach, Inzlingen, Ötlingen.
G: Eingebürgerte Vorkommen schonungsbedürftig.

369. Anethum L. *Dill*

1. A. graveolens L. – *Dill*

B: Eph. – Orient; Ruderalstellen.
Ö/V: Alte Heil- und Gewürzpflanze. Gelegentlich verwildert im Randbereich von Gärten, an Zäunen und Mauerfüssen u.dgl., z.B. Riehen (Habermatten).

370. Silaum Mill. *Rosskümmel*

1. S. silaus (L.) Schinz & Thell. – *Rosskümmel*

B: Arch.
Ö: In frischen, oft etwas verbrachten, mageren Wiesen und Weiden. – Auf wechselfrischen bis -feuchten, mässig nährstoffreichen, basenreichen, meist kalkhaltigen, humosen, tiefgründigen Lehmböden.
S: Mesobromion (Colchico-Mesobrometum, seltener Tetragonolobo-Molinietum), Molinion (Cirsio tuberosi-Molinietum), selten Arrhenatherion.

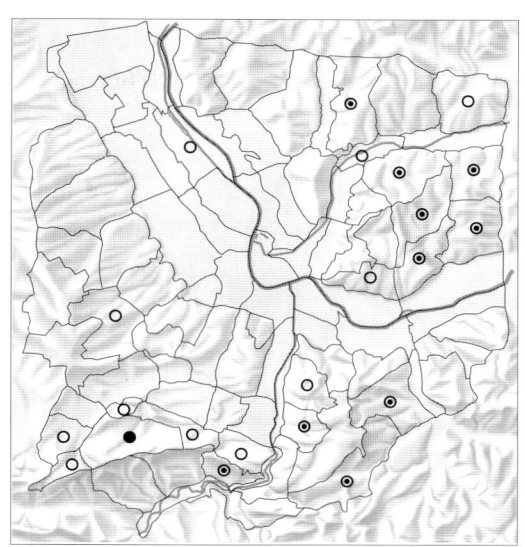

V: Im Jura, am Dinkelberg und in den Weitenauer Vorbergen zerstreut, z.B. Metzerlen (Balmisried, Rotberg), Hofstetten (Bümertsrüti, Bergmatten), Blauen-Pfeffingen (Blatten), Arlesheim (Ränggersmatt), Muttenz (Rütihardhof), Liestal (Tugmatt), Nuglar (Riedhollen), Wyhlen NO (Oberberg), Degerfelden NW (um Hagenbach), um Hüsingen, Nollingen N, Unter-Minseln W, Wollbach O. Sonst sehr selten: Sundgau: Hagental-le-Bas NO (ob 'Klepferhof'); Oberrheinebene: ehemaliger Rheinarm bei Loechle.
G: Stark zurückgegangen. (Stark) gefährdet.

371. Selinum L. *Silge*

1. S. carvifolia (L.) L. – *Silge*

B: (Id) Erg.
Ö/V: Als Wildpflanze verschollen. Früher selten in Pfeifengraswiesen der Oberrheinebene. Letzte Meldungen: ehemaliger Rheinarm bei Kembs-Loechle (RASTETTER 1974a: 128; 1966), Pisciculture (RASTETTER 1966, MOOR 1962). Eingepflanzt im Feuchtbiotop der 'Grün 80' (Münchenstein).

372. Levisticum Hill   *Liebstöckel*

1. L. officinale Koch – *Liebstöckel, Stockkraut*

B: Eph. – Heimat der Stammpflanze (*L. persicum* Freyn & Bornm.): S-Iran; Berghänge.
Ö/V: Alte Gewürzpflanze. Selten verwildert oder oder aus Kultur überständig, z.B. Münchenstein (Neue Welt, Strauchrabatte, 1983), Muespach-le-Haut (aufgelassener Garten).

373. Angelica L.   *Brustwurz*

1. A. sylvestris L. s. str. – *Wilde B.*

Ö: In Verlichtungen von Erlen- und Eschenwäldern, an Waldstrassen, auf nassen Waldschlägen, an schattigen Waldrändern, an Gräben, in Quellsümpfen und in vernässten Senken, in Uferstaudenfluren an Bächen, Flüssen und Weihern, in nassen, verbrachten oder unternutzten Wiesen. – Auf sickernassen, oft grundwasserbeeinflussten, nährstoffreichen, tiefgründigen, humosen, ± lockeren Lehm- und Tonböden.
S: Alno-Ulmion, Calthion (Angelico-Cirsietum oleracei), Filipendulion, Aegopodion, seltener Molinion.
V: Verbreitet und ziemlich häufig.
G: Nicht gefährdet.

374. Peucedanum L.   *Haarstrang*

1. P. carvifolia Vill. – *Kümmel-H.*

B: Arch. (?)
Ö: In kleinen Gruppen an den Rändern magerer Wiesen und Weiden, an Zäunen, in sonnigen Gebüschsäumen, an Lesesteinhecken; bezeichnend für kleinstrukturierte, traditionelle Kulturlandschaften. Wärmeliebend. – Auf mässig frischen, z.T. wechselfrischen, mässig nährstoffreichen, kalkhaltigen, humosen, lockeren Lehm- und Tonböden.
S: Arrhenatherion (Arrhenatheretum brometosum), Mesobromion (Salvio-Mesobrometum), Trifolion medii.
V: Ziemlich selten und auf zwei eng begrenzte Gebiete beschränkt: 1. Gempenplateau und -südostflanke: Hochwald S (Rotenrain-Stierenweid-Stocken, Ziegelschüren S), Nuglar SW (Schomel), Seewen Dorf; 2. Birsebene: Aesch (Schützenrainstrasse bis Bruggrain), Reinacher Heide (südlicher Teil).
G: Zurückgehend. Früher auf der linken Seite der Birs entlang der ganzen Niederterrassenböschung von Aesch, Reinach bis Neumünchenstein (SUTER 1925). Stark gefährdet.

2. P. oreoselinum (L.) Moench – *Berg-H.*

Ö/V: Sehr selten: Fischingen (Läufelberg); trockenwarme, mit *Brachypodium pinnatum*

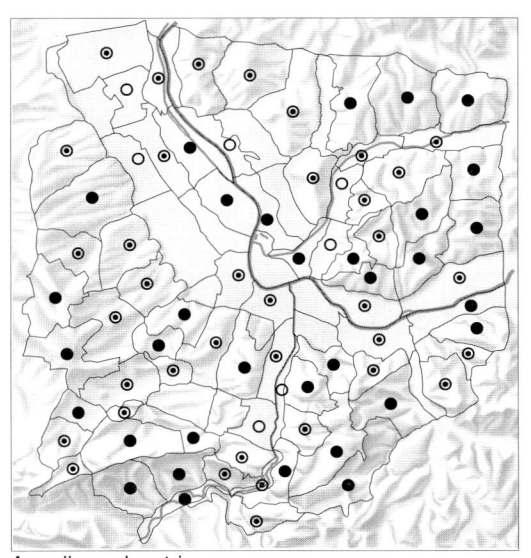

Angelica sylvestris

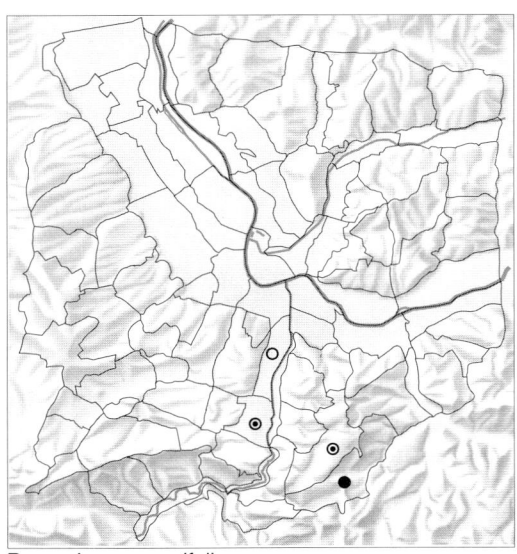

Peucedanum carvifolia

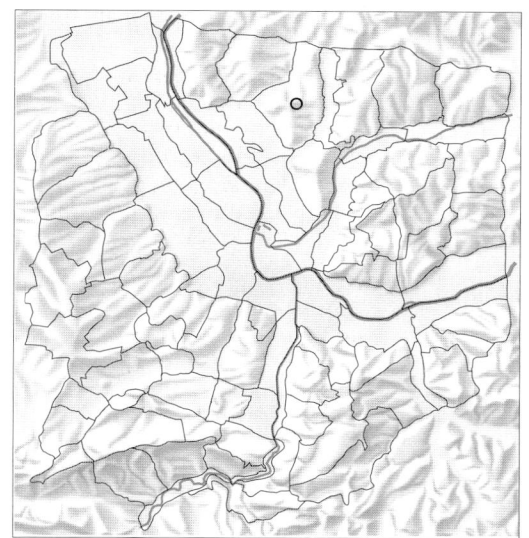

Peucedanum oreoselinum

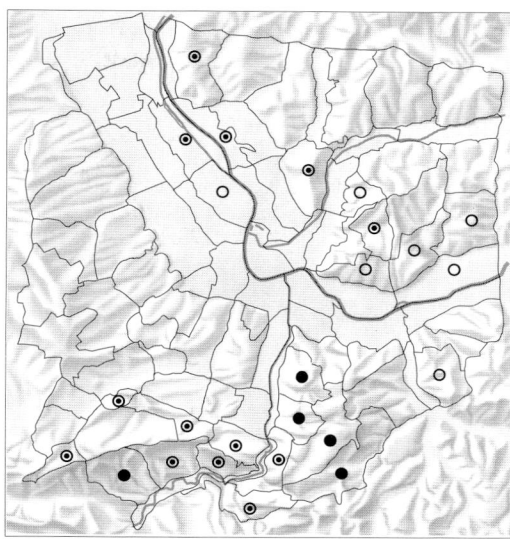

Peucedanum cervaria

vergraste Hangkante zwischen Waldsaum und Weg, 1986, knapp 20 Stöcke.
S: Geranion sanguinei.
G: Stark zurückgegangen; einziges aktuelles Vorkommen durch Brombeeren und Robinien bedrängt. Im Jura (BINZ 1905, 1911, 1942), am Tüllinger Berg (BINZ 1905), im Gebiet der Malmscholle von Istein (BINZ 1905, LITZELMANN 1966) und am Dinkelberg (BINZ 1905, BECHERER 1925, LITZELMANN 1960) verschollen. Vom Aussterben bedroht.

3. P. cervaria (L.) Lapeyr. – *Hirschwurz*

Ö: Einzeln oder locker gesellig in sonnigen, mageren Säumen lichter, warmer Buschwälder und Gebüsche, auf locker bewaldeten Felskreten und Flühen, an steinig-buschigen Hängen, in konsolidiertem Kalkschutt, in verbrachten Trocken- und Halbtrockenrasen. – Auf (mässig) trockenen, sommerwarmen, nährstoffarmen, basenreichen, meist kalkhaltigen, humosen, steinigen und etwas lehmigen Böden; auch über Löss.
S: Geranion sanguinei (Geranio-Peucedanetum), Quercion pubescenti-petraeae.
V: Im Jura verbreitet, aber nur z.T. ± häufig, z.B. Leymen (Landskronberg), Dittinger Weide, Nenzlingen (Chuenisberg), Pfeffingen (Schlossberg), Aesch/Pfeffingen (Tschöpperli, Chlusberg), Arlesheim (Chilchholz), Dornach (Ingelstein), Büren (Bürenfluh, Spitzenflüeli, Lochfluh), Frenkendorf (Wolfenried), Liestal (Schleifenberg). Stellenweise am Dinkelberg (v.a. Südflanke, z.B. Wyhlen, Herten, Nollingen; Buttenberg bei Inzlingen), im Gebiet der Malmscholle von Istein und am Tüllinger Berg (Obertüllingen), ausserdem nicht selten in der holozänen Aue der Oberrheinebene, z.B. Neudorf-Rosenau (Kirchenerkopf), Efringen-Kirchen (Bad. Rheinweg), Istein (Totengrien).
G: Wohl zurückgegangen. Ausserhalb des Juras gefährdet.

4. P. palustre (L.) Moench – *Sumpf-H.*

Ausgestorben. Früher selten in kalkarmen Seggenriedern der elsässischen und badischen Oberrheinebene. Letzte Meldung: Pisciculture (MOOR 1962).

375. Pastinaca L.   *Pastinak*

1. P. sativa L. s. str. – *Pastinak*

1a. – var. pratensis Pers. – *Pastinak*

B: Arch.
Ö: Gesellig in sonnig-warmen Ruderalfluren und ruderalen Rasen an Strassen und Wegen, in Bahnanlagen, am Rand steiniger Plätze, in Steinbrüchen, im Randbereich von Wiesen

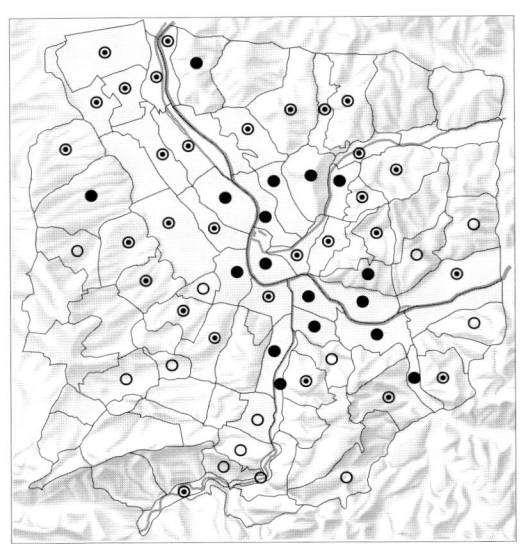

Pastinaca sativa

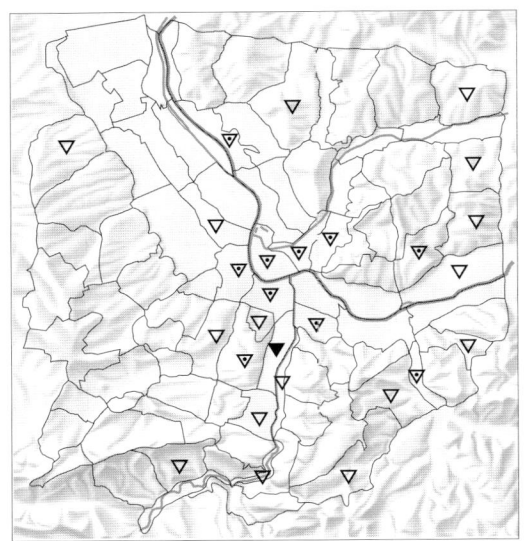

Heracleum mantegazzianum

und Äckern, im Rebgelände. Neuerdings in Wiesensaaten. Wärmeliebend. – Auf mässig trockenen bis frischen, nährstoff- und meist kalkreichen, humosen, oft etwas dichten, steinigen bis lehmigen, auch tonigen Böden.
S: Dauco-Melilotion, Arrhenatherion (Arrhenatheretum brometosum), Convolvulo-Agropyrion, seltener Onopordion.
V: In den Flusstälern von Rhein, Birs, Wiese und Ergolz und an den warmen Rändern des angrenzenden Hügellandes verbreitet und häufig. Sonst selten bis weithin fehlend.
G: Nicht gefährdet.

376. Heracleum L. *Bärenklau*

1. H. mantegazzianum Sommier & Levier – *Riesen-B.*

B: Neo. – Kaukasus; feucht-humose Hänge an der Waldgrenze.
Ö: Zierpflanze. Verwildert und stellenweise eingebürgert in mastigen Kraut- und Staudensäumen an lehmigen Wegen und Waldstrassen, an Bahndämmen, an Bächen und Flussläufen, auf Lehmschutt, in Deponien, auf aufgelassenem Gartenland. – Auf frischen bis feuchten, nährstoffreichen, oft rohen Lehmböden.
S: Agropyro-Rumicion, Convolvulion, Alliarion, Arction.

V: Sehr zerstreut, z.B. Langenau W (Rindelsten), Bahndamm bei Münchenstein (Neue Welt), Reinach (unterhalb Dornachbrugg), Riehen (Brühlmattweg), Oberwil (Neusatz) usw. Oft, aber nicht immer in Siedlungsnähe.
G: In Ausbreitung. Nicht gefährdet.

2. H. sphondylium L. s. l.

2a. – ssp. sphondylium – *Gemeine B.*

Ö: Gesellig in Fettwiesen, in mastigen Staudenfluren, an Ufern eutrophierter Gewässer, an Waldwegen, in Auenwäldern. – Auf sickerfrischen bis -feuchten, basen- und sehr nährstoffreichen, tiefgründigen, humosen Lehm- und Tonböden.
S: Arrhenatheretalia, Glechometalia, Alno-Ulmion.
V: Verbreitet und häufig.
G: Nicht gefährdet.

2b. – ssp. elegans (Crantz) Schübler & G. Martens – *Berg-B.*

Verschollen. "Sonnhalde Liestal" (HEINIS 1911). Auf diese in den Alpen und im Jura verbreitete Sippe ist zu achten.

2c. – ssp. alpinum (L.) Bonnier & Loyens – *Jura-B.*

Nicht im Gebiet. Nächste Vorkommen dieser im Jura endemischen Unterart: Bretzwil (Ramstein), Beinwil (Windengraben).

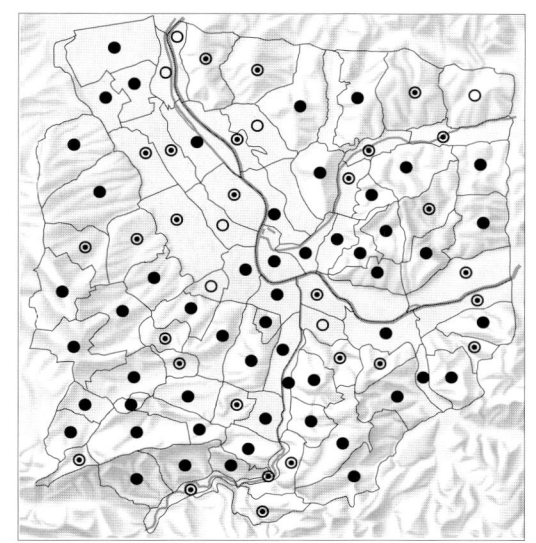

Heracleum sphondylium

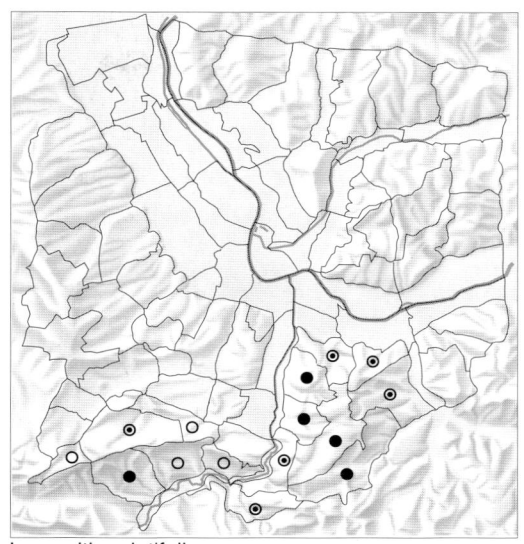

Laserpitium latifolium

377. Laserpitium L.   *Laserkraut*

1. L. latifolium L. – *Breitblättriges L.*
Ö: In lichten Föhren- und Eichenbuschwäldern und ihren Säumen, auf flachgründigen Waldkuppen, in Felsrasen und Felsfluren, auf Steinschutt. – Auf mässig trockenen bis (wechsel-)frischen, humosen Mergel- und Kalkschuttböden.
S: Berberidion, Quercion pubescenti-petraeae, Fagion (Carici-Fagetum seslerietosum), Geranion sanguinei (Geranio-Peucedanetum).
V: Im Blauen- und Gempengebiet verbreitet und stellenweise ziemlich häufig, z.B. Hofstetten (Chälengraben), Dittingen (Burgkopf), Nenzlingen (Chuenisberg), Muttenz (Wartenberg), Arlesheim (Gobenmattfelsen), Dornach (Tüfleten), Gempen (Schartenfluh), Frenkendorf (Wolfenried), Büren (Lochfluh, 'Unter dem Berg').
G: Nicht gefährdet.

2. L. siler L. – *Berg-L.*
Ö: Gesellig an Oberkanten, auf Simsen und in Spalten steiler, sonniger Malmkalk-Felsen und am Rand von Felsmispelgebüsch. – Auf mässig trockenen, feinerdearmen, ± humosen, klüftigen Kalkfelsböden.

S: Seslerio-Xerobromenion (Teucrio-Caricetum humilis), Geranion sanguinei.
V: Selten; nur an wenigen, streng lokalisierten Stellen im Jura: Grellingen-Nenzlingen (Eggfluh), Pfeffinger Schlossfelsen, Duggingen (Muggenberg), Dornach (Ingelstein).
G: Im Gebiet von Natur aus selten. Potentiell gefährdet.

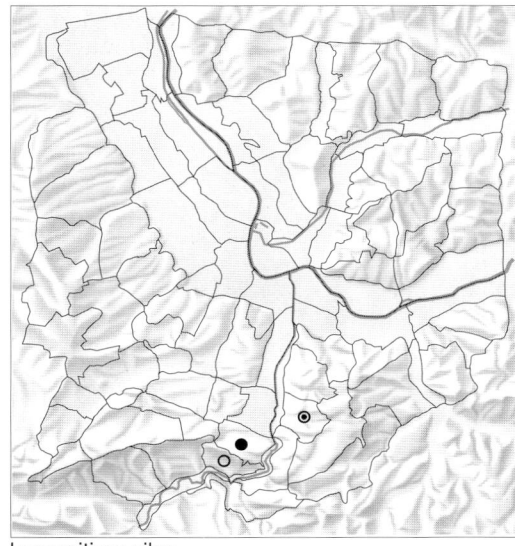

Laserpitium siler

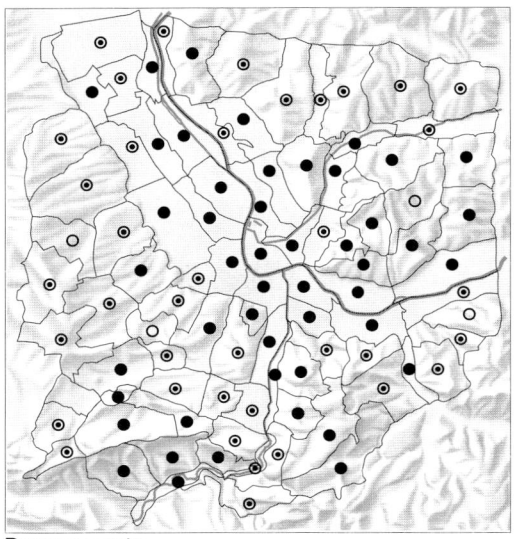

Daucus carota

378. Daucus L. *Mohrrübe*

1. D. carota L. s. str. – *Möhre*

Ö: In trockenen Fettwiesen, Magerrasen und Magerweiden, an Böschungen und Dämmen, in aufgelassenem Rebgelände, in Brachen und steinigen Äckern, in Steinbrüchen, auf Mergel- und Kiesplätzen, an Mauerfüssen und Wegrändern, in Bahn- und Hafenanlagen. Neuerdings in Wiesensaaten. – Auf mässig trockenen bis frischen, ± nährstoff- und basenreichen, gerne kalkhaltigen, tiefgründigen Ton-, Lehm-, Löss- sowie etwas lehmigen Schotter- und Sandböden.
S: Onopordetalia (v.a. Dauco-Melilotion), Arrhenatherion (Arrhenatheretum brometosum), Mesobromion, Convolvulo-Agropyrion, seltener Trifolion medii und Sisymbrion.
V: Verbreitet und v.a. in den ruderalisierten Teilen der Flusstäler und in den Kalkgebieten häufig.
G: Nicht gefährdet.

Index

Seitenzahlen mit Stern * weisen
auf Abbildungen hin.

Abies 167
Abutilon 279
Acalypha 484
Acer 498
Aceraceae 498
Ackerbohne 455
Ackerfrauenmantel 406
Ackergauchheil 355
Ackerkohl 340
Ackernelke 253
Ackernüsschen 333
Ackersenf 343
Aconitum 178
Actaea 174
Actinidia 272
Actinidiaceae 272
Adlerfarn 155
Adlerfarngewächse 155
Adonis 196
Aegopodium 527
Aesculus 498
Aethusa 529
Agrimonia 395
Agrostemma 257
Ahorn 498
Ahorngewächse 498
Ailanthus 502, 379*
Akazie 431
Akelei 176
Albizia 426
Alcea 280
Alchemilla 407, 371*
Alliaria 304
Alnus 212
Alpengänsekresse 325
Alpenrose 349
Alraunwurzel, Falsche 367
Alternanthera 231
Althaea 280
Alyssum 327, 315*
Amarant 225
Amarantgewächse 225
Amaranthaceae 225
Amaranthus 225
Amelanchier 415
Ammei 524
Ammi 524
Amorpha 430
Ampfer 257
Anacardiaceae 501
Anagallis 355
Anemone 181, 182
Anethum 531

Angelica 532
Angelikabaum 514
Anoda 283
Anthriscus 517
Anthyllis 432
Apfelbaum 411
Aphanes 406
Apiaceae 515
Apium 523
Aprikosenbaum 422
Aquifoliaceae 482
Aquilegia 176
Arabidopsis 304
Arabis 324
Aralia 514
Araliaceae 514
Aralie 514
Arenaria 238
Aristolochia 172
Aristolochiaceae 171
Armeria 271
Armoracia 312
Aruncus 369
Asarum 171
Aspidiaceae 156
Aspleniaceae 162
Asplenium 162
Astragalus 432
Athamanta 530, 383*
Athyriaceae 160
Athyrium 160
Atriplex 222
Aubrieta 326
Aucuba 479
Augenwurz 530
Aukube 479
Aurikel 357
Aurinia 328
Bachnelkenwurz 397
Ballonrebe 497
Balsaminaceae 512
Balsamine 512
Balsaminengewächse 512
Barbarea 312
Bärenklau 534
Bärenschote 432
Bärlapp 149
Bärlappgewächse 149
Bassia 223
Bastardindigo 430
Batrachium 184
Bauernsenf 335
Benediktenkraut 397
Bequilla 431
Berberidaceae 196
Berberis 196
Berberitze 196
Bergahorn 499
Bergenia 366

Bergenie 366
Bergfarn 156
Bergfenchel 528
Bergflachs 479
Bergklee 450
Bergkronwicke 437
Bergulme 205
Berteroa 329
Berula 527
Besenginster 430
Besenheide 350
Besenkraut 223
Beta 223
Betula 213
Betulaceae 212
Bibernelle 525
Bifora 521, 382*
Bingelkraut 483
Binsenginster 428
Birke 213
Birkengewächse 212
Birnbaum 410
Birngrün 350
Bittereschengewächse 502
Blasenesche 497
Blasenfarn 161
Blasenstrauch 431
Blattspiere 366
Blaukissen 326
Blautanne 168
Blechnaceae 165
Blechnum 165
Bleiwurzgewächse 271
Blutauge 398
Blutpflaume 423
Blutströpfchen 196
Blutweiderich 465
Bohne 463
Borstendolde 519
Botrychium 154
Brassica 341
Brassicaceae 302
Breitsame 520
Brennessel 208
Brennesselgewächse 208
Brombeere 373, 376
Bruchkraut 232
Brunnenkresse 317
Brustwurz 532
Bryonia 291
Buche 209
Buchenfarn 155
Buchengewächse 209
Buchenspargel 352
Buchs 482
Buchsbaum 482
Buchsbaumgewächse 482
Buchweizen 271
Bunias 305

Bunium 525
Bupleurum 522, 382*
Burzeldorn 504
Buschbohne 464
Buschmalve 279
Buschwindröschen 181
Buxaceae 482
Buxus 482
Caesalpiniaceae 426
Calepina 347
Calepine 347
Calluna 350
Caltha 176
Camelina 332
Cannabaceae 207
Cannabis 207
Capparidaceae 301
Capsella 333
Cardamine 320
Cardaminopsis 323, 315*
Cardaria 339
Cardiospermum 497
Carpinus 214
Carum 525
Caryophyllaceae 232
Cassia 427
Cassis 361
Castanea 210
Caucalis 520
Celastraceae 482
Celtis 206
Centunculus 356
Cerastium 244
Ceratocapnos 202
Ceratophyllaceae 173
Ceratophyllum 173
Cercis 427
Ceterach 163
Chaenomeles 410
Chaerophyllum 516, 383*
Cheiranthus 308
Chelidonium 198
Chenopodiaceae 216
Chenopodium 216, 307*
Christophskraut 174
Chrysosplenium 367
Cicer 452
Cicuta 523
Circaea 477
Cistaceae 284
Cistrosengewächse 284
Citrullus 291
Claytonia 232
Claytonie 232
Clematis 183
Cleome 301
Coincya 345
Colutea 431
Conium 521

Conringia 340
Consolida 179
Coriandrum 521
Corispermum 225
Cornaceae 478
Cornus 478
Coronilla 436
Coronopus 339, 318*
Corrigiola 233, 310*
Corydalis 201
Corylus 215
Cotinus 501
Cotoneaster 415
Crassulaceae 361
Crataegus 419
Cucumis 291, 314*
Cucurbita 292
Cucurbitaceae 291
Cupressaceae 169
Cydonia 410
Cystopteris 161
Cytisus 430
Dähle 168
Daphne 467
Daucus 536
Delia 235
Dennstaedtiaceae 155
Dentaria 322
Descurainia 303
Deutzia 359
Deutzie 359
Dianthus 250, 311*
Dicentra 201
Dickblattgewächse 361
Dictamnus 503
Dill 531
Diplotaxis 340, 315*
Diptam 503
Doldengewächse 515
Doppelsame 340
Dotterblume 176
Douglasie 167
Draba 329, 315*, 318*
Dryas 397
Dryopteris 157, 306*
Duchesnea 406, 371*
Ecballium 291
Efeu 514
Efeugewächse 514
Eibe 171
Eibengewächse 171
Eibisch 280, 284
Eiche 210
Eichenfarn 156
Eisenhut 178
Elaeagnaceae 464
Elaeagnus 464
Elsbeerbaum 412
Engelsüss 165

Epilobium 468, 378*
Epimedium 197
Eppich 523
Equisetaceae 150
Equisetum 150
Eranthis 175
Erbse 463
Erdbeere 404
Erdkastanie 525
Erdrauch 203
Erdrauchgewächse 201
Ericaceae 349
Eriobotrya 414
Erle 212
Erodium 511
Erophila 330
Eruca 344
Erucastrum 344
Eryngium 515, 382*
Erysimum 308
Eschscholtzia 198
Eschscholtzie 198
Esparsette 438
Espe 292
Essigbaum 501
Euonymus 482
Euphorbia 484, 378*, 379*
Euphorbiaceae 483
Fabaceae 427
Fagaceae 209
Fagopyrum 271
Fagus 209
Falcaria 524, 383*
Fallopia 262, 311*
Färberginster 428
Färberreseda 348
Färberwaid 305
Farne 154
Faserschirm 523
Faulbaum 492
Federmohn 198
Feigenbaum 207
Feldahorn 500
Feldrose 387
Feldulme 204
Felsenbirne 415
Felsenkirsche 424
Felsennelke 249
Felsenschaumkresse 323
Felsensteinkraut 328
Fenchel 530
Fetthenne 361
Feuerbusch 410
Feuerdorn 418
Fichte 167
Fichtenspargel 352
Fichtenspargelgewächse 352
Ficus 207
Fiederspiere 369

Filipendula 372
Fingerkraut 398
Flachs 495
Flaumeiche 211
Fleckenschierling 521
Fleissiges Lieschen 513
Flügelginster 429
Flühblümchen 357
Fluhröschen 468
Foeniculum 530
Föhre 168
Föhrengewächse 167
Fragaria 404
Frangula 492
Fransenbecher 367
Frauenfarn 160
Frauenfarngewächse 160
Frauenmantel 407
Fuchsschwanz 225
Fumaria 203, 307*
Fumariaceae 201
Galega 430
Gänsefingerkraut 399
Gänsefuss 216
Gänsefussgewächse 216
Gänsekresse 324
Gartenkresse 337
Gartenwicke 461
Gauchheil 355
Gaura 477
Geissbart 369
Geissfuss 527
Geissklee 430
Geissraute 430
Gelbdolde 521
Gemskresse 334
Genista 428
Geraniaceae 506
Geranium 506
Getreidemiere 235
Geum 397
Gewürzrinde 427
Gilbweiderich 353
Gilve 283
Ginkgo 166
Ginkgoaceae 166
Ginkgobaum 166
Ginkgogewächse 166
Ginster 428
Gipskraut 247
Glaskraut 208
Gleditschie 426
Gleditsia 426
Glycine 463
Goldhahnenfuss 188
Goldkerrie 373
Goldklee 451
Goldlack 308
Goldregen 430

Götterbaum 502
Grasnelke 271
Grauerle 213
Graukohl 345
Graukresse 329
Gretchen-im-Busch 177
Grossulariaceae 360
Gurke 291
Guter Heinrich 217
Gymnocarpium 156
Gypsophila 247
Haargurke 292
Haarstrang 532
Haferschlehe 422
Haftdolde 520
Hagebuche 214
Hagrose 385
Hahnenfuss 184
Hahnenfussgewächse 174
Hainbuche 214
Haloragaceae 464
Hanf 207
Hanfgewächse 207
Hartheu 272
Hartriegel 478
Hasel 215
Haselstrauch 215
Haselwurz 171
Hasenklee 447
Hasenohr 522
Hauhechel 439
Hauswurz 365
Heckenkerbel 516
Heckenknöterich 263
Heckenrose 392
Heckenwicke 453
Hedera 514
Hederich 347
Heidekraut 350
Heidekrautgewächse 349
Heidelbeere 349
Heilkraut 515
Helianthemum 284
Helleborus 174
Hepatica 183
Heracleum 534
Herniaria 232
Herzblatt 368
Herzblattgewächse 368
Herzblume 201
Herzerbse 497
Hesperis 309
Hexenkraut 477
Hibiscus 284
Himbeere 376
Hippocastanaceae 498
Hippocrepis 438, 436
Hippophaë 464
Hirschfeldia 345

Hirschheil 528
Hirschsprung 233
Hirschwurz 533
Hirschzunge 164
Hirtentäschchen 333
Hohlsame 521
Holosteum 240
Holzapfel 411
Honigklee 443
Hopfen 207
Hopfenklee 442
Hornblatt 173
Hornblattgewächse 173
Hornklee 434
Hornkraut 244
Hornstrauch 478
Hornstrauchgewächse 478
Hortensie 360
Hortensiengewächse 359
Hottonia 358
Hufeisenklee 438
Hühnerdarm 241
Humulus 207
Hundspetersilie 529
Hungerblümchen 329
Huperzia 149
Hutchinsia 334
Hydrangea 360
Hydrangeaceae 359
Hydrocotyle 515
Hypecoum 201
Hypericaceae 272
Hypericum 272
Iberis 335
Ilex 482
Impatiens 512
Isatis 305
Jasmin, Falscher 359
Jochblattgewächse 504
Johannisbeere 360
Johannisbrotbaumgewächse 426
Johanniskraut 272
Johanniskrautgewächse 272
Judasbaum 427
Juglandaceae 209
Juglans 209
Jungfernrebe 493
Juniperus 169
Kälberkropf 516
Kapernstrauchgewächse 301
Kapuzinerkresse 511
Kapuzinerkressengewächse 511
Kartäusernelke 251
Kartoffelrose 386
Käslikraut 282
Kastanie 210
Kellerhals 467
Kerbel 517

Kerbelrübe 516
Kermesbeere 215
Kermesbeerengewächse 215
Kernera 332
Kernobst 410
Kerria 373
Kichererbse 452
Kiefer 168
Kirschbaum 423
Kirschlorbeer 426
Kirschpflaume 423
Kiwi 272
Klatschmohn 199
Klee 445
Kleeulme 503
Kleinling 356
Kletterwein 493
Knäuel 235
Knäuelkerbel 519
Knoblauchhederich 304
Knollenkümmel 525
Knorpelkraut 224
Knorpelmöhre 524
Knöterich 264
Knöterichgewächse 257
Kochia 223
Koelreuteria 497
Kohl 341
Kohlrübe 343
Korbweide 298
Koriander 521
Kornelkirsche 479
Kornrade 257
Krähenfuss 339
Krallenklee 436
Kranzrade 256
Kratzbeere 376
Kresse 336
Kreuzblume 495
Kreuzblumengewächse 495
Kreuzblütler 302
Kreuzdorn 491
Kreuzdorngewächse 491
Kronwicke 436
Kubaspinat 232
Küchenschelle 182
Kuckucksklee 504
Kuckucksnelke 257
Kugelschötchen 332
Kuhnelke 249
Kümmel 525
Kürbis 292
Kürbisgewächse 291
Laburnum 430
Lacksenf 345
Lambertsnuss 215
Lanzenfarn 159
Lappenblume 201
Lappenfarngewächse 155

Lärche 168
Larix 168
Laserkraut 535
Laserpitium 535
Lathyrus 458, 374*, 375*
Lavatera 279
Lebensbaum 170
Leberblümchen 183
Leimkraut 253
Lein 494
Leinblatt 479
Leindotter 332
Leingewächse 494
Lens 458
Lenzblümchen 330
Lepidium 336, 318*
Lerchensporn 201, 202
Levisticum 532
Levkoje 309
Lewat 342
Lichtnelke 256
Liebstöckel 532
Linaceae 494
Linde 278
Lindengewächse 278
Linse 458
Linum 494
Lobularia 328
Loranthaceae 480
Lotus 434
Lunaria 326
Lupine 427
Lupinus 427
Luzerne 441
Lychnis 256
Lycopodiaceae 149
Lycopodiella 149
Lycopodium 149
Lysimachia 353
Lysimachie 353
Lythraceae 465
Lythrum 465, 378*
Macleaya 198
Mädesüss 372
Mahonia 197
Mahonie 197
Malus 411
Malva 280, 314*
Malvaceae 279
Malve 280
Malvengewächse 279
Mandelraute 477
Mangold 223
Mannsblut 272
Mannstreu 515
Massholder 500
Mastkraut 237
Matteuccia 161
Matthiola 309

Mauerpfeffer 361, 363
Mauerraute 163
Maulbeergewächse 207
Mäuseschwanz 196
Meconopsis 198
Medicago 440
Meerrettich 312
Mehlbeerbaum 413
Mehlbeere 411
Melde 222
Melilotus 443
Melone 292
Mercurialis 483
Merk 527
Mespilus 419
Mexikomalve 283
Miere 236
Milzkraut 367
Mimosaceae 426
Mimosengewächse 426
Minuartia 236
Mispel 419, 414
Mistel 480
Mistelgewächse 480
Moehringia 239
Moenchia 240
Mohn 199
Mohngewächse 198
Möhre 536
Mohrrübe 536
Mondraute 154
Mondviole 326
Moneses 350
Monotropa 352, 319*
Monotropaceae 352
Montia 232
Moorbärlapp 149
Moosauge 350
Moraceae 207
Myosoton 243
Myosurus 196
Myricaria 290
Myriophyllum 464
Nabelmiere 239
Nachtkerze 473
Nachtkerzengewächse 468
Nachtviole 309
Nadelkerbel 518
Nagelkraut 235
Nasturtium 317
Natternzunge 154
Natternzungengewächse 154
Nelke 250
Nelkengewächse 232
Nelkenwurz 397
Neslia 333
Nesselblatt 484
Niele 183
Nieswurz 174

Nigella 177
Nuphar 173
Nussbaum 209
Nymphaea 172
Nymphaeaceae 172
Odermennig 395
Oenanthe 528
Oenothera 473
Ölweide 464
Ölweidengewächse 464
Onagraceae 468
Onobrychis 438
Ononis 439
Ophioglossaceae 154
Ophioglossum 154
Oreopteris 156
Orlaya 520, 382*
Ornithopus 436
Orthilia 350
Osterluzei 172
Osterluzeigewächse 171
Oxalidaceae 504
Oxalis 504
Paeonia 271
Paeoniaceae 271
Papageienblatt 231
Papaver 199
Papaveraceae 198
Pappel 292
Parietaria 208
Parnassia 368
Parnassiaceae 368
Parthenocissus 493
Pastinaca 533
Pastinak 533
Pechnelke 256
Peplis 466
Perückenstrauch 501
Petersilie 523
Petrorhagia 249, 311*
Petroselinum 523
Peucedanum 532, 383*
Pfaffenhütchen 482
Pfeifenstrauch 359
Pfeilkresse 339
Pfennigkraut 353
Pfingstrose 271
Pfingstrosengewächse 271
Pfirsichbaum 421
Pflaumenbaum 423
Phaseolus 463
Phegopteris 155
Philadelphus 359
Phyllitis 164
Phytolacca 215
Phytolaccaceae 215
Picea 167
Pimpernuss 497
Pimpernussgewächse 497

Pimpinella 525
Pinaceae 167
Pinus 168
Pisum 463
Platanaceae 204
Platane 204
Platanengewächse 204
Platanus 204
Platterbse 458
Plumbaginaceae 271
Polycarpon 235, 310*
Polycnemum 224
Polygala 495
Polygalaceae 495
Polygonaceae 257
Polygonum 264
Polypodiaceae 165
Polypodium 165
Polystichum 159
Populus 292
Portulaca 231, 310*
Portulacaceae 231
Portulak 231
Portulakgewächse 231
Portulakröschen 232
Potentilla 398, 370*
Prachtkerze 477
Preiselbeere 349
Primel 356
Primula 356
Primulaceae 353
Pritzelago 334
Prunus 421
Pseudotsuga 167
Ptelea 503
Pteridium 155
Pulsatilla 182
Pulverholz 492
Pyracantha 418
Pyrola 351
Pyrolaceae 350
Pyrus 410
Quellkraut 232
Quercus 210
Quitte 410
Radiola 495
Radmelde 223
Rampe 344
Ranunculaceae 174
Ranunculus 184, 306*
Ranunkelstrauch 373
Raphanus 347, 318*
Rapistrum 346
Raps 342
Rapsdotter 346
Rauke 302
Raute 503
Rautengewächse 503
Rebe 492

Rebendolde 528
Reckholder 169
Reiherschnabel 511
Reseda 348, 319*
Resedaceae 348
Resedagewächse 348
Rettich 347
Reynoutria 263
Rhabarber 262
Rhamnaceae 491
Rhamnus 491
Rheum 262
Rhododendron 349
Rhus 501
Ribes 360
Ricinus 484
Rippenfarn 165
Rippenfarngewächse 165
Rittersporn 179
Rizinus 484
Robinia 431
Robinie 431
Rodgersia 366
Roemeria 198
Römermohn 198
Rorippa 313
Rosa 385, 370*
Rosaceae 369
Rose 385
Rosengewächse 369
Rosskastanie 498
Rosskastaniengewächse 498
Rosskümmel 531
Rotbuche 209
Rotklee 448
Rottanne 167
Rübe, Weisse 342
Rübsen 342
Rubus 373
Rührmichnichtan 513
Ruke 344
Rumex 257, 311*
Runkelrübe 223
Ruprechtsfarn 157
Ruprechtskraut 506
Ruta 503
Rutaceae 503
Sagina 237
Salicaceae 292
Salix 294
Salsola 224, 310*
Salvinia 166
Salviniaceae 166
Salweide 299
Salzkraut 224
Sammetpappel 279
Sanddorn 464
Sandelholzgewächse 479
Sandkraut 238

Sanguisorba 396
Sanicula 515
Sanikel 515
Santalaceae 479
Sapindaceae 497
Saponaria 248
Saubohne 455
Sauerampfer 258, 257
Sauerdorn 196
Sauerdorngewächse 196
Sauerklee 504
Sauerkleegewächse 504
Saxifraga 366, 370*
Saxifragaceae 366
Scandix 518
Schachtelhalm 150
Schachtelhalmgewächse 150
Scharbockskraut 184
Schaumkraut 320
Schaumkresse 323
Scheinerdbeere 406
Scheinmohn 198
Schierling 521
Schildfarn 159
Schildfarngewächse 156
Schirmakazie 426
Schlafmohn 199
Schlangenknöterich 266
Schlehe 422
Schleifenblume 335
Schlingknöterich 263
Schlüsselblume 356
Schlüsselblumengewächse 353
Schmetterlingsblütler 427
Schneckenklee 440
Schöllkraut 198
Schotendotter 308
Schotenklee 434
Schotenkresse 304
Schöterich 308
Schriftfarn 163
Schuppenmiere 234
Schusterpalme 479
Schwarzdorn 422
Schwarzerle 212
Schwarzföhre 168
Schwarzkümmel 177
Schwarzpappel 293
Schwimmfarn 166
Schwimmfarngewächse 166
Scleranthus 235
Securigera 436
Sedum 361
Seerose 172
Seerosengewächse 172
Seidelbast 467
Seidelbastgewächse 467
Seifenbaumgewächse 497
Seifenkraut 248

Selinum 531
Sellerie 523
Sempervivum 365
Senf 343, 341
Sesbania 431
Sesbanie 431
Sesel 528
Seseli 528
Sicheldolde 524
Sichelklee 440
Sicyos 292
Sida 283
Siebenstern 354
Sigmarswurz 280
Silaum 531
Silberblatt 327
Silberkraut 328
Silberpappel 293
Silberweide 295
Silberwurz 397
Silene 253, 256
Silge 531
Simaroubaceae 502
Sinapis 343
Sisymbrium 302
Smyrnium 521
Sockenblume 197
Soja 463
Sommerlinde 278
Sonnenröschen 284
Sophienkraut 303
Sorbaria 369
Sorbus 411
Spargelerbse 435
Spark 233
Spartium 428
Spatzenzunge 467
Speierling 412
Sperberbaum 412
Spergula 233
Spergularia 234
Spierstaude 372
Spierstrauch 369
Spindelstrauch 482
Spindelstrauchgewächse 482
Spinnenpflanze 301
Spiraea 369
Spitzahorn 499
Spörgel 233
Springkraut 512
Spritzgurke 291
Spurre 240
Stachelbeere 360
Stachelbeergewächse 360
Staphylea 497, 379*
Staphyleaceae 497
Staudenknöterich 263
Stechpalme 482
Stechpalmengewächse 482

Steckrübe 343
Steinbeere 373
Steinbrech 366
Steinbrechgewächse 366
Steinklee 443
Steinkraut 327
Steinobstbäume 421
Steinweichsel 424
Stellaria 241
Sternmiere 241
Stiefmütterchen 285
Stieleiche 211
Stockkraut 532
Stockrose 280
Storchschnabel 506
Storchschnabelgewächse 506
Strahlengriffel 272
Strahlengriffelgewächse 272
Strauchpappel 279
Strauchwicke 436
Straussfarn 161
Streifenfarn 162
Streifenfarngewächse 162
Studentenröschen 368
Stundenblume 284
Sumach 501
Sumachgewächse 501
Sumpfdotterblume 176
Sumpffarn 156
Sumpfkresse 313
Sumpfquendel 466
Sumpfzypresse 169
Sumpfzypressengewächse 169
Süsskirsche 423
Tamaricaceae 290
Tamariske 290, 291
Tamariskengewächse 290
Tamarix 291
Tanne 167
Tannenbärlapp 149
Täschelkraut 334
Taumantel 407
Tausendblatt 464
Tausendblattgewächse 464
Taxaceae 169
Taxodiaceae 169
Taxodium 169
Taxus 171
Teesdalia 334
Teesdalie 334
Teichrose 173
Tellima 367, 319*
Tetragonolobus 435
Thalictrum 179
Thelypteridaceae 155
Thelypteris 156
Thesium 479
Thlaspi 334
Thuja 170

Thymelaea 467, 378*
Thymelaeaceae 467
Tierlibaum 479
Tilia 278
Tiliaceae 278
Torilis 519
Tormentill 400
Tragant 432
Tränendes Herz 201
Trapa 468
Trapaceae 468
Traubeneiche 211
Traubenkirsche 425
Tribulus 504
Trientalis 354
Trifolium 445, 375*
Trinia 523
Trollblume 177
Trollius 177
Tropaeolaceae 511
Tropaeolum 511
Tüpfelfarn 165
Tüpfelfarngewächse 165
Turgenia 520
Turgenie 520
Turmkraut 324
Turritis 324
Ulmaceae 204
Ulme 204
Ulmengewächse 204
Ulmus 204
Urtica 208
Urticaceae 208
Vaccaria 249
Vaccinium 349
Veilchen 285
Veilchengewächse 285
Venuskamm 518
Vicia 452, 374*
Viola 285, 314*
Violaceae 285
Viscum 480

Vitaceae 492
Vitis 492
Vogelbeerbaum 412
Vogelbeere 411
Vogelfuss 436
Vogelknöterich 264
Vogelkopf 467
Vogelmiere 241
Vogelwicke 454
Wacholder 169
Waid 305
Waldfarn 160
Waldnelke 253, 254
Waldrebe 183
Waldveilchen 289
Walnuss 209
Walnussgewächse 209
Wanzensame 225
Wasserfeder 358
Wasserfenchel 528
Wasserhahnenfuss 184
Wasserkresse 316
Wassermelone 291
Wassermiere 243
Wassernabel 515
Wassernuss 468
Wassernussgewächse 468
Wasserschierling 523
Wassersellerie 527
Weichselkirsche 424
Weide 294
Weidengewächse 292
Weidenröschen 468
Weiderich 465
Weiderichgewächse 465
Wein, Wilder 493
Weinrebe 492
Weinrebengewächse 492
Weinrose 387
Weissbuche 214
Weissdorn 419
Weissklee 449

Weissmiere 240
Weisstanne 167
Wicke 452
Wiesenkerbel 517
Wiesenklee 448, 449
Wiesenknopf 396
Wiesenraute 179
Wiesenschaumkraut 320
Wildbirne 410
Windenknöterich 262
Windröschen 181
Wintergrün 351, 350
Wintergrüngewächse 350
Winterkresse 312
Winterlinde 278
Winterling 175
Wolfsbohne 427
Wolfsmilch 484
Wolfsmilchgewächse 483
Wollmispel 414
Wunderbaum 484
Wundklee 432
Wurmfarn 157
Wurmfarngewächse 156
Zackenschötchen 305
Zahnwurz 322
Zaunrübe 291
Zaunwicke 456
Zierquitte 410
Ziland 467
Zimtbrombeere 373
Zitterpappel 292
Zürgelbaum 206
Zwergflachs 495
Zwergkirsche 424
Zwergmispel 415
Zwetschgenbaum 422
Zygophyllaceae 504
Zypressengewächse 169
Zypressenwolfsmilch 489